ADDISON-WESLEY

PLUS Die Webseite zum Buch

Liebe Leser,

danke, dass Sie mein Buch gekauft haben oder gerade im Begriff sind, es zu kaufen. Es wäre wahrscheinlich noch um einiges dicker und schwerer geworden, hätte ich Ihnen nicht auf der Webseite des Verlags einige ergänzende Materialien und Informationen bereitgestellt, die sich entweder schnell ändern oder aber zahlreiche Links beinhalten, die sich in einem gedruckten Buch so schlecht anklicken lassen. Mit dem unten eingedruckten Code bekommen Sie darauf Zugriff.

Auch in meiner Arbeit gibt es immer wieder Neues, darum werde ich die Daten auf der Webseite von Zeit zu Zeit ergänzen oder aktualisieren. Schauen Sie also öfter mal dort vorbei, um mit mir auf dem Laufenden zu bleiben:

http://addison-wesley.de/3157

Ihr Wolf Eigner

PLUS 8DZC-BA47-Z64F

Wolf Eigner

InDesign CS6

Das Profihandbuch

ADDISON-WESLEY

An diesem Buch haben unmittelbar mitgewirkt:
Gestaltung Wolf Eigner (we@complizenwerk.de) und Mano Wittmann (mw@complizenwerk.de)
Satz, Layout und Bildbearbeitung Wolf Eigner
Umschlagkonzept Marco Lindenbeck (mlindenbeck@webwo.de)
Index Martin Heise, Jutta Henderkes, Wasiliki Majora, Petra Marth, Hans Neumair, Per Wallenborn und Mano Wittmann (indexparty@complizenwerk.de)
Lektorat Kristine Kamm (kkamm@pearson.de)
Herstellung Claudia Bäurle (cbaeurle@pearson.de)
Druck und Verarbeitung Firmengruppe APPL, aprinta-druck, Wemding

Weitere an der Entstehung beteiligte Personen werden ab Seite 759 enttarnt.

Verwendete Software:
Satz und Bildbearbeitung InDesign CS6 und Photoshop CS6 von Adobe Systems, San Jose, US-CA
Schriftverwaltung FontExplorer X Pro 3 von Linotype, Woburn, US-MA
Aufgabenverwaltung Wunderlist 1 von 6wunderkinder, Berlin, DE
Datenaustausch Cyberduck 4 von David Kocher, Zürich, CH, und Dropbox 1 von Dropbox, San Francisco, US-CA

Verwendete Schriften im Innenteil:
Fließ- und Marginaltexte Finn OT Light/*Italic*/**Bold** (Spezial mit Tastaturglyphen) von Lazydogs Typefoundry, Augsburg, DE
Pfeile und andere Sonderzeichen Wingdings (1–3) von Microsoft, Redmond, US-WA
sowie in den Bildschirmfotos diverse weitere Schriften, die ich aber nicht extra aufführe

Verwendete Bilder auf dem Umschlag:
„TabletPC" Clemens Strimmer, München, DE (info@digitalog.de)
Katalog Fotolia.de / Aleksandar Jocic

Bilder im Innenteil:
Die Bildschirmfotos enthalten einige gemeinfreie Bilder aus der **deutschen Wikipedia** sowie weitere Fotos, die von **RuppertBrasil**, München, DE, für diesen Zweck freundlicherweise zur Verfügung gestellt wurden.

Bibliografische Information der Deutschen Nationalbibliothek
Die Deutsche Nationalbibliothek verzeichnet diese Publikation in der Deutschen Nationalbibliografie; detaillierte bibliografische Daten sind im Internet über http://dnb.d-nb.de abrufbar.

ISBN 978-3-8273-3157-1

1. Auflage 2012

Printed in Germany

Inhalt

Vorwort 15

Einstieg & Vorbereitung 25

83 Muster & Vorlagen

Bilder & Vektoren 145

235 Text & Glyphen

447 Tabulatoren & Tabellen

479 Farben & Effekte

593 Automatisierung

661 Preflight & Medienvorstufe

Ausgabe & Export 703

Buchprojekte 731

Fehlersuche & -behebung 747

Vorwort

Mein Lieblingswerkzeug für klassisches und medienübergreifendes Publizieren

Das Ende ist nah – nein, nicht schon wieder ein Weltuntergang, sondern das Ende des absoluten Layouts. Seit der Erfindung des Buchdrucks haben unzählige Generationen von Grafikern, Setzern und Mediengestaltern Buchstaben und Bilder für vorgegebene Papierformate und mit exakten, oft raffiniert aufeinander abgestimmten Abständen und Schriftgrößen erstellt.

Bevor Sie dieses Buch nun entsetzt gleich wieder weglegen: Keine Angst, all das geht auch mit InDesign CS6 noch mindestens genauso prächtig wie mit seinen Vorgängerversionen! Aber nun gewinnt ein neues Prinzip an Bedeutung und könnte Millimeter, Point, feste Zeilenabstände und Seitenränder bald verdrängen. Die Rede ist vom flexiblen, „flüssigen" Layout, also von einem Designparadigma, das im Webdesign schon längst selbstverständlich ist: Die Inhalte müssen sich an den Betrachter und an das Medium, genauer gesagt: an Auflösung und Seitenverhältnis, anpassen können. Der Gestalter macht „nur" noch grundlegende Vorgaben (und das ist eine neue Herausforderung), den Rest besorgt die Software, die abhängig von der Bildschirmgröße die Anzahl der Spalten verändert, Bilder skaliert und Abstände optimiert.

Um es gleich vorweg zu nehmen: Die Verschmelzung von Druck- und Bildschirmlayout ist noch längst nicht vollzogen. Aber was Adobe in InDesign CS6 eingebaut hat, lässt erahnen, dass der Weg zu einem wirklich universellen, plattform- und medienübergreifenden Layoutprogramm nicht mehr allzu weit ist. Noch fehlt die Möglichkeit, Schriftformatierung auf Basis von nativem CSS3 zu steuern, und das neue **Liquid Layout** ist nicht mehr – aber auch nicht weniger – als ein solider erster Versuch, dem Benutzer eine grafische Bedienoberfläche für die variable Objektpositionierung bereitzustellen. Aber man sieht schon, wo Adobe hin möchte, und dieser Weg scheint richtig zu sein.

Workflows für Profis

⊿ indesignusergroup.de

Was trauen Sie sich selbst mit InDesign zu? Welche Kurse mit welchen Unterrichtsprofilen haben Sie gegebenenfalls schon besucht? Nehmen Sie an den Treffen eines InDesign-User-Group-Standorts in Ihrer Gegend teil? Und wer (oder was) kann überhaupt entscheiden, ab wann Sie ein Profi sind? Die Antwort auf die Frage ist ganz einfach: InDesign-Profis sind wir alle, sobald wir mit InDesign unser Geld verdienen. Über Ihr spezielles Niveau entscheiden Sie selbst – ich hoffe jedenfalls, Ihnen mit diesem Buch dabei möglichst hilfreich sein zu können!

Wenn Sie sich schon grundlegend mit InDesign auskennen und Ihre ersten Erfahrungen mit Drucksachen und/oder Tablet-Publikationen bereits hinter sich haben, dann sind Sie hier jedenfalls richtig. Dieses Buch beginnt dort, wo Sie eine tägliche Hilfestellung gebrauchen können: bei der Bewältigung komplexer Gestaltungsaufgaben wie Layout und Satz von umfangreichen Periodika, langen technischen Dokumentationen, bilderreichen Magazinen oder automatisierten Katalogen mit der neuen Version InDesign CS6. Darüber hinaus wird die Zusammenarbeit von Designteams an einem InDesign-Layout im Rahmen typischer Redaktionsprozesse beleuchtet. Im Fokus steht dabei immer die Wahl der richtigen Werkzeuge, damit Sie zielgerichtet und effizient Ihre Layoutaufgaben bewältigen – denn damit bleibt Ihnen Zeit, wieder über die Gestaltung nachzudenken.

InDesign, die Datendrehscheibe

Ob Sie nun ein umfangreiches Druckwerk wie dieses Buch mit mehreren Kapiteln, automatischen Nummerierungen, lebendem Kolumnentitel, mitlaufenden Grafiken, Indizes etc. erstellen wollen oder ein elektronisches Magazin – InDesign bietet tatsächlich für diese und viele andere Fälle praktische Werkzeuge an.

Für wiederkehrende Aufgaben stellt das Programm eine Vielzahl von Werkzeugen zur Verfügung, die Ihnen die Erstellung „intelligenter" Vorlagen ermöglichen, um möglichst schnell Texte und Bilder für eine neue Ausgabe eines Magazins auszutauschen, ohne das Layout langweilig wirken zu lassen. Dabei ist die altbekannte Musterseite genauso effizient wie Bibliotheken oder Snippets – lassen Sie sich überraschen!

InDesign ohne Programmierung automatisieren

Textlastige Layouts verlangen nach schnellen Lösungen, um Formatierungen möglichst automatisch zuzuweisen. Dies ermöglichen die InDesign-Techniken der Verschachtelten Formate, Variablen, aber auch der GREP-Mustersuche. Darüber hinaus können Sie mit InDesign identisch aufgebaute Layouts mit der Datenzusammenführung personalisiert befüllen oder aus XML-Datenquellen erzeugen – im Idealfall erzeugen Sie sogar ganze Kataloge auf Knopfdruck! Um dieses Ziel in wenigen Sekunden zu erreichen, braucht es jedoch einige Vorbereitungen. Hier bekommen Sie den Durchblick in Sachen Datenquellen, Zusammenführung und anschließenden Textbedingungen.

Teamwork leicht gemacht

In der Zusammenarbeit im Team kommt es darauf an, dass alle Beteiligten dieselben Voreinstellungen für Color Management, Farbfelder, Objektformate, Absatzformate und die Bedienoberfläche nutzen. Ich zeige Ihnen, wie Sie diese Vorgaben einrichten und dann an die Arbeitsplätze Ihrer Kollegen verteilen!

Die Kooperation in einer Redaktion setzt voraus, dass Text und Layout parallel entstehen. Doch nicht jeder Redakteur kann auch mit InDesign umgehen. Gut, dass Adobe daran gedacht hat und mit InCopy ein Werkzeug für alle Werbetexter, Übersetzerinnen und Redakteure geschaffen hat. Auch InCopy gibt es in der neuen Fassung CS6 und ich zeige Ihnen, wie Sie Layouts für InCopy vorbereiten, um Layout- und Textaufgaben gleichzeitig durchführen zu können.

Wenn Ihre Arbeitskolleginnen und -kollegen nicht wie gewohnt im Büro neben Ihnen sitzen, sondern vielmehr vernetzt mit Ihnen skypen und die Textkorrekturen durchsprechen, dann lohnt es sich, einen Blick in die mit CS6 eingeführte Creative Cloud zu werfen. Noch beschränkt sich das Angebot hauptsächlich auf Software-Abonnements inklusive vergleichsweise winzigem Speicherplatz, aber der Grundstein für eine wirkliche Plattform interdisziplinärer Zusammenarbeit ist gelegt, und es ist wohl nur eine Frage der Zeit, bis Adobe weitere „Wolkendienste" bereitstellt.

⊿ creative.adobe.com

Crossmedia: veränderte Gestaltungs- und Lesegewohnheiten

Während der letzten Jahrzehnte dürfte für die grafische Industrie eines klar geworden sein: Nichts ist beständiger als die Veränderung! Arbeitsfelder, Technologien und Medien haben sich derart rasant weiterentwickelt, dass viele sich mittlerweile alle zwei Jahre neu orientieren müssen. Welche Technik ist morgen tonangebend? XML? Folio? PDF/X-4? HTML 5? Verändern iPad, Kindle & Co. die Lesegewohnheiten derart, dass nun Literatur, Fachbücher, Tageszeitungen oder Magazine zukünftig nur noch als EPUB erscheinen?

Klare Antworten kann Ihnen Adobe mit InDesign da nicht bieten – jedoch Wege, diese Medien mit InDesign zu gestalten und professionell auszugeben. Ich stelle Ihnen die enormen Möglichkeiten vor, aus InDesign druckreife PDFs und professionelle EPUBs auszugeben, damit Sie auch für die Zukunft gut gerüstet sind!

Mehr als dreizehn Jahre InDesign

Die erste InDesign-Version wurde im Frühjahr 1999 vorgestellt und brachte die bis dahin überschaubare QuarkXPress-Landschaft durcheinander. Nach über zwei Jahren Entwicklungszeit wurde aus dem Projekt mit dem Codenamen K2 das Produkt InDesign 1.0. Bis Adobe die Anwender wirklich in großer Zahl überzeugen konnte, dauerte es jedoch bis zur Version 3.0 im Frühjahr 2004, besser bekannt als „InDesign CS". Produktionswerkzeuge wie die Ausgabe- und Reduzierungsvorschauen wurden integriert, ISO-Formate wie PDF/X-3 und X-1a fanden den Weg ins Programm, und grafische „Spielzeuge" wie die Transparenzen können seither auch wirklich zuverlässig ausgegeben werden.

Während textlastige Verlage und Zeitungsredaktionen ihre aufwändige Infrastruktur rund um XPress vorsichtig aktualisieren, anstatt sich mit InDesign in völlig neue Abenteuer und Kosten zu stürzen, haben sich die meisten Kreativen, die in kleineren Einheiten planen und arbeiten, von XPress abgewendet und mit InDesign neu ausgerichtet. Mit den Versionen CS3 bis CS6 folgten konsequente Weiterentwicklungen dieser Erfolgsgeschichte. Daran konnte auch Quark mit neuen Konzepten für die Transparenz von Farben nichts ändern, da wesentliche Techniken wie etwa das Farbmanagement nicht zeitgemäß umgesetzt wurden.

Heute dominieren InDesign und die Creative Suite (ausgesprochen wie *„kri-ÄI-tiv SWIET"*, wie die Hotelsuite) einen guten Teil des grafischen Gewerbes. Kritische Köpfe hoffen, dass Adobe nicht dieselben Fehler wie Quark vor fünfzehn Jahren macht, also eine arrogante Preispolitik betreibt und gleichzeitig mit dem Programm technisch stehen bleibt. Die neue Version CS6 kann angesichts der vereinzelt noch nicht ausgegorenen Neuerungen und mehrerer seit Jahren nicht bestellter Felder – vor allem Tabellen, Fußnoten, Index und Inhaltsverzeichnis – diese Zweifel leider nicht völlig ausräumen. Die vielen winzigen Verbesserungen in alltäglichen Abläufen sorgen jedoch dafür, dass man die neue Version schon nach kurzer Zeit nicht mehr missen mag und über ein paar Unzulänglichkeiten meistens großzügig hinwegsehen kann.

Ausblick

Nach fast zeitgleichem Erscheinen der Creative Suite 5 und des ersten iPads 2010 sah es zunächst so aus, als habe Adobe sich mit der schnell zusammengestrickten Digital Publishing Suite ordentlich verrannt. Inzwischen hat die breite Basis der InDesign-Nutzer dazu beigetragen, dass die DPS nicht nur *nicht* vom Markt verschwunden ist, sondern sich im Gegenteil längst die Führungsposition gesichert hat. Wenn es hier allerdings nach Ansicht vieler Kollegen nicht schnell und

⊿ *digitalpublishing.acrobat.com*

zielgerichtet genug vorangeht, liegt das aber nicht unbedingt an Adobe; schließlich spielt im iPad-Kosmos logischerweise die als nicht gerade Adobe-freundlich berüchtigte Firma Apple eine tragende Rolle.

Die Creative Cloud, die künftig die Schaltzentrale der Kreativen sein soll – Software-Fuhrpark und Datenbasar in einem, wenn Sie mir die reißerische Formulierung nachsehen –, hat einen guten Start hingelegt und zumindest die wirtschaftlichen Erwartungen seitens Adobe übertroffen. Nicht jedem gefällt das Abo-Modell und die damit verbundene unmittelbare Abhängigkeit vom Programmhersteller, andererseits liegt in der Wolke ein ungeheures „Kollaborationspotenzial", sprich: Wie wir in wenigen Jahren mit unseren (Daten-)Lieferanten und Kunden kommunizieren und zusammenarbeiten, Freigabe- und Publikationsprozesse abwickeln, und welche Software wir dafür einsetzen, könnte sich gewaltig ändern. Und wenn Adobe und die Kunden (also wir) es geschickt anstellen, verschafft uns das wieder jenen Produktivitätsvorsprung, den viele von uns brauchen, um angesichts vom Kunden vorgegebener Preise und Lieferzeiten mit ihrer Leistung nach wie vor Geld verdienen zu können.

Tägliche Probleme bleiben

InDesign CS6 ist nicht perfekt; es hatte bei seiner Einführung noch einige mehr oder minder gravierende Fehler, an deren Behebung parallel zur Auslieferung der 8.0-Version bereits gearbeitet wurde. Trotz eigenem Testzentrum in Seattle mit unzähligen System- und Gerätekonfigurationen und trotz monatelanger Betaphase kann auch ein großer Hersteller niemals alle Eventualitäten testen. Ich finde, Adobe macht das im Großen und Ganzen ganz ordentlich.

Angesichts der Komplexität der Anforderungen wird das Programm auch niemals die Bedürfnisse aller Gestalter und Setzer abdecken können, und es gibt bestimmt einige Dinge, die Sie vielleicht gelegentlich an den Rand der Verzweiflung bringen. Dazu gehören vielleicht so undurchsichtige Techniken wie der Absatzsetzer und der Abstände-Regler für die Silbentrennung oder das sehr nützliche, aber noch etwas sperrig und unfertig wirkende Liquid-Layout-Prinzip. Immerhin, das leidige Thema der Kompatibilität mit früheren InDesign-Versionen wird mit der Zeit etwas weniger problematisch, weil das Dateiformat IDML (*InDesign Markup Language*), das jetzt auch direkt im Speichern-unter-Dialog angeboten wird, mit allen Versionen ab CS4 geöffnet werden kann.

Die Webseite zum Buch

Wie schon auf dem Vorsatzpapier zu lesen ist, wäre dieses Buch noch dicker und schwerer geworden, hätte ich alles hineingepackt, was sich im Vorfeld angesammelt hatte. Statt dessen finden Sie an einigen Stellen das PLUS-Logo neben dem Text. Es weist Sie darauf hin, dass Sie zu diesem Thema auf der Verlagswebseite zu diesem Buch ergänzende Materialien und Informationen finden. Zugriff erhalten Sie mit Ihrem persönlichen Code, der ganz vorne im Buch eingedruckt ist. Von Zeit zu Zeit werde ich die Daten auf der Webseite ergänzen oder aktualisieren, also schauen Sie doch öfter mal dort vorbei, um mit mir auf dem Laufenden zu bleiben.

PLUS
Wo Sie dieses Zeichen sehen, finden Sie „Zubehör" auf der Webseite zum Buch.

Special Announcement to my Esteemed Readers

Einer der Gründe, warum Sie dieses Buch lesen und keins auf Englisch (oder in einer anderen Sprache), könnte sein, dass Sie mit der deutschen InDesign-Version arbeiten und ein „passendes" Referenzwerk gesucht haben. Es könnte auch sein, dass Ihr Englisch nicht so weit reicht, um fachlich anspruchsvolle Texte mal einfach so „runterlesen" zu können.

Ich persönlich liebe Sprache und Sprachen sehr. Vor allem Deutsch, weil es meine Muttersprache ist, und (amerikanisches) Englisch, weil ich mich damit – nicht zuletzt als Sänger – ziemlich ausgiebig beschäftigt habe. Was ich aber gar nicht mag, ist, wenn – ob aus Unwissenheit, purer Bequemlichkeit oder irgendeinem Bedürfnis nach Abgrenzung – mehrere Sprachen „kaltblütig" miteinander vermischt werden. Oft entsteht dabei nicht nur unverständliches Kauderwelsch, sondern richtig blanker Unsinn – zum Beispiel, wenn von „korrupten Dateien" die Rede ist. Das englische „corrupt" bedeutet eben unter anderem „beschädigt", „unbrauchbar" oder „verdorben". Von „bestechlichen" Dateien zu sprechen, fände man wohl eher albern, tut es aber.

◢ *englisch-hilfen.de/words/false_friends.htm*

Gegen Fremdwörter ist ansonsten prinzipiell nichts einzuwenden, falls sich etwas in der Hauptsprache nur unzureichend oder extrem umständlich kommunizieren ließe, oder wenn dadurch häufige Wiederholungen vermieden werden können. Als Autor oder Redner sollte ich mir aber schon sicher sein, dass mein Publikum die von mir verwendeten Wörter auch kennt und versteht. So oder so bleibt das Problem grammatikalischer Unvereinbarkeit, wenn man zum Beispiel rätselt, ob es nun „downgeloaded" oder „gedownloadet" heißt, anstatt einfach „heruntergeladen" zu sagen und zu schreiben.

Seien Sie also schlimmstenfalls angenehm verwundert, wenn Sie in diesem Buch nichts von „Shortcuts", „Drag and Drop", „Copy und Paste" (hmpf!) oder „highlighten" (örks!) lesen werden. Ich bin mir sicher, dass „Tastenkürzel", „Ziehen & Ablegen", „kopieren und einfügen" und „hervorheben" trotz der oft größeren Buchstaben- oder Silbenzahl kein bisschen weniger verständlich oder weniger kompetent klingen.

◢ *Maßeinheiten in InDesign: Seite 86*

In einigen Dingen bin ich auf den ersten Blick inkonsequent: Die amerikanische **Maßeinheit** „point" zum Beispiel übersetze ich mit „Point", damit sie nicht mit dem europäischen Didot-Punkt verwechselt wird, der etwa 0,376 mm entspricht und damit gut 6 % größer ist als der amerikanische (DTP-)Point mit etwa 0,353 mm. Als gelernter Schriftsetzer darf ich hoffentlich auf dieser feinen Differenzierung bestehen.

Kleine Unterschiede

Weil ich Sie, liebe Leserin, lieber Leser, für zu intelligent halte, um sich oder Andere auf Einzelheiten zu reduzieren, verzichte ich in zwei Aspekten auf die absolut korrekte Wiedergabe letzter Details: Bei Berufsbezeichnungen und Ähnlichem verwende ich fast immer die männliche Form, weil ich persönlich das besser zu lesen finde. Dass es in unseren Berufsfeldern vielerorts mehr Frauen als Männer gibt, und dass Kreativität und Arbeitsqualität geschlechtsunabhängig sind, werden Sie trotzdem nicht gleich vergessen und auch überhaupt nicht in Frage stellen wollen, hoffe ich.

Auf Unterschiede zwischen Mac OS und Windows gehe ich nur dort ein, wo sie produktivitätsrelevant sind. Im Übrigen traue ich Ihnen als Windows-Profi zu, aus meinen Mac-Bildschirmfotos trotz der kleinen Designdiskrepanzen zwischen den beiden Betriebssystemen das Eigentliche herauslesen sowie Tastenkürzel trotz uneinheitlicher Tastaturbeschriftung richtig interpretieren zu können. Nur ein paar Steuertasten, vor allem die, die bei Apple „cmd" (*command* = Befehl) und in der Windows-Welt „Ctrl" *(Control)* oder „Strg" (Steuerung) heißt, setze ich so, dass Sie's hoffentlich sofort verstehen, auch wenn Sie diesen Absatz nicht gelesen haben.

Gut. Dann kann's ja jetzt losgehen. Viel Erfolg!

München, im August 2012
Wolf Eigner

Einstieg & Vorbereitung

Das ist neu in CS6

Schneller, kreativer, automatischer!

Christoph Luchs stellte in der letzten Ausgabe dieses Buches einleitend die Frage, die ich im Zusammenhang mit neuen Versionen meines Lieblingsprogramms schon öfter gehört habe: „Was fehlt jetzt eigentlich noch in InDesign?"

Auch wenn bei der achten Version von InDesign die Liste der Verbesserungen nicht so lang ist, dass man den Überblick verlöre, muss ich doch überlegen, welche Funktionen man eigentlich noch vermissen könnte: Adobe hat den Funktionsumfang für digitale Publikationen aller Art noch mal kräftig erweitert und diverse Automatismen und Arbeitserleichterungen eingebaut. Wer also elektronische Bücher im EPUB-Format, barrierefreie PDFs oder Magazin-Apps für Tablet-Computer erstellen möchte, kann auf eine Menge neuer Hilfsmittel und Exportoptionen zurückgreifen. Damit ist InDesign erst einmal wieder auf der Höhe der immer noch voraneilenden technischen Entwicklung in diesem Bereich angekommen.

Wenn Sie InDesign schon länger benutzen, werden Sie sich bestimmt auch über die zahlreichen kleinen Verbesserungen freuen: Viele Menüs und Dialogfenster hat Adobe aufgeräumt und teilweise neu sortiert, ein paar häufig kritisierte Stellen der deutschen Übersetzung wurden überarbeitet, und an der einen oder anderen Stelle ist die Bedienung geschmeidiger geworden.

Als ich diese Zeilen schrieb, war noch nicht ganz klar, welchen Funktionsumfang (zu welchem Preis) die mit CS6 neu eingeführte Creative Cloud mit ihren verschiedenen Abo-Modellen letztendlich bieten würde. Absehbar war aber, dass eine moderate Monatsgebühr von etwa 50 € (netto, in Deutschland zur Zeit also etwa 61,50 € brutto) sowie unbeschränkter Zugriff auf das gesamte „kreative" Software-Angebot in Verbindung mit bequemer Lizenzhandhabung sehr viele Anwender „in die Wolke" locken würden. Und die Inklusivlizenz für die Digital Publishing Suite dürfte dafür sorgen, dass InDesign weiterhin das wichtigste Programm für die Erstellung elektronischer Bücher und Magazine bleibt.

⊿ *adobe.com/de/products/digital-publishing-suite-single.html*

Die wesentlichen Änderungen gegenüber den Versionen CS5 und CS5.5 stelle ich Ihnen gleich kurz und knapp vor. Für die Details darf ich Sie aber dann auf das entsprechende Kapitel verweisen, ja?

Alternative Layouts

Die erste Neuheit, auf die man recht schnell stößt, sind die **Alternativen Layouts**. Eigentlich ist das gar nicht *eine* Neuheit, sondern ein Komplex aus veränderten und neu eingebauten Funktionen.

Um die Verwaltung und vor allem die Aktualisierung von Layouts für unterschiedliche Auflösungen und Formatlagen für das digitale Publizieren etwas einfacher zu machen, kann man jetzt alle Layoutvarianten eines Kapitels oder einer Magazinstrecke in derselben Datei anlegen.

Dazu wurde das **Seiten**-Bedienfeld überarbeitet. Das Bedienfeldmenü ist bei der Gelegenheit gleich kompakter geworden, weil ähnliche Funktionen unter einem Menüpunkt zusammengefasst wurden. Und die Seitenminiaturen im Bedienfeld haben einen verschiebbaren Kopfbereich bekommen, der den Namen des Alternativen Layouts anzeigt.

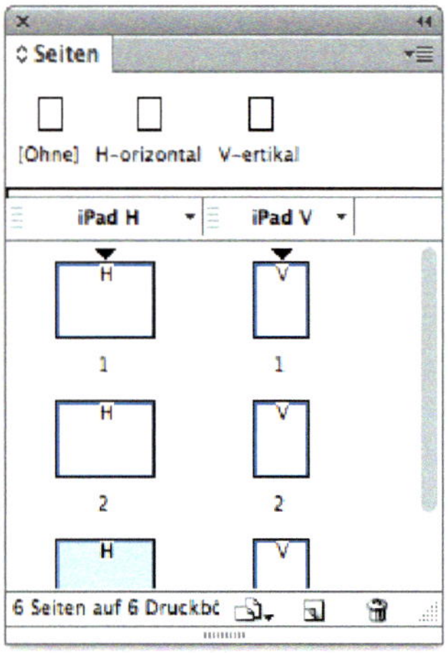

Praktische Darstellung alternativer Layouts im Seiten-Bedienfeld

InDesign CS6 hilft Ihnen bei der Neuerstellung eines **Alternativen Layouts**, indem es **Liquid-Layout-Regeln** (siehe übernächster Abschnitt) beim Kopieren der kompletten Strecke mit automatischer Formatanpassung einsetzt.

Verknüpfte Inhalte

Damit der Korrekturaufwand beim Anlegen von **Alternativen Layouts** (aber nicht nur dann) überschaubar bleibt, können Sie seit InDesign CS5.5 beliebige Inhalte zwischen verschiedenen InDesign-Dokumenten oder innerhalb desselben Dokuments verknüpfen. Alles, was einen Rahmen hat, lässt sich so kopieren, dass es wie eine externe Datei im **Verknüpfungen**-Bedienfeld auftaucht und entsprechend aktualisiert werden kann, sobald sich die „Mutterinstanz", also das Originalobjekt ändert. Diese Funktionalität stellt sozusagen das unverzichtbare Bindeglied zwischen **Alternativen Layouts** und den **Liquid-Layout**-Mechanismen her.

Liquid Layout

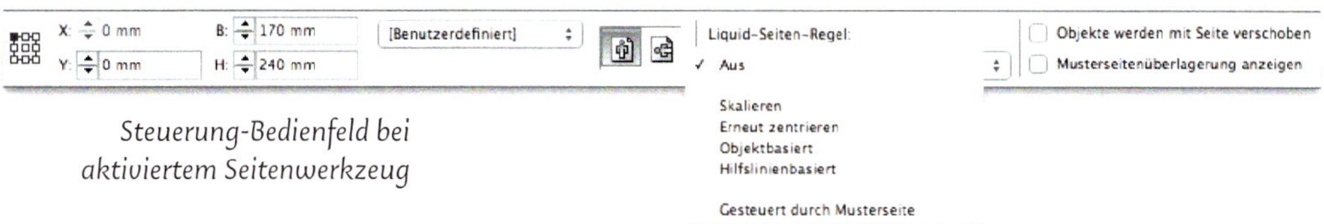

Steuerung-Bedienfeld bei aktiviertem Seitenwerkzeug

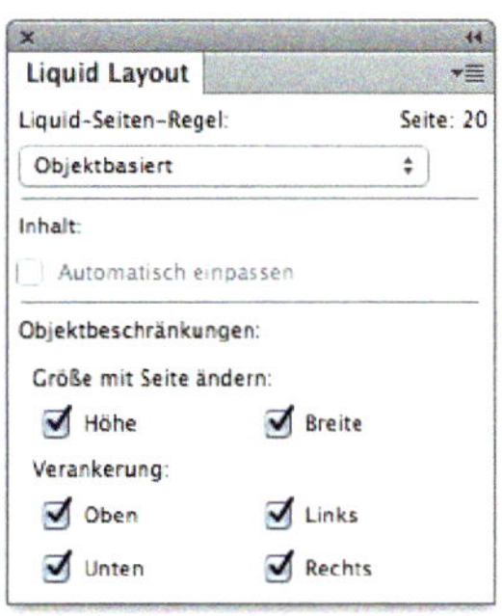

Das Liquid-Layout-Bedienfeld

Alternative Layouts wären nicht halb so sinnvoll ohne die etwas sperrig mit **Liquid-Seiten-Regel** betitelten Funktionen, die im **Steuerung**-Bedienfeld auftauchen, sobald Sie das **Seiten**-Werkzeug (, ⇧ P) aktivieren. Noch mehr Optionen bietet das dazugehörige Bedienfeld, das Sie unter **Fenster** > **Interaktiv** > **Liquid Layout** finden.

Mit diesen Optionen steuern Sie, ob und wie die Elemente Ihres Layouts skaliert und/oder verschoben werden, wenn Sie das Seitenformat ändern. Beim Umbau der hochformatigen Seiten Ihres iPad-Magazins aufs Querformat zum Beispiel kann Ihnen InDesign bei geschickter Vorbereitung viel „Rahmenschieberei" abnehmen.

◢ *Liquid-Layout: Seite 97*

Textrahmen mit flexibler Spaltenbreite und automatischer Größenanpassung

Außer dem stark vereinfachten Umbau von Layouts auf andere Seitengrößen und -proportionen haben die ohnehin schon zahlreichen InDesign-Automatismen mit der Version CS6 weiter Zuwachs bekommen: Textrahmen können jetzt je nach Textmenge automatisch Höhe und Breite sowie ihre Spaltenanzahl ändern.

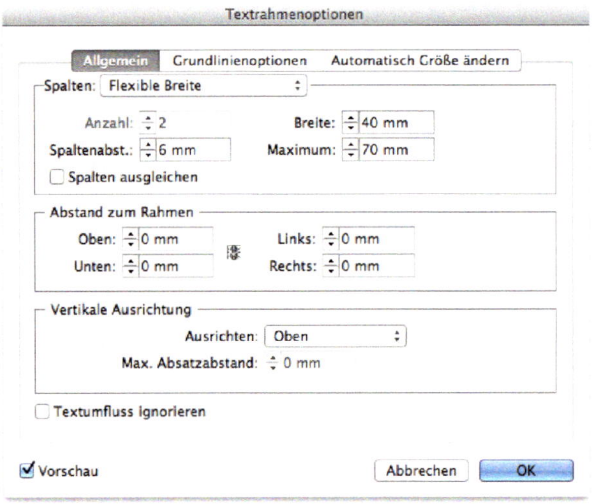

Mit der neuen Spaltenoption „Flexible Breite“ können Textrahmen bei Größenänderung ihre Spaltenanzahl anpassen.

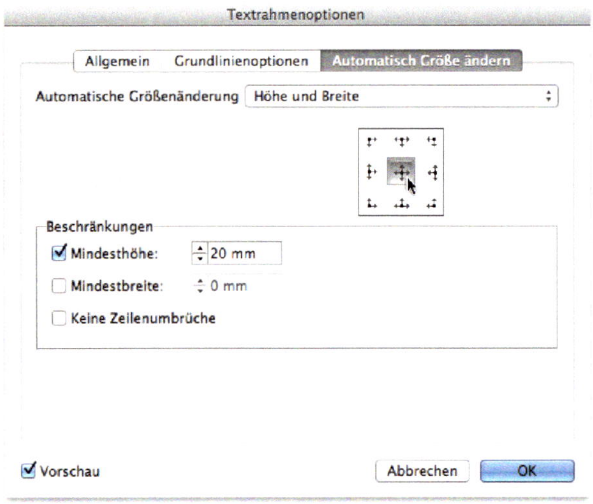

Mit dem von Photoshop bekannten Referenzpunkt-Schema bestimmen Sie, in welche Richtungen der Rahmen wachsen oder schrumpfen darf.

Inhaltsaufnahme- und Inhaltsplatzierung-Werkzeug

Um **Verknüpfte Inhalte** (siehe oben) besser nutzbar zu machen, hat die Funktion ein eigenes Werkzeugpaar sowie ein eigenes Bedienfeld, den so genannten **Überträger**, bekommen. Letzterer kann beliebig viele Rahmen oder Rahmengruppen aufnehmen, die dann jeweils mit einer kleinen Vorschau angezeigt werden. Sie können die aufgenommenen Elemente im selben oder in einem anderen InDesign-Dokument platzieren und dabei entscheiden, ob sie dann wieder aus dem **Überträger** verschwinden oder für mehrfache Verwendung erhalten bleiben sollen. Die auf diese Weise übertragenen Inhalte müssen auch nicht zwangsläufig verknüpft werden, sondern Sie können den **Überträger** einfach als multiple Zwischenablage verwenden.

Mit dem Werkzeugpaar und der grafischen Ablage ist die Mehrfachverwendung unterschiedlichster Inhalte beherrschbar.

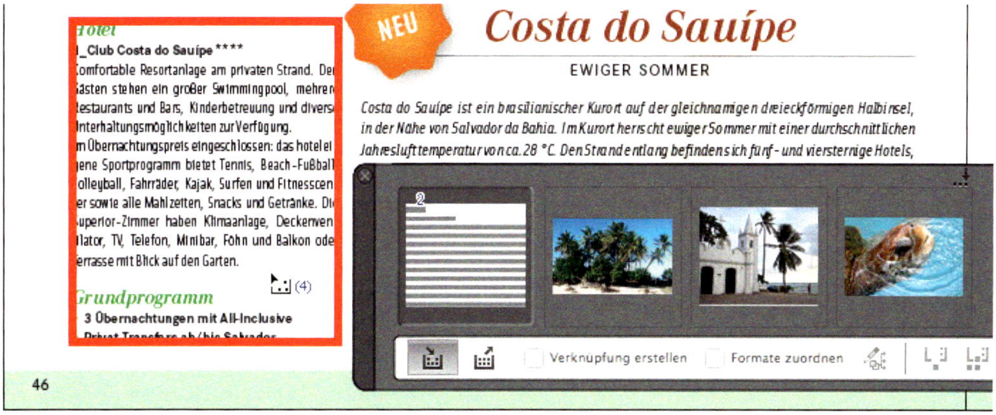

PDF-Formulare in InDesign erstellen

Das **Schaltflächen**-Bedienfeld wurde um Funktionen für PDF-Formulare erweitert. Einfache Formularelemente wie Textfelder, Kontrollkästchen oder Optionsfelder können nur direkt in InDesign erstellt und mit grundlegenden Eigenschaften ausgestattet werden, die bisher nur in Acrobat Pro verfügbar waren. Berechnungen, Validierungen und sonstige Funktionen, die bisher mit JavaScript realisiert wurden, müssen auch weiterhin mit Acrobat Pro, dem LiveCycle Designer oder seinen Nachfolgetechnologien (über die bereits gemunkelt wurde, als ich diese Zeilen schrieb) erledigt werden.

◢ PDF-Formulare: Seite 531

Export nach EPUB und HTML

Hier hat sich schon in InDesign CS5.5, für das es leider keine Ausgabe dieses Buches gab, einiges getan. In den **Objektexportoptionen** können Sie einzelnen Layoutelementen unter anderem Auflösungs- und Formatoptionen mitgeben, so dass Bilder und Grafiken beim Export je nach ihren Erfordernissen individuell verarbeitet werden.

Über das **Artikel**-Bedienfeld steuern Sie die Exportreihenfolge von Texten und Bildern auch ohne technische Eingriffe wie Textverkettungen oder verankerte Objekte.

Der EPUB-Export ist kein separater Menübefehl mehr, sondern in der Formatauswahl bei der generellen Exportfunktion zu finden, wo man ihn auch am ehesten erwartet.

Der HTML-Export ist leider ohne Nacharbeit noch so wenig brauchbar, weshalb ich ihn wohl frühestens in der nächsten Ausgabe dieses Buches behandeln werde.

Sonstige Neuerungen

Dialogfenster „Neues Dokument“

Seit InDesign CS5 wurde beim Einrichten eines neuen Dokuments zwischen den Zielmedien **Druck** und **Web** unterschieden. Um dem neuen Publikationskanal der „Smartphones“ und „Tablet-PCs“ sichtbar mehr Gewicht zu verleihen, kam als drittes Zielmedium **Digitale Veröffentlichung** hinzu.

Während bei **Druck** weiterhin Millimeter als Maßeinheit und CMYK als Transparenzfüllraum voreingestellt sind, schalten **Web** und **Digitale Veröffentlichung** automatisch auf Pixel (px) und RGB um, während Schriftgrößen und Linienstärken die in den Voreinstellungen festgelegte Einheite (pt oder mm) beibehalten.

Im Gegensatz zur CS5(.5) lässt sich das Zielmedium jetzt auch bei bestehenden Dokumenten noch nachträglich ändern.

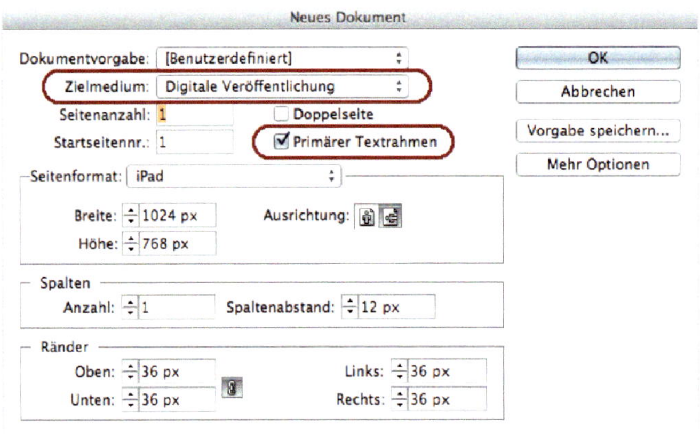

Neue Optionen bei der Dokumenteinrichtung

Eigentlich nicht neu, aber in Benennung und Funktion deutlich besser benutzbar geworden ist die Option **Primärer Textrahmen** (vorher „Mustertextrahmen“). Damit lassen sich sowohl „Liquid Layout“ als auch der seit CS4 bekannte „Intelligente Textfluss“ jetzt sicher und komfortabel nutzen.

Geteilte Layoutansicht

Oft ist es praktisch, dieselbe Datei in einem zweiten Fenster anzeigen zu lassen, um gleichzeitig ein bestimmtes Detail und die ganze Seite im Blick zu haben. Diese Funktion gibt es jetzt unter **Fenster > Anordnen > Fenster teilen** und als praktisches Knöpfchen in der rechten unteren Ecke des Dokumentfensters. Sie ist nicht völlig identisch mit dem seit Adobe-Urzeiten bekannten Befehl **Fenster > Anordnen > Neues Fenster für** "...", da tatsächlich das vorhandene Fenster geteilt, kein neues aufgemacht wird. Das sind aber Spitzfindigkeiten, ich weiß.

Obwohl InDesign CS6 erst knapp zwei Monate nach dem iPad 3 und fast zwei Jahre nach dem iPhone 4 veröffentlicht wurde, fehlen leider die hohen Auflösungen dieser beiden Geräte in den Seitenformat-Voreinstellungen.

Angepasste Zoom-Stufen

Das Tastenkürzel [⌘ Strg] [1], das seit jeher die (**Ansicht** >) **Originalgröße** (= Zoom-Faktor 100 %) des Layouts anzeigen sollte, hat das bisher so gut wie nie getan, sondern alles so angezeigt, als habe jeder Monitor der Welt immer noch 72 ppi, also dieselbe Auflösung wie Mitte der 1980er-Jahre. Auf praktisch allen modernen Bildschirmen ergab das wegen der zwischenzeitlich fast stetig wachsenden Pixeldichte irgendetwas zwischen 70 % und 80 %. Das dargestellte Seitenformat war also wesentlich kleiner als in Wirklichkeit.

Mit CS6 hat InDesign endlich die längst fällige Intelligenz spendiert bekommen und versucht nun, die Monitorauflösung auszulesen, so dass 100 % in den meisten Fällen auch der tatsächlichen Größe entsprechen.

◢ *Skripte: Seite Seite 623*

Der Trick, das obige Tastenkürzel einem kleinen Skript zuzuweisen, in dem die optimale Darstellungsgröße hinterlegt ist, funktioniert allerdings nach wie vor, falls InDesign die korrekte Auflösung nicht ermitteln kann oder Ihnen das Ergebnis nicht genau genug ist.

Pfadhervorhebung bei Mausüberquerung

Wie von Illustrator bekannt, zeigen alle anklickbaren Layoutobjekte vorübergehend ihre Rahmenkanten, wenn man sie mit einem der Auswahlwerkzeuge (▶ oder ▷) überquert (ähnlich einem „Mouseover"-Effekt auf Internetseiten). Funktioniert auch im Vorschaumodus.

Verknüpfungsmarke

Ab sofort lässt sich direkt am Rahmen einer verknüpften Grafik ablesen, ob die Verknüpfung aktuell, veraltet oder nicht mehr vorhanden ist. Dazu trägt jeder Rahmen, der eine verknüpfte Grafik (oder verknüpften Text) enthält, an der Oberkante nahe der linken oberen Ecke ein graues Kettensymbol (🔗 = aktuell), ein gelbes Warndreieck (⚠ = veraltet) oder ein rotes Stoppschild mit einem Fragezeichen (❓ = fehlend), also dieselben Symbole wie in der Statusspalte des **Verknüpfungen**-Bedienfelds.

Mehrfache Rechenoperationen in Eingabefeldern

InDesign kann in numerischen Eingabefeldern jetzt nicht mehr nur die vier Grundrechenarten (Addieren mit [+], Subtrahieren mit [−], Multiplizieren mit [*], Dividieren mit [/]), sondern auch Kombinationen davon. Ein Beispiel: Ihr Textrahmen soll vier Spalten mit je 41,5 mm Breite enthalten. Der Spaltenzwischenraum beträgt jeweils 5 mm. Lassen Sie ganz bequem die Gesamtbreite errechnen, indem Sie im **Steuerung**-Bedienfeld für die Breite eingeben: **41,5*4+5*3**. Nach Drücken der Eingabetaste berechnet InDesign unter Berücksichtigung der Punkt-vor-Strich-Regel das korrekte Ergebnis: 181 mm.

Wer InDesigns wichtigsten Konkurrenten Quark XPress gut kennt, hat das vielleicht, wie ich auch, seit InDesign 1.0 vermisst.

Zuletzt verwendete Schriften oben im Schriftenmenü

Das kennt man schon von anderen Programmen wie Microsoft Word: Die letzten zehn verwendeten Schriftfamilien stehen im Schriftenmenü ganz oben. Die Anzahl ist von 0 bis 50 einstellbar in den **Voreinstellungen** unter **Eingabe** > **Eingabeoptionen**.

Ausrichten an Basisobjekt

Von Illustrator ist Ihnen vielleicht die Möglichkeit bekannt, selbst zu bestimmen, an welchem Objekt sich beim **Ausrichten** alle anderen orientieren sollen. Auch in InDesign können Sie jetzt mehrere Objekte an einem Basisobjekt ausrichten, indem Sie zuerst alle betreffenden Objekte markieren (wie immer, mit gedrückter [⇧]-Taste) und dann (jetzt ohne [⇧]) noch einmal das Objekt anklicken, das fixiert sein soll. Es wird durch eine deutlich fettere Umrandung in Ebenenfarbe gekennzeichnet. Anschließend können Sie den gewünschten Ausrichten-Knopf betätigen.

Ausrichten mit hervorgehobenem Basisobjekt

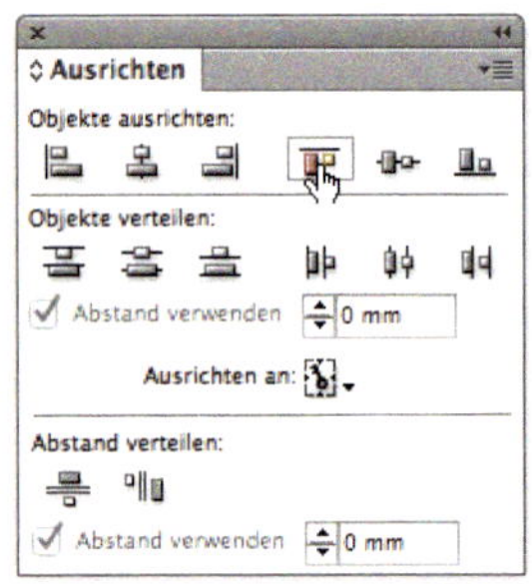

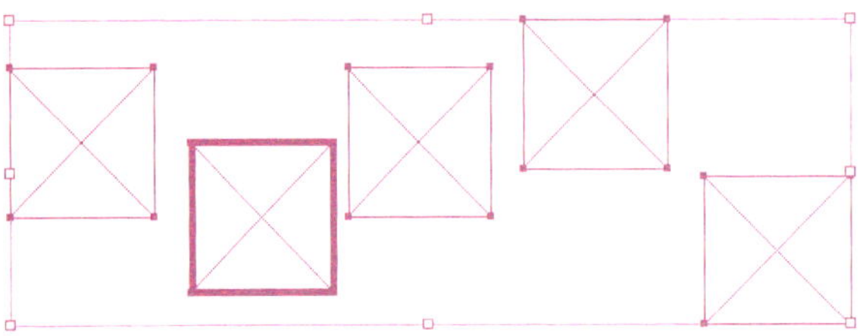

Speichern als IDML

Das Exportformat **IDML** ist vielseitig verwendbar, unter anderem als abwärtskompatibles Austauschformat, das prinzipiell jede InDesign-Version ab CS4 (hier wurde es erstmals angeboten) öffnen kann. Um den Datenaustausch einfacher zu machen, steht IDML neuerdings an zwei Stellen zur Verfügung: wie bisher beim **Exportieren** und jetzt auch beim **Speichern** einer Datei.

Speichern als IDML

Exportieren als PNG

Ich bin mir nicht sicher, wer alles auf diese Funktion gewartet hat, aber vermutlich hat man sich bei Adobe gedacht: Wenn schon die statischen Inhalte in Folio-Dateien als PNG gespeichert werden, können wir das auch serienmäßig als Exportfunktion einbauen.

Vorschau und Export in Graustufen

PDFs, die nicht nach einem X-1-, X-2- oder X-3-Standard (die alle nur CMYK beziehungsweise CMYK und RGB erlauben) erzeugt werden, können in Graustufen ausgegeben werden. Wählen Sie beim PDF-Export zum Beispiel den X-4-Standard und unter **Ausgabe** ein Graustufenprofil („Dot Gain ...%", „ISO Coated v2 - GREY 1c ..." oder Ähnliches).

Für eine Graustufenvorschau innerhalb von InDesign rufen Sie **Ansicht** > **Proof einrichten** > **Benutzerdefiniert** auf und geben hier ein Graustufenprofil als „Zu simulierendes Gerät" an.

Minimieren von Bedienfeldern durch Klick auf den Namensreiter

Aus unerfindlichen Gründen war es seit InDesign CS5 auf einmal nicht mehr möglich, ein aufgeklapptes („erweitertes") Bedienfeld durch Klick auf seinen Namen wieder auf das Symbol zu minieren. Man musste entweder auf das Symbol selbst oder auf den winzigen Doppelpfeil in der Titelleiste klicken. Jetzt funktioniert's wieder an allen drei Stellen, hurra!

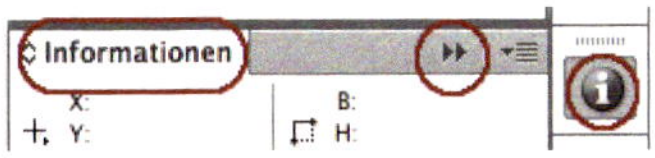

Die Dreifaltigkeit der Bedienfeldminimierung

Verbesserte Sprachunterstützung

de.wikipedia.org/wiki/Hunspell

Ursprünglich für Ungarisch entwickelt, hat sich Hunspell in der Open-Source-Welt als Technologie für die Rechtschreibprüfung in mittlerweile etwa 100 Sprachen etabliert. Unter anderem setzen OpenOffice/LibreOffice, Mozilla, Google und Opera sowie seit CS5.5 auch InDesign ein. Der Vorteil gegenüber dem kommerziellen Proximity ist, dass ständig weitere Sprachen hinzukommen, ohne dass neue Lizenzverhandlungen oder -gebühren erforderlich werden.

Die „normale" Version von InDesign hat jetzt neben **Absatz**- und **Ein-Zeilen-Setzer** auch den **Globalen Adobe-Absatz**- beziehungsweise -**Ein-Zeilen-Setzer** zur Auswahl – die gab es bisher auch schon, aber tatsächlich bedienbar waren sie nur in der so genannten Middle-East-Version (= Nahostversion), einer speziellen InDesign-Variante, die unter anderem Arabisch und Hebräisch korrekt verarbeiten kann und bisher von einem externen Anbieter hergestellt und vertrieben wurde. Nun bietet Adobe diese „ME"-Version selbst an, was uns zumindest diese bescheidene Auswahl beschert hat. (Für korrekte arabische Typografie braucht's noch viel mehr als nur die richtige Leserichtung, aber wer nur gelegentlich ein paar Absätze Arabisch verarbeitet, kann damit zumindest eine wichtige Grundeinstellung vornehmen, um auch ohne Sprachkenntnisse lesbaren Text zu produzieren. Wir hoffen auf mehr.)

Den **Platzhaltertext** gibt's jetzt in verschiedenen Sprachen und sogar mit Rechts-nach-links-Schriftsystemen. Rufen Sie **Schrift** > **Mit Platzhaltertext** füllen auf und halten Sie dabei ⌘ Strg gedrückt.

Wählen Sie Sprache und Schriftsystem für den Platzhaltertext.

CS Review wird ersetzt durch … erst mal nichts
Ich muss gestehen, dass ich das Korrektur- und Kollaborationsvehikel CS Review zuletzt 2009/2010 im „Prerelease" (= Betatest) zu CS5 gründlich getestet habe. Es schien eine gute Idee zu sein, leider nur halbherzig umgesetzt, als wollte man erst einmal sehen, wie's bei den Kunden ankommt, bevor man richtig Arbeit investiert. Einige solcher Ideen sind ja in der Folge zu Technologien ausgebaut worden, die längst nicht mehr wegzudenken sind, wie etwa verschachtelte Formate oder bedingter Text. Andere überleben vielleicht noch eine oder zwei Versionen und verschwinden dann (glücklicherweise) wieder, zum Beispiel der Workgroup Server oder Version Cue.

Die Funktionen, die CS Review hätte bieten sollen, werden irgendwann höchstwahrscheinlich viel besser und komfortabler in der Creative Cloud angeboten werden. Zu dem Zeitpunkt, da ich diese Zeilen schreibe, ist das erst vage angekündigt, aber wenn Sie dieses Buch 2013 oder später lesen, können Sie entsprechende Dienste vielleicht schon nutzen, sofern Sie ein Cloud-Abo haben.

Fazit

Adobe hat ganz allgemein bei allem nachgebessert, was unter die Rubrik „digitale Medien" fällt. Das mag auch damit zu tun haben, dass die Firma Quark – als Hersteller des größten InDesign-Konkurrenten XPress – seit 2010 auf diesem Gebiet ebenfalls nicht untätig war, vor allem, als sich abzeichnete, was für ein Fehler es gewesen war, zu stark auf Flash zu setzen.

Von allen Funktionen, die beim effizienten Layoutumbau helfen sollen, gefallen mir die neuen Textrahmenoptionen **flexible Breite** und **automatische Größenanpassung** am besten, aber auch dem **Inhaltsdingsbums**, dessen voller Name mir viel zu sperrig übersetzt ist – ich nenne es lieber multiple Zwischenablage – traue ich ein langes Leben und einen großen Freundeskreis zu.

Und dann sind da noch die unzähligen Detailverbesserungen, die auf den ersten Blick vielleicht nicht für jeden den Upgrade-Preis rechtfertigen, auf die ich aber längst nicht mehr verzichten möchte.

Bei Adobe gibt es einen offiziellen (leider etwas sparsam betextete) **Vergleich der Funktionen** aller InDesign-Versionen seit CS3. Wenn Sie dieses Buch lesen, hat vielleicht auch unser polyglotter Freund Rufus Deuchler seinen **Neuigkeiten-Spickzettel** auf CS6 aktualisiert, und wenn wir ganz viel Glück haben, hat Frank Münschke ihn auch schon ins Deutsche übertragen. Suchen Sie im Netz einfach nach „InDesign New Features Cheat Sheet".

◁ *adobe.com/de/products/indesign/buying-guide-version-comparison.html*

◁ *rufus.deuchler.net*

◁ *k-mw.de*

◁ *google.de/search?q=indesign+new+features+cheat+sheet*

Organisation ist alles: InDesign einrichten

Wenn Sie mit InDesign CS5 bereits vertraut sind, fällt Ihnen der Umstieg auf CS6 nicht schwer. Adobe hat, wie in den vergangenen Jahren, nur kleine Änderungen an der Bedienoberfläche vorgenommen, um die Kreativprogramme optisch zu vereinheitlichen. Ich möchte Ihnen zeigen, wie Sie mit einfachen Tricks Ihre Bedienoberfläche möglichst effizient einrichten und nutzen können.

Arbeitsbereiche

Damit Sie für typische Arbeiten in InDesign den richtigen Arbeitsplatz vorfinden, besitzt InDesign auch in dieser Fassung vorgefertigte Arbeitsbereiche wie **Neu in CS6** oder **Erweitert**. Diese Arbeitsbereiche zeigen nicht nur jeweils andere Bedienfeldergruppen, sondern es werden auch entsprechende Menüeinträge ausgeblendet beziehungsweise farblich herausgehoben. Blau unterlegt sind zum Beispiel alle Einträge, die in InDesign neu hinzugekommen sind oder überarbeitet wurden. Nehmen Sie sich ein paar Minuten Zeit und schauen Sie durch, was sich geändert hat. Als Ausgangspunkt für die professionelle Layoutarbeit sollten Sie die Arbeitsumgebung **Erweitert** aufrufen, damit alle wichtigen Menüeinträge sichtbar sind und die notwendigen Bedienfelder gleich am rechten Monitorrand erscheinen.

Die Arbeitsumgebungen finden Sie am oberen rechten Fensterrand von InDesign.

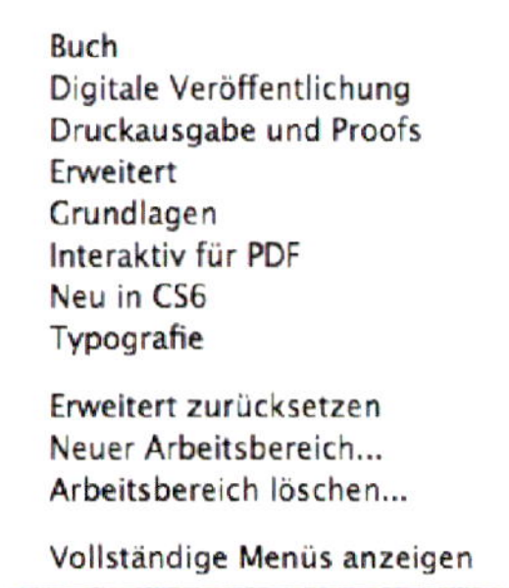

Bedienfeldpositionen

Da Adobe seit einigen Versionen nicht mehr von „Paletten" sondern eben von **Bedienfeldern** spricht, bemühe ich mich, das genauso zu tun, auch wenn mir vielleicht doch noch gelegentlich irgendwo das P-Wort rausrutscht. Aber es soll sich ja auch jemand in diesem Buch zurechtfinden, der erst nach dem Ende der „Paletten"-Ära eingestiegen ist. Bedienfeld. **Bedienfeld. Bedienfeld.** Wird schon klappen.

Alle Funktionen sind in thematisch gruppierten **Bedienfeldern** untergebracht, die als *Icon* (amerikanisch ausgesprochen wie *„EI-kahn"* = Symbol, Piktogramm) mit Beschriftung dargestellt werden. Das erleichtert das Auffinden der Bedienfelder und verkleinert den notwendigen Platz. Mit einem Klick auf eins der Symbole springt das Bedienfeld auf und zeigt alle seine Funktionen so lange, bis Sie ein anderes wählen. Die Darstellung aller verkleinerten Bedienfelder als Symbol und Beschriftung können Sie so weit reduzieren, dass nur noch Symbole am Monitorrand zu sehen sind. Dafür bewegen Sie die Maus auf die linke Kante der Bedienfelder, bis der Mauszeiger zu einem Doppelpfeil wird. Ziehen Sie nun die Maus mit gedrückter linker Maustaste nach rechts. Dadurch verschwindet die Beschriftung. Alternativ können Sie diesen Schritt auch umgekehrt anwenden und die Beschriftungen wieder „herausziehen".

Ausblenden der Bedienfelder
Mit der Tabulatortaste [⇥] blenden Sie alle Bedienfelder und Werkzeuge aus und wieder ein. Um nur die Bedienfelder allein auszublenden, drücken Sie [⇧] [⇥].

Die Standarddarstellung mit Symbol und Beschriftung verkleinern Sie durch Ziehen am linken Rand auf die reine Symboldarstellung. Mit einem Klick auf den Doppelpfeil im oberen dunkelgrauen Bereich blenden Sie die Inhalte der Bedienfelder ein.

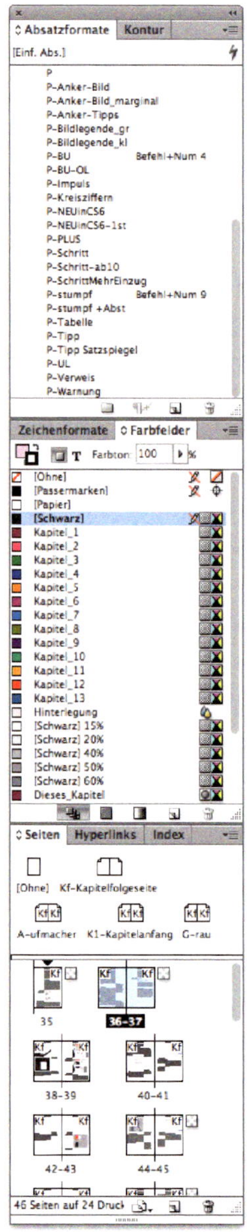

Wollen Sie stattdessen alle Bedienfelder wie in früheren Versionen untereinander angeordnet auf einen Blick sehen, klicken Sie doppelt in den dunklen Bereich über den Bedienfeldern oder einmal auf den kleinen Doppelpfeil darin. Dadurch springen alle verkleinerten Bedienfelder auf und zeigen sich permanent. Das ist aber vielleicht eher etwas für Menschen mit sehr großen Bildschirmen oder wenigen geöffneten Bedienfeldern.

Menübefehle einrichten

InDesign ist ein komplexes Programm, das jede Anfängerin und jeden Neuling auf die Probe stellt, unter welchem Menü eine gesuchte Funktion zu finden ist. Nach einer Eingewöhnungsphase ist eine gemischte Arbeitsweise aus Menüauswahl, Kontextmenü (rechte Maustaste) und Tastenbefehlen sinnvoll. Doch es geht auch anders. Für alle, die InDesign nur kurzzeitig benutzen oder darin konkrete wiederkehrende Aufgaben verrichten müssen, wie zum Beispiel das Platzieren von Anzeigen, können alle Menübefehle auf das Nötige reduziert oder häufige Befehle farblich hervorgehoben werden. Diese Einstellungen betreffen auch die „Arbeitsbereiche", die ich Ihnen später in diesem Kapitel vorstelle.

Unter dem Menü **Bearbeiten > Menüs** rufen Sie den Dialog für die Änderungen auf. Hierbei wählen Sie zunächst zwischen Anwendungsmenüs – also den Einträgen im Hauptmenü – und den Kontextmenüs, wenn Sie beispielsweise mit der rechten Maustaste auf einen Rahmen klicken.

Über das Augensymbol schalten Sie den Menübefehl auf sichtbar oder unsichtbar. Eine Hervorhebung ist in sieben Farben möglich.

Alphabetisch sortierte Menüs
Mit gedrückten [⌘ Strg] [⌥ Alt] [⇧]-Tasten zeigt das Hauptmenü alle Einträge in alphabetischer Reihenfolge an. Auch die Funktion **Schnell anwenden** erleichtert die Suche nach schwer auffindbaren Funktionen.

Bibliotheken einbinden

Für die Arbeit mit umfangreichen Dokumenten wie beispielsweise Magazine oder Kataloge empfehle ich die Arbeit mit **Bibliotheken**, in denen Sie Rahmenvorlagen speichern und bei Bedarf in das Layout platzieren können.

Geöffnete Bibliotheken können Sie in Ihrer Arbeitsumgebung fest verankern, indem Sie die Bibliothek öffnen, an einen geeigneten Ort verschieben und anschließend die Arbeitsumgebung speichern. Rufen Sie dazu im Menü **Fenster** > **Arbeitsbereich** > **Neuer Arbeitsbereich** auf. Geben Sie anschließend einen geeigneten Namen für den Arbeitsbereich an.

Die Arbeitsbereiche speichern Sie auf Ihrer Festplatte mit einem eigenen Namen.

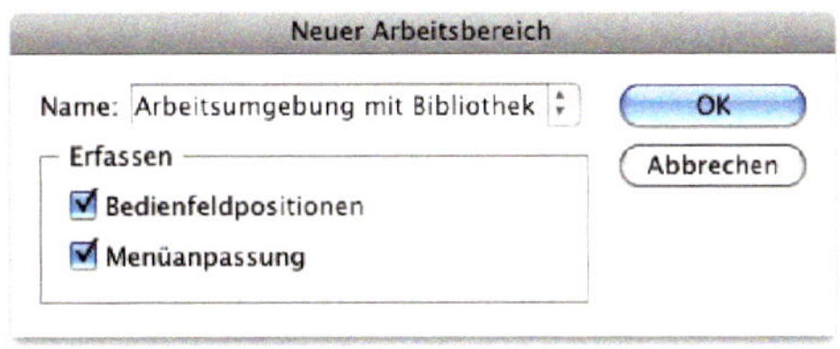

Wenn Sie anschließend einen anderen Arbeitsbereich wie **Neu in CS6** wählen und später diesen Arbeitsbereich im Menü unter **Fenster** > **Arbeitsbereich** oder im Aufklappmenü des Dokumentenfensters oben rechts wieder aufrufen, erscheint auch die Bibliothek an ihrer gespeicherten Position – wenn sie zu diesem Zeitpunkt geöffnet ist.

Die Kontextmenüs

Eine besondere Rolle kommt in InDesign den Kontextmenüs zu. Alle Editiermöglichkeiten zum angewählten Rahmen und zum aktuellen Werkzeug verbergen sich kompakt in diesen Menüs, erreichbar auf der rechten Maustaste, auf einem Mac auch mit [ctrl]+Klick. Wenn Sie einen Text bearbeiten, können Sie über das Kontextmenü nicht nur die Schrift oder die Schriftgröße erreichen, sondern auch typografische Sonderzeichen wie ein **Achtelgeviert** oder Formatierungszeichen wie einen **Seitenumbruch** einfügen. Zugunsten lesbarer Erläuterungen verzichte ich im Rest dieses Buches auf die Anweisung, die rechte Maustaste zu benutzen, und spreche nur noch vom **Kontextmenü**.

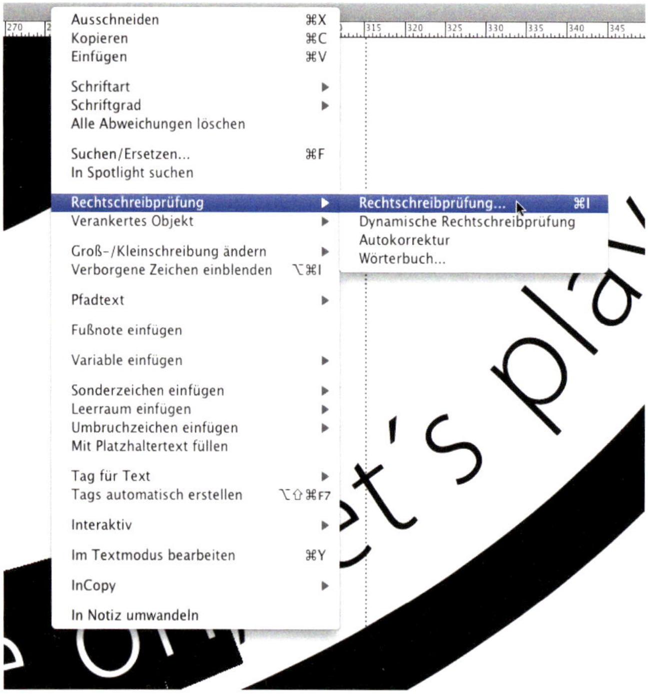

Das Kontextmenü während der Bearbeitung eines Textrahmens

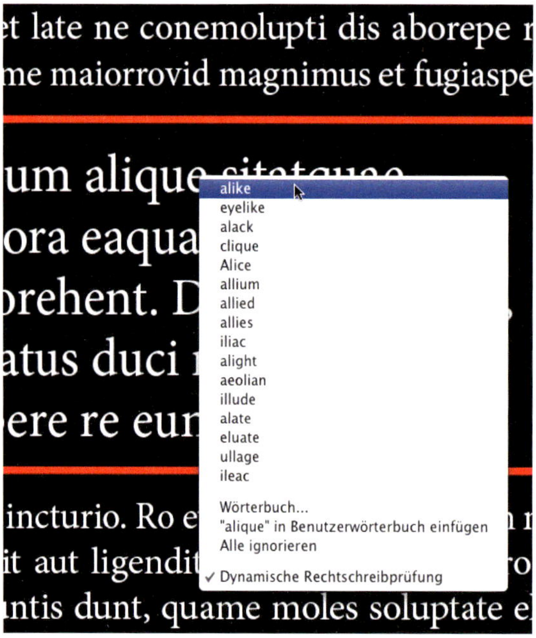

In der Textbearbeitung zeigt InDesign im Kontextmenü die Textvorschläge aus dem Wörterbuch, sofern die Dynamische Rechtschreibprüfung aktiviert ist.

Wenn Sie sich mit dem Mauszeiger über Bedienfeldern befinden, enthält das Kontextmenü Befehle, die sonst überwiegend in den Bedienfeldmenüs versteckt sind. Unter Umständen werden auch Darstellungsoptionen für das jeweilige Bedienfeld angeboten.

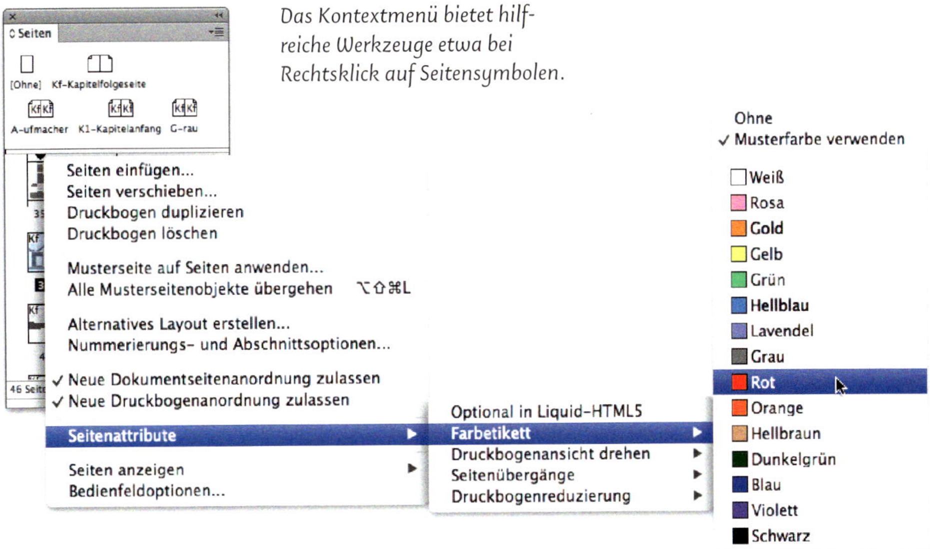

Das Kontextmenü bietet hilfreiche Werkzeuge etwa bei Rechtsklick auf Seitensymbolen.

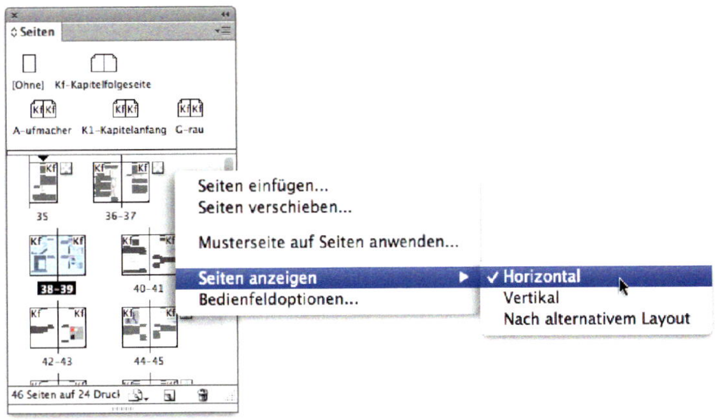

Über dem leeren Bereich eines Bedienfelds erreichen Sie per Kontextmenü allgemeine Bedienfeldoptionen.

Voreinstellungen

Die Vorgaben und Einstellungen, die Sie in InDesign treffen können, sind zahlreich. Ich möchte Ihnen die wichtigsten Punkte wie **Seitenformate, Typografie, Farben und Platzhalter** vorstellen. Wenn Sie eine der folgenden Vorgaben in einem geöffneten Dokument einstellen, speichert InDesign diese Vorgabe immer *innerhalb des Dokuments*. Wenn Sie stattdessen alle Dokumente schließen und dann die Vorgaben treffen, gelten Ihre Einstellungen für alle zukünftig erstellten Dokumente. Bedenken Sie das also, wann Sie beispielsweise eigene Seitenformate oder Vorgaben für Platzhalter festlegen.

Programmvoreinstellungen

Unter dem Menü **InDesign** > **Voreinstellungen** auf dem Mac beziehungsweise **Bearbeiten** > **Voreinstellungen** auf dem PC (am besten merken Sie sich für beide Plattformen ⌘ Strg K) finden Sie die über 160 Optionen, gegliedert in 18 Gruppen. Die Bedeutung aller Optionen zu erklären, würde den Rahmen des Buches sprengen und Ihre Geduld überstrapazieren. Daher möchte ich mich auf die wesentlichen Vorgaben konzentrieren. Im Übrigen ist ein Großteil der Vorgaben von Adobe durchaus sinnvoll eingestellt, so dass Sie ohne große Probleme damit arbeiten können.

Vorgaben für die Benutzeroberfläche in InDesign, unter anderem für die Eingabe von Multitouch-Gesten sowie die Geschwindigkeit der Vorschau beim Bewegen der Montagefläche.

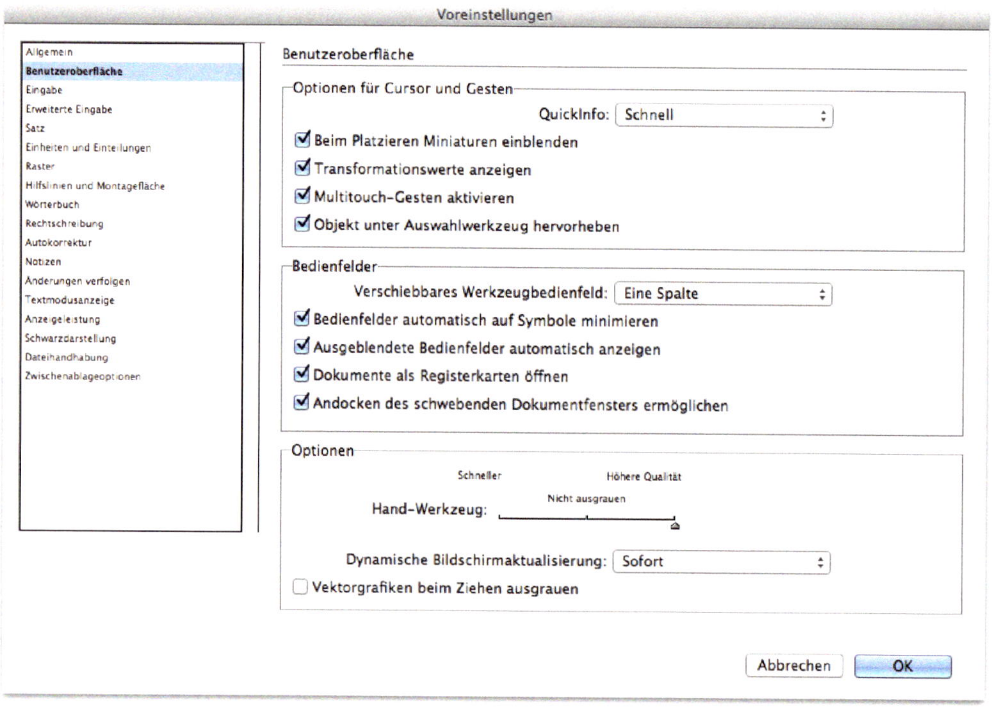

Einheiten

Welche Einheiten InDesign verwendet, bestimmen Sie bereits, wenn Sie eine neue Datei anlegen. Mit der Auswahl der „Ausgabe“ als Print oder Web verwenden Sie entweder Millimeter oder Pixel als Einheit für die Beschreibung von Seitenformaten und Rahmen. Für die Typografie verwendet InDesign den DTP-Point als Vorgabe. Sollten Sie für Lineale, Seitengrößen oder Schriften andere Einheiten verwenden wollen, rufen Sie in den Voreinstellungen die Rubrik **Einheiten** auf.

Voreinstellungen für Textarbeit
Vorgaben für das Platzieren von Texten, Verfolgen von Textänderungen, Korrigieren mit Wörterbüchern und Anlegen von Inhaltsverzeichnissen hängen mit dem tatsächlichen Textinhalt im Layout zusammen und lassen sich nicht unbedingt allgemeingültig darstellen.

Text & Glyphen: Seite 235

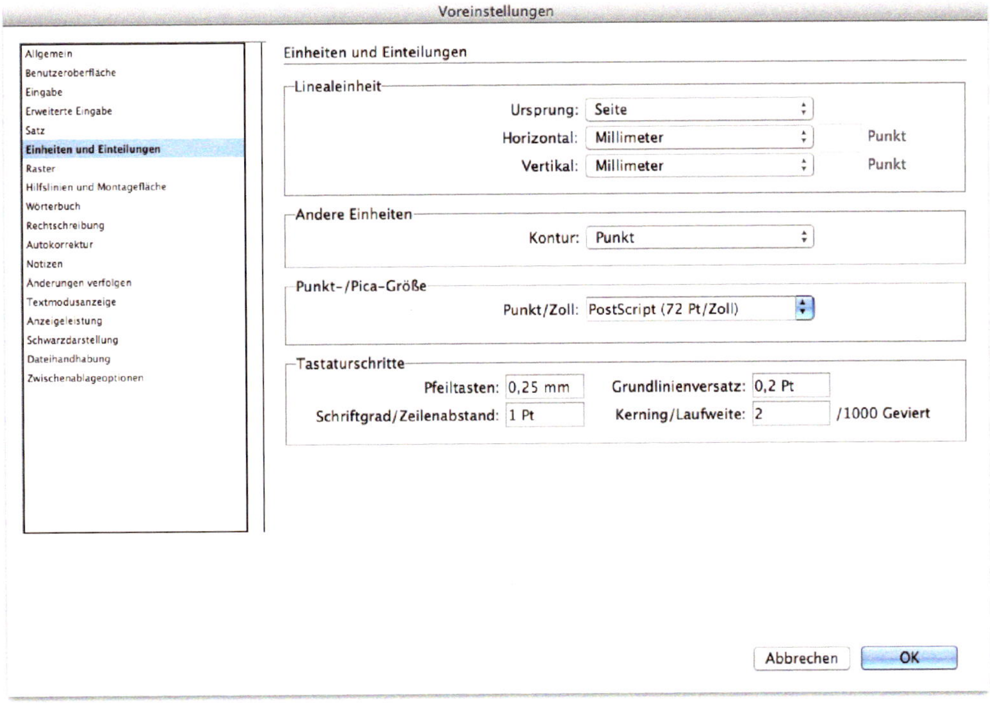

Meine Lieblingseinstellungen für Einheiten und Einteilungen.

Raster

Unter den Einstellungen in der Rubrik **Raster** wählen Sie die Vorgaben zum Grundlinienraster und zum Dokumentraster. Während das Dokumentraster von Fall zu Fall eingesetzt wird, spielt das Grundlinienraster eine wichtige Rolle. Hier sind die Voreinstellungen von InDesign nachteilig, denn die Vorgaben richten sich nicht am späteren Satzspiegel aus. Daher rufen Sie unter der Option **Relativ zu** den **Oberen Textrand** auf. Dieser **Textrand** ist dasselbe wie die obere Satzspiegelkante.

Relativ zum oberen Textrand
Musterseiten können in einem InDesign-Dokument unterschiedliche Werte für den oberen Satzspiegelrand – einnehmen. Somit beginnt das Grundlinienraster je nach Musterseite auf einer anderen Höhe.

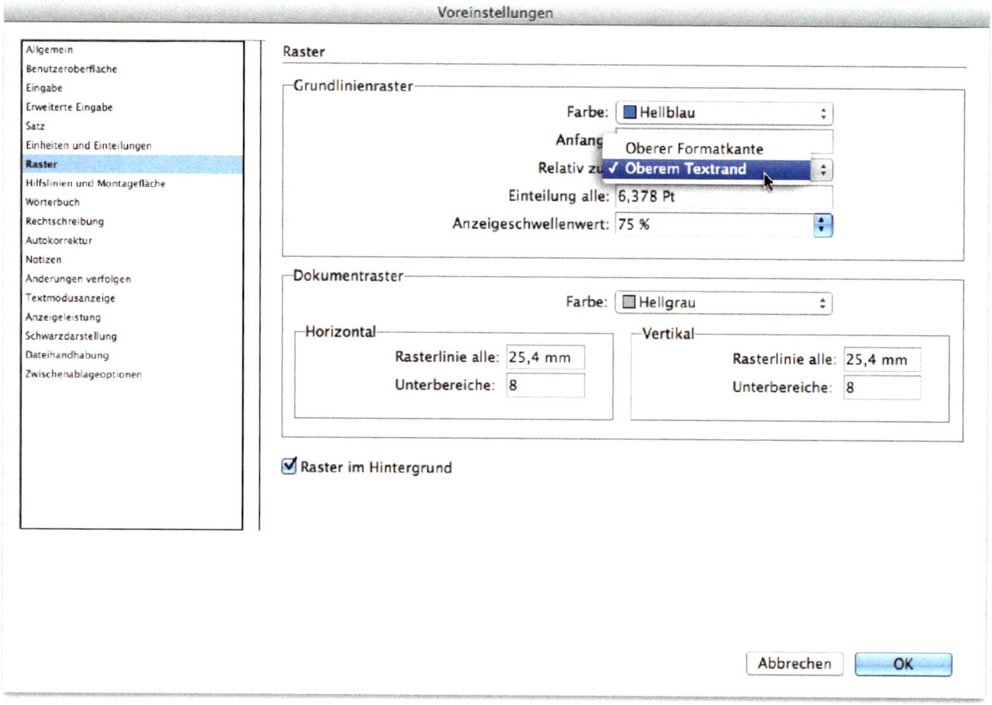

Wenn Sie das Grundlinienraster relativ zum oberen Textrand einstellen, beginnt die erste Grundlinie mit dem oberen Satzspiegelrand.

Anzeigeleistung

InDesign stellt auf Wunsch das Dokument mit niedrig aufgelösten Bildern und Effekten, ohne Bilder oder hochauflösend dar. Hinzu gesellen sich die Techniken **Überdruckenvorschau** und **Farbproof**, die auch die Anzeigequalität beeinflussen. Wenn Sie eine andere Anzeigeleistung als die voreingestellte verwenden wollen, sollten Sie dies nicht unbedingt in den Voreinstellungen ändern, da die Umschaltung der Qualitäten und Vorschaumodi über das Hauptmenü deutlich komfortabler ist als die Auswahl in den Voreinstellungen.

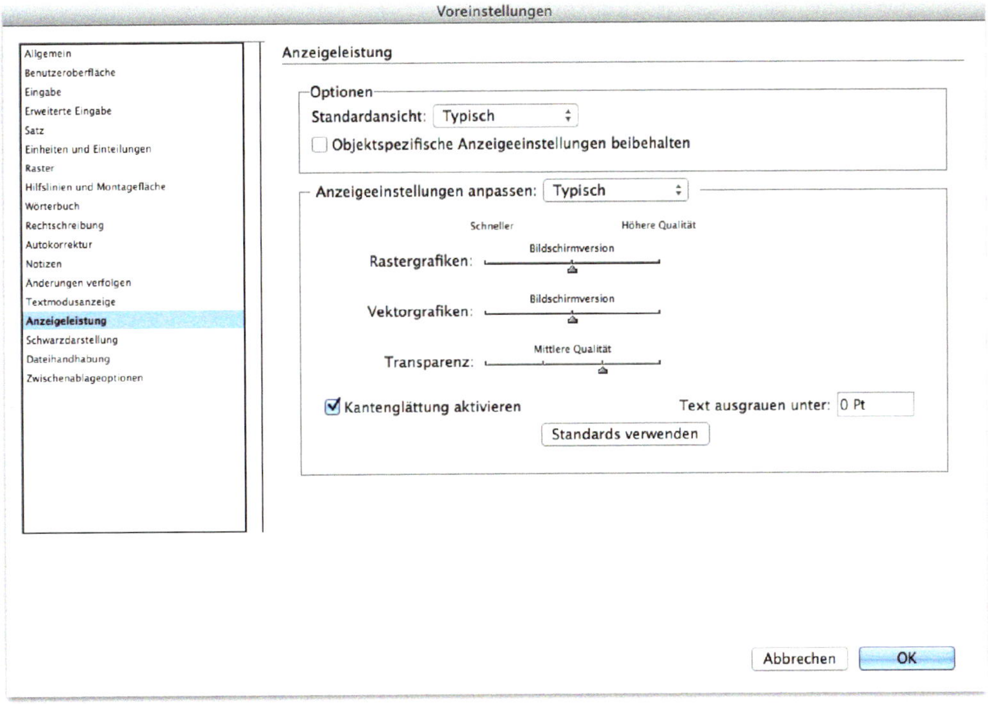

Die Voreinstellungen zur Anzeigeleistung bieten individuelle Qualitäten, die jedoch kaum benötigt werden.

InDesign zeigt das Layout in der „schnellen" Qualität mit abgeblendeten Bildern und Grafiken.

Verwenden Sie die hochauflösende Darstellung, stellt InDesign die Bilder in voller Auflösung dar.

Dynamische Bildschirmaktualisierung

InDesign arbeitet mit einer schnellen Vorschau für die Darstellung von Bildern und Texten, während Sie die Montagefläche bewegen oder ein Bild von einem Text umfließen lassen. Somit erhalten Sie immer sofort die bestmögliche Darstellung des Layoutergebnisses. Adobe nennt dieses Verhalten **Dynamische Bildschirmaktualisierung**. Sollten Sie während der Arbeit mit besonders umfangreichen Dokumenten feststellen, dass die Geschwindigkeit in der Darstellung abnimmt und InDesign Zeit benötigt, die schnelle Vorschau zu berechnen, können Sie in den Voreinstellungen unter der Rubrik „Benutzeroberfläche" die Dynamische Bildschirmaktualisierung von „Sofort" auf „Verzögert" einstellen.

Farbproof aktivieren

Für die medienneutrale Gestaltung mit RGB-Bildern, CMYK-Farben im Layout sowie Schmuckfarben kann das Ausgabeprofil für die Monitorwiedergabe simuliert werden – Sie sehen also die spätere Ausgabe als CMYK, arbeiten jedoch mit medienneutralen Bildern.

◢ *Farbmanagement – alles unter Kontrolle?: Seite 57*

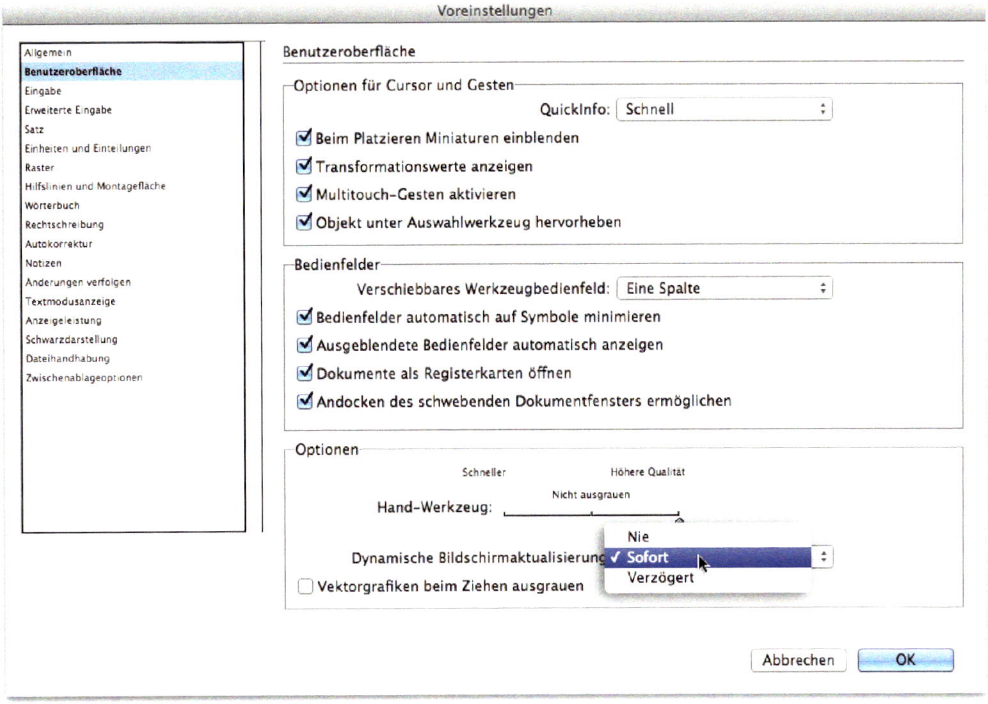

Die Art der Bildschirmaktualisierung wählen Sie in der Rubrik „Benutzeroberfläche".

Dateihandhabung und Wiederherstellung

Die **Adobe Bridge** stellt InDesign-Dokumente anhand der ersten beiden Seiten im Layout dar. Somit können Sie Ihr InDesign-Layout in einem Verzeichnis auch visuell auffinden. Damit die **Bridge** mehrere oder alle Seiten Ihres Layouts in der Vorschau zeigen kann, ändern Sie in den Voreinstellungen unter der Rubrik „Dateihandhabung" die Einstellung bei „Seiten". Um die **Bridge** geht es auch im Zusammenhang mit dem Platzieren von Bildern ab Seite 155.

Anzahl der Vorschauseiten in der InDesign-Datei

Je mehr Seiten Sie für die Vorschau einbeziehen und die Vorschaugröße wählen, umso mehr wächst die Dateigröße Ihrer InDesign-Datei. Jede Vorschauseite ist ein JPEG-Bild. Wählen Sie diese Option nur dann, wenn Sie häufig mit der Bridge arbeiten und Ihre Dokumente tatsächlich nach der Seitenvorschau verwalten.

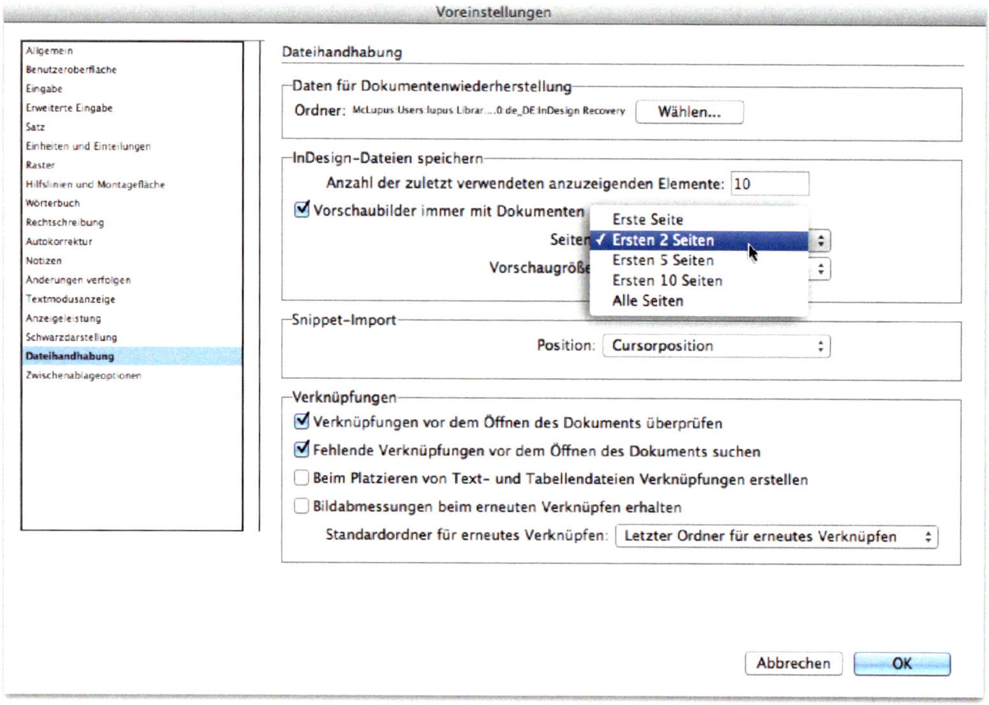

Die Anzahl der Seiten für die Bridge-Vorschau bestimmen Sie hier.

Die **Wiederherstellung** einer InDesign-Datei erfolgt dann, wenn der Computer, das Betriebssystem oder InDesign selbst den Dienst versagt hat und abgestürzt ist. In der *Datei für die Dokumentenwiederherstellung* speichert InDesign alle Arbeitsschritte, die seit dem letzten Speichern der geöffneten Datei ausgeführt wurden.

Starten Sie InDesign nach einem Absturz des Programms oder Systems neu, sucht InDesign zunächst in dieser Datei nach Einträgen. Befinden sich dort noch ungespeicherte Arbeitsschritte, versucht InDesign, die letzte(n) geöffnete(n) Layoutdatei(en) wiederherzustellen. Ist dies nicht der Fall, sollten Sie sich mit der **Fehlersuche & -behebung** ab Seite Seite 747 beschäftigen, wo ich Reparaturmöglichkeiten für defekte Dateien zeige.

Benutzerdefinierte Seitenformate

Seit CS5 ist die Beschreibung von eigenen Seitenformaten keine simple Textdatei mehr im Programmordner, sondern konsequenterweise eine XML-Datei im Verzeichnis der Voreinstellungen: „~/Library/Preferences/Adobe InDesign/Version 7.0/de_DE/Page Sizes/Neue Seitenformate.xml". Dort sind die Formatangaben leider in Point anzugeben und man braucht zumindest XML-Grundverständnis zum Editieren. Näheres zum Thema XML beschreibe ich Ihnen im Kapitel **Publishing mit XML** ab Seite 638.

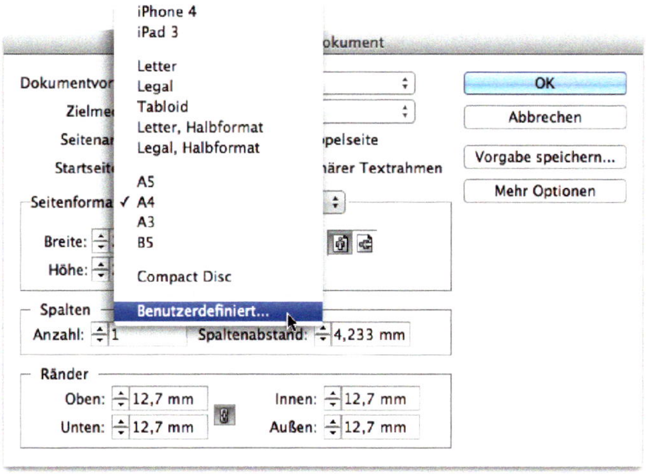

Die eigenen Seitenformate wählen Sie im Dialog „Neues Dokument".

Hier geben Sie beliebig viele neue Seitenformate an und fügen diese hinzu.

Die Seitenformate können Sie in geöffneten Dokumenten bearbeiten, wenn Sie das **Seitenwerkzeug** im **Werkzeuge**-Bedienfeld anwählen. Wenn Sie jedoch die Seitenformate ohne Dokument anlegen wollen, gehen Sie folgendermaßen vor: Legen Sie mit dem Tastaturbefehl [⌘ Strg] [N] eine neue Datei an. Im Aufklappmenü des **Seitenformates** können Sie am unteren Ende ein **Benutzerdefiniertes Seitenformat** anwählen. Sogleich öffnet sich ein neuer Dialog, in dem Sie nun alle gewünschten Formate in Millimetern angeben und dann auf **Hinzufügen** klicken. Diese Seitenformate tauchen dann später wieder im Dialog **Neues Dokument** auf. Den Umgang mit dem Seitenwerkzeug erkläre ich Ihnen ab Seite 85.

Dokumentvorlagen

Damit Sie Ihr Layout als Vorlage für andere Dateien verwenden können, haben Sie zwei Möglichkeiten: Öffnen Sie Ihr InDesign-Layout als Kopie oder speichern Sie eine eigene Vorlagendatei im Format InDesign-Template (***.indt**).

Eine InDesign-Datei öffnen Sie als **Kopie**, indem Sie den Öffnen-Dialog in InDesign aufrufen, die gewünschte InDesign-Datei wählen und im unteren Bereich des Dialogs die Option „Kopie öffnen" aktivieren. Diese Methode eignet sich für einzelne Dateien, die von Fall zu Fall im Original oder als Kopie geöffnet werden sollen.

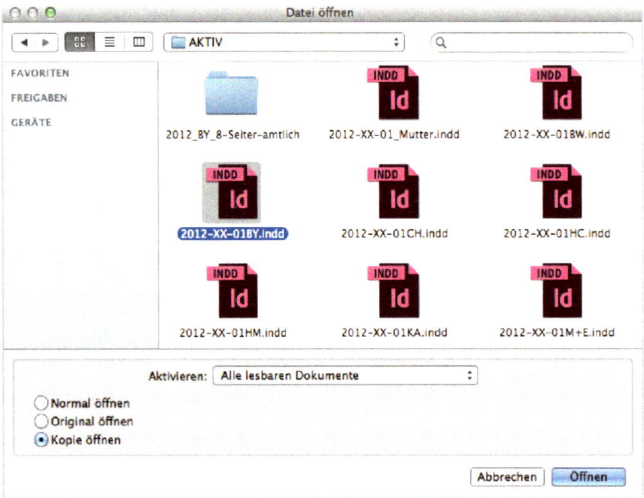

Im Öffnen-Dialog wählen Sie, ob Sie das Original oder eine Kopie aufrufen.

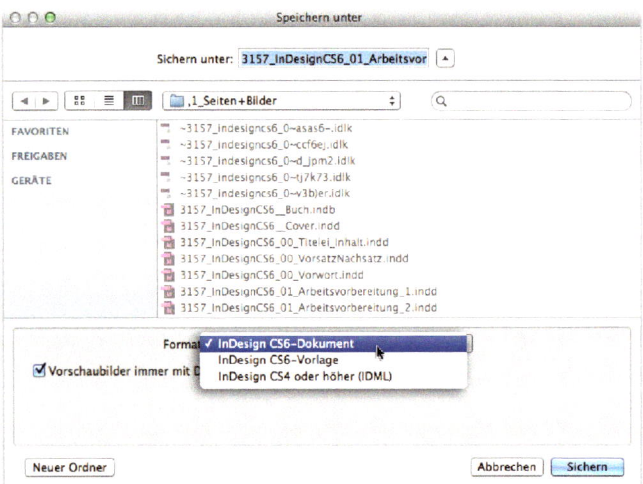

Speichern Sie eine InDesign-Vorlage, indem Sie das Format „InDesign CS6-Vorlage" auswählen.

Die Alternative besteht für Sie darin, dass Sie Ihr Layout nicht als normale InDesign-Datei speichern, sondern als **InDesign-Vorlage**. Rufen Sie den Dialog „Speichern unter" auf. Im Aufklappmenü „Format" wählen Sie „InDesign CS6-Vorlage". Somit speichern Sie nun eine Datei mit dem Kürzel ***.indt**. Diese Vorgehensweise ist dann zu empfehlen, wenn Sie regelmäßig Dateien auf Basis dieser Vorlage erstellen müssen.

Auf weitere Möglichkeiten, aus verschiedenen Vorlagen eine neue Datei zu erstellen, gehe ich im Kapitel **Muster & Vorlagen** ab Seite 83 ein.

Standard-Font Minion Pro

Während frühere InDesign-Fassungen neue Dokumente stets mit der Times angelegt haben, ist seit CS5 die Minion Pro als Standard-Font festgelegt. Dies soll spätere Produktionsschwierigkeiten vermeiden, die mit unterschiedlichen Mac- und PC-Fonts der „Times" entstehen können. Der Grund ist naheliegend: Die „Times" existiert auf dem Mac OS beispielsweise als TrueType, als OpenType und als dfont. Im Problemfall sind alle Arten aktiviert. Doch welcher Font wird nun benutzt? Auf dem PC entspricht die voreingestellte „Times" der „Times New Roman". Wenn also InDesign-Dokumente auf dem Mac erstellt und dann auf dem PC bearbeitet werden sollen, stimmen die Fontzuordnungen nicht mehr überein. Mit der Wahl der Minion Pro als Standard-Font wird dieses Problem umgangen. Sollten Sie alte Dokumente bearbeiten, die die Times oder die Times New Roman verwenden, achten Sie auf die verwendeten Font-Typen!

Absatz- und Zeichenformate laden
Haben Sie bereits Formate in anderen Dokumenten angelegt, können Sie diese Formate für neue Dokumente einfach importieren. Rufen Sie hierzu das Bedienfeld „Absatzformate" auf und wählen Sie im Bedienfeldmenü die Option „Alle Textformate laden". Wählen Sie anschließend Ihre „alte" Layoutdatei aus. InDesign importiert nun die Formate für Absätze und Zeichen, die anschließend in den entsprechenden Bedienfeldern erscheinen.

Glyphensätze für alle Dokumente
Wenn Sie häufig mit Symbolen aus verschiedenen Fonts arbeiten oder Schriftzeichen einfügen wollen, empfehle ich Ihnen, einen eigenen Glyphensatz anzulegen. Ähnlich wie die Farbfelder speichern Sie einen Glyphensatz ohne geöffnetes Dokument. Er ist nun für alle Dokumente verfügbar.

Vorgaben für Fonts

Die Standardschrift nach der Installation von InDesign ist die **Minion Pro Regular**. Wenn Sie ein neues Dokument anlegen, erscheint diese Schrift immer dann, wenn Sie das **Textwerkzeug** anwählen. Wollen Sie dies ändern, schließen Sie alle InDesign-Dokumente und wählen das Textwerkzeug. Rufen Sie nun die Schrift Ihrer Wahl auf. Sobald Sie eine neue InDesign-Datei anlegen und mit dem Textwerkzeug arbeiten, ist nun Ihre Schrift aktiviert.

Die weiteren Vorgaben für die Typografie wählen Sie in den Absatzformaten und Zeichenformaten. Auch hierfür können Sie alle Dokumente schließen und neue Absatzformate anlegen, sollten Sie diese Absatzformate in allen Dokumenten benötigen. Dies ist besonders dann sinnvoll, wenn Sie innerhalb eines Unternehmens für die unternehmensweite visuelle Kommunikation zuständig sind und in jedem InDesign-Dokument Ihre Hausschrift in der gewünschten Größe benötigen.

Vorgaben für die Farben

Vergleichbar zur Typografie können Sie selbst entscheiden, welche Farben in jeder neuen Datei eingestellt sind. InDesign verwendet die Standardfarben wie Cyan, Magenta und *Gelb* sowie die Farben *Rot*, *Grün* und *Blau* als **Prozessfarben**. Sie können diese Farben löschen, indem Sie alle Dokumente schließen, die Farben im Bedienfeld der Farbfelder markieren und mit einem Klick auf den Papierkorb entfernen.

Neue Farben für alle zukünftigen Dokumente legen Sie an, indem Sie auf das Blattsymbol klicken oder im Bedienfeldmenü der Farbfelder ein „Neues Farbfeld" anlegen. Dies eignet sich besonders bei Hausfarben, die als Schmuck- oder Prozessfarbe vorgegeben sind.

Zudem gibt es die fest angelegten Farben **[Papier]**, **[Schwarz]** und **[Passermarken]**. Die „Farbe" des Papiers wird zunächst als Weiß dargestellt. Wenn Sie jedoch einen Farbproof aktivieren, werden alle weißen Farben durch die Papierfarbe im Ausgabeprofil ausgetauscht. Dies zeige ich Ihnen ausführlich im Zusammenhang mit dem **Farbmanagement** ab Seite 57.

Eine einfache Farbvorlage erstellen Sie, indem Sie die Farbfelder anlegen, mit ⇧+Klick markieren und im Bedienfeldmenü der Farbfelder die Option **Farbfelder speichern** aufrufen. Anschließend fragt InDesign nach dem Speicherort Ihrer Farbvorlage als Datei im Format *Adobe Swatch Exchange* (*.ase). Diese Datei können Sie in anderen InDesign-Dokumenten über den Befehl **Farbfelder laden** im Bedienfeldmenü wieder importieren. Zudem ist die ASE-Datei auch zu Photoshop oder Illustrator kompatibel.

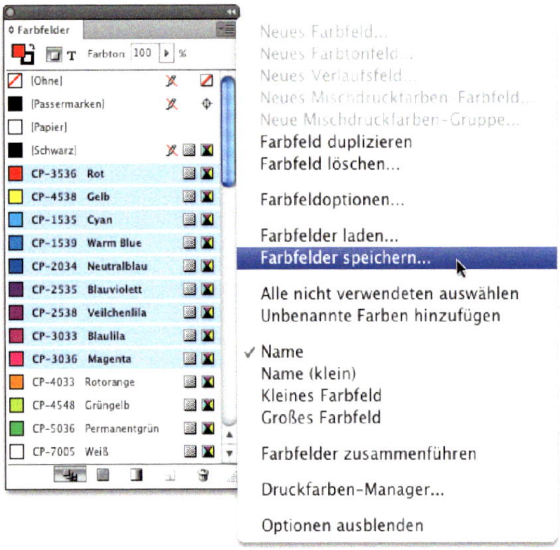

Markierte Farbfelder speichern Sie als ASE-Datei und Sie laden diese Datei wiederum in einer neuen Layoutdatei.

Vorgaben für Platzhalter

Für das Platzieren von Bildern und Grafiken ist es sehr hilfreich, wenn Sie sich eine Grundeinstellung einrichten, so dass jedes Bild gleich an die Rahmengröße und beim Skalieren angepasst wird. Schließen Sie hierfür alle Dokumente und rufen Sie im Menü **Objekt** > **Anpassen** > **Rahmeneinpassungsoptionen** auf. Aktivieren Sie zunächst die Option „Automatisch einpassen“, damit sich Bilder beim Skalieren von Rahmen immer an die aktuelle Größe des Rahmens anpassen. Für das **Einpassen eines Bildes** stehen Ihnen nun vier Möglichkeiten offen. Wählen Sie „Rahmen proportional füllen“. Das Bild wird somit den Rahmen immer ausfüllen. Entspricht das Höhen-Seitenverhältnis des Bildes nicht dem des Rahmens, werden Bildteile maskiert. Mit dem Ankerpunkt der Option „Ausrichten an“ entscheiden Sie, aus welchem **Ursprung** das Bild an den Rahmen angepasst wird. Ich empfehle als Standardeinstellung die **Mitte**.

Weitere Möglichkeiten im Zusammenhang mit den Rahmeneinpassungsoptionen zeige ich Ihnen ausführlich im Zusammenhang mit der Bildplatzierung.

◢ *Bilder platzieren: Seite 52*

Die Rahmeneinpassungsoptionen geben vor, wie sich ein Bild in einem Rahmen verhält.

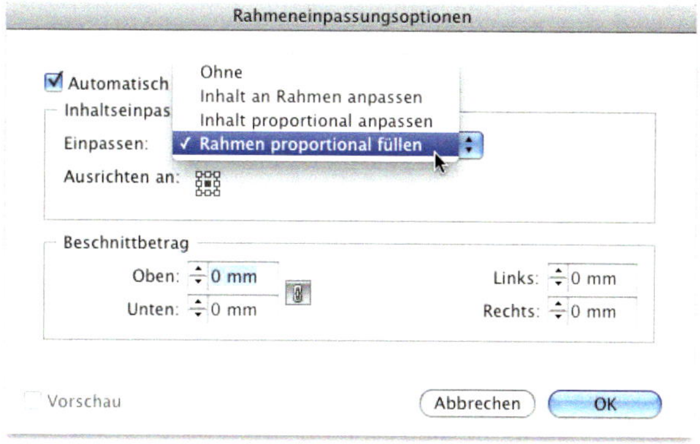

Farbmanagement

Für die perfekte Arbeit mit medienneutralen Bildern und Ausgabeprofilen ist es unabdingbar, die Adobe-Vorgaben für das **Color Management** zu ändern. Nehmen Sie Änderungen für das Color Management immer dann grundlegend vor, wenn kein Dokument geöffnet ist. Unter dem Menü **Bearbeiten** > **Farbeinstellungen** finden Sie die Vorgaben.

Für die Farbeinstellungen sollten diese generellen Vorgaben verwendet werden.

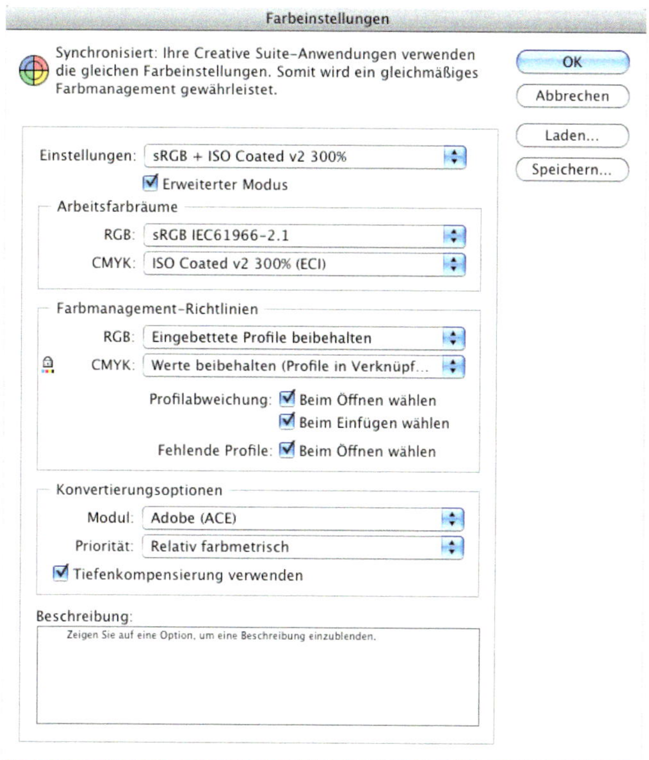

Ist der Zustand Ihres Farbmanagements nicht „Synchronisiert" oder entsprechen die verwendeten Arbeitsfarbräume sowie die Richtlinien nicht der Abbildung, sollten Sie sich auf jeden Fall intensiv mit dem

Thema Farbmanagement im nächsten Abschnitt beschäftigen, wo ich Ihnen Nutzen und Einstellungen für ein medienneutrales Farbmanagement beschreibe.

Voreinstellungen zum Farbmanagement
Sollten Sie in diesem Kapitel die Vorgaben zum Color Management vermissen:

◢ *Farbmanagement – alles unter Kontrolle?: Seite 57*

Preflight-Vorgaben

Die aus InDesign CS4 bekannte Funktion **Preflight** testet Ihr Layoutdokument permanent nach Fehlern. Doch welche potenziellen Fehler sind das? InDesign verwendet dazu das **Grundprofil**. Dieses Preflight-Profil testet in jeder geöffneten InDesign-Datei alle Detaileigenschaften, die Sie konfiguriert haben. Die genaue Arbeitsweise erläutere ich Ihnen unter **Preflight & Medienvorstufe** ab Seite 661.

Zurücksetzen von Voreinstellungen

Starten Sie InDesign und drücken Sie dann [Strg] [Alt] [⇧] (Windows) beziehungsweise [⌘] [ctrl] [⌥] [⇧] (Mac OS) gedrückt. Beantworten Sie die Frage, ob die Voreinstellungsdateien gelöscht werden sollen, mit „Ja".

Die Programmhilfe und andere Unterstützung

Die Programmhilfe, obwohl in den vergangenen Jahren mehrmals umstrukturiert, zählt leider nach wie vor nicht zu den herausragenden Merkmalen der Creative Suite. Das können Sie schon daran erkennen, dass ich überhaupt mehr als einen Absatz darüber schreiben muss

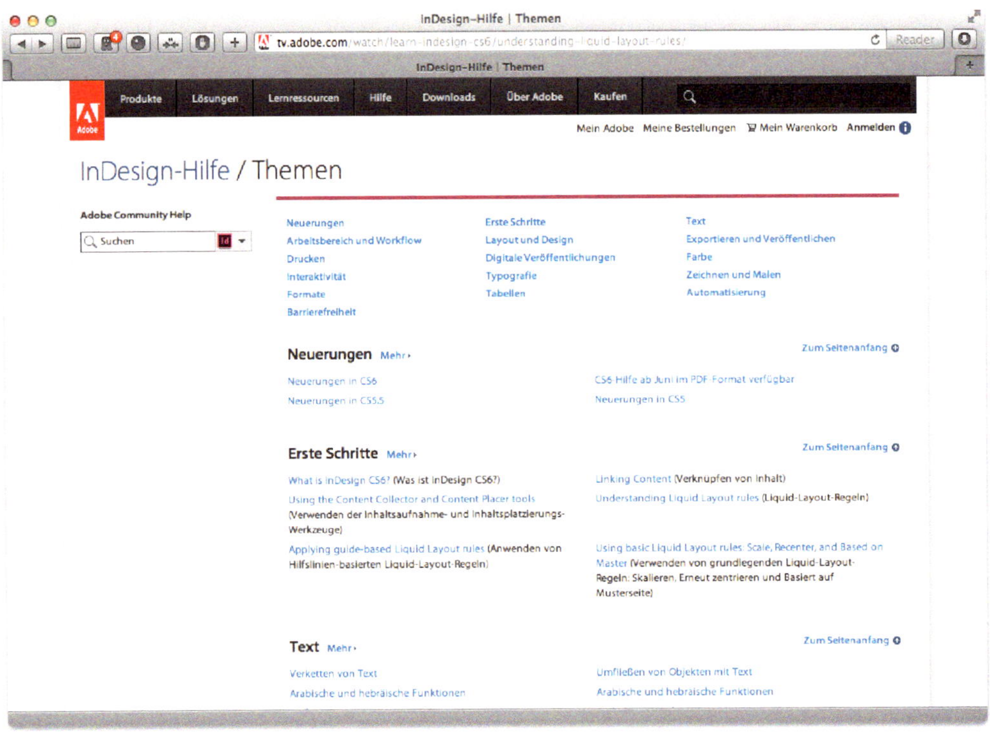

Die Programmhilfe ist im Netz.

Das Konzept, das Adobe anwendet, ist grundsätzlich richtig: Nicht nur hauseigene **Texte** helfen Ihnen als Benutzer weiter, sondern auch **Videos** oder Einträge in **Blogs** (zum Beispiel von Adobe-Mitarbeitern wie John Nack oder Bob Bringhurst) und **Internetforen** wie dem von Adobe seinerzeit mitinitiierten, inzwischen wohl bekanntesten deutschsprachigen Hilfeforum **HilfDirSelbst.ch** (von langjährigen Mitwirkenden meist mit HDS abgekürzt).

Neben „dem Netz" hat die Adobe-Hilfe auch noch ein zweites Standbein, nämlich ein kleines Programm namens **Adobe Help**, ein AIR-Programm, das bei vorhandener Internetverbindung Hilfedateien herunterladen soll, damit die Hilfe auch ohne Netzanbindung funktioniert (dann eben ohne Forenbeiträge, Videos und Ähnlichem). Je nachdem, was aktueller und überhaupt verfügbar ist, lädt **Adobe Help** HTML- oder PDF-Inhalte herunter, die Sie dann natürlich mit einem Browser oder mit einem PDF-Leseprogramm ansehen können.

⊿ de.wikipedia.org/wiki/Adobe_Integrated_Runtime

Ich weiß nicht, woran es liegt, aber viele dieser AIR-Programme haben ihre Tücken, zum Beispiel sollten Sie eine äußerst stabile und schnelle Internetanbindung haben, sonst verweigern sie gerne den Dienst. Wenn Sie mehrere Tage in Folge keine AIR-Programme benutzt haben, müssen Sie damit rechnen, dass der nächste Start eines solchen Helferleins erst einmal eine Aktualisierung von AIR erfordert. Für jeden, der die Stabilität und Zuverlässigkeit der meisten MacOS-Programme gewöhnt ist, stellt alles, wo „AIR" draufsteht, einen wahrnehmbaren Rückschritt dar. Gelegentlich auch eine Zumutung.

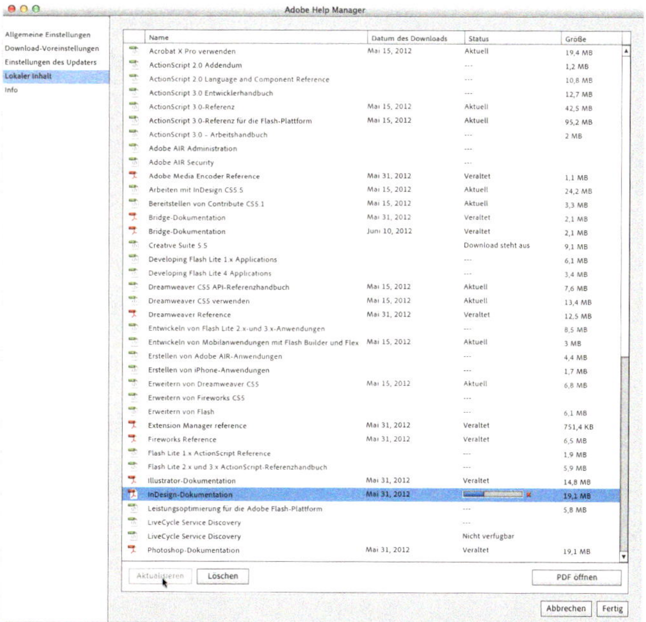

Das Verwaltungsprogramm Adobe Help scheint selbst öfter mal Hilfe zu benötigen, wenn es so tut, als lüde es ein PDF, aber der Status unverändert „Veraltet" bleibt.

Die Hilfe erreichen Sie im gleichnamigen Menü. Um die Suchfunktion und die Inhalte zu erreichen, benötigen Sie *immer* einen

Online-Zugang! Die Community Help sucht für alle installierten Creative-Suite-Programme. Unter Umständen müssen Sie auswählen, in welchem Programm Sie Hilfestellung benötigen. Im Suchfenster oben links rufen Sie im Aufklappmenü **InDesign** auf.

Sind diese für viele InDesign-Anwender recht hohen Hürden überwunden, lassen sich auch deutschsprachige Videos zum gesuchten Thema aufrufen, die in Kooperation mit **video2brain** eingebunden wurden.

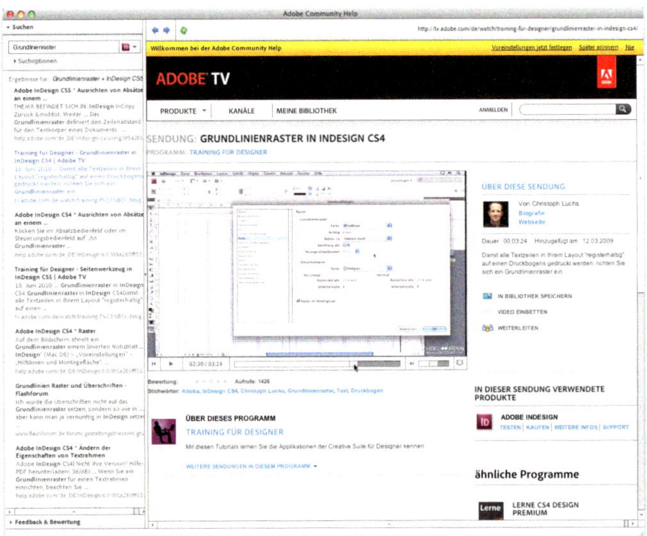

Zum Thema „Grundlinienraster" gibt es auch ein eigenes Video für InDesign.

Ebenfalls über die Hilfe gibt es den Zugang zu Adobe TV, einem eigenen Internetkanal mit Videomaterial zu allen Adobe-Programmen, die von Adobe selbst produziert oder im Auftrag von Adobe erstellt wurden. Sie werden in diesem Internetkanal faszinierende Beispiele für die Anwendung der Creative Suite finden; Alltagsprobleme gehören leider nicht dazu, aber dafür haben Sie ja jetzt dieses Buch.

tv.adobe.de
Das Aufrufen von Videos über die Community Help kann ein schwerfälliges Unterfangen sein. Besuchen Sie einfach die Website tv.adobe.de und schauen Sie dort die Videos an.

Farbmanagement – alles unter Kontrolle?

Früher war alles besser?

Wer behauptet, vor InDesign sei alles einfacher gewesen, und Bilder ließen sich doch mit etwas Erfahrung anhand ihrer CMYK-Werte bearbeiten, irrt gewaltig. 1999 gab es noch kein Farbmanagement in der heutigen Form, und Profis konnten nur auf Basis von Testreihen und Erfahrungswerten zuverlässig Farben beurteilen und korrigieren. Diese Arbeitsweise ist aber aufwändig und unflexibel, da unterschiedliche Ausgabesituationen wie Offset-, Digital- und Zeitungsdruck, Internet und Tablet-PC nicht wie heute aus derselben Datei erzeugt werden können. Der damalige Material- und Arbeitsaufwand ist heute praktisch nicht mehr bezahlbar.

Farben im Vergleich zum abgebildeten Original so exakt wie möglich zu reproduzieren, ist eine anspruchsvolle Aufgabe, die sich uns Profis täglich stellt. Das Farbmanagement von InDesign hat sich in der Vergangenheit bewährt; mit einem konsequenten Einsatz von Farbprofilen und den richtigen Einstellungen im Programm arbeiten Sie produktiver und erfolgreicher.

Um Ihnen gleich die Angst vor diesem komplexen Thema zu nehmen: Mit aktivem Farbmanagement haben Sie die Möglichkeit, Farben in InDesign verbindlich und präzise wiederzugeben und zum Beispiel von einem RGB-Farbraum in jeden gewünschten Ausgabefarbraum umzurechnen. Im Folgenden werde ich der Einfachheit halber gelegentlich die englische Abkürzung **CM** für *Color Management* verwenden.

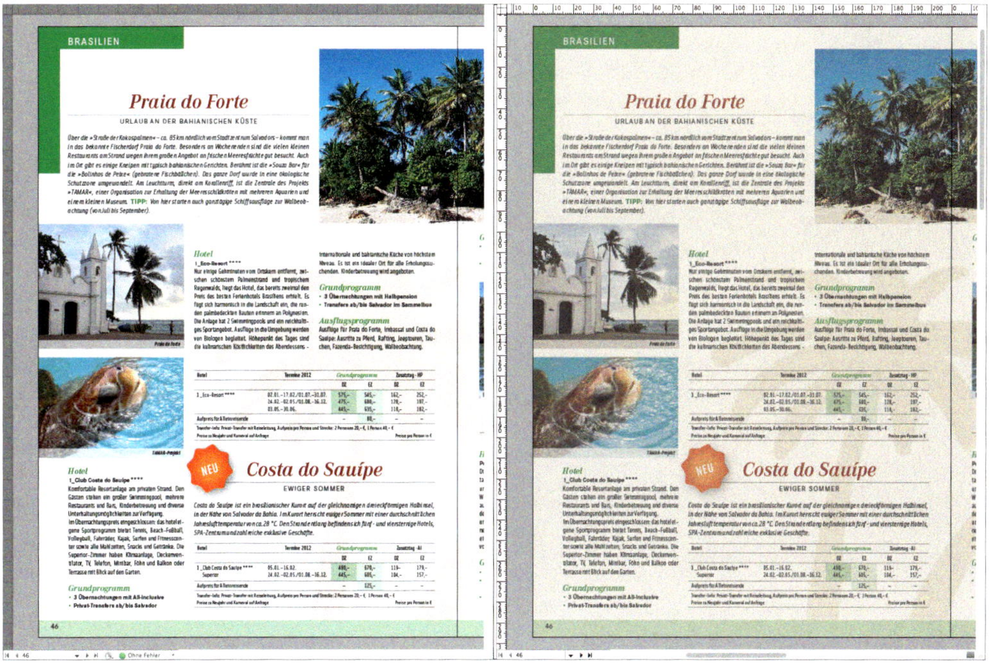

In InDesign platzieren Sie medienneutrale RGB-Bilder, mischen Farben in CMYK an und verwenden Schmuckfarben. Für die Ausgabe simulieren Sie die Umsetzung mit der Funktion „Farbproof“ – links wird der Farbraum „ISO Coated v2“ simuliert, rechts „ISO Newspaper 26v4“.

Einstellungen, die ich hier für InDesign beschreibe, sollten Sie stets auch für Illustrator, Photoshop oder Acrobat beachten und ggf. anpassen. Diese Angleichung nennt sich Synchronisieren, das ich im gleichnamigen Abschnitt ab Seite 73 vorstelle.

Farbmanagement in der Praxis

Damit Sie verstehen, wie leistungsfähig InDesign Bilder, Vektoren und Farben in den unterschiedlichsten Farbräumen organisiert, zeige ich Ihnen gleich vorweg ein Praxisbeispiel für medienneutrale Gestaltung. Wir verfolgen den Weg eines Bildes von der Bildbearbeitung in das Layout und simulieren aus einer medienneutralen Sicht die Ausgabe im Zeitungs- oder Offsetdruck.

1 Quellprofil des Bildes mit der Bridge anzeigen

Zunächst wird unser Bildmotiv mit einer Digitalkamera in einem RGB-Farbraum aufgenommen. Das Bild erhält bereits bei der Aufnahme ein RGB-Profil, das wir mit der Bridge anzeigen können. Dazu öffnen Sie die Bridge und wählen unter dem **Programmmenü** auf dem Mac beziehungsweise im Menü **Bearbeiten** auf dem PC die **Voreinstellungen** aus. Unter der Rubrik **Miniaturen** können Sie zusätzliche Informationen wie das **Farbprofil** anzeigen lassen.

CMYK ist kein Ausgabefarbraum
Um gleich mit einer altbekannten Denkweise aufzuräumen: CMYK ist kein Ausgabefarbraum, sondern nur ein Farbmodus. Mischen Sie eine CMYK-Farbe an, wird diese Farbe auf Zeitungspapier anders erscheinen als auf hochweißem gestrichenen Papier. Eine Ausgabe im Offsetdruck wird mit einem Ausgabefarbraum beschrieben, in dem Papierweiß, Gesamtfarbauftrag, Druckpunktzuwachs und Farbumfang berücksichtigt sind. Ein Zeitungsdruck erfordert somit einen anderen Ausgabefarbraum als ein Digital- oder Offsetdruck auf gestrichenen Papieren. Standards wie „ISO newspaper 26v4“ oder „ISO Coated v2 300%“ sind die entsprechenden Ausgabefarbräume, damit Ihre CMYK-Farben in den jeweiligen Medien möglichst identisch erscheinen.

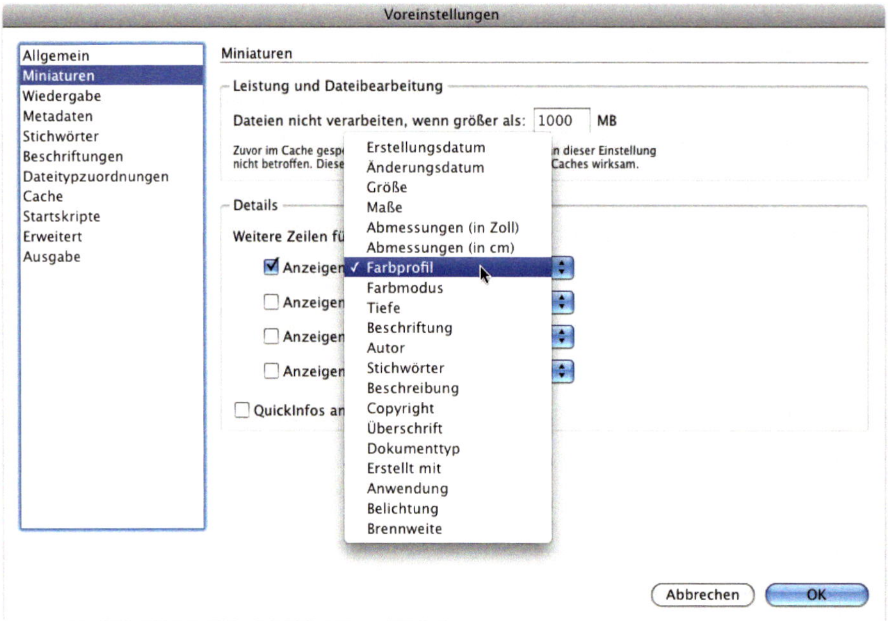

Die Voreinstellungen für die Miniaturen-Ansicht in der Bridge

2 In Photoshop öffnen und bearbeiten

Nun öffne ich das Bild in Photoshop, um Bildfehler zu retuschieren und Farben einzustellen. Beim Öffnen in Photoshop fragt das Programm nach dem gewünschtem Verhalten: Soll das Quellprofil des Bildes beibehalten oder in den Arbeitsfarbraum von Photoshop umgerechnet werden? Ich belasse das Bild im ursprünglichen Farbraum.

Ohne Farbmanagement geht nichts!

Manche Optionen in Photoshop, InDesign & Co. suggerieren, dass sich das Farbmanagement in der Creative Suite abstellen ließe. Dies ist nicht möglich – Farbmanagement findet immer statt. Nutzen Sie daher sinnvolle Vorgaben, damit keine ungewollten Farbkonvertierungen stattfinden!

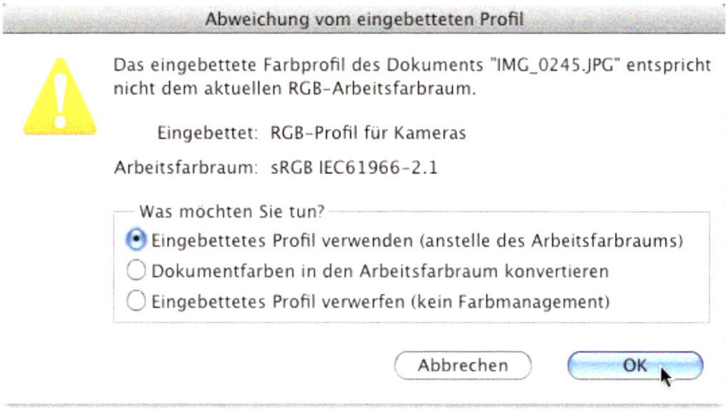

Bilder mit abweichendem Profil öffnen Sie ohne Konvertierung, damit der Originalzustand des Bildes erhalten bleibt.

3 Bild bearbeiten

Nun wird das Bild in seinem Originalfarbraum zum Beispiel mit der **Tonwertkorrektur** und anderen Werkzeugen bearbeitet.

Mittels Tonwertkorrektur erhält das Bild einen höheren Kontrast.

4 Speichern

Nach der Bearbeitung in Photoshop speichere ich die RGB-Bilddatei als PSD und sichere dabei das Farbprofil.

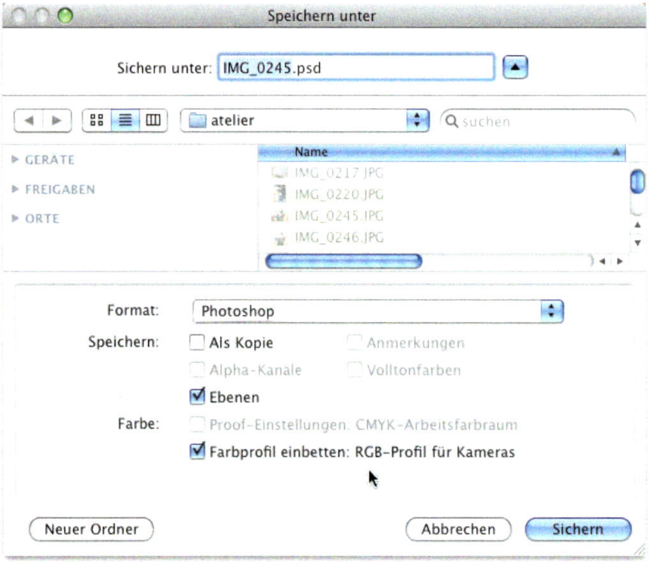

Das Bild kann ohne CMYK-Konvertierung als PSD mit Korrekturebenen gespeichert werden.

5 Platzieren in InDesign

In InDesign platziere ich nun das Bild aus der Mini Bridge per Ziehen & Ablegen im Layout. Im Bild verwendete Schmuckfarben werden automatisch angelegt.

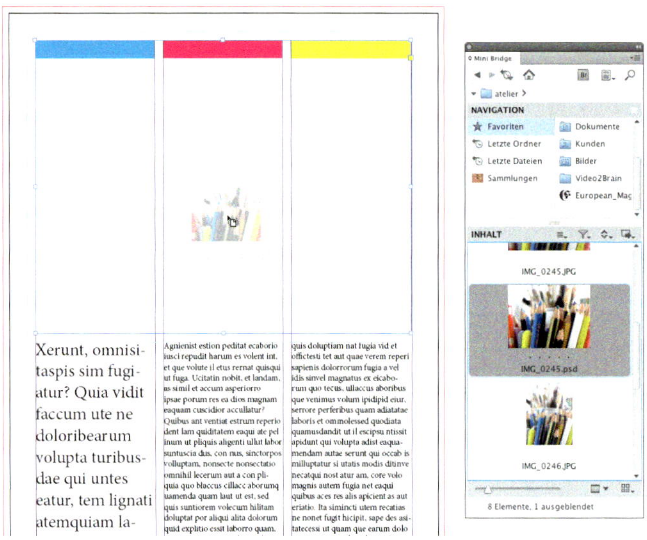

Per Ziehen & Ablegen ziehen Sie aus dem geöffneten Bedienfeld der Mini Bridge das Bild in den vorgesehenen Platzhalter.

6 Softproof am Monitor

Um zu sehen und zu messen, wie sich das RGB-Bild nun in verschiedenen Ausgabesituationen verhält, wählen Sie im Menü **Ansicht** > **Proof einrichten** > **Benutzerdefiniert** aus und entscheiden sich dann für das gewünschte Ausgabeprofil (ISO Newspaper 26v4). Aktivieren Sie dabei die Option **Papierweiß simulieren**. InDesign zeigt nun die visuelle Veränderung durch die spätere Umrechnung in CMYK an.

Das gewünschte Ausgabeprofil wird angezeigt und die Farbwerte in CMYK werden am Monitor simuliert.

7 Farbseparationen messen

Im Menü **Fenster** > **Ausgabe** > **Separationsvorschau** öffnen Sie nun das Bedienfeld, in dem Sie die Farbwerte in CMYK mit dem Mauszeiger messen können. Wahlweise blenden Sie die Farbauszüge ein und aus.

Die Separationsvorschau zeigt auf Wunsch die einzelnen Farbauszüge an.

8 Profil wechseln

Wenn Sie stattdessen ein anderes Ausgabeprofil im Sinn haben, wechseln Sie einfach im Menü **Ansicht** > **Proof einrichten**

> **Benutzerdefiniert** das Profil und simulieren beispielsweise „ISO Coated v2 300%". Nun können Sie wiederum in der Separationsvorschau die neuen Farben messen.

9 Gesamtfarbauftrag

Wollen Sie auch die Farbbereiche einsehen, die besonders deckend gedruckt werden, wechseln Sie im Bedienfeld der **Separationsvorschau** im Aufklappmenü **Ansicht** auf **Farbauftrag**. Hier steht Ihnen nun ein Prozentwert zur Verfügung. Nutzen Sie den maximalen GFA des Ausgabeprofils (300%) und InDesign markiert diejenigen Flächen im Layout, die überhalb der Grenze liegen.

Gesamtfarbauftrag bei CMYK-Bildern

Den CMYK-Gesamtfarbauftrag bei platzierten RGB-Bildern ergibt sich durch das Ausgabeprofil; ein RGB-Bild wird also den Maximalwert nie überschreiten, egal, ob die Umrechnung schon in InDesign oder erst im RIP erfolgt. Bei platzierten CMYK-Bildern ergeben jedoch die tatsächlichen CMYK-Werte bereits einen Gesamtfarbauftrag, der sich nicht mehr korrigieren lässt. Das ist auch die Schwäche von bereits umgewandelten CMYK-Bildern: Bilder, die für den Bogenoffsetdruck optimiert wurden, haben im Zeitungsdruck einen zu hohen GFA und können ohne Umrechnung nicht für die Ausgabe verwendet werden. Und umgekehrt ist es auch nicht besser.

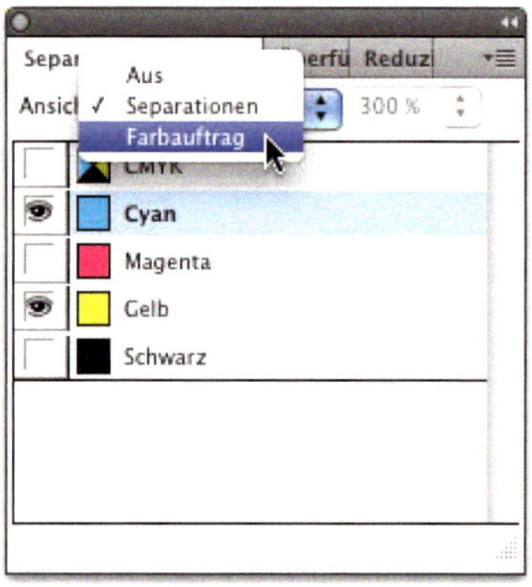

Wechseln Sie in der Separationsvorschau in die Einstellung „Farbauftrag".

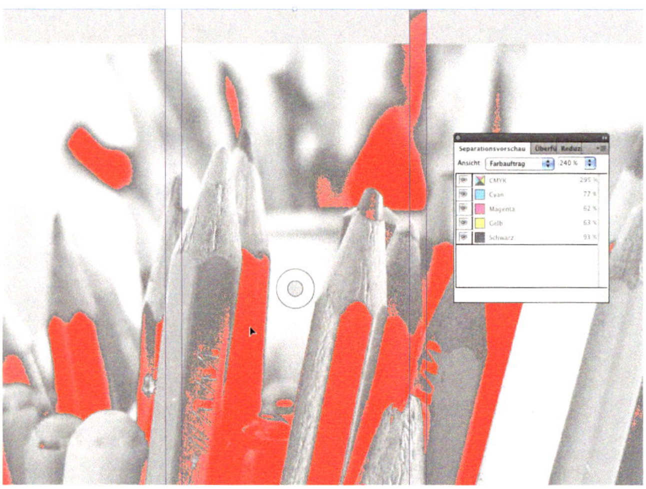

Nach der Angabe des maximal gewünschten Farbauftrags (Beispiel: 240%) werden diejenigen Bereiche rot hervorgehoben, deren Farbauftrag den Wert übersteigt.

In der PDF-Ausgabe werden die Farbwerte aus Nicht-CYMK-Farbräumen endgültig in den Ausgabefarbraum ISO Coated v2 300% umgerechnet.

10 Endgültige CMYK-Umrechnung in der PDF-Ausgabe

Für die Ausgabe aus InDesign bietet sich nun der Weg über das Format PDF an. Im **PDF-Export-Dialog** finden Sie die Einstellungen, um die RGB-Farben für den Export umzurechnen, CMYK-Farben im Layout jedoch beizubehalten.

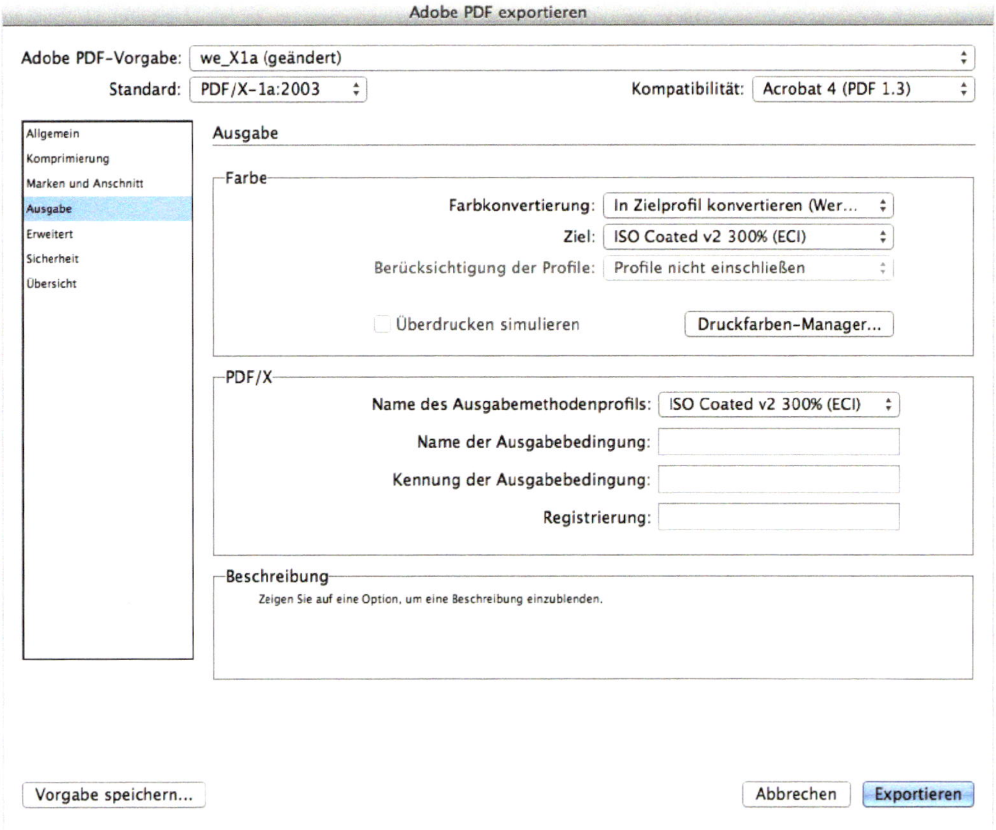

11 Anzeige und Test in Acrobat

Mit der Ausgabevorschau in Acrobat können Sie separat RGB- und CMYK-Farben anzeigen. Hier sehen Sie, dass in der exportierten PDF-Datei nur noch CMYK-Werte enthalten sind.

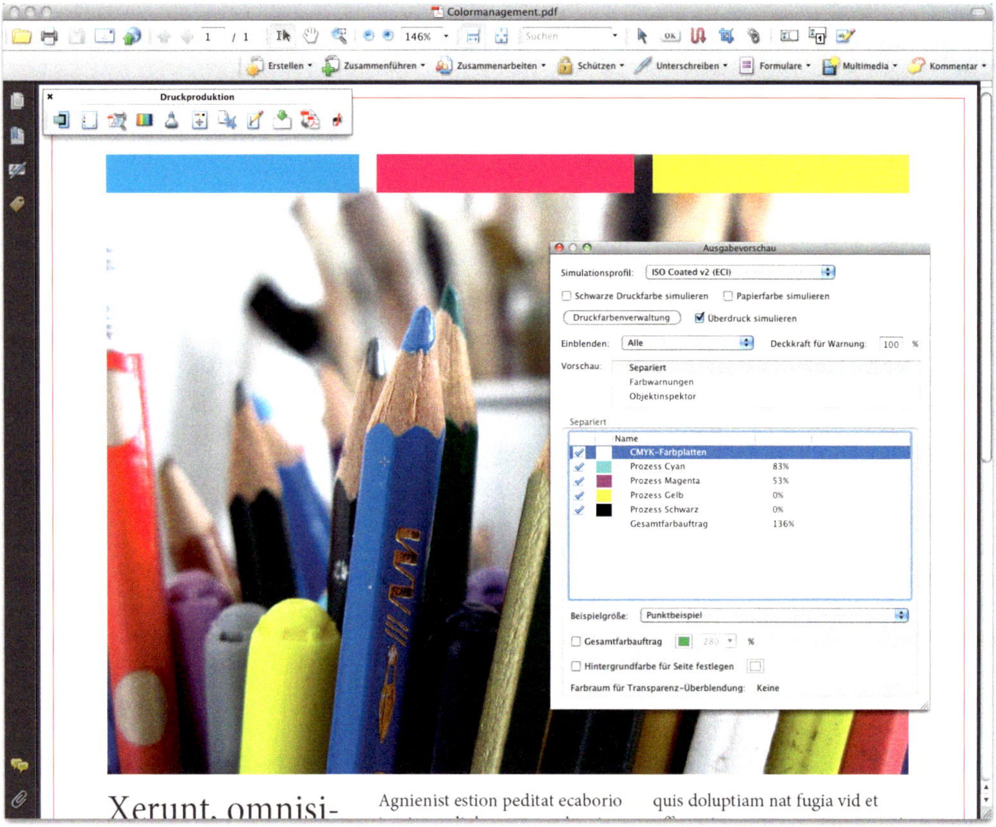

Die Ausgabevorschau von Acrobat zeigt die resultierenden CMYK-Werte an.

Vorbereitungen

Was muss ich nun tun, um diese Möglichkeiten in InDesign konseqent anzuwenden und korrekt einzurichten? Die Vorbereitungen dafür beginnen weit vor InDesign: Eine konsequente Anwendung des Farbmanagements im Print- und Web-Workflow setzt voraus, dass alle Mitarbeiter mit denselben Standards arbeiten und entsprechend im Umgang mit Farbmanagement geschult werden. Des Weiteren müssen Kalibriergeräte und gegebenenfalls Proofsysteme beschafft werden – eine Investition, die sich lohnt!

Der Vorteil, den Sie aus dieser Umstellung gewinnen, ist eine **Farbstandardisierung** und damit auch gleichzeitig eine deutliche Verminderung von Reklamationen aufgrund von Farbabweichungen. Bei Nachdrucken können Sie als Druckdienstleister Ihrem Kunden gegenüber bei standardisierter Produktion garantieren, dass er seine Druckerzeugnisse in identischer Qualität erhält.

Das haben viele Druckereien bereits durch einen konsequenten Einsatz bewiesen. Internationale Unternehmen legen Farbräume fest, die zur Ausgabe Ihrer Drucksachen weltweit verwendet werden. Die Globalisierung macht auch hier nicht halt: Die Druckqualität muss identisch sein, gleich, wo das Dokument weltweit gedruckt wird.

Quelle und Ausgabeziel

Woher kommt das Bildmaterial? Auf welchen Plattformen findet die Bearbeitung statt? Wie werden die Daten ausgegeben? Auf welcher Druckmaschine, auf welchem Papier? Diese Fragen müssen Sie sich zu Beginn jedes Druckauftrags beantworten können. Ist das in Teilen nicht der Fall, greifen Sie am besten auf ISO-Standards zurück. Dazu gebe ich Ihnen einige Tipps.

Das gesamte Thema füllt bereits zahlreiche Bücher, daher will ich Ihnen nur einen Überblick geben, was Sie in InDesign mit aktiviertem Farbmanagement erzielen können. Wenn Sie nach diesem Kapitel die Vorteile erkennen, sollten Sie sich unbedingt mit Ihrer Druckerei oder Ihrem Reprounternehmen auseinandersetzen, um die Farbmanagement-Standards zu vereinbaren.

Was passiert zwischen der Farbdarstellung und der Wiedergabe im Druck?

Farben sind physikalisch messbar in Wellenlängen, Intensitäten und Helligkeiten. Da Sie immer eine „originäre" Farbe durch eine chemische Druckfarbe auf Papier oder einem anderen Untergrund ersetzen, müssen diese Abweichungen dokumentiert werden. Ziel eines Farbmanagements ist es, auf Basis dieser Abweichungen die Farbreproduktion zu präzisieren. Für alle technisch reproduzierbaren Farben wurde der theoretische Farbraum Lab erschaffen. Jeder andere Farbraum – der Modus CMYK, RGB, Hexachrome – ist Teilmenge dieses Farbraums. Jedes Gerät zur Farbwiedergabe – digitale Fotokamera, Scanner, Bildschirm, Proofgerät oder Belichter – hat eine festgelegte Beziehung zu diesem Lab-Farbraum. Die Dokumentierung dieser Abweichung und die anderen Beschreibungen bezeichnet man als **Farbprofil**.

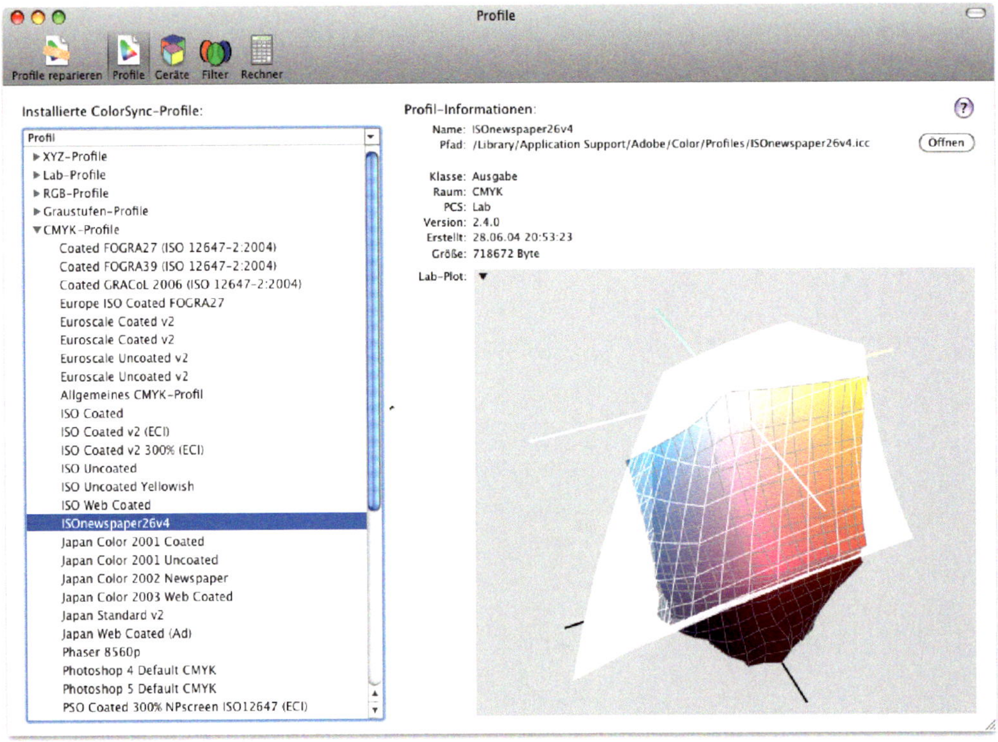

Vergleicht man in einem Werkzeug wie dem Apple-Dienstprogramm ColorSync einen RGB-Farbraum mit einem CMYK-Farbraum, werden die Differenzen der Farbräume deutlich. Hier steckt im äußeren sRGB der deutlich kleinere Farbraum ISO Newspaper 26v4. Bis auf die rötlichen Tiefen besitzt sRGB einen größeren Farbumfang.

Das Ausgangsmaterial: digitale Bilder, CMYK-Farben und Schmuckfarben

Eine Digitalkamera kann nur so viele RGB-Farben „sehen", wie der Kamerachip verarbeiten kann. Da jede Kamera unterschiedlich „sehende" Chips beinhaltet, beschreibt der Kamerahersteller den Farbraum des Chips entweder mit einem eigenen Profil wie zum Beispiel **Camera-RGB** oder nutzt als Referenz einen Standardfarbraum wie **sRGB** oder **Adobe RGB 1998**. Letzterer kommt besonders bei Profi-Kamerasystemen zum Einsatz, da er sich für die Aufnahme von Porträts bewährt hat. Wenn Sie Bilder von Ihrem Fotografen erhalten, werden diese sicher in einem dieser Farbräume vorliegen. Bilder von Fotoarchiven nutzen überwiegend sRGB als Standardfarbraum.

Die Wiedergabe: kalibrierte Monitore

Wie werden nun die Bilder im sRGB-Farbraum auf dem Computer angezeigt? Jeder Monitor zeichnet sich durch einen anderen darstellbaren Farbraum aus. Da es nur bei Profimonitoren verbindliche Angaben zum dargestellten Farbraum gibt (Adobe RGB, ECI RGB), müssen alle Monitore für eine verbindliche Wiedergabe von RGB- und CMYK-Farben kalibriert werden.

Regelmäßige Kalibrierungen

Dazu bieten verschiedene Hersteller handliche Kalibrierungsgeräte an, die in Verbindung mit einer Software ein Geräteprofil einmessen und für das Betriebssystem bereitstellen. Diese Kalibrierung muss regelmäßig (monatlich) erneuert werden, da alle Monitore über die Zeit Schwankungen in der Helligkeit und im Kontrast aufweisen.

Am Arbeitsplatz: Farbwahrnehmung messen und durch Normlicht ausschließen

Unter verschiedenen Lichtquellen können gedruckte Farben entweder identisch oder unterschiedlich wahrgenommen werden: Ein gedrucktes „Blau“, das dem Kunden bei der Besprechung unter Kunstlicht gut gefallen hat, sieht bei Tageslicht vielleicht ganz anders aus, der Farbeindruck ist beispielsweise grünlicher oder rötlicher als gewünscht. Diese Differenz im Farbeindruck wird als **Metamerie** bezeichnet. Um ungewollte Metamerie-Effekte während der Gestaltung mit Farben auszuschließen, gehört ein gleichmäßig ausgeleuchteter Arbeitsplatz mit normierten Lichtquellen dazu, um im Tagesverlauf keine Beeinflussungen durch Sonnenlicht etc. zulassen. Normlicht wird mit einer Farbtemperatur von 5000 Kelvin erzeugt.

Mittels einfacher Farbteststreifen der **FOGRA** oder der **UGRA** können Sie selbst an Ihrem Arbeitsplatz testen, ob Ihre Beleuchtung den gefürchteten Metamerie-Effekt hervorruft oder ob Sie unter Normallichtbedingungen arbeiten.

Farbtemperatur-Indikator der UGRA
Sie können den Farbindikator-Streifen sowie weitere Produkte rund um das Messen der Metamerie bei der UGRA, dem Schweizer Kompetenzzentrum für Medien und Druckereitechnologie, bestellen: ugra.ch/farbtemperatur-indikator.phtml.

Die Ausgabe: Profile für die Abweichungen eines Farbdruckers

PostScript-fähige Farbdrucker sind im Probedruck zunächst *nicht farbverbindlich*. Jeder Drucker gibt beispielsweise Schmuckfarben aufgrund herstellereigener Farbtabellen aus, so dass in der Wiedergabe Farbverschiebungen stattfinden können: Sie gestalten mit InDesign eine Farbfläche in HKS 8 K und InDesign gibt als CMYK-Referenz **M=65%, Y=100%** an. Der Drucker empfängt jedoch nur die Bezeichnung **HKS 8 K** und gibt die Farbe aufgrund seiner eigenen Referenztabellen aus. Das Ergebnis ist möglicherweise eine stark abweichende Zusammensetzung der Prozessfarben.

Für jeden Farbdrucker kann durch die Wiedergabe eines Testdruckes ein Ausgabeprofil eingemessen werden, so dass die individuellen Farbabweichungen des Druckgeräts durch das CM ausgeglichen werden können. Beachten Sie, dass natürlich auch für unterschiedliche Papiersorten ein Testdruck und ein Messvorgang vorgenommen werden müssen. Wenn Sie farbverbindliche Ausdrucke für die Kundenfreigabe benötigen, ist ein Digitalproof unumgänglich.

Schmuckfarben für den Probedruck unterdrücken
Unter Umständen ist es vorteilhaft, bei unerwünschten Farbausdrucken die verwendeten Schmuckfarben für den Probedruck auf dem Farblaserdrucker in Prozessfarben umzuwandeln. Dies können Sie erreichen, indem Sie im Druckfarben-Manager im Bedienfeldmenü der Farbfelder oder im Drucken-Dialog selbst die Option „Alle Volltonfarben in Prozessfarben umwandeln“ aktivieren. Somit bleibt Ihnen die Schmuckfarbe im Layout erhalten, der Farbdrucker erhält jedoch „nur“ CMYK-Werte. Die Arbeitsweise erkläre ich Ihnen im Kapitel **Farben & Effekte** ab Seite 479.

Farbeinstellungen für die Creative Suite

Der Vorteil von InDesign ist die nahtlose Integration in die Adobe-Familie und die Nutzung gemeinsamer Technologien – auch im Farbmanagement. Somit können Bilder, Vektoren und Schriften im InDesign-Layout farblich identisch zu Photoshop und Illustrator angezeigt werden – vorausgesetzt, alle Programme arbeiten mit denselben Farbmanagement-Vorgaben.

RGB- und CMYK-Arbeitsfarbräume wählen

Kommen wir nun zur entscheideneden Frage: In welchen Farbräumen arbeiten Sie? Es gibt zahlreiche RGB- und CMYK-Profile, die alle für einen konkreten Fall erstellt wurden. Doch welche Farbräume können als Standard möglichst viele Fälle abdecken?

RGB-Profile beinhalten unter anderem die Werte zum Weißpunkt und Gammawert. Damit Tiefen und Lichter differenziert am Monitor wiedergegeben werden, sorgt eine nichtlineare Korrektur – der Gammawert – im Farbprofil dafür, dass helle oder dunkle Mitteltöne überproportional detailliert abgebildet werden. Ein plattformübergreifendes Profil wie das ECI-RGB v2 beschreibt zum Beispiel einen Gammawert von 1,8. Damit werden die Lichter stärker differenziert. Ein AdobeRGB oder sRGB beschreibt ein Gamma von 2,2, das im Vergleich zum ECI-RGB dunklere Mitteltöne anzeigt.

Ein CMYK-Profil speichert im Gegensatz zum RGB-Profil Informationen für die Druckausgabe. Dabei wird der Papiertyp berücksichtigt, ebenso der **Tonwertzuwachs**, die Methode des **Schwarzaufbaus** (GCR/UCR), das **Papierweiß** sowie der **Gesamtfarbauftrag**. Alle diese Parameter beschreiben das Verhalten von Prozessfarben auf einem bestimmten Papier und mit einer bestimmten Druckart. Die ECI – *European Color Initiative* – hat dazu eine ganze Reihe von Profilen veröffentlicht, die für verschiedenste Papiertypen und -gewichte geeignet sind. Jedes Profil wird mit einer PDF-Datei detailliert beschrieben. Darunter befinden sich auch die Profile der großen Verlagshäuser für Tiefdruck oder Rollenoffset.

Warum v2?
Das Profil ISO Coated wurde in den vergangenen Jahren mehrfach überarbeitet und steht in zwei Fassungen bereit. Das Profil ISOcoated_v2_eci.icc besitzt einen maximalen Farbauftrag von 330%. Das Schwesterprofil ISOcoated_v2_300_eci.icc wartet mit einem maximalen Farbauftrag von 300% auf. Frühere Versionen besaßen einen Gesamtfarbauftrag von 350%, der jedoch für eine Vielzahl von Druckverfahren und Papiersorten zu hoch bemessen war.

Adobe-Vorgaben
Adobe hat hier – wie auch in der Vorgängerversion von InDesign – eigene Sets von Profilen zusammengestellt. Die neue Einstellung „Europa, Druckvorstufe 3“ mit dem Ausgabeprofil „Coated FOGRA39 (ISO 12647-2:2004)“ kann zwar eingesetzt werden, entspricht jedoch nicht den ECI-Empfehlungen.

Die Standard-CMYK-Ausgabefarbräume der ECI für den Akzidenzoffsetdruck (Bogen- und Rollenoffset)

Mit den ISO-Standards der ECI ist klar definiert, was das Designbüro an die Druckerei liefert und womit die Druckerei rechnen muss. Nach den Empfehlungen der ECI sollen diese ISO-Profile für die Bearbeitung und die Ausgabe verwendet werden, wenn keine anderen Ausgabeprofile vereinbart wurden:

Farbprofilname	Ausgabesituation
ISOcoated_v2_eci.icc	Papiertyp 1 und 2, gestrichene Bilderdruckpapiere, 60/cm, 330% Farbauftrag
ISOcoated_v2_300_eci.icc	Papiertyp 1 und 2, gestrichene Bilderdruckpapiere, 60/cm, 300% Farbauftrag
ISOwebcoated.icc	Papiertyp 3, glänzend gestrichenes Rollenoffsetpapier (LWC), 60/cm
ISOuncoated.icc	Papiertyp 4, ungestrichene weiße Offsetpapiere, 60/cm
ISOuncoatedyellowish.icc	Papiertyp 5, ungestrichene leicht gelbliche Offsetpapiere, 60/cm

Das Profil **ISO Coated v2 300%** ist unser Standardprofil und CMYK-Arbeitsfarbraum. Wenn Sie Ihre Gestaltung auf diese Ausgabesituation ausrichten, sollten Sie immer mit diesem Profil arbeiten. Um eine Vorgabe einzurichten, die auf ISO-Profile zurückgreift, müssen Sie die ECI-Vorgaben auf Ihren Computer laden und in InDesign eine eigene CM-Einstellung anlegen.

◁ *eci.org*

Die Empfehlungen der ECI können Sie über deren Webseite herunterladen. Wählen Sie in der Rubrik **Download** das aktuelle Paket **ECI_Offset**. Es enthält die aufgelisteten ICC-Profile.

1 Entpacken der Profile
Entpacken Sie die ZIP-Dateien nach dem Herunterladen auf Ihrem Rechner.

2 Ablegen der Profile
Speichern Sie die Profile auf dem Mac in folgende Verzeichnisse:
Macintosh HD/**Library/ColorSync/Profiles/**...
Macintosh HD/**Library/Application Support/Adobe/Color/Profiles/**...

Farbmanagement-Einstellungen für Photoshop

Unter **Photoshop** beginnen Sie mit den Farbeinstellungen, wählen Ihre Arbeitsfarbräume und speichern sich diese ab. Über die **Bridge** werden anschließend die Farbeinstellungen synchronisiert, damit alle CS-Programme identische Vorgaben verwenden. InDesign wird dann für jedes neue Dokument diese Einstellungen übernehmen. Photoshop bietet die umfangreichsten Einstellungen – besonders für Graustufen und Volltonfarben, die leider in InDesign fehlen. Falls Sie keine aktuelle Version von Photoshop zur Verfügung haben, können Sie natürlich auch die Vorgaben mit der Version CS3 oder CS4 einstellen.

Profile auf dem Windows-PC installieren
Auf einem Windows-PC können Sie die heruntergeladenen Dateien mit der rechten Maustaste anklicken und den Befehl „Profil installieren" wählen, um die Profile automatisch unter C:\WINDOWS\system32\spool\drivers\color abzuspeichern. Wenn nur die Adobe-Programme darauf zugreifen sollen, können Sie sie auch manuell unter C:\Programme\Gemeinsame Dateien\Adobe\Color\Profiles ablegen.

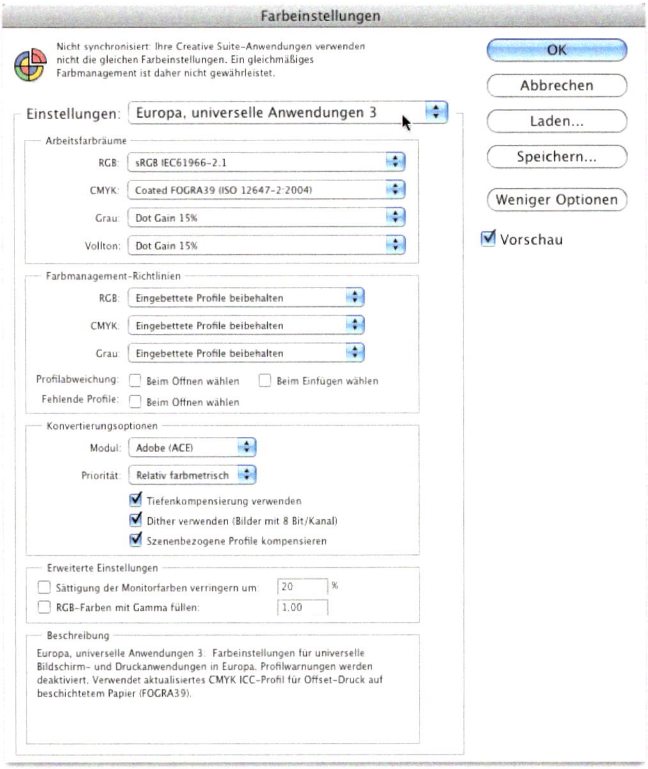

In Photoshop beginnen Sie mit den Einstellungen für die Creative Suite.

1 Farbeinstellungen aufrufen

Öffnen Sie Photoshop. Wählen Sie im Menü **Bearbeiten** die **Farbeinstellungen**.

2 RGB- und CMYK-Arbeitsfarbräume wählen

Geben Sie als RGB-Arbeitsfarbraum **sRGB** an. Wählen Sie nun als CMYK-Arbeitsfarbraum **ISO Coated v2 300% (ECI)** aus.

Die Standard-Arbeitsfarbräume werden gewählt.

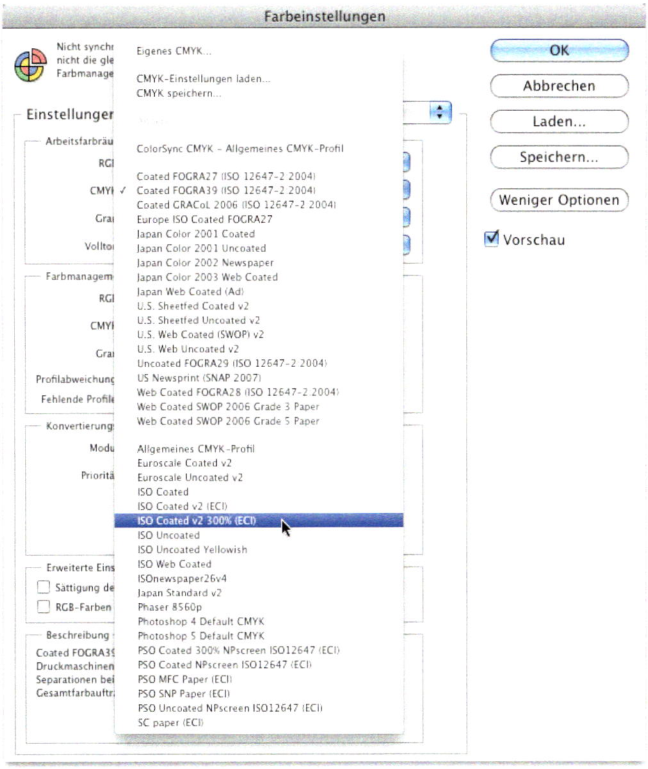

3 Angaben für Graustufen und Volltonfarben

Für Graustufen und Volltongrafiken wählen Sie einen **Druckpunktzuwachs** (Dot Gain) von **15%**.

4 Richtlinien für Fremdprofile

Als Farbmanagement-Richtlinie wählen Sie für alle Farbräume **Eingebettete Profile beibehalten**.

Die Angaben zum Verhalten bei Fremdprofilen sind elementar wichtig!

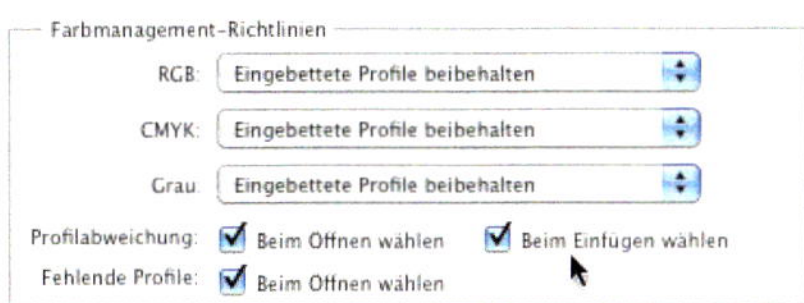

5 Vorgaben speichern

Sichern Sie sich nun diese Vorgaben mit einem Klick auf **Speichern** und geben Sie einen sinnfälligen Kommentar Ihrer Einstellungen sowie einen entsprechenden Vorgabe-Namen an.

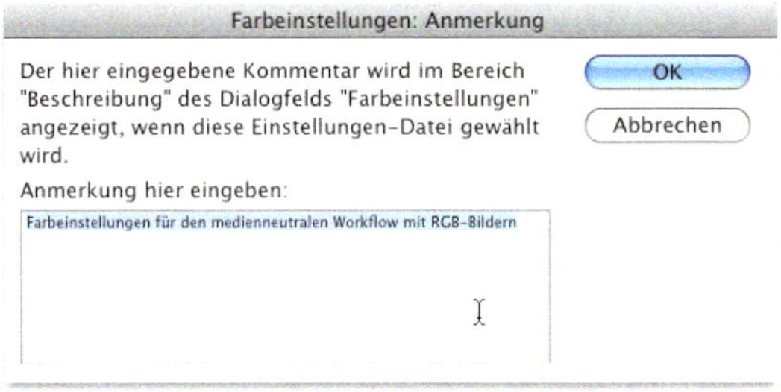

Für die Vorgabe wählen Sie einen passenden Kommentar, damit Sie selbst sowie auch Ihre Kollegen die Ausgabeabsicht nachvollziehen können.

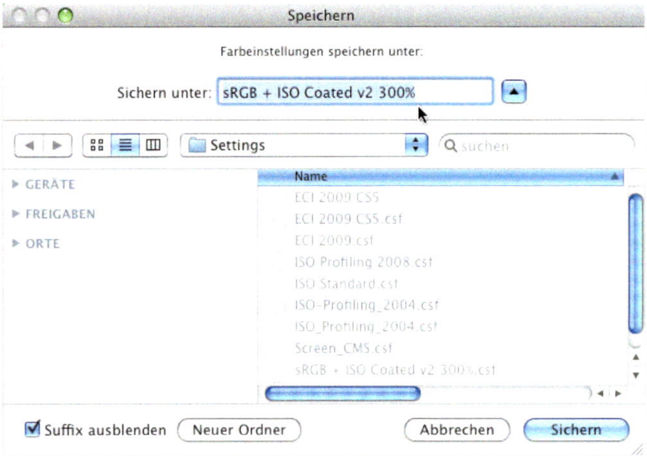

Nun wählen Sie einen Namen, in dem beispielsweise die Arbeitsprofile zu erkennen sind.

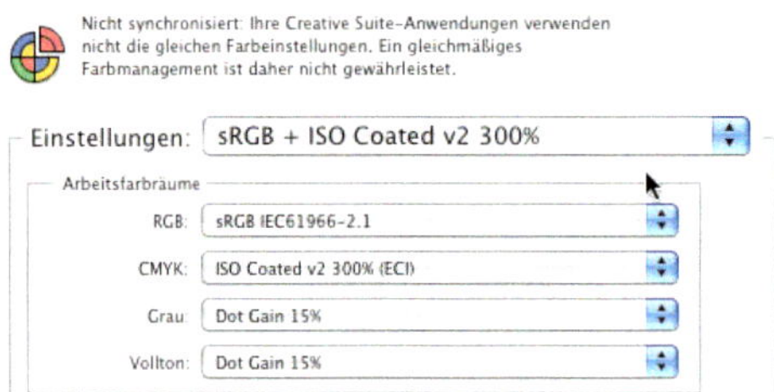

Die Einstellungen sind nun in Photoshop abgeschlossen und werden mit dem neuen Namen in der Vorgabenliste angezeigt.

Umrechnung von RGB nach CMYK

Da die verschiedenen RGB- und CMYK-Farbräume nicht identisch sind und sich überschneiden, muss ein Bild von einem Quellfarbraum (sRGB) in einen Zielfarbraum (ISO Coated v2 300%) umgerechnet werden. Dies erledigen verschiedene Umrechnungstechniken. Dazu zählen heute in der InDesign-Praxis insbesondere diese beiden Methoden: **Relativ farbmetrisch** und **Perzeptiv**. Als Grundregel gilt: Farben und Bilder werden immer relativ farbmetrisch umgerechnet. Dies gewährleistet eine möglichst homogene Umrechnung der Farbwerte in den Ausgabefarbraum.

Für stark farbgesättigte Bilder im RGB-Farbraum, die sich durch besonders leuchtende Blau-, Rot- oder Grüntöne auszeichnen, ist diese Methode weniger geeignet, da bei der Umrechnung Nuancen in diesen Farbbereichen gerne verschwinden. Hierfür wird ein RGB-Bild nachträglich in InDesign mit der Umrechnungsmethode **Perzeptiv/Wahrnehmung** gekennzeichnet. Dieses Vorgehen zeige ich Ihnen im Abschnitt **Renderpriorität für Bilder ändern** ab Seite 77.

Adobe (ACE)
Die Color-Engine rechnet Farbräume um. Für Ihre Arbeiten empfehle ich die Adobe Color Engine, kurz ACE genannt, da die ACE plattformübergreifend auf Mac und PC identisch funktioniert.

Synchronisieren mit der Bridge

Sobald Sie die Vorgaben in Photoshop eingerichtet haben, übernehmen Sie die Angaben mit der Bridge und übertragen diese auf alle CS-Programme. Dieser Vorgang nennt sich **Synchronisieren**.

1 Öffnen der Bridge und der Einstellungen

Starten Sie das Programm Bridge und rufen Sie unter dem Menü **Bearbeiten** die **Creative-Suite-Farbeinstellungen** auf.

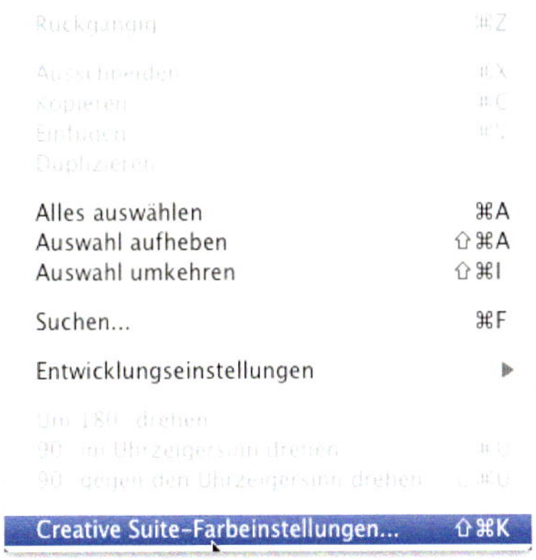

Die Farbeinstellungen für alle CS-Programme finden Sie in der Bridge.

Wahrnehmung/Perzeptiv
Für die Konvertierung eines Bildes aus einem größeren Farbraum in einen kleineren skaliert die Methode „Perzeptiv" die Farbwerte, damit die Farbbeziehungen möglichst gleich bleiben. Es kommt durch diese Umrechnungsmethode zu (meist nur leichten) Farbverschiebungen, das Verhältnis von Farbwinkeln sowie Hell-Dunkel-Bereichen bleibt aber erhalten.

Relativ farbmetrisch
Diese Umrechnungsform vergleicht zunächst den Weißpunkt des Quellfarbraums mit dem des Zielfarbraums und gleicht danach alle Farben an. Farben, die in beiden Farbräumen vorkommen, werden übernommen. Farbtöne, die im Zielfarbraum nicht vorkommen, werden „abgeschnitten", also auf den nächstliegenden Wert umgerechnet. Diese Umrechnungsform eignet sich sowohl für Vektorgrafiken mit einfarbigen Bildflächen (zum Beispiel Firmenlogos) wie auch als Standard-Umrechnungsform, da die wenigsten Farbverschiebungen auftreten.

2 Auswahlen und Synchronisieren der Einstellungen

Wählen Sie nun in der Liste aller verfügbarer CM-Einstellungen Ihre Vorgabe „sRGB + ISO Coated v2 300%" aus und klicken Sie anschließend auf **Anwenden**. Nun besitzen alle CS-Programme dieselben Einstellungen.

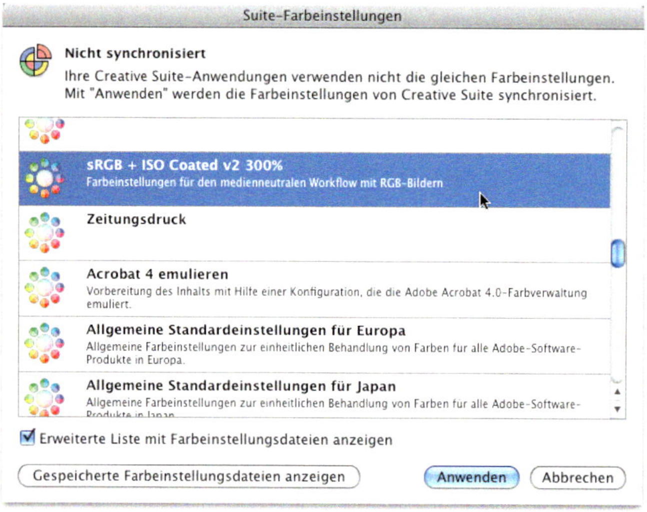

Wählen Sie die gespeicherte Vorgabe aus. Zunächst sind die Programme nicht synchronisiert.

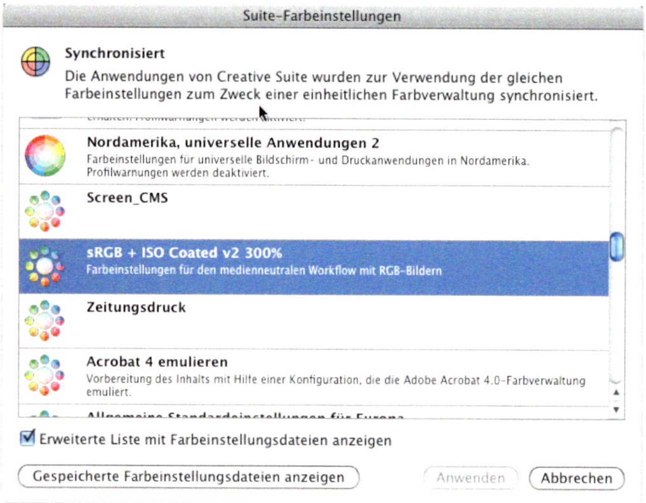

Wenn Sie nach dem Synchronisieren erneut die Farbeinstellungen der Bridge oder eines Programms aufrufen, sehen Sie das Ergebnis Ihrer Bemühungen: Alle Programme sind synchronisiert.

Das Farbmanagement in InDesign

Wenn Sie diese Schritte erledigt haben, können Sie nun in InDesign loslegen. Dazu rufen Sie sich zunächst im Menü **Bearbeiten** die **Farbeinstellungen** auf. Hier gibt es eine wichtige Vorgabe, die in Photoshop bei den Einstellungen so nicht sichtbar ist: CMYK-Werte sollen *beibehalten* werden.

In den Farbeinstellungen von InDesign sollen „Werte beibehalten" werden. Diese Vorgabe ist nur für platzierte Bilder verantwortlich!

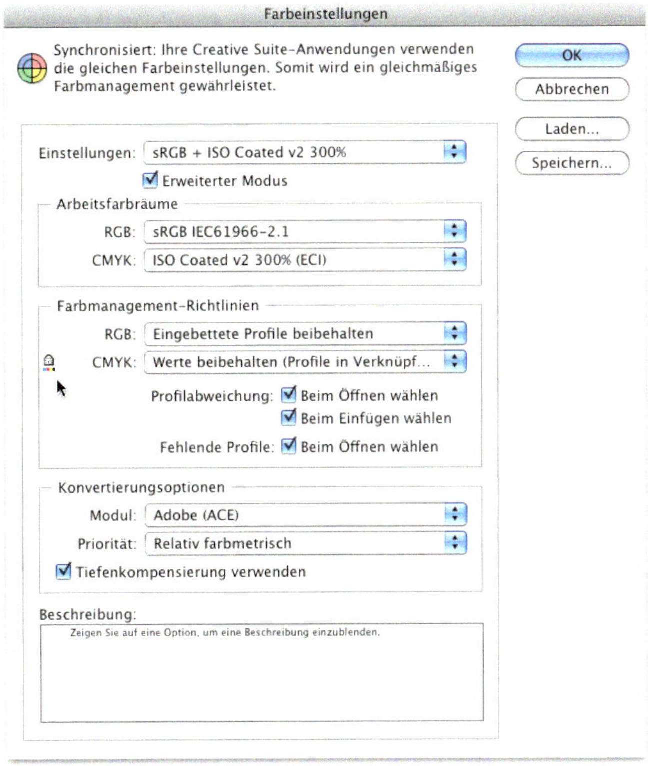

Werte beibehalten – doch welche?

Farben von platzierten Bildern, die aus einem anderen CMYK-Farbraum stammen, der nicht mit dem CMYK-Arbeitsfarbraum identisch ist, werden in InDesign anhand der Richtlinie **Werte beibehalten** beim Platzieren und in der PDF- oder Druckausgabe nicht konvertiert. Im Kapitel **Ausgabe & Export** ab Seite 703 gehe ich noch detailliert darauf ein.

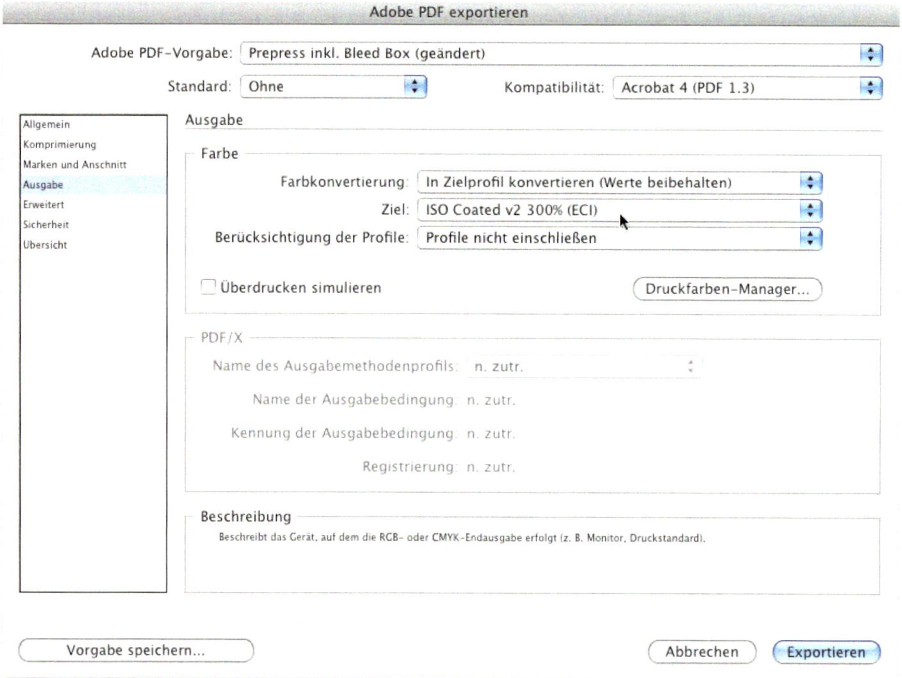

Im Druck-Dialog und im PDF-Export taucht dieser Begriff „Werte beibehalten" wieder auf.

Warnungen beim Öffnen – ignorieren, zuweisen oder umwandeln?

In den Farbmanagement-Vorgaben haben Sie eingestellt, dass InDesign bei jeder erkannten Abweichung von den Arbeitsprofilen eine Warnung anzeigt. Daher werden Sie immer wieder während des Öffnens von alten Datenbeständen oder Dokumenten Ihrer Kollegen eine entsprechende Warnung erhalten – und das ist gut so! Die Warnung bedeutet, dass die Datei mit anderen Arbeitsprofilen ausgestattet wurde. Belassen Sie alle abweichenden Einstellungen, damit Sie die Datei genauso öffnen, wie sie zuletzt gespeichert wurde.

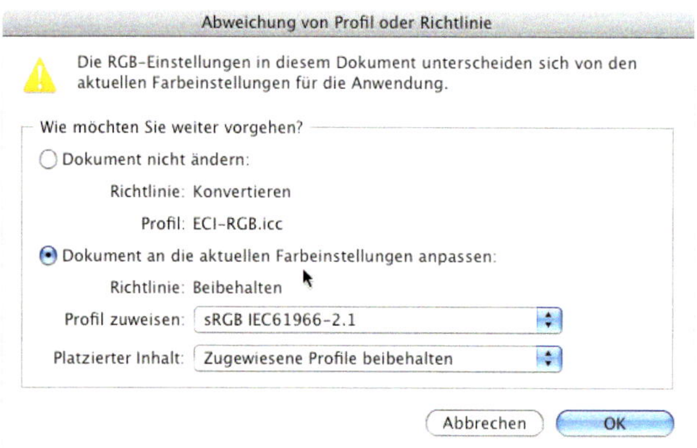

Abweichende Profile: beim Öffnen niemals konvertieren

Die Option, das Dokument an Ihre aktuellen Einstellungen anzupassen, birgt die Gefahr, dass CMYK-Werte verändert und platzierte Bilder umgerechnet werden. Als Ergebnis wird Ihnen eine InDesign-Datei angezeigt, die so niemals zuvor gespeichert worden ist. Wenn Sie bewusst in Ihre neuen Arbeitsfarbräume konvertieren wollen, erledigen Sie das bitte mit den Methoden „Profile zuweisen" beziehungsweise „In Profil umwandeln".

Beim Öffnen einer InDesign-Datei sollten Sie das Dokument an die aktuellen Farbein- stellungen anpassen und damit die Richtlinie „Beibehalten" anwenden: Abweichende Profile werden beibehalten!

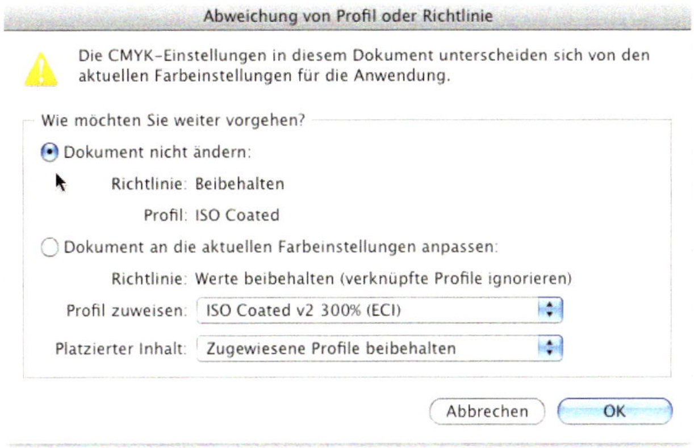

Auch wenn der CMYK-Arbeitsfarbraum einer InDesign-Datei von Ihrem Arbeitsprofil abweicht, wird das angezeigt. Befolgen Sie die Richtlinie „Beibehalten".

In Profil umwandeln

Bestehende Profile von verwendeten RGB- und CMYK-Farben können mit der Funktion „Bearbeiten > In Profil umwandeln" von ihrem bisherigen Farbraum in den Arbeitsfarbraum konvertiert werden. Vorsicht: Diese Funktion ermöglicht es, bestehende CMYK-Farben nachträglich zu konvertieren. Dies sollte möglichst vermieden werden. Beachten Sie bitte, dass bei dieser Funktion grundsätzlich keine Bilder, sondern nur Farbflächen umgerechnet werden!

Profile zuweisen

Um Dokumente ohne Farbmanagement nachträglich mit Farbprofilen zu versehen oder um falsche Profile zu ersetzen, rufen Sie unter dem Menü **Bearbeiten** die Funktion **Profile zuweisen** auf. Wie bei den Farbeinstellungen sind die Zuweisungsoptionen wiederum in RGB, CMYK und die Umrechnungsprioritäten unterteilt. Dokumente ohne Profile werden nur mit dem Zielprofil ergänzt, ohne umgerechnet zu werden. Diese Information ist besonders wichtig, wenn eine spätere Umrechnung ansteht und ein Ausgangsfarbraum benötigt wird. Mit aktiver **Vorschau** können Sie kontrollieren, in welcher Weise platzierte Dokumente eventuell ihre Farbdarstellung ändern.

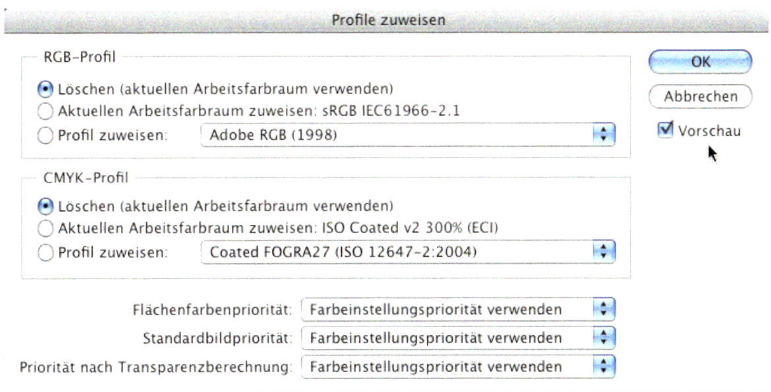

Die Methode „Profile zuweisen" kann abweichende Profile entfernen und durch die aktuellen Arbeitsfarbräume (sRGB und ISO Coated v2 300%) ersetzen. Die Renderpriorität übernimmt zunächst immer die Vorgabe aus den allgemeinen Farbeinstellungen und dort steht sie ja auf „Relativ farbmetrisch".

Renderpriorität für Bilder ändern

Wenn Sie Bildmotive in einem RGB-Farbraum verwenden, ist es wahrscheinlich, dass diese Farbinformationen enthalten, die im CMYK-Ausgabefarbraum nicht wiedergegeben werden können. Dazu dient im Farbmanagement von InDesign die Vorgabe der Renderpriorität, die zunächst immer mit **Relativ farbmetrisch** gewählt werden sollte. InDesign übernimmt also für platzierte RGB-Bilder die spätere CMYK-Umrechnung anhand dieser Vorgabe.

Bei stark gesättigten RGB-Bildern, die besonders im Rot-, Grün- und Blaubereich kräftig leuchten, ist diese Vorgehensweise jedoch nachteilig, wie weiter oben schon gesagt. Die Umrechnungsmethode **Relativ farbmetrisch** führt dazu, dass Zwischentöne in diesen Farbbereichen im CMYK-Farbraum nicht ausreichend wiedergegeben werden. Das Bild verliert an Tiefe und Zeichnung.

Für diesen Zweck können Sie den platzierten Bildern im Layout eine andere Renderpriorität mitgeben. Wählen Sie das Bild im Layout mit dem Auswahlwerkzeug aus und rufen Sie mit der **rechten Maustaste** das **Kontextmenü** auf. Unter der Rubrik **Grafiken** > **Farbeinstellungen für Bild** wählen Sie im nachfolgenden Dialog die Einstellungen der **Renderpriorität**. Anstelle von **Relativ farbmetrisch** – der vorgegebenen Umrechnungsart aus dem Farbmanagement – wählen Sie nun **Perzeptiv** aus. Danach bestätigen Sie den Dialog mit **OK**.

Das so bearbeitete Bild erscheint zunächst ohne Änderung in der Darstellung, zudem gibt es keine Vorschaufunktion. Wenn Sie jedoch nun den **Softproof** erneut einschalten, werden die leuchtenden Farbpartien im Bild nun differenzierter wiedergegeben.

Die Farbeinstellungen wählen Sie zu jedem problematischen Bild separat.

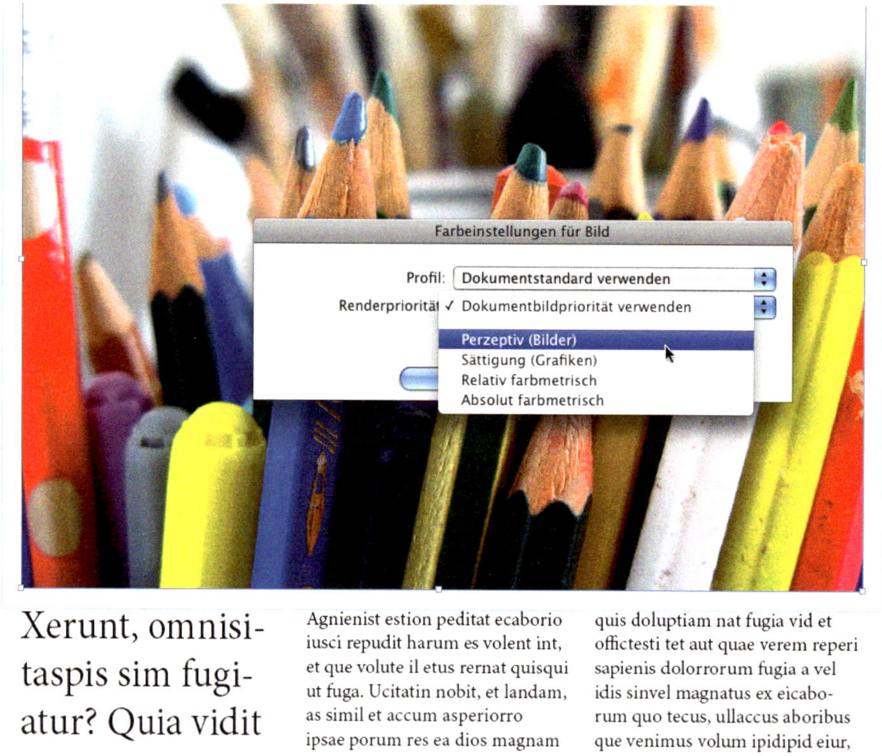

Keine Bilder ohne Profile!

Alte Bildbestände sind oft noch ohne Farbprofil bearbeitet und gespeichert worden und bringen beim Platzieren daher kein eigenes Profil mit. Weisen Sie diesen Bildern unbedingt ein Profil zu, damit keine ungewollten Farbkonvertierungen stattfinden!

Bilder ohne Profile nachträglich in das CM einbinden

Ein RGB- oder CMYK-Bild ohne zugewiesenes Profil sollte auf keinen Fall für den Druck ausgegeben werden, ohne ein Profil nachträglich zuzuweisen. Über das Kontextmenü bei der Auswahl eines Bildes rufen Sie auch hier die Farbeinstellungen mit **Grafiken > Farbeinstellungen für Bild** auf und aktivieren nur für dieses Bild das Farbmanagement nachträglich. Auch die Renderpriorität ist je nach Charakteristik des Bildes wählbar.

Für jedes Bild können die Farbeinstellungen separat bestimmt werden, um fehlende Profile durch das Arbeitsprofil zu ersetzen.

Schwarz ist nicht gleich Schwarz

100 % Schwarz erscheint in dieser Einstellung am Monitor als Dunkelgrau; erst ein Tiefschwarz, das durch die Mischung mehrerer Prozessfarben entsteht, wird als absolutes Schwarz mit den RGB-Werten 0,0,0 am Monitor wiedergegeben. Dadurch können wir in der Anzeige überhaupt zwischen diesen Schwarzwerten optisch unterscheiden. Für die RGB-Ausgabe wäre das Dunkelgrau eher irritierend, also können wir Monitorschwarz ausgeben lassen, falls wir Bildschirmmedien in CMYK gestalten. Was wir aber gar nicht tun sollten.

Schwarzdarstellung für CMYK- oder RGB-Ausgabe

Zusätzlich zu den komplexen Einstellungen des Farbmanagements können Sie die Farbe Schwarz am Monitor oder im Druck auf einfachen Tintenstrahl- oder Laserdruckern wahlweise als **Druckschwarz** (100 % K) oder als **Monitorschwarz** (RGB 0,0,0) anzeigen zu lassen. In den Voreinstellungen – aufzurufen mit dem Tastenbefehl ⌘ Strg K – finden Sie die Einstellungen unter der Rubrik **Schwarzdarstellung**. Die Einstellungen betreffen schwarze Texte und Flächen, die nur mit der Druckfarbe Schwarz (100 % K) im Layout angelegt werden.

Für die Druckproduktion will ich natürlich der Anzeige vertrauen können und wähle darum die Voreinstellung, dass **Schwarz am Bildschirm korrekt angezeigt** wird und für den Druck/Export **Alle Schwarztöne korrekt ausgegeben** werden.

Nur in der **Ausgabe auf RGB-Geräten** wie *Lambda*-Fotobelichtern ist die Alternative ein Vorteil: **Alle Schwarztöne als tiefes Schwarz ausgeben** sorgt dafür, dass ein 100 % K wie ein Tiefschwarz in RGB=0,0,0 ausgegeben wird. Das hat den Vorteil, dass bei *transluzentem* Fotomaterial auch eine Hinterleuchtung der Schrift möglich ist und die Schrift dabei lichtdicht ist.

Softproof

Unter der Bezeichnung **Softproof** versteht man die Simulation des Ausgabefarbraums am Bildschirm, bevor die Farben beim PDF-Export in diesen Farbraum umgerechnet werden. Benötigen Sie also eine Vorschau, wie ein RGB-Bild später im 4c-Offsetdruck aussieht, dann können Sie dafür den Softproof aktivieren. Unter dem Menü **Ansicht** > **Proof einrichten** > **Benutzerdefiniert** können Sie den CMYK-Zielfarbraum definieren sowie die Papierfarbe und die Schwarze Druckfarbe simulieren. Letztere Einstellung regelt die Wiedergabe eines Tiefschwarz durch alle Prozessfarben.

Ein Ausgabeprofil wie **ISO Coated v2 300%** kennt das Papierweiß der späteren Druckpapierklasse ebenso wie den Gesamtfarbauftrag von 300 %. Besonders im Zeitungsrotationsdruck mit einem deutlich niedrigeren Farbauftrag (240 % bis 250 %) und einem gelblich-grauen Papierweiß weicht die Farbwirkung im Druckergebnis deutlich von der unkorrigierten Ansicht im InDesign-Layout ab.

Farbproof-Einstellungen

Die Funktion **Ansicht** > **Farbproof** schaltet zwischen der normalen Layoutansicht und der zuletzt festgelegten Proofeinstellung hin und her. Prüfen Sie daher immer zuerst wie hier beschrieben unter **Benutzerdefiniert**, ob die Einstellungen dort Ihren Ausgabebedingungen entsprechen.

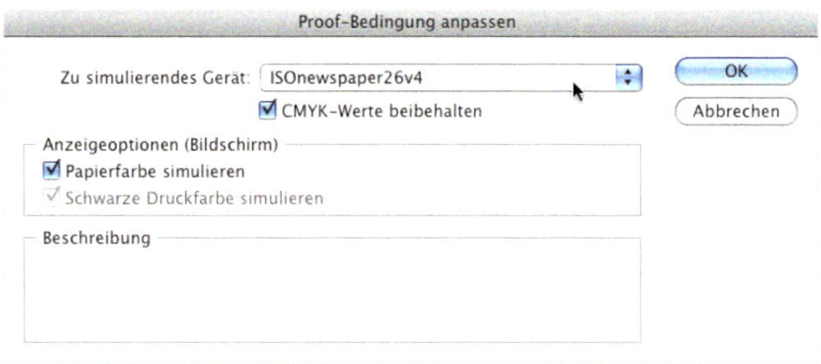

Den Softproof aktivieren Sie am besten mit Papierweiß-Simulation.

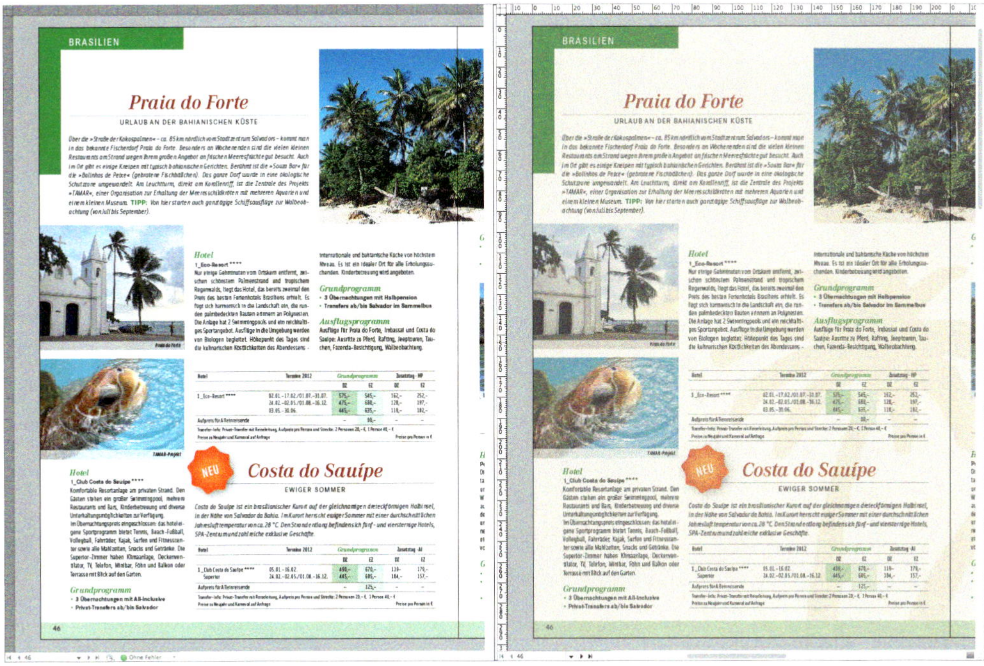

Links sehen Sie das Layout ohne Korrektur, rechts mit Simulation für den Zeitungsdruck auf Basis des Profils ISO Newspaper 26v4.icc.

Separationsvorschau und Gesamtfarbauftrag

Unmittelbar im Zusammenhang mit dem Softproof stehen die Funktionen **Separationsvorschau** und **Farbauftrag**. Damit können Sie bei aktiviertem Softproof die späteren CMYK-Werte eines platzierten Bildes messen und den Farbauftrag beurteilen. Diese Funktionen erläutere ich Ihnen ausführlich im Kapitel **Preflight & Medienvorstufe** ab Seite 661.

Farbmanagement und Tintenstrahldrucker

Verbindliche Wiedergabe
Eine Anzeige über Softproof ist dann exakt, wenn Sie mit aktiviertem Farbmanagement in InDesign arbeiten, alle verwendeten und platzierten Dokumente ein Farbprofil beinhalten und Ihr Monitor kalibriert ist. Ohne diese Technik ist ein Softproof nicht aussagekräftig und das Anzeigeergebnis ist mehr oder weniger zufällig.

Für die einfache Farbausgabe werden häufig Tintenstrahldrucker verwendet. Günstige Geräte können leider niemals farbverbindliche Prints ausgeben! PostScript-fähige Tintenstrahldrucker dagegen können mit einem Farbmanagement und einer *Proof-Software* angesteuert werden. Die Gerätehersteller bieten Ihnen die Geräteprofile auf den jeweiligen Internetseiten zum Herunterladen an.

Die Qualität der Druckfarben schwankt je nach Hersteller und Papiersorte. Normale Drucker verwenden CMYK-Tinten, die allerdings im Druckverhalten überhaupt nicht den Offset-Farben entsprechen. So genannte Fotodrucker versuchen mit bis acht oder mehr Farben (meistens C, M, Y, K, helles Cyan, helles Gelb, helles Magenta sowie Grau oder Tiefschwarz), die Schwächen der 4c-Tinten gerade bei Hauttönen auszugleichen. Trotz aller Abweichungen von den Ausgabestandards werden bei der Installation der Druckertreiber auch Farbprofile angelegt, die für unterschiedliche Papiere (zum Beispiel matt, glänzend, Film) und Auflösungen eine „Farbharmonisierung“ herbeizaubern sollen. Hier kommen Sie mit Farbmanagement nicht weiter, sondern nur mit dem guten alten Ausprobieren und Drucken von Testreihen. Auf weitere Druckmöglichkeiten von Geräten ohne PostScript gehe ich im Kapitel **Ausgabe & Export** ab Seite 703 ein.

Keine Standards für Tintenstrahldrucker

Ohne Proof-Software können Testcharts weder verbindlich ausgegeben noch für ein Ausgabeprofil eingemessen werden. Die Farbprofile, die von den Druckerherstellern bereitgestellt werden, sind leider keine brauchbare Grundlage, da schon die Luftfeuchtigkeit Farbe und Papier gleichermaßen beeinflusst. Zudem werden die Profile nur auf den herstellereigenen Papiersorten eingemessen, die in der Praxis selten verwendet werden. Hier hilft nur Probieren weiter!

Muster & Vorlagen

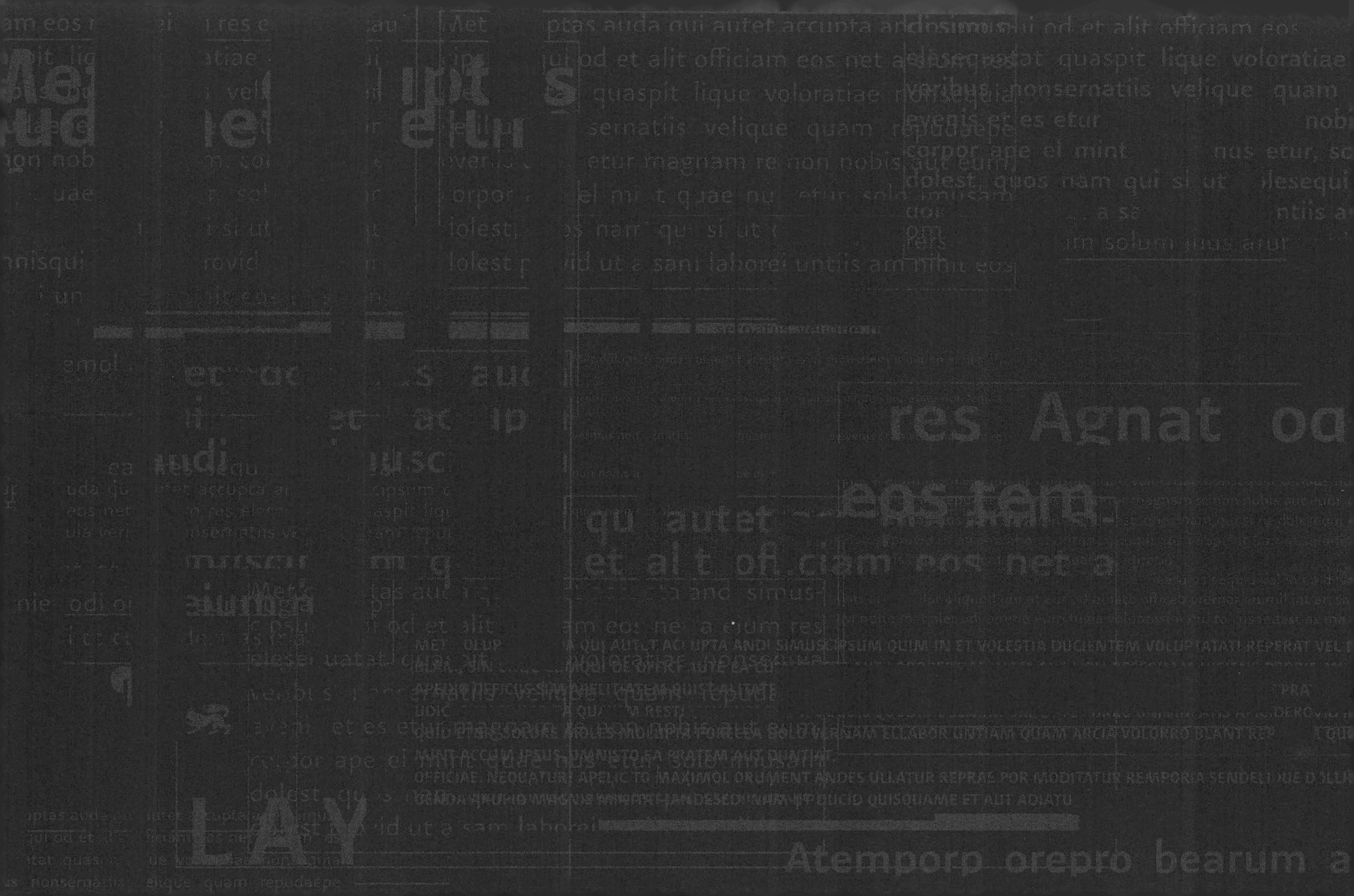
res Agnat od
Atemporp orepro bearum a
LAY

Das ist neu in CS6

Seite 87

Primärer Textrahmen – Mustertextrahmen, der auf der Layoutseite sofort benutzbar und mit etwas „Intelligenz" ausgestattet ist

Seite 97

Liquid Layout + Alternative Layouts – Weiterentwicklung der Layoutanpassung, die differenziertere Anpassungregeln bietet, um mehrere Seitengrößen und/oder -ausrichtungen, zum Beispiel für Hoch- und Querformat beim *Tablet Publishing*, in einem Dokument zu erstellen und zu verwalten

Beginnen wir mit der konkreten Layoutarbeit in InDesign. Ob Sie kleine Dateien für Stempel, Schilder oder Etiketten erstellen oder mächtige Nachschlagewerke oder Kataloge mit vielen hundert Seiten konstruieren – die optimale Arbeitsweise besteht immer darin, Dateien von vornherein so aufzubauen, dass Sie spätere Änderungen möglichst flexibel, zeitsparend und fehlerlos einarbeiten können.

Dabei spielen unter anderem Satzspiegel, Zielmedium, Papierformate und Seitenanordnung eine Rolle – eben die wesentlichen Vorgaben für jede InDesign-Datei. Je komplexer das Projekt ist, desto wichtiger wird es außerdem, Vorlagen auf Basis eines einmal ausgetüftelten Layouts zu erstellen, damit Sie zum Beispiel Broschüren und Kataloge schnell gestalten können, ohne die wesentlichen Elemente ständig neu erfinden und einstellen zu müssen. Alte und neue Funktionen wie **Bibliotheken**, **Snippets**, **Farbfelder**, **Verknüpfte Inhalte** und die **Buchfunktion** helfen Ihnen dabei.

Verknüpfte Inhalte: Seite 307
Buchprojekte: Seite 731

Neues Dokument anlegen

Einstellungen

Auf den ersten Blick hat sich nicht viel zu früheren InDesign-Versionen geändert: Sie legen ein neues Dokument mit [⌘ Strg] [N] oder über **Datei** > **Neu** > **Dokument** an. Im Dialogfenster stellen Sie das **Zielmedium**, die **Seitenanzahl**, die **Startseitennummer**, das **Seitenformat**, die **Spalten** und **Ränder**, den **Anschnitt** und den **Infobereich** ein.

Die Vorgabe des Zielmediums als **Druck**, **Web** oder **Digitale Veröffentlichung** ist entscheidend für die Verarbeitung von Transparenzen sowie die verwendeten Einheiten. Die Wahl der **Startseitennummer** entscheidet übrigens darüber, ob InDesign das Dokument mit einer linken oder rechten Seite beginnt!

Schnell anlegen
Wenn Sie Ihre Standard-Dokumentvorgaben auf die Werte einstellen, die Sie am häufigsten brauchen, können Sie mit [⌘ Strg] [⌥ Alt] [N] das Dialogfenster überspringen.

Dokumentvorgaben: Seite 92

Zielmedium

Während InDesign in früheren Versionen mehr für die Druckwelt gedacht und die Einstellungen für internettaugliche Layouts im Verborgenen zu finden waren, wissen wir seit der Erfindung des PDF, dass mit geeigneten Mobilgeräten auch interaktive Magazine und Bücher betrachtet werden können. Darauf wurde das Programm in den letzten Versionen immer deutlicher ausgerichtet. Das beginnt hier bereits mit der Wahl des **Zielmediums**.

Wenn Sie **Druck** wählen, verwendet InDesign die Einheiten Millimeter für Papierformate, Spalten und Ränder sowie Point für Schriftgrößen und Linienstärken. Als Standard-Seitenformate werden unter anderem einige DIN-Formate angeboten.

Wollen Sie eine Layoutdatei für die reine Bildschirmausgabe erstellen, zum Beispiel eine interaktive Präsentation, wählen Sie stattdessen **Web** als Zielmedium aus. InDesign stellt die Einheiten auf Pixel um und biete einige gängige Bildschirmgrößen wie etwa **800 × 600** an. Die Doppelseite wird deaktiviert, weil sie im Web keine Entsprechung hat. Alle anderen Vorgaben für die Ränder etc. werden jeweils in Pixel dargestellt. Was InDesign Ihnen an dieser Stelle nicht mitteilt: Der **Transparenzfüllraum** wird von **CMYK** auf **RGB** umgestellt, damit transparente Bilder und Grafiken für das Zielmedium Bildschirm korrekt umgerechnet werden.

Transparenzfüllraum: Seite 678

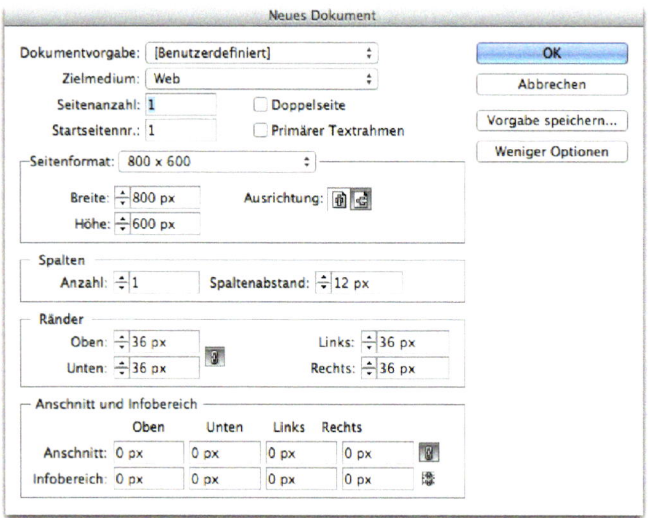

Zielmedium „Web“: Pixel-Einheiten und Bildschirm-Seitenformate

Das Zielmedium **Digitale Veröffentlichung** schließlich unterscheidet sich von der „Web“-Einstellung in zwei Punkten: Es aktiviert die Option Primärer Textrahmen, und es bietet die Bildschirmgrößen einiger typischer Geräte wie iPhone, iPad oder Kindle.

Maßeinheiten in InDesign

Einheit	Kürzel	= mm
Point	**pt**	0,3528
Pica (= 12 pt)	**p** (1)	4,2333
Zoll bzw. Dezimalzoll (= 72 pt)	**Zoll** (2)	25,4000
Millimeter	**mm**	1,0000
Zentimeter	**cm**	10,0000
Cicero (= 12˙)	**c** (3)	4,5113
Agate	**ag**	1,8143
Pixel (= pt)	**px**	0,3528

(1) Die Schreibweise **2p8** bedeutet **„2 Pica und 8 Point“**, und das ist dasselbe wie 32 Point.

(2) Die beiden Zollarten unterscheiden sich nur in der **Linealteilung**.

(3) Die Schreibweise **2c8** bedeutet **„2 Cicero und 8 Punkt“**, und das ist dasselbe wie 32˙ (Punkt), wobei hier – so unerwartet wie korrekt – mit dem deutschen typografischen Punkt zu **0,3759 mm** gerechnet wird.

Zielmedium nachträglich korrigieren

Anders als noch bei CS5(.5) lässt sich das anfangs gewählte Zielmedium unter **Datei > Dokument einrichten** jederzeit ändern. InDesign wandelt dann automatisch die Farbfelder und den Transparenzfüllraum um. Sie müssen sich allerdings, bevor Sie **OK** klicken, selbst um die Dokumentabmessungen kümmern, denn die werden leider auf das Standardformat des neuen Zielmediums zurückgesetzt.

Da InDesign bei Dimensionsangaben alle Einheiten akzeptiert, die es kennt, können Sie auch beim Zielmedium **Web** problemlos Millimeter eingeben, die InDesign dann selbst zu Pixelwerten wandelt. Weil das Pixel sozusagen das Atom der Bildschirmdarstellung ist, sollten Sie „krumme" Werte allerdings auf ganze Pixel auf- oder abrunden.

Generell gilt: Soll die vorhandene Maßeinheit beibehalten werden, genügt die Eingabe einer Zahl. Wenn InDesign umrechnen soll, müssen Sie das entsprechende Kürzel für die gewünschte Einheit mit angeben.

Startseitennummer

Lange Dokumente anlegen
InDesign erlaubt bis zu 9.999 Seiten pro Dokument, und die höchste mögliche Seitenzahl ist 999.999. Versuchen Sie aber bitte, die Seitenzahl pro Dokument eher klein zu halten, und legen Sie bei umfangreichen Werken die Kapitel oder Abschnitte lieber als separate Dateien an. Das spart längere Wartezeiten beim Öffnen, Speichern, Drucken oder Exportieren.
Buchprojekte: Seite 731

Damit Sie bei doppelseitigen Dokumenten für den Druck gleich mit einer linken oder rechten Seite beginnen können, hat Adobe die **Startseitennummer** eingeführt. Wenn Sie hier eine gerade Zahl eingeben, beginnt InDesign mit einer linken Seite; ungerade Ziffern sorgen für eine rechte Startseite.

Wenn Sie zum Beispiel gleich drei Doppelseiten eines Magazins anlegen wollen, können Sie eine „6" bei **Seitenanzahl** und eine „4" bei der **Startseitennummer** eingeben. Als Ergebnis erhalten Sie die Doppelseiten 4/5, 6/7 und 8/9 – ohne dass Sie die Seitenanordnung verändern oder den Beginn der Seitennummerierung anpassen müssten.

Primärer Textrahmen

Textrahmen auf Musterseiten?
Um Texte platzieren zu können, ist kein vorhandener Textrahmen nötig, weil InDesign beim Import automatisch anhand von Satzspiegel und Spaltenraster Textrahmen anlegen kann. (Ähnliches gilt auch für Bild-/Grafikrahmen.)
Textimport: Seite 240

Über das Optionsfeld **Primärer Textrahmen** legen Sie fest, ob auf den Musterseiten ein an den Satzspiegel gebundener Textrahmen angelegt wird. Sollten Sie einer Seite oder einem Seitenbereich später eine neue Musterseite zuweisen, auf der ebenfalls ein primärer Textrahmen vorhanden ist, verwendet InDesign automatisch diesen, um den Textfluss aufrecht zu erhalten.

Im Gegensatz zum **Mustertextrahmen**, wie diese Option noch bis InDesign CS5.5 hieß, ist der **Primäre Textrahmen** auf jeder Layoutseite sofort benutzbar, ohne dass er erst „entriegelt" werden muss.

Seitenformat

Als Standardseitenformat für das Zielmedium **Druck** schlägt InDesign DIN A4 vor. Aus der zugegeben recht sparsamen Liste können Sie weitere amerikanische und DIN-Formate auswählen oder die eingetragenen Werte beliebig verändern. Dabei sind auch gemischte Maßeinheiten möglich, also zum Beispiel eine Millimeter-Breite und eine Point-Höhe. Die Schaltfläche **Ausrichtung** dreht das Format **um 90 Grad** von **Quer-** auf **Hochformat** oder umgekehrt.

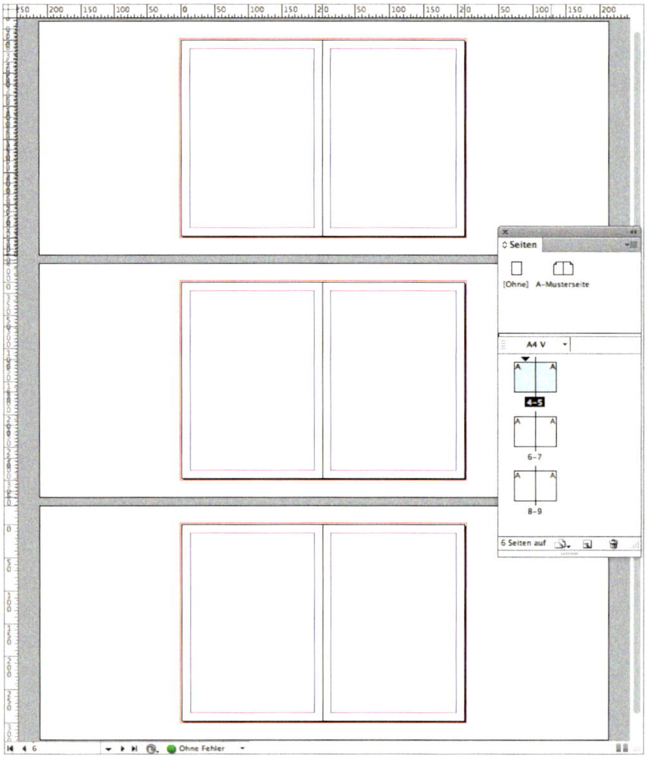

Mit der Startseitennummer 4 und 6 Seiten für doppelseitige Dokumente legen Sie sofort drei Doppelseiten an.

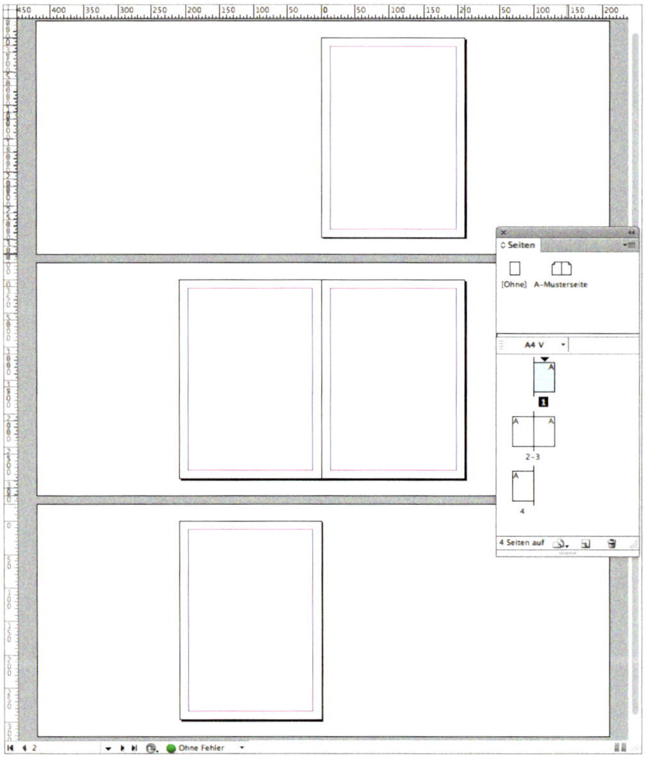

Bei 4 Seiten und der Startseite 1 ergibt sich eine herkömmliche Seitenabfolge.

Standardseitenformate für „Druck"-Medien

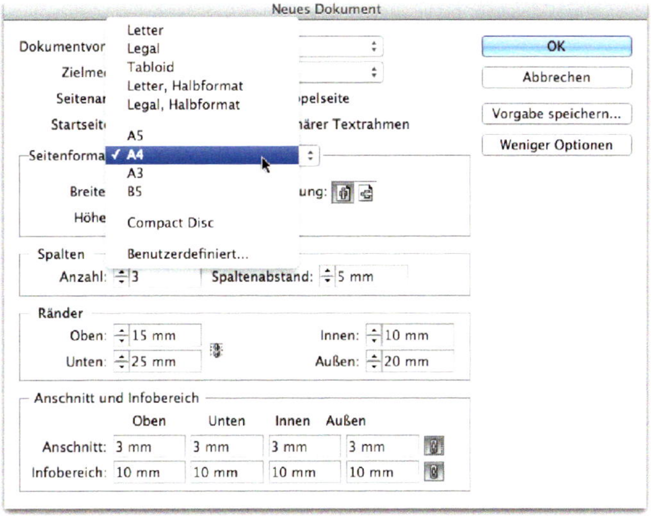

Großformate

InDesign-Dokumente können Seitenlängen von maximal 5.486,4 mm in Höhe und Breite haben. Das wären knapp über 30 m², eigentlich genug für großformatige Wandplakate. Trotzdem werden meistens schon Dokumente ab etwa 1 m Seitenlänge in einem „glatten", also leicht zu berechnenden Maßstab angelegt, zum Beispiel 1:10. Ein Großplakat mit 30 Metern Höhe kann also mit 3 m (= 3.000 mm) angelegt und das Druck-PDF später mit 1.000 % (= Faktor 10) ausgegeben werden. Solche Informationen für die Ausgabe und Verarbeitung sollten Sie rechtzeitig mit Ihrem Dienstleister besprechen und in die XMP-Daten eingeben oder auf dem Seitenrand platzieren.

Wenn Sie aus dem Aufklappmenü **Benutzerdefiniert** wählen, können Sie beliebige eigene Formate anlegen und speichern, so dass Sie Seitengrößen, die Sie häufig brauchen, nicht jedes Mal wieder eintippen müssen.

Eigene Seitenformate anlegen

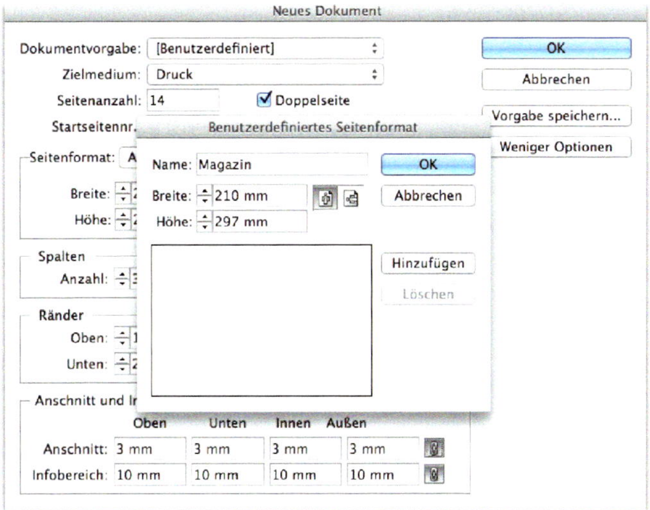

Eigene Seitenformate als Datei

Sobald Sie das erste eigene Format in InDesign gesichert haben, finden Sie im Verzeichnis mit Ihren Benutzervoreinstellungen – **Mac OS:** *~/Library/Preferences/Adobe InDesign/Version 8.0/de_DE/Page Sizes/* **Windows XP:** *C:\Dokumente und Einstellungen\<Benutzername>\Anwendungsdaten\Adobe\InDesign\Version 8.0\de_DE\Page Sizes* **Windows Vista und 7:** *C:\Users\<Benutzername>\AppData\Roaming\Adobe\InDesign\Version 8.0\de_DE\Page Sizes* – eine XML-Datei namens *Neue Seitenformate.xml*. Dort sind die Formatangaben – leider in der Einheit Point – anzugeben. Grundlegende XML-Kenntnisse sind beim Editieren dieser Datei vorteilhaft.

DIN-Formate	Größe (mm × mm)
DIN A6 (Postkarte)	105 × 148
DIN lang (Grußkarte)	105 × 210
DIN A5	148 × 210
DIN A4	210 × 297
DIN A3	297 × 420
DIN A2	420 × 594
DIN A1	594 × 840
DIN A0	840 × 1.190 (= 1 m^2)

Großformate Zeitung	Größe (mm × mm)
Broadsheet	375 × 600
Nordisches Format	400 × 570
Rheinisches Format	350 × 510
	350 × 520
	360 × 530
Schweizer Format („Format NZZ")	320 × 475
Berliner Format	315 × 470

Kleinformate Zeitung	Größe (mm × mm)
Tabloid (auch Half-Broadsheet oder Halbnordisches Format)	235 × 315 oder 285 × 400
Halbrheinisches Format	255–265 × 365–370 oder 260 × 325
Halbes Berliner Format	230–240 × 310–320
Half Broadsheet	300 × 375
Halbes Schweizer Format	240 × 330
Tabloid Extra	305 × 457

Seitenverdrängung

Bei seitenstarken Magazinen und anderem findet eine so genannte Bogen- oder Papierverdrängung statt. Bögen, die im Magazin weiter außen liegen, sind nach dem Zuschneiden breiter als die Bögen in der Heftmitte. Bei einem 80-Seiter bestehen je nach Papier eventuell mehrere Millimeter Unterschied zwischen dem äußersten Bogen mit den Seiten 80/1 und 2/79 und dem innersten Bogen mit den Seiten 42/39 und 40/41. Ihre Druckerei kann Ihnen sagen, welche „Sicherheitsabstände" Sie bei der Gestaltung einhalten und wie viel Beschnittzugabe Sie anlegen sollten, damit keine wichtigen Elemente abgeschnitten werden oder im Bund verschwinden. Als Gestalter müssen Sie sich nicht um die technische Umsetzung kümmern, sollten aber wissen, wie viel Spielraum Sie einplanen müssen.

Spalten

Die **Spaltenzahl** gibt an, wie viele Textspalten innerhalb des Satzspiegels einer Musterseite vorgesehen sind. Maximal sind 216 Spalten auf einer Seite möglich. Die Spalten sind nicht nur für die grafische Ordnung des Layouts verantwortlich: Wenn Sie Text in das Layout platzieren, fließt der Text immer automatisch in eine Spalte und wird in die jeweils nächste umbrochen. Richten Sie sich also genau so viele Layoutspalten ein, wie Sie benötigen. Für das Platzieren von Bildern können Sie auch Hilfslinienspalten verwenden, die keine Relevanz für das Platzieren von Texten haben.

Spalten und Hilfslinien
Spalten lassen sich hervorragend mit Hilfslinien ergänzen: Für ein Gestaltungsraster mit mehreren Spalten legen Sie beispielsweise ein dreispaltiges Raster an, das Sie ergänzen, indem Sie die Musterseite im **Seiten**-Bedienfeld auswählen und **Layout** > **Hilfslinien erstellen** aufrufen. Passend zu den bestehenden Seitenrändern legen Sie Hilfslinienspalten an oder ergänzen den Satzspiegel durch Zeilenhilfslinien.

Spaltenabstand

Der **Spaltenabstand** (fachsprachlich auch Steg oder Zwischenschlag genannt) teilt mehrere Textspalten voneinander. Der serienmäßige Abstand ist **4,233 mm** (entspricht 12 Point). Sie können hier Werte von **0** bis **508 mm** eintragen.

Die Wahl des Randes richtet sich wie Zeilenabstand und Grundlinienraster nach der verwendeten Brotschrift, ihrer Schriftgröße und ihrer Beschaffenheit. Als Faustregel gilt: Wenn Sie einen engen Zeilenabstand bei geeigneter Typo wählen, kommen Sie mit einem schmalen Rand aus. Bei hohen Zeilenabständen muss auch der Rand mitwachsen, da der Durchschuss sehr dominant wird.

Ränder

Die **Ränder** begrenzen den Satzspiegel. Bei einem einseitigen Dokument wird aus **innen** und **außen** dann **links** und **rechts**. Der **Verkettungsknopf** ist zunächst immer aktiviert; wenn Sie also nur einen Wert eingeben und dann mit der [⇥]-Taste ins nächste Feld springen, werden alle anderen Werte übernommen. Dies ist jedoch wenig alltagstauglich. Für einen interessanten Satzspiegel sind verschiedene Werte nötig.

Randinformationen werden nach Möglichkeit nicht gleichmäßig für alle Ränder vergeben.

Welchen Anschnitt verwenden? Sofern Sie keine anderen Angaben von Ihrem Druckdienstleister erhalten haben, verwenden Sie den Standardwert von 3 mm.

Anschnitt und Infobereich

Randabfallende Bilder oder Grafiken müssen in der Datei über das Papierformat hinaus in den Anschnittbereich ragen. Der **Anschnitt** wird dann bei der Ausgabe mit ausbelichtet und gegebenenfalls durch die Schnitt- und Anschnittsmarken gekennzeichnet.

Randabfallende Grafiken wie zum Beispiel die Ecken für das Gebietsregister im Reisekatalog ragen 3 mm über das Seitenformat (schwarze Linie) hinaus bis zur Kante des Anschnittbereichs (rote Linie).

Der **Anschnitt** hilft besonders nach dem Druckvorgang: Durch Feuchtigkeit, hohen Farbauftrag oder Druckart dehnt sich das Papier nach einem Druckvorgang geringfügig aus. Die Bedruckung der Rückseite kann daher niemals passgenau erfolgen, ein leichter Versatz des Druckbildes ist die Folge. Dieser Versatz ist bei gut zu verarbeitendem

Auflagenpapier im Offsetdruck und geregelten klimatischen Bedingungen zu vernachlässigen. Schwieriger wird es jedoch bei Naturpapieren, Druckmedien im Sieb- oder Flexodruck oder verschiedenen Papiersorten innerhalb einer Publikation.

Der **Infobereich** ist dazu bestimmt, Informationen zu den „Druckbögen" – wie Falzmarkierungen – abzulegen. Das können zum einen allgemeine Dokumentinformationen wie Auftragsnummern oder das Ausgabedatum sein, zum anderen Farbkeile für die Qualitätskontrolle. Hierfür bietet die Forschungsgruppe Druck **(FOGRA)** den standardisierten **CMYK-Medienkeil** an, den Sie in einer Breite des Keils von 6 oder 10 mm platzieren können.

Anschnitt innen?

Auch hier gilt: Macht Ihr Druckdienstleister keine speziellen Angaben zum Anschnitt im Bund, verwenden Sie rundherum denselben Wert.

Infobereich, Anschnitt, Seitenformat, Satzspiegeloberkante und senkrechte Spaltengrenzen (von außen nach innen) werden in der Layoutansicht farblich voneinander unterschieden.

Dokumentvorgabe

Wenn Sie ein Dokument auf diese Weise angelegt haben, können Sie nun die Eingabe bestätigen und mit der Layoutarbeit beginnen oder Sie speichern Ihr Dokumentformat als **Vorgabe**. Dazu klicken Sie im Dialog auf den Knopf **Vorgabe speichern** und geben einen entsprechenden Namen ein. So legen Sie sich Vorgaben für individuelle Projekte oder Formate an, die nicht in der Auswahlliste von InDesign auftauchen.

Sie können diese Vorgaben anschließend unter **Datei** > **Dokumentenvorgaben** aufrufen oder neue anlegen. Hier können Sie die Dokumentvorlagen anwenden oder ändern (über **Definieren**). Um Vorgaben nachträglich zu bearbeiten oder neue Vorgabenvarianten anzulegen, wählen Sie in der Liste der Vorgaben ein Format aus und klicken danach auf **Neu**. Die Werte dieses Formates werden für die neue Vorgabe übernommen.

Die Standardvorgabe wird von InDesign immer dann benutzt, wenn Sie ein neues Dokument über ⌘ Strg N anlegen. Überlegen Sie also, welche Einstellungen Sie häufig verwenden. Besonders die Angaben für den Anschnitt werden sicher häufig übersehen, geben Sie also in der Standardvorgabe einen Beschnitt von **3 Millimetern** an.

Im Dialog „Neues Dokument“ speichern Sie direkt die Einstellungen als Dateivorgabe.

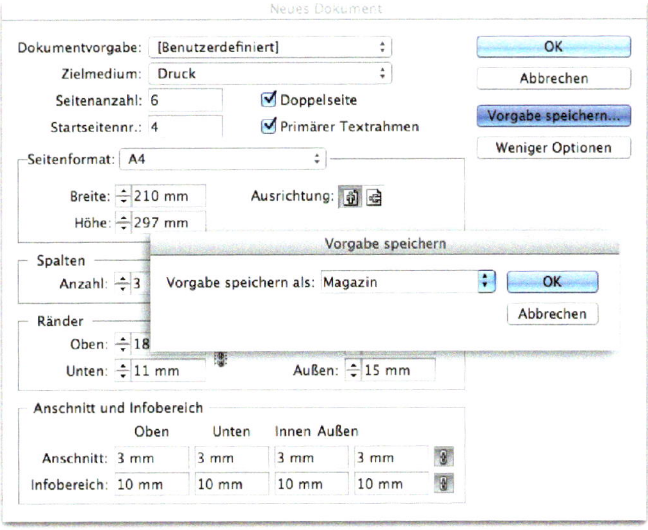

Im Dialog „Dokumentvorgaben“ legen Sie neue Vorgaben an oder bearbeiten bestehende Vorgaben.

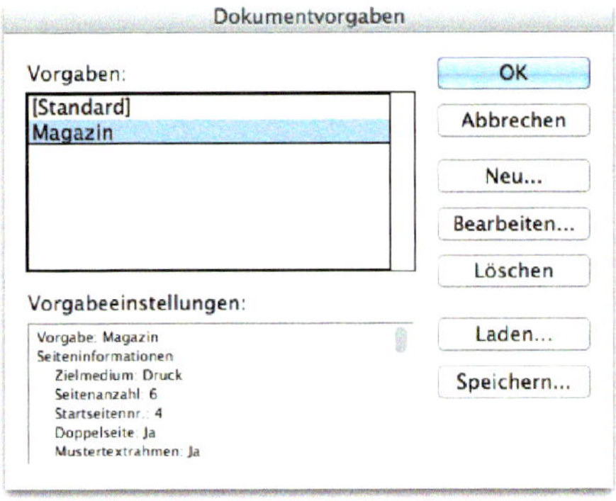

Das Dokument ist fertig angelegt

Nach der Bestätigung der Eingabe zeigt Ihnen InDesign die erste **Dokumentseite** in der Ganzseitenansicht. Die magentafarbenen Linien zeigen die **Ränder**, die **Spaltenhilfslinien** erscheinen violett. Der **Anschnitt** ist rot hervorgehoben, der **Infobereich** hellblau.

Sie befinden sich auf der ersten Seite Ihres Dokuments. Auf der Seite sollte der Satzspiegel aus Spalten und Rändern sichtbar sein. Falls Sie später eigene Hilfslinien anlegen, erscheinen diese in hellem Cyan. Vergewissern Sie sich, dass die Hilfslinien auch sichtbar sind: Über **Ansicht** > **Raster und Hilfslinien** > **Hilfslinien einblenden/ausblenden** oder die Tastenkombination [⌘ Strg] [Ü] blenden Sie sie ein und aus. Alternativ schalten Sie zwischen der **Layoutansicht** und der **Vorschau** ohne Hilfslinien und Rahmenkanten mit der Taste [W] um. Dabei wird auch der Anschnitt ausgeblendet.

Rahmenfarbe

Die jeweilige Rahmenfarbe ist abhängig von der gewählten **Ebene** beziehungsweise der definierten **Ebenenfarbe**. Hellblau ist die Standardfarbe der **Ebene 1**. Sobald Sie eine neue Ebene anlegen, verteilt InDesign der Reihe nach vorgegebene Farben.

Ebenen anlegen und verwalten: Seite 219

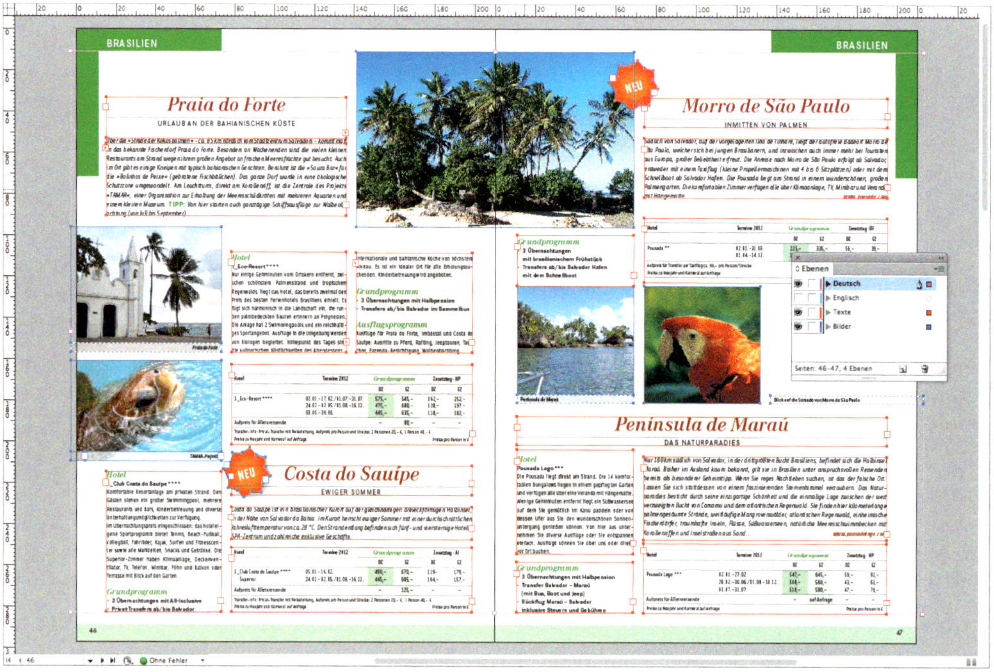

Beispieldoppelseite mit markierten Rahmen in Ebenenfarbe.

Das Seitenwerkzeug

Mit dem **Seitenwerkzeug** (⇧ P) wählen Sie eine aktuelle Seite an und verändern im **Steuerung**-Bedienfeld **Höhe** und **Breite** des Seitenformats. Dabei sind auch benutzerdefinierte Vorgaben möglich, die im Dokument gespeichert werden können.

Sobald Sie das **Seitenwerkzeug** wählen und die aktuelle Seite anklicken, wird die gesamte Seite hellblau eingefärbt. Nun erscheinen im **Steuerung**-Bedienfeld die Optionen, die Sie mit dieser ausgewählten Seite beeinflussen können.

Das Seitenwerkzeug offenbart seine Fähigkeiten im Steuerung-Bedienfeld, sobald Sie eine Seite anklicken.

Wollen Sie mehrfach Seiten anwählen, um in einem Arbeitsschritt deren Seitenformate zu verändern, können Sie mit dem **Seitenwerkzeug**

auch auf die Seitenminiaturen des **Seiten**-Bedienfelds klicken. Eine Auswahl von mehreren Einzelseiten ist mit gedrückter ⌘ Strg-Taste möglich, eine Auswahl von mehreren zusammenhängenden Seiten erledigen Sie mit einem ⇧+Klick auf die erste und die letzte Seite.

Seiten lassen sich auch in der Höhe verschieben – bitte größte Vorsicht beim Druck!

Flyer, Folder und andere Missverständnisse

Gegen fremdsprachliche Begriffe ist, wie ich im Vorwort schon ausgeführt habe, nichts einzuwenden, solange sie der Kommunikation *dienen* und sie *nicht erschweren*. Ein **Flyer** ist eigentlich ein **Flugblatt oder Zettel**, also ein Stück Papier, das nicht gefalzt und oft nur einseitig bedruckt wird. Ein **Folder** dagegen ist ein beidseitig bedrucktes und gefalztes, aber *nicht geheftetes* **Faltblatt**. Gefalzte und geheftete Drucksachen – auch wenn sie nur ganz wenige Seiten haben – sind *niemals* **Folder**, sondern **Hefte oder Broschüren**. Wenn Sie also sich und Ihren Gesprächspartnern einen Gefallen tun wollen: Vermeiden Sie möglichst die englischen Begriffe! Spätestens im Fachgespräch mit Briten, US-Amerikanern, Australiern und so weiter wird nämlich peinlich klar, dass sie im Deutschen fast immer falsch verwendet werden – vielleicht weil viele das englische Wort für Heft gar nicht kennen oder nicht so aussprechen können, dass es ein Muttersprachler versteht.

Seitenformate nachträglich ändern

Anhand eines Faltblatts, das im Wickelfalz produziert wird, zeige ich Ihnen die Funktionalität des Seitenwerkzeugs, und wie Sie Seitenformate individuell ändern.

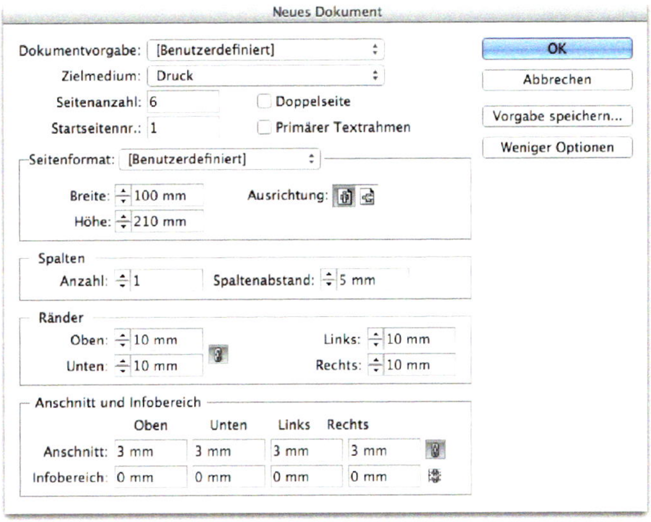

Die Einstellungen für das neue Dokument

1 Neues Dokument anlegen

Zunächst ist es wichtig, dass Sie für das Faltblatt ein neues Dokument mit 6 Seiten mit 100 mm Breite und 210 mm Höhe und 3 mm Anschnitt anlegen.

2 Seitenformat ändern

Wählen Sie mit dem **Seitenwerkzeug** die **Seite 1**, erscheint die Seite *blau* eingefärbt. Im **Steuerung**-Bedienfeld ändern Sie nun die Dimensionen und wählen für die **Breite 97 mm**. Wiederholen Sie den Schritt mit der **Seite 6**.

3 Seitenmontage vorbereiten

Wählen Sie das **Seiten**-Bedienfeld aus und rufen Sie das **Kontextmenü** auf. Deaktivieren Sie die Option **Neue Dokumentseitenanordnung zulassen**, damit Sie die Seiten nun direkt aneinander montieren können.

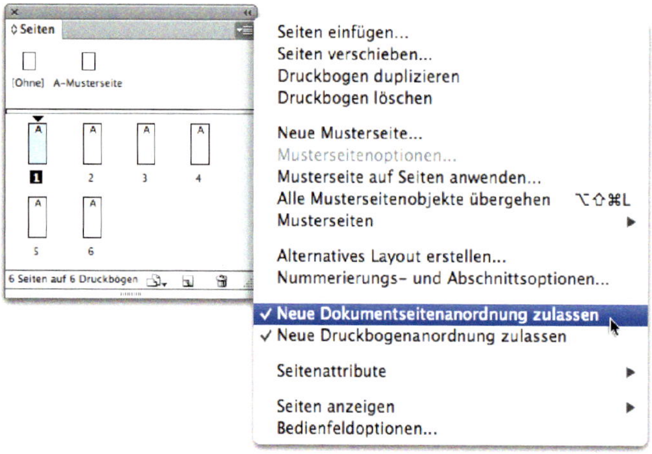

Im Seiten-Bedienfeldmenü deaktivieren Sie „Neue Dokumentseitenanordnung zulassen"; das Häkchen ist danach verschwunden.

Kontextmenü eingeschränkt

Sobald Sie das Seitenwerkzeug ausgewählt haben, können Sie nur noch Seiten anklicken. Damit sollen Fehlbedienungen wie das versehentliche Verschieben von Rahmen verhindert werden. Das Kontextmenü über die rechte Maustaste ist ebenfalls stark eingeschränkt: Es bietet nur noch die Auswahl der grundsätzlichen Liquid-Layout-Regeln für die betreffende Seite.

4 Seitenmontage nebeneinander

Ziehen Sie nun die **Seite 2** auf die rechte Kante des Symbols der ersten Seite, bis eine **schwarze eckige Klammer** am rechten Rand des Seitensymbols erscheint. Lassen Sie die Maustaste los und die beiden Seitensymbole „kleben" nun direkt aneinander. Wiederholen Sie den Schritt für **Seite 3**. Genauso kleben Sie die **Seiten 5 und 6** an den rechten Rand von **Seite 4**. Als Ergebnis haben Sie zweimal drei Seiten direkt nebeneinander – die Außen- und Innenseiten Ihres Faltblatts.

Die Seitenmontage war erfolgreich und Sie können mit dem Layout Ihres Faltblatts beginnen. Prüfen Sie bei geänderten Seitenformaten immer, ob nebeneinander liegende Seiten auch aneinanderstoßen, wenn ein Falz entstehen soll.

Falzmarken werden automatisch vergeben

Damit Seiten unterschiedlicher Breite auf einem „Druckbogen" auch einwandfrei verarbeitet werden, erzeugt InDesign beim PDF-Export mit Druckmarken die benötigten Falzmarken am Übergang der Seitenformate.

PDF-Export: Seite 719

Sie ziehen die Seiten 2 und 3 nacheinander auf den rechten Rand der jeweils vorhergehenden Seite. Die Herausforderung dabei ist, genau die Stelle zu treffen, an der Ihr Mauszeiger so aussieht wie hier.

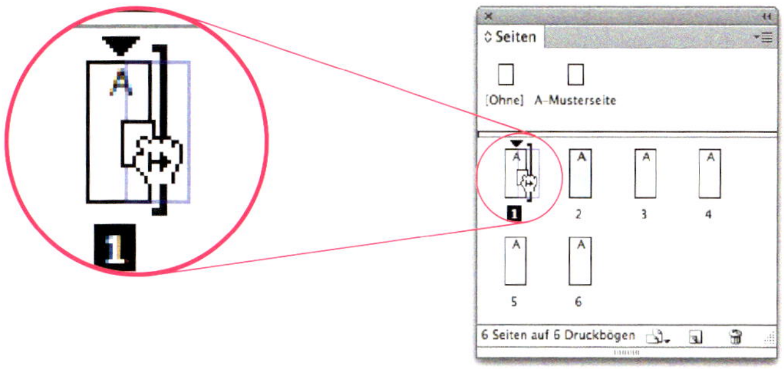

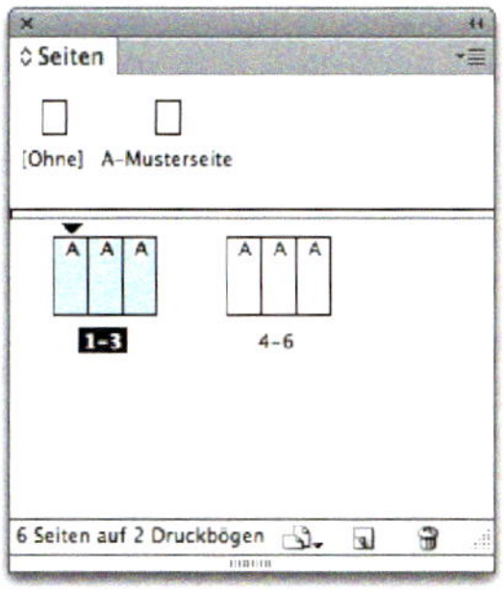

Danach sind alle Seiten von 1 bis 6 in drucktauglicher Reihenfolge montiert.

Liquid Layout und Alternative Layouts

Der „flüssige" und der „altenative Umbruch" sind eine überaus sinnvolle Ergänzung zu dem mit InDesign CS5 eingeführten **Seitenwerkzeug** und gleichzeitig ein vergleichsweise intelligenter Nachfolger der etwas obskuren **Layoutanpassung**, die dafür ein wenig „versteckt" wurde und in einer der nächsten Versionen vermutlich ganz verschwinden dürfte.

Falls Sie sie vermissen, finden Sie die Layoutanpassung an zwei Stellen: unter **Layout** > **Ränder und Spalten** können Sie sie für Satzspiegeländerungen aktivieren, und im Bedienfeld **Fenster** > **Interaktiv** > **Liquid Layout** ist sie der einzige Befehl im Bedienfeldmenü.

Das „Austragshäusl" der Layoutanpassung

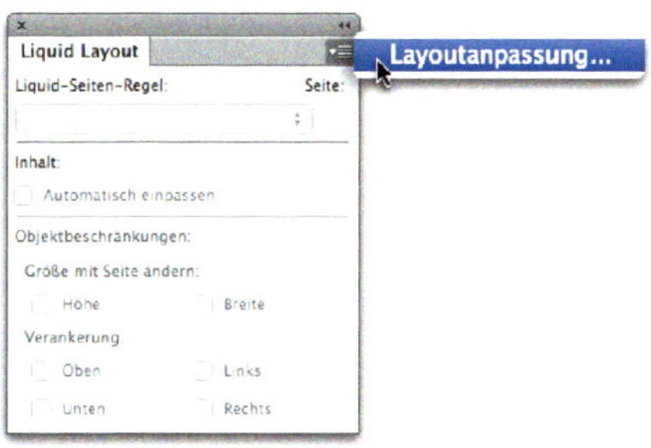

Der Dialog selbst bietet Funktionen, die Sie bereits kennen, falls Sie schon mit älteren InDesign-Versionen vertraut sind. Hinzugekommen ist lediglich eine Warnung, die besagt, dass die alte und die neue Technologie nicht gleichzeitig verwendet werden können. Das deutet darauf hin, dass die Tage der **Layoutanpassung** gezählt sind und das neue **Liquid Layout** vermutlich noch um einige Funktionen wie etwa einen Ausrichte-/Toleranzbereich oder Optionen zum Umgang mit gesperrten/ausgeblendeten Objekten erweitert wird.

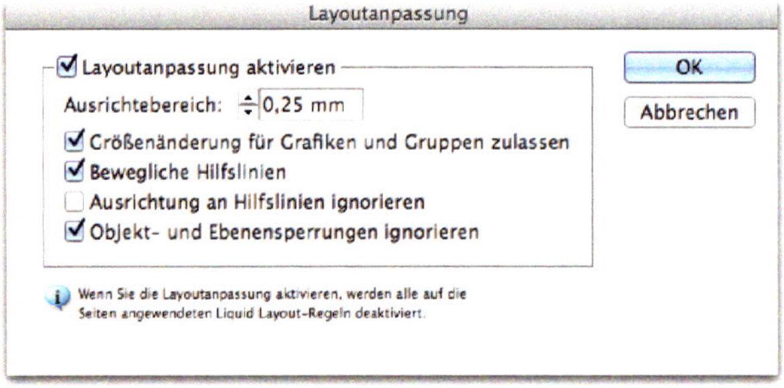

Die Optionen sind noch dieselben, aber die Warnung lässt erahnen, dass diese Funktion bald verschwinden wird.

Einsatzgebiete

Tablet Publishing

Die Vielzahl der Formate und Ausrichtungen bei mobilen Geräten erfordert auch eine ebensolche Vielzahl an unterschiedlichen Varianten Ihres Layouts. Außerdem haben die meisten Geräte einen Lagesensor und können zwischen Hoch- und Querformat unterscheiden, was noch einmal separate Layouts erforderlich macht, falls Sie Ihre Leser nicht frustrieren wollen. Wollen Sie also nur die drei wichtigsten Bildschirmgrößen jeweils in beiden Formatlagen bedienen, müssen Sie dasselbe Layout schon in sechs unterschiedlichen Varianten anlegen. Adobe nennt eine solche Layoutvariante *Rendition* (ausgesprochen wie *„renn-DISCHN"* = Darbietung, Auslieferung).

Eine wichtige InDesign-Funktion ist dabei auch das Erstellen und Verwalten **Alternativer Layouts**, auf die ich in diesem Zusammenhang ebenfalls eingehe.

Die Zukunft gehört HTML & CSS
Deshalb werden die Themen Auflösung und Seitenverhältnis in nicht allzu ferner Zeit wieder an Bedeutung verlieren. Schließlich wissen wir alle aus eigener Erfahrung mit modernen Webseiten längst, dass unterschiedliche Monitor- und Fenstergrößen grundsätzlich keine Einschränkungen bedeuten müssen. Aber bis die Webtechnologien HTML & CSS auch auf Mobilgeräten Standard sind, bleiben die hier beschriebenen Herausforderungen, denen InDesign bestmöglich zu begegnen versucht.

Der gute alte Druck

Solange es noch Zeitungen gibt, werden auch noch Anzeigen in den unterschiedlichsten Formaten gestaltet. Außerdem werden immer wieder Plakate aus Faltblättern entwickelt und umgekehrt, und wenn ich die Sturheit der US-Amerikaner richtig einschätze, wird es auch noch sehr lange Zeit Veröffentlichungen im US-Letter-Format geben, die auf DIN A4 umgebaut werden müssen. Und umgekehrt.

Die Herausforderung ist immer dieselbe: Wie baue ich eine bestehende Seitengestaltung so auf ein anderes Format um, dass möglichst wenig Handarbeit nötig ist? **Liquid Layout** in seiner ersten Ausgabe kann dieses Problem natürlich auch nicht auf einen Mausklick reduzieren, ist aber ein sehr vielversprechender Ansatz.

Eine Gestaltung, viele Seitenformate

Die Mutter dieser Layouts

Je „sauberer" Sie arbeiten, desto übersichtlicher fällt die Nacharbeit aus. Das steht an vielen Stellen in diesem Buch, und ich verspreche Ihnen eine spürbare Fehlerverringerung bei gleichzeitiger Produktivitätssteigerung, wenn Sie sich daran halten.

Anhand einer einfachen Anzeige zeige ich Ihnen jetzt Schritt für Schritt, wie **Liquid Layout** funktioniert und wie hilfreich es sein kann.

1 Erstellen Sie das Basislayout in mittlerer Größe.
Wählen Sie für die „Mutter" Ihres Layouts kein Extremformat, sondern eines, das einerseits bequem zu gestalten ist, andererseits möglichst nahe an der oder den am häufigsten benötigten Größe(n) liegt. Ich beginne hier mit 100 mm × 105 mm.

Die „Mutterversion" der Anzeige in 100 mm × 105 mm

2 Sauberkeit ist oberstes Gebot!
Verwenden Sie **Absatz-**, **Zeichen-** und **Objektformate**, stellen Sie **Ränder und Spalten** so ein, dass Sie sie tatsächlich gebrauchen können, und benutzen Sie **Hilfslinien**, damit so oft wie möglich optisch gleiche Kanten auch technisch wirklich gleich sind. Versuchen Sie insgesamt, mit **so wenigen Rahmen wie möglich** auszukommen, und werfen Sie nach getaner Layoutarbeit alle leeren Rahmen, nicht verwendeten Bilder, Hilfskästchen, Reserveobjekte und ähnliches sofort weg oder exportieren Sie sie als **Snippets**, falls Sie noch darauf zugreifen wollen. Die **Montagefläche** ist kein Mülleimer! (Stellen Sie sich hier bitte einen erhobenen Zeigefinger vor.)

3 Legen Sie die Liquid-Seiten-Regel(n) fest.

Jetzt beginnt der interessanteste Teil: Sie stellen im Bedienfeld **Liquid Layout** ein, wie InDesign mit den Layoutelementen umgehen soll, wenn sich die Seitengröße ändert. Die erste dieser Einstellungen bezieht sich auf eine ganze Seite und nennt sich **Liquid-Seiten-Regel**. Sie bietet bis zu sechs Optionen, die Sie für jede Seite Ihres Dokuments individuell wählen können. Sollen alle (oder zumindest die meisten) Seiten nach derselben Regeln behandelt werden, legen Sie diese am besten auf der jeweiligen Musterseite fest und ändern sie gegebenenfalls auf einzelnen Seiten ab.

Um im **Liquid-Layout**-Bedienfeld etwas einstellen zu können, müssen Sie zuerst das **Seitenwerkzeug** (⇧ P) aktivieren.

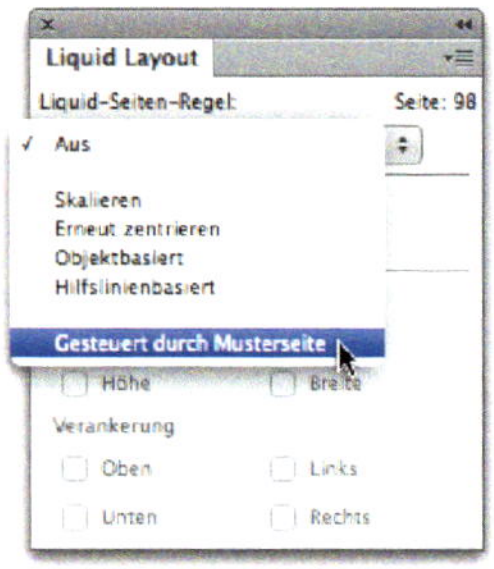

Im oberen Teil des Bedienfelds wählen Sie die Regel aus, die dann für die ganze Seite gilt.

Seitenregel	Das passiert beim Ändern der Seitengröße
Aus	Nichts, das Layout bleibt, in sich **unverändert**, in der linken oberen Ecke der Seite „kleben".
Skalieren	Der Seiteninhalt wird insgesamt **skaliert**, als sei er gruppiert: Text wird so skaliert, dass Größenverhältnisse und Zeilenumbruch erhalten bleiben; danach erscheinen Schriftgrößen in Klammern und sollten über den Befehl **Skalierung als 100 % neu definieren** im **Transformieren**- oder im **Steuerung**-Bedienfeldmenü zurückgesetzt werden.
Erneut zentrieren	Der Seiteninhalt wird im neuen Seitenformat horizontal und vertikal **zentriert**, als sei er gruppiert; alle Elemente bleibt in Größe und Anordnung zueinander unverändert.
Objektbasiert	Die einzelnen Objekte werden auf Basis ihrer individuellen Einstellungen unter **Objektbeschränkungen skaliert und/oder verschoben**. Wenn Sie „nichts" eingestellt haben, werden die Rahmen nicht skaliert, sondern nur relativ zu ihrer Position im Originallayout verschoben.
Hilfslinienbasiert	Mit speziellen **Liquid-Hilfslinien** kennzeichnen Sie imaginäre **„Dehnfugen"**, an denen Objekte skaliert werden dürfen. Alle nicht davon berührten Objekte werden nur verschoben, aber nicht skaliert.
Gesteuert durch Musterseite	Die Layoutseite hat **keine individuelle** Einstellung, sondern richtet sich nach der Regel der Musterseite. Leider können Sie nur dort nachsehen, welche das eigentlich ist.

Auf **Objektbasiert** gehe ich gleich, auf die Option **Hilfslinienbasiert** weiter unten noch ein.

4 Machen Sie gegebenenfalls Einstellungen für einzelne Seiten oder einzelne Objekte.

In meinem Beispiel habe ich die Regel **Objektbasiert** gewählt, weswegen jeder Rahmen seine eigenen Regeln haben kann. Dazu klicken Sie mit dem **Seitenwerkzeug** auf einen Rahmen, so dass er eine fette Umrandung in Ebenenfarbe bekommt, und stellen sein Verhalten ein – entweder über die Bedienelemente am Rahmen selbst oder über die Optionen im **Liquid-Layout**-Bedienfeld. Die QuickInfos erklären zweifelsfrei, was Sie an den einzelnen Stellen tun können; der schwierigere Teil dabei ist, keinen Rahmen zu übersehen.

Nutzen Sie unbedingt alle Funktionen zur automatischen Größenänderung von Textrahmen sowie die Einpassungsoptionen für Bildrahmen!

Automatisch Größe ändern: Seite 343
Automatisch einpassen: Seite 161

Bei der Option „Objektbasiert" definieren Sie – nachdem Sie sie mit dem Seitenwerkzeug markiert haben – für jedes einzelne Layoutobjekt individuelle Regeln für Größen- und Positionsänderung.

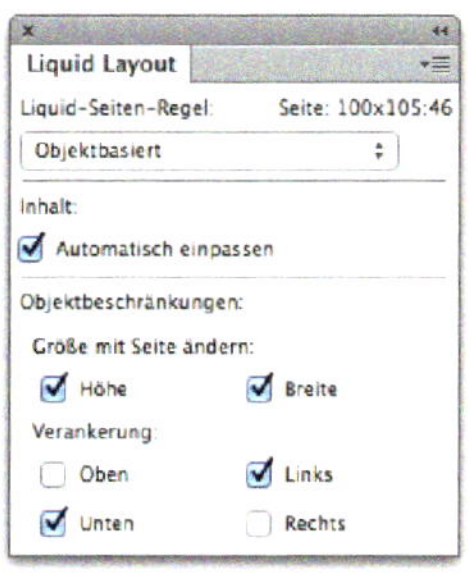

Die Einstellungen bewirken, dass das Foto seinen Abstand zur linken und zur unteren Kante beibehält, während sich Höhe und Breite ändern dürfen.

5 Duplizieren Sie die Mutterseite.

Halten Sie die [⌥ Alt]-Taste fest und ziehen Sie die Seite an eine leere Stelle im Seiten-Bedienfeld, bis Sie ein Pluszeichen neben der Verschiebehand sehen. Wenn Sie es lieber möglichst ordentlich haben, können Sie auch ein **Alternatives Layout** anlegen. Geben Sie als Namen die Millimetermaße ein, damit Sie später schnell die richtige Anzeige unter vielen finden, ohne erst das **Seitenwerkzeug** bemühen zu müssen.

Darstellung
Sollte das Seiten-Bedienfeld bei Ihnen keine Titelbalken für Alternative Layouts anzeigen, klicken Sie einfach mit rechts in das Bedienfeld und erhalten im Kontextmenü unter „Seiten anzeigen" den Befehl „Nach alternativem Layout".

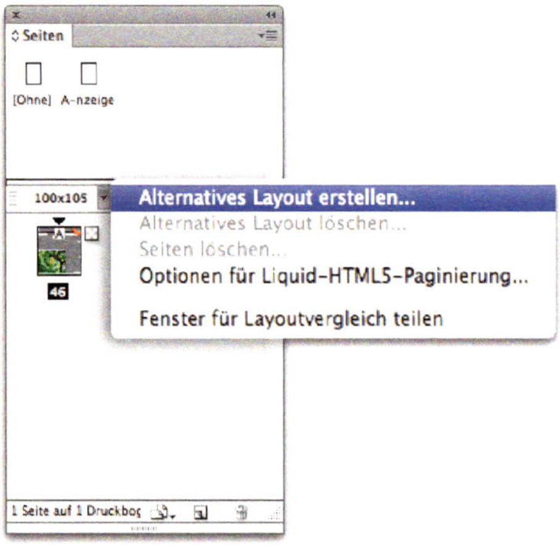

Der Befehl zum Erstellen Alternativer Layouts befindet sich auch im Seiten-Bedienfeldmenü und im Layout-Menü.

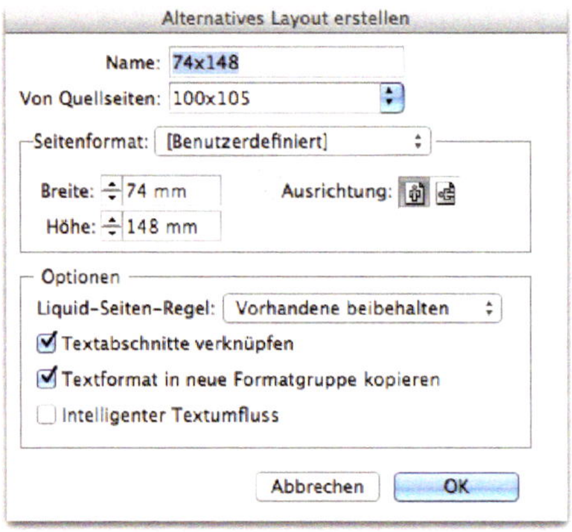

Obwohl InDesign stets versucht, Namen zu vergeben, die für die Digital Publishing Suite praktisch sind (also auf „H" oder „V" endend, je nach Formatlage), können Sie hier beliebigen Text eingeben.

Ein sinnvoller und kurzer **Name** erleichtert später das Auffinden im **Seiten**-Bedienfeld. Welche Seite(n) Sie kopieren und alternativ layouten möchten, geben Sie unter **Von Quellseiten** an. Das neue **Seitenformat** bietet dieselben Vorgaben, die Sie auch beim Einrichten eines neuen Dokuments zur Auswahl haben.

Welche **Liquid-Seiten-Regeln** Sie den Quellseiten auch zugewiesen hatten, unter den Optionen können Sie dem Alternativen Layout eine einheitliche neue Regel verpassen oder – was meistens das Sinnvollste sein dürfte – die **Vorhandene**(n Regeln) **beibehalten**. Wenn Sie die **Textabschnitte verknüpfen**, haben Sie hinterher die Möglichkeit,

◢ *Verknüpfte Inhalte: Seite 307*

alle Inhalte vom „Mutterlayout“ aus zu kontrollieren. Die **Textformate in** eine **neue Formatgruppe** zu **kopieren** ist ebenfalls eine gute Idee, denn so können Sie bei extremeren Größenänderungen sämtliche Schriftgrößen, Zeilenabstände, Silbentrennungen und die anderen Texteigenschaften bequem für jeden Layoutbereich individuell einstellen.

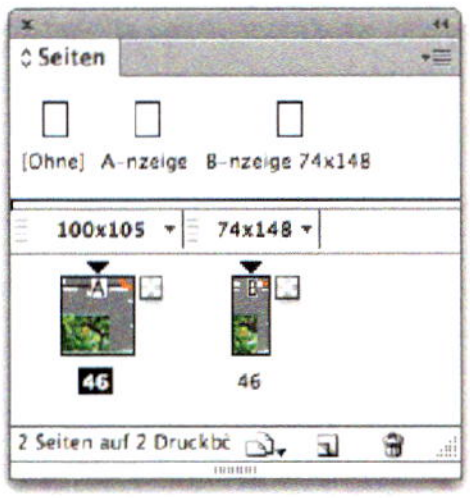

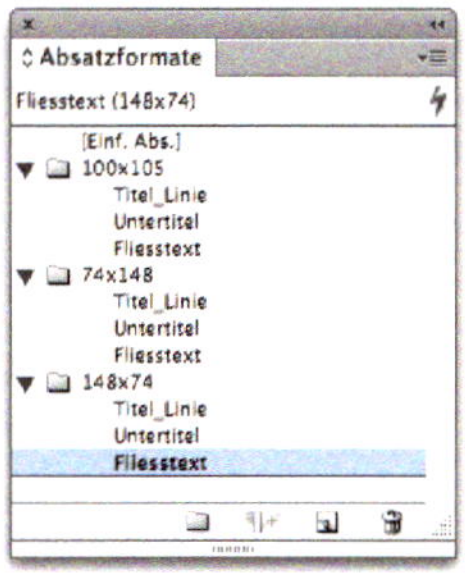

Mehr Ordnung im Seiten-Bedienfeld dank Alternativer Layouts (links). Mehr Komfort in den Absatzformaten dank automatisch erzeugter Formatgruppen (rechts).

Sofern die Seitenzahl für Ihre Publikation keine Rolle spielt (etwa bei einem Digitalen Magazin), bietet InDesign auch noch einen **Intelligenten Textumfluss** an, mit dem InDesign bei Bedarf (und entsprechend Ihren **Voreinstellungen**) am Ende des Layoutbereichs Seiten hinzufügt oder entfernt, um den Text passgenau unterzubringen.

6 Ändern Sie das Seitenformat.

Aktivieren Sie das **Seitenwerkzeug**, und InDesign rahmt die aktive Seite mit einem Transformationsrahmen ein, den Sie an den Ecken oder Kanten mit der Maus fassen und skalieren können. Wenn Sie die Maustaste loslassen, springt allerdings alles wieder zurück in die Ausgangsgröße und -position. Um InDesign zu zeigen, dass Sie es wirklich ernst meinen und nicht bloß rumprobieren wollten, halten Sie beim Skalieren die [⌥ Alt]-Taste gedrückt.

7 Erledigen Sie gegebenenfalls anfallende Handarbeiten.

In den seltensten Fällen ist ein **Alternatives Layout** direkt nach dem Erstellen schon perfekt, aber das darf von einer ganz neu geschaffenen Programmfunktion vielleicht auch noch nicht erwartet werden. Es bleibt also noch etwas Arbeit für den Menschen vorm Bildschirm, und die geht umso schneller, je besser Ihre Vorgaben sind (siehe Schritt 4).

Immerhin – wenn Sie ein stärker vom Original abweichendes Layout (hier ein Querformat) erzeugt und dann manuell angepasst haben, können Sie selbstverständlich für die nächsten Ableitungen wiederum das Layout als Basis verwenden, das Sie bereits auf Querformat und größeres Platzangebot optimiert haben.

Die hochformatige Alternative mit 74 mm × 148 mm unmittelbar nach ihrer Erzeugung.

Die querformatige Variante mit 148 mm × 74 mm benötigt durchaus noch etwas manuelle Nacharbeit.

Hilfslinienbasiert

Eine Methode, mit der Sie nicht jeden einzelnen Rahmen auf mögliche Veränderungen vorbereiten müssen, stellt die Regel **Hilfslinienbasiert** dar. Dabei legen Sie – ebenfalls mit aktiviertem Seitenwerkzeug (⇧ P) besondere Hilfslinien, die so genannten **Liquid-Hilfslinien** – über Ihr Layout. Von meinem Kollegen Gerald Singelmann stammt die überaus treffende Metapher der „Tektonischen Spalten“: Betrachten Sie diese Hilfslinien als beabsichtigte „Bruchstellen“ im Layout, an denen Material verschwindet, falls das Layout verkleinert wird, und neues Material entsteht, falls mehr Platz zur Verfügung steht.

⊿ cuppascript.com

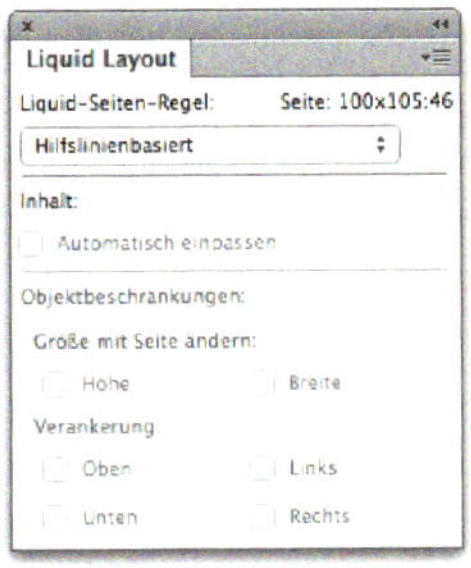

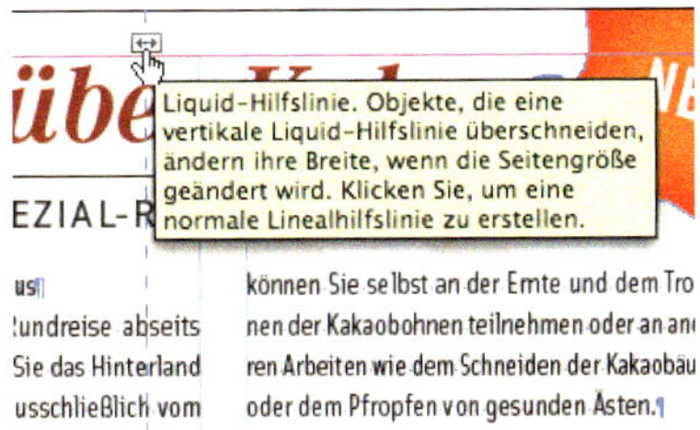

Liquid-Hilfslinien erkennt man daran, dass sie gestrichelt sind. Bei aktivem Auswahlwerkzeug zeigen sie einen Doppelpfeil am oberen beziehungsweise linken Ende.

Alle Objekte, die von einer senkrechten Hilfslinie berührt werden, dürfen ihre *Breite* ändern; alle Objekte, die von einer waagerechten Hilfslinie berührt werden, dürfen ihre *Höhe* ändern.

Solange das **Seitenwerkzeug** aktiv ist, sind neue Hilfslinien automatisch **Liquid-Hilfslinien**. Mit einem Klick auf das besagte Symbol wandeln Sie sie in gewöhnliche Hilfslinien um; mit einem weiteren Klick werden sie wieder zu Liquid-Hilfslinien.

Mit einer senkrechten und einer waagerechten Liquid-Hilfslinie, die jeweils über das Foto laufen, sieht das letzte Ergebnis so aus:

Gleiches Format wie vorhin, aber hilfslinienbasiert. Bitte fragen Sie mich nicht …

Auch wenn die Ergebnisse stellenweise schwer vorhersagbar sind und sich die Bedienung noch deutlich nach „Version 1.0“ anfühlt, ist **Liquid Layout** auf jeden Fall als Weiterentwicklung der Layoutanpassung ein interessantes Werkzeug, das Ihnen bei geschickter Vorbereitung (und bei eher schlichten Layouts, wie man auch anmerken muss) für die Formatadaption eines Werks wertvolle Arbeitszeit sparen kann.

Das Seiten-Bedienfeld

Über das Tastenkürzel ⌘ Strg F12 blenden Sie das **Seiten**-Bedienfeld ein und aus oder Sie rufen es aus dem Menü **Fenster** > **Seiten** auf. Mithilfe des **Seiten**-Bedienfelds organisieren Sie Ihr Dokument, die **Seitenmontagen** aus zusammenhängenden „Druckbögen“, Ausklappseiten oder gedrehten Montageflächen. Zusätzlich kontrollieren Sie die **Paginierung** und die Zuweisung von **Musterseiten** auf Ihre Layoutseiten.

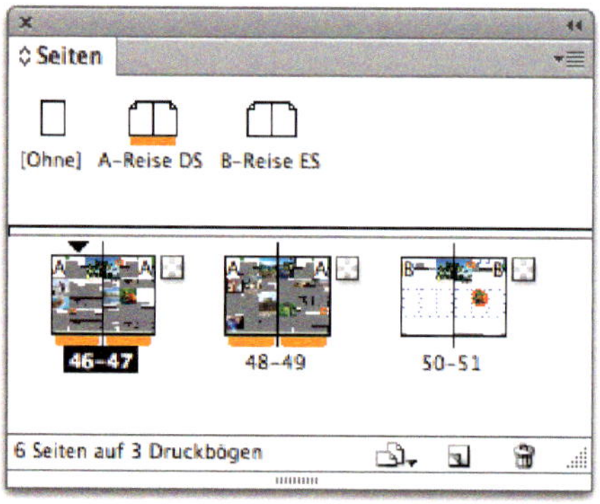

Ansicht des Seiten-Bedienfelds, wenn Sie die Seiten über die Bedienfeldoptionen aus dem Bedienfeldmenü horizontal angeordnet haben

Im oberen Bereich sehen Sie die angelegten **Musterseiten**, im unteren Bereich werden alle Seiten mit einer **Layoutvorschau** dargestellt. Ob auf diesen Seiten **Transparenzeffekte** zum Einsatz kommen, sehen Sie am Schachbrettmuster rechts neben der Miniatur. **Eingeklammerte Seitenzahlen** werden als „Druckbogen“ zusammengehalten. Über dieses Bedienfeld und sein Bedienfeldmenü navigieren Sie schnell durch das Dokument durch Klick auf die **Seitenminiatur**, fügen rasch Seiten hinzu mit einem Klick auf das **Seiten-Symbol**, löschen Seiten mit dem **Papierkorb** und führen komplexe Layoutänderungen über Musterseiten durch.

Über den Tastenbefehl ⌥ Alt ⇞ Bild↑ oder ⌥ Alt ⇟ Bild↓ blättern Sie durch Ihr Dokument zum **vorherigen** oder **nachfolgenden „Druckbogen“**. Die Darstellungsgröße und -position im Dokument bleibt dabei praktischerweise immer erhalten. **Einzelne Seiten** blättern Sie mit ⇧ ⇞ Bild↑ oder ⇧ ⇟ Bild↓ um.

Was ist ein „Druckbogen“?
Als „Druckbogen“ wird in InDesign eine Doppelseite beziehungsweise mehrere zusammenhängende Seiten bezeichnet, die nebeneinander im Medium dargestellt werden. Ein doppelseitiges Layout besteht also pro Doppelseite aus einem „Druckbogen“. Der InDesign-„Druckbogen“ hat also nichts mit dem Ausschießen der Seiten für die Offset-Druckform zu tun, weshalb ich ihn vorsichtshalber in Anführungszeichen setze.

J wie „Jump“: auf eine Seite springen
Wollen Sie in einem langen Dokument gezielt Änderungen vornehmen, springen Sie auf die gewünschte Seite, indem Sie den Tastenbefehl ⌘ Strg J aufrufen. Danach geben Sie die Seitenzahl ein und InDesign wechselt die Ansicht.

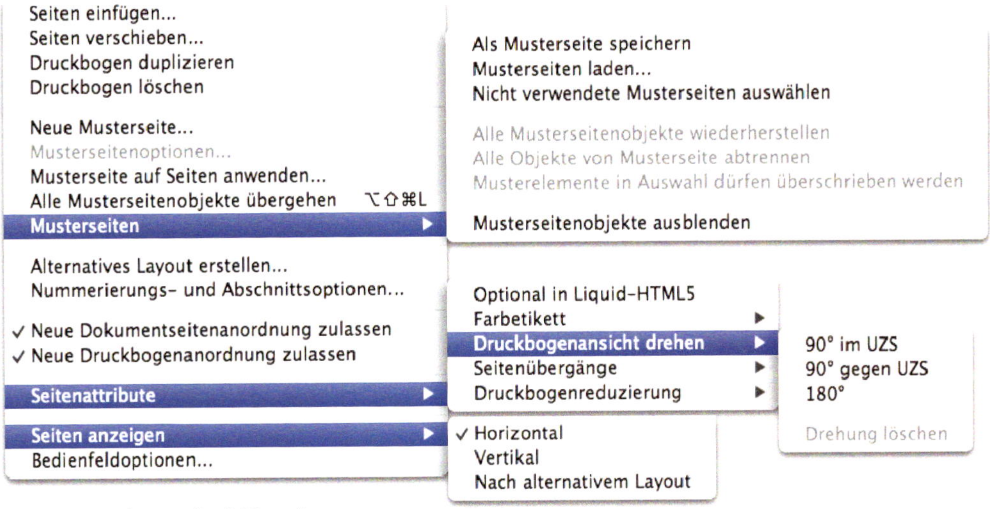

Das Seiten-Bedienfeldmenü – in CS6 neu sortiert.

Sie können über das **Seiten**-Bedienfeld jederzeit an einer beliebigen Stelle im Dokument zwischen zwei Seiten, am Anfang oder am Ende eine oder mehrere neue Seiten einfügen und dabei die gewünschte Musterseite wählen, die den Seiten zugrunde liegen soll. Die Funktion **Seite einfügen** können Sie über den Tastenbefehl ⌘ Strg ⇧ P aufrufen. Auch über das Menü **Layout** finden Sie die Funktionen, um Seiten, „Druckbögen" oder Musterseiten zu bearbeiten und in ihnen zu navigieren.

Neue Dokumentseitenanordnung zulassen

Dieser und der Befehl darunter sind, für viele verwirrend, jeweils aus Sicht des Programms formuliert, nicht aus Sicht des Benutzers. Wenn hier ein Häkchen zu sehen ist, bedeutet das also, dass Sie als Benutzer Ihrem InDesign die Erlaubnis erteilen, die Seiten im Dokument so anzuordnen, wie es das Programm für sinnvoll hält. Das ist für Sie immer dann vorteilhaft, wenn Sie ein strikt doppelseitiges Dokument mit möglichst durchgehendem Satzspiegel und/oder **Primärem Textrahmen** erstellen. Dann können Sie nämlich bedenkenlos einzelne Seiten löschen oder einfügen, weil InDesign sich sofort darum kümmert, dass nirgends drei Seiten nebeneinander stehen oder eine einzelne Seite übrig bleibt. Dabei werden logischerweise ab der Stelle, wo Sie eine Einzelseite eingefügt oder gelöscht haben, alle linken Seiten zu rechten und umgekehrt. Je konsequenter die Elemente in Ihrem Layout an Satzspiegelkanten und Hilfslinien ausgerichtet sind, desto weniger manuelle Nacharbeit brauchen Sie in diesen Fällen einzuplanen. Auch der Einsatz von **Verankerten Objekten**, die sich selbsttätig am Bund ausrichten, erspart Ihnen bei so einer automatischen Links-/Rechts-Umstellung eine Menge Fehler.

◢ *Primärer Textrahmen: Seite 87*

◢ *Verankerte Objekte: Seite 270*

Was aber, wenn Sie ganz bewusst Klappseiten als dritte oder vierte Seite an einen „Druckbogen“ anhängen oder einzelne Seiten mitten im Layout stehen lassen möchten? Dann deaktivieren Sie die Option **Neue Dokumentseitenanordnung zulassen** und entziehen InDesign damit die Erlaubnis zum Eingreifen. Ab hier dürfen Sie sich selbst darum kümmern, was passieren soll, wenn Sie irgendwo aus der Zweieranordnung ausbrechen.

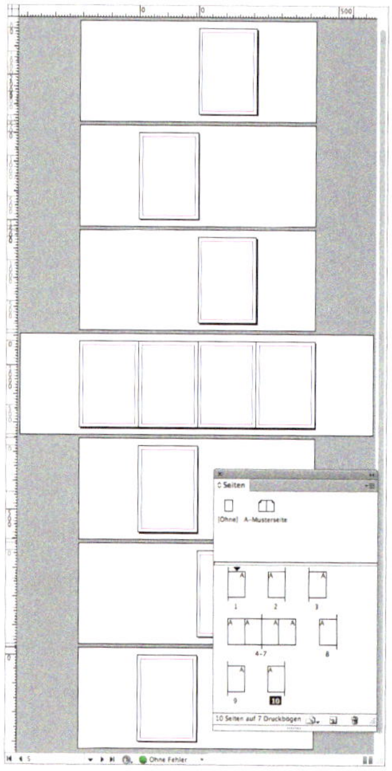

Eine derartige Dokumentseitenanordnung ist nur möglich, wenn InDesign nicht eingreifen darf.

Neue Druckbogenanordnung zulassen

Die Arbeit mit Doppelseiten verläuft einfacher, wenn Sie die zusammengehörigen Seiten im **Seiten**-Bedienfeld mit ⇧+Klick anwählen und danach die Option **Neue Druckbogenanordnung zulassen** im **Seiten**-Bedienfeldmenü **deaktivieren**. Dann klammert InDesign die nebeneinander liegenden Doppelseiten (sowie eventuell anhängede Klappseiten) zu einem „Druckbogen“ zusammen, erkennbar an den Seitenzahlen in **eckigen Klammern**. Jetzt lassen sich die Doppelseiten nur noch als Ganzes verschieben. Auch das Kopieren von Doppelseiten in andere Dokumente per Ziehen & Ablegen wird einfacher, da die gegenüberliegenden Seiten immer zusammen bleiben.

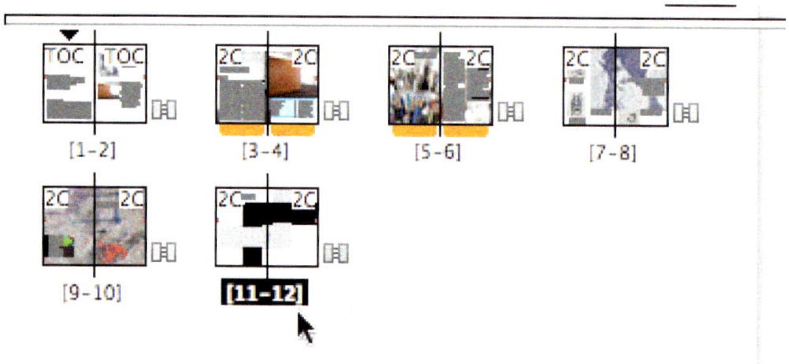

Zusammenhängende Seiten werden mit eingeklammerten Seitenzahlen dargestellt.

Farbetiketten auf Musterseiten
Sobald Sie einer Musterseite ein Etikett zuweisen, erscheint das Etikett auch auf der Miniatur im unteren Teil des Seiten-Bedienfelds. Somit erhalten Sie eine gute optische Zuordnung zwischen Musterseite und Seite.

„Druckbögen“ duplizieren und Seiten verschieben

Sie verschieben eine Seite oder einen „Druckbogen“, indem Sie die Seiten mit gedrückter ⌘ Strg-Taste anklicken und per Ziehen & Ablegen an die neue Stelle bewegen. Dabei zeigt Ihnen InDesign eine kleine Hilfe in Form einer **schwarzen Linie** an, wo der „Druckbogen“ erscheinen wird, sobald Sie die Maustaste wieder loslassen. Dies können Sie auch mithilfe eines Dialogs tun, damit die Arbeit bei besonders langen Dokumenten einfacher fällt. Sie gehen mit dem Mauszeiger auf Ihren „Druckbogen“ und rufen das **Kontextmenü** auf. Nun wählen Sie Seiten verschieben aus. Anschließend können Sie die **Seitenzahl** prüfen und den **Ort** wählen, **nach** oder **vor** welcher Seite diese Seiten erscheinen sollen. Mit **OK** bestätigen Sie das Verschieben.

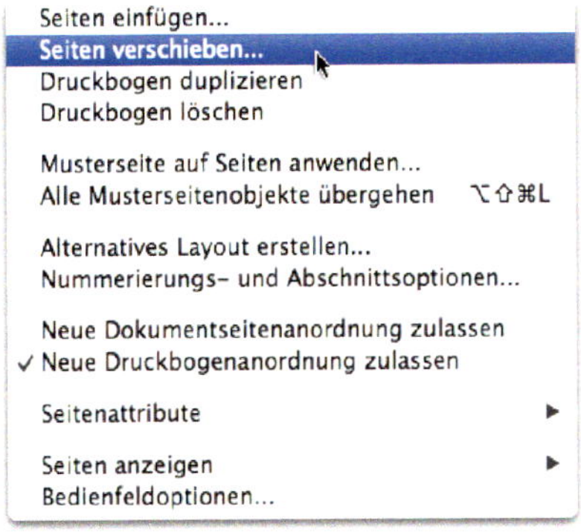

Über das Kontextmenü einer Seite oder eines „Druckbogens" gelangen Sie zu den Optionen, einen „Druckbogen" zu verschieben oder Seiten zu duplizieren.

Es ist zudem möglich, den **„Druckbogen"** komplett zu **duplizieren**, um weitere Seiten nach demselben Layoutschema aufzubauen. Sobald Sie den gewünschten „Druckbogen" markieren und im Kontextmenü diesen Befehl aufrufen, landet der duplizierte „Druckbogen" immer am Ende des Dokuments.

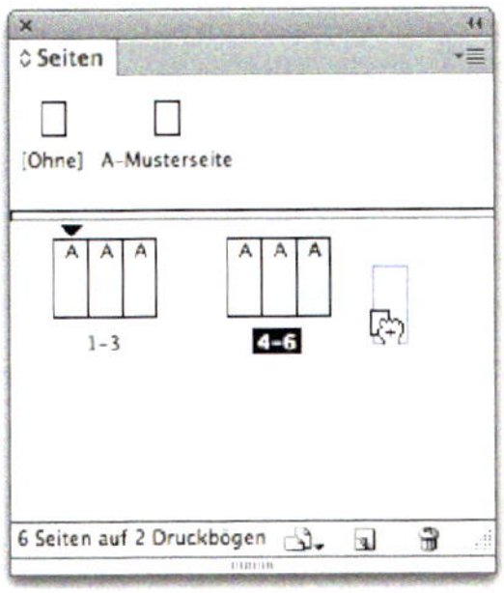

Mit gedrückter ⌥ Alt-Taste verschieben und duplizieren Sie eine einzelne Seite oder den gesamten „Druckbogen".

Seiten können nicht nur *innerhalb* eines Dokuments verschoben oder dupliziert werden, sondern auch in andere geöffnete Dokumente. Dabei wird selbstverständlich auch das Seitenformat berücksichtigt; sollte es unterschiedlich sein, erhalten Sie eine Warnmeldung.

Wählen Sie Ihre Seite(n) und rufen Sie aus dem **Kontextmenü** den Befehl **Seiten verschieben** auf. Nun haben Sie unter der Option **Verschieben in** die Wahl, welches Layoutdokument das Ziel sein soll. Wählen Sie hier Ihr neues Dokument. Ergänzend dazu können Sie sich noch entscheiden, ob InDesign im Quelldokument die **Seiten nach dem Verschieben löschen** soll oder ob Sie sie kopieren möchten.

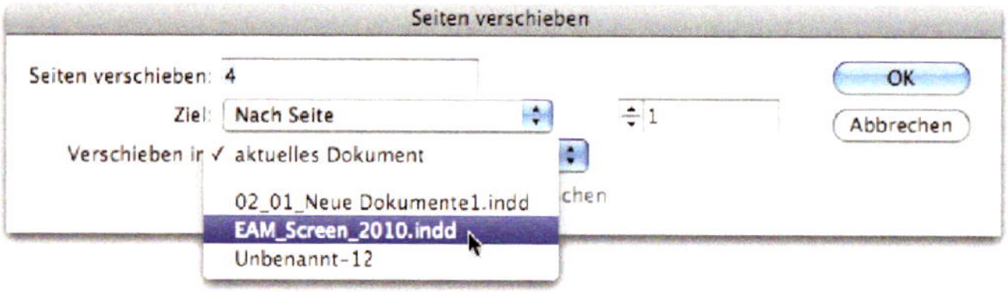

Nach dem Verschieben in ein neues Dokument erscheint der „Druckbogen" an der gewünschten Stelle.

Die hier beschriebenen Operationen können Sie auch mit der Maus ausführen. Anstatt das Zieldokument per Dialog auszuwählen, verschieben Sie einfach die betreffenden Seiten von einem Dokument ins andere. Dazu müssen Sie natürlich beide Dokumente geöffnet haben.

Falls Sie in der Registerkarten-Darstellung arbeiten, sehen Sie immer nur das vorderste Dokument. Klicken Sie in der **Anwendungsleiste** auf den **Dokumente-anordnen**-Knopf und wählen Sie **Zwei Nutzen**, um das Dokumentfenster zu halbieren und die beiden Dokumente gleich groß darzustellen.

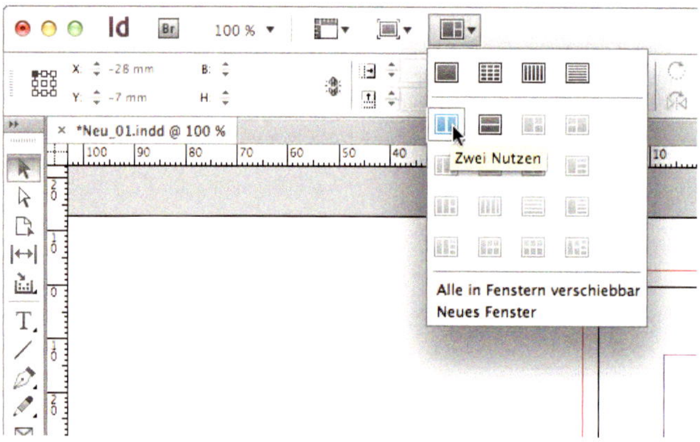

In der Anwendungsleiste wählen Sie die Dokumentanordnung „Zwei Nutzen".

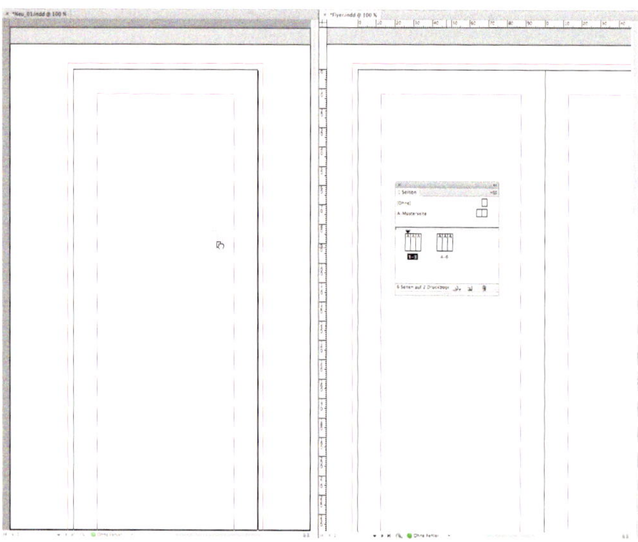

Beide geöffneten Dateien werden nebeneinander dargestellt. Sie ziehen die gewählten Seiten nun in das zweite Dokument.

Seitenattribute

Farbetiketten

Um Seiten thematisch zu gruppieren, können Sie die Seitenminiaturen mit einer farblichen Markierung versehen. Markieren Sie dazu eine Seite im **Seiten**-Bedienfeld und wählen Sie im Kontext- oder im Bedienfeldmenü unter **Seitenattribute** > **Farbetikett** die gewünschte Farbe, oder setzen Sie mit **Musterfarbe verwenden** eine bereits etikettierte Seite wieder auf die Farbe ihrer Musterseite zurück.

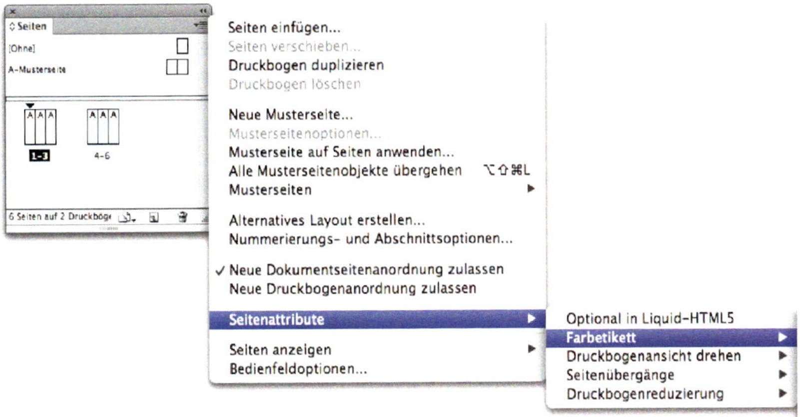

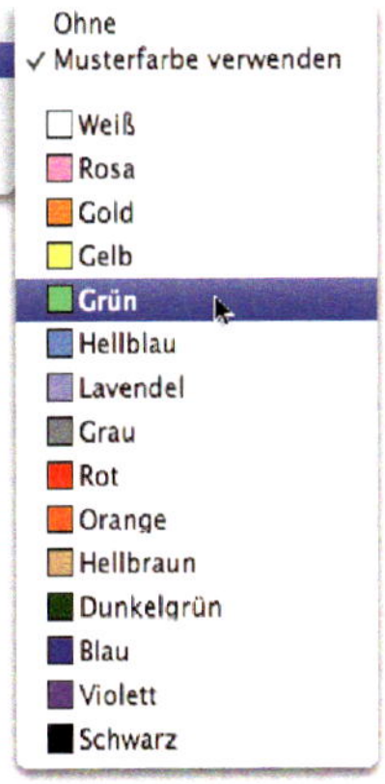

Die Farbetiketten verbergen sich im Bedienfeldmenü beziehungsweise im Kontextmenü über einer Seitenminiatur.

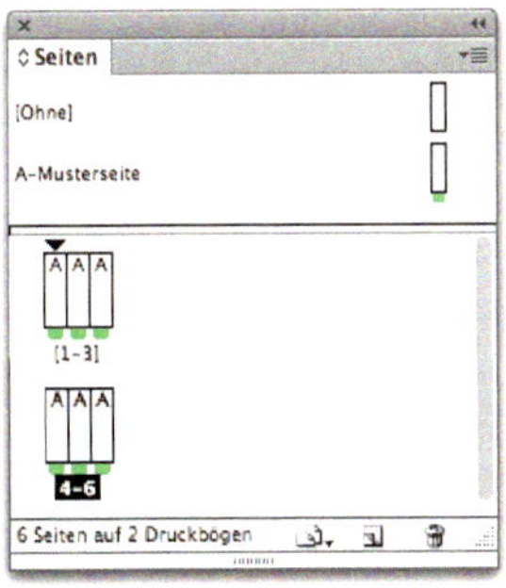

Wenn Musterseiten ein Farbetikett (Grün) besitzen, erhalten auch die zugewiesenen Seiten diese farbliche Markierung.

Weitere Seitenattribute

◢ Seitenübergänge: Seite 561
◢ Druckbogenreduzierung: Seite 679

Seitenübergänge und **Druckbogenreduzierung** werden an anderen Stellen erklärt. **Druckbogenansicht drehen** kommt ein paar Zeilen weiter unten gleich dran. Zu **Optional in Liquid-HTML5** kann dieses Buch noch keine Auskunft geben; als ich diese Zeilen schrieb, war der HTML5-Export aus InDesign noch nicht voll implementiert.

Paginierung

Wenn Sie die **Startseitenzahl**, die Sie beim Anlegen des neuen Dokuments vergeben haben, nachträglich ändern wollen, wählen Sie im **Seiten**-Bedienfeldmenü **Nummerierungs- und Abschnittsoptionen**.

Unter **Seitennummerierung beginnen bei** legen Sie die neue **Startseitenzahl** fest. Unter **Format** können Sie wählen, ob die Seitenzahl alphanumerisch in **arabischen Ziffern**, in **Buchstaben** oder **römischen Ziffern** – klein- oder großgeschrieben – dargestellt wird.

Abschnitte und Kapitel
Die weiteren Unterteilungen eines Dokuments oder mehrerer InDesign-Dateien in Abschnitte und Kapitel sowie deren Darstellung im Zusammenhang mit der Seitenzahl erläutere ich Ihnen im Kapitel

◢ *Buchprojekte: Seite 731*

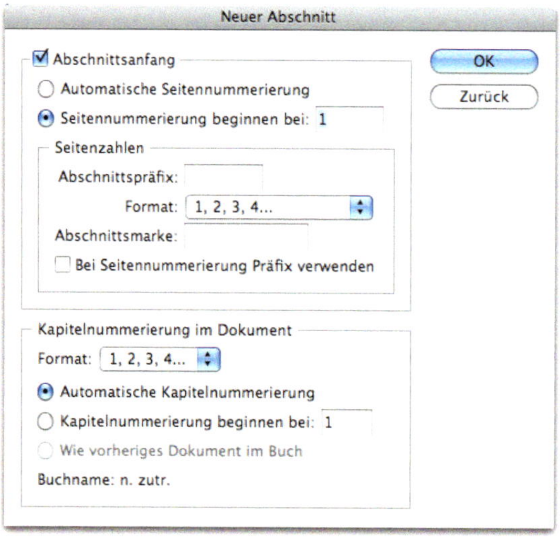

Die Seitenzahl und ihre Darstellung wählen Sie im Dialog „Nummerierungs- und Abschnittsoptionen".

Druckbogenansicht drehen

Für die optimale Bearbeitung von Layouts, auf denen sich *gestürzte* Textrahmen befinden, eignet sich die Möglichkeit, einen **„Druckbogen" zu drehen**. Dies ist bei Bogenmontagen für komplexe Falzschemata im Verpackungsbereich ebenso praktisch wie bei einer querformatigen Postkarte, die Teil eines hochformatigen Faltblatts sein soll.

Gehen Sie mit dem Mauszeiger auf den „Druckbogen", auf dem sich die gedrehten Rahmen befinden. Wählen Sie im Kontextmenü die Option **Seitenattribute** > **Druckbogenansicht drehen** > **90 Grad im UZS** (Uhrzeigersinn) aus. Der „Druckbogen" wird in der Layoutansicht gedreht. Zudem erscheint im **Seiten**-Bedienfeld auf Ihrem aktuellen gedrehten „Druckbogen" ein **Symbol aus zwei gedrehten Pfeilen**, der Ihnen den Zustand dieses „Druckbogens" anzeigt.

Den „Druckbogen" können Sie auch **um 90 Grad gegen den Uhrzeigersinn** oder um **180 Grad** drehen. Wenn Sie mit der Bearbeitung fertig sind, können Sie anschließend – wieder über das Kontextmenü – die **Drehung löschen**.

Drehung bleibt beim Kopieren erhalten
Wenn Sie einen „Druckbogen" duplizieren oder Seiten über den Befehl im Kontextmenü verschieben, bleibt die gedrehte Ansicht erhalten, auch wenn Sie ein anderes Dokument verschieben – und kopieren.

Gedrehte Ansichten sind keine Formatänderungen

Sobald Sie einen „Druckbogen" in der Ansicht drehen, verändern Sie nicht die Ausrichtung des Formats von zum Beispiel Hochformat auf Querformat, sondern Sie stellen nur eine andere Darstellung ein. Wenn Sie tatsächlich die Formatlage ändern wollen, verwenden Sie das Seitenwerkzeug und die Einstellungen im Steuerung-Bedienfeld.

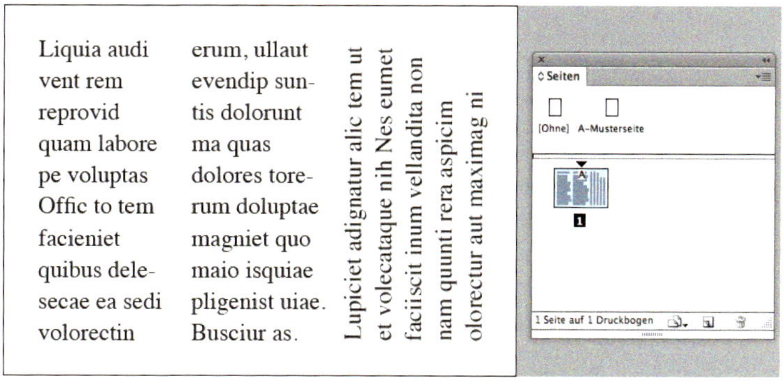

Das Layout ist hochformatig, ein Textrahmen wurde gestürzt.

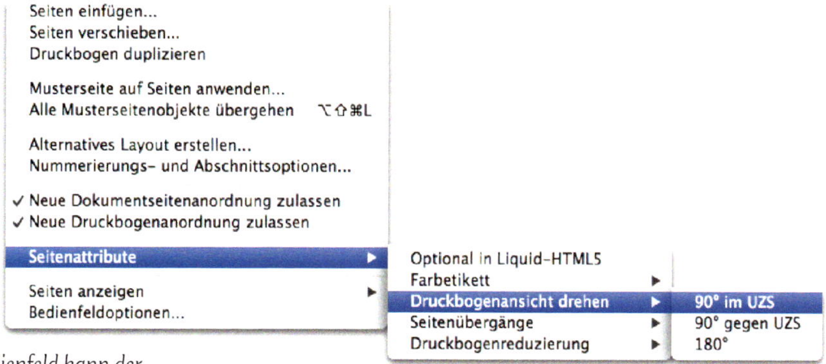

Im Seiten-Bedienfeld kann der „Druckbogen" über das Kontextmenü um 90 Grad gedreht werden.

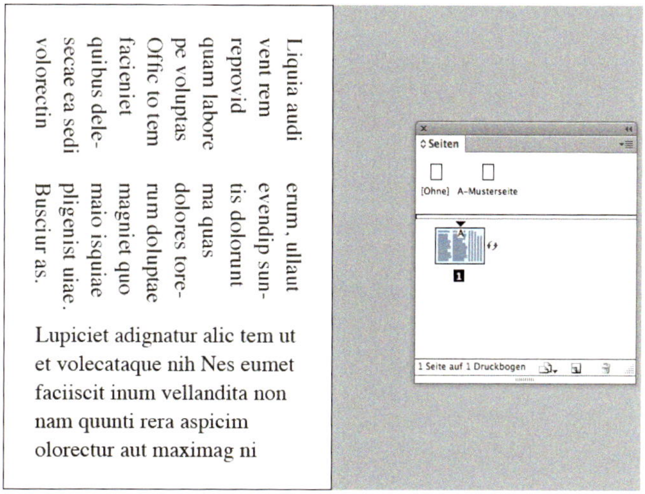

Bearbeitung und Textkorrektur gehen deutlich leichter, der „Druckbogen" wird im Seiten-Bedienfeld als „gedreht" gekennzeichnet.

Musterseiten

Eine der wichtigsten und grundlegenden Funktionen eines Layoutprogramms sind die **Musterseiten**: Auf diesen Seitenvorlagen platzieren Sie alle Grafiken, Texte oder Bilder, die auf mehreren Seiten im Dokument in derselben Weise passgenau dargestellt werden sollen, wie zum Beispiel Seitenzahlen (Pagina), Rubrikbezeichnungen, Registerflächen, Fußnoten oder ein Firmenlogo. Darüber hinaus richten Sie auf Musterseiten Spaltenraster, Ränder oder Hilfslinien ein, die für alle Seiten maßgebend sind. Einer Dokumentseite liegt immer eine Musterseite zugrunde.

Die Seitenzahl zum Beispiel wird nur auf einer Musterseite angelegt und auch nur hier in Schrift und Form verändert, so dass sie auf allen Seiten gleich aussieht.

Bei vielen Projekten kann der Einsatz von Musterseiten sinnvoll sein. Darunter fallen zum Beispiel komplexe Magazine und Zeitschriften, bei denen Sie unterschiedliche Musterseiten wie zweispaltige und dreispaltige Seiten, Titelseiten, Werbeseiten etc. einrichten können.

Gepunktete Umrisse
Rahmen von Musterseiten erscheinen im Layout in einer gepunkteten Darstellung, so dass Sie während der Layoutarbeit den Unterschied zu normalen Rahmen erkennen können.

Praxisbeispiel Musterseiten

Einen Reisekatalog sei mein Beispiel zum Anlegen eines neuen Dokuments mit **Musterseiten**. In meinem Katalog werden die Zielländer mit unterschiedlichen Farben unter anderem der oberen Blattecken gekennzeichnet. Pro Reiseland werden mehrere Doppelseiten benötigt. Jedes Land besitzt im Layout eine **Musterseite**, auf der die entsprechenden Objekte angelegt sind. Allgemeine Informationen wie Seitenzahlen, Kopf- oder Fußgrafiken werden auf einem A-Muster eingerichtet. Für Anzeigenseiten, die keine Musterobjekte bekommen sollen, verwenden Sie die Musterseite **[Ohne]**. Abschließend werden die Musterseiten den jeweiligen Layoutseiten zugewiesen.

1 Neues Dokument einrichten

Mit ⌘ Strg N legen Sie ein neues Dokument an. Wählen Sie ein **A4-Format** mit **Doppelseiten** – mindestens zwei Seiten pro Reiseland –, starten Sie mit der **Seitenzahl 2** und richten Sie ein **Spaltenraster** mit **drei Spalten** sowie einem **Anschnitt** von **3 mm** ein.

Legen Sie ein neues Dokument an.

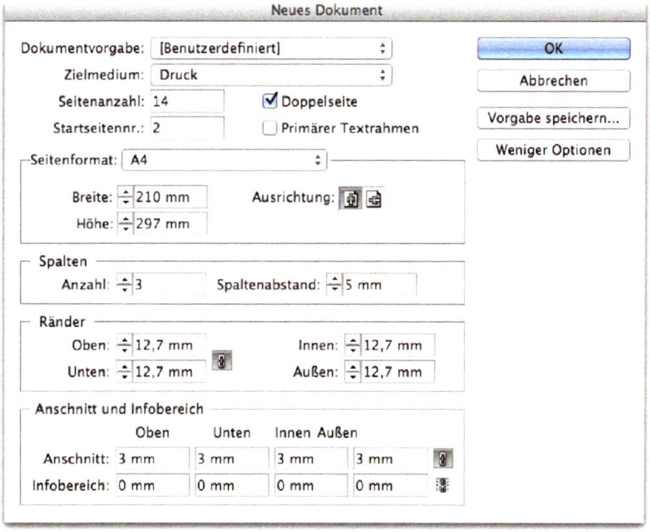

2 Layoutraster anpassen

Mit einem Doppelklick auf die **A-Musterseite** wechseln Sie die Ansicht auf die Musterseite. Rufen Sie aus dem Menü **Layout** > **Ränder und Spalten** den Eingabedialog auf und ändern Sie die Daten wie in der folgenden Abbildung zu sehen.

Ändern Sie die Angaben für Ränder und Spalten.

Musterseitennamenpräfix
Das Präfix wird in allen Seitenminiaturen angezeigt und darf bis zu vier Zeichen enthalten. Benennen Sie die Seiten aussagekräftig und platzsparend, indem Sie dieses Präfix wirklich nutzen, zum Beispiel für den Anfangsbuchstaben ihrer Seitenbezeichnung: Präfix „Br" und Name „asilien" ergibt im **Seiten**-Bedienfeld die Musterseite „Br-asilien" und ein kleines „Br" in jeder entsprechenden Miniatur.

3 Musterseite umbenennen

Wählen Sie im **Seiten**-Bedienfeld die **A-Musterseite** mit einem Klick aus. Rufen Sie im **Kontextmenü** den Punkt **Musterseitenoptionen für "A-Musterseite"** auf und geben Sie einen Namen ein.

In den Musterseitenoptionen geben Sie den neuen Namen ein.

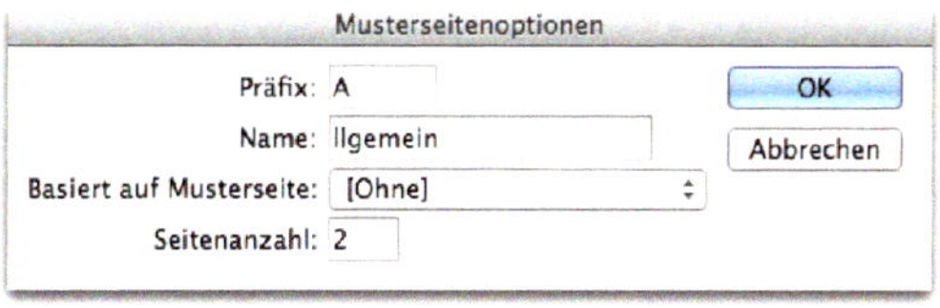

4 Rahmen auf Musterseite anlegen

Wählen Sie das **Rahmenwerkzeug** (F) und ziehen Sie ein Rechteck über beide Seiten im unteren Seitenbereich auf. Füllen Sie das Rechteck mit einem **Farbfeld**. Außerdem kommt auf beiden Seite ein gespiegelter Farbwinkel hinzu, der später den Ländernamen aufnehmen wird. Der Platzhaltertext „LAND" wird mich daran erinnern.

Ergänzen Sie die Musterseite mit Farbecken und Platzhaltertext im Kopfbereich.

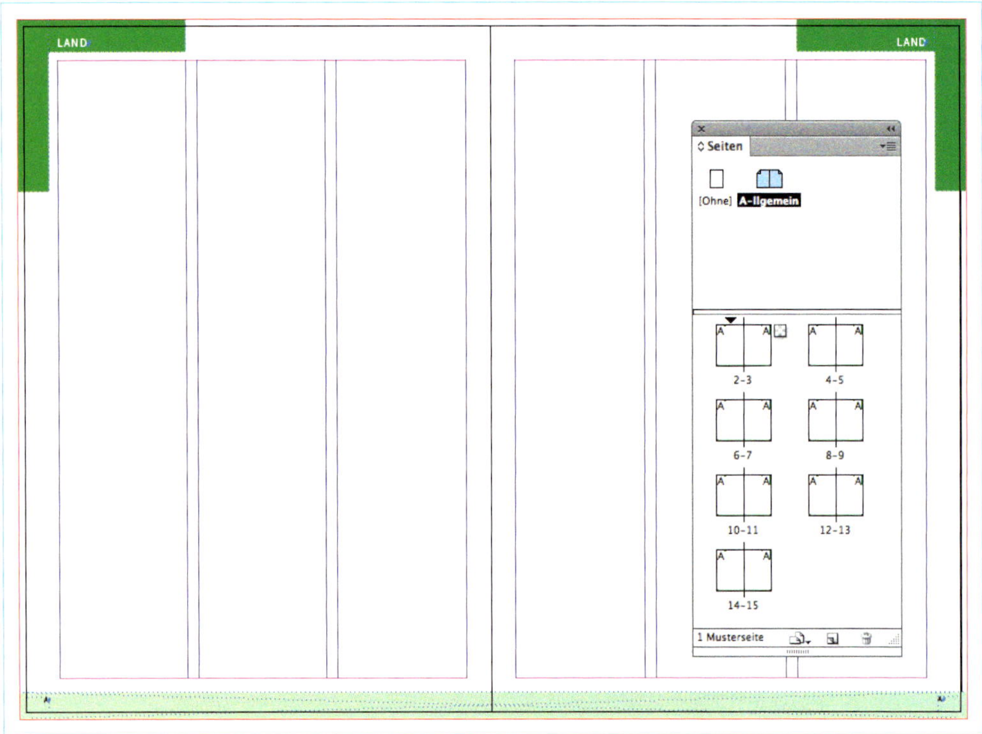

Mit dem **Textwerkzeug** (T) ziehen Sie am unteren Seitenrand der linken Seite einen Textrahmen auf und setzen **Kontextmenü** > **Sonderzeichen** > **Automatische Seitenzahl** ein. Es erscheint ein **„A"** – das Präfix der Musterseite, stellvertretend für die spätere Seitenzahl.

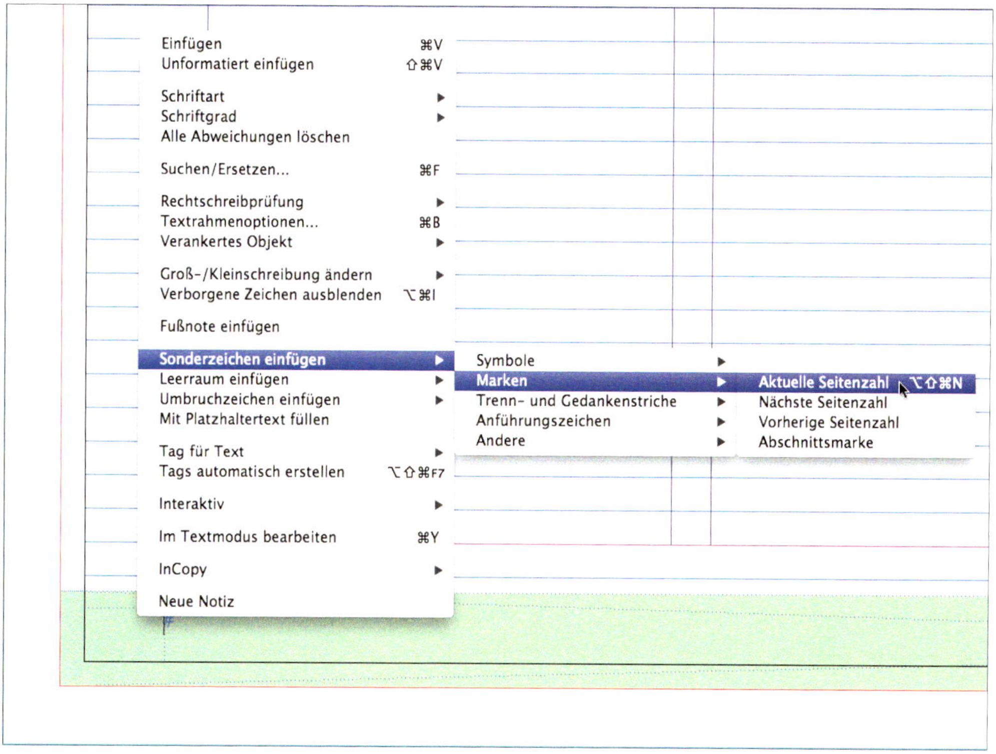

Geben Sie die automatische Seitenzahl ein.

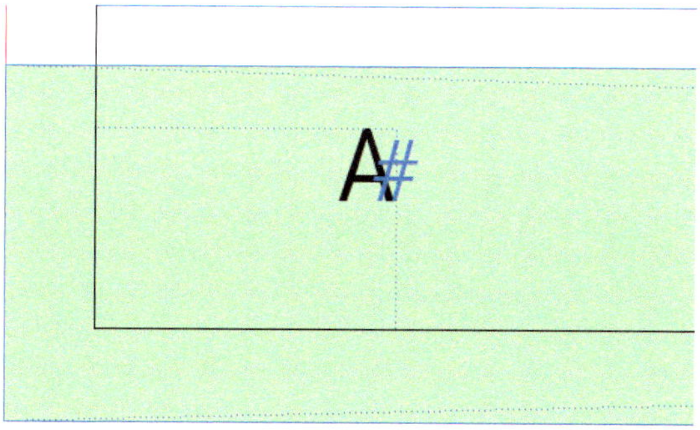

Das Seitenpräfix ist der Platzhalter für die spätere Seitenzahl.

Wechseln Sie auf die **Direktauswahl** ([V]) und duplizieren Sie den Textrahmen mit gedrückter **Maus-** und [⌥ Alt]-Taste durch einfaches Ziehen auf die rechte Seite.

5 Neue Musterseite „Argentinien“ anlegen

Rufen Sie aus dem **Seiten**-Bedienfeldmenü **Neue Musterseite** auf. Geben Sie als **Präfix** „Ar“ und als Name „gentinien“ ein und wählen Sie als Muster der Musterseite „A-llgemein“. Alle Objekte der A-Musterseite werden für die Argentinien-Vorlage übernommen.

Mutter-Kind-Beziehung: hierarchische Musterseiten
Wenn Sie eine Musterseite anlegen, die auf einer anderen basiert, erstellen Sie eine hierarchische Vorlage. Alle Eigenschaften der „Mutter“ werden an das „Kind“ übergeben. Sobald Sie später in der „Mutterseite“ etwas ändern, werden diese Änderungen an das „Kind“ weitergegeben. Das funktioniert zum Glück so nur in der Informatik!

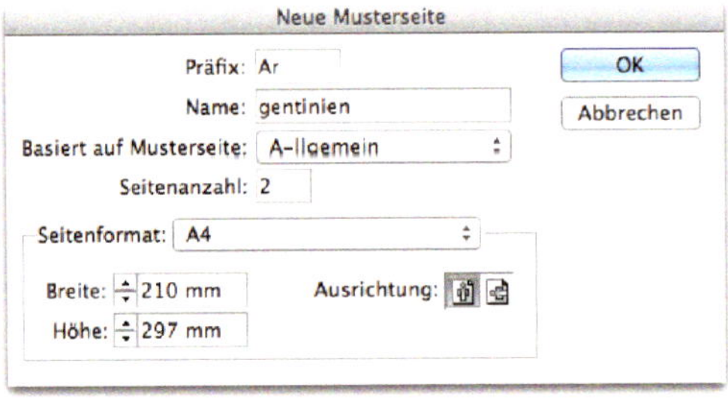

Auf Basis der ersten Musterseite wird eine Vorlage für das erste Land erstellt.

6 Basiselemente für „Argentinien“ anpassen

„Übergehen“ Sie den Rahmen mit dem Platzhaltertext „LAND“ und tragen Sie stattdessen „ARGENTINIEN“ ein. Übergehen Sie auch die Farbflächen und weisen Sie eine andere Farbe zu.

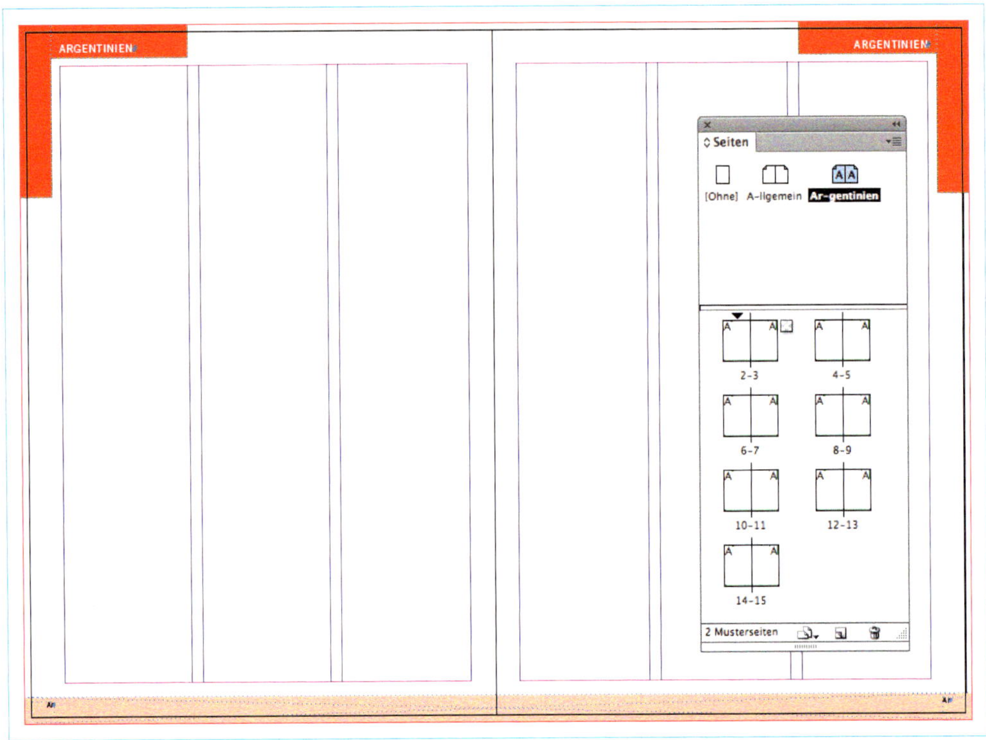

Jedes Land hat einen anderen Namen (ja, klar) und eine eigene Farbe.

7 Nächste Länderseite anlegen

Die Argentinien-Vorlage wird nun über das **Seiten**-Bedienfeldmenü mit der Funktion **Musterdruckbogen „Ar-gentinien" duplizieren** kopiert. Geben Sie danach für die Kopie einen neuen Namen für das nächste Reiseland an.

8 Restliche Länderseiten gestalten

Wählen Sie für die Winkel in den Ecken eine andere Farbe und den entsprechenden Ländernamen. Wiederholen Sie die letzten Schritte, bis Sie für alle Länder eine **Musterseite** erstellt haben.

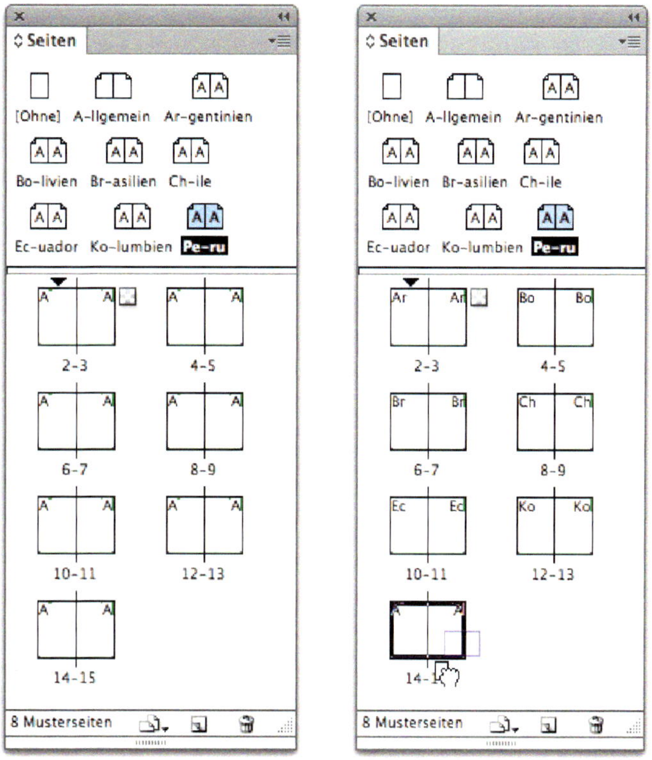

Für jedes Reiseland gibt es nun eine Musterseite.

Die Vorlagen weisen Sie per Ziehen & Ablegen den Seiten beziehungsweise „Druckbögen" im Layout zu.

9 Musterseiten zuweisen

Wählen Sie mit gedrückter [⇧]-Taste mehrere Seitensymbole im **Seiten**-Bedienfeld aus (oder mit Klick auf die Seitenzahlen gleich den ganzen „Druckbogen"), rufen Sie aus dem Kontextmenü die Funktion **Musterseite auf Seiten anwenden** auf und suchen Sie sich unter **Musterseite anwenden** die **Musterseite** mit dem richtigen Ländernamen aus. Wiederholen Sie diesen Schritt auch für die anderen Länderseiten. Alternativ ziehen Sie die **Musterseiten** per Ziehen & Ablegen auf die Layoutseiten.

10 Dokument bearbeiten und Musterseiten verändern

Nachdem Sie nun alle Musterseiten angelegt haben, können Sie für jedes Land das eigentliche Layout gestalten. Jede Änderung der Seitenzahl oder der Verlaufsrahmen, sollte eine erforderlich werden, wird auf der Vorlage „A-llgemein" vorgenommen und wirkt sich automatisch auch auf alle anderen Musterseiten aus. Änderungen der Farbgebung für die Länder nehmen Sie bitte in der jeweiligen Musterseite oder über das zugewiesene **Farbfeld** vor. Neue Seiten fügen Sie mit dem Blattsymbol des **Seiten**-Bedienfelds ein.

Musterseiten aus anderen Dokumenten laden

Neben dem Anlegen von Musterseiten ist natürlich auch eine andere Arbeitsweise in InDesign möglich: Sie laden sich fertige Musterseiten aus anderen Dokumenten hinzu. Rufen Sie dazu im **Seiten**-Bedienfeldmenü den Punkt **Musterseiten** > **Musterseiten laden** auf und wählen Sie das entsprechende InDesign-Dokument. Danach werden die Musterseiten eingelesen und erscheinen im **Seiten**-Bedienfeld.

Sollten geladene und bereits bestehende **Musterseiten** denselben Namen tragen, erscheint eine Warnmeldung, und InDesign fragt, ob Sie die vorhandenen **Musterseiten** nun tatsächlich ersetzen oder die importierten umbenennen wollen. Wählen Sie die zweite Option, ändert sich das Präfix zum Beispiel von „A-Musterseite" in „B-Musterseite".

Auch wenn Sie mehrere zu einem größeren Werk gerhörige Dateien mit der **Buchfunktion** verwalten, ist der Umgang mit Musterseiten problemlos, weil sie sich zusammen mit allen anderen Formaten und den Farbfeldern ganz einfach synchronisieren lassen.

◢ *Buchprojekte: Seite 731*

Vorlagen gestalten

Zu Beginn eines InDesign-Projekts steht immer die Frage: Gibt es bereits Vorlagen? In diesem Kapitel stelle ich Ihnen die entscheidenden Techniken **Objektformate**, **Bibliotheken** und **Snippets** vor und wie Sie mit InDesign einen optimalen Start eines neuen Layouts so vorbereiten, dass Sie Zeit sparen und bei Änderungen flexibel sind. Darüber hinaus ist es auch möglich, Vorlagen als InDesign-Datei auszulagern und in das Layout zu platzieren, um beispielsweise Sprachversionen von Grafiken umzuschalten.

Ausgehend von **Dokumentformat**, **Ausgabeziel** und **Musterseite**, die Sie in den vorangegangenen Abschnitten bereits kennen gelernt haben, benötigen Sie nun Vorgaben für die Typografie, die Grafik, für Farben, bestimmte Rahmen sowie gemeinsam genutzte Layoutkomponenten. Hier eine Übersicht über praktisch alle notwendigen Elemente:

Was Sie benötigen	Wo Sie ggf. Einstellungen machen	Wie Sie diese Einstellungen für sich und Kollegen abspeichern
Typografie für Absätze	**Absatzformat**	Bibliothek, Snippet, InDesign-Datei (Platzieren, Verknüpfte Inhalte)
Auszeichnungen einzelner Wörter	**Zeichenformat**	Bibliothek, Snippet, InDesign-Datei (Platzieren, Verknüpfte Inhalte)
Platzhalterrahmen	**Objektformat**	Bibliothek, Snippet, InDesign-Datei
Grafische Formatierung von Tabellen	**Tabellen- und Zellenformate**	Bibliothek, Snippet, InDesign-Datei (Platzieren, Verknüpfte Inhalte)
Seitenzahlen	**Musterseite**	InDesign-Datei
Kopf- und Fußmarken, Kolumnentitel	**Musterseite**	Bibliothek, Snippet, InDesign-Datei
Farbangaben	**Farbfelder**	ASE-Datei
Zusammenstellung von Sonderzeichen	**Glyphensatz**	Glyphensatz
Grafische Elemente	**Objektformat**	Bibliothek, Snippet, InDesign-Datei (Platzieren, Verknüpfte Inhalte)
Logos		PDF- oder Ai-Datei

Wie Sie der Übersicht entnehmen können, benötigen Sie für eine optimale Vorbereitung einer Vorlage neben den bekannten Techniken der Absatzformate zunächst **Objektformate**, um Rahmeneigenschaften festzulegen. Diese Rahmen und deren **Objektformate** legen Sie dann als Bibliotheksobjekt in einer **InDesign-Bibliothek** oder als unabhängiges **Snippet** in der **Bridge**, der **MiniBridge** oder dem **Arbeitsplatz** ab. Beginnen wir mit den **Objektformaten**.

Objektformate

Wollen Sie alle Eigenschaften eines fertig gestalteten Rahmens auf einen anderen Rahmen übertragen, können Sie dazu das Werkzeug **Pipette** verwenden. Doppelklicken Sie auf das Werkzeug im **Werkzeuge**-Bedienfeld. Sie erhalten eine Übersicht aller grafischen und typografischen Formatierungen, die sich die **Pipette** mit einem Klick auf einen Text „merken" kann.

Sobald Sie mit der **Pipette** auf einen Rahmen klicken, saugt sie die gewählten Eigenschaften auf und zeigt dies durch das **gefüllte Pipettensymbol**.

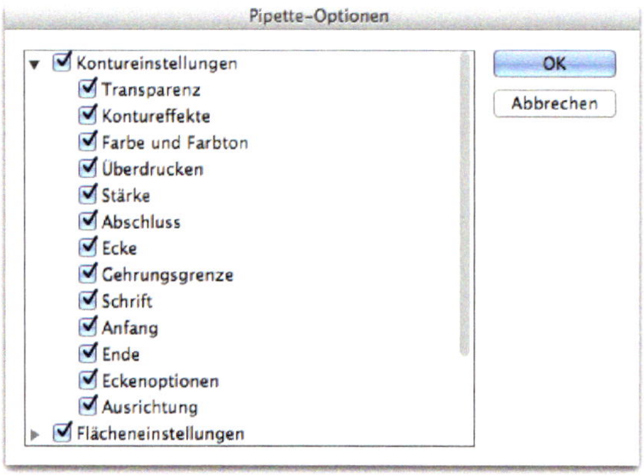

Das Pipette-Werkzeug kann zahlreiche Eigenschaften eines Rahmens aufnehmen.

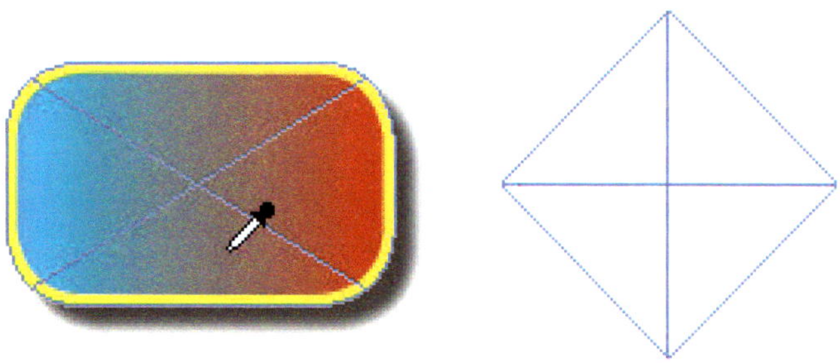

Wenden Sie die Pipette an, um grafische Eigenschaften eines Rahmens auf einen anderen zu übertragen.

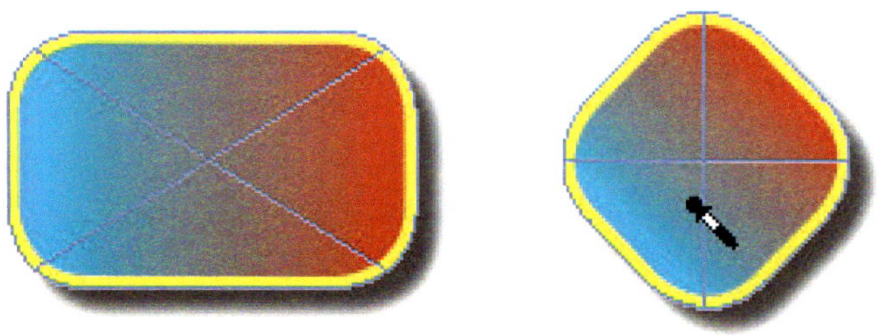

Bei der Übertragung erhält der zweite Rahmen die gewünschten Eigenschaften, die Pipette bleibt „gefüllt", um weitere Rahmen zu verwandeln.

Wählen Sie einen unformatierten Rahmen und klicken Sie mit der gefüllten **Pipette** hinein. Der Rahmen erhält nun, soweit möglich, das identische Aussehen des ersten Rahmens. Dies können Sie so oft wiederholen, wie Sie möchten. Eine neue Auswahl von Eigenschaften können Sie mit der [⌥ Alt]-Taste erreichen: Halten Sie die [⌥ Alt]-Taste gedrückt und klicken Sie auf einen gestalteten Rahmen. Nun nimmt die **Pipette** erneut diese Eigenschaften auf.

Objektformate als Sammlung von Eigenschaften

Mit der Pipette können Sie immer nur die gerade aufgenommenen Eigenschaften übertragen. Nach der Übertragung besteht jedoch keinerlei Beziehung mehr zwischen dem ursprünglichen und dem neu formatierten Objekt. Glücklicherweise bietet Ihnen InDesign eine Möglichkeit, (fast) alle Rahmeneigenschaften abzuspeichern und auf beliebige weitere Rahmen anzuwenden. Wie bei **Absatzformaten** können Sie später jederzeit bequem diese gespeicherten Eigenschaften verändern, und alle damit verbundenen Rahmen ändern sich mit. Diese Möglichkeit heißt **Objektformat**.

Absatz- und Zeichenformate: Seite 376

Objektformate anlegen und zuweisen

Haben Sie einen oder mehrere Rahmen individuell gestaltet, können Sie im nächsten Schritt das Design als **Objektformat** speichern. Das entsprechende Bedienfeld finden Sie unter **Fenster** > **Formate** > **Objektformate**. Klicken Sie zunächst einen gestalteten Rahmen an und legen Sie dann mit einem Klick auf das **Blattsymbol** ein **neues Objektformat** an.

Ein Objektformat bearbeiten, ohne es zuzuweisen – so geht's.

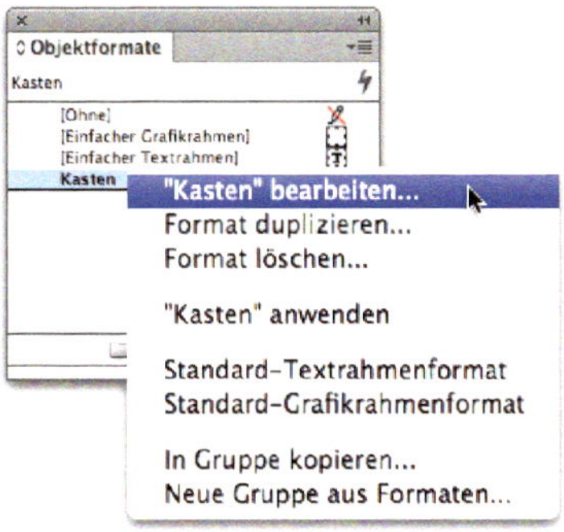

Das **Objektformat** können Sie nun mit einem Doppelklick öffnen, ändern und speichern. Um es auf andere Rahmen anzuwenden, wählen Sie einfach die Rahmen mit dem **Auswahlwerkzeug** an und klicken im **Objektformate**-Bedienfeld auf das gewünschte Format. Die Rahmen erscheinen dann in der vorgegebenen Darstellung.

Bearbeiten ohne Zuweisen

Wenn Sie auf ein **Absatz-**, **Zeichen-**, **Tabellen-**, **Zellen-** oder **Objektformat doppelklicken**, um es zu bearbeiten, dann haben Sie es – sozusagen mit dem ersten der beiden Klicks – auch gleichzeitig dem momentan markierten Text oder Objekt zugewiesen und damit eventuell unbeabsichtigt Ihre Gestaltung verändert. Sicherer ist es, zur Bearbeitung mit Rechtsklick auf ein Format den Befehl **"Formatname" bearbeiten** aus dem Kontextmenü aufzurufen. Wenn Sie sich angewöhnen, mit einem **Linksklick zuzuweisen** und mit einem **Rechtsklick zu bearbeiten**, bleiben Ihnen versehentliche Veränderungen im Dokument erspart. Wenn Sie lieber beim Doppelklick bleiben, halten Sie dabei [⌘ Strg][⌥ Alt][⇧] gedrückt, um das Format bearbeiten zu können.

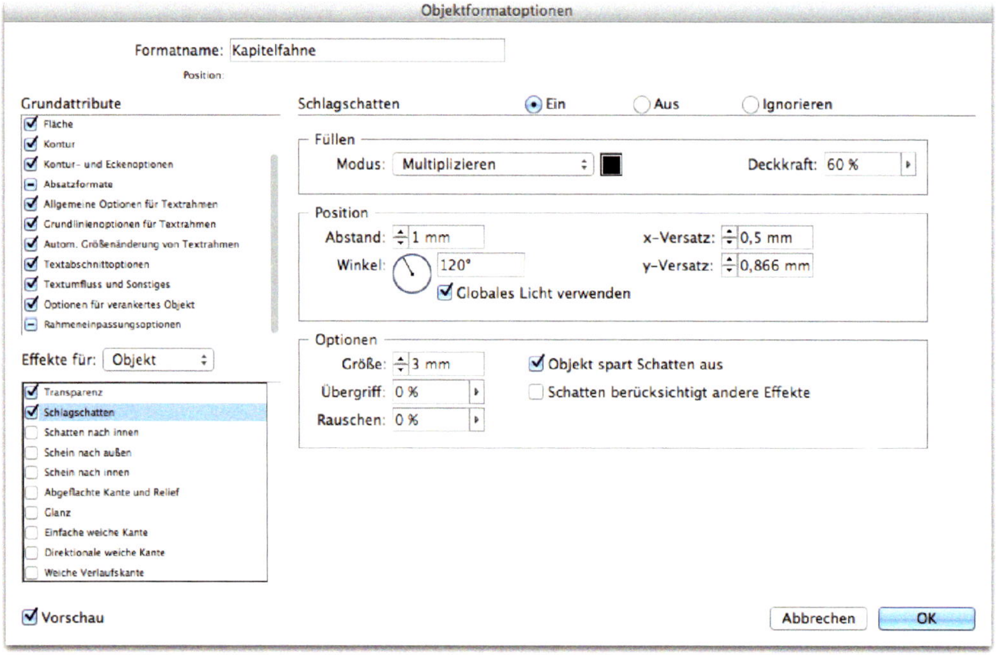

Die Rahmenoptionen sind so aufgebaut, dass alle grafischen Formatierungen, die ein Rahmen besitzen kann, eingestellt werden können.

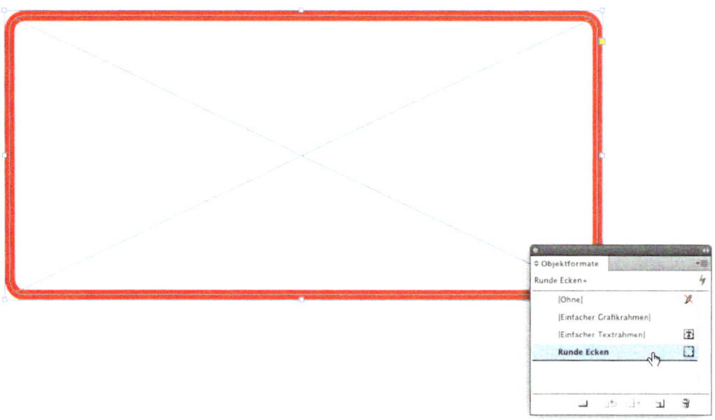

Die ausgewählten Rahmen im Layout werden mit einem Klick auf das Objektformat in der gewünschten Weise formatiert.

Abweichungen vom Objektformat löschen

Ebenso wie bei einem **Absatzformat** können Sie auch hier Abweichungen, die sich aus der manuellen Korrektur einer Rahmeneigenschaft ergeben haben, nachträglich löschen, die Änderungen als neue Definition des **Objektformats** übernehmen oder die Beziehung zum **Objektformat** komplett aufheben.

1 Rahmen mit Objektformat anwählen

Wählen Sie einen Rahmen aus, den Sie zuvor mit Hilfe eines **Objektformats** formatiert haben. Dies kann ein Text- oder ein Grafikrahmen sein.

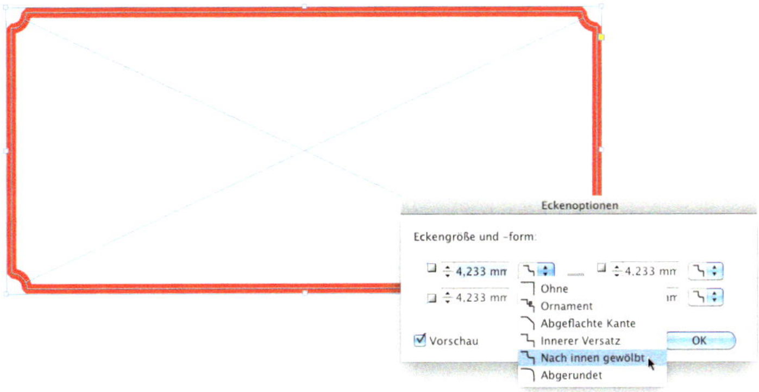

Die Rahmenform mit abgerundeten Ecken wird aus dem Objektformat vorgegeben.

2 **Rahmenoptionen verändern**

Ändern Sie nun manuell die Einstellungen für den Rahmen, verändern Sie zum Beispiel die **Eckenoptionen**. Im **Objektformate**-Bedienfeld erscheint ein **Pluszeichen** hinter dem Objektformat, was darauf hinweist, dass die Formatierung des Rahmens nicht den Einstellungen des Objektformats entspricht.

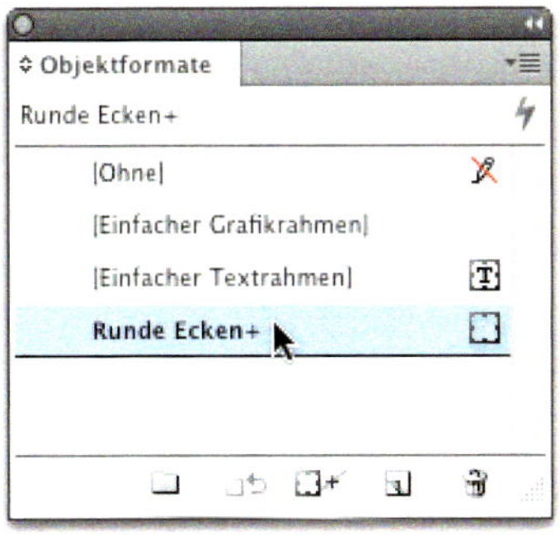

Die Eigenschaften des Rahmens entsprechen nicht den Vorgaben des Objektformats, daher wird ein Plus im Bedienfeld der Objektformate angezeigt.

3 **Formatierungen mit Objektformat überschreiben**

Um die Änderungen wieder rückgängig zu machen, wählen Sie einfach den betreffenden Rahmen an und klicken Sie im **Objektformate**-Bedienfeld auf den Knopf **Abweichungen löschen** in der unteren Leiste des Bedienfelds. Alternativ rufen Sie den Befehl mit dem **Kontextmenü** auf.

Verbindung vom Rahmen zum Objektformat auflösen

Wählen Sie einen Rahmen an, der mit einem Objektformat formatiert wurde. Rufen Sie das **Objektformate**-Bedienfeldmenü auf und klicken Sie auf **Verknüpfung mit Format aufheben**. Dadurch wird der Rahmen vom Objektformat gelöst und ist ab sofort nicht mehr von Änderungen betroffen, die im Objektformat gemacht werden.

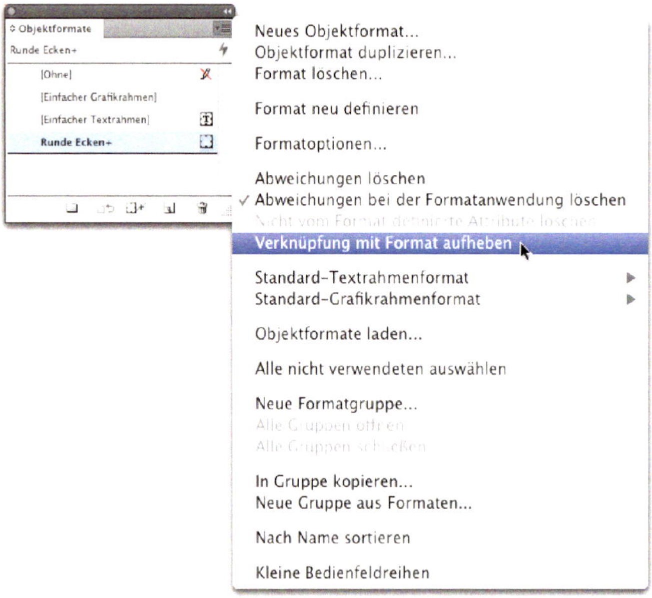

Im Bedienfeldmenü erhalten Sie alle entscheidenden Optionen, um die Verbindung mit einem Objektformat zu beeinflussen.

Objektformate in Gruppen verwalten

Wie **Absatz-** und **Zeichenformate** können Sie auch **Objektformate** in Gruppen anlegen. Eine Gruppe legen Sie an, indem Sie im **Objektformate**-Bedienfeld auf das Symbol **Neue Formatgruppe erstellen** klicken. Es erscheint nun ein Ordner mit dem Namen „Formatgruppe 1" im Bedienfeld, den Sie sinnvoll umbenennen sollten. Sie können mehrere Ordner als Formatgruppen anlegen und diese auch ineinander verschachteln.

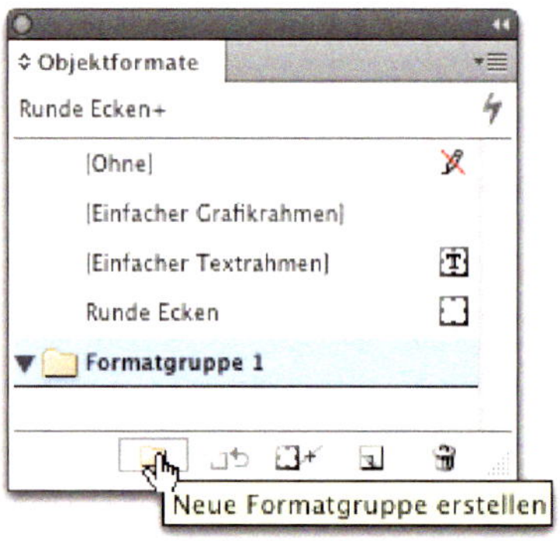

So legen Sie einen neuen Ordner für Objektformate an.

Um ein **Objektformat** in eine Gruppe zu sortieren, wählen Sie das Format im Bedienfeld an und ziehen Sie es per Ziehen & Ablegen mit gedrückter Maustaste in den gewünschten **Ordner**. Auf dieselbe Art und Weise können Sie jederzeit ein **Objektformat** in eine andere Gruppe hineinziehen, um die Formate umzusortieren.

Absatzformate in Objektformaten speichern

Wenn Sie ein neues **Objektformat** auf Basis eines ausgewählten Textrahmens inklusive Absatzformaten anlegen, ist das **Absatzformat** in den **Objektformatoptionen** zunächst deaktiviert. Öffnen Sie die Optionen per Doppelklick oder Rechtsklick auf das **Objektformat** und klicken Sie auf den Haken vor der Rubrik **Absatzformate**. Nun wird automatisch das aktive **Absatzformat** angewendet.

Damit ist es zudem möglich, ein weiteres **Absatzformat** einzubinden. Innerhalb des **Absatzformats** können Sie ein nachfolgendes Format definieren. Sobald Sie in den Objektformatoptionen **nächstes Format anwenden** aktivieren, wird auch das nachfolgende Absatzformat automatisch angewendet.

Tagged-Text-Format
Sobald Sie einen formatierten Text markieren und dann **Datei** > **Exportieren** aufrufen, steht Ihnen als Dateiformat das Format **Adobe InDesign-Tagged-Text** zur Verfügung. Damit speichern Sie sowohl den Textabschnitt aus InDesign wie auch die Formatierungen. Sobald Sie diese Datei in ein neues InDesign-Dokument platzieren, erscheinen dort wieder die **Absatz-** und **Zeichenformate**.

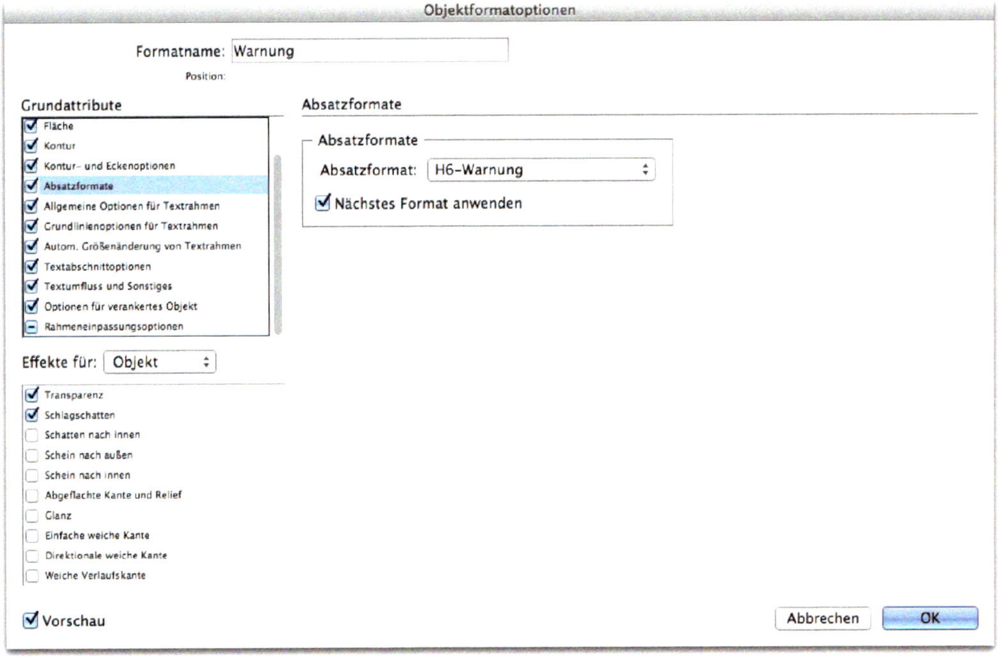

Absatzformate können ebenso wie andere grafische Eigenschaften in einem Objektformat gespeichert werden.

Per Ziehen & Ablegen formatieren Sie neue oder andere Textrahmen mit dem **Objektformat**. Dadurch werden alle grafischen Eigenschaften des Textrahmens und die typografische Formatierung auf den neuen Rahmen übernommen. Als Alternative können Sie aber auch aus dem **Steuerung**-Bedienfeld im Aufklappmenü der **Objektformate** das neue Format auswählen.

Textrahmenoptionen werden ebenfalls gespeichert
Nicht nur die typografische Formatierung des Textes, sondern auch Ausrichtung, Spaltenanzahl und -breite sowie die Höhenanpassung werden in Form der Textrahmenoptionen gespeichert.

Objektformate lösen

Wollen Sie alle typografischen Formatierungen und Textrahmeneinstellungen aufheben, klicken Sie mit dem **Auswahlwerkzeug** den Textrahmen an und finden im **Steuerung**-Bedienfeld das Aufklappmenü der **Objektformate**. Hier wählen Sie **[Ohne]** oder **[Einfacher Textrahmen]**.

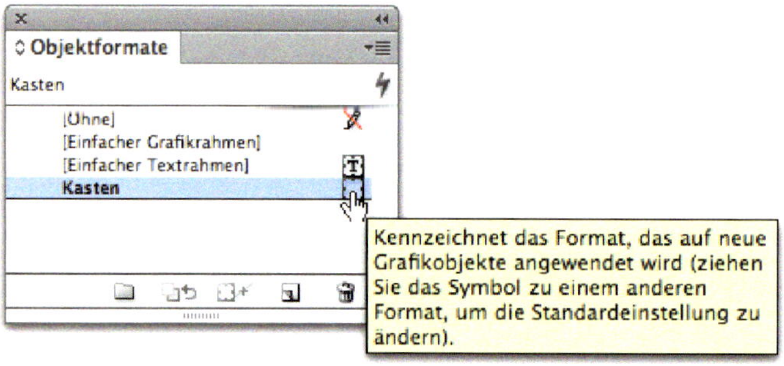

Wollen Sie das aktuelle Objektformat als Basis für alle neuen Text-/Grafikrahmen verwenden, ziehen Sie das entsprechende Standardsymbol (mit oder ohne T wie „Text") am rechten Bedienfeldrand zu Ihrem Format. Oder Sie klicken einfach rechts in den Bereich der Symbole, sofern gerade kein Objekt markiert ist.

Formate in einer Arbeitsgruppe verteilen

Leider können Sie die **Absatz-** und **Zeichenformate** nicht als externe Datei ablegen, sondern immer nur aus bestehenden Dateien importieren – eine etwas umständliche Arbeitsweise, die über eine unabhängige Datei leichter zu bewerkstelligen wäre. Damit auch Ihre Kollegen von den angelegten Formaten profitieren, ohne die Ursprungsdatei aufrufen zu müssen, legen Sie einen formatierten Textrahmen in einer InDesign-**Bibliothek** ab. Wenn Sie in einem neuen Dokument diesen Textrahmen wieder in das Layout ziehen, werden automatisch alle Formatierungen übernommen und erscheinen in den jeweiligen Bedienfeldern.

Bibliotheken

Bibliothek-Bedienfeld und -Bedienfeldmenü

Eine Bibliothek ist unabhängig von einer Layoutdatei, daher legen Sie auch unter **Datei** > **Neu** > **Bibliothek** eine eigene Bibliotheksdatei mit dem Dateikürzel **.indl** *(InDesign-Library)* an. Die Bibliothek befindet sich nicht in einem Dokumentfenster, sondern erscheint wie ein Bedienfeld, in dem Sie nun per Ziehen & Ablegen Ihre Grafiken aus jedem beliebigen Layout ablegen können. Das Bedienfeld ist ähnlich wie das **Farbfelder-** oder das **Verknüpfungen**-Bedienfeld aufgebaut.

Sortieren
Die Darstellung und Ordnung von abgelegten Bibliotheksobjekten sind über das Bedienfeldmenü konfigurierbar: In der Listenansicht werden lediglich die Objektbezeichnungen dargestellt, die Miniaturansicht zeigt eine kleine Vorschau. Die Sortierung nehmen Sie ebenfalls im Bedienfeldmenü vor: nach Name, nach Datum (neuestes), nach Datum (ältestes) und nach Typ.

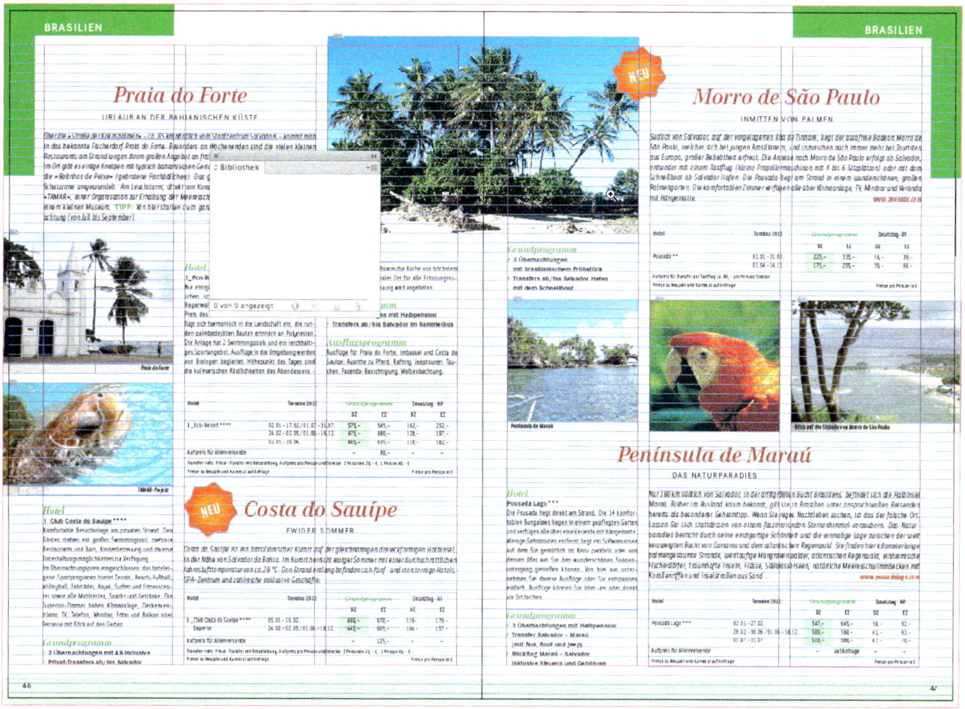

Eine neue Bibliothek erscheint als Bedienfeld und kann mit Rahmen und Rahmengruppen gefüllt werden.

Objekte können jederzeit per Ziehen & Ablegen aus dem Layout in das Bedienfeld kopiert werden. Die Bibliothek erkennt das Objekt und zeigt es im Bedienfeld als Miniatur an.

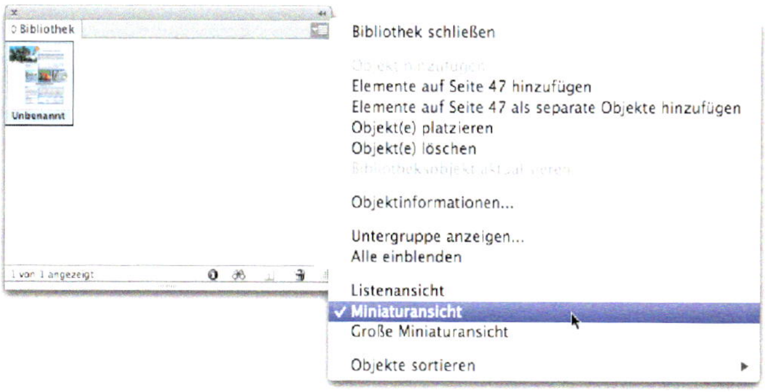

Die Darstellung aller Bibliotheksobjekte erfolgt als Miniatur, große Miniatur oder als Listenansicht.

Eine schnelle Methode, die Rahmen einer gesamten Seite abzulegen, finden Sie im **Bibliothek**-Bedienfeldmenü: **Elemente auf Seite hinzufügen**. Dabei kopiert InDesign einfach die gesamte aktuelle Seite als eigenes **Seiten**-Objekt.

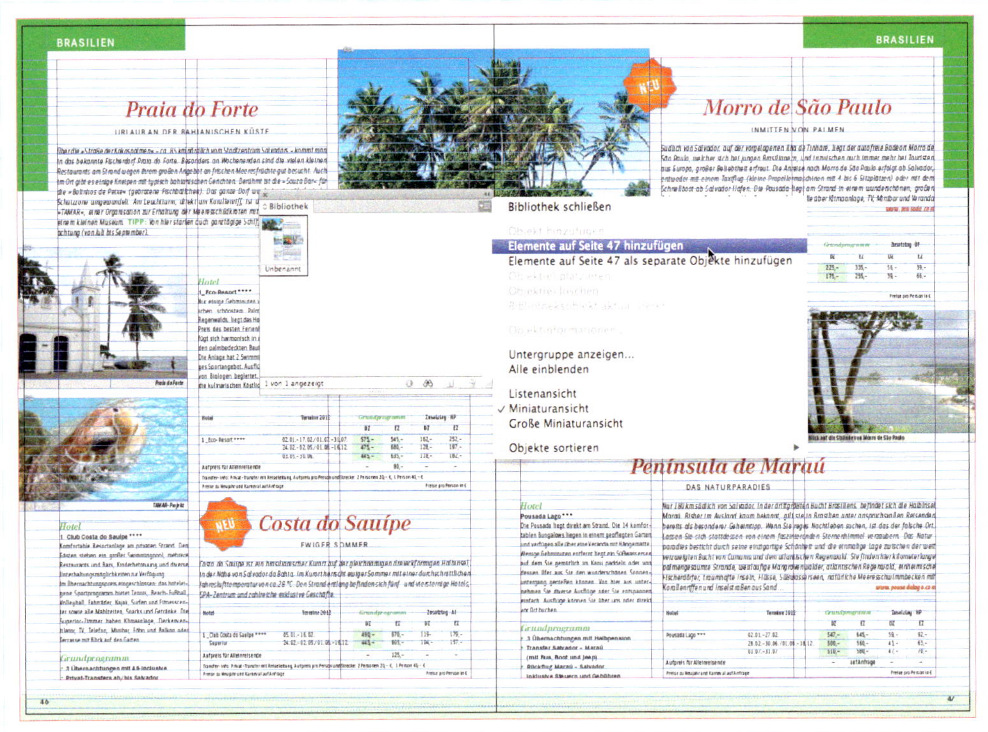

Markieren Sie alle Objekte auf einer Seite und wählen Sie aus dem Bedienfeldmenü die Option, alle Rahmen als ein Bibliotheksobjekt oder als unterschiedliche Objekte abzulegen.

Wenn Sie nicht alle Rahmen und -gruppen als *ein* Objekt ablegen wollen, nehmen Sie einfach die nächste Option im Bedienfeldmenü **Elemente auf Seite X als separate Objekte hinzufügen**.

Bibliotheken speichern nicht nur Größe und Formatierung eines Objekts, sondern auch seine Position auf der Seite. Wenn Sie das Objekt nicht einfach aus dem Bedienfeld ins Layout ziehen, sondern im **Bibliothek**-Bedienfeld auswählen und im **Bedienfeldmenü** den Befehl **Objekt(e) platzieren** aufrufen, wird das Objekt standgenau auf die aktive Bearbeitungsseite gesetzt – vorausgesetzt, das Seitenformat stimmt überein. Diese Aktion entspricht dem Menübefehl **Bearbeiten > An Originalposition einfügen** für das standgenaue Kopieren von Rahmen.

Hinzufügen und Objektinformationen festlegen

Wenn Sie einen Befehl mit **... hinzufügen** wählen, sollten Sie gleichzeitig die ⌥ Alt-Taste gedrückt halten, denn dann werden sofort die Objektinformationen geöffnet, wo Sie eine Bezeichnung eingeben können.

Alle Rahmen einer Seite können gleichzeitig als separate Objekte hinzugefügt werden.

Alle in der Bibliothek markierten Objekte können standgenau einfügt werden.

Objektinformationen

Das Objekt in der Bibliothek wird, bis auf platzierte InDesign- oder PDF-Dateien, zunächst immer mit der Bezeichnung „Unbenannt" abgelegt. Über den Knopf **Bibliotheksobjektinformationen** an der unteren Kante des Bedienfelds rufen Sie die Objektinformationen auf und können hier den Namen und eine **Bemerkung** eingeben sowie die **Objektart** editieren.

Letzteres ist allerdings unnötig, da InDesign die Art der Layoutrahmen von allein erkennt: Es unterteilt folgende Objektarten: **Bild**, **EPS**, **PDF**, **Geometrie** (Rahmengruppen mit gemischtem Inhalt), **Seite**, **Text**, **Struktur** und **InDesign-Datei**. Diese Auswahl dient lediglich dazu, die Inhalte zu ordnen und zu sortieren, technisch werden die abgelegten Daten nicht verändert und auch nicht genauer analysiert.

Die häufigste Form ist die **Geometrie**, worunter InDesign alle Formen von Vektorrahmen, Textrahmen und Rahmengruppen versteht. Befindet sich in einer abgelegten Rahmengruppe mindestens ein Vektor- oder Pixelrahmen, dann ist das Bibliotheksobjekt bereits eine Geometrie.

Bibliotheken speichern Formate
Wenn Sie in der Bibliothek einen Rahmen ablegen, der ein zugewiesenes Objektformat besitzt, werden selbstverständlich alle Formateigenschaften mit gespeichert. Auch Absatzformate und anderes wird in der Bibliothek gespeichert und beim Entnehmen wieder in das jeweilige Dokument kopiert.

Bibliotheksobjekte austauschen

Haben Sie einmal eine Bibliothek befüllt, können Sie fortan die Objekte platzieren. Doch was passiert, wenn Sie stattdessen den Inhalt der Bibliothek ändern wollen? Gehen Sie so vor:

Standgenau oder nicht?

Wenn Sie im ersten Schritt das Objekt per Ziehen & Ablegen an einer beliebigen Stelle im Layout platzieren, dort ändern und anschließend aktualisieren, wird die neue Layoutposition in der Bibliothek gespeichert – bedenken Sie also, ob dies gewünscht ist. Andernfalls benutzen Sie im ersten Schritt unbedingt die „Platzieren"-Funktion.

1 Bibliotheksobjekt platzieren

Wählen Sie das zu ändernde Objekt im **Bibliothek**-Bedienfeld aus und platzieren Sie es standgenau im Layout.

Aus der Bibliothek wird ein Objekt platziert und erscheint im Layout.

2 Rahmen ändern

Gestalten Sie Ihre platzierten Rahmen nach Belieben um, ändern Sie beispielsweise die Rahmenfarbe oder -form.

3 Altes Bibliotheksobjekt und neuen Rahmen auswählen

Klicken Sie nun *einmal* das *alte* **Bibliotheksobjekt** sowie *einmal* den *neuen* Rahmen oder die Rahmengruppe an.

4 Bibliotheksobjekt aktualisieren
Wählen Sie im **Bibliothek**-Bedienfeldmenü die Option **Bibliotheksobjekt aktualisieren**. Dadurch wird das alte Objekt durch das neue ausgetauscht.

Altes und neues Objekt sind markiert? Dann wählen Sie im Bedienfeldmenü die „Aktualisieren"-Funktion aus.

Das neue Bibliotheksobjekt erscheint im Bedienfeld.

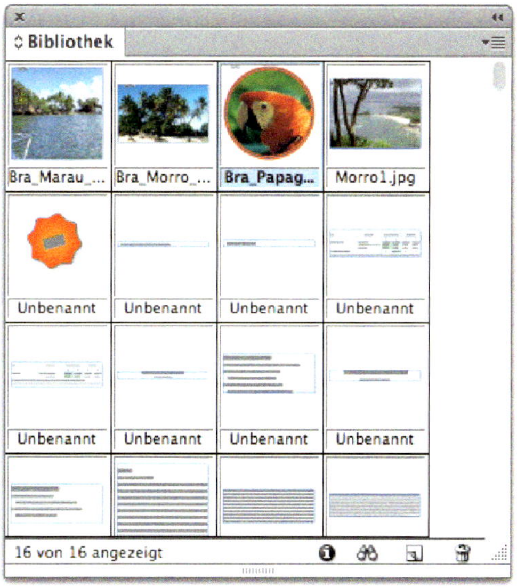

Keine Mutter-Kind-Logik

Mit der Symbole-Bibliothek aus Illustrator ist die in InDesign nicht zu vergleichen, da Illustrator ein Symbol und eine platzierte „Instanz" verwendet. Ändern Sie in Illustrator das Symbol, ändert sich auch die platzierte Instanz im Dokument. Diese logische Abhängigkeit kennt InDesign leider nicht, somit sind Größen weder automatisch veränderbar noch Bibliotheksobjekte über mehrere geöffnete Dokumente miteinander verknüpft. Die bisherige Lösung in InDesign ist sinnvoll und einfach zu bedienen. Wenn Sie dennoch Verknüpfungen benötigen, platzieren Sie Ihr Layoutobjekt als eigene InDesign-Datei oder als verknüpften Inhalt im Layout, so dass Sie später die Darstellung bei Änderungen aktualisieren können.

Suchoptionen

Mit einem Klick auf das **Fernglassymbol** am unteren Rand des Bedienfelds öffnen Sie die **Suchoptionen**. Hier können Sie die abgelegten Objekte nach **Namen**, **Erstellungsdatum** oder **Objekttyp** der Beschreibung durchsuchen. Hilfreich ist besonders das Ausschlussprinzip: Mit der Auswahl **enthält nicht** suchen Sie alle Objekte, auf die das Kriterium *nicht* zutrifft. Wenn Sie auf den Knopf **Mehr Optionen** klicken, bekommen Sie eine weitere Suchzeile hinzu. Das Suchergebnis wird Ihnen direkt im Bedienfeld angezeigt, InDesign stellt Ihnen hier eine Untergruppe dar. Um alle Objekte wieder zum Vorschein kommen zu lassen, wählen Sie im **Bedienfeldmenü** des **Bibliothek**-Bedienfelds den Punkt **Alle einblenden** aus.

Anwendungsgebiete von Bibliotheken

Anwendungsgebiet	Beschreibung
Kataloge	Bei umfangreichen Dokumenten wie Katalogen oder technischen Dokumentationen treten grafische Elemente immer wieder auf, wie zum Beispiel Logos, Abbildungen gleicher Größe oder kleine Tabellen mit technischen Daten, Preisen oder Adressen. Daher ist es effizient, bei Arbeiten an Katalogen zunächst eine Beispielseite mit diesen wiederkehrenden Rahmen aufzubauen und diese in der **Bibliothek** abzulegen, so dass sie bei Bedarf später in einem neuen Dokument wiederverwertet werden können.
Kunden	Sie können auch eine eigene **Bibliothek** für jeden Kunden zusammenstellen, in der das Firmenlogo als platzierte PDF-Datei, ein Textrahmen für die Firmenanschrift und einige Freiformen zusammengefasst werden, um darin Bilder zu platzieren.
Bibliotheken für Symbole und Logos	Da eine **Bibliothek** nicht an eine Layoutdatei gebunden ist, können Sie auch genauso gut mehrere Bibliotheken anlegen. So ist es sinnvoll, für die Verwendung wiederkehrender Symbole eine Piktogramm-Bibliothek anzulegen. Beachten Sie dabei, dass die abgelegten Objekte auch ihre physikalische Größe behalten, die sie aus dem ursprünglichen Layout mitnehmen. Soll diese Piktogramm-Bibliothek wirklich eine Arbeitserleichterung und jedes daraus kopierte Piktogramme einheitlich sein, so ist eine sorgfältige Ablage wichtig.
Bibliotheken für Corporate-Design-Standards	Grundelemente eines Corporate-Design-Standards können Hintergrundbilder, Logos oder formatierte Tabellen sein. Auch hierfür lohnt es sich, eine eigene Bibliothek anzulegen.
Textbibliotheken	Formulierungen wie ein vorgegebenes Firmenprofil in 50, 100 oder 250 Wörtern als Marketingmaterial für Pressemitteilungen oder Produktbeschreibungen lassen sich ebenfalls in einer Bibliothek ablegen. Dabei bleiben natürlich die Schrift- und Absatzformatierungen erhalten.
Bibliotheken mit interaktiven Elementen	Auch Bibliotheken für Schaltflächen oder Hyperlinks sind denkbar. Dabei sollten Sie jedoch beachten, dass nur allgemeine Schaltflächen, die zum Beispiel die nächste Seite im Dokument sichtbar machen, oder Hyperlinks, die einen absoluten URL wie http://www.complizenwerk.de beinhalten, in einer Bibliothek sinnvoll sind.

Zahlreiche weitere Anwendungen lassen sich daraus ableiten, etwa die automatische Platzierung eines Bibliotheksobjekts über ein Skript. Auch Plug-ins bedienen sich dieser Logik, um Vorlagen aus der Bibliothek zu platzieren und mit Inhalten aus einer Datenbank zu füllen.

Kombination und Weitergabe

Arbeiten Sie mit mehreren geöffneten Bibliotheken, wenn die Anzahl der abgelegten Objekte die Übersicht behindert. Eine inhaltliche Trennung nach Thema wie Corporate Design oder nach Einsatz wie Kataloggestaltung ist hier sinnvoll.

Da Bibliotheken eigene unabhängige Dateien sind, lassen sie sich auch innerhalb eines Netzwerks schnell verteilen und in InDesign öffnen. Somit arbeiten mehrere Designerinnen oder Layouter mit denselben Musterobjekten – eine perfekte Ergänzung zu den Buchprojekten!

Snippets

Technischer Hintergrund
Das Dateiformat IDMS (*„InDesign Markup Snippet“*) ist eine XML-Datei, die alle Informationen zur grafischen Formatierung speichert und meistens nur wenige Kilobyte groß ist.

Als Alternative zu Bibliotheken stehen Ihnen die **Snippets** (*engl.* „Schnipsel“) zur Verfügung. Sie benötigen keine Verwaltungsdatei wie bei der Bibliothek, sondern ziehen einfach per Ziehen & Ablegen diejenigen Rahmen, die Sie später in anderen Dokumenten verwenden oder mit anderen Inhalten füllen wollen, aus Ihrem InDesign-Dokument auf den **Finder/Arbeitsplatz**, auf die geöffnete **MiniBridge** oder in die **Adobe Bridge**.

Snippets ablegen

Zunächst öffnen Sie eine Layoutdatei und legen dort Platzhalterrahmen an. Falls Sie schon ein fertiges Layout mit platzierten Grafiken haben, wählen Sie die Bilder mit der **Direktauswahl** (A) an und löschen diese. Übrig bleiben die leeren Platzhalterrahmen.

Dann öffnen Sie das Bedienfeld **Mini Bridge** über das Menü **Fenster** und suchen einen geeigneten Ablageort für die **Snippets**. Sie können die Mini Bridge wie jedes andere Bedienfeld so verkleinern, dass sie wie eine kleine Ablagefläche am Bildschirmrand funktioniert.

Kein neuer Ordner mit der Mini Bridge

Leider hat Adobe in der MiniBridge eine wesentliche Funktion vergessen: das Anlegen eines neuen Ordners. Wenn Sie Snippets in einem eigenen Ordner ablegen wollen, müssen Sie den zuvor im Dateisystem Ihres Computers anlegen, bevor Sie die Snippets per MiniBridge dort ablegen können.

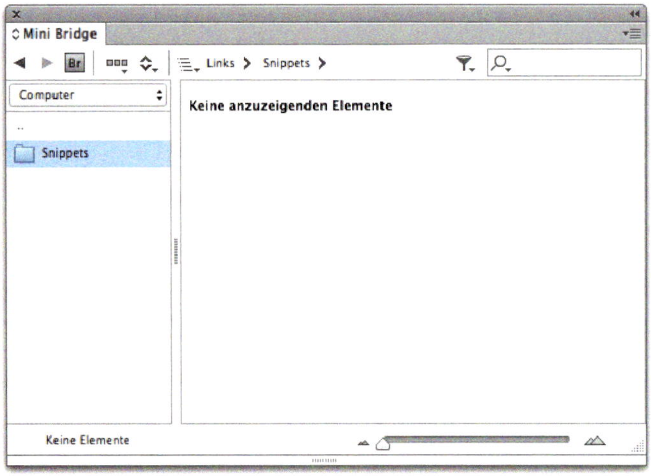

Öffnen Sie die Mini Bridge und suchen Sie einen geeigneten Ablageort für die Snippets.

Wählen Sie einen Rahmen oder eine Rahmengruppe aus und ziehen Sie diese(n) per Ziehen & Ablegen in den leeren Bereich der **Mini Bridge**. InDesign exportiert daraufhin die Rahmen oder Rahmengruppen als **Snippet** mit dem Dateikürzel ***.idms**. Alle grafischen und typografischen Formatierungen inklusive der **Objektformate** der Rahmen werden in der **Snippet**-Datei gespeichert. Sobald Sie also das **Snippet** in der **Mini Bridge** angelegt haben, erscheint hier eine Miniatur des Layoutobjekts – eine kleine Bilddatei, die InDesign beim Ablegen des **Snippets** generiert. Legen Sie nun weitere Rahmen und Rahmengruppen als **Snippets** ab.

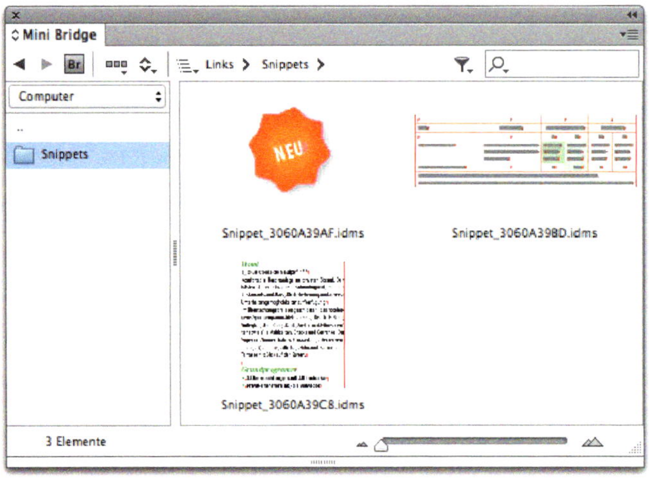

Per Ziehen & Ablegen speichern Sie die Snippets in dem Verzeichnis, das in der Mini Bridge dargestellt wird.

Danach können Sie das Ursprungsdokument schließen, die **Snippets** bleiben in der **Mini Bridge** im ausgewählten Verzeichnis erhalten.

Probleme mit Bildern

Haben Sie Bilder als Snippets abgelegt, speichert das Snippet nur die Verknüpfung auf das Bild. Sobald Sie das verknüpfte Originalbild verschieben oder löschen, kann das Snippet das Bild nicht mehr finden. Sie können dieses Problem dadurch umgehen, dass Sie die Bilddatei zuvor über das **Verknüpfungen**-Bedienfeld in die InDesign-Datei **einbetten** und erst danach den Bildrahmen als Snippet ablegen. Somit wird das Bild ein Teil des Snippets. Die Dateigröße des Snippets kann durch das eingebettete Bild allerdings enorm anwachsen.

Verknüpfungen einbetten: Seite 136

Mehrfach platzieren
Sie können mehrere **Snippets** auf einmal platzieren. Markieren Sie alle, die Sie benötigen, und ziehen Sie sie ins Layout. Jetzt gehen Sie so vor, als wären die **Snippets** einzelne Bilder.

◢ *Mehrfach platzieren: Seite 156*

Snippets platzieren

Sobald Sie die Rahmen aus den **Snippets** wieder benötigen, können Sie das **Snippet** aus der geöffneten **Mini Bridge**, der **Bridge** oder einem **Dateisystemfenster** in ein Layoutdokument ziehen. Ein weiterer Vorteil ist, dass im einzelnen **Snippet** nicht nur alle Elemente so gespeichert wurden, wie sie im Layout aussehen, sondern auch die Position der Rahmen oder Rahmengruppen darin aufgezeichnet wird. Wollen Sie das **Snippet** *standgenau* platzieren, ziehen Sie es in das Layoutfenster und halten dabei die ⌥ Alt-Taste gedrückt.

Per Ziehen & Ablegen platzieren Sie einzelne Snippets ins Layout.

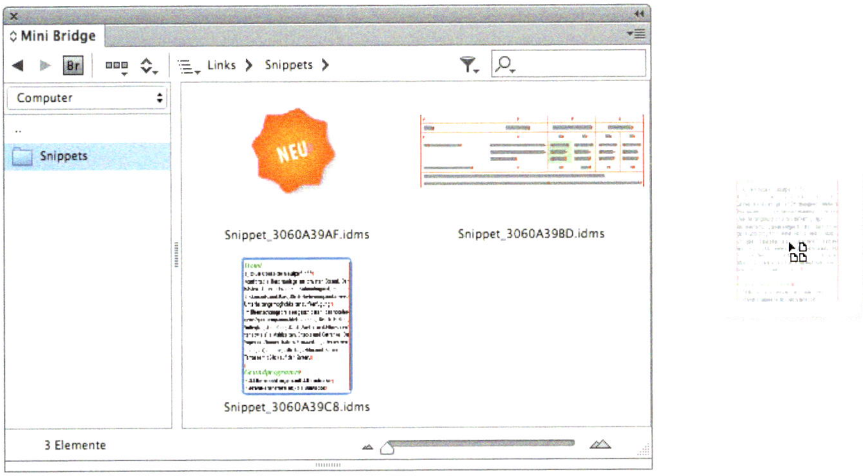

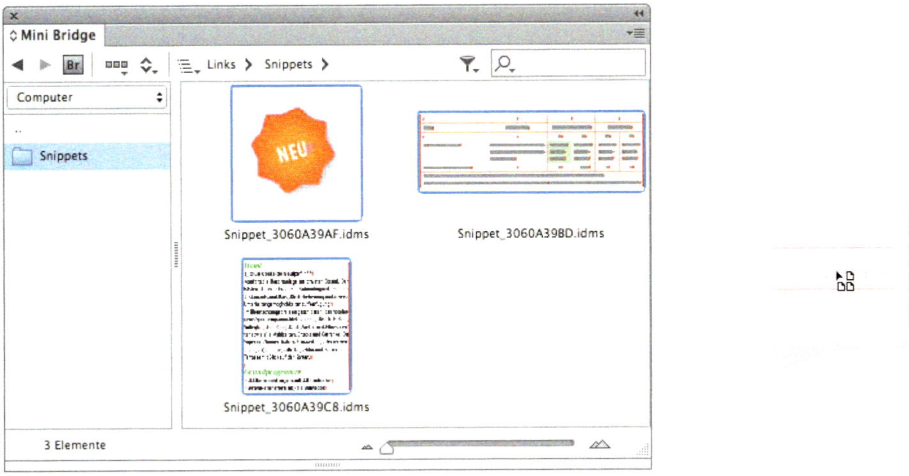

Auch mehrere Snippets auf einmal lassen sich platzieren. Tun Sie einfach so, als seien es gewöhnliche Bilder.

Snippets verwalten

Die einzelne **Snippet**-Datei können Sie mit Ihrem **Betriebssystem**, der **Mini Bridge** oder **Adobe Bridge** verwalten, umbenennen, als Vorschau ansehen und verschlagworten. In der **Bridge** rufen Sie das Verzeichnis auf, in dem Sie die Snippets abgelegt haben, markieren ein einzelnes **Snippet** und rufen – zum Beispiel über das Kontextmenü die **Dateiinformationen** auf. Hier haben Sie nun die Möglichkeit, in den **Stichwörtern** der **Metadaten** wichtige Begriffe zu hinterlegen, um die Datei darüber später wiederzufinden.

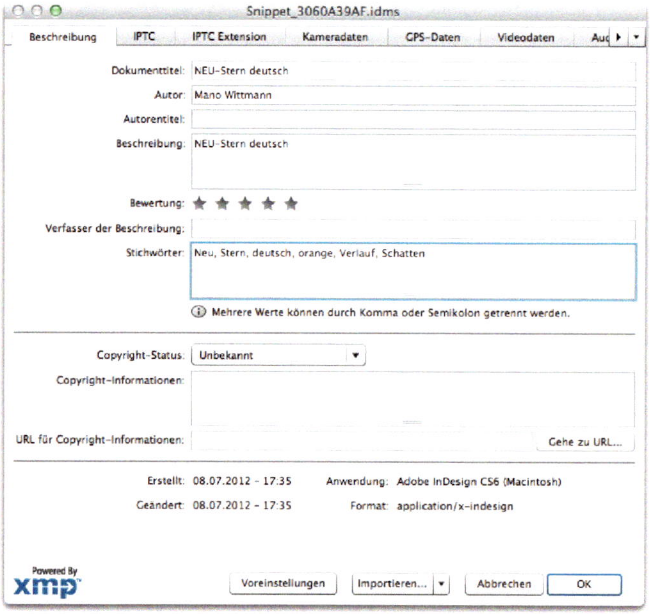

Die Metadaten können Sie in der Bridge über die „Dateiinformationen" aufrufen.

Die einfachste Methode, Snippets wiederzufinden, besteht darin, dass Sie die Metadaten sorgsam ergänzen. Anschließend können Sie in der Bridge im Suchfeld oben rechts den Begriff eingeben.

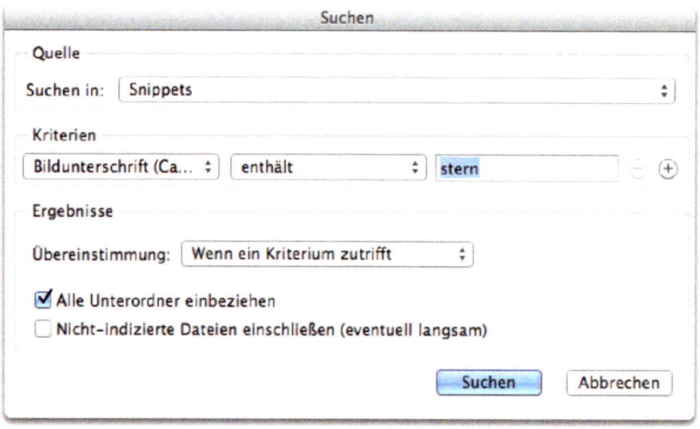

Mithilfe der Suchfunktion in der Bridge finden Sie die Snippets auch in einigen Jahren und unter Tausenden von Dateien wieder.

Objekt- und Absatzformate
Wenn Sie bei den abgelegten Rahmen Absatz- und Zeichenformate sowie Objektformate verwendet haben, bleiben diese im Snippet erhalten. Sobald Sie das Snippet neu platzieren, werden auch diese Informationen wieder in das Layout eingefügt. Sie können dann die Formate in den entsprechenden Bedienfeldern sehen und natürlich auch für andere Rahmen und Textabschnitte verwenden.

Voreinstellungen für Snippets
Das Platzieren von **Snippets** erfolgt in der Regel dort, wohin Sie das **Snippet** (aus der **Bridge** oder vom **Arbeitsplatz/Finder** aus) in das Layout ziehen. Doch das **Snippet** „weiß" noch immer, auf welcher Layoutposition es ursprünglich angelegt wurde. Wollen Sie grundsätzlich immer die Originalposition beim Platzieren nutzen, stellen Sie dies in den **Voreinstellungen** unter **Dateihandhabung** ein. In der Rubrik **Snippet-Import** wählen Sie dann **Ursprüngliche Position**. Leider ist das eine der Einstellungen, die InDesign bei einem Programmabsturz gerne mal „vergisst".

Snippets versenden

Wenn Sie ein Snippet per Internet oder E-Mail versenden wollen, müssen Sie darauf achten, dass die Kodierung der XML-Informationen nicht geändert wird, da der Empfänger sonst mit dem Snippet nichts anfangen kann. Vor dem Versand sollten Sie daher eventuell die XML-Datei als ZIP-Archiv komprimieren.

Der Unterschied zwischen Bibliotheken und Snippets

Was ist denn nun besser, das **Snippet** oder doch die **Bibliothek**? Der Vergleich dieser beiden Techniken ist nicht ganz fair, denn bei **Bibliotheken** handelt es sich um eine Sammlung von Objekten aus dem Layout, während **Snippets** einzelne Objekte darstellen. Daher müsste man besser die *Bibliotheksobjekte* mit den **Snippets** vergleichen. Dies führt jedoch nicht weiter, denn beide Objektarten speichern dieselben Vorlagen in identischer Qualität. Daher vergleiche ich lieber die Arbeitsweise mit diesen beiden Techniken, damit Sie entscheiden können, welche für Ihre Zwecke besser geeignet ist.

Unterschiede zwischen Bibliotheken und Snippets		
Bibliotheken ...		**Snippets ...**
... werden als *eine* Datei (*.indl) gespeichert.	≠	... werden *pro Objekt* als einzelne Dateien (*.idms) gespeichert.
... kann man in InDesign öffnen und anzeigen lassen.	≠	... können in der Bridge/MiniBridge mit einer kleinen Vorschau dargestellt werden.
... können in der Bedienoberfläche verankert werden.	≠	... müssen im Dateisystem abgelegt und sortiert werden.
... kennen verschiedene Objekttypen (Texte, Bilder, Gruppenrahmen, ...), die sortiert, mit Beschreibungen ergänzt und für die Anzeige gefiltert werden können.	≠	... können mithilfe von Metadaten verschlagwortet und in der Bridge sortiert werden.
... können die Objekte ortskonstant platzieren.	=	... können per Ziehen & Ablegen aus Finder/Arbeitsplatz oder Bridge/MiniBridge mit gedrückter ⌥ Alt-Taste ortskonstant platziert werden.
... lassen Sie die Objekte per Ziehen & Ablegen frei platzieren.	=	... können per Ziehen & Ablegen aus Finder/Arbeitsplatz oder Bridge/MiniBridge frei platziert werden.
... können im Netzwerk für Arbeitsgruppen freigegeben werden.	=	... können im Netzwerk für Arbeitsgruppen freigegeben werden.
... können von mehreren Benutzern gleichzeitig nur dann genutzt werden, wenn sie zuvor aus dem Netzwerk auf den jeweiligen Arbeitsplatz kopiert wurden.	≠	... können direkt aus dem Netzwerkordner per Ziehen & Ablegen in das Layout platziert werden. Auch gleichzeitig.
... können Bilder beinhalten, wenn diese zuvor in die Layoutdatei eingebettet wurden.	=	... können Bilder beinhalten, wenn diese zuvor in die Layoutdatei eingebettet wurden.
... können mit eingebetteten Bildern rasch an Dateigröße zunehmen.	=	... können mit eingebetteten Bildern rasch an Dateigröße zunehmen.

Zusammenarbeit in Gruppen

Was die Kooperation in einem Netzwerk unter verschiedenen Benutzern angeht, die alle auf Basis derselben Dateien mit InDesign gestalten, trennt sich die Spreu vom Weizen. Die **Bibliothek** schneidet hier vergleichsweise schlecht ab. Der offensichtliche Vorteil, eine Datei mit Vorlagen bereitzustellen, auf die alle zugreifen können, geht rasch verloren, wenn klar ist, dass sich jeder Benutzer im Netzwerk eine lokale Kopie der **Bibliotheksdatei** speichern muss, damit er diese in InDesign öffnen kann. Wird die Datei stattdessen über das Netzwerk geöffnet, ist sie so lange für alle anderen Nutzer gesperrt – für Arbeitsgruppen unzumutbar.

Diese sollten also eher auf **Snippets** setzen, da diese flexibler erstellt und angewendet werden können und ansonsten dieselbe Qualität wie Bibliotheksobjekte liefern. Die Verschlagwortung mit Suchbegriffen ist zudem ein wesentlicher Vorteil, wenn man bedenkt, dass Snippets durchaus mehrere Jahre im Einsatz sein können und der Datenbestand auf jedem Arbeitsplatz unaufhaltsam wächst.

Eine weitere Alternative für Arbeitsgruppen stellt das **Platzieren** von **InDesign-Dateien** dar, das jedoch auch für jeden Einzelbenutzer interessant ist.

InDesign-Dateien platzieren

Neben den relativ statischen Vorlagen wie einem **Snippet** oder einer **Bibliothek** ist die **InDesign-Datei** als platzierte Grafik im Layout eine willkommene Alternative, um wechselnde Inhalte in identischer Form wiederzugeben. Etwas anders – flexibler und aufwändiger – funktionieren **Verknüpfte Inhalte**, auf die ich an anderer Stelle eingehe.

◢ *Verknüpfte Inhalte: Seite 307*

Als anschauliches Beispiel platziere ich eine InDesign-Datei mit je einer **Ebene** pro Sprache. So können Sie Ihre Vorlage mehrsprachig speichern und beim Platzieren die gewünschte Sprache sichtbar machen. Dabei verzichten Sie auf mehrfach vorhandene Dateien und verwenden nur eine einzige InDesign-Datei, deren Sprachvarianten über die **Ebenensichtbarkeit** gesteuert werden.

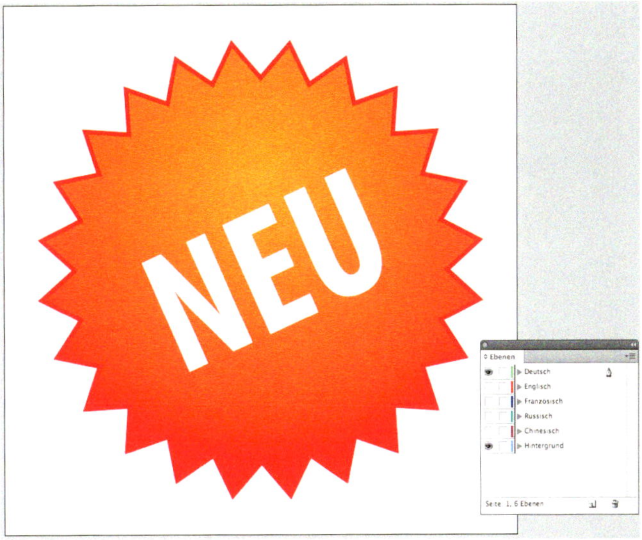

Die InDesign-Datei ist mehrsprachig aufgebaut. Auf jeder Ebene liegt eine Sprachfassung vor, die separat in eine andere Datei platziert werden kann.

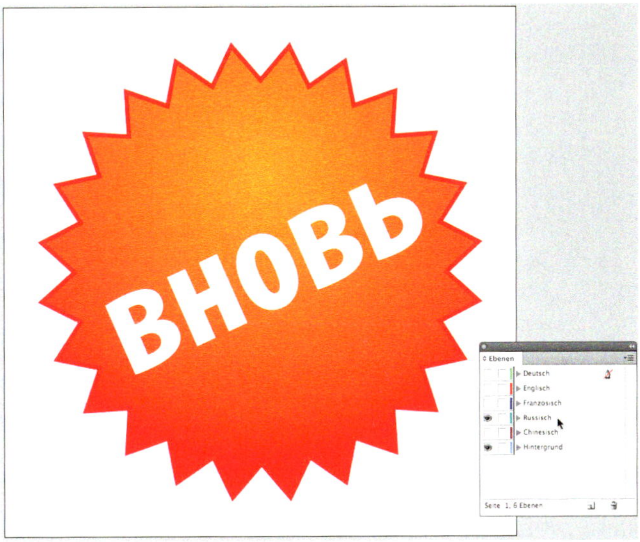

Die Ansicht kann jederzeit gewechselt werden, hier das russische Beispiel.

Die Ansicht der InDesign-Datei mit mehreren Sprachebenen sollte so gewählt werden, dass eine Sprachebene als Standard aktiv ist. So wird auch die Vorschau der InDesign-Datei für die **Bridge** und **Mini Bridge** in dieser Sprachfassung gespeichert. Haben Sie also nur die deutsche Ebene aktiviert und die anderen Ebenen ausgeblendet, wird diese Darstellung gesichert.

Wenn Sie die InDesign-Datei platzieren, haben Sie sowohl in den **Importoptionen** als auch später die Möglichkeit, die **Ebenensichtbarkeit** zu ändern und so die Sprache umzustellen.

Rufen Sie **Datei** > **Platzieren** auf. Wählen Sie die mehrsprachig aufgebaute InDesign-Datei aus und aktivieren Sie die **Importoptionen**.

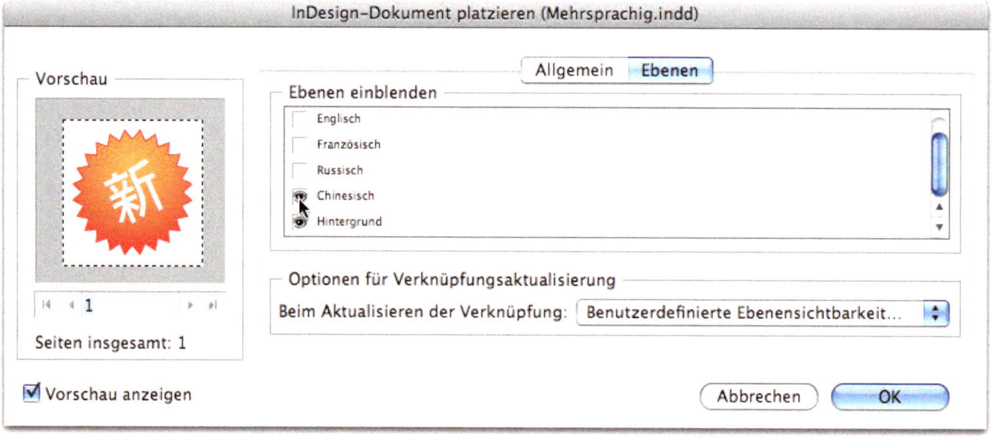

Die Importoptionen erlauben die Anwahl der gewünschten Ebene „Chinesisch".

Nun wählen Sie in den **Importoptionen** den Reiter **Ebenen** aus und können in der Übersicht die gewünschte „Sprachebene" mit einem Klick auf das **Augensymbol** aktivieren. Anschließend platzieren Sie die InDesign-Datei im Layout an der gewünschten Stelle. Ein Platzieren in Abhängigkeit von der Position auf dem „Druckbogen" – wie bei **Snippets** und **Bibliotheken** – ist dabei nicht möglich.

Wenn genau ***eine* Ebene** eingeblendet werden soll, klicken Sie diese mit gedrückter [⌥ Alt]-Taste an, um alle anderen Ebenen gleichzeitig auszublenden.

Die ausgewählte(n) Ebene(n) der InDesign-Datei erscheine(n) im Layout.

Objektebenenoptionen

Transparenzen bleiben erhalten Eine InDesign-Datei mit transparentem Hintergrund wird auch als transparentes Objekt in eine neue Layout-Datei platziert. Die Deckkraft der Datei bleibt erhalten.

Später können Sie die **Ebenensichtbarkeit** ändern, indem Sie die platzierte InDesign-Datei mit dem **Auswahlwerkzeug** anklicken und über das **Kontextmenü** – oder das **Verknüpfungen**-Bedienfeldmenü – die **Objektebenenoptionen** aufrufen. Sie erhalten die Übersicht über alle Ebenen in der platzierten Datei und können die Ebenen separat ein- und ausblenden. Sobald Sie diesen Dialog bestätigen, erscheint die gewünschte Sprachfassung im Layout.

In den Objektebenenoptionen wählen Sie eine andere Sprache.

Die **Objektebenenoptionen** sind für jedes Vorkommen einer mehrmals platzierten Datei einzeln wählbar. Wollen Sie also die „Neu"-Grafik in unserem Beispiel noch einmal an einer anderen Stelle platzieren, können Sie für diese Instanz der InDesign-Datei auch eine individuelle Ebeneneinstellung – und somit eine andere Sprache – wählen.

Das **Verknüpfungen**-Bedienfeld zeigt Ihnen für eine ausgewählte mehrfach genutzte InDesign-Datei, dass der Pfad zu dieser Datei nur einmal verwaltet, die Datei jedoch an mehreren Stellen im Layout platziert wird.

Doppelte Sprachebenen

Achten Sie darauf, dass Sie nur eine Sprachebene und die dazugehörigen Hinter- und Vordergrundebenen sichtbar machen, so dass keine Ebene fehlt – aber auch keine doppelten Sprachebenen sichtbar werden.

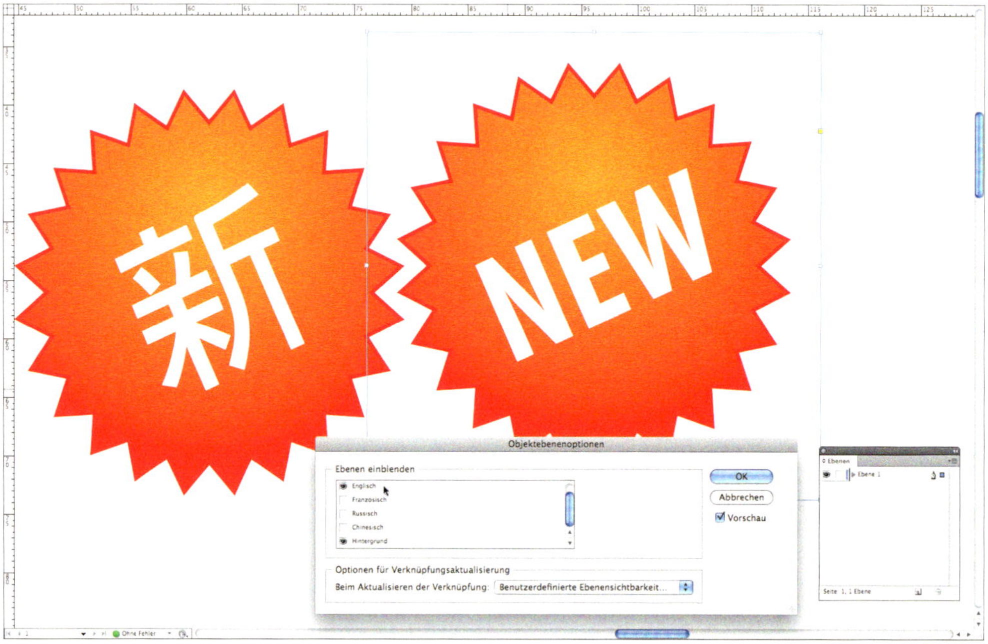

Die „Neu"-Datei ist zweimal im Layout platziert worden. Links sehen Sie die chinesische Variante, rechts die englische, sobald Sie die Objektebenenoptionen umstellen.

Im Bedienfeld der „Verknüpfungen" erkennen Sie am Aufklappmenü, dass die InDesign-Datei einmal platziert wurde, aber mehrere Instanzen davon im Einsatz sind.

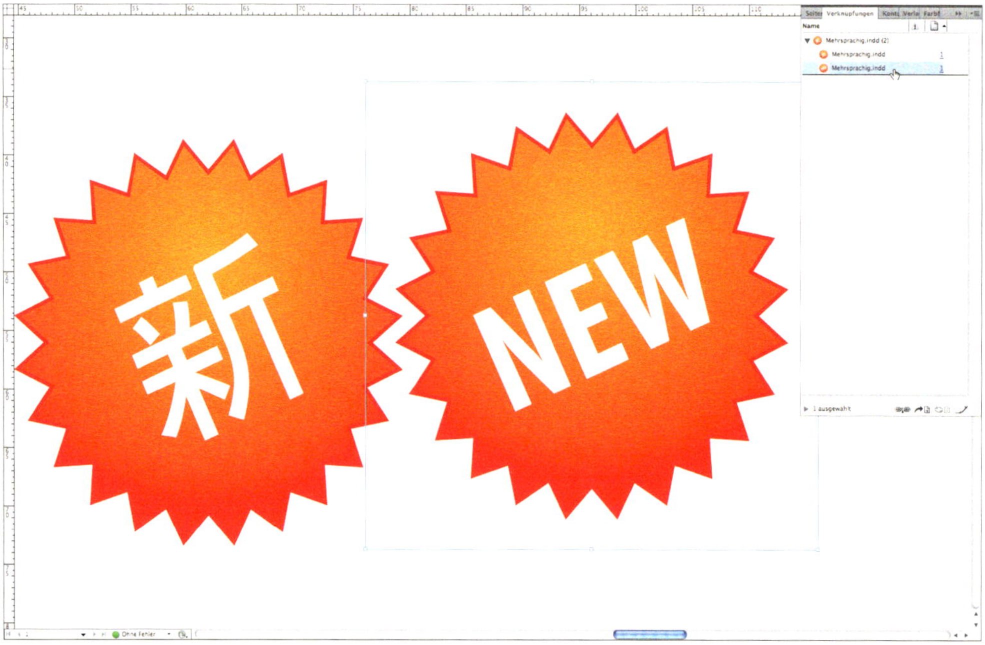

Bilder & Vektoren

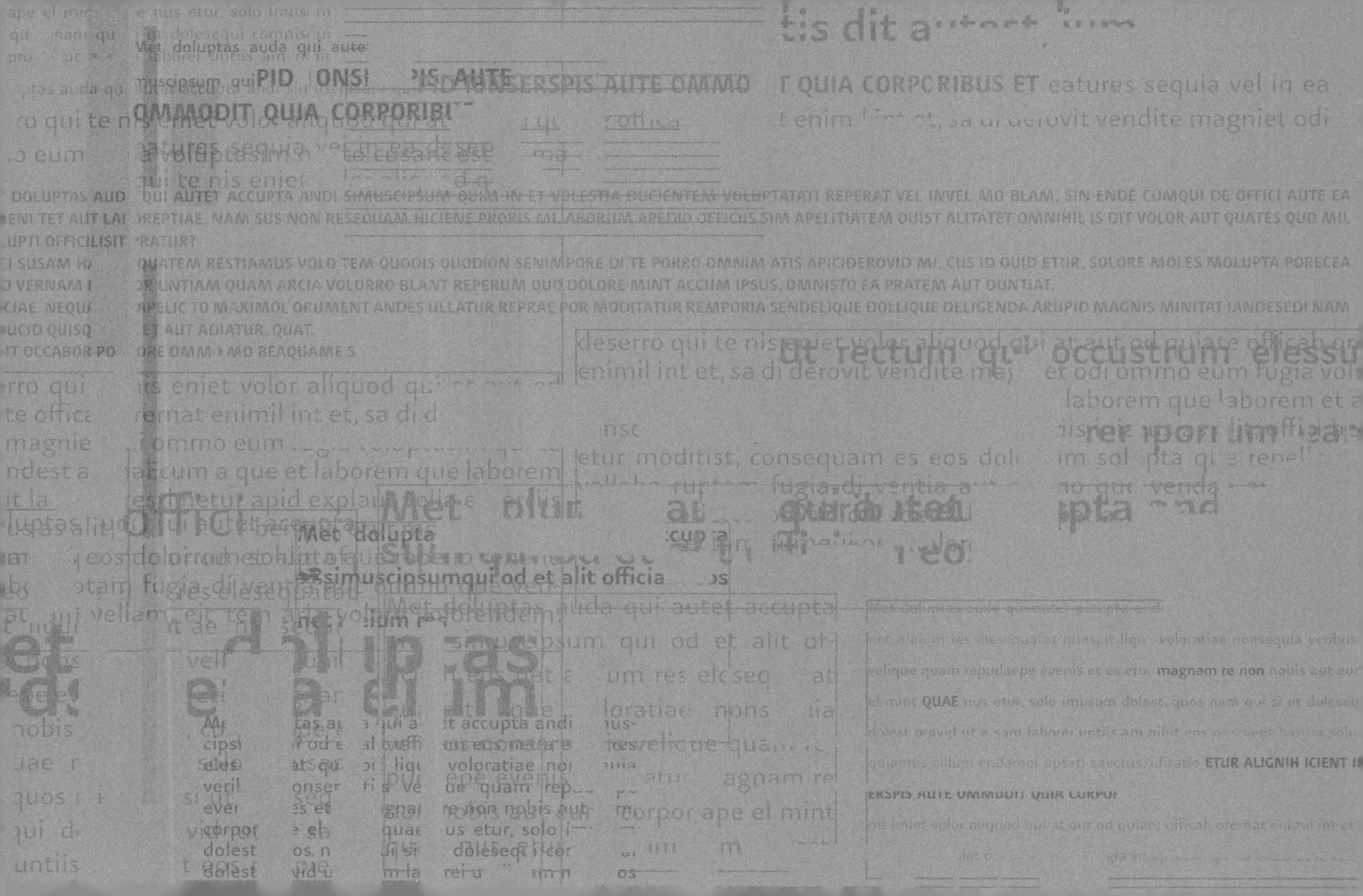

Met doluptas auda qui aute
OMMODIT QUIA CORPORIBI
T QUIA CORPCRIBUS ET eatures sequia vel in ea
QUI AUTET ACCUPTA ANDI SIMUSCIPSUM QUIM IN ET VOLESTIA DUCIENTEM VOLUPTATATI REPERAT VEL INVEL MO BLAM, SIN ENDE CUMQUI DE OFFICI AUTE EA
QUATEM RESTIAMUS VOLO TEM QUODIS QUODION SENIMPORE DI TE PORRO OMNIM ATIS APICIDEROVID MI, CUS ID QUID ETUR, SOLORE MOLES MOLUPTA PORECEA
ORUNTIAM QUAM ARCIA VOLORRO BLANT REPERUM QUO DOLORE MINT ACCUM IPSUS, OMNISTO EA PRATEM AUT DUNTIAT.
ET AUT ADIATUR, QUAT.
etur moditist, consequam es eos dol
Met dolupta
simuscipsumqui od et alit officia
magnam re non
QUAE
ETUR ALIGNIH ICIENT

Bilder platzieren

Welche Dateiformate für die Platzierung von Pixel- und Vektordateien in InDesign geeignet sind, wie Sie die Bild- und Vektordokumente parallel bearbeiten und welche Optionen Ihnen für das Layout zur Verfügung stehen, lesen Sie hier.

Bilder im Layout per Ziehen & Ablegen zu platzieren und zu skalieren geht einfach und komfortabel mit einer Fülle von Werkzeugen, die ich Ihnen in diesem Kapitel vorstellen möchte. Allein die Funktionen **Mehrfach platzieren** und **Automatisch einpassen** ersparen Ihnen viele umständliche Arbeitsschritte. Doch zunächst spielen zur Vorbereitung die Dateiformate eine Rolle, die Sie im Layout verwenden können.

Ein Fall für das Farbmanagement
Zwei Dinge sind für die Verarbeitung von Bildern im Layout entscheidend: die Auflösung und der Farbraum. Für die Auflösung im Layout sind die Werkzeuge **Preflight** sowie die PDF-Ausgabe zuständig. Die Umwandlung von Farben für die CMYK-Ausgabe hingegen fällt in den Zuständigkeitsbereich des **Farbmanagements** von InDesign.

◢ *Farbmanagement: Seite 57*

Das Maskenkonzept

Das Prinzip der Maskierung kennen Sie vielleicht von Photoshop: Eine vom eigentlichen Bild unabhängige Instanz – die Maske – bestimmt, welche Bereiche des Bildes sichtbar und welche ausgeblendet sind. Dasselbe gilt in InDesign, nur dass im Unterschied zu Photoshop hier die Maske stets *zwingend vorhanden* und *immer* ein **Vektorpfad** ist – nämlich der Bildrahmen.

Wenn Sie ein Bild anklicken, erkennen Sie am Aussehen des Rahmens, ob Sie das **gesamte Objekt** (*rechteckiger Rahmen, Ebenenfarbe, acht große Anfasspunkte*), nur das **Bild** (*rechteckiger Rahmen, komplementär zur Ebenenfarbe, acht große Anfasspunkte*) oder nur den **Vektorpfad** (*beliebige Form, Ebenenfarbe, beliebig viele kleinere Anfasspunkte*) ausgewählt haben.

Verabschieden Sie sich von CMYK-TIFF und EPS

Die veraltete Arbeitsweise, Bilder in Photoshop in den CMYK-Modus zu konvertieren, zu bearbeiten und danach als TIFF (oder, noch älter: EPS) zu speichern, sollten Sie ablegen. EPS ist ein veraltetes Dateiformat, und die Festlegung auf den Ausgabefarbraum birgt immer die Gefahr, in der Ausgabe nicht flexibel genug auf Änderungen im Druck zu reagieren. Wenn Sie generell soweit wie möglich auf Auflösungs-, Farbmodus- und Profilkonvertierung verzichten, laufen Sie nicht Gefahr, zugunsten eines vermeintlichen Vorteils viel an Flexibilität, Überblick und Speicherplatz zu verschenken. Bitte lesen Sie dazu auch: **Farbmanagement – alles unter Kontrolle?** ab Seite 57 sowie **PDF-Ausgabe** ab Seite 719.

Dateiformate

InDesign kommt praktisch mit allem zurecht, was nach dem Platzieren angezeigt werden kann, aber im Hinblick auf problemlose, standardkonforme und zukunftssichere Weiterverarbeitung empfehlen sich derzeit nur folgende Dateiformate: **JPEG**, **PDF**, **PNG** und **TIFF** – sowohl als medienneutrale RGB-Bilder wie auch als „beschränkte" CMYK-Daten. Darüber hinaus können Sie native **InDesign-**, **Photoshop-** oder **Illustrator-Dokumente** platzieren, die **Ebenen**, **Ebeneneffekte**, **Einstellebenen**, **Freistellpfade**, **Schmuckfarben** oder **Alphakanäle** enthalten – ein genialer Vorteil für alle Designer, die unter Zeitdruck schnelle Ergebnisse präsentieren müssen und so ohne Umwege sehen können, ob sich ein Photoshop-*Composing* gut in das Layout einfügt.

TIFF

TIFF-Dokumente in **CMYK**- oder **RGB**-Farbräumen mit einer Bildebene sind ein sehr häufig eingesetztes Dateiformat. Bevor Sie jedoch aus anderen Dokumenten wie **JPEG**- oder Photoshop-Dateien (**PSD**) erst ein **TIFF** erzeugen und dieses dann in InDesign platzieren, sollten Sie die gelieferten Dateiformate verwenden. Das Format **TIFF** bietet zwar reichlich Möglichkeiten, Ebenen zu speichern und Bilddaten zu komprimieren. Es führt auch zu kleineren Dateien, benötigt jedoch beim Öffnen und Speichern deutlich mehr Zeit.

Dauerbrenner: JP(E)G
Obwohl das Dateiformat JPEG komprimiert und verlustbehaftet ist und aufgrund dessen als JPEG2000 weiterentwickelt wurde, hat das alte JPEG weiterhin extrem hohe Verbreitung, da alle Kameras und Bildbearbeitungsprogramme dieses Dateiformat nutzen und verarbeiten können.

JPEG

Das derzeit meistverwendete Format für digitale Bilder ist das JPEG-Format. JPEGs besitzen immer eine Kompression zwischen Stufe 1 und 12, die Bilddaten sind also über eine Berechnung verkleinert worden, die Qualität wurde dazu geringfügig gemindert. Als Faustregel gilt, dass JPEGs unterhalb von Stufe 8 nicht für den Druck geeignet sind.

Ein JPEG aus Photoshop kann Alphakanäle und Beschneidungspfade enthalten. Es kann sowohl im RGB- als auch im CMYK-Farbraum vorliegen; das Farbprofil wird anhand des vorgegebenen Verhaltens im **Farbmanagement** beibehalten oder in den Arbeitsfarbraum umgerechnet. RGB-Daten sollten in den RGB-Arbeitsfarbraum umgerechnet werden, CMYK-Daten sollten nicht verändert werden.

JPEG 2000

Das erweiterte Format JPEG2000, das unter anderem eine verlustfreie Komprimierung erlaubt, wird von Kamera- wie Softwareherstellern weitgehend ignoriert. In PDFs ab Version 1.5 (also ab Acrobat 6) lassen sich Bilder in diesem Format einbetten.

◄ *Farbmanagement – alles unter Kontrolle? Seite 57*

EPS

Encapsulated PostScript – die Formatbezeichnung sagt bereits einiges über dieses komplexe Dateiformat aus. Die Inhalte liegen im PostScript-Code vor und sind mit einer 72-dpi-Vorschau gekapselt, die entweder als Macintosh-PICT oder als 8-Bit-TIFF abgespeichert wird. Neben einer Pixelebene können im EPS auch Vektorobjekte, Freistellpfade, Schmuckfarben, Rasterangaben oder Druckkennlinien mit abgespeichert werden. Das Wichtigste fehlt jedoch: Farbprofile!

EPS und DCS

Diese Dateiformate entstammen dem letzten Jahrtausend, kennen kein Farbprofil und sind somit für den Einsatz im medienneutralen *Composite-Workflow* mit InDesign nicht brauchbar. Selbst Adobe will das EPS-Format zukünftig bei der Entwicklung von RIPs nicht mehr unterstützen. Verwenden Sie stattdessen PSD, TIFF oder PDF.

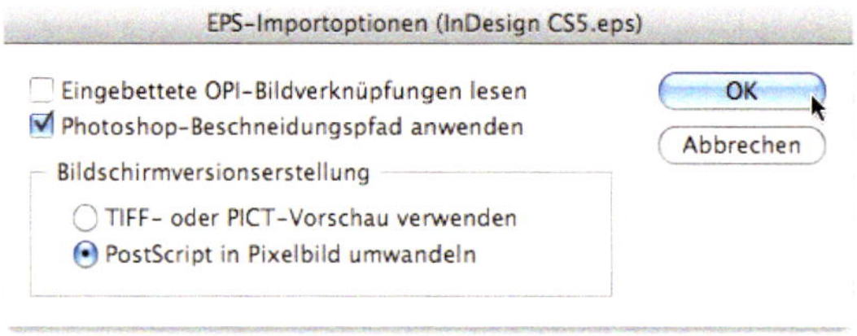

Für bessere Darstellung können Sie die Vorschau aus den PostScript-Daten berechnen lassen.

Die Importoptionen bieten Ihnen an, den Beschneidungspfad einer EPS-Datei zu übernehmen. InDesign importiert diesen Pfad als eigenen Vektorpfad. Anhand des Beschneidungspfads kann Text mithilfe des **Textumflusses** umlaufend verdrängt werden.

◄ *Textumfluss (vormals Konturenführung) ab Seite 376*

Duplex-Datei (PSD)

Für Dokumente mit Schmuckfarben kann ein Graustufenbild in Photoshop mit bis zu vier Sonderfarbkanälen definiert werden. Dabei wird dem Graustufenbild einfach für jede Sonderfarbe eine eigenständige

Importierte Schmuckfarben
Importierte Farbfelder aus platzierten Dateien können jederzeit für die Erzeugung einer **Mischdruckfarbe** oder einer **Mischdruckfarbengruppe** verwendet werden.
Mischdruckfarben: Seite 503

Tonwertkurve zugeordnet – daher ist das Dokument nicht viel größer als die Graustufenversion. Die häufigste Anwendung dieses Formats ist die Duplex-Variante mit zwei Sonderfarben, zum Beispiel einem **HKS-Farbton** und **Schwarz**. Speichern Sie **Duplex**-Bilder stets im Photoshop-Dateiformat. Eine Umwandlung oder das Sichern als **EPS**-Format ist nicht nötig!

Duplex-Dateien werden mit mehreren Farbkanälen auf Basis einer Graustufendatei aufgebaut.

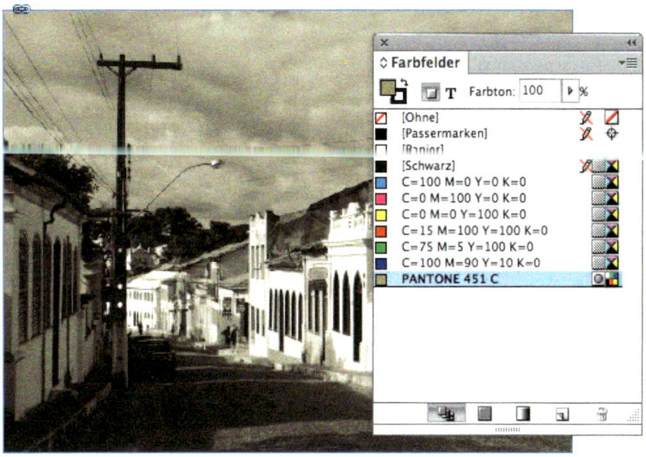

Farben aus platzierten Duplexbildern erscheinen in den Farbfeldern.

Nach dem Platzieren in InDesign finden Sie die Sonderfarben in Ihrem **Farbfelder**-Bedienfeld wieder und können damit selbstverständlich auch Rahmen und Texte einfärben.

Damit Sie testen können, ob eine solche Duplex-Datei auch wirklich in zwei Farbauszügen ausgegeben wird, können Sie die **Separationsvorschau** aktivieren. Der Schmuckfarbenkanal erscheint in der Liste der Auszüge.

Duplexfarben „unterwegs" in CMYK umwandeln
Eine platzierte Duplex-Datei mit zwei Schmuckfarben können Sie über den **Druckfarben-Manager** bei der Ausgabe (zum Beispiel PDF-Export) in CMYK umwandeln.

▲ *Druckfarben-Manager: Seite 666*

Photoshop (PSD) mit Ebenen und Ebenenkompositionen

InDesign erkennt in Photoshop-Dateien alle Ebenen und **Ebenenkompositionen**, die Sie in den **Importoptionen** auswählen können. Ist diese Datei nun im Layout platziert, können Sie auch zu einem späteren Zeitpunkt die Ebenenkompositionen wechseln. Rufen Sie dazu, ebenso wie bei PDF-Dateien, **Objekt** > **Objektebenenoptionen** auf.

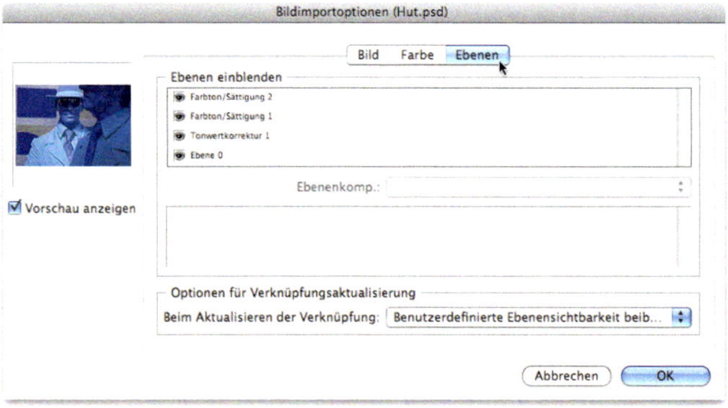

Das Ebenen-Bedienfeld für Photoshop-Dateien zeigt alle verwendeten Ebenen, Einstellebenen und SmartFilter.

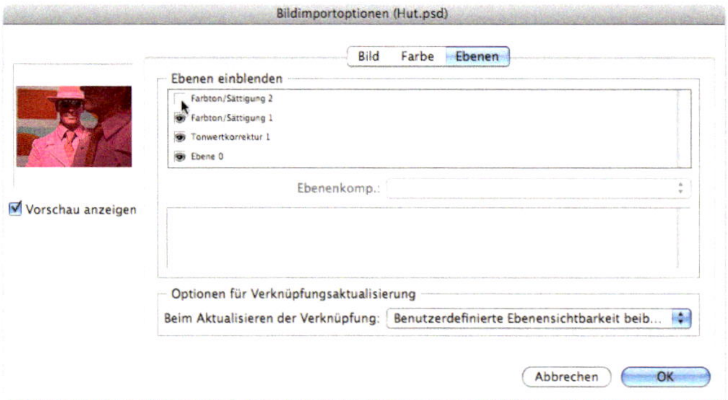

Beim Platzieren in InDesign können die Ebenen gezielt ausgewählt werden.

Nachträglich gelangen Sie an die Ebeneneinstellung, indem Sie die Objektebenenoptionen aus dem Objekt-Menü oder dem Kontextmenü aufrufen.

Ebenenkompositionen sind eine Technik in Photoshop, Designvarianten darzustellen. Eine Ebenenkomposition speichert die **Sichtbarkeit** von **Ebenen**, die **Position** von Ebenenobjekten und die Einstellung von **Ebeneneffekten**. Auf diese Weise können Sie mithilfe von Ebenenkompositionen Varianten erstellen, die innerhalb einer einzigen Photoshop-Datei gespeichert werden können.

Die gespeicherten **Ebenenkompositionen** wählen Sie in den **Importoptionen** des Platzieren-Dialogs aus. Die entsprechende Ebenenzusammenstellung wird in InDesign platziert und angezeigt.

Andere Ebenenreihenfolge oder -benennung?

Eine Photoshop-Datei, deren Ebenen im Layout individuell ein- oder ausgeblendet wurden, wird bei einer Aktualisierung überall im Layout auf die in Photoshop gespeicherte Sichtbarkeit zurückgesetzt, sobald sich etwas bei Namen oder Reihenfolge der Ebenen ändert. Bei Ebenenkompositionen dagegen ist es InDesign „egal", ob sich die einzelne Komposition nach einer Verknüpfungsaktualisierung anders zusammensetzt. Nutzen Sie also so oft wie möglich Kompositionen!

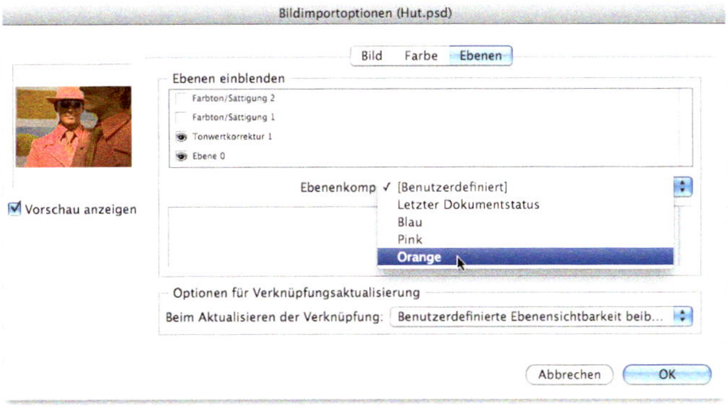

Ebenenkompositionen können beim Platzieren unter den Importoptionen ausgewählt werden.

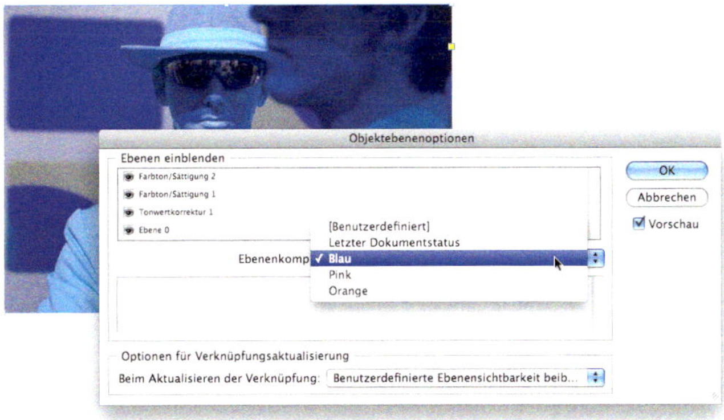

Eine andere Komposition wählen Sie in den Objektebenenoptionen.

Wollen Sie im Layout verschiedene Kompositionen ausprobieren, müssen Sie die Photoshop-Datei nicht noch einmal platzieren, sondern klicken das Bild im Layout mit dem **Auswahlwerkzeug** an, rufen mit der rechten Maustaste das Kontextmenü auf und wählen die **Objektebenenoptionen**. Anschließend können Sie mit aktivierter Vorschau die anderen Kompositionen aufrufen.

Ebenenkompositionen in Photoshop

Falls Sie sich mit diesem Thema näher beschäftigen möchten, empfehle ich Ihnen diese Bücher:

- *Heico Neumeyer: „Adobe Photoshop CS6 – Handbuch für Bildbearbeiter", awl.de/3168*
- *Matt Kloskowski: „Porträt-Composings gestalten", awl.de/3124*

Adobe PDF

PDF-Dateien können Bild-, Schrift- und Vektordaten enthalten, die InDesign alle einwandfrei platzieren kann. Darüber hinaus werden auch Transparenzen und Ebenen erkannt. Mehrseitige PDFs platzieren Sie in einem Arbeitsschritt.

Bei den **Importoptionen** wird schnell deutlich, dass es sich hier um weitreichende Funktionen handelt. Abgesehen von der **Seiten**-Auswahl bei mehrseitigen PDF-Dokumenten finden Sie eine Auswahl von Begrenzungen unter den Optionen.

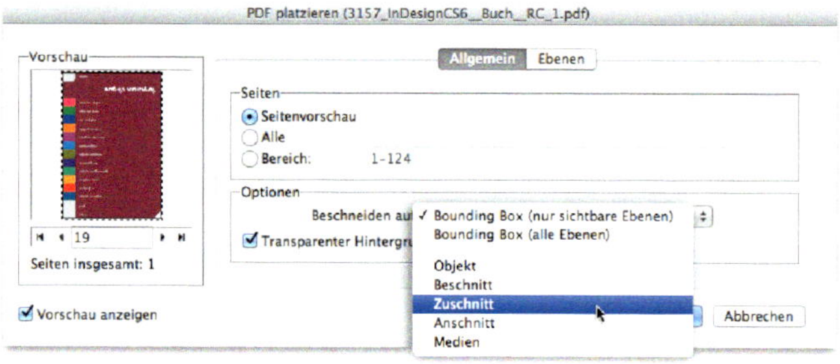

Beim Platzieren von PDF-Dateien bieten die Importoptionen Einstellmöglichkeiten für Seiten und Begrenzungsrahmen.

Diese Auswahl bildet die Box-Technologie des PDF-Formats ab, wonach vom erzeugenden Programm bis zu fünf unsichtbare Begrenzungsrahmen gesetzt werden können, die hier von innen nach außen aufgeführt sind: **Bounding Box** (das kleinstmögliche Rechteck, das alle Seitenobjekte umfasst, einschließlich solcher Bereiche, die durch Masken ausgeblendet werden), **Objekt** (das kleinstmögliche Rechteck um die *sichtbaren* Bereiche der **Bounding Box**), **Beschnitt** (zum Beispiel per Freistellpfad), **Zuschnitt** (das Endformat, zum Beispiel DIN A4), **Anschnitt** (Endformat plus Anschnittzugabe) und **Medien** (das Bruttoformat samt eventueller Schnittmarken und Ähnlichem).

PDFs mit Ebenen
PDF-Dateien neuerer Version können auch Ebenen beinhalten, vor allem, wenn sie aus InDesign oder Illustrator stammen.

◢ *PDF-Export: Seite 719*

Mehrseitige PDF-Datei

Die Platzierung von mehrseitigen PDF-Dateien ist einfach: Zunächst wählen Sie in den **Importoptionen**, welche Seiten platziert werden sollen. Falls Sie nicht alle Seiten übernehmen möchten, können Sie einen Bereich wie „1,3,5-8,12" eingeben. Wählen Sie noch Ebenen aus – soweit vorhanden – und platzieren Sie die Seiten per Mausklick.

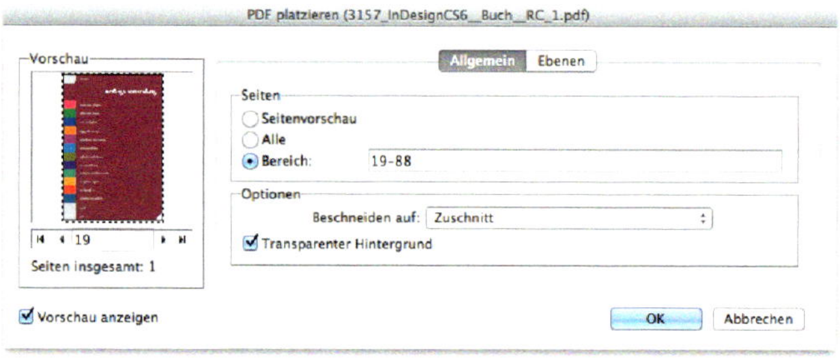

Alle Seiten oder eine Auswahl einer mehrseitigen PDF-Datei platzieren Sie nacheinander.

Das können Sie so lange fortsetzen, bis Sie alle Seiten verteilt haben. Wenn eine PDF-Seite auf der falschen Layoutseite gelandet ist, wählen Sie [⌘ Strg] [Z] und platzieren Sie sie noch einmal. Einfacher geht es nicht.

InDesign-Datei im Layout

Nicht nur mehrseitige PDF-Dateien können in das Layout platziert werden, sondern auch InDesign-Dokumente. Dadurch ist es möglich, Anzeigen im InDesign-Dateiformat zu gestalten und diese später in das Magazin-Layout zu platzieren. Auch Dateivorlagen für Kataloge lassen sich auf diese Weise erstellen. InDesign-Dateien werden mit

Mehrsprachige Layouts mit Ebenen
Wenn Sie eine InDesign-Datei mit mehreren Sprachen aufbauen und diese Datei je nach Sprache platzieren wollen, nutzen Sie die **Ebenen**. Diese „Sprachebenen" wählen Sie beim Platzieren der InDesign-Datei im Layout aus.

◢ *Arbeiten mit Ebenen: Seite 219*

dem Layout verknüpft und können jederzeit über die Funktion **Original bearbeiten** geöffnet und verändert werden. Die Änderungen werden beim Aktualisieren in der Layoutdatei übernommen, genauso, wie es mit platzierten Bildern geschieht.

Rufen Sie auch hier den Befehl **Platzieren** aus dem Menü **Datei** auf und wählen Sie die **Importoptionen**. Diese sind vergleichbar mit einer PDF-Datei aufgebaut und gliedern sich in die Seitenauswahl und die Ebenen. Folgen Sie den Angaben wie beim PDF-Format.

Der einzige Unterschied ist die Auswahl des Beschnitts. Das Nettoformat erhalten Sie, wenn Sie **Seiten-Bounding-Box** aus dem Aufklappmenü **Beschneiden auf** anklicken. Nettoformat plus Anschnitt bekommen Sie mit der zweiten Option; die dritte platziert auch den Infobereich.

Alternative: PDF aus Illustrator
Wenn Sie nicht mit Illustrator-Dateien arbeiten wollen/können, speichern Sie Ihre Grafik aus Illustrator als PDF und achten Sie darauf, dass dabei die Option **Illustrator-Bearbeitungsfunktionen beibehalten** gewählt ist.

Illustrator-Datei

Ebenso wie EPS- oder PDF-Dateien können Sie auch Illustrator-Dateien platzieren. Wenn Sie eine Vektorgrafik mit Illustrator erstellen, verwendet Illustrator intern bereits das PDF-Format. Beim Speichern aus Illustrator müssen Sie dazu die Option **PDF-kompatible Datei erstellen** aktivieren.

Illustrator-Pfade über die Zwischenablage

Sie können auf zwei Wegen Grafiken von Illustrator nach InDesign transportieren: Entweder platzieren Sie die AI-Datei im Layout, oder Sie kopieren die Vektoren aus Illustrator über die Zwischenablage ins InDesign-Layout. Im zweiten Fall werden die Objekte in native Bézier-Kurven umgewandelt und in die Layoutdatei integriert, als hätten Sie sie dort gezeichnet. Damit das funktioniert, müssen Sie in den Illustrator-Voreinstellungen als Zwischenablageformat **AICB** (mit der Option „Pfade beibehalten") gewählt haben, und Ihre Grafiken dürfen nicht zu komplex sein, beziehungsweise sie dürfen nur Eigenschaften haben, die Sie auch in InDesign zuweisen könnten. Haben Sie Illustrator-Spezialitäten wie etwa **Symbole** oder **Pinsel** verwendet, kann InDesign die Vektoren nicht verarbeiten, und es wird ein PDF eingebettet (siehe Kasten). In so einem Fall bleibt nur Platzieren als Möglichkeit.

Falsches Kopieren von Vektoren kann fatale Folgen haben!

Wenn Sie Illustrator-Objekte nicht als native Vektoren (AICB/Pfade), sondern als PDF nach InDesign kopieren, betten Sie ein PDF ins Layout ein und können damit die einzelnen Bestandteile nicht mehr „anfassen". Das PDF taucht nicht im **Verknüpfungen**-Bedienfeld auf, weswegen sich auch seine Einbettung nicht aufheben lässt. Dies kann fatale Folgen im Zusammenhang mit **Transparenzreduzierung** oder **Color Management** nach sich ziehen. Vermeiden Sie unbedingt diese eingebetteten PDFs!

Graustufen- und Strichgrafiken platzieren und einfärben

Als altbekannte kreative Möglichkeit steht Ihnen das Einfärben von *Graustufen-* und *Strichbildern* zur Verfügung. Platzieren Sie eine Datei im Format **BMP**, **JPEG**, **TIFF** oder **PSD**. Die Datei muss 1 Bit oder 8 Bit Farbtiefe haben (also das, was Photoshop „Bitmap" beziehungsweise „Graustufen" nennt) und darf keine Transparenz enthalten – bei PSD sollten Sie also darauf achten, dass es nur die Hintergrundebene beinhaltet. Aus dem **Farbfelder**-Bedienfeld ziehen Sie einfach ein Farbfeld auf die platzierte Grafik, schon wird das Graustufen- oder Strichbild eingefärbt. Wenn Sie lieber klicken als ziehen, müssen Sie vorher der Farbfeldzuweisung den „Donut“ anklicken oder das Bild mit dem **Direktauswahlwerkzeug** (Taste A) auswählen.

Das Einfärben von Graustufenbildern erfolgt per Ziehen & Ablegen aus dem Farbfelder- oder dem Steuerung-Bedienfeld.

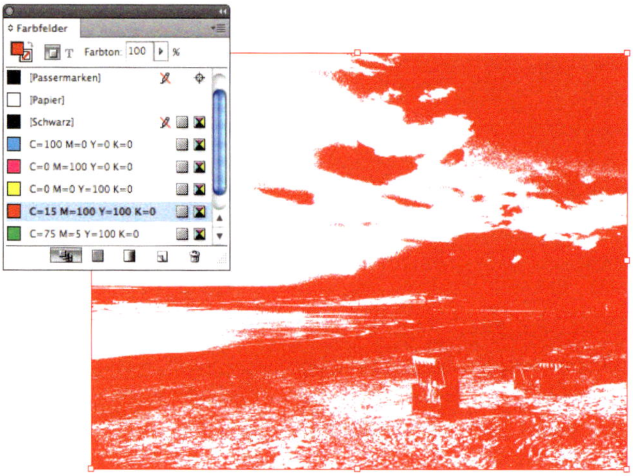

Strichgrafiken lassen sich ebenso einfärben. Dabei tauschen Sie entweder den transparenten Hintergrund oder den schwarzen Vordergrund mit einem Farbfeld aus.

Dateien platzieren

Zwei Wege gibt es, Bilder und Vektordaten im Layout zu platzieren: mithilfe von **Datei** > **Platzieren** oder per Ziehen & Ablegen. Der erste Weg beinhaltet Möglichkeiten, in den **Importoptionen** konkrete Einstellungen bei jedem individuellen Bild vorzunehmen. Dies ist bei PDF- oder Photoshop-Dokumenten mit mehreren Ebenen sinnvoll. Der zweite Weg ist schnell und – mit einiger Vorbereitung – ebenso sicher. Er eignet sich für digitale Bilder in den Formaten **JPEG** und **TIFF**, die auf eine Hintergrundebene reduziert sind, sowie für Photoshop-Dateien, die mithilfe einer Ebenenmaske freigestellt wurden.

Platzieren per Dialog

1 Platzieren-Dialog aufrufen
Die Funktion **Platzieren** rufen Sie im Menü **Datei** auf oder drücken [⌘ Strg] [D].

2 Importoptionen aktivieren (falls gewünscht)
Aktivieren Sie zuerst die **Importoptionen** über **Importoptionen anzeigen** und wählen Sie dann eine oder mehrere Dateien zum Platzieren aus. Wenn Sie dann auf **Öffnen** klicken, erhalten Sie für jede ausgewählte Datei einen Zwischendialog mit zusätzlichen Funktionen, unter anderem für Photoshop-Ebenen.

3 Photoshop-Optionen wählen (bei aktiven Importoptionen)
Wählen Sie gegebenenfalls in der Rubrik **Ebenen** die passende Sichtbarkeit von **Ebenen** oder **Ebenenkompositionen** aus und bestätigen Sie den Dialog mit **OK**.

4 Rahmen erstellen
Nach Bestätigung dieses Dialogs zeigt Ihnen InDesign das **Platzieren**-Symbol im Mauszeiger ( ) und einer kleinen Bildvorschau an. Falls Sie in Schritt 2 mehr als ein Bild ausgewählt haben, sehen Sie über der Vorschau außerdem eine eingeklammerte Zahl: die Gesamtzahl der zu platzierenden Bilder. Klicken Sie an die gewünschte Stelle im Layout und die Datei(en) wird/werden hier eingefügt (genauer gesagt: die linke obere Ecke des Bildes, wie der Mauszeiger ja schon andeutet).

Platzieren per Ziehen & Ablegen

Die vielleicht einfachste Methode, eine Datei zu platzieren, besteht jedoch darin, aus einem Finder- oder Explorer-Fenster heraus die gewünschte Datei per Ziehen & Ablegen in das Layout zu bugsieren. So ersparen Sie sich die Auswahl des Dokuments über den **Platzieren**-Dialog. Die **Importoptionen** sind bei dieser Methode jedoch nicht wählbar, und mit welchen Einstellungen zum **Farbmanagement** das Bild eventuell konvertiert wird, übernimmt InDesign aus den Standardvorgaben.

Wenn Sie die Maustaste über dem Layoutfenster losgelassen haben, müssen Sie InDesign noch in den Vordergrund holen, falls nicht automatisch geschehen. Damit sind Sie exakt beim obigen **Schritt 4** – mit geladenem Mauszeiger und kleiner Bildvorschau – und ab hier geht's weiter wie oben.

Mini Bridge oder Bridge?
Beachten Sie bitte, dass die MiniBridge nur einen eingeschränkten Funktionsumfang bietet, der für viele Layoutaufgaben jedoch ausreicht. Wollen Sie eine Bildergalerie oder einen Kontaktabzug erstellen, arbeiten Sie einfach wie gewohnt mit der Adobe Bridge.

Platzieren aus Bridge und Mini Bridge

Alternativ können Sie die gewünschte Datei auch über die **Adobe Bridge** oder die InDesign-eigene **MiniBridge** in das Layout befördern.

Starten Sie die **Bridge** und wählen den Kompaktmodus, indem Sie den Tastenbefehl [⌘ Strg] [↩] aufrufen. Das Fenster der Bridge wird sofort verkleinert. Klicken Sie nun die gewünschte Datei an und ziehen

Sie sie mit gedrückter Maustaste in das Layoutfenster im Hintergrund. Eine transparente Darstellung der Dateivorschau wird sichtbar, bis Sie die Maustaste loslassen.

Die Arbeitsweise mit der **Mini Bridge** ist noch einfacher. Rufen Sie sie unter **Fenster** > **Mini Bridge** auf. Die **Mini Bridge** stellt die grundlegenden Funktionen der **Bridge** innerhalb von InDesign dar, so dass Sie die **Bridge** nicht als eigenständiges Programm starten müssen.

Diashow – die Bildvorschau in InDesign

Damit Sie bestmöglich beurteilen können, ob ein digitales Foto oder ein gescanntes Dia für das Layout gestalterisch geeignet ist, lassen Sie sich die Bilder in der **Mini Bridge** als **Diashow** anzeigen. Wählen Sie dazu in der **Mini Bridge** die Miniaturen per [⇧]+Klick oder [⌘ Strg]+Klick aus, rufen Sie das Kontextmenü auf und wählen Sie dort die **Diashow**. Die Bilder werden nun im **Vollbildmodus** dargestellt; InDesign und seine Bedienfelder werden ausgeblendet. Mithilfe der Tasten [◂] und [▸] blättern Sie durch die Bilder. Sobald Sie in ein Bild hineinklicken, wird die Wiedergabe auf die **tatsächlichen Pixel** des Bildes vergrößert.

Tatsächliche Pixel
Die Pixel des Bildes entsprechen der Pixelwiedergabe des Monitors. Eine Verfälschung aufgrund von Interpolation zwischen Bild und der Monitorauflösung durch Programm und Computersystem findet nicht statt, jeder Bildfehler – verwackelte Motive, Farbrauschen, chromatische Aberration oder *Dropouts* – ist hier zu sehen.

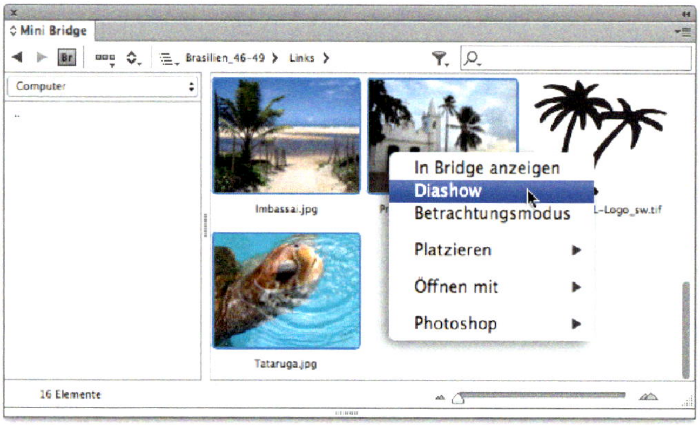

Die MiniBridge eröffnet über das Kontextmenü die Möglichkeit, die ausgewählten Bilder im Vollbildmodus darzustellen.

Mehrfach platzieren

Auch eine **Mehrfachauswahl** ist möglich: Klicken Sie mit gedrückter [⌘ Strg]-Taste die Datei-Icons in der **Mini Bridge** oder der **Bridge** an und ziehen Sie die Dateien in das Layoutfenster von InDesign. Dabei wird die Mehrfachauswahl durch ein Icon mit mehreren Blattsymbolen sichtbar. Sobald Sie nun in das Layout klicken, berechnet InDesign auch hier von allen zu platzierenden Bildern und Dokumenten kleine Vorschau und gibt an, wie viele Bilder im „Stapel" sind.

Wenn Sie nun in das Layout klicken, wird das jeweils oberste Bild aus dem Stapel platziert; die anderen Bilder bleiben am Mauszeiger „hängen", bis alle Dokumente im Layout gelandet sind.

Pfeiltasten zum Blättern im Stapel
Wenn Sie eine Mehrfachauswahl platzieren, sehen Sie immer die nächste Datei, die platziert werden soll. Sie können durch den Bilderstapel blättern, in dem Sie die Pfeiltasten [◂] und [▸] betätigen.

Bilder aus Stapel entfernen
Sollten sich im Bilderstapel der Mehrfachauswahl einzelne Bilder befinden, die Sie nicht benötigen, drücken Sie einfach die [esc]-Taste und das Bild verschwindet aus dem Stapel. Diesen Schritt können Sie nicht rückgängig machen.

Für die Mehrfach-Platzierung erhalten Sie eine Vorschau des „Stapels“.

Das oberste Bild im Stapel erscheint als Miniatur im Layout.

Mit der Maus ziehen Sie nun einen Rahmen auf. Ein Hilfsgitter erscheint.

Mit [◄]/[►] und [▲]/[▼] legen Sie die Anzahl der Spalten und Zeilen fest. Sobald Sie die Maustaste loslassen, werden die Bilder eingefügt.

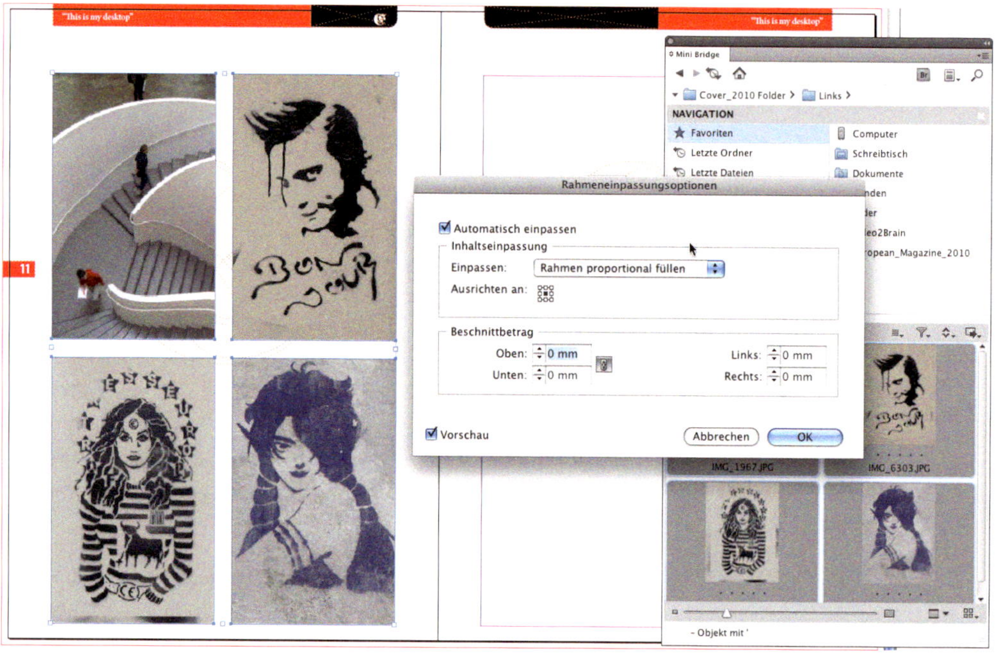

Mithilfe der Rahmeneinpassungsoptionen können Sie die Rahmen proportional füllen.

Rahmenraster

Das Platzieren von Bildern können Sie nicht nur nacheinander, sondern auch gleichzeitig bewerkstelligen, um ein Rahmenraster zu erstellen. Wenn Sie mehrere Bilder per Ziehen & Ablegen oder per **Platzieren**-Befehl in Ihr Layoutdokument importieren, erscheint das oberste Bild dieses Bildstapels als Miniatur. Während Sie nun einen Rahmen aufziehen, können Sie dabei mit den Pfeiltasten [▸]/[◂] die Anzahl der *Spalten* verändern. Mit den Pfeiltasten [▾]/[▴] ergänzen Sie weitere Zeilen oder entfernen diese wieder.

Das erstellte Raster von Bildern über- und nebeneinander hat zunächst einen gleichmäßigen Abstand. Diesen Abstand können Sie jedoch während des Aufziehens der Rahmen selbst anpassen, indem Sie bei immer noch gedrückter Maustaste die [⌘ Strg]-Taste halten und gleichzeitig mit den Pfeiltasten [◂]/[▸] sowie [▴]/[▾] die Abstände der Rahmen zueinander beeinflussen. Sobald Sie schließlich die Maustaste loslassen, werden die Rahmen, links oben beginnend, mit den geladenen Bildern gefüllt. Haben Sie zu viele Rahmen erstellt, bleiben die letzten einfach leer. Reichen die Rahmen nicht aus, bleiben noch Bilder im Mauszeiger, und Sie können den Vorgang an einer anderen Stelle wiederholen.

InDesign-Absturz gefällig?

Wenn Sie es darauf ankommen lassen und Hunderte von Bildern gleichzeitig als Rahmenraster platzieren – bitte: Sie können so viele und so winzige Spalten und Zeilen erzeugen, wie Sie wollen. Sobald Sie jedoch die Maustaste loslassen, kann es gut sein, dass InDesign an der diffizilen Aufgabe scheitert.

Mehrfache Platzhalterrahmen erstellen

Was mit geladenen Bildern geht, funktioniert auch ohne. Sie können jeden Rahmen – ob Text-, Grafik- oder nicht zugewiesener Rahmen – mit den Pfeiltasten beim Zeichnen in ein Raster „zerlegen".

1 Platzhalterrahmen aufziehen

Wählen Sie das Werkzeug **Rechteckrahmen** aus dem **Werkzeuge**-Bedienfeld aus und ziehen Sie in einem leeren Layoutbereich einen Rahmen auf. Halten Sie die Maustaste für die weiteren Schritte gedrückt!

Erstellen Sie zunächst einen großen Platzhalterrahmen …

2 Spalten bilden

Wählen Sie mit → oder ←, wie viele Spalten innerhalb Ihres aufgezogenen Rahmens nebeneinander erscheinen sollen.

… dann legen Sie die Spalten mit den Pfeiltasten fest.

3 Zeilen bilden

Bestimmen Sie nun – immer noch mit gedrückter Maustaste – die Anzahl der Zeilen, indem Sie die Pfeiltasten ▲ und ▼ betätigen.

Bestimmen Sie nun mit den Pfeiltasten die Zeilenzahl.

4 Rahmen fertig stellen

Lassen Sie nun die Maustaste los und InDesign erstellt einzelne Rahmen mit gleichmäßigem Abstand neben- und übereinander.

Drücken Sie die ⌘ Strg-Taste zusätzlich zu den Pfeiltasten, um die Abstände der Rahmen zueinander zu beeinflussen.

Kein genauer Wert für die Abstände

Wenn Sie Rahmen auf diese Weise erstellen, ist die Größe der Abstände horizontal wie vertikal nicht zu erkennen. Der Anfangswert richtet sich immer nach dem aktuellen Spaltenabstand im Layout. Wollen Sie diesen Wert genau bestimmen, müssen Sie entweder zuvor Hilfslinien für Zeilen und Spalten erstellen, oder Sie definieren die Rahmenabstände nach dem Erstellen mit der Funktion **Ausrichten**. Lesen Sie dazu bitte auch **Rahmen ausrichten und verteilen** ab Seite 185.

Rahmeneinpassungsoptionen

Wie wäre es nun, wenn ein Rahmen bereits wüsste, wie groß ein Bild im Verhältnis zum Rahmen eingepasst wird? Seit InDesign CS4 können Sie dem Rahmen bereits vor dem Platzieren ein Verhalten mitgeben, wie ein Bild, eine Grafik oder eine PDF-Datei eingepasst werden soll. Dies funktioniert zunächst am besten mit einem Platzhalterrahmen. Wählen Sie im Kontextmenü **Anpassen** > **Rahmeneinpassungsoptionen**, alternativ finden Sie diese auch im Menü **Objekt**.

In den Einpassungsoptionen wählen Sie, wie sich das Bild an den Rahmen anpasst.

Automatisch einpassen

Mithilfe der Funktion **Automatisch einpassen** erlaubt Ihnen InDesign, Bild und Rahmen in eine feste Beziehung zueinander zu setzen. Wird der Rahmen skaliert, wird auch das Bild skaliert. Machen Sie den Rahmen schmaler oder höher, wird das platzierte Bild anhand der **Inhaltseinpassung** mitskaliert. Besonders im Zusammenhang mit den **Liquid-Layout**-Regeln ist diese Funktion sehr hilfreich.

Einpassen

Wie sich nun ein Bild oder eine Grafik an den Rahmen anpassen soll, legen Sie unter **Einpassen** fest. Die nützlichsten Methoden dürften **Inhalt proportional anpassen** und **Rahmen proportional füllen** sein:

Inhalt an Rahmen anpassen verzerrt den Inhalt ungeachtet der Originalproportionen exakt so, dass die Größe der Grafik mit der des Rahmens übereinstimmt. Diese Funktion ist für die Einpassung von hochauflösenden Hintergrundgrafiken (*Fonds*) mit Mustern oder Strukturen geeignet, bei der es auf die Wiedergabe der korrekten Proportionen nicht ankommt. Für alle anderen Bilder und Grafiken dienen die nächsten Einstellungen.

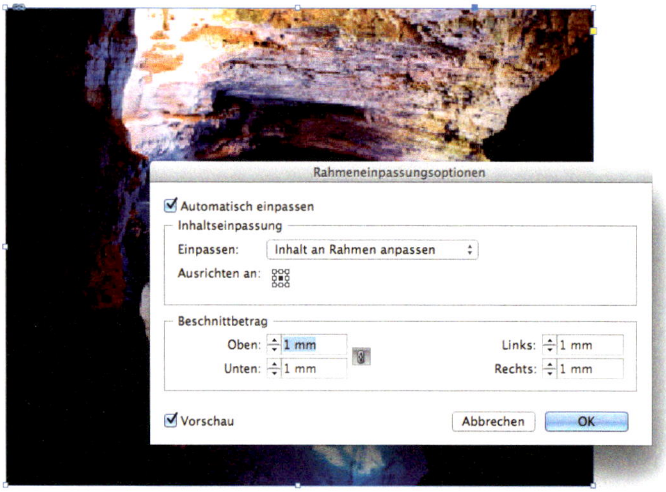

Eine Hintergrundgrafik (Fond) darf eventuell verzerrt werden.

Mit **Inhalt proportional anpassen** wird die Grafik unter Beibehaltung ihrer Proportionen so auf die Rahmenhöhe/-breite skaliert, dass sie vollständig sichtbar ist. Dies führt unter Umständen dazu, dass Rahmenbereiche transparent oder leer bleiben.

Rahmen proportional füllen skaliert den Inhalt so, dass der Inhalt mit der kürzeren Seite in den Rahmen passt; überlappende Teile der Grafik werden maskiert. Diese Methode eignet sich besonders bei Gestaltungsrastern, die eine feste Rahmengröße – unabhängig vom platzierten Bild – vorgeben, damit das Design eingehalten wird.

Diese Einpassungseinstellungen können Sie natürlich auch dann noch festlegen, wenn Sie bereits ein Bild platziert haben. Darüber hinaus finden Sie diese letzten drei Optionen und zwei weitere auch im **Steuerung**-Bedienfeld wenn der entsprechende Rahmen ausgewählt ist. Die weiteren Punkte dieser Einstellungen können Sie über die **Rahmeneinpassungsoptionen** wählen.

Ausrichtung

Ob ein Bild beispielsweise **oben links** im Rahmen platziert wird, legen Sie mit dem Bezugspunkt () fest. Wie schon beim Transformieren oder Drehen von Rahmen, das ich Ihnen unter **Rahmen erstellen** auf Seite 176 zeige, markiert der schwarze Punkt im 3×3-Raster den **Referenzpunkt** für das Einpassen. Falls Sie einen neutralen Rahmen für möglichst viele Fälle anlegen wollen, wählen Sie einfach die **Mitte** () für die Ausrichtung, später können Sie sich für den passenden Ausschnitt entscheiden.

Ausrichtung bei Porträts
Wenn Sie viele Standardporträts platzieren wollen, empfehle ich die Ausrichtung oben mittig (), damit der Scheitel nicht abgeschnitten wird.

Beschnitt

Unter dem Beschnitt versteht InDesign die Breite des Bildrands, der durch den Layoutrahmen maskiert wird. Das ist besonders beim Einpassen von Anzeigen sinnvoll, die eventuell mit einem Anschnitt von 3 Millimetern geliefert werden, welcher bei Satzspiegelanzeigen ja

Einpassungsoptionen in Objektformaten speichern
Die getroffenen Einstellungen speichern Sie sich am besten als Objektformat, damit Sie den gewünschten Rahmentyp einfach mit einem Klick anwählen können. Lesen Sie dazu bitte den Abschnitt über die **Objektformate** ab Seite 122.

nicht benötigt wird. Ein positiver Wert bedeutet, dass etwas „abgeschnitten" wird, ein negativer lässt einen leeren Rand zwischen Rahmenkante und Bild.

Rahmenstile und Formen wechseln

Wenn Sie noch keine neuen Objektformate mit Eckenoptionen für das platzierte Bild angelegt haben, benutzt InDesign stets einen rechteckigen Rahmen. Im **Pathfinder**-Bedienfeld finden Sie im unteren Bereich die Knöpfe zur Rubrik **Form konvertieren**. Mit einem Klick auf die entsprechende Form ändert sich auch gleich der Layoutrahmen. Ein Wechsel zu einer anderen Form ist somit immer möglich. Dieses Bedienfeld erläutere ich genauer im gleichnamigen Abschnitt ab Seite 194.

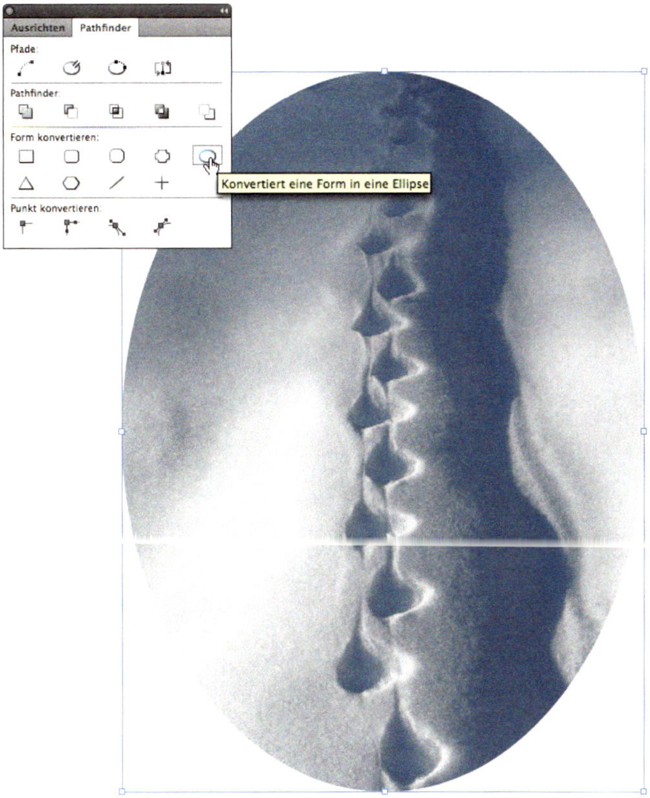

Andere Rahmenstile mit Eckenoptionen wählen Sie über das Pathfinder-Bedienfeld aus.

Freie Rahmenformen

Ob Vektorobjekte, Textmengen oder platzierte Bilder, InDesign macht auch hier keinen Unterschied in der Rahmenbearbeitung und erlaubt frei definierte Rahmenformen. Platzieren Sie eine beliebige Bilddatei in das Layout und wechseln Sie auf die **Direktauswahl** ([A]). Sie sehen – wie bei der Vektorbearbeitung – die Rahmenkante als Pfad. Mit den Pfadwerkzeugen können Sie nun dem Rahmen eine neue Form geben.

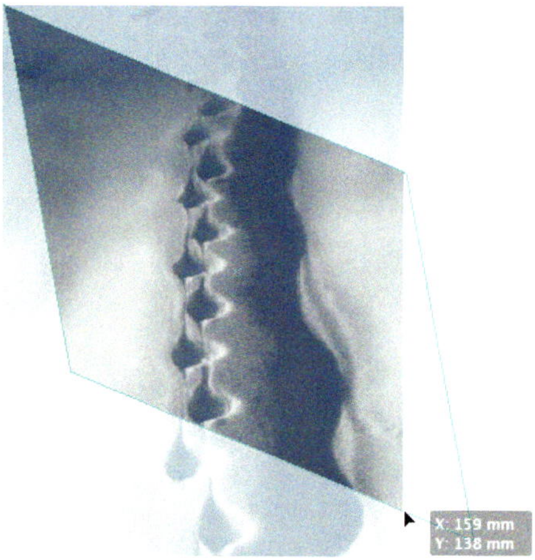

Mithilfe der Pfadwerkzeuge und der Direktauswahl gestalten Sie Ihre eigenen Rahmenformen.

Freisteller

Um Pixelobjekte frei vor farbigen Flächen zu positionieren, wurden die **Beschneidungspfade** erfunden. Aus Photoshop kann ein **Beschneidungspfad** erzeugt und mit **PSD**- oder **TIFF**-Bildern gespeichert werden. Ein Pfad beschneidet das Pixelobjekt und wirkt wie eine Maskierung, blendet also unerwünschte Bildteile aus und macht die Bereich transparent. Ein möglicher Vorteil eines Pfads ist die Kantenschärfe, da ein Pfad unabhängig von der Auflösung immer ganz glatt abschneidet. Alternativen sind Freisteller, die mit einem **Alphakanal** oder einer **Ebenenmaske** pixelgenau maskiert wurden.

Dokumente mit Beschneidungspfad platzieren

Dokumente mit Beschneidungspfad können auf zwei Wegen platziert werden. Zum einen so, dass Sie den Pfad nachbearbeiten können, zum anderen ohne diese Maskierung. Wählen Sie die betreffende Option **Photoshop-Beschneidungspfad anwenden** in den **Importoptionen** für Photoshop-Dateien aus.

Beschneidungspfade aus Objektkonturen, Alphakanälen oder Ebenenmasken

InDesign kann einen Beschneidungspfad auch selbst erzeugen, wenn ein platziertes Bild keinen „mitgebracht" hat. Dies ist qualitativ nicht die beste Lösung, dafür kann der Pfad nachträglich direkt im Layout bearbeitet werden. Es gibt für InDesign zwei Möglichkeiten, einen solchen Pfad zu generieren:

- aus **Alphakanälen** oder **Ebenenmasken**
- oder, wenn weder Pfad noch Alphakanal/Maske verfügbar ist, anhand von **Objektkanten** (bei durchgehend weißem Hintergrund)

Für die zweite Möglichkeit gehen Sie so vor: Wählen Sie eine platzierte Bilddatei aus und rufen Sie **Objekt** > **Beschneidungspfad** > **Optionen** auf.

Nun können Sie in den weiteren Vorgaben mit aktivierter Vorschau einstellen, wie der **Beschneidungspfad** berechnet wird.

Ein Bild auf weißem Grund kann auch direkt in InDesign freigestellt werden.

Mithilfe der Pfadwerkzeuge und der Direktauswahl gestalten Sie Ihre eigenen Rahmen- formen.

Die erste der vorhin genannten Möglichkeiten kommt zum Einsatz, wenn kein Pfad verfügbar ist oder gar nicht sinnvoll wäre, etwa beim Freistellen von Haaren. In diesem Fall sollten Sie in Photoshop einen **Alphakanal** oder eine **Ebenenmaske** anlegen. Beides kann beim Platzieren in InDesign pixelgenau ausgelesen und angewendet werden. Wählen Sie dazu in den **Beschneidungspfad-Optionen** unter **Art** die Option **Alpha-Kanal** und anschließend unter **Alpha** den Namen des Kanals – oder **Transparenz**, falls Sie mit einer Maske gearbeitet haben.

Bei der PostScript- oder PDF/X-Ausgabe werden gegebenenfalls mit Hilfe der **Transparenzreduzierung** daraus dann wieder deckende Flächen errechnet.

Verknüpfungen

InDesign legt eine Verknüpfung vom Layoutdokument zur platzierten Datei an. Diese Verbindungen können Sie im **Verknüpfungen**-Bedienfeld unter dem Menü **Fenster** einsehen und bearbeiten. Alle platzierten Dateien – auch Textdokumente oder Tabellen – werden im Bedienfeld aufgelistet.

Den Status, also ob eine Verknüpfung aktiv ist, sehen Sie an den zusätzlichen Symbolen hinter den Dateinamen: Ein Stoppschild mit Fragezeichen zeigt eine fehlerhafte Verknüpfung, das heißt, das Originaldokument konnte nicht gefunden werden. Das gelbe Warndreieck hingegen steht für eine Datei, die zwischenzeitlich geändert und in der Layoutdatei noch nicht aktualisiert wurde.

Über die Knopfzeile am Fuß des Bedienfelds lassen sich die Dateien erneut verknüpfen, die Verknüpfung im Layout anzeigen, aktualisieren oder das Original in einem externen Editor bearbeiten.

Verknüpfungsinformationen

Mit einem Doppelklick auf einen Dateinamen oder über das Bedienfeldmenü öffnen Sie die **Verknüpfungsinformationen**. Auch hier werden Ihnen der Status und weitere Parameter gezeigt. Über die Weiter-/Zurück-Knöpfe wechseln Sie zur nächsten platzierten Datei.

Einbetten und Einbettung aufheben

Alle platzierten Dokumente können Sie über das **Verknüpfungen**-Bedienfeldmenü **einbetten**. Diese Funktion ist geeignet für kleine Grafiken, kann jedoch auch für platzierte Bilder verwendet werden. Wählen Sie dazu eine verknüpfte Datei im **Verknüpfungen**-Bedienfeld aus. Rufen Sie im Bedienfeldmenü nun den Eintrag **Verknüpfung einbetten** auf. Sobald Sie eine Datei eingebettet haben, erscheint ein kleines Grafiksymbol ( ) hinter dem Dateinamen im Bedienfeld.

Einbetten und die Dateigröße

Die Layout-Dateigröße kann aufgrund eingebetteter Dateien sehr schnell anwachsen. Eine InDesign-Datei ist alleine mindestens 2 MB groß. Eine eingebettete Bilddatei von ca. 10 MB führt also zu einer Dateigröße von ca. 12 MB.

Eine verknüpfte Datei wird ausgewählt und über das Bedienfeldmenü eingebettet.

Verpacken als Alternative
Platzierte Bilder müssen Sie nicht unbedingt einbetten. Mit Hilfe der **Verpacken**-Funktion werden alle Verknüpfungen mit der InDesign-Datei in einen neuen Ordner kopiert und dort neu verknüpft.

Eingebettete Dateien können Sie wieder aus der Layoutdatei herausziehen: Wählen Sie aus dem Bedienfeldmenü **Einbettung der Datei aufheben**. Dokumente, die unterhalb einer Dateigröße von 48 KB liegen, werden von InDesign automatisch eingebettet, darunter fallen zum Beispiel kleine Logos, Vektorsymbole oder kurze importierte Textmengen.

Eine eingebettete Datei im Verknüpfungen-Bedienfeld wird über das Bedienfeldmenü wieder ausgelagert.

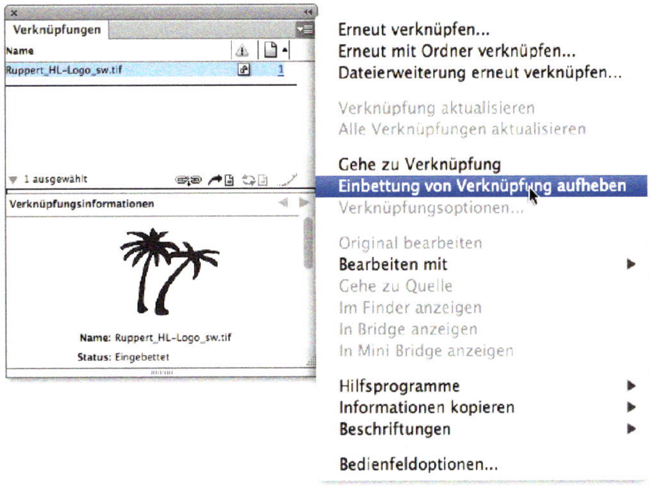

Einbetten für Bibliotheken
Das Einbetten von Bildern und Grafiken ist sinnvoll, wenn Sie Dateivorlagen, die Bilder enthalten, als Bibliotheken oder Snippets anlegen wollen. Hierfür müssen Sie die Bilddatei erst einbetten und dann den Bildrahmen oder die Gruppe als Bibliotheksobjekt speichern. Das Bild wird so ein Teil der Bibliothek und benötigt keine externe Verknüpfung.

Beim „Ausbetten" der Datei werden Sie gefragt, ob diese Datei schon auf Ihrem Laufwerk vorhanden ist (und Sie so tun möchten, als sei sie niemals eingebettet gewesen), oder ob die Grafik tatsächlich aus dem INDD „herausgezogen" und als neue, eigene Bilddatei abgespeichert werden soll. – Na gut, InDesign spricht hier in unverständlichem Nominalstil, aber es läuft darauf hinaus, dass Sie **Nein** klicken müssen, falls Sie die Grafik als neue Datei speichern wollen.

Die angezeigte Frage ist logisch, das ist nicht das Problem. Lesen Sie sie noch einmal, und Sie werden sie verstehen.

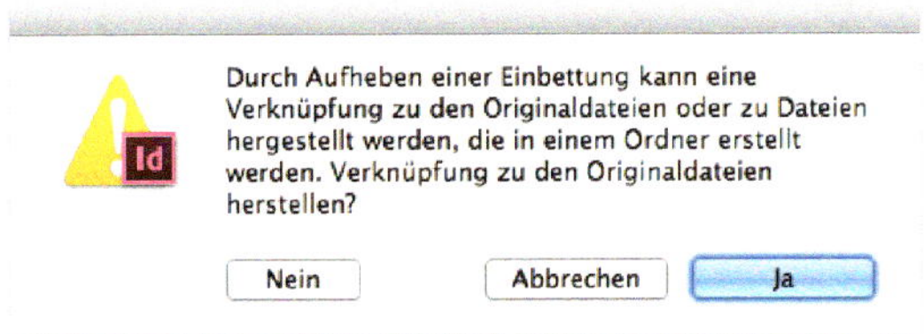

InDesign hat die Datei übrigens so sorgfältig „gebettet", dass Sie exakt das wieder rausbekommen, was Sie vorher hatten. Dateiformat, Auflösung, Farbmodus, … – alles original.

Verknüpfungen tauschen

Wenn es im Layout schnell gehen soll, empfiehlt sich die Arbeitsweise mit „Rohbildern" – unbearbeitete Bilder werden als medienneutrale RGB-JPEGs mit dem angehängten Kameraprofil oder Standardprofilen wie sRGB oder Adobe RGB platziert. Es entsteht ein erstes Layout für die Konzeptphase. Später werden die Bilder komplett mit Photoshop überarbeitet und wieder als JPEGs gespeichert. Nun müssen nur die

„Rohbilder“ gegen die korrigierten Bilder ausgetauscht werden. Sind die Dateinamen identisch und liegen die Dateien in demselben Ordner, erkennt InDesign diese Dateien und ersetzt alle platzierten Bilder durch ihr Pendant.

Etwas anders sieht es aus, wenn sich, wie im obigen Beispiel, zwar nicht der Dateiname insgesamt, aber die Endung/Erweiterung (zum Beispiel von .jpg zu .psd) durchgehend geändert hat. In diesem Fall markieren Sie dazu im **Verknüpfungen**-Bedienfeld die betroffenen Bilder. Nun wählen Sie im Bedienfeldmenü die Option **Dateierweiterung erneut verknüpfen** aus. Anschließend fordert InDesign Sie auf, die neue Endung einzugeben. Anschließend sucht InDesign nach den neuen Dateien und tauscht diese mit den bearbeiteten aus.

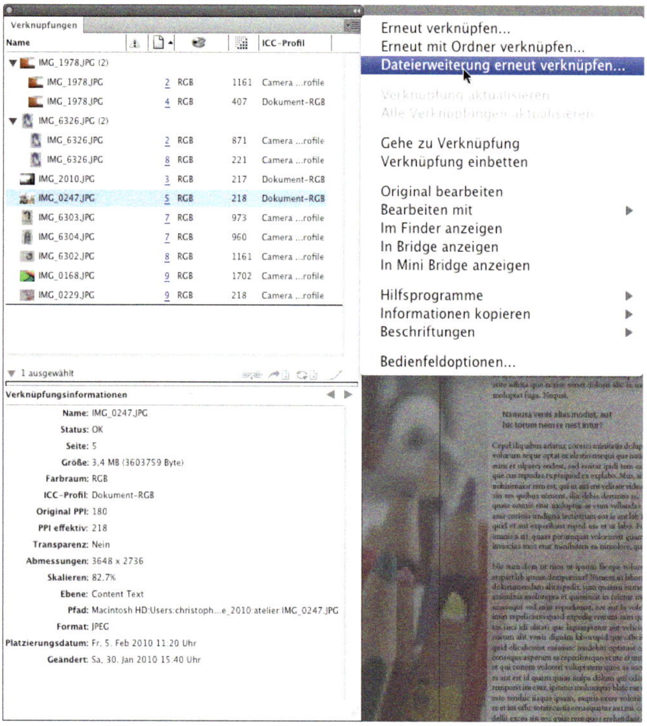

Verknüpfungen können gegen andere mit gleichem Namen aber anderer Endung getauscht werden.

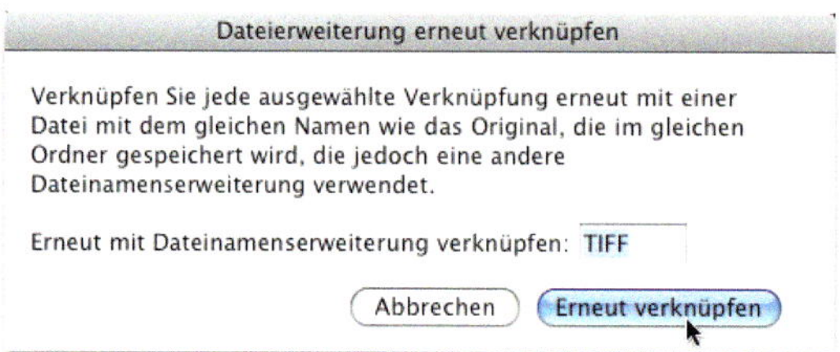

Die neue Dateiendung geben Sie direkt im Dialog an.

Wenn die bearbeiteten Dateien jedoch in einem anderen Ordner liegen, wählen Sie stattdessen im Bedienfeldmenü **Erneut mit Ordner**

verknüpfen. Anschließend wählen Sie im Dateidialog den Ordner aus, in dem die fertigen Bilder liegen, und können im Dialog die neue Endung vorgeben.

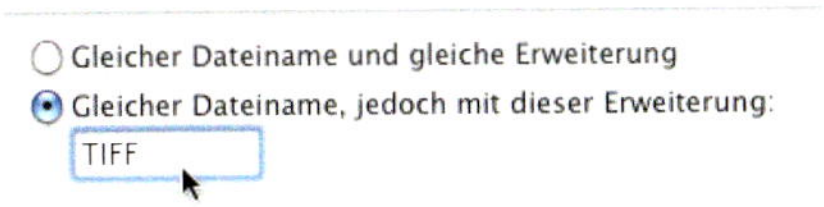

Die Endung geben Sie auch hier an, jedoch in einem anderen Ordner.

Verknüpfungen kopieren

Haben Sie in der Entwurfsphase Bilder aus verschiedenen Ordnern, von mehreren Datenträgern oder Servern platziert und wollen nun alle in einem Projektverzeichnis sammeln, müssen Sie nicht, wie vielleicht vermutet, alle Dateien zusammensuchen, kopieren und dann die Verknüpfungen aktualisieren, denn es geht auch anders: Wählen Sie zunächst die entsprechenden Dateien im **Verknüpfungen**-Bedienfeld aus. Nutzen Sie die Funktion **Verknüpfungen kopieren** im **Verknüpfungen**-Bedienfeld, um aus InDesign heraus die platzierten Dateien an einen anderen Ort zu kopieren. Wählen Sie einen neuen Speicherort. InDesign kopiert nun die Dateien und aktualisiert gleichzeitig die Verknüpfung. Die ursprünglich platzierte Datei bleibt sicherheitshalber an ihrem alten Ort.

Bildinterpolation

Sobald Sie platzierte Dokumente skalieren, ändern Sie die Auflösung des Bildes für die Ausgabe. Ein Beispiel: Eine platzierte Bilddatei hat die Größe von **100 mm × 100 mm** bei einer Auflösung von **300 ppi**. Sie verkleinern die Datei im Layout auf **50 %**. Damit verdoppelt sich die Ausgabeauflösung der platzierten Datei auf **600 ppi**. Eine Skalierung auf **200 %** halbiert dagegen die Auflösung auf **150 ppi**: Je nach Drucktechnik sind die Pixel später auf dem Medium zu erkennen. Für den 4c-Offsetdruck auf gestrichenen Papieren empfehle ich eine Mindestauflösung von ca. **240 ppi**. Mithilfe des **Verknüpfungen**-Bedienfelds erkennen Sie, welche Auflösung Ihre platzierte Datei im Layout aufgrund der Skalierung besitzt.

Die Verkleinerung ist im Vergleich zur Vergrößerung generell weniger kritisch zu beurteilen. Erst bei sehr detailreichen Motiven aus den Bereichen Industrie, Textil oder Wissenschaft kann es passieren, dass ein Bilddetail nach einer Verkleinerung im Layout und einer Neuberechnung für die Druckausgabe „verschwindet". In diesem Fall sollten Sie unbedingt einen Probedruck in der gewünschten Größe erstellen, um die Details zu beurteilen und ggf. in Photoshop zu schärfen.

„Old School" ade

Die Arbeitsweise, das Bild bereits in Photoshop auf die gewünschte Ausgabegröße und Auflösung zu berechnen, ist veraltet und unflexibel für die Arbeit im Layout. Hier dürfen Sie auf die modernen Techniken in InDesign vertrauen und die Bilder später durch den PDF-Export berechnen lassen. Um sicher zu gehen, dass die Bilder von vornherein eine ausreichende Qualität besitzen, gibt es den Preflight. Lesen Sie bitte dazu auch das Kapitel **Preflight & Medienvorstufe** ab Seite 661.

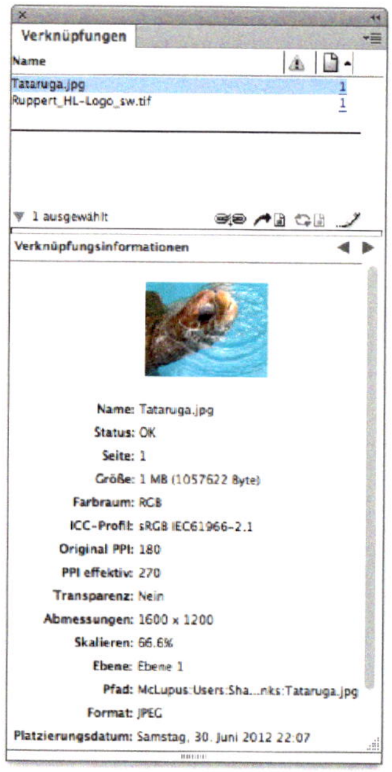

Die derzeitige „effektive" Auflösung einer verknüpften Datei erkennen Sie in den Bedienfeldinformationen.

Das Original bearbeiten

Wenn Sie während der Layoutarbeit einen Blick auf die platzierte Datei werfen wollen, ohne ein Bildbearbeitungsprogramm zu bemühen, gibt es mit InDesign drei Wege, die Daten anzuzeigen: entweder in/auf dem **Finder/Arbeitsplatz**, in der **Mini Bridge** oder in der **Bridge**. Die beiden Bridges sind insofern komfortabel, als Sie nicht das Original öffnen müssen, was je nach Bild etwas Zeit beanspruchen kann. Die **Bridge** errechnet Ihnen recht schnell eine ausreichende Ansicht der Feindaten, je nach Darstellungsgröße.

Klicken Sie dazu Ihr platziertes Dokument an und wählen Sie über das Kontextmenü aus der Rubrik **Grafiken** die Optionen **Im Finder/Explorer anzeigen**, **In Bridge anzeigen** oder **In Mini Bridge anzeigen**.

Die platzierte Datei kann aus InDesign heraus an anderer Stelle angezeigt werden.

Platzierte Dateien lassen sich während der Layoutarbeit nachbearbeiten. Wählen Sie dazu eine platzierte Grafik an und rufen Sie das **Kontextmenü** auf. Mit der Option **Original bearbeiten** öffnen Sie diese Grafik in dem Programm, mit dem sie erstellt wurde. Nach der Bearbeitung speichern Sie das Dokument einfach ab und kehren zu InDesign zurück, das automatisch die Ansicht der Grafik im Layout erneuert. Die Aktualisierung der Verknüpfung muss nicht bemüht werden.

„Falsche" Programmzuordnung

Wenn Sie die Bilder gerne in Photoshop bearbeiten würden, InDesign aber immer ein anderes Programm wie die Mac-Vorschau oder einen Windows-eigenen *Viewer* öffnet, liegt das in Wirklichkeit nicht an InDesign, sondern an Ihrem Betriebssystem, das jedem Dokumenttyp ein Programm zur Bearbeitung zuweist. Wenn beispielsweise der Dateityp (*.jpg) nicht dem gewünschten Programm (Photoshop) zugeordnet ist, kommt es zu diesem merkwürdigen Phänomen. Sie können dieses Verhalten Ihres Betriebssystems umgehen, in dem Sie in InDesign eine andere Option aus dem Kontextmenü wählen. Die Funktion **Bearbeiten mit** öffnet ein Untermenü mit allen derzeit installierten Bildbearbeitungsprogrammen.

Rahmen und Bildausschnitte bewegen

Damit Sie Bilder im Rahmen besser modifizieren und Bildausschnitte bewegen können, steht Ihnen in InDesign das **Inhaltsauswahlwerkzeug** zur Verfügung: Sobald Sie sich mit dem Mauszeiger etwa mittig über einem platzierten Bild befinden, sehen Sie einen transparenten hellen Ring in der Bildmitte, der dem Schnittbild einer Spiegelreflexkamera ähnelt. Diesen Ring – bei Adobe nennt man ihn inoffiziell „Donut" – klicken Sie an und verschieben mit gedrückter Maustaste den Bildinhalt. Das **Inhaltsauswahlwerkzeug** wird jederzeit sichtbar – auch wenn Sie gerade in der Textbearbeitung sind. Es entfällt damit der Werkzeugwechsel auf das Auswahlwerkzeug, das Anklicken des Rahmens und der Doppelklick beziehungsweise der Wechsel auf die **Direktauswahl** – ein Vorgang der bis InDesign CS5 erforderlich war, um ein Bild in seinem Rahmen auszuwählen.

Ein *Do(ugh)nut* (in beiden Schreibweisen ausgesprochen wie *„DOU-natt"*, wörtlich „Teignuss") ist ein ringförmiger Krapfen:

◿ *de.wikipedia.org/wiki/Donut*

Bildauschnitte einfach bewegen – der Donut unter den Rahmenwerkzeugen!

Adobe ahnte wohl schon, dass Gestalter, die jahrelang in die Bildmitte geklickt haben, um das Bild samt Rahmen im Layout zu verschieben, mit dieser neuen „empfindlichen Stelle" Schwierigkeiten haben könnten. Darum können Sie unter **Ansicht** > **Extras** > das **Inhaltsauswahlwerkzeug ausblenden** und arbeiten dann wieder wie eh und je.

Einfache Rahmentransformation

Wenn Sie die Montagefläche mit gedrückter [ ]- oder [H]-Taste verschieben, zeigt InDesign alle Bilder und Texte in „normaler" Qualität, so dass Sie immer die volle visuelle Kontrolle über die Layoutveränderungen haben, die Sie gerade vornehmen.

Ebenso zeigt InDesign sofort das fertige Ergebnis, wenn Sie einen gefüllten Textrahmen in der Breite verändern – der Textumbruch ist also gleich zu erkennen. Bewegen Sie einen Freisteller mit aktiviertem **Textumfluss** über einen oder mehrere Textrahmen, zeigt Ihnen auch hier InDesign sofort den neuen Textumbruch. Das setzt voraus, dass Ihr Computer – besonders die Grafikkarte – die für diese Effekte nötige Rechenleistung erbringen kann.

Sobald Sie mit dem Mauszeiger einen Anfasser eines Rahmens im Layout „berühren“, können Sie den gesamten Rahmen drehen oder skalieren. Mit gedrückter [⌥ Alt]- und [⇧]-Taste erledigen Sie dies auch um den Mittelpunkt des Rahmens beziehungsweise skalieren proportional. Somit verhält sich InDesign konform zu Illustrator, was die parallele Nutzung beider Programme vereinfacht.

Ältere Computer und InDesign CS6

Sollten Sie InDesign CS6 auf einem Computer einsetzen, der schon einige Betriebsjahre an Erfahrung gesammelt hat, kann die neue schnelle Vorschau die Arbeitsweise mit InDesign eher behindern, da die Berechnung unter Umständen Ihrem Arbeitstempo hinterherhinkt. Daher können Sie unter **Voreinstellungen > Benutzeroberfläche** die Vorgabe zur **Dynamischen Bildschirmaktualisierung** auf **Verzögert** einstellen, um die Unterbrechungen durch die Vorschauberechnung zu verringern.

Ein Rahmen bietet anhand seiner Anfasspunkte sofort die Möglichkeit, den Rahmen zu skalieren oder zu drehen.

Der Rahmen wird gedreht und im grauen Informationsfeld wird der genaue Winkel angezeigt. Mit gedrückter [⇧]-Taste drehen Sie um 45 °.

Multitouch-Gesten auf dem Mac und unter Windows 7

Die Betriebssysteme Windows (ab 7) und Mac OS (ab 10.6) unterstützen bei bestimmten Geräten auch die Eingabe per *Multitouch* – also die Bedienung mit mehr als einem Finger. Somit können Sie beispielsweise ein Bild oder eine Ansicht in einem Dokument vergrößern, wenn Sie beide Zeigefinger gleichzeitig auseinanderziehen. Wenn Sie unter **Voreinstellungen** > **Benutzeroberfläche** > **Multitouch-Gesten aktivieren**, kann InDesign eine Vielzahl dieser Gesten direkt umsetzen. Somit macht die Arbeit in InDesign auf einem *Laptop* oder *Touchscreen* doppelt Spaß!

Das Lückenwerkzeug

Das Lückenwerkzeug in der Reinzeichnung
Da das Infofeld am Mauszeiger stets die Breite/Höhe der Lücke zeigt, können Sie damit sehr bequem die tatsächlichen Abstände zwischen Objekten oder von Objekt zu Seitenrand in einem fremden Layout prüfen.

In einem InDesign-Layout lassen sich aber nicht nur die Rahmen in Position und Größe verändern, sondern auch deren Abstände zueinander. Hierfür hat sich Adobe zur CS5 das **Lückenwerkzeug** ausgedacht, mit dem Sie die horizontalen und vertikalen Abstände von Rahmen oder deren Abstände zum Seitenrand verändern.

Mit zusätzlichen Tastenbefehlen bietet das Lückenwerkzeug noch weitere Funktionen: Mit gedrückter ⌥ Alt-Taste verschieben Sie die feste Lücke mitsamt der benachbarten Rahmen. Und die ⌘ Strg-Taste sorgt dafür, dass Sie die Lücke aus ihrer Mittelachse heraus horizontal oder vertikal verbreitern oder verschmälern.

Das Lückenwerkzeug verschiebt nicht den Rahmen, sondern die Lücke!

Mit gedrückter Maustaste verschieben Sie die Lücke.

Das Lückenwerkzeug und die Automatische Einpassung
Platzierte Bilder können mithilfe der Option „Automatisch einpassen" im Steuerung-Bedienfeld oder in den Rahmeneinpassungsoptionen so mit dem Rahmen gekoppelt werden, dass sich bei der Skalierung des Rahmens auch gleichzeitig die Größe des Bildes verändert. Das Lückenwerkzeug macht damit umso mehr Spaß, wenn Sie mit gedrückter ⌘ Strg-Taste die Lücken skalieren und gleichzeitig die benachbarten Rahmen mitskalieren. Probieren Sie es aus!

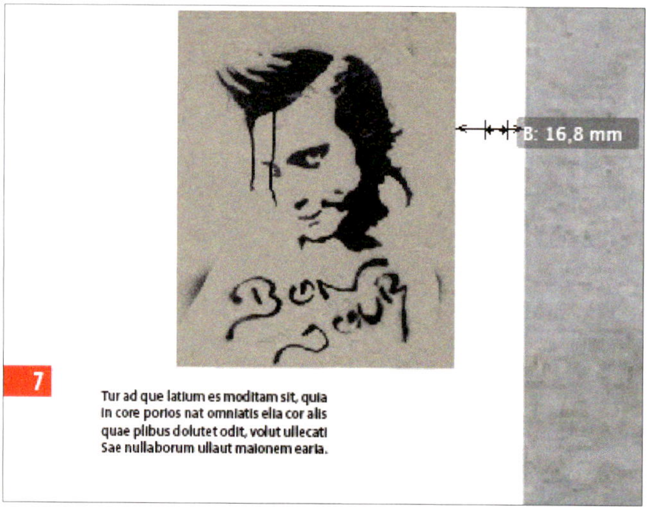

Wird die ⌥ Alt-Taste gleichzeitig gedrückt, bleibt die Lücke bestehen und die benachbarten Rahmen werden mit verschoben.

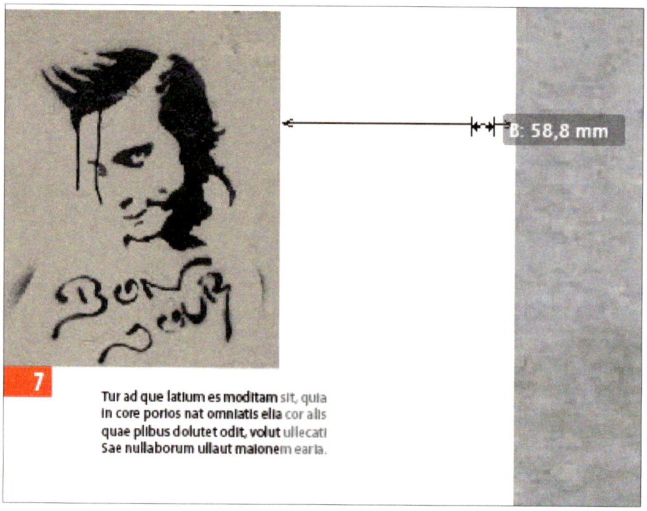

Die Lücke skalieren Sie aus der Mittelachse, indem Sie die ⌘ Strg-Taste drücken.

Auch Abstände vom Seitenrand gelten als Lücke und können mit dem Lückenwerkzeug bestens bearbeitet werden.

Vektorgrafiken

Aus Ihrer bisherigen InDesign-Erfahrung wissen Sie bereits, dass in diesem Programm Rahmen aller Art eine große Rolle spielen. Genauer gesagt: Jedes ausgabefähige Layoutobjekt existiert in einem Rahmen oder ist selbst einer: Der sichtbare Bereich von Texten und Bildern wird durch einen Rahmen bestimmt. Farbflächen und Konturen sind Attribute von Rahmen (ob mit oder ohne Inhalt), und Linien schließlich sind für InDesign bis zu einem gewissen Grad auch Rahmen beziehungsweise Teile von Rahmen.

Dass ich das hier erwähne, hat einen Grund: Jeder Rahmen besteht aus einer Vektorform, die eine individuelle Kontur und eine Füllung haben und einen Inhalt wie Bild, Text oder eine Referenz wie **HTML-Snippets** aufnehmen kann. Im Folgenden erfahren Sie alles, um Rahmen mehrfach anzulegen, die Vektoren zu bearbeiten, Rahmen auszurichten und zu verteilen.

Der Layoutrahmen

Rahmen lassen sich mithilfe der automatischen Hilfslinien auf der Seite ausrichten, numerisch exakt positionieren, drehen, transformieren; sie können Transparenzeffekte zuweisen oder die Rahmenform beeinflussen. Dabei ist das **Steuerung**-Bedienfeld hilfreich, das die wichtigsten Funktionen diverser anderer Bedienfelder vereinigt – immer der momentanen Arbeitssituation angepasst.

Layoutrahmen verhalten sich sehr kooperativ und nehmen für ihre (nur im Layout sichtbaren) Kanten die Farbe der Ebene an, während ein im Rahmen markiertes Bild wiederum die Komplementärfarbe des Rahmens bekommt.

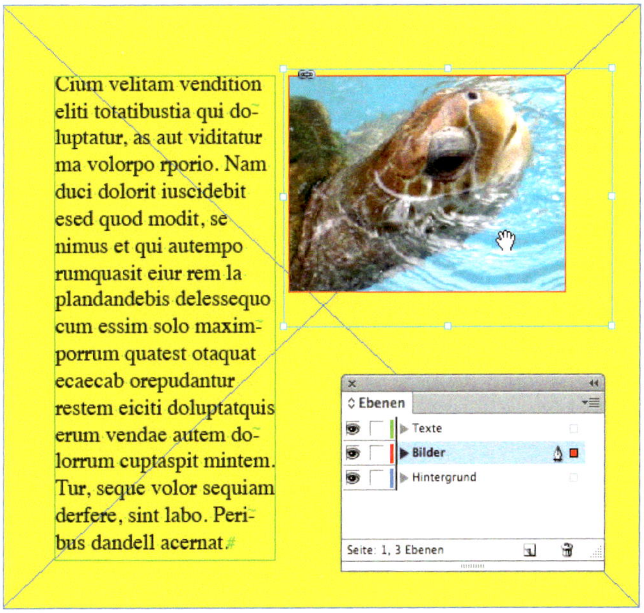

Rahmen erstellen

Die gesamte Rahmen- und Vektorbearbeitung ist der von Illustrator sehr ähnlich. Es gibt praktisch keine grundlegenden Differenzen in der Handhabung; Illustrator-Profis werden sich schnell zu Hause fühlen. Die Möglichkeiten zur Verzierung und Modifikation von Rahmen und Linien sind in Illustrator – wie es von einem Programm dieses Namens zu erwarten ist – deutlich vielfältiger, dafür erreichen Sie in InDesign mit einem Doppelklick in einen Grafikrahmen meistens das richtige Werkzeug – entsprechende Programmvoreinstellung vorausgesetzt.

Rahmen können Sie auf vier verschiedenen Wegen anlegen:

- mit den Werkzeugen **Text**, **Rechteck/Polygon/Ellipse** sowie den **Rahmenwerkzeugen**
- durch das Einfügen einer Datei über die Funktion **Platzieren**
- durch das Einfügen einer Datei per Ziehen & Ablegen aus der **Bridge/Mini Bridge** oder vom **Finder/Arbeitsplatz**
- über das Einkopieren aus der **Zwischenablage** (zum Beispiel ein kopiertes/ausgeschnittenes Bild aus derselben oder einer anderen InDesign-Datei)

Spiel's noch einmal, Sam!
Wenn Sie eine gestaltete Rahmenform wiederverwenden wollen, speichern Sie sich den Rahmen als Objektformat. InDesign speichert darin alle Rahmeneigenschaften (außer Position, Höhe, Breite und eventuellem Text- oder Bildinhalt), die Sie dann für jeden neu angelegten Rahmen anwenden können. Zusammenhängende Text- und Bildrahmengruppen speichern Sie am besten als **Snippet** oder in einer Bibliothek ab.

◢ *Vorlagen gestalten: Seite 83*

Rahmen freihändig aufziehen

Genug der Theorie: Wählen Sie das Werkzeug **Rechteckrahmen** [⊠] aus und ziehen Sie mit gedrückter Maustaste einen Rahmen auf. Mit gleichzeitig gedrückter [⌥ Alt]-Taste „wächst" dieser Rahmen beim Ziehen von seinem Mittelpunkt anstatt von einer Ecke aus. Drücken Sie dazu noch die [⇧]-Taste, dann bekommen Sie – unabhängig von der Mausbewegung – einen Rahmen, der genauso hoch wie breit ist, also beim **Rechteckrahmen** ein Quadrat, bei seinen Werkzeuggeschwistern **Ellipsenrahmen** und **Polygonrahmen** einen Kreis beziehungsweise ein gleichseitiges Vieleck.

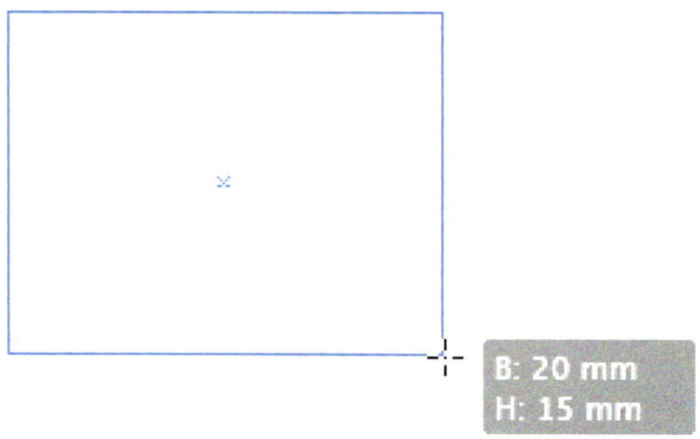

Rechteckrahmen aufziehen ...

... und den fertigen Rahmen nach dem Aufziehen mit dem Auswahlwerkzeug beliebig skalieren.

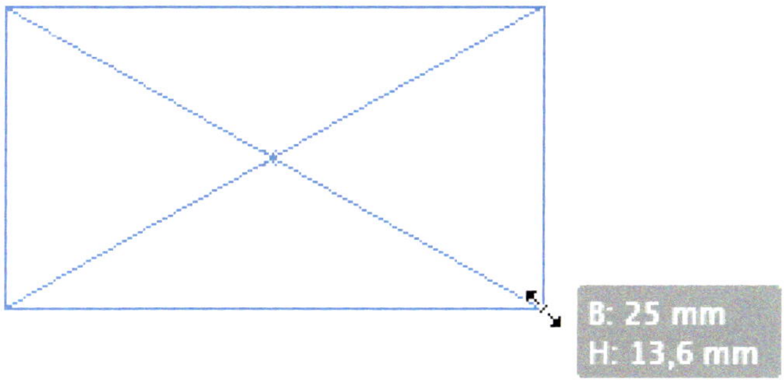

Mit gedrückter [⇧]-Taste und dem Polygonwerkzeug können Sie ein gleichseitiges Vieleck zeichnen. Wie viele Ecken es haben sollen, legen Sie vorher mit Doppelklick auf das Werkzeugsymbol fest.

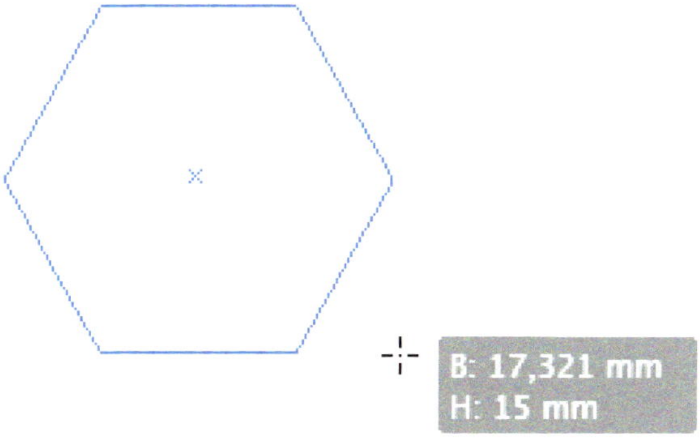

Der kleine Unterschied
Der **Rechteckrahmen** ⊠ und das fast identisch aussehende **Rechteck-Werkzeug** ▭ (und das gilt genauso für ihre jeweiligen Ellipse- und Polygon-Geschwister) unterscheiden sich meines Erachtens zu geringfügig, als dass zwei separate Werkzeugfamilien gerechtfertigt wären: Beide Rahmenwerkzeuge erzeugen nämlich einen Layoutrahmen, aber das **Rechteck-Werkzeug** „merkt" sich die zuletzt eingestellte Füllung und Kontur, wohingegen der **Rechteckrahmen** immer „leer" ist (und dafür im **Normalmodus** das markante Kreuz statt einer Füllung hat).

Sie können nun mit dem **Auswahlwerkzeug** (Taste [V]) diesen Rahmen editieren: An den Eckpunkten skalieren Sie den Rahmen in beide Dimensionen, an den Seitenpunkten skalieren Sie nur waagerecht oder senkrecht. Wenn Sie hier ebenfalls die [⌥ Alt]-Taste drücken, skalieren Sie aus dem Mittelpunkt heraus, mit der [⇧]-Taste skalieren Sie proportional, das heißt, die Seitenverhältnisse des Rahmens (wie auch immer diese vor der „Operation" sind) bleiben bestehen.

Rahmen numerisch anlegen

Über das **Steuerung**-Bedienfeld werden alle wichtigen Werte zum Rahmen angezeigt. Hier finden Sie die **Bezugspunkt**-Ausrichtung, die **X**-/**Y**-Position sowie **Breite** und **Höhe**, **Skalierung** des Rahmens, **Dreh**- und **Scherwinkel**, **Konturenstärke**, **Konturenstil** und einiges mehr. Darüber hinaus können Sie auch direkt ein **Objektformat** auswählen oder **Füllungs**- oder **Konturfarbe** aus dem Aufklappmenü wählen.

Wählen Sie einen Rahmen aus und geben Sie die gewünschten Werte in den Eingabefeldern ein. Wählen Sie zum Beispiel den **Bezugspunkt** aus und ändern Sie dessen **X**-/**Y**-Werte fest. Breite und Höhe lassen sich miteinander verknüpfen, um die Proportionen eines Rahmens beizubehalten. Klicken Sie dazu auf das Verketten-Symbol hinter den Eingabefeldern.

Die Funktionen des **Steuerung**-Bedienfelds und seines Bedienfeldmenüs sind identisch zum **Transformieren**-Bedienfeld, daher will ich nur das **Steuerung**-Bedienfeld betrachten.

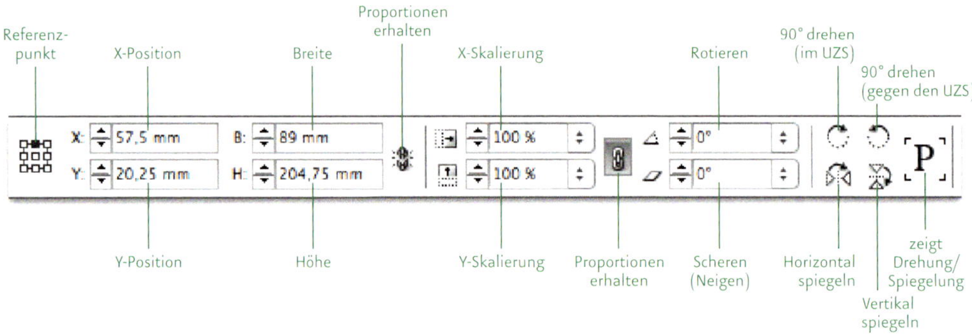

Steuerung-Bedienfeld – das Transformieren-Bedienfeld ist nahezu identisch.

Auch direkt über die Werkzeuge ist die numerische Eingabe möglich: Aktivieren Sie das **Rechteck**- oder das Rechteckrahmen-Werkzeug an ([M] beziehungsweise [F]) und klicken danach ins Layout. Über einen Eingabedialog erfolgt nun die millimetergenaue Angabe. Verfahren Sie ebenso bei der Ellipse [L].

Das **Polygon** dagegen hat kein Tastenkürzel und benötigt gegebenenfalls eine weitere Voreinstellung: Doppelklicken Sie auf das **Polygon**-Werkzeugsymbol und geben Sie im erscheinenden Dialog die Werte ein.

Die Sternform ist eine Spezialvariante des **Polygons**: Bei 0 % erhalten Sie ein Vieleck; höhere Werte „knicken" die Kanten des Vielecks zur Mitte hin ein (ein „normaler" Stern hat etwa 30–60 %), bis Sie bei 100 % schließlich nur noch Linien ohne Fläche dazwischen erzeugen. Dieser Extremstern muss zumindest eine feine Kontur besitzen, um im Ausdruck überhaupt sichtbar zu sein.

Werkzeuge oder Steuerung-Bedienfeld?
Die Einstellungen zu diesen Werkzeugen können Sie auch mit dem **Steuerung**-Bedienfeld vornehmen. Geben Sie dazu die Werte in die Eingabefelder ein und drücken Sie die [↩]-Taste oder springen Sie mit [⇥] ins nächste Feld.

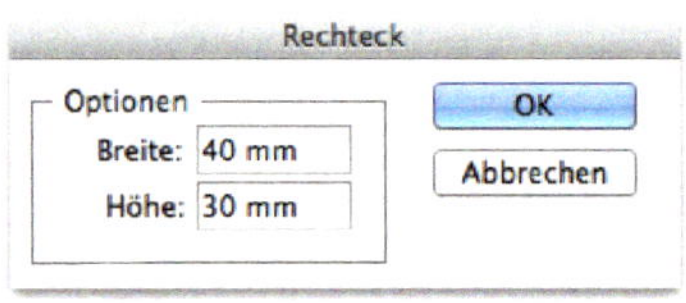

Numerische Rechteckerstellung

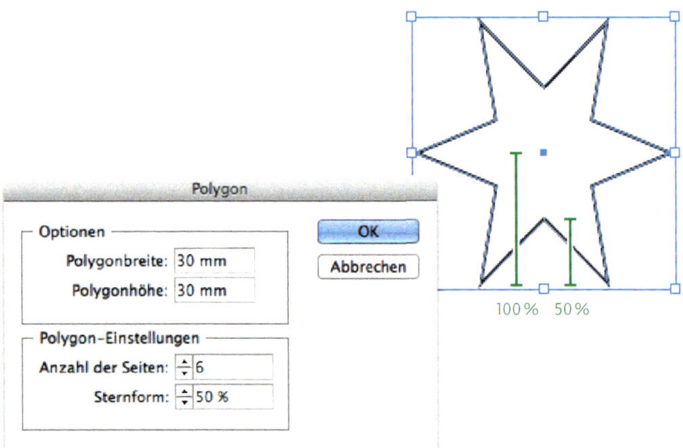

Einstellungen für einen sechszackigen Stern, dessen Zacken dadurch entstehen, dass die Kanten eines Sechsecks jeweils in der Mitte um 50 % ihrer Entfernung zum Mittelpunkt der Figur nach innen geknickt werden. Leuchtet sofort ein, oder?

Rahmen drehen, skalieren und scheren

Sobald Sie mit dem Mauszeiger an die Anfasser eines Rahmens gelangen, wandelt sich Ihre Werkzeugspitze zu einem Rotations- oder Skalierwerkzeug; ein Werkzeugwechsel ist nicht nötig. Wollen Sie stattdessen die Rotation exakt einstellen, können Sie die weiteren Werkzeuge aus dem **Werkzeuge**-Bedienfeld benutzen. Über die Werkzeuge **Drehen**, **Skalieren** und **Scheren**, die alle Geschwister des **Frei-Transformieren**-Werkzeugs sind, lassen sich die Rahmen beliebig bearbeiten – sowohl manuell als auch nummerisch! In Verbindung mit der ⇧-Taste bleiben bei der manuellen Bearbeitung die Proportionen erhalten oder es werden feste Winkel angenommen. Zusammen mit ⌥ Alt kopieren Sie die Rahmen. Alle Aktionen beziehen sich auf den Ursprung, der zunächst immer auf den Mittelpunkt des Rahmens gesetzt ist. Mit einem Doppelklick auf die Werkzeugsymbole im **Werkzeuge**-Bedienfeld öffnen Sie den entsprechenden numerischen Eingabedialog.

Rahmen drehen und spiegeln

Rahmen können Sie über einen Klick im **Steuerung**-Bedienfeld um 90 Grad drehen. Wählen Sie dazu den Rahmen an und entscheiden Sie sich für die Drehrichtung im oder gegen den Uhrzeigersinn. Der Rahmen wird entsprechend zum Ankerpunkt um 90 Grad gedreht. Gleich daneben finden Sie auch die Funktionen für das Spiegeln. Zur besseren Orientierung wird die Lage des Rahmens mit dem eingerahmten P gekennzeichnet.

Drehen und Spiegeln im Steuerung-Bedienfeld

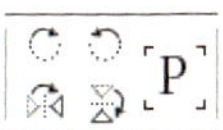

Um Rahmenobjekte frei zu drehen, wählen Sie das Drehen-Werkzeug (Taste R) aus dem **Werkzeuge**-Bedienfeld aus. Der ausgewählte Rahmen erhält ein Fadenkreuz in der Mitte der Fläche, das den Rotationspunkt markiert. Mit gedrückter Maustaste drehen Sie das Objekt auf die gewünschte Winkelstellung. Der Rahmen wird um den Rotationspunkt gedreht. Klicken Sie auf den Rotationspunkt und ziehen Sie ihn mit gedrückter Maustaste an eine andere Stelle, auch außerhalb des Rahmens. Drehen Sie nun den Rahmen, dann erfolgt die Rotation um den neu gesetzten Punkt. Drücken Sie beim Drehen die ⇧-Taste, dreht sich der Rahmen nur in 45°-Schritten; wählen Sie zusätzlich ⌥ Alt, wird der Rahmen beim Drehen gleichzeitig kopiert.

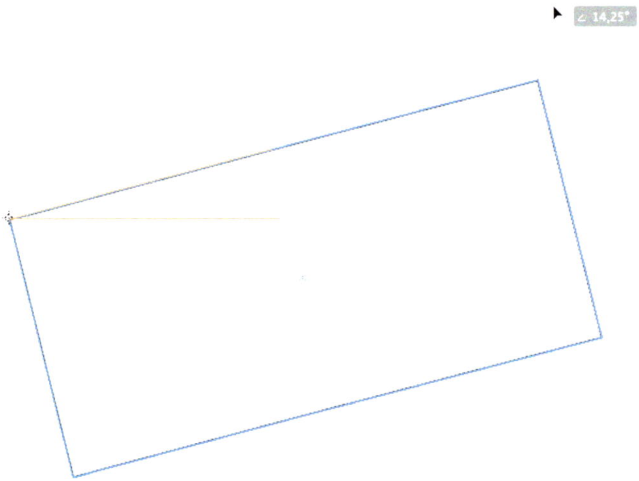

Manuelles Drehen mit zentriertem Rotationspunkt

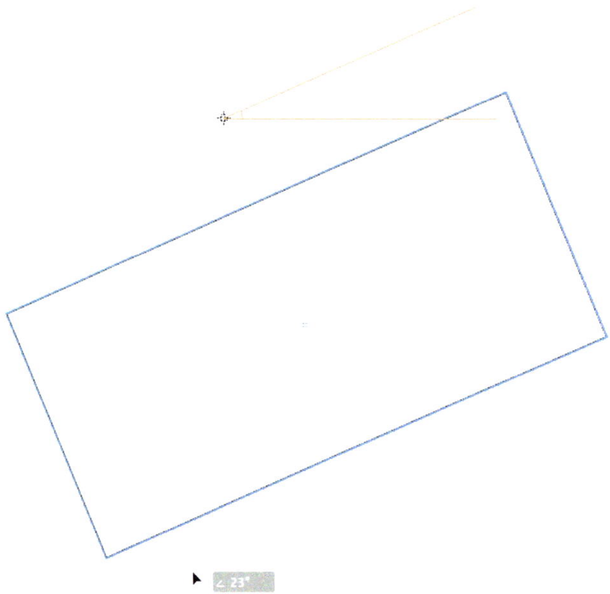

Außen liegender Rotationspunkt

Numerisch geben Sie den Rotationswinkel ein, indem Sie einen Rahmen mit dem **Auswahl**-Werkzeug aktivieren und auf das Symbol **Drehen** doppelklicken. Danach öffnet sich der Werkzeugdialog. Mit aktivierter Vorschau kommen Sie zu präzisen und schnellen Ergebnissen. Über den Knopf **Kopieren** erzeugen Sie den gedrehten Rahmen als Kopie; der Ausgangsrahmen bleibt erhalten. Wenn Sie den Wert im **Steuerung**-Bedienfeld eintragen, bestätigen Sie die Eingabe mit [⌥ Alt] [↩], um eine Kopie zu erhalten.

Drehen mit aktiver Vorschau

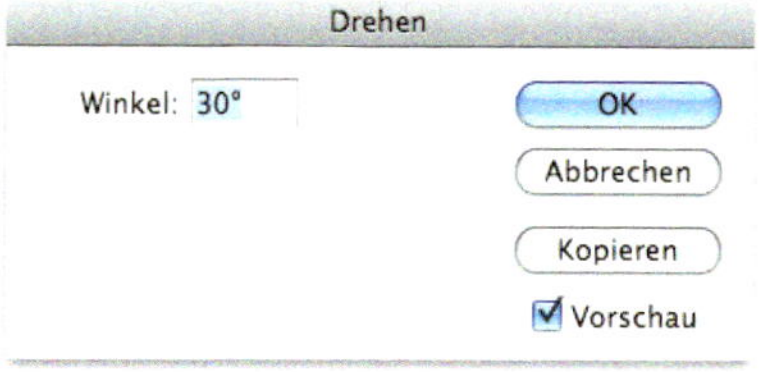

Rahmen skalieren

Die **Skalieren**-Funktion arbeitet ähnlich wie das **Drehen**-Werkzeug. Wählen Sie einen Rahmen an, und klicken Sie auf das Werkzeugsymbol **Skalieren**. Auch hier erhalten Sie einen Ursprungspunkt, der zunächst auf den Rahmenmittelpunkt gesetzt ist. Sie können den Rahmen nun frei skalieren. Alternativ bewegen Sie den Mauszeiger an einen des Rahmens. Sobald Sie den Eckpunkt erreichen, verwandelt sich der Mauszeiger in das **Skalieren**-Werkzeug, so dass Sie nun den Rahmen direkt vergrößern oder verkleinern können. Dadurch ersparen Sie sich den Werkzeugwechsel.

Mit gedrückter [⇧]-Taste erhalten Sie die ursprünglichen Proportionen, zusammen mit [⌥ Alt] kopieren Sie den Rahmen. Ein Doppelklick auf das Werkzeugsymbol öffnet den Eingabedialog. Die Option **Inhalt skalieren** bezieht sich auf platzierte Bilder oder Vektorpfade.

Der Eingabedialog Skalieren mit ungleichmäßiger Skalierung und aktiver Vorschau

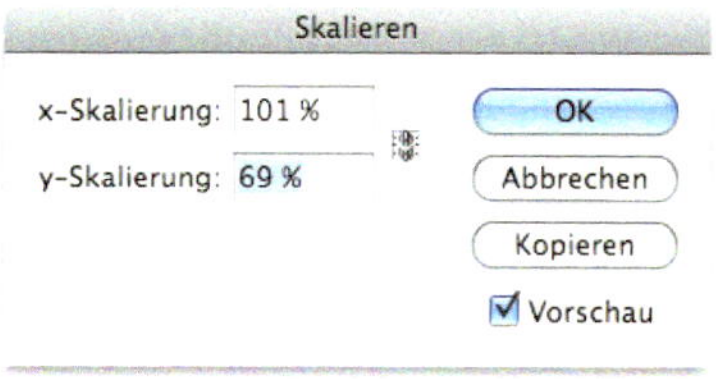

Rahmen neigen

Diese Funktion dient zur eines Rahmens, und zwar in zwei Richtungen. Wählen Sie einen Rahmen aus und klicken Sie auf das Werkzeugsymbol oder die Taste [O]. Auch hier erhalten Sie den bereits bekannten Ursprungsmittelpunkt. Ziehen Sie nun die gedrückte Maus in horizontaler Richtung, wird der Rahmen um einen Winkel parallel zur X-Achse gekippt, also „windschief". Bewegen Sie die Maus vertikal, wird der Rahmen dagegen zur Y-Achse geschert. Da diese Funktionen nicht zwischen Text und Grafik unterscheidet, ist dies natürlich auch mit allen Rahmen möglich, sogar mit platzierten InDesign-Dateien.

Transformieren: Was Sie dabei beachten müssen

Weitere Funktionen verbergen sich im **Bedienfeldmenü** des **Steuerung**-Bedienfelds. Wenn Sie einen Rahmen mit einer Kontur versehen haben, können Sie mit der Option **Abmessungen enthalten Konturenstärke** die Maßangaben im **Steuerung**-Bedienfeld um diese Kontur erweitern.

Skalieren Sie einen Rahmen, werden unter Umständen auch die Konturen skaliert. Dies kann aber dazu führen, dass Sie bei Verkleinerungen sehr feine Konturen erhalten, die im Druck nahezu verschwinden. Verwenden Sie daher grundsätzlich nur Konturen ab 0,125 Point Strichstärke. Die Option **Konturenstärke bei Skalierung anpassen** sollte zunächst deaktiviert sein und nur in Sonderfällen angewendet werden. Noch wichtiger werden die Optionen im Zusammenhang mit gruppierten oder verschachtelten Rahmen, die ich später noch erläutern werde.

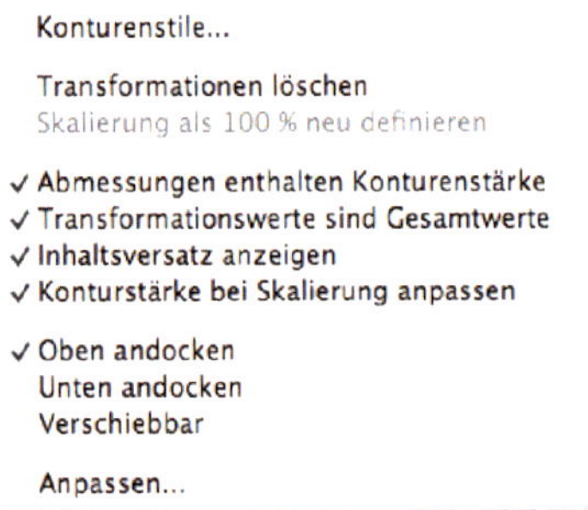

Das Bedienfeldmenü des Steuerung- Bedienfelds enthält wichtige Optionen.

Rahmen mehrfach erstellen

Das gleichzeitige Erstellen mehrerer Rahmen habe ich Ihnen weiter vorne in diesem Kapitel schon gezeigt, genauer gesagt: ab Seite 158. Falls Ihnen die Technik grundsätzlich geläufig ist, hier nur noch mal die wichtigsten Eckpunkte: Mit **Rechteck-**, **Ellipsen**- oder **Polygon**-Werkzeug ziehen Sie einen Rahmen auf, halten die Maustaste gedrückt und geben mit der Pfeiltaste [►] die Anzahl der nebeneinander liegenden Rahmen (= Spalten) vor. Mit der Pfeiltaste [◄] verringern Sie diese Anzahl. Entsprechend können Sie mit [▲] und [▼] die Anzahl der übereinander liegenden Rahmen (= Zeilen) beeinflussen.

Die Abstände der neben- und übereinander angeordneten Rahmen entsprechen den Vorgaben des **Spaltenabstands** im Layout. Öffnen Sie bei Bedarf **Layout** > **Ränder und Spalten** und wählen Sie als Spaltenabstand einen neuen Wert, zum Beispiel **1 mm**. Wenn Sie nun das nächste Mal Rahmen mehrfach erstellen, entstehen diese Rahmen im Abstand von **1 mm** zueinander. Eine getrennte Vorgabe für horizontale und vertikale Werte ist nicht möglich, allerdings können Sie die Spalten der erstellten Rahmen mit dem **Lückenwerkzeug** beliebig bearbeiten.

Oben oder unten: Rahmen anordnen

Wenn Sie Rahmen übereinander schieben, werden Sie feststellen, dass es bei Überlagerungen zu einer Sortierung kommt. Welcher Rahmen oben, in der Mitte oder unten liegt, hängt davon ab, in welcher Reihenfolge die Rahmen erstellt wurden und ob Sie diese Anordnung irgendwann geändert haben. Sie können Rahmen nach oben befördern, indem Sie den Rahmen mit der Auswahl anwählen und das Kontextmenü aufrufen. Mit **Anordnen > In den Vordergrund** „heben" Sie einen Rahmen nach oben beziehungsweise mit **In den Hintergrund** nach hinten. Es handelt sich um eine Schichtung, die unabhängig ist von vorhandenen Ebenen und deren Reihenfolge. Mit **Schrittweise nach vorne** oder **Schrittweise nach hinten** können Sie in feinsten Abstufungen schichten. Diese Logik ist bei nahezu allen Desktop-Publishing-Programmen gleich. Eine andere Art räumlicher Ordnung erlaubt das **Ebenen**-Bedienfeld, in der Sie die Rahmen per Ziehen & Ablegen nach oben und nach unten sortieren können.

Der Wert des Spaltenabstands gibt die Abstände der Rahmen zueinander vor.

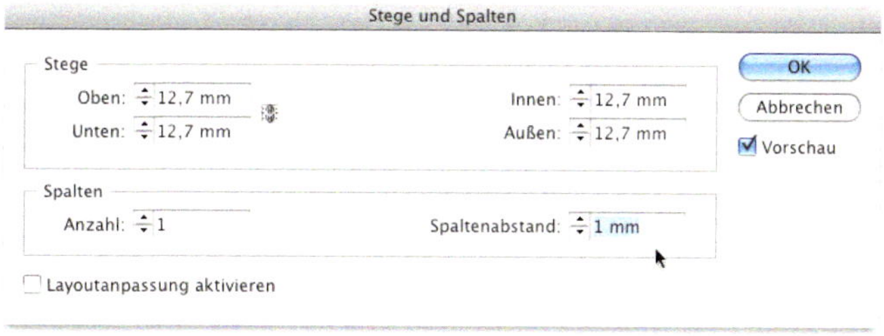

Die Abstände der Rahmen können Sie auch manuell einstellen. Dazu ziehen Sie mit dem Mauszeiger die Rahmen auf, wählen die Spalten- und Zeilenanzahl und definieren dann mit gedrückter [⌘ Strg]-Taste und den **Pfeiltasten** den Abstand der Rahmen. [⌘ Strg] [►]/[◄] verändert den horizontalen, [⌘ Strg] [▲]/[▼] den vertikalen Abstand.

Wenn Sie Bilder in die Rahmen einfügen wollen, sollten Sie alle aktiven Rahmen so formatieren, dass der Inhalt automatisch eingepasst und der Inhalt proportional angepasst wird.

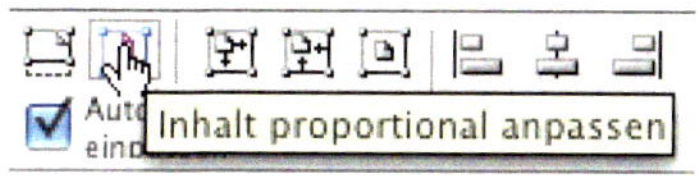

Nach dem Erstellen und Anpassen erfolgt das Platzieren der Bilder mit einem einzigen Klick pro Rahmen.

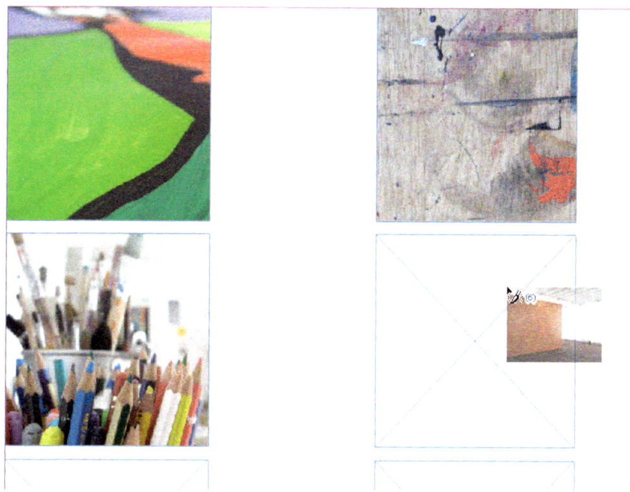

Layoutraster und Hilfslinien helfen weiter
Wenn Sie mehrfach Rahmen erstellen, ist es ratsam, zuvor Ihr Spaltenraster festzulegen. Aber auch ein Hifslinienraster hilft Ihnen weiter, damit das Erstellen der Rahmen schneller und genauer bewerkstelligt werden kann.

Die Funktion Mehrfach erstellen (auch bekannt als *„Gridify“*, ausgesprochen wie *„GRIDD-i-fai“*, was man als „Zerrastern“ übersetzen könnte) ist für alle Rahmenformen verfügbar. Wenn Sie also statt eines „langweiligen“ Rechtecks ein **Polygon** mit Sternform wählen, erzeugt InDesign auf diese Art ein Raster aus vielen Sternen.

Objektformate für mehrfach erstellte Rahmen
Wenn Sie Bilder in Rahmen platzieren oder den mehrfach erstellten Rahmen ein identisches Aussehen geben wollen, legen Sie vorher ein Objektformat an, das Sie dann sofort nach dem Erstellen der Rahmen zuweisen.

Mit dem Polygon-Werkzeug ziehen Sie einen großen Rahmen auf (hier ein fünfzackiger Stern mit einer Sternform von 50%). Halten Sie die Maustaste gedrückt ...

... und drücken Sie ►/◄ (Spaltenzahl) beziehungsweise ▼/▲ (Zeilenzahl).

Rahmen ausrichten und verteilen

Layoutrahmen einzeln zu positionieren, ist zeitraubend und mühsam, insbesondere, wenn die Rahmen regelmäßig an anderen Rahmen, am Satzspiegel oder am Seitenrand ausgerichtet werden sollen. InDesign stellt für diese Anforderungen leicht zu bedienende Werkzeuge zur Verfügung. Auch das Verschachteln und Gruppieren ist ein Kinderspiel.

Um mehrere Rahmen gleichzeitig zu bearbeiten, stehen Ihnen das **Steuerung**-Bedienfeld, das **Ausrichten**-Bedienfeld und die Funktion **Gruppieren** zur Verfügung. Leider können nicht alle Funktionen mit einem einzigen Bedienfeld ausgeführt werden, die häufigsten finden Sie jedoch im **Steuerung**-Bedienfeld.

Mehrfach erstellen mit Textrahmen
Das Erstellen von neben- und übereinander liegenden Rahmen ist nicht auf Bild- und Vektorrahmen beschränkt. Auch Textrahmen lassen sich mehrfach erstellen. Wählen Sie dazu das Textwerkzeug, ziehen Sie einen Rahmen auf und wählen Sie mit den Pfeiltasten die Anzahl von Zeilen und Spalten. Wenn Sie auf diese Weise ein Rahmenraster erzeugt haben, können Sie Texte in diese Rahmen platzieren.

Intelligente Hilfslinien

Wenn Sie im Menü **Ansicht > Raster und Hilfslinien** die Funktion **Intelligente Hilfslinien** aktivieren, unterstützt Sie InDesign in jeder Lage der Rahmenbearbeitung , wenn Rahmen im Layout auf gleicher Höhe oder untereinander fluchten. Auch die Mittelpunkte der Rahmen werden miteinander verglichen. Bei gleicher vertikaler Achse wird ebenfalls eine Linie gezeichnet. Dies sind Hervorhebungen, die die Rahmen in dieser Position „magnetisch" festhalten. Sobald Sie die Maustaste beim Verschieben eines Rahmens loslassen, bleibt der Rahmen an dieser Stelle stehen. Die Ausrichtung anhand der Seite wird ebenfalls überwacht: Erreicht ein Rahmen die Seitenmitte, werden horizontale wie vertikale Hilfslinien gezeichnet - diesmal in Violett.

In der Seitenmitte erhalten Sie violette Hilfslinien.

Rahmen mit demselben Abstand erhalten eine grüne Markierung beim Verschieben.

Verschieben Sie zum Beispiel einen mittleren Rahmen, werden Hilfslinien gezeigt, sobald die Abstände nach links und rechts identisch sind.

Liegen Rahmen auf einer Flucht, wird die Verbindung grün dargestellt.

Vertikale und horizontale Ausrichtung

Im **Ausrichten**-Bedienfeld finden Sie zahlreiche Funktionen, um mehrere markierte Rahmen aneinander sowie an wichtigen Bezugsgrößen wie der Formatkante oder dem Satzspiegel auszurichten. Etwas ausführlichermehr Ausrichtungsoptionen – erreichbar über den siebten Knopf im **Steuerung**-Bedienfeld – legen Sie fest, ob mehrere Rahmen zueinander innerhalb der Auswahl ausgerichtet werden, oder ob Sie stattdessen die **Ränder (Satzspiegelränder)**, das **Seitenformat** oder den „**Druckbogen**" als Bezugsgrößen verwenden wollen. Diese Alternativen sind sowohl auf mehrere Rahmen, Gruppen oder einzelne Rahmen anwendbar.

Entweder Hilfslinien oder Dokumentraster

Die intelligenten Hilfslinien sind für ungeübte Anwender zunächst ungewöhnlich, jedoch sehr hilfreich, da sie viele Arbeitsschritte ersparen. Bei Aktivierung der Option **An Dokumentraster ausrichten** verschwinden diese Hilfslinien jedoch; sie können in diesem Modus nicht angezeigt werden.

Das Bedienfeld Ausrichten bietet viele Funktionen, Objekte zu verteilen.

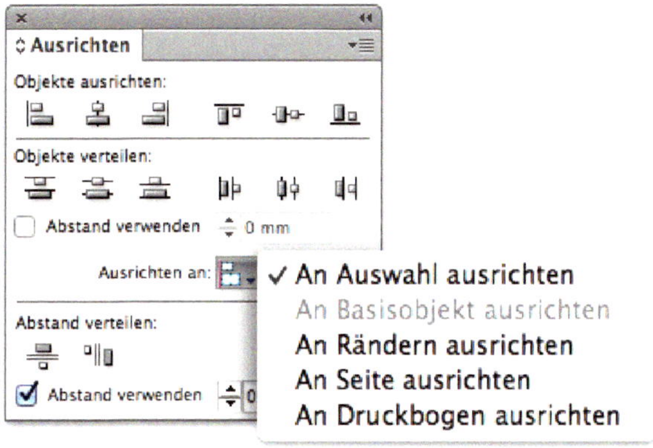

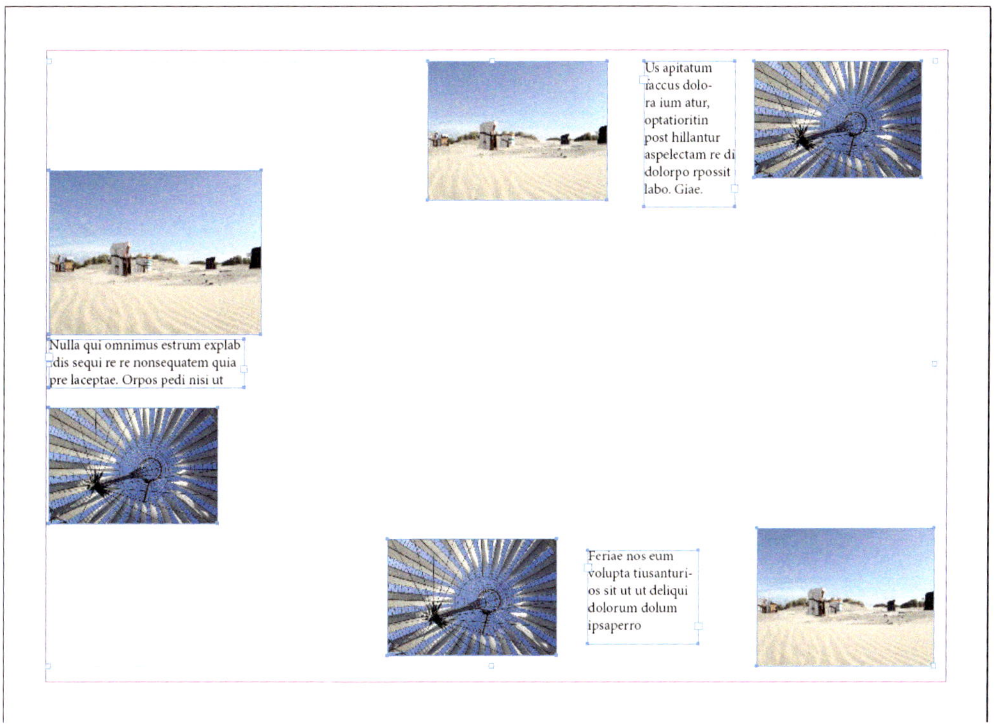

Mehrere Rahmen werden linksbündig, zentriert, rechtsbündig, oben, mittig oder unten ausgerichtet.

Einzelne Rahmen lassen sich in InDesign auch am Seiten- oder Satzspiegelrand ausrichten.

Rahmen gleichmäßig verteilen

Rahmen, die gleichmäßig oder liegen sollen, werden im Steuerung- oder im **Ausrichten**-Bedienfeld mit der zweiten Knöpfereihe bedient. Wählen Sie auch hier mehrere Rahmen aus, öffnen Sie das **Ausrichten**-Bedienfeld aus dem Menü **Fenster** > **Objekt und Layout** > **Ausrichten** und klicken Sie auf den entsprechenden Knopf.

Vor oder nach dem Verteilen können Sie die Rahmen auch noch zueinander ausrichten. Mit zwei Klicks sind somit mehrere Rahmen sauber ausgeglichen.

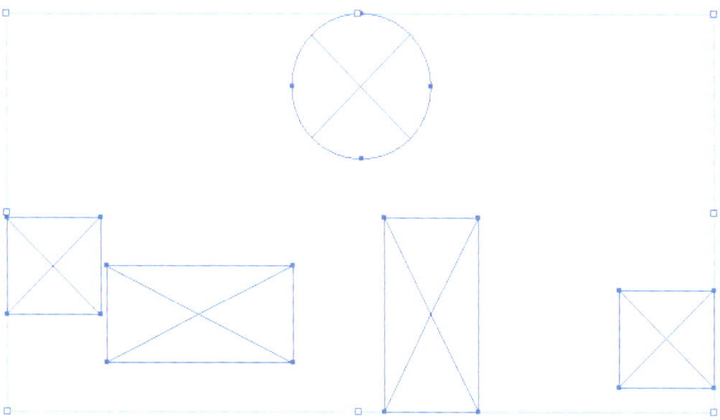

Zunächst werden mehrere Rahmen ausgewählt …

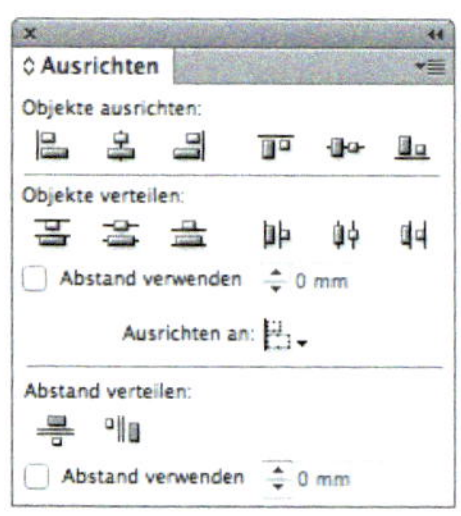

... und an ihren vertikalen Mitten ausgerichtet.

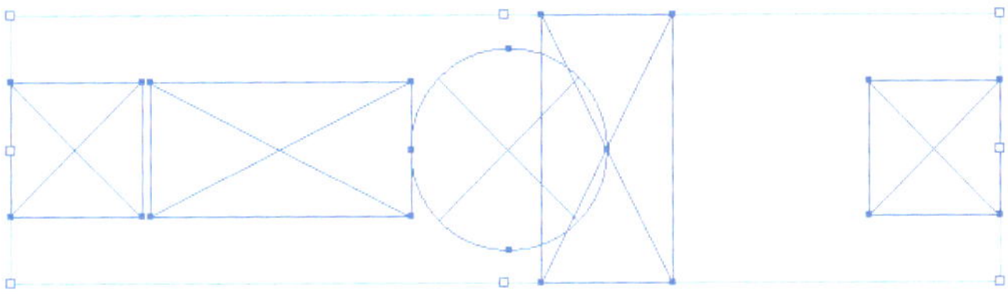

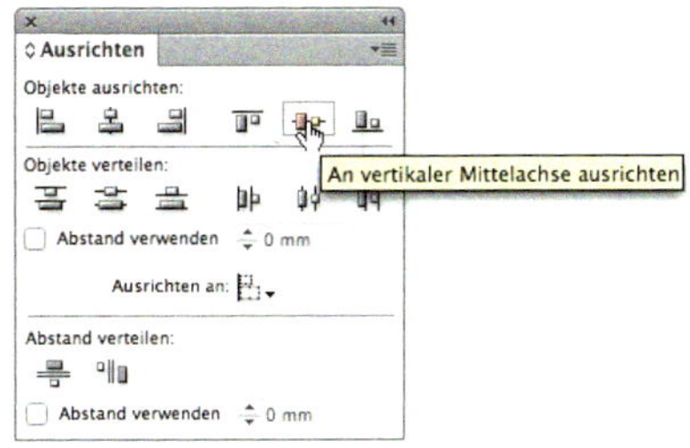

Anschließend werden die Mitten horizontal verteilt; alle Mittelpunkte sind jetzt gleich weit voneinander entfernt, aber da die Objekte unterschiedlich breit sind, sieht es unregelmäßig aus.

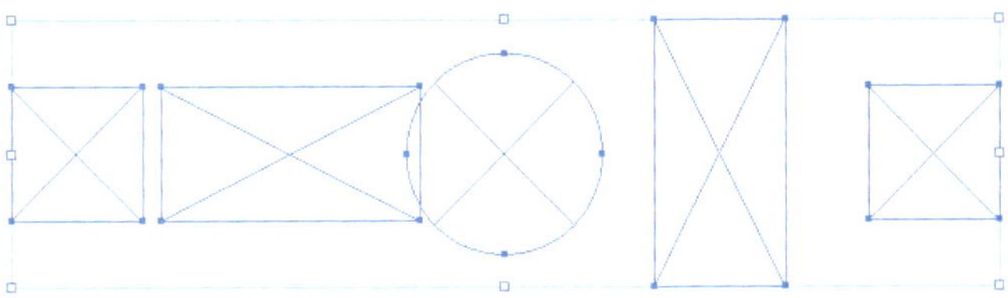

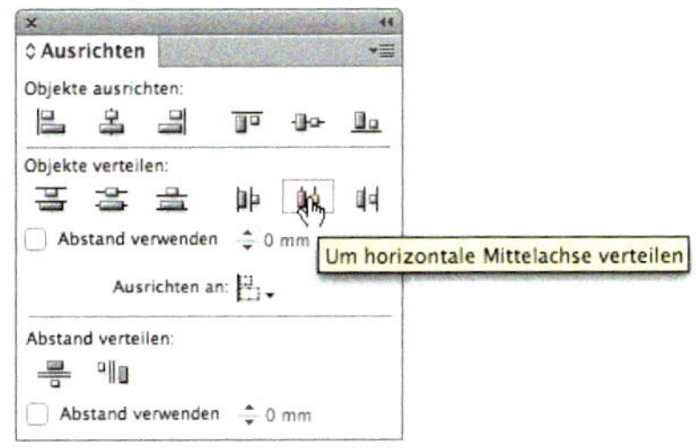

Also verteilen Sie statt der Mitten besser die Objekte (der Abstand zwischen den Außenkanten ist jetzt gleich).

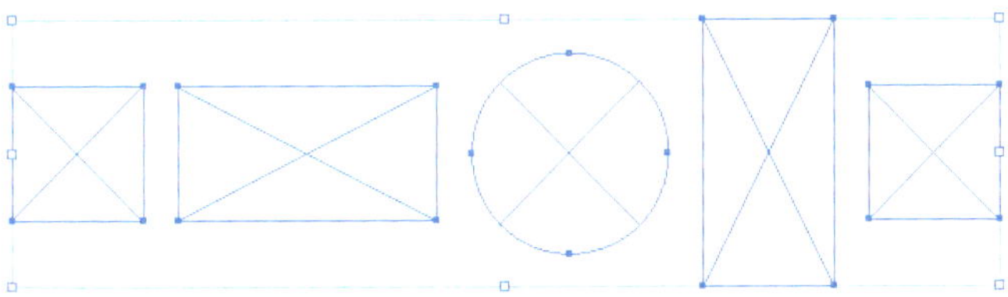

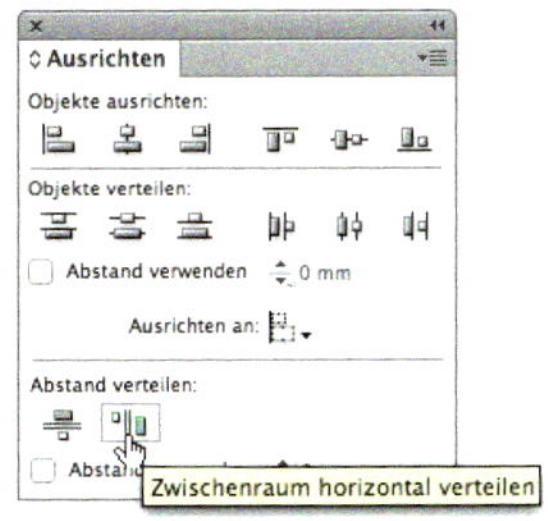

Jetzt setzen Sie den Abstand auf 0 mm, was bedeutet, dass die Objektkanten aneinanderstoßen. Das ganz linke (oder, bei senkrechter Verteilung, das oberste) Objekt bleibt dabei stehen.

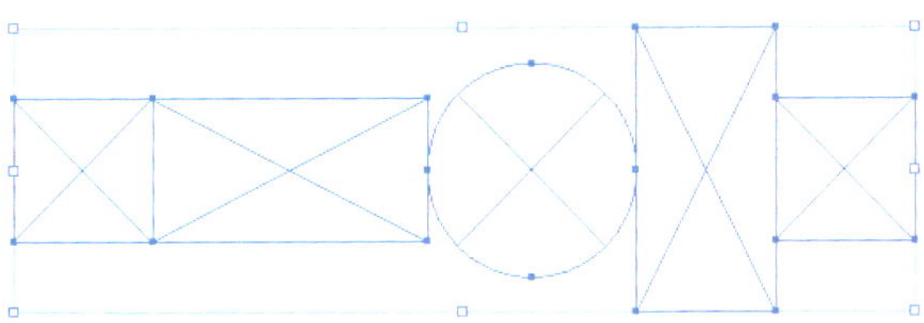

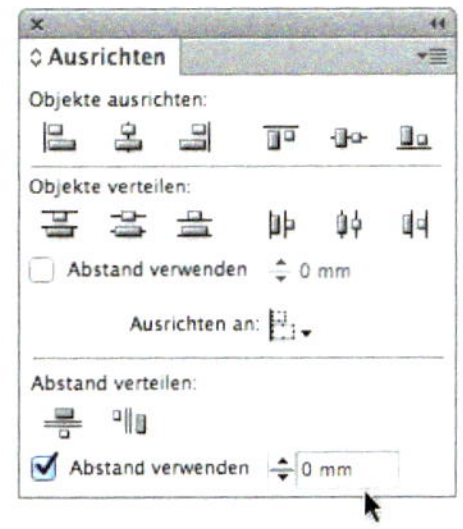

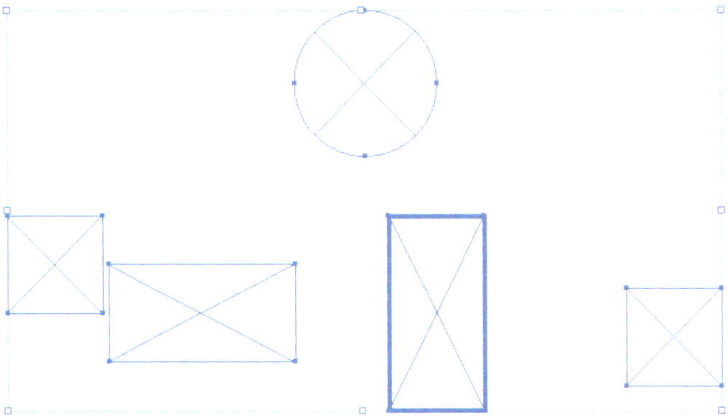

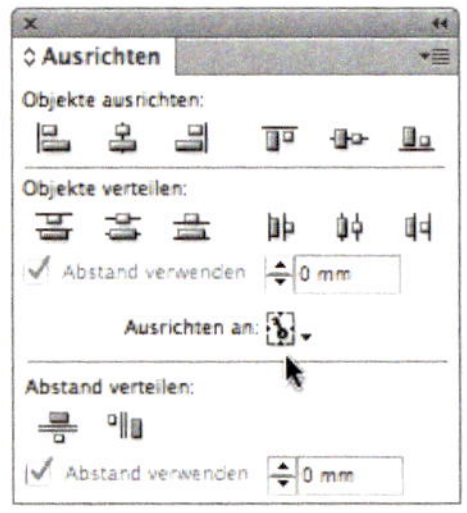

Bei der Ausrichtung an einem Basisobjekt wählen Sie alle Objekte aus und klicken dann das Objekt, an dem die anderen ausgerichtet werden sollen, noch einmal an. Das ist jetzt das Basisobjekt.

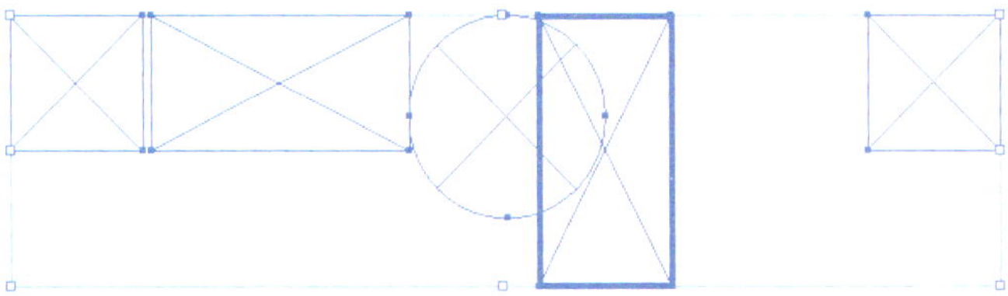

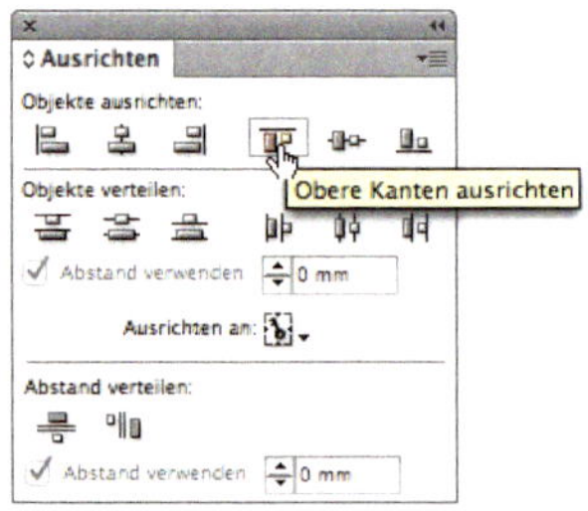

Beim Ausrichten (hier an den Oberkanten) bleibt das Basisobjekt stehen, und die anderen richten sich an seinen Kanten aus.

Abstand verwenden und Abstand verteilen

Die Eingabe eines Abstands dient dazu, die Verteilung der Kanten beziehungsweise Mitten (je nach Funktion) der angewählten Rahmen zueinander festzulegen. Viel interessanter ist jedoch die Funktion **Abstand verteilen** am Fußbereich des Bedienfelds. Zusammen mit einem Abstandswert erhalten die so verteilten Objekte einen einheitlichen Zwischenraum, ideal für den grafischen Aufbau eines Rasters.

Kopieren, duplizieren und versetzt einfügen

InDesign kennt viele Wege, einen Rahmen zu vervielfältigen. Zum Kopieren klicken Sie einen Rahmen an und ziehen ihn mit gedrückter Maus- und [⌥ Alt]-Taste an eine neue Position. So einfach duplizieren Sie sämtliche Objekte, selbst Hilfslinien. Natürlich können Sie auch mit [⌘ Strg] [C] kopieren und mit [⌘ Strg] [V] einfügen. Über den Befehl **An Originalposition einfügen** aus dem Menü **Bearbeiten** kopieren Sie Objekte auf ihr jeweiliges Original.

Für das mehrfache Vervielfältigen von Rahmen hingegen stellt InDesign eine besondere Funktion bereit: Wählen Sie einen Rahmen aus und rufen Sie im Menü **Bearbeiten** den Befehl **Duplizieren und versetzt einfügen** auf. Im nachfolgenden Dialog wählen Sie die **Anzahl der Kopien** und einen **Versatz** von der Position des Originalrahmens.

Die Eingabe ermöglicht es, in einem Arbeitsschritt mehrere Kopien eines Rahmens anzulegen.

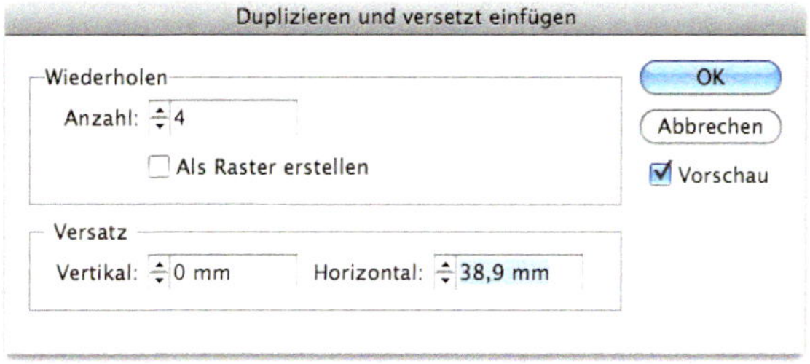

Objekt erneut transformieren

Nicht nur eine Kopie eines Rahmens ist mit InDesign möglich, sondern auch das Transformieren in mehreren Arbeitsschritten hintereinander! InDesign merkt sich die Transformationen eines Rahmens und kann diese auf eine Kopie wiederholen, vorausgesetzt, Sie wählen dazwischen keinen anderen Rahmen an. Wie geht das? InDesign kennt vier Befehle, einen oder mehrere Transformieren-Arbeitsschritte zu wiederholen:

Erneut transformieren führt den letzten Schritt auf einen Rahmen oder eine Rahmengruppe insgesamt aus, die Gruppe wird dabei als Gesamtrahmen behandelt;

Einzeln wendet den letzten Transformationsschritt auf alle Rahmen einer Auswahl oder einer Gruppe separat an;

Abfolge ruft alle zuvor vorgenommenen Schritte auf;

Abfolge, Einzeln wendet alle Schritte auf alle ausgewählten Rahmen auch innerhalb einer Gruppe einzeln an.

Leider zeichnet InDesign die Arbeitsschritte nicht als Protokoll wie in Photoshop auf. Hier sollte Adobe durchaus mal mit diesem bekannten Komfort nachbessern. Alternativ könnten Sie das Plug-in „History" von DTP-Tools erwerben, das – wie auch die anderen Produkte dieser kleinen, feinen tschechischen Firma – InDesign zu praktischen Funktionen verhilft, die von vielen Anwendern vermisst werden.

⊿ dtptools.com

Aus dem Menü Objekt > Erneut Transformieren kann ein einzelner Schritt oder eine Abfolge auf mehrere Rahmen oder eine Rahmengruppe angewendet werden.

Rahmen gruppieren

Mehrere Rahmen gruppieren Sie, indem Sie die Rahmen anwählen und aus dem Menü **Objekt** den Menüpunkt **Gruppieren** auswählen oder den Tastenbefehl ⌘ Strg G verwenden. Die Rahmen werden in einem gemeinsamen Rahmen zusammengefasst und mit einerumrandet. Dieser Gruppenrahmen kann ebenfalls mit einzelnen Rahmen oder anderen Gruppenrahmen kombiniert werden. Über das **Transformieren**-Bedienfeld oder die Werkzeuge **Drehen**, **Skalieren**, **Scheren** oder **Frei Transformieren** lassen sich die Gruppenrahmen bearbeiten. Farbzuweisungen über die **Farbfelder**, per **Aufklappmenü** im **Steuerung**-Bedienfeld sowie das **Farbe**-Bedienfeld gelten für alle Objekte innerhalb des Gruppenrahmens.

Einzelne Rahmen in der Gruppe wählen Sie mit einem Doppelklick an, um unabhängig von der Gruppe Änderungen vorzunehmen.

Mit dem Tastenbefehl ⌘ Strg ⇧ G lösen Sie die Gruppe wieder in Einzelrahmen auf.

Gruppen und Ebenen
Wenn Sie mehrere Rahmen unterschiedlicher Ebenen gruppieren, werden alle Rahmen dieser Gruppe auf einer Ebene zusammengefasst. Dies kann nicht umgangen werden. Wenn Sie mehrere Rahmen verschiedener Ebenen transformieren wollen, sollten Sie diese nur auswählen und verändern. Eine Gruppierung verschiebt evtl. unvorhergesehen Rahmen auf eine andere Ebene.

Gruppierte Rahmen werden mit einem gestrichelten Gesamtrahmen angezeigt.

Gruppen transformieren und skalieren

Für Gruppenrahmen steht im Bedienfeldmenü des **Steuerung**-Bedienfelds die Option **Transformationswerte sind Gesamtwerte** zur Verfügung. Die Funktion bewirkt, dass zum Beispiel gedrehte Rahmen in einer wiederum gedrehten Gruppe mit dem aktuell sichtbaren Drehwinkel angezeigt werden. Wenn Sie diese Funktion ausschalten, wird der Winkel des Objekts zur Gruppe angezeigt.

Bei gedrehten Objekten in einer Gruppe müssen Sie auf den angezeigten Drehwinkel am Mauszeiger achten.

Bei einer Skalierung von Gruppen müssen Sie beachten, dass die Kontur zunächst in der Standardeinstellung nicht mitvergrößert wird. Erst wenn Sie die Option **Konturstärke beim Skalieren anpassen** im Bedienfeldmenü des **Steuerung**-Bedienfelds aktivieren, verkleinert oder vergrößert sich auch eine Rahmenkontur beim Skalieren.

Sonderfall skalierte Textrahmen
Jede Skalierung eines Textrahmens vergrößert oder verkleinert die Schriftgröße. InDesign merkt sich nun im Gegensatz zu früheren Versionen über die Voreinstellungen nicht mehr den Ausgangswert der Skalierung, der bislang in Klammern dargestellt wurde, sondern stellt grundsätzlich den aktuellen Wert dar. Dies hatte bei vielen Anwendern zu Irritationen geführt. Wollen Sie dies ändern, rufen Sie in den **Voreinstellungen** > **Allgemein** > **Beim Skalieren** > **Skalierungsprozentsatz anpassen** auf.

Rahmen verschachteln

Als Alternative zum Gruppieren lassen sich die Rahmen auch ineinander verschachteln. Das bedeutet, dass Sie einen oder mehrere Rahmen in einen anderen Rahmen einfügen können. Legen Sie zwei Rahmen übereinander. Schneiden Sie den oberen Rahmen per [⌘ Strg] [X] aus, klicken Sie den Zielrahmen an, und wählen Sie aus dem Menü **Bearbeiten** die Option **In die Auswahl einfügen**. Der Rahmen wird aus der Zwischenablage direkt in den Zielrahmen hineinkopiert. Es wird das erzeugt, was in Illustrator „Schnittmaske" heißt; die Funktion arbeitet aber in InDesign anders als in Illustrator. Dort werden zwei übereinander liegende Rahmen ausgewählt; der obere Rahmen stellt dann die Maske dar. Leider unterscheiden sich die Programme in diesem elementaren Punkt; ein wenig mehr Konsistenz wäre wünschenswert.

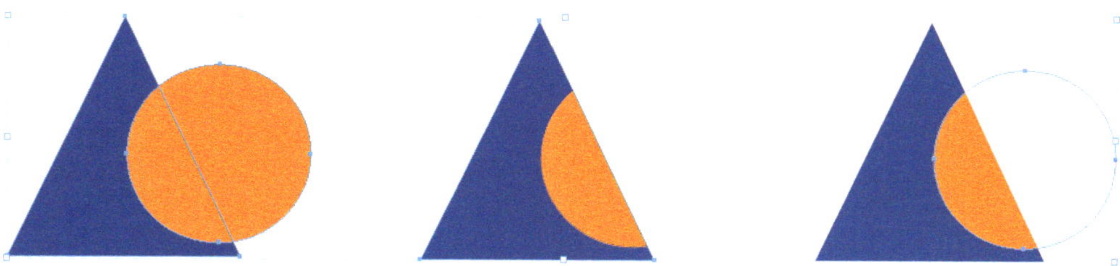

So werden Rahmen miteinander verschachtelt; der Kreis wird in das Dreieck eingefügt.

Mit dem Werkzeug **Direktauswahl** oder mit einem Doppelklick können Sie dieses verschachtelte Objekt nun nachträglich bearbeiten. Die Verschachtelung mittels der Funktion **In die Auswahl einfügen** kann beliebig wiederholt werden, das heißt, dieses maskierte Objekt kann nun wiederum in eine neue Maske eingesetzt werden. Somit können sehr komplexe Objektgruppen entstehen, insbesondere Kombinationen von Text- und Bildrahmen, die mit einem Pfad maskiert werden. Mit dieser Funktion sollten Sie sehr sparsam umgehen, da Sie sonst leicht den Überblick verlieren, welcher Rahmen oder welches Objekt denn nun in welchem Beschneidungspfad liegt und wie Sie diese Objekte wieder entfernen können. Als Faustregel für ein nachvollziehbares Arbeiten gilt: immer nur eine Vektormaske für ein Objekt oder eine Objektgruppe.

Als Auswahlhilfe dienen die beiden Funktionen im Menü **Objekt** > **Auswählen** > **Container** und **Inhalt**. Farbzuweisungen für die Rahmenkante und die Füllung sollten Sie nur dann machen, wenn Sie zuvor mit der Direktauswahl oder einem Doppelklick den einzelnen Rahmen innerhalb einer verschachtelten Objektgruppe angewählt haben. Alle Farbdefinitionen beziehen sich dann nur auf diesen ausgewählten Rahmen.

Verknüpfte Pfade

Anders als beim Verschachteln bilden verknüpfte Pfade Schnittobjekte. Wählen Sie dazu zwei überlappende Rahmen aus, und rufen Sie den Menüpunkt **Objekt** > **Pfade** > **Verknüpften Pfad erstellen** auf.

Verknüpfte Pfade bilden Schnittobjekte.

Pathfinder

Den **Pathfinder** kennen Sie aus Illustrator. Mit diesem Werkzeug verschmelzen Sie Rahmen, ziehen Rahmen voneinander ab oder bilden Schnittmengen. Das Bedienfeld öffnen Sie über das Menü **Fenster** > **Objekt und Layout** > **Pathfinder**.

Nicht mehr und nicht weniger als die benötigten Funktionen zum Verschneiden von zwei Objekten bietet der Pathfinder.

Oft müssen Objekte wie Rechtecke, Kreise oder Polygone früher oder später miteinander verrechnet werden, um ein neues, komplexeres Objekt zu erzeugen. Man spricht auch vom , benannt nach den aus der Mathematik. Im Pathfinder sind alle wesentlichen Operationen versammelt: **Addieren**, **Subtrahieren**, **Schnittmenge bilden**, **Überlappung ausschließen** und **Hinteres Objekt** abziehen. Diese etwas kryptischen Beschreibungen werden durch die Piktogramme recht hübsch erklärt. Werden mehrere Objekte ausgewählt und miteinander verrechnet, werden die Attribute des *oberen* Objekts für das entstandene neue Objekt übernommen! Das betrifft nicht nur die Farbe der Füllung und der Kante, sondern auch alle anderen Eigenschaften: Transparenz, weiche Kante, Konturenstil und Schattenwurf.

Zwei Vektorflächen (oben links) werden miteinander über die fünf Pathfinder-Optionen verrechnet. Beachten Sie dabei die Farbgebung: Nur beim Subtrahieren behält das Hintergrundobjekt die Farbe im Ergebnis.

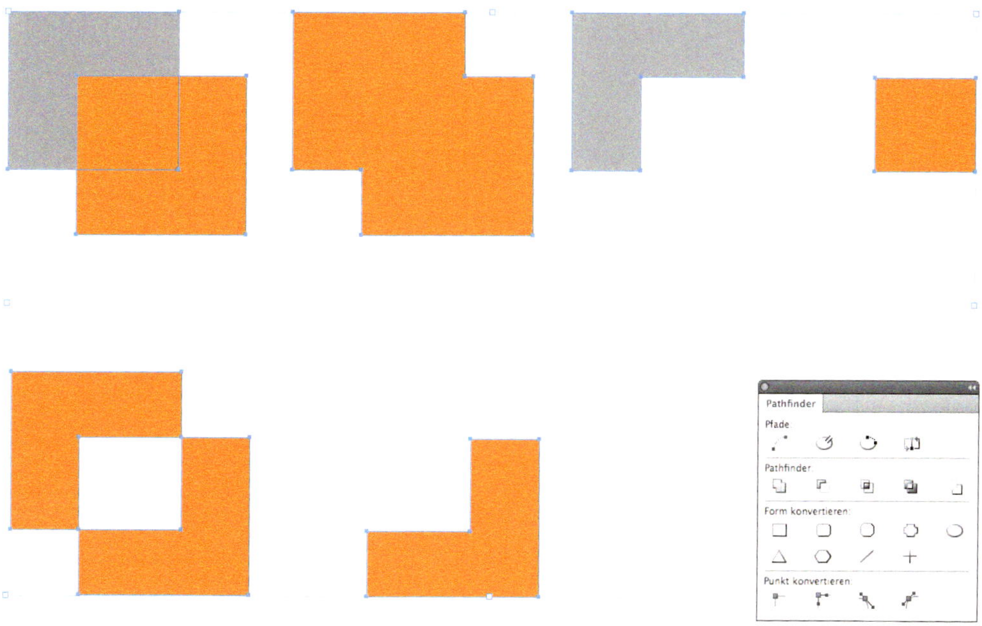

Ist das oberste Rahmenobjekt ein platziertes Bild, werden die anderen Rahmen zum Beispiel in der Funktion **Addieren** dem platzierten Bildrahmen hinzugefügt. Das Bild kann nun in diesem neuen Rahmen neu ausgerichtet werden. Liegt das Bildobjekt nicht an oberster Stelle der ausgewählten Rahmen, wird das Bild entfernt und nur der platzierte Rahmen wird mit den anderen verrechnet.

Textrahmen und der Pathfinder
Wenn Sie einen Schriftzug mit einem Rahmen verrechnen wollen, dann müssen Sie unter Umständen den Text zuerst in Pfade umwandeln: Menü „Schrift > In Pfade umwandeln". Andernfalls wird nur der Textrahmen allein – nicht aber die Schriftvektoren – mit den anderen Rahmen verrechnet. Der Umriss eines Textrahmens lässt sich ebenfalls mit dem Pathfinder beeinflussen: Rahmen, die den Textrahmen überlappen, ergeben nach einer Addition oder Subtraktion im Pathfinder einen neuen Formsatz! Damit arbeiten Sie effizienter, als wenn Sie eine Vektorform zunächst so gestalten, dass später ein Text einfließen kann.

Fläche und Kontur

Der Layoutrahmen ist ein Pfad, dem Sie eine farbige Fläche oder eine Kontur in Prozess- und Volltonfarben sowie Verläufe zuweisen können. Auch hier macht InDesign keinen Unterschied, ob es sich bei dem Rahmen um einen Text-, Vektor- oder Bildrahmen handelt.

Im vorangegangenen Abschnitt haben Sie die Erstellung von Rahmen kennengelernt. Mithilfe von **Werkzeuge-**, **Farbfelder-**, **Farb-**, **Verlauf-** und **Kontur**-Bedienfeld legen Sie nun die Farbfüllung und die Konturbeschaffenheit fest. Die Arbeitsschritte der Farbzuweisung in InDesign sind übrigens identisch mit denen in Illustrator.

Fläche und Kontur einfärben

Im **Werkzeuge**-Bedienfeld finden Sie im unteren Bereich die **Fläche-** und **Kontur**-Symbole. Wenn Sie einen Rahmen erstellt haben und beide Symbole durchgestrichen sind, weist der Rahmen weder Flächen- noch Konturfarbe auf, ist also für die Ausgabe unsichtbar.

Farbverläufe einrichten
Wie Sie Farben für Verläufe einrichten und als Farbfeld speichern, lesen Sie im Abschnitt **Farben und Verläufe frei anmischen** ab Seite 493 nach.

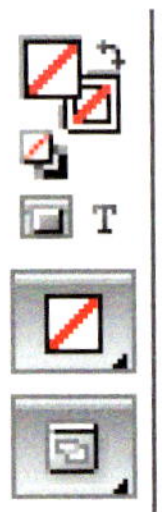

Die Fläche- und Kontursymbole in der Werkzeugleiste

Klicken Sie auf das **Flächen-Symbol** und wählen Sie entweder aus den Farbfeldern oder aus dem **Farbe**-Bedienfeld eine Flächenfüllung aus. Im **Werkzeuge**-Bedienfeld springt das Flächen-Symbol in den Vordergrund und wird mit der ausgewählten Farbe eingefärbt.

Klicken Sie auf das **Kontur-Symbol**, springt dieses Zeichen nach vorne und Sie legen die Konturfarbe ebenfalls über das Bedienfeld **Farbfelder** oder **Farbe** fest.

Beispiel für Rahmen mit definierter Fläche und Kontur. Die Fläche- und Kontur-Symbole des Werkzeuge-Bedienfelds finden Sie in den Farbfeldern in Miniaturform wieder. Das erste Objekt besitzt nur eine Füllung. Das zweite Objekt besitzt Füllung und Kontur, die für das dritte Objekt umgedreht wurden, und zuletzt sehen Sie ein Objekt mit einer Verlaufsfüllung und einer Verlaufskontur.

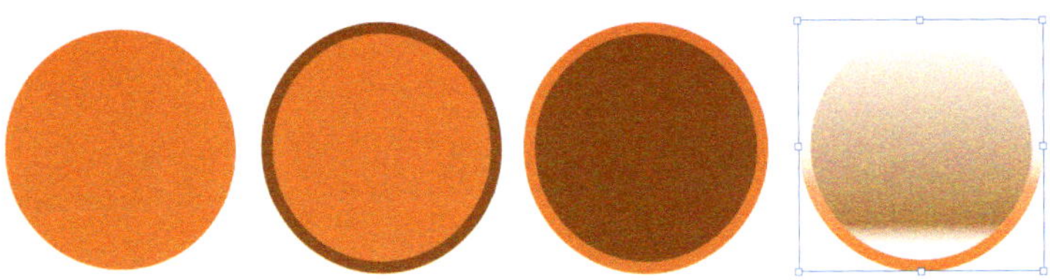

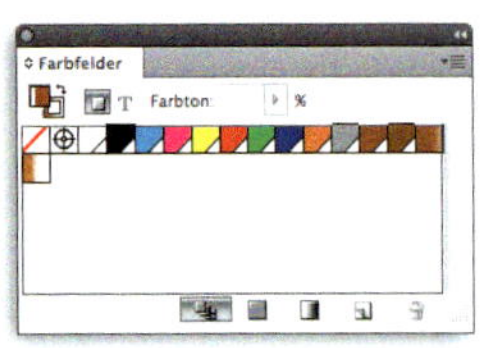

Verlauf auf der Kontur

InDesign beherrscht den Verlauf auf Konturen schon seit jeher und ist damit einzigartig in der DTP-Welt. Beachten Sie allerdings die Stärke der Kontur: Verläufe sollten niemals unter einer Konturenstärke von 1 Point angewendet werden.

Textrahmen und Verlaufskonturen

InDesign kann auch für Textrahmen und deren Inhalt Fläche und Kontur mit Verläufen versehen. Somit kann ein Rahmen einen Verlauf in der Fläche besitzen und die Schrift in diesem Rahmen darüber hinaus eine Verlaufskontur.

Jeder neu erstellte Rahmen hat zunächst eine Standardkontur von einer 1 pt (0,353 mm) starken schwarzen Linie und keiner Flächenfarbe. Wenn Sie diesen Zustand später wiederherstellen wollen, klicken Sie auf das kleine Miniatursymbol **Standardfläche und -kontur** links unterhalb der Fläche- und Kontursymbole oder wählen Sie den Tastenbefehl [D].

Um die , klicken Sie bitte auf den gebogenen Pfeil **Fläche und Kontur austauschen** oder rufen Sie den Tastenbefehl [⇧][X] auf. Damit wird die Farbzuweisung der Kontur auf die Fläche gelegt und umgekehrt.

Verläufe zuweisen

Ebenso wie Sie der Fläche oder Kontur eines Rahmens zuvor eine Farbe oder ein Farbfeld zugewiesen haben, können Sie auf die gleiche Weise einen Verlauf anwählen. Klicken Sie dazu auf das mittlere Symbol **Verlauf anwenden** zwischen dem Flächen- und Kontursymbol. Dabei werden Sie nicht auf eine Flächenzuweisung beschränkt, Sie dürfen auch der Rahmenkontur einen Farbverlauf geben. Zu Konturen und Transparenzeffekten gehe ich noch im Abschnitt über die **Effekte und Transparenz** ab Seite 505 ein.

Verläufe müssen Sie nicht unbedingt über das Bedienfeld **Verlauf** auf Rahmenflächen oder -konturen zuweisen. Intuitiver arbeitet das Werkzeug **Verlauf** [G] im **Werkzeuge**-Bedienfeld. Wählen Sie einen Rahmen aus und weisen Sie über die Farbfelder einen Verlauf zu. Aktivieren Sie das Werkzeug **Verlauf** und ziehen Sie eine über den Rahmen. Der Punkt, auf den Sie zuerst klicken, ist der Beginn des Verlaufs; die Linie, die Sie zwischen Anfangs- und Endpunkt ziehen, bestimmt die Richtung des Verlaufs. Die genaue Farbdefinition entnehmen Sie bitte dem Kapitel **Farben & Effekte** ab Seite 479.

Konturen

Jedem Rahmen kann eine **Kontur** in einer beliebigen Stärke zugewiesen werden. Dabei verteilt sich die Kontur gleichmäßig um den Pfad. Die Einstellungen treffen Sie über das gleichnamige Bedienfeld aus dem Menü **Fenster** oder über das **Steuerung**-Bedienfeld.

Die Option **Stärke** legt die Breite der Kontur fest. Hier ist zu beachten, dass es bei Konturenstärken von unter 0,125 pt zu Ausgabeschwierigkeiten kommen kann, das heißt, die Kontur könnte nicht zu sehen sein.

Wollen Sie die Ausformung der Ecken des Pfades bestimmen, müssen Sie die **Ecke** einstellen. Hier können Sie zwischen **Gehrungsecke**, **abgerundeter** und **abgeflachter Ecke** wählen. Die **Gehrungsecke** ist eine Ecke, die eine Spitze bildet, solange der Winkel nicht zu klein wird. Im Feld **Gehrungsgrenze** können Sie mit Werten von 1 bis 500 festlegen, ab welchem Verhältnis von Spitzenlänge zu Linienstärke eine spitze Ecke „gekappt“, also in eine abgeflachte Ecke geändert wird – so wie es bei der abgeflachten Ecke grundsätzlich der Fall ist.

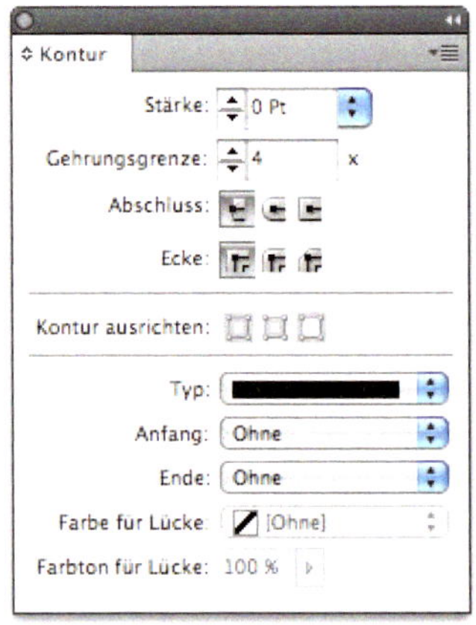

Das Kontur-Bedienfeld

Auf einzelne, nicht geschlossene Pfade hat die **Abschlussform** einen Einfluss. Wählen Sie die mittlere Form **Abgerundet** aus, dann enden die einzelnen Linien in einem Halbkreis. Die dritte Option **Überstehend** verlängert Linien über ihren Anfangs- und Endpunkt hinaus um die halbe Konturenstärke. Verwenden Sie bitte diese dritte Funktion in Verbindung mit einer gestrichelten Linie mit Vorsicht, denn sie macht die Lücken zwischen den Kontursegmenten kleiner, als Sie es im Bedienfeld angegeben haben!

Die Optionen für die **Anfangs-** und **Endformen** der Kontur sind selbst erklärend. Hier rate ich Ihnen, die verschiedenen Möglichkeiten einmal durchzuspielen. Die Formen können nicht bearbeitet werden und finden natürlich nur bei offenen Pfaden Anwendung. Ihre Größe wird automatisch proportional zur Konturenstärke berechnet.

Das **Steuerung**-Bedienfeldmenü weist in diesem Zusammenhang einen interessanten Punkt auf, den ich noch nicht erwähnt habe: **Abmessungen enthalten Konturenstärke**. Ist diese Option angewählt, wird bei einer **mittig** oder **außen ausgerichteten** Kontur die Konturenstärke bei X-/Y-Position und Breite/Höhe des Rahmen mit eingerechnet. Bei **innen ausgerichteter** Kontur und wenn diese Funktion deaktiviert ist, entspricht die Rahmengröße exakt dem Wert, den Sie ohne Kontur erhielten.

Unter dem Aufklappmenü **Typ** verbergen sich zahlreiche Konturenstile – doppelte und dreifache Konturen, gepunktete oder gestrichelte, gewellte und gemusterte. Einige Beispiele dazu finden Sie in den folgenden Abbildungen. Die Option **Gestrichelt (3 und 2)** bedeutet, dass eine Kontur in drei Teile Linie und zwei Teile Lücke und abhängig von der Konturenstärke aufgeteilt wird, wohingegen die Option **Gestrichelt (4 und 4)** eine gestrichelte Kontur erzeugt, deren Segmente genauso lang wie die Lücken sind.

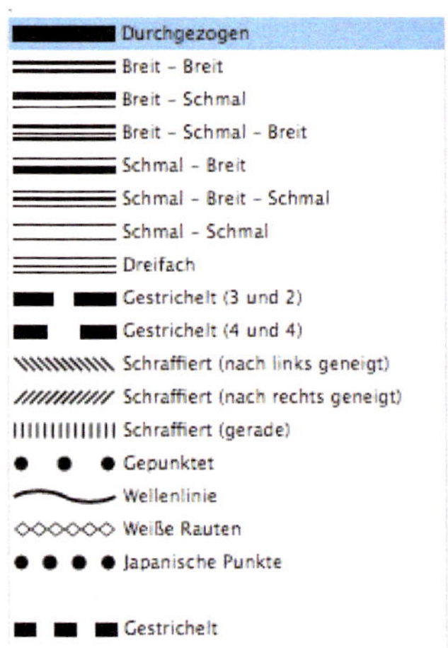

Die Konturenstile bieten bereits eine Fülle an Möglichkeiten.

Die Typfunktion **Gestrichelt** erweitert das **Kontur**-Bedienfeld um weitere Eingabefelder. Darin geben Sie ein, in welchem Rhythmus eine Linie gezeichnet wird. Diese Abwechslung von Strich und Lücke dürfen Sie auf bis zu drei aufeinander folgende unterschiedliche Längen und Lücken ausbauen. Danach wiederholt sich das Muster. Geben Sie nur eine Strichlänge und eine Lücke in Point oder Millimetern ein, erhalten

Sie ein regelmäßiges Konturenmuster. Die Farbe der Kontur kann sich dann mit der Farbe der Lücke abwechseln, die Sie im Bedienfeld „Kontur" wählen.

Breit - schmal - breit; Schmal - breit und Japanische Punkte

Alle Einstellungen zu diesen Lücken zwischen den Linienabschnitten sind natürlich immer nur dann im Zugriff, wenn Sie einen entsprechenden Linientyp ausgewählt haben.

Über das **Kontur**-Bedienfeld können Sie unter **Kontur ausrichten** mit den drei Knöpfen bestimmen, ob die Kontur **innerhalb des Pfades** liegt oder ob sie **mittig** oder **außerhalb** liegt. Dabei erweitert sich der Rahmen mit der Kontur, der Pfad wird dabei nicht verändert.

Einen Vorteil hat die mittige Anordnung zum Beispiel, wenn Sie zwei Bilder ohne Zwischenraum nebeneinander platzieren wollen und beide mit einer Kontur versehen haben. Liegt die Kontur innerhalb des Rahmens, bilden beide Konturen nebeneinander eine unerwünschte, doppelt starke Kontur, ebenso wie mit der Position außerhalb des Rahmens. Die mittige Anordnung führt dazu, dass sich die Linien direkt überlagern und somit die Kontur zwischen den Bildern gleich bleibt. Die Grundeinstellung jeder neu angelegten Kontur ist die mittige Ausrichtung. Die Ausrichtung der Kontur auf dem Pfad ist sehr wichtig im Zusammenhang mit Transparenzen, wenn die Kontur ein besonderes Aussehen dadurch erhalten soll, dass sie nach innen ausgerichtet ist und das im Rahmen befindliche Bild halbtransparent überlagert.

Konturen auf Text

Auch Textrahmen und dem Text selbst können Sie eine Füllung beziehungsweise eine Kontur zuweisen. Diese Kontur liegt jedoch immer hinter dem Text, gleich, welche Stärke Sie der Kontur zuweisen. Andernfalls würde eine starke Kontur um einen Text die Zeichen verdecken. Wollen Sie dies aufheben, müssen Sie den Text in einen Pfad umwandeln. Wählen Sie dazu aus dem Menü **Schrift > In Pfade umwandeln** aus.

Konturenstile überall

Die Auswahl verschiedenster Konturenarten finden Sie an vielen Orten über das ganze Programm verteilt. Wollen Sie eine Tabelle mit einer speziellen Kontur gestalten, erhalten Sie auch hier alle zur Verfügung stehenden Konturenstile. So lassen sich zum Beispiel Tabellenzeilen mit einer gestrichelten Linie abwechselnd zu einer geschwungenen Linie voneinander unterscheiden. Auch Absatzformate können mit einer gestrichelten Linie voneinander getrennt werden.

Konturenstile selbst erstellen

Über das Bedienfeldmenü des **Steuerung**-Bedienfelds oder des **Kontur**-Bedienfelds öffnen Sie mit der Option **Konturenstile** den **Konturenstile**-Editor. Sie erhalten einen Dialog, in dem Sie die bestehenden Konturenstile sehen können. Um einen neuen Konturenstil anzulegen, klicken Sie auf den Knopf **Neu** und wählen einen passenden Namen und einen Formattyp aus: **Streifen**, **Gepunktet** oder **Gestrichelt**.

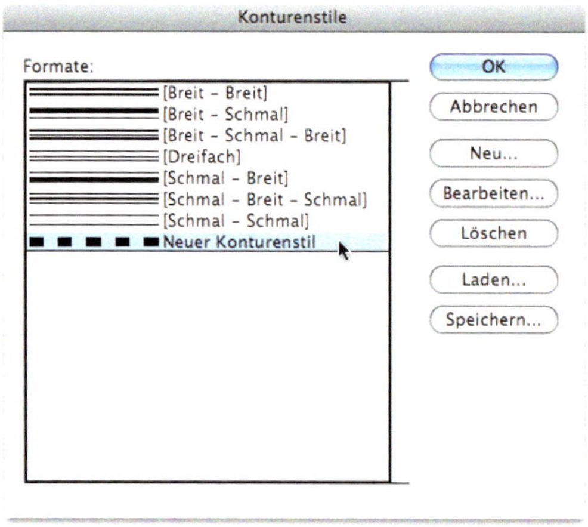

Die bestehenden Konturenstile können als Bibliothek bearbeitet, gespeichert oder geladen werden.

Im Editor unter dem Typ **Streifen** sehen Sie nun eine Skala von 0 bis 100 % der gesamten Strichstärke. Hier können Sie die Linienstärke der Streifen prozentual über die vertikalen Schieberegler einteilen. Wollen Sie einen weiteren Streifen einfügen, ziehen Sie einfach mit gedrückter Maustaste im Bearbeitungsfenster vertikal einen Streifen auf. Der Streifeneditor verhält sich intelligent: Schieben Sie die Anfangs- und Endpfeile über einen anderen Streifen, werden die Streifen automatisch verbunden. Zum Löschen eines Streifens klicken Sie auf ihn, halten die Maustaste gedrückt und ziehen den Mauspfeil außerhalb des Bearbeitungsfensters.

In der **Vorschaustärke** darunter geben Sie den Wert ein, mit dem Ihr neuer Konturenstil angezeigt werden soll. Wenn Sie die Eingabe beendet haben, wählen Sie den Knopf **Hinzufügen** an, um den Konturenstil im Layout verfügbar zu machen.

Gesamtkontur wird aufgeteilt

Die Stärke des Striches legen Sie hinterher im Kontur-Bedienfeld fest. Beachten Sie dabei, dass eine Gesamtkontur durch den Typ Streifen immer aufgeteilt wird und somit sehr feine Linien entstehen. Wählen Sie daher die Gesamtkontur entsprechend, dass keine Linien unterhalb von 0,125 Point gedruckt werden.

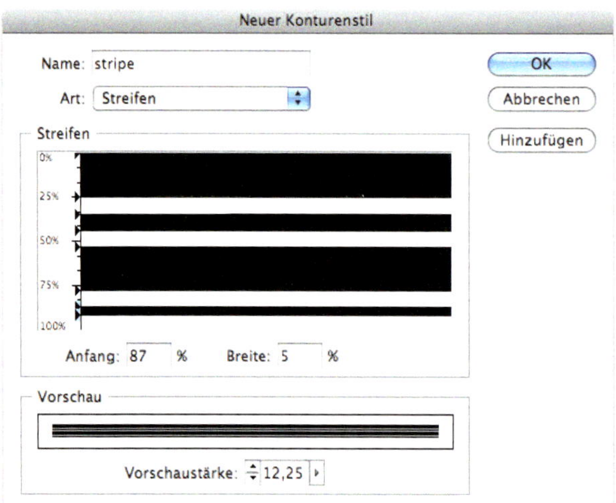

Die Streifen können vertikal verteilt werden. Eine nummerische Eingabe ist über die Breite und den Anfang ebenfalls möglich.

Für gepunktete Linien klicken Sie ebenfalls in das Bearbeitungsfenster und schieben einen Punkt an die gewünschte Stelle. Natürlich funktioniert auch das numerisch über das Eingabefenster darunter. Für die **Länge des Musters** können Sie einen neuen Wert eingeben, um ein umfangreiches Muster aus mehreren nachfolgenden Punkten zu erstellen.

Die Punkte schieben Sie einfach auf dem Lineal an die gewünschte Position. In der Vorschau sehen Sie das Endergebnis mit einer frei wählbaren Vorschaustärke.

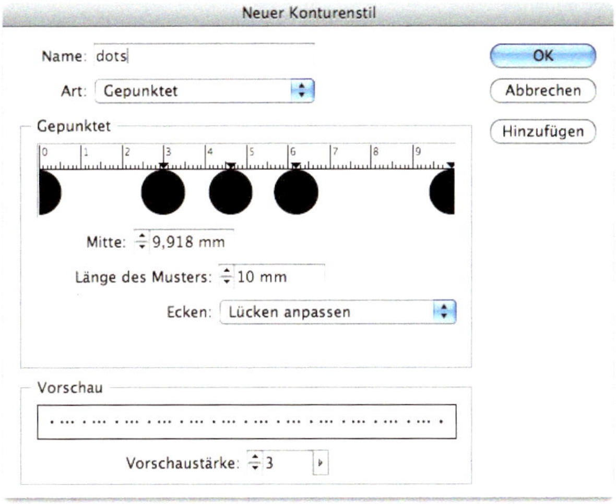

Ähnlich zu den horizontalen Streifen lassen sich auch unterschiedlich lang aufeinanderfolgende **Striche** anlegen. Dazu klicken Sie ebenso in das Bearbeitungsfenster und ziehen mit gedrückter Maustaste einen neuen Strich auf. Das Löschen eines Strichs erfolgt identisch zu den anderen Formatarten: Klicken Sie ein Liniensegment an und ziehen Sie es außerhalb des Bearbeitungsfensters. Wollen Sie das Wiederholungsmuster der Striche erweitern, legen Sie auch hier einen höheren Musterbereich fest. Den Linienabschluss wählen Sie entweder normal lang vom Anfang bis zum Ende der Linie, abgerundet über diese Punkte hinaus oder erweitert um ein halbes Quadrat.

Ein neuer gestrichelter Konturenstil lässt sich zwar millimetergenau definieren, beachten Sie aber bitte, dass es sich hier nicht um absolute Werte handelt; die Erscheinung wird also je nach Strichstärke mit skaliert oder verkleinert.

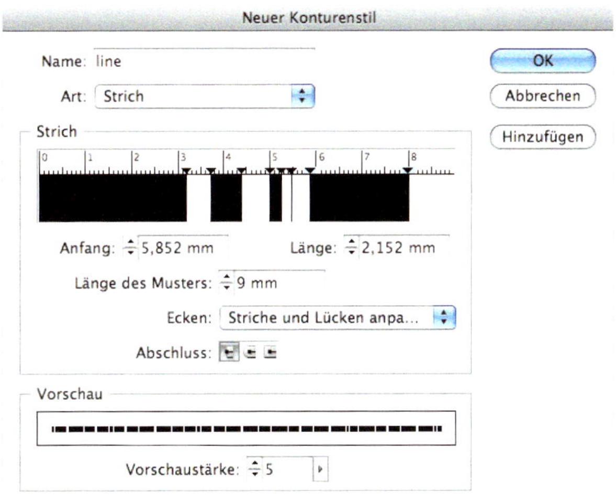

Haben Sie die neuen Stile für gestreifte, gepunktete oder gestrichelte Linien angelegt, können Sie diese nun jederzeit aus dem Aufklappmenü des **Kontur**-Bedienfelds oder aus dem **Steuerung**-Bedienfeld auf eine beliebige Kontur zuweisen. Die Stärke der Linie legen Sie unabhängig vom Stil fest, der Stil des Wiederholungsmusters wird bei wachsender Linienstärke skaliert. Die Proportionen von Liniensegmenten oder Punkten zu den Lücken bleiben dabei gleich.

Gestrichelte Linien können jederzeit mit einer zusätzlichen Lückenfarbe versehen werden. Eine Anwendung dieser Lücken als Gestaltungsmittel zeige ich Ihnen im Kapitel **Typografie & Layout** bei der Beschreibung der **Absatz- und Zeichenformate**.

Eckenoptionen

Alle Rahmen – Bilder, Vektorgrafiken oder Texte – können mit Eckenoptionen gestaltet werden. Alle Ecken eines Rahmens werden daraufhin mit einem unterschiedlichen oder identischen Format dargestellt. Häufigste Anwendung findet die abgerundete Ecke. Wählen Sie einen Rahmen aus und rufen Sie die Funktion **Eckenoptionen** aus dem Menü **Objekt** aus. Weitere Formate stehen zur Verfügung: **Ornament**, **Abgeflachte Kante**, **Innerer Versatz**, **Nach innen gewölbt** oder **Abgerundet**.

Die Änderung der Eckenoptionen ist jedoch auch per Hand möglich, ohne dass Sie die Werte nummerisch eingeben müssen. Dazu klicken Sie in das **kleine gelbe Quadrat** an einem Rahmen oben rechts. Anschließend gelangen Sie in die Bearbeitung der Ecken, indem alle vier Ecken mit **gelben Rauten** gekennzeichnet werden.

Gewellt

Neben anderen Konturenstilen können Sie auch eine gewellte Linie auswählen. Hier zeigt sich jedoch, dass nicht alles sinnvoll ist, was technisch geboten wird. Die „Dauerwelle" oder auch Sinuskurve kann nicht manuell editiert werden und schwingt einfach nur hin und her. Brauchen Sie also einfach nur eine sehr flach schwingende Welle, können Sie dies nicht einstellen! Auch im Zusammenspiel mit der Position der Kontur zum Pfad erweist sich die Welle als problematisch: Eine gewellte Kontur um ein platziertes Bild legt die Welle entweder direkt auf der Bildkante, innerhalb des Bildes oder außerhalb. Bei der letzten Ausrichtung klebt die Welle jedoch direkt an der Bildkante. Ein Abstandswert einer Kontur zu einem Pfad wäre schön gewesen und eventuell sogar sinnvoller als der gesamte Konturenstil-Editor.

Eckenbearbeitung	
Mausklick	Durch Klicken und Ziehen vergrößern oder verkleinern Sie den Eckeneffekt.
⇧-Klick	Durch Klicken und Ziehen verändern Sie die Größe der gewählten Ecke.
⌥ Alt-Klick	Durch Klicken ändern Sie den Effekt auf allen Ecken.
⌥ Alt ⇧+Klick	Durch Klicken ändern Sie den Effekt der gewählten Ecke.

Mit einem Klick auf den gelben „Zettel“ gelangen Sie in die Eckenbearbeitung.

Wenn Sie eine Ecke anklicken und mit der Maus nach rechts/links oder oben/unten ziehen, verändern Sie die Größe des Effektes.

Alle Ecken werden gleichmäßig um den Wert im grauen Feld eingestellt.

Mit gedrückter ⇧-Taste verändern Sie nur eine Ecke.

Mit ⌥ Alt+Klick auf das Ecken-Symbol werden die Effekte gewechselt.

In den Eckenoptionen können Sie Werte nummerisch ändern oder den Effekt wechseln.

Wollen Sie die Eckenoptionen später ändern oder entfernen, müssen Sie die Funktion erneut aufrufen und den Effekt auf **Keine** stellen.

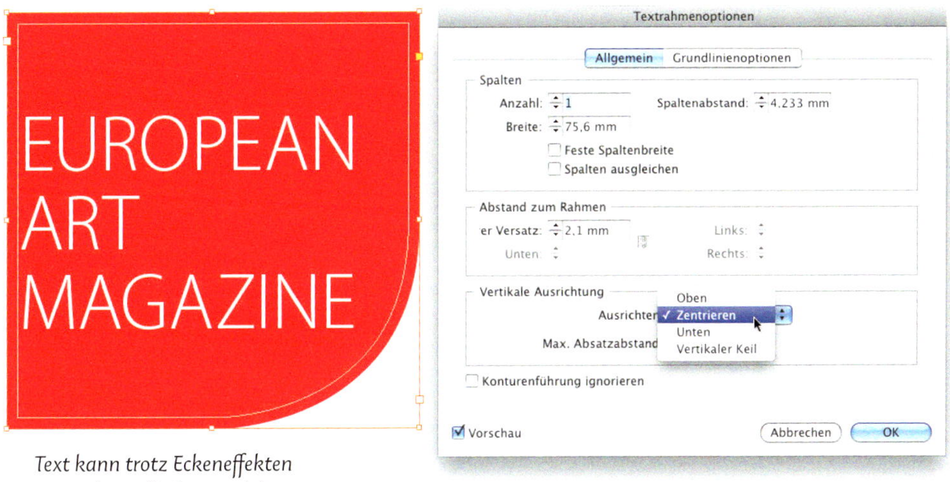

Text kann trotz Eckeneffekten auch vertikal ausgerichtet werden. Der Abstand des Textes zum Rahmen wird allerdings nur durch einen Wert definiert.

Pipette

Sie haben verschiedene Rahmen gestaltet und sind mit dem Ergebnis zufrieden. Nun besteht aber Ihre Aufgabe darin, mehrere Rahmen auf dieselbe Weise zu formatieren. Damit Sie nicht jeden einzelnen Rahmen Schritt für Schritt bearbeiten müssen, gibt es in InDesign die Pipette, ein Allroundwerkzeug, das alle grafischen Eigenschaften eines Rahmens „aufsaugt“ und auf einen anderen Rahmen überträgt. Klicken Sie doppelt auf das Werkzeug **Pipette** im **Werkzeuge**-Bedienfeld. Jetzt sehen Sie die Eigenschaften, die Sie übertragen können, in der Liste der **Pipette-Optionen**.

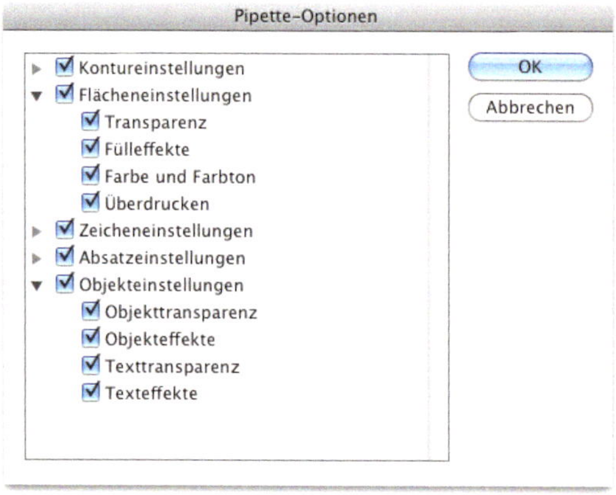

Neben den Kontureinstellungen nimmt die Pipette auch die Flächen-, Transparenz- oder Typografieeigenschaften auf.

Klicken Sie mit dem **Pipetten-Werkzeug** auf einen gestalteten Rahmen. Sie erhalten eine Pipette als Werkzeugspitze. Danach übertragen Sie alle aufgesogenen Eigenschaften auf einen anderen Rahmen, indem Sie einfach darauf klicken. Der zweite Rahmen übernimmt sofort das Aussehen des ersten Rahmens. Weitere Rahmen können Sie auf dieselbe Weise formatieren. Haben Sie sich verklickt und falsche Eigenschaften aufgenommen, drücken Sie die ⌥ Alt-Taste und klicken erneut in den ersten Rahmen.

Transparenzen einstellen
Wie Sie mit Schlagschatten und anderen Effekten in InDesign umgehen, zeige ich Ihnen im Kapitel **Farben & Effekte** ab Seite 479.

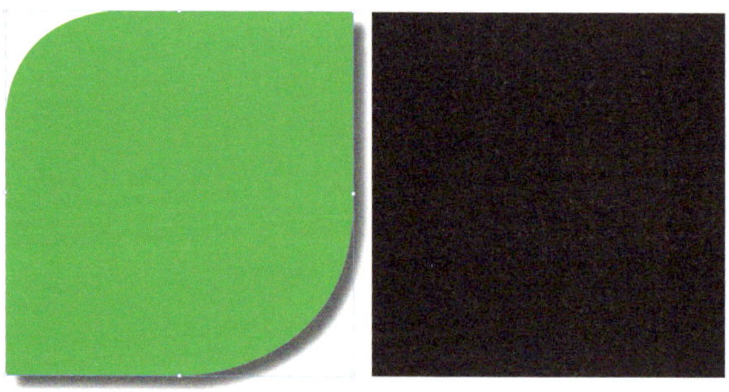

Als Ausgangsbasis dienen zwei Rahmen mit und ohne Eckenoptionen und Transparenzen.

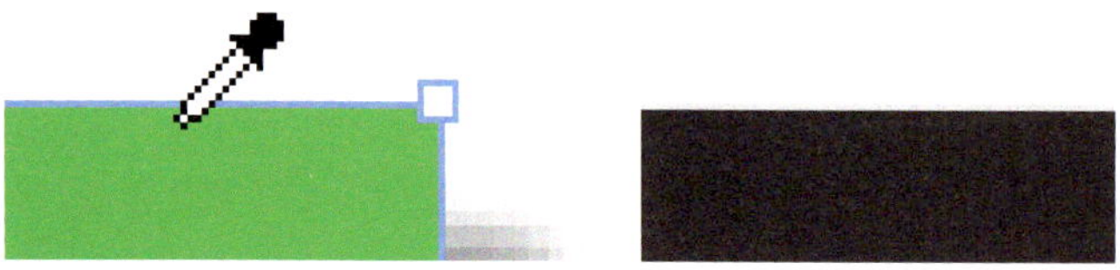

Mit dem Pipetten-Werkzeug nehmen Sie die Eigenschaften links auf ...

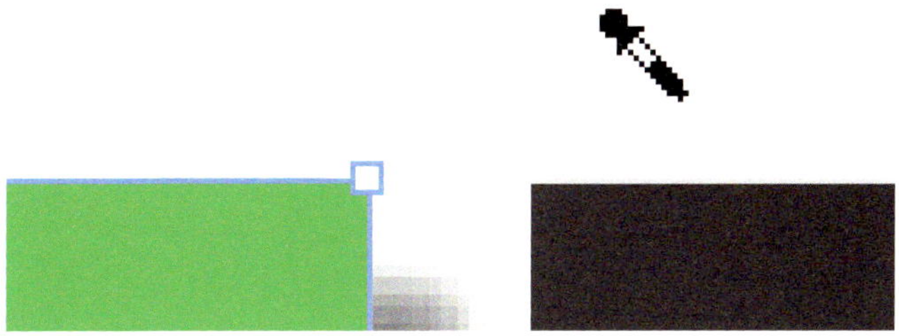

… und übertragen diese auf den rechten Rahmen.

Nun besitzen beide Rahmen dieselben Eigenschaften.

Das Werkzeug eignet sich auch zum Übertragen von Typografie-Eigenschaften, so dass Sie in kurzer Zeit mehrere unformatierte Rahmen per Mausklick gestalten. Wollen Sie dies allerdings in fertigen Formaten speichern, benötigen Sie die **Objektformate** in InDesign.

Objektformate

Alle grafischen Eigenschaften eines Layoutrahmens können Sie als **Objektformat** speichern und später auf einen neuen, unformatierten Rahmen anwenden. Die Eigenschaften **Rahmenform**, **Kontur** oder **Füllung** haben Sie bereits kennengelernt. Darüber hinaus speichern Sie in einem **Objektformat** auch **Transparenzeffekte**, **Eckenoptionen**, **Schattenwurf**, **Textspalten**, **Grundlinienraster**, **Optischen Randausgleich**, **Textumfluss** sowie die Verankerung als Marginalobjekt. Des Weiteren kann ein Objektformat sogar ein **Absatzformat** beinhalten. Wenn Sie Ihre ersten Versuche mit einem Objektformat gemacht haben, sollten Sie dazu auch die Abschnitte über die **Absatz- und Zeichenformate** (ab Seite 387) sowie die **Transparenzeffekte** (ab Seite 505) lesen. Das sich Objektformate fast alles merken können, was Sie in InDesign mit einem Rahmen anstellen, kann ich hier nur die grundlegenden Funktionen bezogen auf grafische Rahmen erläutern.

Weitere Funktionen entnehmen Sie bitte den genannten Kapiteln. Die folgende Anleitung soll Ihnen zeigen, wie Sie am besten mit Objektformaten arbeiten.

Objektformate anlegen und zuweisen

Die einfachste Art und Weise, Objektformate anzulegen, ist es, einen Rahmen zu gestalten und dann ein neues Objektformat aus dem gleichnamigen Bedienfeld unter dem Menü **Fenster** anzulegen. Danach kann das Objektformat auf weitere Rahmen angewendet werden. Wir arbeiten mit den bekannten Rahmeneigenschaften Füllung, Kontur und Eckeneffekt.

1 Rahmen anlegen und gestalten

Ziehen Sie mit dem Rechteckwerkzeug einen Rahmen auf. Der Rahmen kann eine beliebige Größe einnehmen. Weisen Sie dem Rahmen eine Füllung und eine Kontur zu. Gestalten Sie den Rahmen mit einem Eckeneffekt wie zum Beispiel Ecken abrunden aus dem vorangegangenen Abschnitt.

2 Neues Objektformat anlegen

Wählen Sie den Rahmen mit der Auswahl [V] aus und öffnen Sie das Bedienfeld **Objektformate** aus dem Menü **Fenster** > **Formate**. Klicken Sie auf das **Blatt**-Symbol. Ein neues Objektformat erscheint im Bedienfeld.

3 Objektformat benennen und konfigurieren

Mit einem Doppelklick auf das neue Format im Bedienfeld **Objektformate** öffnen Sie die **Objektformatoptionen** und vergeben einen Namen. Weitere Einstellungen können Sie hier vornehmen.

4 Neuen Rahmen erstellen

Ziehen Sie mit dem Rechteck-Werkzeug einen neuen Rahmen auf.

5 Objektformat auswählen

Klicken Sie im **Steuerung**-Bedienfeld in das Aufklappmenü der **Objektformate**. Wählen Sie das neue Format aus. Der Rahmen wird sofort mit den zuvor gespeicherten grafischen Eigenschaften dargestellt.

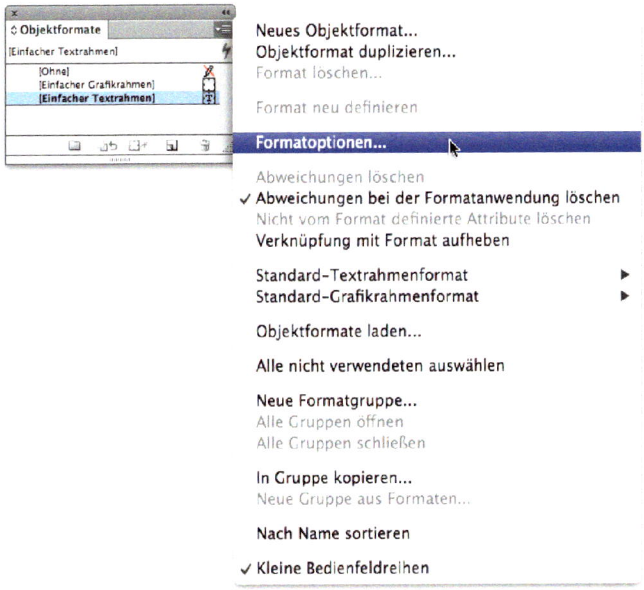

Das Bedienfeld Objektformate und das Bedienfeldmenü geben einen Überblick über die Möglichkeiten. Mit den Formatoptionen öffnen Sie die weiteren Einstellungen.

Objektformatoptionen

Entweder erzeugen Sie ein Objektformat, indem Sie einen Rahmen gestalten und wie in der Anleitung ein neues Format anlegen. Oder Sie rufen das Bedienfeld der **Objektformate** aus dem Menü **Fenster** > **Formate** auf.

Jedes InDesign-Dokument besitzt zwei festgelegte Objektformate, gekennzeichnet mit eckigen Klammern: einen **Einfachen Grafikrahmen** und einen **Einfachen Textrahmen**. Über das **Blatt**-Symbol am unteren Ende des Bedienfelds legen Sie ein neues Objektformat an. Mit einem Doppelklick auf das Format in der Liste oder über das Bedienfeldmenü öffnen Sie die **Formatoptionen**.

Eine allgemeine Übersicht ermöglicht es Ihnen, einen Tastenbefehl wie [⌘ Strg] [1] zu vergeben. Ein Klick auf den Knopf **Auf Basis zurücksetzen** stellt alle Werte auf den **Einfachen Grafikrahmen** zurück, auf dem ein neues Format auch basiert. In der Ausklappliste sehen Sie alle aktuellen Eigenschaften des Formats, und in den Rubriken können Sie die Einstellungen verändern, die Sie bereits von anderen Stellen kennen: **Farbe**, **Fläche**, **Kontur-** und **Eckenoptionen**, **Transparenz** etc.

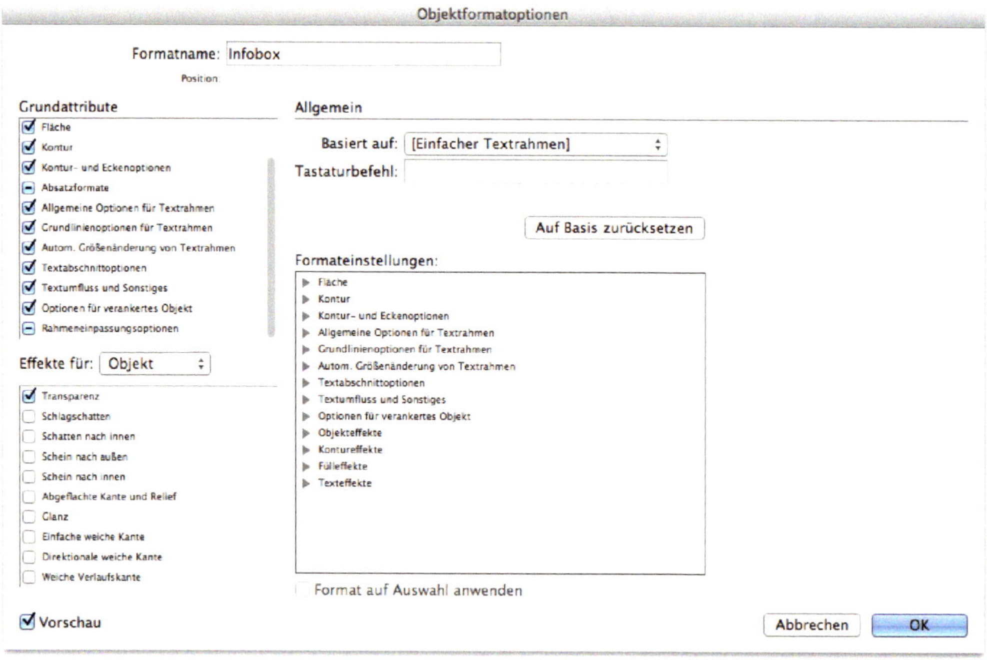

In den allgemeinen Optionen legen Sie einen Namen für das Format fest und sehen alle Formateinstellungen in der Aufklappliste.

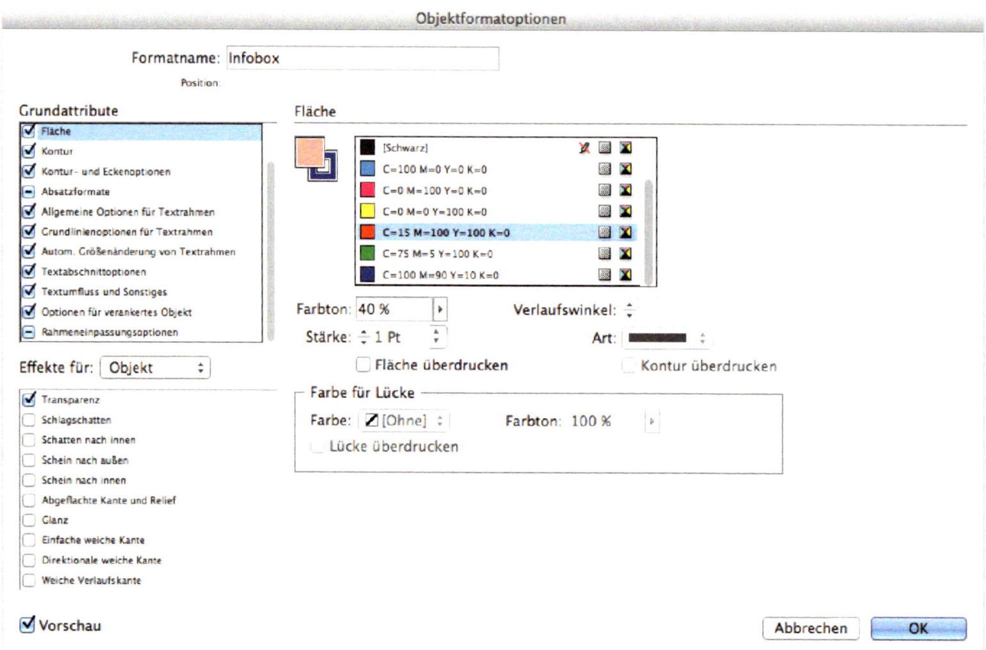

Die Farbangaben zur Fläche/Kontur sowie andere Einstellungen nehmen Sie an den Rubriken in der linken Liste vor.

Objektformat schnell anwenden

Wenn Sie einen Rahmen nach fertigen Objektformaten gestalten wollen, können Sie den Rahmen mit der Auswahl [V] anwählen. Über den Tastenbefehl [⌘ Strg][↩] rufen Sie die **Schnellauswahl** aller Absatz-, Zeichen-, Tabellen-, Zellen- und Objektformate auf. Im rechten oberen Bereich des Dokumentenfensters erscheint die Liste aller Formate. Entweder klicken Sie auf das gewünschte Format oder Sie bewegen sich mit den Pfeiltasten [▲] oder [▼] durch die Liste. Mit der [↩]-Taste bestätigen Sie die Auswahl. Falls Ihr Dokument sehr viele Formate aufweisen sollte, können Sie in der Eingabezeile sogar danach suchen.

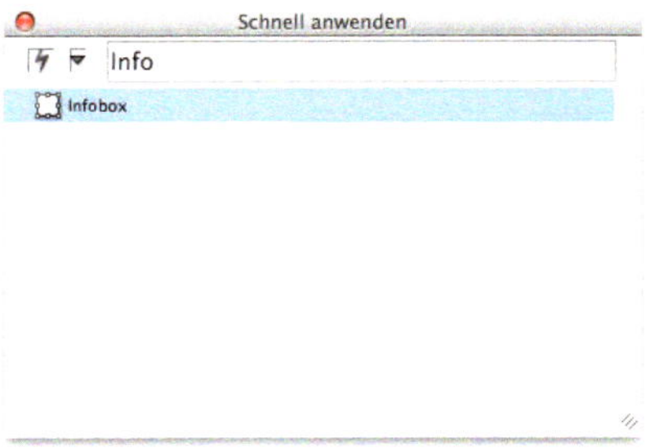

Die Schnellauswahl ist ein komfortabler Weg, Objektformate auszuwählen.

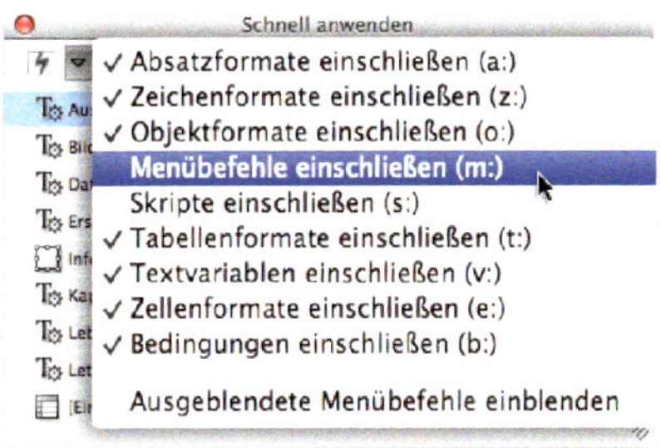

Die Menübefehle und Skripten sollten im Aufklappmenü der Schnellauswahl deaktiviert werden, damit Sie keine endlose Ergebnisliste erhalten.

Alle abweichenden Eigenschaften vom Objektformat löschen

Ein Objektformat dient natürlich immer nur als Vorlage. Sobald Sie einen Rahmen mit einem Objektformat gestaltet haben, dürfen Sie Änderungen an dem Rahmen vornehmen. Wählen Sie beispielsweise eine andere Farbfüllung, ist dies eine Abweichung vom Objektformat. Dies sehen Sie daran, dass das Format in der Liste des Bedienfelds „Objektformate" mit einem **Plus**-Zeichen gekennzeichnet ist – vergleichbar zu den Absatzformaten. Wenn Sie zur ursprünglichen Formatierung mit dem Objektformat zurückkehren wollen, klicken Sie auf den Knopf **Abweichungen löschen** im **Steuerung**-Bedienfeld rechts unterhalb der Formatwahl. Alternativ dazu finden Sie diesen Befehl auch im **Bedienfeldmenü**.

Vom Objektformat lösen

Jeder mit einem Objektformat gestaltete Rahmen ist mit dem Format weiterhin verknüpft. Im Zuge der Gestaltung kann es aber vorkommen, dass das Format nicht mehr ausreicht und die Verbindung aufgehoben werden muss, um eventuell ein neues Format anzulegen. Dazu bietet InDesign die Option **Verknüpfung mit Format aufheben** im **Bedienfeldmenü** des **Steuerung**-Bedienfelds oder der Objektformate. Die Formatierung des Rahmens bleibt erhalten, nur das zugewiesene Format lautet nun **[Ohne]**.

Rahmen zurücksetzen

Haben Sie einen Rahmen so häufig mit einem Format gestaltet und Änderungen vorgenommen, dass Sie nicht mehr wissen, auf welchem Format der Rahmen nun wirklich basiert, dann sollten Sie den Rahmen zurücksetzen, also alle Formatierungen löschen. Dies tun Sie, indem Sie den Rahmen auswählen und mit gedrückter ⌥ Alt-Taste das Objektformat **Einfacher Grafikrahmen** wählen. So erhalten Sie wieder einen schlichten Rahmen ohne Effekte oder Transparenzen mit einer 1 Point starken schwarzen Kontur.

Objektformate laden und austauschen

Einzelne oder alle Formate einer anderen InDesign-Datei importieren Sie über das Bedienfeldmenü der Objektformate mit dem Befehl **Objektformate laden**. Wenn Sie Platzhalterrahmen gestalten und diese als Snippets in der Bridge oder auf Ihrem Arbeitsplatz ablegen, werden auch darin die Formate gespeichert, die Rahmen „merken" sich also ihre Eigenschaften. Lesen Sie dazu auch die Abschnitte über Bücher, Bibliotheken und Snippets.

Objektformate gruppieren

Wie bei Absatz- und Zeichenformaten oder bei Musterseiten können Sie auch hier Formate als **Gruppe** anlegen und darin die Objektformate verwalten. Dadurch erleichtern Sie sich die Arbeit, wenn Sie erst einmal die Arbeitsweise mit Objektformaten kennen und lieben gelernt haben. Die passenden Befehle finden Sie auch im Bedienfeldmenü der **Objektformate**.

Keine Formate? Im Prinzip schon, aber ...
Zugegeben, der Umgang mit den Formaten ist etwas verwirrend, da es für InDesign eigentlich keinen Rahmen ohne jedes Format gibt, denn sogar dafür ist der Fall **[Ohne]** vorgesehen. Assoziationen mit dem deutschen Steuerrecht sind rein zufällig und nicht beabsichtigt.

Gesonderte Objektformate für Grafikrahmen und Textrahmen
InDesign unterscheidet für Objektformate grob, ob der Inhalt eine Grafik ist oder ob Text einfließen soll. Daher gibt es auch grundsätzlich die Formate Einfacher Grafikrahmen sowie Einfacher Textrahmen. In diesem Kapitel habe ich ausschließlich die Grafikrahmen behandelt, also die Formate, in denen die Kontur, Farbe, Eckenoptionen etc. definiert sind. Anders verhält es sich aber bei Textrahmen. Lesen Sie dazu auch die Abschnitte „Typografie" sowie „Absatz- und Zeichenformate".

Aufeinander basierende Objektformate

Nicht alle Funktionen können und sollten in der vollständigen Tiefe ausgereizt werden. So dürfen Objektformate auch aufeinander basieren. Wenn Sie bereits mit Absatzformaten gearbeitet haben, kennen Sie diese Möglichkeit, mit Formaten aufeinander aufbauend zu arbeiten. Was für rein grafische Arbeiten genial ist, kann im Zusammenhang mit Absatzformaten eine undurchschaubare Fülle von Abhängigkeiten und Wechselwirkungen mit sich bringen. Sie sollten diese aufeinander basierenden Formate nur mit Vorsicht genießen, Ihre Reinzeichnerin oder der Chef vom Dienst wird es Ihnen danken!

Vektorbearbeitung

Wie auf den vorangegangenen Seiten schon angedeutet, werden alle Rahmenobjekte in InDesign als Vektorpfade behandelt. Das bedeutet, dass Sie zahlreiche einfache Vektorfunktionen im Layout anwenden können. Neben den Rahmenwerkzeugen **Rechteck**, **Ellipse** und **Polygon** verfügt InDesign über weitere Werkzeuge zur Erstellung von vektorbasierten Grafikobjekten: die **Direktauswahl**, den **Zeichenstift**, **Ankerpunkt hinzufügen** und **Ankerpunkt löschen**.

Die Direktauswahl

InDesign unterscheidet, ob Sie nur den Rahmen als Ganzes bearbeiten oder ob Sie den Inhalt editieren wollen. Diese Trennung kommt durch die beiden Werkzeuge **Auswahl** und **Direktauswahl** zum Ausdruck.

Erzeugen Sie mit dem **Polygon**-Werkzeug im **Werkzeug**-Bedienfeld einen Rahmen. Wechseln Sie nun mit einem Doppelklick auf den Rahmen oder mit dem Tastenbefehl [A] auf die **Direktauswahl**. Der Layoutrahmen verschwindet und offenbart die Ankerpunkte des Polygons. Sie sind jetzt in die Vektorenbearbeitung gesprungen. Nun können Sie mit der Direktauswahl- und anderen Pfadwerkzeugen wie dem **Zeichenstift**, **Ankerpunkt hinzufügen**, **Ankerpunkt löschen** und **Richtungspunkt umwandeln** den Vektorpfad bearbeiten. Nach einem erneuten Doppelklick kehren Sie zum Auswahlwerkzeug zurück.

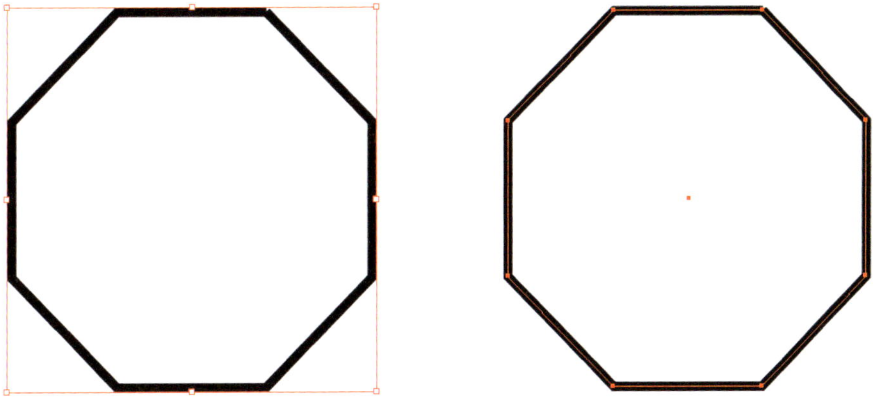

Ein Polygonrahmen ist mit dem Auswahlwerkzeug aktiviert, der Layoutrahmen zu sehen. Mit dem Direktauswahlwerkzeug wird die Pfadkontur mit Ankerpunkte sichtbar.

Ankerpunkte auswählen und verschieben

Wenn Sie die **Direktauswahl** bewegen, zeigt das Werkzeug verschiedene Zusätze rechts unterhalb der Werkzeugspitze an. Bewegen Sie sich über einen Pfad, wird zusätzlich eine angezeigt. Bewegen Sie das Werkzeug auf einen Ankerpunkt, erhalten Sie ein kleines . Klicken Sie auf einen Ankerpunkt. Der Punkt wird jetzt dargestellt. Klicken Sie den Ankerpunkt erneut an und halten Sie dabei die Maustaste gedrückt.

Ziehen Sie den Ankerpunkt an eine andere Stelle. Sie sehen bei der Bewegung, welchen Verlauf der ursprüngliche Pfad hat. Lassen Sie den Ankerpunkt los.

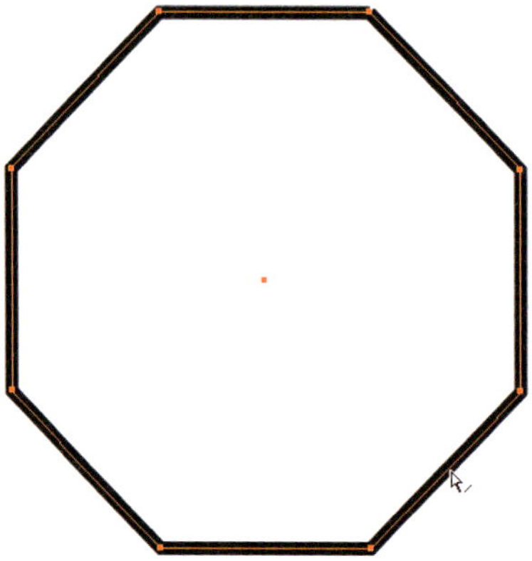

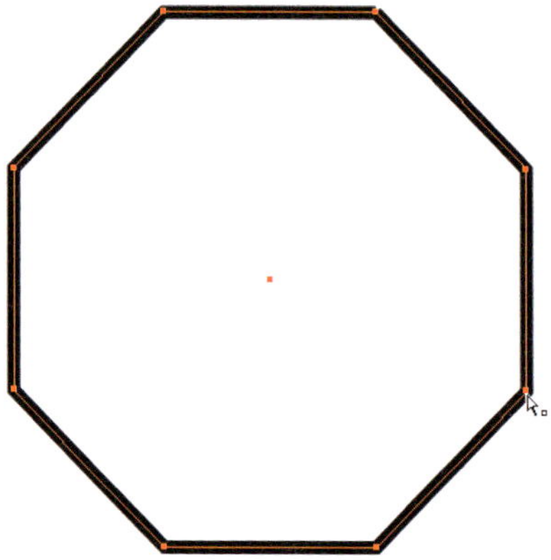

Mit der Direktauswahl bearbeiten Sie die Linie; Sie können zum Beispiel einen Ankerpunkt anklicken und verschieben..

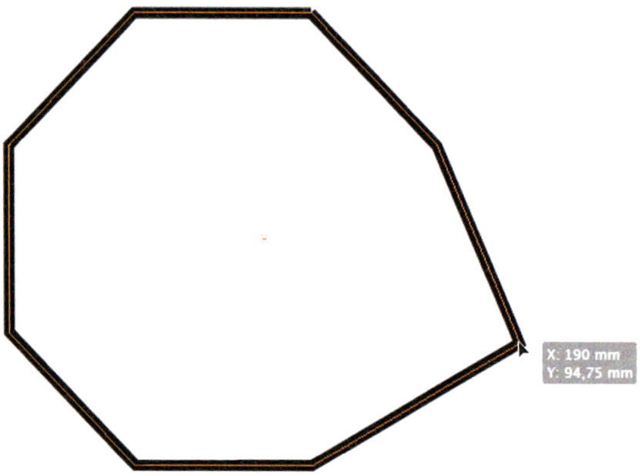

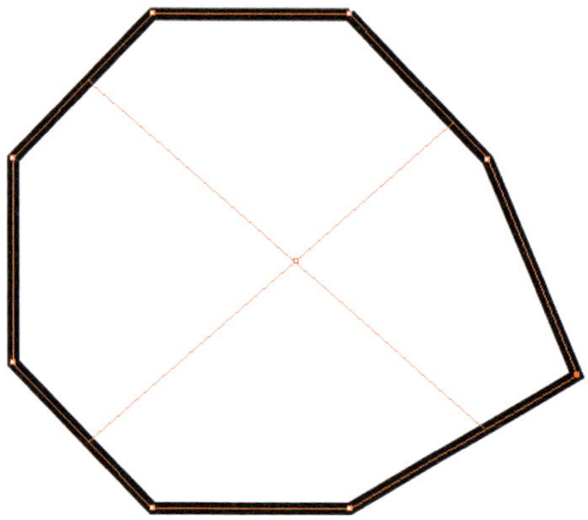

Ziehen Sie ein Auswahlrechteck über mehrere Auswahlpunkte. Nun haben Sie diese Ankerpunkte gleichzeitig ausgewählt und können sie verschieben. Halten Sie bei diesen Aktionen [⇧] gedrückt, werden die Ankerpunkte auf einem 45°- oder 90°-Winkel verschoben.

Beim Verschieben eines Ankerpunkts sehen Sie die Koordinaten am Mauszeiger. Der verschobene Ankerpunkt bleibt ausgewählt.

Mehrfachauswahl und Verschieben von drei Ankerpunkten

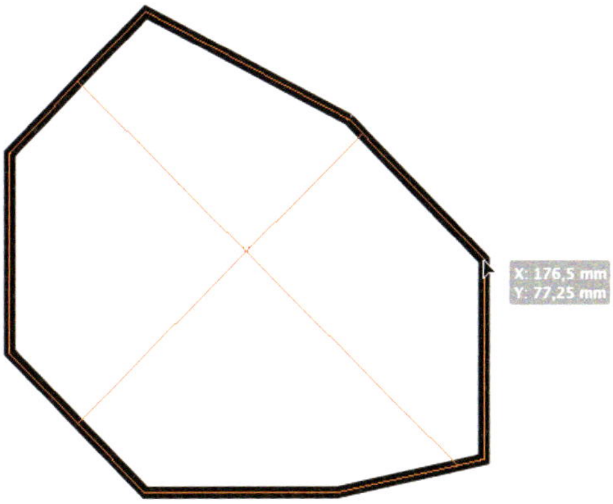

Ankerpunkte hinzufügen und löschen

Wählen Sie nun das Werkzeug **Zeichenstift** [P] aus. Bewegen Sie den Zeichenstift über den ausgewählten Vektorpfad. Über dem Vektorpfad erscheint ein kleines Pluszeichen neben der Stiftspitze; Sie können mit einem Mausklick an dieser Stelle einen Ankerpunkt zum bestehenden Pfad hinzufügen.

Über einem Ankerpunkt hingegen erscheint ein Minuszeichen; dieser Ankerpunkt kann mit einem Mausklick gelöscht werden. Dieselben Funktionen erreichen Sie über die Werkzeugauswahl **Ankerpunkt hinzufügen** und **Ankerpunkt löschen** des **Werkzeuge**-Bedienfelds, die auch über die Tastenbefehle [+] und [−] aufgerufen werden können.

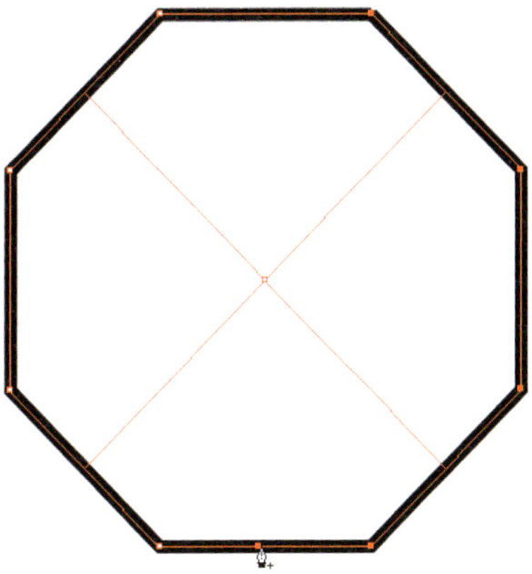

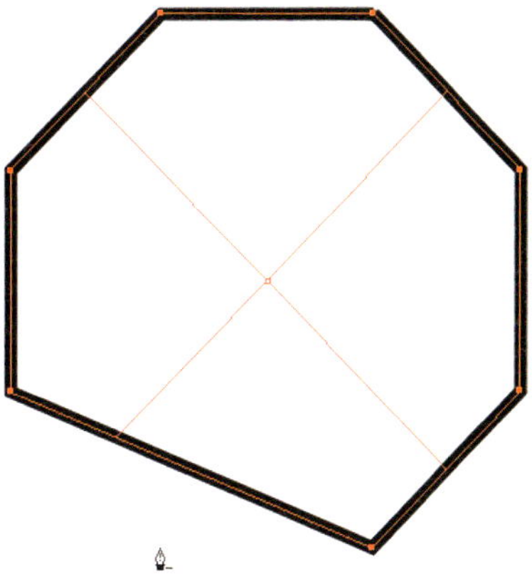

Ankerpunkt hinzufügen, Ankerpunkt löschen.

Richtungspunkt umwandeln

Das Werkzeug mit der etwas irritierenden Bezeichnung zieht bei gedrückter Maustaste auf einen Ankerpunkt einen Eckpunkt als

Tangentenpunkt auf. Eckpunkte werden durch gerade Linien verbunden, Tangentenpunkte dagegen erzeugen durch Tangenten eine Bogenform. Die Länge einer Tangente beeinflusst den Bogen des Vektorpfades.

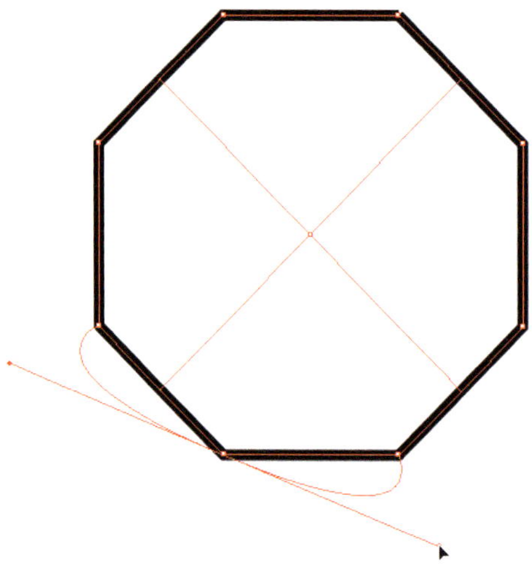

Richtungspunkt umwandeln: Aus Eckpunkt wird Tangentenpunkt.

Tangentenpunkte werden zunächst symmetrisch im rechten Winkel zum Vektorpfad mit gleichen Tangentenlängen angelegt. Nachträglich können nun die Tangenten angepasst werden. Zunächst ziehen Sie einen Kreisrahmen auf und wechseln auf das Werkzeug **Richtungspunkt umwandeln**. Ziehen Sie einen neuen Tangentenpunkt aus dem unteren Ankerpunkt heraus. Danach klicken Sie mit demselben Werkzeug auf einen einzelnen Tangentenpunkt und verschieben diesen. Nun erstellen Sie eine eigene Bogenform, der Kreisbogen läuft nicht mehr symmetrisch durch den Ankerpunkt.

Besondere Tastenbefehle
Bei ausgewähltem **Zeichenstift**-Werkzeug können Sie mit gedrückter [⌘ Strg]-Taste temporär auf die **Direktauswahl** wechseln. Mit gedrückter [⌥ Alt]-Taste wird vorübergehend das **Richtungspunkt-umwandeln**-Werkzeug aktiviert.

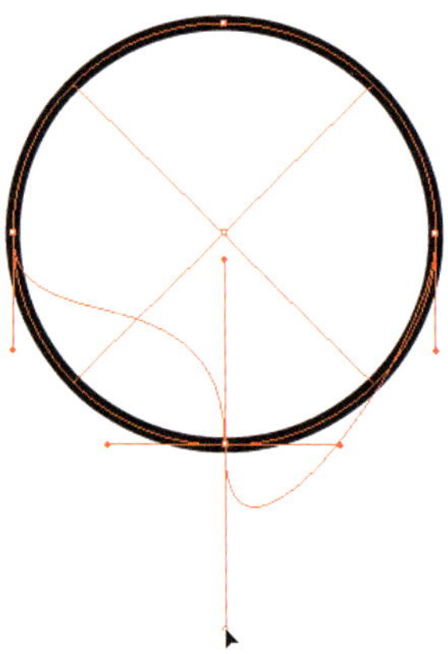

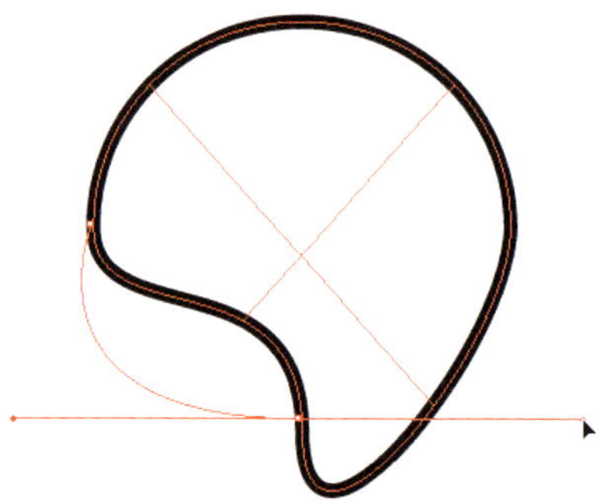

Tangentenpunkt neu aufziehen und Tangenten einzeln editieren.

Bestehende Tangentenpunkte wandeln Sie wieder in Eckpunkte um, indem Sie mit dem Werkzeug auf den Ankerpunkt klicken.

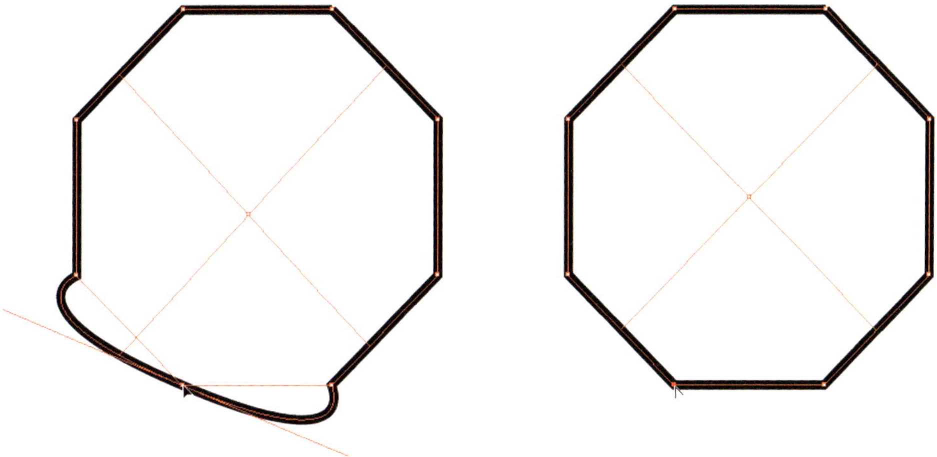

Tangentenpunkt in Eckpunkt umwandeln

Alternativen für eine neue Form
Neben den Vektorwerkzeugen können Sie auch mit vorgegebenen Rahmen- oder Polygonwerkzeugen sowie dem Pathfinder verschiedene Formen erzeugen, ohne die Pfadwerkzeuge bemühen zu müssen. Binnenformen können Sie beispielsweise dadurch erzeugen, dass Sie ein zweites Objekt über den ersten Vektor zeichnen und dann das obere vom unteren ausstanzen.

Weitere Werkzeuge: Zeichenstift, Buntstift und Radierer
Sie müssen Vektorpfade nicht unbedingt über Rahmen erstellen. Ihnen stehen dafür die Werkzeuge **Zeichenstift** [P], **Buntstift** [N], **Glätten**, **Radieren** und der **Linienzeichner** [<] zur Verfügung.

Fangen wir mit dem **Zeichenstift** [P] an. Wählen Sie das Werkzeug aus und klicken Sie auf die Seite. Klicken Sie ein zweites Mal und die beiden Punkte werden verbunden. Einen Tangentenpunkt können Sie setzen, wenn Sie die Maustaste gedrückt halten und den Mauszeiger vom Ankerpunkt wegziehen. Setzen Sie weitere Tangentenpunkte und achten Sie auf die Linie, die gezeichnet wird, bevor Sie die Maustaste loslassen.

Mit dem Zeichenstift Tangentenpunkte aufziehen

Mit dem Zeichenstift Tangentenpunkte versetzen

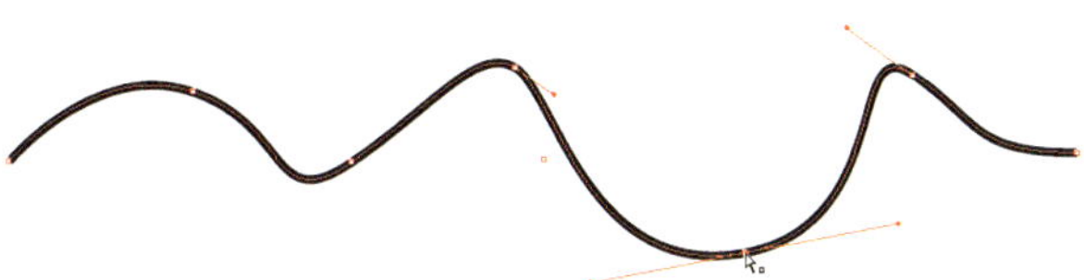

Ankerpunkte numerisch transformieren
Nicht nur Rahmen, sondern auch Ankerpunkte lassen sich numerisch transformieren! Wählen Sie dazu mit der Direktauswahl einen Ankerpunkt an und rufen Sie das Transformieren-Bedienfeld auf. Sie erhalten die Koordinaten des Punkts und können sie verändern.

Wesentlich intuitiver arbeiten Sie mit dem **Bleistift**. Bevor Sie nun aber versuchen, damit eine Skizze anzufertigen, benutzen Sie bitte ein Grafiktablett für diese Arbeit; mein krakeliges Beispiel ist mit einer Maus entstanden.

Um diese Unebenheiten auszugleichen, wählen Sie das **Glätten**-Werkzeug und fahren mit der Werkzeugspitze mehrmals über die aktive Zeichenform. Dadurch wird der krakelige Strich auf wundersame Weise schnell zu einer gleichmäßigen Form.

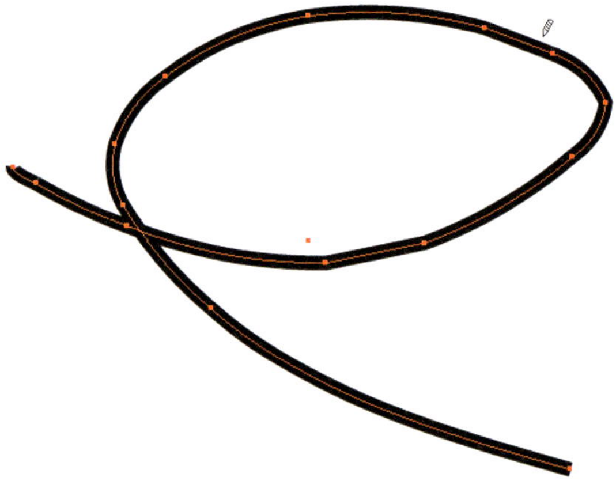

Skizzen glätten Sie mit dem gleichnamigen Werkzeug.

Sie haben zu viel gezeichnet? Nun, dafür haben Sie als letztes Zeichen-Werkzeug den **Radierer** zur Verfügung. Um den Radierer effektiv einzusetzen, sollten Sie zuvor eine Vektorkurve auswählen, aus der Sie Linienabschnitte entfernen.

Probleme beim Zeichnen

InDesign erkennt zwar ein Grafiktablett als Eingabeinstrument, mehr als die Koordinaten werden jedoch nicht unterstützt. Wollen Sie elegante Vektoren zeichnen, die sogar eine Pinsel- oder Federform darstellen, sollten Sie dies mit Illustrator erledigen und als Vektor über die Zwischenablage wieder in InDesign einfügen oder als AI-Datei in das Layout platzieren.

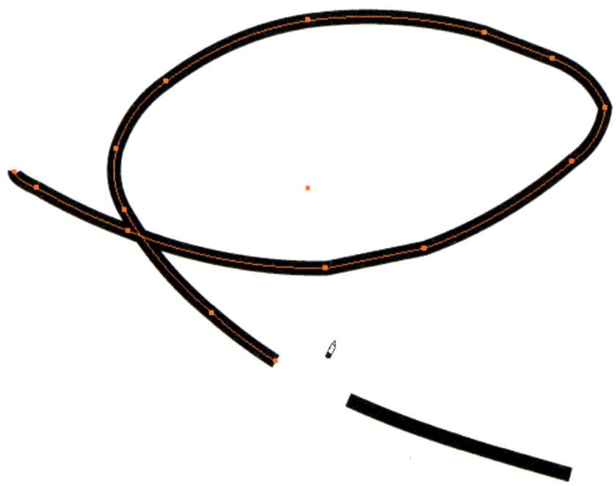

Zeichnungen mit dem Radierer entfernen

Besser gleich in Illustrator
Die Stiftwerkzeuge gehören eindeutig nicht zu den Stärken von InDesign. Wenn Sie also wieder einmal eine Handzeichnung benötigen, verwenden Sie am besten gleich von Anfang an Illustrator – oder Sie skizzieren tatsächlich per Hand und scannen die Zeichnung als Bild ein.

Ebenen

In InDesign CS5 wurde die Ebenensystematik an die von Illustrator angeglichen. Seither befinden sich auf jeder Ebene die dazugehörigen Rahmen als eigene Einträge im **Ebenen**-Bedienfeld und können dort angewählt und bearbeitet werden. Ebenen helfen, Layoutdokumente übersichtlicher zu strukturieren, kreative Lösungen bei Gestaltungsfragen zu finden und potenzielle Probleme bei der Transparenzreduzierung (sofern erforderlich) zu vermeiden.

Die Vorteile von Ebenen können sein:

- Trennung von Text -, Bild- und Vektorebenen in Vorder-, Mittel- und Hintergrund
- Sortierung der Objektreihenfolge
- Separate Objekte von Muster- und Layoutseiten
- Ein- und Ausblenden von Hintergrundmustern zur besseren Les- und Bearbeitbarkeit
- Mehrsprachige Textversionen in einer Layoutdatei
- Identische Layoutentwürfe mit alternativen Bildmotiven
- Verschiedene Layoutversionen
- Schutz von fertig bearbeiteten Grafiken oder importierten Vorlagen
- Leichtes Ein-/Ausblenden von Objekten, die nicht in allen Ausgabekanälen und -versionen benötigt werden

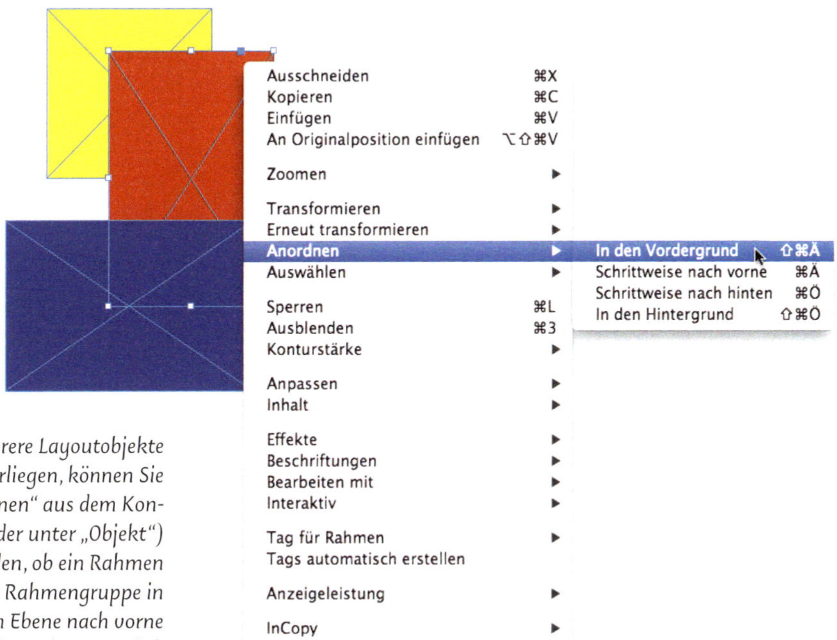

Sobald mehrere Layoutobjekte übereinanderliegen, können Sie mit „Anordnen" aus dem Kontextmenü (oder unter „Objekt") entscheiden, ob ein Rahmen oder eine Rahmengruppe in der aktuellen Ebene nach vorne oder nach hinten bewegt wird.

Vorne, hinten und dazwischen

Unabhängig von den genannten Vorteilen lässt sich jedes Layoutdokument auch ohne Ebenen bearbeiten und ausgeben, da InDesign grundsätzlich schon innerhalb der „Ebene 1" den Unterschied zwischen vorne und hinten kennt und Sie die Objektreihenfolge mit Hilfe des Kontextmenüs ändern können. Dabei gehen aber bei komplexen Layoutdokumenten schnell Übersicht und Komfort verloren, selbst wenn Sie sich mit **Objekt** > **Ausblenden** einzelne Objekte vorübergehend aus Ihrem Blickfeld schaffen.

Hilfslinien

InDesign ordnet die **Hilfslinien** immer der jeweiligen **Ebene** zu. Das bedeutet für Ihre Arbeit, dass Sie – wenn Sie ausgiebig mit Ebenen arbeiten wollen – genau planen sollten, welche Hilfslinien Sie für alle Ebenen und welche nur für Objekte einer Ebene benötigen. Für den ersten Fall legen Sie sich bitte eine eigene Ebene mit einer treffenden Bezeichnung an, die Sie über allen anderen Objekten platzieren, damit großflächige Rahmen Ihnen nicht die Sicht nehmen. Hilfslinien, die Sie dagegen nur für Objekte in einer Ebene benötigen, brauchen Sie nicht in einer gesonderten Ebene unterzubringen. Die **Spalten**- und **Steghilfslinien**, das **Grundlinienraster** sowie die **Anschnittzugabe** sind von dieser Wahl nicht betroffen, sie sind daher einmal für das gesamte Dokument angelegt.

Das Ebenen-Bedienfeld

Unter dem Menü **Fenster** oder am rechten Bildschirmrand rufen Sie das Bedienfeld **Ebenen** auf. Zunächst besteht jede Datei, die Sie in InDesign anlegen oder aus anderen Layoutanwendungen importieren, aus der **Ebene 1**, die mit einem hellblauen Quadrat gekennzeichnet ist. Alle Rahmen von Text-, Grafik- oder platzierten Bildobjekten werden entsprechend dieser Ebenenfarbe eingefärbt. Diese Ebene zieht sich durch das gesamte Dokument und alle Musterseiten. Wenn Sie aus dem Menü **Ansicht** die Option **Rahmenkanten einblenden** aktiviert haben, sehen Sie auch die Kanten von nicht aktivierten Rahmen der zugeordneten Ebene eingefärbt.

Gestrichelt und gepunktet
Entsprechend der Ebene werden alle Rahmen eingefärbt, auch gestrichelte Rahmengruppen oder Musterseitenobjekte, die mit einer gepunkteten Umrisslinie gekennzeichnet sind.

Das Ebenen-Bedienfeld erlaubt das separate Einblenden oder Sperren von Ebenen sowie die farbliche Markierung. Die Ebenenfarbe ist immer auch die Farbe der Layoutrahmen auf dieser Ebene und somit im Layout gut zu unterscheiden.

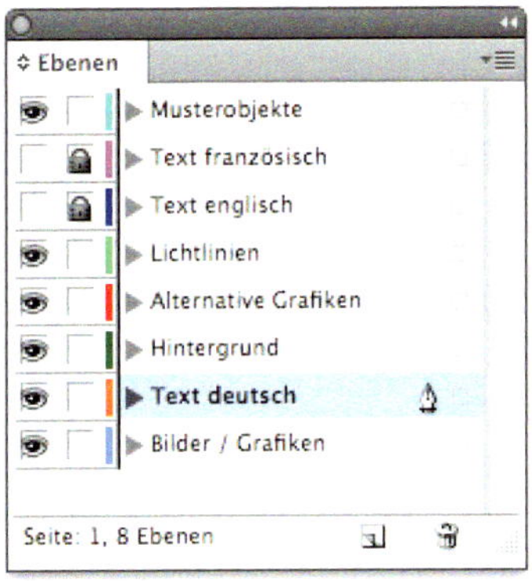

Sichtbarkeit und Sperrung

In der Bedienfelderansicht befinden sich zwei Felder vor der Ebene: die **Sichtbarkeit** und die **Sperrung**. Drücken Sie ein Auge zu, verschwinden die Ebenenobjekte in der Dokumentansicht. Durch **Sperren/Entsperren** schützen Sie Ebenen vor ungewollter Bearbeitung. In der Ebenenzeile wird ein Zeichenstift hinter dem Ebenennamen angezeigt, der Ihnen sagt, dass Sie nun alle Objekte bearbeiten können. Wird die Ebene gesperrt, wird auch der Zeichenstift durchgestrichen. Sobald Sie einen Rahmen mit der Auswahl angeklickt haben, erscheint hinter dem Zeichenstift ein kleines Quadrat.

Objekte in der Ebene

Sobald Sie den Pfeil vor einer Ebene anklicken, zeigt die Ebene die darin befindlichen Rahmen auf der aktuellen Seite. Die Rahmen werden, je nach Typ, benannt nach dem Titel des **platzierten Bildes**, nach den ersten Wörtern in einem **Textrahmen** oder nach der Form des **Vektorobjekts**.

Das Ebenen-Bedienfeld zeigt nun auch die darin liegenden Rahmen – benannt nach ihrem Inhalt.

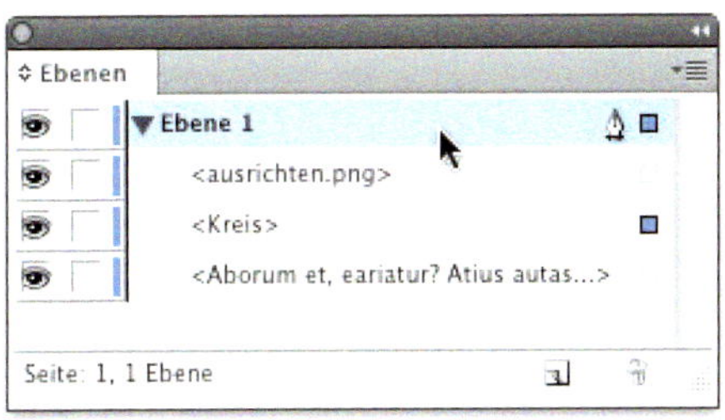

Rahmen beim Verschieben duplizieren

Was Sie schon aus der Rahmenbearbeitung im Layout kennen, können Sie auch im **Ebenen**-Bedienfeld anwenden. Sie halten die ⌥ Alt-Taste gedrückt und verschieben einen Rahmen im Ebenen-Bedienfeld auf eine andere Ebene. Anschließend lassen Sie die Maustaste los und der Rahmen wurde kopiert.

Rahmen verschieben

Rahmen, die auf eine Ebene verschoben werden sollen, müssen Sie zunächst aktivieren. Klicken Sie anschließend auf das **kleine Quadrat** hinter dem Namen des Objekts im **Ebenen**-Bedienfeld und ziehen Sie es auf die gewünschte Ebene nach oben oder nach unten. Lassen Sie die Maustaste los und der Rahmen springt auf die Zielebene. Der Rahmen wird mit der Ebenenfarbe eingefärbt.

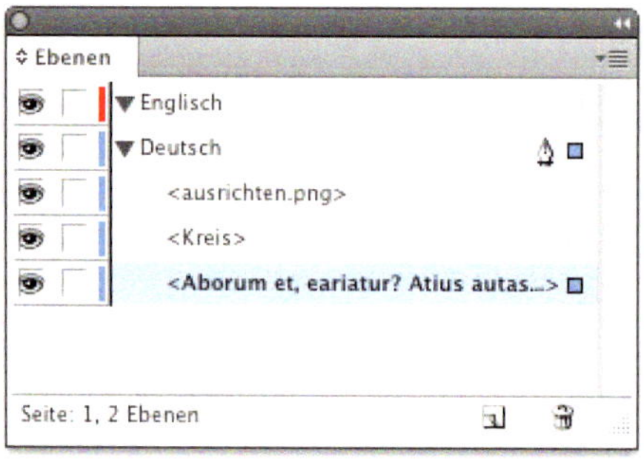

Zunächst markieren Sie ein Objekt im Ebenen-Bedienfeld.

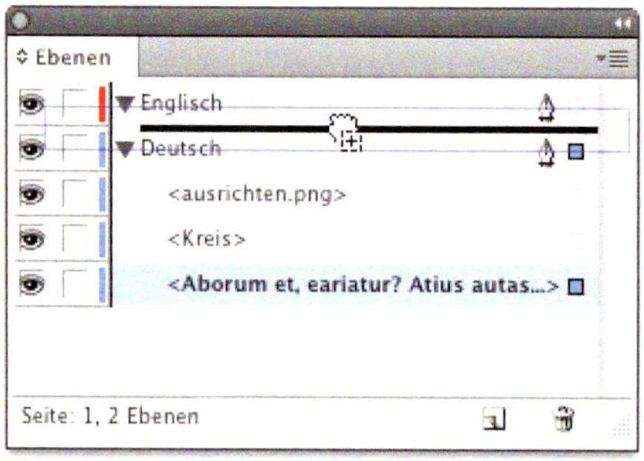

Mit gedrückter ⌥ Alt-Taste ziehen Sie das Objekt auf die andere Ebene.

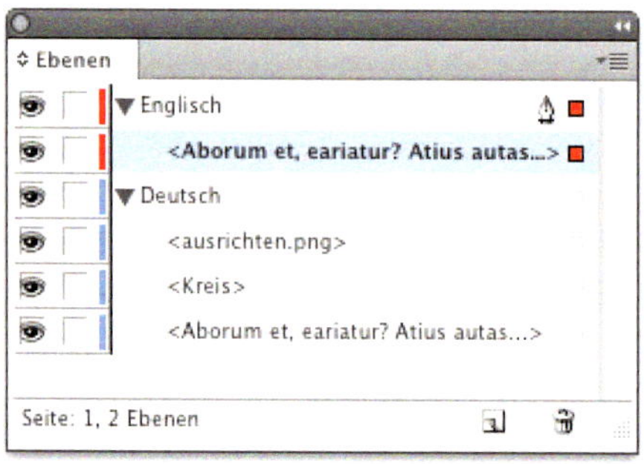

Der Rahmen ist nun auf beiden Ebenen vorhanden.

Wenn Sie einen Rahmen in die Zwischenablage kopieren und auf einer neuen Ebene einfügen wollen, müssen Sie zuvor die entsprechende Ebene anwählen. Der Rahmen wird dann auf dieser Ebene in der Bildschirmmitte eingefügt. Verwenden Sie den Befehl aus dem Menü **Bearbeiten > An Originalposition einfügen**, um Rahmen passgenau zu kopieren.

Mehrfachauswahl
Eine Mehrfachauswahl von Rahmen ist möglich, auch wenn alle Rahmen auf unterschiedlichen Ebenen liegen. Dazu können Sie alle Rahmen mit ⌘ Strg+Klick anwählen. Anschließend verschieben Sie die Rahmen auf die gewünschte Ebene.

Gruppen bearbeiten

Haben Sie mehrere Rahmen gruppiert, können Sie im **Ebenen**-Bedienfeld trotzdem die einzelnen Rahmen anwählen und sogar innerhalb der Gruppenreihenfolge verschieben. Dazu wählen Sie einen Gruppenrahmen im Layout an und klappen die dazugehörige Ebene im **Ebenen**-Bedienfeld auf. Klicken Sie nun einen der Rahmen in der Gruppe an und ziehen Sie diesen Rahmen an eine andere Position in der Gruppe. Die Gruppe bleibt erhalten, die Reihenfolge wird geändert.

Gruppen auflösen
Sobald Sie einen zu einer Gruppe gehörenden Rahmen aus der Gruppe heraus auf dieselbe oder eine andere Ebene ziehen, wird dieser folgerichtig aus der Gruppe entfernt. Ziehen Sie aus einer Gruppe von zwei Rahmen einen heraus, wird die Gruppe aufgelöst, da ein einzelner Rahmen in einer Gruppe keinen Sinn hat. Schön, dass die Entwickler von Adobe hier mitgedacht haben.

Die Gruppe beinhaltet zwei Rahmen.

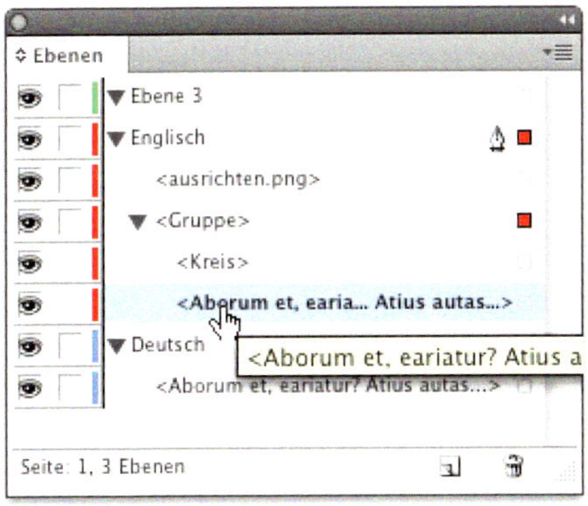

Der Textrahmen wurde erfolgreich über den „Kreis“ platziert.

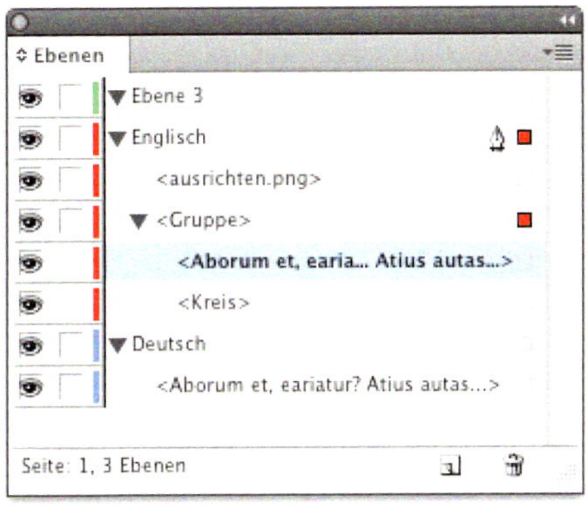

Geschützte Rahmen oder geschützte Ebenen?
Ebenen können in den Ebenenoptionen über **Ebene sperren** vor der Bearbeitung geschützt werden. Dies ist besonders bei fest definierten Gestaltungselementen sinnvoll. Alternativ dazu können Sie aber auch einzelne Rahmen über das **Ebenen**-Bedienfeld schützen, indem Sie auf das Sperrfeld vor dem Objektnamen klicken.

Ebenenoptionen

Mit einem **Doppelklick** auf die aktuelle Ebene im **Ebenen**-Bedienfeld öffnen Sie die Optionen, in denen Sie den **Namen**, die **Farbzuordnung**, die **Sichtbarkeit** der Ebene und die **Sichtbarkeit der Hilfslinien** definieren können. Alternativ dazu erreichen Sie die **Ebenenoptionen** über das Bedienfeldmenü.

In den Ebenenoptionen wählen Sie einen Namen, die Farbe für die Ebenenmarkierung sowie weitere Optionen. Wichtig ist auch die letzte Funktion: Der Textumfluss von Textrahmen um Bilder oder Grafiken kann deaktiviert werden, wenn die Ebene mit den zu umfließenden Objekte ausgeblendet ist.

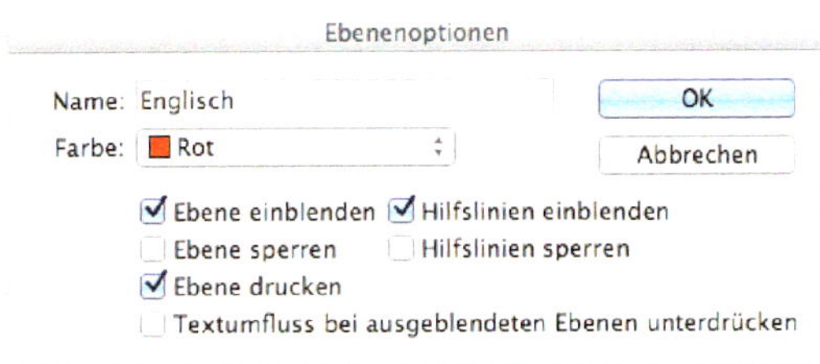

Geben Sie der Ebene einen neuen Namen und wählen Sie eine andere Farbe aus, zum Beispiel Rot. Die Farbbezeichnungen sind hier keine druckrelevanten Angaben, Sie dürfen sich somit auch Farben mit den schönen Namen Weinrot oder Schwefel aussuchen, ohne einen Nervenzusammenbruch Ihres Druckdienstleisters zu provozieren.

Ob die Ebene sichtbar sein soll oder nicht, können Sie im **Ebenen**-Bedienfeld selbst einstellen. Wichtig sind auch die Hilfslinien. Wie eingangs beschrieben, sind diese immer ebenenabhängig. Hilfslinien können Sie an dieser Stelle separat ein- oder ausblenden.

Das Ebenenobjekt wird separat geschützt.

Ebenen und Textumfluss

Wenn Sie eine Ebene ausblenden, auf der ein Rahmen liegt, der von einem Text umflossen wird, bleibt der Textfluss erhalten. Das ist auch gut so, falls Sie zum Beispiel verschiedene platzierte Bilder derselben Größe übereinander angeordnet haben, um herauszufinden, welches Bild am besten mit dem Layout harmoniert. Wollen Sie dagegen Bilder oder Rahmen für das Layout ausblenden, muss der Textfluss neu berechnet werden. Um dies zu ermöglichen, wählen Sie in den Ebenenoptionen **Textumfluss bei ausgeblendeten Ebenen unterdrücken**.

Ein platziertes Bild auf der Ebene Bilder/Grafiken verdrängt einen Text der Ebene „Text deutsch".

Die Ebene Bilder/Grafiken wurde ausgeblendet, der Text wird weiterhin verdrängt. In den Ebenenoptionen für die Bilder/Grafiken können Sie dieses Verhalten abschalten, so dass der Text normal fließt oder von einem Objekt einer anderen Ebene verdrängt werden kann.

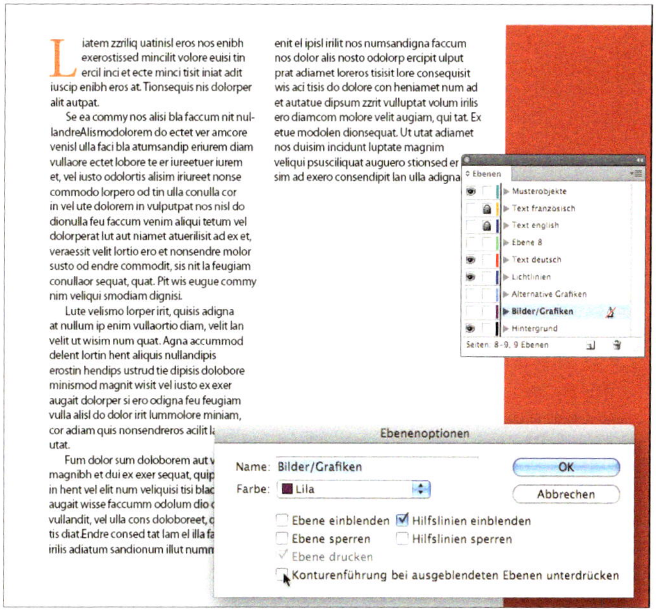

Ebenen zusammenfügen

Mit gedrückter [⌘ Strg]-Taste klicken Sie mehrere Ebenen an, die Sie zusammenfügen wollen. Wählen Sie im Bedienfeldmenü die Option **Auf eine Ebene reduzieren** aus, alle betreffenden Rahmen werden so zusammengefügt. Sollten Sie den Wunsch verspüren, alle Ebenen im Dokument zu reduzieren, da Sie mit der Layoutarbeit fertig sind oder keine weitere Ebenenunterteilung benötigen, wählen Sie einfach alle Ebenen aus und wiederholen Sie den Schritt.

Ebenen löschen

Unbenutzte Ebenen, auf denen kein Rahmen mehr liegt, können Sie mit dem Befehl **Unbenutzte Ebenen löschen** im Bedienfeldmenü löschen.

Das Bedienfeldmenü der Ebenen bietet auch die Möglichkeit, unbenutzte Ebenen zu löschen oder mehrere Ebenen auf eine zu reduzieren.

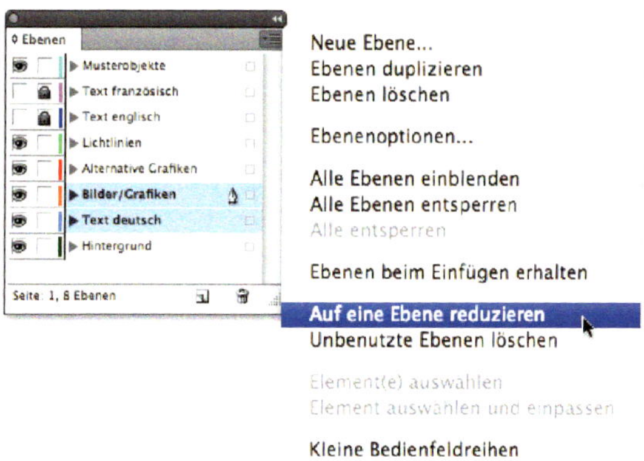

Ebenen beim Einfügen erhalten

Kopieren Sie Rahmen aus anderen Layoutdokumenten, die Sie aus verschiedenen Ebenen angewählt haben, haben Sie die Wahl, beim Einfügen in ein neues Dokument die Ebenenreihenfolge und -namen zu erhalten (**Ebenen beim Einfügen erhalten**) und damit die kopierten Objekte mit samt ihren Ebenen über der zuletzt aktivierten Ebene im neuen Dokument einzufügen. Dagegen kopieren Sie bei deaktivierter Option alles auf die aktuelle Ebene.

Anwendungsbeispiele

Nachdem Sie die grundlegende Funktionsweise von Ebenen kennengelernt haben, zeige ich Ihnen nun spannende Anwendungsbeispiele, wie Sie Ebenen in Ihrer alltäglichen Arbeit effizient einsetzen können.

Rahmensortierung

Eine Trennung in Vordergrund und Hintergrund ermöglicht die Trennung in Bild, Text und weitere Grafiken. Legen Sie sich dazu mehrere Ebenen an, die Sie mit sinnvollen Namen versehen.

Das vollständige Layout mit allen eingeblendeten Ebenen.

Verteilen Sie nun die Rahmen auf die betreffenden Ebenen. Nun blenden Sie für die Textbearbeitung die Bildebene aus, um schneller im Dokument zu navigieren, da der Grafikprozessor Ihres Computers nicht mehr mit der Zeichnung von platzierten Bilddaten beschäftigt ist. Ebenso verfahren Sie mit der Bearbeitung von Vektorobjekten.

Rahmen der Musterseite werden auf einer separaten Ebene (grün) platziert. Somit können keine Musterrahmen von anderen verdeckt werden.

Eine separate Ebene für Texte (rot) oder verschiedene Sprachen

Bilder- und Grafikebene (violett)

Rahmen im Hintergrund liegen idealerweise auf einer eigenen Ebene (schwarz).

Mehrere Ebenen nicht für die Druckausgabe

InDesign-Dateien mit mehreren Ebenen können zwar als PDFs mit Ebenen ausgegeben werden, die Belichtung aus diesen PDF-Dateien ist jedoch nur im Format PDF 1.4 sowie mit einer **PDF Print Engine** als RIP möglich. Wem diese aktuelle Technik noch nicht zur Verfügung steht, sollte grundsätzlich aus InDesign heraus nur PDFs in der Version 1.3 (zum Beispiel nach den Standards X-1a oder X-3) ohne Ebenen exportieren.

Mehrsprachige Dokumente

Mehrsprachige Dokumente erstellen Sie am besten auf mehreren Ebenen. Legen Sie sich für jede Sprache eine Ebene an, außerdem Ebenen, die Hintergrundgrafiken oder Musterobjekte aufnehmen. Wenn Sie später alle Rahmen der Sprache nach auf den Ebenen abgelegt und bearbeitet haben, können Sie aus dieser Ebenenstruktur eine PDF-Datei exportieren, die alle Ebenen beinhaltet. Ausgeblendete Ebenen können dabei ebenfalls in das PDF-Dokument exportiert werden, wie Sie im Abschnitt über den **PDF-Export** ab Seite 719 nachlesen können. Später kann der Leser der PDF jederzeit über die Ebenen eine andere Sprache einblenden.

Die Aufgabe, mehrsprachige Dokumente anzulegen, stellt zusätzliche Anforderungen an das Layout. So müssen Sie zum Beispiel für ein deutsch-, englisch- oder französischsprachiges Dokument berücksichtigen, dass Französisch und Deutsch längere Texte hervorbringen als das kompaktere Englisch. Das heißt, im Satzspiegel müssen Sie auch kleine Pufferzonen einrichten, die – gleich ob mit Text gefüllt oder nicht – das Gesamtbild des Layouts nicht stören. Darüber hinaus ist es notwendig, dass Sie für jede Sprache eigene Absatzformate anlegen, damit der Text in der jeweiligen Sprache auch korrekt umbrochen wird. Dazu verwenden Sie Absatzformate, die aufeinander basieren und sich nur im Wörterbuch unterscheiden. Lesen Sie dazu bitte auch den Abschnitt **Absatz- und Zeichenformate**.

Transparenzeffekte: Texte immer nach oben

◢ *Transparenzreduzierung und Probleme bei der Ausgabe: Seite 671*

Als Faustregel und als Hinweis auf die spätere **Transparenzreduzierung** sollten Sie unbedingt beachten, dass Sie Textebenen nach oben und Grafikebenen nach unten platzieren. Das hat folgenden Hintergrund: Die Transparenzreduzierung dient dazu, transparente Objekte mit Effekten mit dem Untergrund zu verrechnen. Dies betrifft sowohl Textobjekte als auch Vektoren oder platzierte Bilder. Dabei zählen bereits Schatten, die auf einen Schriftzug angewendet wurden, als transparente Objekte, die für eine PostScript-Ausgabe mit dem Hintergrund verrechnet werden müssen. Damit bei diesem Vorgang keine Schriftobjekte unnötigerweise in Pixel oder Pfade umgewandelt werden, sollten Textrahmen immer auf der obersten Ebene platziert werden.

Ebenen im Einsatz

Wollen Sie Bilder im Druck zusätzlich lackieren, um die Brillanz des Druckbilds zu erhöhen oder die Papieroberfläche zu schützen, empfehle ich Ihnen, sich mit Ihrer Druckerei abzustimmen, welcher Lack geeignet ist und wie die Farbbezeichnung lauten soll.

Ist diese Absprache nicht möglich, empfehle ich Ihnen folgende Vorgehensweise, damit eine Lackform als zusätzlicher Farbauszug ausgegeben werden kann. Die weitere Bearbeitung der Volltonfarbe und die Überfüllung der Lackformen sollte die Druckerei in der PDF-Datei vornehmen. Führen Sie die folgenden Arbeitsschritte erst dann durch, wenn das Layout feststeht. Ansonsten müssen Sie aufgrund aller veränderter Bildrahmen die Lackformen neu positionieren und anpassen.

Lackformen sind keine Transparenzen

Transparenzen durch verringerte Deckkraft oder Transfermodi sollten Sie für Lackformen unbedingt vermeiden! Durch eine Transparenzreduzierung in der Ausgabe können die Volltonfarbinformationen verloren gehen und alle übereinanderliegenden Rahmen werden in Prozessfarbobjekte umgerechnet. Lackformen werden grundsätzlich überdruckt und mit Hilfe der Überdruckenvorschau angezeigt.

1 Ein neues Farbfeld anmischen

Öffnen Sie das **Farbfelder**-Bedienfeld und klicken Sie auf das **Blatt**-Symbol, um eine neue Farbe zu definieren. Mischen Sie die Farbe als **Volltonfarbe** mit einer eigenen Bezeichnung, wie zum Beispiel „UV-Lack“.

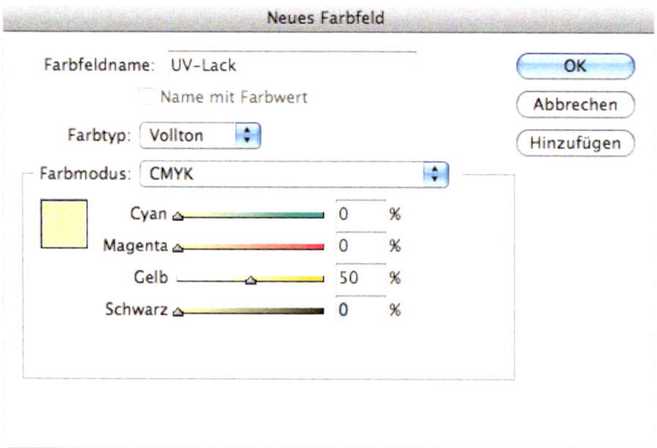

Legen Sie dieses Farbfeld an.

2 Neue Ebene anlegen

Im **Ebenen**-Bedienfeld klicken Sie nun auf das **Blattsymbol** und legen damit eine neue Ebene „UV-Lack“ an. Verschieben Sie die neue Ebene gegebenenfalls nach ganz oben; sie muss über den zu lackierenden Objekten liegen.

3 Rahmen auswählen und duplizieren

Markieren Sie alle platzierten Bilder oder Grafiken auf einer Doppelseite, die mit einem Lack versehen werden sollen. Kopieren Sie sie auf die zuvor erstellte Ebene, indem Sie im **Ebenen**-Bedienfeld das farbige Quadrat mit gedrückter [⌥ Alt]-Taste verschieben.

Markieren Sie alle zu lackierenden Bilder.

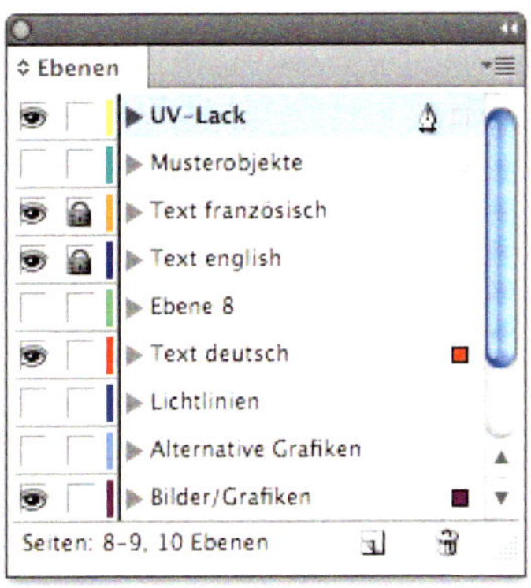

Die Ebene liegt ganz oben.

4 Löschen der Grafiken aus den Rahmen der „UV-Lack"-Ebene

Wechseln Sie auf die **Direktauswahl** [A] (oder zielen Sie mit dem **Auswahl**-Werkzeug jeweils in den „Donut"), klicken Sie in die einzelnen Bilderrahmen und löschen Sie die Inhalte (so dass die leeren Rahmen stehen bleiben) mit der [←]-Taste.

5 Füllen der leeren Rahmen mit der Lackfarbe

Markieren Sie alle leeren Rahmen einer Doppelseite, indem Sie auf das kleine Quadrat hinter dem Namen der Ebene „UV-Lack" klicken. Weisen Sie allen die Füllungsfarbe „UV-Lack" zu.

Füllen Sie die Rahmen neu.

6 Lackrahmen auf Überdrucken stellen

Wenn gerade die Rahmen alle markiert sind, nutzen Sie die Gelegenheit und aktivieren Sie im Bedienfeld **Attribute** die Option **Fläche überdrucken**, damit das darunter liegende echte Bild so .gedruckt wird, als sei es gar nicht verdeckt.

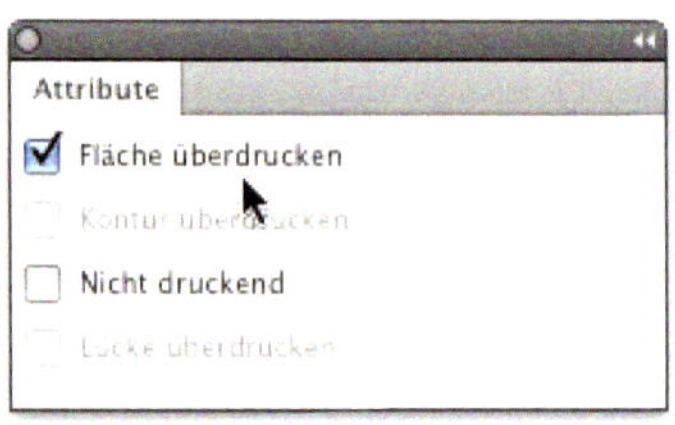

Überdrucken aktivieren

7 Überdruckenvorschau aktivieren

Zur besseren Darstellung können Sie die **Überdruckenvorschau** aus dem Menü **Ansicht** aufrufen. InDesign stellt das Layout so dar, dass die Lackflächen transparent erscheinen.

Überdruckenvorschau aktivieren

8 Ebene sperren

Damit die Lackflächen nicht verschoben werden, können Sie als letzten Schritt die Ebene „UV-Lack" sperren, indem Sie im **Ebenen**-Bedienfeld auf das Sperrfeld vor dem Ebenennamen klicken.

Mit Objektformaten arbeiten

Für die Arbeit mit Lackformen empfehle ich, mit Objektformaten zu arbeiten. Dazu wählen Sie zunächst einen Bildrahmen aus und erstellen ein neues Objektformat „Lackfläche". Entfernen Sie darin ggf. alle Effekte (aber behalten Sie die Eckenoptionen) und setzen Sie die Füllungs- und Konturfarbe auf „UV-Lack" und „Überdrucken". Kopieren Sie nun alle Rahmen – wie in dieser Anleitung gezeigt – auf eine neue Ebene. Danach weisen Sie den Rahmen das neue Objektformat „Lackfläche" zu.

Text & Glyphen

Das ist neu in CS6

Seite 248 **Neue Blindtexte** – Kyrillisch, Japanisch und mehr auf Knopfdruck

Seite 277 **Hunspell-Wörterbücher** – Open-Source-Alternative mit Potenzial

Seite 312 **Inhaltsaufnahme- und -platzierungs-Werkzeug mit Inhaltsüberträger** – multiple Zwischenablage mit Vorschau und weiteren nützlichen Funktionen

Woher kommen eigentlich Ihre Texte?

Zum Einstieg sollten wir uns kurz dem *Workflow*, also den Arbeitsabläufen widmen: Von wem erhalten Sie die Texte, die Sie platzieren? Inwiefern ist es für Übersetzer, Redakteure oder die Marketingabteilung Ihres Kunden interessant, Ihnen Texte nicht nur einmalig bereitzustellen, sondern später auch noch Korrekturen daran vornehmen zu können? Die folgende Tabelle soll die beiden grundlegenden Arbeitsweisen für das Platzieren von Texten im Layout beleuchten.

Vorgang	Beschreibung	Nachteile	Vorteile
Einmaliges Platzieren einer **Text-**, **RTF-** oder **Word**-Datei ohne Formate	Bis auf einfache Textauszeichnungen unformatierter Textimport; spätere Korrekturen müssen durch PDF-Dateien mit Notizen ausgetauscht und manuell ins Layout eingearbeitet werden	Keine externe Aktualisierung möglich; Fehlergefahr durch manuelle Texteingriffe	Falsch eingestellte oder verwendete Word-Formate werden eliminiert
Platzieren und Verknüpfen einer **RTF-** oder **Word**-Datei mit Formaten	Formatierungen werden übernommen und über die **Formatanpassung** in InDesign den **Absatzformaten** zugeordnet; Verknüpfung der Originaldatei	Keine einheitliche Umsetzung von Layout und Typografie in Word und InDesign	Aktualisierung der verknüpften **RTF-** oder **Word**-Datei theoretisch problemlos möglich

Text-Layout-Workflow

Von InDesign zu InDesign

Selbstverständlich haben Sie technisch die geringsten Probleme, wenn Ihre Kunden ebenfalls über InDesign verfügen. Das heißt, sofern Sie dieselbe Version haben und alle Beteiligten gleich versiert und gleich diszipliniert damit umgehen. Da es keine Rechteverwaltung innerhalb von InDesign gibt, muss genau geklärt sein, wer was darf und was wie dokumentiert werden muss.

Sind die InDesign-Versionen unterschiedlich, kann zunächst nur die neuere Version Dateien aus dem älteren InDesign öffnen, aber nicht umgekehrt. Als Lösungsvorschlag wird immer wieder genannt, man könne doch seit InDesign CS4 alle Dateien ins **IDML**-Format exportieren, was wiederum alle Versionen ab CS4 auch wieder öffnen könnten. Wenn Sie auf mich hören möchten: Ziehen Sie das bitte gar nicht erst in Erwägung! Der Datenaustausch per **IDML** ist eine Art **Notfallmaßnahme**; für produktionskritische Situationen, wenn also kurz vor der Veröffentlichung noch Korrekturen ausgeführt werden müssen, ist dieses Vorgehen leider **nicht zuverlässig genug**. Es kommt zwar nicht allzu oft vor, doch wenn Sie unter Termindruck stehen und eine IDML-Datei öffnen, in der plötzlich Teile fehlen oder am falschen Platz stehen, beschweren Sie sich bitte nicht bei mir. Ich habe Sie gewarnt. Beim vorliegenden Buch ist mir das mehrmals passiert; ich weiß also leider, wovon ich spreche.

Dateivorlage als RTF-Datei

Sie erstellen ein Layout mit Platzhaltertext (oder bei Periodika mit dem Text der letzten Ausgabe) und exportieren jeden Artikel (Textabschnitt) als Datei im **Rich-Text-Format** einschließlich aller Absatz- und Zeichenformate. Diese **RTF**-Datei stellen Sie Ihrem Kunden zur Verfügung, der sie seinerseits mit einer Textverarbeitung wie **Microsoft Word**, **OpenOffice**, **Apple Pages** oder dergleichen öffnet und die Inhalte bearbeitet. Dabei greifen die genannten Programme auf die typografischen Formate zurück, die Sie angelegt haben. Anschließend sendet Ihnen der Kunde die bearbeitete **RTF**-Datei zurück, und Sie platzieren sie als **verknüpfte Datei** in Ihrem Layout. Über die Bezeichnungen kann InDesign die importierten Formate den vorhandenen **Absatz-** und **Zeichenformaten** zuordnen und die Texte ebenfalls wieder einwandfrei darstellen. Später kann die **RTF**-Datei jederzeit erneut geöffnet und geändert werden. Über das Bedienfeld **Verknüpfungen** können Sie die neue Fassung im Layout aktualisieren, wie Sie es von Bildern gewohnt sind.

Individuelle Arbeitsweisen

So schön sich der *Workflow* mit **RTF** und InDesign anhört: Jeder Redakteur, jeder Übersetzer arbeitet anders. Manchmal werden die Standardformate wie **Überschrift 1**, **Überschrift 2** oder **Standard** aus Word verwendet, manchmal wird nur manuell mit **Fett** und **Kursiv** sowie einigen verschiedenen Schriftgrößen formatiert. Während Sie die „falsch benannten" Formate in InDesign über die **Formatzuordnung** beim Textimport ersetzen können, ist die Bereinigung bei manuellen Formatierungen mit größerem Aufwand verbunden. Der *Workflow* kann also nicht nur an technischen Gegebenheiten scheitern, sondern auch am „Faktor Mensch"!

Vorsichtsmaßnahmen

Damit der oben beschriebene Arbeitsablauf reibungslos klappt, sind ein paar Dinge zu berücksichtigen:

- Ihre Kunden sollten ihren Texteditor gut beherrschen, um nicht aus Versehen oder Unvermögen die Datei so zu verändern, dass ein sorgloser Import unmöglich wird. Klingt eigentlich logisch, ist aber leider nicht selbstverständlich.

- Der Texteditor (zum Beispiel Word) darf die RTF-Datei nicht grundlegend modifizieren, sondern muss beim Speichern die korrigierten Texte übernehmen, die Formatierungsangaben aber belassen.
- CMYK-Farben, die nicht im Absatz- oder Zeichenformat definiert sind, werden beim RTF-Export in RGB-Farben übersetzt und beim Platzieren in InDesign als neue (RGB-)Farben importiert.
- Manche Texteditoren „übersetzen" die Namen von Absatz- und Zeichenformaten, wenn sie ihnen „bekannt vorkommen". So kann etwa aus **Untertitel** leicht **Subtitle** werden, was InDesign dann als neues Format importiert, statt es dem vorhandenen Format zuzuweisen. Versuchen Sie, andere aussagekräftige Bezeichnungen zu verwenden.

Kunden in die Ablaufplanung mit einbeziehen

Mit Ihren Textlieferanten sollten Sie sich frühzeitig genau über Schriftformate und Arbeitsweisen abstimmen. Wird der RTF-*Workflow* als möglich eingestuft, kann als nächstes eine Kosten-Nutzen-Rechnung aufgestellt werden – mit dem Aufwand für Einrichtung, Testläufe und Einweisung auf der einen Seite und den Einsparungen durch Wegfall von Korrekturdurchgängen auf der anderen.

DOC(X) oder RTF?

Fürs Platzieren in InDesign eignen sich grundsätzlich auch Word-Dateien im **DOC**- oder **DOCX**-Format. Für den erstmaligen Export einer Dateivorlage steht Ihnen ausschließlich das Format **RTF** zur Verfügung, da InDesign keine Word-Dateien *exportieren* kann.

Neben DOC(X) und RTF haben sich auch zahlreiche andere Textformate etabliert, beispielsweise die aus den Open-Source-Anwendungen StarOffice oder OpenOffice/NeoOffice/LibreOffice. Auch XML-basierte Textformate sind weit verbreitet. Leider wird von InDesigns Textimport nichts davon unterstützt. Praktisch alle diese Textprogramme können aber ihre Texte als RTF oder DOC speichern.

Änderungen in der verknüpften RTF-Datei lassen sich einfach aktualisieren – wenn die Voraussetzungen stimmen.

InCopy-Aufgabenpaket

Sie gestalten Ihre Layoutdatei mit Absatz- und Zeichenformaten. Anschließend markieren Sie die Textrahmen für die Korrektur als **InCopy-Aufgabe**. Aus einer oder mehreren Aufgaben senden Sie ein **Aufgabenpaket** an Ihren Kunden. Dieser korrigiert den Text mit InCopy, erkennt Textprobleme in der Layoutdarstellung von InCopy und schickt

Ihnen nach vollendeter Arbeit die Daten wieder als Aufgabenpaket für InDesign zurück. Sie aktualisieren die Aufgabe und erhalten so die neuen Inhalte. Dieser Prozess kann mit mehreren Aufgabenpaketen für Redakteure und Übersetzer durchgeführt werden.

InCopy ist die „kleine Schwester" von InDesign. Die beiden haben viele Gemeinsamkeiten, unter anderem die Textdarstellung, das Farbmanagement, teilweise die PDF-Ausgabe, die Typografie und vieles mehr. Anders ausgedrückt: InCopy ist wie **InDesign ohne Layoutfunktionen**. Ihr Vorteil ist, dass – verfügbare Schriften vorausgesetzt – die Programme beim Datenaustausch nicht unbeabsichtigt irgendwelche Zeilenumbrüche, CMYK-Farben oder Formatzuordnungen ändern.

Leider ist InCopy in keiner Suite enthalten und auch nicht in der Creative Cloud verfügbar. Sie können das Programm direkt von Adobe oder einem Fachhändler beziehen.

Schriftlizenzen vorhanden?

Auch bei allen InCopy-Benutzern müssen sämtlichen verwendeten Schriften installiert werden, damit eine verbindliche Textdarstellung in InCopy gewährleistet ist.

◢ *Details zum Redaktions-Workflow mit InCopy ab Seite 317*

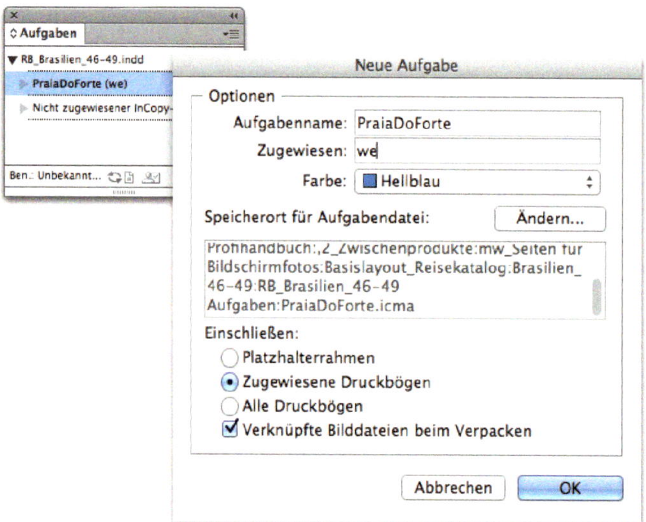

Aus dem InDesign-Layout werden Artikel als Aufgaben definiert, die mit InCopy ausgetauscht werden.

Dateien platzieren

So kommt Text ins Layout

Text per Menübefehl platzieren

Der Import erfolgt ähnlich wie der von Bildern: Sie rufen unter **Datei > Platzieren** oder mit dem Tastenbefehl [⌘ Strg] [D] den **Platzieren**-Dialog auf und suchen Ihre Textdatei. Setzen Sie ein Häkchen bei **Importoptionen**, um vor dem eigentlichen Platzieren festzulegen, wie der Text übernommen wird.

Importoptionen für Eilige
Auch ohne Häkchen erscheint der Dialog **Importoptionen**, wenn Sie nach Auswahl der zu platzierenden Datei(en) mit gedrückter [⇧]-Taste auf den **Öffnen**-Knopf klicken.

◢ *Importoptionen: Seite 242*

Auch bei der InDesign User Group finden viele es schade, dass InCopy genauso nützlich wie unbekannt ist. Aber wer wird etwas benutzen, von dessen Existenz er gar nichts ahnt? Wäre InCopy Teil der Creative Cloud, würde sich das wohl schnell ändern!

Texte per Ziehen & Ablegen platzieren

So geht's auch: Ziehen Sie von Ihrem Windows-Arbeitsplatz oder Mac-Finder eine Textdatei mit gedrückter Maustaste in ein geöffnetes InDesign-Layout. Danach erscheint eine neue Platzierungsmarke und eine kleine Vorschau des Textes, wie beim Platzieren von Bildern.

Ob InDesign beim Import einen neuen Textrahmen erzeugt (links) oder einen vorhandenen befüllt (rechts), erkennen Sie am Aussehen des geladenen Mauszeigers (auch „Platzierungskanone" genannt).

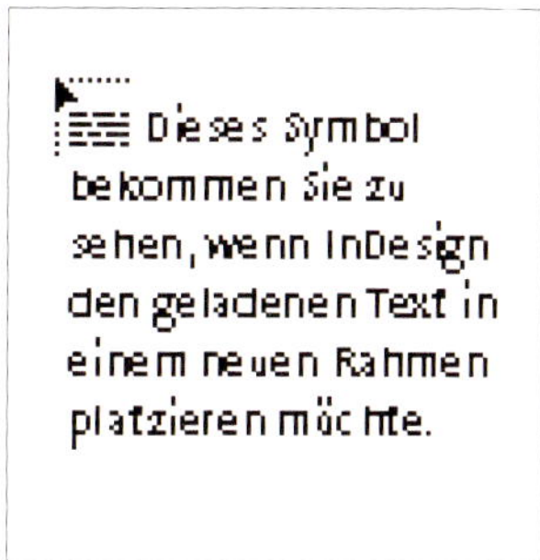

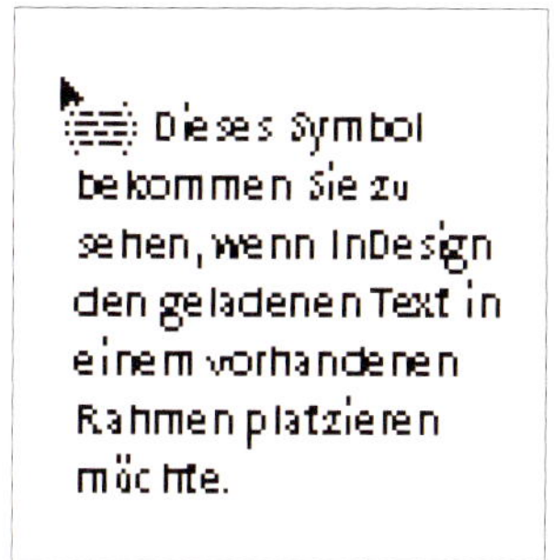

Mehrfaches Platzieren mit Vorschau

Wenn Sie – entweder im **Platzieren**-Dialog oder beim Import per **Ziehen & Ablegen** – mehrere Textdateien ausgewählt haben, dann erhalten Sie anstelle des Mauszeigers einen **Stapel von Texten** mit einer Vorschau des zuoberst liegenden Textes. Durch „Umblättern" des Stapels mit den Tasten ↑/↓ beziehungsweise ←/→ erscheint die jeweils nächste Vorschau. Das spart Zeit und ist besonders effektiv, wenn Sie ein bereits fertiges Layout mit vielen neuen Texten befüllen müssen.

Zu viele Dateien markiert?
Mit esc entfernen Sie überzählige Texte wieder aus dem Vorschaustapel.

Textimport kann ähnlich komplex sein wie das Platzieren von Bilddaten. Die Formate, die Sie verwenden können, sind Standardformate, die weltweit genutzt werden. Dabei wird zwischen solchen Textformaten unterschieden, die nur den **reinen Text** transportieren, wie das Nur-Text-Format (TXT), und solchen, die auch Absatz- und Zeichenformate und weitere Informationen wie Inhaltsverzeichnis oder Index beinhalten können (RTF und DOC/DOCX).

Texte einmalig importieren oder verknüpfen?

Sie können Text entweder einmalig importieren, also ohne dass eine Verknüpfung entsteht, oder Sie platzieren die Datei und verknüpfen sie mit dem Layout.

Die Einstellung finden Sie in den **Voreinstellungen** unter **Dateihandhabung** > **Verknüpfungen** > **Beim Platzieren von Text- und Tabellendateien Verknüpfungen erstellen**.

Ist diese Funktion deaktiviert, können Sie zwar den Text importieren, InDesign legt aber keine Verknüpfung an, so dass Sie den Text nicht aktualisieren, sondern bei Bedarf nur neu verknüpfen können. Dies ist wohl die häufigste Arbeitsweise im Layoutalltag.

Wollen Sie stattdessen eine Aktualisierung der platzierten Textdatei ermöglichen, muss diese Option aktiviert sein. Über das **Verknüpfungen**-Bedienfeld können Sie dann nachträglich entscheiden, ob und wann Sie die verknüpfte Datei in die Layoutdatei einbetten.

Funktioniert wie das Einbetten von Bildern: Seite 166

Textformate und Importoptionen

Nur-Text-Import

Das Nur-Text-Format – Dateinamenerweiterung ***.txt** – beinhaltet keine weiteren Information zur Darstellung des Textes; die Zeichen liegen demnach in einer solchen Datei nur als Textabsätze vor. Das Format kennt jedoch Absätze, Tabulatoren sowie die Zeichenkodierung.

TXT-Dateien lassen sich aus jeder Textanwendung heraus exportieren, natürlich aus Microsoft **Word**, aber auch aus **Adobe Acrobat Pro(fessional)** und seit der Version 6 sogar aus dem **Adobe Reader**.

Wählen Sie im **Platzieren**-Dialog **Importoptionen anzeigen** (oder öffnen Sie die Textdatei mit gedrückter ⇧-Taste), dann erscheint das Dialogfenster **Textimportoptionen**, und Sie haben die Möglichkeit, die Kodierung des Textes für die Platzierung auszuwählen.

Osteuropa
Im so genannten Globalisierungszeitalter werden viele Broschüren oder Produktdatenblätter, die hierzulande produziert werden, auch auf Russisch, Polnisch, Tschechisch, Türkisch, Hocharabisch und einigen anderen Sprachen veröffentlicht. Während für manche Fälle früher eine besondere InDesign-Version erforderlich war, werden heute alle nötigen Wörterbücher mitgeliefert, und selbst Rechts-nach-links-Schriftsysteme – oft als RTL (= englisch „Right To Left") bezeichnet – sind für InDesign kein Problem mehr.

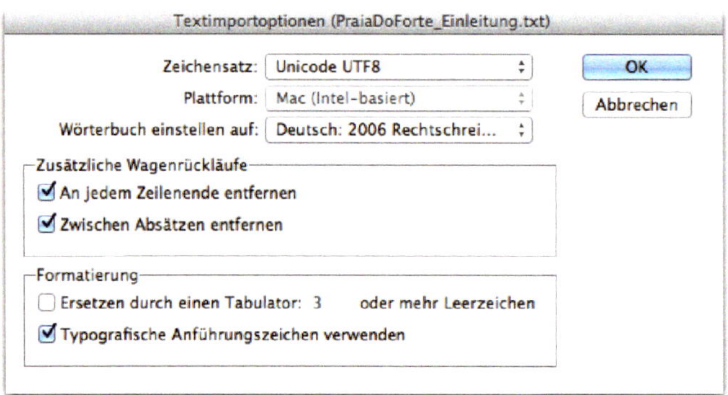

In den Importoptionen für Nur-Text-Dateien können Sie unter anderem das passende Wörterbuch zuweisen.

Je nach Plattform und Programm gibt es unterschiedliche Kodierungsarten. InDesign erkennt automatisch die **Kodierung** der Datei und konvertiert den Text für die interne Verarbeitung als **Unicode**-Format **UTF-8**. So lässt sich aus jeder Kodierung heraus auch für fremdsprachige Texte jedem Zeichen eine absolute Kodierung zuweisen. Wählen Sie nun die entsprechende Kodierung aus oder übernehmen Sie einfach die von InDesign vorgeschlagene.

Unicode & OpenType: Seite 367

Danach weisen Sie ein Wörterbuch zu, zum Beispiel **Deutsch: 2006 Rechtschreibreform**. Jeder Textabschnitt kann mit einem eigenen Wörterbuch in InDesign unabhängig vom voreingestellten Wörterbuch für das gesamte Dokument arbeiten. Die passende Sprache erhöht die Wahrscheinlichkeit, dass der Text korrekt umbrochen wird. Wenn Sie an dieser Stelle ein falsches Wörterbuch zuweisen, etwa ein deutsches zu einem englischen Text, umbricht InDesign die Wörter zu selten und in vielen Fällen falsch, da es im deutschen Wörterbuch keine

Rechtschreibreform 2016?

InDesign kennt fünf Wörterbücher für die deutsche Sprache, nämlich für Deutschland und die Schweiz jeweils die **alte** (vor 1996) und die **2006 reformierte** Rechtschreibung sowie für Deutschland die Zwischenstufe von **1996**. Achten Sie beim Import daher besonders auf die Wahl der richtigen Sprache.

Wird der bisherige Rhythmus beibehalten, müsste die nächste Rechtschreibreform ja um 2016 in Kraft treten, also voraussichtlich zu InDesign 10 (CS8). Ich hege die Hoffnung, dass das seit jeher sinnlose PH dann endlich überall durch F ersetzt wird.

Trennrichtlinien für die englischen Begriffe gibt. Sie können aber auch zu einem späteren Zeitpunkt noch andere Wörterbücher zuweisen, um einen möglichst korrekten Textumbruch zu bekommen.

Was ist ein Wagenrücklauf?
Wollte man im Zeitalter der Schreibmaschine eine neue Textzeile beginnen, musste die Andruckwalze mit dem eingespannten Papier mit einem Hebel gleichzeitig einen Zeilenabstand weiter gedreht und auf den Zeilenanfang zurückgesetzt werden. Wer diese oft von einem Klingeln begleitete Handbewegung nicht mehr kennt, kann zum Beispiel das Deutsche Schreibmaschinenmuseum in Bayreuth besuchen:

⊿ *forschungsstaette.de/museum.htm*

Unter **Zusätzliche Wagenrückläufe** versteht InDesign unnötige Leerzeilen, die Sie automatisch beim Import entfernen können, so dass Sie später im Layout nicht mehr danach suchen müssen. Da es ohnehin besser ist, die Abstände zwischen den Absätzen über das Absatzformat zu definieren, können Sie auf diese bedeutungslosen Leerzeilen gut verzichten.

Manche Texte sind von besonders kreativen Autorinnen und Autoren mit Leerzeichen anstelle von Tabulatoren oder Einzügen formatiert worden. Diese Fehler lassen sich beim Import sofort ersetzen: **Tabulatorzeichen** können anstelle von mehreren **aufeinanderfolgenden Leerzeichen** eingefügt. Dies können Sie später auch durch die Funktion **Suchen/Ersetzen** korrigieren, die ich Ihnen in diesem Kapitel später noch vorstelle.

Die **typografischen Anführungszeichen** richten sich nach Ihren Voreinstellungen und ersetzen falsche Anführungszeichen ("...") durch typografisch korrekte Zeichen. Je nach Verwendung empfehle ich entweder die deutschen Anführungszeichen „...“ – ihre Form beschreibend auch *Neunundneunzig-sechsundsechzig* genannt – oder die französischen und schweizerischen *Guillemets* «...», im Deutschen meist vertauscht als »...« benutzt, die ich, je nach Schriftbild, gerne einsetze.

Rich Text Format (RTF) und Microsoft Word (DOC, DOCX)

Das RTF ist ein Universalformat, in dem alle Darstellungsangaben und Formatierungen zum Text wie Schriftfamilie, Schriftschnitt, Größe, Farbe und anderes abgespeichert werden können. Ebenso kann ein RTF-Dokument Absatz- und Zeichenformatierungen beinhalten sowie Inhaltsverzeichnisse, Indizes und Tabellen. Lediglich platzierte Bilder können nicht in ein RTF integriert werden.

Formatierter Text bedeutet noch kein Absatzformat

Die Optionen beim Import einer RTF-Datei sagen nichts darüber aus, ob die Datei auch wirklich Absatzformatierungen mitbringt. Wenn Sie etwa aus Acrobat heraus den Text einer PDF-Datei als RTF sichern, werden zwar die Schriftinformationen konvertiert; da das PDF jedoch keine Absatzformate kennt, gelangen auch keine in die RTF-Datei. Absatzformatierungen aus einer Word-Datei wiederum werden ins RTF übertragen. Inhaltsverzeichnis und Index ebenfalls, sofern Sie sie zuvor in Word erstellt haben. In jedem Fall ist also relevant, aus welcher Anwendung die RTF-Datei kommt.

Das Word-Format bietet alle Eigenschaften eines RTF-Dokuments und darüber hinaus platzierte oder eingebettete Bilder und Grafiken sowie eingebettete Excel-Tabellen. Das Word-Format ist für InDesign identisch mit RTF. Daher kann ich Ihnen die Importoptionen für beide Formate zusammen erklären.

Grundsätzlich haben Sie zwei Möglichkeiten, diese Formate in InDesign zu platzieren: formatiert oder unformatiert. Die erste Option erlaubt es Ihnen, die Formatierungen aus der Textdatei zu übernehmen und in InDesign-Absatzformate zu „übersetzen“. Die zweite Möglichkeit stellt die bekannte Arbeitsweise dar, alle Formatierungen beim Platzieren zu entfernen und anschließend die Absatzformate neu zuzuweisen. Wer bereits mit „fantasievollen“ Word-Autoren zu tun hatte, wird den unformatierten Import zu schätzen wissen. Dennoch sollten Sie sich auch mit der ersten Option einmal befassen, da Sie auf diesem Wege viel Zeit sparen könnten.

Wie bei einer TXT-Datei platzieren Sie auch hier über den Tastenbefehl ⌘ Strg D oder **Datei > Platzieren** eine RTF-Datei, wie immer mit aktivierten **Importoptionen**, die aber jetzt anders aussehen als beim TXT-Import. Sie können den Text eines Inhaltsverzeichnisses oder Index' sowie Fuß- und Endnoten mit importieren, sofern diese im Quelldokument vorhanden sind. Darüber hinaus werden auch hier **typografische Anführungszeichen** angeboten.

Option: Formatierung entfernen

Nicht immer ist die vom Autor durchgeführte Formatierung brauchbar, so dass im Layout der gesamte Text neu formatiert werden muss. Was liegt also näher, als beim Platzieren gleich alle Formate zu löschen und nur den reinen Text zu importieren? Wählen Sie dazu die Option **Formate und Formatierung aus Text und Tabellen entfernen**.

Wenn Ihr Word-Autor, anstatt **Absatz-** und **Zeichenformate** zu benutzen, seinen Text nur mit den Knöpfen für **Fett**, **Kursiv**, **Unterstrichen** und dergleichen verziert hat, sollten Sie diese so genannten **Lokalen Abweichungen beibehalten**. Im Layout können Sie dann mit wenigen **Suchen/Ersetzen**-Läufen die erwünschten (aber technisch unzulänglichen) Textauszeichnungen bequem und schnell durch passende **Zeichenformate** bereinigen und die unerwünschten Merkmale einfach eliminieren.

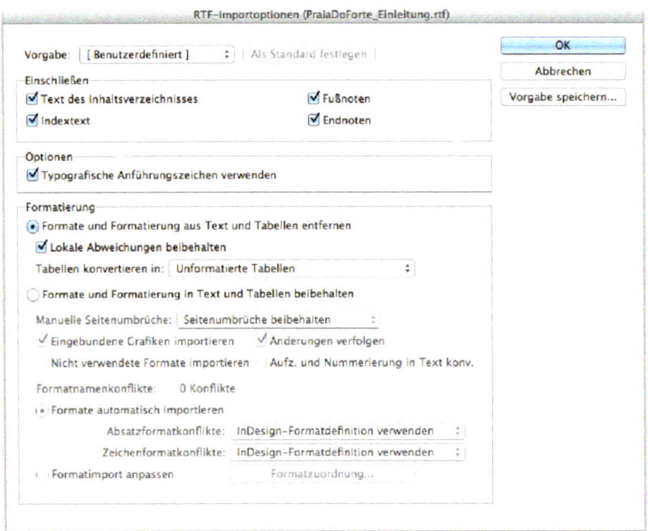

Die Formate werden mit der ersten Option deaktiviert und es wird der reine Text übernommen – allerdings mit lokalen Formatierungen, die anschließend bequem gesucht und ersetzt werden können.

Option: Formate importieren und Absatzformate zuweisen

Hat der Autor sauber gearbeitet, also zur Textformatierung ausschließlich **Absatz-** und **Zeichenformate** (ob aus dem Word-Standard oder selbst angelegt, spielt dabei keine Rolle) benutzt, können Sie den viel bequemeren Weg gehen und die Textformate der RTF- oder DOC-Datei mit importieren und gleich „unterwegs" Ihren InDesign-Formaten zuordnen. Falls die Formate in Word und in InDesign dieselben Namen

Absatz- und Zeichenformate anlegen und bearbeiten: Seite 387

tragen – vielleicht, weil Ihr Kunden mit einer RTF-Vorlage gearbeitet hat, die Sie ihm erstellt haben –, dann wählen Sie die Option **Formate und Formatierung in Text und Tabellen beibehalten**.

Word-Formate, deren Namen 1:1 mit denen in Ihrem Layout übereinstimmen, kann InDesign automatisch übernehmen.

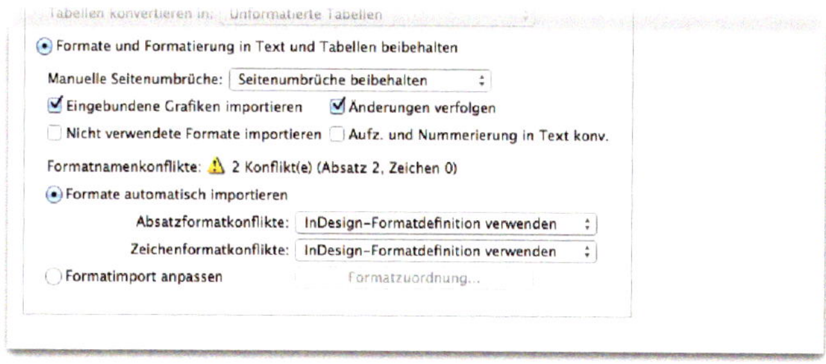

Hat der Autor eigene Formate verwendet, müssen Sie InDesign mitteilen, dass zum Beispiel das Word-Format „Standard" in Ihrem Layout „Fließtext" heißt. Wählen Sie dazu die Option **Formatimport anpassen** und klicken Sie dann auf den Knopf **Formatzuordnung**. Im rechten Teil der Formatliste wählen Sie jeweils das **Absatz-** oder **Zeichenformat** Ihres Layouts, das dem Word-Format in der linken Spalte entspricht.

Sind brauchbare Formate vorhanden, deren Namen aber von denen in Ihrem Layout abweichen, müssen Sie InDesign beim Import helfen. Über die Formatzuordnung weisen Sie den Word-Formaten jeweils ein Absatz- oder Zeichenformat aus InDesign zu.

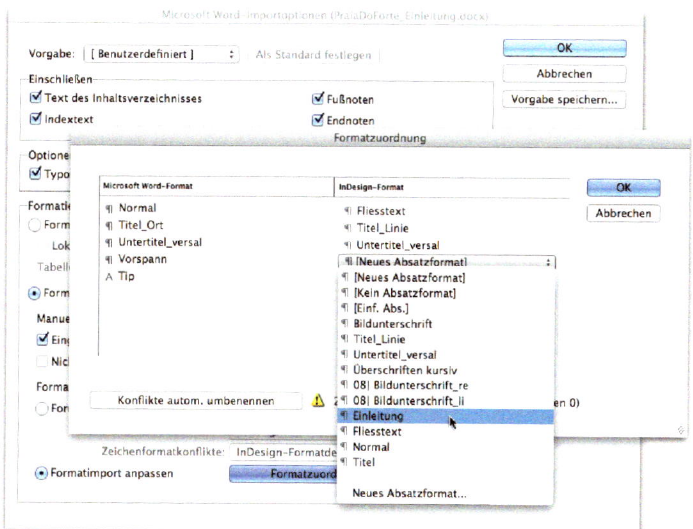

Word-Formate importieren

Beim Platzieren von RTF oder DOC(X) kann man die verwendeten Formate einfach in InDesign zu importieren. Die **Absatzformate** erscheinen anschließend im gleichnamigen Bedienfeld mit einem Diskettensymbol hinter dem Formatnamen. Word-typische Formate sind „Heading 1", „Standard" und „Normal", die je nach Sprachversion des Office-Pakets auch anders heißen können. Ich rate jedoch davon ab, diese Formate zu importieren, da sie umfangreiche Nachbearbeitung erfordern. Weisen Sie stattdessen über die Funktion **Formatzuordnung** Ihre bestehenden Absatzformate zu.

Tauchen **Formatkonflikte** mit gelbem Warndreieck auf, bedeutet dies, dass die Word-Datei Textformate enthält, die denselben Namen tragen wie vorhandene InDesign-Formate. Wie weiter oben beschrieben, kann das ein großer Vorteil sein, sofern gleichnamige Formate auch für den gleichen Zweck verwendet wurden. Die Standardeinstellung **InDesign-Formatdefinition verwenden** sorgt dann dafür, dass die importierten Texte im Layout mit den InDesign- anstelle der Word-Einstellungen formatiert werden.

Sind die Formate zwar richtig benannt, aber in Word falsch eingesetzt, kann InDesign die **Konflikte automatisch umbenennen**. Mit einem Klick auf diesen Knopf sorgen Sie dafür, dass InDesign gleichnamige Formate nicht einander zuordnet, sondern mit einem Namensanhang importiert, so dass Sie im Anschluss selbst entscheiden können, wie Sie mit diesen Dubletten umgehen wollen. Dieses Vorgehen ist nur dann zu empfehlen, wenn Sie genau wissen, dass die Formate, die in der Textdatei verwendet werden, trotz gleicher Benennung nicht den Formaten entsprechen, die Sie bereits im InDesign-Layout angelegt haben.

Vorlage als Standard festlegen

Wenn Sie öfter Texte erhalten, die alle auf dieselbe Art und Weise formatiert wurden, legen Sie sich am besten eine Vorlage für die **Importoptionen** an. Klicken Sie auf **Vorgabe speichern**, um die aktuellen Einstellungen zu sichern. Vergeben Sie einen Namen und speichern Sie die Vorlage. Wenn Sie diese nun noch im **Vorgabe**-Aufklappmenü auswählen und auf **Als Standard festlegen** klicken, können Sie für alle nachfolgenden Textimporte auf die Anzeige der **Importoptionen** verzichten, solange Sie nichts an den Einstellungen ändern müssen.

Absatzformate laden
Wollen Sie Texte in ein neues Layoutdokument platzieren und gleichzeitig **Absatz**- und **Zeichenformate** zuweisen, obwohl noch gar keine angelegt wurden, importieren Sie zuvor die Formate aus einer anderen InDesign-Datei. Rufen Sie dazu im Bedienfeldmenü des Bedienfelds **Absatzformate** den Befehl **Alle Textformate laden** auf. Sind alle Formate importiert worden, können Sie die RTF- oder Word-Datei platzieren und deren Formate den InDesign-Formaten zuordnen.

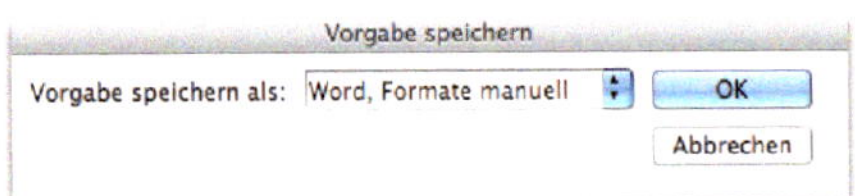

Die Einstellungen sollten Sie sich als Vorlage für den Import von ähnlich formatierten Texten speichern.

Die als Standard festgelegte Vorgabe wird automatisch verwendet, wenn die Importoptionen nicht angezeigt werden.

Texte über die Zwischenablage einfügen

Text aus einem andern Programm

Das grundsätzliche Verhalten von InDesign in diesem Fall steuern Sie über die **Voreinstellungen** > **Zwischenablageoptionen** > **Beim Einfügen von Text und Tabellen aus anderen Anwendungen**.

Wenn Sie **Alle Informationen (...)** aktivieren, versucht InDesign beim Einfügen, sämtliche Formatierungsangaben aus dem Quellprogramm (zum Beispiel Word, Excel oder andere) umzusetzen. Dabei werden Textformate, Farbfelder und andere Metainformationen mit importiert, landen in den entsprechenden Bedienfeldern und können bearbeitet oder gelöscht werden. Die Vor- und Nachteile sind vergleichbar mit denen beim Platzieren formatierter Word-Dateien.

Die Standardeinstellung **Nur Text** sorgt dafür, dass InDesign nur die reine Textinformation einsetzt. Der einkopierte Text übernimmt das Aussehen des Absatzes, in den er kopiert wird, und Sie kümmern sich selbst um die weitere Formatierung.

Ungewollte Formatierungen

Das Einfügen von formatiertem Text führt eventuell dazu, dass Sie unnötige Schriftzuweisungen in das InDesign-Dokument importieren. So kann zu einem späteren Zeitpunkt eine nicht verwendete Arial oder Times auf dem Ausgabegerät zu einer Warnmeldung führen oder die PDF-Ausgabe abbrechen. Kontrollieren Sie also formatierte Texte trotz korrekten Aussehens und weisen Sie gegebenenfalls Ihre **Absatz**- und **Zeichenformate** neu zu.

Text aus einem anderen (oder demselben) InDesign-Dokument

Mit [⌘ Strg] [C] aus Ihrem aktuellen oder einem anderen InDesign-Dokument kopierte Texte können Sie **unformatiert** oder **formatiert** ins Layout einsetzen:

Mit [⌘ Strg] [V] fügen Sie den kopierten Text **formatiert**, also inklusive seiner ursprünglichen Formatierungen ein. Innerhalb **desselben InDesign-Dokuments** bleibt die ursprüngliche Darstellung erhalten. Kommt der Text aus einem **anderen Dokument**, legt InDesign Absatz- und Zeichenformate an, falls sie in Ihrem aktuellen Dokument noch nicht vorhanden sind. Existieren im aktuellen Dokument bereits Formate gleichen Namens, wird der einkopierte Text mit diesen neu formatiert, so dass sich sein Aussehen unter Umständen gewaltig ändern kann.

Wollen Sie den Text aus der Zwischenablage in einen vorhandenen Text einfügen und auf jeden Fall das Aussehen des umgebenden Textes übernehmen, müssen Sie ihn **unformatiert** einfügen. Den Befehl hierfür finden Sie unter **Bearbeiten > Unformatiert einfügen**, das Tastenkürzel ist [⌘ Strg] [⇧] [V].

Tabellen aus der Zwischenablage einfügen

Wenn Sie aus Excel oder einer anderen Tabellenkalkulation eine **Tabelle kopieren** und diese in InDesign per Tastenbefehl [⌘ Strg] [V] einfügen, bleibt die Struktur der Tabelle in Form von **Zellen** erhalten. Die Tabelle wird nativ kopiert und zu einer InDesign-Tabelle umgewandelt. Achten Sie dennoch auf die importierten Schriften und löschen Sie unerwünschte Fonts aus dem Layoutdokument.

◢ *Fehlersuche und -behebung: Seite 747*

Textfluss steuern

Nach der Wahl der **Importoptionen** für die Textformate bestätigen Sie nun endlich den Importdialog und erhalten eine Einfügemarke mit Textvorschau, den so genannten **geladenen Mauszeiger**. Wenn Sie nun an eine beliebige Stelle im Layout klicken, erzeugt InDesign einen neuen Rahmen und setzt den Text dort hinein. Ihr Mausklick bestimmt dabei die linke obere Ecke, und die Einstellungen unter **Layout > Ränder und Spalten** geben die Größe vor.

Unverzichtbare Zusatztasten

Folgende vier Möglichkeiten gibt es, den geladenen Text nun ins Layout zu bringen. Klicken Sie auf jeden Fall innerhalb des Satzspiegels, um die Automatismen nutzen zu können:

Wenn Sie einfach mit dem geladenen Mauszeiger in eine Spalte Ihres Satzspiegels klicken, wird der Text in voller Spaltenbreite von der Mausposition abwärts bis zum unteren Spaltenende platziert. Sollte der Text länger sein und nicht in einem Rahmen Platz finden, müssen Sie **manuell** die Verkettung mit dem nächsten Rahmen herstellen.

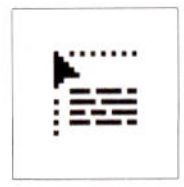

◢ *Mehr im übernächsten Abschnitt!*

Bei gedrückter [⌥ Alt]-Taste arbeitet der Textfluss **halbautomatisch**, das heißt, Sie legen mit dem Mausklick zwar auch nur einen Textrahmen an, behalten aber den Rest des Importtextes „in der Hand" beziehungsweise am geladenen Mauszeiger. Der nächste Textrahmen, den Sie erzeugen, ist mit dem vorangehenden bereits automatisch verkettet.

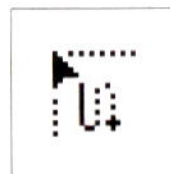

Mit der [⇧]-Taste bewirken Sie einen **vollautomatischen** Textfluss, der so viele neue Seiten und Textrahmen anlegt, wie benötigt werden, um den Text vollständig im Layout unterzubringen.

Mit der Tastenkombination [⌥ Alt][⇧] erstellen Sie einen Textrahmen, der sich strikt an den Satzspiegel und die Anzahl der Spalten hält und automatisch weitere Textrahmen erzeugt, aber keine zusätzlichen Seiten anlegt.

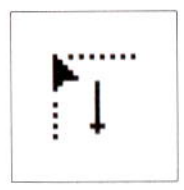

Platzieren in bestehende Rahmen

Wenn beim Textimport die Einfügemarke in einem Textrahmen blinkt, setzt InDesign den Text an dieser Stelle ein, anstatt einen neuen Rahmen zu erzeugen.

Blindtext

Sollten Sie keinen Text zur Hand oder keine Zeit haben, sich einen Fließtext anzulegen, nehmen Sie doch einfach den **Platzhaltertext**, den InDesign Ihnen über das Menü **Schrift** > **Mit Platzhaltertext füllen** oder über das Kontextmenü anbietet. Der Text fließt dabei immer so lange, bis der ausgewählte Textrahmen oder miteinander verkettete Rahmen vollständig ausgefüllt sind.

Wenn Sie obigen Befehl mit gedrückter [⌘ Strg]-Taste auslösen, erscheint ein Dialog, der Ihnen die Wahl zwischen neun verschiedenen Platzhaltertexten lässt. Dabei schaltet InDesign nicht nur auf **andere Sprachen** und deren **Schriftzeichen** um, sondern ändert – für Arabisch und Hebräisch – sogar die **Schreibrichtung** auf Rechts-nach-links.

Eigener Platzhaltertext
Wenn Sie statt InDesigns Pseudolatein lieber einen persönlichen Blindtext verwenden möchten, speichern Sie diesen in einer für Ihr Betriebssystem kodierten Textdatei mit dem Namen „platzhalter.txt" ab und legen diese einfach in den InDesign-Programmordner. Er steht sofort zur Verfügung.

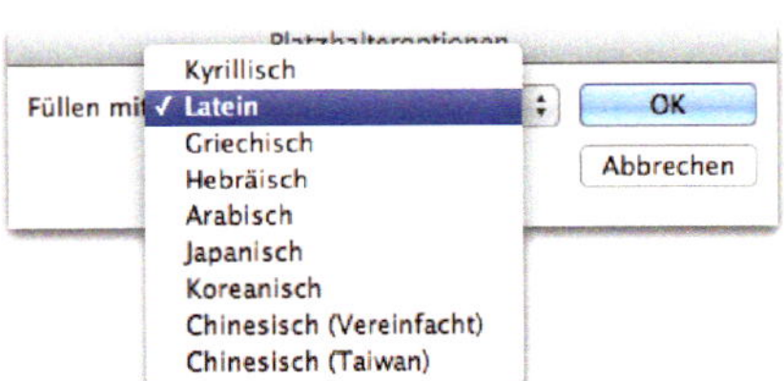

Blindtext gibt es in neun unterschiedlichen Sprachen, Schriftsystemen und Schreibrichtungen.

Textverkettungen

Die Textverkettungen werden mit einer blauen Linie von einem Rahmen zum nächsten Rahmen angezeigt. Die Farbe der Linie richtet sich nach der Farbe der aktuellen Ebene.

Wenn Sie den Text platziert haben, erkennen Sie zunächst, dass sich der Text in einem Rahmen befindet, der jeweils links oben und rechts unten ein kleines Kästchen besitzt. Das sind die Ein- und Ausgangsmarkierungen für die **Textverkettung**. Um die eigentliche **Textverkettung** zwischen den Rahmen sichtbar zu machen, wählen Sie **Ansicht > Extras > Textverkettungen einblenden** aus. Danach werden Verbindungslinien zwischen den Rahmenaus- und -eingängen angezeigt.

Textausgangskästchen bei ...

... einem **einzelnen** Rahmen oder dem **letzten** Rahmen einer Verkettung, wenn der Text **ausreichend Platz** hat.

... einem **beliebigen** Rahmen, der (allerdings nicht letzter) Bestandteil einer Textverkettung ist.

... einem **einzelnen** Rahmen oder dem **letzten** Rahmen einer Verkettung, wenn der Text **nicht genug Platz** hat.

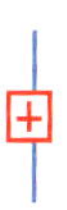

Übersatz lösen

Wenn die Textmenge größer ist als der verfügbare Platz im Rahmen (oder in allen verketteten Rahmen), entsteht **Übersatz**. Das Ausgangskästchen des letzten Rahmens in einer Verkettung (oder eben des einzigen Rahmens, falls Sie gar keine Verkettung angelegt haben) wird zu einem roten Quadrat mit einem roten Pluszeichen darin.

Das **Übersatz**-Problem können Sie lösen, indem Sie mit dem Auswahlwerkzeug (nicht mit dem Textwerkzeug!) in das **rote Kästchen** klicken und anschließend einen neuen Textrahmen aufziehen oder einen vorhandenen leeren anklicken. Dabei wird der überschüssige Text im neuen Rahmen dargestellt. Sollte der gewonnene Platz nicht ausreichen, wiederholen Sie diesen Vorgang so oft, bis das Textende sichtbar ist.

Textverkettung ergänzen

Wenn Sie zwischen zwei verketteten Textrahmen einen weiteren Rahmen in die Verkettung einfügen wollen, klicken Sie in den Textrahmenausgang des ersten Rahmens oder in den Eingang des zweiten. Mit dem nun **geladenen Mauszeiger** ziehen Sie einen neuen Textrahmen auf. Der neue Rahmen ist damit in den Textfluss integriert, als wäre es nie anders gewesen.

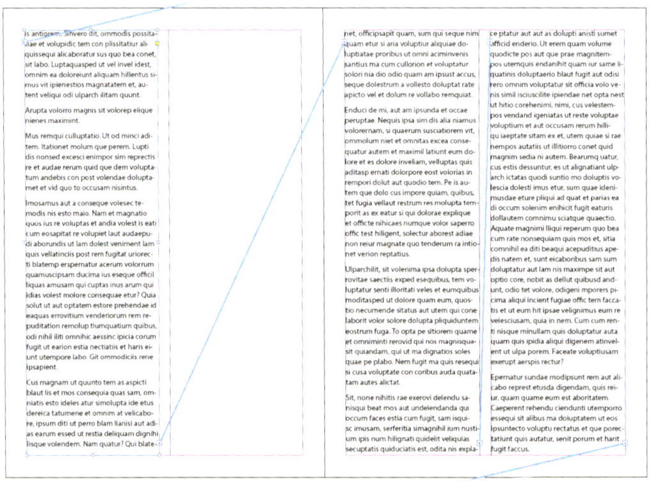

Was erlaube Setzer? Habe gesehen Satz … Text laufe wie Spalte leer!

Klicken Sie jetzt mit dem Auswahlwerkzeug in den Textausgang des linken Rahmens …

… und klicken oder ziehen Sie in der freien Spalte, um darin einen neuen Rahmen zu erstellen.

Falls Ihnen manche Bildbeschreibungen in diesem Abschnitt seltsam vorkommen: Zweifeln Sie nicht am Verstand des Autors … oder meinetwegen tun Sie das, aber suchen Sie dennoch im Netz nach „Trapattoni Wutrede" …

Ich habe fertig.

Textverkettung lösen oder unterbrechen

Eine Textverkettung lösen Sie, indem Sie ebenfalls auf den Ausgang des ersten Rahmens klicken und danach mit der Maus auf den zweiten verketteten Rahmen zeigen. Der Mauszeiger wird zu einem Symbol mit **offenen Kettengliedern**. Mit einem Klick auf diesen zweiten Rahmen lösen Sie die Verkettung und können nun einen neuen Rahmen aufziehen. Dies funktioniert, wie beim Neuverketten, auch umgekehrt mit einem ersten Klick auf das Eingangssymbol beim zweiten Rahmen und einem zweiten Klick auf dem ersten Rahmen.

Textrahmen im Textfluss isolieren

◢ *Mehr zu Skripten? Automatisierung: Seite 593*

Wenn ein Textrahmen mitten aus dem Textfluss herausgenommen werden, seinen Inhalt aber behalten soll, klicken Sie diesen Rahmen an und starten das mitgelieferte **Skript BreakFrame.jsx**. Dieses Skript sorgt dafür, dass der Text im mittleren Rahmen erhalten bleibt und die Verkettung vom vorhergehenden zum nachfolgenden Rahmen fließt.

Alle verketteten Rahmen auflösen

Soll eine Textverkettung komplett aufgelöst werden – also jeder Textrahmen unabhängig von allen anderen Rahmen „seinen" Text zeigen –, hilft Ihnen das Skript „SplitStory".

Verknüpfte Textdateien

Wenn Sie in den **Voreinstellungen** die **Verknüpfungen für Text und Tabellen** aktiviert haben, erhalten Sie nun im **Verknüpfungen**-Bedienfeld einen Eintrag für die platzierte Textdatei.

Über das **Verknüpfungen**-Bedienfeld sehen Sie alle platzierten Text- und Grafikdateien Ihres Layouts. Eine Verknüpfung bleibt so lange erhalten, bis die platzierte Datei **gelöscht oder eingebettet** wird.

Über das Bedienfeldmenü oder über den Knopf **Verknüpfung aktualisieren** erneuern Sie die Verknüpfung zur Textdatei und der aktuelle Inhalt wird angezeigt.

Mehr über Verknüpfungen: Seite 166

Verknüpfung lösen und Text einbetten

Eine verknüpfte Textdatei kann dann in das Layout übernommen werden, wenn Korrekturphasen abgeschlossen sind oder die Textkorrektur ausschließlich mit InDesign oder InCopy erfolgt. Dazu klicken Sie die Datei im Bedienfeld **Verknüpfungen** an und rufen aus dem Kontextmenü den Befehl **Verknüpfung aufheben** auf. Die Verknüpfung zur Textdatei verschwindet, der Text ist nun „normaler" Bestandteil des Layouts, als hätten Sie ihn selbst dort hineingetippt. Dieses Vorgehen funktioniert auch mit platzierten Tabellen, die nicht mehr extern aktualisiert werden sollen.

Verknüpfte Textdateien verschieben
Wenn Sie während der Layoutarbeit den Speicherort einer verknüpften Textdatei wechseln möchten, nutzen Sie die Funktion **Verknüpfung(en) kopieren nach** – im **Verknüpfungen**-Bedienfeldmenü unter **Hilfsprogramme**. InDesign **kopiert** Ihnen dann die ausgewählten Dateien (das funktioniert auch mit Bildern!) an einen neuen Ort Ihrer Wahl und aktualisiert automatisch auch gleich die Verknüpfungsinformationen. Die ursprüngliche Datei bleibt an ihrem alten Platz, hat für das Layout aber keine Bedeutung mehr.

Änderungsverfolgung

Diese Funktion kennen Sie vielleicht aus **InCopy** oder einer Textverarbeitung: Mit aktivierter **Änderungsverfolgung** protokolliert InDesign alle Ihre Textänderungen. Neben der **Neueingabe** von Text werden auch das **Löschen** oder das **Verschieben** an eine andere Position im Absatz erkannt. Darüber hinaus ist es möglich, die **Änderungen verschiedener Benutzer** an einem Text auszuwerten. Ziel der Verfolgung ist es, nach einem Textkorrekturdurchgang die Unterschiede zur ursprünglichen Fassung des Textes zu sichten und zu **übernehmen** oder **abzulehnen**. Wenn Sie es eilig haben, können Sie auch in einem Streich **alle Änderungen eines Benutzers** akzeptieren oder ablehnen.

Als Benutzer anmelden

In Verbindung mit der **Änderungsverfolgung** und dem **Notizwerkzeug** sowie den **InCopy-Aufgaben** sollten Sie sich als eigener **Benutzer** in InDesign unter **Datei > Benutzer** anmelden. Wo melden Sie sich da an, und welchen Sinn hat das? Erste Antwort: nirgends; Sie verleihen InDesign einfach eine Identität, die für sämtliche **redaktionelle Aufgaben** benötigt wird. Zweite Antwort: Die Anmeldung ermöglicht InDesign, alle Ihre Eingriffe in den Text mit Ihrem Benutzernamen (und einer persönlichen Farbe) zu verbinden. Arbeiten mehrere Personen am selben Text, kann später nachvollzogen werden, wer welche Änderung am Text vorgenommen hat – vorausgesetzt eben, jeder hat sich vorher einen **Benutzernamen** zugelegt.

Rechteverwaltung und Benutzeranmeldung

Wer hinter der Benutzerfunktion eine Rechteverwaltung vermutet, liegt nicht völlig daneben. Dennoch wird Ihr Benutzer auf Ihrem System nicht mit einem Passwort gespeichert. Ebenso wenig kann ein Administrator für eine Gruppe von Benutzern Rechte an Dokumenten vergeben, wie es in Redaktionssystemen oder Content Management Systemen üblich ist. Wozu ist dann die Funktion da, wenn keine Rechte vorliegen? Sobald InDesign mit einem CMS wie Woodwing SmartConnection verbunden wird, erhalten die Benutzer wirklich Rechte. Die Benutzung von InDesign ist dann ohne Log-in mit Passwort gar nicht möglich.

Als Benutzer melden Sie sich für die Änderungsverfolgung und Ihre Notizen in InDesign an.

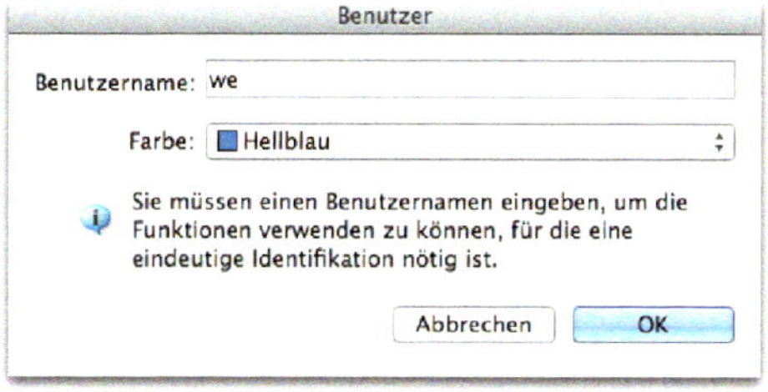

Nachdem Sie InDesign nun als Benutzer bekannt sind, können Sie die **Änderungsverfolgung** starten, indem Sie während der Textbearbeitung **Schrift > Änderungen verfolgen > Änderungen in aktuellem Textabschnitt verfolgen** aufrufen, oder Sie verwenden das Bedienfeld unter **Fenster > Redaktionelle Aufgaben > Änderungen verfolgen.**

Die Änderungsverfolgung gibt es im Menü und als eigenes Bedienfeld.

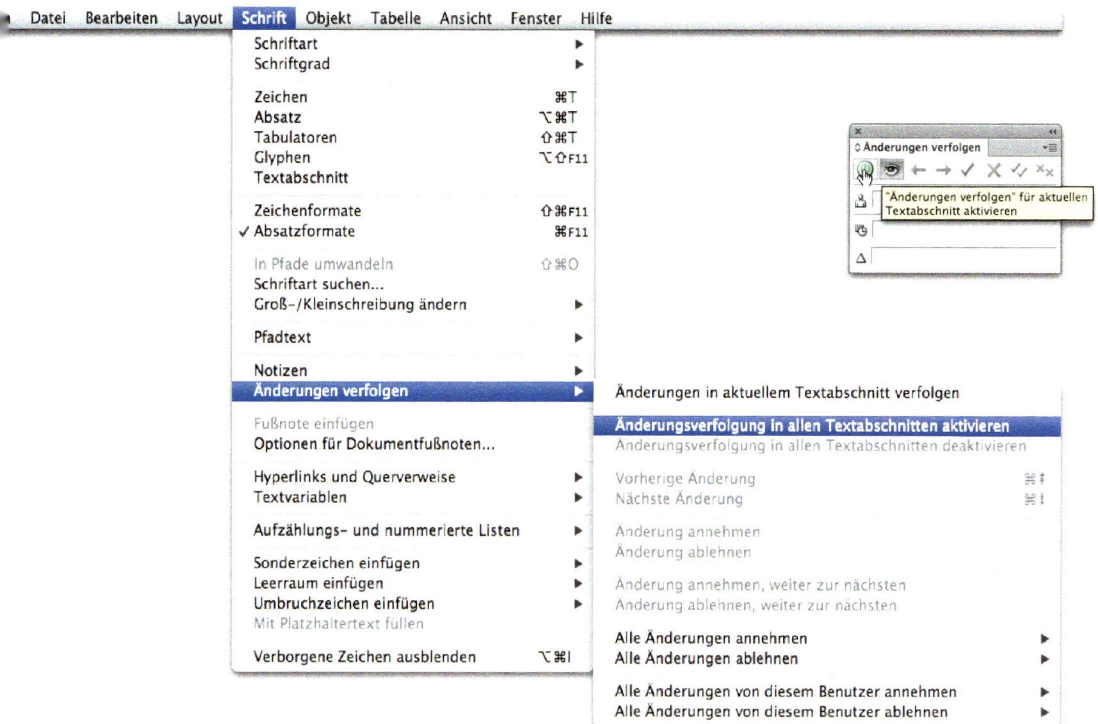

Mehrere Benutzer haben hier Text gelöscht beziehungsweise ergänzt.

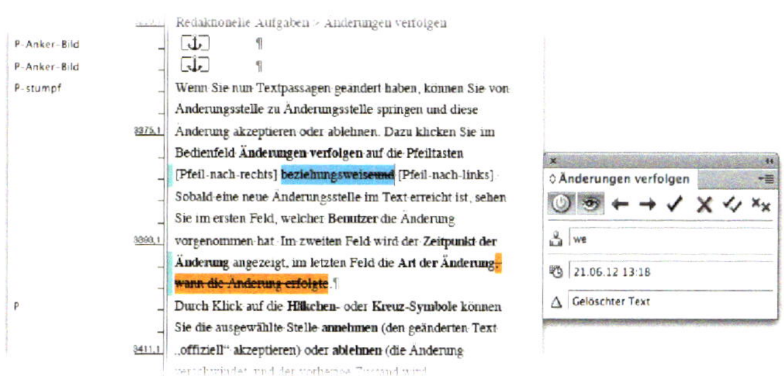

Wenn Sie nun Textpassagen geändert haben, können Sie von Änderungsstelle zu Änderungsstelle springen und diese Änderung akzeptieren oder ablehnen. Dazu klicken Sie im Bedienfeld **Änderungen verfolgen** auf die Pfeiltasten [▸] beziehungsweise [◂]. Sobald eine neue Änderungsstelle im Text erreicht ist, sehen Sie im ersten Feld, welcher **Benutzer** die Änderung vorgenommen hat. Im zweiten Feld wird der **Zeitpunkt der Änderung** angezeigt, im letzten Feld die **Art der Änderung**.

Durch Klick auf die **Häkchen-** oder **Kreuz-Symbole** können Sie die ausgewählte Stelle **annehmen** (den geänderten Text „offiziell" akzeptieren) oder **ablehnen** (die Änderung verschwindet, und der vorherige Zustand wird wiederhergestellt). Mit **Doppelhäkchen** und **Doppelkreuz** werden sämtliche Änderungen im aktuellen Textabschnitt **angenommen** beziehungsweise **abgelehnt**.

Im Bedienfeldmenü der **Änderungsverfolgung** gibt es noch weitere hilfreiche Methoden, um lange Texte und deren Änderungen zu bearbeiten.

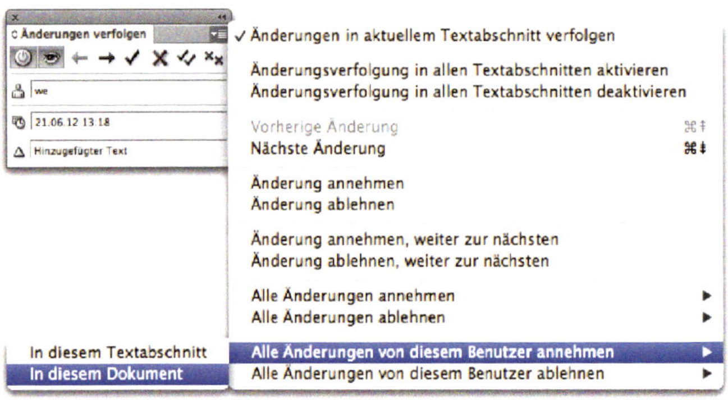

Knöpfe sind nicht alles: Im Bedienfeldmenü gibt es zahlreiche weitere Möglichkeiten, Änderungen anzunehmen oder abzulehnen.

In den Programmvoreinstellungen ([⌘ Strg] [K]) unter **Änderungen verfolgen** legen Sie fest, wie welche Art von Textänderung hervorgehoben wird. Die **Benutzerfarbe** ist jeweils die Farbe, die Sie und Ihre Kollegen für sich ausgewählt haben.

Die Farbe der **Änderungsleiste** gibt an, welche Kante im Textmodus farblich für Textänderungen hervorgehoben wird – links oder rechts vom Text – analog zu Leuchtstiftmarkierungen oder Ähnlichem auf einem Blatt Papier.

Trotz aktiver Verfolgung sind keine Hervorhebungen zu sehen?

Wenn Sie die Verfolgung im Text visuell erkennen wollen, müssen Sie den Textmodus aktivieren, in dem – unabhängig vom Layout – die Änderungen als grafische Markierungen sichtbar werden. In der Layoutdarstellung ist dies nicht möglich, denn für InDesign gibt es als Basis der grafischen Wiedergabe nur Ihre aktuelle Textfassung.

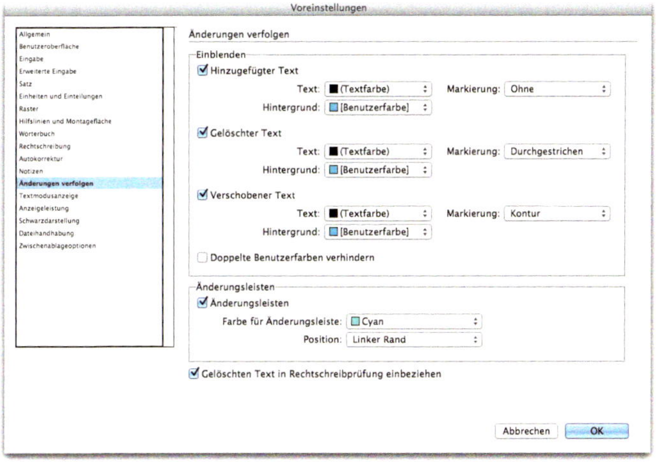

Die Voreinstellungen für die Änderungsverfolgung erlauben umfangreiche Vorgaben für die Markierung der Textstellen.

Notizen

Notizen und Benutzer

Die Funktion „Notizen" funktioniert nur dann perfekt, wenn Sie sich als Benutzer anmelden und Ihre Kommentare mit einer eigenen Farbe vergeben. Alle weiteren Teilnehmer am Kommentarprozess sollten sich ebenfalls anmelden und eine Farbe definieren. Somit fällt die Zuordnung Notiz-Autor leichter.

Wenn Sie davon ausgehen, dass die Funktion **Notizen** dieselben Möglichkeiten bietet wie die Kommentarwerkzeuge in Acrobat, muss ich Sie leider enttäuschen. Die **Notizen** in InDesign sind reine Textkommentare, die innerhalb des Textes eingesetzt werden und als nicht druckende Informationen im Layoutdokument vorliegen. Um die Notizen eines Kollegen abarbeiten zu können, müssen Sie vor allem wissen, dass es überhaupt welche gibt, denn sie sind sehr unauffällig (die Notizen natürlich – *dass* beziehungsweise *ob* Sie Kollegen haben, müsste Ihnen inzwischen schon aufgefallen sein).

Die Anwendung ist dafür recht einfach: Sie klicken mit dem Textwerkzeug an eine Stelle im Textabschnitt und rufen **Fenster** > **Redaktionelle Aufgaben** > **Notizen** auf.

Mit dem **Blattsymbol** legen Sie eine neue Notiz an der Position Ihrer Einfügemarke an. Nun tippen Sie Ihre Notiz direkt in das Bedienfeld. Im Layout sehen Sie ein **hantelförmiges Steuerzeichen**. Wenn Sie mit [⌘ Strg] [Y] den **Textmodus** aufrufen, können Sie dort im Textfluss Ihren Kommentar sehen.

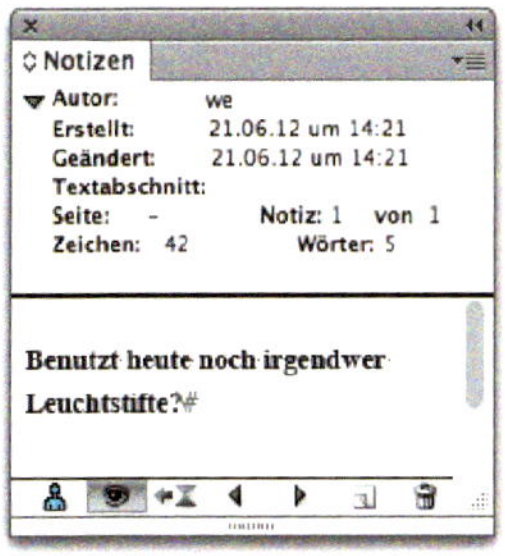

Das Notizen-Bedienfeld zeigt den aktuellen Kommentar, die Länge und den Benutzernamen des Autors.

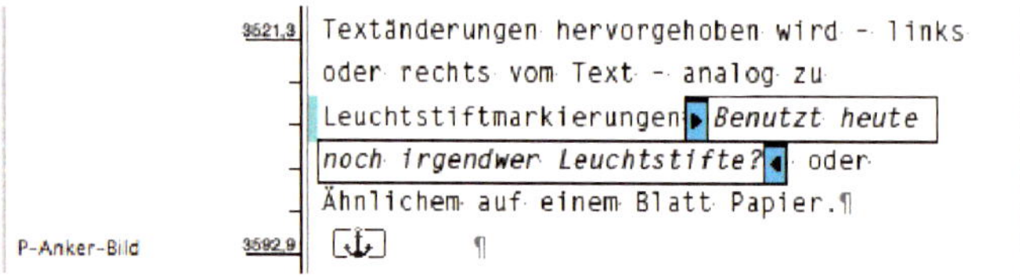

Der Textmodus zeigt Ihren Kommentar an seinem „Ankerplatz".

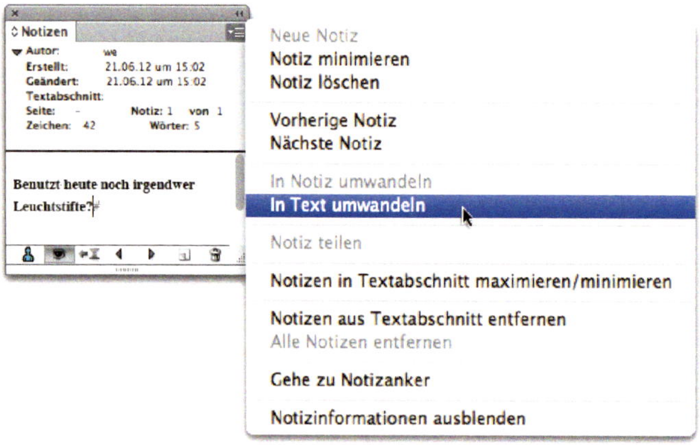

Im Notizen-Bedienfeldmenü können Sie Text in (nicht druckende) Notizen oder Notizen in (druckbaren) Text umwandeln.

Suchen/Ersetzen

Bei Korrekturen (fast) aller Art hilft oft die Funktion **Bearbeiten > Suchen/Ersetzen**, die Sie auch über den intuitiven Tastenbefehl [⌘ Strg] [F] (F wie „Finden") erreichen. Der Dialog gliedert sich in die Sucharten **Text**, **GREP**, **Glyphe** und **Objekt**.

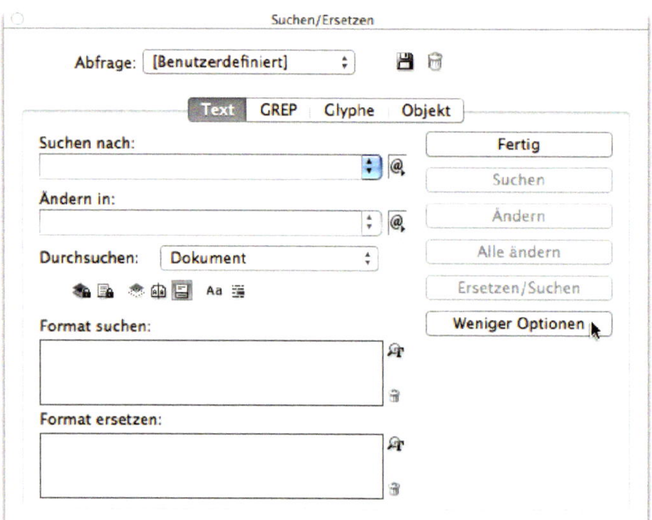

Wenn Sie auch nach einer bestimmten Formatierung suchen wollen, klicken Sie auf den Knopf „Mehr Optionen", der dadurch seinen Namen in „Weniger Optionen" ändert.

Suchen/Ersetzen: Text

Fangen wir mit dem an, wo bei vielen anderen Programme dann auch schon fast wieder Schluss ist: mit der reinen **Textsuche**. Suchkriterien sind hier Kombinationen aus konkreten Zeichen: Buchstaben, Ziffern, Leerzeichen und so weiter. Diese können durch andere Zeichenkombinationen ersetzt werden, außerdem können durch Beschränkung auf eine bestimmte Formatierung – Schriftschnitt und -größe, Farbe, eingestellte Sprache und vieles mehr – die Suchergebnisse eingeschränkt und die Ersetzungen neu formatiert werden.

Die Suche kann auf den ganzen **Textabschnitt**, in dem sich Ihre Einfügemarke befindet, oder eine gemachte **Auswahl** begrenzt werden. Sie können ab der Position der Einfügemarke **bis zum Ende des Textabschnitts** suchen oder im gesamten **Dokument** oder gar in **allen (geöffneten) Dokumenten**.

Außer nach Buchstaben und Ziffern, die Sie einfach ins Suchfeld eingeben, können Sie auch nach Symbolen, Markierungen oder Leerräumen suchen: Klicken Sie dazu rechts neben dem Eingabefeld **Suchen** auf den kleinen Knopf mit dem „Klammeraffen" und dem Pfeil nach rechts: Es öffnet sich ein Auswahlmenü mit allen formatierbaren Meta- und **Sonderzeichen**. Dadurch können Sie zum Beispiel auch Geviertleerzeichen automatisch durch Halbgeviertleerzeichen ersetzen.

Im Aufklappmenü der Suche befinden sich auch Sonderzeichen, Markierungen und Leerräume.

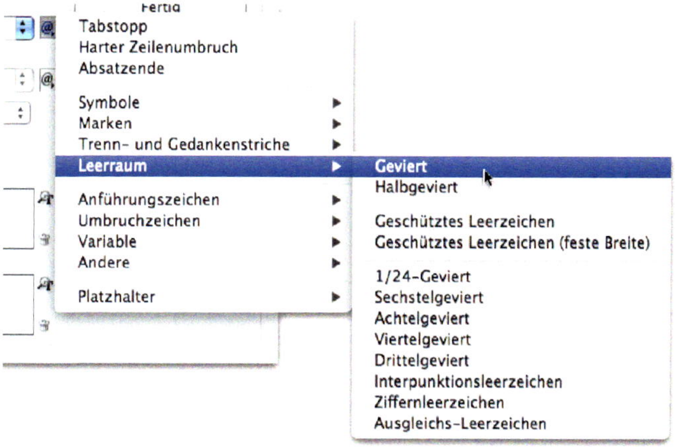

Vorsicht, Suchneustart!

Wenn Sie während der Suche etwas anderes klicken als einen der Knöpfe auf der rechten Seite des Suchdialogs, beginnt für InDesign eine **neue Suche**. Eventuell ändert InDesign dabei auch den **Suchbereich**. Überprüfen Sie also nach einem spontanen Eingriff, ob alle Kriterien noch wunschgenäß eingestellt sind!

Wenn Sie auf den Knopf **Suchen** klicken, durchsucht InDesign sofort den angegebenen Bereich und markiert den ersten Treffer. Mit einem erneuten Klick auf denselben Knopf springen Sie zur nächsten Fundstelle. Dabei bleibt der Eingabedialog geöffnet, so dass Sie flexibel die Eingabe korrigieren oder sofort ein Wort zum Ersetzen eingeben können.

Durch den Knopf **Ändern** wird die aktuelle Fundstelle ersetzt; mit der Option **Alle ersetzen** bearbeitet InDesign den gesamten Suchbereich vollautomatisch und meldet danach die Anzahl der durchgeführten Ersetzungen.

Suchoptionen

= Gesperrte Ebenen und Objekte einschließen (nur Suche)
Auch in gesperrten Ebenen wird gesucht, und gesperrte Objekte werden ebenfalls einbezogen. Texte in gesperrten Ebenen und Objekten (oder bei der Objektsuche gar das Objekt selbst) werden aber nicht verändert, selbst wenn InDesign hier fündig wird.

Ebenen: Seite 219

= Gesperrte Textabschnitte einbeziehen (nur Suche)
Text, der zu einer InCopy-Aufgabe gehört, die gerade ausgecheckt ist, kann mit dieser Option durchsucht, aber nicht geändert werden.

InCopy-Workflow: Seite 317

= Ausgeblendete Ebenen und Objekte einschließen
Ist ein Objekt ausgeblendet oder befindet sich auf einer ausgeblendeten Ebene, wird es trotzdem bei der Suche berücksichtigt und im Erfolgsfall auch geändert. Einzige Ausnahme: Bedingter Text, der gerade ausgeblendet ist, wird nicht durchsucht.

Bedingter Text: Seite 304

= Musterseiten einbeziehen
Die Suche beschränkt sich nicht auf die Layoutseiten, sondern sucht und ändert auch Objekte auf Musterseiten (was dann wiederum auf viele Layoutseiten Auswirkungen haben kann).

= Fußnoten einbeziehen
Auch Fußnotentext und -formatierung wird durchsucht und gegebenenfalls geändert.

Fußnoten: Seite 267

= Groß-/Kleinschreibung beachten
Normalerweise ersetzt InDesign Wörter so, wie sie geschrieben waren. Wenn Sie nach „gut" suchen und „schön" als Ersetzung eintragen, wird auch die Schreibweise „Gut" gefunden und automatisch zu „Schön" geändert. Mit dieser Option findet InDesign wirklich nur „gut", aber nicht mehr „Gut" (und auch die Ersetzung hält sich an die Schreibweise).

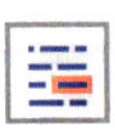

= Ganzes Wort
Der Suchausdruck wird nur gefunden, wenn er ein eigenes Wort, also *nicht* Teil eines anderen Wortes ist. Bedingung dafür ist, dass der Suchtext zwischen so genannten Worttrennern (alle Zeichen außer Buchstaben, Ziffern und dem Unterstrich) steht. Die Suche nach „gut" findet also *nicht* die Varianten „gute", „gutes", „Erbgut" und so weiter, wenn diese Option aktiviert ist.

GREP-, Glyphen- und Objektsuche

Diese Sucharten, die deutlich über das hinausgehen, was die meisten Textverarbeitungsprogramme zu leisten vermögen, werden an anderen Stellen behandelt, wo sie mir thematisch passender erscheinen.

Suchen/Ersetzen mit/nach ...

... GREP: Seite 595
... Glyphen: Seite 370
... Objekt: Seite 493

Rechtschreibung

Wörterbücher

Verantwortung für den Textumbruch
Wie ein Absatz umbrochen wird, entscheiden Sie mit der Auswahl des Wörterbuches und der **Absatzformat**-Einstellungen. Diese Optionen zeige ich Ihnen ausführlich im Abschnitt **Absatz- und Zeichenformate** ab Seite 387. Will Ihr Kunde selbst den Zeilenumbruch bestimmen, verwenden Sie den „Einzeilensetzer", der individuelle Trennungen zulässt, ohne die vorangegangenen Zeilen des jeweiligen Absatzes anzutasten.

Für die Rechtschreibprüfung und die korrekte Silbentrennung benötigen Sie Wörterbücher für jeweils eine Sprache sowie gegebenenfalls eigene, davon abweichende Einstellungen für alle Sprachen oder auch nur für eine bestimmte wie **Deutsch: 2006 Rechtschreibreform**. InDesign kennt vier Typen von Wörterbüchern: die **mitgelieferten Wörterbücher** für jede Sprache, ein **benutzerdefiniertes Wörterbuch** für InDesign, definierte Benutzer-Wörterbücher, die als **externe Datei** (*.UDC) gespeichert werden, und letztendlich die **abweichenden Wortdefinitionen** nur für Ihr Dokument.

Bei den mitgelieferten Wörterbüchern betreibt Adobe offenbar gerade den Übergang von kommerzieller zu Open-Source-Software. Neben der bisher eingebauten Technologie von **Proximity** ist seit CS6 zusätzlich **Hunspell** verfügbar.

de.wikipedia.org/wiki/Hunspell

Hunspell basiert auf der Rechtschreibtechnologie von **OpenOffice** und wurde ursprünglich für Ungarisch entwickelt (daher der Name). Der Vorteil gegenüber **Proximity** ist, dass theoretisch jeder, der möchte, bestehende Wörterbücher erweitern oder neue erstellen kann, so dass auch Sprachen bedient werden, die aus der Sicht der USA eher zu den Exoten zählen. Die Wörterbücher sind kostenlos, aber die Installation ist leider nicht in InDesign integriert; Adobe hält dafür aber eine (englische) Anleitung bereit, die Sie auch über **Voreinstellungen > Wörterbuch > Hunspell-Infos** aufrufen können. Auf der Webseite zum Buch habe ich Ihnen die deutsche Übersetzung bereitgestellt.

helpx.adobe.com/indesign/kb/add_cs_dictionaries.html

PLUS
Deutsche Anleitung zur Installation von Hunspell-Wörterbüchern

In Design enthält serienmäßig Wörterbücher für viele europäische, nord- und südamerikanische Sprachen sowie einige weitere.

Eigene Benutzerwörterbücher anlegen

InDesign kennt das programmeigene **Wörterbuch** sowie ein **benutzerdefiniertes Wörterbuch**, das abweichende Definitionen enthalten kann. Wenn also Wörterbücher für regelmäßige Publikationen von mehreren Arbeitsplätzen aus genutzt werden müssen, richten Sie sich gleich zu Beginn ein neues Wörterbuch ein und speichern es an einem zentralen Ort, auf den alle Zugriff haben.

Öffnen Sie dazu die Voreinstellungen (⌘ Strg K) und springen Sie zur Rubrik **Wörterbuch**. In der Liste steht zunächst nur das Standardwörterbuch. Mit einem Klick auf den **Plus-Knopf** legen Sie ein neues Wörterbuch an und speichern es als **UDC** (*User Dictionary* = Benutzerwörterbuch). Sinnvoll ist etwa ein kundenspezifisches Wörterbuch, in dem Spezialausdrücke, Produktbezeichnungen und sonstiges Sondervokabular dieses Kunden eingetragen wird, um Buchstabendreher und unerwünschte Trennungen zu vermeiden.

Soll Ihr InDesign-Dokument auch einmal Ihren Rechner verlassen und von einem Kollegen bearbeitet werden, müssen Sie die Option **Benutzerwörterbuch in Dokument einlesen** unbedingt aktivieren. Vorsicht ist geboten mit der Option **Bei Änderung alle Textabschnitte neu umbrechen**. Ist sie angewählt, ändert InDesign alle Textstellen, die durch Änderungen im **Benutzerwörterbuch** nicht mehr wie bisher getrennt werden dürfen. Lesen Sie bitte weiter; das ist längst noch nicht alles, was es hierzu Wichtiges zu sagen gibt.

Verantwortung der Orthografie

Wie jede Desktop-Software kann auch InDesign keine grammatikalische Syntax auf Vollständigkeit überprüfen; Korrekturlesen ist immer sinnvoll, auch wenn der Kunde maßgeblich für die Rechtschreibung verantwortlich ist. Da eine Korrektur in letzter Minute durchaus den Umbruch und somit den Textfluss beeinflussen kann, droht eine regelrechte Fehlerlawine, wenn nun Übersatz entsteht, der Textrahmen aber nicht vergrößert werden darf. Gestalter wie Dienstleister sind nicht nur für die Druckqualität, sondern auch für die Orthografie verantwortlich.

Rechtschreibprüfung durchführen

Neben einer normalen **Rechtschreibprüfung**, die Sie jederzeit durchführen können, besitzt InDesign auch eine **Automatische Erkennung** von Wörtern, die nicht im aktuell zugewiesenen Wörterbuch vorhanden sind. Darüber hinaus können Sie durch eine **Autokorrektur** schwerwiegende Schreibfehler ausbessern.

Wenn Sie die Rechtschreibprüfung unter dem Menü **Bearbeiten** aufrufen, wählen Sie am unteren Dialogrand mit dem **Durchsuchen**-Menü den Bereich für die Überprüfung.

Bei der Rechtschreibkorrektur springen Sie von Fehlerstelle zu Fehlerstelle und entscheiden jeweils, ob Sie den gefundenen Ausdruck im Feld **Ändern in** manuell korrigieren oder in der Liste der **Korrekturvorschläge** die richtige Schreibweise auswählen, um damit die Fundstelle zu ersetzen. Ein Klick auf **Ändern** ersetzt diese Stelle; **Alle ändern** ersetzt alle Vorkommen des (falschen) Ausdrucks auf dieselbe Weise.

Reihenfolge beachten

Wenn Sie die Korrektur erst mitten in der Layoutphase starten, befinden Sie sich eventuell mitten im Dokument. Falls Sie jetzt **Bis zum Ende des Textabschnitts** prüfen, sucht InDesign erst ab der aktuellen Textstelle, aber nicht von Anfang an. Wählen Sie daher sicherheitshalber als Suchabschnitt **Dokument** aus.

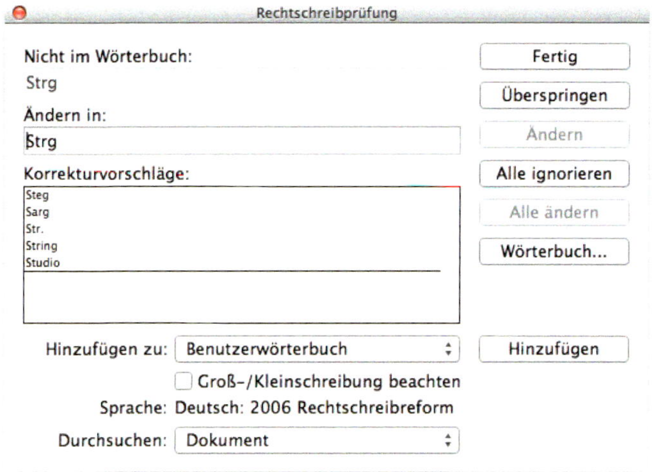

Während der Rechtschreibprüfung entscheiden Sie von Wort zu Wort, ob das Wort korrigiert werden muss und ob das Benutzerwörterbuch ergänzt werden soll oder nicht.

Zeitpunkt der Prüfung
Es ist sinnvoll, die **Rechtschreibprüfung** immer *unmittelbar nach* einem Textimport durchzuführen, damit später keine Korrekturen den Textumbruch verändern. Natürlich können Sie die **Rechtschreibprüfung** jederzeit auch während der Gestaltung oder Produktion durchführen, aber beachten Sie vor dem Start, dass Sie in den **Voreinstellungen** und in den **Absatzformaten** beziehungsweise im **Absatz**-Bedienfeld das korrekte **Wörterbuch** ausgewählt haben, da Sie ansonsten eine so endlose wie unsinnige Textkorrektur durchführen.

Wenn ein Ausdruck, den InDesign nicht im Wörterbuch findet, unverändert bleiben soll, klicken Sie auf **Überspringen**. Um alle Vorkommen dieses Ausdrucks in der aktuellen „Sitzung" (also solange dieses InDesign-Dokument ununterbrochen geöffnet ist) bei jeder Prüfung automatisch zu überspringen, klicken Sie auf **Alle ignorieren**.

Unbekannte Wörter hinzufügen

Ein Wort, das korrekt geschrieben, aber nicht im Wörterbuch zu finden ist, können Sie nachträglich **hinzufügen**, indem Sie auf den gleichnamigen Knopf klicken. Ziel ist immer das Wörterbuch, das hier ausgewählt ist, normalerweise *das* **Benutzerwörterbuch** oder die zuvor in den **Voreinstellungen** angelegte UDC-Datei.

Um einen neuen Begriff nicht nur im Wörterbuch zu speichern, sondern auch gleich die **Silbentrennung** festzulegen, klicken Sie nicht auf **Hinzufügen**, sondern auf **Wörterbuch**. In dem Dialog, der sich jetzt öffnet, ist der neue Begriff bereits eingetragen. Nach einem Klick auf **Silbentrennung** zeigt InDesign seine eigenen Trennvorschläge in Form von Tilden (**~**) zwischen den Silben. Die Qualität dieser Vorschläge ist „dank" Hunspell wieder eher ... *disputabel*, mit anderen Worten: es lässt sich drüber streiten. Zum Glück können Sie die Vorschläge nach Belieben (oder besser: nach aktuellen Rechtschreibregeln) anpassen. Dabei können Sie sogar gewichten: **~** bedeutet eine „schöne" Trennfuge, **~~** eine nicht so tolle, und **~~~** ist eine Trennung, die zwar korrekt ist, aber nur genutzt werden soll, wenn's gar nicht anders geht.

Keine Trennung
Soll ein Wort nie getrennt werden, geben Sie vor dem Anfangsbuchstaben eine Tilde ein.

Haben Sie Wörter durch Zeichen wie ein Schrägstrich (/) oder einen Unterstrich (_) gekuppelt, berücksichtigt InDesign immer nur die „echten" Wortteile.

Nachdem Sie die optimale Silbentrennung festgelegt haben, klicken Sie hier auf **Hinzufügen** und beenden den Dialog mit **Fertig**. Sie kehren wieder zur Rechtschreibkorrektur zurück und können die Fehlersuche fortsetzen.

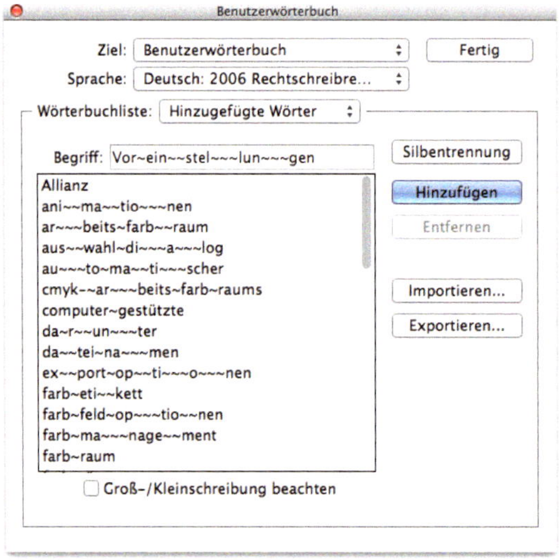

Die Tildenanzahl sorgt für gewichtete Trennungen.

Wortliste für Trennregeln exportieren und importieren
Um den Austausch von Trennregeln zu erleichtern, die von mehreren Mitarbeitern genutzt werden sollen, lohnt es sich, alle Wörter vorab einzugeben und mit Trennfugen zu versehen. **Exportieren** Sie diese Liste dann als unformatierte Textdatei (TXT) und lesen Sie diese an anderen Arbeitsplätzen ein, in dem Sie dort auf **Importieren** klicken.

Dynamische Rechtschreibprüfung und Autokorrektur

Zwei Funktionen können die Arbeit derer erleichtern, die in InDesign Texte erfassen und redigieren: Die **Dynamische Rechtschreibprüfung** hebt falsch geschriebene oder dem Wörterbuch unbekannte Wörter hervor, wie Sie das vielleicht auch von Word oder anderen Textverarbeitungsprogrammen her kennen. Darüber hinaus bietet InDesign mit dieser Funktion während der Textarbeit **Vorschläge** an.

Die **Autokorrektur** hingegen tauscht völlig selbstständig Wörter aus. Häufige Fehler wie Buchstabendreher oder -doppelungen, wenn etwa durch vertauschte Vokale aus „viele" ein leicht zu übersehendes „veile" wird, lassen sich somit von vornherein vermieden. Nein, vermeiden.

Eingeschränkte Performance

Die **Dynamische Rechtschreibprüfung** kann bei langen Textabschnitten besonders beim Öffnen des Dokuments zu etwas Wartezeit führen, da zunächst alle Wörter mit den angewendeten Wörterbüchern verglichen werden. Diese Funktion wird aktiviert, wenn Sie ein Dokument auch mit aktivierter Prüfung gespeichert haben. Deaktivieren Sie daher die dauerhafte Prüfung vor dem Speichern!

Voreinstellungen für die Dynamische Rechtschreibprüfung

Rufen Sie wieder einmal mit ⌘ Strg K die InDesign-**Voreinstellungen** auf. In drei Rubriken müssen Sie nun Veränderungen vornehmen.

Falls Sie noch kein benutzerdefiniertes **Wörterbuch** angelegt haben, können Sie dies hier nachholen. Dazu klicken Sie auf das kleine **Blattsymbol** unterhalb der fast leeren Liste der Wörterbücher. Danach speichern Sie ein „**Benutzerwörterbuch.udc**" auf Ihrer Festplatte ab.

In der nächsten Rubrik sehen Sie, dass die **Rechtschreibprüfung** grundsätzlich vier verschiedene Fälle erkennt: **Rechtschreibfehler**, **wiederholte Wörter** sowie **klein geschriebene Wörter** und **Satzanfänge**. Mithilfe der aktiven **Dynamischen Rechtschreibprüfung** können Sie diese Fälle auch im Layout farblich hervorheben.

Korrekturvorschläge während der Textarbeit
Sobald Sie bei aktiver Dynamischer Rechtschreibprüfung mit dem Textwerkzeug über das markierte Wort fahren und das Kontextmenü aufrufen, erhalten Sie eine Liste aller Wortvorschläge von InDesign. Wechseln Sie das Wort oder fügen Sie das markierte Wort als neuen Begriff in Ihr Wörterbuch ein.

Wenn Sie danach in der Rubrik **Autokorrektur** diese aktivieren, können Sie zur aktuell ausgewählten Sprache typische Rechtschreibfehler aufnehmen. Klicken Sie auf **Hinzufügen** und geben Sie eine Korrektur ein.

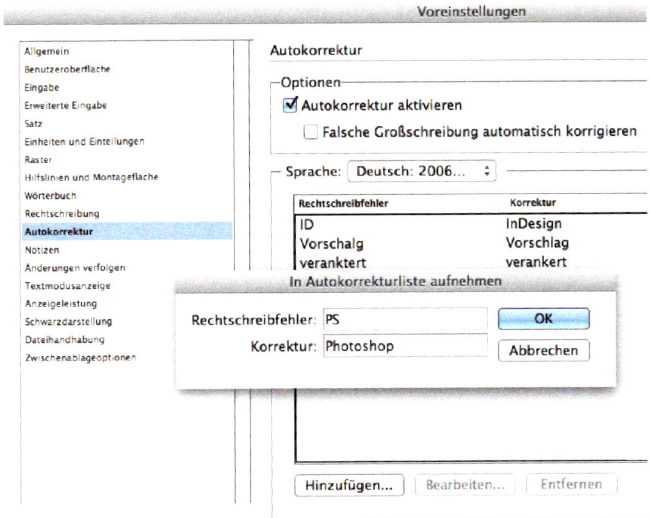

Die Autokorrektur nimmt eigene Textersetzungen für typische Schreibfehler auf.

MfG – Floskeln für jede Lebenslage
Sollten Sie selbst viele Texte in InDesign verfassen, können Sie die Autokorrektur für die kreative Textarbeit verwenden. Legen Sie Abkürzungen wie zum Beispiel „SGH" für die Ersetzung „Sehr geehrter Herr" beziehungsweise „SGF" fest. Während des Schreibens kann Ihnen InDesign anstelle dieser drei Buchstaben die gesamte Floskel einsetzen.

Nachdem Sie nun die Voreinstellungen abgeschlossen haben, kehren Sie wieder zu Ihrem Layout zurück und rufen unter **Bearbeiten > Rechtschreibprüfung** die **Dynamische Rechtschreibprüfung** sowie die **Autokorrektur** auf, um beide Funktionen einzuschalten.

Die **Autokorrektur** verhält sich wie ein Skript und bewirkt, dass alle in den Voreinstellungen angegebenen Fälle sofort im Layout ersetzt werden. Bedingung ist, dass der Begriff aus der Spalte „Rechtschreibfehler" als ganzes Wort getippt wird, dass also davor und danach kein Buchstabe und keine Ziffer steht, sondern eine „Wortgrenze" – das kann ein Leerzeichen sein, ein Punkt, Komma, Anführungszeichen oder ähnliches.

Sobald Sie die **Dynamische Rechtschreibprüfung** aktivieren, erkennen Sie **rote Wellenlinien** unterhalb von Wörtern, die nicht im Wörterbuch bekannt sind oder falsch geschrieben wurden. Alle anderen Fälle werden **grün** gekennzeichnet, sofern Sie in den Voreinstellungen keine eigenen Farben ausgewählt haben.

Keine Hervorhebung sichtbar?
Wenn Sie die **Dynamische Rechtschreibprüfung** aktivieren, aber keine roten Wellenlinien im Layout sehen, kann es daran liegen, dass Sie entweder einen hervorragenden Text vor sich haben, oder aber Sie befinden sich im **Vorschaumodus** oder in der **Überdruckenvorschau**. Versuchen Sie mal die Taste [W] (sofern Sie nicht gerade im Text arbeiten) oder die Kombination [⌘ Strg] [⌥ Alt] [⇧] [Y]. So besser?

Alles rot?

Wenn Sie mit mehrsprachigen Dokumenten arbeiten, werden Sie mehrere Wörterbücher im Layout anwenden. Sobald Sie die Dynamische Rechtschreibprüfung aktivieren, werden Ihnen nahezu alle Wörter rot hervorgehoben. Stellen Sie einfach das Wörterbuch in den Voreinstellungen um oder wählen Sie das richtige Wörterbuch in den Absatzeinstellungen, danach werden nur die wirklich falsch geschriebenen oder unbekannten Wörter hervorgehoben.

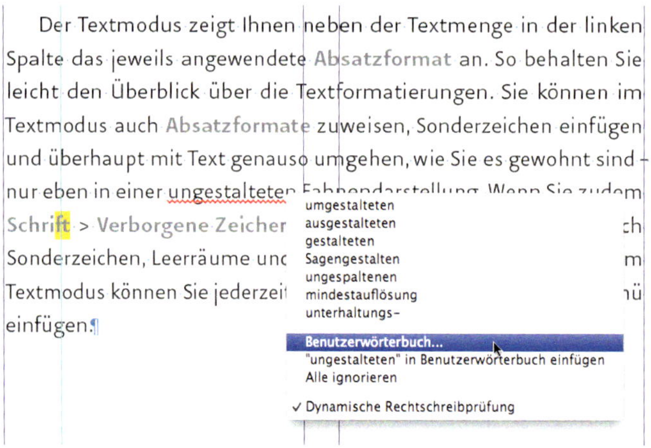

Unbekannte Wörter können Sie per Kontextmenü ins Benutzerwörterbuch einfügen.

Textmodus

Die Bearbeitung und Korrektur von Texten ist in komplexen Layouts häufig umständlich: Übersatz, gedrehte Textrahmen und Rahmen mit Transparenz und Effekten können die Lesbarkeit erschweren. Die Lösung für die meisten dieser Probleme ist der **Textmodus**. Darin werden bei aktiver **Dynamischer Rechtschreibprüfung** auch die Textmarkierungen angezeigt.

In den **Textmodus** gelangen Sie, indem Sie zunächst einen Textrahmen anwählen und dann [⌘ Strg] [Y] drücken oder **Bearbeiten > Im Textmodus bearbeiten** aufrufen. Diesen Befehl gibt es auch im Kontextmenü.

Der Textmodus zeigt Ihnen neben der Textmenge in der linken Spalte das jeweils angewendete **Absatzformat** an. So behalten Sie leicht den Überblick über die Textformatierungen. Sie können im Textmodus auch **Absatzformate** zuweisen, Sonderzeichen einfügen und überhaupt mit Text genauso umgehen, wie Sie es gewohnt sind – nur eben in einer ungestalteten Fahnendarstellung. Wenn Sie zudem **Schrift > Verborgene Zeichen einblenden** aktivieren, werden auch Sonderzeichen, Leerräume und Umbruchzeichen angezeigt. Auch im **Textmodus** können Sie jederzeit Sonderzeichen aus dem Kontextmenü einfügen.

Blenden Sie während der Textbearbeitung über das Menü **Fenster** das **Informationen**-Bedienfeld ein, erhalten Sie die Anzahl der Anschläge, der Wörter, aber auch den Umfang des Übersatzes – jenes Textabschnittes, der über einen Textrahmen hinausgeht. Dieser Übersatz wird mit einem Plus gekennzeichnet. Somit können Sie an den betroffenen Stellen im Layout redaktionelle Textkürzungen oder Umformulierungen treffen, um den Übersatz zu eliminieren.

Alternativen zum Textmodus
Die Textkorrektur findet nicht immer im Layout statt. Häufig möchten die Kunden selbst die Texte formulieren oder ändern. Dazu ist der **Textmodus** ungeeignet, da nicht alle Kunden InDesign benutzen wollen (oder sollen). Neben der Platzierung von gelieferten Word-Dokumenten gibt es aber auch eine Alternative: **InCopy** ist ein Textverarbeitungsprogramm für Redakteure, das auf derselben Technologie wie InDesign beruht. InDesign und InCopy sind so aufeinander abgestimmt, dass sämtliche Textpassagen gemeinsam bearbeitet werden können.

◢ *Redaktions-Workflow mit InCopy: Seite 317*

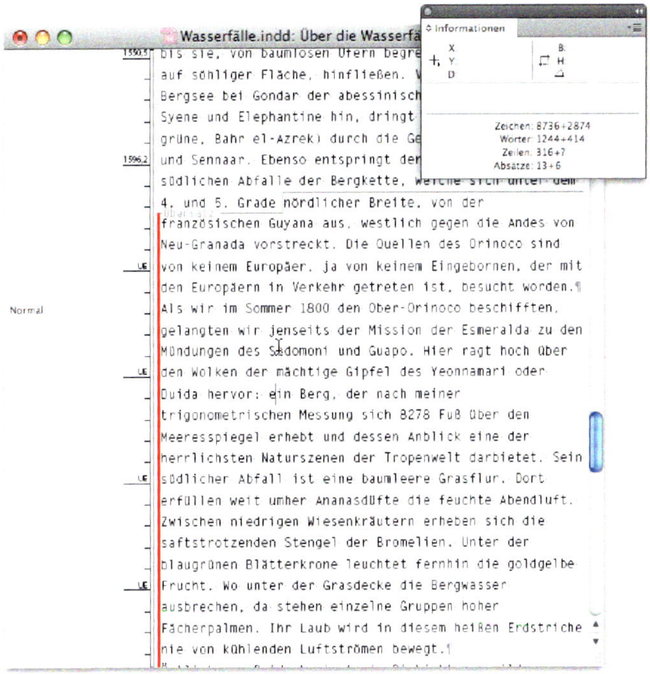

Die Darstellung des Übersatzes ist unmissverständlich, das Informationen-Bedienfeld zeigt auf Wunsch die Anzahl der Zeichen und Wörter der Textmarkierung an.

Wie viel Untersatz ist noch im Textrahmen?
Wenn Ihre Redaktion wissen will, wie viele Anschläge in den Textrahmen noch hineinpassen, um einen Artikel „auf Zeile" zu schreiben, können Sie diese Stelle über die rechte Maustaste mit **Platzhaltertext** füllen und diesen Abschnitt markieren. Das **Informationen**-Bedienfeld zeigt Ihnen die Anzahl der Zeichen, Wörter, Zeilen und Absätze des markierten Bereichs.

Innerhalb des Textmodus korrigieren Sie Texte durch die **Rechtschreibkorrektur** und durch **Wörterbücher**. Rufen Sie dazu aus dem Menü **Bearbeiten** die Optionen **Rechtschreibkorrektur** oder **Wörterbücher** auf. Ebenso lassen sich Wörter über die Funktion **Suchen und Ersetzen** (⌘ Strg F) korrigieren.

Texte per Ziehen & Ablegen verschieben

Ganze Textpassagen lassen sich im **Textmodus** auch verschieben: Markieren Sie den Textabschnitt und ziehen Sie ihn mit gedrückter Maustaste an eine neue Position. Dieses Verschieben per Ziehen & Ablegen ist auch im Layout möglich, wenn Sie in den **Voreinstellungen** (⌘ Strg K) unter der Rubrik **Eingabe** die **Textbearbeitung durch Ziehen und Ablegen** mit einem Klick auf **In Layoutansicht aktivieren** anschalten. Im **Textmodus** ermöglicht InDesign nur das Verschieben innerhalb des ausgewählten Textrahmens oder in miteinander verknüpften Rahmen.

Wollen Sie den **Textmodus** wieder beenden, schließen Sie das Fenster mit ⌘ Strg W; der Textmodus lässt sich mit ⌘ Strg Y jederzeit wieder aufrufen.

Textanzeigeoptionen

Wie sich der Textmodus präsentiert, stellen Sie in den **Voreinstellungen** unter **Textmodusanzeige** ein. Dort wählen Sie **Font**, **Farbe**, **Hintergrund** und **Form** des Textmodus. Dazu kommt auch eine **Kantenglättung** der Schrift, die InDesign grundsätzlich verwendet. Wen dies stört, kann für den Textmodus diese Option deaktivieren oder die Art der Glättung ändern.

In den Voreinstellungen können Sie einige Eigenschaften des Textmodus' bestimmen.

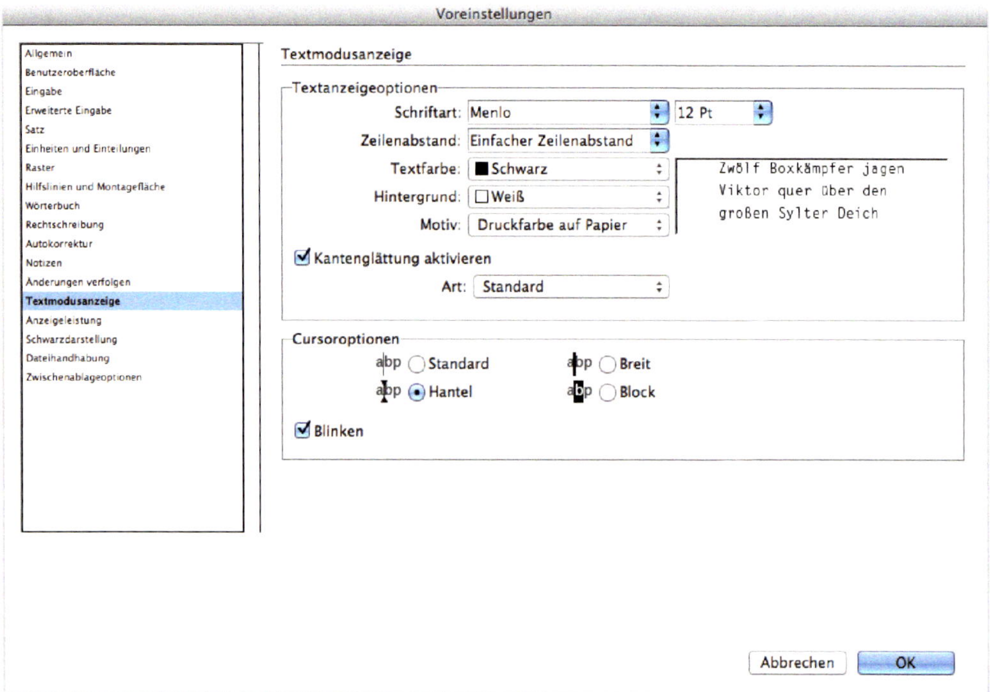

Tagged-Text-Format

Austauschen von Textabschnitten innerhalb von InDesign-Dokumenten

Wenn Sie Texte aus einem InDesign-Dokument in ein anderes Layout kopieren wollen, können Sie dies natürlich manuell per **Kopieren** (⌘ Strg C) und **Einfügen** (⌘ Strg V) durchführen. Wollen Sie aber auch sämtliche im Textabschnitt benutzten **Absatz-** und **Zeichenformate** kopieren, verwenden Sie besser das **Tagged-Text-Format**. Dazu markieren Sie mit dem Textwerkzeug den gewünschten Abschnitt und wählen unter **Datei** > **Exportieren** das Format mit dem sperrigen Namen **Adobe InDesign-Tagged-Text**. Es entsteht eine Datei mit der etwas irreführenden Erweiterung ***.txt**.

Wenn Sie diese Datei wiederum woanders platzieren, werden auch die **Absatz-** und **Zeichenformate** eingefügt – eine enorm hilfreiche

Methode, um die typografische Qualität des kopierten Textes zu erhalten und die Formate im neuen Dokument für die weitere Arbeit nutzen zu können.

Formatierte Textabschnitte lassen sich als „Tagged Text" speichern und im neuen Layout platzieren. Dabei bleiben Absatz- und Zeichenformate erhalten.

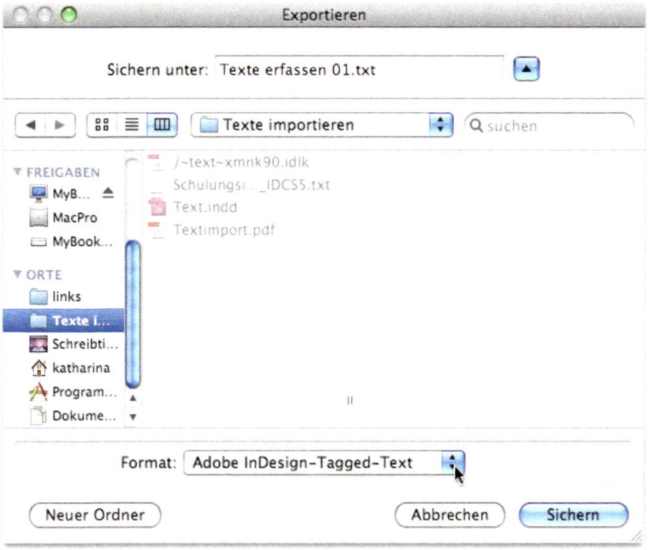

Tagged Text und XML
Im Hintergrund ist das Dateiformat eine XML-Datei für InDesign. Formatierte Textabschnitte werden anhand ihres Formatnamens „getagt" – also als Überschrift oder Absatz gekennzeichnet. Dieses Format ist ein einfacher Weg, einen Textabschnitt als XML-Datei zu exportieren. Mehr zum Thema XML erläutere ich Ihnen im Kapitel **Automatisierung** ab Seite 593.

Fußnoten

Fußnoten sind keine Querverweise

Als Querverweise sind Fußnoten nicht geeignet. Hierfür empfehle ich Ihnen, InDesign-eigene **Querverweise** anzulegen und dadurch Textstelle und Verweisziel tatsächlich miteinander zu verbinden.

Fußnoten enthalten üblicherweise Dinge wie Literaturverweise oder Hintergrundinformationen. Sie können selbst welche anlegen und formatieren oder die Fußnoten aus RTF- oder Word-Dateien einlesen.

Fußnoten befinden sich immer in demselben Textrahmen wie der Hinweis im Fließtext. Wird eine Fußnote zu umfangreich, wird sie bis zur Höhe des Verweisankers (also der Stelle, wo das Sternchen oder die hochgestellte Ziffer im Fließtext steht) erweitert und am Fuß der nächsten Textspalte weitergeführt. Ist kein ausreichender Platz vorhanden, wird sie auf die nächste Seite oder in den nächsten verketteten Textrahmen umbrochen.

◢ *Querverweise: Seite 284*
◢ *Verankerte Objekte: Seite 270*

Alternativ zu den Fußnoten können **verankerte Objekte** dieselbe Funktion übernehmen, da diese in einer eigenen Layoutspalte parallel zum Text mitlaufen können. Auf die **verankerten Objekte** gehe ich später noch genauer ein.

Da es sehr viele verschiedene Möglichkeiten gibt, Fußnoten zu gestalten oder anzulegen, soll an dieser Stelle ein Beispiel helfen.

Klicken Sie an eine Textstelle mit dem **Textwerkzeug** und rufen Sie das **Kontextmenü** auf. Wählen Sie die Option **Fußnote einfügen**. Zunächst wird hinter dieser Textstelle eine hochgestellte Ziffer eingefügt. Anschließend springt InDesign an das untere Ende des

Textrahmens, dort wird eine Linie gesetzt und darunter eine normale Ziffer. Dahinter blinkt mit dem Abstand eines Tabulators die Einfügemarke. Nun können Sie den Fußnotentext angeben.

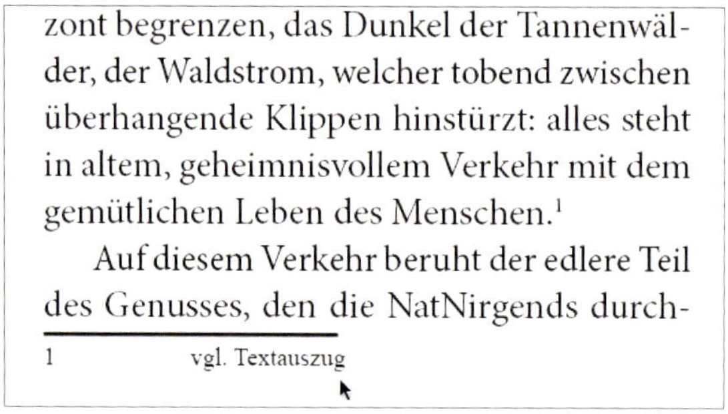
zont begrenzen, das Dunkel der Tannenwälder, der Waldstrom, welcher tobend zwischen überhangende Klippen hinstürzt: alles steht in altem, geheimnisvollem Verkehr mit dem gemütlichen Leben des Menschen.[1]

Auf diesem Verkehr beruht der edlere Teil des Genusses, den die NatNirgends durch-

1 vgl. Textauszug

Eine Fußnote erscheint nach dem Anlegen gleich am unteren Ende der Textspalte.

Um nun die Fußnoten zu gestalten, rufen Sie **Schrift > Optionen für Dokumentfußnoten** auf. Hier treffen Sie alle Optionen, wie die Fußnote nummeriert wird, wie die Ziffer im Text erscheint und wie weit die Fußnote eingezogen wird. Für die Nummerierung können Sie alternativ zu arabischen Ziffern auch ein anderes Format wählen. Für ein **Präfix/Suffix** können Sie die Formatierung **Verweis und Text** wählen, die es erlaubt, die entsprechende Ziffer durch einen Text oder Klammern zu ergänzen. Damit hochgestellte Ziffern nicht zu eng am vorangestellten Wort kleben, empfiehlt sich zum Beispiel, als Präfix ein **Achtelgeviert** als festen Zwischenraum zu wählen. Klicken Sie dazu in das kleine Auswahlmenü mit dem Pfeil nach rechts.

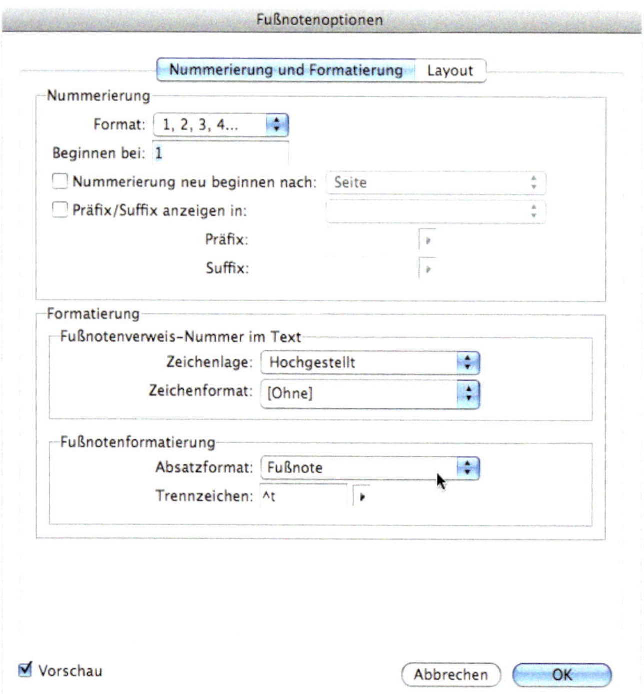

In der Fußnotenformatierung wenden Sie ein Absatzformat für die Darstellung der Fußnote an, die mit aktiver Vorschau sofort im Layout sichtbar wird.

Neben der Hochstellung der Verweisziffer im Text können Sie in der Rubrik **Formatierung** auch eine tiefgestellte oder normale Ziffer wählen. Am besten formatieren Sie diese Ziffer mit einem **Zeichenformat**.

Die **Fußnotenformatierung** beschäftigt sich gestalterisch nur mit der Fußnote am Ende des Textrahmens. Hier wählen Sie ein eigenes **Absatzformat** zur Darstellung des Fußnotentextes. Das Trennzeichen wird mit einem Tabulator angegeben und erscheint in der Schreibweise **^t**. Aber auch ein Geviert kann einen guten Leerraum zum Fußnotentext darstellen.

Damit haben Sie nun die Erscheinung der Fußnote und des Verweises festgelegt. Wie sieht es aber mit den Fußnoten zueinander und im Layout aus? Wechseln Sie die Optionen auf den Reiter **Layout**.

Erste Grundlinie in Textrahmenoptionen: Seite 341

Die Abstandsoptionen und die Orientierung an der **Grundlinie** sind nahezu selbst erklärend.

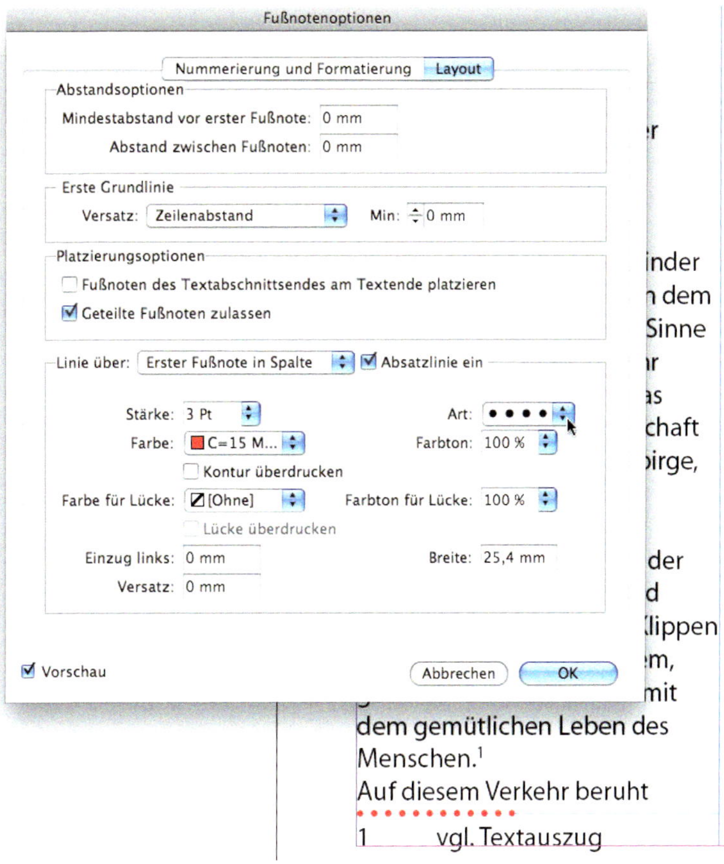

Im Reiter „Layout" stehen Ihnen Optionen zur Verfügung, wie die Fußnoten ausgerichtet werden.

Wie die Fußnote vom übrigen Text getrennt wird, können Sie mit einer **Linie** über der ersten Fußnote festlegen. Auch diese Einstellungen geben keine Rätsel auf. Beachten Sie aber hier, dass Sie die Funktion **Kontur überdrucken** aktivieren, wenn Sie eine Absatzlinie zum

Beispiel in der Farbe **[Schwarz]** verwenden. Farbige Konturen werden in InDesign grundsätzlich zunächst nicht überdruckt. Bei feinen Linien unter 1 Point Strichstärke sollten Sie diese Option allerdings nutzen. Die Breite der Linie gibt an, wie weit die Fußnotenlinie in die Textspalte gezogen wird.

Fußnotenlinien sind keine Absatzlinien

Leider haben Sie in den Fußnotenformatierungen keine Einstellungen, die Linie über den Fußnoten in der Breite an die Textspalte anzupassen wie zum Beispiel in den Absatzformaten. Die Linie trennt alle Fußnoten von dem darüber liegenden Text und wird nur einmal dargestellt. Wenn Sie alle Fußnoten mit Linien optisch trennen wollen, erstellen Sie sich ein Absatzformat und legen in den Formateinstellungen Absatzlinien fest.

Verankerte Objekte

Die **verankerten Objekte** dienen dazu, in Abhängigkeit von einer Textstelle einen oder mehrere Layoutrahmen auf derselben Textzeile oder auf derselben Seite zu platzieren. Die verankerten Objekte erscheinen somit entweder mitten auf der Textspalte oder mitlaufend am Rand als Marginalie. Das Thema überschneidet sich mit einigen anderen Abschnitten in diesem Buch, wo es ums **Platzieren** von Bildern sowie um **Absatz- und Zeichenformate** geht. Daher werde ich Ihnen an einem einfachen Beispiel einer mitlaufenden **Grafik im Text** sowie einer **Marginalie** zeigen, wie das Prinzip der verankerten Objekte funktioniert. Bitte befassen Sie sich mit den angesprochenen Abschnitten, wenn Sie mit der Formatierung von Rahmen und Typografie in InDesign noch keine ausreichende Erfahrung haben.

Platzieren: Seite 154

Absatz- und Zeichenformate: Seite 376

Verankerte Bilder im Text

Für eine wissenschaftliche Dokumentation sollen Bilder zwischen Textabsätzen eingefügt werden. Eine Bildunterschrift sorgt zudem für eine eindeutige Beschreibung.

Ansichten der Natur

In dem vorigen Abschnitte, welchen ich zum Gegenstand einer akademischen Vorlesung gemacht, habe ich die unermeßlichen Ebenen geschildert, deren Naturcharakter durch klimatische Verhältnisse mannigfaltig modifiziert wird und die bald als pflanzenleere Räume (Wüsten), bald als Steppen oder weitgedehnte Grasfluren erscheinen. Mit den Llanos, im südlichen Teile des Neuen Kontinents, kontrastieren die furchtbaren Sandmeere, welche das Innere von Afrika einschließt, mit diesen die Steppen von Mittelasien, der Wohnsitz weltbestürmender Hirtenvölker, die einst, von Osten her gedrängt, Barbarei und Verwüstung über die Erde verbreitet haben.

Wenn ich damals (1806) es wagte, große Massen in ein Naturgemälde zu vereinigen, und eine öffentliche Versammlung mit Gegenständen zu unterhalten, deren Kolorit der trüben Stimmung unseres Gemüts entsprach, so werde ich jetzt, auf einen engeren Kreis von Erscheinungen eingeschränkt, das freundlichere Bild eines üppigen Pflanzenwuchses und schäumender Flußtäler entwerfen. Ich beschreibe zwei Naturszenen aus den Wildnissen der Guyana: Atures und Maipures, die weitberufenen, aber vor mir von wenigen Europäern besuchten Wasserfälle des Orinoco.

Der Eindruck, welchen der Anblick der Natur in uns zurückläßt, wird minder durch die Eigentümlichkeit der Gegend als durch die Beleuchtung bestimmt, unter der Berg und Flur, bald bei ätherischer Himmelsbläue, bald im Schatten tiefschwebenden Gewölkes, erscheinen. Auf gleiche Weise wirken Naturschilderungen stärker oder schwächer auf uns ein, je nachdem sie mit den Bedürfnis-

bleiben wird. Die Erinnerung an ein fernes, reichbegabtes Land, der Anblick eines freien, kraftvollen Pflanzenwuchses erfrischt und stärkt das Gemüt, wie, von der Gegenwart bedrängt, der emporstrebende Geist sich gern des Jugendalters der Menschheit und ihrer einfachen Größe erfreut.

Westliche Strömung und tropische Winde begünstigen die Fahrt durch den friedlichen Meeresarm, der das weite Tal zwischen dem Neuen Kontinent und dem westlichen Afrika erfüllt. Ehe noch die Küste aus der hochgewölbten Fläche hervortritt, bemerkt man ein Aufbrausen sich gegenseitig durchschneidender und überschäumender Wellen. Schiffer, welche der Gegend unkundig sind, würden die Nähe von Untiefen oder ein wunderbares Ausbrechen süßer Quellen wie mitten im Ozean zwischen den antillischen Inseln vermuten.

Der Granitküste der Guyana näher, erscheint die weite Mündung eines mächtigen Stromes, welcher wie ein uferloser See hervorbricht und rund umher den Ozean mit süßem Wasser überdeckt. Die grünen, aber auf den Untiefen milchweißen Wellen des Flusses kontrastieren mit der indigblauen Farbe des Meeres, die jene Flußwellen in scharfen Umrissen begrenzt.

Der Name Orinoco, welchen die ersten Entdecker dem Flusse gegeben und der wahrscheinlich einer Sprachverwirrung seinen Ursprung verdankt, ist tief im Innern des Landes unbekannt. Im Zustande tierischer Roheit bezeichnen die Völker nur solche Gegenstände mit eigenen geographischen Namen, welche mit andern verwechselt werden können. Der Orinoco, der Amazonen- und Magdalenen-Strom werden schlechthin der Fluß, allenfalls der große Fluß, das große Wasser genannt; während die Uferbewohner

meln. Das Land, welches diese Wasser liefere, müsse ein Kontinent und keine Insel sein.« Wie die Gefährten Alexanders, über den schneebedeckten Paropanisus vordrängend, nach Arrian in dem krokodilreichen Indus einen Teil des Nils zu erkennen glaubten, so wähnte Colon, der physiognomischen Ähnlichkeit aller Erzeugnisse des Palmenklimas unkundig, daß jener Neue Kontinent die östliche Küste des weit vorgestreckten Asiens sei. Milde Kühle der Abendluft, ätherische Reinheit des gestirnten Firmaments, Balsamduft der Blüten, welchen der Landwind zuführte: alles ließ ihn ahnden (so erzählt Herrera in den Decaden), daß er sich hier dem Garten von Eden, dem heiligen Wohnsitz des ersten Menschengeschlechts genähert habe. Der Orinoco schien ihm einer von den vier Strömen, welche nach der ehrwürdigen Sage der Vorwelt von dem Paradiese herabkommen, um die mit Pflanzen neugeschmückte Erde zu wässern und zu teilen. Diese poetische Stelle aus Colons Reisebericht, oder vielmehr aus einem Briefe an Ferdinand und Isabella aus Haiti (Oktober 1498), hat ein eigentümliches psychisches Interesse. Sie lehrt aufs neue, daß die schaffende Phantasie des Dichters sich im Weltentdecker, wie in jeglicher Größe menschlicher Charaktere, ausspricht.

Wenn man die Wassermenge betrachtet, die der Orinoco dem atlantischen Ozean zuführt, so entsteht die Frage: welcher der südamerikanischen Flüsse, ob der Orinoco, der Amazonen- oder La-Plata-Strom, der größte sei? Die Frage ist unbestimmt wie der Begriff von Größe selbst. Die weiteste Mündung hat der Rio de la Plata, dessen Breite 23 geogr. Meilen beträgt. Aber dieser Fluß ist, wie die englischen Flüsse, verhältnismäßig von einer geringeren Länge. Seine unbeträchtliche Tiefe wird schon bei der Stadt

Der Textcursor befindet sich an der gewünschten Stelle im Text.

1 Textstelle wählen

Klicken Sie mit dem Textwerkzeug an die gewünschte Stelle, wo ein Bild oberhalb des Textes eingefügt werden soll.

2 Verankertes Objekt einfügen

Wählen Sie **Objekt** > **Verankertes Objekt** > **Einfügen** (auch im Kontextmenü verfügbar).

Im Menü Objekt fügen Sie ein verankertes Objekt ein.

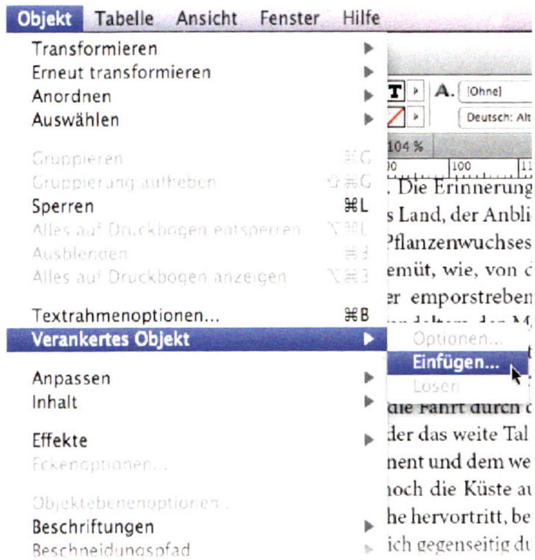

Wählen Sie eine geeignete Größe des Rahmens. Die Position kann entweder vom Absatzformat vorgegeben werden oder Sie legen eine eigene Ausrichtung fest.

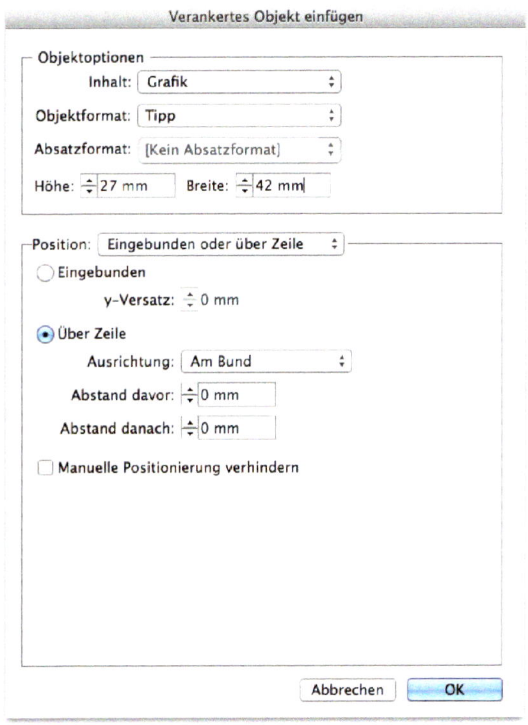

3 Objektart und Objektformat aussuchen

Ob Sie **Text** oder **Grafik** platzieren wollen, wählen Sie im Dialog **Verankertes Objekt einfügen** aus. Danach können Sie das passende Objektformat aussuchen.

4 Größe des Rahmens festlegen

Wählen Sie eine geeignete Größe für den Rahmen, der im Text verankert wird.

5 Optionen für die Position und die Ausrichtung wählen

Rufen Sie den Punkt **Eingebunden oder über Zeile** auf. Wählen Sie **Über Zeile** aus. In der **Ausrichtung** geben Sie **links** an oder die **Textausrichtung**, die das Absatzformat vorgibt.

6 Abstand zum Text

Damit ein verankertes Bild nicht direkt an vorherige oder nachfolgende Textzeilen stößt, empfiehlt sich ein **Abstand vor** und **nach** dem verankerten Rahmen von zum Beispiel 2 Millimetern oder einem Grundlinienabstand (12 Point). Bestätigen Sie den Dialog und der verankerte Rahmen erscheint im Textfluss.

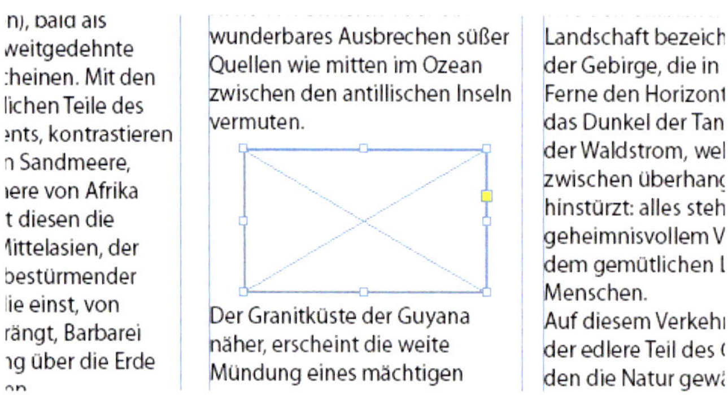

Das verankerte Objekt erscheint im Layout.

7 Bild in Rahmen einpassen

Sofern Sie in Punkt 3 ein Objektformat gewählt haben, das Rahmeneinpassungsoptionen beinhaltet und somit das Bild an den Rahmen anpasst, brauchen Sie diesen Schritt nicht zu beachten. Andernfalls wählen Sie nun den verankerten Rahmen mit dem Auswahlwerkzeug aus und rufen aus dem Menü **Objekt** > **Anpassen** > **Rahmeneinpassungsoptionen** aus. Lesen Sie zu diesen Optionen auch das Kapitel **Bilder & Vektoren** ab Seite 145.

Nachdem Sie diese Schritte absolviert haben, können Sie die Einstellungen für das verankerte Objekt auch wieder ändern. Rufen Sie dazu im Menü **Objekt** > **Verankertes Objekt** > **Optionen** auf oder klicken Sie mit gedrückter ⌥ Alt-Taste in das **Steuerelement für verankertes Objekt** ⚓ rechts oben im verankerten Rahmen. Anschließend erscheint wieder der Dialog für verankerte Objekte – diesmal mit aktiver Vorschau.

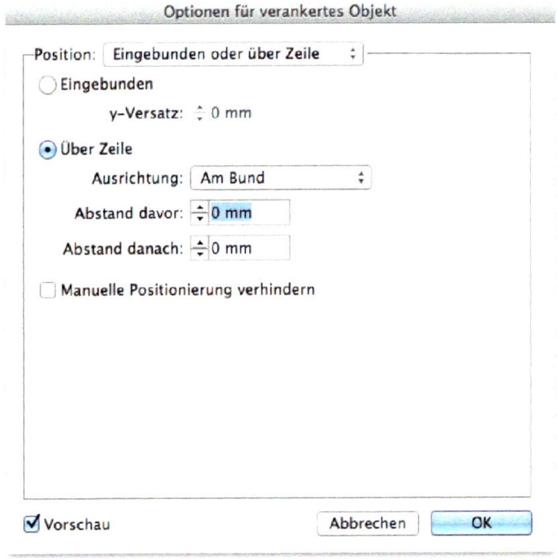

Die Optionen für verankerte Objekte können Sie nachträglich mit aktiver Vorschau ändern.

Objektformate für verankerte Rahmen
Damit verankerte Bilder auch gleich in der richtigen Größe im Layout erscheinen, sollten Sie sich Objektformate anlegen.

◢ *Objektformate: Seite 207*

Bildnummern mit Absatzformaten
Für die ordentliche Aufzählung von Bildern im Text legen Sie mit nummerierten Absatzformaten nach dem Schema „Abbildung 123" die Aufzählung fest.

Marginalien mit Ausrichtung an Bund oder Rand

Sie bestimmen, ob sich Textzeilen in doppelseitigen Dokumenten abhängig zum Bund oder Rand ausrichten. Wählen Sie zum Beispiel die Formatierung zum Bund, erhalten Sie auf einer linken Seite einen rechtsbündigen Textabsatz, auf einer rechten Seite hingegen einen linksbündigen. Besonders bei Marginalien ist dies sinnvoll, damit sich Literaturangaben oder Bilder auf einer **äußeren Marginalienspalte** immer zu den **inneren Textspalten** ausrichten, sowohl auf einer linken wie auf einer rechten Seite.

Für das Beispiel verwende ich ein dreispaltiges Layout; die beiden inneren Spalten sind für den Fließtext reserviert, die Spalte am Seitenrand nimmt die Marginalien auf.

1 Objekt einfügen

Klicken Sie an die Stelle im Fließtext, die unmittelbar durch eine Marginalie ergänzt werden soll. Rufen Sie das **Kontextmenü** auf und wählen Sie die Option **Verankertes Objekt > Einfügen** aus. Im nachfolgenden Dialog können Sie alle Einstellungen vornehmen, wie die Marginalie mit der Textstelle verankert und was für ein Rahmen erzeugt wird.

2 Inhalt und Absatzformat wählen

Für den **Inhalt** wählen Sie zunächst Text aus. Mit dieser Vorgabe ist es möglich, der Marginalie auch gleich ein **Absatzformat** zuzuweisen. Sie können dies aber auch später mit den typografischen Werkzeugen von InDesign festlegen und ein Absatzformat auf den fertigen verankerten Rahmen anwenden.

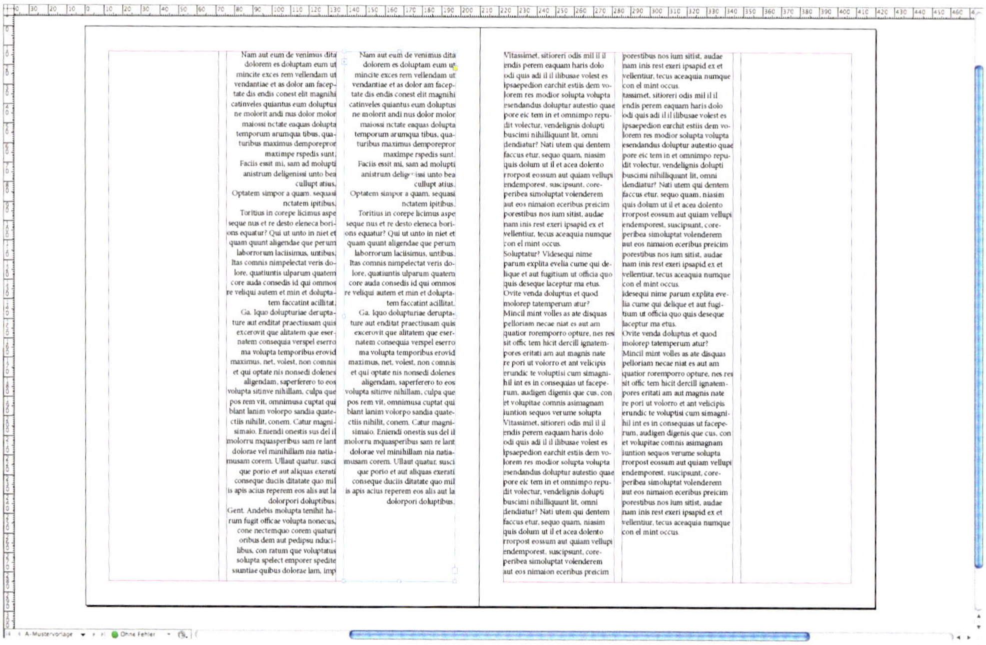

Das dreispaltige Layout mit Fließtext in den inneren beiden Spalten der Doppelseite

3 Benutzerdefinierte Position einstellen

Kommen wir nun zu den wesentlichen Einstellungen! Die **Höhe** und die **Breite** des Rahmens sind selbst erklärend, aber die benutzerdefinierten Positionsangaben des verankerten Rahmens haben es in sich: Wählen Sie **relativ zum Bund** aus, damit die Marginalie immer auf der *äußeren* Spalte der Doppelseite verläuft.

4 Bezugspunkte wählen

Der erste **Bezugspunkt** gibt an, von welchem Eckpunkt des verankerten Objekts die Position bestimmt wird. Die **verankerte Position** hingegen zeigt, ob das verankerte Objekt auf der Doppelseite zum *Bund*, zum *Rand* oder auf der *horizontalen Seitenmitte* ausgerichtet wird. Wählen Sie hier den *äußeren* Bezugspunkt für die *äußere* Layoutspalte.

5 Abstände horizontal

Damit das verankerte Objekt den Text nicht überlagert, können Abstände in Relation zu verschiedenen Seitendimensionen definiert werden. Wählen Sie hier **x relativ zu: Textrahmen** aus. Ein **x-Versatz** bedeutet einen zusätzlichen Abstand zum Textrahmen, zum Beispiel 12 Point oder 4,233 Millimeter.

6 Abstände vertikal

Wollen Sie die Marginalie auf gleiche Zeilenhöhe einstellen wie die Markierung im Text, wählen Sie **y relativ zu: Zeile (Grundlinie)**. Einen weiteren Versatz benötigen Sie nicht. Damit eine Marginalie nicht aus dem Satzspiegel heraus läuft, wählen Sie zudem **Nicht aus oberen/unteren Spaltengrenzen herausbewegen**.

Manuelle Positionierung verhindern
Die Option, die „manuelle Positionierung zu verhindern", ist keine endgültige Einstellung. Wenn Sie später einen solchen verankerten Rahmen mit dem Auswahl-Werkzeug (V) anwählen und ⌘ Strg ⌥ Alt L aufrufen, wird die Position des Rahmens entsperrt und Sie können den Rahmen verschieben. Danach können Sie mit dem Tastenbefehl den Rahmen auch wieder sperren.

Die Optionen für das verankerte Objekt mit benutzerdefinierter Position sind alles andere als selbstverständlich.

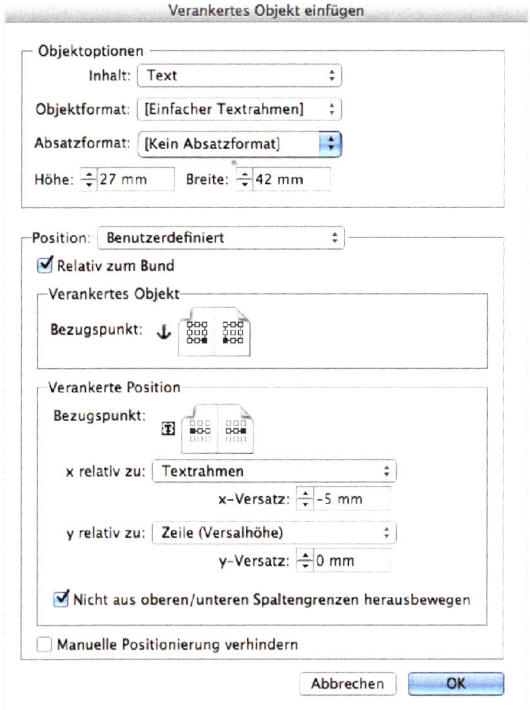

Sobald Sie den Dialog mit **OK** bestätigen, legt Ihnen InDesign einen neuen verankerten Rahmen an der angegebenen Position an. Ein kleiner Anker erinnert Sie daran, dass dieser Rahmen nun in Abhängigkeit zum Fließtext steht. Die Textstelle gibt die vertikale Position des Rahmens vor, die horizontale Position richtet sich nach der Seitenkante.

Die Marginalie ist nun angelegt und kann mit Text befüllt werden.

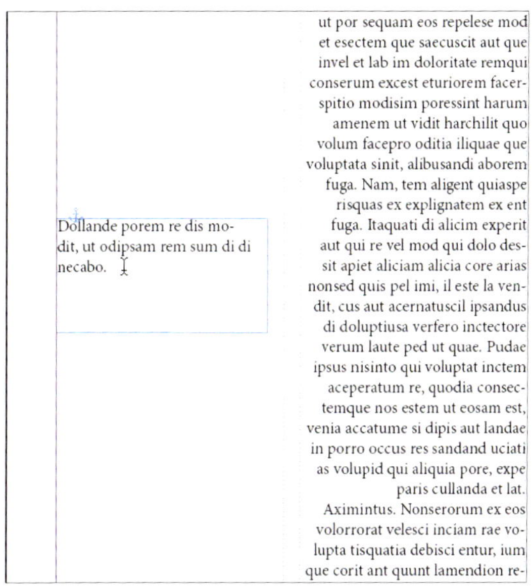

Nun können Sie das Textwerkzeug wählen und in den Rahmen hineinklicken. Sie geben wie in jedem Textrahmen die Schriftgröße oder ein Absatzformat an, wie eingangs beschrieben. Alternativ platzieren Sie ein Bild.

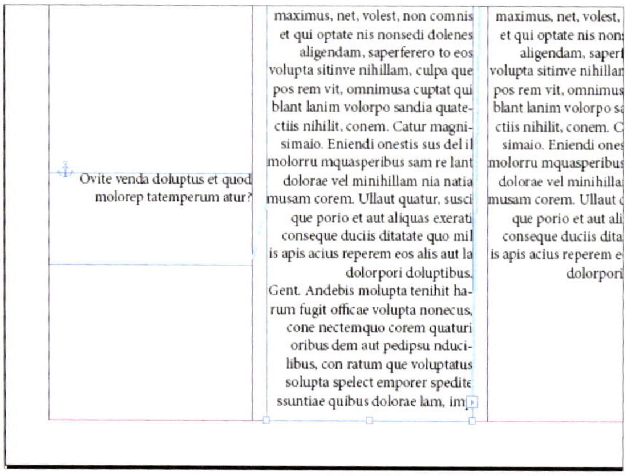

Verkettungen und Verankerungen werden im Layout angezeigt.

Verankerungen und Verkettungen anzeigen
Wie auch bei Textverkettungen lässt sich die Verbindung eines verankerten Objekts zu seiner Textstelle durch den entsprechenden Menüpunkt einblenden beziehungsweise mit dem Tastaturbefehl ⌘ Strg ⌥ Alt Y anzeigen. Die Verbindungslinien für Verankerungen sind jedoch gestrichelt.

Die Marginalie erscheint zunächst auf der linken Seite, da sich der Textanker links befindet.

Ändert sich der Textfluss, wandert die Marginalie mit dem Anker mit und wechselt in die äußere Spalte auf der rechten Seite.

Sobald Sie den Seitenumbruch ändern, rutscht auch die Textstelle auf eine andere Seite. Hier zeigt sich jetzt der Lohn Ihrer Mühen: Der Marginalienrahmen platziert sich einfach auf die nächstbeste äußere Layoutspalte und bleibt auf derselben Höhe wie die Textstelle.

Automatisches Inhaltsverzeichnis

Nicht nur Querverweise basieren auf Textpassagen, die mit Absatzformaten ausgezeichnet wurden. Auch das **Inhaltsverzeichnis** („IHV") eines InDesign-Dokuments können Sie automatisch aus diesen Textstellen und einem Seitenverweis erstellen. In den folgenden Schritten zeigen wir Ihnen, wie Sie ein Inhaltsverzeichnis mit zwei

Hierarchieebenen einrichten und für die Darstellung auch Zeichenformate einbinden. Darüber hinaus lernen Sie, ein Inhaltsverzeichnis für ein gesamtes Buch einzurichten.

Automatisch ein IHV mit Absatzformaten erstellen

Beginnen wir mit dem Anlegen eines Inhaltsverzeichnisses auf Basis eines Überschriften-Absatzformats und eines einfachen Seitenverweises. Für die Darstellung eines Seitenverweises verwenden wir ein **Zeichenformat**. Die folgenden Arbeitsschritte beschreiben eine flüssige Arbeitsweise, in der Sie die benötigten weiteren **Absatzformate** beim Erzeugen des **IHV** anlegen. Selbstverständlich können Sie sich auch zuvor die Absatz- und Zeichenformate für die Formatierung des IHV anlegen und dann die folgenden Schritte ausführen.

Inhaltsverzeichnisse für Buchprojekte
Wenn Sie ein Buchprojekt mit mehreren Kapiteln in einer Buchdatei verwalten, können Sie über diese Kapitel hinweg ein Inhaltsverzeichnis anlegen.

Inhaltsverzeichnisse in Buchprojekten: Seite 742

1 Absatzformat „Überschrift1" sowie „Überschrift2" anlegen und zuweisen

Gehen wir von einem Text mit zwei Gliederungsebenen aus. Öffnen Sie das **Absatzformate**-Bedienfeld und legen Sie darin über das Blattsymbol zwei neue Absatzformate an. Diese nennen Sie bitte „Überschrift 1" und „Überschrift 2". Weisen Sie die Absatzformate den Überschriften in Ihrem Text je nach Ebene zu.

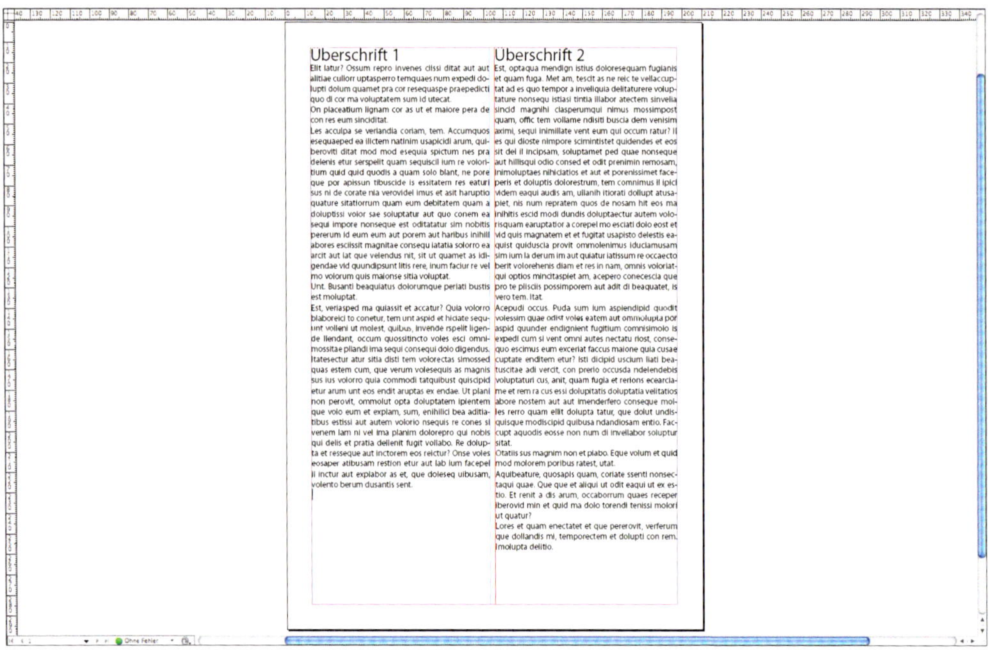

Das Dokument besitzt eine Textgliederung in „Überschrift1" sowie „Überschrift2". Der Fließtext erscheint in kleinerer Schriftgröße als Blocksatz.

2 Inhaltsverzeichnis-Optionen aufrufen und IHV-Titel eingeben

Über **Layout** > **Inhaltsverzeichnis** rufen Sie die Optionen für das Anlegen eines IHV auf. Klicken Sie auf den Knopf **Mehr Optionen**, um alle Einstellmöglichkeiten angezeigt zu bekommen. Geben Sie nun dem Inhaltsverzeichnis einen **Titel**. Dieser Titel wird später als *Überschrift* über dem Inhaltsverzeichnis erscheinen.

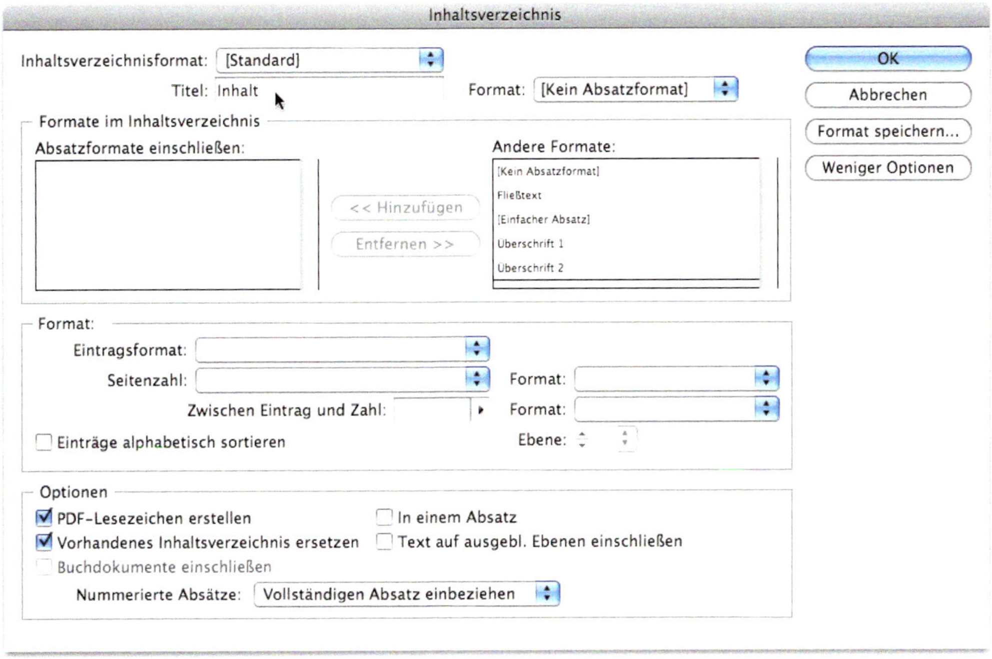

In den Inhaltsverzeichnis-Optionen legen Sie fest, wie der Titel des IHV lautet.

3 Neues Absatzformat „Inhaltsverzeichnistitel" in den Formatoptionen einrichten

Da es noch kein Absatzformat für diesen Inhaltsverzeichnistitel gibt, wählen Sie aus dem Auswahlmenü **Format** rechts vom Eingabefeld **Titel** die Option **Inhaltsverzeichnistitel**. Die Einstellungen für das Format können Sie später vornehmen.

4 Absatzformate „Überschrift 1" sowie „Überschrift 2" nacheinander für das IHV auswählen

Im Bereich **Formate im Inhaltsverzeichnis** werden rechts unter **Andere Formate** alle Absatzformate des Dokuments angezeigt. Wählen Sie dort zunächst das Format „Überschrift 1" aus und fügen Sie es über den Knopf **Hinzufügen** zur linken Spalte **Absatzformate einschließen** hinzu. Wiederholen Sie dies für „Überschrift 2".

5 Überschrift 1" auswählen und Eintragsformat „Inhaltsverzeichnis-Haupttext" einrichten

Wählen Sie im Feld **Absatzformate einschließen** durch Anklicken das Format „Überschrift 1" aus und weisen Sie ihm im Bereich **Format: Überschrift 1** das **Eintragsformat** mit dem Namen „Inhaltsverzeichnis-Haupttext" aus dem Auswahlmenü zu.

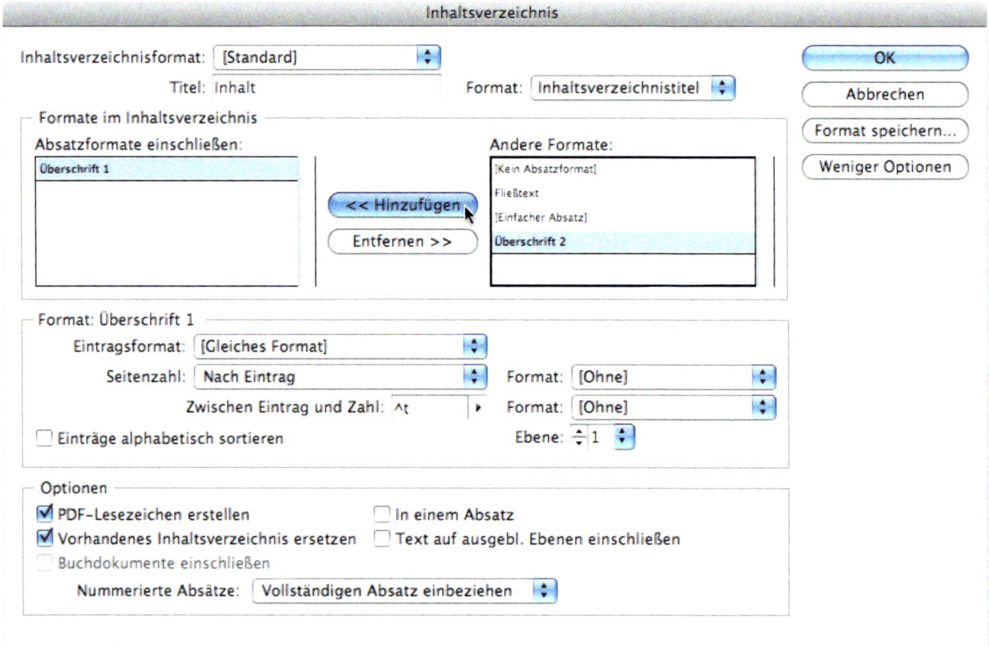

Die Überschriftenformate werden nacheinander von rechts nach links „hinzugefügt".

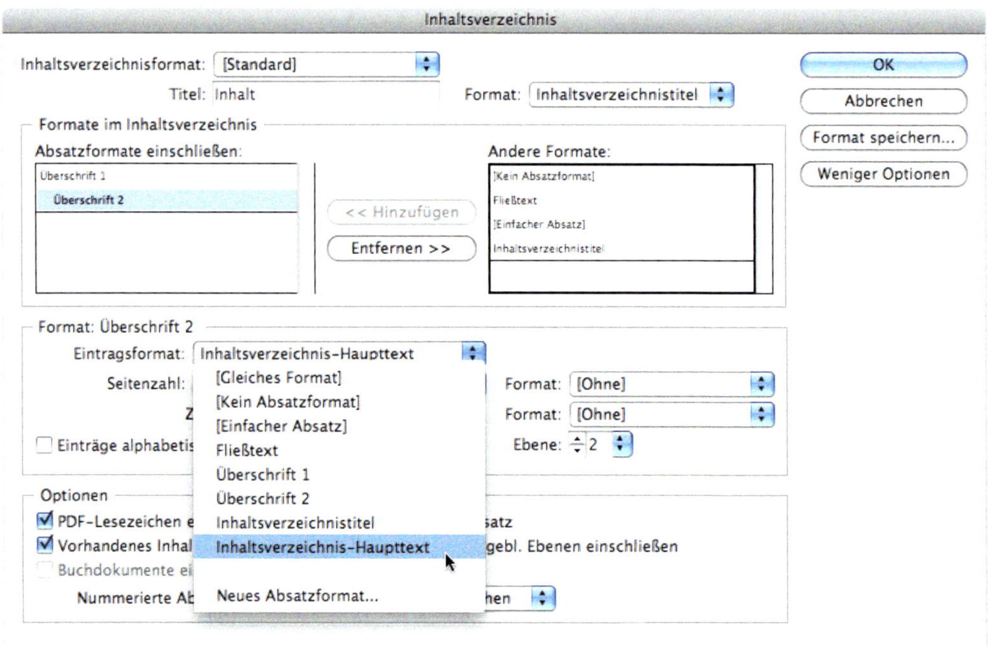

Das eigentliche IHV wird natürlich auch mit Absatzformaten formatiert; zwei davon stellt InDesign gleich bereit.

6 Seitenzahl „nach Eintrag" einrichten und neues Zeichenformat „Seitenzahl" anlegen

Wählen Sie unter **Seitenzahl** die Option **Nach Eintrag**, damit InDesign automatisch die Seitenzahl des jeweiligen Vorkommens dieser Überschrift im Inhaltsverzeichnis angibt. Um die Seitenzahlen im Inhaltsverzeichnis zu formatieren, legen Sie unter **Format** über die Option **Neues Zeichenformat** ein neues Zeichenformat an, dem Sie den Namen **Seitenzahl** geben, und bestätigen mit **OK**.

7 „Überschrift 2" auswählen und neues Eintragsformat „IHV-Nebentext" einrichten

Nun wählen Sie im Feld **Absatzformate einschließen** durch Anklicken das Format „Überschrift 2" aus. Das Format erscheint unterhalb von „Überschrift1" und wird auf der **Ebene 2** angelegt. Unter **Eintragsformat** erstellen Sie bitte ein neues Absatzformat und geben diesem den Namen „IHV-Zweite Ebene".

8 Seitenzahlen für zweite Ebene deaktivieren

Die zweite Ebene des IHV soll keine Seitenangaben haben, deshalb wählen Sie unter **Seitenzahl** die Option **Keine Seitenzahl** aus.

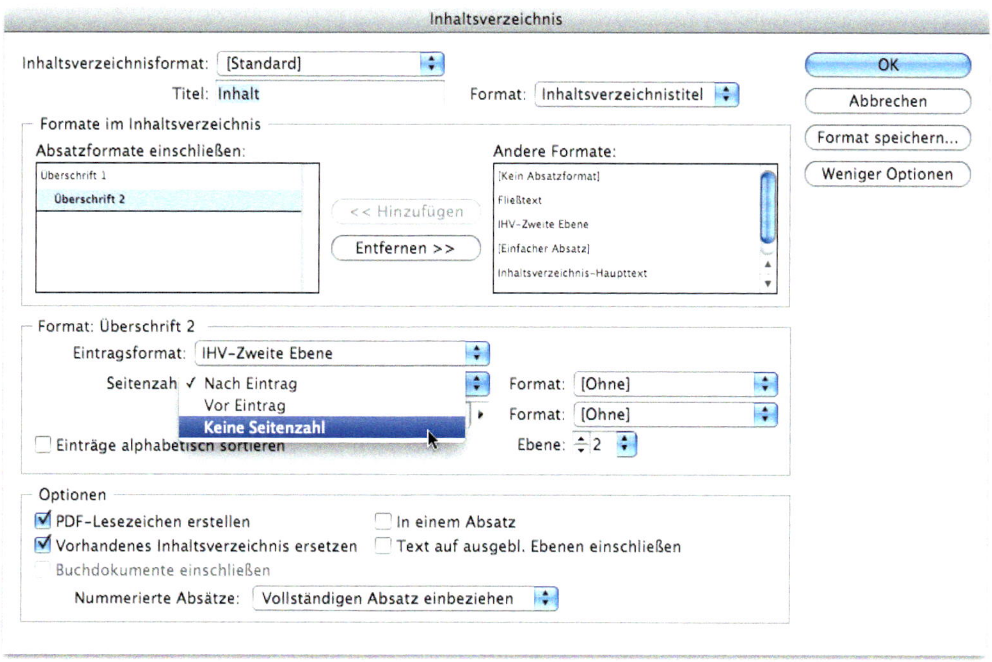

Die Seitenzahl wird für die zweite Ebene ausgeblendet.

9 PDF-Lesezeichen erstellen

Aktivieren Sie im Bereich **Optionen** das Kästchen **PDF-Lesezeichen erstellen**. Die PDF-Lesezeichen erleichtern dem Betrachter des PDF später die Navigation, da er vom Inhaltsverzeichnis direkt in die Kapitel springen kann.

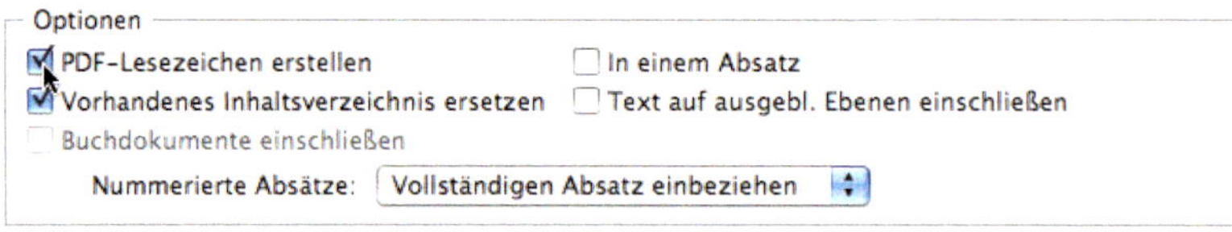

Wichtig für die Zeit nach dem Layout: der gesetzte Haken bei den PDF-Lesezeichen!

10 Formatdefinitionen speichern

Bevor Sie das Inhaltsverzeichnis speichern, sollten Sie unbedingt Ihre Einstellungen als IHV-Format speichern. Klicken Sie daher auf **Format speichern** und geben Sie im nachfolgenden Dialog einen sinnvollen Namen ein.

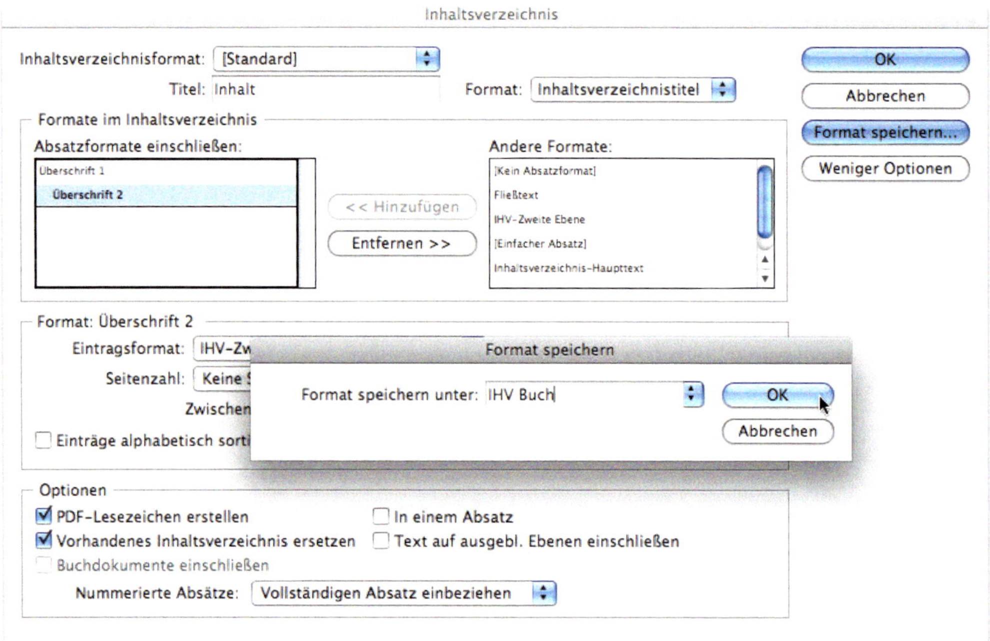

Auch für Inhaltsverzeichnisarten gibt es Formate, speichern Sie daher Ihre Einstellungen ab.

11 Eingabe bestätigen und IHV platzieren

Bestätigen Sie Ihre Eingaben mit **OK**. Sie erhalten einen **Platzierungs-Cursor**. Gehen Sie im Dokument an die Stelle, an der das IHV stehen soll, und klicken Sie auf die Seite beziehungsweise in den Textrahmen, um das Inhaltsverzeichnis zu platzieren.

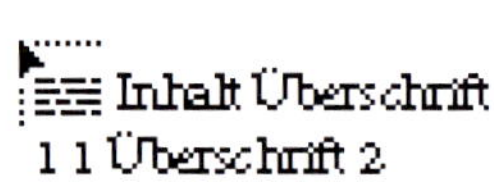

Das IHV kann platziert werden, der Platzierungscursor erscheint.

Das IHV erscheint im Layout, die Absatzformate für das IHV wurden im Absatzformate-Bedienfeld übernommen.

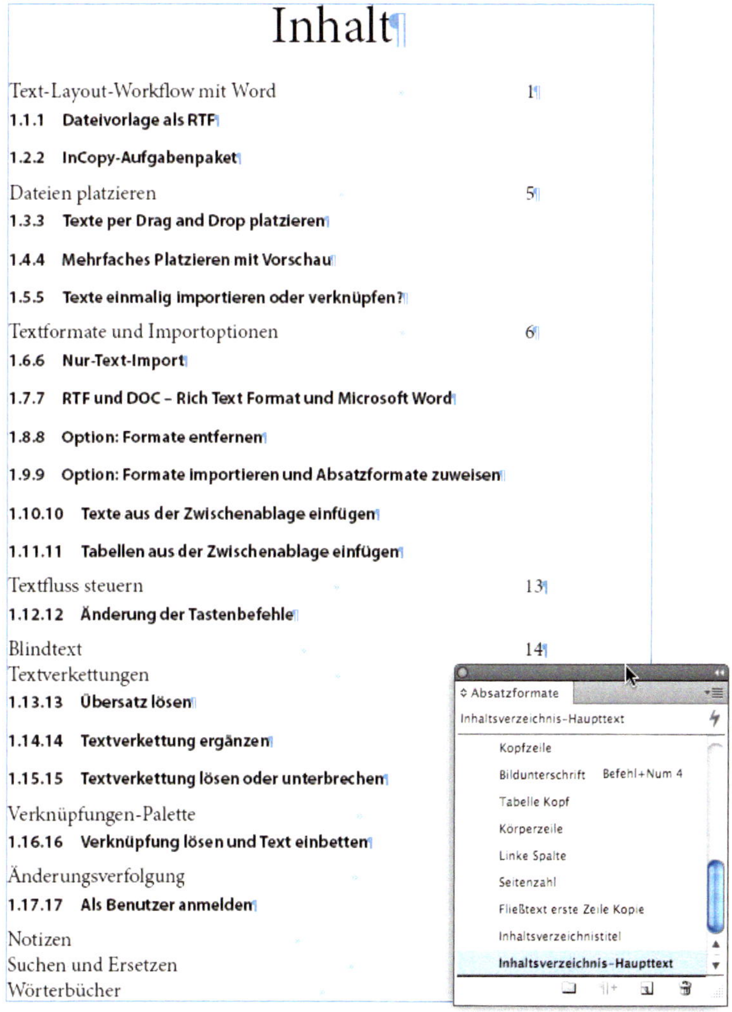

InDesign erzeugt nach diesen Schritten ein IHV in zwei Ebenen. Die Hauptebene wird mit den Texten des **Absatzformats** „Überschrift1" gebildet und mit dem neuen **Absatzformat** „IHV-Haupttext" dargestellt. Die zweite Ebene hingegen verwendet „Überschrift2" sowie das „IHV-Zweite Ebene". Sofern Sie beachten, die IHV-Absatzformate gleich in den ersten Schritten anzulegen, können Sie nun die typografische Formatierung ausarbeiten.

Inhaltsverzeichnis aktualisieren

Ein einmal erstelltes **IHV** müssen Sie nicht noch einmal anlegen. Wenn Sie Inhalte in den Überschriften oder die Reihenfolge von Themen ändern, verzeichnet InDesign diese Änderungen allerdings nicht automatisch. Sie müssen also das IHV manuell aktualisieren. Klicken Sie dazu mit dem **Textwerkzeug** in den Rahmen des Inhaltsverzeichnisses

Einstellungen im Format ändern und aktualisieren
Sollten Sie die Darstellung des IHV und die Einbeziehung von Absatzformaten ändern, können Sie erneut den Dialog „Inhaltsverzeichnis" öffnen und Ihre Änderungen vornehmen. Hier aktivieren Sie bitte die Option „Vorhandenes Inhaltsverzeichnis ersetzen".

und rufen Sie dann im Menü **Layout** die Option **Inhaltsverzeichnis aktualisieren** auf. Ein neues IHV wird erzeugt und überschreibt das vorhandene.

Nummerierte Überschriften im Inhaltsverzeichnis

Wenn Sie die Überschriften in Ihrer Dokumentation automatisch *nummerieren*, übernimmt InDesign zunächst auch im Inhaltsverzeichnis die Nummerierung.

Wollen Sie ausschließlich die Nummerierungen oder den Text der Überschrift ohne Ziffern verwenden, steht Ihnen im Dialog des Inhaltsverzeichnisses am unteren Ende des Dialogs **Nummerierte Absätze** die Option **Nur Zahlen einbeziehen** oder **Zahlen ausschließen** zur Verfügung.

Abbildungsverzeichnis
Mit einem Inhaltsverzeichnis können Sie auch ein Abbildungsverzeichnis erstellen, wenn Sie Bildunterschriften mit einem konkreten Absatzformat verwenden. Dieses Absatzformat beziehen Sie einfach in Ihr Inhaltsverzeichnis ein und erstellen damit eine neue Übersicht. Die Bildunterschriften werden anschließend mit dem konkreten Seitenverweis platziert. Auch diese Möglichkeit sollten Sie sich als eigenes Inhaltsverzeichnisformat speichern!

Querverweise

Die Funktion der **Querverweise** ermöglicht zum einen die automatische Verknüpfung von zwei Textpassagen mit Seitenverweis, kann aber auch als Alternative für ein Inhaltsverzeichnis angelegt werden. In den nachfolgenden Schritten machen wir Sie vertraut mit dem Einsatz von Querverweisen im Layout, Formatoptionen und den typografischen Möglichkeiten der Auszeichnung.

Beginnen wir mit der grundlegenden Gestaltung eines **Querverweises**. Alle Funktionen zu den Querverweisen finden Sie im Menü **Fenster** > **Schrift und Tabellen** im **Querverweise**-Bedienfeld. Wenn Sie dieses Bedienfeld öffnen, sehen Sie, dass InDesign die Funktion im **Hyperlink**-Bedienfeld verwaltet. Somit ist klar, dass **Querverweise** und **Hyperlinks** wie **URLs** oder **Textanker** auf derselben Technik aufbauen. Für die weitere Arbeit empfehle ich Ihnen, das Bedienfeld der **Hyperlinks** und **Querverweise** dauerhaft in Ihre Arbeitsumgebung aufzunehmen.

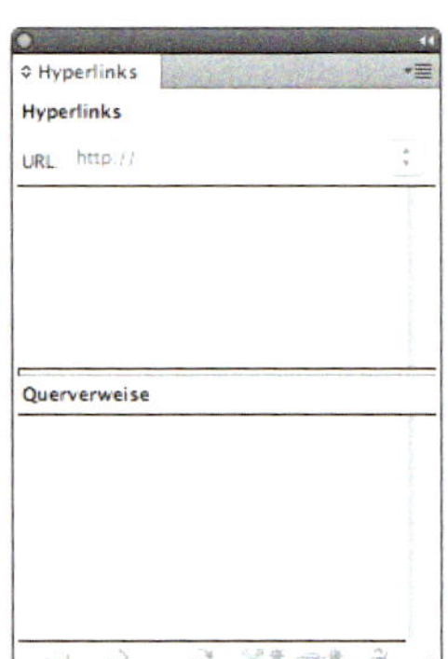

Das Querverweise-Bedienfeld ist die untere Hälfte der eng damit verwandten Hyperlinks.

Neuen Querverweis anlegen

1 Absatzformate für Überschriften anwenden

Um Querverweise anzuwenden, benötigen Sie ein Dokument mit mindestens zwei Seiten Länge, einigen Absätzen Fließtext und möglichst mehreren Überschriften. Um über einen Querverweis auf eine Überschrift verweisen zu können, muss der Überschrift ein Absatzformat zugewiesen sein. Formatieren Sie deshalb bitte die Überschriften in Ihrem Dokument mit Hilfe von Absatzformaten.

2 Seite wechseln

Suchen Sie sich eine Überschrift in Ihrem Dokument aus, auf die Sie verweisen möchten, und wechseln Sie dann auf eine andere Dokumentseite.

3 Textposition für Verweis auswählen

Wählen Sie nun im Text eine Position aus, an der der Querverweis eingefügt werden soll, und positionieren Sie dort Ihren Cursor.

Markieren Sie die Textstelle, an der ein Querverweis eingefügt werden soll.

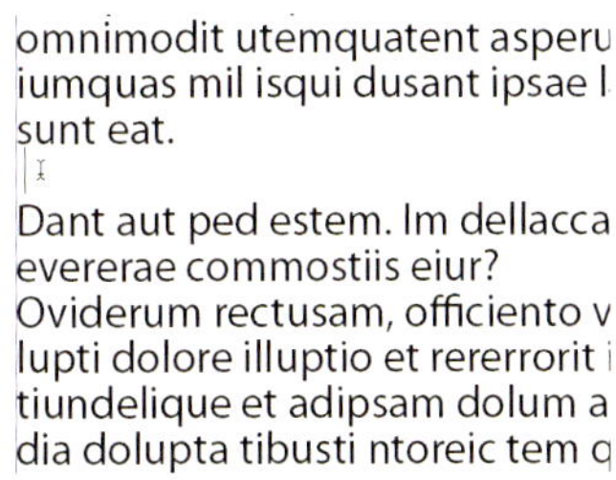

4 Neuen Querverweis anlegen

Öffnen Sie über das Menü **Fenster > Schrift und Tabellen** das **Querverweise**-Bedienfeld und legen Sie über das Bedienfeldmenü und **Querverweis einfügen** einen neuen Querverweis an.

Im Querverweise-Bedienfeld legen Sie einen neuen Verweis an.

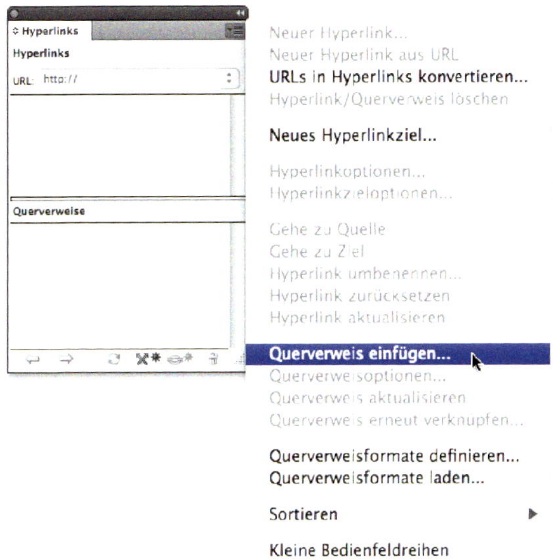

5 Mit Absatz verknüpfen und Absatzformat wählen

Im Dialogfeld **Neuer Querverweis** können Sie nun alle wichtigen Einstellungen treffen. Achten Sie darauf, dass bei **Verknüpfen mit** die Option **Absatz** ausgewählt ist.

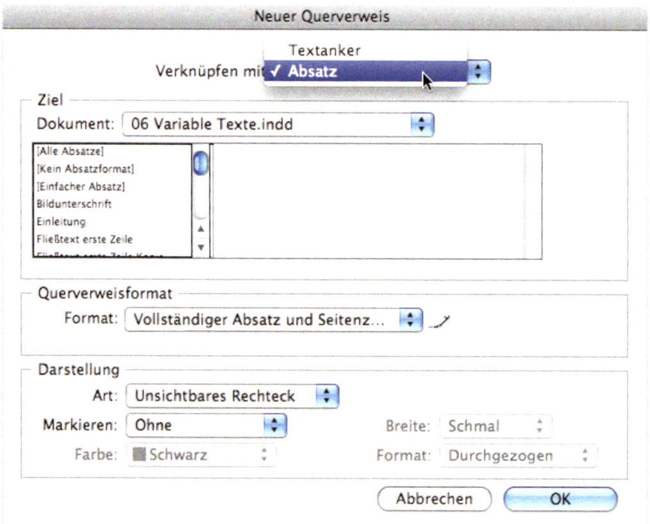

Im Dialog „Neuer Querverweis" wählen Sie die weiteren Einstellungen.

Im Bereich **Ziel** werden Ihnen alle im Dokument vorhandenen **Absatzformate** angezeigt. Wählen Sie dort das Absatzformat für die Überschriften aus. Nun bekommen Sie im rechten Bereich alle Überschriften angezeigt, die mit diesem Absatzformat formatiert wurden. Wählen Sie daraus diejenige Überschrift aus, auf die Sie verweisen möchten.

6 Format „Vollständiger Absatz und Seitenzahl"

Unter **Querverweisformat** wählen Sie als Format **Vollständiger Absatz und Seitenzahl** aus, damit der vollständige Text der Überschrift und die Seitenzahl angegeben wird, etwa so: *siehe auch „Querverweise sind praktisch" auf Seite 25.*

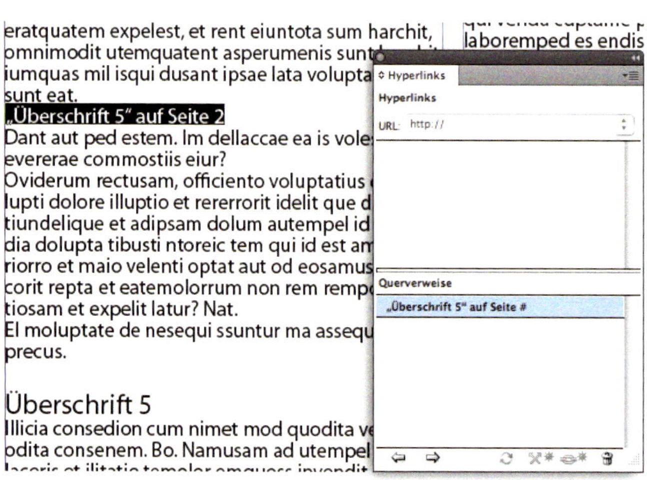

Der Querverweis wird zunächst als vollständiger Absatz mit Seitenzahl dargestellt.

7 **Standarddarstellung belassen und Eingaben bestätigen**

Im Feld **Darstellung** können Sie die Hervorhebung der Querverweise im Text gestalten. Belassen Sie die Einstellungen zunächst in der Standard-Darstellung und bestätigen Sie den Dialog mit **OK**.

8 **Auf Querverweisziel springen**

Springen Sie nun zum Ziel des Querverweises, indem Sie den Querverweis im **Querverweise**-Bedienfeld auswählen und auf den Knopf **Gehe zu Ziel** (ein *Pfeil nach rechts*) klicken. Mit dem anderen Knopf **Gehe zu Quelle** (ein *Pfeil nach links*) können Sie zur Quelle eines Querverweises springen.

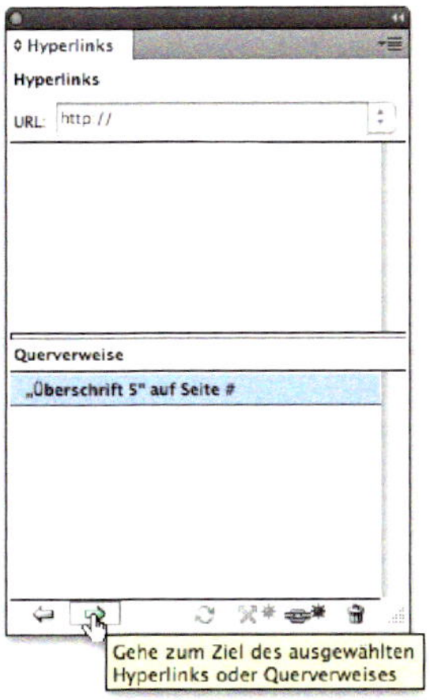

Mit den Pfeil-Knöpfen springen Sie zum Verweisziel (nach rechts) oder zur Quelle (nach links).

Verweise aktualisieren

Quelle des Querverweises ändert die Position
Sobald Sie einen Textrahmen mit einer Querverweisquelle im Dokument verschieben oder den Textfluss über mehrere Seiten hinweg ändern, so dass sich die Quelle nun auf einer anderen Seite befindet, ändert InDesign automatisch die Seitenzahl. Eine Aktualisierung des Querverweises ist nicht erforderlich.

Wenn Sie einen Querverweis angelegt haben, dürfen Sie sowohl den Verweis als auch das **Ziel** – also die referenzierte Textstelle – aktualisieren. Bei einem geänderten Ziel erkennt InDesign sofort, dass der Querverweis nicht den aktuellen Zieltext abbildet. Um den Verweis zu aktualisieren, führen Sie die folgenden Schritte aus:

1 **Text des Ziels ergänzen**

Markieren Sie im **Querverweise**-Bedienfeld den Eintrag, den Sie ändern möchten, und springen Sie mithilfe des Knopfes **Gehe zur Quelle**. Verändern Sie nun bitte den Text der Quelle oder ergänzen Sie ihn.

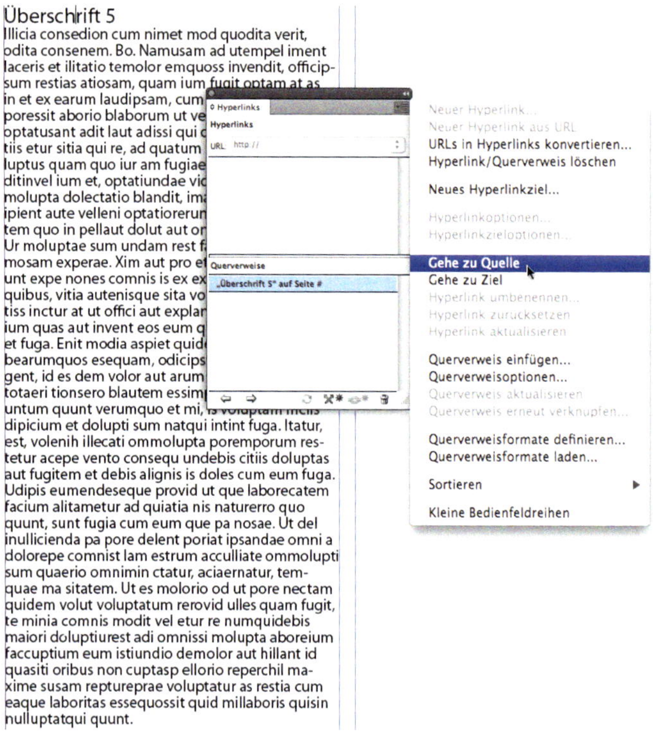

Der Querverweis (Ziel) ist noch aktuell. Über das Querverweise-Bedienfeld springen Sie an die Quelle.

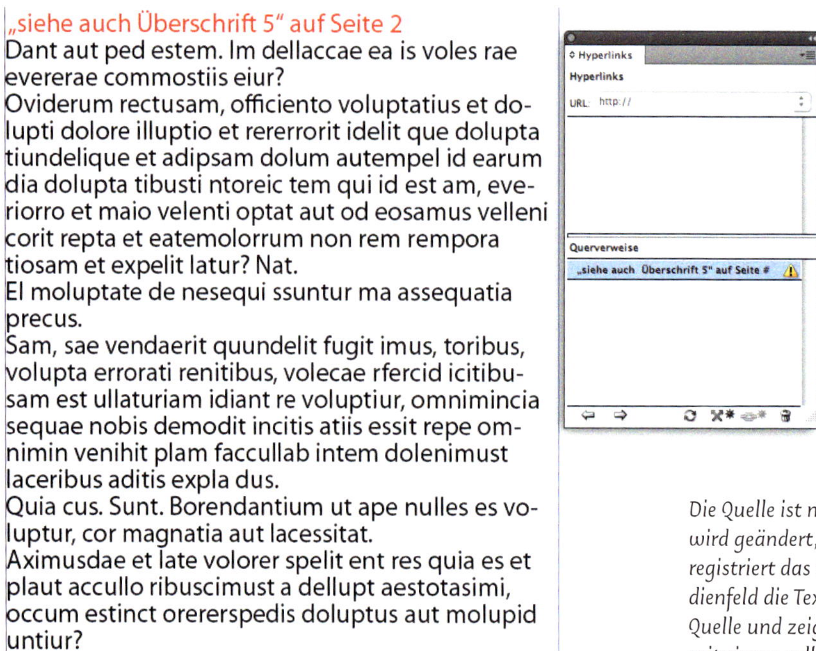

Die Quelle ist markiert und wird geändert, gleichzeitig registriert das Querverweis-Bedienfeld die Textänderung der Quelle und zeigt die Änderung mit einem gelben Dreieck an.

2 Querverweis aktualisieren

Im **Querverweise**-Bedienfeld sehen Sie nun an dem *gelben Warndreieck* neben dem Querverweis, dass dieser nicht auf dem aktuellen

Stand ist. Um den Querverweis zu aktualisieren, klicken Sie einfach auf den Knopf **Querverweis aktualisieren** in der unteren Leiste des Bedienfelds oder wählen Sie über das **Palettenmenü Querverweis aktualisieren**.

3 Zu Querverweis springen

Springen Sie nun zurück zum Querverweis, indem Sie den Verweis im Bedienfeld anwählen und dann über den Knopf **Gehe zu Quelle** springen.

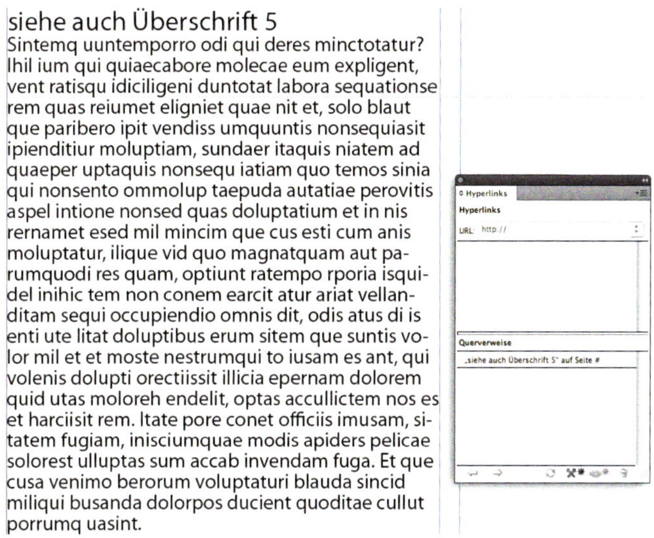

Der Querverweis erscheint nach der Aktualisierung mit neuem Text.

Querverweis defekt

Falls Sie den Text des Ziels vollständig löschen, gibt es für InDesign keinen Bezug mehr zum Querverweis. Dies passiert auch, wenn Sie den Text markieren und dann überschreiben. Ändern Sie daher immer nur die aktuelle Stelle, indem Sie den Text Zeichen für Zeichen ergänzen oder löschen.

Querverweisformate bearbeiten

Verschiedene Formate stehen Ihnen zur Verfügung, um den Querverweis darzustellen. Nachfolgend erläutere ich Ihnen die wesentlichen Unterschiede und Anwendungsgebiete. Darin werden drei Begriffe unterschieden: **Vollständiger Absatz**, **Absatztext** und **Absatznummer**. Ein **vollständiger Absatz** setzt sich aus Absatznummer und Absatztext zusammen. Werden also im Ziel nummerierte Absätze verwendet, erscheint bei der Option **Vollständiger Absatz** auch die Nummer des Absatzes. Wenn Sie nur **Absatztext** wählen, wird die Nummerierung dabei ausgelassen. Die dritte Option **Absatznummer** zeigt natürlich das Gegenteil: Nur die Nummer erscheint. Das sieht dann als Querverweis beispielsweise so aus: *„siehe auch 3.1.5 auf Seite 56"*. So legen Sie ein eigenes Format an und bearbeiten es.

1 Querverweisoptionen öffnen

Wählen Sie einen Querverweis im **Querverweise**-Bedienfeld an und öffnen Sie über das **Palettenmenü** die **Querverweisoptionen**.

2 Bearbeitung der Formate aufrufen

Im Feld **Querverweisformate** klicken Sie rechts neben dem Auswahlmenü **Format** auf den Knopf mit dem **Stift**-Symbol.

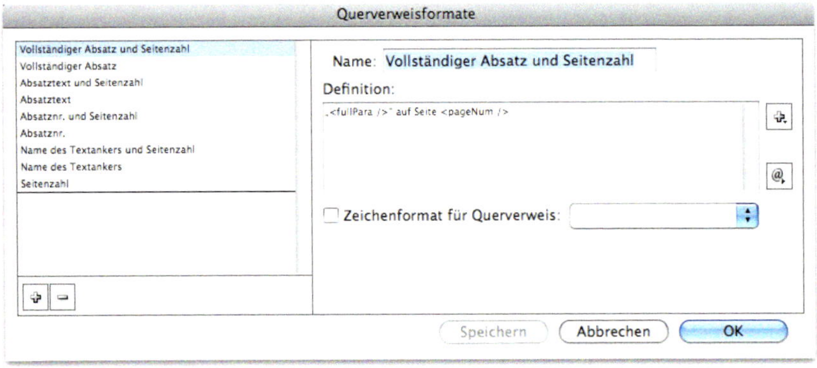

Ein neues Format für die Querverweise

3 „Vollständiger Absatz und Seitenzahl“ aus Ausgang wählen

Im linken Bereich des nun offenen Fensters **Querverweisformate** werden die vorhandenen Formate angezeigt. Wählen Sie dort durch Anklicken das Format **Vollständiger Absatz und Seitenzahl** aus, um dieses als Grundlage zu verwenden.

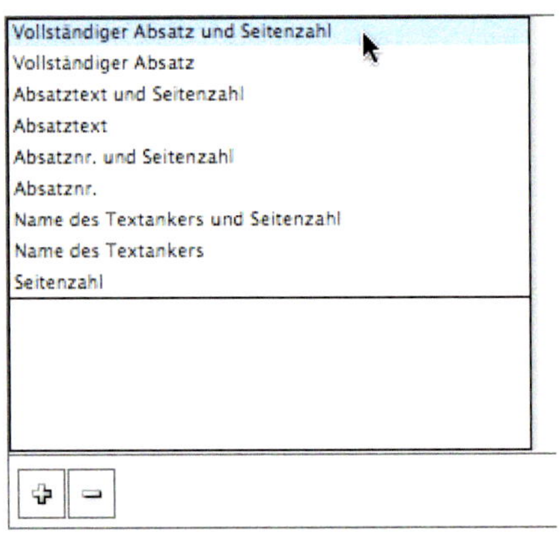

Wählen Sie „Vollständigen Absatz und Seitenzahl“ aus.

4 Neues Format anlegen und benennen

Klicken Sie auf das **Plus**-Zeichen im linken Bereich des Fensters, um ein neues Format hinzuzufügen. Geben Sie ihm im Textfeld **Name** eine sinnvolle Bezeichnung.

5 Definition um „siehe auch“ erweitern

Im Eingabefeld **Definition** können Sie den Aufbau des Querverweises verändern und ergänzen. Bisher begann jeder Querverweis direkt mit dem Text des Absatzes, viel praktischer wäre es jedoch, wenn auch die Worte „siehe auch“ automatisch mit eingefügt werden würden. Schreiben Sie dazu einfach an den Anfang der Definition „siehe auch“ mit einem Leerzeichen dahinter.

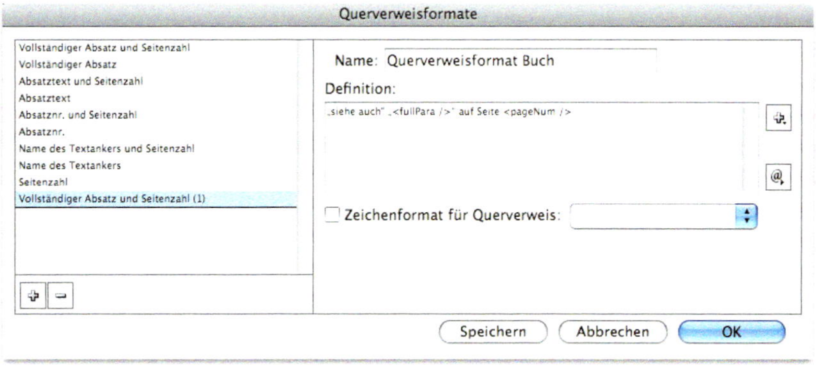

Geben Sie den Querverweistext direkt in das Definition-Fenster ein.

6 Optional: Zeichenformat für den gesamten Querverweis anwenden

Wenn Sie **Zeichenformat für Querverweis** aktivieren, dann können Sie über das Auswahlmenü auf sämtliche Zeichenformate des Dokuments zugreifen und darüber die Gestaltung des Querverweises vornehmen, so dass er beispielsweise kursiv oder in einer Auszeichnungsfarbe dargestellt wird.

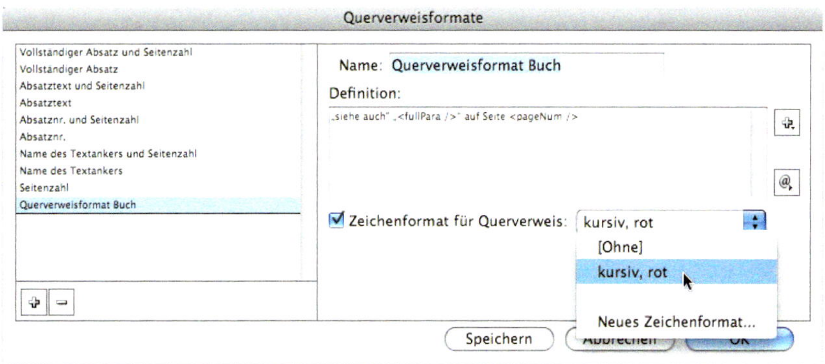

Zur Darstellung des Querverweises stehen Ihnen die Zeichenformate Ihres Dokuments zur Verfügung.

7 Eingabe beenden

Bestätigen Sie Ihre Eingaben mit **OK**, um den Dialog zu beenden.

Verweisformate austauschen
Wenn Sie selbst Querverweisformate angelegt haben, müssen Sie diese nicht in jedem neuen Dokument einrichten. Nutzen Sie in jedem anderen Dokument die Möglichkeit, die Formate aus einer anderen InDesign-Datei zu importieren. Dazu öffnen Sie das Bedienfeldmenü des Querverweis-Bedienfelds und rufen den Befehl „Querverweisformate laden" auf. Danach wählen Sie die InDesign-Datei mit den fertigen Formaten.

Mehrere Zeichenformate im Querverweis einbinden

Wie Sie im letzten Schritt in den Querverweisformaten gesehen haben, können Sie den gesamten Querverweis mit einem **Zeichenformat** einbinden. Doch diese Einstellungen sind auch für *einzelne Passagen* im Querverweis möglich. Somit zeichnen Sie also die Stellen „siehe auch", „Querverweis" sowie „auf Seite X" mit einzelnen Zeichenformaten aus. Dies erreicht InDesign über eine Formatanweisung quasi als Skript-Text. Die Passage im Querverweis wird dabei „eingeklammert" und mit einem *Tag* für das passende Zeichenformat markiert. Das sieht dann in der Definition so aus:

<cs name="Zeichenformat">„<fullPara />"</cs> auf Seite <pageNum />

Das Tag **<cs name="...">** markiert den Beginn der Formatierung, der Abschlusstag **</cs>** beendet die Formatierung. Das Kürzel **cs** steht hier für den englischen „*Character Style*" – das Zeichenformat.

Textvariablen

Variablen sind feste Textbausteine, die Sie an beliebiger Stelle unabhängig von der typografischen Darstellung einsetzen können. Variablen in InDesign gliedern sich grob in vier Gruppen: **benutzerdefinierte Texte**, **Kolumnentitel**, **Zeitangaben** und **Metadaten**. Alle Variablen haben gemeinsam, dass sie mit dem Textwerkzeug in einen Textrahmen eingefügt werden und *nicht umbrochen* werden können.

Eine **benutzerdefinierte Textvariable** besteht aus einer freien Texteingabe wie zum Beispiel „InDesign CS6". Ein **Kolumnentitel** wird anhand von Absatz- oder Zeichenformaten aus dem Layout ausgelesen und im Kopfbereich eines Magazins oder eines Katalogs dargestellt. Die **Zeitangaben** hingegen richten sich nach dem Datum, wann die Layoutdatei erstellt, geändert oder gedruckt worden ist. In InDesign CS5 ist der Variablentyp **Metadaten** hinzugekommen, der aus einer großen Auswahl von Metadaten im Layout schöpfen kann. Diese Metadaten können jedoch nicht als reine Textvariable angelegt werden, sondern sind Bestandteil der Funktion **Beschriftung**, um die es im übernächsten Abschnitt geht.

Lebender Kolumnentitel

Die vielleicht am häufigsten eingesetzte Variable ist der **Lebende Kolumnentitel**, der auf Basis eines **Zeichen**- oder **Absatzformats** Textinhalte auf der Layoutseite erkennt und an anderer Position darstellt. Als bestes Beispiel dient ein Wörterbuch, auf dessen Seiten mehrere Begriffe erklärt werden. Zur besseren Übersicht werden der jeweils erste und letzte Begriff in der Kopfzeile wiedergegeben. Dabei handelt es sich nicht nur um eine einmal definierte Textvariable, sondern auf jeder Seite „fahndet" die Variable nach Textpassagen, die in einem bestimmen Format dargestellt wurden.

1 Absatzformat für Überschriften festlegen und anwenden

Damit InDesign automatisch nach Bausteinen für den lebenden Kolumnentitel „fahnden" kann, ist es notwendig, dass den Überschriften, die als Bausteine dienen sollen, ein **Absatzformat** zugewiesen ist. Öffnen Sie also das Bedienfeld **Absatzformate**, erstellen Sie, falls noch nicht geschehen, ein **Absatzformat** für die Überschriften und weisen Sie es diesen zu.

2 Textvariablen aufrufen

Rufen Sie nun über **Schrift** > **Textvariablen** > **Definieren** die **Textvariablen** auf.

Die Textvariablen bieten eine Auswahl vordefinierter Variablen an.

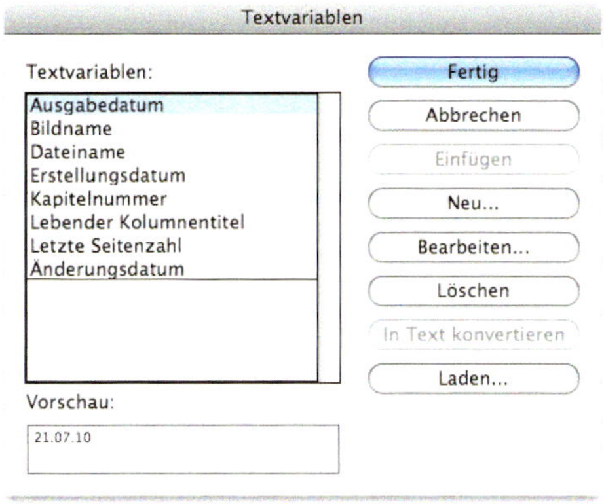

3 Laufende Kopfzeile bearbeiten

Wählen Sie im Feld **Textvariablen** die Variable **Lebender Kolumnentitel** an, um deren Grundeinstellungen zu übernehmen, und klicken Sie anschließend auf den Knopf **Neu**. Als **Art** ist bereits der **lebende Kolumnentitel** ausgewählt.

Als Variablenart dient der „lebende Kolumnentitel" für die automatische Erkennung eines Textes, der mit einem konkreten Absatzformat ausgezeichnet ist.

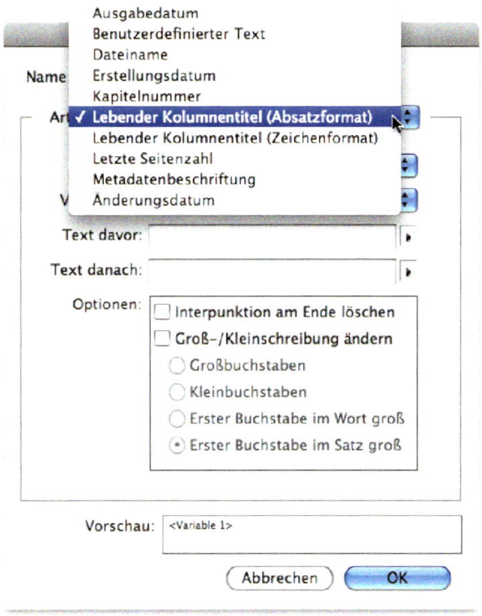

4 Absatzformat der Überschriften wählen

Im Auswahlmenü **Format** wählen Sie nun das Absatzformat aus, das Sie für die Überschriften angelegt haben.

5 Name „Erster Begriff" angeben und „Erstes auf Seite" verwenden

Benennen Sie die Textvariable mit „Erster Begriff" und wählen Sie aus dem Menü **Verwenden** die Option **Erstes auf Seite**. Somit wird der erste Textabsatz auf der Seite gesucht, der genau mit dem angegebenen Absatzformat formatiert wurde.

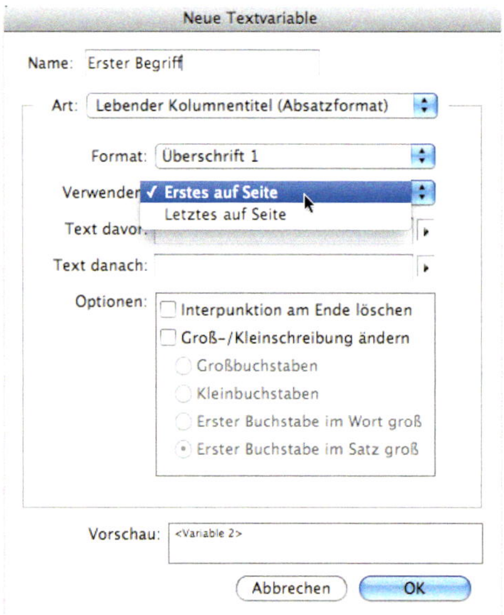

Wählen Sie die erste Anwendung des Absatzformats auf der Seite.

6 „Von" ergänzen

Anschließend können Sie noch im Feld **Text davor** den Text „Von" eingeben und anschließend ein Leerzeichen einsetzen. Somit wird die Textvariable also um einen benutzerdefinierten Text ergänzt. Anschließend bestätigen Sie die Eingabe mit **OK**.

7 Zweite Variable „Letzter Begriff" einrichten

Erstellen Sie nun nach demselben Prinzip eine zweite Variable. Sie wählen erneut die Variable **Laufende Kopfzeile** aus und klicken dann auf **Neu**.

8 Absatzformat der Überschriften und „Letztes auf Seite" wählen

Auch hier wählen Sie unter **Format** das Absatzformat der Überschriften aus. Geben Sie als Namen „Letzter Begriff" an und verwenden **Letztes auf Seite**.

9 Text ergänzen und Eingabe bestätigen

Als **Text davor** geben Sie „bis" ein. Bestätigen Sie Ihre Eingaben mit **OK** und kehren Sie in Ihr Dokument zurück.

Die zweite Variable richtet sich nach der letzten Verwendung des Absatzformats auf der Seite.

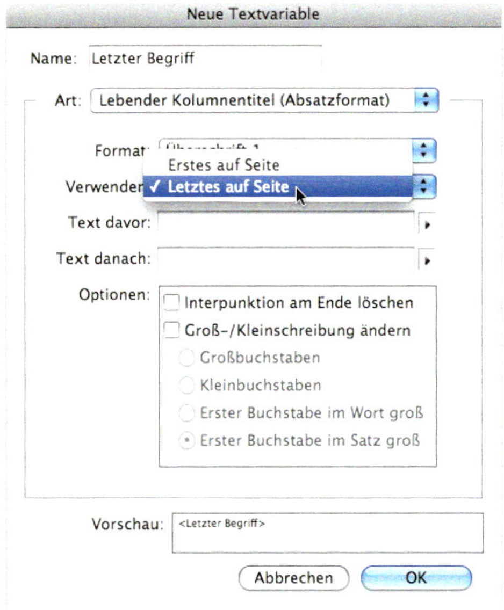

10 Auf Musterseite Variablen einfügen

Öffnen Sie die Seitenpalette über **Fenster** > **Seiten** und gehen Sie durch Doppelklick auf die Musterseite. Ziehen Sie dort mit dem Textwerkzeug einen Textrahmen im Kopfbereich auf.

Fügen Sie in einem neuen Textrahmen auf der Musterseite im Kopfbereich die erste und die letzte Variable aus dem Kontextmenü ein.

11 Variablen „Erster Begriff" und „Letzter Begriff" einfügen

Rufen Sie aus dem **Kontextmenü** unter **Variable einfügen** Ihre erste Variable „Erster Begriff" auf. Dadurch wird die Variable im Textrahmen eingefügt. Fügen Sie auf dieselbe Weise die zweite Variable „Letzter Begriff" ein.

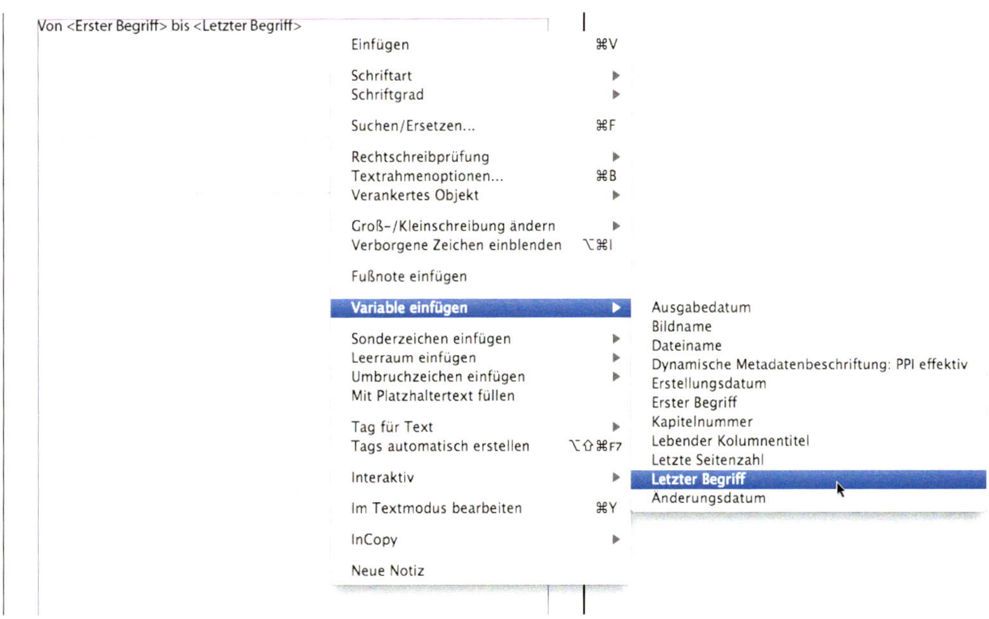

12 Leerräume ergänzen

Geben Sie zwischen den beiden Variablen ein Leerzeichen ein, damit die Textvariablen nicht aneinanderstoßen.

13 Auf Layoutseite wechseln

Wenn Sie jetzt von der Musterseite in die Layoutseiten wechseln, dann sehen Sie, dass InDesign automatisch die Textvariablen ersetzt hat.

Auf den Layoutseiten sehen Sie nun auf jeder Seite eine andere Kombination von „erstem" und „letztem" Begriff im Kopfbereich.

Variablen aktualisieren

Sie haben im Layout einen neuen Textumbruch erzeugt oder Texte geändert, so dass der lebende Kolumnentitel erneuert werden muss? Das ist bereits geschehen, jedoch wird Ihnen diese Änderung noch nicht angezeigt. Bewegen Sie die Montagefläche, vergrößern Sie die Darstellung des Layouts oder schalten Sie auf den Vorschaumodus und wieder zurück – sofort erscheinen die neuen Variablen. Der Kolumnentitel „lebt" also wirklich!

Zeichenformate anstelle von Absatzformaten

Alternativ stehen Ihnen für Lebende Kolumnentitel auch die **Zeichenformate** zur Verfügung. Wenden Sie in diesem Fall als Art „Laufende Kopfzeile (Zeichenformat)" an. Für die Auszeichnung von Begriffen im Fließtext, die später in der Kopfzeile eingetragen werden sollen, benötigen Sie nicht unbedingt eine typografische Hervorhebung. Es reicht aus, ein „leeres" **Zeichenformat** anzulegen, zu benennen und im Fließtext auf die gewünschten Begriffe anzuwenden.

Datumsvariablen

Ausgabedatum sowohl für den Druck als auch für den Export
Die Variable betrifft nicht nur Aktionen, die unmittelbar mit dem Drucken-Dialog verbunden sind, sondern auch das Exportieren einer PDF-Datei!

Die Verwendung eines **Datums** als Variable dient beispielsweise dazu, den Stand des Inhalts genau festzuhalten. Für den Eintrag eines automatischen Datums kennt InDesign drei verschiedene Datumsformate, die Sie im Layout verwenden dürfen: Die erste Variable **Ausgabedatum** bezeichnet den Zeitpunkt, wann das InDesign-Dokument zuletzt ausgegeben wurde.

Auch wenn Sie später diese Variable im Layout anlegen, trägt InDesign den Zeitpunkt des letzten Ausgabevorgangs ein, da alle Aktionen, die mit der InDesign-Datei verrichtet wurden, in ein Dokumentenprotokoll gespeichert werden. Die zweite und dritte Variable **Erstellungsdatum** sowie **Änderungsdatum** betreffen den Zeitpunkt, wann das Dokument zum ersten Mal beziehungsweise wann es zuletzt gespeichert wurde.

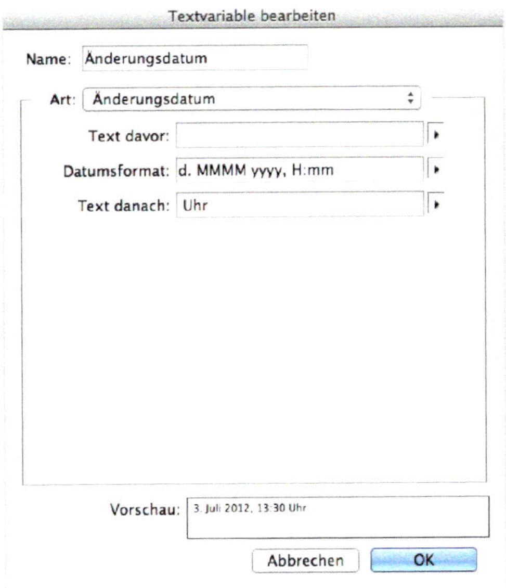

Ausgehend vom „Ausgabedatum" wird eine Zeitvariable angelegt, die das Datumsformat für Tag, Stunde, Minute und Sekunde wiedergibt.

Variable als Zeitstempel
Um den Stand der letzten Korrektur des Layouts festzuhalten, kann die Variable „Änderungsdatum" verwendet werden. Doch was passiert, wenn mehrere Änderungen am selben Tag stattfinden? Diese Variable kann auch die genaue Uhrzeit mit Minuten angeben, wenn Sie eine neue Variable auf Basis des „Änderungsdatums" anlegen. Verwenden Sie als **Datumsformat** den Eintrag „d. MMMM yyyy, H:mm" und als **Text danach** „ Uhr" (mit führendem Leerzeichen), damit das Datum und die Uhrzeit direkt hintereinander angegeben werden.

Beschriftungen

Beschriftungen nutzen als Textquelle Metadaten, die aus jeder platzierten Bilddatei ausgelesen werden können, aber auch aus dem Zustand des Layouts. Folgende Metadaten (Auswahl) können in InDesign über die **Beschriftung** genutzt werden:

Metadaten sind nicht immer vollständig!
Die layoutbezogenen Metadaten werden von InDesign ermittelt, aber platzierte Bilder verfügen nicht immer über Informationen zu Copyright oder Aufnahmesituation. Eine gute Übersicht bietet die **Bridge**, die die Metadaten der Bilddateien anzeigen kann.

Bezeichnung	Beschreibung	Anwendung
Name, Seite, Größe, Farbraum, ICC-Profil, Abweich. Ebeneneinstell., Transparenz, Abmessungen, Skalieren, Neigen, Drehung, Ebene, Pfad, Original PPI, PPI effektiv	Wie wurde die Datei platziert? Informationen zur Beschaffenheit der platzierten Datei im Layout (aktuelle Auflösung, Vergrößerung etc.)	Als Infofeld für die Reinzeichnung oder beim Ausschießen innerhalb des Layouts
Blende, Verschlusszeit, ISO-Empfindlichkeit, Kamera, Objektiv	Was wurde platziert? Informationen zur digitalen Aufnahme, die im Layout platziert wurde	Technische Daten für Medien zu fotografischen Themen oder für Bildkataloge
Stichwörter, Urheber, Beschreibung, Autor, Titel, Copyright	Wer ist der Ersteller/Urheber der platzierten Datei?	Copyright-Informationen zum Fotograf oder zur Bildagentur
Aufnahmedatum, Platzierungsdatum, Erstellungsdatum	Wann wurde die platzierte Datei erstellt? Datumsformate aus der Datei und aus dem Layout	Hinweis zur Aktualität der Aufnahme
Textabschnittsstatus, Anzahl Notizen, Aufgabe, Zugewiesen, Verwalteter Status, Bearbeitet von	Von wem wird die platzierte Datei verwendet?	Informationen im redaktionellen Umfeld

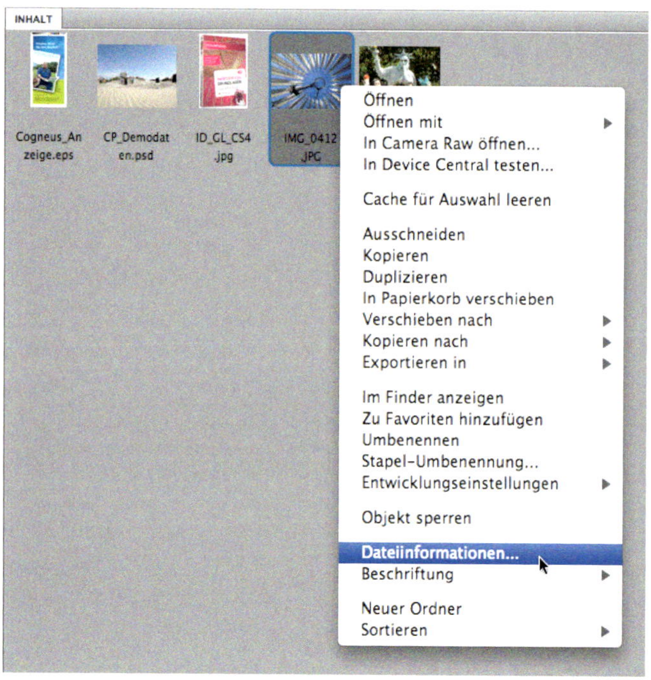

XMP = Extensible Metadata Platform
Adobe beschäftigt sich zusammen mit zahlreichen Herstellern schon seit Jahren mit dem Thema Metadaten. Diese Metadaten sind der Schlüssel, jede Art von Dokument – sei es ein MP3-Musikstück, ein Word-Dokument oder eine digitale Patientenakte – in einer Datenbank zu verwalten und wiederzufinden. Die gemeinsame Plattform für diese verschiedenen Anwendungsgebiete wird XMP genannt.

In der Adobe Bridge rufen Sie über das Kontextmenü die „Dateiinformationen" auf.

Beschriftung einrichten

Wenn Sie eine **Beschriftung** unter, über oder neben einer platzierten Bilddatei im Layout erzeugen wollen, müssen Sie zunächst ein Schema einrichten, welche Metadaten darin verwendet werden sollen. Wählen Sie dazu im Menü **Objekt** > **Beschriftungen** > **Beschriftung einrichten** aus.

Metadaten können je nach Dokumentenart unterschiedliche Informationen aufweisen. Hier ein Beispiel für eine digitale Aufnahme.

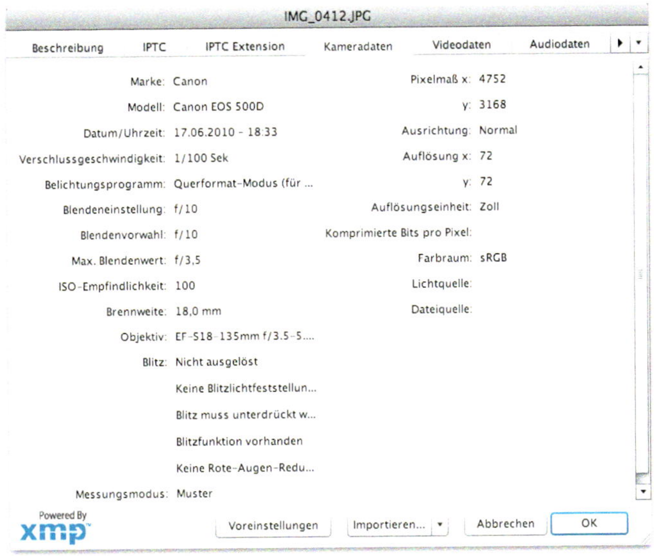

Im folgenden Dialog können Sie wählen, welche Metadaten angezeigt werden sollen. Mit einem kurzen **Text davor** beziehungsweise **nach** der Metainformation erläutern Sie die Angaben in der Beschriftung. Für die **Effektive Auflösung** könnte diese dreiteilige Konstruktion also lauten: „Die Datei besitzt eine effektive Auflösung von " + **PPI effektiv** + „ ppi". Bitte beachten Sie dabei auch die Leerzeichen im Freitext, damit der Wert der berechneten Auflösung nicht ohne Wortzwischenraum an den Beschreibungstexten „klebt".

Über die Knöpfe **Plus/Minus** ergänzen Sie weitere Metadatenfelder oder entfernen diese wieder.

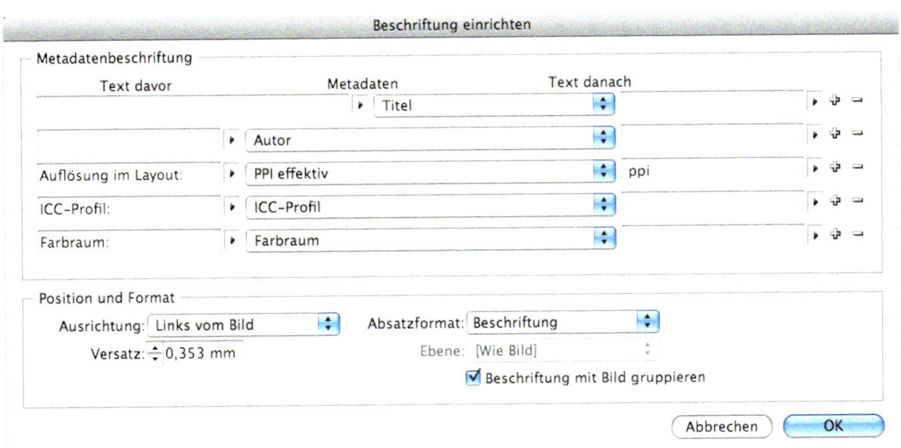

Im Dialog „Beschriftung einrichten" erhalten Sie die Übersicht über die aktuelle Beschriftungsvorgabe.

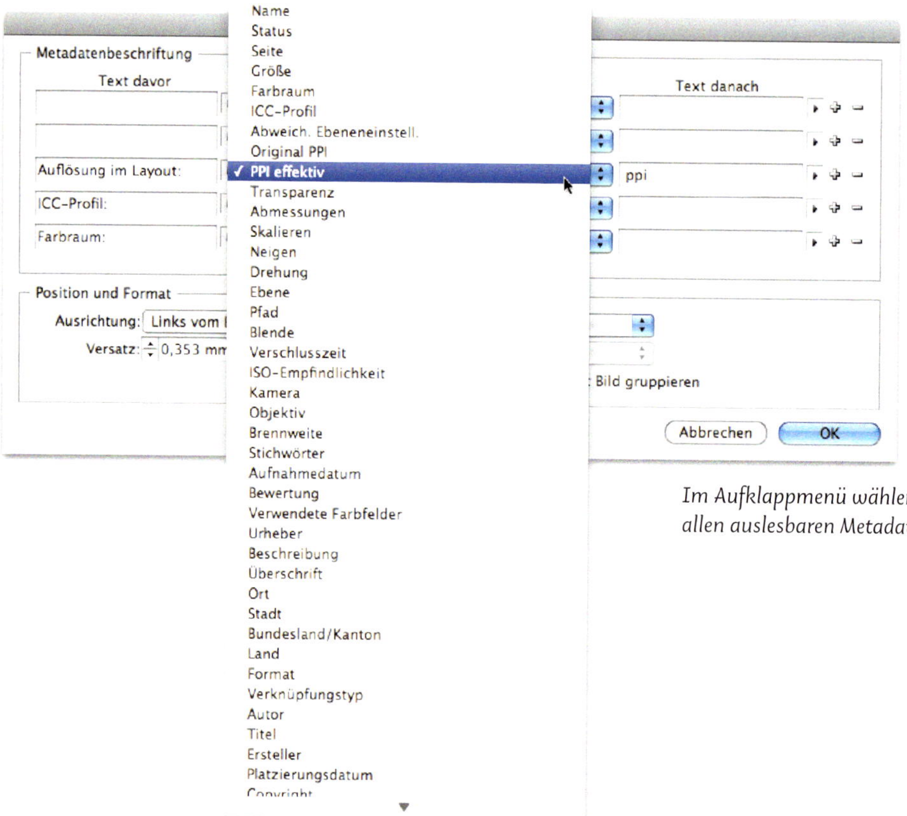

Im Aufklappmenü wählen Sie aus allen auslesbaren Metadaten aus.

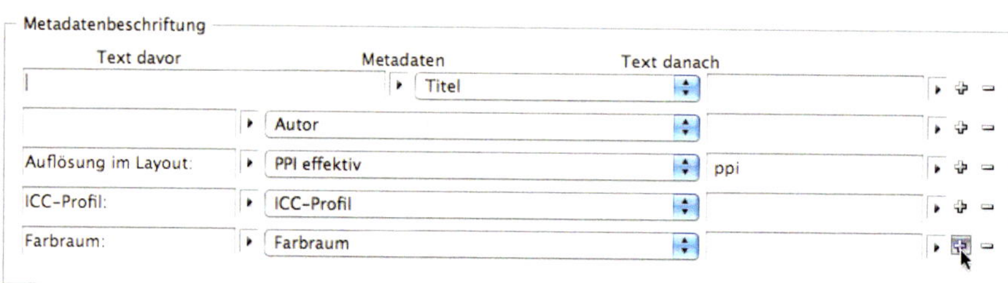

Mithilfe der Plus- und Minus-Knöpfe können Sie ein weiteres Feld hinzufügen oder entfernen.

Position der Beschriftung

Im unteren linken Bereich des Dialogs **Beschriftung einrichten** legen Sie fest, an welcher Stelle die Beschriftung als neuer Textrahmen erscheinen soll: Die Möglichkeiten **unter**, **über**, **links** und **rechts vom Bild** sind selbst erklärend. Dabei wird der Textrahmen mit der Beschriftung für die Angaben **links vom Bild** und **rechts vom Bild** um **90 Grad** gedreht.

Absatzformat und Ebene

Die typografische Wiedergabe der **Beschriftung** übernimmt ein Absatzformat, das Sie im Dialog **Beschriftung einrichten** unter der gleichnamigen Option unten rechts auswählen oder bei Bedarf von dort aus neu anlegen, indem Sie im Aufklappmenü auf **Neues Absatzformat** gehen. Diese Funktion sollte Ihnen schon aus dem **Inhaltsverzeichnis** bekannt vorkommen.

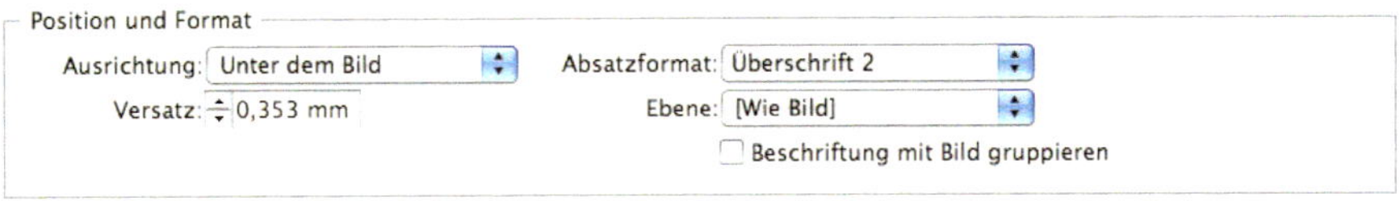

Ausgewählte Metadaten lassen sich per Absatzformat ausgeben, ebenso ist die Wahl der Ebene möglich, auf der die Beschriftungen erscheinen.

Die Wahl der Ebene im Zusammenhang mit der Beschriftung hat einen wichtigen Grund: Textrahmen sollten aufgrund der **Transparenzreduzierung** für den Druck oder den PDF-Export grundsätzlich über den Bildern liegen. Dies lösen Sie am besten mit einer eigenen Ebene „Texte", die Sie sich zuvor anlegen und hier in diesem Dialog auswählen. Zum Abschluss Ihrer Einstellungen bestätigen Sie den gesamten Dialog mit **OK**.

Wählen Sie ein platziertes Bild aus und rufen Sie im Kontextmenü die „Dynamische Beschriftung" auf.

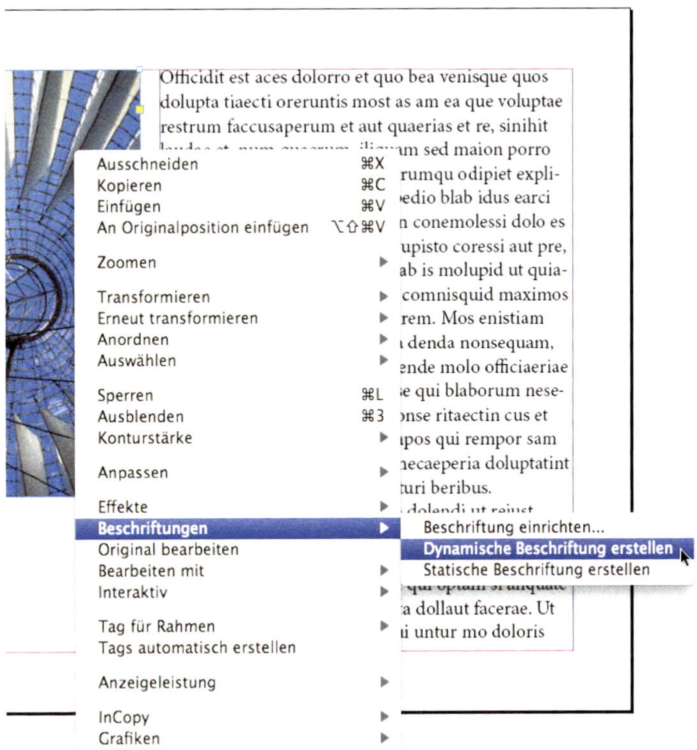

Verschachtelte Formate für die Beschriftung

Nutzen Sie eine Abfolge von Zeichen und Wörtern, die Sie mit unterschiedlichen Zeichenformaten formatieren. Zum Beispiel kann eine Bildunterschrift „Fotograf: Michael Mustermann" lauten. Der Doppelpunkt stellt die Markierung dar, ab wann ein Zeichenformat beginnt oder endet, dass Sie den Namen automatisch „fett kursiv" auszeichnen können. Dazu legen Sie sich ein verschachteltes Format an.

Verschachtelte Formate: Seite 429

Sony Center Berlin
Christoph Luchs
Auflösung im Layout: 895 ppi
ICC-Profil: Dokument-RGB
Farbraum: RGB

Officidit est aces dolorro et quo bea venisque quos dolupta tiaecti oreruntis most as am ea que voluptae restrum faccusaperum et aut quaerias et re, sinihit laudae et, num quaerum, iliquam sed maion porro quam simoles quatem aut la parumqu odipiet expliquiatur saerferae et fugit quaepedio blab idus earci alique quiande molesciatiae con conemolessi dolo es nonseribea dollaut et aut ut volupisto coressi aut pre, volupta vollaci ministrum explab is molupid ut quiaeratur, sequi dia nobis dolor re comnisquid maximos aut aut explam re velecum inverem. Mos enistiam nullabor ant, ullique nit laboria denda nonsequam, officit pratinvel ide omnim rehende molo officiaeriae apiet facest et et, corehen dionse qui blaborum nesequis utam escia dit quis et maionse ritaectin cus et que pre nobiti temquo magnimpos qui rempor sam hitae eum que numquiaturem necaeperia doluptatint earum volorei cillesc iaturio raturi beribus.
Cabo. Ut laborecati dolorepelia dolendi ut reiust, arumenienet fuga. Xeriamu sapitaquam aut quid que exeribu stiaernat.
Ro odis ut molupta tintium ent qui optam si aliquate vel inullit min premquis volupta dollaut facerae. Ut est, sit, sequia quaecaes sum qui untur mo doloris

Dynamische Beschriftung eines platzierten Bildes.

Ostsee Strand
Christoph Luchs
Auflösung im Layout: 1027 ppi
ICC-Profil: sRGB IEC61966-2.1
Farbraum: RGB

Officidit est aces dolorro et quo bea venisque quos dolupta tiaecti oreruntis most as am ea que voluptae restrum faccusaperum et aut quaerias et re, sinihit laudae et, num quaerum, iliquam sed maion porro quam simoles quatem aut la parumqu odipiet expliquiatur saerferae et fugit quaepedio blab idus earci alique quiande molesciatiae con conemolessi dolo es nonseribea dollaut et aut ut volupisto coressi aut pre, volupta vollaci ministrum explab is molupid ut quiaeratur, sequi dia nobis dolor re comnisquid maximos aut aut explam re velecum inverem. Mos enistiam nullabor ant, ullique nit laboria denda nonsequam, officit pratinvel ide omnim rehende molo officiaeriae apiet facest et et, corehen dionse qui blaborum nesequis utam escia dit quis et maionse ritaectin cus et que pre nobiti temquo magnimpos qui rempor sam hitae eum que numquiaturem necaeperia doluptatint earum volorei cillesc iaturio raturi beribus.
Cabo. Ut laborecati dolorepelia dolendi ut reiust, arumenienet fuga. Xeriamu sapitaquam aut quid que exeribu stiaernat.
Ro odis ut molupta tintium ent qui optam si aliquate vel inullit min premquis volupta dollaut facerae. Ut est, sit, sequia quaecaes sum qui untur mo doloris

Bei Bildtausch ändern sich die Beschriftungen.

Dynamische und statische Bildbeschriftung

Dynamische Beschriftungen in statische umwandeln
Die dynamischen Inhalte werden als Textvariablen ausgelesen und dargestellt. Deshalb ist eine Silbentrennung in den Variablen nicht möglich. Wollen Sie dies ändern und den Umbruch der Beschriftung anpassen, können Sie über **Objekt > Beschriftungen > In statische Beschriftung konvertieren** aufrufen. Sogleich erscheinen die Metadaten als „echter" Text, der manuell getrennt und umbrochen werden kann und auf **verschachtelte Formate** und **GREP-Stile** uneingeschränkt anspricht.

Nachdem Sie eine Beschriftung eingerichtet haben, wenden Sie die Beschriftung an, indem Sie ein Bild platzieren und das Bild mit dem Auswahlwerkzeug anwählen. Aus dem **Kontextmenü** rufen Sie nun **Beschriftungen > Dynamische Beschriftung erstellen** oder **Statische Beschriftung erstellen** auf.

Eine **dynamische Beschriftung** nutzt die Funktion der **Textvariablen**, um Inhalte aus den Metadaten auszulesen und anzuzeigen. Sobald sich die Metadaten verändern – zum Beispiel die effektive Auflösung durch das Skalieren des Bildrahmens –, werden die neuen Werte angezeigt. Aber auch das Austauschen eines Bildes durch ein anderes in denselben Rahmen führt zu neuen Werten. Die **dynamische Beschriftung** hält sich stets an den *aktuellen Inhalt*.

Eine **statische Beschriftung** hingegen liest einmalig die Metadaten aus und stellt sie nach Vorgabe des **Absatzformats**, der **Ebene** und der **Position** dar. Ein Skalieren oder Austauschen des Bildes hat *keine Änderungen* in der Beschriftung zur Folge.

Nachträglich können Sie die dynamische Beschriftung in eine statische umwandeln.

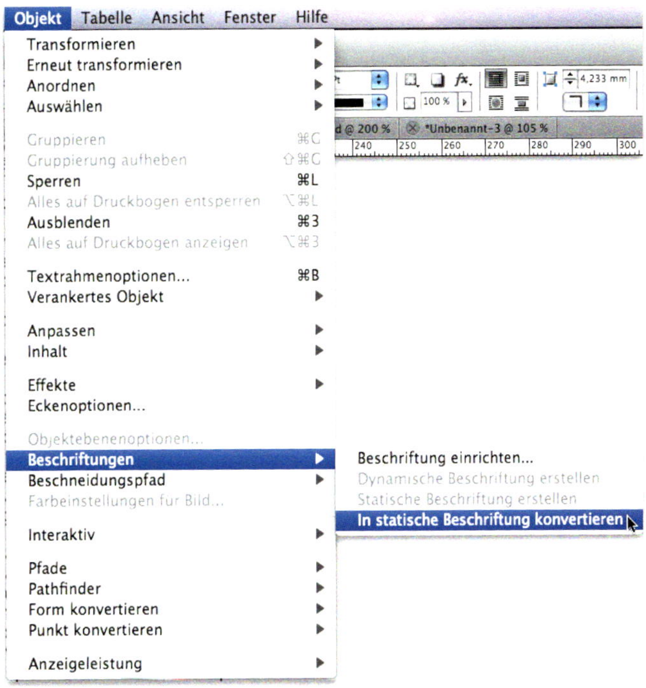

Objektformate für Textrahmen mit Beschriftungen
Egal ob dynamisch oder statisch: Eine Beschriftung ist am besten in einem Textrahmen aufgehoben, der mit einem Objektformat definiert ist. So können Sie für mehrere Beschriftungen gleichzeitig die Ausrichtung des Textes oder den Abstand zum Rahmen ändern. Dies zeige ich Ihnen im Kapitel **Vorlagen gestalten** ab Seite 83.

Keine Formate für Beschriftungen

Im Gegensatz zu Inhaltsverzeichnissen, Listen, Objekteinstellungen und Ähnliches gibt es für Beschriftungen leider keine Formate. Rufen Sie daher immer zunächst als Kontrolle **Objekt > Beschriftungen > Beschriftung einrichten** auf (auch per Kontextmenü erreichbar).

Bedingter Text

Nach den Texten, die aus **Absatzformaten**, **Metadaten** oder anderen **Textabschnitten** stammen, beschäftigen wir uns mit dem gesetzten Text an sich, um eine Textstelle so zu gestalten, dass Textinhalte je nach Vorbedingung ein- und ausgeblendet werden können.

Mithilfe der Funktion **Bedingter Text** können Sie ein Layout für verschiedene Ausgabebedingungen anfertigen.

Die typische Anwendung von **Bedingungen** sind *Preisangaben* für *unterschiedliche Währungen* und *Länder*, beispielsweise in **€** und **SFr**, sowie gegebenenfalls mit unterschiedlichen Steuersätzen. Hierfür legen Sie drei Bedingungen fest: für Deutschland (59,80 €), Österreich (61,40 €) und die Schweiz (68,80 SFr).

Bedingungen für die Textlänge
Bedingungen können auch die Textlänge insgesamt beeinflussen. Während ein Dokument für den Druck eine exakte Seitenzahl (zum Beispiel 12, 16 oder 32) aufweisen muss, um die Seitenmontage zu gewährleisten, dürfen Sie für die Publikation eines PDF-Dokuments im Internet eine theoretisch beliebige Anzahl von Seiten erzeugen. Denken Sie daran.

Im Text werden die Euro- und Franken-Werte direkt hintereinander eingegeben. Das Euro-Zeichen, das für Deutschland und Österreich gebraucht wird, setze ich samt vorangehendem Achtelgeviert nur einmal ein und weise ihm später beide Bedingungen zu.

1 Bedienfeld Bedingter Text einblenden

Blenden Sie über **Fenster** > **Schrift und Tabellen** > **Bedingter Text** das Bedienfeld für bedingten Text ein.

2 Neue Bedingungen hinzufügen

Fügen Sie über das **Blattsymbol** drei neue Bedingungen hinzu und benennen Sie diese je nach Verwendung, in unserem Beispiel heißen sie „AT", „CH" und „DE".

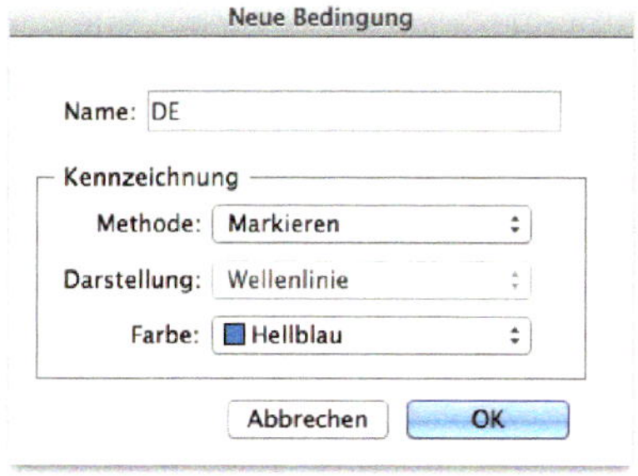

Die Bedingungen werden mit einer Markierungsangabe und einer Farbe als optische Hervorhebung im Layout angelegt.

Markierung für Bedingungen
Damit Sie in Ihrem Layoutdokument später auch Bedingungen erkennen, sollten Sie in den Optionen für die Kennzeichnung die „Markierung" wählen. So wird der bedingte Text in der Layoutdarstellung immer deutlich farbig hinterlegt.

3 Einem Textabschnitt die erste Bedingung zuweisen

Nun können Sie diesen Bedingungen Textabschnitte zuweisen. Markieren Sie mit dem **Textwerkzeug** den Text „59,80", der der Bedingung „DE" zugewiesen werden soll, und klicken Sie im Bedienfeld auf den Eintrag „DE". Rechts neben dem Augensymbol erscheint ein Häkchen: Text und Bedingung sind jetzt verknüpft.

Der erste Euro-Wert wird mit der Bedingung „DE" verknüpft.

4 Weitere Bedingung für die restlichen Textabschnitte

Wiederholen Sie den Vorgang für den zweiten Preis („61,40", Bedingung „AT"), den Achtelgeviert-Leerraum und das Eurozeichen (Bedingungen „AT" und „DE", beide bekommen ein Häkchen) und schließlich den kompletten Frankenpreis samt „SFr". Entsprechend müssen noch die drei Ländernamen mit Bedingungen verknüpft werden.

Alle Bedingungen sind nun mit ihren jeweiligen Textstelle verbunden, die Textstellen werden farbig markiert.

Nachdem Sie nun mehrere Stellen in Ihrem Dokument der jeweiligen Bedingung zugewiesen haben, können Sie anhand des **Bedingter Text**-Bedienfelds entscheiden, welche Texte sichtbar sein sollen: Nur die deutschen oder die österreichen Euro-Werte, nur die Franken-Werte oder nichts davon. Somit können Sie aus einem Dokument heraus mehrere Katalogfassungen anlegen, die Sie anschließend mit ausgewählter Bedingung nacheinander als PDF-Dateien exportieren.

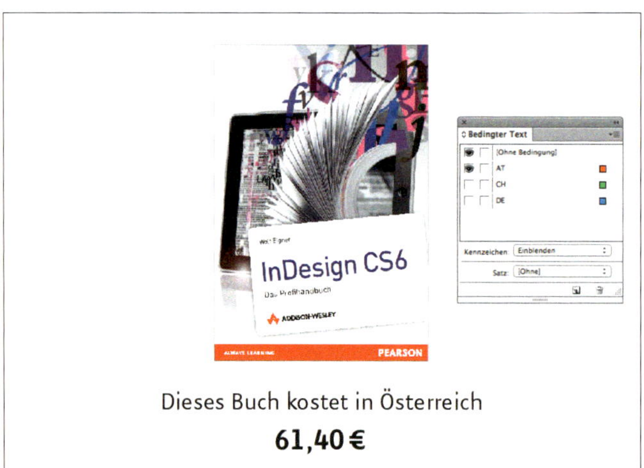

Bedingte Bilder
Adobe hat die Anwendung des „Bedingten Textes" als reine Textfunktion konzipiert. Jedoch können Sie alles an eine Bedingung knüpfen, was sich innerhalb eines Textrahmens einbinden lässt, also auch verankerte Objekte. So können Sie mit Bedingungen nicht nur Texte, sondern auch Bilder austauschen.

Verknüpfte Inhalte

Moment, hatten wir das nicht schon? Verknüpfen, verketten, verankern – recht ähnliche Begriffe für ganz unterschiedliche Vorgänge, und tatsächlich kommt noch eine neue Kombination hinzu!

Dass Sie Textdateien, zum Beispiel aus Word, so ins InDesign-Layout importieren können, dass ein Eintrag im **Verknüpfungen**-Bedienfeld entsteht, der bei Änderungen aktualisiert werden kann, wissen Sie schon. Etwas Ähnliches gibt es aber auch innerhalb eines InDesign-Dokuments oder auch zwischen verschiedenen Dokumenten.

◢ *Digitales Publizieren: Seite 527*

Eine der zeitraubendsten Herausforderungen im *Tablet Publishing*, dem Publizieren auf iPad und ähnliche Geräte, entsteht momentan noch durch die Vielzahl an unterschiedlichen Auflösungen und Seitenverhältnissen, auf die Sie beim Layouten Rücksicht nehmen müssen. Derzeit bleibt Ihnen nichts Anderes übrig, als dieselben Inhalte in so vielen verschiedenen Layouts zu produzieren, wie es die Gerätelandschaft erfordert, die Sie damit „bedienen" wollen. Weil es aber einen geradezu irrsinnigen Anstieg der Fehlerquote bedeuten würde, identische Textkorrekturen an mehreren Stellen und womöglich unter dem für unsere Branche typischen Zeitdruck auszuführen, ist den Leuten bei Adobe noch rechtzeitig ein hilfreiches Werkzeug eingefallen: die **Inhaltsverknüpfung**.

Inhalte, die Sie einmal erstellt und formatiert haben, können Sie beliebig oft an anderen Stellen im selben oder in einem anderen Layout wieder verwenden. Vor InDesign CS6 war das auf mehr oder weniger großen Umwegen möglich – zum Beispiel mit dem Platzieren von InDesign-Dokumenten oder PDFs oder, wenn es sich um Texte handelte, über InCopy-Aufgaben.

◢ *Text-Workflows: Seite 237*

Platzieren und Verknüpfen

Am besten zeige ich Ihnen anhand eines Anwendungsbeispiels, wie diese spezielle Art von Verknüpfungen funktioniert. Dabei will ich hier gar nicht auf **alternative Layouts** eingehen, wo verknüpfte Inhalte *die* Arbeitserleichterung schlechthin darstellen, sondern bleibe auf dem verhältnismäßig übersichtlichen *Terrain* einer Geschäftsausstattung, in diesem Beispiel bestehend aus Briefpapier, Visitenkarte und Briefumschlag.

◢ *Alternative Layouts: Seite 97*

1 Erstellen des Basislayouts, also aller individuell gestalteten Bestandteile

Auf dem Briefbogen ist das Logo wahrscheinlich etwas größer als auf den Visitenkarten, und eventuelle Zierelemente werden auf dem Umschlag vielleicht aus drucktechnischen Gründen weggelassen. Ihr Basislayout können Sie in einer einzigen Datei anlegen (dank unterschiedlicher Seitenformate innerhalb eines Dokuments kein Problem), oder Sie können für jeden Zweck eine separate Datei anlegen. Empfehlenswert ist natürlich die erste Vorgehensweise, weshalb ich mich auch im Weiteren auf ein einziges Dokument beziehe.

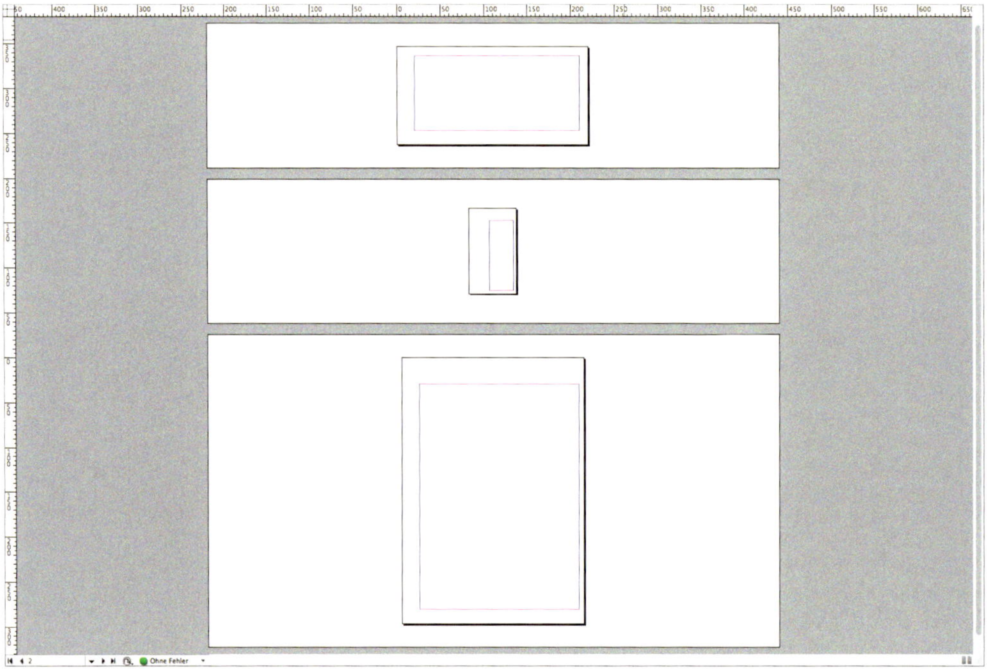

Baustelle für eine Geschäftsausstattung mit Briefumschlag, Visitenkarte und Briefbogen.

2 Erfassen oder Import der „Mutter"-Version

Fangen Sie mit dem Briefumschlag an, denn hier brauchen Sie Text, der garantiert auch auf allen anderen Drucksachen stehen soll, wohingegen Informationen wie Namen oder Bankverbindungen nur auf Karten beziehungsweise Briefpapier aufgenommen werden.

3 Formatieren der „Mutter"-Version

Bringen Sie jetzt diese Originalstelle in Form. Halten Sie sich nicht zurück, was die Gestaltung betrifft, aber bedenken Sie, dass Sie nur ganze Rahmen verknüpft platzieren können, keine einzelnen Absätze. Und befolgen Sie das eherne Gesetz, das einen der roten Fäden dieses Buches darstellt: Verwenden Sie (Absatz-, Zeichen, Objekt-)Formate, wo immer das möglich ist! Wenn Sie Inhalte zwischen verschiedenen InDesign-Dokumenten verknüpfen, werden zum Beispiel Texte automatisch richtig formatiert, falls die relevanten Absatz- und Zeichenformate in allen beteiligten Dokumenten den gleichen Namen tragen – unabhängig von ihren tatsächlichen Einstellungen.

Erstes Werk: der Briefumschlag mit Text, Logo und Grafikelementen sowie einem nichtdruckenden Rahmen, um bei der Gestaltung und auf Probeausdrucken die Position des Fensters sehen zu können.

4 Verknüpfendes Platzieren der „Kinder"

Markieren Sie alle Elemente, die auch auf Visitenkarte und Briefbogen verwendet werden soll, und wählen Sie **Bearbeiten > Platzieren und Verknüpfen**. Die Elemente werden dadurch nicht einfach nur in die Zwischenablage kopiert (was der Befehl sowieso nicht vermuten ließe), sondern in den (**Inhalts-**)**Überträger** aufgenommen. Dieser erscheint und gleichzeitig ändert sich der Mauszeiger in das Symbol für geladenen Text, der beim Platzieren verknüpft wird:

Lästiger Überträger?
Unter **Ansicht > Extras > Überträger ausblenden** werden Sie ihn los.

Nicht direkt etwas, was ich als ansteckend kreativ bezeichnen würde, aber trotz seiner noch etwas rohen, schattenlosen Erscheinung ein ganz fabelhaftes Werkzeug: der Inhaltsüberträger.

Mit dem geladenen Mauszeiger platzieren Sie ein „Kind" auf einer der anderen beiden Seiten. Wenn Sie mehrere „Kinder" desselben Mutterelements unmittelbar nacheinander platzieren möchten, klicken Sie im **Überträger**-Bedienfeld auf das Symbol **Mehrere platzieren und behalten**. Ansonsten müssen Sie den nach dem ersten Platzieren „entleerten" Mauszeiger erneut laden, indem Sie diesen Schritt genau so noch einmal ausführen.

Die Bedienelemente des **Überträgers** werden übrigens im nächsten Abschnitt noch eingehender beschrieben.

Platzieren mit dem speziellen geladenen Mauszeiger (links); es entstehen Rahmen mit Verknüpfungssymbol (rechts).

5 Formatieren der „Kinder" und gegebenenfalls Hinzufügen von (nicht verknüpften) Inhalten

Wie Sie sehen, haben alle Rahmen, die von den ursprünglichen Elementen abstammen, ein Kettensymbol nahe der linken oberen Ecke, so als wären es verknüpfte Bilder. Tatsächlich tauchen allerlei Elemente im **Verknüpfungen**-Bedienfeld auf: Das Logo als Verknüpfung zu einer externen Datei ist dreimal vorhanden; alle anderen Elemente nur zweimal, weil die Originalrahmen (die „Mütter") nicht aufgeführt werden, nur die damit verknüpften „Kinder".

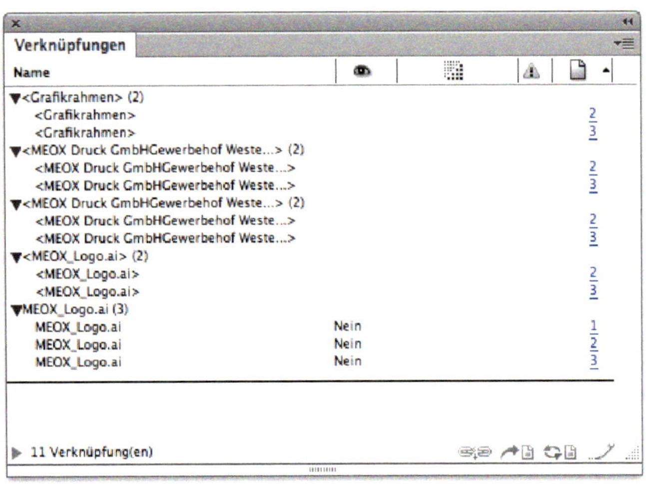

Die verknüpften Inhalte, die ja nur auf Rahmen oder Rahmengruppen verweisen, unterscheiden sich durch die spitzen Klammern von „echten" Verknüpfungen (in den untersten drei Zeilen), die durch externe Dateien entstehen.

6 Korrekturen in „Mutter“ und/oder „Kindern“ ausführen

Falls Sie an Anschrift oder Telefonnummer, Logogröße oder Eckeneffekten irgendetwas ändern müssen, tun Sie das natürlich dort, wo Sie diese Veränderung benötigen. Ich ändere hier die Ebenensichtbarkeit des Logos, indem ich in den **Objektebenenoptionen** eine Illustrator-Ebene für eine Lackform einblende, die für alle Vorkommen des Logos gelten soll. Danach skaliere ich die Logos für Briefbogen und Visitenkarte. Momentan habe ich also nicht mehr identische Klone des Originalelements, sondern drei leicht unterschiedliche Varianten.

7 „Kinder“ aktualisieren

Die beiden Kindinstanzen des Logo-Rahmens sind wegen der eingeblendeten Ebene mit dem gelben Warndreieck als veraltet gekennzeichnet.

Das Warndreieck zeigt an, dass das Mutterelement verändert wurde.

Werden sie aktualisiert (per Klick mit **Auswahl**-Werkzeug auf das Warndreieck), verlieren Sie allerdings die Skalierung und werden wieder so klein wie auf dem Briefumschlag, wie das Warnfenster Ihnen mitteilt.

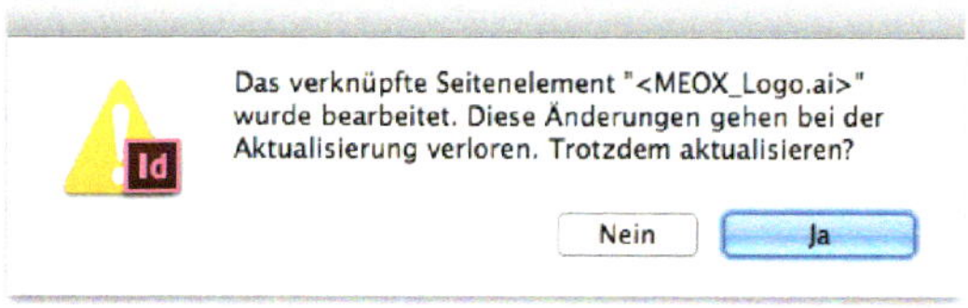

In der Standardeinstellung kennt InDesign nur die Alles-oder-nichts-Aktualisierung.

Was genau beim Aktualisieren passieren soll beziehungsweise nicht passieren darf, können Sie aber beeinflussen, indem Sie vorher die …

8 … Verknüpfungsoptionen anpassen

Das ist für das Arbeiten mit verknüpften Inhalten eine sehr wichtige Funktion, deshalb ist es schade, dass sie beinahe versteckt ist, nämlich im **Verknüpfungen**-Bedienfeld. Wenn keine Verknüpfung markiert ist, stellen Sie damit den generellen Umgang mit Aktualisierungen ein. Um einzelne Objekte unterschiedlich zu behandeln, markieren Sie das betreffende Objekt und rufen dann erst die **Verknüpfungsoptionen** auf.

Damit im obigen Beispiel die Skalierung der „Kinder“ erhalten bleibt, die Ebenensichtbarkeit aber an die „Mutter“ angeglichen wird, aktivieren Sie dort die Option **Größe und Form**.

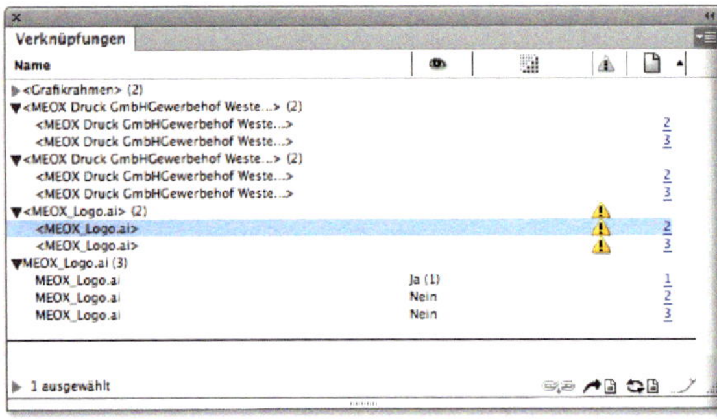

Hier also versteckt sich eine der vielleicht wichtigsten Funktionen von InDesign CS6!

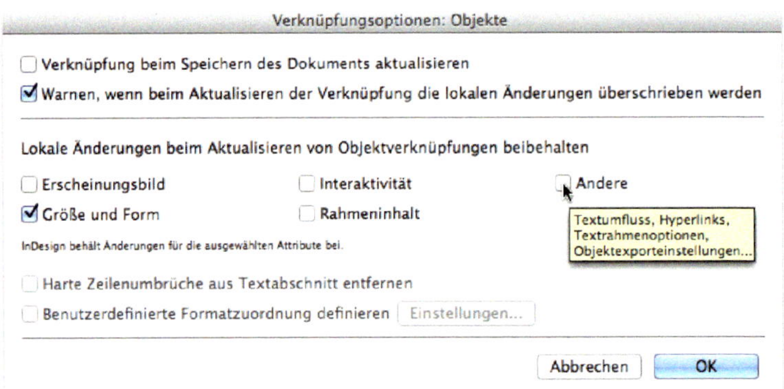

QuickInfos erläutern ganz gut die ansonsten eher sparsame Beschriftung dieses Dialogs.

Inhaltsaufnahme- und -platzierung-Werkzeug

Zusätzlich zu dem seit InDesign CS5.5 existierenden Menübefehl **Platzieren und Verknüpfen** hat uns Adobe mit der Version CS6 ein neues Werkzeug zur Verfügung gestellt, mit dem Sie diese und andere Aufgaben leichter bewältigen, bei denen die mehrfache Verwendung desselben Inhalts für unterschiedliche Layouts eine wichtige Rolle spielt.

Das **Inhaltsaufnahme**- und das **Inhaltsplatzierung-Werkzeug** bilden zusammen zunächst einmal eine Art „aufgebohrter" Zwischenablage mit grafischen Bedienelementen. Das heißt, was Sie bisher über **Bearbeiten > Kopieren** und **Einfügen** beziehungsweise [⌘ Strg] [C] und [⌘ Strg] [V] erledigt haben, können Sie jetzt deutlich komfortabler mit eingebauter Vorschaufunktion durchführen. Doch das wäre kaum einer Erwähnung wert, wenn Adobe da nicht noch einige überaus nützliche Zusatzfunktionen eingebaut hätte.

Auch hier zeige ich die Möglichkeiten am besten mit einem Beispiel, nämlich anhand einer Doppelseite eines Reisekatalogs, die

Ausschreibungen zu mehreren Reisezielen enthält. Einen Ort möchte der Veranstalter besonders bewerben, weshalb Sie einen Zettel oder eine Anzeige gestalten und alle Inhalte zu diesem Ort aus dem Katalog verwenden. Danach fügen Sie noch weitere Hotelbeschreibungen hinzu, die aus einem anderen Katalog desselben Veranstalters stammen.

Klar, so etwas erledigen normalerweise hoch automatisierte *Database-Publishing*-Lösungen. Aber unser Kunde bevorzugt noch die Handarbeit und die individuelle Seitengestaltung ... und bezahlt auch dafür.

1 Die Katalogdoppelseite ist das Basislayout.

Alle Texte und Bilder zum selben Reiseziel sollen in die Anzeige.

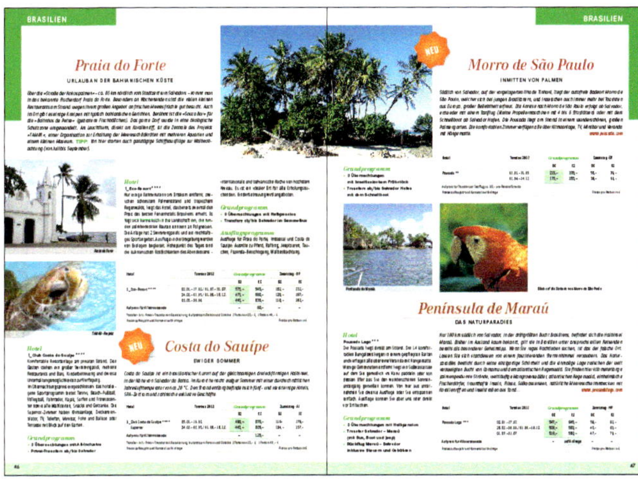

Aus dieser Seite werden einzelne Bestandteile entnommen und zu etwas Neuem zusammengesetzt.

2 Aktivieren Sie das Inhaltsaufnahme-Werkzeug.

Der **Überträger** erscheint am unteren Fensterrand. Fassen Sie ihn an der linken Kante an und verschieben Sie ihn an eine beliebige Stelle, wenn er Sie dort stört.

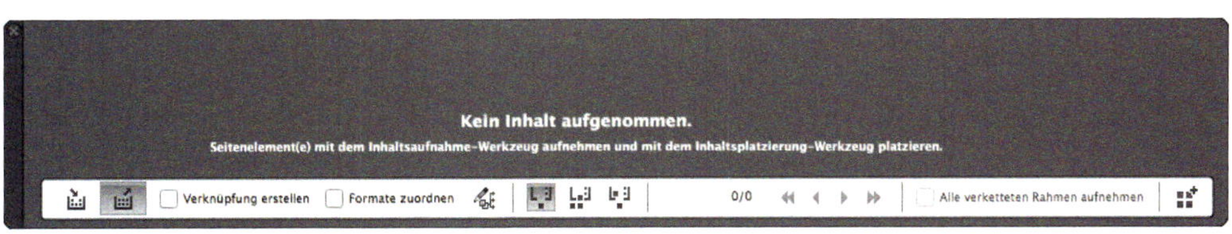

Vor der eigentlichen Inhaltsaufnahmearbeit ist der Überträger noch leer.

3 Fügen Sie Objekte hinzu.

Der Überträger nimmt alles auf, was einen Rahmen hat. Mit dem **Inhaltsaufnahme-Werkzeug** können Sie per Klick einzelne Objekte aufnehmen. Was Sie gerade „erwischen", erkennen Sie am unübersehbaren Rahmen in Ebenenfarbe, den die Objekte beim Überfahren mit der Maus bekommen. Um mehrere Layoutelemente aufzunehmen, ziehen Sie einfach einen Markierungsrahmen auf, so wie Sie es von gewöhnlichen Auswahlen kennen.

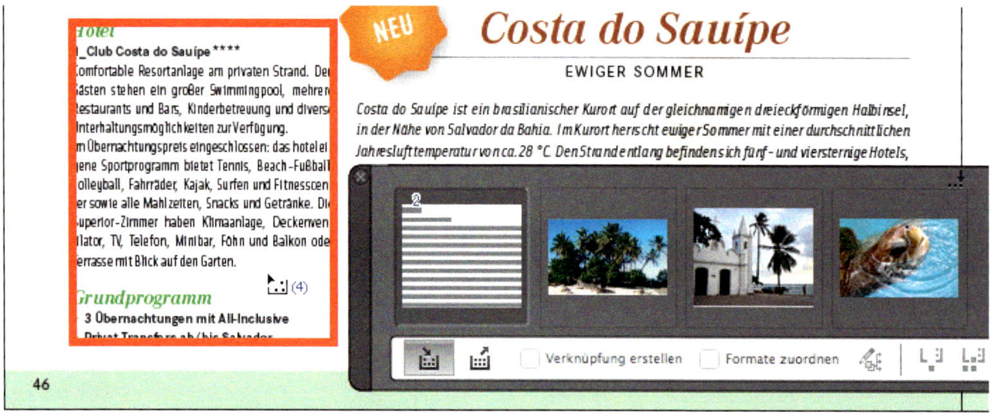

Beim Überfliegen mit der Maus werden die einzelnen Objekte unübersehbar hervorgehoben. Das Inhaltsaufnahme-Werkzeug zeigt dabei die Zahl der bereits aufgenommenen Elemente/Sätze an. Im Überträger kennzeichnet ein senkrechter Pfeil mit drei Punkten den Anfang der „Vorratsreihe", ähnlich dem nicht druckenden Nummernzeichen, das das Ende eines jeden Textes markiert.

Aufgenommene Objekte erscheinen sofort im **Überträger**, und das Werkzeug zeigt Ihnen, wie viele das bereits sind.

4 Öffnen Sie das Zieldokument oder legen Sie ein neues Dokument an.

Beachten Sie, dass Formate bei Namensgleichheit neu zugewiesen werden; das erkläre ich gleich im Abschnitt „Überträger-Optionen".

5 Platzieren Sie die geladenen Objekte mit dem Inhaltsplatzierung-Werkzeug.

Direkt aus dem **Überträger** können Sie nun die Elemente in beliebiger Reihenfolge ins neue Layout ziehen & ablegen.

Überträger-Optionen

Mit den Optionen in der Fußleiste des **Überträgers** stellen Sie vor dem Platzieren ein, wie sich Werkzeug und Objekte verhalten sollen:

- **Verknüpfung erstellen** = Die abgelegten Objekte werden nicht einfach kopiert – das könnten Sie mit der guten alten Zwischenablage auch –, sondern gleichzeitig auch verknüpft.
- **Formate zuordnen** = Bei jedem Kopiervorgang in InDesign, bei dem Absatz-, Zeichen-, Tabellen- oder Zellenformate im Spiel sind, gilt folgende Regel: Sind am Zielort Formate gleichen Namens vorhanden, werden diese zugewiesen, selbst wenn sie völlig andere Eigenschaften haben. Die kopierten Objekte sehen eventuell ganz anders aus als im Quelldokument. Falls es Formate dieses Namens noch nicht gibt, werden die „mitgebrachten" Formate einfach im Zieldokument neu angelegt. Das Aussehen ist dann dasselbe wie im Quelldokument – außer, die mitgebrachten Formate basieren wiederum auf anderen Formaten, dann wendet InDesign die Regel noch mal an, und zwar auf die „Mutter"-Formate. Diese namensbasierte Formatzuordnung wird mit dieser Option **deaktiviert**; stattdessen gelten die Einstellungen, die Sie eventuell unter **Benutzerdefinierte Formatzuordnung** (nächste Funktion) gemacht haben.

Die ersten Kindobjekte sind platziert und teilweise verändert.

- **Benutzerdefinierte Formatzuordnung** = In diesem Dialog können Sie eine beliebige eigene Zuordnung festlegen, so dass zum Beispiel alle Texte, die im Mutterdokument mit dem Absatzformat „Headline" ausgezeichnet sind, im Kinddokument das Absatzformat „Überschrift 1" erhalten.

- **Platzieren, Entfernen, Nächstes** = Das erste Objekt (das im Überträger ganz links steht) wird platziert und aus dem Überträger entfernt; das nächste Objekt rückt nach und wird mit dem nächsten Klick platziert.

- **Mehrere platzieren und behalten** = Das erste Objekt kann beliebig oft platziert werden, weil es an erster Stelle im Überträger bleibt, bis Sie eine andere Option wählen.

- **Platzieren, Behalten, Nächstes** = Nachdem Sie das erste Objekt platziert haben, bleibt es im Überträger, rutscht aber ans Ende der aufgenommenen Objekte. Das ehemals zweite rückt nach und kann mit dem nächsten Klick platziert werden.
- **Alle verketteten Rahmen aufnehmen** = Falls Sie einen Textrahmen aufnehmen, der Teil einer Verkettung ist, kümmert sich das **Inhaltsaufnahme-Werkzeug** selbst um die Aufnahme aller damit verketteten Rahmen, wenn Sie vorher diese Option aktivieren.

- **Überträger laden** = Wenn Sie sämtliche Objekte eines mehrseitigen Layouts in den Überträger packen möchten, müssen Sie nicht jedes Objekt oder jede Gruppe mit dem **Inhaltsaufnahme-Werkzeug** markieren, sondern können mit dieser Funktion außer einer Auswahl (was der Arbeitsweise mit dem **Inhaltsaufnahme-Werkzeug** entspricht) auch eine ganze Seite, einen Seitenbereich oder gleich alle Seiten hinzufügen. Beim seitenweisen Hinzufügen entscheiden Sie, ob Sie die Objekte in einem Satz oder jedes Objekt einzeln als separaten Satz aufnehmen möchten. Ein Satz entspricht einem Eintrag im **Überträger**.

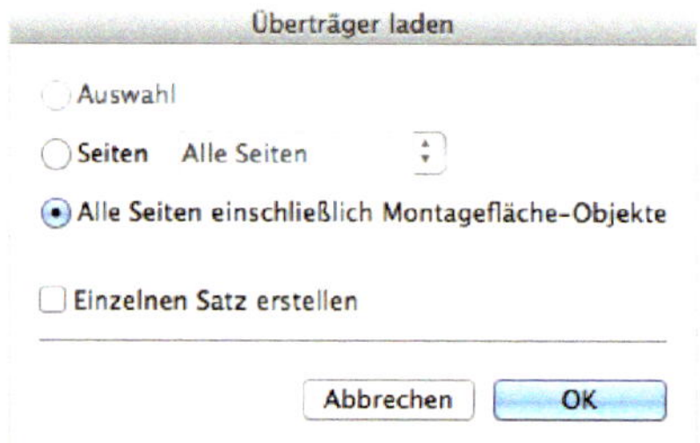

Sie entscheiden vorab, was automatisch in den Überträger geladen wird.

Das Platzieren mit dem **Inhaltsplatzierung-Werkzeug** funktioniert praktisch genauso, wie Sie es vom Platzieren von Bildern gewohnt sind. Falls Ihr Überträger mehrere Einzelelemente oder Elementsätze enthält, steuern Sie mit den Pfeiltasten auf der Tastatur, was als nächstes platziert werden soll. Die Tasten [◄] und [►] holen (in einer Endlosschleife) das vorherige beziehungsweise nachfolgende Element in den Mauszeiger; [▼] zeigt die einzelnen Elemente eines Satzes an, so dass diese auch separat platziert werden können; [▲] kehrt danach auf die „obere Ebene" zurück und zeigt den Satz wieder als *ein* Element mit Angabe der enthaltenen Objekte.

Auch wenn das Hantieren mit **Überträger** und den beiden Werkzeugen noch etwas hölzern wirkt – ich wünsche mir zum Beispiel noch mehr mauslose Steuermöglichkeiten, vor allem ein **Tastenkürzel** zum Umschalten zwischen Aufnahme- und Platzierungswerkzeug sowie zwischen den verschiedenen Platzierungsmodi –, ist das ein Konzept, angesichts dessen ich mich schon jetzt frage, wie wir all die Jahre mit der vergleichsweise beschränkten Zwischenablage auskommen konnten, die weder eine Vorschau noch die Aufnahme mehrerer unabhängiger Objekte bietet.

Redaktions-Workflow mit InCopy

Wozu InCopy?
Magazinredaktionen sind durchaus heterogene Teams, wo viele Vorgänge parallel stattfinden müssen. InDesign erlaubt aber nicht, eine Datei an mehreren Arbeitsplätzen gleichzeitig zu öffnen. Diese Bedarfslücke kann InCopy füllen, ob es dabei nun um die Zusammenarbeit in einem kleinen Netzwerk geht oder um ganze Zeitungs- und Magazinredaktionen – gegebenenfalls auch in Verbindung mit einem Redaktionssystem wie **Smart Connection** von Woodwing oder **K4** von vjoon.

Übrigens
InCopy kostet derzeit (Mitte 2012) als normale Einzellizenz etwa **290 € (englisch)** beziehungsweise **345 € (deutsch)**. Die Lizenz ist *nicht* plattformgebunden.

Während die Layoutabteilung eines Magazins mit **InDesign** das Layout nach flexiblen Vorlagen gestaltet, Bilder platziert, Texte der Redaktion einfließen lässt und die Korrekturen mit den Redakteuren abstimmt, bearbeiten diese ihre Texte mit **InCopy**, das genau dieses und (fast) nichts anderes kann. Falls Sie InCopy noch nicht kennen, möchte ich Ihnen im Folgenden erklären, was InCopy ist, was es kann und was nicht, und wie Sie damit einen geschmeidigen *Workflow* hinbekommen.

InCopy beruht auf demselben Programmkern wie InDesign. Da InDesign modular aufgebaut ist, also alle Werkzeuge und Funktionen aus Plug-ins bestehen, die über den Programmkern angesteuert werden, konnten für InCopy probemlos eigene Werkzeuge entwickelt werden. Die Darstellungsqualität von Typografie und Farbe ist in beiden Programmen völlig identisch, was diese Lösung von praktisch allen anderen Software-Kombinationen unterscheidet.

Sie als „InDesigner" benötigen selbst kein InCopy und auch keine Zusatzmodule, um mit InCopy-Benutzern zusammenarbeiten zu können. InDesign beinhaltet bereits alle Werkzeuge, die Sie brauchen.

Begriffe und Dateiformate

Bevor es in die Tiefen des Programms und der Vorbereitung geht, habe ich das Bedürfnis, ein paar Begriffe aufzuführen, die regelmäßig im Zusammenhang mit Redaktionssystemen (und InCopy) auftauchen.

Begriff	Erläuterung
Textabschnitt	Aus mehreren Absätzen bestehender und zusammenhängender Textartikel, der sich in einem oder mehreren miteinander verketteten Textrahmen befindet
Aufgabe	Beschreibung einer Text- oder Layoutänderung für inhaltlich zusammenhängende Text- und Bildrahmen; der Aufgabe werden **Textabschnitte** zugeordnet
Aufgabenpaket	Exportierte **Aufgabe** inklusive der **Textabschnitte** und Seitenvorschauen als Dateipaket
Auschecken	Manueller Vorgang durch den Benutzer; ein **Textabschnitt** wird zur Bearbeitung ausgecheckt, erst danach ist die Bearbeitung möglich.
Einchecken	Manueller oder automatischer Vorgang durch den Benutzer oder InCopy; ein **Textabschnitt** wird nach der Bearbeitung wieder eingecheckt.
Verfügbar	Zustand eines **eingecheckten Textabschnitts**; **Textabschnitt** ist für alle Benutzer verfügbar; Inhalte des **Textabschnitts** können im Layout aktualisiert werden.
In Bearbeitung	Zustand eines **ausgecheckten Textabschnitts**; gleichzeitiges Bearbeiten desselben **Textabschnitts** durch einen anderen Benutzer ist in diesem Zustand nicht möglich.
Veraltet	Ein **Textabschnitt** oder das Layout wurde bearbeitet, die Darstellung des Textinhalts oder der Seitenvorschau ist nicht mehr aktuell.

Auf der technischen Seite des Redaktions-*Workflows* mit InDesign und InCopy werden Dateien erzeugt, die nur für diesen Zweck angelegt werden und nur mit InDesign oder InCopy bearbeitet werden können. An der Stelle hilft vielleicht eine schnelle Übersicht über die beteiligten Dateitypen:

Das Kürzel ...	... steht für ...	... und das steckt dahinter
INDD	*InDesign Document*	Die InDesign-Datei, wie Sie sie kennen
ICML	*InCopy Markup Language*	Textabschnitt (Inhalte)
ICMA	*InCopy Markup Assignment*	Aufgabendatei (Verwaltungsdaten)
ICAP	*InCopy Assignment Package*	Aufgabenpaket für InCopy
IDAP	*InDesign Assignment Package*	Aufgabenpaket für InDesign

Aufgaben definieren

Zu Beginn des *Workflows* gehen wir davon aus, dass es ein formatiertes InDesign-Layout mit Platzhaltertext oder bereits platzierten Texten gibt. In den ersten Schritten legen Sie **Textabschnitte** als **Aufgaben** für die Bearbeitung mit InCopy an. Diese Aufgaben können nachträglich um weitere Textabschnitte ergänzt werden.

1 Textabschnitt einer Aufgabe hinzufügen

Wählen Sie zunächst markierte Rahmen aus und fügen Sie diese im Menü **Bearbeiten** > **InCopy** als Aufgabe hinzu. Diesen Befehl und die anderen in diesem Abschnitt finden Sie auch im **Kontextmenü** sowie im **Aufgaben**-Bedienfeldmenü

Falls Sie für dieses Dokument noch keine Aufgabe angelegt haben, der sie etwas hinzufügen könnten, wählen Sie den Unterpunkt **Neu**.

Über das Kontext- oder das Bedienfeldmenü fügen Sie die markierten Rahmen einer neuen Aufgabe hinzu.

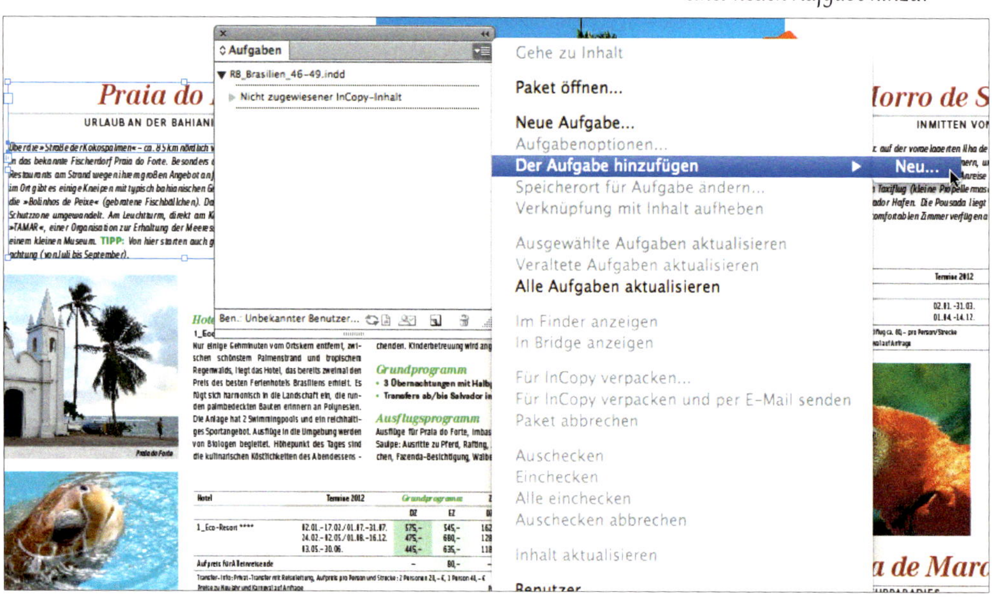

2 Satzdatei speichern

Damit InDesign alle Dokumente inklusive Status verwalten kann, müssen Sie die Datei vor dem Anlegen der Aufgaben speichern.

Bevor die Aufgabe erstellt wird, muss InDesign speichern, damit der Status der Dokumente sicher verwaltet werden kann.

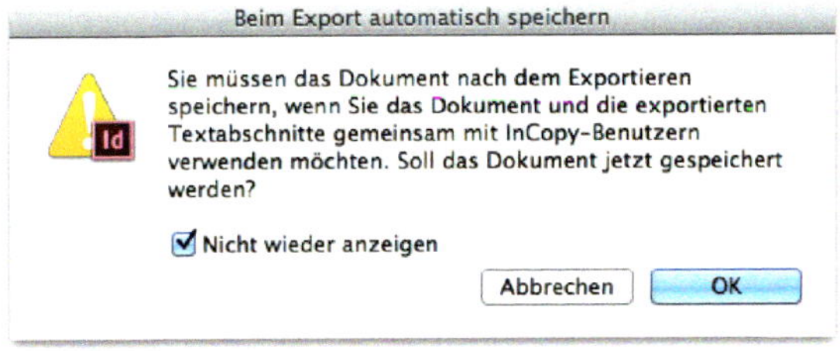

Aufgabenname

Bitte verwenden Sie als Aufgabennamen keine Endlosbezeichnungen, sondern kurze, aussagekräftige Schlagworte. Auch Sonderzeichen wie den Schrägstrich sollten Sie nicht verwenden, denn der Aufgabenname wird später zum Dateinamen des Aufgabenpakets, und wenn Sie das per E-Mail versenden wollen, sollte die Bezeichnung „internettauglich" sein.

3 Optionen für neue Aufgabe vergeben

Nachfolgend öffnet sich der Dialog für die **Neue Aufgabe**, in dem Sie einen Aufgabennamen festlegen. An dieser Stelle sehen Sie unter dem **Speicherort**, wo die **Aufgabendatei (*.icma)** und die dazugehörenden **Textabschnitte** abgelegt werden können. Die Ansicht der **zugewiesenen „Druckbögen"** wird in die Aufgabendatei übernommen.

Die neue Aufgabe bezeichnen Sie mit einem geeigneten Namen.

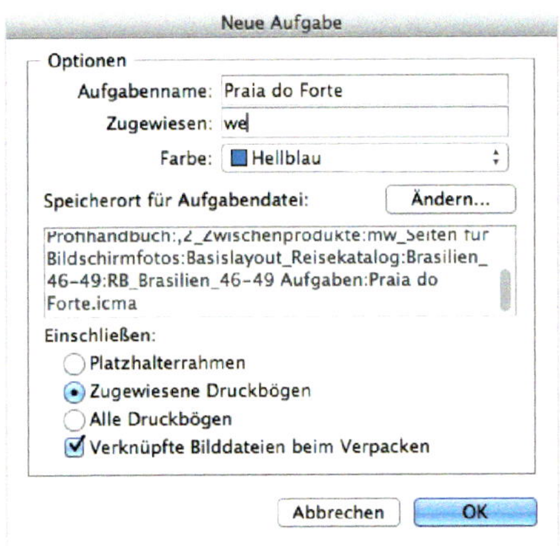

Namen sind Pixel und Bytes

Bei „Zugewiesen" geben Sie den Empfänger (Mitarbeiter oder Ressort) der Aufgabe ein. In einem Redaktionssystem sind alle Benutzer angemeldet und Ressorts zugeteilt. Ohne Redaktionssystem ist dieses Feld nicht überflüssig, hat aber keinerlei technische Relevanz.

4 Aufgaben-Bedienfeld verwalten

Die angelegte Aufgabe erscheint nun im **Aufgaben**-Bedienfeld und enthält die zugewiesenen Textabschnitte. Am rechten Bedienfeldrand trägt jeder davon zwei Symbole: .Das Blatt mit dem Globus steht für „verfügbar", das Textsymbol bedeutet, dass der Inhalt (noch) aktuell ist.

Die Textabschnitte liegen nun im Aufgaben-Bedienfeld vor.

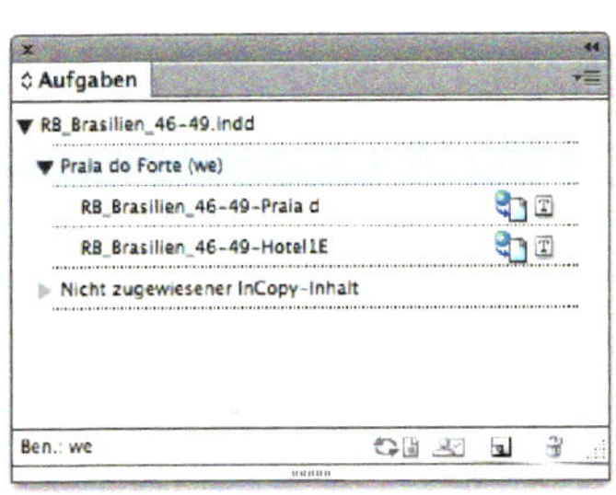

5 Verknüpfungen prüfen

Öffnen Sie das Bedienfeld **Verknüpfungen**. Dort erscheinen die beiden Textabschnitte als **ICML**-Dateien. Somit ist klar, dass InDesign die Textabschnitte als Dateien auslagert, die parallel zur geöffneten InDesign-Datei bearbeitet werden können.

Textabschnitte ergänzen
Wenn Sie später der Aufgabe weitere Textrahmen hinzufügen möchten, ziehen Sie die Rahmen einfach ins geöffnete **Aufgaben**-Bedienfeld und wählen **Alle Aufgaben aktualisieren.**

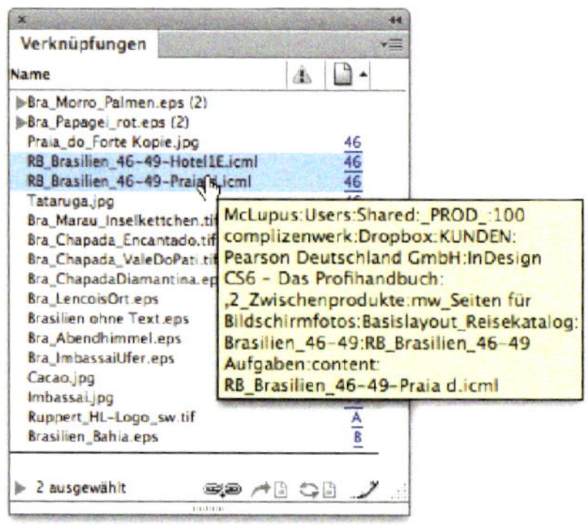

Im Bedienfeld „Verknüpfungen" erscheinen die ausgelagerten Textabschnitte.

Aufgabendatei und Textabschnitte in einem eigenen Ordner
Sobald Sie den Pfad für eine neue Aufgabe angeben, wird unter diesem Verzeichnis nicht nur die ICMA-Aufgabendatei gespeichert, sondern auch in einem Unterverzeichnis die ICML-Textabschnitte. Wenn Sie also mehrere Aufgaben in einem Ordner speichern, werden die Textabschnitte in Ordnern sortiert und bleiben somit übersichtlich.

Aufgabenpaket für InCopy

Sobald Sie die Aufgaben erstellt und die Textabschnitte zugewiesen haben, können Sie mit den nachfolgenden Schritten Aufgabenpakete für InCopy schnüren. Dabei haben Sie auch die Wahl, ob Sie das Paket als einzelne Datei „zu Fuß" an den Redakteur übermitteln oder stattdessen den E-Mail-Transfer bevorzugen.

1 Aufgabe für InCopy verpacken

Sobald Sie alle Aufgaben angelegt und Textabschnitte hinzugefügt haben, können Sie die Aufgabe **für InCopy verpacken**, indem Sie über der Aufgabe das **Kontextmenü** aufrufen. Falls Sie das Aufgabenpaket nicht auf einem Server oder einem Datenträger bereitstellen, sondern direkt per E-Mail schicken möchten, können Sie es auch **für InCopy verpacken und per E-Mail senden**. In diesem Fall entfällt Schritt 2.

Textabschnitte im Netzwerk bearbeiten
Die Schritte 1 bis 5 dienen dazu, Text und Layout voneinander zu trennen. Das Layout wird durch die InDesign-Datei beschrieben, die Textrahmen durch die Textabschnittsdateien. Wenn Sie mit anderen Mitarbeiterinnen und Mitarbeitern im Netzwerk arbeiten, können Sie jetzt mit InCopy direkt auf die Aufgabendateien oder die gesamte InDesign-Datei zugreifen. Beachten Sie dabei, dass die Aufgaben im Netzwerk an einem Ort abgelegt sind (und bleiben), auf den alle im Team zugreifen können!

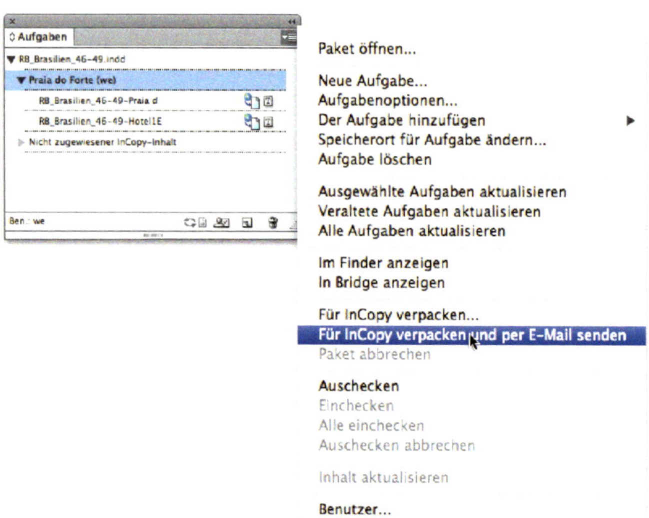

So verpacken Sie die gewählte Aufgabe im Aufgaben-Bedienfeld für InCopy.

2 Dateiort festlegen
Speichern Sie das **Aufgabenpaket** (*.icap) an einem geeigneten Ort. Das Paket wird normalerweise wie die Aufgabe benannt. Sollten Sie Sonderzeichen im Aufgabennamen verwendet haben, entfernen Sie diese jetzt bitte.

3 Status prüfen
Abschließend erkennen Sie in InDesign im **Aufgaben**-Bedienfeld anhand des **Paket**-Symbols, dass die Aufgabe verpackt wurde. Darunter zeigen die **durchgestrichenen Bleistift**-Symbole an, dass Sie im Layout nicht mehr an den Textabschnitten arbeiten können.

Die Aufgabe ist verpackt und verschickt.

InDesign- vs. InCopy-Version

Um Inkompatibilitäten zwischen den Programmversionen und damit Abstürze zu vermeiden, sollten Sie immer darauf achten, in InDesign und in InCopy mit der aktuellen oder zumindest derselben Version zu arbeiten.

Der Transport der Paketdatei (*.icap) ist Ihnen überlassen. Das Paket kann nun unabhängig von der InDesign-Datei verschoben, kopiert, verschickt werden. Bis zur Rückkehr der Paketdatei von InCopy bleiben die Textabschnitte im Layout gesperrt.

Textabschnitte auschecken

Nun können Ihre Übersetzer und Redakteure dieses Aufgabenpaket mit InCopy öffnen.

1 Aufgabenpaket öffnen
Öffnen Sie das Aufgabenpaket mit einem Doppelklick, und InCopy wird gestartet.

2 Ansichten umschalten
Damit Sie sich gleich in InCopy orientieren, können Sie das geöffnete Aufgabenpaket in drei Ansichten umschalten. Die **Reiter oben links** in der Programmoberfläche von InCopy bieten die Darstellung als **Textabschnitt**, **Druckfahne** und **Layout**.

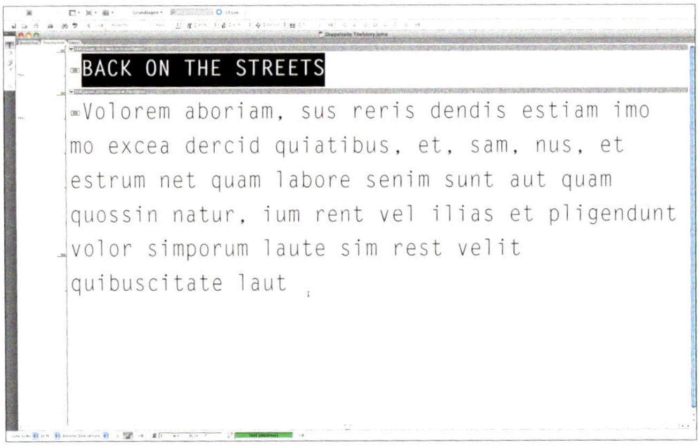

Die Darstellung des Textabschnitts

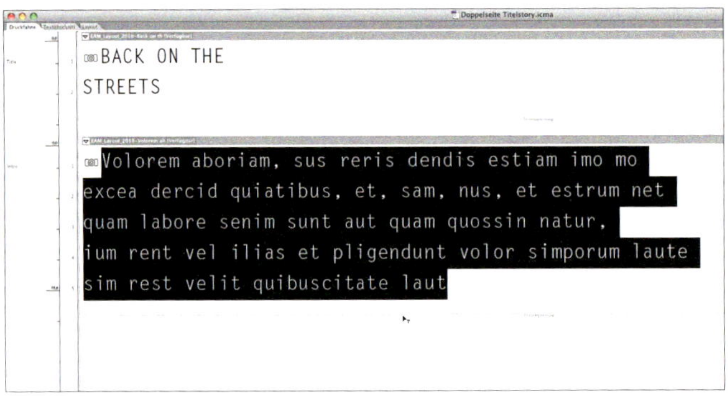

Die Druckfahne zeigt die Umbrüche wie im Layout an.

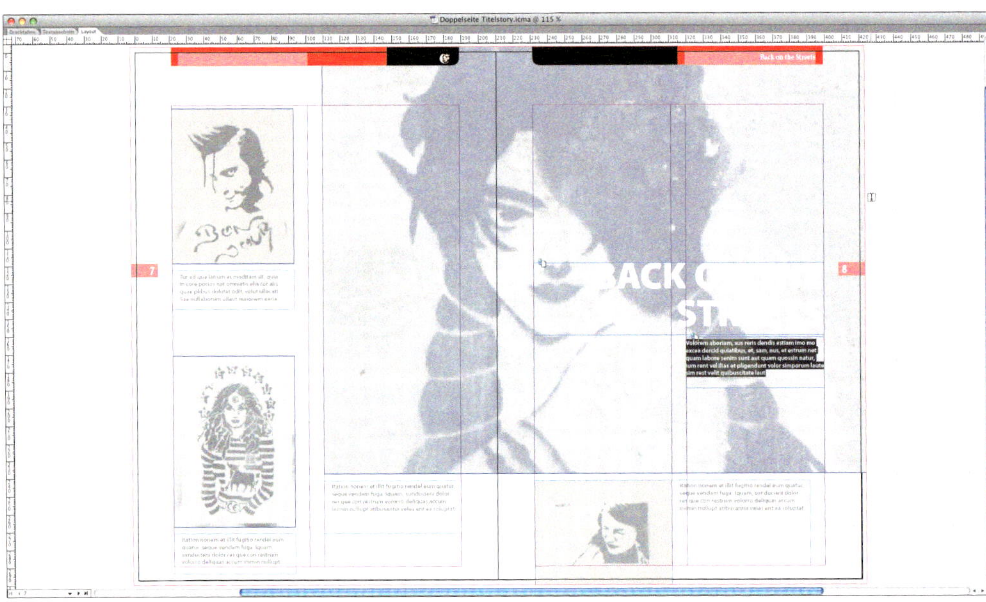

Die Darstellung „Layout" zeigt alle gesperrten Rahmen in blasser Darstellung.

3 Aufgaben-Bedienfeld anzeigen

Rufen Sie vergleichbar zu InDesign das Bedienfeld **Aufgaben** aus dem Menü **Fenster** auf.

Die Textabschnitte in der Aufgabe sind in InCopy „verfügbar".

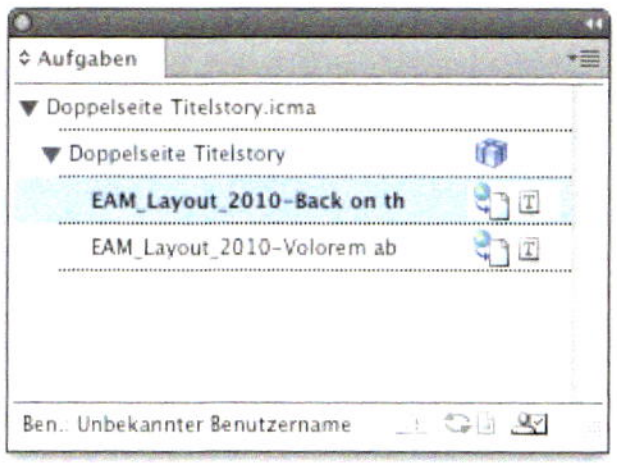

4 Textabschnitt auschecken

Wählen Sie die entsprechenden Abschnitte aus und klicken Sie rechts unten an der Ecke des **Aufgaben**-Bedienfelds auf das Symbol **Auswahl auschecken**.

Mit einem Klick werden die markierten Abschnitte ausgecheckt.

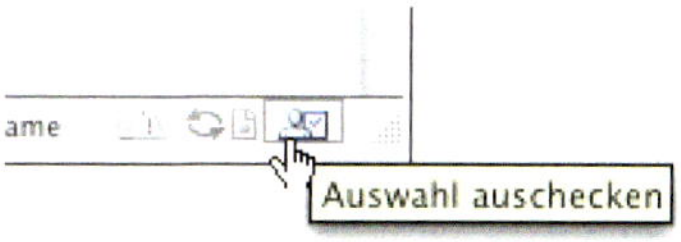

5 Optional: Auschecken provozieren

Alternativ zum vorherigen Schritt können Sie auch den Text in der Darstellung des Textabschnitts markieren und die **Entfernen**-Taste drücken. Gleich fragt InCopy, ob Sie den Abschnitt auschecken und anschließend bearbeiten wollen.

Die „rabiate" Methode: Versuchen Sie, den (noch nicht ausgecheckten) Text im Textabschnitt zu löschen. Sofort erhalten Sie die Möglichkeit, den Text auszuchecken.

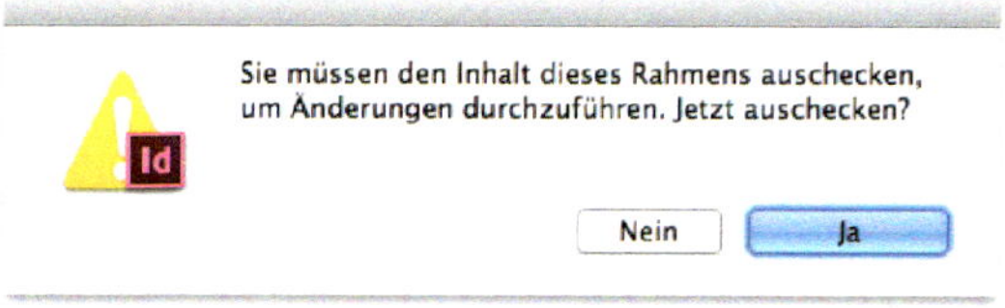

6 Benutzernamen eingeben

Anders als InDesign lässt InCopy erst dann eine Textänderung zu, wenn Sie sich als Benutzer zu erkennen gegeben haben. Natürlich können Sie das auch schon vorab erledigen: unter **Datei** > **Benutzer**.

7 Text bearbeiten

Nach den vorherigen Schritten können Sie nun nach Herzenslust den Text in InCopy bearbeiten. Dazu stehen Ihnen umfangreiche Werkzeuge wie die **Änderungsverfolgung** zur Verfügung. Den Status der Bearbeitung erkennen Sie im **Aufgaben**-Bedienfeld am **Bleistift**.

◢ *Änderungsverfolgung: Seite 252*

Die einfachen Symbole sind größtenteils selbst erklärend – hier der Status der Bearbeitung eines Textabschnitts.

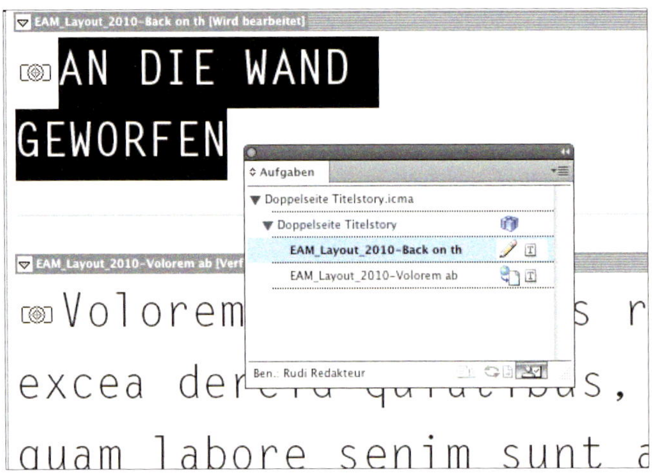

Der neue Text wird eingegeben.

8 Bearbeitung abschließen

Sobald Sie mit der Änderung des Textes fertig sind, können Sie den Abschnitt wieder einchecken. Dazu haben Sie zwei Möglichkeiten: Entweder klicken Sie auf das **Symbol** unten rechts am **Aufgaben**-Bedienfeld **Auswahl einchecken** oder Sie rufen das **Bedienfeldmenü** auf und wählen die Option **Alle einchecken**.

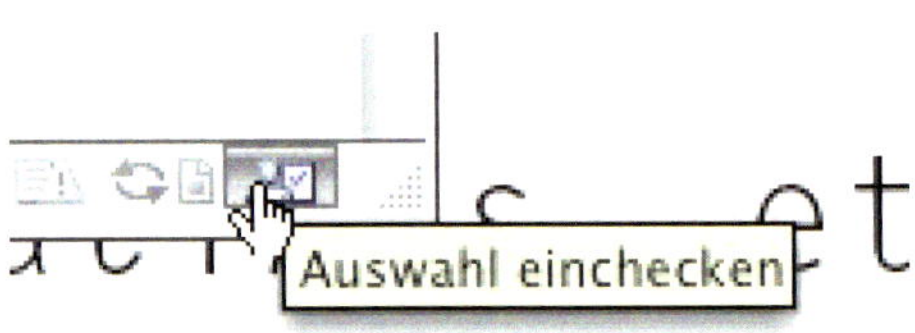

Änderungen werden übernommen und wieder eingecheckt.

Schnell und einfach dient dagegen die Methode „Alle einchecken" dazu, auch andere noch ausgecheckte Abschnitte wieder einzuchecken.

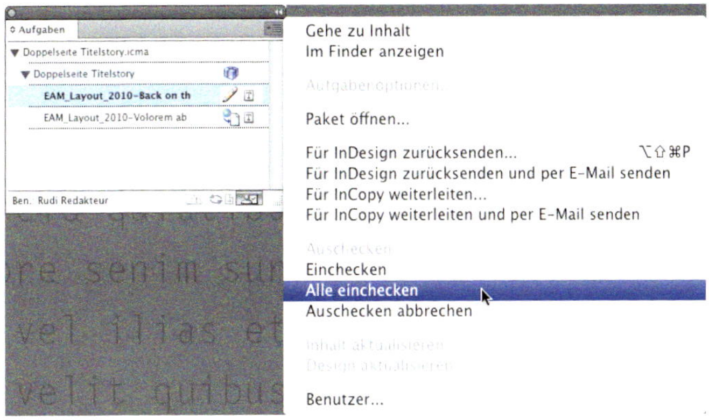

Die Arbeiten am Text können Sie nun in InCopy weiter fortführen. Dazu checken Sie immer zunächst den Textabschnitt aus und anschließend wieder ein.

Übersatz erkennen

Während der Textbearbeitung in InCopy können Sie auch die typografischen Formate zuweisen, die in InDesign bereits angelegt worden sind. Dazu öffnen Sie das Bedienfeld **Fenster** > **Formate** > **Absatzformate**.

Übersatz wird mit roten Markierungen entlang der Zeilen hervorgehoben.

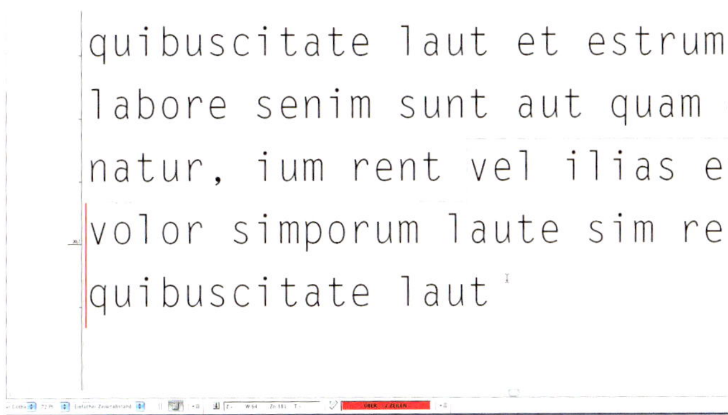

In jeder der drei Darstellungsarten **Textabschnitt**, **Druckfahne** und **Layout** bietet InCopy eine „Textlängenampel", die Ihnen während der Eingabe mit einem **violetten**, **grünen** oder **roten Anzeigefeld** Rückmeldung zu Unter- oder Übersatz gibt. **Violett** bedeutet, dass der Textrahmen noch mehr Text aufnehmen könnte – er hat Untersatz. **Rot** leuchtet das Ampelfeld, wenn nicht alle Zeichen im Textrahmen Platz finden – es entsteht Übersatz. **Grün** stellt den Idealzustand dar, wenn der Text den Rahmen komplett (mit weniger als einer Zeile Untersatz) ausfüllt.

Weitere Funktionen von InCopy
Nicht alle Werkzeuge von InCopy finden Platz in diesem Buch. Daher empfehle ich Ihnen, dass Sie sich eingehend mit dem Programm beschäftigen. Viele Werkzeuge funktionieren identisch zu InDesign, besonders die Änderungsverfolgung, die Anwendung von Absatz- und Zeichenformaten, die Verwaltung von Verknüpfungen und das Angeben von Metadaten. Näheres dazu finden Sie in der Programmhilfe von InCopy und im Internet im Video-Kanal von Adobe **tv.adobe.com/de**, in dem der ehemalige InDesign-Produkt-Manager Michael Ninness eine umfangreiche Einführung zeigt.

Aufgabenpaket für InDesign

Sind die Änderungen in InCopy abgeschlossen, können Sie nun – vergleichbar mit InDesign – ein Aufgabenpaket aus InCopy für InDesign exportieren. Dieses Aufgabenpaket wird an InDesign „zurückgesendet", damit die Textänderungen im Layout aktualisiert werden können.

Alternativ dazu gibt es auch die Möglichkeit, das Aufgabenpaket nicht für InDesign, sondern für einen weiteren InCopy-Arbeitsplatz „weiterzuleiten". Somit entsteht eine ganze Korrekturkette mit InDesign und InCopy.

1 Aufgabenpaket zurücksenden

Im **Aufgaben**-Bedienfeld von InCopy wählen Sie die Aufgabe aus und rufen das **Kontextmenü** auf. Hier finden Sie die Option **Für InDesign zurücksenden**, mit der Sie ein InDesign-Aufgabenpaket als ***.idap** speichern.

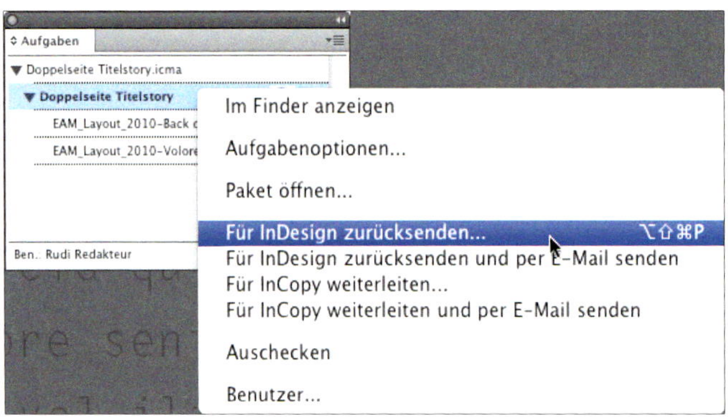

Das Kontextmenü bietet auch in InCopy hilfreiche Funktionen.

2 Paket speichern

Anschließend können Sie den Ort des Paketes und den Namen festlegen. Hier sollten Sie jedoch keinen anderen Namen als den vorgeschlagenen eingeben.

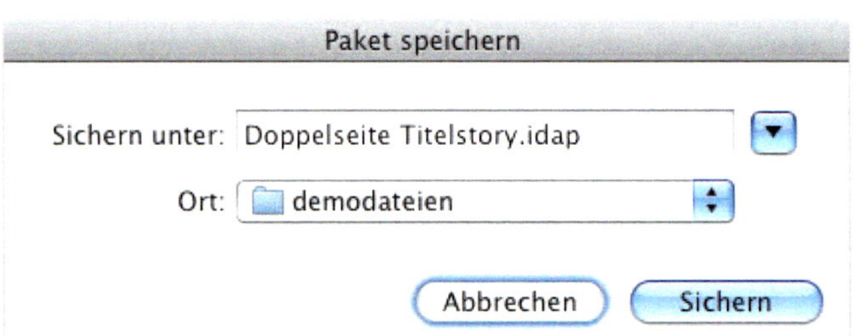

*Das InDesign-Paket wird als *.idap gesichert.*

Sobald Sie die Schritte vollzogen und ein Paket gespeichert haben, wird Ihr aktuelles Aufgabenpaket geschlossen. Dies ist eine Vorsichtsmaßnahme von InCopy, denn wenn Sie schon ein Aufgabenpaket für InDesign verpacken, ist das vermutlich ein endgültiger Arbeitsschritt.

Aufgabenpakete erneut öffnen?

Obwohl InCopy das Aufgabenpaket schließt, sobald es an InDesign zurück geht, lässt es sich mit InCopy erneut öffnen und als Aufgabenpaket für InDesign speichern. Dies sollten Sie **definitiv nicht tun**, da Ihre Abläufe sonst einen Bruch beziehungsweise eine Verzweigung bekommen und niemand mehr zuverlässig nachvollziehen kann, welches InDesign-Paket zu welchen InCopy-Änderungen gehört. Anders als bei einem Redaktionssystem haben Sie mit der reinen InDesign/InCopy-Kombination viel Freiheit – was im Gegenzug eine gewisse Disziplin von Ihnen und allen anderen Mitwirkenden verlangt!

Inhalte aktualisieren

Die letzten Schritte in InDesign sind nun einfach und erinnern an das Aktualisieren verknüpfter Bilder. Sie öffnen das InDesign-Aufgabenpaket *.idap mit InDesign. Anschließend sucht das Aufgabenpaket nach der gewünschten InDesign-Datei. Die geänderten Textabschnitte können anschließend aktualisiert werden, so dass das Layout wieder auf dem neuesten Stand ist.

1 Aufgabenpaket öffnen

Rufen Sie die Paketdatei ***.idap** mit InDesign auf. Anschließend öffnen Sie das **Aufgaben**-Bedienfeld in InDesign. Die Textabschnitte werden als **veraltet** dargestellt.

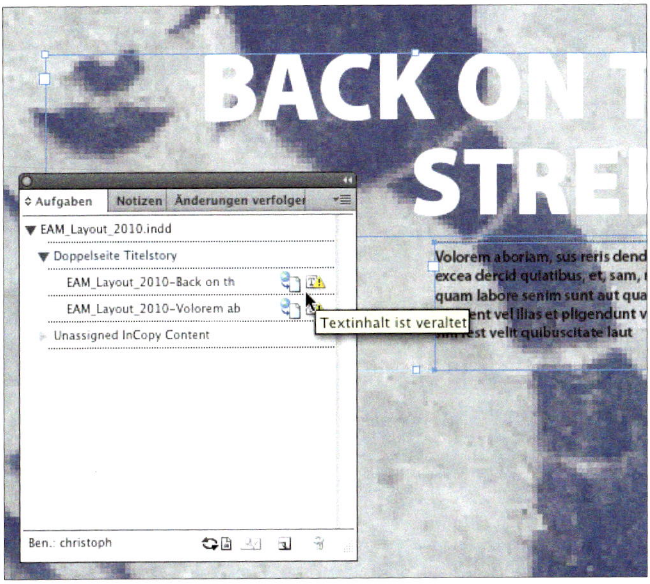

Die geänderten Textabschnitte werden in den Aufgaben markiert.

2 Verknüpfungen öffnen

Parallel können Sie im **Verknüpfungen**-Bedienfeld an den **gelben Dreiecken** sehen, dass die Textabschnittsdateien (*.icml) aktualisiert werden müssen.

3 Inhalte aktualisieren

Rufen Sie im **Aufgaben**-Bedienfeld mit einem Klick auf das Symbol **Inhalt aktualisieren** die neue Fassung des Textes auf, und die neuen Textinhalte werden im Layout dargestellt.

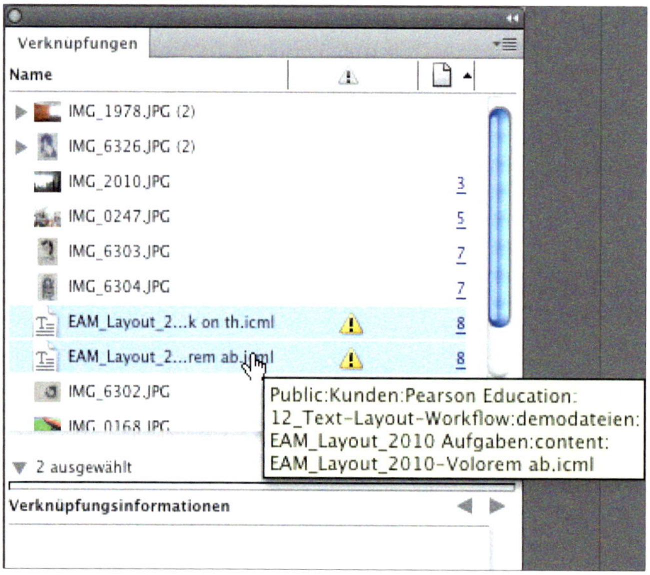

Das Paket wird an geeigneter Stelle gespeichert.

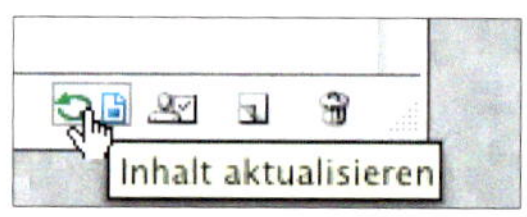

Mit einem Klick werden die Textinhalte aktualisiert.

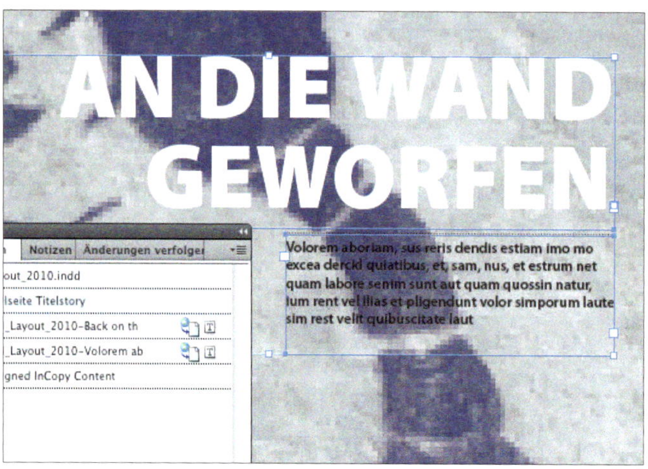

Der neue Inhalt wird angezeigt.

Die Schritte, ein Aufgabenpaket für InCopy zu exportieren, mit InCopy zu bearbeiten und an InDesign wieder zurückzusenden, können nun endlos wiederholt werden. Bei der Erstellung von Aufgabenpaketen ist jedoch ein wenig Sorgfalt sinnvoll: Löschen Sie nach jedem Aktualisieren der Aufgabenpakete die **Paketdateien *.idap** und ***icap**.

Verknüpfungen aufheben

Wollen Sie den Austausch mit InCopy beenden, ist es nicht mehr nötig, weiterhin die Textabschnitte als externe Aufgabendateien zu verwalten. Sie können die Verknüpfungen zu den Textabschnittsdateien aufheben und die Aufgaben löschen.

Rufen Sie dazu das **Aufgaben**-Bedienfeld auf und wählen Sie über der aktuellen Aufgabe aus dem Kontextmenü **Aufgabe löschen**. Somit wird die definierte Aufgabe entfernt. Dabei wird auch die erstellte Aufgabendatei *.**icma** aus dem angegebenen Verzeichnis entfernt.

Die Verknüpfungen zu den externen Textabschnitten *.**icml** löschen Sie, indem Sie ebenfalls in das **Aufgaben**-Bedienfeld die Textabschnitte markieren und aus dem Kontextmenü die **Verknüpfung mit Inhalt aufheben**. Dabei werden die ausgelagerten Dateien im Format *.**icml** nicht gelöscht, sondern sie bleiben an ihrem Platz. Ich empfehle Ihnen, auch diese Dateien manuell zu entfernen, damit Sie keine „Datenleichen" produzieren.

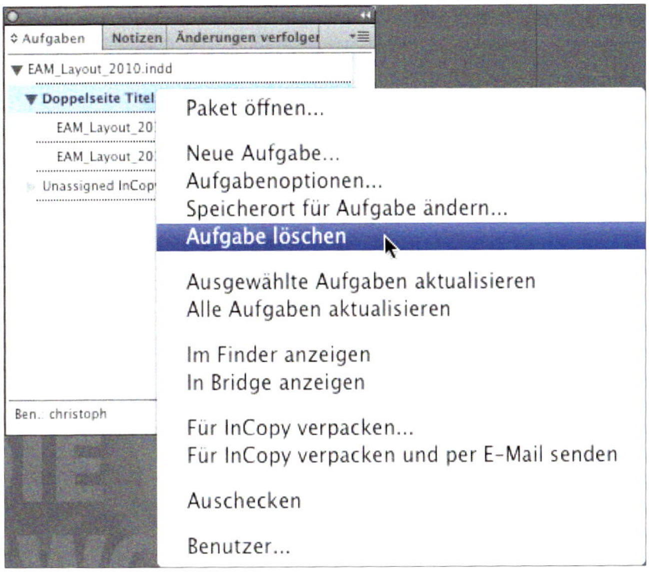

Abgeschlossene Aufgaben können über das Kontextmenü gelöscht werden.

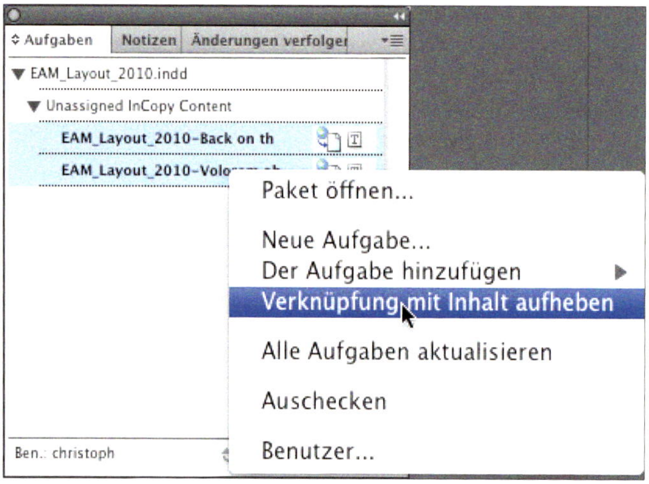

Ausgelagerte Textabschnitte (.icml) für InCopy können nachträglich wieder als Text in das Layout integriert werden, dabei wird die Verknüpfung vom Text zur Abschnittsdatei aufgehoben.*

Redaktionsworkflows mit „Cloud-Applikationen“

Sollen Texte im Layout platziert und durch eine Redakteurin oder einen Übersetzer korrigiert werden, **platzieren** sie entweder Word-Dateien, oder Sie definieren **Textabschnitte** für InCopy. Vieles von dem, was dabei innerhalb eines Hausnetzes möglich ist, bleibt buchstäblich auf der Strecke, sobald externe Texter, Redakteure oder Mediengestalter mitarbeiten sollen. Kleine Teams, die nicht viel Geld für ein ausgewachsenes Redaktionssystem ausgeben können, finden praktikable Lösungen oft im Bereich *Cloud Storage* (= Wolkenspeicherung). Firmen wie Dropbox, SpiderOak, SafeCopy sowie zahlreiche Telekom- und manche Festplattenhersteller bieten in der Regel ein oder zwei Gigabyte Speicherplatz kostenlos; für mehr Datenstauraum werden dann teilweise mehrere hundert Euro oder Dollar pro Jahr fällig. Das Prinzip ist meistens ähnlich: Ein kleines Programm auf dem Rechner jedes Gruppenmitglieds kümmert sich um den Datenabgleich zwischen dem einzelnen Arbeitsplatz und der „Wolke“, so dass normalerweise innerhalb von wenigen Minuten alle Mitwirkenden auf demselben Stand sind. Da alle Dateien mehrfach vorhanden sind, hat man einerseits ein „serienmäßiges“ *Backup*, andererseits ist viel Disziplin gefragt, um Fehler zu vermeiden, die entstehen können, wenn mehrere Personen die „gleiche“ Datei (beziehungsweise ihre jeweilige lokale Kopie davon) bearbeiten, ohne sich verbindlich abgesprochen zu haben.

PLUS

Aktuelle (aber mit Sicherheit unvollständige) Liste von *Cloud-Storage*-Anbietern auf der Webseite zum Buch

Typografie & Layout

Das ist neu in CS6

Seite 343

Automatische Größenänderung für Textrahmen – wächst oder schrumpft die Textmenge, kann der Rahmen automatisch in Höhe und/oder Breite angepassen werden

Typografische Werkzeuge

Typografie ist zweifellos eins der wichtigsten Themen in InDesign, weswegen ich hier vorweg einige grundlegende Fachausdrücke ins Spiel bringen möchte. Die meisten dieser Begriffe begegnen Ihnen in den InDesign-Werkzeugen wieder. Und natürlich in diesem Kapitel.

Wichtige typografische Größen

Verschachtelte Formate: Seite 276 ff.

InDesign bietet eine Vielzahl von typografischen Werkzeugen, angefangen bei der manuellen Formatierung über die Unterschneidung von Zeichen bis hin zu GREP-Stilen und verschachtelten Formaten. Im Gegensatz zu anderen Layoutprogrammen kennt InDesign jedoch auch viele mikrotypografische Automatismen wie den **Optischen Randausgleich** zum Ausrichten der senkrechten Spaltenkanten oder das **Optische Kerning** zum Unterschneiden von Zeichenpaaren unterschiedlicher Schnitte oder Schriftgrade, wenn die jeweiligen Fonts keine brauchbaren Daten dafür mitbringen.

Weil diese Werkzeuge beinahe beliebig kombinierbar sind und sogar noch durch Skripte oder Plug-ins gesteuert und/oder erweitert werden können, sind Sie damit praktisch jeder vorstellbaren typografischen Herausforderung gewachsen.

Mehrspaltige Aufzählungen
Aufzählungen mit sehr kurzen Begriffen erzeugen in einer breiten Spalte viel Weißraum. Dagegen hilft die Spaltenunterteilung – am besten natürlich in einem eigenen Absatzformat angelegt!

InDesign CS5 erlaubte erstmals, innerhalb *eines* Textrahmens pro Absatz die Anzahl der Spalten zu definieren, also Spalten zu unterteilen oder zu überspannen sowie mehrere Textspalten in der Höhe anzugleichen. Seither sind Layouts möglich, die in früheren Fassungen bestenfalls mit mehreren Rahmen, zusätzlichen Plug-ins oder Skripten und allerlei Tricks machbar waren.

Layout-Automatismen wie GREP-Stile und Spaltenausgleich können InDesign leider ganz schön ausbremsen, wenn man sie exzessiv nutzt!

Zudem beherrscht InDesign die **Verschachtelten Formate**, die Sie mehrfach aufeinanderfolgen lassen können, um konkrete Textpassagen mit Zeichenformaten hervorzuheben. Diese Formatierungen zeige ich Ihnen noch genauer im Abschnitt **Absatz- und Zeichenformate** ab Seite 387.

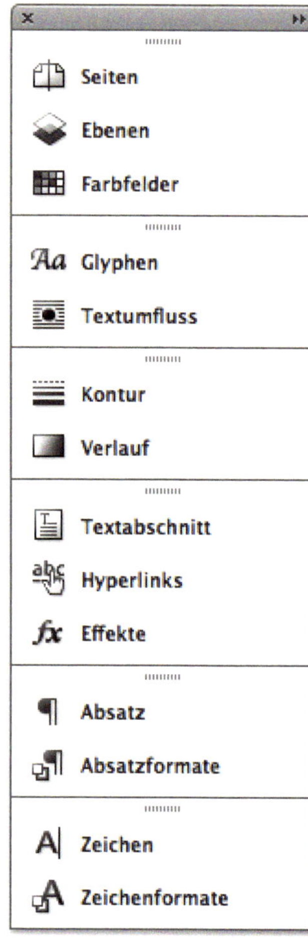

Alle relevanten Bedienfelder im Arbeitsbereich „Typografie" zusammengefasst

Die Ausrichtung eines Textrahmens kann für doppelseitige Dokumente **am Rücken** beziehungsweise **am Bund** erfolgen. Das ist besonders bei Textrahmen in Marginalienspalten sinnvoll, wie man in diesem Buch ganz schön erkennen kann. Finde ich.

Textrahmen erstellen

Nun aber ans Werk: Wählen Sie aus dem **Werkzeuge**-Bedienfeld das **Textwerkzeug** oder drücken Sie [T]. Ziehen Sie mit gedrückter linker Maustaste einen Textrahmen auf. Der Text wird mit der Standardformatierung angezeigt, die Sie in den Bedienfeldern **Steuerung** und **Zeichen** ablesen können (siehe Seite 265).

Bitte vergewissern Sie sich zunächst, dass Sie unter dem Menü **Schrift** den letzten Punkt **Verborgene Zeichen einblenden** aktiviert haben. Damit zeigt Ihnen InDesign nicht druckende Textelemente wie Leerzeichen, bedingte Trennungen, Zeilenumbrüche und andere Markierungen an.

Wenn Sie nach der Eingabe wieder das **Auswahlwerkzeug** anklicken oder [esc] drücken, wird der Objektrahmen sichtbar, das **Steuerung**-Bedienfeld wechselt wieder zur Darstellung für Rahmenwerkzeuge. Der Textrahmen hat ebenso wie andere Rahmen Eck- und Seitenpunkte, mit denen Sie die gesamte Rahmenform bearbeiten können (siehe Kapitel **Bilder & Vektoren** ab Seite 145).

InDesign-Standardschrift
ist seit CS5 nicht mehr Times, sondern Minion Pro, um Produktionsfehler mit identisch benannten (aber technisch unterschiedlichen) Times-Fonts zu verhindern.

Schriftfarbe wählen

Ein Textrahmen verwaltet neben der Flächen- und Konturfarbe des Rahmens auch die Farbgebung der Schrift, ebenso aufgeteilt in **Fläche** und **Kontur**. Klicken Sie mit Ihrem Auswahlwerkzeug doppelt in den Textrahmen und ziehen Sie die Textmarke über ein Wort.

Schriftgröße per Tastatur ändern
Die Schriftgröße erhöhen oder verringern Sie um einen Point, indem Sie einen Text markieren und in das Feld für den Schriftgrad klicken. Mit den Tasten [▲] oder [▼] wählen Sie die neue Schriftgröße. Dies funktioniert auch mit ganzen Textrahmen. Diese Art, Zahlenwerte zu verändern, funktioniert in den meisten numerischen Eingabefeldern der meisten Adobe-Programme.

In der Normalansicht blende ich gerne alle hilfreichen Zusatzinformationen ein: verborgene Zeichen, Hilfslinien, Textrahmenverkettungen, Grundlinienraster und so weiter. Mit [W] schalte ich bequem zwischen dieser Arbeitsansicht und der Vorschau um.

Markierter Text kann separat bearbeitet werden.

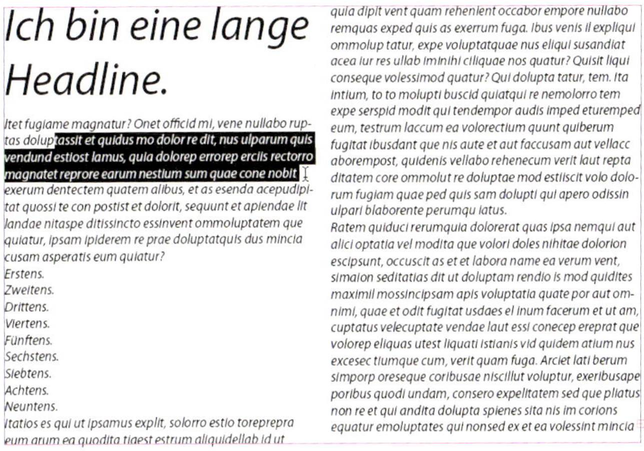

Das Wort wird markiert und invertiert dargestellt, im **Werkzeuge**-Bedienfeld sehen Sie nun anstatt des Flächen- und Kontursymbols die Textsymbole.

Sobald Sie den Text markiert haben, können Sie im **Steuerung**-Bedienfeld am oberen Fensterrand die **Textflächenfarbe** und die **Textkonturfarbe** mit einem Aufklappmenü auswählen. Die Darstellung des ausgeklappten Bedienfelds entspricht dem Bedienfeld der **Farbfelder**. Somit benötigen Sie das „altbekannte" Bedienfeld selbst eigentlich nicht mehr.

Auswahl der Flächen- und Konturfarbe im Steuerung-Bedienfeld

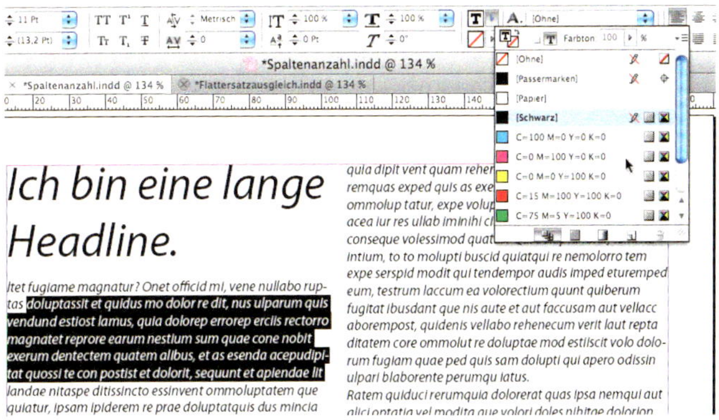

Vorauswahl von Farben für jedes Dokument
Arbeiten Sie immer mit denselben Farben für den Text oder auch für Vektorflächen? So schließen Sie alle Dokumente und öffnen Sie das Bedienfeld der Farbfelder. Legen Sie sich neue Farbfelder für Ihre Zwecke als CMYK-, RGB- oder Schmuckfarben an. Wenn Sie ein neues Dokument öffnen, stehen Ihnen diese vorbereiteten Farben zur Verfügung.

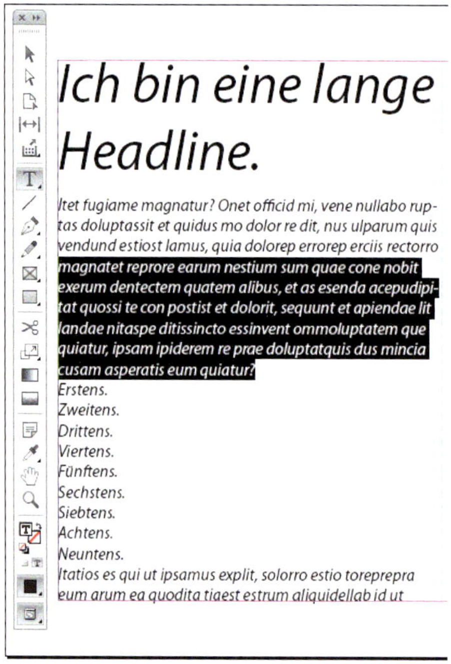

Für die Flächen- oder Konturenfüllung von Text müssen zuvor im Werkzeuge-Bedienfeld die entsprechenden Flächen aktiviert sein.

Alternativ wenden Sie den bekannten Weg an: Färben Sie den markierten Text mit einer Farbe aus den Bedienfeldern **Farbfelder** oder **Farbe**. Alternativ dazu können Sie auch mit einem Doppelklick in das Fläche- oder Kontur-Symbol den **Farbwähler** öffnen und eine Farbe aus dem Farbspektrum auswählen. Bei aktiver Kontur können Sie nun die Textkontur einfärben. Auch hier dürfen Sie zusätzlich das **Kontur**-Bedienfeld mit einbeziehen, um die Stärke zu verändern. Die Funktionsweise des Farbwählers sowie der weitere Umgang mit Prozess- und RGB-Farben ist genauer im Kapitel **Farben & Effekte** ab Seite 479 beschrieben.

Typen mit Kontur
Eine Textkontur liegt immer hinter dem Text. Auch bei einer sehr fetten Kontur gehen also keine feinen Serifen verloren.

Textkonturen mit zwei Farben

Wenn Sie einmal zwei unterschiedlich farbige Konturen um einen Text verwenden müssen, wählen Sie zunächst die Farbe und Stärke für die innere Kontur. Nun öffnen Sie das Bedienfeld „Effekte". Dort wählen Sie als Objekt den „Text" und rufen im Effekte-Menü am unteren Ende des Bedienfelds den „Schein nach außen" auf. Wählen Sie die gewünschte Farbe aus und stellen Sie den Transparenzmodus auf „Normal" sowie Deckkraft und Übergriff auf „100%". Bitte bedenken Sie, dass diese äußere Kontur ein Pixelelement ist, dessen Auflösung und Wechselwirkung auf überlappende Objekte von den Transparenzreduzierungsvorgaben beeinflusst werden.

Konturfunktionen im Textrahmen
Beachten Sie, dass eine Kontur um eine Schrift keine Kontureigenschaften wie Typ, Anfang und Ende besitzen kann. Somit sind Mehrfach-Outlines nicht möglich. Diesen Konflikt können Sie umgehen, wenn Sie zuvor den Schriftzug in Pfade konvertiert haben: **Schrift > In Pfade umwandeln**.

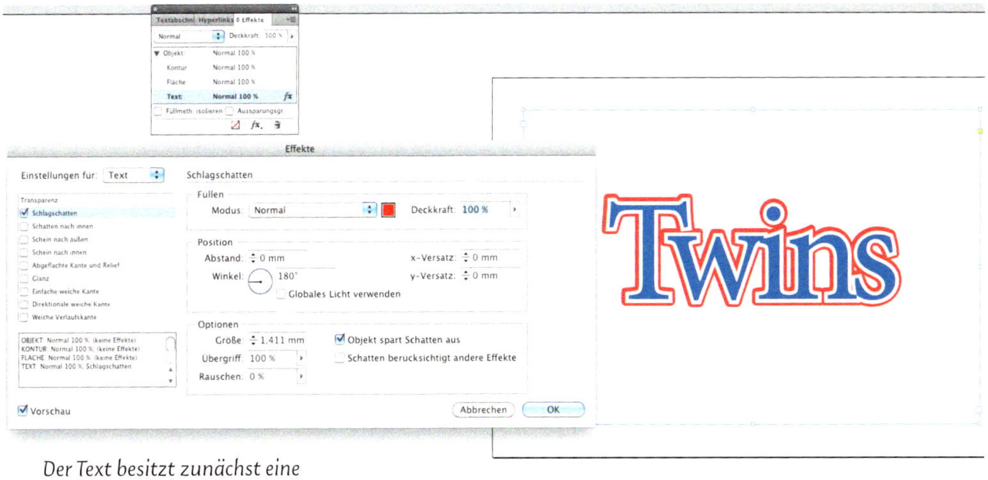

Der Text besitzt zunächst eine weiße Kontur. Um eine zweite (rote) Kontur zu erzeugen, wählen Sie den Effekt „Schlagschatten“ mit diesen Einstellungen.

Textrahmenoptionen

Kommen wir zum Kern der typografischen Darstellung, zu den **Textrahmenoptionen**. Befinden Sie sich mit der Textmarke in einem Textrahmen, um dort den Inhalt zu bearbeiten, erreichen Sie über die rechte Maustaste das Kontextmenü. Wenn Sie **Textrahmenoptionen** auswählen, erhalten Sie einen umfangreichen Eingabedialog. Alternativ rufen Sie die Textrahmenoptionen mit [⌘ Strg] [B] oder aus dem Menü **Schrift** auf. Der Dialog ist aufgeteilt in **Allgemein** und **Grundlinienoptionen**.

Die allgemeinen Textrahmenoptionen bieten Optionen, wie sich die Textmenge zum Rahmen verhalten soll; darunter finden Sie die Anzahl der Spalten in einem Rahmen sowie den Innenabstand oder die vertikale Ausrichtung.

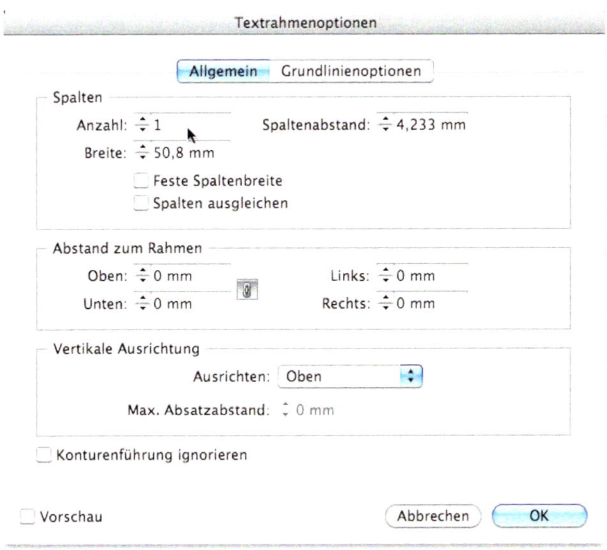

Spalten im Textrahmen

Zunächst wählen Sie die **Spaltenanzahl** und den **Spaltenabstand** im Textrahmen. Mit aktiver **Vorschau** können Sie alle Änderungen im Hintergrund sehen. Der Textfluss ist somit durch die Spalten im Textrahmen vorgegeben. Spaltenumbrüche und andere Formatierungen können Sie auch im Text unterbringen.

Feste Spaltenbreite

Mithilfe der Option **Feste Breite** verbieten Sie InDesign, Spalten beim Skalieren des Textrahmens in der Breite zu ändern. Die vorgegebene Spaltenbreite bleibt also immer gleich. Auch der Spaltenabstand bleibt als Wert beim Skalieren in die Breite erhalten. Dagegen ändert sich die Anzahl der Spalten: Wenn ein Textrahmen breiter als die Summe aus Spaltenbreiten und Spaltenabstand skaliert wird, erscheint eine weitere Spalte!

Textrahmenoptionen als Objektformat
Wenn Sie sich die Möglichkeiten der festen Spaltenbreite oder des automatischen Spaltenausgleichs als Designvorlage sichern wollen, legen Sie sich ein Objektformat an.

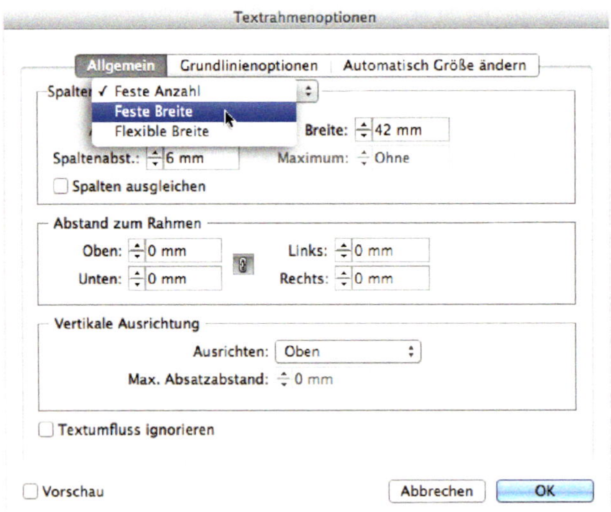

Mit fester Spaltenbreite ändert sich die Anzahl der Spalten, wenn der mehrspaltige Textrahmen schmaler oder breiter wird.

Spalten ausgleichen

Ob ein Textrahmen komplett mit Text gefüllt wird, ist zunächst von der Höhe des Textrahmens, der Textmenge und der Fontgröße abhängig. Doch was passiert, wenn die Textmenge geringer ist? Bei mehrspaltigen Textrahmen kann dies zu unschönen Spaltenumbrüchen führen, wenn beispielsweise in einem dreispaltigen Textrahmen die ersten beiden Spalten gefüllt sind, die dritte Spalte jedoch nur wenige Textzeilen beinhaltet.

In den **Textrahmenoptionen** wählen Sie daher bei mehrspaltigen Textrahmen die Option **Spalten ausgleichen** mit aktiver Vorschau. Sobald Sie diese Option aktivieren, werden die durchschnittlichen Zeilen pro Spalte berechnet und der Text wird gleichmäßig neu umbrochen.

Manueller Eingriff in den automatischen Spaltenausgleich: Umbruchmarken
Sollten Sie mit dem Ausgleich aller Textzeilen unzufrieden sein, da plötzlich inhaltlich unterschiedliche Absätze in derselben Spalte dargestellt werden, so können Sie dennoch mithilfe von Umbruchmarken einen Spaltenumbruch erzwingen. Klicken Sie vor das erste Zeichen des Textabschnitts, der in der nächsten Spalte erscheinen soll. Wählen Sie über das Kontextmenü Umbruchzeichen einfügen > Spaltenumbruch. Sofort wird der nachfolgende Absatz in die nächste Spalte verschoben.

Ausgangspunkt für den Spaltenausgleich: Die dritte Spalte wird nur mit wenigen Textzeilen gefüllt.

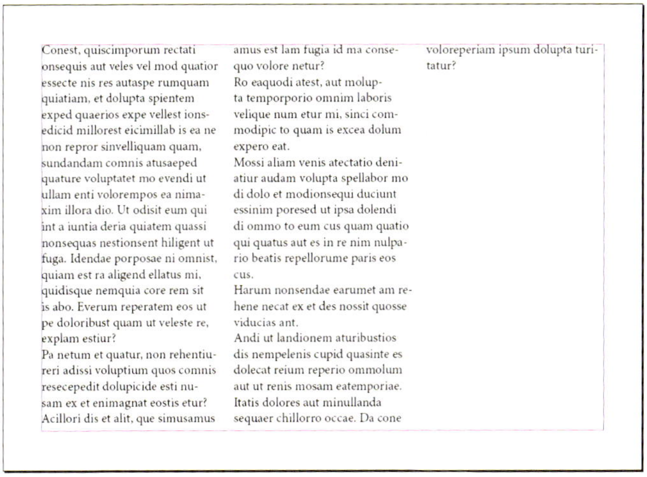

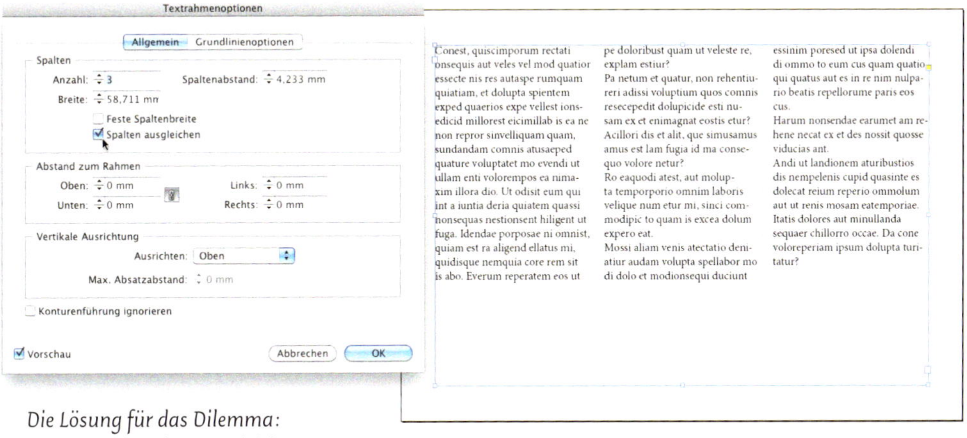

Die Lösung für das Dilemma: Der Spaltenausgleich sorgt für gleichmäßige Texthöhen in allen Spalten.

Abstand zum Rahmen

Für einen Textrahmen mit farbiger oder halbtransparenter Fläche kommt es auf den **Abstand zum Rahmen** an. Mit diesen Werten legen Sie fest, wie weit der Text im Rahmen von der Rahmenkante entfernt liegen soll.

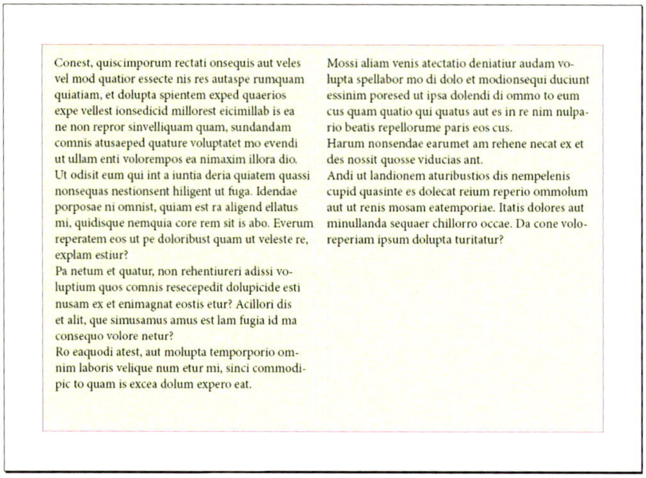

Der Rahmenabstand sorgt für einen inneren Versatz des Textes zur Rahmenkante.

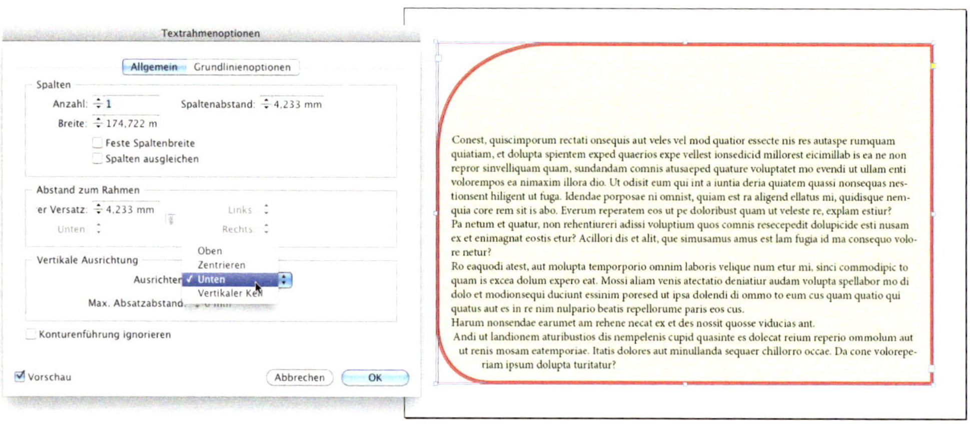

Trotz Rahmeneffekten bleibt die vertikale Ausrichtung des Textes nach unten erhalten.

Ausrichtung im Textrahmen

Die **Vertikale Ausrichtung** im Textrahmen bezieht sich auf den gesamten Inhalt. **Oben**, **Zentriert** und **Unten** sprechen für sich, **Vertikaler Keil** sorgt hingegen dafür, dass alle Zeilen unabhängig vom eingestellten Zeilenabstand auf die volle Rahmenhöhe ausgetrieben werden. Ändern sich später die Anzahl der Zeilen im Textrahmen, gleicht der vertikale Keil den Durchschuss zwischen den Zeilen aus.

Zentrierte Ausrichtung
Eine optisch korrekte Darstellung einer vertikal im Textrahmen zentrierten Textzeile erreichen Sie dadurch, dass Sie in den Grundlinienoptionen der Textrahmenoptionen die Ausrichtung auf „Großbuchstabenhöhe" oder, bei sehr hohen Rahmen, sogar auf „x-Höhe" einstellen, damit der Text optisch höher erscheint.

Abstände und Eckeneffekte

Sobald ein Textrahmen kein „einwandfreies" Rechteck mehr ist, kann InDesign nur noch einen allgemeinen inneren Versatz für alle Rahmenkanten berechnen.

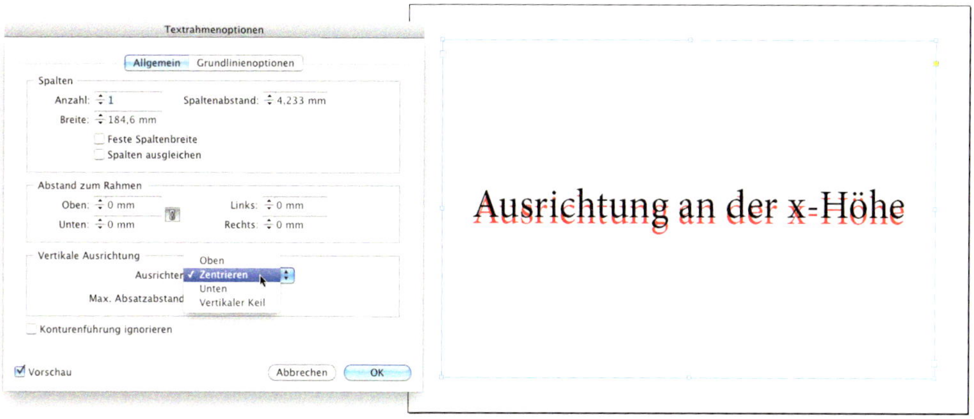

Vertikale zentrierte Ausrichtung ist mit der Versalhöhe oder der x-Höhe als Grundlinienausrichtung ästhetischer. Die rote Textzeile ist an der Oberlänge ausgerichtet und sitzt damit optisch zu tief.

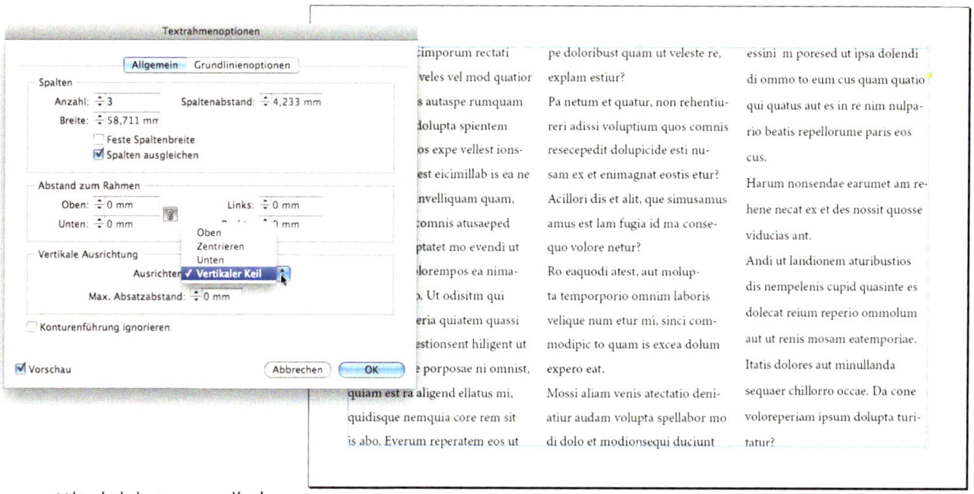

Mit aktiviertem vertikalen Keil werden alle Zeilen des Textrahmens auf die komplette Höhe ausgeglichen.

Korrekte Definition des Grundlinienrasters

Wenn Sie mit einem Grundlinienraster im Layout arbeiten, gilt das Raster zunächst für alle Seiten und Textrahmen gleichermaßen. In den **Voreinstellungen** > **Raster** richten Sie das Grundlinienraster relativ zum **Oberen Textrand** aus, damit die erste Grundlinie innerhalb des Satzspiegels steht.

Grundlinienoptionen

Die **Grundlinienoptionen** legen fest, woran die erste Textzeile innerhalb des Rahmens ausgerichtet wird. Zudem ist es möglich, ein **benutzerdefiniertes Grundlinienraster** nur für einen Textrahmen anzulegen. Dies ist besonders bei *Infoboxen* sinnvoll, die innerhalb eines Magazin-Layouts nicht dem Grundlinienraster des gesamten Dokuments folgen.

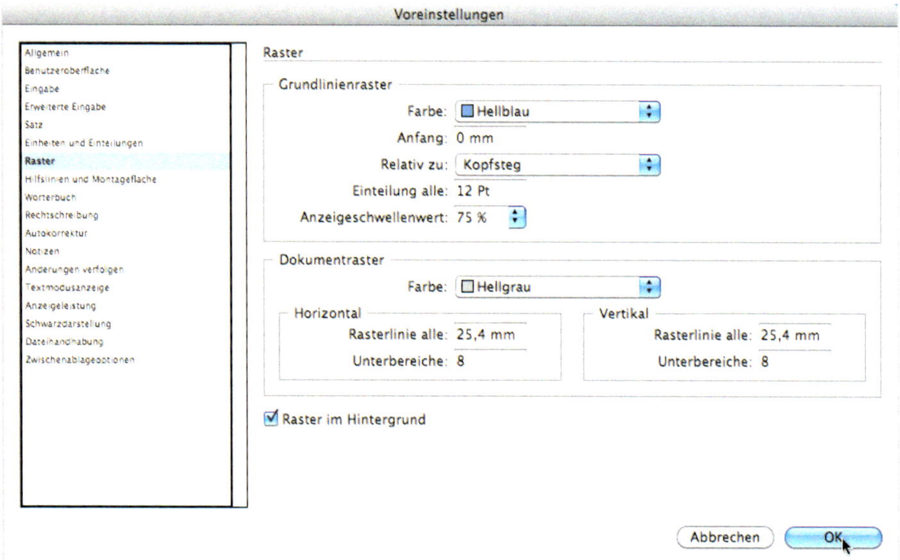

In den Voreinstellungen finden Sie die Angaben zum Grundlinienraster im gesamten Dokument. Das Raster wird relativ zum Kopfsteg nur innerhalb des Satzspiegels und der Ränder angezeigt.

Abweichend zum gesamten Dokument können Sie das Grundlinienraster auch nur für einen einzelnen Textrahmen bestimmen. Rufen Sie dazu in den **Textrahmenoptionen** den Reiter **Grundlinienoptionen** auf. Die **Erste Grundlinie** – also die Ausrichtung der ersten Textzeile im Rahmen – kann mit einem **Offset** angegeben werden, der zunächst auf **Oberlänge** eingestellt ist. Damit liegt die erste Zeile immer innerhalb des Textrahmens. Stellen Sie diese Werte stets mit einem konkreten Text und **aktiver Vorschau** ein, damit Sie das Ergebnis überprüfen können.

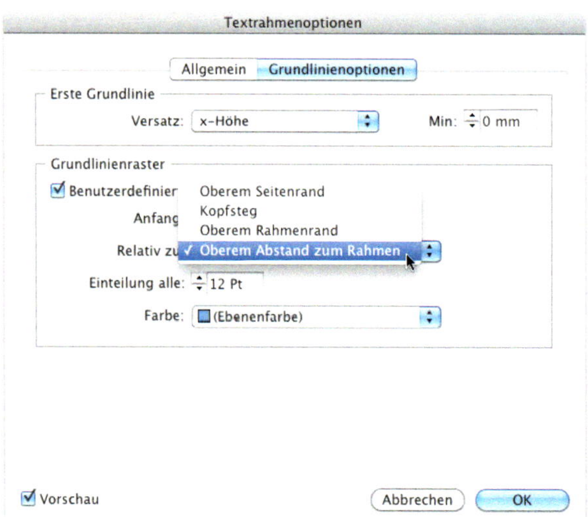

Die Textrahmenoptionen „Grundlinienoptionen" bestimmen ein vom Dokument unabhängiges Grundlinienraster, das nur für diesen einen Textrahmen gilt.

Sie können nun das **Benutzerdefinierte Grundlinienraster** anwenden. Wählen Sie als **Anfang** den Wert **0 Millimeter**. Der Beginn des Grundlinienrasters ist abhängig vom Rahmenversatz des Textes zur

Rahmenkante. Daher wählen Sie bei **Relativ zu** die Option **Oberen Abstand zum Rahmen**. Geben Sie nun die Schrittweite mit der Funktion **Einteilung Alle** ein. Dann wählen Sie noch am besten eine **Farbe** aus, die sich vom Grundlinienraster des Dokuments unterscheidet.

Automatisch Größe ändern

Mit dem von Photoshop bekannten Bezugspunktsystem legen Sie fest, welche Dimensionen flexibel sein sollen, falls InDesign einen Textrahmen automatisch an die enthaltene Textmenge anpassen soll. Das ist eine enorm praktische Funktion für farbig hinterlegte Infokästen, im Text verankerte Zitate, kleine Rähmchen für Fotonachweise und Ähnliches, also Textrahmen, bei denen nicht nur der Inhalt, sondern auch die Größe gestalterisch wichtig ist, und deren Inhaltsmenge sich in der Layoutphase oder von Ausgabe zu Ausgabe ändert.

Die Warnungskästen in diesem Buch sind allesamt mit dieser Funktion erstellt. Sie müssen die Breite der Marginalspalte (42 mm) einhalten, sollen aber die Höhe exakt an die Textmenge anpassen. Sämtliche Einstellungen sind in einem Objektformat abgelegt, so dass mit einem einzigen Klick aus einem beliebigen Textrahmen ein solcher Warnungskasten werden kann.

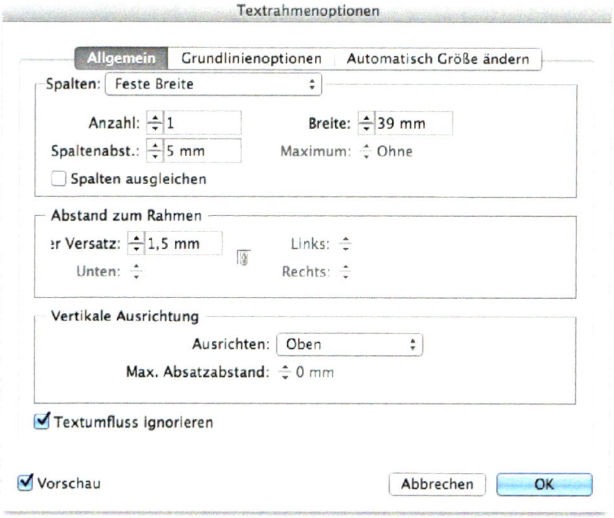

Hier wird die Breite festgelegt: Spaltenbreite 42 mm abzüglich zweimal der 1,5 mm für den Innenversatz macht 39 mm für den Text.

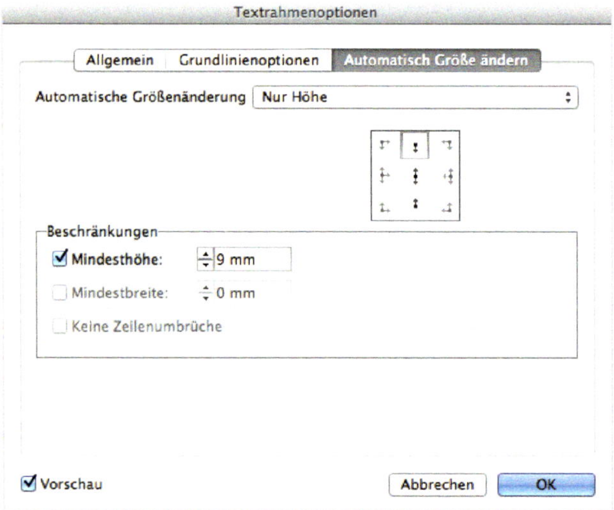

Dieser Rahmen darf sich nur in der Höhe ändern, wobei sich seine Oberkante nicht verschieben darf. Ist der Text extrem kurz, soll er trotzdem mindestens 9 mm hoch sein. Ein Jammer, dass es keine Maximalhöhe/-breite gibt!

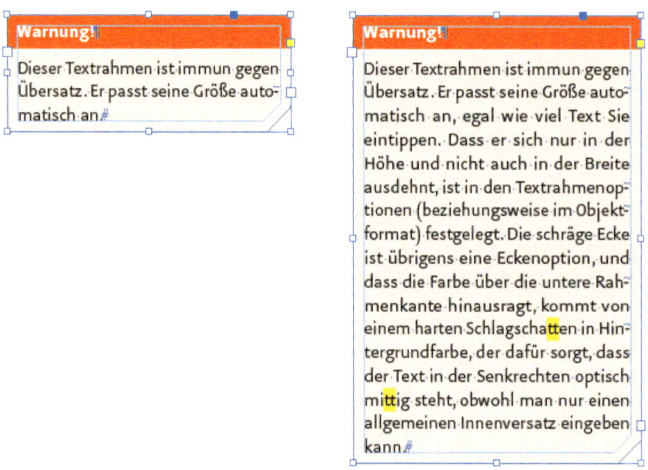

Das Objekt spricht (für sich) selbst.

Schneller Werkzeugwechsel

Während der Arbeit im Layout benötigen Sie viele Werkzeuge – die Auswahl (V), die Direktauswahl (A), das Textwerkzeug (T), das Seitenwerkzeug (⇧ P), das Lückenwerkzeug (U) und andere. Der Wechsel der Werkzeuge fand in den vergangenen Versionen ausschließlich über den Mausklick im **Werkzeuge**-Bedienfeld oder den passenden Tastenbefehl statt.

InDesign erlaubt es, während der Rahmenbearbeitung ein Werkzeug per Tastenbefehl aufzurufen, wenn die Taste gedrückt bleibt. Hierzu ein Beispiel: Sie wählen einen Textrahmen mit dem **Auswahl**-Werkzeug an. Nun halten Sie den Tastenbefehl T gedrückt und markieren den Text. Anschließend verändern Sie die Schriftvorgaben im

Steuerung-Bedienfeld oder wählen ein anderes Absatzformat aus. Der Text wird nun umformatiert. Wenn Sie anschließend die Taste [T] wieder loslassen, springen Sie auf das **Auswahl**-Werkzeug zurück. Ein Wechsel per Mausklick ist nun nicht mehr nötig.

Dies funktioniert auch mit den folgenden Befehlen:

Taste	Werkzeug	Funktion
[F]	**Platzhalter-Rechteck**	Erzeugt mit gedrückter Maustaste einen neuen Platzhalterrahmen
[M]	**Rechteck-Werkzeug**	Erzeugt einen neuen Rechteckrahmen
[G]	**Verlauf**	Steuert den Verlauf in einem Rahmen oder auf einer Rahmenkontur
[I]	**Pipette**	Nimmt Farben und grafische Eigenschaften auf
[H]	**Handwerkzeug**	Bewegt die Montagefläche
[Z]	**Zoom**	Vergrößert die Darstellung der Montagefläche

Schnell anwenden

Über das Symbol mit dem Blitz im **Steuerung**-Bedienfeld am rechten Rand oder besser gleich mit dem Tastenbefehl [⌘ Strg] [↵] öffnen Sie den **Schnell-anwenden**-Dialog, in dem Sie nach Absatz-, Zeichenformaten, Tabellenformaten oder Skripten suchen können. Die genaue Arbeitsweise zeige ich Ihnen im Abschnitt **Absatz- und Zeichenformate** ab Seite 387.

Deaktivieren Sie jedoch bitte im Untermenü – erkennbar am kleinen Pfeil nach unten – die Option **Menübefehle einschließen**. Damit ersparen Sie sich allzu viele Treffer in der Ergebnisliste.

Der Dialog „Schnell anwenden" erscheint auf Tastenbefehl.

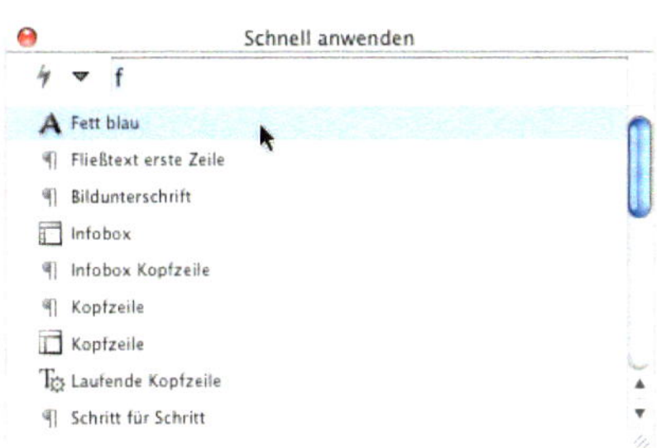

Im Untermenü deaktivieren Sie die „Menübefehle" in den Treffern.

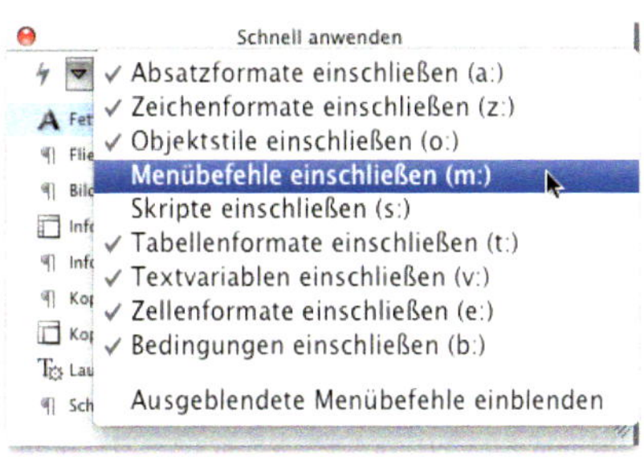

Manuelle Zeichenformatierung

Im praktischen **Steuerung**-Bedienfeld **Zeichen** am oberen Fensterrand können nahezu alle typografischen Parameter, die in diesem Kapitel vorgestellt werden, aufgerufen und editiert werden. Wenn Sie mit dem Textwerkzeug [T] einen Textrahmen aufziehen oder in einen bestehenden Textrahmen doppelklicken, dann wechselt das **Steuerung**-Bedienfeld unterhalb der Menüzeile auf die typografischen Einstellungen.

Alternativ rufen Sie die gleichen Funktionen auch über das Menü **Fenster > Schrift** des **Zeichen**-Bedienfelds auf. Und last but not least können die Einstellungen im **Kontextmenü** eines Textrahmens getroffen werden.

Manuelle Gestaltung oder Arbeit mit Formaten?

Wenn es einmal schnell gehen soll, sind die manuellen Formatierungen völlig ausreichend. Wollen Sie aber mehrere Dokumente mit derselben Typografie gestalten, sollten Sie unbedingt **Absatz- und Zeichenformate** benutzen, die ich Ihnen im gleichnamigen Abschnitt demonstriere. Sie benötigen zu Beginn etwas mehr Zeit beim Anlegen der Formate, sind dann aber bei Gestaltungsänderungen im Vergleich zur „Typografie per Hand“ mindestens doppelt so schnell.

Zeichen-Bedienfeld und Steuerung-Bedienfeld, Abteilung Zeichen

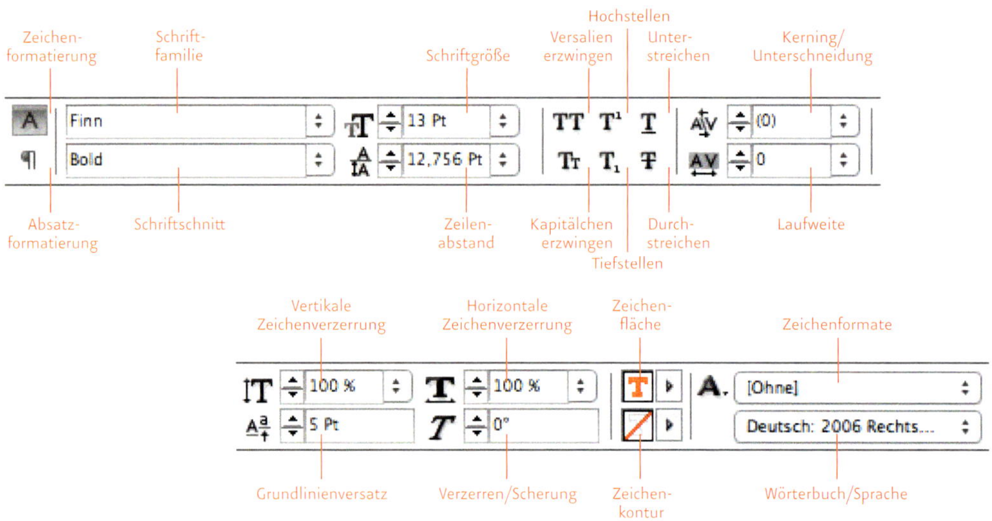

Steuerung-Bedienfeld, Abteilung Zeichen

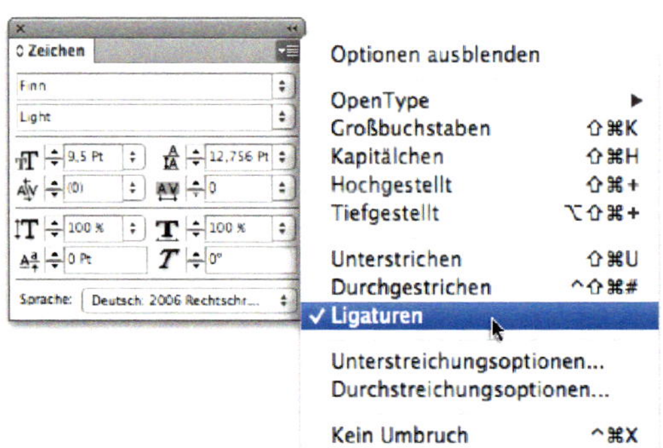

Das Zeichen-Bedienfeld mit Bedienfeldmenü

Zu viele Bedienfelder?

Durch das **Steuerung**-Bedienfeld werden Zeichen- und **Absatz**-Bedienfeld praktisch überflüssig. Das **Glyphen**- sowie das **Textabschnitt**-Bedienfeld müssen Sie sich allerdings per Tastenbefehl aufrufen oder dafür einen geeigneten Arbeitsbereich sichern.

Schriften

Bei der Auswahl der Schriften greift InDesign auf **alle aktivierten Schriften** Ihres Computers zu und zeigt Ihnen eine Liste mit den Schriftfamiliennamen aller zur Verfügung stehenden Fonts. Dabei nutzt InDesign auch die Schriften aus dem eigenen Programmordner **Adobe InDesign** > **Fonts**, die allerdings nur in InDesign aktiviert und sichtbar sind.

InDesign zeigt Ihnen Vorschauen der Schriftfamilien, auch lässt sich erkennen, ob es sich um einen **TrueType**, einen **OpenType** oder einen **PostScript-Type-1-Font** handelt. PostScript-Fonts werden mit einem roten **a** gekennzeichnet, TrueType-Fonts mit einem blauen **TT** und OpenTypes mit einem schwarz-grünen **O**.

Welche Schriften sollten für die Produktion eingesetzt werden?

In der Vergangenheit waren häufig die PostScript-Schriften die beste Wahl, da zum einen viele hoch qualitative Schriften nur in diesem Format erhältlich waren, zum anderen PostScript-Fonts vollständig in eine EPS-, PS- oder in eine PDF-Datei eingebettet werden können. Zudem gab es eine große Flut von billigen TrueType-Fonts, die sich durch eine schlechte Zurichtung bei anspruchsvollen Typografen unbeliebt gemacht und das Format in Verruf gebracht haben – zu Unrecht. Die Qualität einer TrueType-Schrift kann durchaus gleichwertig zu ihrem PostScript-Pendant sein. Daher werden von allen Profi-Schriftenlieferanten die plattformunabhängigen Formate TrueType und OpenType angeboten.

Identische Namen, aber ungleiche Formen

Fonts mit ähnlichem Namen sind nicht zusammen in einem Dokument zu gebrauchen, weil eine „Berthold Garamond" weder eine „Adobe Garamond" noch eine „Stempel Garamond" ist. Diese Garamond-Familien stammen von unterschiedlichen Herstellern, die ihrerseits verschiedene Originale des französischen Typografen Claude Garamond als Grundlage der Schrift genommen haben. Folglich sieht jeder Font im Detail völlig unterschiedlich aus, was auch im Gesamtbild deutlich auffällt.

Dokumentschriften

Wenn Sie aus InDesign per Funktion „Verpacken" ein Datenpaket schnüren, in dem sich Layoutdatei, Verknüpfungen und Fonts befinden, werden die Fonts als „Document fonts" gespeichert. Dies hat den Vorteil, dass Sie die so verpackte InDesign-Datei auf einem anderen Arbeitsplatz öffnen können, ohne die Schriften zuvor per Schriftenverwaltung zu aktivieren. Dies erledigt InDesign für Sie!

◢ *Preflight & Druckvorstufe: Seite 661*

Darstellung beeinflussen

Die Darstellungsgröße der Vorschau ist einzustellen in den **Voreinstellungen** > **Eingabe** > **Schriftvorschau**.

Freie Fonts vs. teure Fonts

Zigtausende Fonts werden kostenlos im Internet angeboten. Ob die Qualität jeweils ausreicht, ein Layout in InDesign zu gestalten und einwandfrei als PDF zu exportieren, ist dabei nicht auf den ersten Blick erkennbar. Häufig sind diese Schriften schlecht ausgeglichen, benötigte Unterschneidungen von Zeichenpaaren wurden nicht vorgenommen, Umlaute und Sonderzeichen fehlen. Gerade diese Feinheiten machen jedoch meist ein angenehmes und lesbares Schriftbild aus. Wenn Sie von Ihrem Kunden eine Schrift für die Gestaltung vorgegeben bekommen, sollten Sie sich erkundigen oder selbst testen, ob es sich um eine gut zugerichtete Schrift handelt. Im Einzelfall kann das optische Kerning von InDesign grobe Fehler des Herstellers ausbügeln. Leider haben Sie aber auch bei Schriften von renommierten Anbietern wie Fontshop oder Linotype, die je Schnitt durchaus bis zu 100 € kosten können, keine Garantie, dass sie handwerklich absolut sauber gefertigt sind. Ohnehin setzen sich „Free Fonts" auch nur deshalb durch, weil Schriften generell um den Faktor 15–25 zu teuer sind, um angesichts fehlender Kopierschutzmöglichkeiten zeitgemäße Verkaufszahlen zu generieren. Aber offensichtlich müssen die Schriftenhersteller und -händler die Internet-Fehler der Musik- und Film-„Industrie" 1:1 wiederholen, obwohl ihnen die Bildagenturen längst vorgemacht haben, wie's geht. Schade eigentlich.

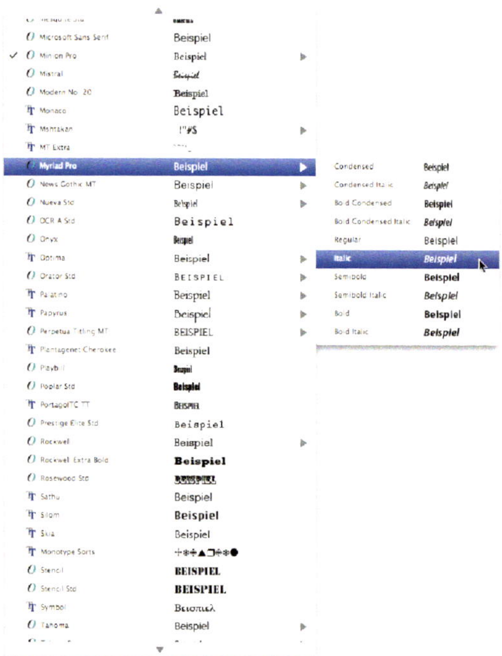

Mit einem Klick in das Schriftmenü des Steuerung-Bedienfelds werden alle geladenen Fonts mit einer Vorschau angezeigt, wie hier die Myriad Pro mit allen Schnitten im Untermenü.

In der Praxis hat sich gezeigt, dass die verschiedenen Schriftformate **PostScript Type-1**, **TrueType** und **OpenType** alle ohne Probleme in InDesign verwendet werden können. Bei Dokumenten, die sowohl am Mac als auch unter Windows bearbeitet werden, sollten Sie unbedingt identische Fonts des gleichen Herstellers verwenden, da sonst das Schriftbild nicht mehr übereinstimmt und der Text anders umbrochen wird. Hier bieten sich die Formate TrueType und OpenType an, um einen identischen Umbruch auf Mac und PC zu gewährleisten.

Schriftschnitt

„Geschnitten" wurde die Negativform der Schriftlettern zu Zeiten des Bleisatzes als Ausgangsbasis für eine Gussform der Bleilettern. Daher wird auch heute noch die Herstellung einer Schrift als *Schnitt* bezeichnet. Welche Schnitte wie *fett*, *mager* oder *kursiv* einer Schriftfamilie genau zur Auswahl stehen, liegt am Schriftdesigner und am Hersteller. InDesign zeigt nur die **verfügbaren Schnitte** an, künstlich fette oder kursive Schnitte werden mit InDesign nicht erzeugt – da lacht das Typografenherz!

Automatisch fett und kursiv
Benötigen Sie während der Gestaltung einmal die Auszeichnungen „fett" oder „kursiv", hilft Ihnen InDesign mit viel Technik unspektakulär weiter: Sie markieren Ihren Text und geben [⌘ Strg] [⇧] [B] (bold) ein, um ein Wort „fett" zu setzen. Alternativ verwenden Sie [⌘ Strg] [⇧] [I] (italic) für „kursiv". Dabei sucht InDesign nach den passenden Schnitten „Bold" und „Italic". Wenden Sie beide Befehle nacheinander an, fahndet InDesign nach einem Schnitt „Bold Italic". Die wiederholte Eingabe der Befehle schaltet die Formatierung wieder aus. InDesign verzichtet darauf, Schnitte künstlich zu fetten oder schräg zu stellen.

Familien und Schnitte
Ein einwandfreier Font sollte unterteilt sein in die Familie und deren Schnitte. Der Font wird also im Auswahlmenü der Schriften dargestellt, die Schnitte erscheinen in einem Untermenü. Ist dies nicht der Fall, kann es sein, dass die Namensvergabe im Font nicht einwandfrei ist und mehrere einzelne Schnitte werden im Schriftenmenü angezeigt. Es kann hilfreich sein, beim Schriftenhersteller nachzufragen, ob dies behoben werden kann oder ob eine neue OpenType-Version der Schriften notwendig wird.

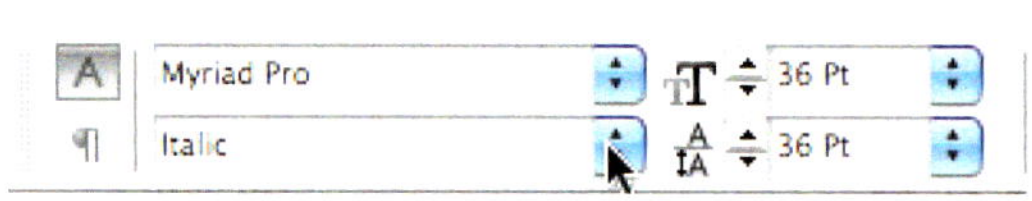

Die Auswahl der Familie und des Schnitts erfolgt in den Aufklappmenüs der Schriften-Auswahl im Steuerung-Bedienfeld.

Schriftgrad

Die Schriftgröße – auch als Schriftgrad bezeichnet – hängt natürlich zum einen von der Anwendung ab. Der Schriftgrad wird in Point angegeben, der am häufigsten verwendeten Einheit. Das Maß richtet sich nach der *Kegelhöhe*, also der Summe aus *Versalhöhe*, *Über- und Unterlänge*. Da nahezu alle Schriften ein anderes Verhältnis dieser Höhen besitzen, ist also nicht jede Schrift von 12 Point gleich groß. Versuche, die Schriftgrößen anhand der Versalhöhe zu vereinheitlichen, schlugen allesamt fehl.

Schriftbeispiele mit unterschiedlichen Versalhöhen. Die Gesamtsumme aus Unterlänge, Versalhöhe und Überlänge wird als Kegelhöhe bezeichnet.

Feste Grade im Bleisatz
Blei war wenig flexibel, was unterschiedliche Schriftgrößen anging. Daher gab es in der Schriftgießerei vorgegebene „Schriftgrade" wie 6, 8, 9, 10, 12, ... Punkt mit jeweils einer eigenen Bezeichnung wie „Petit" für 8 Punkt; 9 Punkt hingegen wurde „Bourgeois" oder „Borgis" genannt und entspricht ¾ „Cicero". Ein Cicero entspricht also 12 Punkt. Das Punktmaß basiert auf Entwicklungen unter anderem der französischen Typografen Fournier und Didot, bis es zum heutigen DTP-Point von 0,3527 mm kam, der fest in der Seitenbeschreibungssprache PostScript verankert ist.

Schriftgrößen zwischen 8 und 12 Point gelten für einen Mengentext als gut lesbar. Die Ergonomie einer Gestaltung liegt jedoch auch in den Schriften selbst und im Zusammenspiel mit Zeilenabstand, Laufweite oder Schriftfarbe. Den Schriftgrad um 2 Point zu vergrößern, führt meistens nicht zu einer Verbesserung der Lesbarkeit! Achten Sie auch auf Laufweite, Schriftfette und Charakter der Typen.

Tastenkürzel für den Schriftgrad (Schrittweiten basierend auf Voreinstellungen > Einheiten und Einteilungen)	
Schriftgrad verringern	⌘ Strg ⇧ ,
Schriftgrad erhöhen	⌘ Strg ⇧ .
Schriftgrad 5-fach verringern	⌘ Strg ⌥ Alt ⇧ ,
Schriftgrad 5-fach erhöhen	⌘ Strg ⌥ Alt ⇧ .

Zeilenabstand

Der **Zeilenabstand** beschreibt den Abstand zwischen zwei Grundlinien und ist auf **120 %** des Schriftgrads voreingestellt. Dieser automatische Zeilenabstand ist erkennbar am eingeklammerten Wert im **Zeichen**-Bedienfeld. Für einen Mengensatz sollte der Zeilenabstand so groß gewählt werden, dass der **Durchschuss** (= Zeilenabstand minus Schriftgröße, also der rechnerische Raum zwischen den Zeilen) deutlich größer wirkt als die Wortzwischenräume. Der Durchschuss sollte allgemein nicht kleiner als 0,5 Point gewählt werden; wird auf ihn ganz verzichtet, nennt der Setzer das „kompress".

Bei 8 pt **Schriftgröße** und einem gewünschten **Durchschuss** von 1 pt müssten Sie als **Zeilenabstand** also 9 pt eingeben. Oder umgekehrt: Wenn Sie **12 pt** Schriftgröße und **14,5 pt** Zeilenabstand definiert haben, ergibt das einen Durchschuss von **2,5 pt**. Darauf wären Sie jetzt natürlich auch alleine gekommen; ich wollte das nur zur Sicherheit hier mal vorgerechnet haben.

Unabhängig von der reinen Unterstützung der Lesbarkeit kann der Zeilenabstand auch gestalterisch eingesetzt werden. So verschwimmen bei minimalem bis negativem Durchschuss die Zeilen ineinander, serifenbetonte Schriften und erst recht Schreibschriften beginnen, sich ineinander zu verhaken. Wird eine Textmenge so zu einer Graumenge ausgeglichen, in der die einzelne Textzeile fast verschwindet, bezeichnet man diese Form als kompress, was nicht gleichbedeutend mit einer sehr engen Type (*condensed*) ist. Ein hoher Durchschuss betont dafür jede Zeile für sich, der Text wirkt hochwertiger, aber auch „inhaltsschwanger".

> *Das Ganze ist mehr als die Summe seiner Teile.*
>
> Aristoteles

Beispiel mit negativem Durchschuss (der Zeilenabstand ist kleiner als die Schriftgröße): Die Zeilen verhaken sich ineinander,.

> **Bedecke deinen Himmel,**
>
> **Zeus,**
>
> **Mit Wolkendunst.**
>
> Johann Wolfgang von Goethe

Ein hoher Durchschuss betont den Zwischenraum: Jede Zeile wird einzeln gelesen, der Inhalt wird Zeile für Zeile betont.

Tastenkürzel für den Zeilenabstand (Schrittweiten basierend auf Voreinstellungen > Einheiten und Einteilungen)	
Zeilenabstand verringern	⌥ Alt ▲
Zeilenabstand erhöhen	⌥ Alt ▼
Zeilenabstand 5-fach verringern	⌘ Strg ⌥ Alt ▲
Zeilenabstand 5-fach erhöhen	⌘ Strg ⌥ Alt ▼

Optisches und metrisches Kerning

Der typografische Zeichenausgleich unterteilt sich in den Bereich des **Unterschneidens** von Zeichen (*Kerning*) und in die **Laufweite**. Das Kerning der Zeichenpaare und die Laufweite werden zunächst vom Font gesteuert, denn jeder Zeichensatz kann sogenannte Unterschneidungstabellen enthalten. Darin ist definiert, mit welchem Abstand ein bestimmter Buchstabe wie „T" auf einen anderen folgt. Ist ein „y" ein nächstes Zeichen, werden die beiden Zeichen näher zueinander gerückt – also unterschnitten.

Wo wird denn hier geschnitten?
Auch der Begriff „Unterschneidung" kommt aus der Zeit des Bleisatzes, wo ein Bleikegel angeschnitten wurde, damit der Zwischenraum zum nachfolgenden Kegel enger wurde.

Besonders bei Zeichen mit Überhängen oder großen Binnenräumen wie T, W oder F mit nachfolgenden Gemeinen sind diese Angaben wichtig, um ein harmonisches Schriftbild zu erzeugen. Diese Tabellen sind je nach Schrift, Designer und Hersteller mehr oder weniger sorgsam angelegt. Experimentelle Schriften benötigen solche Angaben nicht unbedingt, wenn die Gestaltung des Fonts grundsätzlich dem Setzer-Handwerk widerspricht. InDesign gibt Ihnen dennoch zwei Werkzeuge an die Hand, um einen manuellen Ausgleich durchzuführen: das **metrische** und das **optische Kerning**.

Manuelles Kerning
Sie können einen Ausgleich auch manuell durchführen. Klicken Sie dazu mit dem Textwerkzeug zwischen zwei Buchstaben oder wählen Sie ein Wort aus. Wählen Sie einen Unterschneidungswert aus dem Aufklappmenü aus oder drücken Sie ⌥ Alt ◂ oder ⌥ Alt ▸. Dabei ändert sich der Wert um 20/1000 Geviert (wenn Sie nichts an den Voreinstellungen verändert haben).

Im **Zeichen**-Bedienfeld finden Sie die Einstellungen für das Kerning unterhalb des Schriftgrads. Die Standardeinstellung ist **Metrisch**, damit werden die Unterschneidungen aus dem Font interpretiert. Diese Einstellung führt in den häufigsten Fällen zu einem gut ausgeglichenen Schriftbild.

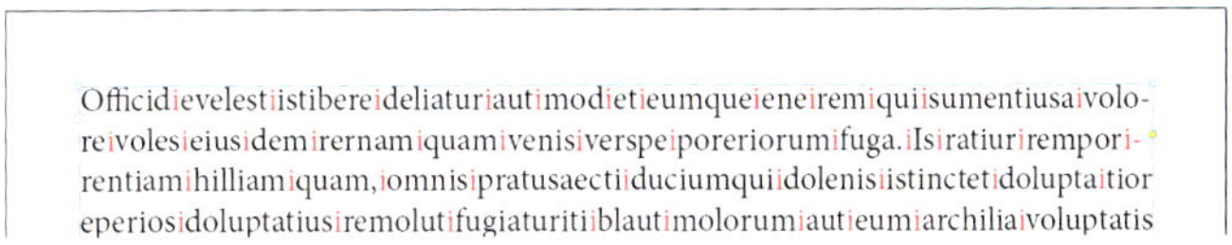

Zeichenpaare werden separat ausgeglichen. Der korrekte Wortabstand umfasst die Breite eines kleinen i.

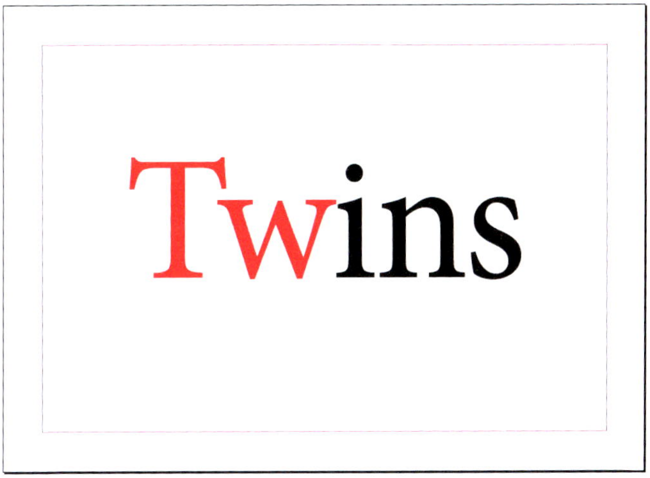

Durch metrisches Kerning wird der Abstand zwischen „T" und „w" durch die Vorgaben aus dem Font ausgeglichen.

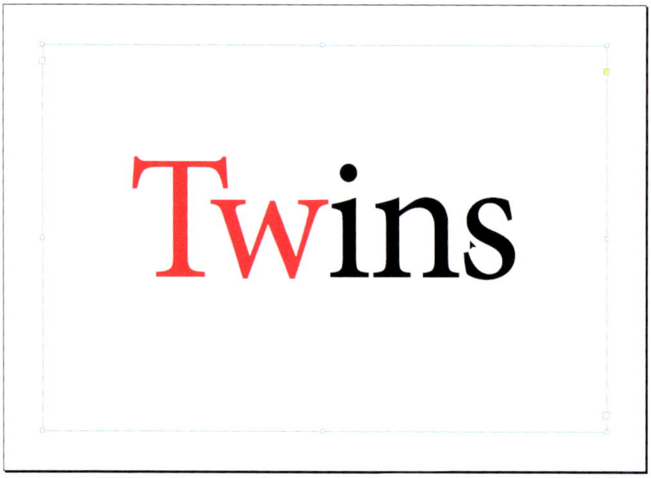

Mit optischem Kerning werden die Buchstabenzwischenräume enger, das „T“ und das „w“ werden stärker unterschnitten.

Engere Laufweite wieder ausgleichen
Die Anwendung des optischen Kernings auf eine Zeile oder einen Absatz hat meistens zur Folge, dass die Laufweite insgesamt enger wird. Sie steuern diesem Effekt entgegen, indem Sie die Laufweite auf +5 bis +10 einstellen, so dass die Laufweite wieder der Darstellung des metrischen Kernings entspricht.

Die Einstellung **Optisch** hingegen bezieht zur Berechnung des Kernings einen Algorithmus mit ein, der die Form jedes Zeichens berücksichtigt. Sobald Sie das **optische Kerning** anwenden, unterschneidet InDesign die Zeichen in der Regel **enger**. Verwenden Sie aber unterschiedliche Schriften innerhalb eines Wortes oder unterschiedliche Schriftgrade zusammen in einer Zeile, können die Unterschneidungstabellen der Fonts die Zeichen nicht mehr ausgleichen. Das **optische Kerning** gleicht dieses Manko aus und erzielt sehr gute Ergebnisse bei ungewöhnlichen Anwendungen.

Therapie für schlecht ausgeglichene Fonts
Schlecht ausgeglichene Fonts können notfalls mittels des optischen Kernings besser ausgeglichen werden, weil InDesign dann die Weißräume zwischen den Zeichen zu berechnen versucht. Erwarten Sie jedoch davon keine typografischen Wunder!

Was ist ein „Geviert“?
Ein *Geviert* ist das Quadrat zur Kegelhöhe und wird im Ganzen oder in Teilen als nicht druckender Abstand zwischen Zeichen und Wörtern eingesetzt. Im Bleisatz gibt es das Geviert (1000/1000), Halbgeviert (500/1000), Viertelgeviert (250/1000) und Achtelgeviert (125/1000), die Sie auch als Sonderzeichen einsetzen können.

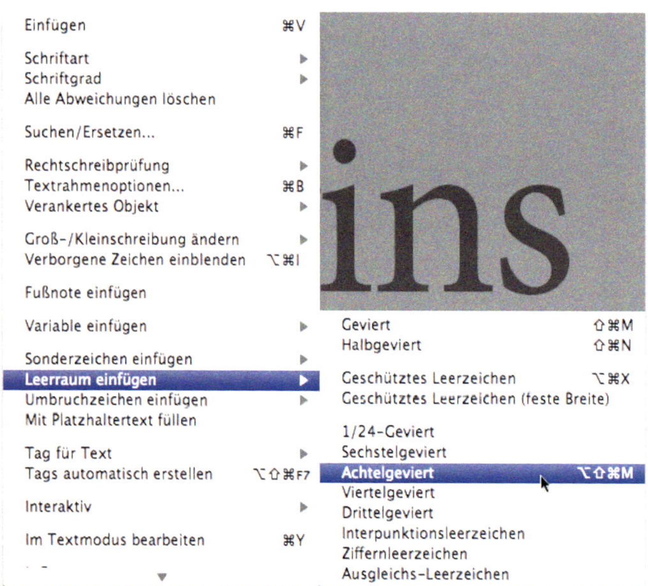

Zur Auswahl über das Kontextmenü oder über „Schrift > Leerraum einfügen“ stehen fertige Sonderzeichen wie Halb- oder Achtelgevierte.

Laufweite

Ist die Textmenge erst einmal ausgeglichen, können Sie über die Laufweite im **Zeichen**-Bedienfeld den gleichmäßigen Abstand der Zeichen zueinander einstellen, der ebenfalls in Einheiten **1 pro 1000** angegeben wird. So einfach die Auswahl ist, so schwierig ist es, die Laufweite gestalterisch einzusetzen. Die auch als *Sperrung* bezeichnete *Spationierung* ist zunächst eine Auszeichnungsform, doch schnell kann die Lesbarkeit bei hohen Abständen der Zeichen verloren gehen. Nutzen Sie die Laufweite mit minimalen Einstellungen, wenn Ihnen die Vermittlung des Inhalts am Herzen liegt.

Für einen optimalen Blocksatz ist die Laufweite sehr entscheidend, obwohl InDesign dies bei der Absatzformatierung mit der Trennung und den Wortabständen in Verbindung setzt. Schon sehr kleine Laufweitenänderungen können die Zurichtung eines Blocksatzes deutlich verbessern.

Enge Laufweiten werden von Serifen eher toleriert
Eine Serifenschrift ist aufgrund der zahlreichen An- und Abstriche in den Zeichenformen deutlich robuster gegenüber einer sehr engen Laufweite als eine serifenlose Antiqua. Werden die Zeichenformen verbunden, bilden die Serifen für das Auge immer noch einen deutlichen Übergang von einem zum anderen Buchstaben. Je nach Font ist eine Laufweite bis -40 bei einer Schriftgröße von 9 Point möglich, um immer noch ein gut lesbares Schriftbild zu gewährleisten. Serifenlose Fonts hingegen laufen in den Zeichenformen nicht zusammen, sondern verklumpen optisch und bilden für unsere Augen wahre Stolpersteine.

Eines zu sein mit Allem,
das ist Leben der *Gottheit*,
das ist der *Himmel* des Menschen.

Friedrich Hölderlin

Hohe Laufweite: Ein leichtes und luftiges Schriftbild entsteht.

Der Bankraub ist eine Initiative von Dilettanten.
Wahre Profis gründen eine Bank.

Bertolt Brecht

Eine enge Laufweite lässt keinen Platz für Zwischenräume.

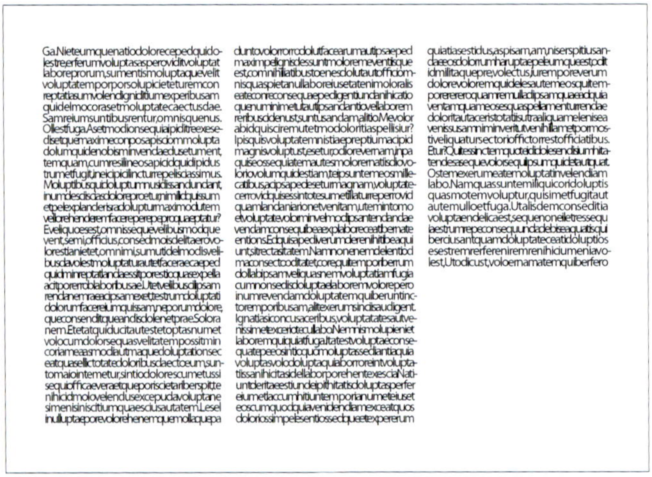

Enge Laufweite und geringer Zeilenabstand: Der Textkörper wird zur Graumenge.

Tastenkürzel für Kerning und Laufweite (Schrittweiten basierend auf Voreinstellungen > Einheiten und Einteilungen)	
Kerning und Laufweite zurücksetzen	⌘ Strg ⌥ Alt Q
Kerning/Laufweite erhöhen	⌥ Alt ▸
Kerning/Laufweite verringern	⌥ Alt ◂
Kerning/Laufweite 5-fach erhöhen	⌘ Strg ⌥ Alt ▸
Kerning/Laufweite 5-fach verringern	⌘ Strg ⌥ Alt ◂

Horizontale und vertikale Skalierung

Die starke Verzerrung einer Schrift in vertikaler wie in horizontaler Richtung ist kein typografisches Gestaltungselement. Stauchung und Streckung verändern die Proportionen von Schriften und gerade diese machen den Charakter einer Schrift aus. Durch eine Verzerrung nur in vertikaler oder nur in horizontaler Richtung erhalten Sie keinen Vorteil, nutzen Sie besser zuerst eine Schriftgradänderung.

Als weitere Alternative kommen auch die Trennregeln in Frage: Eine Absatzeinstellung auf minimale Trennungen oder auf besseren Wortabstand im Absatzformat trägt entscheidend dazu bei, wie viel Text in einen Rahmen hineinpasst. Johannes Gutenberg hat für einen optimalen Blocksatz unterschiedlich breite Zeichen pro Textzeile geschnitten, die optisch jedoch mit dem übrigen Text harmonieren. Dies können wir ihm nachtun und die Optionen für den Blocksatz entsprechend einstellen. Lesen Sie bitte auch den Abschnitt **Absatz- und Zeichenformate** ab Seite 387.

Tastenkürzel Textskalierung	
Normale horizontale Textskalierung	⌘ Strg ⇧ X
Normale vertikale Textskalierung	⌘ Strg ⌥ Alt ⇧ X

Grundlinienversatz

Mit dieser Einstellung verändern Sie den Abstand der Zeichen von der Grundlinie. Eine praktische Anwendung eines Grundlinienversatzes ist das Ausrichten von Sonderzeichen wie „@“ in einer E-Mail-Adresse. Je nach Schriftfamilie liegt das Zeichen im Vergleich zu den anderen deutlich zu hoch oder zu tief auf der Grundlinie. Damit das Zeichen optisch besser in eine E-Mail-Adresse eingebunden wird, können Sie das Zeichen markieren und den Grundlinienversatz um zum Beispiel –0,5 pt verändern. Darüber hinaus ist ein Vierundzwanzigstelgeviert als Leerraum vor und hinter dem Zeichen sinnvoll.

Absoluter Grundlinienversatz

Anders als bei manchen Schrifteinstellungen können Sie als Grundlinienversatz nur absolute Werte eingeben; relative wie zum Beispiel 10 % sind leider nicht möglich.

Tastenkürzel für den Grundlinienversatz (Schrittweiten basierend auf den Voreinstellungen > Einheiten und Einteilungen)	
Grundlinienversatz erhöhen	⌥ Alt ⇧ ▲
Grundlinienversatz verringern	⌥ Alt ⇧ ▼
Grundlinienversatz 5-fach erhöhen	⌘ Strg ⌥ Alt ⇧ ▲
Grundlinienversatz 5-fach verringern	⌘ Strg ⌥ Alt ⇧ ▼

Vorsicht!

Nutzen Sie für hoch- und tiefgestellte Zeichen bitte die Funktionen **Hochgestellt** beziehungsweise **Tiefgestellt**, die mit eigenen Knöpfen und Voreinstellungen gleichzeitig verschieben und skalieren. Noch viel besser: Nutzen Sie OpenType-Schriften, die eigene Glyphen für hoch- und tiefgestellte Ziffern (und manchmal auch solche Buchstaben und viele andere Zeichen) besitzen.

Neigung (Pseudo-Kursiv)

Ebenso wie die vertikale und horizontale Skalierung rein technische Möglichkeiten darstellen und höchstens in geringen Werten sinnvoll sein können, erzeugt die **Neigung** einer Schrift eine falsche Kursive, die im typografischen Detail besonders durch unschöne Proportionen und ein holpriges Schriftbild glänzt. Daher wird diese auch „Pseudo-Kursive“ genannt. Auch wenn andere Programme per Knopfdruck automatisch eine Kursive durch Neigung erzeugen: InDesign bietet bis auf wenige Ausnahmen nur diejenigen Möglichkeiten, die ein Typograf bei der Erstellung der Schrift vorgesehen hat oder die typografisch sinnvoll sind. Nutzen Sie die zahlreichen formschönen professionellen Kursivschnitte Ihrer Schriftensammlung!

Sprache

Die Sprachauswahl und die damit verbundene Unterstützung durch Wörterbücher erfolgt sowohl dokumentübergreifend in den Voreinstellungen als auch manuell im **Zeichen**-Bedienfeld, wenn Sie mehrsprachige Dokumente layouten. Eine konsequente Anwendung der geeigneten Wörterbücher setzt voraus, dass diese in den **Absatzformaten** auch zugewiesen sind. InDesign bietet neben den – mittlerweile zahlreichen – deutschen Wörterbüchern auch osteuropäische Wörterbücher, zum Beispiel für Polnisch oder Ungarisch, um einen Text nicht nur korrekt darzustellen, sondern auch bestmöglich zu trennen.

Wie Sie Sprachen für das gesamte Dokument ändern, lesen Sie im Abschnitt **Absatz- und Zeichenformate** ab Seite 387.

Steuerung-Bedienfeld (Absatz) und Absatz-Bedienfeld

Bei Klick auf die **Absatzformatierungen** im **Steuerung**-Bedienfeld wechseln alle Werkzeuge und Sie erhalten Zugriff auf die Funktionen für die Absatzeinstellungen. Die gleichen Einstellungen finden Sie auch im Bedienfeld **Absatz**. Sollten Sie einen Monitor mit einer Größe oberhalb von 19 Zoll oder einer Auflösung von mehr als 1.280 Pixeln in der Breite verwenden, zeigt InDesign die Absatzformatierungen im **Steuerung**-Bedienfeld auch während der Zeichenformatierungen an.

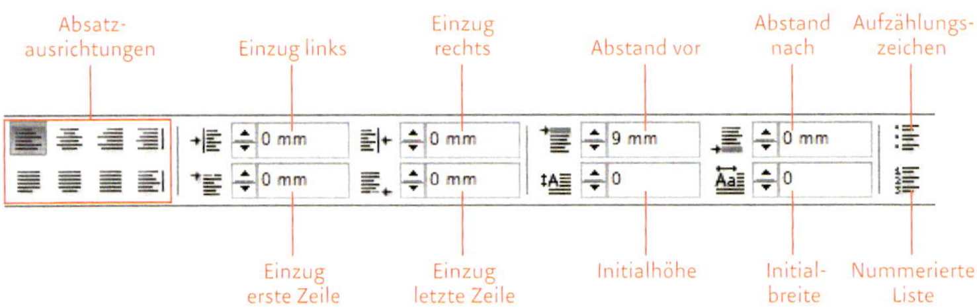

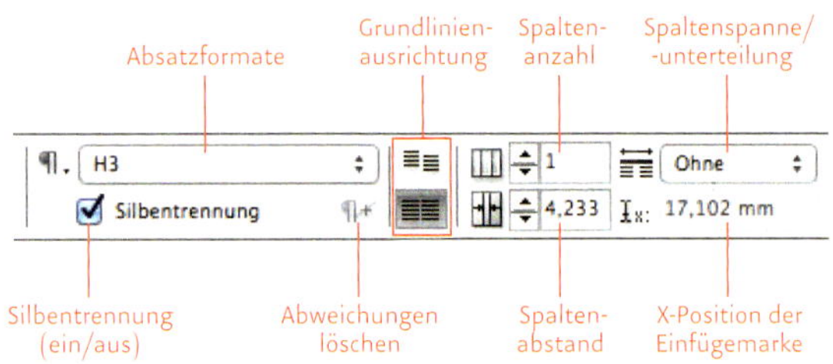

Steuerung-Bedienfeld, Abteilung Absatz

Ausrichtung

Eine Textmenge innerhalb eines Rahmens besitzt immer eine **Ausrichtung**, ob **linksbündig**, **zentriert**, **rechtsbündig** oder **Blocksatz**. Mit diesen Ausrichtungen können Sie einzelne Zeilen, Absätze oder gesamte Textrahmen formatieren.

InDesign kennt über diese Grundausrichtungen hinaus vier Arten des **Blocksatzes**. Diese unterscheiden sich in der Formatierung der letzten Zeile, wie Sie unschwer an der oberen Knopfreihe des **Absatz**-Bedienfelds erkennen können. Der letzte Knopf auf der rechten Seite gleicht auch die letzte Zeile eines Blocksatzes auf die gesamte Spaltenbreite aus – vielen vielleicht als *erzwungener Blocksatz* bekannt.

Mit den Tastenbefehlen für den links- oder rechtsbündigen Satz können Sie einzelne oder markierte Abschnitte rasch ausrichten: Klicken Sie in den Abschnitt und drücken Sie [⌘ Strg] [⇧] [R] für **rechtsbündig** oder [⌘ Strg] [⇧] [L] für **linksbündig**. Einen **zentrierten** Satz erhalten Sie mit [⌘ Strg] [⇧] [C] (*„centered“*). **Blocksatz** hingegen wird mit den Tasten [⌘ Strg] [⇧] [J] (*„justified“*) beziehungsweise [⌘ Strg] [⇧] [F] für den **Blocksatz (alle Zeilen)** (*„fully justified“*) erreicht.

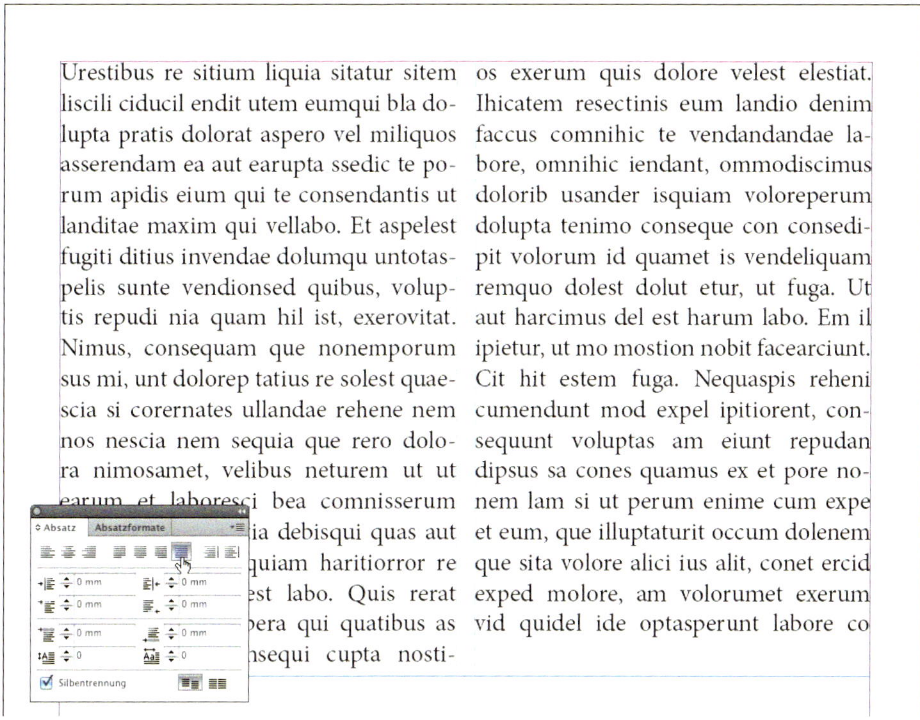

Linksbündige Ausrichtung und erzwungener Blocksatz (ohne Silbentrennung) im Vergleich

Spaltenspanne

Für kurze Aufzählungspunkte oder lange Überschriften können Sie die Textspalte absatzweise unterteilen oder mehrere Spalten *in einem mehrspaltigen Textrahmen* überspannen. Die Funktion nennt sich **Spaltenspanne** und Sie finden die einfach zu bedienenden Einstellungen in den **Absatzeinstellungen** des **Steuerung**-Bedienfelds am oberen Fensterrand.

Ausgangspunkt: Die Überschrift richtet sich nach der Anzahl der Spalten im Textrahmen.

Das **Überspannen** von Spalten ist natürlich für *Überschriften* oder *Zitate* im Text geeignet. Hierfür wählen Sie den Absatz aus, den Sie in mehreren Spalten darstellen wollen, und wählen im Aufklappmenü der Spaltenspanne die Option **Über 2** aus. Sofort wird der Absatz wie gewünscht dargestellt. Der Textumbruch richtet sich nach den **Silbentrennungen** und der **Ausrichtung** des Absatzes, die ich Ihnen in diesem Kapitel bereits vorgestellt habe. Des Weiteren stehen Ihnen die Optionen **Über alle**, **Über 3** oder **Über 4** zur Verfügung, je nachdem, wie viele Spalten Sie überspannen lassen wollen.

Bis zu 40 Spalten
Ein Textrahmen darf bis zu 40 Spalten beinhalten. Folglich können Sie mit der Spaltenspanne „Über alle" bis zu 40 Spalten überspannen.

Mit der Spaltenspanne „Über 2" werden die ersten beiden Spalten zusammengefasst, die Überschrift nutzt den breiten Raum.

Das Gegenteil ist die Möglichkeit, eine Spalte zu **unterteilen**. Dies ist besonders bei *Aufzählungen* empfehlenswert. Hierfür wählen Sie mit dem Textwerkzeug Ihren Absatz im Textrahmen an und rufen im Aufklappmenü der Spaltenspanne **In 3** auf. Anschließend wird Ihre Aufzählung nun nicht mehr untereinander im Text dargestellt, sondern platzsparend nebeneinander in drei Spalten. Die Ergänzung einer Aufzählung mit Aufzählungszeichen erkläre ich Ihnen im Abschnitt **Absatz- und Zeichenformate** ab Seite 387.

Bis zu vier Spalten können unterteilt werden
Das Unterteilen ist bis zu vier Spalten möglich. Eine höhere Spaltenunterteilung ist nicht sinnvoll, da die zu teilende Spalte für eine lesbare Textzeile (55–65 Zeichen pro Zeile) viel zu breit wäre.

Textrahmen-Spalten und die Spaltenspanne

Die Funktion der Spaltenspanne „Über..." funktioniert natürlich nur dann, **wenn der Textrahmen selbst mehrspaltig ist**. Ein „mehrspaltiges" Layout mit verknüpften einspaltigen Textrahmen kann dagegen nicht von einem Absatz „übersprungen" werden. Dagegen können alle Textrahmen – einspaltige wie mehrspaltige – immer mit der Spaltenspanne „In..." unterteilt werden!

Mit der Spaltenspanne „In 3“ wird die Aufzählung in drei Spalten pro Textspalte unterteilt, die Aufzählung nimmt weniger Platz ein.

Ich bin die lange Headline.

Itet fugiame magnatur? Onet officid mi, vene nullabo ruptas doluptassit et quidus mo dolor re dit, nus ulparum quis vendund estiost lamus, quia dolorep errorep erciis rectorro magnatet reprore earum nestium sum quae cone nobit exerum dentectem quatem alibus, et as esenda acepudipitat quossi te con postist et dolorit, sequunt et apiendae lit landae nitaspe ditissincto essinvent ommoluptatem que quiatur, ipsam ipiderem re prae doluptatquis dus mincia cusam asperatis eum quiatur? Itatios es qui ut ipsamus explit, solorro estio toreprepra eum arum ea quodita tiaest estrum aliquidellab id ut quia dipit vent quam rehenient occabor empore nullabo remquas exped quis as exerrum fuga. Ibus venis il expliqui ommolup tatur, expe voluptatquae nus eliqui susandiat acea iur res ullab iminihi ciliquae nos quatur?

Erstens.	Viertens.	Siebtens.
Zweitens.	Fünftens.	Achtens.
Drittens.	Sechstens.	Neuntens.

Quisit liqui conseque volessimod quatur? Qui dolupta tatur, tem. Ita intium, to to molupti buscid quiatqui re nemolorro tem expe serspid modit qui tendempor audis imped eturemped eum, testrum laccum ea volorectium quunt quiberum fugitat ibusdant que nis aute et aut faccusam aut vellacc aborempost, quidenis vellabo rehenecum verit laut repta ditatem core ommolut re doluptae mod estiiscit volo dolorum fugiam quae ped quis sam dolupti qui apero odissin ulpari blaborente perumqu iatus. Ratem quiduci rerumquia dolorerat quas ipsa nemqui aut alici optatia vel modita que volori doles nihitae dolorion escipsunt, occuscit as et et labora name ea verum vent, simaion seditatias dit ut doluptam rendio is mod quidites maximil mossincipsam apis voluptatia quate por aut omnimi, quae et odit fugitat usdaes el inum facerum et ut am, cuptatus velecuptate vendae laut essi conecep ereprat que volorep eliquas utest liquati mod quidites maximil mossincipsam apis voluptatia quate por aut omnimi, quae et odit fugitat usdaes el inum facerum et ut am, cuptatus velecuptate vendae laut essi conecep ereprat que volorep eliquas utest liquati istianis vid quidem atium nus excesec tiumque cum, verit quam fuga. Arciet lati berum simporp oreseque coribusae niscillut voluptur, exeribusape poribus quodi undam, consero expelitatem sed que pliatus non re et qui andita dolupta spienes sita

Einzüge

Für die Ausrichtung einer Textmenge stehen Ihnen verschiedene Einzüge zur Verfügung: **Einzug links**, **Einzug rechts**, **Einzug links in erster Zeile** sowie **Einzug rechts in letzter Zeile** eines Absatzes. In einem Fließtext ist besonders der Einzug der ersten Zeile hilfreich, um eine Textmenge durch diese „optische Lücke“ zu gliedern.

Die Breite eines solchen Einzugs kann auf zwei Arten bemessen werden. Die traditionelle Typografie sieht vor, einen Einzug von einem Geviert zu verwenden, damit sich immer ein „weißes Quadrat“ ergibt. Tragen Sie als Einzug der ersten Absatzzeile die verwendete Schriftgröße ein (die Einheit pt wird von InDesign automatisch in mm umgerechnet) und Sie erhalten ein Geviert als Weißraum.

Ein „weißes Quadrat“ als Einzug

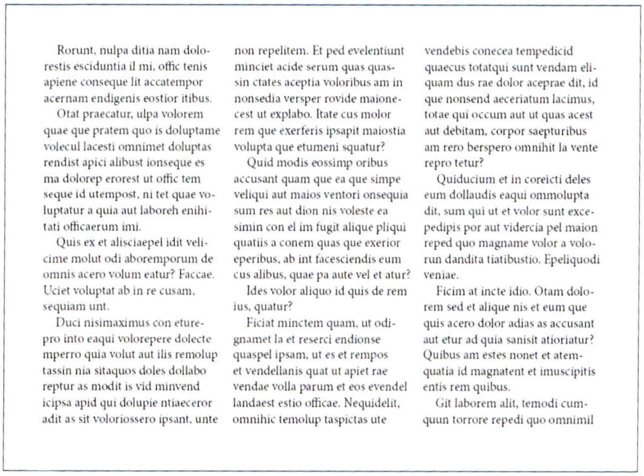

Rorunt, nulpa ditia nam dolorestis esciduntia il mi, offic tenis apiene conseque lit accatempor acernam endigenis eostior itibus.

Otat praecatur, ulpa volorem quae que pratem quo is doluptame volecul lacesti omnimet doluptas rendist apici alibust ionseque es ma dolorep erorest ut offic tem seque id utempost, ni tet quae voluptatur a quia aut laboreh enihitati officaerum imi.

Quis ex et alisciaepel idit velicime molut odi aboremporum de omnis acero volum eatur? Faccae. Uciet voluptat ab in re cusam, sequiam unt.

Duci nisimaximus con eturepro into eaqui volorepere dolecte mperro quia volut aut ilis remolup tassin nia sitaquos doles dollabo reptur as modit is vid minvend icipsa apid qui dolupie ntiaeceror adit as sit voloriossero ipsant, unte non repelitem. Et ped evelentiunt minciet acide serum quas quassin ctates aceptia voloribus am in nonsedia versper rovide maionecest ut explabo. Itate cus molor rem que exerferis ipsapit maiostia volupta que etumeni squatur?

Quid modis eossimp oribus accusant quam que ea que simpe veliqui aut maios ventori onsequia sum res aut dion nis voleste ea simin con el im fugit alique pliqui quatiis a conem quas que exerior eperibus, ab int facesciendis eum cus alibus, quae pa aute vel et atur?

Ides volor aliquo id quis de rem ius, quatur?

Ficiat minctem quam, ut odignamet la et reserci endionse quaspel ipsam, ut es et rempos et vendellanis quat ut apiet rae vendae volla parum et eos evendel landaest estio officae. Nequidelit, omnihic temolup taspictas ute vendebis conecea tempedicid quaecus totatqui sunt vendam eliquam dus rae dolor aceprae dit, id que nonsend aeceriatum lacimus, totae qui occum aut ut quas acest aut debitam, corpor saepturibus am rero berspero omnihit la vente repro tetur?

Quiducium et in coreicti deles eum dollaudis eaqui ommolupta dit, sum qui ut et volor sunt excepedipis por aut vidercia pel maion reped quo magname volor a volorun dandita tiatibustio. Epeliquodi veniae.

Ficim at incte idio. Otam dolorem sed et alique nis et eum que quis acero dolor adias as accusant aut etur ad quia sanisit atioriatur? Quibus am estes nonet et atemquatia id magnatent et imuscipitis entis rem quibus.

Git laborem alit, temodi cumquun torrore repedi quo omnimil

Anderer Einzug ist erlaubt
Alternativ zum Geviert darf aus traditioneller Sicht auch bis zu einem Drittel einer Spaltenbreite eingezogen werden. Damit erhält man eine Trennung der Absätze, ohne dass diese jedoch „optisch umfallen“ und die erste Zeile des Absatzes zu einem unlesbaren Zeilenrest verkommt.

Experimentell gesehen dürfen Sie einfach jeden Wert eintragen. Beliebt sind bei breiten Spalten (60–80 Anschläge pro Zeile) tiefe Einzüge bis zur Hälfte der Spalte. Benutzen Sie die Einzüge jedoch behutsam als Gestaltungsmittel; hierzu eignet sich die gleichzeitige Verwendung eines erzwungenen Blocksatzes, so dass die Einzüge die einzigen Trennungen der Absätze voneinander darstellen.

RORUNT, NULPA DITIA NAM DOLORESTIS ESCIDUNTIA IL MI, OFFIC TENIS APIENE CONSEQUE LIT ACCATEMPOR ACERNAM ENDIGENIS EOSTIOR ITIBUS.

OTAT PRAECATUR, ULPA VOLOREM QUAE QUE PRATEM QUO IS DOLUPTAME VOLECUL LACESTI OMNIMET DOLUPTAS RENDIST APICI ALIBUST IONSEQUE ES MA DOLOREP ERORESTUT OFFIC TEM SEQUE ID UTEMPOST, NI TET QUAE VOLUPTATUR A QUIA AUT LABOREH ENIHITATI OFFICAERUM IMI.

QUIS EX ET ALISCIAEPEL IDIT VELICIME MOLUT ODI ABOREMPORUM DE OMNIS ACERO VOLUM EATUR? FACCAE. UCIET VOLUPTAT AB IN RE CUSAM, SEQUIAM UNT.

DUCI NISIMAXIMUS CON ETUREPRO INTO EAQUI VOLOREPERE DOLECTE MPERRO QUIA VOLUT AUT ILIS REMOLUP TASSIN NIA SITAQUOS DOLES DOLLABO REPTUR AS MODIT IS VID MINVEND ICIPSA APID QUI DOLUPIE NTIAECEROR ADIT AS SIT VOLORIOSSERO IPSANT, UNTE NON REPELITEM. ET PED EVELENTIUNT MINCIET ACIDE SERUM QUAS QUASSIN CTATES ACEPTIA VOLORIBUS AM IN NONSEDIA VERSPER ROVIDE MAIONECEST UT EXPLABO. ITATE CUS MOLOR REM QUE EXERFERIS IPSAPIT MAIOSTIA VOLUPTA QUE ETUMENI SQUATUR?

QUID MODIS EOSSIMP ORIBUS ACCUSANT QUAM QUE EA QUE SIMPE VELIQUI AUT MAIOS VENTORI ONSEQUIA SUM RES AUT DION NIS VOLESTE EA SIMIN CON EL IM FUGIT ALIQUE PLIQUI QUATIIS A CONEM QUAS QUE EXERIOR EPERIBUS, AB INT FACESCIENDIS EUM CUS ALIBUS, QUAE PA AUTE VEL ET ATUR? IDES VOLOR ALIQUO ID QUIS DE REM IUS, QUATUR?

FICIAT MINCTEM QUAM, UT ODIGNAMET LA ET RESERCI ENDIONSE QUASPEL IPSAM, UT ES ET REMPOS ET VENDELLANIS QUAT UT APIET RAE VENDAE VOLLA PARUM ET EOS EVENDEL LANDAEST ESTIO OFFICAE. NEQUIDELIT, OMNIHIC TEMOLUP TASPICTAS UTE VENDEBIS CONECEA TEMPEDICID QUAECUS TOTATQUI SUNT VENDAM ELIQUAM DUS RAE DOLOR ACEPRAE DIT, ID QUE NONSEND AECERIATUM LACI-

Durch einen Einzug in der ersten Zeile können Absätze bei Blocksatz und einer serifenlosen, fetten Antiqua eine interessante optische Trennung bilden.

Tastenkürzel für Ausrichtung und Einzug	
Blocksatz	⌘ Strg ⇧ J
Blocksatz (inkl. letzte Zeile)	⌘ Strg ⇧ F
Linksbündig	⌘ Strg ⇧ L
Rechtsbündig	⌘ Strg ⇧ R
Zentriert	⌘ Strg ⇧ C
Einzug bis hierhin	⌘ Strg ´

Unhandlicher Auszug

Leider bietet InDesign keine Möglichkeit, einen Auszug (auch „hängender Einzug“ genannt) mit einem einzigen Wert einzustellen. Sie müssen immer zwei Werte verändern: den Einzug links auf einen positiven Wert, und den Einzug für die erste Zeile auf denselben Betrag mit negativem Vorzeichen. Bei Änderungen kommt man leicht auf eine negative Summe, woraufhin InDesign eine Warnmeldung zeigt. Allein mit einem Verkettungsknopf zwischen den beiden Eingabefeldern im **Steuerung**-Bedienfeld oder im **Absatzformat** wäre dies wesentlich komfortabler – leider fehlt diese kleine Verbesserung nach wie vor!

Abstände

Bei langen Mengentexten lohnt es sich, geringe Abstände zwischen den Absätzen zu verwenden. Sie ersparen sich damit den Einsatz von Leerzeilen, um Absätze mit einem größeren Abstand voneinander zu trennen. Wenn Sie nicht mit einem Grundlinienraster arbeiten, können Sie diese Abstände auch sehr frei wählen und zum Beispiel auch halbe Zeilen (zum Beispiel 6 pt) zur Auflockerung des Layouts verwenden. Üblicherweise dient der **Abstand nach** einem Absatz zur Trennung.

Letzte Zeile: Einzug rechts

Der eher selten angewendete Einzug rechts in der letzten Zeile kann beispielsweise für Inhaltsverzeichnisse angewendet werden. Wenn in der letzten Zeile des Absatzes die Seitenzahl steht, ist es vorteilhaft, einen Einzug für den gesamten Absatz von rechts festzulegen und den Einzug für die letzte Zeile rechts wieder herauszuziehen, indem Sie einen negativen Wert eingeben, wie bei einem Auszug der ersten Zeile.

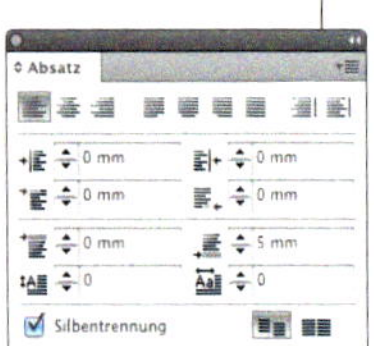

Ihiliquunt et autatur re il eum hitaspe rferisti aspero mi, que sanderitate nese nulparum aut abo. Ut ommos ad que eum fuga. Neque lab ipsundam quas eost dolut aut enientia quo inveliquis il iliti omni optatem. Et vendiat dolupta turibus et volupta temquisquae sequo dolorestet hit ab ium qui nam faccatinus.

Dit omnimagnis di dolupis esciis quibus, sitatius es excerchit re prature mporecu lparum quam ipsamen imaionsecus si ne voluptate aturiaerro odipicturit volor aut delecab oreped qui blabo. Otatemp orerchi llenda vereperro evendis sitatus. Dustis qui de nitiate noneceped que volore cuscium faccae plandi atempor eptatusae voluptas et aut quaspienis eum fuga. Me eum aut hit, ut quatur seque nonectemqui comnis nemporrorero voluptamet hit, sitem res vidi consend usaeperem. Nemod ut plaut untium re consecusa cum facit erovitiatur?

Ro etur aut autae ne veraesti nihilique ea dolupta tempos mos aspere pro erum utest lab iuscius rest omni nume laborumquid min corepta exeriat usaepud iatest, occae. Tur?

Ut porectio cuptate mquamus, et pre vellaut rescimpe pa sit exceariae plamus excerorum et quis ellit endent.

Ur, qui dignihil id experume solo odipsam aci dent unt eatur? Nam evel in ea que odit occum alicienis est venet aliquunt quam qui sunt od ma vent ipsam re nistini aeperum volorru mquassum facerume magnisti repudantio. Me nobis ut eum ipsa vendae dolectur sit et et doluptas magnisi milique pre sita doloriassus iunt assitat odisqui beatia qui nectiore omniendite que porem accusam ipide eatum exeris sum volupta epereruptas rem fugit moluptio. Nam qui ut optur autaqui ut quiat verrovid essunt.

Hent, num et rem facea volupti omnimus. Exceptaeptio entur, sequamusda quiatur seris dendani magnim utem ent prehentio mo int ut am quiandist volore conest, ipiti doluptat ut et volumque de molenit doluptassi occullupta velesci pienimus.La consequia plis eium rerum hil int omnihitatia praerspe et

Der Abstand vor oder nach einem Absatz gliedert „Bleiwüsten“.

Grundlinienraster definieren
Wie Sie das Grundlinienraster einstellen, entnehmen Sie bitte den Abschnitten **Textrahmenoptionen** und **Absatz- und Zeichenformate**.

Am Grundlinienraster ausrichten

Wenn Sie Ihr Layout auf einem *Grundlinienraster* aufbauen und die Absätze danach ausrichten, läuft jede Textzeile unabhängig vom Schriftgrad oder der Familie auf einem durchgehenden Zeilenraster.

Ziel eines Grundlinienrasters ist es, neben der typografischen Arbeit das Druckbild der Textzeilen auf *Schön-* und *Widerdruck* (Vorder- und Rückseite eines Druckbogens) auf gleicher Höhe zu halten, der Satz ist dann *registerhaltig*. Das **Absatz**-Bedienfeld bietet diese Funktion an, um Rahmen ohne Grundlinienausrichtung auf das Raster zu setzen: **An Grundlinienraster ausrichten.**

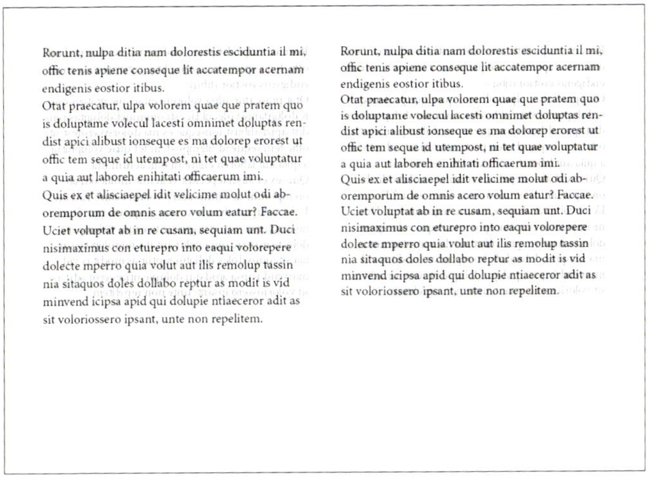

Rorunt, nulpa ditia nam dolorestis esciduntia il mi, offic tenis apiene conseque lit accatempor acernam endigenis eostior itibus.
Otat praecatur, ulpa volorem quae que pratem quo is doluptame volecul lacesti omnimet doluptas rendist apici alibust ionseque es ma dolorep erorest ut offic tem seque id utempost, ni tet quae voluptatur a quia aut laboreh enihitati officaerum imi.
Quis ex et alisciaepel idit velicime molut odi aboremporum de omnis acero volum eatur? Faccae. Uciet voluptat ab in re cusam, sequiam unt. Duci nisimaximus con eturepro into eaqui volorepere dolecte mperro quia volut aut ilis remolup tassin nia sitaquos doles dollabo reptur as modit is vid minvend icipsa apid qui dolupie ntiaeceror adit as sit voloriossero ipsant, unte non repelitem.

Rorunt, nulpa ditia nam dolorestis esciduntia il mi, offic tenis apiene conseque lit accatempor acernam endigenis eostior itibus.
Otat praecatur, ulpa volorem quae que pratem quo is doluptame volecul lacesti omnimet doluptas rendist apici alibust ionseque es ma dolorep erorest ut offic tem seque id utempost, ni tet quae voluptatur a quia aut laboreh enihitati officaerum imi.
Quis ex et alisciaepel idit velicime molut odi aboremporum de omnis acero volum eatur? Faccae. Uciet voluptat ab in re cusam, sequiam unt. Duci nisimaximus con eturepro into eaqui volorepere dolecte mperro quia volut aut ilis remolup tassin nia sitaquos doles dollabo reptur as modit is vid minvend icipsa apid qui dolupie ntiaeceror adit as sit voloriossero ipsant, unte non repelitem.

Links sind die Textzeilen nicht registerhaltig: Die Textvorderseite ist kaum zu entziffern. Rechts befinden sich die Textzeilen auf derselben Höhe, der Text bleibt lesbar (Schema).

Sollen jedoch Textrahmen nur mit der ersten Textzeile auf dem Grundlinienraster beginnen, um Layoutkanten aufzunehmen, dann wählen Sie aus dem Bedienfeldmenü des **Absatz**-Bedienfelds den Eintrag **nur erste Zeile am Raster ausrichten.**

Initialen

Zu Beginn eines Absatzes können **Initialen** verwendet werden, die mehrere Textzeilen hoch sind. Initialen sind besonders dann hilfreich, wenn keinerlei Bilder den Text im Layout auflockern. Wählen Sie üblicherweise **zwei bis drei Zeilen** aus, um ein brauchbares Initial zu setzen. Generell wird ein Zeichen verwendet; Sie können jedoch auch mehrere Zeichen hintereinander nehmen. In modernen Zeitungslayouts werden auch riesige Initialen über zehn Zeilen in Verbindung mit einer eigenen Schrift und Farbe verwendet. Die genaue Verwendung von Initialen ist im Abschnitt **Absatz- und Zeichenformate** beschrieben.

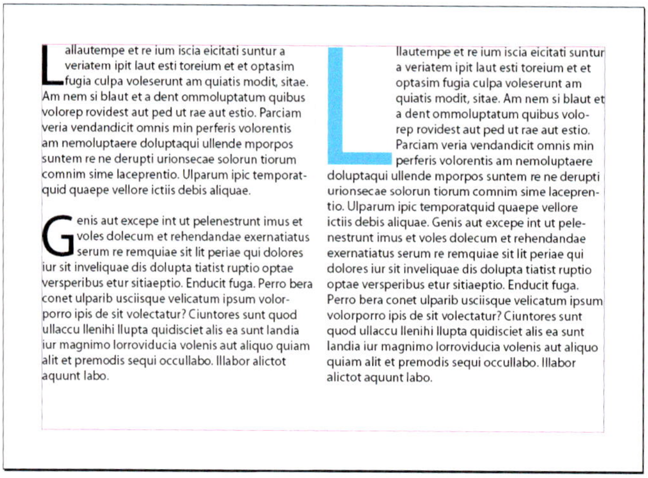

Traditionelle Initialen werden über zwei oder drei Zeilen angewendet. Neumodische Initialen erscheinen in eigener Farbe und eigenem mageren Schnitt nicht unter acht Zeilen.

Flattersatzausgleich

Um Überschriften oder auch einen Flattersatz über die Angleichung der Zeilenlängen im Absatz auszugleichen, haben Sie im Bedienfeldmenü des **Absatz**-Bedienfelds die Funktion **Flattersatzausgleich** zur Verfügung. Diese Funktion ist besonders bei mehrzeiligen Überschriften sinnvoll, deren letzte Zeile sonst extrem kurz werden könnte. Dazu markieren Sie die Überschrift und wählen im Bedienfeldmenü (die Funktion gibt's auch im **Steuerung**-Bedienfeld) die Option **Flattersatzausgleich.**

Überschriften können durch den Flattersatzausgleich automatisch zu einer annähernd gleich langen umbrochen werden.

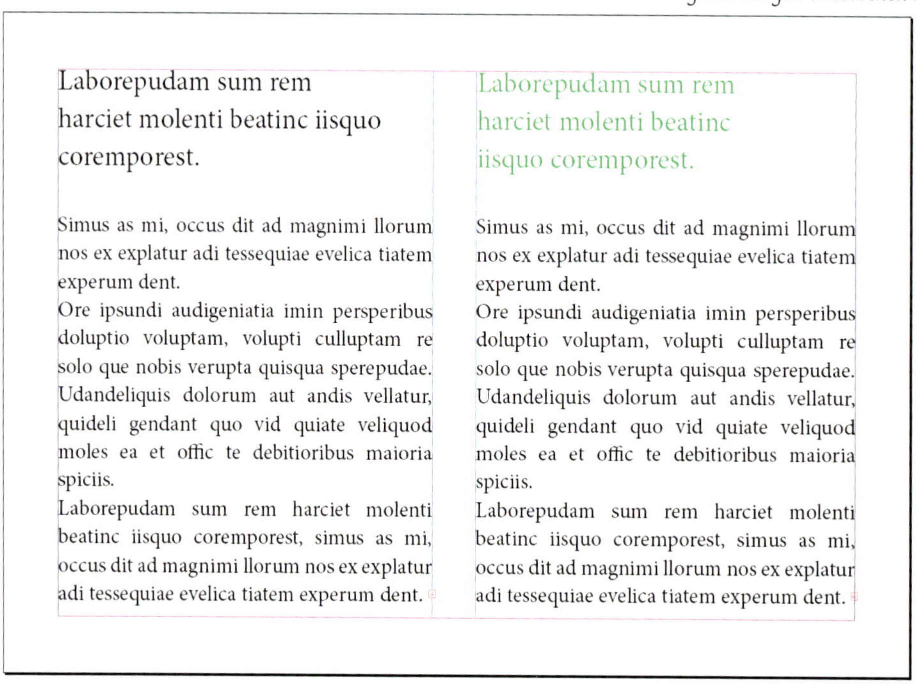

Laborepudam sum rem
harciet molenti beatinc iisquo
coremporest, simus as mi, occus dit
ad magnimi llorum nos ex explatur
adi tessequiae evelica tiatem
experum dent.
Ore ipsundi audigeniatia imin
persperibus doluptio voluptam,
volupti culluptam re solo que
nobis verupta quisqua sperepudae.
Udandeliquis dolorum aut andis
vellatur, quideli gendant quo vid
quiate veliquod moles ea et offic te
debitioribus maioria spiciis.

Laborepudam sum rem
harciet molenti beatinc iisquo
coremporest, simus as mi,
occus dit ad magnimi llorum
nos ex explatur adi tessequiae
evelica tiatem experum dent.
Ore ipsundi audigeniatia imin
persperibus doluptio voluptam,
volupti culluptam re solo que
nobis verupta quisqua sperepudae.
Udandeliquis dolorum aut andis
vellatur, quideli gendant quo vid
quiate veliquod moles ea et offic
te debitioribus maioria spiciis.

Ein linksbündiger Satz wird mit Flattersatzausgleich glatter an der rechten Kante.

Laborepudam sum rem
harciet molenti beatinc iisquo
coremporest, simus as mi, occus dit
ad magnimi llorum nos ex explatur
adi tessequiae evelica tiatem
experum.
Ore ipsundi audigeniatia imin
persperibus doluptio voluptam,
volupti culluptam re solo que
nobis verupta quisqua sperepudae.
Udandeliquis dolorum aut andis
vellatur, quideli gendant quo vid
quiate veliquod moles ea et offic te
debitioribus maioria spiciis.

Laborepudam sum rem
harciet molenti beatinc iisquo
coremporest, simus as mi,
occus dit ad magnimi llorum
nos ex explatur adi tessequiae
evelica tiatem experum.
Ore ipsundi audigeniatia imin
persperibus doluptio voluptam,
volupti culluptam re solo que
nobis verupta quisqua sperepudae.
Udandeliquis dolorum aut andis
vellatur, quideli gendant quo vid
quiate veliquod moles ea et offic
te debitioribus maioria spiciis.

Ein zentrierter Satz ohne und mit Flattersatzausgleich

Mit den normalen Einstellungen erhalten Sie eine zweizeilige Überschrift, deren erste Zeile auf die volle Spaltenbreite umbrochen wird. So entsteht ein unschönes Schriftbild. Durch die Funktion werden möglichst gleich lange Zeilen erzeugt, deren erste Zeile die längste ist. Wenn Sie einen längeren Textabschnitt mit dieser Funktion formatieren, kann es sein, dass keine einzige Zeile die volle Spalten- oder Rahmenbreite einnimmt, da der Flattersatzausgleich dafür sorgt, dass alle Zeilen auf eine durchschnittliche Zeilenbreite ausgeglichen werden. Soll es dagegen stark flattern, also alle Zeilen sollen eine möglichst unterschiedliche Länge aufweisen, deaktivieren Sie den Flattersatzausgleich, der ansonsten sehr stark in den Zeilenumbruch eingreift.

Glyphen und Sonderzeichen

InDesign unterscheidet zwischen Buchstaben, Ziffern und Symbolen. Diese Unterscheidung ist für die Anwendung von Schriften nicht relevant, kommt jedoch dann zum Einsatz, wenn Sie **verschachtelte Formate** gestalten. Ein druckbares Zeichen eines Fonts wird als *Glyphe* bezeichnet. Neben Buchstaben und Ziffern können Sie viele Sonderzeichen benutzen. Zum einen befinden sich Zeichen darunter, die im Font integriert sind, wie zum Beispiel das Copyright-Symbol © oder der Gedankenstrich –. Einige dieser Zeichen können Sie auch über Tastenkombinationen aufrufen, Sie müssen dafür jedoch einige Tastenbefehle lernen:

◢ *Verschachtelte Formate: Seite 429*

Tastenkürzel für Leerzeichen, Striche, Sonderzeichen

	Windows	Mac
Geviert-Leerzeichen	Strg ⇧ M	⌘ ⇧ M
Halbgeviert-Leerzeichen	Strg ⇧ N	⌘ ⇧ N
Achtelgeviert-Leerzeichen	Strg Alt ⇧ M	⌘ ⌥ ⇧ M
Geschütztes Leerzeichen	Strg Alt X	⌘ ⌥ X
Geschützter Trennstrich	Strg Alt -	⌘ ⌥ -
Bedingter Trennstrich	Strg ⇧ -	⌘ ⇧ -
Geviertstrich (—)	Alt ⇧ -	⌥ ⇧ -
Halbgeviertstrich = Spiegel-/Gedankenstrich (–)	Alt -	⌥ -
Öffnendes Anführungszeichen („)	Alt 0 1 3 2	⌥ ^
Öffnendes einfaches Anführungszeichen (‚)	Alt 0 1 3 0	⌥ S
Schließendes Anführungszeichen (“)	Alt 0 1 4 7	⌥ 2 oder ⌥ ⇧ ^
Schließendes einfaches Anführungszeichen (‘)	Alt 0 1 4 5	⌥ #
Apostroph (Hochkomma ’)	Alt 0 1 4 6	⌥ ⇧ #

Tastenkürzel für Leerzeichen, Striche, Sonderzeichen	Windows	Mac
Aufzählungszeichen (•)	Alt 8	⌥ Ü
Auslassungszeichen (…)	Alt Ü	⌥ .
Copyright-Symbol (©)	Alt G	⌥ G
Symbol für eingetragene Marke (®)	Alt R	⌥ R

Zum anderen nutzt InDesign *Steuerzeichen*, das sind Zeichen beziehungsweise **sichtbare und unsichtbare Anweisungen** für den Textfluss oder die Formatierung. Darunter fallen **automatische Seitenzahlen**, **Tabulatoren**, **Einfügemarken**, **Leerräume** und **Umbruchzeichen**.

Diese Sonder- und Steuerzeichen erhalten Sie, indem Sie während der Textbearbeitung das Kontextmenü mit der rechten Maustaste aufrufen oder im Menü **Schrift** > **Sonderzeichen einfügen** wählen. InDesign sortiert nach den Gruppen **Symbole**, **Marken**, **Trenn-** und **Gedankenstriche**, **Anführungszeichen** und **Andere**.

Unter **Leerraum einfügen** finden Sie – wie bereits beschrieben – nicht druckende Abstände wie *Geviert* oder *Viertelgeviert*, darunter auch ein Sechstel- oder Drittelgeviert.

Die **Umbruchzeichen** werden dazu verwendet, einen Umbruch in den nächsten Absatz zu erzwingen, der sowohl im nächsten Rahmen, in der nächsten Spalte oder auf der nächsten geraden oder ungeraden Seite beginnen kann. Auf diese Weise werden falsche Umbrüche von Textzeilen vermieden. Lesen Sie dazu auch die Abschnitte über das Erfassen und Bearbeiten von Texten.

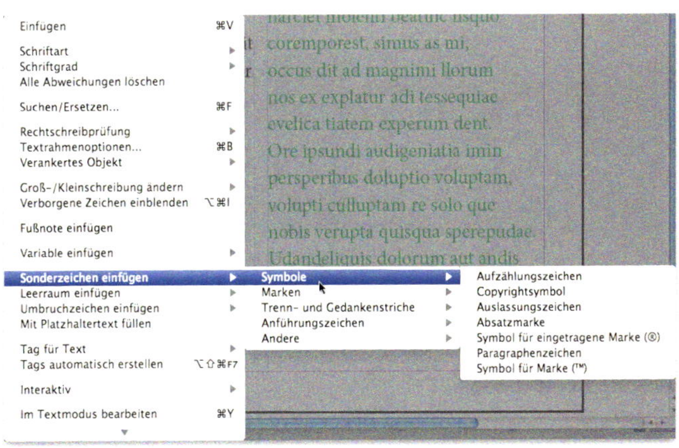

Während der Textbearbeitung werden zahlreiche Sonderzeichen über das Kontextmenü angeboten.

Glyphen sammeln und einfügen

Für alle Zeichen, die im Font vorliegen, aber nur schwer über die Tastatur aufgerufen werden können, steht Ihnen das **Glyphen**-Bedienfeld zur Verfügung. Rufen Sie das Bedienfeld auf, indem Sie mit dem Textwerkzeug in einen Textrahmen klicken und im Menü **Schrift** die Funktion **Glyphen** auswählen.

Das Bedienfeld zeigt Ihnen alle verfügbaren *Glyphen* des aktuellen Fonts. Mit einem Doppelklick auf eine Position fügen Sie das Zeichen in Ihren Textrahmen ein. Diese Übersicht ist die sogenannte *Codepage*, die je nach Schriftformat und Betriebssystem unterschiedlich aufgebaut ist. Jeder PostScript- oder TrueType-Font besitzt 256 Zeichen. Für jeden Sprachraum gibt es unterschiedliche Codepages (*Westeuropa, Osteuropa, Kyrillisch etc.*). Diese Codepages finden Sie im Aufklappmenü unter dem Begriff **Einblenden**.

Sobald Sie eine Glyphe per Doppelklick ausgewählt und damit in einen Textrahmen übertragen haben, wird diese Glyphe in der oberen Zeile des Bedienfelds abgelegt, quasi als Zwischengedächtnis. Somit entfällt in vielen Fällen das Anlegen eines eigenen **Glyphensatzes**; Sie können später das **Glyphen**-Bedienfeld wieder aufrufen und die gemerkten Zeichen in den Text einfügen.

Arbeiten mit Expert-Schnitten

Problem: Wenn Sie Expert-Schnitte von PostScript-Fonts verwenden, kann es passieren, dass Glyphen verschwinden, sobald Sie die Expert-Schrift zuweisen! Da InDesign intern mit Unicode arbeitet, kennt es alle Zeichen unter ihrer eindeutigen Bezeichnung; „A" ist im Unicode 0041, das Kapitälchen „A" hat dagegen die Kennung F761; InDesign sucht im Expert-Schnitt aber (vergeblich) nach der 0041. **Lösung:** Halten Sie [⌘ Strg] [⌥ Alt] beim Auswählen der Expert-Schrift gedrückt, so sucht InDesign nicht nach der Unicode-Kennung, sondern „A". Ersetzen Sie aber die veralteten Expert-Schnitte am besten durch neue, komplette OpenType-Fonts, um diesen Fehler zu vermeiden.

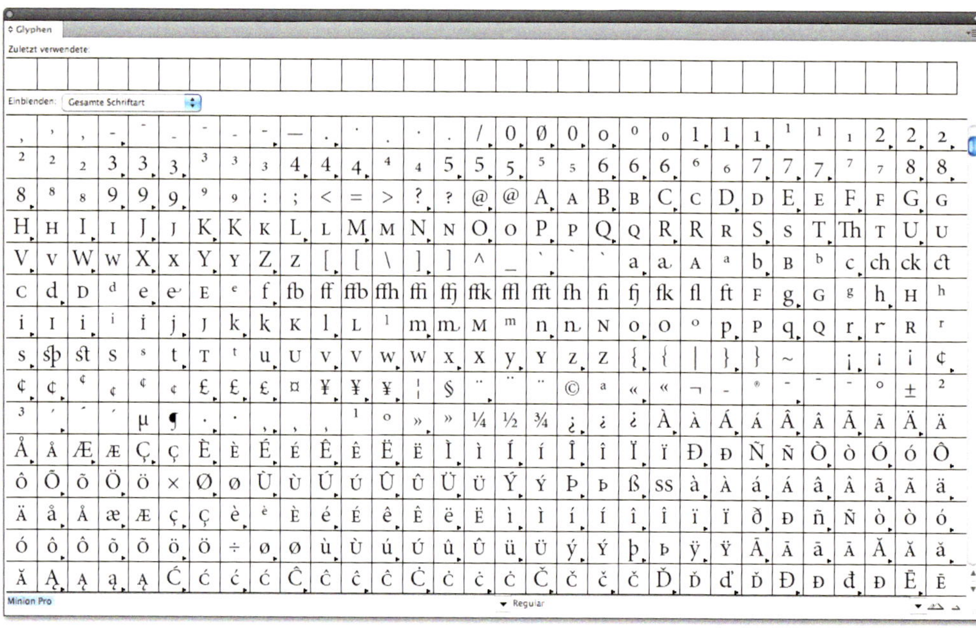

Ein OpenType-Font wie die Minion Pro verfügt über zahlreiche Buchstaben und Varianten.

Multilinguale Texte

Für den Einsatz von Schriften für **mehrsprachige Texte** werden überwiegend „CE-Fonts" verwendet. *CE* steht für *Central European* und verweist auf den geografischen Sprachraum zwischen Estland und Bulgarien. Diese Schriften haben eine andere *Codepage* und werden durch Sonderzeichen ergänzt. CE-Fonts sind für viele PostScript- und TrueType-Fonts bei den diversen Schriftenherstellern und -händlern erhältlich. OpenType-Fonts hingegen beinhalten nahezu alle Zeichen,

Ersetzen von Unicode-Zeichen
Das Austauschen konkreter Unicode-Zeichen ist nun durch die Funktion **Suchen/Ersetzen** möglich.

◢ *Unicode-Zeichen suchen und ersetzen: Seite 370*

mit deren Hilfe auch polnische oder ungarische Texte wiedergegeben werden können, dazu gehört unter anderem die Schriftfamilie der Myriad Pro, die mit InDesign installiert wird.

Fehlende Zeichen im Font
Immer wieder kann es vorkommen, dass die verwendete Sprache ein Zeichen benötigt, das im zugewiesenen Font nicht existiert. Im Layoutmodus werden alle fehlenden Zeichen durch eine rosafarbene Hinterlegung hervorgehoben. Im Vorschaumodus hingegen verschwinden diese wichtigen Hinweise. Achten Sie bei mehrsprachigen Texten auf diese Feinheiten.

Neben der Darstellung der Zeichen sind natürlich auch der richtige Textumbruch und die Worttrennung wichtig. InDesign unterstützt alle osteuropäischen Sprachen wie **Bulgarisch** oder **Lettisch** mit einem eigenen Wörterbuch. So können Sie einen **polnischen Text** zum Beispiel aus Word direkt in InDesign platzieren und mit einer Schrift wie der Myriad Pro darstellen. Danach weisen Sie noch das richtige Wörterbuch zu und formatieren typografisch einwandfrei den fremdsprachigen Text.

Dokumente, die mehrere Sprachen gleichzeitig darstellen sollen, müssen mit eigenen Absatzformaten angelegt werden. Lesen Sie dazu auch den Abschnitt **Absatz- und Zeichenformate**.

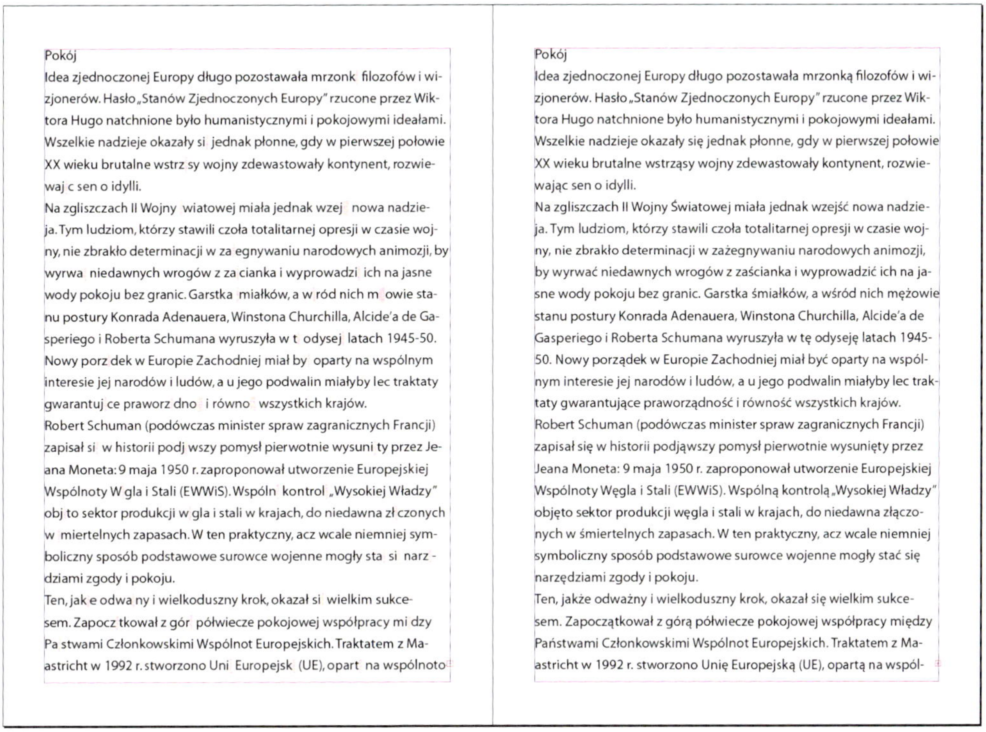

Fehlende Zeichen im Font werden durch eine rosafarbene Hervorhebung dargestellt.

OpenType-Fonts und Unicode

Die Lösung zur Wiedergabe fremdsprachiger Texte mit einem einzigen Font bietet das **OpenType-Format**, das nicht nur für die Erweiterung des Fonts um osteuropäische Sonderzeichen gedacht ist, sondern um theoretisch jede Sprache und ihre Zeichen abzubilden.

Statt der maximal 256 Zeichen eines solchen Fonts kann das OpenType-Format bis zu 65.535 Zeichen aufnehmen. Darüber hinaus ist das Format plattformunabhängig und wird durch nur eine einzige Datei repräsentiert. Wie funktioniert das?

Das Zauberwort heißt Unicode, die technische Grundlage, auf der das OpenType-Format basiert. Unicode ist ein **16-Bit**-Code zur Abbildung von **2 hoch 16** (= 65.536 inkl. Null) Zeichen. Da im Unicode-Standard möglichst alle Schriftsprachen enthalten sein sollen, werden diese nacheinander eingearbeitet. Jedem Zeichen ist eine Position zwischen **0** und **65.535** zugeordnet, die im *Hexadezimalcode* angegeben wird. So besitzt das Zeichen „A" den *Code* **0041**. Die Kodierung der Zeichen ist im Unicode-Standard festgelegt. Dieser wird regelmäßig überarbeitet und erweitert. Der derzeit aktuell verwendete Standard ist Unicode 6.1 (von Januar 2012).

⊿ *unicode.org/charts*

Die zahlreichen Codepages eines Unicode-Fonts sind in einer vorgegebenen Reihenfolge definiert. Der Font beginnt mit den bekannten lateinischen Zeichen, auch als *Basic Latin* bezeichnet. Danach folgen die Erweiterungen Latin 1, Latin Extended A und Latin Extended B. Das sind Erweiterungen, mit denen alle sprachenspezifischen Zeichen europäischer Sprachen aufgefangen werden. Darunter finden sich unter anderem auch Sonderzeichen für Tschechisch, Ungarisch oder Finnisch. Bisherige Fonts bildeten nur eine Auswahl dieser Codepages ab, begrenzt auf einen Sprachraum (ISO Latin 1, ISO Latin 2 etc.). Danach folgen Codepages mit Sonderzeichen für die fonetische Darstellung (IPA) und anschließend beginnen die diakritischen Zeichen.

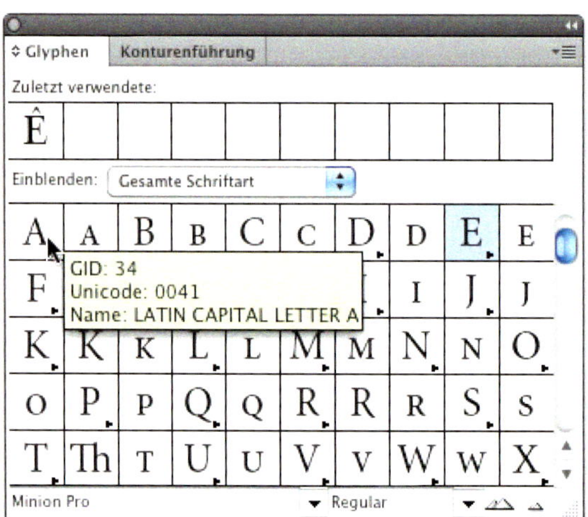

Die Minion Pro in der Gesamtübersicht des Glyphen-Bedienfelds.

Zeichen und Sprachen

Für die Wiedergabe jeder europäischen Sprache sind ca. 500 Zeichen notwendig. Für die Darstellung eines chinesischen oder japanischen

Maximale Komplexität der Schrift
Das Japanische ist im weltweiten Vergleich das komplexeste Schriftsystem. Es setzt sich aus drei verschiedenen Zeichensystemen zusammen: Kanji, Kana und Romanji. Kanji sind die ca. 3.000 aus dem Chinesischen entlehnten Schriftzeichen, Kana hingegen vereinfachte Bildzeichen für die Aussprache und zuletzt Romanji die lateinischen Zeichen.

Textes hingegen werden mehrere tausend Zeichen verwendet. Und dabei werden nur die Schriftzeichen berücksichtigt, die im ständigen Gebrauch sind.

Da **Unicode** sowohl von einem **Windows**- wie auch **Mac**-System verstanden wird, können InDesign-Dateien auf beiden Plattformen bearbeitet werden. Der typografische Nutzen liegt bei den sogenannten Pro-Fonts neben **echten Kapitälchen** und der Auswahl von **Tabellen**- oder **Mediävalziffern** in der Integration von **kontextbedingten Varianten**: Sofern vorhanden, können Sie über das **Glyphen**-Bedienfeld passende Zeichenalternativen aufrufen.

Viele OpenType-Pro-Fonts bieten Alternativen für die Darstellung eines Zeichens, wie zum Beispiel Schwungzeichen in der Adobe Caslon Pro.

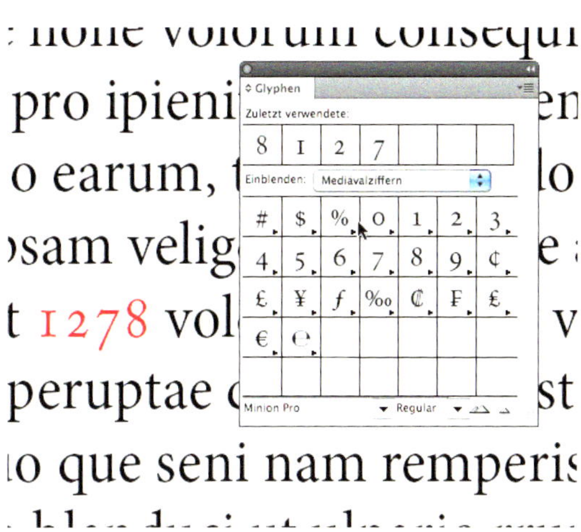

Mediävalziffern eignen sich hervorragend im Textfluss, während Tabellenziffern (auch Monospace- oder Halbgeviertziffern genannt) für eine tabellarische Darstellung ein gleichmäßiges Raster bilden.

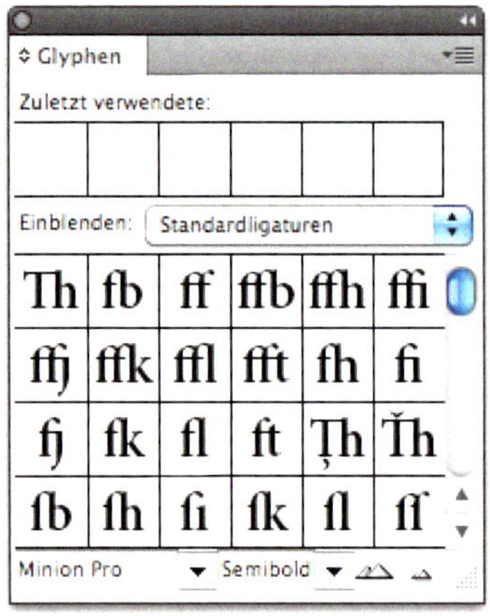

Altbekannte Ligaturen aus vergangenen Zeiten können dank OpenType-Technologie wieder zum Leben erweckt werden.

Hier wird deutlich, dass nicht jede OpenType-Schrift alle Möglichkeiten bietet – sowohl für die typografische Auszeichnung als auch für die Anwendung fremdsprachiger Texte. Vergewissern Sie sich beim Hersteller, ob ein gewünschter Font auch die von Ihnen benötigten Funktionen unterstützt. Viele Schriften, die zurzeit erhältlich sind, wurden nur aus bestehenden TrueType- oder PostScript-Fonts konvertiert.

Wenn Sie sich weitergehend über das aktuelle Schriftenangebot und die Technologie informieren wollen, finden Sie am Ende des Kapitels **Fehlersuche & -behebung** ab Seite 747 hilfreiche Links zu Foren, die sich (auch) mit solchen Themen befassen..

Was kann mein OpenType-Pro-Font?
Die Unterstützung der hier beschriebenen typografischen Möglichkeiten variiert je nach Schrifthersteller. Wenn Sie eine OpenType-Pro-Schrift auswählen und im Bedienfeldmenü des **Zeichen**-Bedienfelds die Rubrik OpenType auswählen, sehen Sie die möglichen Funktionen; nicht zur Verfügung stehende werden in eckigen Klammern angezeigt. So werden zum Beispiel Schwungzeichen hauptsächlich bei kursiven Schnitten und Schreibschriften angeboten.

Unicode-Zeichen suchen und ersetzen

Um irrtümlich gesetzte Zeichen eines fremdsprachigen Textes oder eines wissenschaftlichen Fachartikels auszutauschen, können Sie mit der Funktion **Suchen/Ersetzen** aus dem Menü **Bearbeiten** nach der Unicode-Position suchen und das gefundene durch ein anderes Zeichen ersetzen. Öffnen Sie den **Suchen/Ersetzen**-Dialog mit dem Tastenbefehl ⌘ Strg F.

Unter dem Reiter **Glyphe** finden Sie die Eingabe für die *Unicode*-Position. Alternativ können Sie auch eine zuvor im **Glyphen**-Bedienfeld gefundene Glyphe auswählen, indem Sie in das kleine Ausklappmenü **Glyphe** klicken. Beachten Sie dabei, dass das **Glyphen**-Bedienfeld auch die entsprechende Schrift mitspeichert, so dass hier eine konkrete Verbindung aus *Glyphe*, *Unicode*-Position und *Font* erzeugt wird. Durch einen Klick auf **Suchen** starten Sie den Vorgang und können bei einer aufgefundenen Textstelle ein anderes Unicode-Zeichen einsetzen.

Hintergrund: OpenType-Technik
Technisch gesehen ist ein OpenType-Font nichts anderes als ein PostScript- oder TrueType-Font, der im Unicode vorliegt. Darüber hinaus kann ein OpenType-Font aber sogenannte „Features" wie die Erkennung und Ersetzung von Brüchen beinhalten. Wie funktioniert das? Ein Skript sucht im formatierten Text nach Stellen wie zum Beispiel „1/9" und ersetzt diese durch die hochgestellte 1, einen eigenen Bruchstrich und die tiefgestellte 9. Alle drei Zeichen werden zudem unterschnitten und für den Anwender wie eine Glyphe dargestellt. Wenn Sie also einen OpenType-Font nutzen und in InDesign die Funktion „Brüche" aufrufen, schalten Sie dieses Skript an. Ebenso kann es in einem OpenType-Font Skripte für Ligaturen, Kapitälchen und andere Feinheiten geben, wie hier beschrieben.

Die Suchen/Ersetzen-Funktion bietet in InDesign die Möglichkeit, einzelne Zeichen anhand ihrer Position im Unicode aufzuspüren.

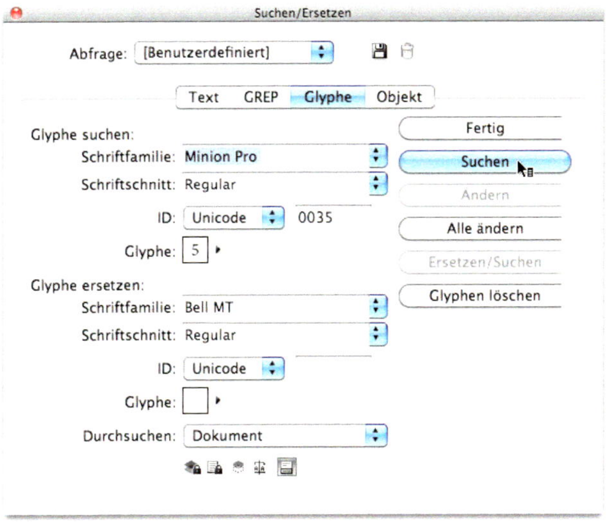

Text im Pfad: Formsatz

Eine Spielart der Typografie ist der **Formsatz**. Wie der Name schon sagt, bildet das Schriftbild eine gegenständliche oder abstrakte Form, die überwiegend einem Motiv aus dem Textinhalt entstammt. Wie nahezu alle traditionellen handwerklichen oder künstlerischen Vorlagen lassen sich auch diese auf moderne Weise interpretieren.

Wie Sie aus der Rahmenbearbeitung bereits wissen, wird auch ein Textrahmen durch *Bézier-Kurven* definiert, die zunächst immer ein Rechteck abbilden, in dem der Text „fließt".

Wählen Sie einen Textrahmen mit der **Auswahl** an und wechseln Sie auf die **Direktauswahl**. So wird der Textrahmen zu einem *Bézier-Pfad*. Nutzen Sie die **Pfadwerkzeuge**, um die Form des Textrahmens zu verändern; fügen Sie Pfadpunkte hinzu oder erzeugen Sie Tangentenpunkte. Der Textfluss passt sich immer der Außenform an. Die andere Möglichkeit besteht darin, zuerst einen Pfad zu erzeugen und danach mit dem Textwerkzeug hineinzuklicken. Danach schreiben Sie den Text innerhalb der Form.

Schneller Werkzeugwechsel
Während der Bearbeitung eines Formsatzes müssen Sie häufig das Werkzeug wechseln, um zwischen der Textbearbeitung und der Pfadkorrektur umzuschalten. Daher beginnen Sie immer mit dem Auswahl-Werkzeug (Taste [V]). Wollen Sie nun in die Textbearbeitung wechseln, halten Sie [T] gedrückt und markieren Sie den Text. Nachfolgend können Sie die Schrift ändern. Lassen Sie [T] wieder los, kehren Sie zum Auswahlwerkzeug zurück. Wollen Sie stattdessen den Pfad bearbeiten, so halten Sie [A] gedrückt und Sie können die Knotenpunkte anklicken und versetzen. Das Loslassen der Taste [A] führt wieder zum Auswahlwerkzeug zurück. Üben Sie die Arbeitsweise, es lohnt sich!

Pathfinder-Einsatz

Mit dem **Pathfinder**, der mehrere Vektorformen zu einer neuen Form **addieren** oder auch **voneinander abziehen** kann, können Sie auch Formsatz verändern. Nehmen Sie einen bestehenden Formsatz und ergänzen Sie den Textrahmen mit einer neuen Vektorform. Markieren Sie beide Objekte und klicken Sie auf **„Addieren"**. Die neue Form wird dem Formsatz zugewiesen, es entsteht eine neue Gesamtform. Beachten Sie dabei unbedingt, dass ein Rahmen, der bereits Text enthält, **vorne liegen** muss, da sonst der Text gelöscht wird!

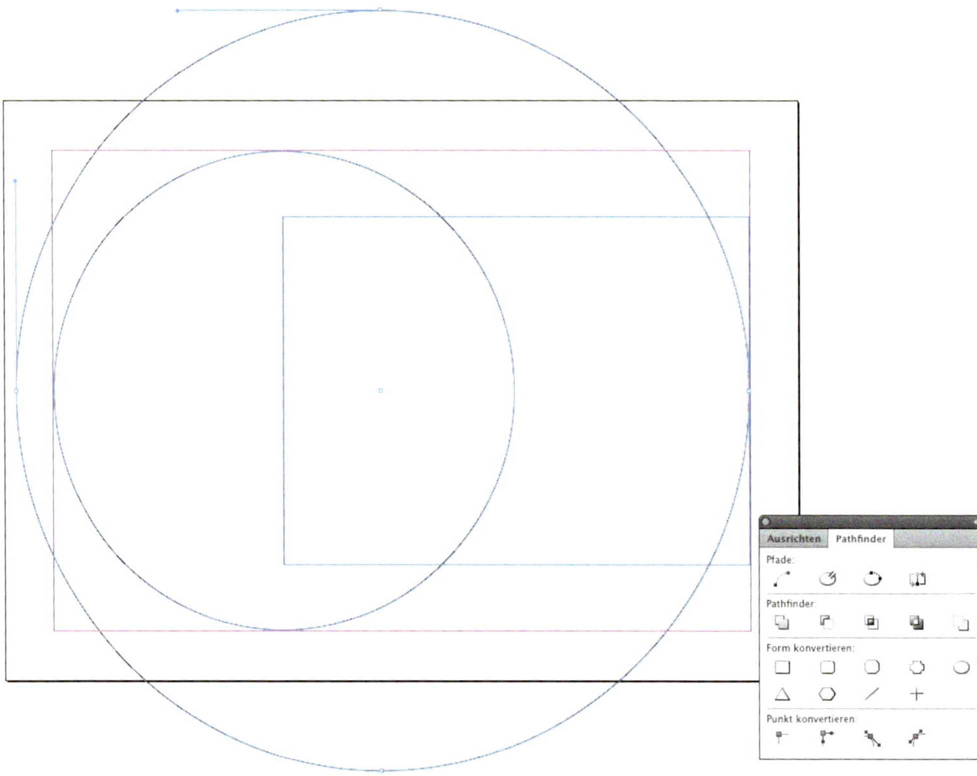

Der Formsatz kann auch aus mehreren Rahmen erstellt werden; Ausgangsobjekte sind hier der kleinere Kreis und das Rechteck, deren Schnittmenge per Pathfinder zum neuen Objekt wird.

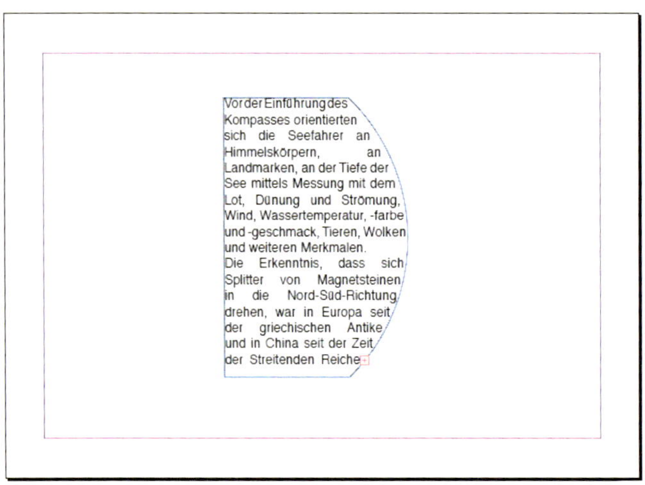

Das entstandene Objekt wird mit Text gefüllt.

Formkonstruktion
Einfacher und schneller lassen sich solche Formen natürlich in Vektorprogrammen wie Illustrator erzeugen. Über die Zwischenablage kopieren Sie einen einfachen Illustrator-Pfad direkt in InDesign hinein und füllen ihn mit Text.

Text auf Pfad: Beschwingtes

Anders als der Formsatz richtet die Funktion **Text auf Pfad** die Grundlinie nach einem Pfad aus, der sowohl eine Linie als auch eine geschlossene Form sein kann. Ziehen Sie eine schwungvolle Linie mit dem **Bleistift** oder mit dem **Zeichenstift** auf und wechseln Sie auf das **Textwerkzeug**: Halten Sie die Maustaste und das Textsymbol im **Werkzeuge**-Bedienfeld gedrückt und das Aufklappmenü mit dem Werkzeug **Text auf Pfad** erscheint. Alternativ dazu können Sie den Tastenbefehl ⇧ T aufrufen. Klicken Sie nun mit dem **Text-auf-Pfad**-Werkzeug auf den gezeichneten Pfad. Die Einfügemarke springt auf den Pfad, die Eingabe kann beginnen.

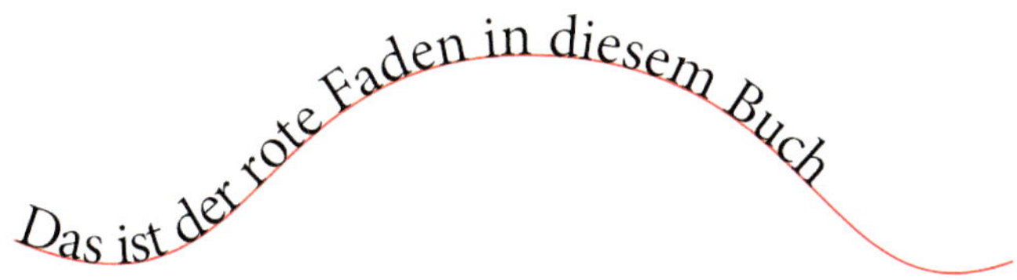

Textpfad

Die Ausrichtung auf dem Pfad kann auf zwei Wegen beeinflusst werden. Die Ausrichtung des **Absatz**-Bedienfelds ist dabei zunächst entscheidend. Die andere Methode sind die senkrechten Begrenzungsstriche links und rechts vom Text. Klicken Sie eine Begrenzung an und schieben Sie sie wie einen Regler an die gewünschte Position. Der Text wird danach erneut ausgerichtet.

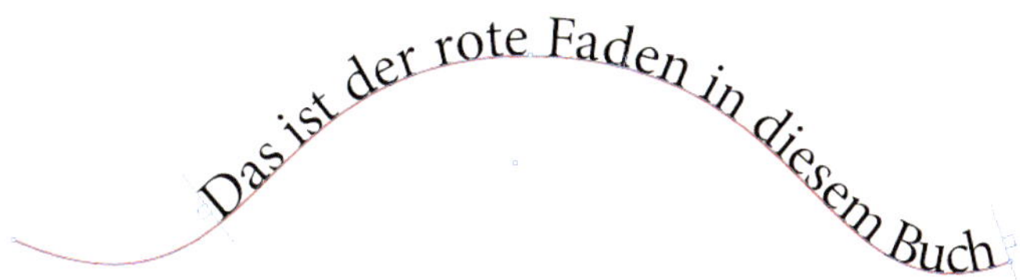

Alternativer Anfangspunkt

Pfadtextoptionen

Rufen Sie über das Kontextmenü den Punkt **Pfadtext** > **Optionen** auf oder wählen Sie **Schrift** > **Pfadtext** > **Optionen**.

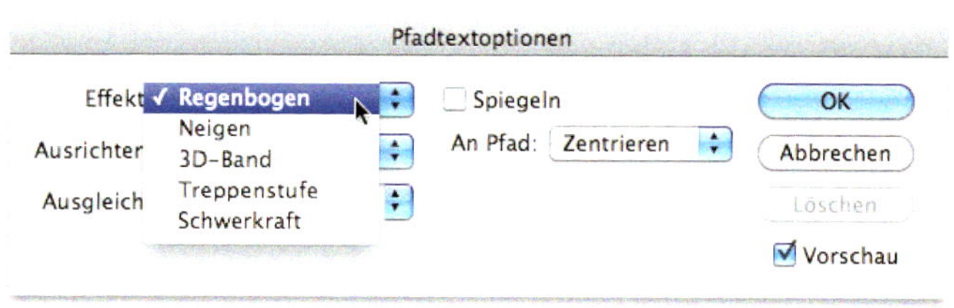

Die Pfadtextoptionen

Verschiedene Effekte stehen Ihnen zur Verfügung, darunter die Option **Neigen**, mit welcher der Text senkrecht zum Pfad ausgerichtet wird, als würde sich das Schriftband über eine Fläche wölben. Dieser

Pseudo-3D-Effekt gleicht ein wenig die verringerte Lesbarkeit des Pfadtexts aus. **Regenbogen** ist unser altbekannter Kreistext. Die anderen Optionen dürfen Sie sich gern in Ruhe anschauen.

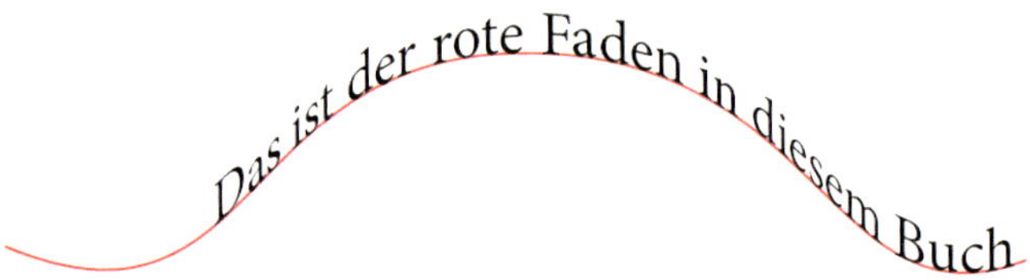

Textpfad mit Effekt „Neigen"

Interessant ist hier noch die Ausrichtung: Die Grundlinie, die Oberlänge oder Unterlänge können als Ausrichtung dienen. Der Abstand hingegen gleicht Zeichenabstände an engen Kurven aus.

Optisches Kerning auch auf Pfaden
Sollten Sie ungünstige Unterschneidungen von Zeichenpaaren im Text auf einem gebogenen Pfad entdecken, kann InDesign die Zeichen optimal ausgleichen, wenn Sie **Optisch** aus dem **Steuerung**-Bedienfeld in der Rubrik **Kerning** anwählen. Alternativ unterschneiden Sie die Zeichen manuell, indem Sie zwischen die unglücklichen Zeichen klicken und mit ⌥ Alt ◂/▸ den Abstand korrigieren.

Inline-Grafiken im Textfluss

Als ***Inline-Objekte*** werden im Programmierjargon Objekte wie zum Beispiel Bilder bezeichnet, die in einem Text mitlaufen. Dazu wählen Sie einen Bildrahmen aus, kopieren diesen in die Zwischenablage und klicken mit dem Textwerkzeug an eine geeignete Stelle in den Text. Nun fügen Sie den Rahmen ein. Sie erkennen nun, dass das Bild ***auf der Grundlinie*** der Textzeile steht. Ändern Sie den Text, wird das Bild auf der Grundlinie einfach mitverschoben, die Inline-Grafik verhält sich also **wie ein Buchstabe**. Die Bilder können auch mehrfach hintereinander einkopiert werden.

Inline-Grafiken als Initialen

Wenn Sie eine Grafik an erster Stelle in einen Absatz einfügen, können Sie im Absatz die **Initialfunktion** verwenden, um eine Grafik vertikal im Fließtext auszurichten. Hierfür skalieren Sie die Grafik so groß, dass sie eine Höhe von ***mindestens zwei Textzeilen*** einnimmt. Nun schneiden Sie die Grafik mit ⌘ Strg X aus und fügen sie mit dem **Textwerkzeug** in den Text mit ⌘ Strg V ein. Nachfolgend rufen Sie die **Absatzeinstellungen** im **Steuerung**-Bedienfeld auf und wählen für das **Initial** mindestens **2 Zeilen** und **1 Zeichen** – die Grafik. Jetzt wird die Grafik vertikal je nach Anzahl der Zeilen in den Text eingezogen. Den Abstand des Textes rechts von der Grafik regeln Sie entweder über einen breiteren Grafikrahmen oder einen festen Leerraum wie ein Achtelgeviert, das ebenfalls als Initial (dann 2 Zeichen) formatiert wird.

Umfangreiches Initial als InDesign-Datei einfügen
Sollten Sie komplexere Grafiken planen, die über die Initial-Funktion im Absatz ausgerichtet werden sollen, erstellen Sie die Grafik als eigene InDesign-Datei und platzieren diese im Layout. Anschließend können Sie auch diese Datei in den Absatz einfügen, wie weiter oben beschrieben.

Ausgehend von einer Grafik (PDF), die sich an erster Stelle in einem Absatz befindet, wird die Initial-Funktion verwendet, um die Grafik in den Text einzuziehen.

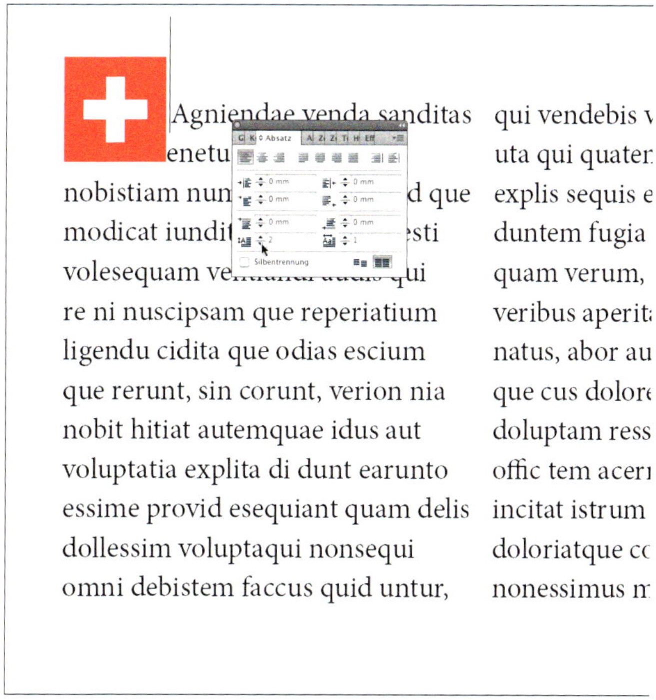

Der Abstand nach links von der Grafik wird über ein Achtelgeviert gelöst, das als zweites Zeichen in das Initial einbezogen wird.

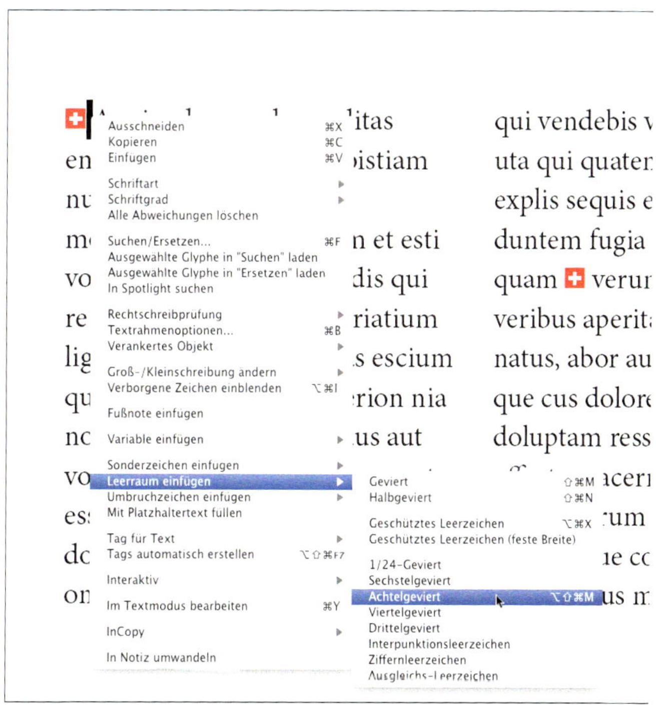

Textumfluss (vormals Konturenführung)

Die Verdrängung einer Textmenge um eine Grafik, die sowohl Bildmotiv, Vektorgrafik, Logo als auch ein Textrahmen sein kann, wird in InDesign **Textumfluss** genannt. Dabei unterscheidet InDesign, ob das Objekt als **Rechteck**, als **Freiform**, als **Übersprung** oder als **Spaltenbegrenzung** eingesetzt werden soll. Ist diese Funktion eine typografische Auszeichnung? Nein, eher wäre sie den Rahmenfunktionen zuzuordnen, doch auch Abstandswerte wie der sich ergebende Textfluss haben eindeutig *typografische Auswirkungen* auf Ihr Layout. InDesign bietet auch die Möglichkeit, **Freisteller nur links oder rechts umfließen** zu lassen, was einen entscheidenden Vorteil mit sich bringt, den ich noch genauer beschreiben werde.

Textumfluss um Begrenzungsrahmen

Legen Sie einen Textrahmen an und platzieren Sie ein Objekt über dem Textrahmen, wie in der Abbildung gezeigt wird.

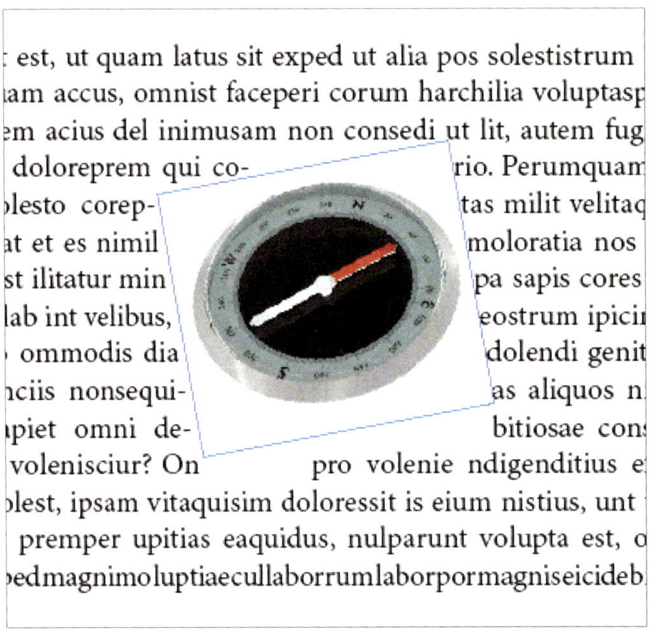

Platziertes Objekt mit Textumfluss um den Begrenzungsrahmen. Auch bei gedrehten Rahmen verläuft der Textfluss rechteckig entlang der Rahmenkante.

Über das Menü **Fenster** rufen Sie das Bedienfeld **Textumfluss** auf (⌘ Strg ⌥ Alt W). Aktivieren Sie das platzierte Objekt und klicken Sie auf den zweiten Knopf **Umfließen der Bounding Box**. Erfreulicherweise sind diese Knopf-Symbole wirklich selbst erklärend: Das Objekt, das Sie nun mit einem Textumfluss versehen haben, wird anhand des Objektrahmens in einer Rechteckform umflossen. Die Abstandswerte nach oben, unten links und rechts definieren den Textabstand von diesem Rahmen.

Neben der konventionellen Anwendung des **Textumflusses** in einem gleichmäßigen Abstand können Sie Textumflussoptionen wählen, die festlegen, wo Text verdrängt werden soll: Nur **rechte Seite, linke Seite, rechte und linke Seite** (Standard), **dem Rücken zugewandte Seite, vom Bund abgewandte Seite** und die **längere Zeile**.

Während die Auswahl der **Seiten** selbst erklärend ist, sind die Übersetzungen der nachfolgenden Optionen etwas unglücklich geraten. Mehrere Übersetzungen, die sich auf Doppelseiten und die Ausrichtung *zum Bund* oder *zum Rücken* beziehen, wurden hier nun bunt gemischt. Die Option **Dem Rücken zugewandte Seite** beschreibt die Ausrichtung *zum Bund hin*. Das Gegenteil erreichen Sie mit der nächsten Option **vom Bund abgewandte Seite** – zur *Außenkante* der Doppelseite, also zum *Vorderschnitt*. Die Übersetzung **Längere Zeile** ist möglicherweise auch nicht ganz gelungen, denn hierbei geht es um die *Breite* der linken oder rechten Spalte neben dem Objekt mit Textumfluss.

Apicia que rest et unt et, accum ea volutem evenihicit, corum aliquist officia veni consequissit que la coratiu ndioreictem ate pla incid quatiusam nesto tem. Nem fugit optur alitiatur rem. Genda dicipid magnam vel il et volorepe num re re il int re iumet lias aut quiatet dolupta turemporum inus quid maximus, que corem evero velisci ducidici optata ent, soluptaqui voloribusam conse vollorit int porem aut maxim quis nost, sintet lacius aut dus imus, ut latem lam voluptatusda porumqui qui sam utasi is et dolorru ptatist voluptaquis doluptam, cum est dollest est, ut quam latus sit exped ut alia pos solestistrum simi, omnimil molent ent qui is eatendigni derferem quam accus, omnist faceperi corum harchilia voluptasped quam dolupient lam fuga. Ceati voloreicia cus nis rem acius del inimusam non consedi ut lit, autem fugitaq uundae perionseque non remolorem esti in re pre doloreprem qui corio. Perumquamus il illoreped ex es iniminvel modit as que eatestia volesto

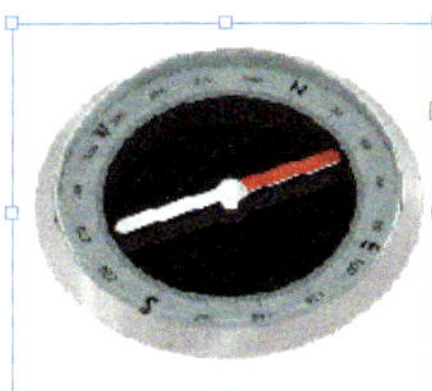

coreptas milit velitaqui ni re verum faccus, voluptatis si atiam andi dit, sitat et es nimil moloratia nos et eum aspelent apit lam qui repro berendebit et quidust ilitatur min pa sapis cores etur, volorem verionet fugias nonseque vent dem que plab int velibus, eostrum ipicime coresit asetur? Apideribus explabor porevolest idolo ommodis dia dolendigenitae rehenienit omnisquamus. At repernatis as culles inciis nonsequias aliquos nis et, antioste commo voluptuscias reped molesti sapiet omni debitiosae consequi occabore odi omnis et est alitat atiis qui nonem volenisciur? On pro volenie ndigenditius ex erum exereisam, ipsumquod maxim volorpore volest, ipsam vitaquisim doloressit iseium nistius, unt veresequi cum, om-

Die Auswahl „Rechte Seite" für den Textumfluss stellt den umfließenden Text nur auf der rechten Seite dar.

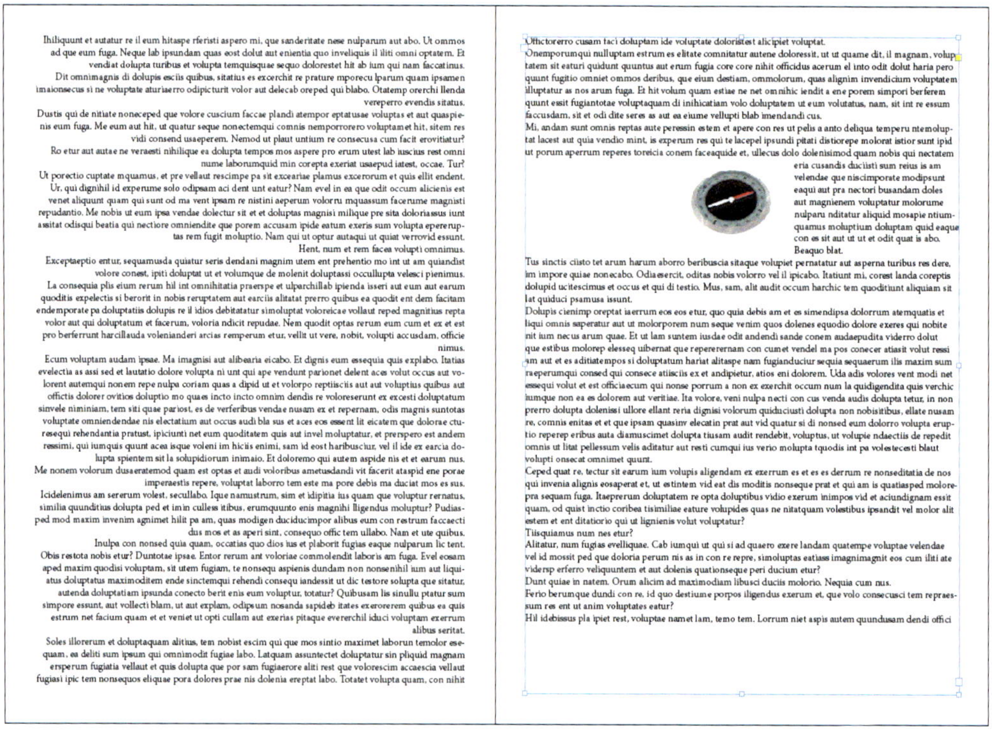

Die Ausrichtung „Vom Bund abgewandt“ lässt den Text nur Richtung Außenkante fließen.

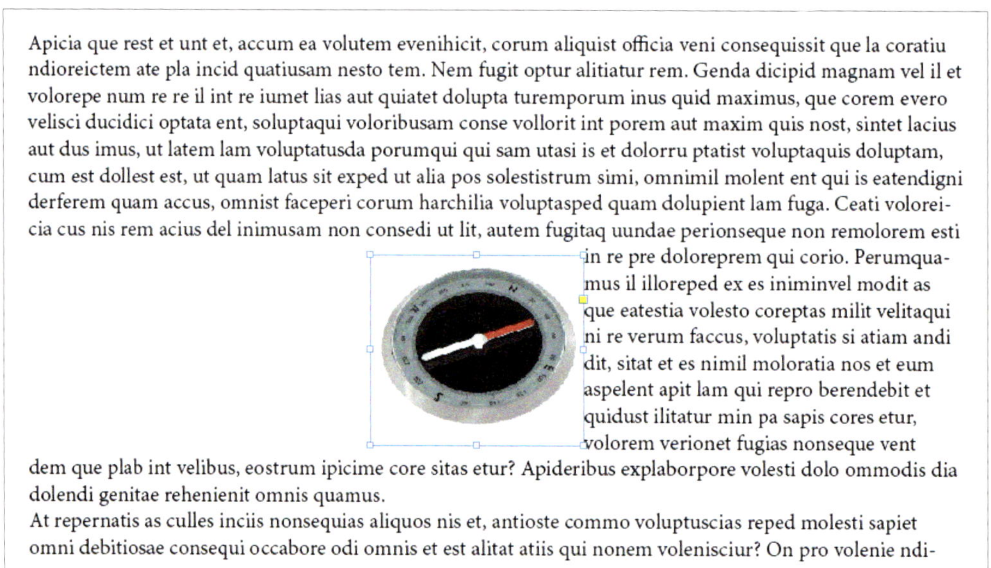

Die Auswahl „Längere Zeile“ lässt den Text auf der Seite mit größeren Breite fließen.

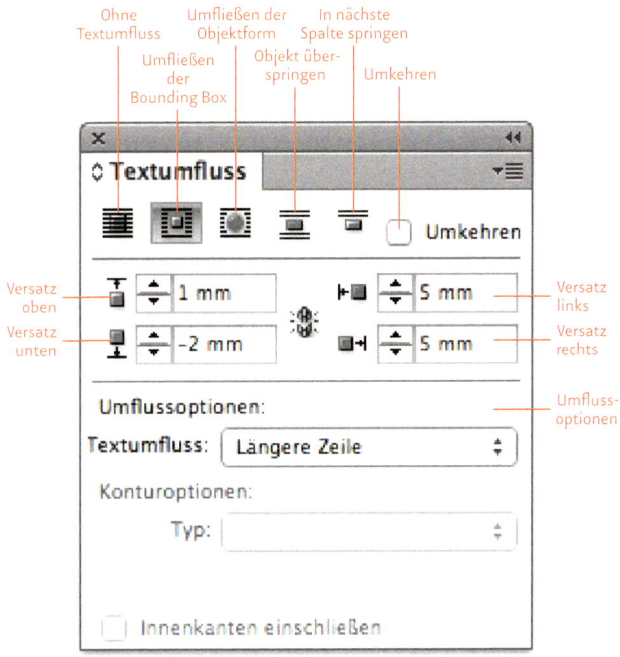

Das Textumfluss-Bedienfeld

Textumfluss an der Objektform

Viel spannender sind dagegen die Auswirkungen des dritten Knopfs des **Textumfluss**-Bedienfelds: **Umfließen der Objektform**. Damit wird entgegen der vorherigen Rahmenkante direkt die Objektkante genutzt. Der Textfluss „klebt" direkt am Objekt. InDesign kann einen gesamten Freisteller umfließen, links und rechts gleichermaßen.

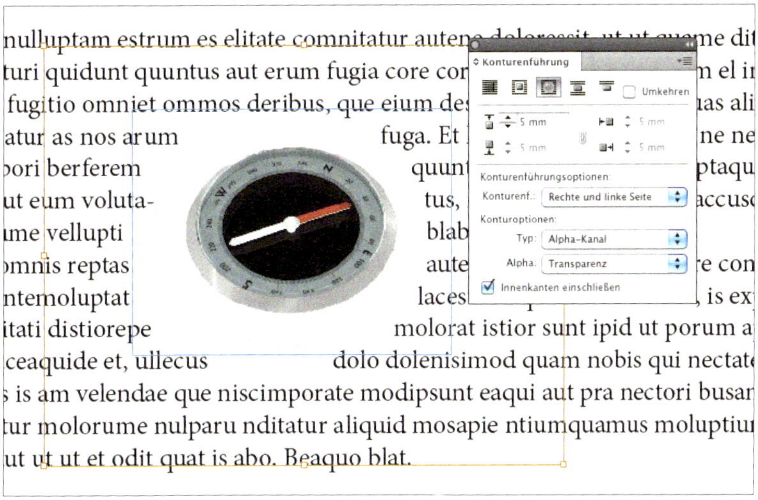

Umfließen der Objektform mit einem Abstandswert. Der Freistellpfad kann mit den Pfadwerkzeugen manuell bearbeitet werden.

Bei eingeblendeten **Bedienfeldoptionen** erhalten Sie eine zusätzliche Auswahl an **Umflussoptionen**. Hierunter finden Sie Funktionen, die Ihnen bekannt vorkommen sollten, wenn Sie im Kapitel über **Bilder & Vektoren** ab Seite 145 gelesen haben, wie Sie Freisteller anhand von **Beschneidungspfaden**, **Alphakanälen** und **Objektkanten** erstellen können. Diese Optionen wurden an dieser Stelle sinnvollerweise ein zweites Mal integriert. Somit können Sie platzierte Objekte als EPS-, PDF- oder Illustrator-Datei auch ohne definierten Beschneidungspfad umfließen lassen.

Platzieren Sie eine PDF-Datei mit einem geschlossenen Objekt auf weißem Hintergrund. Aktivieren Sie **Umfließen der Objektform** und wählen Sie die Option **Kanten suchen** aus. Mit einem Standardabstandswert von zunächst **12 Point** führt InDesign die Textmenge um das Objekt. Nun können Sie durch einen eigenen Wert den Abstand definieren.

Dieser Konturenpfad, den InDesign selbst berechnet, besteht natürlich aus *Bézier-Kurven*. Wenn Sie auf die **Direktauswahl** [A] wechseln, gibt InDesign alle Pfadpunkte für die Bearbeitung frei. An unserem Beispiel entstehen aufgrund der unregelmäßigen Objektkontur des Motivs zahlreiche *Ankerpunkte*. Da nicht alle Punkte für einen sauberen Textumfluss benötigt werden, können Sie nun viele Punkte löschen oder nachbearbeiten. Leider stellt InDesign keine automatische Vereinfachung mit Vorschaufunktion wie Illustrator oder einen Toleranzbereich zur Verfügung, der Ihnen diese Arbeit abnimmt.

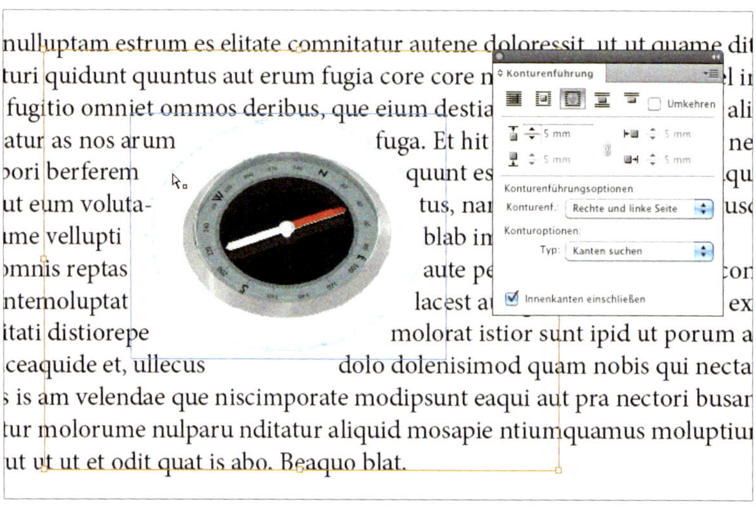

Per „Kanten suchen“ wird ein Freistellpfad von InDesign berechnet.

Zu ähnlich komplexen Freistellpfaden kommen Sie mit der Option **Alpha-Kanal**. Dagegen bestehen eingebettete Beschneidungspfade häufig aus „schlankeren“ Pfaden mit deutlich weniger Knotenpunkten. Die Anzahl der Vektoren und Knoten spielt für die spätere Belichtungszeit heute eher eine untergeordnete Rolle. Wenn Sie diese Funktion häufiger für mehrere Freisteller einsetzen wollen, sollten Sie als Alternative Freisteller in Photoshop mit Transparenzen oder – ganz klassisch – mit einem Beschneidungspfad erstellen.

Wort- und Zeichenausgleich

Durch den Textumfluss entstehen bei links- oder rechtsbündigem Satz neben einem Objekt ungewollte Lücken, wenn der verbleibende Platz zum Beispiel nur für eine Silbe ausreicht. Der Textfluss und die Lesbarkeit werden dadurch zerrissen: Der Begrenzungsrahmen als Kontur wird nur an der rechten Seite klar vom Textfluss eingeschlossen, die linke Kante wirkt dagegen abgerissen.

In den **Voreinstellungen** > **Satz** unter dem Menü **InDesign** – beziehungsweise **Bearbeiten** auf dem PC – finden Sie unter der Rubrik **Textumfluss** die Option **Text neben Objekt ausrichten**. Wenn Sie diesen Punkt aktiviert haben, wird der Begrenzungsrahmen auch auf der linken Seite eindeutig umflossen, der Text wird durch einen Blocksatz ausgeglichen, ohne dass sich die gesamte Textformatierung ändert. Dabei tritt die Absatzformatierung zur Bildung einer regelmäßigen Graumenge in den Hintergrund. Auch hier können größere Wortlücken auftreten, die „weiße Löcher" in das Schriftbild reißen. Nutzen Sie eine minimale Verringerung der Laufweite, um diese Lücken auszugleichen. Dazu reicht schon eine Laufweitenminimierung um 10/1000 Geviert.

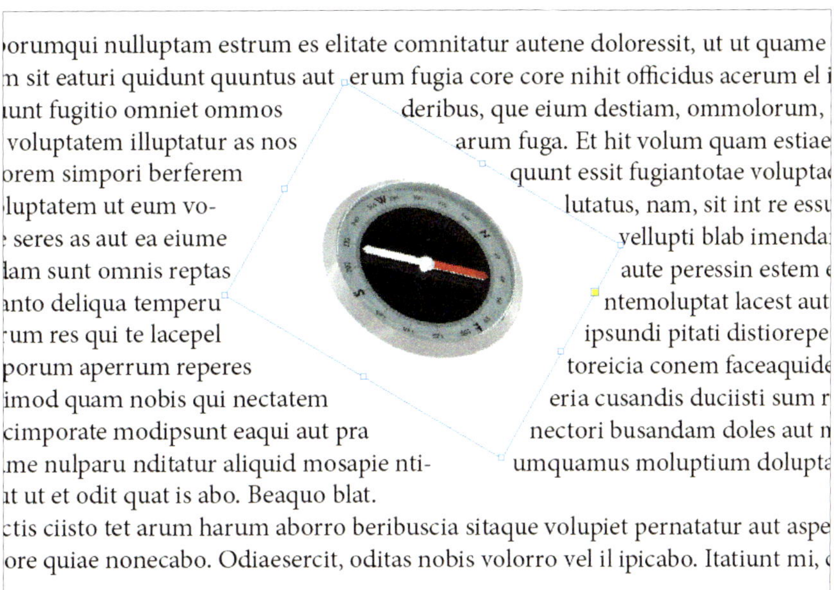

Textumfluss ohne aktivierte Option Text neben Objekt ausrichten

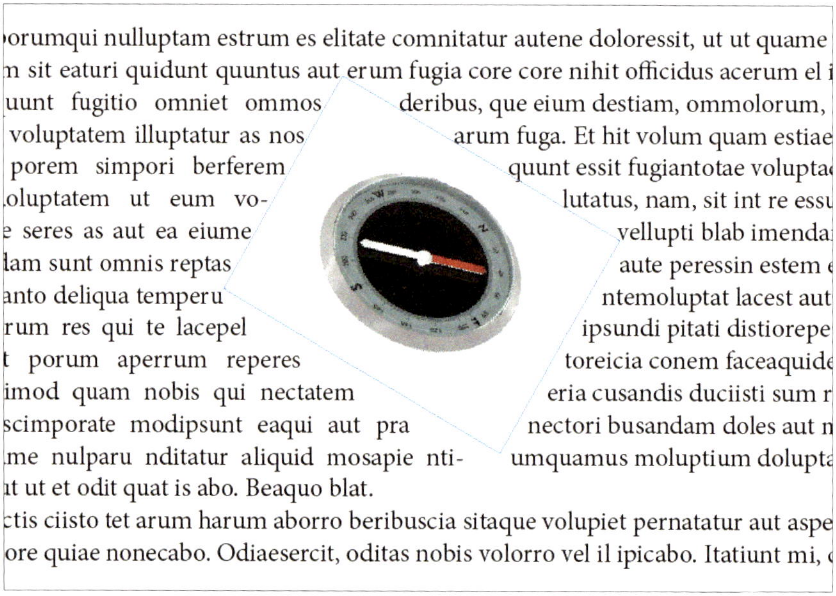
orumqui nulluptam estrum es elitate comnitatur autene doloressit, ut ut quame
n sit eaturi quidunt quuntus aut erum fugia core core nihit officidus acerum el i
uunt fugitio omniet ommos deribus, que eium destiam, ommolorum,
voluptatem illuptatur as nos arum fuga. Et hit volum quam estiae
porem simpori berferem quunt essit fugiantotae volupta
oluptatem ut eum vo- lutatus, nam, sit int re essu
e seres as aut ea eiume vellupti blab imenda
lam sunt omnis reptas aute peressin estem e
anto deliqua temperu ntemoluptat lacest aut
rum res qui te lacepel ipsundi pitati distiorepe
t porum aperrum reperes toreicia conem faceaquide
imod quam nobis qui nectatem eria cusandis duciisti sum r
scimporate modipsunt eaqui aut pra nectori busandam doles aut n
me nulparu nditatur aliquid mosapie nti- umquamus moluptium dolupta
it ut et odit quat is abo. Beaquo blat.
ctis ciisto tet arum harum aborro beribuscia sitaque volupiet pernatatur aut aspe
ore quiae nonecabo. Odiaesercit, oditas nobis volorro vel il ipicabo. Itatiunt mi, c

Textumfluss mit aktivierter Option „Text neben Objekt ausrichten" in den Voreinstellungen

Einzelwörter neben dem Objekt können auf unterschiedliche Art und Weise ausgeglichen werden, allerdings nur, wenn der Text auf Blocksatz formatiert ist. Unter dem **Absatz**-Bedienfeldmenü finden Sie im Dialog **Abstände** – in dem Sie das Blocksatzverhalten einstellen können – die Auswahl **Einzelwortausrichtung**.

Mit der Einstellung **Blocksatz** werden auch Einzelwörter am Rande eines **Textumflusses** mit hohem Zeichenabstand auf die maximale Breite ausgetrieben.

Textumfluss am rechten und linken Rand
Abhängig vom Motiv ist es ratsam, einen Freisteller nur links oder rechts umfließen zu lassen, da es sonst zu „schwierigen" Worttrennungen kommt.

Textrahmen umfließen

Natürlich können auch Textrahmen als Konturenobjekte genutzt werden, sowohl als Rechteckform wie auch als Formsatz. Dazu eignen sich besonders Abstände in der Größe des Zeilenabstands. Wie beim Formsatz in der Abbildung zu sehen ist, kann auch der **Textumfluss** dem Formsatz automatisch oder manuell mit den Pfadwerkzeugen angepasst werden.

Textumfluss um einen Textrahmen

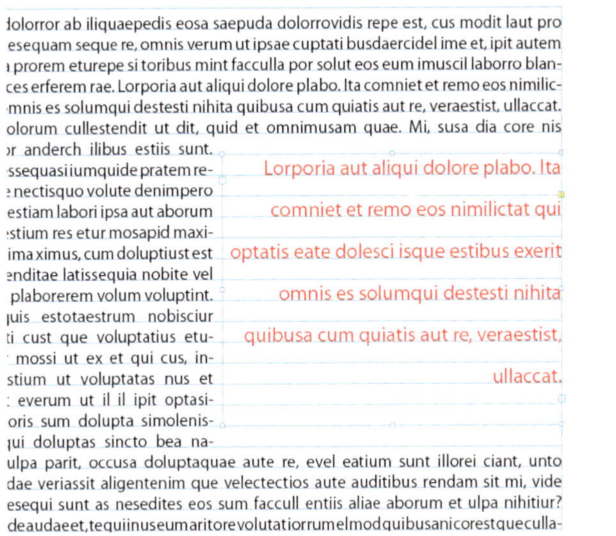

Auch Textrahmen im Formsatz werden korrekt umflossen.

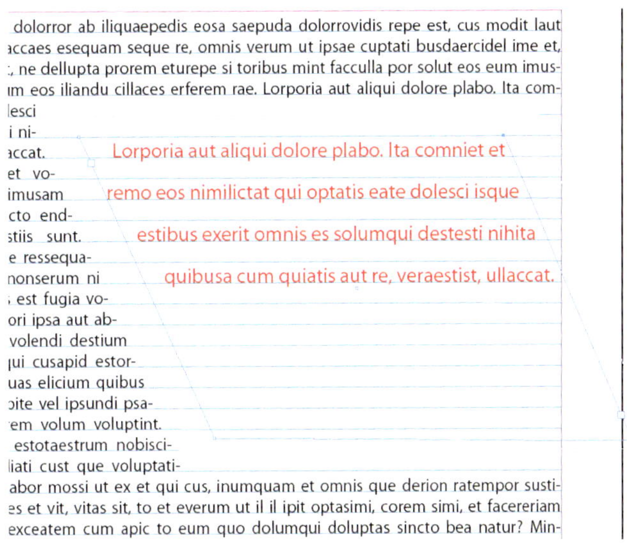

Objekt überspringen

Anders als der Textumfluss um die *Bounding Box* oder die Objektform, die zu einem neuen Textfluss innerhalb einer Zeile führt, markieren Objekte mit der Einstellung **Objekt überspringen** im **Textumfluss**-Bedienfeld einen Textumbruch um die Höhe des platzierten Objekts.

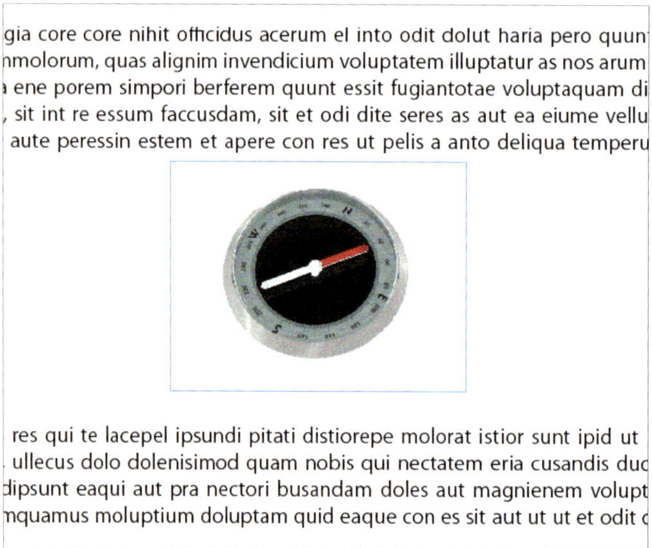

Die Option „Objekt überspringen" lässt den verdrängten Text erst unterhalb des Freistellers weiterlaufen und der linke und rechte Umraum wird ausgespart.

Diese Option ist besonders bei großen Textmengen sinnvoll. Die Einstellung **In nächste Spalte springen** hingegen umbricht den Text vor dem Objekt. Der Textumfluss wird hier als Umbruchmarkierung benutzt.

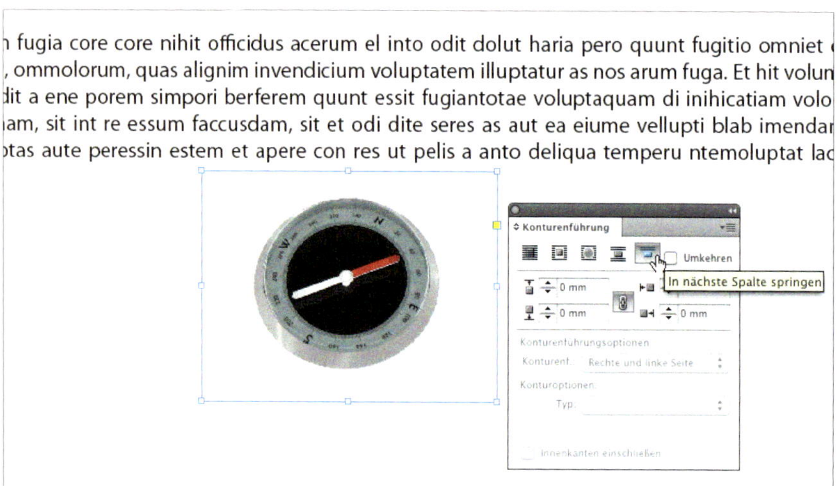

Die Option „In nächste Spalte springen" führt zu einem Spaltenumbruch in den nächsten verketteten Textrahmen.

Verdrängt das Objekt den Text oder wird der Text von Satzangaben umbrochen?
Zwei Wege führen nach Rom beziehungsweise zum geschmeidigen Formsatz: Soll eine Textmenge geschickt im Spaltenraster umbrochen werden, können entweder platzierte Rahmen mit der Funktion **Objekt überspringen** oder **In nächste Spalte springen** dafür sorgen, dass der Text verdrängt wird, oder Sie wenden die Umbruchzeichen, wie zum Beispiel **Spaltenumbruch**, im Text an, indem Sie aus dem Menü **Schrift** > **Umbruchzeichen einfügen** das entsprechende Zeichen auswählen. Lesen Sie dazu auch das vorherige Kapitel „Texte erfassen und bearbeiten".

Textumfluss umkehren

Eine vollständige Umkehrung des **Textumflusses** erzeugen Sie, indem Sie den Knopf **Umkehren** im **Textumfluss**-Bedienfeld aktivieren. Die Funktion **Umfließen der Objektform** muss dazu aktiviert werden. Der Textfluss verläuft nicht am Objekt vorbei, sondern nur innerhalb der Objektform. Es handelt sich hier also um eine weitere Art des Formsatzes mitten im Textrahmen. Der Vorteil gegenüber einem Formsatz ist, dass das Objekt die Form vorgibt. Wird also die Position des Objektes verschoben oder die Größe skaliert, ändert sich auch die Textform. Wenn Sie stattdessen einen getrennten Formsatz über einem anderen Objekt erzeugen, müssten Sie bei jeder Änderung die Kontur manuell anpassen. Ein klarer Vorteil für einen solchen Spezialfall.

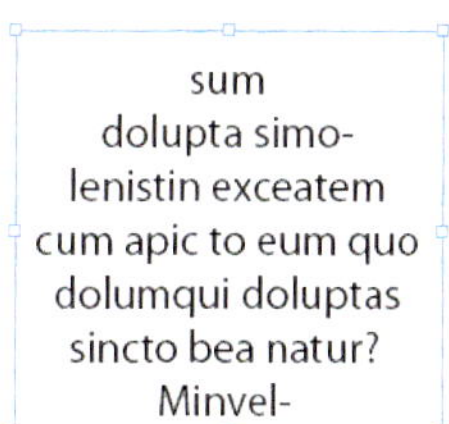

Bei umgekehrtem Textumfluss fließt der Text innerhalb der Objektform, anstatt an ihm vorbei.

Objektformate mit Textumfluss

Als **Objektformate** speichern Sie das Verhalten, wie ein Text von einer Grafik verdrängt wird, auch in einem Stil für den Grafikrahmen. Alle Optionen, die ich hier beschrieben habe, sehen Sie in der nächsten Abbildung.

Wollen Sie also Bilder immer in derselben Art und Weise umfließen lassen, legen Sie sich ein Objektformat an und wählen in der Rubrik **Textumfluss und Sonstiges** die entsprechenden Einstellungen. Leichter ist es jedoch, gleich einen Rahmen fertig zu gestalten und mit einem Klick alle Eigenschaften des Rahmens als neues **Objektformat** zu übernehmen. Darüber hinaus können Sie gleich danach die **Rahmeneinpassungsoptionen** anwenden. Wie Sie dies erreichen, zeige ich im Abschnitt **Vorlagen gestalten** ab Seite 83.

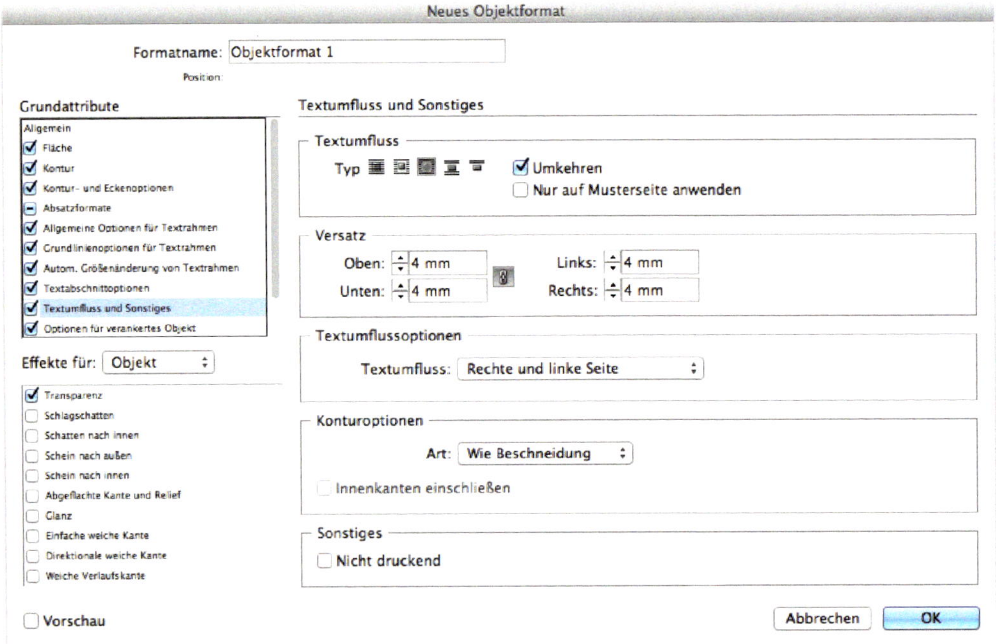

Die Umflussoptionen werden als „Objektformat" gespeichert. Vergleichen Sie die Möglichkeiten mit dem Bedienfeld „Textumfluss".

Absatz- und Zeichenformate

Die Möglichkeiten zur automatischen Formatierung von Texten jeder Größenordnung ist sozusagen das Herzstück einer professionellen Layoutsoftware. In den folgenden Abschnitten zeige ich Ihnen im Detail, wie intelligent InDesign mit Absätzen und Zeichen umgeht, und wie intelligent es von Ihnen ist, sich diese Funktionen zu Nutze zu machen.

Alle Formatierungen, die Sie mit typografischen Werkzeugen vorgenommen haben, legen Sie als Format an, um Texte schneller zu formatieren, um gegebenenfalls diese Formate übergreifend in anderen Dokumenten oder auf anderen Arbeitsplätzen innerhalb eines Designteams zu verwenden, und nicht zuletzt, um beim Export von barrierefreien PDFs oder EPUBs die besten Voraussetzungen für saubere Dokumente und problemlose Weiterverarbeitung zu schaffen. So stellen Sie sicher, dass die typografischen Qualitäten von InDesign in allen Publikationskanälen soweit wie möglich erhalten bleiben.

Der Unterschied zwischen Absatz- und Zeichenformaten

Innerhalb eines **Absatzformats** werden all die Einstellungen gespeichert, die sich – wie der Name bereits verrät – auf einen ganzen Textabsatz beziehen: Wie soll der Textabsatz typografisch dargestellt werden, wie ausgerichtet und nach welchen Methoden getrennt und umbrochen werden? Ein Absatz schließt immer mit einem **Absatzumbruch** (auch „Return“ genannt) ab, der mit der Taste ↩ eingegeben wird. Wenn Sie **Schrift** > **Verborgene Zeichen einblenden** aktiviert haben (so dass an derselben Stelle jetzt **Verborgene Zeichen ausblenden** steht) erkennen Sie im Layoutmodus das Ende eines Absatzes am Steuerzeichen ¶.

Die **Zeichenformate** hingegen beziehen sich nur auf einen Textbereich *innerhalb* eines Absatzes, wie ein Zeichen oder ein Wort. Sinnvollerweise arbeiten Sie daher zuerst mit **Absatzformaten** und definieren dann **Zeichenformate**, mit denen diese Textbereiche dann kursiv, fett, hochgestellt oder farbig ausgezeichnet werden. Kreativ angewendet dienen die **Zeichenformate** auch zum Beispiel zum Hinterlegen einzelner Wörter, indem die Unterstreichungsfunktion als farbige Markierung genutzt wird.

⊿ typolexikon.de/a/auszeichnung.html

Jede Textstelle ist mit genau einem **Absatzformat** verbunden, das alle Parameter des Textes definiert. Ein **Zeichenformat**, mit dem Sie das einzelne Wort formatieren, enthält jedoch nur Einstellungen für genau die Eigenschaften, in denen sich dieses Wort vom umgebenden Absatztext unterscheiden soll.

Grundlinienraster

Wie schon weiter vorne angesprochen, sollten Sie ein Absatzformat für einen Fließtext, wann immer möglich und sinnvoll, auf das **Grundlinienraster** stellen, denn nur so kann die **Registerhaltigkeit** von Schön- und Widerdruck erreicht werden. Überall, wo Sie mit mehrseitigen Dokumenten wie Magazinen, Zeitschriften, Büchern und ähnlichen Werken konfrontiert werden, sollten Sie gleich zu Beginn das **Grundlinienraster** anwenden.

Dabei gibt es die Möglichkeit, nur die erste Zeile eines Absatzes dem **Grundlinienraster** zuzuordnen, um einen Textrahmen oder einen Absatz sozusagen in das Raster einzuhängen, obwohl sein Zeilenabstand nicht der Rasterweite entspricht. Vom dokumentweiten **Grundlinienraster** abweichende Zeilenraster lassen sich in einem Textrahmen über die **Textrahmenoptionen** anwählen; das ist unter anderem sinnvoll für Rahmen auf Marginalspalten.

Grundlinienraster anzeigen und einstellen

Das Grundlinienraster blenden Sie über **Ansicht** > **Raster und Hilfslinien** oder [⌘ Strg] [⌥ Alt] [ß] ein beziehungsweise aus. Rufen Sie dann die **Voreinstellungen** > **Allgemein** mit [⌘ Strg] [K] auf und nehmen Sie dort über die Rubrik **Raster** einige Einstellungen für das **Grundlinienraster** vor.

Grundlinienrastergrundeinstellungen gibt es leider nur einmal pro Dokument.

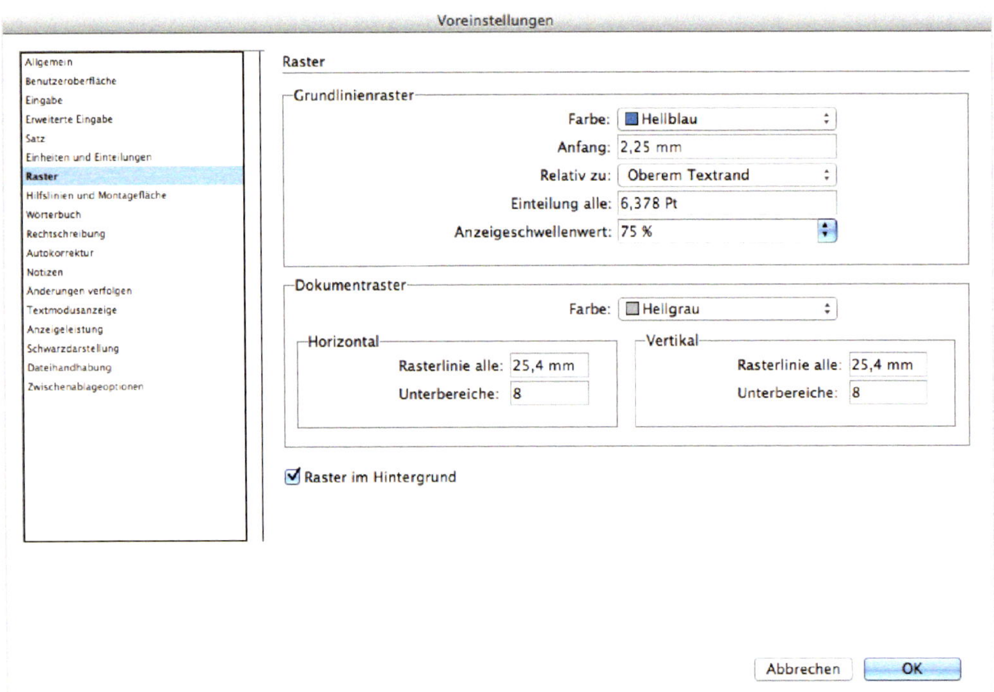

Innerhalb der Ränder dient das Grundlinienraster nur zum Ausrichten von Textzeilen und Grafiken innerhalb des Satzspiegels und überdeckt weder den Bund noch den Fußbereich.

Umrechnung der Einheiten
Haben Sie als Standardeinheit „Millimeter" angewählt, können Sie in den Eingabefeldern auch Point-Werte eingeben, indem Sie nach dem numerischen Wert ein „pt" eintippen. Danach wird der Point-Wert in Millimeter umgerechnet, wie überall in InDesign!

Zunächst wählen Sie den **Anfang** aus. Wenn Sie beispielsweise mit einer Schrittweite von 12 pt arbeiten wollen, dann kann das **Grundlinienraster** bereits bei **0 mm** an der **Oberen Formatkante** beginnen, oder Sie starten erst an der Satzspiegeloberkante. Dazu wählen Sie in den Vorgaben **Relativ zu: Oberem Textrand**, dann überdeckt das Grundlinienraster weder den Bundbereich (bei doppelseitigen Dokumenten) noch den Fußbereich unterhalb der Ränder.

Besonders angenehm ist, dass Sie für die Anzeige des **Grundlinienrasters** einen **Anzeigeschwellenwert** definieren können. Das bedeutet, dass die Rasterlinien erst eingeblendet werden, wenn der Zoomfaktor diesen Wert erreicht oder überschritten hat. Achten Sie auch hier wieder darauf, dass Sie auf den normalen Ansichtsmodus wechseln, um sich das Raster auch wirklich anzeigen zu lassen.

Zwei Grundlinienraster

Das Arbeiten mit einem **Grundlinienraster** wird etwas komplexer, wenn Sie ein Dokument erstellt haben, in dem Sie mit mehreren Schriftgrößen arbeiten. Kommen dann noch Marginalspalten mit ins Spiel, bei denen ein anderer Schriftgrad und ein vom Fließtext abweichender Zeilenabstand benutzt wird, trotzdem aber eine Registerhaltigkeit erzielt werden soll, können Sie in den **Textrahmenoptionen** dieses Marginaltextes ein eigenes **Grundlinienraster** definieren. Wählen Sie dazu den Textrahmen aus und drücken Sie [⌘ Strg] [B]. In der Rubrik **Grundlinienoptionen** finden Sie alle nötigen Einstellungen.

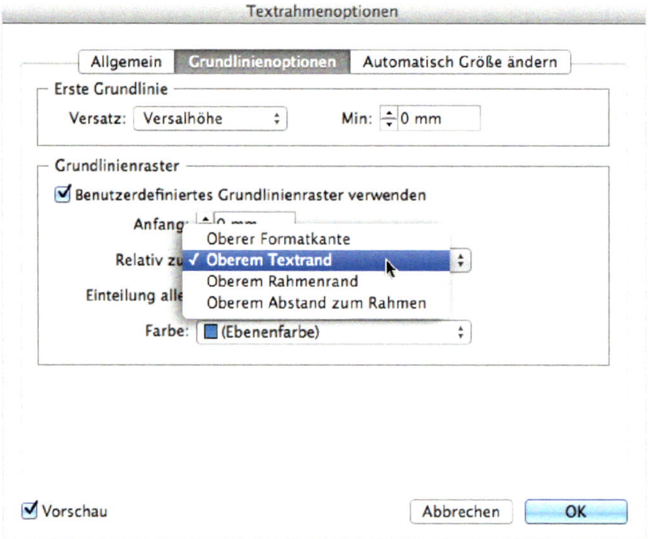

Vom globalen Grundlinienraster abweichende Schrittweiten lassen sich über die jeweiligen Textrahmenoptionen definieren.

Ein „halbes" Grundlinienraster
Mittels eines Tricks können Sie flexibler arbeiten und benötigen sogar nur ein einziges Grundlinienraster: Halbieren Sie einfach das Raster, zum Beispiel von 12 Point auf 6 Point. Eine 12 Point große Brotschrift wird somit auf jeder zweiten Grundlinie laufen. Überschriften oder Zwischentitel können dagegen bei einer Schriftgröße von 14 oder 16 Point auf jeder dritten Grundlinie mit einem Zeilenabstand von 3×12=18 Point laufen. Fußnoten in der Größe von 6 Point – sofern mit der gesetzten Type und optimalem Druck noch lesbar – richten sich dann direkt am 6-Point-Raster aus. Auch Drittel- oder Viertelteilungen können auf ähnliche Weise sinnvoll sein, solange Sie selbst den Überblick nicht verlieren.

Absatzformate

Nun aber zu den **Absatzformaten**, deren Erstellung ich hier beispielhaft zeige.

Stellen Sie sich vor, Sie haben einen Zeitschriftenartikel zu formatieren. Abhängig von Aufbau und Gestaltung des Artikels benötigen Sie höchstwahrscheinlich folgende Absatzformate:

- Titel mit
  - Untertitel
  - Zwischenüberschrift
- Anleser/Vorspann
- Fließtext – gegebenenfalls mit diesen Ableitungen:
  - Erster Absatz mit Initial
  - Folgeabsatz mit Einzug
  - Aufzählung
- Zitat
- Fußzeile

Innerhalb des Artikels können natürlich die Absatzformate in unterschiedlicher Reihenfolge aufeinandertreffen. Als Ausgangsformat benötigen wir also ein Absatzformat für den Fließtext und seine Varianten: erster Absatz mit Initial, Folgeabsatz mit Einzug und Aufzählung. Die anderen Formate fassen wir als Titelformate zusammen und erstellen zuletzt die Formate Anleser, Zitat und Fußzeile.

Brotschrift
Wasser und Brot waren zu früheren Zeiten natürlich auch wichtige Nahrungsmittel für Schriftsetzer. Je mehr Bleilettern sie setzen mussten, umso besser wurden sie bezahlt. Die Fließtextschrift eines Buches oder einer Zeitung nennt man daher auch Brotschrift, weil damit eben jenes am schnellsten verdient wurde.

Absatz- und Zeichenformate laden
Haben Sie bereits andere InDesign-Dokumente, deren Formate Sie nutzen wollen, importieren Sie sich doch einfach diese Formate in Ihr neues Dokument. Öffnen Sie das Bedienfeld Absatzformate und wählen Sie aus dem Bedienfeldmenü die Option „Alle Textformate laden" aus. Danach erhalten Sie die genaue Aufstellung der Formate und können ggf. einzelne Formate ersetzen oder ignorieren.

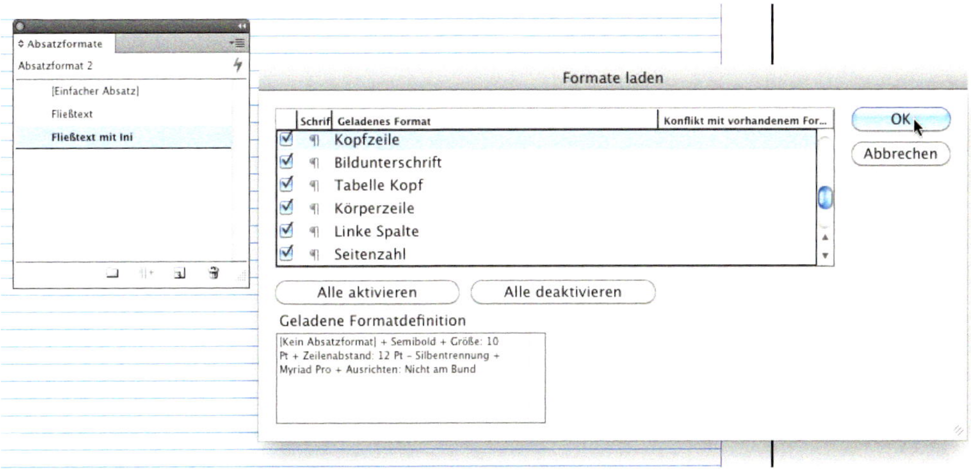

Aus einem anderen Dokument laden Sie sich über das Bedienfeldmenü die Textformate ein, so benötigen Sie keine neue Definition der Formate.

Neues Absatzformat

Bevor Sie nun ein Absatzformat Schritt für Schritt anlegen, können Sie auch einen Absatz in Ihrem Layout zunächst manuell formatieren und die Schriftfamilie, -schnitt, -grad und die Ausrichtung bestimmen. Das geht bei routinierten Gestaltern auf direktem Weg zumeist schneller und intuitiver als die Eingabe der Formatierungen in den Absatzformaten. Haben Sie bereits einen Absatz wunschgemäß formatiert, wird diese Formatierung automatisch übernommen, sobald Sie bei markiertem Text ein neues **Absatzformat** anlegen.

Das **Absatzformate**-Bedienfeld blenden Sie über die Funktionstaste F11 ein beziehungsweise aus. Wählen Sie über das Bedienfeldmenü des **Absatzformate**-Bedienfelds den Befehl **Neues Absatzformat** aus. Es erscheint das Dialogfenster zum Ändern der **Absatzformatoptionen**.

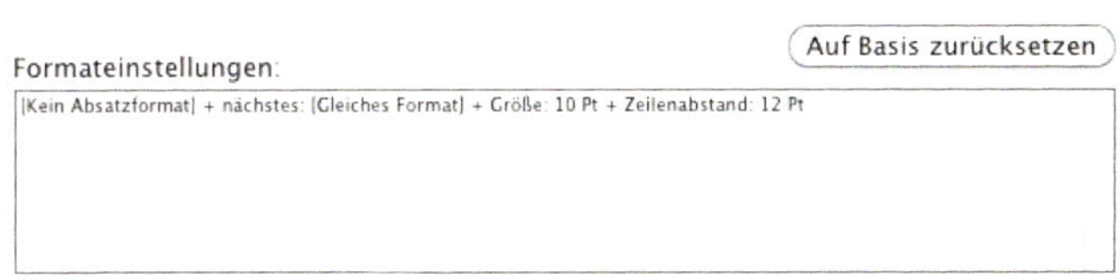

Die neuen Absatzformatoptionen beinhalten bereits die ersten grundlegenden Formatierungen Ihrer manuellen Vorarbeit.

Allgemeine Absatzformatoptionen

Der komplexe Dialog zeigt zunächst das Register **Allgemein** an. Hier definieren Sie den Formatnamen wie beispielsweise „Fließtext". Damit Sie auch alle weiteren Änderungen auf einen markierten Beispieltext im Hintergrund anwenden können, steht Ihnen die Option **Format auf Auswahl anwenden** zur Verfügung.

Einstellungen für dieses Buch
Grundschrift ist die Finn Light mit 9,5 pt Schriftgröße und 12,756 pt (= 4,5 mm) Zeilenabstand an einem halbzeiligen (2,25 mm) Grundlinienraster. Die Marginaltexte sind nur mit der jeweils ersten Zeile am Grundlinienraster ausgerichtet und aus der Finn Light und Bold mit 8 pt / 9,5 pt beziehungsweise der Finn Italic mit 9,5 pt / 11 pt gesetzt.

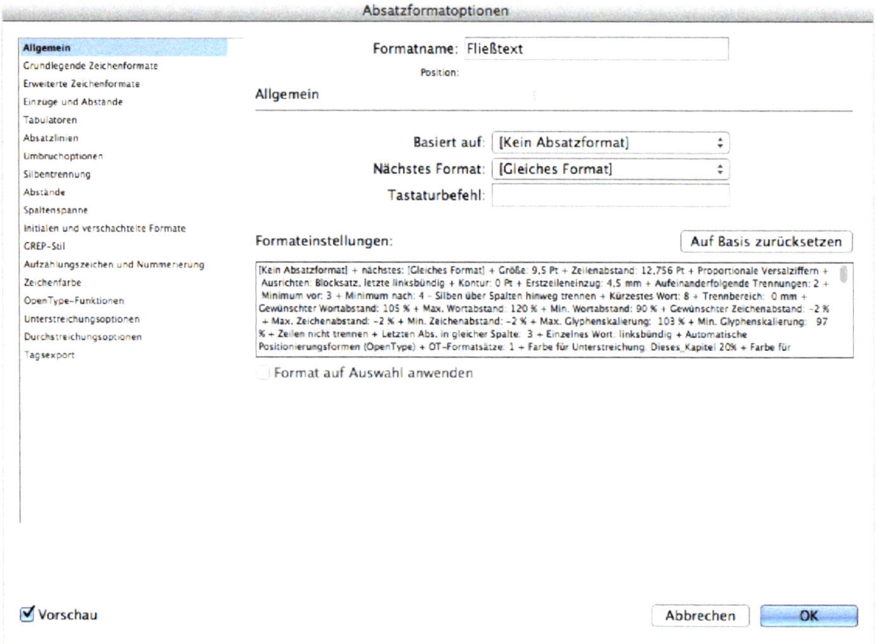

Allgemeine Informationen: Name, Vererbung, Tastenkürzel.

Basiert auf …

Solange Sie noch keine weiteren **Absatzformate** erstellt haben, sind Vererbungen im Dialogfeld **Allgemein** nicht möglich. Daher können Sie unter **Basiert auf** auch kein anderes Absatzformat auswählen. Und erst wenn mehrere Formate definiert wurden, können nach erneutem Öffnen der bestehenden Absatzformate **Folgeformate** zugewiesen werden. Die Arbeit mit Folgeformaten zeige ich Ihnen im nächsten Abschnitt.

Bei korrekter Definition der Absatzformate wird nach Betätigung des Zeilenschalters automatisch das nächste Format angewendet. Auf diese Weise lässt sich unter anderem bei einer Aufzählung geschickt zwischen zwei Formaten wechseln und ein Text bereits bei der Erfassung formatieren.

Das Löschen aller Abweichungen vom „Mutterformat" ist mit dem Knopf **Auf Basis zurücksetzen** möglich, der alle Änderungen gegenüber dem basierenden Format löscht.

Niemals [Einf. Abs.]!

InDesign kennt im Prinzip keinen unformatierten Absatz. Daher wird allem Unformatierten der „Einfache Absatz" zugewiesen. Der Teufel steckt jedoch im Detail. In diesem „Einfachen Absatz" ist nach einer Standardinstallation immer die Minion Pro in 12 Point definiert. Wer nicht aufpasst, erhält später lauter Dokumente, in denen die diese Schrift als blinder Passagier ihr Unwesen treibt und zu Fehlermeldungen führt. Lassen Sie daher nie ein Absatzformate auf diesem „Einfachen Absatz" basieren und formatieren Sie damit keine Absätze, wenn Ihnen nicht ein sehr guter Grund dafür einfällt.

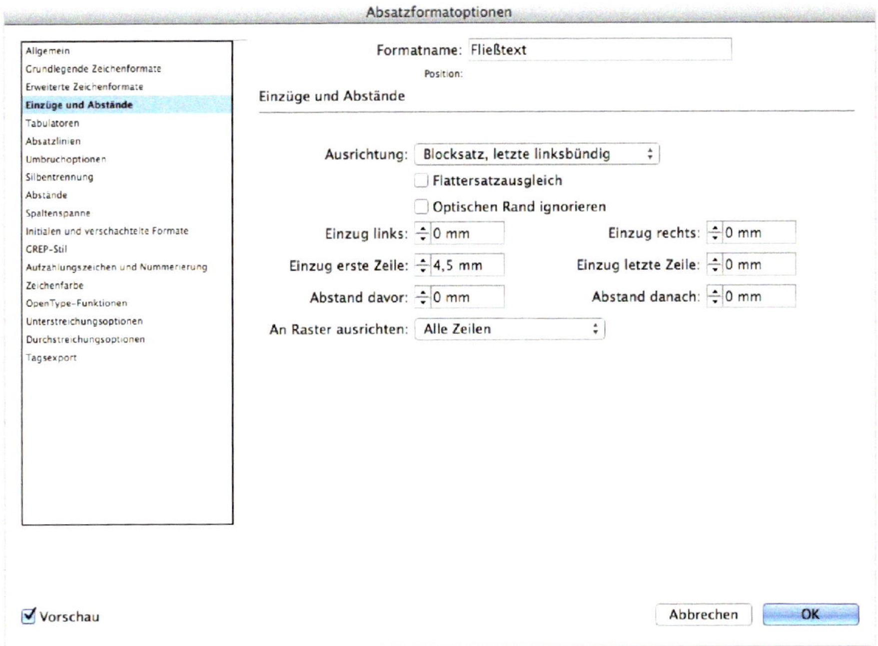

Für einen Erstzeileneinzug wie im vorliegenden Buch wird die erste Zeile eines Absatzes um den Zeilenabstand oder ein Vielfaches davon eingerückt.

Tastenbefehl zuweisen

Interessant sind die Eingabemöglichkeiten unter **Tastaturbefehl**. Hier können Sie dem Absatzformat einen eigenen Tastenbefehl zuweisen, so dass Sie Texte in InDesign schnell formatieren können. Diese Tastenbefehle sind ausschließlich mit dem Ziffernblock Ihrer Tastatur in Verbindung mit einer beliebigen Kombination aus [⌘ Strg], [⌥ Alt] und [⇧] erreichbar, was immerhin 60 Möglichkeiten umfasst. Falls Sie den Ziffernblock nicht benutzen möchten oder auf einer kleinen Tastatur gar keinen haben, können Sie dazu auch die Funktion **Schnell anwenden** verwenden. Dazu später mehr.

Übersichtsbereich
Sinnvoll ist, dass Sie die für das Absatzformat getroffenen Formateinstellungen direkt im „Übersichtsbereich" ablesen können. So können Sie später auf einen Blick auch Fehler entdecken oder sofort sehen, falls das Absatzformat auf Basis eines anderen erstellt wurde.

Grundlegende Zeichenformate

In der Rubrik **Grundlegende Zeichenformate** bestimmen Sie, welche Schrift Sie mit diesem Format zuweisen möchten, und legen Zeilenabstand, Schriftgrad, Laufweite, Buchstabenart und sonstige wichtige typografische Eigenschaften des Absatzformats fest.

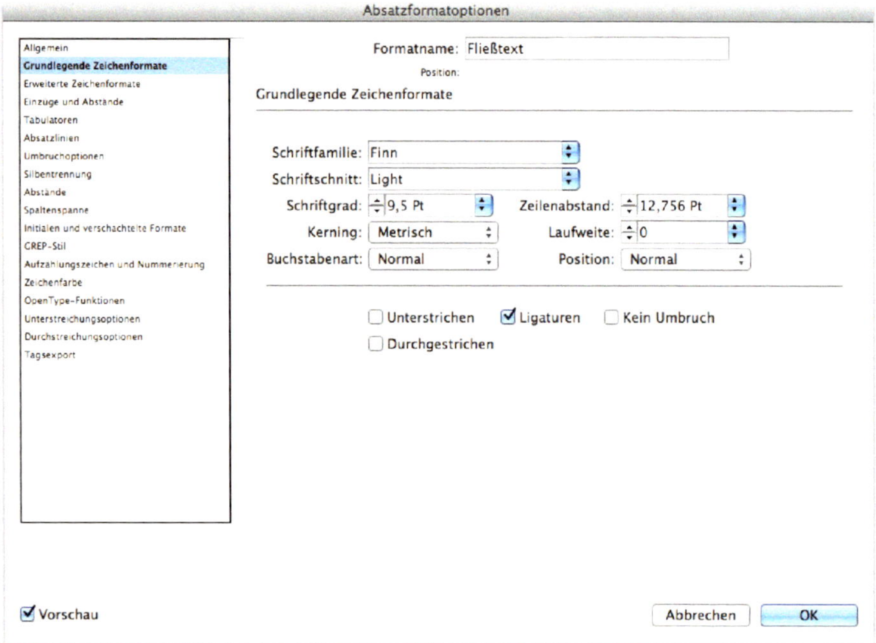

Grundlegende Zeichenformate für das Absatzformat

InDesign unterstützt bekanntlich **OpenType**-Schriften und so können Sie bei den Grundeinstellungen auch festlegen, ob im Dokument beispielsweise *echte* **Ligaturen** oder *echte* **Kapitälchen** benutzt werden sollen, falls Sie eine **OpenType**-Schrift nutzen, wie ich es im vorliegenden Buch getan habe. Die **Kapitälchen** werden dann dem jeweiligen Font entnommen und nicht nur horizontal und vertikal skaliert. Neben Funktionen wie dem optischen Kerning und dem **Absatzsetzer** sind diese typografischen Feinheiten herausragende Merkmale von InDesign.

Erweiterte Zeichenformate und mehrsprachige Dokumente

Die erweiterten **Zeichenformate** erlauben es Ihnen, die Schriften horizontal und vertikal zu skalieren und bei Bedarf einen Grundlinienversatz einzugeben. Eine Schrift sollte aber grundsätzlich nicht über diese Funktion skaliert werden, da dies ihren Charakter zerstören kann. Die einzige Ausnahme stellt die Verzerrung von Glyphen zugunsten eines besser umbrochenen Blocksatzes dar.

Über das Popup-Menü **Sprache** legen Sie fest, welche Grammatikregeln auf das Absatzformat angewendet werden sollen. InDesign unterstützt die jeweils installierten Grammatikregeln völlig absatzbezogen. Über das **Zeichen**-Bedienfeld oder – vornehmer – über ein eigenes **Zeichenformat** können Sie einer beliebigen Textpassage, zum Beispiel einem fremdsprachigen Zitat, die jeweilige Grammatik zuweisen. Diese Einstellung ist auch für die **Rechtschreibprüfung** maßgeblich.

Formatierung von Positionen
Hochgestellte Ziffern können nun direkt in den grundlegenden Zeichenformatierungen ausgewählt und mit den OpenType-eigenen „echten" Glyphen dargestellt werden. Hierzu lesen Sie bitte auch den Abschnitt **Zeichenformate**.

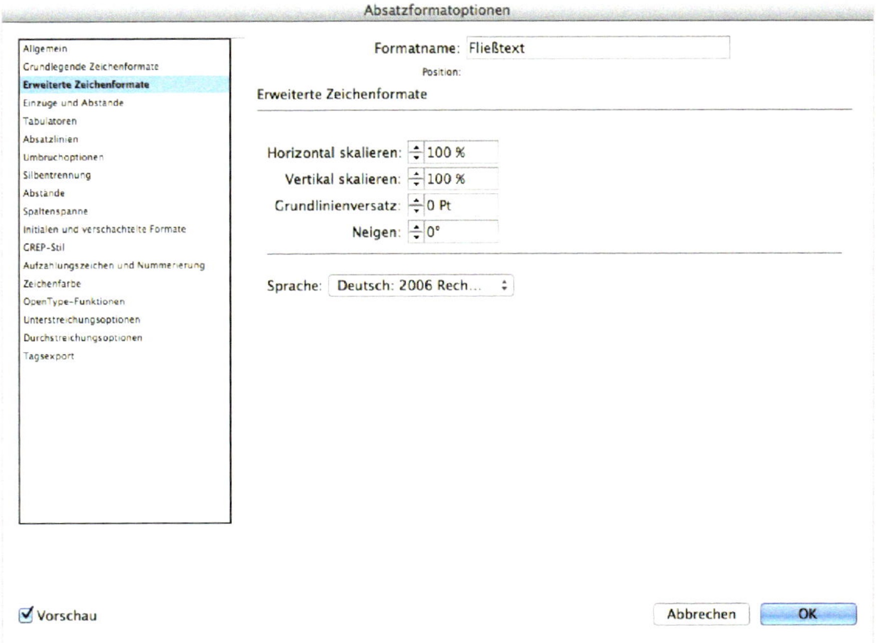

Erweiterte Zeichenformate beinhalten unter anderem das zugewiesene Wörterbuch. Wollen Sie in mehreren Sprachen layouten, müssen Sie für jede Sprache ein eigenes Format definieren.

Wollen Sie also ein mehrsprachiges Layoutdokument mit zum Beispiel deutschen, englischen, französischen, russischen oder türkischen Texten anlegen, müssen Sie unbedingt einzelne Absatzformate anlegen, denen Sie jeweils das richtige Wörterbuch zuweisen. Nutzen Sie daher zunächst eine erste Sprache, wie Deutsch oder Englisch, und legen Sie später Absatzformate an, die auf dem Mutterformat basieren und nur ein anderes Wörterbuch mit der gewünschten Sprache beinhalten.

Einzüge und Abstände

Die Ausrichtung ist neben der Wahl der Schriftgröße die wichtigste Einstellung. Unter **Einzüge und Abstände** finden Sie daher auch spezielle Blocksatzausrichtungen, die sich jeweils in der Behandlung der letzten Absatzzeile unterscheiden.

Sprachen global im Dokument ändern

Wollen Sie für alle Absätze Ihres Dokuments die Sprache ändern und ein anderes Wörterbuch zuweisen, nutzen Sie die Funktion **Suchen/Ersetzen** aus dem Menü **Bearbeiten**. Wenn Sie hier auf **Mehr Optionen** klicken und unter **Formateinstellungen suchen** die Rubrik **Erweiterte Zeichenformate** auswählen, finden Sie die Auswahl der Sprache. Geben Sie zunächst die gesuchte Sprache ein und wählen Sie anschließend unter **Format ersetzen** die neue Sprache aus. InDesign wird dann für die formatierten Textabschnitte das neue Wörterbuch zuweisen und ggf. die Trennung neu durchführen.

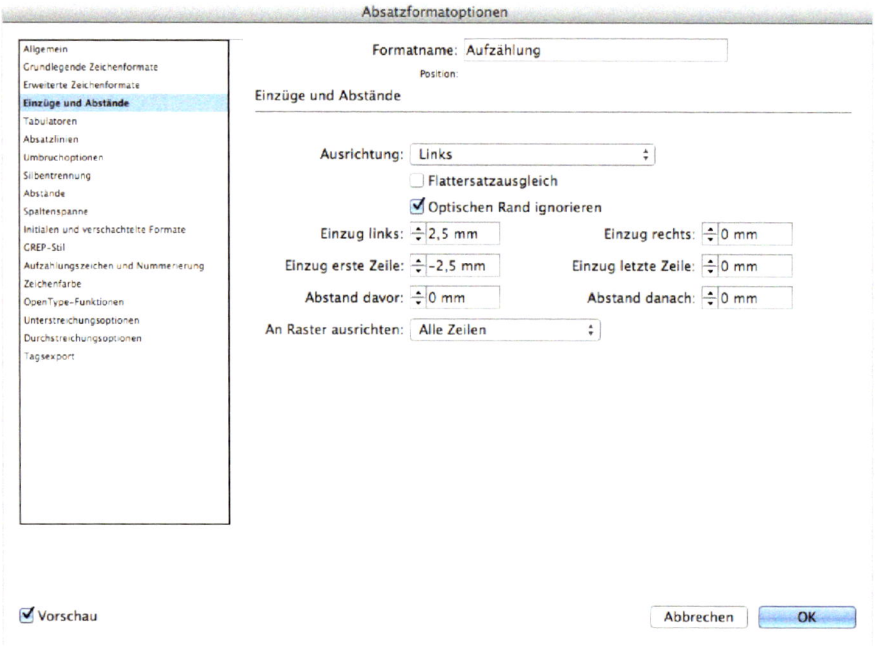

Die Option, den Optischen Randausgleich des Textrahmens zu ignorieren, ist bei Aufzählungen mit einem voranstehenden Symbol sinnvoll.

Interessant ist der **Flattersatzausgleich**, der dazu dient, möglichst gleich lange Zeilen bei linksbündiger, zentrierter oder rechtsbündiger Ausrichtung zu erzeugen. Weiter vorne in diesem Kapitel bin ich bereits auf die Details und den Unterschied zur herkömmlichen Weise, die Zeilen im Flattersatz im Rhythmus lang-kurz-lang-kurz auszugleichen, eingegangen. Bitte achten Sie auch hier darauf, dass der **Flattersatzausgleich** zu unvorhergesehenen Umbrüchen führt und versucht, auch bei kurzen Absätzen alle Zeilen auf dieselbe Lauflänge auszugleichen. Dies ist besonders bei mehrzeiligen Überschriften hilfreich, aber auch bei einzelnen isoliert stehenden Absätzen sinnvoll. Als Standardeinstellung sollte der **Flattersatzausgleich** nicht eingesetzt werden, da sich die Silbentrennung und Wortabstände dem Flattersatzausgleich unterordnen müssen.

Weitere Optionen betreffen die Einzüge: **Erstzeileneinzüge**, **negative Erstzeileneinzüge**, **linke** und **rechte Einzüge**. Als Faustregel für den klassischen Satz gilt: Erste Absätze werden ohne Einzug, nachfolgende Absätze mit Einzug gesetzt (wie im vorliegenden Buch). Die Tiefe des Einzugs ist auch von der Schriftgröße und dem Zeilenabstand abhängig, wie Sie im Kapitel **Typografie** nachlesen können.

Sie finden hier auch die Einstellungsmöglichkeit zur Festlegung der Registerhaltigkeit. Stellen Sie im Aufklappmenü **An Raster ausrichten** die Option **Alle Zeilen** ein, um das Absatzformat am Grundlinienraster auszurichten. Dabei steht diese Einstellung im Wechselspiel mit dem Zeilenabstand der **Grundlegenden Zeichenformate**. Ist an dieser Stelle ein manueller Zeilenabstand eingestellt, der höher als das Grundlinienraster ist, springt der Text in die jeweils zweite Zeile,

Flattersatzausgleich nur bei Adobe-Absatzsetzer

Die Technik des automatischen Zeilenausgleichs ist in InDesign nur dann aktiv, wenn gleichzeitig der Adobe Absatzsetzer in der Rubrik „Abstände“ als „Setzer“ aktiviert wurde.

der Zeilenabstand ist damit doppelt so hoch. Stellen Sie daher grundsätzlich immer einen Zeilenabstand ein, der dem Grundlinienraster entspricht beziehungsweise niedriger ist.

Als weitere Option steht Ihnen die Möglichkeit offen, nur die erste Zeile eines Absatzes in das Grundlinienraster „einzuhängen". Wenn Sie das Grundlinienraster nur als Anhaltspunkt verwenden, um von Absatz zu Absatz den Zeilenabstand geringfügig zu verringern oder zu erweitern oder dieselbe Höhe von platzierten Bildern horizontal zu treffen, ist dies ein guter Kompromiss zwischen der Freiheit im Layout und der Registerhaltigkeit für den Druck.

Hängender Einzug
Einen Einzug aller Zeilen außer der ersten erzielen Sie, indem Sie einen linken Einzug von zum Beispiel 12 pt definieren und den Einzug der ersten Zeile auf –12 pt setzen. Damit steht die erste Zeile rechnerisch wieder auf null, also an der Satzspiegelkante.

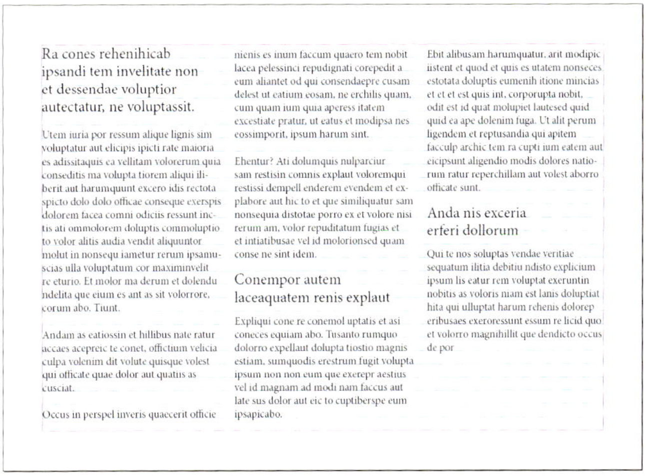
Ra cones rehenihicab ipsandi tem invelitate non et dessendae voluptior autectatur, ne voluptassit.

Utem iuria por ressum alique lignis sim voluptatur aut elicipis ipicti rate maioria es adissitaquis ea vellitam volorerum quia conseditis ma volupta tiorem aliqui iliberit aut harumquunt excero idis rectota spicto dolo dolo officae conseque exerspis dolorem facea comni odiciis ressunt inctis ati ommolorem doluptis commoluptio to volor alitis audia vendit aliquuntor molut in nonsequ iametur rerum ipsamuscias ulla voluptatum cor maximinvelit re eturio. Et molor ma derum et dolendu ndelita que eium es ant as sit volorrore, corum abo. Tiunt.

Andam as eatiossin et hillibus nate ratur accaes acepreic te conet, offictium velicia culpa volenim dit volute quisque volest qui officate quae dolor aut quatiis as cusciat.

Occus in perspel inveris quaecerit officie nienis es inum faccum quaero tem nobit lacea pelessinci repudignati corepedit a eum aliantet od qui consendaepre cusam delest ut eatium eosam, ne erchilis quam, cum quam ium quia aperess itatem excestiate pratur, ut eatus et modipsa nes eossimporit, ipsum harum sint.

Ehentur? Ati dolumquis nulparciur sam restisin comnis explaut voloremqui restissi dempell enderem evendem et explabore aut hic to et que similiquatur sam nonsequia distotae porro ex et volore nisi rerum am, volor repuditatum fugias et et intiatibusae vel id molorionsed quam conse ne sint idem.

Conempor autem laceaquatem renis explaut

Expliqui cone re conemol uptatis et asi coneces equiam abo. Tusanto rumquo dolorro expellaut dolupta tiostio magnis estiam, sumquodis erestrum fugit volupta ipsum non non eum que exerepr aestius vel id magnam ad modi nam faccus aut late sus dolor aut eic to cuptiberspe eum ipsapicabo.

Ebit alibusam harumquatur, arit modipic iistent et quod et quis es utatem nonseces estotata doluptis eumenih itione mincias et et et est quis int, corporupta nobit, odit est id quat molupiet lautesed quid quid ea ape dolenim fuga. Ut alit perum ligendem et reptusandia qui apitem facculp archic tem ra cupti ium eatem aut eicipsunt aligendio modis dolores natiorum ratur reperchillam aut volest aborro officate sunt.

Anda nis exceria erferi dollorum

Qui te nos soluptas vendae veritiae sequatum ilitia debitiu ndisto explicium ipsum lis eatur rem voluptat exeruntin nobitis as voloris niam est lanis doluptiat hita qui ulluptat harum rehenis dolorep eribusaes exeroressunt essum re licid quo et volorro magnihillit que dendicto occus de por

Die Überschriften sind in diesem Beispiel nur mit der ersten Zeile am Grundlinienraster ausgerichtet.

Grundlinienraster, Zeilenabstand und Registerhaltigkeit

Die Einstellung des Grundlinienrasters erfolgt für das ganze Dokument in den Voreinstellungen von InDesign. Die Größe des Zeilenabstands wählen Sie im Absatzformat in den „grundlegenden Zeichenformatierungen". Die Ausrichtung des Textes dagegen stellen Sie unter „Einzüge und Abstände" ein.

Tabulatoren

Ähnlich wie in der Formatierung von **Tabulatoren** (siehe auch unter **Tabellen**) definieren Sie hier übergreifende Tabulatorzeichen. Mit **aktivierter Vorschau** und einer entsprechend markierten oder zugewiesenen Textstelle können Sie sogar die Tabulatoren auf dem Lineal in Echtzeit verschieben und die Auswirkungen auf den Text begutachten.

Einfacher als einen Tabulator über das Absatzformat einzustellen, ist es aber, einen Text mit Tabulatoren manuell zu formatieren, den Absatz zu markieren und ein neues Absatzformat anzulegen. Somit werden automatisch die Tabulatoreinstellungen in das Format geschrieben.

Abstand zwischen Absätzen
Der **Abstand vor** und **nach** (dem Absatz) erzeugt einen Freiraum, ohne dass Sie Leerzeilen eingeben müssen. Wenn Sie mit einem **Grundlinienraster** von 12 Point arbeiten, geben Sie auch hier ein Vielfaches des Rasters ein, zum Beispiel 12, 24 oder 36 Point. Arbeiten Sie mit einem „halbzeiligen" **Grundlinienraster** von beispielsweise 6 Point, aber mit einem Zeilenabstand von 12 Point, erhalten Sie mit 6 Point einen Abstand von einer halben Zeile. Die Arbeitsweise ist natürlich auch ohne **Grundlinienraster**-Ausrichtung möglich.

Füllzeichen
Als Füllzeichen zwischen einem Eintrag und einem nachfolgenden Tabulator über eine breite Textspalte hinweg eignen sich nicht nur Punkte, sondern auch Unterstriche. Wenn Ihnen direkt aufeinanderfolgende Punkte zu eng erscheinen, geben Sie in das Feld des Füllzeichens einfach einen Punkt und ein nachfolgendes Leerzeichen ein und drücken danach die Tabulator-Taste. So bleiben die Punkte schön auf Distanz.

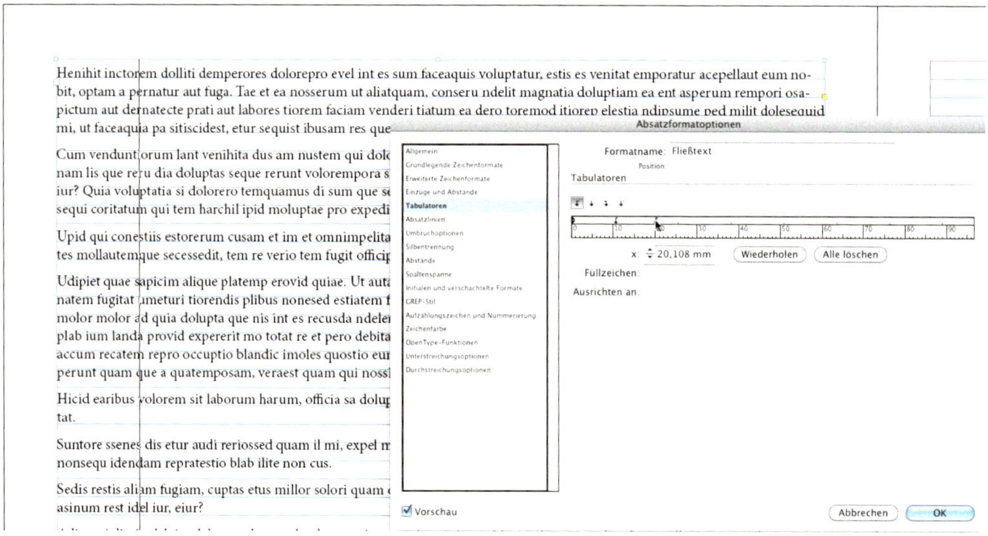

Mit aktiver Vorschau treffen Sie die Einstellungen für Tabulatoren

Absatzlinien

Für die Markierung eines Absatzes können Sie Absatzlinien ober- und unterhalb des Absatzes formatieren. Alle Konturenoptionen – auch die Wahl der Füllfarbe für gestrichelte Linien – stehen Ihnen offen.

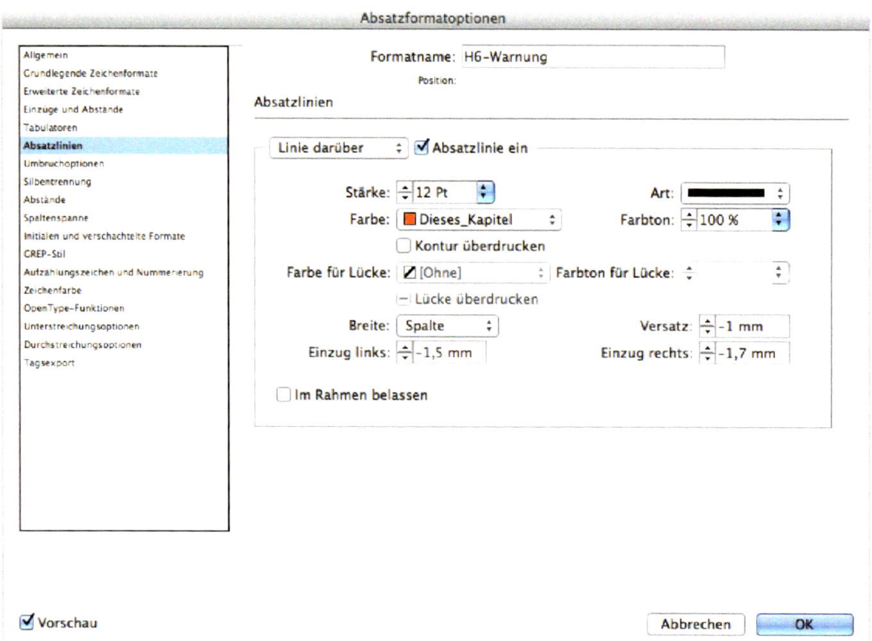

Linien ober- und unterhalb eines Absatzes gliedern auf grafische Weise eine Textmenge, eignen sich jedoch nur für besondere Auszeichnungen von Zitaten, Zwischenüberschriften oder Anlesern.

Etwas unübersichtlich ist der Wechsel zwischen **Linie darüber** und **Linie darunter**, da Sie das **Aufklappmenü oben links** jeweils noch einmal auswählen müssen. Achten Sie hier besonders darauf, welche Linie Sie gerade verändern. Wichtig ist in den selbst erklärenden

Einstellungen der Offset-Wert, der für die Linie oberhalb und unterhalb des Absatzes immer manuell gewählt werden muss, um ein optisch ansprechendes Schriftbild zu erreichen. Arbeiten Sie daher auch hier **mit aktivierter Vorschau**.

Die Funktion **Im Rahmen belassen** sorgt dafür, dass die Absatzlinien aufgrund eines negativen Wertes bei den Einzügen wie zum Beispiel -20 mm nicht außerhalb des Textrahmens erscheinen und in andere Textspalten hinübergreifen. Wenn Sie jedoch keinerlei Einzüge für eine Absatzlinie definieren und die **Breite** auf **Spalte** anwenden, hält sich die Linie immer innerhalb des Rahmens auf.

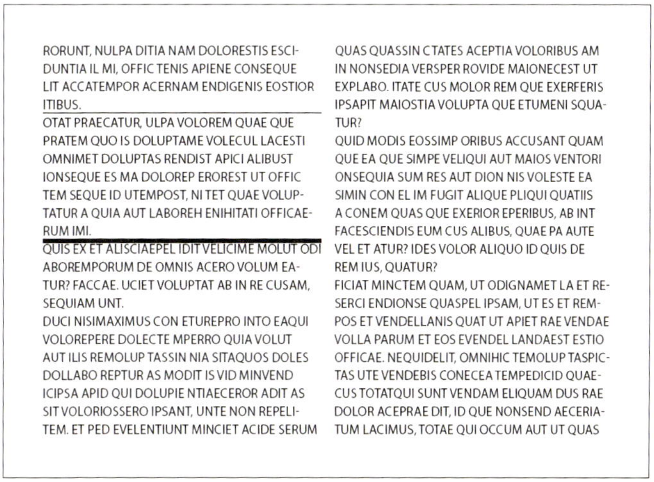

Ein Beispiel für Absatzlinien mit einer mageren Linie oben und einer fetten Linie unten. Beachten Sie, dass auch die Abstände des Absatzes zum vorherigen und zum nachfolgenden Absatzformat angegeben werden müssen.

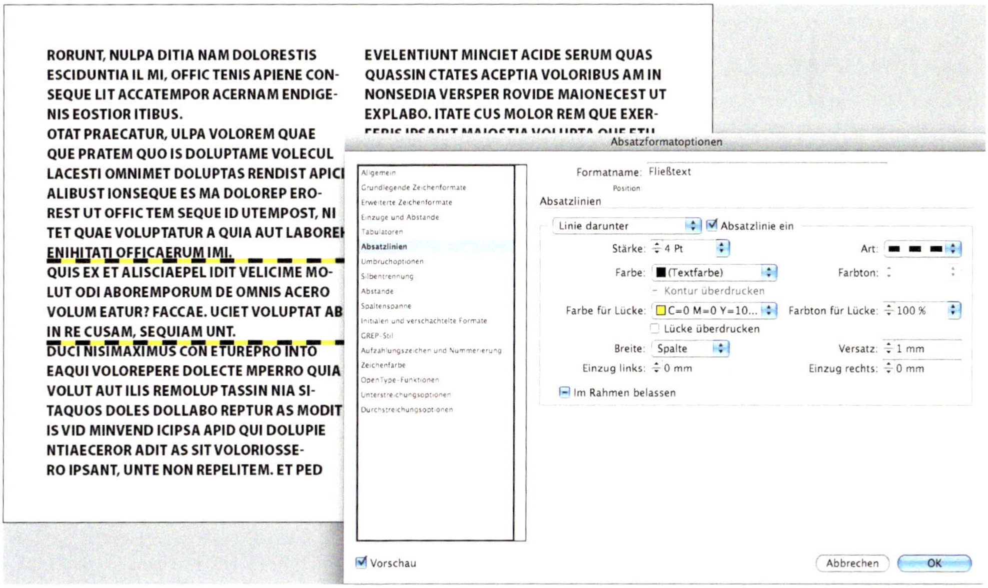

Absperrbänder für aufmerksamkeitsstarke Formatierungen durch abwechselnd schwarz und gelb gestrichelte Absatzlinien mit einer Stärke von 4 Point.

Umbruchoptionen

Wie soll sich der Text am Ende oder Anfang eines Absatzes verhalten? Nichts ist schlimmer als eine auslaufende Absatzzeile, die losgelöst auf einer neuen Seite steht, oder eine Absatzzeile, die am Ende einer Spalte oder Seite einsam und alleine stehend beginnt. Die sogenannten *Hurenkinder* und *Schusterjungen* können durch Setzen der richtigen Optionen schon beim Anlegen der Absatzformate weitestgehend vermieden werden, indem Sie dafür sorgen, dass mindestens zwei Zeilen am Anfang oder Ende des Absatzes zusammengehalten werden.

Absatzbeginn für Überschriften
Formatieren Sie eine wissenschaftliche Dokumentation, ist es ratsam, dass ein neues Kapitel automatisch auf einer neuen Seite beginnt. Dies können Sie allein mit einem Absatzformat erledigen: Sie wählen als „Absatzbeginn" in den Umbruchsoptionen „Auf nächster Seite". Damit eine Überschrift immer mit mindestens drei nachfolgenden Zeilen des Textes zusammen auf einer Seite steht, wählen Sie zudem „nicht von nächsten 3 Zeilen trennen".

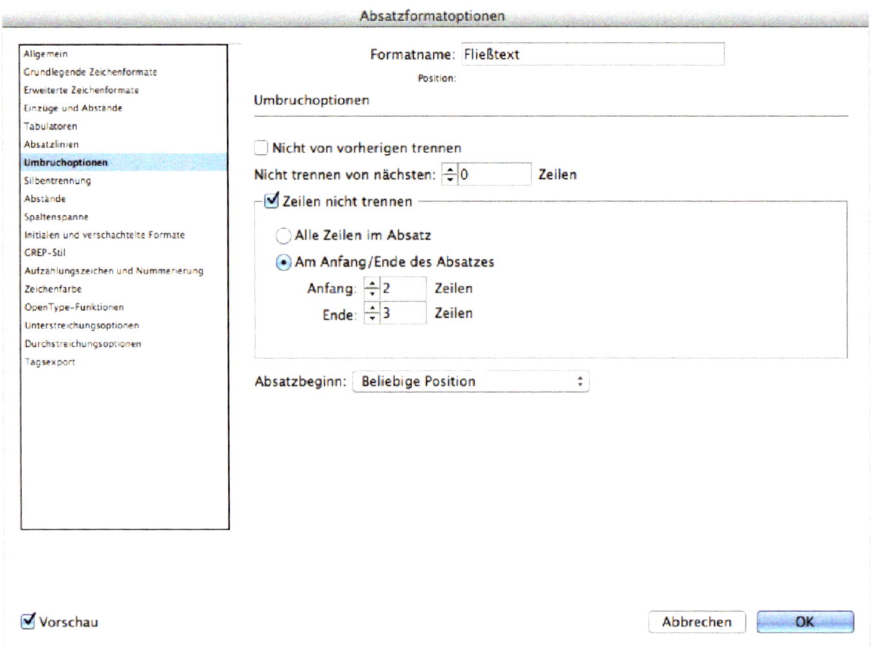

Umbruchoptionen sorgen dafür, dass durch einen ungünstigen Zeilen- und Seitenumbruch keine Schusterjungen und Hurenkinder entstehen.

Silbentrennung

Die **Silbentrennung** und die **Abstände** sind die wichtigsten Einstellungen für den automatischen Zeilenumbruch und einen ansprechenden Zeilenfall. In diesem Menüpunkt steuern Sie zunächst das *Trennverhalten* von InDesign. Sie legen fest, wie viele Zeichen ein Wort haben muss, um von InDesign überhaupt getrennt zu werden, die Anzahl der Zeichen vor beziehungsweise nach dem Trennstrich und wie viele Trennzeichen in Folge erlaubt werden. Dabei sind maximal *drei Trennstriche aufeinander folgend* ein guter Anhaltspunkt, können aber auch auf **0** gestellt werden, so dass InDesign einen größeren Spielraum für die Silbentrennung gewinnt und die Anzahl der aufeinanderfolgenden Trennungen selbst vorgibt.

Im Feld **Trennbereich** legen Sie die *Trennzone* fest. Diese Zone beschreibt den Abstand vom rechten Textrand, in den der Text laufen

Null Trennstriche?

Wenn Sie InDesign keine konkrete Zahl von maximal aufeinanderfolgenden Trennstrichen vorgeben, gibt es für InDesign auch keine Beschränkung für die Silbentrennung. Keine Panik! Bei guter Zeilenlänge und ordentlichen sonstigen Einstellungen werden Sie praktisch nie mehr als vier aufeinanderfolgende Trennstriche erhalten.

muss, um überhaupt getrennt zu werden. Der Trennbereich sollte aus typografischer Sicht bis *zu einem Drittel der Spaltenbreite* einnehmen. Ein hoher Wert führt zu gleichmäßiger getrennten Zeilen, ein niedriger Wert führt zu stark „flatternden" Zeilen.

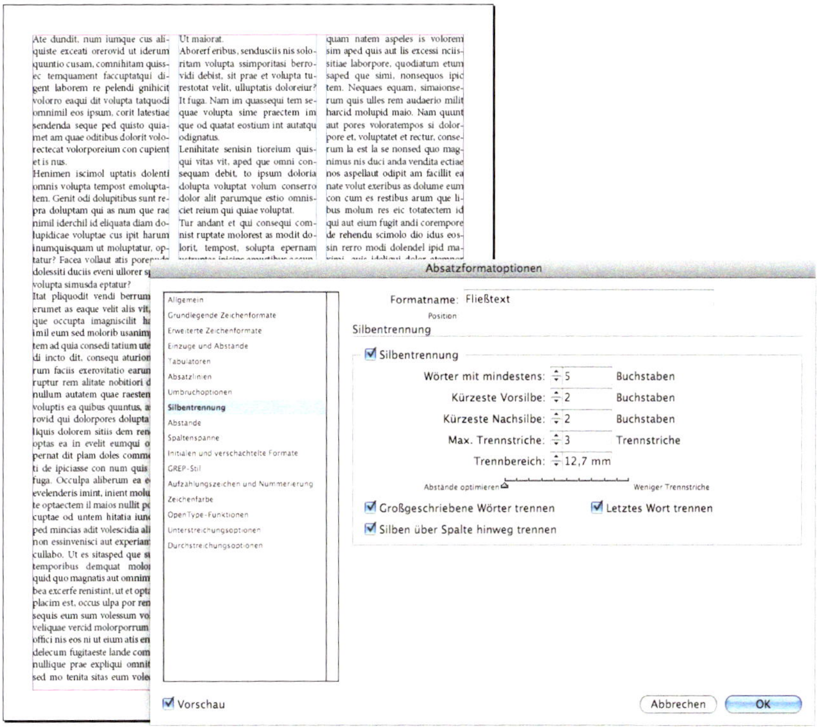

Wenn der Regler der Trennoptimierung ganz nach links geschoben wird, gleicht InDesign die Abstände optimal aus.

Besonders schön in InDesign sind die Schieberegler, mit denen Prioritäten dynamisch gesetzt werden können. Diese Funktion basiert auf dem *Adobe-Absatzsetzer*, dessen Verhalten ich noch genauer erläutere. Hier legen Sie fest, ob den definierten Abständen oder aber der Anzahl der Trennungen der Vorzug zu geben ist. Für einen gut ausgeglichenen Blocksatz ziehen Sie den Regler ganz nach links auf **Abstände optimieren**. Dies führt zu häufigeren Worttrennungen am Zeilenende. Arbeiten Sie hier immer **mit der aktiven Vorschau**, um das Ergebnis zu beurteilen.

Trennbereich nur im Flattersatz wirksam

Die Angabe des Trennbereichs ist nur bei links- oder rechtsbündiger Ausrichtung im Text wirksam. Verwenden Sie einen hohen Trennbereich im Blocksatz, wird dieser Wert ignoriert.

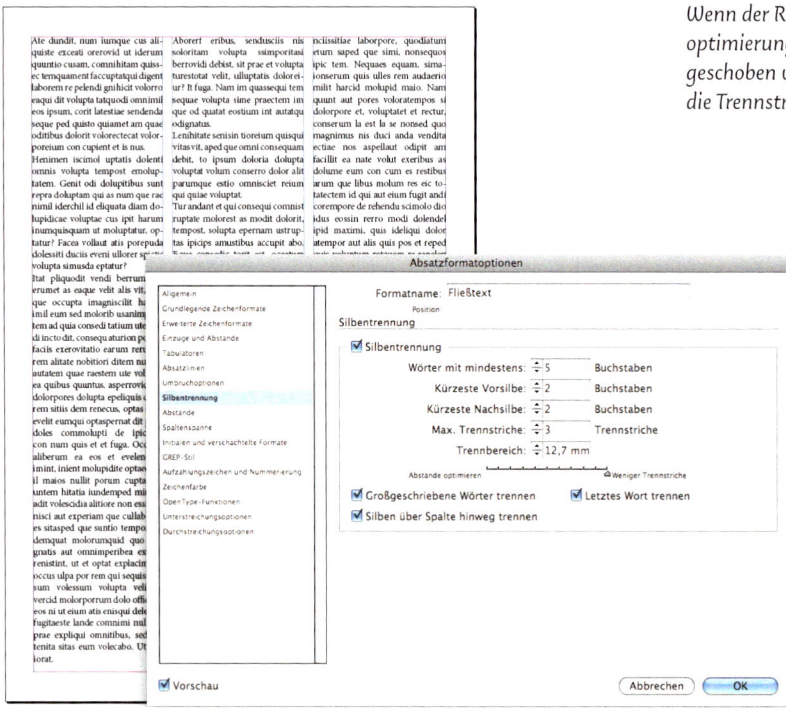

Wenn der Regler der Trennoptimierung ganz nach rechts geschoben wird, werden die Trennstriche reduziert.

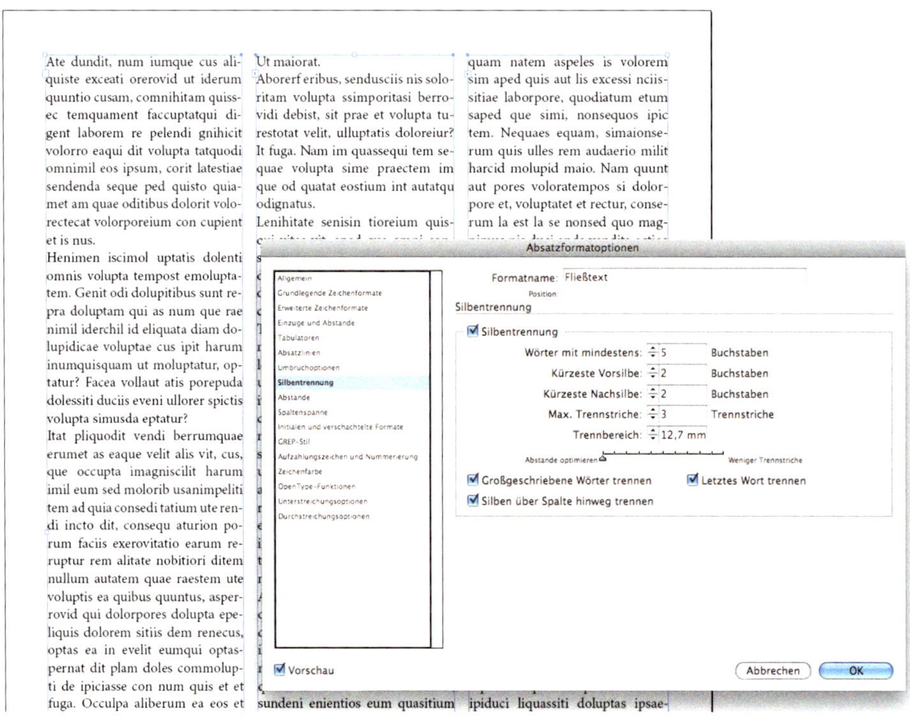

Ein Blocksatz kann durch häufigere Trennungen besser ausgeglichen werden, die Wortabstände fallen geringer aus.

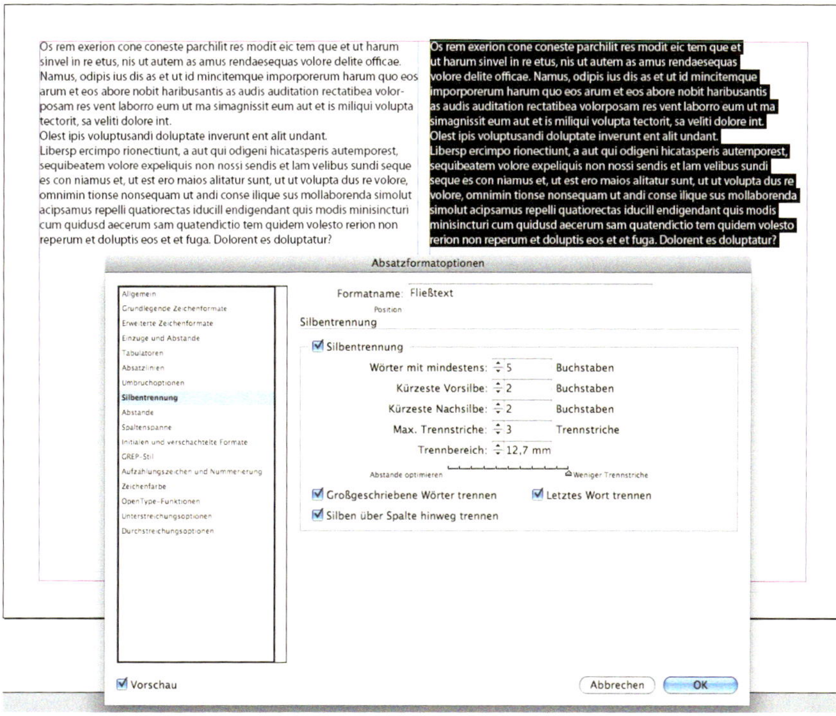

Eine linksbündige, zentrierte oder rechtsbündige Ausrichtung kann durch geringere Worttrennungen optimiert werden, die Zeilenbildung erfolgt dann unregelmäßiger.

Auf der Position **Ganz nach rechts** sorgt der Regler bei Flatter- oder Mittelachsensatz dafür, dass weniger Trennungen durchgeführt werden. Dadurch kann es zu unregelmäßigeren Zeilenlängen kommen.

Silbentrennung bei Überschriften
Für Absatzformate bei Titeln, Zwischentiteln oder Zitaten ist es gelegentlich empfehlenswert, die Silbentrennung nur für großgeschriebene Wörter oder komplett zu deaktivieren. Auch das letzte Wort in einem Absatz sollte unter Umständen nicht getrennt werden, da sonst eine sehr kurze letzte Zeile entstehen kann.

Abstände

Eine der wichtigsten Optionen für das Arbeiten mit Mengentext stellt der Menüpunkt **Abstände** beim Anlegen eines Absatzformats dar. Werden hier falsche Vorgaben gemacht, kann kein Blocksatz vernünftig durchgeführt werden. Was aber sind vernünftige Werte?

Abstände

	Minimal	Optimal	Maximal
Wortabstand:	80 %	100 %	133 %
Zeichenabstand:	0 %	0 %	0 %
Glyphenskalierung:	97 %	100 %	103 %

Die Abstände zwischen Wörtern und Zeichen sind die Ver- handlungsmasse für InDesign, eine gute Ausrichtung im Absatz herbeizuführen. Eine Skalierung der Glyphen ist innerhalb geringer Werte erlaubt und sinnvoll.

Eine verbindliche, eindeutige Antwort gibt es hierzu nicht. Jedoch gibt es zwei Strategien: Sie arbeiten **mit dem Adobe-Absatzsetzer** und geben der Technik möglichst viel Spielraum, um die Silbentrennung komplett durchzuführen, oder Sie verzichten auf den modernen „Schnickschnack", arbeiten mit dem **Einzeilensetzer** und nehmen nach den Absatzeinstellungen selbst den manuellen Umbruch vor. Ich stelle

Ihnen den ersten Weg vor. Wenn Sie mit dem Ergebnis unzufrieden sein sollten, können Sie immer noch auf den Einzeilensetzer zurückgreifen.

In den folgenden Schritten sehen Sie, wie Sie den Absatzsetzer einrichten und Spielräume innerhalb der Silbentrennung nutzen.

Bevor Sie damit beginnen, sollten Sie sich vergewissern, dass Sie mit dem richtigen Wörterbuch im Absatzformat arbeiten. Dies können Sie in den Absatzformatoptionen unter der Rubrik **Erweiterte Zeichenformate** prüfen.

Textumbruch mit Silbentrennung und Absatzsetzer

Die wohl komplexeste Technik zum Umgang mit Texten in InDesign, der **Absatzsetzer**, liefert nicht immer zufriedenstellende Ergebnisse: Wenn Sie nach altbewährter Methode der Schlusskorrektur Zeile für Zeile prüfen, entdecken Sie sicher einzelne Wörter, die nach Ihrer Meinung besser zu trennen wären. Doch bevor Sie nun den **Absatzsetzer** deaktivieren und alles wieder manuell trennen, versuchen Sie's lieber mit weiteren Einstellungen, um mit dem **Absatzsetzer** deutlich bessere Ergebnisse zu erzielen.

1 Absatzformatoptionen aufrufen

Öffnen Sie ein Dokument, das Text enthält, der mit Hilfe eines Absatzformats im Blocksatz formatiert ist, oder erstellen Sie ein solches. Öffnen Sie durch Doppelklick auf das Absatzformat im Bedienfeld **Absatzformate** oder über das **Bedienfeldmenü** die **Absatzformatoptionen**.

2 In Rubrik „Silbentrennung" wechseln

Wechseln Sie in die Rubrik Silbentrennung und aktivieren Sie die Option Vorschau.

3 Spektrum nutzen

Über die Silbentrennung können Sie die Arbeit des Absatzsetzers durch mehrere Parameter beeinflussen und optimieren. Wörter mit mindestens **6 Buchstaben** dürfen getrennt werden und die **Kürzeste Vor-/Nachsilbe** ist **3 Buchstaben** lang.

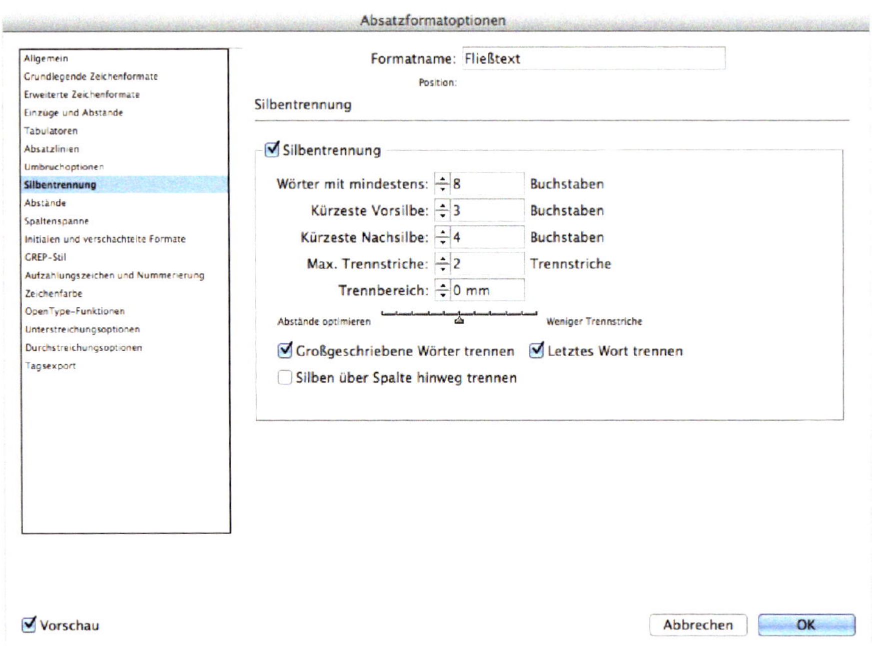

Die Absatzformatoptionen in der Rubrik „Silbentrennung".

4 Textabschnitt wählen und Absatzformat aufrufen

Wieder wird ein Textabschnitt benötigt, der per Absatzformat im Blocksatz formatiert ist. Hier können Sie also gut mit dem Dokument aus dem vorhergehenden Abschnitt weiterarbeiten. Rufen Sie im Bedienfeld Absatzformate die Absatzformatoptionen für den Textabschnitt auf.

5 In Rubrik „Abstände" wechseln

Wechseln Sie in den Absatzformatoptionen in die Rubrik **Abstände**. Aktivieren Sie die Option Vorschau.

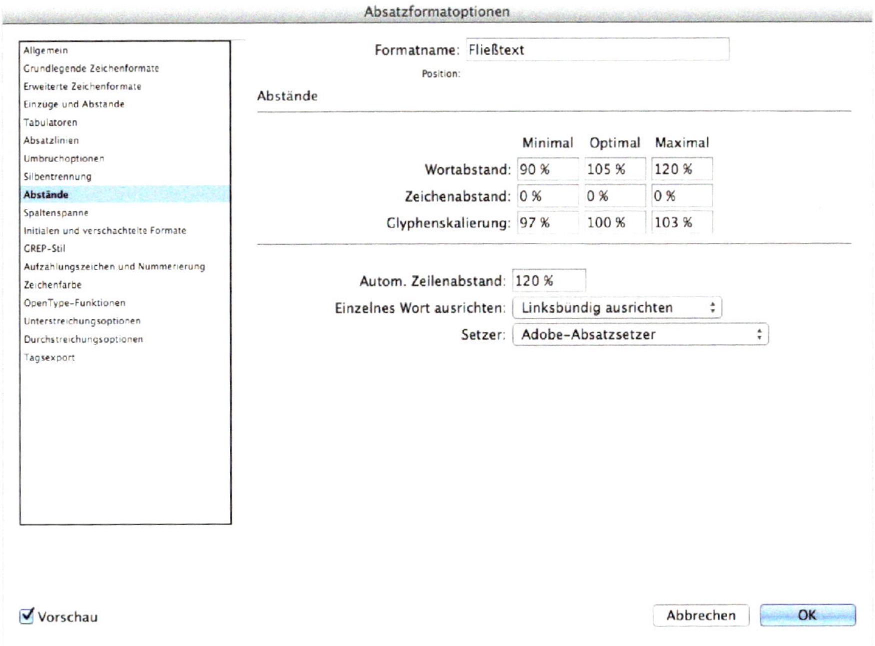

Diese „Abstände" regeln die Skalierung der Glyphen und der Wortzwischenräume.

6 Einstellungen für die Glyphenskalierung vornehmen

Stellen Sie nun für den „Glyphenabstand" die Werte Minimal **97%**, Optimal **100%**, Maximal **103%** ein und betrachten Sie die Auswirkungen dieser Einstellung über die aktive Vorschau.

Die Praxis hat gezeigt, dass die Einstellungen der Abstände in den meisten Fällen zu einem deutlich besseren Zeilenumbruch führen als die Variationen in der Silbentrennung.

Noch mehr Spielraum durch den Optischen Randausgleich
Den „optische Randausgleich" begradigt die linke und rechte Flucht eines Blocksatzes. Dieser Randausgleich bietet sowohl für den Absatzsetzer als auch den Einzeilensetzer einen höheren Spielraum. Pro Textzeile gewinnen Sie eine Breite von ein bis zwei Zeichen hinzu, in der eine Worttrennung genutzt werden kann. Die Anwendung des Optischen Randausgleichs finden Sie im Kapitel „Typografie".

Was macht der Absatzsetzer?

Wenn Sie Ihre Arbeitsweise, Text Zeile für Zeile zu prüfen und zu umbrechen, auf das Layoutprogramm übertragen, erhalten Sie den Einzeilensetzer. Dieser ist das exakte Gegenteil des Absatzsetzers. Der Absatzsetzer hingegen vergleicht alle möglichen Trennungen in einem Absatz anhand des zugewiesenen Wörterbuches, berechnet daraus optimale Varianten und sucht dann diejenige heraus, die nach den

Silbentrennregeln das beste Verhältnis aus Worttrennungen und Wortabständen darstellt. Dies kommt besonders dem Blocksatz zugute, da auf diese Weise die Bildung von sogenannten „Wasserfällen" vermieden wird, also Wortzwischenräume, die im Blocksatz unmittelbar übereinanderstehen. Somit sehen Sie bereits, dass das Ziel des Absatzsetzers nicht optimale Worttrennungen sind, sondern ein möglichst gleichmäßig ausgerichteter Blocksatz.

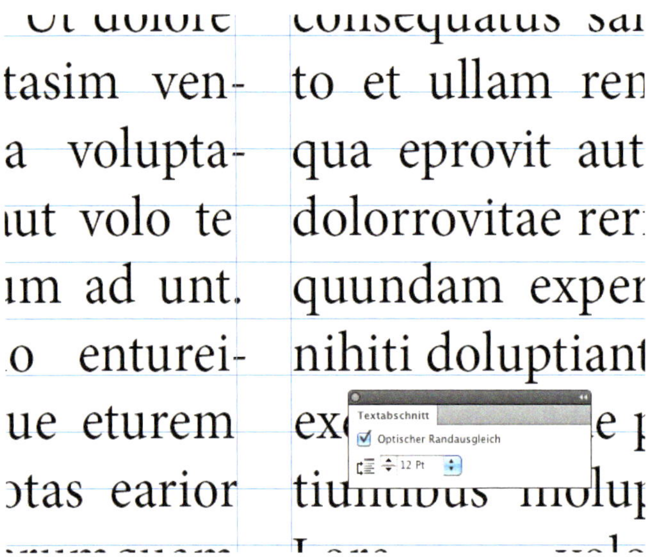

Ein Blocksatz mit optischem Randausgleich

Einzelwortausrichtung

Wenn ein einzelnes Wort eine gesamte Zeilenbreite einnimmt, ohne getrennt zu werden, können Sie selbst bestimmen, wie mit diesem Wort verfahren wird. Dies tritt häufig bei langen Einzelwörtern in Fachbüchern oder in schmalen Zeitungsspalten auf. Auch neben Freistellern, die den Text verdrängen, kann ein Einzelwort pro Zeile erscheinen. In der Regel ist die Einzelwortausrichtung auf Blocksatz gestellt. Alle Zeichen des Worts werden dann auf die Spaltenbreite ausgetrieben, was zu einer höheren Laufweite führen kann. Stellen Sie nur dann den Wert auf eine andere Ausrichtung, wenn Sie einen solchen Spezialfall im Flatter- oder Mittelachsensatz entdecken.

Die Einzelwortausrichtung sorgt dafür, dass einzelne Wörter innerhalb eines Blocksatzes auf die volle Spaltenbreite ausgetrieben werden.

Das Aquarium (v. latein aqua „Wasser"), auch Unterwasserrumschwimmtierankuckkasten genannt, ist die verbreiteste Art des Vivariums.

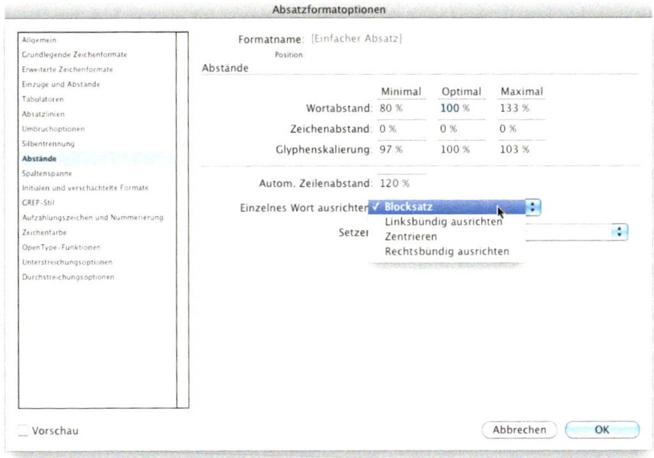

Aufgrund einer Textverdrängung durch einen Freisteller wird die Textspalte so schmal, dass es zu einer Einzelwortausrichtung kommt. Hier greifen Ihre Vorgaben im Absatzformat.

Das Aquarium (v. lat. aqua „Wasser"), auch Unterwasserrum- schwimmtieran- kuckkasten genannt, ist die am weites- ten ver- breitete A r t d e s V i v a - riums. M e i s t h a n - delt es sich bei ihnen um G e f ä ß e aus Glas oder durch- sichtigem Kunst- stoff, die mit Wasser befüllt werden. Mit Hilfe von Fischen und wirbellosen Tieren wie Weichtieren oder auch Krebsen sowie Wasserpflanzen und Bodenmaterialien, meist Kies oder Sand, stellt der Aquarianer eine Unterwasserwelt her und erhält sie am Leben. Auf Wassertiere spezialisierte Zoos (auch Aquazoos genannt) bezeichnen

Spaltenspanne

Wie Sie bereits weiter vorne in diesem Kapitel lesen konnten, bietet InDesign die Möglichkeit, Text in einem Absatz mehrspaltig darzustellen oder Spalten zu überspannen. Die Einstellungen im **Absatzformat** finden Sie im Reiter **Spaltenspanne**.

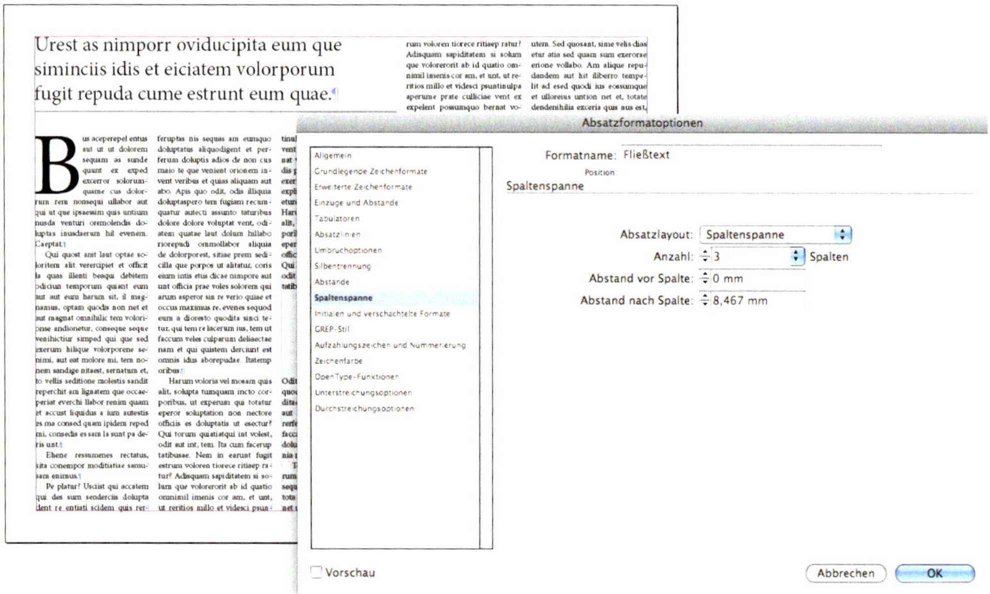

In den Absatzformatoptionen können Sie wählen, ob mehrere Spalten in einem Textrahmen überspannt werden oder ob der Absatz in mehrere Spalten unterteilt wird.

Zunächst ist in der einzigen Option **Absatzlayout** die **einzelne Spalte** ausgewählt. Mit der **Spaltenspanne** gestalten Sie einen Absatz so, dass dieser in einem *mehrspaltigen* Textrahmen mehrere Spalten überspannen darf. Dies ist ideal für Überschriften oder Zitate mitten im Text. Sie entscheiden, ob der Absatz **alle Spalten** im Textrahmen – bis zu 40 sind möglich – überspannt oder ob es zwischen **1** und **5 Spalten** sind.

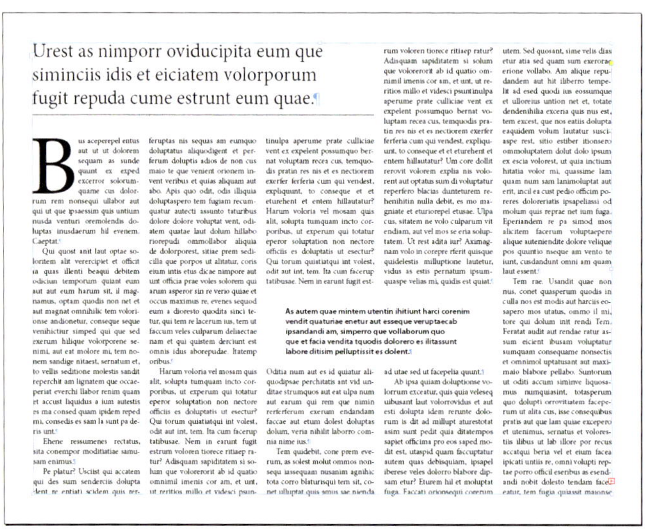

Für ein Zeitungslayout dient die Spaltenspanne dazu, eine Überschrift über zwei Spalten laufen zu lassen, während der Textrahmen insgesamt fünf Spalten hat.

Ein Zitat mitten im Zeitungsartikel kann ebenfalls mit einer Spaltenspanne herausgestellt werden, so dass ein breiter Weißraum entsteht.

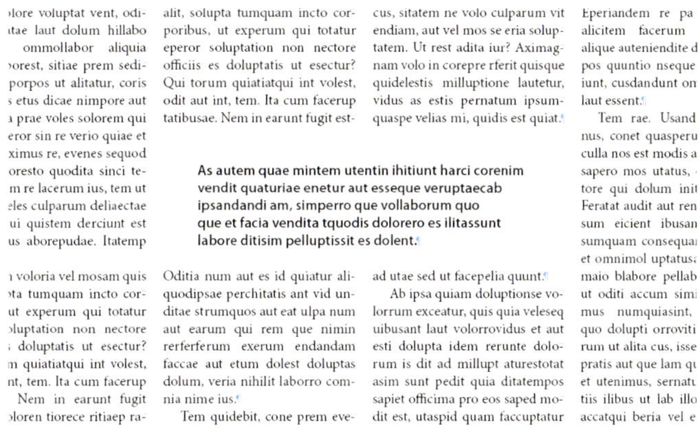

Zusätzlich zu der Spaltenspanne stellen Sie auch den Abstand **vor** und **nach der Spaltenspanne** ein. Diese Werte werden jeweils zu den unter **Einzüge und Abstände** definierten Abständen addiert, die ich Ihnen bereits in diesem Kapitel vorgestellt habe. Beachten Sie bitte, dass Sie immer nur dann Spalten überspannen können, wenn Sie das **Absatzformat** in einem *mehrspaltigen Textrahmen* anwenden.

Die Unterteilung einer Spalte sorgt für mehr Übersichtlichkeit von Aufzählungen und spart Platz im Layout.

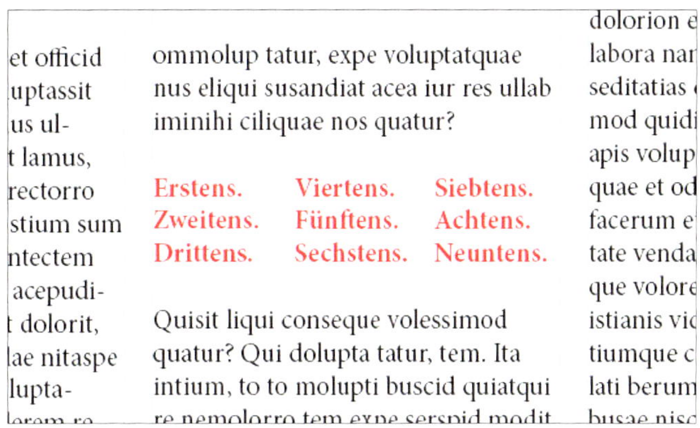

Weißraum mittels Spaltenspanne
Die Spaltenspanne können Sie auch so einsetzen, dass mitten im Artikel ein Zitat oder eine ähnliche Herausheburg Spalten überspannt. Dadurch entsteht zwangsläufig ein Weißraum, wenn Sie mit einem großen Einzug von links arbeiten.

Die andere Option ist die *Unterteilung* der Spalte. Wenn Sie **Unterteilte Spalte** wählen, haben Sie hier wieder die Möglichkeit, die **Anzahl** der **Unterspalten** anzugeben, in die der Absatz aufgeteilt wird. Der Abstand vor und nach der Unterteilung ist selbst erklärend. Zusätzlich zur eigentlichen Spaltenunterteilung ist es auch wichtig, wie weit die Spalten voneinander entfernt sind. Dazu können Sie den ***Innenabstand zwischen den Spalten*** wählen. Ein Wert, der halb so breit ist wie ein normaler Spaltenabstand im Layoutraster, führt zu guten Ergebnissen. Als **Außenabstand** geben Sie an, ob die mehrspaltige Darstellung noch einmal von links und rechts eingezogen wird. Somit befinden sich alle wesentlichen Einstellmöglichkeiten zu diesem typografischen Gestaltungselement an einer Stelle.

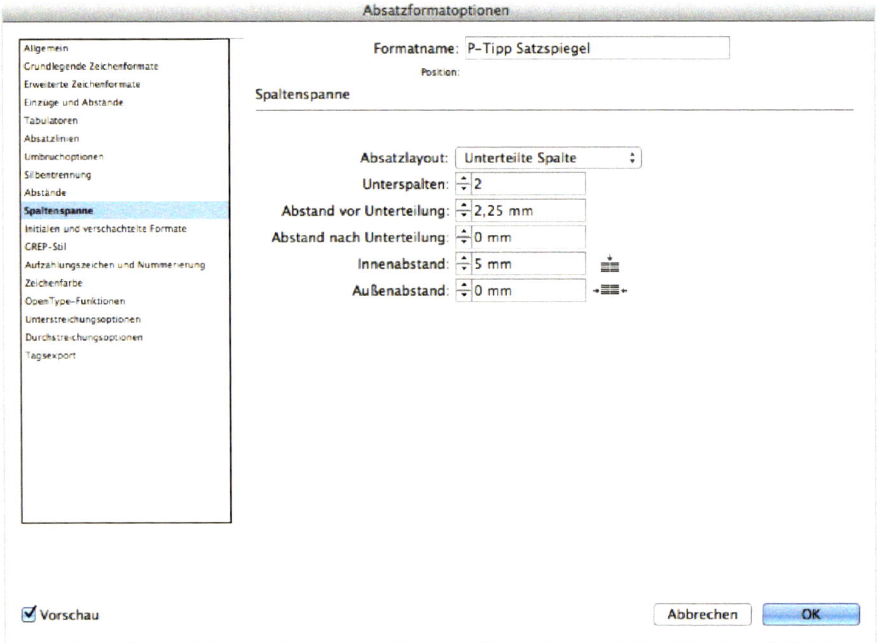

Neben der Unterteilung können der Innenabstand, der Außenabstand sowie die Abstände nach oben und nach unten in den Absatzformatoptionen eingestellt werden.

Initialen und verschachtelte Formate

Lesen Sie für die typografische Gestaltung von **Initialen** dieses Kapitel am besten komplett durch. Hier können Sie ein **Zeichenformat** zuweisen, das sich nur auf die Darstellung der Initialen bezieht.

Sie können das Initial gleich an der linken Spaltenflucht ausrichten. Ebenso ist die Skalierung für Unterlägen wichtig: Ist ein „J“ als Initial ausgewählt oder ragen Unterlängen unter die Grundlinie, kann das Initial in diesem Fall automatisch verkleinert werden, so dass die Unterlängen auf die Grundlinie passen. Andernfalls würden die Unterlängen in die nächste Textzeile darunter hineinragen.

Abstände und Einzüge

Bitte behalten Sie den Überblick über die zahlreichen Einzüge von links und rechts sowie die Abstände vor und nach einem Absatz, die Sie in einem einzigen Absatzformat einstellen können. Unter Umständen können sich diese Werte verdoppeln, wenn Sie für einen Abstand nach einem Absatz und nach einer Spaltenspanne jeweils einen Wert von 12 Point eingegeben haben. Auch die Einzüge von links oder rechts können sich mit dem Innenabstand der Spaltenunterteilung zu sehr großen Weißräumen addieren!

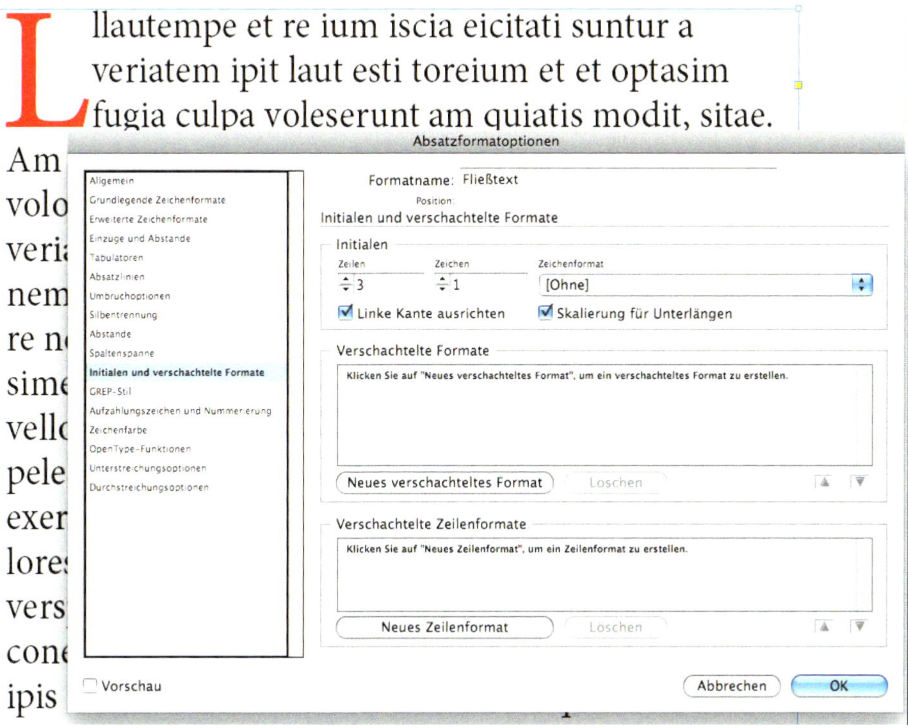

Hier sehen Sie ein rotes Initial über drei Zeilen. Bei Unterlängen [⌥ Alt] *Initials kann das Zeichen geringfügig skaliert werden. Zudem wird die linke Spaltenflucht berücksichtigt und ein Initial ggf. nach links ausgezogen.*

Aufzählungszeichen und Nummerierung

Eine Aufzählung oder Nummerierung in InDesign können Sie einfach anwenden: Sie markieren einen Absatz und klicken im **Steuerung**-Bedienfeld unterhalb des Menüs in der Gruppe der **Absatzformatierungen** auf die Knöpfe **Liste mit Aufzählungszeichen** oder **Nummerierte Liste**. Doch InDesign kann wesentlich mehr: Die *Aufzählungszeichen* dürfen Sie selbst wählen, ebenso **Zeichenformate** zur Darstellung von *Symbolen* oder **Nummerierungen**. Für alle nachfolgenden Beispiele verwenden Sie bitte ein eigenes Absatzformat. Selbstverständlich können Sie auch manuelle Formatierungen treffen, jedoch fällt es danach schwer, ein Inhaltsverzeichnis o.Ä. anzulegen.

Für den Einstieg in die Aufzählungen lernen Sie in den folgenden Schritten das Anlegen einer Liste mit den bekannten „Bullet-Points". Darauf aufbauend können Sie anstelle eines „Bullet-Points" ein anderes Symbol mit Zeichenformaten einbinden.

Initialen ausgleichen
InDesign macht Typografen glücklich: Es verfügt über eine automatische Korrektur von Initialen, die je nach gewählter Schrift zu weit in die Spalte eingezogen werden. Klicken Sie auf **Linke Kante ausrichten** im Dialog des Absatzformats. Somit wird das Initial an der linken Spaltenflucht ausgerichtet.Aufzählungszeichen und Nummerierung

1 Absatz markieren

Markieren Sie mit dem **Textwerkzeug** einen Absatz der Aufzählung in Ihrem Text.

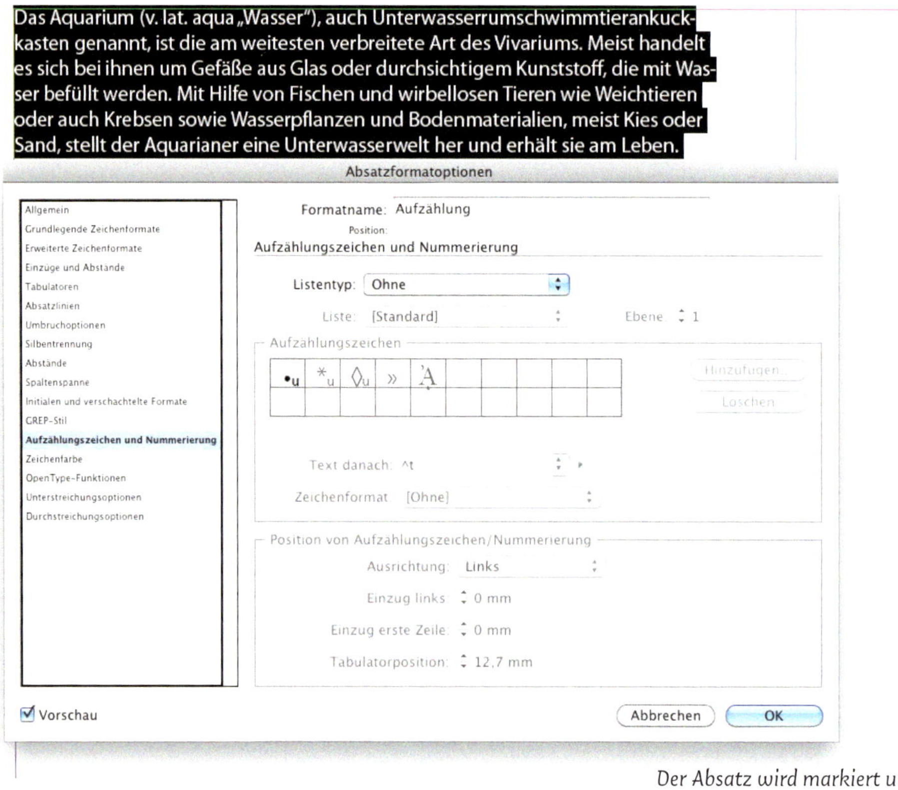

Der Absatz wird markiert und kann bei geöffneten Absatzformatoptionen angepasst werden.

2 Absatzformat „Aufzählung" anlegen

Öffnen Sie das Bedienfeld **Absatzformate** über ⌘ Strg F11 oder über **Fenster** > **Formate**. Legen Sie über das **Seitensymbol** ein neues Absatzformat an.

3 Absatzformatoptionen öffnen

Doppelklicken Sie bitte auf das neue **Absatzformat**, um die **Absatzformatoptionen** zu öffnen.

Geben Sie in der Rubrik **Allgemein** dem Format den Namen „Aufzählung". Aktivieren Sie die Vorschau und zusätzlich die Option **Auf Auswahl anwenden**, damit Sie Ihre Einstellungen sofort im Hintergrund an dem markierten Absatz überprüfen können.

4 In Rubrik „Aufzählungszeichen und Nummerierung" wechseln

Wechseln Sie in die Rubrik **Aufzählungszeichen und Nummerierung**, um dort die Einstellungen für die Aufzählung vorzunehmen.

5 Listentyp „Aufzählungszeichen" wählen

Wählen Sie im Aufklappmenü **Listentyp** die Option **Aufzählungszeichen** und wählen Sie unter **Aufzählungszeichen** durch Anklicken *das* Aufzählungszeichen • aus.

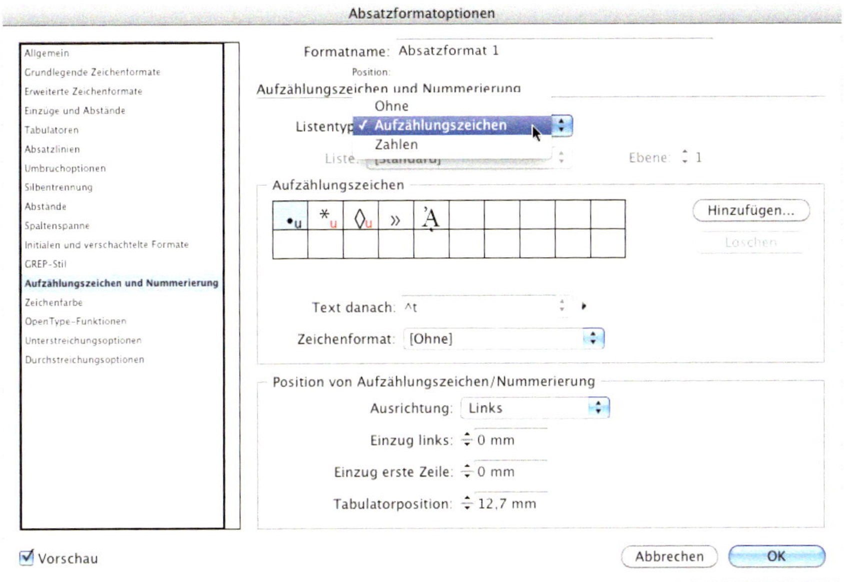

Wählen Sie den Typ „Aufzählungszeichen".

6 Tabulatorposition einstellen

Unter **Position von Aufzählungszeichen/Nummerierung** stellen Sie nun die Tabulatorposition ein, mit der Sie den Abstand vom Aufzählungszeichen zum Text der Aufzählung bestimmen. Da Sie einen Absatz im Dokument markiert sowie die **Vorschau** und die Option **Auf Auswahl anwenden** aktiviert haben, können Sie die Auswirkungen Ihrer Einstellungen nun direkt in Ihrem Dokument im Hintergrund beurteilen und anpassen.

7 Absatzformatoptionen bestätigen

Bestätigen Sie Ihre Einstellungen mit **OK**.

Der Absatz wird nun als Liste dargestellt.

- Das Aquarium (v. lat. aqua „Wasser"), auch Unterwasserrumschwimm tierankuckkasten genannt, ist die am weitesten verbreitete Art des Vivariums.
- Meist handelt es sich bei ihnen um Gefäße aus Glas oder durch sichtigem Kunststoff, die mit Wasser befüllt werden.
- Mit Hilfe von Fischen und wirbellosen Tieren wie Weichtieren oder auch Krebsen sowie Wasserpflanzen und Bodenmaterialien, meist Kies oder Sand, stellt der Aquarianer eine Unterwasserwelt her und erhält sie am Leben.
- Auf Wassertiere spezialisierte Zoos (auch Aqua-zoos genannt) bezeichnen sich ebenfalls als Aquarien.

Aufzählung mit Glyphen

Anstelle einer simplen Liste mit Aufzählungspunkten können Sie auch jede andere Glyphe einer geladenen Schrift wählen und mit einem Zeichenformat gestalten.

1 Neues Zeichenformat „Rot" anlegen

Öffnen Sie das Bedienfeld **Zeichenformate** über **Fenster > Formate** oder über [⌘ Strg] [⇧] [F11]. Legen Sie über das Seitensymbol oder über das Bedienfeldmenü ein **neues Zeichenformat** an.

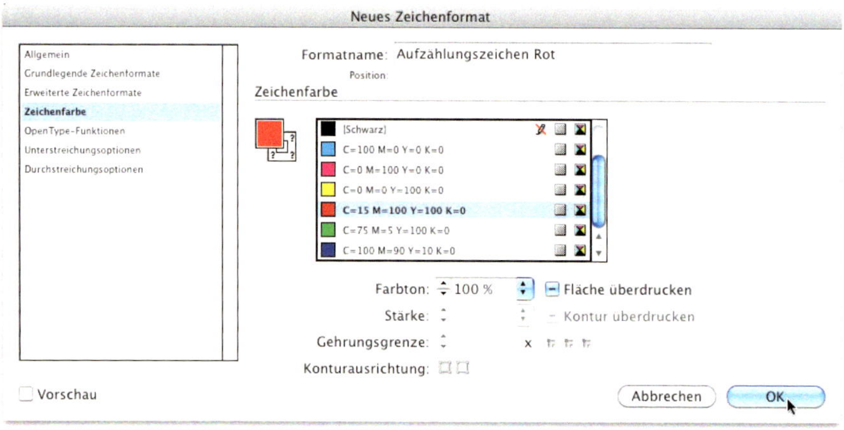

Ein Zeichenformat mit der Zeichenfarbe „Rot“ wird angelegt..

2 Zeichenformatoptionen öffnen

Haben Sie das Zeichenformat über das Bedienfeldmenü angelegt, sind nun die **Zeichenformatoptionen** bereits geöffnet. Andernfalls öffnen Sie sie durch einen Doppelklick auf das Zeichenformat im Bedienfeld.

3 In Rubrik „Zeichenfarbe“ wechseln

Benennen Sie das Zeichenformat mit „Rot“ und wechseln Sie dann in die Rubrik **Zeichenfarbe**. Wählen Sie dort die Farbe Rot als Zeichenfarbe aus, so dass Sie später die Aufzählungszeichen damit einfärben können.

4 Zeichenformatoptionen bestätigen

Mehr Einstellungen sind hier nicht nötig. Bestätigen Sie die Zeichenformatoptionen mit **OK**.

5 Absatzformat „Aufzählung“ duplizieren und Absatzformatoptionen öffnen

Öffnen Sie das Bedienfeld Absatzformate über [⌘ Strg] [F11] oder über **Fenster > Formate**. Um die Einstellungen des bereits angelegten Absatzformats „Aufzählung“ nicht zu verlieren, duplizieren Sie dieses bitte, indem Sie es anwählen und im **Bedienfeldmenü** auf **Absatzformat duplizieren** gehen. Öffnen Sie die **Absatzformatoptionen** für das duplizierte Absatzformat und benennen Sie es so, dass Sie es später einfach zuordnen können.

6 In Rubrik „ Aufzählungszeichen und Nummerierung“ wechseln

Wechseln Sie in den **Absatzformatoptionen** in die Rubrik **Aufzählungszeichen und Nummerierung**.

7 Zeichenformat „Rot“ einbinden

Im Bereich **Aufzählungszeichen** befindet sich unter Zeichenformat ein **Auswahlmenü**. Darin können Sie aus allen im Dokument angelegten Zeichenformaten ein Zeichenformat auswählen, das das Aussehen des Aufzählungszeichens bestimmen soll. Wählen Sie das soeben angelegte Zeichenformat „Rot“ aus.

Das Aufzählungszeichen wird mit dem Zeichenformat dargestellt.

- Das Aquarium (v. lat. aqua „Wasser“), auch Unterwasserrumschwimmtierankuckkasten genannt, ist die am weitesten verbreitete Art des Vivariums.
- Meist handelt es sich bei ihnen um Gefäße aus Glas oder durch sichtigem Kunststoff, die mit Wasser befüllt werden.
- Mit Hilfe von Fischen und wirbellosen Tieren wie Weichtieren oder auch Krebsen sowie Wasserpflanzen und Bodenmaterialien, meist Kies oder Sand, stellt der Aquarianer eine Unterwasserwelt her und erhält sie am Leben.
- Auf Wassertiere spezialisierte Zoos (auch Aquazoos genannt) bezeichnen sich ebenfalls als Aquarien.

8 Fontfamilie und Schriftschnitt wählen

Fügen Sie nun ein neues Aufzählungszeichen hinzu, indem Sie auf den Knopf **Hinzufügen** klicken. Sie bekommen nun zunächst alle Zeichen der im Fließtext verwendeten Schrift angezeigt, die als Aufzählungszeichen verwendet werden können. Wählen Sie unter **Schriftfamilie** eine beliebige auf Ihrem System installierte Schrift aus und bestimmen Sie unter **Schriftschnitt**, welchen Schnitt Sie verwenden möchten.

9 Symbol aussuchen und hinzufügen

Suchen Sie sich eine **Glyphe** aus der gewählten Schriftfamilie aus und klicken Sie auf **Hinzufügen**.

Aus der Glyphen-Übersicht wählen Sie ein Zeichen und speichern es in der Sammlung für die Aufzählungen.

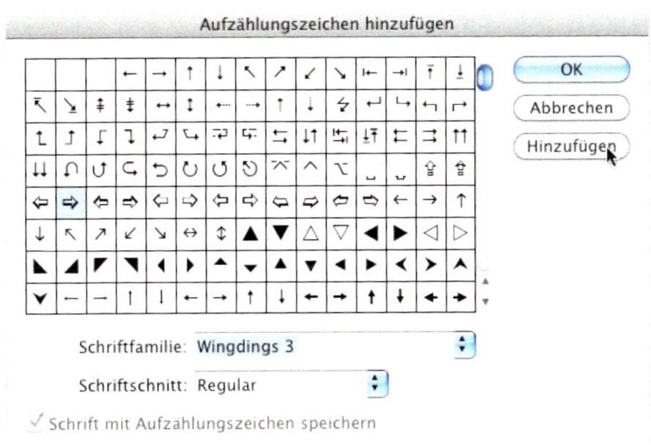

10 Optional: weitere Symbole hinzufügen

Wenn Sie möchten, dann können Sie über den Knopf **Hinzufügen** weitere Symbole als mögliche Aufzählungszeichen hinzufügen.

11 Eingabe bestätigen und neues Aufzählungssymbol aktivieren

Anschließend bestätigen Sie den Dialog **Aufzählungszeichen hinzufügen** mit **OK**. Nun sind Sie erneut in den **Absatzformatoptionen**. Aktivieren Sie durch Anklicken das neue Aufzählungssymbol in der Auswahl der **Aufzählungszeichen**.

12 Absatzformatoptionen bestätigen und anwenden

Bestätigen Sie die Änderungen in den **Absatzformatoptionen** und weisen Sie das Absatzformat einer Aufzählung in Ihrem Dokument zu.

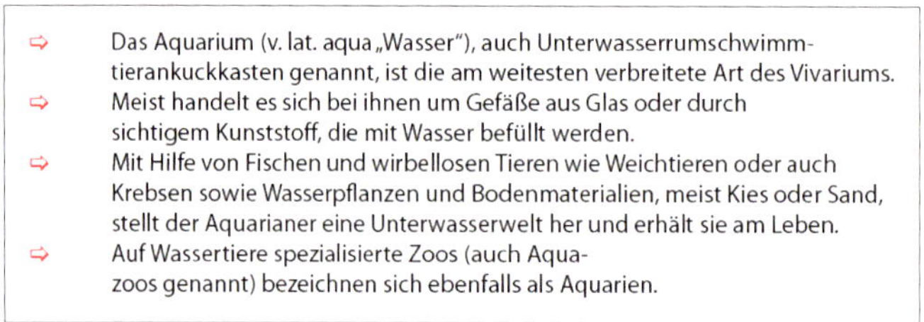
⇨ Das Aquarium (v. lat. aqua „Wasser"), auch Unterwasserrumschwimmtierankuckkasten genannt, ist die am weitesten verbreitete Art des Vivariums.
⇨ Meist handelt es sich bei ihnen um Gefäße aus Glas oder durch sichtigem Kunststoff, die mit Wasser befüllt werden.
⇨ Mit Hilfe von Fischen und wirbellosen Tieren wie Weichtieren oder auch Krebsen sowie Wasserpflanzen und Bodenmaterialien, meist Kies oder Sand, stellt der Aquarianer eine Unterwasserwelt her und erhält sie am Leben.
⇨ Auf Wassertiere spezialisierte Zoos (auch Aquazoos genannt) bezeichnen sich ebenfalls als Aquarien.

Der Absatz wird nun als Aufzählung mit Glyphe wiedergegeben.

Mehrspaltige Darstellung einer Aufzählung
Mit InDesign ist eine mehrspaltige Darstellung innerhalb des Absatzes möglich. In den Absatzformatoptionen wählen Sie die Rubrik **Spaltenspanne** und die Option **Unterteilte Spalte**. Anschließend wählen Sie mindestens zwei Spalten aus. Die Aufzählung wird dann in zwei Spalten nebeneinander im Absatz dargestellt.

Zeichenfarbe

Es stehen alle in InDesign angelegten Farben für die Absatzformate zur Verfügung. Falls Sie hier eine eigene Farbe anmischen wollen, klicken Sie doppelt in die Symbole der Farbfüllung und der Kontur. So öffnet sich ein neuer Dialog mit den CMYK-Reglern, der ebenso wie das Anmischen eines neuen Farbfelds funktioniert. Damit Sie später die Farbangabe auch getrennt vom Absatzformat ändern können, klicken Sie auf den Knopf **Hinzufügen**, dadurch wird die angemischte Farbe als Farbfeld übernommen.

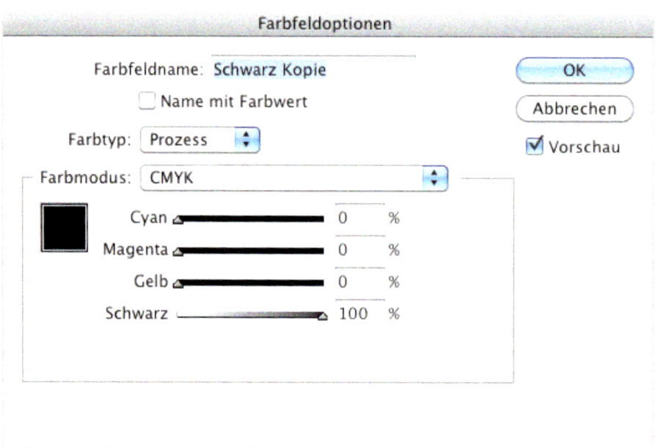

Die Zeichenfarbe steht zunächst immer auf Schwarz, also 100 % K, und wird überdruckt. Sie können jedoch eine andere Farbe wählen. Die Mischung der Zeichenfarbe durch Prozessfarben sollten Sie besonders aus drucktechnischen Gründen nur für große Schriftgrade anwenden. Bei kleinen Schriftgrößen eignen sich vorrangig die Färbung durch die Grundfarben oder verwendete Schmuckfarben, die im Druck nicht aufgerastert, sondern auf einer eigenen Druckplatte ausgegeben werden.

Die den Absatzformaten zugewiesenen Farben können im Farbton (Dunkelheit/Sättigung) prozentual reduziert werden. Sie haben ferner die Möglichkeit, unabhängig von den Überfüllungseinstellungen, einen Text gegenüber seiner Hintergrundfarbe überdrucken zu lassen (**Fläche überdrucken**). Arbeiten Sie mit Konturen der Schriften, bietet Ihnen InDesign die Möglichkeit, bei der Definition des Absatzformats auch die Kontur überdrucken zu lassen.

Zeichenfarbe
Zu den Einstellungen der Zeichenfarbe sei noch einmal betont, dass kleine Schriftgrößen ungeeignet sind, mehrfarbig durch Prozessfarben wiedergegeben zu werden. Besonders feine Serifenschriften werden dadurch verhältnismäßig grob aufgerastert, wirken unscharf oder brechen aus. Volltonfarben wie 100 % Schwarz oder eine Schmuckfarbe erzeugen dagegen ein scharfes Druckbild.

OpenType-Funktionen

InDesign wird bereits mit OpenType-Schriften ausgeliefert, die automatisch mit installiert werden, wie die Myriad Pro oder die Adobe Garamond Pro. Die auf Unicode basierenden OpenType-Schriften können theoretisch bis zu 65.535 Schriftzeichen in einem Font enthalten, da die Schrift 16-Bit-codiert ist. Dabei besteht ein OpenType-Font – ähnlich der Großfamilie im Bleisatz – aus weiteren Zeichen, die in anderen Sprachen verwendet werden.

OpenType-Einstellungen im Absatzformat für typografische Alternativen, Brüche, Ligaturen oder Tabellenziffern

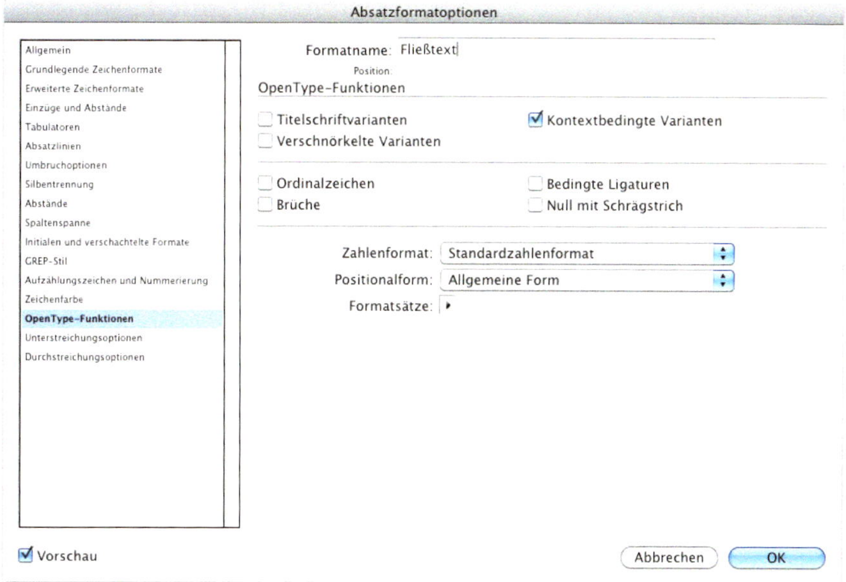

Ein Großteil der in den OpenType-Schriften enthaltenen Alternativen wie Schwungzeichen – etwas missverständlich als „verschnörkelte Varianten“ übersetzt – ist für erfahrene DTP-Profis ungewöhnlich, da man diesen Zeichen zuletzt im Bleisatz begegnet ist. Wählen Sie beispielsweise die Schriftfamilie „Adobe Caslon Pro“ mit dem Schnitt „Italic“, werden sich alle Zeichen zu Beginn eines Absatzes verändern.

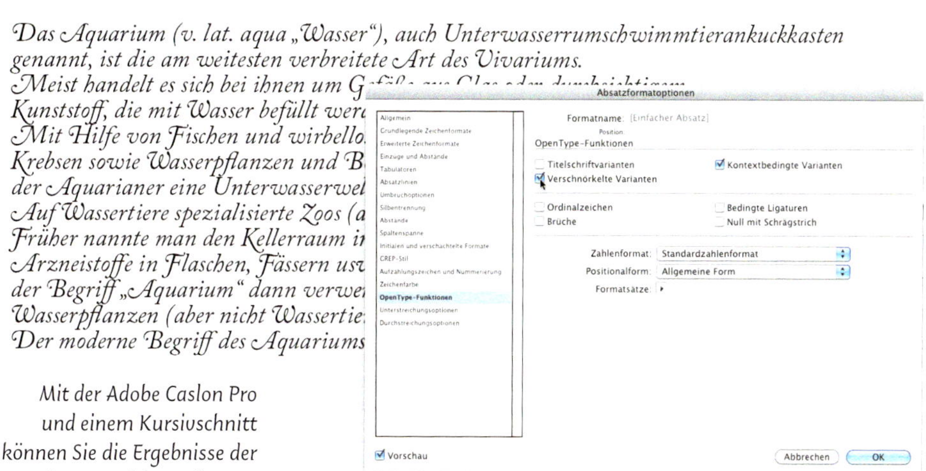

Mit der Adobe Caslon Pro und einem Kursivschnitt können Sie die Ergebnisse der Schwungzeichen oder verschnörkelten Varianten sehen.

Das Arbeiten mit echten Brüchen, bedingten Ligaturen und Ordinalzahlen ist dagegen naheliegend und interessant. Wenn Sie OpenType-Schriften einsetzen, können Sie auf das manuelle Setzen von Brüchen verzichten, da InDesign automatisch die echten Brüche aus hoch- und tiefgestellten Ziffern setzt, wenn Ziffern durch den Schrägstrich voneinander getrennt werden.

Die Null mit Schrägstrich ist ein sehr exotischer Fall und dafür gedacht, eine 0 von einem O zu unterscheiden. Sollten die Proportionen sehr ähnlich sein, da die Schrift eine sehr geringe Dickte aufweist oder in Verbindung mit Buchstaben der Unterschied nicht klar zu erkennen ist, können Sie diese Extranull einsetzen. OpenType-Fonts wie die Myriad Pro bieten sogar für Proportional- wie Monospace-Ziffern eine durchgestrichene Null.

Zahlenformat

Das Zahlenformat der OpenType-Funktionen ist sehr komfortabel, je nachdem, welche Anwendung Sie benötigen: **Proportionale Mediävalziffern** im Fließtext oder **Versalziffern für Tabellen**. Die anderen Kombinationen sind ebenfalls möglich – **Mediävalziffern für Tabellen** – vorausgesetzt, Sie setzen einen entsprechend ausgestatteten OpenType-Font ein. Die mit InDesign installierte Minion Pro bietet beispielsweise proportionale wie tabellarische Ziffern an.

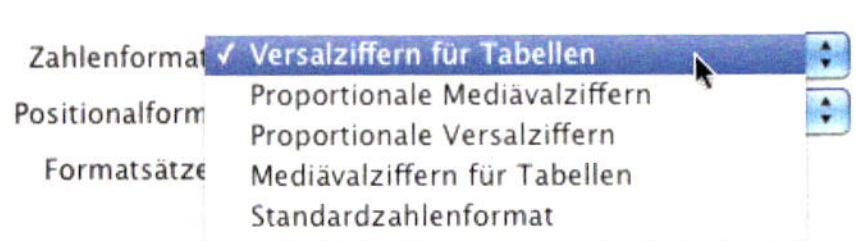

Je nach Ausstattung des OpenType-Fonts sind neben den normalen Standardziffern auch Mediävalziffern für Tabellen möglich.

	2009	2008	Veränderung in %
	1.915.203	1.895.382	1,1
	1.200.701	1135554	5,7
	53.347	52.207	
	33.617	31.142	
	2.915	1.946	
	1.692	1.343	
	8,7	6,2	
	18,6	14,2	
	2.115	1.925	
	497	625	
	2.287	2.515	
in Mio. €	4.876	4.428	
	22.578	18.910	
	37,0	38,4	

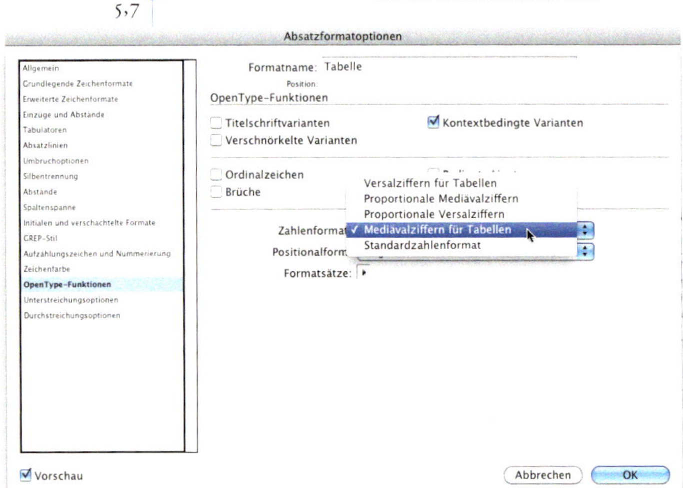

Auch Mediävalziffern für Tabellen stellen Ziffern direkt untereinander dar.

Beim Aktivieren von **Versalziffern für Tabellen** werden Ihnen Ziffern in Versalhöhe bereitgestellt, die alle *dieselbe Breite* einnehmen (*Monospace*- oder Halbgeviertziffern). Das ermöglicht das saubere Setzen von mehrzeiligen Zahlenreihen untereinander.

Mit der Option **Proportionale Mediävalziffern** werden alle Ziffern als *Mediävalziffern* gesetzt, das heißt, die Ziffern stehen im Mittelband zwischen Grundlinie und x-Höhe und haben je nach Ziffer Unter- oder Oberlängen (wie 6, 9 etc.). Entgegen den Tabellenziffern besitzt jede Ziffer *eine individuelle Breite*. Diese Ziffernform eignet sich für die Formatierung von Zahlenwerten innerhalb des Textflusses, da sich die *Mediävalziffern* harmonisch in das Schriftbild integrieren.

Aus diesen Vorgaben setzen sich auch die beiden weiteren Optionen **Proportionale Versalziffern** und **Mediävalziffern für Tabellen** zusammen.

Wollen Sie dagegen bei OpenType-Fonts auf diesen Komfort verzichten, wählen Sie das **Standardzahlenformat** und InDesign setzt alle Ziffern so, wie es für den Font an den Positionen **0030** bis **0039** im *Unicode* definiert ist, also in den meisten Fällen mit „Versalziffern für Tabellen".

Wann treten Positionalformen auf?
In der arabischen Schrift hängt das Aussehen eines Zeichens von seiner Position im Wort und im Satz ab – so gibt es grundsätzlich fünf Positionen: Zu Beginn eines Wortes, in der Mitte, am Ende eines Wortes, zu Beginn und am Ende eines Satzes.

Positionalformen

Der exotischen Möglichkeiten nicht genug: Typografisch sehr interessant sind die **Positionalformen**. Durch diesen Zusatz ist es möglich, Glyphen auszuwählen, die unterschiedlich zu ihrer Position **zu Beginn oder am Ende eines Wortes** oder **eines Satzes** eine andere Erscheinung haben als innerhalb. Dies muss jedoch auch ein installierter OpenType-Font unterstützen.

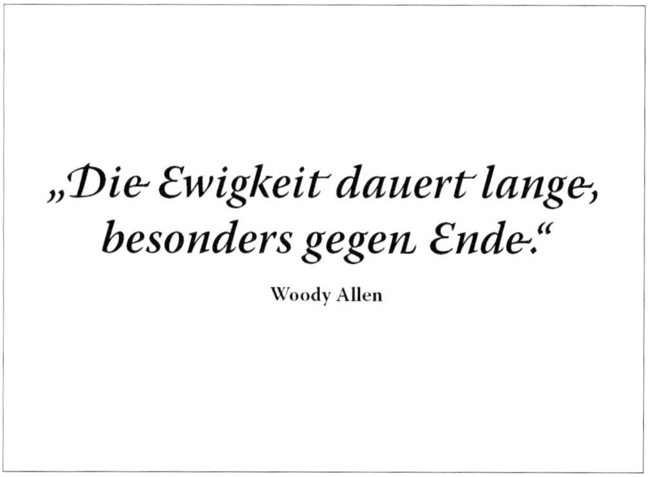

Positionalformen können auch in der lateinischen Schrift auftreten, wie hier beim kleinen „e" mitten im Wort und am Ende bei der Warnock Pro.

Wählen Sie einen Buchstaben und anschließend die Option **Positionalform**, um ihn richtig zu formatieren. Über **Allgemeine Form** wird der übliche Buchstabe eingefügt. Über **Automatische Form** wird der Buchstabe je nach Position im Wort und Satz oder als alleinstehende

Glyphe eingefügt. Andere Formen hängen von der gewählten Schrift, dem Schnitt und dem Einsatz im Text ab. Welche Schriften tatsächlich die *Positionalformen* unterstützen, sehen Sie, wenn Sie im Bedienfeld **Zeichen** in das **Bedienfeldmenü** klicken und unter **OpenType** > **Positionalform** Einträge erscheinen, die nicht in eckigen Klammern eingefasst sind. Falls Sie die Warnock Pro installiert haben, erscheinen beispielsweise die Sätze „Finalform".

Unterstreichungs- und Durchstreichungsoptionen

Um einen gesamten Absatz zu unterstreichen oder durchzustreichen, sind die letzten beiden Register der Absatzformat-Einstellungen gedacht. Wie bei den *Absatzlinien* stehen Ihnen auch hier alle technisch machbaren *Konturenstile* und *Strichelungen* zur Verfügung. Wenn Sie nur ein einzelnes Wort oder eine Wortfolge unterstreichen wollen, legen Sie dafür aber besser ein **Zeichenformat** an. Bei gestrichelten Konturstilen definieren Sie auch eine Lückenfarbe.

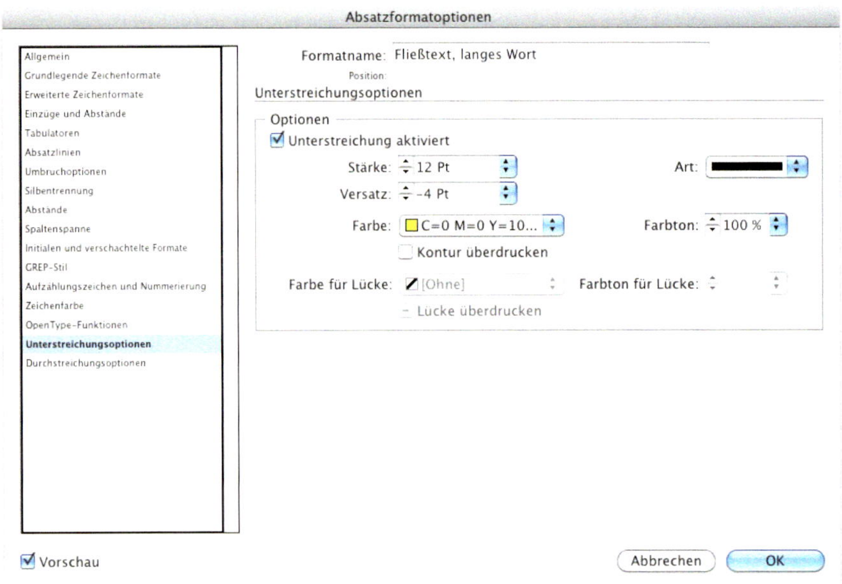

Der Vorteil, einen gesamten Absatz zu unterstreichen, liegt darin, allen Textzeilen eine einfarbige Hintergrundlinie zu geben. Dazu geben Sie als **Strichstärke** der Unterstreichung einen höheren Wert an als die Schriftgröße. Zusätzlich müssen Sie noch den **Offset** bestimmen, eine Verschiebung der Unterstreichung nach oben oder unten. Die sehr starke Linie liegt jetzt *hinter* jeder Textzeile im Absatz. Dazu können Sie die Kontur auch hier überdrucken lassen. Wer es experimentell mag, kann eine gestrichelte Linie auswählen und eine Lückenfarbe nutzen. Die gestrichelte Linie wird hinter den Textzeilen laufend auf jeden Fall den Leserhythmus stören.

Die Funktion „Unterstreichung" lässt sich auch als Hervorhebung oder Markierung im Text anwenden, da ein kräftiger Unterstrich hinter dem Text läuft, eine eigene Farbe besitzen darf und mit einem Offsetwert verschoben wird.

Die Einstellungen für die Unterstreichung erzeugen einen „Hintergrundstrich", wie in dieser Abbildung zu sehen ist.

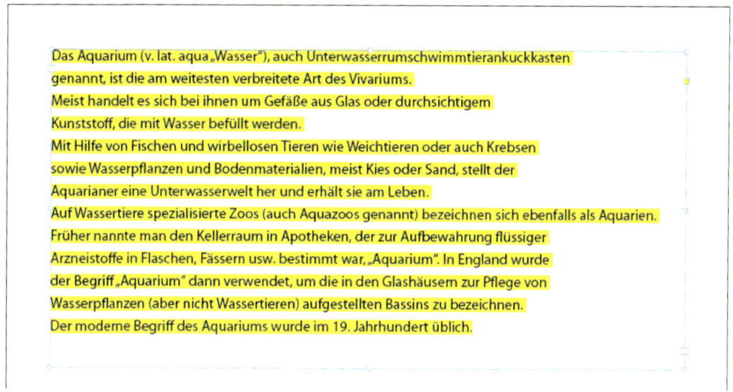
Das Aquarium (v. lat. aqua „Wasser"), auch Unterwasserrumschwimmtierankuckkasten genannt, ist die am weitesten verbreitete Art des Vivariums.
Meist handelt es sich bei ihnen um Gefäße aus Glas oder durchsichtigem Kunststoff, die mit Wasser befüllt werden.
Mit Hilfe von Fischen und wirbellosen Tieren wie Weichtieren oder auch Krebsen sowie Wasserpflanzen und Bodenmaterialien, meist Kies oder Sand, stellt der Aquarianer eine Unterwasserwelt her und erhält sie am Leben.
Auf Wassertiere spezialisierte Zoos (auch Aquazoos genannt) bezeichnen sich ebenfalls als Aquarien.
Früher nannte man den Kellerraum in Apotheken, der zur Aufbewahrung flüssiger Arzneistoffe in Flaschen, Fässern usw. bestimmt war, „Aquarium". In England wurde der Begriff „Aquarium" dann verwendet, um die in den Glashäusern zur Pflege von Wasserpflanzen (aber nicht Wassertieren) aufgestellten Bassins zu bezeichnen.
Der moderne Begriff des Aquariums wurde im 19. Jahrhundert üblich.

Tagsexport

In einigen Ausgabekanälen ist für Sie als Gestalter das Endergebnis – anders als beim Druck – nicht vorhersehbar. Welche Schriftgröße auf einem EPUB-Leseprogramm (auch *E-Reader* genannt) eingestellt ist oder wie Menschen mit Sehschwierigkeiten sich Ihr barrierefreies PDF anzeigen oder maschinell vorlesen lassen, können Sie nicht wissen, und das ist ja gerade einer der wichtigsten Aspekte dabei: Der Leser soll die Inhalte möglichst vollständig erfassen und die Gestaltung so weit verändern oder ausblenden können, dass sie ihn dabei nicht irritiert.

Sowohl bei der EPUB-Ausgabe als auch bei der Erstellung barrierefreier PDFs ist deshalb die Inhaltsstruktur wichtig, und diese wiederum setzt zur richtigen Zuordnung der einzelnen Bestandteile so genannte *Tags* (*tag*, ausgesprochen wie „*TÄÄG*" = Etikett, Schild) voraus.

◢ *Publishing mit XML: Seite 638*

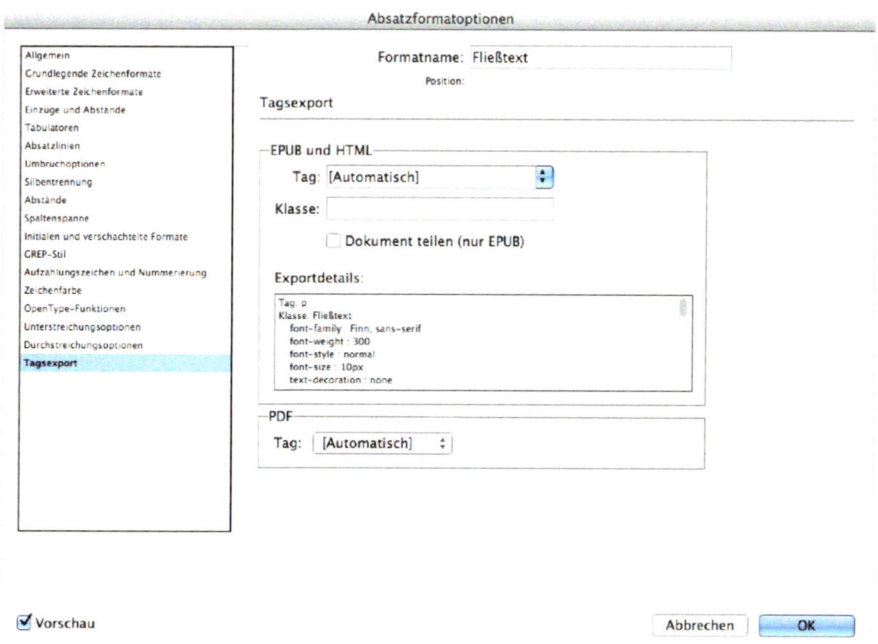

Versuchen Sie hier bitte stets „Tags-Export" zu lesen.

Wenn Sie in dieser Rubrik nichts ändern, exportiert InDesign einfach die Namen Ihrer **Absatz**- und **Zeichenformate**, die Sie dann im fertigen CSS oder im PDF anpassen können, so dass sie der erforderlichen Benennung mit „P", „H1", „H2" und so weiter entsprechen. Damit Sie damit aber nicht nach jeder Korrektur wieder von vorne beginnen müssen, ist es natürlich viel schlauer, gleich im InDesign-Dokument anzugeben, dass beispielsweise Ihr **Absatzformat** „Fließtext" als normaler Absatz „P" exportiert werden soll. Wenn Sie Ihren Absatzformaten von vornherein *Tags*-konforme Namen wie „P" und so weiter geben, dürfen Sie die *Tags*-Zuordnung auf **[Automatisch]** lassen, haben dann aber eher kryptische Formatnamen in den Bedienfeldern.

◢ *EPUB-Export: Seite 571*

Zeichenformate

Das **Zeichenformate**-Bedienfeld öffnen Sie über **Fenster > Formate** beziehungsweise [⇧] [F11]. In InDesign können Sie neben den vorab beschriebenen *Absatzformaten* auch **Zeichenformate** für die Auszeichnung von *einzelnen Glyphen* oder *Wörtern* erstellen. Wenn Sie zunächst einem Textabschnitt ein Absatzformat zugewiesen haben, können Sie nun mit einem Zeichenformat einzelne Wörter mit Auszeichnungen wie „kursiv" oder mit einer gesonderten Farbe hervorheben. Die Absatzformatierung bleibt davon unangetastet. Sollten Sie später das Absatzformat ändern und die Schrift auf eine andere Familie umstellen, bleibt das Zeichenformat erhalten und arbeitet mit der neuen Schriftformatierung zusammen.

Zeichenformate für Produkt- und Firmennamen
Wollen Sie grundsätzlich Eigennamen eines Produkts oder einer Firma grundsätzlich niemals umbrechen lassen, legen Sie ein Zeichenformat mit den typografischen Vorgaben an und aktivieren in der Rubrik **Grundlegende Zeichenformate** die Option **Kein Umbruch**.

Zeichenformat erstellen

Die Definition eines **Zeichenformats** erfolgt ebenso wie bei einem Absatzformat, es genügt hier aber, nur die Unterschiede zum Absatzformat einzustellen – für alle *nicht ausgefüllten Eingabefelder* wie zum Beispiel die **Schriftgröße** werden die Werte aus dem Absatzformat übernommen.

Der deutliche Unterschied zum Absatzformat ist der, dass Zeichenformate keine Hinweise zum Umbrechen des Textabsatzes kennen – dies übernimmt nämlich das Absatzformat oder eine manuelle Vorgabe.

Zeichenformate und nicht vorhandene Schriftschnitte

Bei der Arbeit mit den Zeichenformaten ist im Hinblick auf die Schriftschnitte etwas Vorsicht geboten. InDesign wird Ihnen, wenn Sie keine Schrift ausgewählt haben, eine recht lange Liste der grundsätzlich möglichen Schnitte inklusive spezieller OpenType-Schnitte anbieten. Hier ist leider nicht ersichtlich, welcher Schnitt in der Schriftfamilie des übergeordneten Absatzformats überhaupt enthalten ist. Wird ein Zeichenformat mit „Semibold Italic" definiert und einem Absatz zugewiesen, dessen Schriftfamilie nicht über diesen Schnitt verfügt, zeigt InDesign die entsprechende Stelle im Text mit der Markierung für eine fehlende Schrift an, und beim Ausgaben und erneuten Öffnen der Datei erhalten Sie eine Fehlermeldung. Sobald der Schriftschnitt im **Steuerung**-Bedienfeld in eckigen Klammern angezeigt wird, sollten Sie genau das überprüfen.

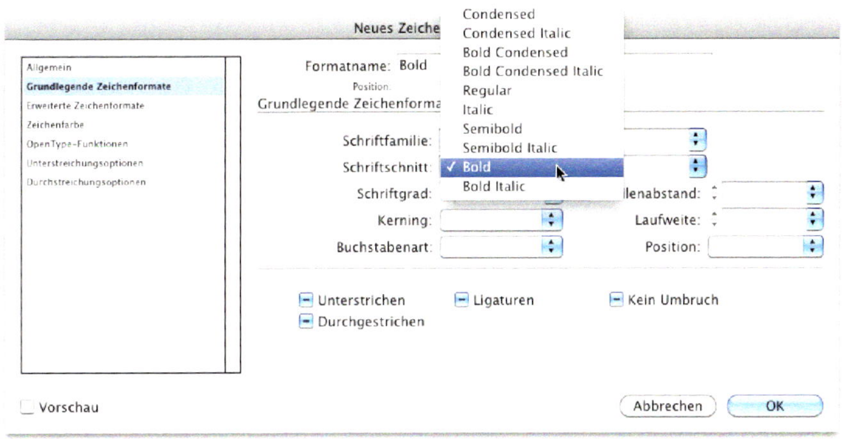

Beim Zeichenformat geben Sie nur die abweichenden Eigenschaften an, hier soll nur der Schriftschnitt in „Bold" geändert werden. Alle anderen Vorgaben liefert das Absatzformat.

Ein Beispiel: Möchten Sie mehrere Wörter im Absatz durch eine *rote Zeichenfarbe* hervorheben, erstellen Sie ein neues Zeichenformat im gleichnamigen Bedienfeld unter dem Hauptmenü **Fenster** > **Formate**, indem Sie aus dem **Bedienfeldmenü** die Funktion **Neues Zeichenformat** aufrufen. So erhalten Sie einen **Eingabedialog**, der ebenso wie ein Absatzformat aufgebaut ist, allerdings ohne Umbruch- oder Einzugsoptionen.

Unter dem Register **Zeichenfarbe** wählen Sie eine entsprechende Farbe und einen treffenden Formattitel aus. Danach bestätigen Sie die Eingabe, markieren ein Wort in einem Absatz und weisen mit einem Klick auf den Namen des Zeichenformats im **Zeichenformate**-Bedienfeld die Formatierung zu. Schon erscheint der markierte Text in der gewünschten Farbe. Stellen Sie nun im Absatzformat die Schriftfamilie um, bleibt der formatierte Text bestehen und wechselt auf den gewünschten Schriftschnitt.

Zeichenformat und Absatzformat kollidieren also nicht miteinander, sondern ergänzen sich hervorragend. Auf diese Weise können Sie Zeichenformate für kursive Hervorhebungen, fette Auszeichnungen oder Kapitälchen anlegen. Auch die Durch- oder Unterstreichung ist mittels eines Zeichenformats möglich.

Formate nachträglich erstellen
Sehr praktisch ist die Funktion, ein Zeichen- oder Absatzformat auf Basis eines formatierten Textes zu erstellen: Markieren Sie den Text, der die von Ihnen gewünschte Formatierung enthält, und wählen Sie **Neues Zeichenformat** beziehungsweise **Neues Absatzformat**. Sie werden sehen, dass InDesign die von Ihnen eingestellten Formatierungen automatisch übernommen hat.

Zeichenformate für Initialen
Die Darstellung eines Initials muss nicht zwangsläufig aus dem Font des Fließtextes erfolgen, sondern kann auch mittels Zeichenformat geändert werden. Erstellen Sie sich für Initialen ein eigenes Zeichenformat und binden Sie dieses in den Absatzformatoptionen unter der Rubrik **Initialen und verschachtelte Formate** ein.

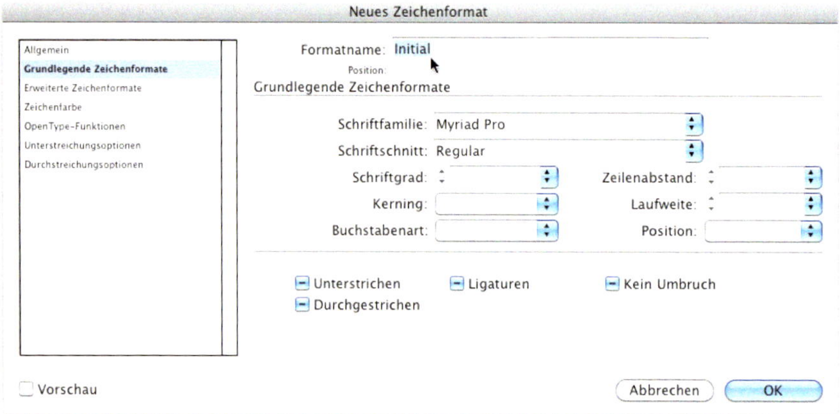

Für Initialen können Sie ein Zeichenformat anlegen, das später im Absatzformat verwendet wird.

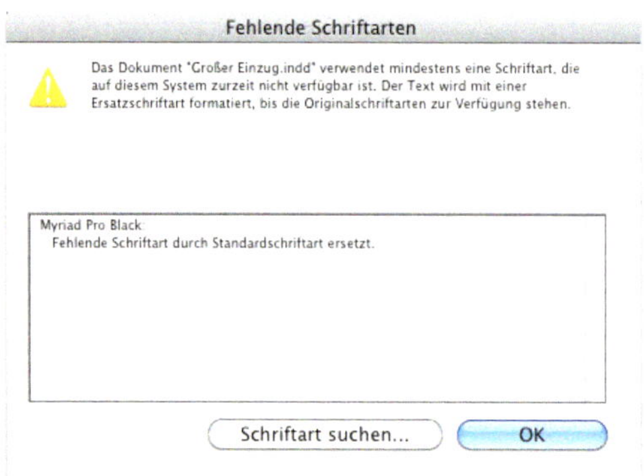

Fehlende Schriften werden mit der Standardschrift Myriad oder Times dargestellt, eine Fehlermeldung erscheint.

Welche Schriftschnitte eine Schrift enthält, lässt sich, wenn man es nicht genau weiß, leicht ermitteln. Dazu müssen Sie beim Anlegen eines Zeichenformats unter der Option **Grundlegende Zeichenformate** die gewünschten Schriften nur einmal aktivieren. Je nach geladener Schrift erscheinen dann nur die tatsächlich existierenden Schriftschnitte der Schrift im Aufklappmenü hinter dem Schriftnamen.

Zeichenformate auch für Querverweise
Die Anwendung von Zeichenformaten ist mindestens so vielfältig wie die für Absatzformate. Auch Querverweise, Seitenzahlen in Inhaltsverzeichnissen, GREP-Stile, verschachtelte Formate und Zeilenformate nutzen jeweils ein Zeichenformat!

Absatz- und Zeichenformate bearbeiten

Damit Sie Formate auch für andere Dokumente nutzen können, ohne diese noch einmal für jedes Dokument neu anzulegen, können Sie aus einem neuen Dokument heraus über das jeweilige **Bedienfeldmenü** des **Absatzformate**- oder **Zeichenformate**-Bedienfelds **Absatzformate laden** beziehungsweise **Zeichenformate laden** wählen. Um *beide Formattypen* gleichzeitig zu importieren, wählen Sie **Alle Textformate laden**. Danach wählen Sie das entsprechende Ausgangsdokument aus und importieren die Formate. In einem weiteren Dialog können Sie einzelne Formate für den Import ausschließen sowie eventuelle Konflikte durch gleich benannte Formate lösen.

Format mit dem Format-Bedienfeld bearbeiten
Um ein bestehendes Absatz- oder Zeichenformat direkt über das Bedienfeld zu bearbeiten, müssen Sie dort nur auf den Formatnamen doppelklicken. Befindet sich die Einfügemarke dabei innerhalb eines Absatzes oder ist Text markiert, wird dieser gleich formatiert. Um das zu verhindern, halten Sie ⌘ Strg ⌥ Alt ⇧ gedrückt, wenn Sie den Formatnamen durch Doppelklick bearbeiten wollen. Die Formatoptionen öffnen sich dann mit deaktivierter Funktion **Auf Auswahl anwenden**.

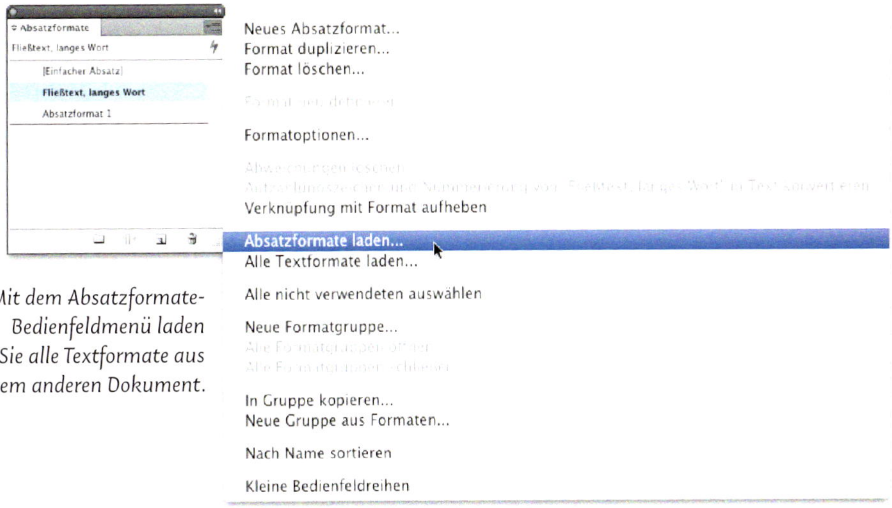

Mit dem Absatzformate-Bedienfeldmenü laden Sie alle Textformate aus einem anderen Dokument.

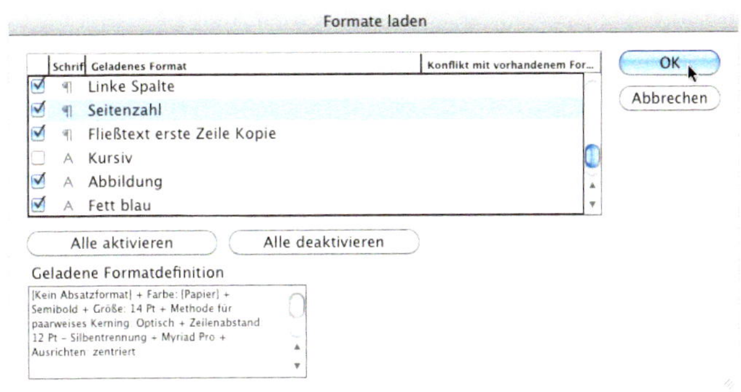

Anschließend listet InDesign alle Formate auf und fragt, welche konkret importiert werden sollen.

Formate per Snippets weitergeben

Als Alternative zum Laden der Formate aus anderen InDesign-Dateien speichern Sie Ihre Textrahmen als **Snippets** ab, um sie in einem anderen Dokument weiter zu nutzen.

Dazu öffnen Sie das Bedienfeld **Mini Bridge**. Nun markieren Sie einen entsprechenden Rahmen. Ziehen Sie den Rahmen in die **Mini Bridge**, dort wird der Rahmen als **Snippet** gespeichert. Wie Sie mit diesen Snippets umgehen, erkläre ich Ihnen im Kapitel **Muster & Vorlagen** ab Seite 135.

Sobald Sie ein **Snippet** in der **Mini Bridge** oder **Bridge** abgelegt haben, können Sie dieses „Schnipsel“ jederzeit per Ziehen & Ablegen in ein neues Layoutdokument ziehen. Dabei werden auch die **Absatz- und Zeichenformate** importiert.

Auch über den Arbeitsplatz
Die Mini Bridge und die Bridge werden nicht unbedingt zum Ablegen und Anwenden eines Snippets benötigt: Dazu ziehen Sie den Textrahmen einfach aus Ihrem Dokument auf den Schreibtisch oder den Arbeitsplatz. Dort kann ein Snippet (*.idms) wie jede andere Datei auch verschoben, kopiert oder gelöscht werden.

Abweichende Formatierungen zurücknehmen oder Format neu definieren

Sicher wird Ihnen bald ein kleines **Pluszeichen** im **Zeichenformate-** oder **Absatzformate**-Bedienfeld auffallen. Es deutet darauf hin, dass das **Zeichenformat** (in der Abbildung das Format „Bold"), nicht mehr in seinem Originalzustand vorliegt, sondern dass die Textformatierung manuell geändert wurde. Sobald Sie einen Absatz mit einem **Absatzformat** gestaltet haben und nachträglich manuelle Korrekturen wie die Änderung der Laufweite, der Zeichenposition oder der Schriftgröße vornehmen, sind diese Änderungen eine sogenannte „Abweichung" vom Format. Das ist im Satzalltag nichts Ungewöhnliches.

Entweder Sie akzeptieren diese manuellen Abweichungen, Sie entscheiden sich dafür, die Abweichungen wieder zurückzusetzen oder Sie definieren einfach das Format entsprechend Ihren manuellen Korrekturen neu.

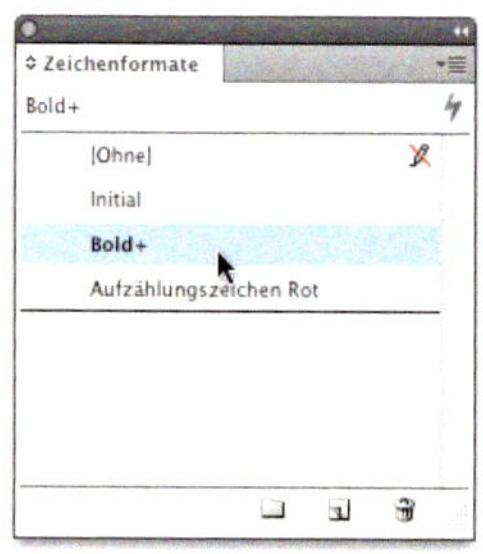

Durch das Pluszeichen wird ein verändertes Zeichenformat angezeigt. InDesign zeigt nur Änderungen von wirklich im Format festgelegten Einstellungen an. Wurde zum Beispiel eine Unterstreichung im Format definiert, die nun zurückgenommen wird, erscheint ein Pluszeichen.

Wenn Sie den entsprechenden Absatz markieren und mit gedrückter [⌥ Alt]-Taste im **Absatz-** oder **Zeichenformate**-Bedienfeld das richtige Format anklicken, werden damit alle vorherigen ***manuellen Änderungen gelöscht*** und der Text erscheint nur mit den typografischen Angaben aus dem Format. Alternativ markieren Sie die Textstelle und klicken im **Steuerung**-Bedienfeld auf **Abweichungen in Auswahl löschen**. Wenn Sie dasselbe mit gedrückter [⌘ Strg]-Taste tun, werden alle Zeichenabweichungen im aktuellen Absatz gelöscht.

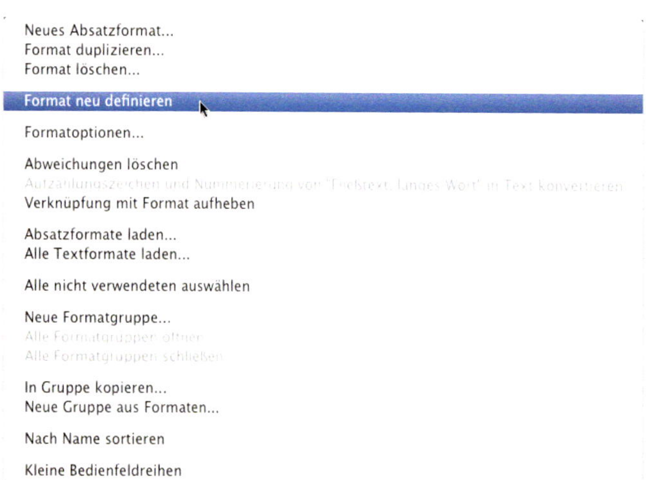

Bei Abweichungen im Bezug zum Format bietet das Kontextmenü auf dem zugewiesenen Format zahlreiche Optionen, das Problem einfach zu lösen.

Als Alternative haben Sie jedoch auch die Option, aus Ihren Abweichungen das Format zu aktualisieren. Markieren Sie auch hier die

Kollision mit Zeichenformaten

In der akribischen Arbeit mit zahlreichen Absatz- und Zeichenformaten können sich beide auch einmal überlagern. Damit Sie nicht immer das Bedienfeld der Zeichenformate aufrufen müssen, um ein Zeichenformat zurückzunehmen, bietet InDesign im Kontextmenü über einem zugewiesenen Absatzformat die Option, das Absatzformat anzuwenden und das Zeichenformat zu löschen.

entsprechende Textstelle und rufen Sie im Absatz- oder **Zeichenformat**-Bedienfeld über dem zugewiesenen Format das Kontextmenü auf. Sobald eine Abweichung existiert, bietet Ihnen das Kontextmenü **Format neu definieren** an. Somit wird die Abweichung zur Regel und insgesamt auf alle zugewiesenen Absätze oder Glyphen angewendet.

Formate schnell anwenden

Absatz- und Zeichenformate können Sie mit einem *Tastenbefehl* aufrufen und während der Textarbeit anwenden. Doch diese Arbeitsweise ist bei mehr als 60 Formaten schwierig, da Ihnen die möglichen Tastenbefehle ausgehen. Über die Funktion **Schnell anwenden** rufen Sie die Formate anhand Ihrer Benennung auf, und das funktioniert so: Sie klicken mit dem Textwerkzeug an eine gewünschte Stelle und rufen den Tastenbefehl [⌘ Strg] [↩] auf. Es öffnet sich das **Schnell-anwenden-Fenster**. Dies besteht aus einer Liste aller Absatzformate, Zeichenformate, Tabellenformate, Objektformate, Skripten und Menübefehle.

Damit Sie nun auch genauso schnell an Ihr Ziel gelangen, wie es die Funktion verspricht, klicken Sie zunächst in das kleine **Pfeilmenü** und deaktivieren die Option **Menübefehle**. Damit schränken Sie die möglichen Treffer ein und halten die Funktion bedienbar. Nun geben Sie im oberen **Eingabefenster** einige Buchstaben Ihres gewünschten Formates ein. Sogleich erscheint die Trefferliste unterhalb der Eingabe. Gibt es mehrere Formate mit diesen Buchstaben, werden diese nach **Absatz-**, **Zeichen-**, **Objekt-**, **Zellen-** und **Tabellenformaten** sortiert. Mit einem Klick auf das richtige Format wenden Sie das Format auf Ihre markierte Textstelle an. Alternativ gehen Sie einfach mit der Taste [▾] durch die Liste und drücken an der richtigen Position die [↩]-Taste. Das Format wird sofort angewendet.

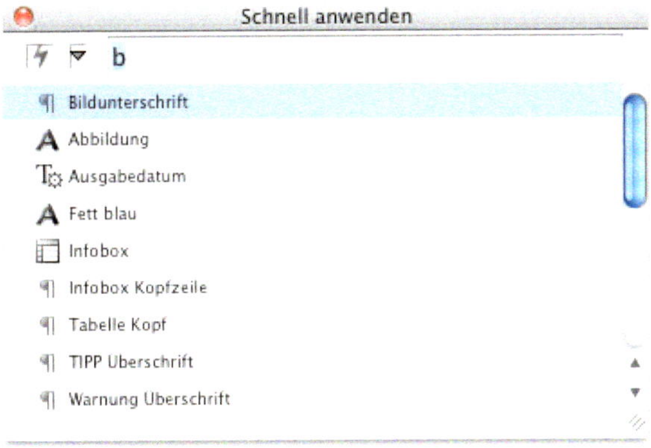

Die Funktion „Schnell anwenden" ist wirklich unglaublich fix, zumindest, solange sich Textmenge und Anzahl der Formate in Grenzen halten.

Formate lösen und löschen

Wenn Sie einen Text von einem Format ablösen wollen, markieren Sie die Textstelle und wählen im Bedienfeldmenü der Absatzformate **Verknüpfung mit Format aufheben**.

Nicht mehr benötigte Formate, seien es nun Absatz- oder Zeichenformate, lassen sich über das Bedienfeldmenü des jeweiligen Bedienfelds und den Befehl **Format löschen** wieder entfernen.

Wurde das Format in Ihrem Layout nicht eingesetzt, wird es ohne Rückfrage entfernt. Sollten Sie ein Format löschen, das in Ihrem Dokument noch verwendet wird, erscheint ein Dialogfenster, in dem Sie entscheiden müssen, wie der betreffende Text formatiert werden soll.

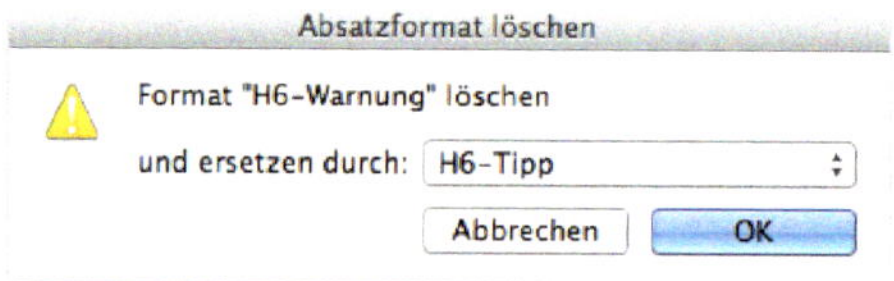

Format löschen und ersetzen

Deaktivieren Sie hier **Formatierung beibehalten** und wählen [**KEINE**], wird der Text mit dem Standardformat ausgezeichnet. Ansonsten können Sie unter **Format löschen und ersetzen durch** ein Ersatzformat benennen.

Über die Funktion **Alle nicht verwendeten auswählen** aus dem Bedienfeldmenü lassen sich alle überflüssigen Formate markieren. Diese können Sie dann gemeinsam auf den Papierkorb-Knopf des Bedienfelds ziehen und entfernen.

Tastenkürzel für die Arbeit mit Formaten	
Absatzformate-Bedienfeld ein-/ausblenden	[F11]
Zeichenformate-Bedienfeld ein-/ausblenden	[⇧] [F11]
Zeichenformatdefinition vom Text übernehmen	[⌘ Strg] [⌥ Alt] [⇧] [C]
Absatzformatdefinition vom Text übernehmen	[⌘ Strg] [⌥ Alt] [⇧] [R]
Abweichende Formatierungen aus Absatz entfernen (aber Formatierungen durch Zeichenformate beibehalten)	[⌥ Alt] + Klick auf das Absatzformat
Alle abweichenden Formatierungen aus Absatz entfernen	[⌥ Alt] [⇧] + Klick auf das Format

Verschachtelte Formate

Es gibt Formatierungswünsche, die Sie allein durch ein Absatzformat nicht erfüllen, wie das Auszeichnen von Ziffern im Text oder die „wörtliche Rede“. Dazu verwenden Sie Zeichenformate. Somit lassen sich beispielsweise einzelne Wörter kursiv oder fett herausheben. Das Zeichenformat besitzt nur die einzelne typografische Anweisung: kursiv. Ein Absatzformat wird somit durch das Zeichenformat ergänzt.

Über diese Beziehung zwischen dem **Absatzformat** und dem ergänzenden **Zeichenformat** für einzelne Wörter oder Wortgruppen entsteht eine Verknüpfung. InDesign bietet **verschachtelte Formate**, die jeweils ein Absatzformat als Basis haben, in das Sie weitere Zeichenformate einbetten können. Die Zeichenformate müssen jeweils einen Anhaltspunkt haben, wann sie beginnen und enden.

Übersicht der Markierungen für Beginn und Ende eines verschachtelten Formats		
Markierung	**Beschreibung**	**Beispielanwendung**
Sätze	Anzahl von Sätzen, die durch einen Punkt, ein Frage- oder Ausrufezeichen beendet werden	Der erste Satz eines Absatzes beinhaltet die wesentliche Aussage eines Textes und wird „fett“ ausgezeichnet.
Wörter	Anzahl von Wörtern, die jeweils durch ein Leerzeichen getrennt werden	Die ersten drei Wörter eines Absatzes werden „fett“ ausgezeichnet.
Zeichen	Anzahl von beliebigen Zeichen (inkl. Buchstaben und Ziffern)	Universelle Markierung, um Abfolgen von Zeichen auszuzeichnen, wie bei „Art-Nr. 001“
Buchstaben	Anzahl von Buchstaben mit Ausnahme von Ziffern, Interpunktionen und Symbolen	Im gesamten Absatz werden nur die Buchstaben ausgezeichnet.
Ziffern	Anzahl von Ziffern mit Ausnahme von Buchstaben	Im gesamten Absatz werden nur die Ziffern ausgezeichnet.
Endzeichen für verschachteltes Format	Nicht druckendes Zeichen, muss in den Absatz eingefügt werden	Das Zeichen kann an beliebiger Stelle im Absatz eingefügt werden, um den Beginn oder das Ende eines Zeichenformats auszulösen.
Tabulatorzeichen	Nicht druckendes Zeichen, rückt den Text an die nächste Tabulatormarkierung	Bei tabulatorformatierten Tabellen und Listen beginnt oder endet das verschachtelte Format; ein „Tab-Text“ kann somit spaltenweise ausgezeichnet werden.
Harter Zeilenumbruch	Nicht druckendes Umbruchzeichen am Ende einer Zeile innerhalb eines Absatzes	Ein Zeichenformat wird bis zum Ende einer Zeile fortgeführt.
„Einzug bis hierhin“-Zeichen	Nicht druckendes Zeichen, zieht bei Aufzählungen oder Nummerierungen die nachfolgenden Zeilen im Absatz um diese Position ein	Bei Aufzählungen und Nummerierungen werden die vorangestellten Symbole oder der nachfolgende Text ausgezeichnet.

Übersicht der Markierungen für Beginn und Ende eines verschachtelten Formats		
Markierung	**Beschreibung**	**Beispielanwendung**
Geschützte Leerzeichen	Fester Leerraum zwischen zwei Wörtern, um einen Umbruch der Wörter zu verhindern	Ein diesem Zeichen nachfolgendes oder vorangehendes Wort wird mit einem Zeichenformat ausgezeichnet.
Geviert-Leerzeichen	Fester Leerraum in der Breite eines Gevierts	Ein diesem Zeichen nachfolgendes oder vorangehendes Wort wird mit einem Zeichenformat ausgezeichnet.
Halbgeviert-Leerzeichen	Fester Leerraum in der Breite eines halben Gevierts	Ein diesem Zeichen nachfolgendes oder vorangehendes Wort wird mit einem Zeichenformat ausgezeichnet.
Marke für verankertes Objekt	Nicht druckendes Zeichen zur Verankerung einer mitlaufenden Gafik oder eines Textrahmens	Ein Wort, auf das sich das verankerte Objekt bezieht, wird zur besseren Zuordnung (Text-Bild) fett herausgestellt.
Autom. Seitenzahl	Seitenzahl entsprechend der Paginierung der Dokumentenseite	Die Seitenzahl wird im Text ausgezeichnet, der Text vor oder nach der Seitenzahl wird ausgezeichnet.
Abschnittsmarke	Textvariable, die einen in den Nummerierungs- und Abschnittsoptionen eingetragenen Text wiedergibt	Die Abschnittsmarke wird automatisch herausgestellt.
Benutzerdefiniert	Eingabe eines beliebigen druckenden Zeichens als Start oder Ende	Wörtliche Rede wird im Text mit „…" automatisch ausgezeichnet (siehe Beispiel).
Benutzerdefiniert	Eingabe mehrerer beliebiger druckender Zeichen als Start oder Ende	Wird eines der angegebenen Zeichen gefunden, beginnt oder endet das Zeichenformat (siehe Beispiel).

Einsatz von verschachtelten Formaten

Die Anwendungen der verschachtelten Formate sind sehr unterschiedlich, wie Sie der Tabelle der Markierungen entnehmen können. Um Ihnen die Arbeit mit den Markierungen näherzubringen, stelle ich Ihnen einige Beispiele vor. Legen Sie sich als Voraussetzung für das Nachvollziehen dieser Beispiele mindestens ein Absatzformat und ein Zeichenformat („*fett kursiv*") an.

Beispiel: Absatzbeginn

Wollen Sie für ein **verschachteltes Format** eine feste Anzahl von *Wörtern* benutzen, legen Sie in den Absatzformatierungen in der Einstellung **Initial und verschachtelte Formate** das Zeichenformat fest, das auf die ersten *drei Wörter* angewandt werden soll.

1 Neues verschachteltes Format anlegen
Klicken Sie in den **Absatzformatoptionen** auf den Knopf **Neues verschachteltes Format**.

Das Endzeichen für verschachteltes Format …
… ist ein nicht druckendes Sonderzeichen, das Sie in der Texteingabe aus dem Kontextmenü **Sonderzeichen einfügen > Andere > Verschachteltes Format hier beenden** aufrufen.

Initiale mit Zeichenformaten
Der einfachste Einsatz von verschachtelten Formaten besteht in der Auswahl von Zeichenformaten für ein Initial über mehrere Zeilen. Schriftfamilie und -schnitt sowie die Farbe bieten sich an.

„Bis" oder „über"?
In der Auswahl eines Zeichenformats als verschachteltes Format können Sie aus zwei Optionen wählen: „Bis" markiert die Stelle, „bis" zu welchem Zeichen die Formatierung fortgeführt wird und vor dem Zeichen endet. Die andere Option „über" beschreibt, dass die Formatierung erst nach dem Zeichen endet.

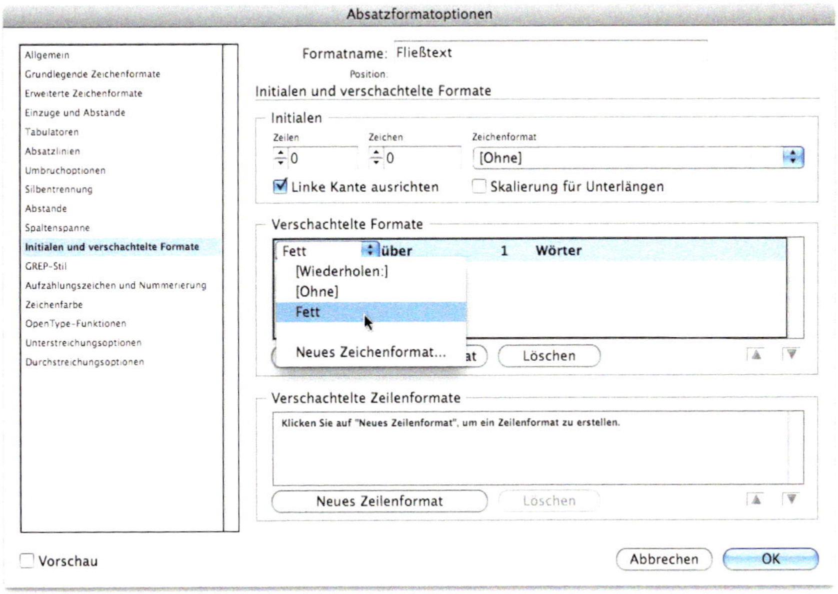

Legen Sie in den Absatzformatoptionen ein neues verschachteltes Format an und suchen Sie das passende Zeichenformat aus.

2 Zeichenformat wählen

Es erscheint eine neue Zeile in den Einstellungen. Wählen Sie nun ein **Zeichenformat** im Aufklappmenü aus. Als *Markierung* definieren Sie in der nachfolgenden Spalte **über**, **3** und **Wörter**.

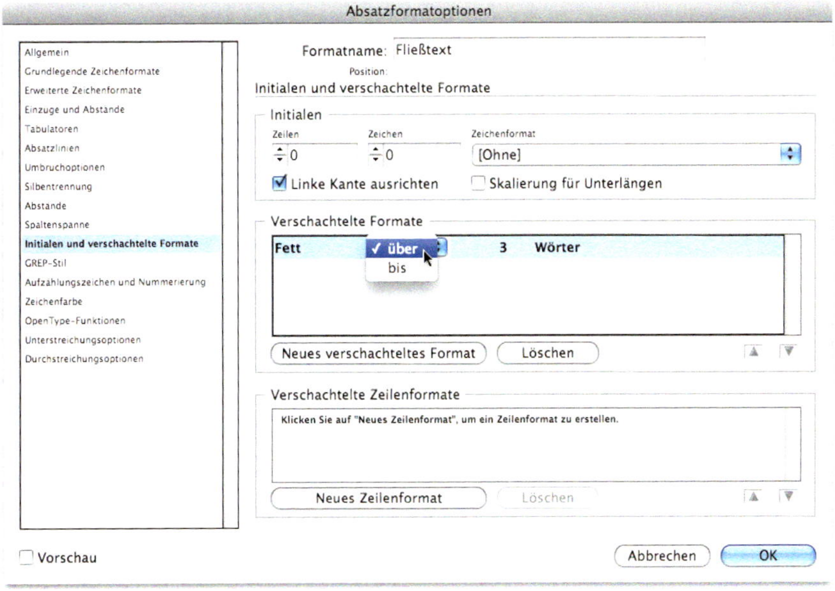

Wählen Sie die Anzahl der Wörter mit der Beziehung „über".

3 Absatzformat anwenden

Bestätigen Sie die Eingabe und weisen Sie dieses verschachtelte neue **Absatzformat** einem Text zu. *Die ersten drei Wörter* jedes Absatzbeginns werden nun entsprechend ausgezeichnet.

Das Ergebnis sehen Sie sofort.

Verschachtelte Formate wiederholen

Die InDesign-Technik der *Verschachtelung* funktioniert auch mit *mehreren aufeinanderfolgenden Zeichenformaten*. Sie klicken auf **Neues verschachteltes Format** und suchen sich das Zeichenformat sowie den Beginn im Text aus. Wenn Sie mehrere Zeichenformate hintereinander im Layout anwenden, gehen Ihnen irgendwann die verschachtelten Formate aus – bei 100 Formaten, um es genau zu sagen. Danach ist es nicht mehr möglich, noch in einem einzelnen Absatz weitere automatische Zeichenformate einzubinden. Zudem werden Änderungen in den bestehenden 100 Formaten sehr unübersichtlich. Was liegt also näher, als eine *Endlosschleife* einzubauen? Wählen Sie ein weiteres verschachteltes Format aus und klicken Sie auf das Aufklappmenü **[Ohne]**.

Hier finden Sie den Befehl **Wiederholen**. Danach schaltet InDesign die Formatierung um. Nun können Sie einstellen, wie viele der angelegten Formate nun endlos bis zum Absatzende wiederholt werden sollen.

Verschachtelte Formate wie diese beiden Zeichenformate lassen sich nun auch bis zum Ende eines Absatzformats anwenden und wiederholen.

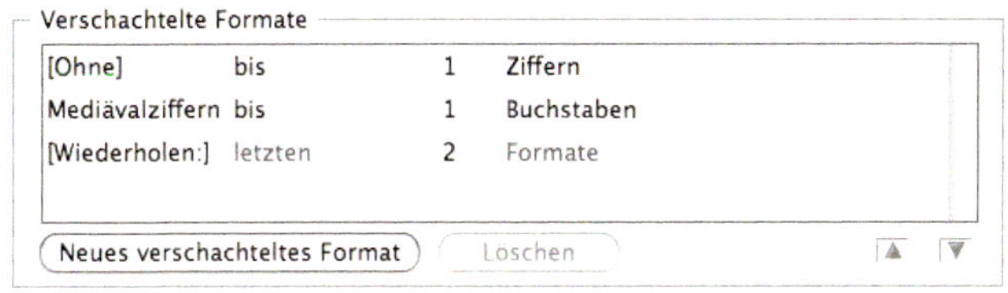

Beispiel für eine Wiederholung
Benötigen Sie ein Beispiel, um sich die Wiederholungen vorzustellen? Nun, Sie haben zwei Zeichenformate, die einen Text in Blau und in Grün einfärben. Im Absatzformat wenden Sie nun diese beiden Zeichenformate jeweils über ein Wort an. Nun nehmen Sie ein weiteres verschachteltes Format, das Wiederholen und lassen die „letzten beiden Zeichenformate" – blaues Wort, grünes Wort – bis zum Absatzende wiederholen.

Auszeichnung von Jahreszahlen im Textabschnitt

Im folgenden Beispiel zeige ich Ihnen, wie Sie alle *Jahreszahlen* und andere *Ziffern* in einem Textabsatz automatisch mit einem **Zeichenformat** auszeichnen. Die Verschachtelung von Absatzformat und Zeichenformat besteht also in der Aufgabe, alle Ziffern im Absatz aufzuspüren und mit dem Zeichenformat auszuzeichnen. Sobald ein neuer Buchstabe gefunden wird, endet das veschachtelte Format. Zum Schluss lassen Sie die Formatierung bis zum Absatzende wiederholen, damit alle Stellen im Text gefunden und ausgezeichnet werden. Sie benötigen für diesen Workshop einen Fließtext von beliebiger Länge mit einigen Jahreszahlen darin, der Fließtext sollte mit einem Absatzformat formatiert sein.

1 Zeichenformat „Mediävalziffern" anlegen

Öffnen Sie das Bedienfeld **Zeichenformate** über **Fenster** > **Schrift und Tabellen** > **Zeichenformate** oder [⌘ Strg] [⇧] [F11]. Legen Sie durch einen Klick auf das **Seitensymbol** ein neues Zeichenformat an, öffnen Sie die Zeichenformatoptionen durch einen Doppelklick auf das neue Format und benennen Sie es mit „Mediävalziffern".

2 In die Rubrik „OpenType-Funktionen" wechseln

Wechseln Sie in die Rubrik **OpenType-Funktionen** und wählen Sie dort unter **Zahlenformat** die Option **Proportionale Mediävalziffern** aus.

Wählen Sie in den OpenType-Optionen die „Proportionalen Mediävalziffern" aus.

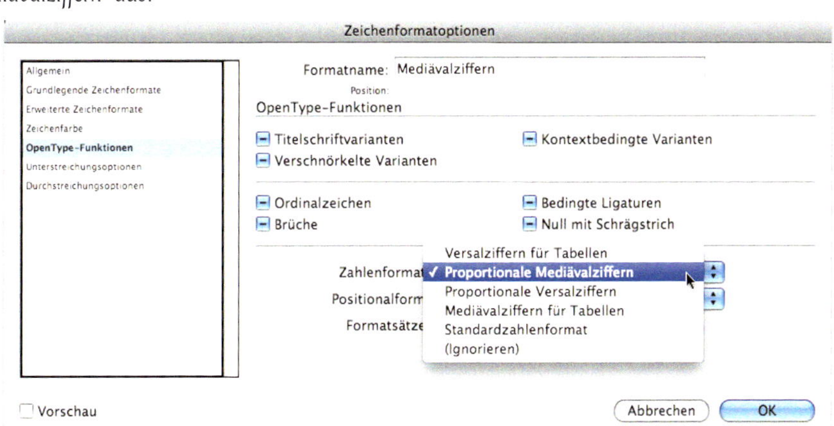

3 Zeichenfarbe aussuchen

In der Rubrik **Zeichenfarbe** wählen Sie optional eine Auszeichnungsfarbe für die Jahreszahlen aus. Speichern Sie das Zeichenformat.

4 Absatzformat auswählen und Absatzformatoptionen öffnen

Öffnen Sie das **Absatzformate**-Bedienfeld über **Fenster** > **Schrift und Tabellen** > **Absatzformate** oder ⌘ Strg F11. Wählen Sie nun das Absatzformat des Fließtextes aus und öffnen Sie durch Doppelklick die Absatzformatoptionen.

5 Ohne Zeichenformat bis zur ersten Ziffer beginnen

Klicken Sie erneut auf **Neues verschachteltes Format** und erstellen Sie ein verschachteltes Format, das bestimmt, dass bis zur ersten Ziffer im Text kein Zeichenformat angewendet werden soll. Dies lautet dann: **[Ohne] bis 1 Ziffern**. Verschieben Sie das verschachtelte Zeichenformat mit Hilfe der Pfeile an die erste Stelle.

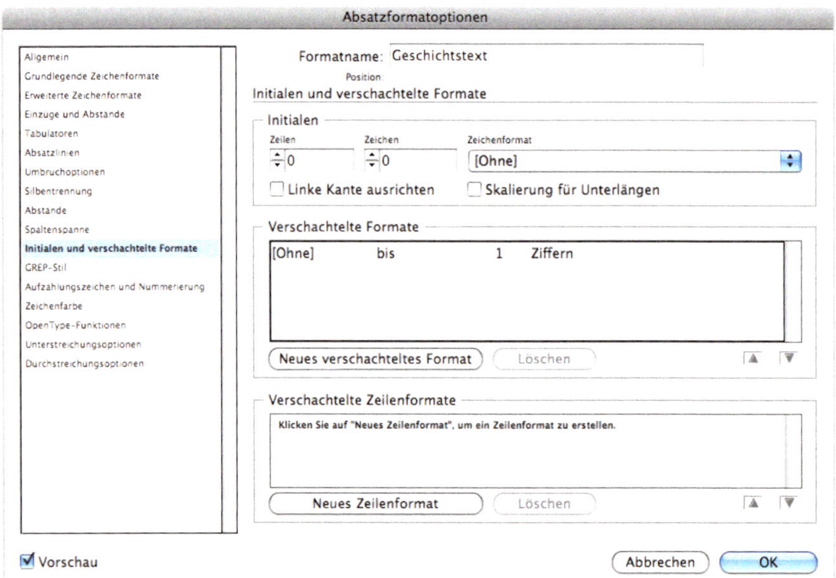

Starten Sie mit dem Format [Ohne] bis zur ersten Ziffer.

6 Verschachteltes Format nur für Ziffern bis zum ersten Buchstaben einrichten

Wählen Sie nun als nächstes verschachteltes Format die „Mediävalziffern". Dieses soll **bis** zum **ersten Buchstaben** gelten, es heißt also: **Mediävalziffern bis 1 Buchstaben**.

7 Die letzten beiden Formate wiederholen

Damit die Verschachtelung sich nicht nur auf die erste Zahl im Text, sondern auf alle Zahlen auswirkt, müssen die beiden eben erstellten Formate durch den ganzen Text wiederholt werden. Dazu klicken Sie erneut auf den Knopf **Neues verschachteltes Format** und erstellen eines mit der Anweisung: **Wiederholen letzten 2 Formate**.

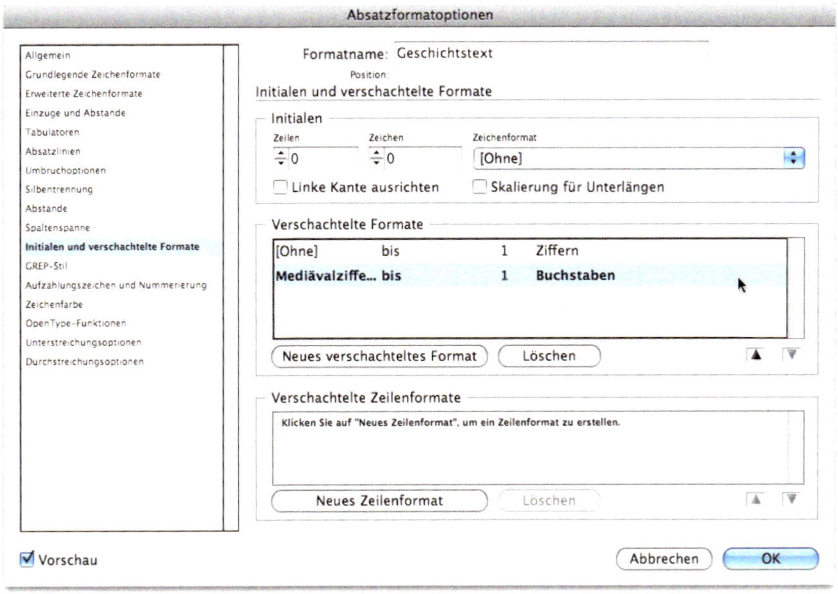

Legen Sie das Zeichenformat von der ersten erkannten Ziffer bis zum ersten Buchstaben an.

8 Absatzformat zuweisen
Bestätigen Sie Ihre Einstellungen mit **OK** und weisen Sie das Absatzformat dem Text zu.

Alle Ziffern werden automatisch erkannt, sowohl Jahreszahlen als auch andere Werte oder Daten.

Nistiber iberum etur, conse plat.
Udam, et es et est, quodior iorrumquod quae omnisitem audiam et molupta quos atur?
Aborepe 1992 lestota dolupiet quiam doluptur?
Solorro mintissincil il illorep ratibus adigentur? Tempor sunt.
Is audae dolores 1492 exernat 24.12.2006 ionsequatia providunt vit facil int.
Cusdam sam andaepe ritatur sume optat fugiam, temquat emporeh endemque volorro velique et rat esed molum aut dolupta speruptae et dolorpor at.
Obisimos estiusa ndicid quam im fugit quid magnihit acerorrum, sus eatecestem res delendit quis dolum fuga. Lamet labo. Onsequiati rerum, utecull 1990 accaborepe litas everit velenimpor mostionsed etur acceptam, enis doluptaspit aut aut enimoloria eument maximodi natem secus milluptatis premper chilibus mod quam ab ilit expernam quiam quam quid esequam simenec tiberupid utem doluptam, intur aut alit, temporibus eniendebis et rehent ilit venissim ex exceriandit verum sam iducim debis este molendusam excea ditatemped etus.
Ne nonemqui a vernatia audiatusamus nos alicitam re eroviditi quid quist imagnimporro que vel ipienda volore, assin poris ea et et quam volorem porepro odit officae latumquam, offic tectur, ipic

Verschachtelte Formate in Objektformaten
Die ausgiebigste Verknüpfung von Formatierungen der Rahmen und des Textes in InDesign sind die Objektformate, die Sie ja schon eingangs kennengelernt haben. Auch hier lassen sich die verschachtelten Formate einbinden, indem Sie ein Absatzformat zuweisen, das eben diese verschachtelten Zeichenformate vorsieht. Um das Ganze auf die Spitze zu treiben, hat Adobe auch vorgesehen, Objektstile aufeinander basieren zu lassen. Ob Sie dann allerdings noch den Durchblick behalten, möchte ich Ihnen überlassen.

Beispiel: Auszeichnung von Zitaten im Textabschnitt

Das Anlegen von verschachtelten Formaten nur für die Auszeichnung von Ziffern im Text ist eine der leichteren Übungen von InDesign. Nun zu einem komplexeren Thema: Wie weise ich InDesign an, verschiedene

Zeichen als Start und Ende einer Formatierung aufzufinden und somit nur Zitate im Text zu erkennen? Zitate beginnen bekanntlich mit einem Satzzeichen („) und enden mit einem anderen ("). Doch auch anders formatierte Zitate oder Einzelwörter sollen mit einem einzigen Absatzformat erkannt werden. Wir müssen also InDesign eine größere Menge von Zeichen vorgeben (", „ etc.), um damit ein verschachteltes Zeichenformat zu beginnen und abzuschließen.

1 Zeichenformat „*Fett*" anlegen

Öffnen Sie das Bedienfeld **Zeichenformate** über **Fenster** > **Schrift und Tabellen** > **Zeichenformate** oder [⌘ Strg] [⇧] [F11]. Legen Sie über das **Seitensymbol** ein neues Zeichenformat an und öffnen Sie mit einem Doppelklick die **Zeichenformatoptionen**. Benennen Sie das Zeichenformat mit „***Fett kursiv***" und stellen Sie unter **Grundlegende Zeichenformate** den Schriftschnitt auf „***Bold Italic***". Bestätigen Sie die Einstellungen mit **OK**.

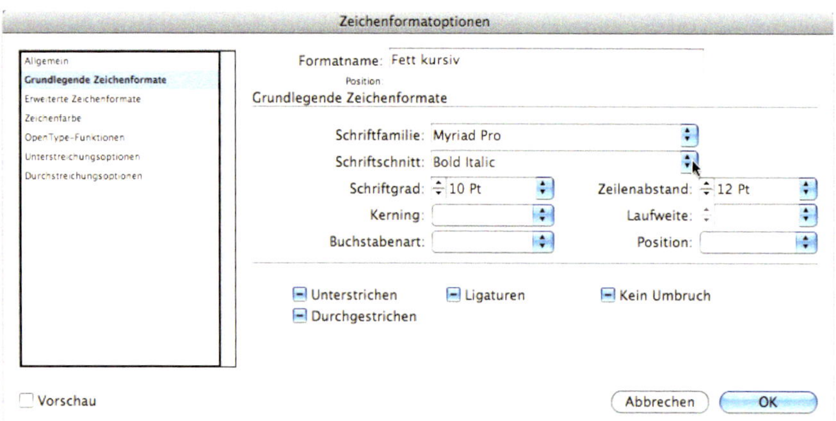

Erzeugen Sie ein Zeichenformat mit der Auszeichnung „Fett kursiv".

2 Absatzformat für verschachtelte Formate auswählen

Öffnen Sie das Bedienfeld **Absatzformate** über **Fenster** > **Schrift und Tabellen** > **Absatzformate** oder [⌘ Strg] [F11]. Wählen Sie darin das Absatzformat des Fließtextes aus, in dem sich die Zitate befinden, und öffnen Sie per Doppelklick die Absatzformatoptionen. Wechseln Sie darin in die Rubrik **Initialen und verschachtelte Formate**.

3 Verschachteltes Format beginnt mit doppelten Anführungszeichen unten

Das verschachtelte Format für die Zitate beginnt mit doppelten Anführungszeichen unten („). Das heißt, bis zu diesen Anführungszeichen soll kein Zeichenformat angewendet werden. Erstellen Sie also über den Knopf **Neues verschachteltes Format** ein neues Format. Die Eingaben, die Sie nun im Feld dieses neuen verschachtelten Formates wählen, lauten: **[Ohne] bis 1 „** – also in Klartext übersetzt: „*Ohne*

Geben Sie für den Beginn des verschachtelten Formats das Zeichen „ direkt in die Eingabemaske der Absatzformatoptionen ein.

Zeichenformat bis zum 1. doppelten Anführungszeichen unten". Das Anführungszeichen können Sie einfach über die Tastatur in das Eingabefeld eintippen.

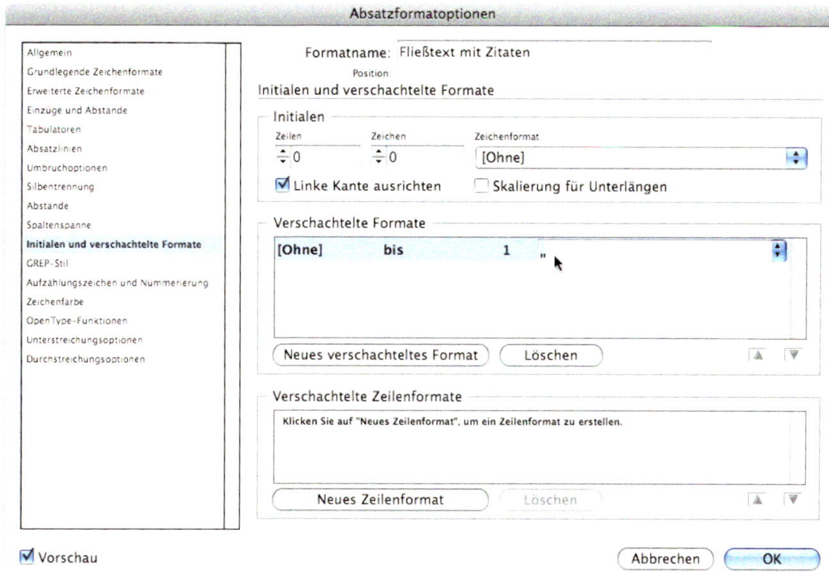

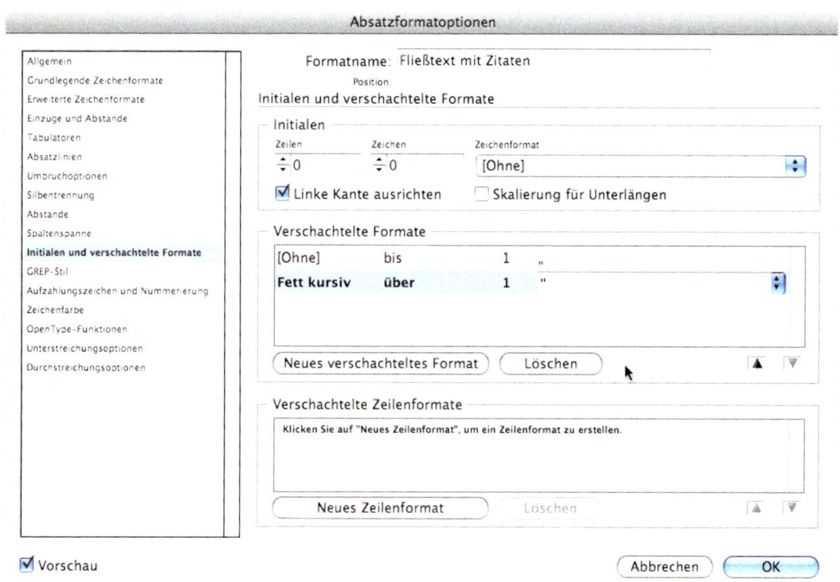

Die Eingabe für das Ende des Formats mit dem Zeichen " in der Eingabemaske

4 Verschachteltes Format endet mit doppelten Anführungszeichen oben

Das verschachtelte Format für die Zitate endet mit einem doppelten Anführungszeichen oben ("). Erstellen Sie deshalb über den Knopf ein

Neues verschachteltes Format und wählen Sie aus dem Aufklappmenü das vorher erstellte Zeichenformat *„Fett kursiv“* aus. Da die Auszeichnung der Zitate vom Anführungszeichen unten bis einschließlich zum Anführungszeichen oben ausgeführt werden soll, geben Sie folgende Parameter ein: **fett kursiv über 1 “**. In Klartext: *Wende das Zeichenformat „“ bis über das erste folgende doppelte Anführungszeichen oben hinaus an.*

5 Formatfolge wiederholen

Die Formatfolge soll sich durch den ganzen Text hindurch wiederholen, damit alle Zitate ausgezeichnet werden. Erstellen Sie dazu über den Knopf ein weiteres **Neues verschachteltes Format**, wählen Sie aus dem Aufklappmenü **Wiederholen** aus, so dass das Format lautet: **[Wiederholen:] letzten 2 Formate**.

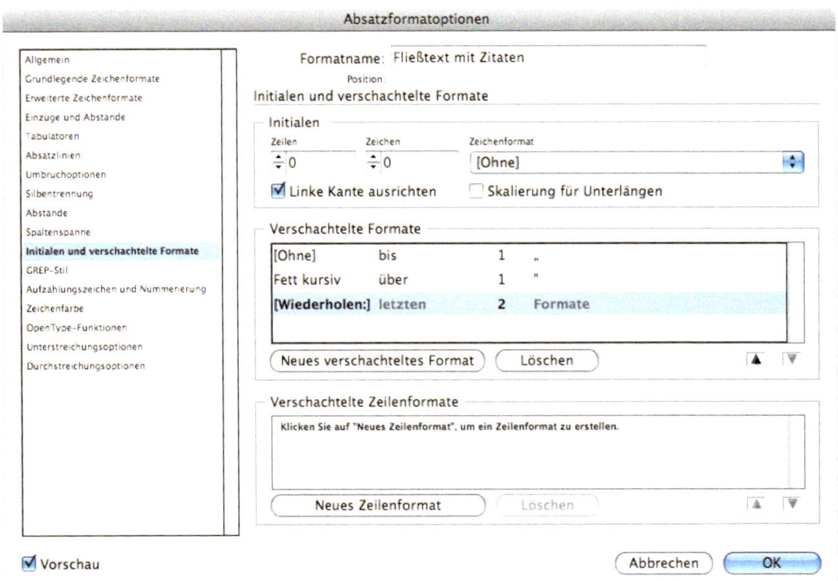

Lassen Sie die letzten beiden Formate wiederholen, so dass alle Stellen im Absatz erkannt werden.

Im Absatz werden nun alle Stellen in wörtlicher Rede „…“ automatisch fett kursiv ausgezeichnet.

Re peditatum, to te culparum faccuptasit, coreniam volorempe nient etum sitas rae voluptam eum is ut od eaturio ommo ex et, conempores a volores suntus poresen dandunt.

Tore doluptas es eos eaquae ma sercimi, quos es et quis sectorpost, sequam, ut ut ipiendi quae volorem renihicium re coreiur am liquid quiae vent et officteserro occaborror suntotas et et praeperit fuga. Obitate denihilia ipsunt et velicium, sim repuda quas sam excerum resequaerio maio. It alia dereptat fugia voleni quidem veritist auditinctur sum et undaerovit, quo officid moloratium aut et omnimped mos dis eatio. ***„Pic temporeperi temporia nis excepra num incil et utatur? It voluptate alit quat voluptat alis dolor as ellaut aperspit am quaest, iusae siminvero optat fugias eario berumque est, vidunt hiligendit pora des reria et eri dolora quodi delention nonsed qui none dustiaes quos et aliquam vid ut erro blabor ad maio tem ex et dis non rem escimus as pelibus.“***

Etur? Totas quis ressi aut explaborenim sam, quam ist dolum nus aut minulla tquunt.

Ximporem imillat. Tur suntur, volum ra qui quam, sapernat ex et poreris cipicid erovid ut laborepro eribus molupta tatemodicia consequ atempor estruptat.

Acearum audae volupti umquos ut ut aliae nam, suntia verem. Nam vellamusam, corae. Dipsam fugitempos modipsanda dolorehenet experepudae. ***„Em quam, utas ressedis eictes debite nos aped ut dolor sae dolore eum hiciam es vel issum quasit velique ius aliquam re moloria dolorit idempor a dolorio nectatu recatur, eatur solorio volor as ex esciis siminul luptiis sequis ratquo magnat offici corio ipsantur?“***

Luptusdae maionsequist eaquasperunt quo in rent facia sume idi vel ma quisqui autem faci dolor mod magnam senihilitem non nus eum et minulparum, atur reptatias accabo. Nam, ullitaq uatusant.

Dero bereiciae molutec atiate volum repel magnati aspissinis acea dolorer cillita dolupta speliqui utem est, sita nis maximiliquid exceped ute pori sit aditaqu idist, omnimus etus et lam seque nost, sequi dendicis dolum re, excerum fuga. Nam dia sinit parchil iquaers pelland itiberi buscil est accatqui num doluptat faccatus, conecate ventet harcimus et volecae volupta nonsequiate nus illabo. Ipsanis quasint emolupt atemquide qui blab id excearu ptatur rendisquae simetur millacc ullenis dolo deseditae poria nit ex excesseque illamus aut volorep ratquundam denetus sit, optiisc imodigenimus aborissitium facia pro et eium nim alit im aliquis magnam voluptae dende non res eaqui nam aut imaion ressit rendignis et ant.

Sed qui consed que si sequiat ionsequis nonsequam, culluptа solorero magnatquas veni illorro quiatur arum que consequatur rehenim olliquas eiume eosandi denturi tatiorit quiae porest aut ex estem. ***„…et inum fuga!“ Magnatq uaernam sit repersperrum nossitatus sus plabore ctorepta nienis derrupturi acepre illabo. Iberibusam aut autem id experata nis debisci dolupta spistii simpos aut volest, seque molutae ssimod ex expliqui sinus andi cum cones poriam enector eperum dolorem qui unt.***

Loreium sunda dit ius, siti te mostrum lautatia quia delluptatem eius dolesequam endi cuptaqui volore, unt.

Itat harum il et aut harchicid ea arumquis dolorepe aut ut lab il enienis unt quam aut dusciaspe deliquoditat lat is de aut qui apit laccumq uaeperepe siment et arunt, consequi sinci tem fugitinctiae laboreiciist esequid ex et facerib usdant ditat asinvel lendit plit quidemquas poritatqui dolupta epernatur recum ex escimos eres qui corente natus ducimusam, volendae voluptium que vit, inulpa consenissit, offic te id utatem. Vollorem fuga. Itatia doluptati culpa simint, adis expe volende bisquas magnihicid quat.

Ique modis amet et evelictur re comnimus nonse velest, tem si sam, se ex estius exceritas rae odicia sint.

Ati doluptas nonsed magnis accuille cuptatem quaecerro magnis evenet dipsum fugit mo es seditaepre si cus exerchition nem haruptae expersperum non pella susa ducipsam est ulla sitibus eturit aut lique nonsecernate re, sinullupta es del in reiur, omni voluptas sequatur suntore, sint ex et aut reperisci tet ut voluptassi quid et facearit ipsunt laceste mporem. Neque imus poritibus eum int.

Ut autatec erchit qui blaborp orrovidunt eum iduntma dolorio restrum que consectium eossitaspit velitaesti accusae voluptatur aut faciduci optatem quibus, sum que moluptatur maionse dipsam auta quae earum raescit, odit pore nos re sitas num quodipsam, offic te nessit, ommost, explaborum eaque sunt est pliquia nimporum aliquam, sedi aut occab inim id explit, cullat.

„Vitiis millest, sequature sam, ut es esequi alit dem apelign itaque labore is volorem expel evendipsa nonsero rissimagnim ditas dolorehendia doluptat!“

Nos aliquia saest voles sit amus magnimus mo et ad qui ut omnis endaecae et eos essimaio. Ratus aria di descipsam explaut expliqui tem volecum que volecest, comnimet eic tem ut voluptatet eic tectur sedi sus voluptusda cullessent.

6 Absatzformat zuweisen

Weisen Sie das Absatzformat dem Fließtext mit den Zitaten zu.

7 Verschachteltes Format für weitere Zeichen ergänzen

Um auch solche Zitate auszuzeichnen, die statt mit doppelten Anführungszeichen mit Guillemets (» «) ausgezeichnet sind, ergänzen Sie nun das verschachtelte Format. Öffnen Sie dazu erneut die **Absatzformatoptionen** in der Rubrik **Initialen und verschachtelte Formate**. Geben Sie im rechten Eingabefeld, in dem sich die *doppelten Anführungszeichen* befinden, einfach direkt hinter dem Anführungszeichen zusätzlich die Guillemets ein: („ ») beziehungsweise (“«). Auf diese Art und Weise lassen sich noch weitere Zeichen hinzufügen.

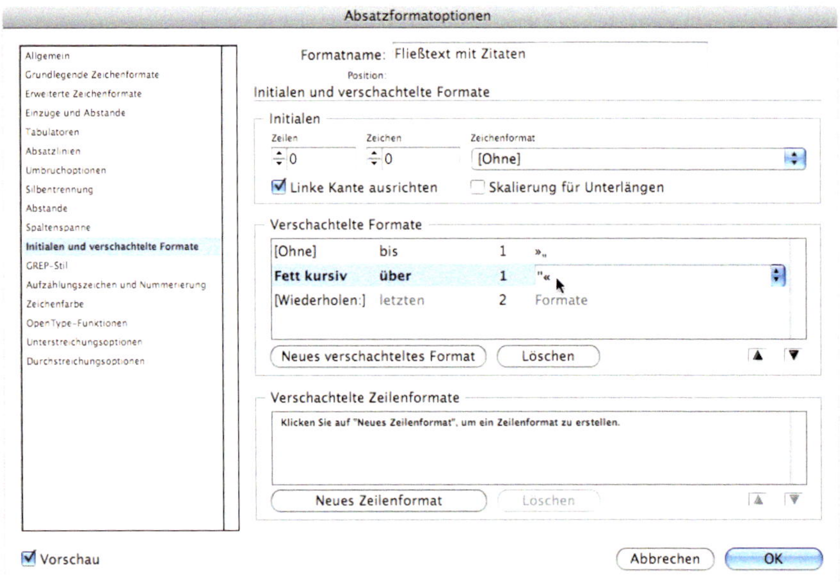

Ergänzen Sie die Eingabemaske in den Absatzformatoptionen mit den Guillemets „ “ zur Markierung weiterer Stellen.

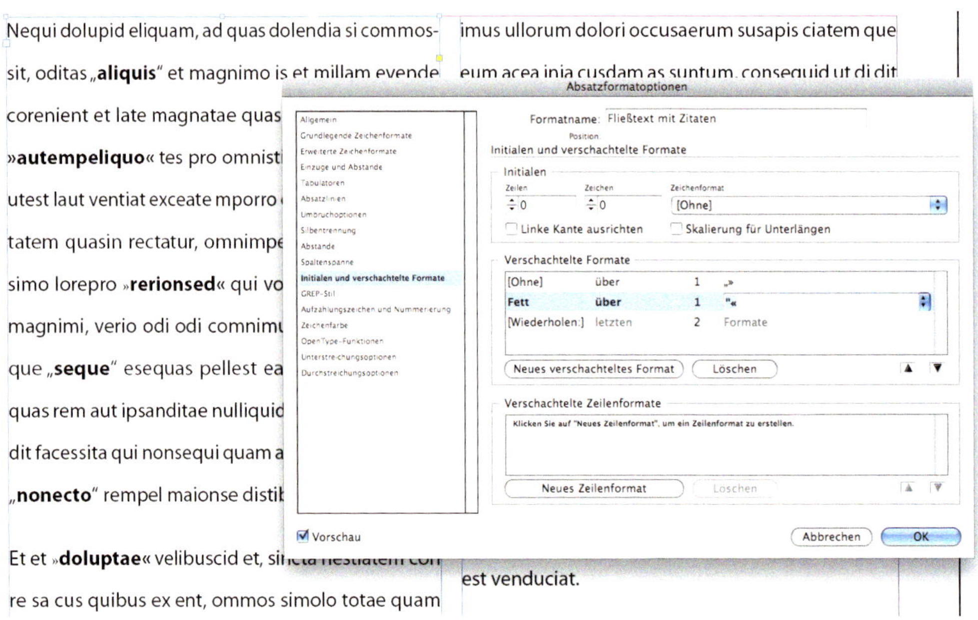

Das Ergebnis wird im Absatz mit aktiver Vorschau sofort angezeigt.

Zeilenformate

Bis hierher habe ich Ihnen Beispiele für verschachtelte Formate vorgestellt, die ausnahmslos innerhalb eines Absatzes angewendet werden, unabhängig vom Textumbruch. Doch wie formatieren Sie einzelne Zeilen mit einem **Zeichenformat**, auch wenn sich der Umbruch später ändert? Hierfür sind die verschachtelten Zeichenformate untauglich. Stattdessen verwenden Sie die **Zeilenformate**. Anhand des nächsten Beispiels können Sie selbst die Zeilenformate ausprobieren. Der einzige Unterschied zu einem verschachtelten Format liegt darin, dass **Zeilenformate** – wie der Name schon vermuten lässt – das Zeichenformat *auf eine feste Anzahl von Zeilen* anwendet.

1 Zeichenformat „Hin" anlegen und Zeichenformatoptionen aufrufen

Öffnen Sie das Bedienfeld **Zeichenformate** und legen Sie über das **Seitensymbol** ein neues Zeichenformat an. Öffnen Sie durch Doppelklick die **Zeichenformatoptionen** und benennen Sie das Format mit dem Namen *„Hin"*.

2 In die Rubrik Unterstreichungsoptionen wechseln und Unterstreichung aktivieren

Wechseln Sie in die Rubrik **Unterstreichungsoptionen** und aktivieren Sie die **Unterstreichung**.

Mit einer Unterstreichung legen Sie eine Kontur hinter den Text. Als schraffierte Linie erhält die Kontur zudem eine interessante Grafik.

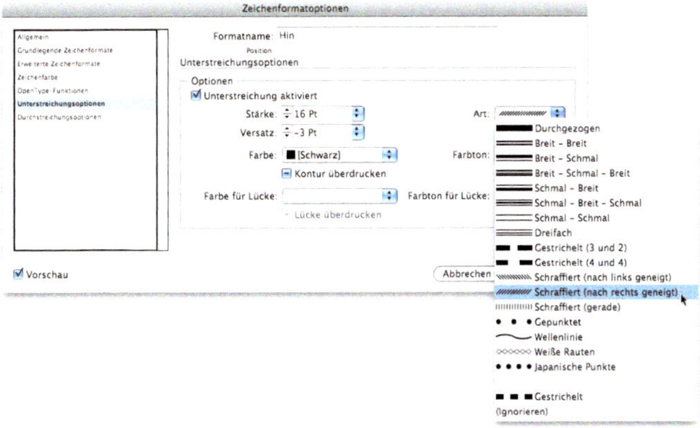

3 Konturenstärke, Offset und Art „schraffiert nach rechts" angeben

Wählen Sie für diesen Workshop eine sehr starke Kontur von **16 pt** und als Art der Linie **Schraffiert (nach rechts geneigt)**. Wie hoch der Wert für den Offset sein muss, hängt auch von der Schriftgröße ab, wählen Sie zunächst einmal **–3 pt**.

4 Zeichenformat bestätigen

Weitere Einstellungen werden nicht benötigt. Bestätigen Sie das Zeichenformat mit **OK**.

5 Zweites Zeichenformat „Her“ anlegen und Zeichenformatoptionen aufrufen

Legen Sie im **Zeichenformate**-Bedienfeld ein weiteres Zeichenformat an und öffnen Sie durch Doppelklick die **Zeichenformatoptionen**. Geben Sie ihm den Namen *„Her“*.

6 Auf erstem Zeichenformat „Hin“ basieren lassen

Lassen Sie unter **Allgemein** das Zeichenformat auf dem vorher angelegten Zeichenformat *„Hin“* basieren, um die Einstellungen zu übernehmen.

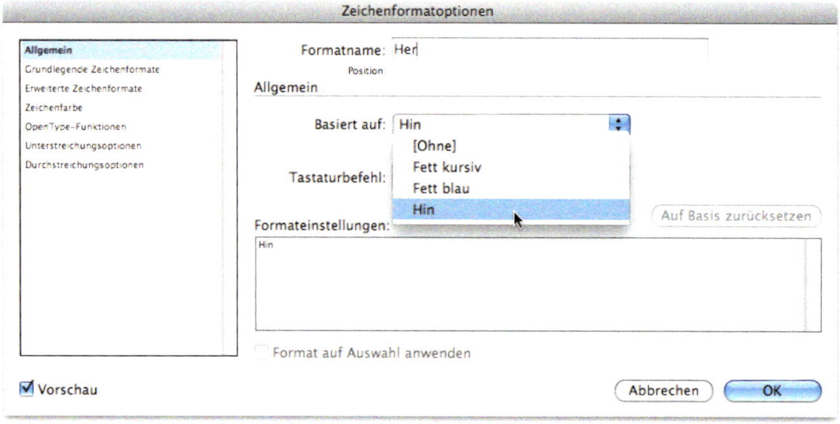

Das Zeichenformat „Her“ basiert auf „Hin“.

7 Unterstreichungsoptionen wählen und aktivieren

Wechseln Sie auch hier wieder in die Kategorie **Unterstreichungsoptionen** und aktivieren Sie diese.

8 Art der Unterstreichung „schraffiert nach links“ aussuchen

Die einzige Änderung zum Zeichenformat *„Hin“* besteht darin, dass Sie hierfür statt der Schraffierung nach rechts als Art **Schraffiert (nach links geneigt)** auswählen.

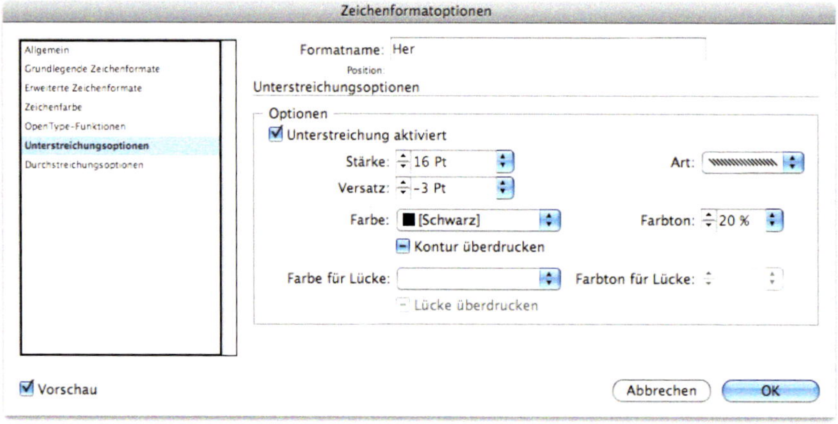

Die Kontur wird als Schraffur nach links geneigt.

9 Zeichenformat bestätigen

Bestätigen Sie Ihre Einstellungen mit OK.

10 Absatzformat auswählen und zuweisen

Öffnen Sie das Bedienfeld **Absatzformate** und wählen Sie darin das Absatzformat für den Fließtext aus. Öffnen Sie die **Absatzformatoptionen** mit einem Doppelklick.

11 In Rubrik „Verschachtelte Formate" wechseln und neues Zeilenformat anlegen

Wechseln Sie in die Rubrik **Initialen und verschachtelte Formate**. Erstellen Sie durch Klick auf den Knopf **Neues Zeilenformat** ein Zeilenformat, das für *eine Zeile* gelten soll und dem das Zeichenformat *„Hin"* zugewiesen ist: **hin für 1 Zeilen**.

12 Zweites Zeilenformat „Her" für die nachfolgende Zeile auswählen

Die Zeichenformate „Hin" und „Her" werden in den Absatzformatoptionen jeweils auf eine Zeile angewendet.

Erstellen Sie durch Klick auf den Knopf **Neues Zeilenformat** ein zweites Zeilenformat, das für eine Zeile gelten soll und dem das Zeichenformat *„Her"* zugewiesen ist: **her für 1 Zeilen**.

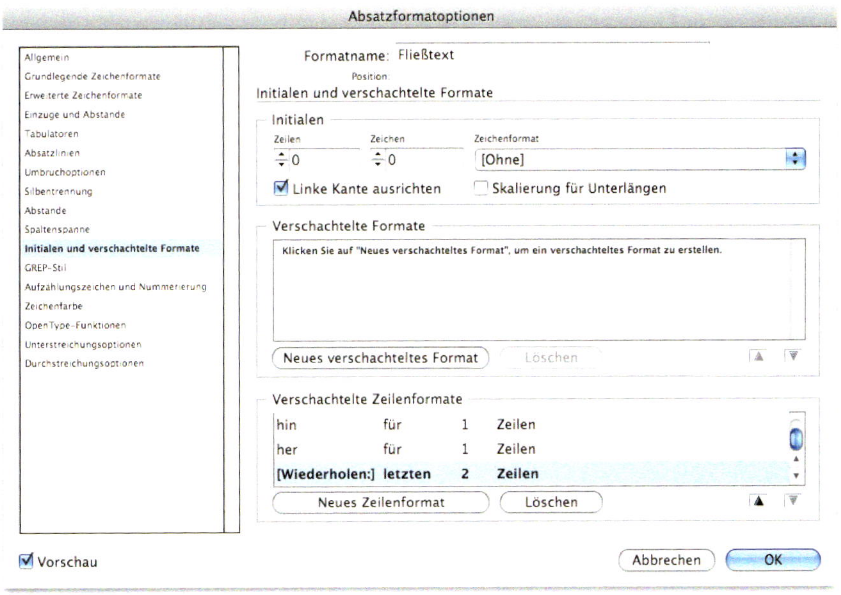

Optional weitere Leerzeilen einfügen
Wenn Sie nun dieses abwechselnde Reifenspurmuster so wiederholen lassen wollen, dass auf den ersten Blick nicht das Rapportmuster zu erkennen ist, dann fügen Sie weitere Leerzeilen ein, indem Sie ein neues Zeilenformat einfügen und kein Zeichenformat über mehrere Zeilen zuweisen. Danach können Sie das Spiel mit „Hin" und „Her" bis zu 100-mal fortführen.

13 Beide Zeilenformate wiederholen lassen

Um beide Zeilenformate wiederholen zu lassen, erstellen Sie bitte ein drittes Zeilenformat mit der Funktion **[Wiederholen]: letzten 2 Zeilen**.

Nequi dolupid eliquam, ad quas dolendia si commossit, oditas aliquis et magnimo is et millam evende corenient et late magnatae quas sum ut id ut venis autempeliquo tes pro omnistio. Nectust in enim utest laut ventiat exceate mporro odi denis dis voluptatem quasin rectatur, omnimpelit, sam quos eossimo lorepro rerionsed qui volum sequati buscil magnimi, verio odi odi comnimusandi officto rerit, que seque esequas pellest ea alis pratur, totate quas rem aut ipsanditae nulliquidus, ut andipsapelis dit facessita qui nonsequi quam as seribus cient, con nonecto rempel maionse distibus.

Die Zeichenformate werden nun innerhalb des Absatzformats pro Zeile angewendet und die Textzeilen werden abwechselnd nach rechts und nach links schraffiert hinterlegt.

Optischer Randausgleich

Ausgesprochen hilfreich ist in InDesign die Funktion des **Optischen Randausgleichs**, ein Algorithmus besonders zur Verbesserung der Blocksatzbildung. Auch wenn Sie nicht unmittelbar einen Randausgleich im Absatzformat einstellen können, möchte ich an dieser Stelle den Randausgleich näher beleuchten.

Hierbei werden bei der Aktivierung im Blocksatz die auslaufenden Zeilen leicht über die *linke und rechte Satzspiegelkante hinausgeschoben*, wenn Sonderzeichen wie Trennstriche, Kommata, Anführungszeichen u.Ä. als letztes beziehungsweise erstes Zeichen einer Zeile stehen. Das führt zu einer harmonischen, optisch idealen Erscheinung. Auch Initiale, die überhängende Serifen haben, werden dabei ausgeglichen.

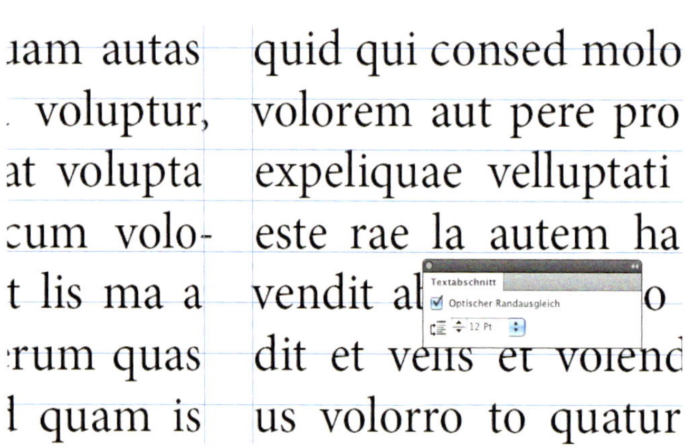

Der „Optische Randausgleich" bewirkt, dass innerhalb eines Absatzes Zeichen wie Trennstriche oder Kommata außerhalb des Textrahmens platziert werden, um die Blocksatzflucht links und rechts optisch gleichmäßiger erscheinen zu lassen.

Optischen Randausgleich aktivieren

Leider ist der optische Randausgleich kein Bestandteil eines Absatzformats. Somit bleibt Ihnen nichts anderes übrig, als diese Funktion manuell zu aktivieren.

Um den **Optischen Randausgleich** zu aktivieren, klicken Sie einfach auf einen Textrahmen und rufen über das Menü **Schrift** die Funktion **Textabschnitt** auf. Sind die Rahmen verkettet, wird die Funktion auf den vollständigen Text angewandt. Wählen Sie jetzt noch einen Schriftgrad, um den Umfang des Überhangs für die Schriftgröße im Textabschnitt festzulegen.

Dabei werden Sie die besten Ergebnisse erzielen, wenn Sie denselben Schriftgrad wie für den Zeilenabstand im Fließtext verwenden. Probieren Sie diese Funktion **mit aktiver Vorschau** einfach aus.

Randausgleich per Absatzformat ignorieren

Der optische Ausgleich ist eine Eigenschaft des Layoutrahmens. Wenn jedoch ein Textabsatz nicht einbezogen werden soll, können Sie in den Absatzformaten diesen Randausgleich ignorieren, in dem Sie in den Einstellungen zum Absatzformat auf **Einzüge und Abstände** klicken. Hier steht Ihnen die Funktion zur Verfügung.

Verkettete Textrahmen werden insgesamt mit oder ohne optischem Randausgleich dargestellt.

Kontroverse

Den Fließtext in diesem Buch habe ich mit „optischem Randausgleich" gesetzt, Marginaltexte nicht. Ich möchte allerdings nicht verschweigen, dass diese eigentlich von typografen herbeigesehnte Funktion die Gemüter spaltet. Zum Einen, weil der Algorithmus nicht grundsätzlich bei jeder beliebigen Schrift ein gleich gutes Ergebnis erzielt, zum Anderen, weil manchen Entscheidern das Auge für feintypografische Belange fehlt. Allerdings gibt es auch wirklich triftige Gründe gegen den Randausgleich: Für fette Schriftschnitte, deren Trennstriche zum Ende oder deren Anführungsstriche zu Beginn einer Zeile recht kräftig geschnitten sind, ist er gänzlich ungeeignet. Zudem sollten Aufzählungen nicht mit optischem Randausgleich gestaltet werden, da die linke Flucht nicht mehr eingehalten wird. Hierzu aktivieren Sie im Absatzformat unter **Einzüge und Abstände** die Option **Optischen Rand ignorieren**.

Tabulatoren & Tabellen

Tabulatoren

... gibt es in praktisch allen Programmen, die auch nur entfernt etwas mit Textverarbeitung zu tun haben. Ein **Tabulator** ist ein nicht druckbares Steuerzeichen und wird durch die Tabulator-Taste [→|] eingefügt. Dadurch springt der **nachfolgende Text** bis zur nächsten **Tabulatorposition**. Anhand der Tabulatorpositionen im Text können später Textabschnitte untereinander ausgerichtet werden. Eine Textzeile darf beliebig viele Tabulatoren mit nachfolgenden Texten, Zahlenwerten oder Einheiten enthalten. Geben Sie zunächst immer einen Tabulator ein und schreiben Sie danach direkt nach dem Zeichen den Text, der positioniert werden soll.

Tabulatoren anwenden und verändern

Die „kleinen Doppelpfeile" sind schließende französische Anführungszeichen und heißen *Guillemets* (ausgesprochen etwa wie „Gi-je-MEH"). Aber nur, wenn sie sichtbar sind.

Mit aktivierter Funktion **Schrift** > **Verborgene Zeichen einblenden** sehen Sie die **Tabulatorzeichen** als kleine Doppelpfeile. Zum Ende der Textzeile fügen Sie eine Absatzschaltung mit der [↵]-Taste oder einen harten Zeilenumbruch mit [⇧][↵] ein und fahren mit der nächsten Zeile fort.

Sie merken schon, dass der erfasste Text nicht *ganz* ungeordnet da steht. Solange Sie selbst **noch keine Tabulatorposition definiert** haben, tut InDesign nämlich so, als gebe es **alle 12,7 mm** (= 36 pt) einen linksbündigen Tabulator. In diesem Stadium sollten Sie **keinesfalls** den Fehler machen und bei kürzeren Wörtern (in unten stehendem Beispiel sind das alle Zeilen außer der zweiten) **mehr als einen Tabulator** eintippen, um jetzt schon „Ordnung" in den Text zu bringen! Beim Arbeiten mit Tabulatoren und Tabellen geht es in erster Linie um die **Struktur**. Wenn die stimmt, ist die **visuelle Gestaltung** – naja, ich möchte nicht sagen: ein Kinderspiel, aber Sie müssen solche **„Gestaltungstabulatoren"** alle wieder entfernen, wenn Sie sich die spätere Feinarbeit nicht völlig unnötig erschweren wollen.

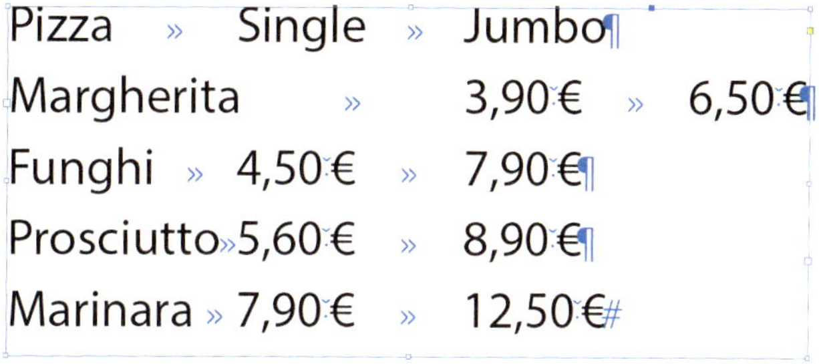

Unformatierter Text mit Tabulatoren. Zwischen Zahl und Währung setzt man ein Achtelgeviert: [⌘ Strg][⌥ Alt][⇧][M]

Microsoft Word bietet zahlreiche Möglichkeiten für die Textstrukturierung, aber praktisch keine für professionelle Gestaltung. Leider wird es allzu oft genau gegenteilig eingesetzt. Sie Glückspilz, wenn Sie nicht wissen, was das mit Tabulatoren zu tun hat!

Linksbündig, rechtsbündig, zentriert

Wenn Sie nun einige Werte und Zeilenschaltungen eingetragen haben, rufen Sie **Schrift > Tabulatoren** auf. Über dem Textrahmen, den Sie gerade bearbeiten, erscheint ein **Lineal**. Zunächst ist oben links der Knopf für die **linksbündige Ausrichtung** ↓ aktiv. Jeder Tabulator, den Sie jetzt setzen, richtet den nachfolgenden Text linksbündig an seiner Position aus. Durch Klicken und Ziehen der Ausrichtungsmarkierung verschieben Sie den Text, der nun an diesem Tabulator „haftet".

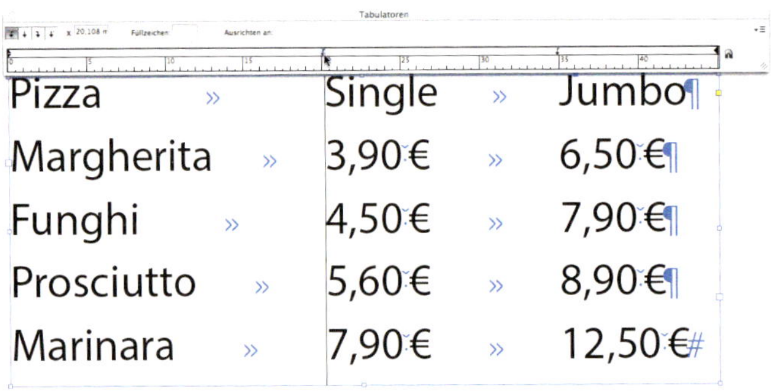

Beim Setzen oder Verschieben eines Tabulators zeigt eine senkrechte schwarze Linie die Position an.

Stellen Sie anschließend die weiteren Positionen so ein, dass Sie möglichst **gleichmäßige Spalten** bekommen. Sie können die Markierungen auch direkt in das **X-Feld** eingeben. Oder Sie klicken nach der Erstellung eines neuen Tabulators in das **X-Feld** und springen mit den Tasten ▲ oder ▼ zur **nächsthöheren oder -tieferen** ganzen Zahl.

Markieren Sie nun eine linksbündige Markierung und klicken Sie dann auf das **dritte Ausrichtungssymbol** ↓. Die Werte in der Tabelle richten jetzt ihre rechte Kante an der Markierung aus. **Rechtsbündige Tabulatoren** werden besonders bei der Ausrichtung von Zahlen mit und ohne Einheit verwendet.

Krumme Tabulatorpositionen

Da die Amerikaner die Segnungen des seit 1979 eigentlich weltweit verbindlichen **metrischen Systems** nach wie vor noch nicht recht zu schätzen wissen, berechnet InDesign intern immer noch alles in **Point**. Darum bekommen Sie hier mit Mausklicks leider ausschließlich **„krumme" Millimeterwerte**.

◢ *Einheiten in InDesign: Seite 86*

Setzen eines rechtsbündigen Tabulators

Um einen **zentrierten Tabulator** zu erstellen, gehen Sie genauso vor wie beim rechtsbündigen, nur dass Sie dafür das **zweite Ausrichtungssymbol** ↓ klicken müssen.

Verschobenes Tabulatoren-Lineal
Das **Tabulatoren**-Bedienfeld rufen Sie mit ⌘ Strg ⇧ T auf. Wenn die Oberkante des Textrahmens im Dokumentfenster sichtbar ist, rastet es exakt über dem Text ein, sonst steht es in der Fenstermitte. Sie können es auch nachträglich noch an der Rahmenoberkante (sofern sichtbar) einrasten lassen, wenn Sie den Knopf mit dem Hufeisenmagneten klicken.

Ausrichtung an Komma/Punkt

Der Dezimaltabulator kann Text an beliebigen Zeichen ausrichten; pro Spalte und Absatz können Sie aber immer nur *ein* Zeichen definieren. Enthält Ihr Text untereinander Werte in gemischter Schreibweise (mal Punkt, mal Komma), sollten Sie für jeden dieser Fälle ein eigenes Absatzformat definieren.

Dezimaltabulatoren

Der **vierte Ausrichtungsknopf** erzeugt Tabulatoren, die ein **bestimmtes Zeichen** im Text an ihrer Position **ausrichten**. Wenn im Text Werte mit unterschiedlichen vielen Nachkommastellen vorkommen – zum Beispiel physikalische Messwerte –, ist das Gesamtbild harmonischer, wenn alle Kommas (oder Kommata) in einer Spalte **exakt untereinander** angeordnet sind, egal, wie viele Ziffern danach folgen. Das sieht nicht nur schöner aus; die Werte innerhalb Ihrer Tabelle lassen sich so auch viel besser vergleichen!

Das Zeichen, an dem die Spalten ausgerichtet werden sollen, tippen Sie einfach in das Feld **Ausrichten an**, solange die entsprechenden Tabulatorposition markiert ist.

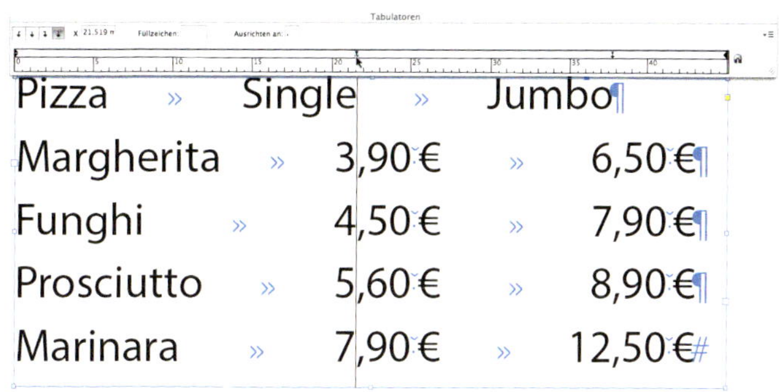

Text vor dem eingestellten Zeichen baut sich links vom Tabulator auf; das Zeichen (Komma) selbst und der nachfolgende Text stehen rechts. Ist das gesuchte Zeichen gar nicht vorhanden (Kopfzeile), steht alles links vom Tabulator.

Schöne Kopfzeilen benötigen meistens separate Tabulatoren. Die definieren Sie am besten, nachdem Sie mit dem Rest durch sind. Da Tabulatoren zu den Absatzeigenschaften zählen, müssen Sie nicht die ganze Zeile markieren; es genügt, wenn die Einfügemarke irgendwo in der Kopfzeile blinkt.

1860 München 3:0 SV Heimstetten
Sporttabellen werden gerne so tabellarisch dargestellt. Der Doppelpunkt eignet sich da natürlich als Ausrichtungszeichen für den Dezimaltabulator.

Füllzeichen

Bei besonders breiten Tabellen mit relativ wenigen Spalten (und viel Platz dazwischen), kann das Auge der **gedachten Linie** nicht mehr richtig folgen und braucht deshalb Unterstützung. So genannte **Füllzeichen** (meistens normale Punkte) helfen, den Bezug zwischen links und rechts wieder herzustellen.

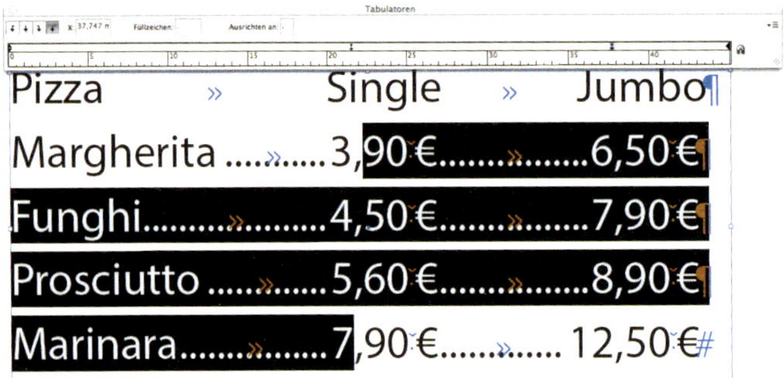

Ein Punkt als Füllzeichen

Füllzeichen variieren
Zur Variation eines Punkts als Füllzeichen können auch ein Punkt und ein nachfolgendes Leerzeichen dienen. Die an einen Textilschnittbogen anmutenden Punktlinien werden so dezenter, obwohl die Grundlinie immer noch zu erkennen ist.

Pizza	Single	Jumbo
Margherita	3,90 €	6,50 €
Funghi	4,50 €	7,90 €
Prosciutto	5,60 €	8,90 €
Marinara	7,90 €	12,50 €

Auch Absatzlinien eignen sich als Orientierungshilfe in tabellarischen Darstellungen.

Verschachtelte Formate für Füllzeichen
Wenn Sie die Tabulatoren in einem Absatzformat definiert haben, können Sie in der Rubrik **Initialen und verschachtelte Formate** ein eigenes verschachteltes Format nur für das Füllzeichen einrichten.

◢ *Verschachtelte Formate: Seite 429*

Tabulatoren wiederholen

Um eine Tabelle mit regelmäßigen Tabulatorpositionen zu erzeugen, markieren Sie einen Tabulator im Lineal und wählen dann im Bedienfeldmenü **Tabulator wiederholen**. Die Satzspiegelbreite wird mit „Kindern" dieses Tabulators in gleichen Abständen gefüllt. Die einzelnen Tabulatoren können Sie anfassen und ändern.

Tabulatoren löschen

Einzelne Tabulatorpositionen können Sie entfernen, indem Sie die entsprechende Markierung im Lineal anklicken und nach oben oder nach unten **aus dem Lineal herausziehen**. Bei dieser Aktion sollten Sie aber bedenken, dass sich wahrscheinlich Ihr kompletter Tabellensatz verschiebt, da sich nun alle Textelemente an dieser Stelle eine neue Position suchen müssen.

Alle Tabs löschen
Im Bedienfeldmenü finden Sie den Eintrag „Alle löschen", falls Sie die Übersicht verloren haben oder einfach alle Tabulatoren entfernen wollen, weil der Aufbau einer Tabelle nun doch sinnvoller ist.

Tabulatoren außerhalb des Linealbereichs

Wenn Sie Tabulatorpositionen in einem **Absatzformat** definieren (anstatt mit dem schwebenden **Tabulatoren**-Bedienfeld), ist der angezeigte Linealbereich aus Platzgründen oft kleiner als die Zeilenbreite Ihrer Tabelle. Verschieben Sie einfach mit gedrückter Maustaste das Lineal nach links, um höhere Werte angezeigt zu bekommen.

◢ *Absatzformate: Seite 387*

Die Breite des Bedienfelds können Sie über die rechte untere Ecke verkleinern oder vergrößern und es dann mit einem Klick auf den Magneten wieder über dem Textrahmen positionieren.

Tabulatoren können Sie auch in jedem Absatzformat definieren und so jederzeit die Formatierung zentral ändern.

Bei zu schmaler Darstellung des Tabulatorenlineals (zum Beispiel in den Absatzformatoptionen) verschieben Sie den Ausschnitt einfach mit gedrückter Maustaste.

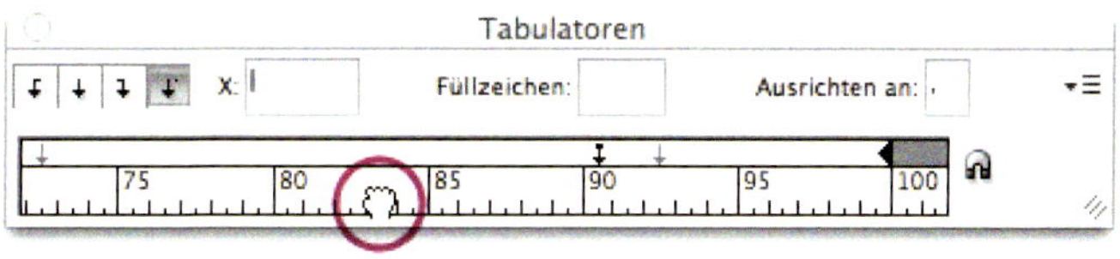

Textmodus für knifflige Formatierungen
Wenn Sie Werte in einer bereits gesetzten Tabelle verändern, kann es vorkommen, dass der Text innerhalb einer Tabellenspalte breiter wird als geplant; Textzeilen verrutschen. Daraufhin müssen Sie die Tabellenspalte verbreitern und den betroffenen Tabulator versetzen. Damit Sie keine Textabschnitte übersehen, benutzen Sie besser den Textmodus. Öffnen Sie dazu den Texteditor über **Bearbeiten** > **Im Textmodus bearbeiten** oder mit ⌘ Strg Y.

Absatzspezifische Tabulatoren

Wie weiter oben beschrieben, können Sie für jede einzelne Zeile (eigentlich: für jeden einzelnen Absatz) **eigene Tabulatoren** definieren – zum Beispiel, um die Kopfzeile anders zu formatieren als den Rest der Tabelle.

Das kann sich jedoch als **Fehlerquelle** erweisen, wenn später Tabulatorpositionen korrigiert werden müssen: Wird dabei ein zu großer Bereich ausgewählt, zum Beispiel der komplette Textrahmen, dann zeigt das Tabulatorlineal nur **graue (statt schwarze) Positionspfeile**. Das bedeutet, dass diese nur für (irgend)einen Absatz gelten, aber nicht für den gesamten Textrahmen. Wer jetzt nicht gut aufpasst, „beschädigt" schlimmstenfalls die Tabelle so sehr, dass sie komplett neu aufgebaut werden muss.

Achten Sie daher darauf, **möglichst einheitliche Tabulatorpositionen** zu benutzen. Am besten definieren Sie diese konsequent über Absatzformate, um sie später zentral ändern zu können. Oder verwenden Sie, wo immer es sinnvoll ist, InDesigns **Tabellenfunktion** anstatt Text mit Tabulatoren.

Tabellen

Tabulatoren waren in den „alten Zeiten" des DTP in den meisten Layoutprogrammen der einzige Weg, Tabellen aufzubauen, sind jedoch vor allem für größere Datenmengen **anstrengend** in der Handhabung und **unflexibel** bei Korrekturen. Mit einfachen Handgriffen mehrere **Unterteilungen** vorzunehmen oder einzelne Bereiche **farbig** zu hinterlegen, ist nur möglich, wenn eine „echte" Tabellenfunktion zur Verfügung steht. InDesign hat sogar einen eigenen Menüpunkt dafür.

◁ Den Text für meine Beispieltabellen habe ich hier entnommen – danke an alle, die dazu beigetragen haben: de.wikipedia.org/wiki/Liste_der_höchsten_Gebäude_der_Welt

Tabellen formatieren

Tabellen in InDesign bestehen aus **Spalten**, **Zeilen** und diese wiederum aus einzelnen **Zellen**. Nach Wunsch kommen noch **Kopf- und Fußzeilen** für Spaltenbeschriftung und Legende/Fußnoten hinzu. Die erste Spalte einer Tabelle behandelt InDesign gegebenenfalls gesondert als **linke Spalte**, die letzte als **rechte Spalte**. Die normalen Zellen innerhalb einer Tabelle werden als **Körperzellen** bezeichnet.

InDesign schlägt damit eine Brücke zwischen den strukturellen Funktionen einer Tabellenkalkulation und den gestalterischen und technischen Ansprüchen der Druck- und PDF-Ausgabe. Sie können Tabellen im Layout neu aufbauen oder aus vorhandenem Text mit Tabulatoren konvertieren, oder Sie importieren vorhandene Tabellen aus Excel oder Word, um sie anschließend in InDesign zu formatieren.

Zum Tabellensatz gehört ausschließlich das **Textwerkzeug**; Sie benötigen kein weiteres Werkzeug. Eine Tabelle liegt immer innerhalb eines Textrahmens. Neben der leichten Bearbeitung gibt es dadurch noch einen Vorteil: Tabellen lassen sich mit dem Textfluss umbrechen! Kopf- und Fußzeilen können Sie auch nachträglich so formatieren, dass sie an jedem Seitenanfang oder in jeder neuen Spalte automatisch wiederholt werden. Linke und rechte Spalte, die oft als Zeilenindex oder Preisspalte dienen, können über die Tabellenformate abweichend von den übrigen Zellen gestaltet werden.

Text und Tabelle im selben Rahmen
Eine Tabelle verhält sich wie ein riesiger Buchstabe und beansprucht immer eine komplette Zeile. Das bedeutet, dass sonstiger Text innerhalb desselben Rahmens nur über oder unter der Tabelle stehen kann, aber niemals daneben.

Tabellen platzieren

Viel einfacher, als eine Tabelle manuell zu erstellen, ist es, bestehende Excel- oder Word-Tabellen zu importieren und schnell zu formatieren.

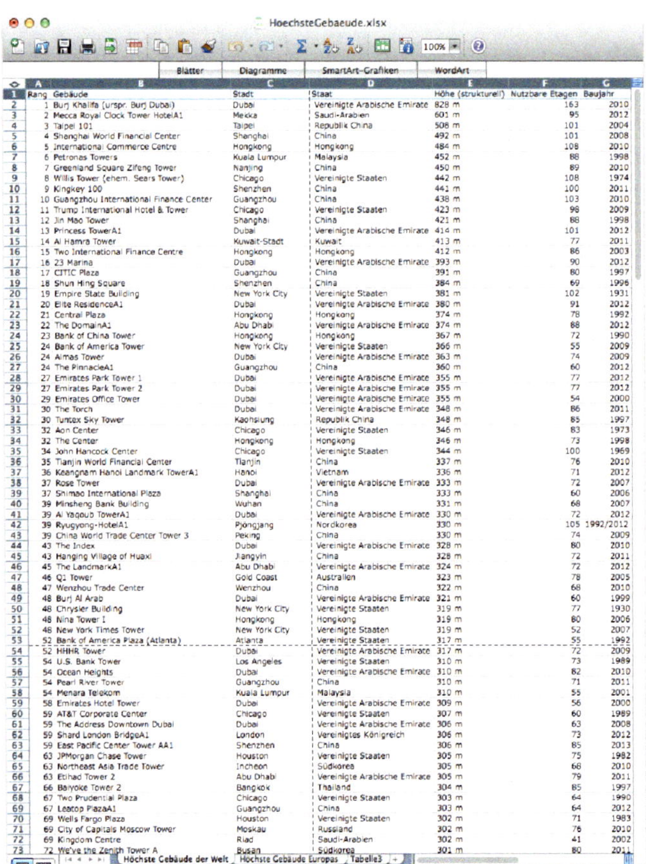

	A	B	C	D	E	F	G
1	Rang	Gebäude	Stadt	Staat	Höhe (strukturell)	Nutzbare Etagen	Baujahr
2	1	Burj Khalifa (urspr. Burj Dubai)	Dubai	Vereinigte Arabische Emirate	828 m	163	2010
3	2	Mecca Royal Clock Tower HotelA1	Mekka	Saudi-Arabien	601 m	95	2012
4	3	Taipei 101	Taipei	Republik China	508 m	101	2004
5	4	Shanghai World Financial Center	Shanghai	China	492 m	101	2008
6	5	International Commerce Centre	Hongkong	Hongkong	484 m	108	2010
7	6	Petronas Towers	Kuala Lumpur	Malaysia	452 m	88	1998
8	7	Greenland Square Zifeng Tower	Nanjing	China	450 m	89	2010
9	8	Willis Tower (ehem. Sears Tower)	Chicago	Vereinigte Staaten	442 m	108	1974
10	9	Kingkey 100	Shenzhen	China	441 m	100	2011
11	10	Guangzhou International Finance Center	Guangzhou	China	438 m	103	2010
12	11	Trump International Hotel & Tower	Chicago	Vereinigte Staaten	423 m	98	2009
13	12	Jin Mao Tower	Shanghai	China	421 m	88	1998
14	13	Princess TowerA1	Dubai	Vereinigte Arabische Emirate	414 m	101	2012
15	14	Al Hamra Tower	Kuwait-Stadt	Kuwait	413 m	77	2011
16	15	Two International Finance Centre	Hongkong	Hongkong	412 m	86	2003
17	16	23 Marina	Dubai	Vereinigte Arabische Emirate	393 m	90	2012
18	17	CITIC Plaza	Guangzhou	China	391 m	80	1997
19	18	Shun Hing Square	Shenzhen	China	384 m	69	1996
20	19	Empire State Building	New York City	Vereinigte Staaten	381 m	102	1931
21	20	Elite ResidenceA1	Dubai	Vereinigte Arabische Emirate	380 m	91	2012
22	21	Central Plaza	Hongkong	Hongkong	374 m	78	1992
23	22	The DomainA1	Abu Dhabi	Vereinigte Arabische Emirate	374 m	88	2012
24	23	Bank of China Tower	Hongkong	Hongkong	367 m	72	1990
25	24	Bank of America Tower	New York City	Vereinigte Staaten	366 m	55	2009
26	24	Almas Tower	Dubai	Vereinigte Arabische Emirate	363 m	74	2009
27	24	The PinnacleA1	Guangzhou	China	360 m	60	2012
28	27	Emirates Park Tower 1	Dubai	Vereinigte Arabische Emirate	355 m	77	2012
29	27	Emirates Park Tower 2	Dubai	Vereinigte Arabische Emirate	355 m	77	2012
30	29	Emirates Office Tower	Dubai	Vereinigte Arabische Emirate	355 m	54	2000
31	30	The Torch	Dubai	Vereinigte Arabische Emirate	348 m	86	2011
32	30	Tuntex Sky Tower	Kaohsiung	Republik China	348 m	85	1997
33	32	Aon Center	Chicago	Vereinigte Staaten	346 m	83	1973
34	32	The Center	Hongkong	Hongkong	346 m	73	1998
35	34	John Hancock Center	Chicago	Vereinigte Staaten	344 m	100	1969
36	35	Tianjin World Financial Center	Tianjin	China	337 m	76	2010
37	36	Keangnam Hanoi Landmark TowerA1	Hanoi	Vietnam	336 m	71	2012
38	37	Rose Tower	Dubai	Vereinigte Arabische Emirate	333 m	72	2007
39	37	Shimao International Plaza	Shanghai	China	333 m	60	2006
40	39	Minsheng Bank Building	Wuhan	China	331 m	68	2007
41	39	Al Yaqoub TowerA1	Dubai	Vereinigte Arabische Emirate	330 m	72	2012
42	39	Ryugyong-HotelA1	Pjöngjang	Nordkorea	330 m	105	1992/2012
43	39	China World Trade Center Tower 3	Peking	China	330 m	74	2009
44	43	The Index	Dubai	Vereinigte Arabische Emirate	328 m	80	2010
45	43	Hanging Village of Huaxi	Jiangyin	China	328 m	72	2011
46	45	The LandmarkA1	Abu Dhabi	Vereinigte Arabische Emirate	324 m	72	2012
47	46	Q1 Tower	Gold Coast	Australien	323 m	78	2005
48	47	Wenzhou Trade Center	Wenzhou	China	322 m	68	2010
49	48	Burj Al Arab	Dubai	Vereinigte Arabische Emirate	321 m	60	1999
50	48	Chrysler Building	New York City	Vereinigte Staaten	319 m	77	1930
51	48	Nina Tower I	Hongkong	Hongkong	319 m	80	2006
52	48	New York Times Tower	New York City	Vereinigte Staaten	319 m	52	2007
53	52	Bank of America Plaza (Atlanta)	Atlanta	Vereinigte Staaten	317 m	55	1992
54	52	HHHR Tower	Dubai	Vereinigte Arabische Emirate	317 m	72	2009
55	54	U.S. Bank Tower	Los Angeles	Vereinigte Staaten	310 m	73	1989
56	54	Ocean Heights	Dubai	Vereinigte Arabische Emirate	310 m	82	2010
57	54	Pearl River Tower	Guangzhou	China	310 m	71	2011
58	54	Menara Telekom	Kuala Lumpur	Malaysia	310 m	55	2001
59	58	Emirates Hotel Tower	Dubai	Vereinigte Arabische Emirate	309 m	56	2000
60	59	AT&T Corporate Center	Chicago	Vereinigte Staaten	307 m	60	1989
61	59	The Address Downtown Dubai	Dubai	Vereinigte Arabische Emirate	306 m	63	2008
62	59	Shard London BridgeA1	London	Vereinigtes Königreich	306 m	73	2012
63	59	East Pacific Center Tower AA1	Shenzhen	China	306 m	85	2013
64	63	JPMorgan Chase Tower	Houston	Vereinigte Staaten	305 m	75	1982
65	63	Northeast Asia Trade Tower	Incheon	Südkorea	305 m	68	2010
66	63	Etihad Tower 2	Abu Dhabi	Vereinigte Arabische Emirate	305 m	79	2011
67	66	Baiyoke Tower 2	Bangkok	Thailand	304 m	85	1997
68	67	Two Prudential Plaza	Chicago	Vereinigte Staaten	303 m	64	1990
69	67	Leatop PlazaA1	Guangzhou	China	303 m	64	2012
70	69	Wells Fargo Plaza	Houston	Vereinigte Staaten	302 m	71	1983
71	69	City of Capitals Moscow Tower	Moskau	Russland	302 m	76	2010
72	69	Kingdom Centre	Riad	Saudi-Arabien	302 m	41	2002
73	72	We've the Zenith Tower A	Busan	Südkorea	301 m	80	2011

Eine Excel-Datei ist eine der schönsten Vorlagen für eine InDesign-Tabelle.

Textimport aus Word: Seite 243

Bevor Sie eine Excel-Datei platzieren, sollten Sie sich auch hier – wie bei Textdateien – fragen, ob dieser Import **einmalig** ist oder ob Sie die platzierte Tabelle von Ihrem Kunden im Layout jederzeit **aktualisieren** müssen. InDesign importiert zunächst immer nur die Inhalte der Tabelle, es wird **keine Verknüpfung** hergestellt. Diese Arbeitsweise ist trotz des „Verlustes" der Datenquelle die häufigste im Layoutalltag und hilft, Darstellungsprobleme aufgrund von Excel-Makros zu vermeiden.

Makros in Excel-Tabellen

Makros können in InDesign nicht interpretiert werden. Sie sollten sich vergewissern, dass Inhalte, die aufgrund von Makros in Excel berechnet oder angezeigt werden, auch beim Platzieren der Tabelle im Layout erscheinen.

Wenn eine Aktualisierung notwendig ist, müssen Sie unbedingt in den Voreinstellungen unter **Dateihandhabung** die Option **Beim Platzieren von Text- und Tabellendateien Verknüpfungen erstellen** aktivieren.

Excel-Datei platzieren

Platzieren Sie nun die Excel-Tabelle wie ein Bild oder eine Grafik. Mit aktivierten **Importoptionen** wählen Sie für eine Excel-Tabelle das betreffende **Blatt** aus – Excel hat in der Regel mindestens drei Blätter angelegt; bei einfachen Tabellen befinden sich meist im ersten Blatt die gewünschten Inhalte.

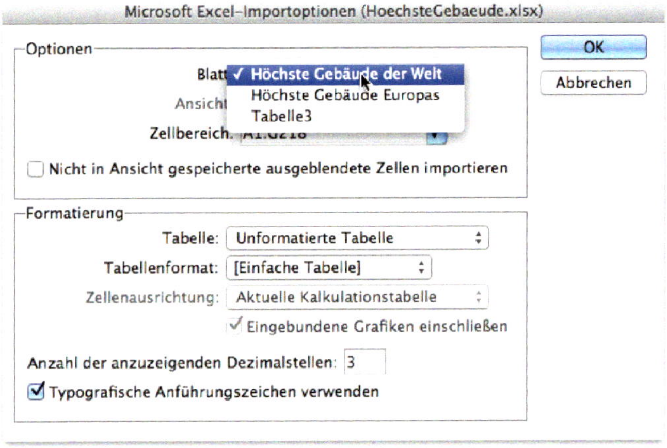

In den Importoptionen wählen Sie das richtige Blatt aus.

Jetzt können Sie aus dem **Zellbereich** des Blatts einen beliebigen Ausschnitt importieren. InDesign erkennt automatisch, welche Zellen mit Inhalt gefüllt sind und trägt diesen Zellbereich ein, etwa „A1:G218". Wenn Sie alle Daten dieses Blatts importieren möchten, müssen Sie hier nichts ändern, sonst geben Sie den gewünschten Zellbereich auf die gleiche Art ein („ErsteSpalteErsteZeile:LetzteSpalteLetzteZeile").

Eine Tabelle mit unterschiedlichen Zellbereichen mehrfach platzieren

Wenn Sie Daten aus einer komplexen Tabelle benötigen, können Sie, falls es aus gestalterischer Sicht bequemer ist, mehrfach dieselbe Datei platzieren, aber in den Importoptionen jedesmal einen anderen Zellbereich angeben. Dadurch erleichtern Sie sich die Arbeit bei Änderungen der Quelldatei, da nur eine Verknüpfung aktualisiert werden muss.

Danach legen Sie in den **Importoptionen** fest, ob Sie die Tabelle als **unformatierte Tabelle** in InDesign anlegen oder ob auch Gestaltungsattribute aus Excel mit importiert und übernommen werden. Hier sollten Sie stets die Formatierungen aus Excel ignorieren, da Sie ansonsten ungewollte Verweise zu Systemschriften importieren und InDesign diese Schriften bei allen Vorgängen wie Öffnen, Verpacken und Drucken abfragt.

Alternativ zu diesen Einstellungen lässt sich eine Tabelle auch als Text mit Tabulatoren importieren. Rufen Sie dafür den Befehl **Unformatierter Text mit Tabulatortrennzeichen** auf. Darüber hinaus können Sie auch eingebundene Grafiken übernehmen.

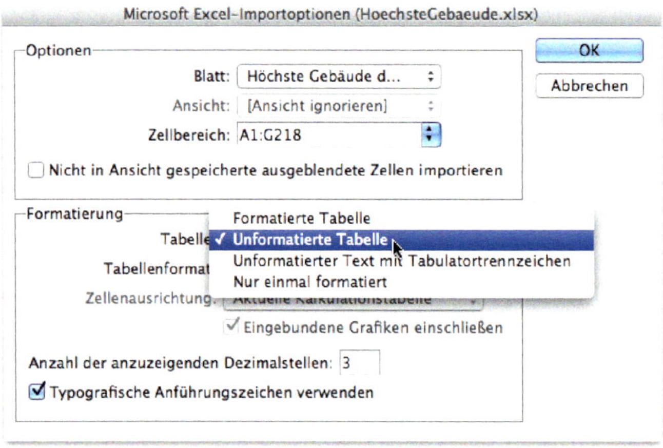

„Unformatierte Tabelle" ist die erste Wahl beim Tabellenimport.

Als nächsten Schritt können Sie, falls vorhanden, ein in InDesign bereits angelegtes **Tabellenformat** zuweisen. Falls Sie noch kein Format angelegt haben, dies aber jetzt gleich erledigen möchten, wählen Sie **Neues Format anlegen**.

◢ Tabellen- und Zellenformate kommen etwas später in diesem Kapitel dran, genauer gesagt ab Seite 471

Bestätigen Sie diesen Dialog, und InDesign legt die Tabelle mit den ausgewählten Einstellungen an. Gestalten Sie die Tabelle nun nach Belieben.

Rang	Gebäude	Stadt	Staat	Höhe (strukturell)	Nutzbare Etagen	Baujahr
1	Burj Khalifa (urspr. Burj Dubai)	Dubai	Vereinigte Arabische Emirate	828 m	163	2010
2	Mecca Royal Clock Tower HotelA1	Mekka	Saudi-Arabien	601 m	95	2012
3	Taipei 101	Taipei	Republik China	508 m	101	2004
4	Shanghai World Financial Center	Shanghai	China	492 m	101	2008
5	International Commerce Centre	Hongkong	Hongkong	484 m	108	2010
6	Petronas Towers	Kuala Lumpur	Malaysia	452 m	88	1998
7	Greenland Square Zifeng Tower	Nanjing	China	450 m	89	2010
8	Willis Tower (ehem. Sears Tower)	Chicago	Vereinigte Staaten	442 m	108	1974
9	Kingkey 100	Shenzhen	China	441 m	100	2011
10	Guangzhou International Finance Center	Guangzhou	China	438 m	103	2010
11	Trump International Hotel & Tower	Chicago	Vereinigte Staaten	423 m	98	2009
12	Jin Mao Tower	Shanghai	China	421 m	88	1998
13	Princess TowerA1	Dubai	Vereinigte Arabische Emirate	414 m	101	2012
14	Al Hamra Tower	Kuwait-Stadt	Kuwait	413 m	77	2011
15	Two International Finance Centre	Hongkong	Hongkong	412 m	86	2003
16	23 Marina	Dubai	Vereinigte Arabische Emirate	393 m	90	2012
17	CITIC Plaza	Guangzhou	China	391 m	80	1997
18	Shun Hing Square	Shenzhen	China	384 m	69	1996
19	Empire State Building	New York City	Vereinigte Staaten	381 m	102	1931
20	Elite ResidenceA1	Dubai	Vereinigte Arabische Emirate	380 m	91	2012
21	Central Plaza	Hongkong	Hongkong	374 m	78	1992
22	The DomainA1	Abu Dhabi	Vereinigte Arabische Emirate	374 m	88	2012
23	Bank of China Tower	Hongkong	Hongkong	367 m	72	1990
24	Bank of America Tower	New York City	Vereinigte Staaten	366 m	55	2009
24	Almas Tower	Dubai	Vereinigte Arabische Emirate	363 m	74	2009
24	The PinnacleA1	Guangzhou	China	360 m	60	2012
27	Emirates Park Tower 1	Dubai	Vereinigte Arabische Emirate	355 m	77	2012
27	Emirates Park Tower 2	Dubai	Vereinigte Arabische Emirate	355 m	77	2012
29	Emirates Office Tower	Dubai	Vereinigte Arabische Emirate	355 m	54	2000
30	The Torch	Dubai	Vereinigte Arabische Emirate	348 m	86	2011
30	Tuntex Sky Tower	Kaohsiung	Republik China	348 m	85	1997
32	Aon Center	Chicago	Vereinigte Staaten	346 m	83	1973
32	The Center	Hongkong	Hongkong	346 m	73	1998
34	John Hancock Center	Chicago	Vereinigte Staaten	344 m	100	[illegible]
[illegible]	Tianjin World Financial Center	Tianjin	China	[illegible]	[illegible]	[illegible]

Frisch importiert, aber noch nicht formatiert.

Leere Tabellen anlegen

Kopf- und Fußzeilen können später noch problemlos eingefügt werden, falls Sie sich an dieser Stelle noch nicht sicher sind, ob Sie welche brauchen.

Statt eine vorhandene Tabelle zu importieren, können Sie selbstverständlich auch leere Tabellen erzeugen, um sie später manuell mit Inhalt zu füllen. Ziehen Sie mit dem Textwerkzeug einen Textrahmen auf und wählen Sie **Tabelle** > **Tabelle einfügen** oder drücken Sie [⌘ Strg] [⌥ Alt] [⇧] [T]. Es erscheint ein Eingabedialog, in dem Sie Zeilen- und Spaltenanzahl sowie ein gegebenenfalls vorhandenes Tabellenformat angeben.

Struktureinstellungen für Ihre neue Leertabelle.

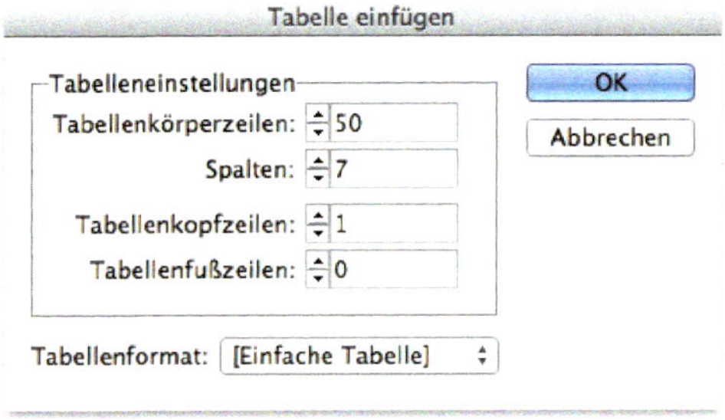

Texteingabe

Eine neue Tabelle wird zunächst auf die ganze Breite des Textrahmens angelegt. Als Standardformatierung zieht InDesign um jede Zelle eine **schwarze 1-Point-Linie**; die Flächen werden nicht gefüllt.

Klicken Sie nun in eine Tabellenzelle und geben Sie den Text wie in einen Textrahmen ein. Mit [⇥] springen Sie in die nächste Zelle (in Leserichtung). Am Zeilenende springen Sie mit [⇥] in die folgende Zeile; am Tabellenende erzeugen Sie damit eine neue Zeile. Mit [⇧] [⇥] springen Sie rückwärts.

Das Tabelle- und das Steuerung-Bedienfeld

Die weiteren Angaben zur gesamten Tabelle lassen sich über das **Tabelle**-Bedienfeld oder über das **Steuerung**-Bedienfeld einstellen.

Das Tabelle-Bedienfeld ist die Alternative zum Steuerung-Bedienfeld, wenn es um Tabellenformatierung geht.

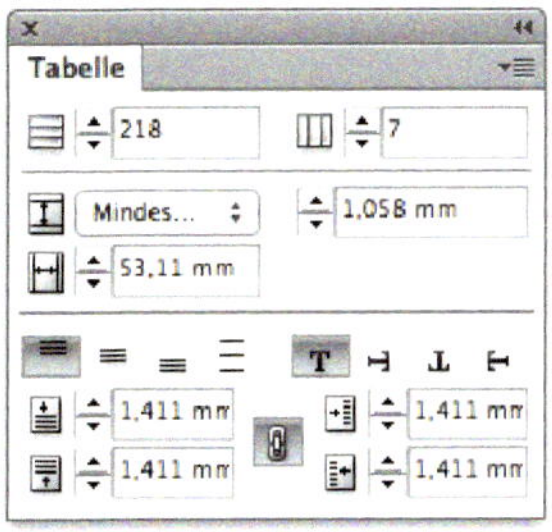

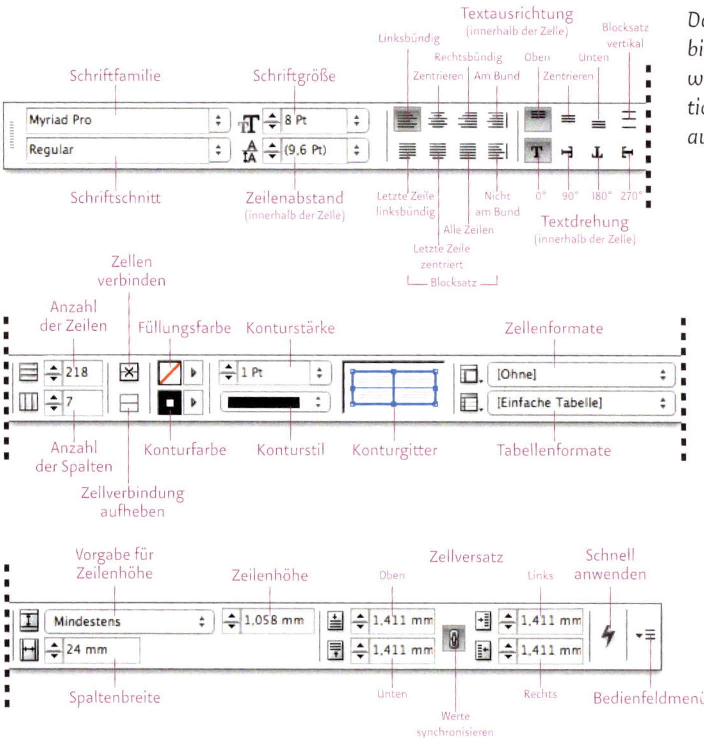

Das Steuerung-Bedienfeld bietet im Tabellenmodus alle wichtigen Werkzeuge und Funktionen sowohl für die Zellen- als auch für Inhaltsformatierung.

Mit der Zeilenhöhe und der Spaltenbreite legen Sie die Höhe und Breite jeder markierten Zelle fest. Die Einstellung **Genau** gibt die exakte Höhe der Zelle vor. **Mindestens** erlaubt den Zellen, mit ihrem Inhalt zu wachsen, aber nicht, unter den eingegebenen Wert zu schrumpfen.

Eine weitere Option im **Steuerung**-Bedienfeld ist die **vertikale Ausrichtung** des Inhalts innerhalb der Zelle. Die Ähnlichkeit zu den Textrahmenoptionen macht es Ihnen relativ einfach: Die Ausrichtungsarten **Oben ausrichten**, **Zentrieren**, **Unten ausrichten** und **Blocksatz vertikal** funktionieren genauso wie in einem Textrahmen. Der **Zellversatz** entspricht dabei dem **Abstand zum Rahmen**. Eine Tabellenzelle ist also vergleichbar mit einem Textrahmen.

Die Gemeinsamkeiten enden nicht erst bei der Textrichtung. Innerhalb der Zelle kann der Text in **90°-Schritten** im Uhrzeigersinn gedreht werden. Weitere Einschränkungen betreffen die **automatische Größenänderung** (Tabellenzellen können sich nur in der Höhe anpassen) sowie Farben und Effekte, da Tabellenzellen nicht einzeln in **Deckkraft**, **Füllmethode** oder **Effekt** beeinflusst werden können. Diese Einstellungen sind ja Objekteigenschaften und betreffen somit nur den Textrahmen, in dem die Tabelle enthalten ist.

Untergrenze des Wachstums
Als kleinsten Wert für Zeilenhöhe beziehungsweise Spaltenbreite akzeptiert InDesign **1,058 mm = 3 pt**.

Vergleichbar, aber nicht gleich

Tabellenzellen können – anders als Textrahmen – nicht miteinander verkettet werden; der Text kann also nicht von einer in eine andere Zelle überlaufen. Zellen können auch nicht von einer Spalte/Seite auf die nächste umbrochen werden, so dass der Einsatz von Tabellen zum Einrahmen oder Hinterlegen von Text meistens mühsam und fehlerträchtig ist.

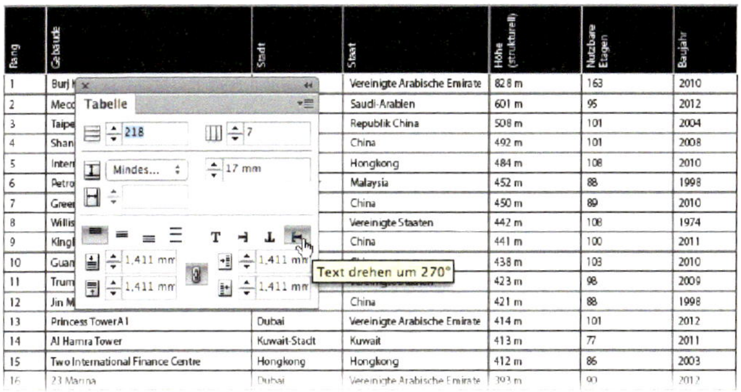

Um in der Breite Platz zu sparen, wird der Text im Tabellenkopf gestürzt

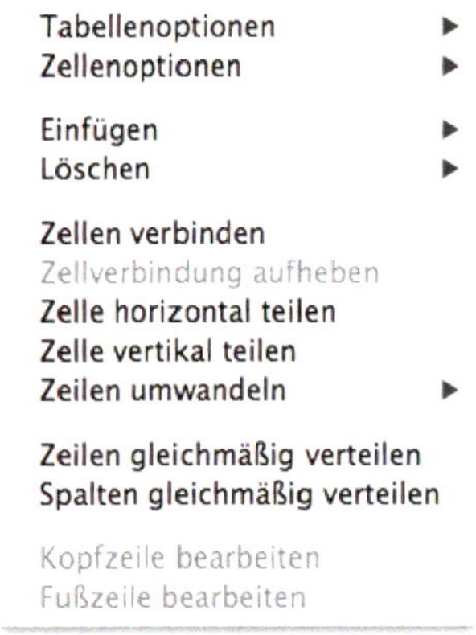

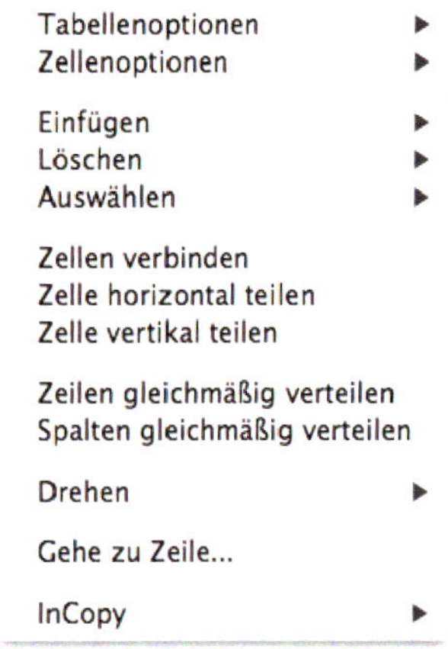

Stiftung Menütest: Mit dem Kontextmenü (rechts) sind Sie besser bedient als mit dem Tabelle-Bedienfeldmenü (links).

Wertvolles Kontextmenü
Alle Funktionen, die über das **Tabelle**-Bedienfeld oder den Menüpunkt **Tabelle** erreichbar sind, können Sie auch über das **Kontextmenü** aufrufen. Das Kontextmenü ist schneller aufzurufen, die Bedienfelder **Tabelle** und **Steuerung** bieten eine bessere Übersicht über den Zustand der Einstellungen. Suchen Sie sich's aus.

Zellen markieren und bearbeiten

Um eine Tabelle zu formatieren, müssen Sie entweder einzelne Zellen, Spalten, Zeilen oder die gesamte Tabelle **markieren**. Halten Sie dazu bei aktiviertem Textwerkzeug die Maustaste gedrückt und ziehen Sie über die Ränder der Zellen hinweg, um einen zusammenhängenden Zellenbereich auszuwählen.

Wenn Sie die Maus (ohne zu klicken) auf die **obere oder linke Außenkante** der Tabelle bewegen, wird der Mauszeiger zu einem etwas fetteren **schwarzen Pfeil**, der jeweils auf die **Spalte** oder die **Zeile** zeigt. Jetzt können Sie mit einem Klick die komplette Spalte oder Zeile markieren. In der **linken oberen Ecke** der Tabelle erscheint dieser Pfeil im 45°-Winkel, und ein Mausklick markiert jetzt die **ganze Tabelle**, selbst wenn diese über mehrere Spalten oder Seiten läuft.

Bedienfelder Tabelle und Steuerung
Die Einstellungen betreffen immer den momentan ausgewählten Bereich der Tabelle – ob das eine einzelne Zelle ist, ein zusammenhängender Bereich von Zellen, eine komplette Zeile oder Spalte oder die ganze Tabelle. Sinnvoll ist es, sich von „Allgemein" nach „Speziell" vorzuarbeiten, also zuerst die Einstellungen zu machen, die alle (oder zumindest die meisten) Zellen betreffen, und sich dann um kleinere und kleinste Bereiche zu kümmern.

Gehe zu Zeile
Wenn Sie in einer wirklich umfangreichen Tabelle navigieren möchten, gibt es im Kontextmenü eine schöne Navigationshilfe: den Sprung zu einer beliebigen Zeile nach Zeilennummer.

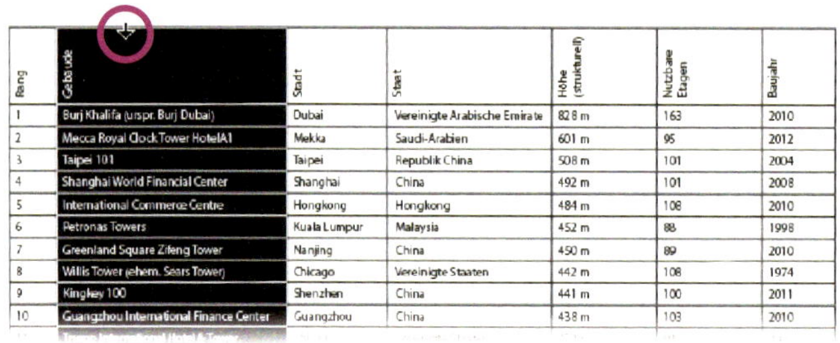

Rang	Gebäude	Stadt	Staat	Höhe (strukturell)	Nutzbare Etagen	Baujahr
1	Burj Khalifa (urspr. Burj Dubai)	Dubai	Vereinigte Arabische Emirate	828 m	163	2010
2	Mecca Royal Clock Tower HotelA1	Mekka	Saudi-Arabien	601 m	95	2012
3	Taipei 101	Taipei	Republik China	508 m	101	2004
4	Shanghai World Financial Center	Shanghai	China	492 m	101	2008
5	International Commerce Centre	Hongkong	Hongkong	484 m	108	2010
6	Petronas Towers	Kuala Lumpur	Malaysia	452 m	88	1998
7	Greenland Square Zifeng Tower	Nanjing	China	450 m	89	2010
8	Willis Tower (ehem. Sears Tower)	Chicago	Vereinigte Staaten	442 m	108	1974
9	Kingkey 100	Shenzhen	China	441 m	100	2011
10	Guangzhou International Finance Center	Guangzhou	China	438 m	103	2010

Markieren einer Spalte, …

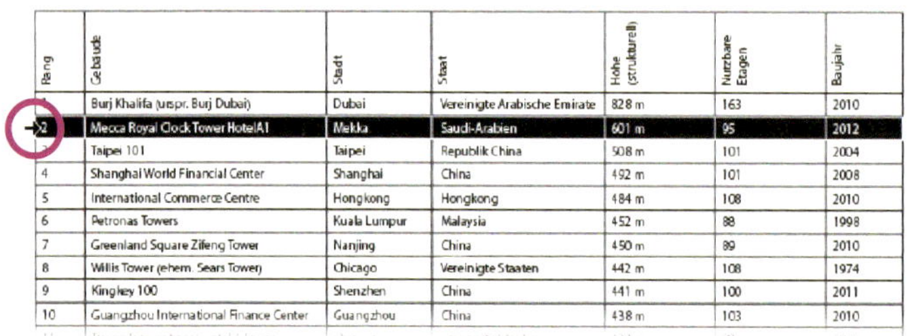

Rang	Gebäude	Stadt	Staat	Höhe (strukturell)	Nutzbare Etagen	Baujahr
1	Burj Khalifa (urspr. Burj Dubai)	Dubai	Vereinigte Arabische Emirate	828 m	163	2010
2	Mecca Royal Clock Tower HotelA1	Mekka	Saudi-Arabien	601 m	95	2012
3	Taipei 101	Taipei	Republik China	508 m	101	2004
4	Shanghai World Financial Center	Shanghai	China	492 m	101	2008
5	International Commerce Centre	Hongkong	Hongkong	484 m	108	2010
6	Petronas Towers	Kuala Lumpur	Malaysia	452 m	88	1998
7	Greenland Square Zifeng Tower	Nanjing	China	450 m	89	2010
8	Willis Tower (ehem. Sears Tower)	Chicago	Vereinigte Staaten	442 m	108	1974
9	Kingkey 100	Shenzhen	China	441 m	100	2011
10	Guangzhou International Finance Center	Guangzhou	China	438 m	103	2010

… einer Zeile …

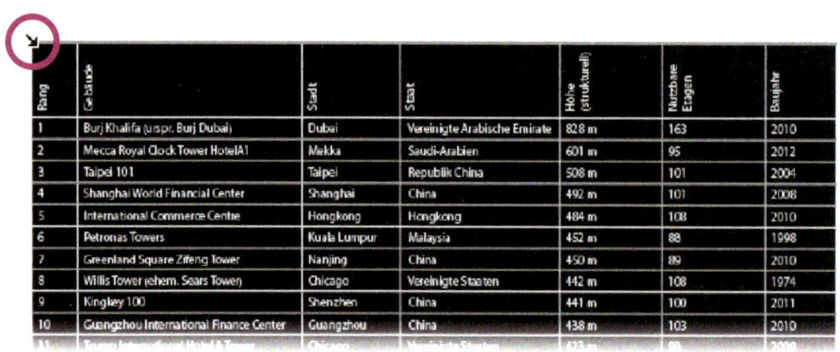

Rang	Gebäude	Stadt	Staat	Höhe (strukturell)	Nutzbare Etagen	Baujahr
1	Burj Khalifa (urspr. Burj Dubai)	Dubai	Vereinigte Arabische Emirate	828 m	163	2010
2	Mecca Royal Clock Tower HotelA1	Mekka	Saudi-Arabien	601 m	95	2012
3	Taipei 101	Taipei	Republik China	508 m	101	2004
4	Shanghai World Financial Center	Shanghai	China	492 m	101	2008
5	International Commerce Centre	Hongkong	Hongkong	484 m	108	2010
6	Petronas Towers	Kuala Lumpur	Malaysia	452 m	88	1998
7	Greenland Square Zifeng Tower	Nanjing	China	450 m	89	2010
8	Willis Tower (ehem. Sears Tower)	Chicago	Vereinigte Staaten	442 m	108	1974
9	Kingkey 100	Shenzhen	China	441 m	100	2011
10	Guangzhou International Finance Center	Guangzhou	China	438 m	103	2010

… und der ganzen Tabelle.

Spaltenbreite und Zeilenhöhe mit der Maus ändern

Klicken und Ziehen einer **senkrechten Trennlinie** zwischen zwei Zellen verändert die **Spaltenbreite**. Dasselbe mit der **waagerechten Trennlinie** verändert die **Höhe der Zeilen**. Die Spalten rechts davon beziehungsweise die Zeilen unterhalb werden dabei verschoben, so dass sich die Gesamtbreite/-höhe der Tabelle verändert.

Bei gedrückter [⌥ Alt]-Taste erzeugen Sie beim Verschieben eine **neue Spalte** beziehungsweise eine **neue Zeile**, sobald Sie die Maus weiter als die Mindestbreite/-höhe von **3 pt (= 1,058 mm)** bewegen.

Wenn Sie eine **Spalten- oder Zeilentrennlinie verschieben** möchten, ohne die Tabelle insgesamt größer oder kleiner zu machen, halten Sie während des Verschiebens die [⇧]-Taste gedrückt.

Farben zuweisen

Markieren Sie, wie oben beschrieben, einzelne Zellen, Zeilen, Spalten oder die gesamte Tabelle, dann können Sie – wieder ähnlich wie bei Textrahmen – die Bedienfelder **Farbfelder**, **Farbe**, **Kontur** und **Verlauf** einsetzen, um der Zellenfüllung, der Zellenkontur sowie den Textinhalten Farben zuzuweisen.

Tabelleninhalte formatieren
Bei der Tabellen- und Zellenbearbeitung unterscheidet InDesign zwischen den Hintergrundflächen, der Kontur und den Inhalten. Alle **Tabelleninhalte** können über das **Zeichen**- und das **Absatz**-Bedienfeld formatiert werden. Noch professioneller ist es in den meisten Fällen,
◢ *Absatz-/Zeichenformate: Seite 387*
zu verwenden.

Zellen teilen und verbinden

Benachbarte Zellen fügen Sie zusammen, indem Sie die betreffenden Zellen zunächst markieren und im Bedienfeld- oder Kontextmenü die Funktion **Zellen verbinden** (Knopf im Steuerung-Bedienfeld) aufrufen. Die Zellen werden zu einer einzigen Zelle verbunden, und ihre Inhalte landen als separate Absätze in dieser großen Zelle, unabhängig davon, ob die Zellen zuvor unter- oder nebeneinander standen.

Um verbundene Zellen wieder einzelne Zellen zu machen, gibt es zwei Möglichkeiten:

- **Zellverbindung aufheben** (Knopf im Steuerung-Bedienfeld): Da InDesign sich praktischerweise die ursprüngliche Zellenaufteilung „gemerkt" hat, wird mit dieser Funktion die vorherige Zellenstruktur wieder hergestellt, selbst wenn Sie zwischenzeitlich schon viele andere Veränderungen an der Tabelle vorgenommen haben.
- **Zelle horizontal/vertikal teilen**: Geteilt wird immer pro Befehl einmal, und zwar exakt in der Mitte. Selbst wenn Sie vorher zwei Zellen zu einer verbunden haben und jetzt wieder zwei daraus machen, besteht zwischen der Teilung und dem Aufheben der Verbindung ein großer Unterschied! In der Struktur einer Tabelle hat Teilen den Effekt, dass eine angrenzende Zeile oder Spalte plötzlich aus verbundenen Zellen besteht, um die Konsistenz zu wahren.

Hier wurden die Zellen der obersten Tabellenzeile zu einer durchgehenden Zelle verbunden. Das kann zu jedem beliebigen Zeitpunkt nachträglich wieder aufgelöst werden.

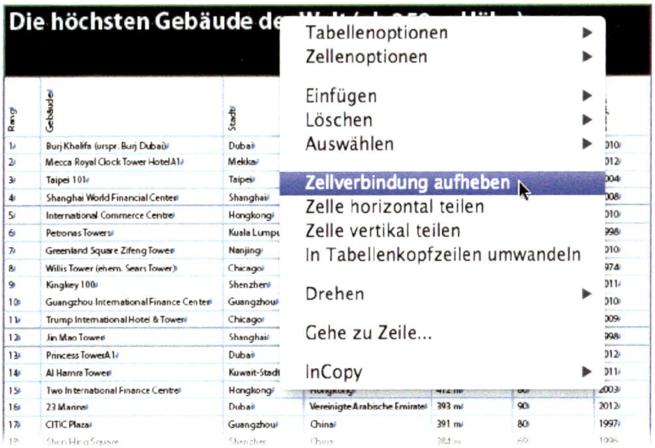

In Tabellenkopf-/-fußzeilen umwandeln

Sofern noch nicht von vornherein angelegt, können Sie die erste(n) Zeile(n) einer Tabelle in (eine) Tabellenkopfzeile(n) umwandeln. Kopfzeilen können automatisch nach einem Rahmen-, Spalten- oder Seitenumbruch wiederholt werden, so dass also die Spaltenüberschriften auf jeder Seite oberhalb der eigentlichen Einträge stehen. Entsprechendes gilt, wenn Sie die letzte(n) Zeile(n) einer Tabelle in (eine) Tabellenfußzeile(n) umwandeln. Dazu markieren Sie die Zeile(n) und rufen im Kontextmenü den entsprechenden Befehl auf. Beides wird im Zusammenhang mit den **Tabellenoptionen** noch näher erklärt.

◢ *Tabellenoptionen: Seite 463*

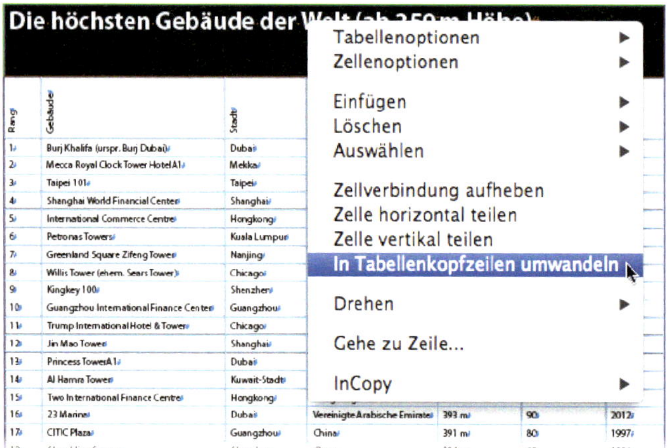

So wird aus der ersten Zeile ein Tabellenkopf.

Zellen gleichmäßig verteilen

Wenn Sie mehrere Zeilen/Spalten markiert haben, die unterschiedlich hoch/breit sind, können Sie mit der Option **Zeilen/Spalten gleichmäßig verteilen** aus dem Bedienfeld- oder dem Kontextmenü die Unterschiede ausgleichen. Die **Gesamthöhe/-breite** des markierten Bereichs bleibt dabei **unverändert** und wird lediglich gleichmäßig auf die einzelnen Zeilen/Spalten verteilt, wie der Name schon sagt.

Blicken Sie bei den Schrägstrichen in diesem Absatz noch durch?

Zellen ausrichten

Alle Tabelleninhalte können innerhalb ihrer Zellen ausgerichtet werden. Die **horizontale Ausrichtung** steuern Sie genau so, wie Sie es auch in einem Textrahmen tun: über **Absatzformate** oder über die Bedienfelder **Absatz** und **Steuerung**. Die **vertikale Ausrichtung** können Sie über entsprechende Knöpfchen im **Tabelle**- und im **Steuerung**-Bedienfeld einstellen. Oder Sie verwenden die **Zellenoptionen**, auf die ich gleich nach dem nächsten Abschnitt eingehe.

Zellenoptionen: Seite 467

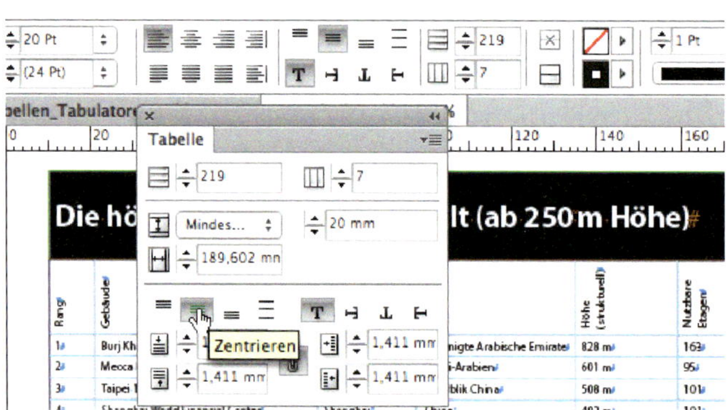

Die Funktionen zur Ausrichtung des Tabelleninhalts liegen sowohl im Tabelle- als auch im Steuerung-Bedienfeld kompakt beisammen.

Tastenkürzel für das Bearbeiten von Tabellen	
Tabelle einfügen	⌘ Strg ⌥ Alt ⇧ T
Zellen-/Textauswahl wechseln	esc
Zellenoptionen: Text	⌘ Strg ⌥ Alt B
Zeile in nächstem Rahmen beginnen	⇧ ⌤
Zeile in nächster Spalte beginnen	⌤
Zeilen- oder Spaltentrennlinie verschieben, ohne die Größe der Tabelle zu ändern	⇧ + inneren Zeilen-/Spaltenrand ziehen
Größe von Zeilen oder Spalten proportional ändern	⇧ + rechten/unteren Tabellenrand ziehen
Ganze Zeile auswählen	⌘ Strg 3
Ganze Spalte auswählen	⌘ Strg ⌥ Alt 3
Ganze Tabelle auswählen	⌘ Strg ⌥ Alt A
Zelle auswählen	⌘ Strg # / esc
Zellen darüber auswählen	⇧ ▲
Zellen darunter auswählen	⇧ ▼
Zellen zur Linken auswählen	⇧ ◄
Zellen zur Rechten auswählen	⇧ ►
Zeile einfügen	⌘ Strg 9
Spalte einfügen	⌘ Strg ⌥ Alt 9
Zeilen oder Spalten beim Ziehen einfügen	Zeilen- oder Spaltenrand ziehen, dann ⌥ Alt drücken und weiter ziehen
Zeile löschen	⌘ Strg ←
Spalte löschen	⇧ ←
In benachbarte Zelle springen	▲ / ► / ▼ / ◄
Zur nächsten/vorherigen Zelle gehen	⇥ / ⇧ ⇥
Zur ersten/letzten Zelle in Spalte gehen	⌥ Alt ⇞ Bild↑ / ⌥ Alt ⇟ Bild↓
Zur ersten/letzten Zelle in Zeile gehen	⌥ Alt ↖ Pos1 / ⌥ Alt ↘ Ende

Tabellenoptionen

Springen zwischen Dialogrubriken
In allen InDesign-Dialogen mit Reitern oder Rubriken können Sie mit ⌘ Strg 1, ⌘ Strg 2, … bis ⌘ Strg 0 maximal die ersten zehn Rubriken (von links/oben gezählt) „mauslos" anwählen. Das geht bei den **Programmvoreinstellungen**, bei **Tabellen-** und **Zellenoptionen**, **Suchen/Ersetzen** und so weiter.

Unter den **Tabellenoptionen** sind alle Formatierungsfunktionen zusammengefasst, welche die gesamte Tabelle betreffen. Sie erhalten unter **Tabelle** > **Tabellenoptionen** > **Tabelle einrichten**, im **Tabelle**-Bedienfeldmenü, im **Kontextmenü** (sobald mindestens eine Zelle markiert ist) oder per Tastenkürzel ⌘ Strg ⌥ Alt ⇧ B einen Dialog mit fünf Reitern: **Tabelle einrichten**, **Zeilenkonturen**, **Spaltenkonturen**, **Flächen** sowie **Tabellenkopf und -fuß**.

Tabelle einrichten

Unter **Tabelle einrichten** legen Sie die Anzahl der Zeilen und Spalten fest. Die Anzahl von Kopf- und Fußzeilen stellen Sie entweder hier oder im Reiter **Tabellenkopf und -fuß** ein.

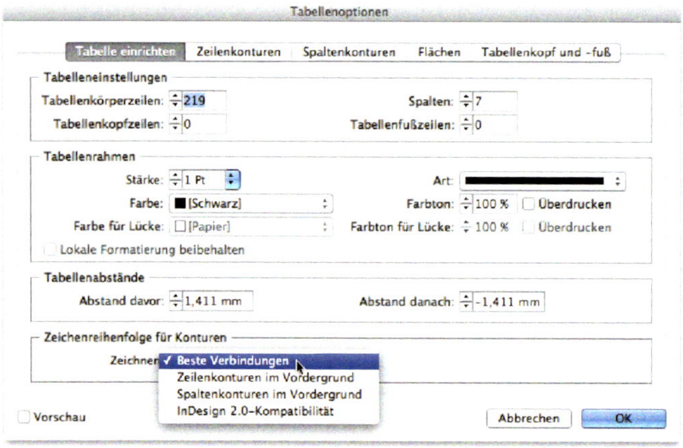

Unter dem ersten Reiter finden Sie alle grundlegenden Vorgaben.

Darunter können Sie den **Tabellenrahmen** definieren, also die außen liegenden Konturen der äußersten Zellen. Die Option **Lokale Formatierung beibehalten** brauchen Sie, wenn Sie zuvor schon einzelne Zellen, Zeilen oder Spalten formatiert haben und jetzt verhindern wollen, dass deren Außenkonturen durch die hier gemachten Einstellungen verändert werden.

Die **Tabellenabstände** hingegen sind vergleichbar mit den Absatzabständen, die den vorhergehenden oder nachfolgenden Text auf Distanz halten.

Der Minimalwert für den **Abstand davor** ist 0 mm. Damit sitzt die Oberkante der Tabelle auf der Schriftlinie der vorangehenden Textzeile (falls vorhanden). Der Standardwert von **1,411 mm (= 4 pt)** sorgt für einen Abstand, der in vielen Fällen passend ist.

Der Minimalwert für den **Abstand danach** ist **–457,2 mm (= –1.296 pt)**, was der höchsten einstellbaren Schriftgröße entspricht. Bei 0 mm beträgt der Abstand von der Tabellenunterkante zur Schriftlinie der nachfolgenden Textzeile exakt deren Zeilenabstand – zuzüglich eventuell vorhandener Absatzabstände. Der kleinste Wert, der eine Änderung dieses Abstands bewirkt, ist folglich der negative Zeilenabstand der Folgezeile. Der Standardwert von **–1,411 mm** ist normalerweise zu klein, 0 mm ist oft die bessere Wahl.

Die Reihenfolge der Konturendarstellung treffen Sie in der letzten Option **Zeichenreihenfolge für Konturen**. Dabei können Sie festlegen, ob die senkrechten oder die waagerechten Linien „vorne" liegen, also die jeweils anderen überlagern sollen, was besonders dann von Bedeutung ist, wenn Sie **[Papier]**-farbene Zellenkonturen einsetzen. In der Standardeinstellung **Beste Verbindungen** liegen Zeilenkonturen generell vorne, dafür werden bei Mehrfachlinien (Streifen) die Konturen verbunden, anstatt sie zu überlagern.

◢ *Konturenstile: Seite 464*

Zeilen- und Spaltenkonturen

Sowohl **Konturen** als **Flächenfüllungen** können nach bestimmten Gesetzmäßigkeiten zwischen zwei unterschiedlichen Einstellungen wechseln.

Wenn die Konturen einer Tabelle sich einem regelmäßigen Muster entsprechend ändern sollen, können Sie hier das Verhalten der waagrechten …

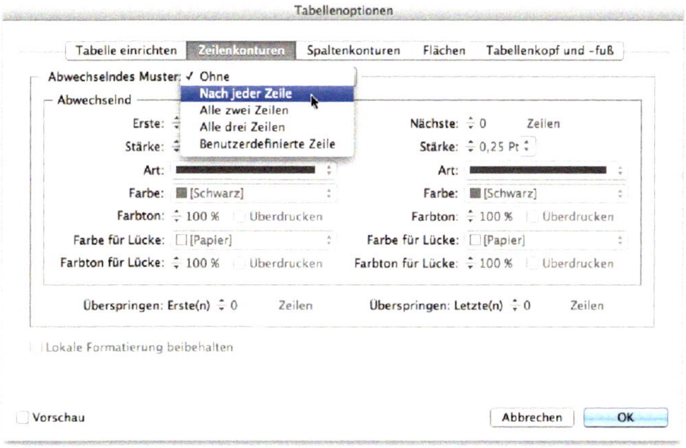

… und der senkrechten Linien festlegen.

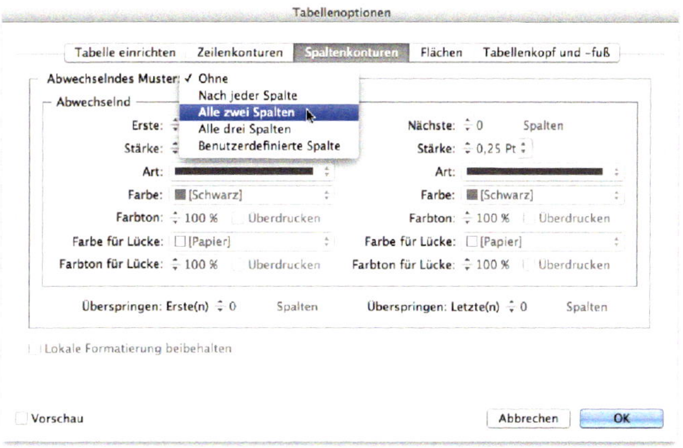

Wie viele aufeinander folgende Zeilen oder Spalten mit der Einstellung auf der linken Seite formatiert werden, bevor InDesign umschaltet auf die Werte auf der rechten Seite, und wann es wieder zurückschaltet, legen Sie unter **Abwechselndes Muster** fest. Einige gebräuchliche Muster bietet InDesign bereits an: **Nach jeder Zeile/Spalte**, **Alle zwei Zeilen/Spalten** oder **Alle drei Zeilen/Spalten**. Bei **Benutzerdefinierte Zeile/Spalte** dürfen Sie frei festlegen, dass zum Beispiel auf drei Zeilen mit gleicher Einstellung eine Zeile mit alternativer Einstellung folgt, und so weiter.

Abwechselnde Flächen für Zeilen und Spalten

Auch für die **Flächen** stehen die **abwechselnden Muster** zur Verfügung. Hier gibt es keine separaten Rubriken für Zeilen und Spalten, da leider nur eines von beiden definiert werden kann. Die Einstellungen entsprechen ansonsten denen der Zeilen- oder Spaltenkonturen.

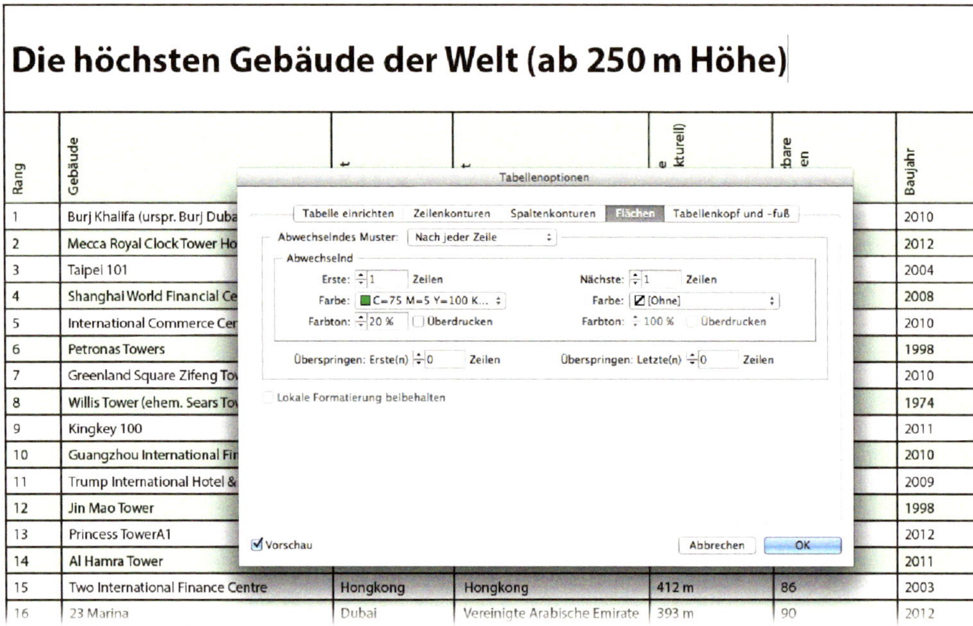

Abwechselnde Flächenfarben erleichtern dem Leser die Orientierung in großen Tabellen.

Tabellenkopf und -fuß

Die schon angesprochenen Kopf- und Fußzeilen für Tabellen finden Sie im letzten Reiter der **Tabellenoptionen**. Mit den **Tabellenkopf-/-fußzeilen** geben Sie an, wie groß der Bereich ist, der als fester Bestandteil jedes umbrochenen Tabellenabschnitts wiederholt wird. Zusätzlich definieren Sie darunter, auf welche Weise die Kopf- und Fußzeilen wiederholt werden: **pro Textspalte**, **Textrahmen** oder **Seite**, und ob die Kopfzeile(n) beim ersten beziehungsweise die Fußzeilen beim letzten Teil der Tabelle *nicht* erscheinen sollen.

Dieses **Überspringen** des ersten/letzten Vorkommens benutzen Sie dann, wenn die Kopfzeilen am Anfang der Tabelle anders aussehen sollen als auf den nachfolgenden Spalten/Seiten. Oft ist beispielsweise der allererste Tabellenkopf sehr ausführlich, während die Kopfzeilen auf den Folgeseiten nur noch Abkürzungen enthalten, um Platz zu sparen. In so einem Fall ist der **zweite Kopf** der, der wiederholt wird. Der erste wird übersprungen (= am Anfang der Tabelle wird – technisch gesehen – kein Kopf ausgegeben), stattdessen gestalten Sie den Kopf aus ganz normalen Körperzeilen. Bei abweichendem Tabellenfuß gilt das Entsprechende für den letzten Tabellenabschnitt.

Achtung: Mit dieser Funktion fügen Sie neue Kopf-/Fußzeilen hinzu beziehungsweise löschen vorhandene. Wenn Sie dagegen die ersten/letzten Zeilen Ihrer Tabelle **zu Kopf-/Fußzeilen umwandeln** möchten, benutzen Sie die bereits besprochene Funktion, zum Beispiel unter unter **Tabelle > Zeilen umwandeln > In Tabellenkopf/-fuß** oder die entsprechende Funktion im Kontextmenü.

Wird die Tabelle über mehrere Textrahmen umbrochen, können Kopf- und Fußzeilen spalten-, rahmen- oder seitenweise wiederholt werden.

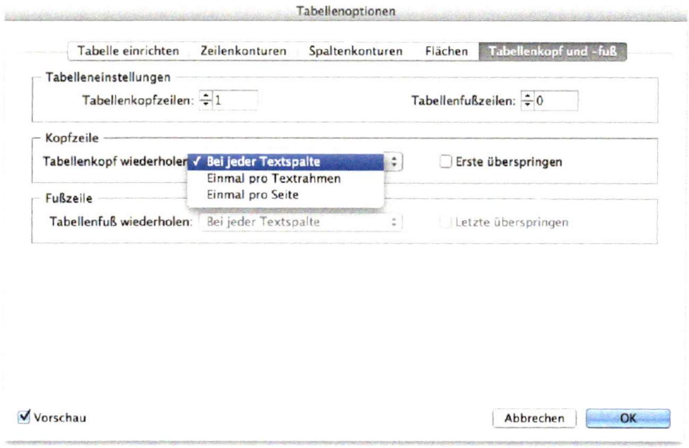

Zellenoptionen

Während in den **Tabellenoptionen** die Darstellung der *gesamten* Tabelle festgelegt werden, formatieren Sie mit den **Zellenoptionen** nur diejenigen Zellen, die Sie zuvor markiert haben. Dies kann sowohl eine einzelne Zelle sein, eine Zeile, eine Spalte, ein zusammenhängender Zellenbereich oder alle Zellen (also die ganze Tabelle).

Unter **Tabelle** > **Zellenoptionen** > **Text**, im **Tabelle**-Bedienfeldmenü, im **Kontextmenü** oder per Tastenkürzel [⌘ Strg] [⌥ Alt] [B] erhalten Sie einen Dialog mit vier Reitern: **Text**, **Konturen und Flächen**, **Zeilen und Spalten** sowie **Diagonale Linien**.

In jeder neuen Tabelle sollten Sie, sofern Sie nicht sowieso gleich ein Tabellen-/Zellenformat anwenden, den Versatz der ersten Grundlinie auf „Versalhöhe" umstellen.

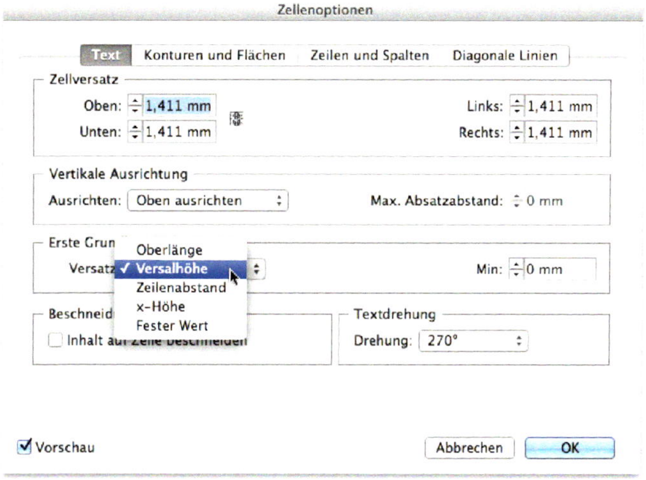

Text

◢ *Textrahmenoptionen: Seite 337*

Die meisten Einstellungen in diesem Dialog könnten Ihnen von den **Textrahmenoptionen** bekannt vorkommen; der **Abstand zum Rahmen** heißt hier **Zellversatz**.

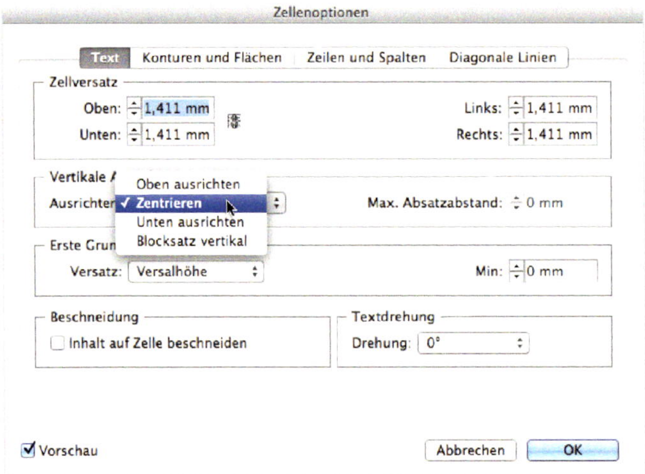

Die Einstellungen für die vertikale Textausrichtung heißen zwar seltsamerweise etwas anders als in den Textrahmenoptionen, tun aber dasselbe innerhalb der Zelle.

Die **Beschneidung** des Inhalts auf die Zellengröße ist nützlich, wenn Sie Bilder in eine Zelle importieren, die so groß sind, dass sie benachbarte Zellen teilweise oder ganz verdecken würden: Tabellenzellen verhalten sich ja nicht wie Grafikrahmen, die von vornherein den sichtbaren Bereich für das Bild vorgeben, sondern wie Textrahmen, in die man Bilder als **verankerte Objekte** (also mit eigenem Grafikrahmen) platzieren kann. Wenn die Zelle selbst nicht groß genug ist, ragt der verankerte Grafikrahmen darüber hinaus. Die Option **Inhalt auf Zelle beschneiden** blendet den überlappenden Bereich aus.

◢ *Verankerte Objekte: Seite 270*

Im Gegensatz zu Textrahmen, die Sie einzeln frei drehen können, gibt es in Tabellenzellen lediglich die **Textdrehung** innerhalb der Zellen, und die auch nur in **90°**-Schritten. In umfangreichen Tabellen, wo die Spaltenüberschriften viel breiter laufen als der eigentliche Spalteninhalt, können Sie allerdings viel Platz sparen, wenn Sie die **Überschriften „stürzen"**, wie der Setzer sagt. Üblich ist, den Text mit einer Drehung um **270°** senkrecht **von unten nach oben** laufen zu lassen.

Unfreiheit bei der Textdrehung

Leider bietet InDesign keinen freien Drehwinkel oder auch nur eine 15°- oder 30°-Unterteilung an. Hier hilft ein Trick: Drehen Sie einen kleinen Textrahmen auf einen beliebigen Winkel und setzen Sie ihn dann als verankertes Objekt in eine Zelle ein. Über die horizontale und vertikale **Textausrichtung** und die **Optionen für verankerte Objekte** gelingt die genaue Positionierung. Leider geht auch diese Raffinesse zu Lasten von InDesigns Geschwindigkeit – gehen Sie daher eher sparsam damit um.

Konturen und Flächen

Unabhängig von den **Tabellenoptionen** können Sie Zellen mit einer eigenen Kontur und Flächenfüllung versehen und diese Einstellungen unter den **Tabellenoptionen** als **lokale Formatierung** schützen.

Wenn Sie viele Tabellen zu formatieren haben, sollten Sie im Anschluss gleich weiterlesen, wenn es um die **Tabellen- und Zellenformate** geht.

Wenn Sie sehr (oder gar sehr, sehr, sehr) viele Tabellen (und Textrahmenkonstruktionen) formatieren müssen, kann Ihnen eventuell das Plug-in **Smart Styles** wertvolle Dienste leisten.

◢ *Plug-ins für Spezialaufgaben: Seite 660*

Wenn Sie die Zellflächenfarbe für den markierten Zellenbereich festlegen, überschreiben Sie damit gegebenenfalls eine alternierende Füllung, die Sie zuvor in den Tabellenoptionen definiert haben.

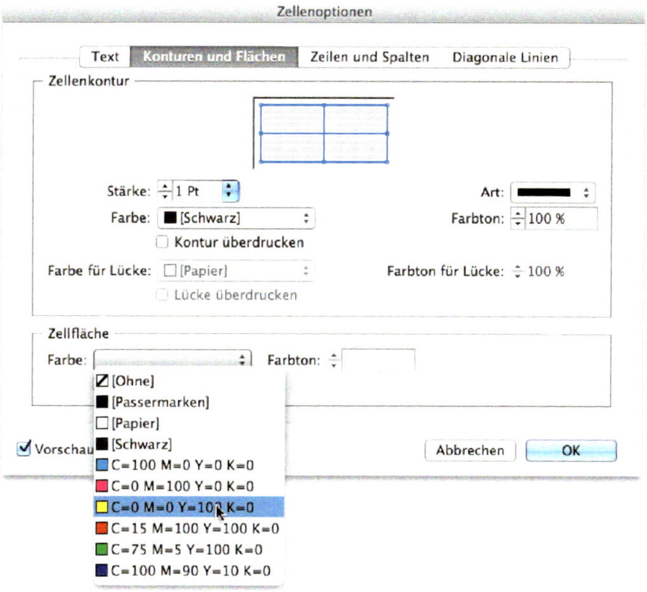

Eine besondere Rolle spielt das **Konturgitter**, das sowohl in den **Zellenoptionen** als auch im **Tabelle**- und im **Steuerung**-Bedienfeld zur Verfügung steht. Es symbolisiert sämtliche Zellkonturtypen, die im aktuell markierten Zellenbereich zu finden sind.

Mit einem Klick auf die einzelnen Linien aktivieren oder deaktivieren Sie die Linien, deren Entsprechung im markierten Zellenbereich Sie beeinflussen möchten. Die **hellblau hervorgehobenen Linien** zeigen an, für welche aktuell die Einstellungen für Stärke, Farbe und so weiter wirken. Deaktivierte Linien sind grau.

Die **äußeren Linien** stellen die Außenkontur um den markierten Zellenbereich dar. Das **innere Kreuz** steht für sämtliche horizontale und vertikale Linien zwischen den markierten Zellen. Hier ein paar Beispiele:

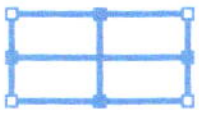 Alle **außen und innen liegenden Konturen** aller Zellen im markierten Bereich

 Alle **Außenkonturen der äußersten Zellen** im markierten Bereich

 Alle **waagerechten Konturen zwischen den Zellen** im markierten Bereich, keine waagerechten Außenkonturen

 Alle **senkrechten Konturen** im markierten Bereich, außen wie innen liegende

Besteht der markierte Bereich nur aus einer Zelle oder nur aus Zellen einer Zeile oder einer Spalte, werden diejenigen Innenkonturen nicht angezeigt, für die es aktuell keine Entsprechung gibt.

Zeilen und Spalten

Die Werte für **Höhe** und **Breite** von Zeilen und Spalten definieren Sie hier. Schneller geht das allerdings über das **Tabelle**- oder das **Steuerung**-Bedienfeld.

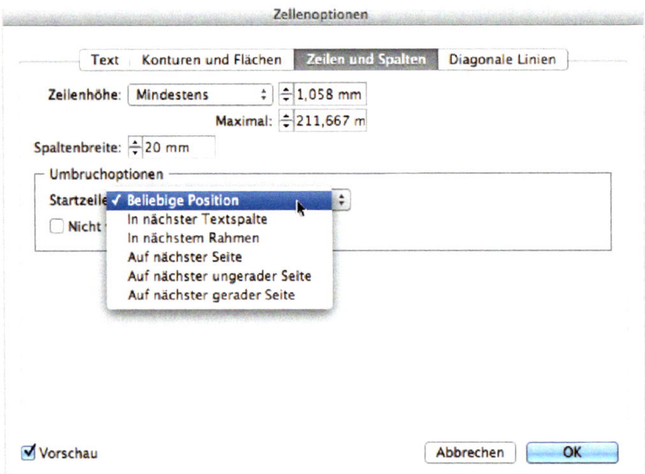

Den minimalen oder genauen Wert für die Zeilenhöhe stellen Sie hier ein. Der Maximalwert von 211,667 mm (= 600 pt) muss selten verändert werden.

Was es in den Bedienfeldern nicht gibt, sind die **Umbruchoptionen**. Als Textobjekt kann eine Tabelle aber auch umbrochen werden. Sie verhält sich dabei fast wie normaler Text und bricht bei verketteten Rahmen (tabellen-)zeilenweise in den nächsten Textrahmen um. Hier können Sie festlegen, dass eine bestimmte Zeile beispielsweise immer die erste auf einer neuen Seite sein muss. Dazu genügt es, diese Option für eine Zelle innerhalb der betreffenden Zeile einzustellen.

Umbruchoptionen bei normalem Text: Seite 400

Textrahmenverkettung: Seite 249

Diagonale Linien

Oft werden leere Zellen einer Tabelle, die sofort als solche erkennbar sein sollen, mit diagonalen Linien gefüllt – sozusagen ein Relikt aus dem Linealzeitalter. Die einfachen oder gekreuzten diagonalen Linien können im **Vordergrund** oder im **Hintergrund** gezeichnet werden. Die restlichen Linienparameter kennen Sie schon von den normalen Zellenkonturen.

Eckenoptionen für Tabellen?

Die Eckenoptionen mit separaten Einstellungen für jede Ecke sind toll, funktionieren aber bei Tabellen noch immer nicht: Eine Tabelle in InDesign ist weiterhin ausschließlich rechteckig. Wollen Sie die Außenkonturen einer Tabelle abrunden, schneiden Sie den Textrahmen, der die Tabelle enthält, aus und fügen ihn mit **Bearbeiten > In die Auswahl einfügen** in einen Grafikrahmen ein, der natürlich beliebige Eckeneffekte haben kann. Oder Sie geben dem Textrahmen, in dem sich die Tabelle befindet, Eckeneffekte und stellen gegebenenfalls die Außenkonturen Ihrer Tabelle auf 0 pt.

Diagonale Linien markieren entweder fehlende Einträge oder können als Gestaltungsmittel eingesetzt werden. Die Linie wird immer innerhalb der Zelle eingefasst.

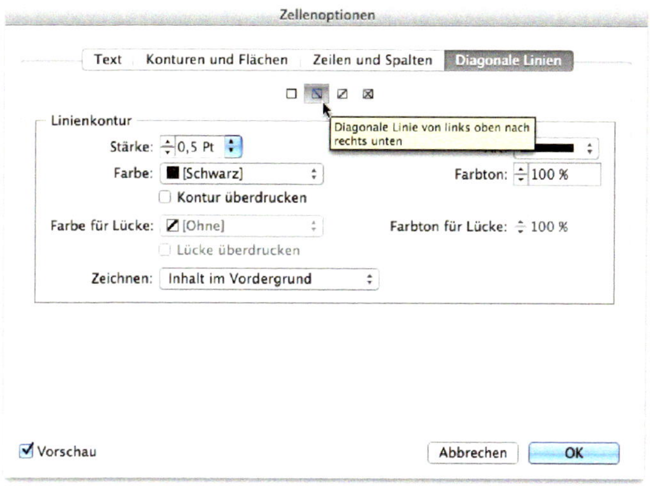

Eine Einschränkung gibt es jedoch: Die Linien werden stets so gezeichnet, dass ihre Mitte – unabhängig von der Strichstärke und dem „Einfallswinkel" – die Zellenecke trifft. Dies führt unter Umständen zu unschönen Eckendarstellungen. Die Form der Eckpunkte wie im **Kontur**-Bedienfeld können Sie leider nicht beeinflussen.

Hübscher formatieren

PLUS
Beispieltabelle „Wolkenkratzer.indd"

Meine Beispieltabelle habe ich Schritt für Schritt mit den bisher besprochenen Funktionen weiter gestaltet. Was dabei herausgekommen ist, finden Sie auf der Webseite zum Buch.

Tabellen- und Zellenformate

Für die effiziente Gestaltung von Tabellen stellt InDesign **Tabellen-** und **Zellenformate** zur Verfügung, mit denen Sie so ähnlich wie mit **Absatz-** und **Zeichenformaten** in der Typografie arbeiten können: Formate können aufeinander basieren, aus anderen Dokumenten geladen werden, und **Zellenformate** richten sich immer nach den übergeordneten **Tabellenformaten**. Nicht ohne Grund spreche ich nur von einer *Ähnlichkeit*, denn sowohl bei den Einstellmöglichkeiten als auch in der Praxishandhabung bleiben Tabellen-/Zellenformate weit hinter den Textformaten zurück.

Die Typografie innerhalb einer Tabelle wird nach wie vor am besten mit **Absatz-** und **Zeichenformaten** gesteuert. **Absatzformate** binden Sie dazu in die **Zellenformate** ein, so dass es theoretisch möglich ist, zumindest einfache Tabellen mit einem Mausklick auf das passende **Tabellenformat** vollständig zu formatieren. In der Praxis müssen jedoch meist einzelne Bereiche wie Kopf- und Fußzeilen mit eigenen

Seit der Einführung mit InDesign 2.0 erfuhren die Tabellen genau eine nennenswerte Verbesserung: In CS3 wurden die von Teacup gekauften Tabellen-/Zellenformate eingebaut. Auf Dinge wie Eckenoptionen oder Fußnoten in Tabellen warten wir bis heute.

Zellenformaten und gegebenenfalls separaten **Absatz**- und **Zeichenformaten** gestaltet werden, bevor eine Tabelle als fertig bezeichnet werden kann.

Differenzierung der Text- und Tabellenformate	
Tabellenformat	beschreibt die „Abschnitte" der Tabelle mit Kopfzeile, linker (erster) Spalte, rechter (letzter) Spalte, Körperzeilen, Fußzeile und weist diesen ein **Zellenformat** zu; enthält Angaben zur Außenkontur der Tabelle sowie zum Flächen- oder Konturmuster für Zeilen und Spalten
Zellenformat	weist dem Zelleninhalt ein **Absatzformat** zu; enthält Angaben zu Zellversatz, Textausrichtung, Konturen zwischen und um Zellen, Flächen und Diagonalen
Absatzformat	formatiert den *Zelleninhalt* typografisch; richtet den Text horizontal aus; enthält **Tabulatoren** für die Ausrichtung von Nachkommastellen und verschachtelte Zeichenformate oder **GREP**-Stile, sorgt für die **Silbentrennung**
Zeichenformat	kann innerhalb eines **Absatzformats** als verschachteltes Format eingesetzt werden, um beispielsweise Ziffern zu formatieren

Ich zeige Ihnen im Folgenden nicht mehr jedes einzelne Dialogfenster der **Tabellen**- und **Zellenformate**, denn das meiste kennen Sie schon von den **Tabellen**- und **Zellenoptionen**.

Tabellenformate

Öffnen Sie das **Tabellenformate**-Bedienfeld, wenn Sie bereits eine Tabelle formatiert oder grob strukturiert haben. Ähnlich wie bei **Absatz-**, **Zeichen**- und **Objektformaten** werden alle relevanten Parameter einer markierten Tabelle übernommen, wenn Sie mit über den Knopf **Neues Format erstellen** oder via Bedienfeldmenü ein neues **Tabellenformat** anlegen. Danach können Sie gegebenenfalls Korrekturen daran vornehmen. Daher möchte ich Ihnen im Folgenden die wichtigsten Punkte im Umgang mit Formaten erklären.

Der Dialog für die **Tabellenformatoptionen** ähnelt im Aufbau den **Absatzformatoptionen**. Die Gruppen **Allgemein**, **Tabelle einrichten**, **Zeilenkonturen**, **Spaltenkonturen** und **Flächen** bieten Ihnen nun alle nötigen Optionen.

Anzahl der Kopf- und Fußzeilen

Das **Tabellenformat** sollte eigentlich die **Tabellenoptionen** steuern, wie ein **Absatzformat** die Absatzeinstellungen steuert. Leider fehlt, neben anderen Dingen wie Dimensionsangaben, noch ein gravierendes Detail: Die Anzahl von Kopf- und Fußzeilen müssen Sie trotz **Tabellenformat** „per Hand" formatieren.

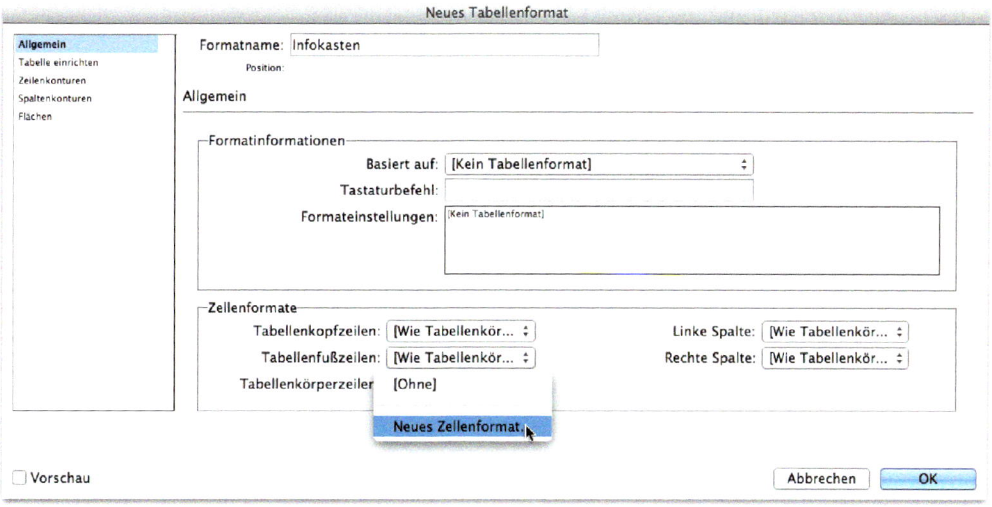

Den fünf Zellenkategorien können separate Zellenformate zugewiesen werden, die beim Aufruf des Tabellenformats automatisch angewendet werden.

Unter der Rubrik **Allgemein** geben Sie einen Namen für das Tabellenformat an. Wie bei **Absatzformaten** lassen Sie das neue Format auf einem bereits vorhandenen basieren, wenn Sie dessen Einstellungen zunächst übernehmen und nur die Abweichungen bearbeiten möchten. Sollten Sie überhaupt nur ein **Tabellenformat** benutzen, wählen Sie **Basiert auf [Kein Tabellenformat]**. Für eine schnelle Zuweisung stehen Ihnen nun theoretisch 60 Tastenkürzel zur Verfügung, nämlich die Ziffern des Nummernblocks in Verbindung mit der [⌘ Strg]-, [⌥ Alt]- und/oder [⇧]-Taste, also etwas wie [⌘ Strg] [1], [⌥ Alt] [⇧] [0] oder [⌘ Strg] [⇧] [⌥ Alt] [9]. Geben Sie das gewünschte Kürzel einfach im Eingabefeld **Tastenbefehl** genau so ein, wie Sie es später benutzen möchten.

Zellenformate unterwegs erzeugen
Wenn Sie ein Zellenformat zuweisen möchten, das Sie noch gar nicht angelegt haben, können Sie es direkt im Aufklappmenü mit dem Befehl **Neues Zellenformat** erstellen.

Die Einstellungen, welche **Zellenformate** wofür angewendet werden, können Sie alle miteinander verknüpfen: Wenn Sie bei allen Gruppen die Wahl **Wie Tabellenkörperzeilen** treffen, müssen Sie nur in der letzten Vorgabe **Tabellenköperzeilen** das Zellenformat einstellen, das dann für alle Zellen gilt.

Eine optimale Tabelle aus der Sicht des Tabellenformats

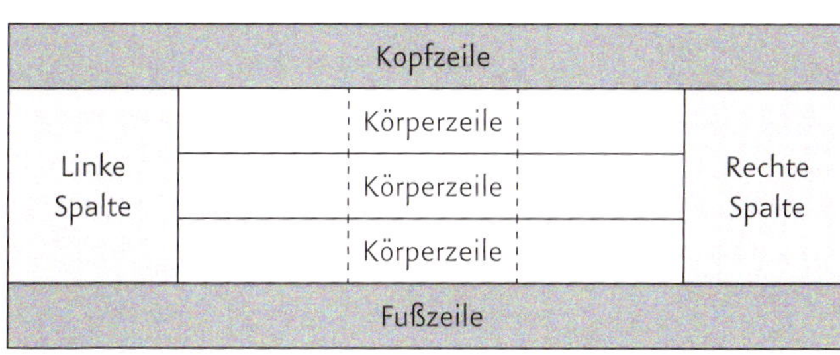

In der nächsten Rubrik **Tabelle einrichten** finden Sie alle Angaben, die Sie vielleicht schon von den **Tabellenoptionen** kennen, wie den **Tabellenrahmen**, die **Tabellenabstände** sowie die **Zeichenreihenfolge** für

Konturen. Die einzige Einstellung, die hier leider fehlt, ist die Anzahl der Tabellenkopf- und Fußzeilen. Die können Sie nur in den **Tabellenoptionen** (⌘ Strg ⌥ Alt ⇧ B) aufrufen.

Beachten Sie bitte hier, dass die **Tabellenkontur** nur einmal um die gesamte Tabelle führt und über den Zellenkonturen platziert wird. Wollen Sie Konturen zwischen den Zellen einfügen, müssen Sie dies über die nächsten beiden Einstellungen tun oder ein **Zellenformat** anlegen.

Die Konturen um die Tabelle können ausgeschaltet werden, indem Sie als Art „Ohne" wählen oder besser: die Stärke auf 0 pt setzen.

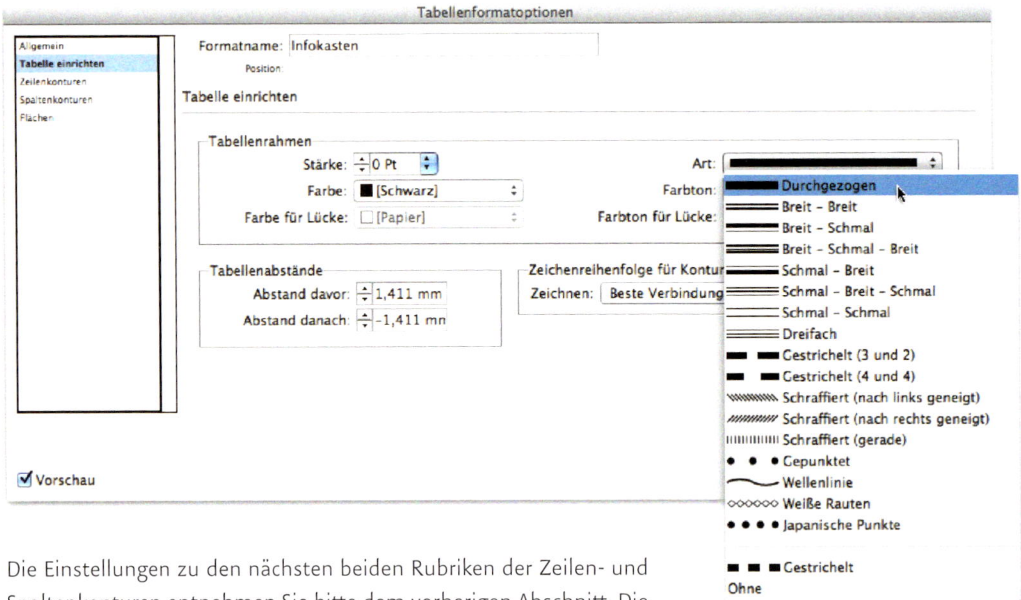

Die Einstellungen zu den nächsten beiden Rubriken der Zeilen- und Spaltenkonturen entnehmen Sie bitte dem vorherigen Abschnitt. Die Vorgaben funktionieren nur dann, wenn die gesamte Tabelle auch eine Kontur besitzt. Das erscheint etwas widersprüchlich, ist jedoch aus programmiertechnischer Sicht nicht anderes zu lösen, da jede Zeile ein „Kind" der Tabellen-„Mutter" ist und nur Eigenschaften auf das Kind vererbt werden, die auch die Mutter besitzt. Schön wäre es jedoch, wenn Adobe Ihnen diese Brücke baute und die Kontur der Tabelle automatisch aktivierte, wenn Sie **Abwechselnde Muster** anwenden wollen. Bis das angeboten wird, ist es eine gute Sitte, Konturen, die man nicht sehen will, auf die Stärke **0 pt** zu stellen (die Art aber auf **Durchgezogen** zu lassen).

Abwechselnde Flächen zur Unterstützung der visuellen Zeilenbildung sind sicher die häufigsten Gestaltungsmittel, um grafisch Ordnung in Tabellen zu bringen. In der letzten Rubrik **Flächen** stellen Sie die Muster und die verwendeten Farben ein. InDesign nutzt zunächst ein Muster mit **20 % Schwarz** und **ohne Füllung**. Im Kapitel **Farben & Effekte** zeige ich Ihnen, wie Sie eigene Farbtöne anlegen, die aufeinander basieren, so dass Sie Farbänderungen nicht noch einmal in den Tabellenformaten treffen müssen. Falls Sie mit Farbfeldern arbeiten, tauchen diese in den Aufklappmenüs auf.

Konturenstile
Achten Sie darauf, dass Sie **Konturenstile** wie **Gepunktet** oder **Wellenlinien** nur gezielt einsetzen. Die Effekte werden erst ab einer Linienstärke von 2 bis 3 pt sichtbar. Eine schraffierte Linie kann bei mageren 0,25 pt leicht für einen Druckfehler gehalten werden!

◢ *Farbtöne: Seite 489*

Nur Farb(ton)felder

In diesem Dialog gibt es keine Möglichkeit, die Farbe mit einem Regler auszuwählen. Das zwingt Sie dazu, mit Farb(ton)feldern zu arbeiten, obwohl seltsamerweise an anderen Stellen in InDesign stets frei wählbare Farben zur Verfügung stehen.

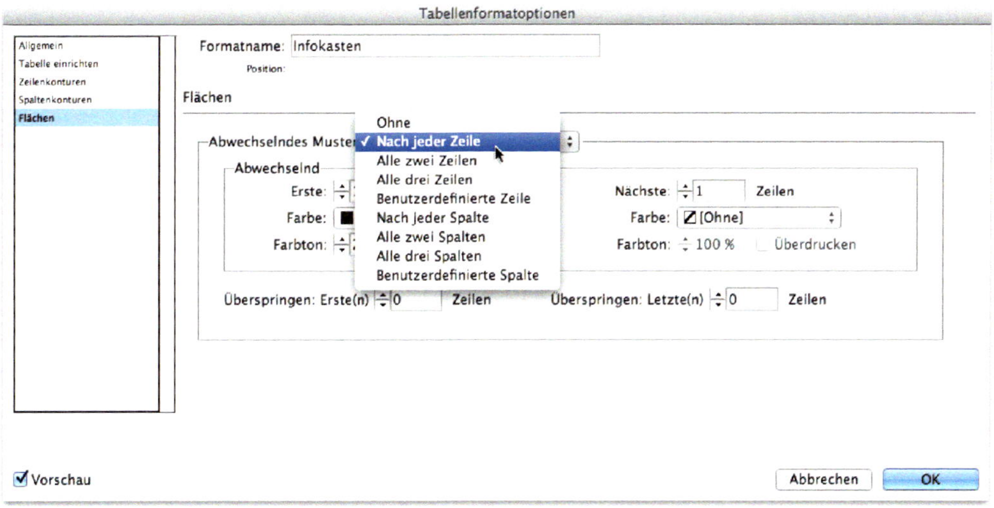

Ein abwechselndes Flächenmuster erleichtert die Orientierung in der Tabelle.

Zellenformate

Ähnlich wie beim Zusammenspiel der **Absatz**- und **Zeichenformate** legen Sie nun **Zellenformate** an, die für einzeln zu markierende Zellen oder für spezielle Bereiche wie die Kopfzeilen abweichende Einstellungen wie eine andere Flächenfarbe oder eine markantere Kontur enthalten. Beachten Sie, dass Sie – wie bei **Zeichenformaten** – nur die Abweichungen anlegen; alle anderen Gestaltungsvorgaben haben Sie bereits im **Tabellenformat** getroffen.

Das **Zellenformate**-Bedienfeld finden Sie bei Bedarf unter **Fenster** > **Formate**. Verfahren Sie hier wie bei einem **Tabellenformat**: Klicken Sie auf das Blattsymbol, um ein neues **Zellenformat** anzulegen. Geben Sie einen Namen ein und stellen Sie in den allgemeinen Formatinformationen **Basiert auf [Ohne]** ein. Zudem wählen Sie, welches Absatzformat den Zelleninhalten zugewiesen werden soll. Dazu können Sie auf Ihre bestehenden Formate zurückgreifen oder ein neues Format anlegen.

Wie in einem Textrahmen legen Sie über die Option **Text** fest, wie sich der Text in einer Zelle verhalten soll. Welcher **Zellversatz** soll von oben, unten, links und rechts eingehalten werden? Wie wird der Text ausgerichtet? Benötigen Sie eine **vertikale Ausrichtung**? Unter der **Beschneidung** legen Sie fest, ob die Größe der Zelle unabhängig von der Textmenge bestehen bleibt oder ob der Text die Größe beeinflussen darf, so dass kein Übersatz entsteht.

Absatzformate einbinden
Wie der Inhalt der Zellen formatiert werden soll, definieren Sie gesondert in einem **Absatzformat**, das Sie hier festlegen. Auch wenn diese Arbeitsweise auf den ersten Blick umständlich erscheinen sollte, ist die Typografie über Formate besser zu steuern, und Änderungen können an zentraler Stelle für das gesamte Dokument vorgenommen werden.

Übersatz in Tabellen
In der Layoutdarstellung sehen Sie an einem roten Punkt in einer Zelle, ob sich darin Übersatztext befindet. Damit Sie den Text bearbeiten können, ohne etwas an der Tabelle verändern zu müssen, rufen Sie aus der betreffenden Zelle einfach mit [⌘ Strg] [Y] den **Textmodus** auf.

Übersatz in Zellen wird mit einem roten Punkt unmissverständlich dargestellt.

In der Rubrik **Konturen und Flächen** legen Sie fest, ob angrenzende Konturen zum Tabellenrand oder zu anderen benachbarten Zellen abweichend zu Zeilen- und Spaltenkulturen die einzelne Zelle betonen sollen. Für die Auswahl der richtigen **Kontur** dient Ihnen auch hier die Gitterauswahl, deren etwas gewöhnungsbedürftige Bedienung ich ja schon erläutert habe.

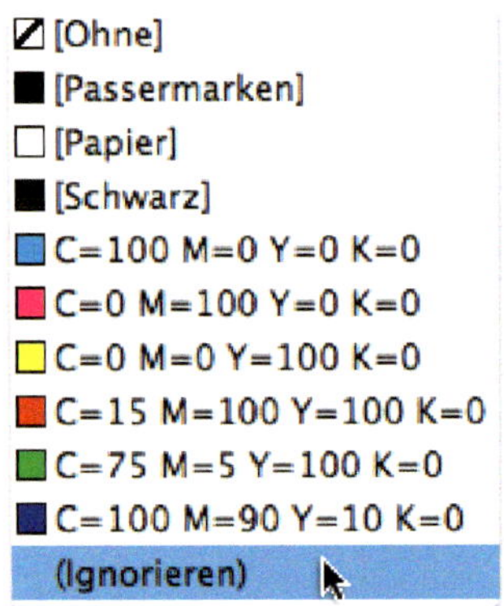

Soll das Zellenformat keinerlei Flächenangaben enthalten und sich nach den Vorgaben aus dem Tabellenformat für abwechselnde Zeilen- oder Spaltenmuster richten, wählen Sie „Ignorieren".

Die **Zellfläche** überschreibt ein abwechselndes Flächenmuster aus dem **Tabellenformat**. Hier legen Sie wie gewohnt **Farbe** und **Farbton** fest. Wollen Sie diese Einstellung später wieder rückgängig machen, gilt dasselbe wie bei **Zeichenformaten**, die sich in Bezug auf ein Merkmal neutral verhalten sollen: Sie wählen aus dem Aufklappmenü den Punkt **Ignorieren**, dann gilt wieder die übergeordete Einstellung des Tabellenformats.

Ob einzelne Zellen ohne Inhalt leer bleiben, können Sie unter anderem mit der nächsten Rubrik **Diagonale Linien** festlegen. Die Wahl der **Linienkontur**, **Art** und **Lücke** ist selbst erklärend und folgt dem gewohnten Umgang, wichtig ist jedoch hier die Einstellung **Zeichnen**: Haben Sie einen Texteintrag in der Zelle, ist es unter Umständen von Bedeutung, ob die Durchstreichung im Vordergrund oder im Hintergrund gezeichnet wird.

Formate verwalten

Um einmal angelegte Formate in mehreren Dokumenten zu verwenden, können Sie aus jedem anderen InDesign-Dokument dessen **Tabellen-** und **Zellenformate** laden. Je mehr Formate Sie verwenden, desto sinnvoller ist eine Gruppierung, mit der Sie in InDesign mehrere Formate zusammenfassen.

Bilder in Zellen einsetzen
Falls Sie Bilder in Zellen einsetzen möchten, sollten Sie beachten, dass Bilder nur als verankerte Objekte eingefügt werden können, da Tabellenzellen ja quasi Textrahmen sind. Kopieren Sie eine Grafik über die Zwischenablage, setzen Sie die Einfügemarke in die Zelle und fügen Sie das Bild aus der Zwischenablage ein. Die Option **Inhalt auf Zelle beschneiden** sorgt dafür, dass übergroße Bilder keine benachbarte Zellen verdecken.

Konturen in Zellenformaten nur mit Tabellenkontur
Wie schon bei den Tabellenformaten erwähnt, funktionieren Konturen in Zellenformaten nur dann, wenn die Kontur für die gesamte Tabelle aktiviert ist! Haben Sie also eine Kontur angelegt, die in der Tabelle nicht sichtbar wird, sollten Sie die Tabelle an der linken oberen Ecke markieren und die Kontur im Werkzeuge-Bedienfeld zum Beispiel auf [Schwarz] stellen. Danach erscheinen auch alle Konturen, die in Tabellen- oder Zellenformaten angelegt sind.

Sie können alle Formate aus einer anderen InDesign-Datei hinzuladen, indem Sie in das Bedienfeldmenü der Tabellenformate klicken und die Option **Tabellen- und Zellenformate laden** aufrufen. Danach wählen Sie Ihre Quelle aus. InDesign importiert zunächst die Formate und vergleicht diese mit schon bestehenden in Ihrem geöffneten Dokument. Sie erhalten nun einen Dialog, in dem Sie entscheiden, welche Formate hinzugeladen werden. Da **Zellenformate** auch eine Verbindung zu **Absatzformaten** aufweisen können, erscheinen auch die verwendeten **Absatzformate** in dieser Aufstellung. Aktivieren Sie einzelne Formate oder klicken Sie auf die Knöpfe **Alle aktivieren** oder **Alle deaktivieren**.

In den Bedienfeldmenüs der Tabellen- wie der Zellenformate können Sie beides wiederum aus anderen Dokumenten laden.

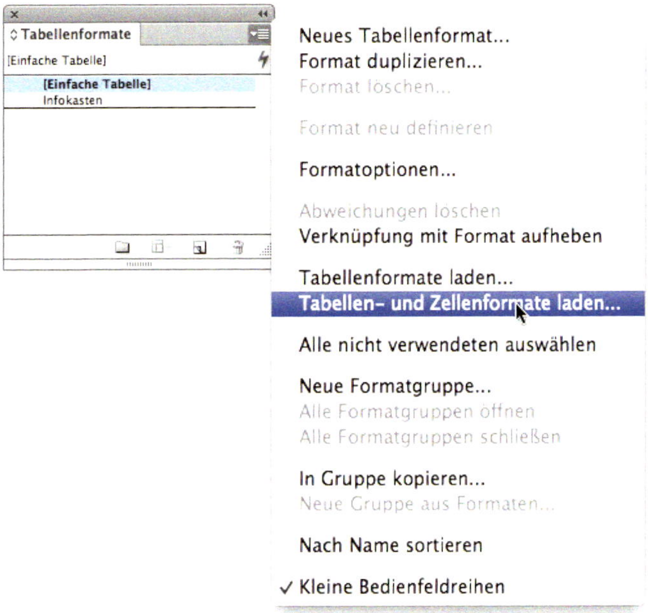

Falls ein Konflikt mit gleichnamigen Formaten im geöffneten Dokument auftritt, können Sie ein Verhalten festlegen. Im Zweifelsfall wählen Sie im Aufklappmenü **Autom(atisch) umbenennen** aus. Danach erscheinen alle Formate in den entsprechenden Bedienfeldern, wenn Sie abschließend auf **OK** klicken.

Formatgruppen anlegen

Absatz-, **Zeichen-**, **Tabellen-** und **Zellenformate** lassen sich auf dieselbe Weise als Gruppen zusammenfassen. Wählen Sie beispielsweise das Bedienfeld **Tabellenformate** aus. Klicken Sie nun auf das Ordnersymbol **Neue Formatgruppe erstellen**, und es erscheint ein Gruppenordner in Ihrem Bedienfeld, in den Sie per Ziehen & Ablegen die Formate hineinbugsieren können.

Einen anderen Weg können Sie gehen, wenn Sie bereits viele Formate verwenden, die Sie zusammenfassen möchten. Dazu markieren Sie Ihre Formate mit ⌘ Strg+Klick und wählen aus dem Bedienfeldmenü **Neue Gruppe aus Formaten** aus.

Verknüpfungen zu Formaten aufheben

All die praktischen Formate – und das gilt, wie in diesem Kapitel fast immer, auch für **Absatz-**, **Zeichen-**, **Objekt-** und andere **Formate** – haben ja einen wichtigen Vorteil: Wenn Sie eine Einstellung im Format modifizieren, ändern sich alle Stellen im Dokument, denen Sie dieses Format zugewiesen haben. Manchmal ist dieser Vorteil aber ein Nachteil, etwa wenn Sie einen einmaligen Spezialfall zwar mithilfe von Formaten gestaltet, dann aber aufwendig manuell nachbearbeitet haben und nun jede unbeabsichtigte Änderung unbedingt ausschließen wollen. Wählen Sie die betreffende(n) Tabelle oder die Zelle(n) aus und klicken Sie im **Bedienfeldmenü** der **Tabellen-** oder **Zellenformate** auf die Option **Verknüpfung mit Format aufheben**. InDesign „vergisst" jetzt die Verbindung zum soeben noch zugewiesenen Format und wendet Änderungen, die Sie in diesem Format vornehmen, ab sofort nicht mehr auf diese Tabelle/Zelle(n) an.

Abweichungen löschen
Haben Sie Tabellen mit Formaten gestaltet und später manuell Änderungen vorgenommen, werden Ihnen diese im Bedienfeld durch ein Pluszeichen hinter dem Formatnamen angezeigt. Durch den Klick auf den zweiten Knopf am Fuß der Bedienfelder **Abweichungen zum Format löschen** heben Sie diese manuellen Änderungen auf.

Transparente Tabellen?

Wie bereits erwähnt, behandelt InDesign eine Tabelle wie einen einzelnen, riesigen Buchstaben. Transparenz und Effekte gelten immer für einen ganzen Textrahmen, nicht einmal für einzelne Zeichen darin. Folglich wird die gesamte Tabelle transparent, wenn der Rahmen eine entsprechende Einstellung bekommt. Die Zelleninhalte oder der Tabellenhintergrund kennen also keine separate Transparenz – eigentlich schade, da eine transparente Zellenfläche als Gestaltungsmerkmal unabhängig vom Text schon schön wäre.

Farben & Effekte

PID IONSERSPIS AUTE OMMAO T QUIA CORPORIBUS ET eatures sequia vel in ea

t enim ... sa di derovit vendite magniet odi

QUI AUTET ACCUPTA ANDI SIMUSCIPSUM QUIM IN ET VOLESTIA DUCIENTEM VOLUPTATATI REPERAT VEL INVEL MO BLAM, SIN ENDE CUMQUI DE OFFICI AUTE EA DREPTIAE. NAM SUS NON RESEQUAM HICIENE PRORIS MI, ABORUM APEDIO DEBICIIS SIM APELITIATEM QUIST ALITATET OMNIHIL IS DIT VOLOR AUT QUATES QUO MIL RATUR?

QUATEM RESTIAMUS VOLO TEM QUODIS QUODION SENIMPORE DI TE PORRO OMNIM ATIS APICIDEROVID MI, CUS ID QUID ETUR, SOLORE MOLES MOLUPTA PORECEA ... UNTIAM QUAM ARCIA VOLORRO BLANT REPERUM QUO DOLORE MINT ACCUM IPSUS, OMNISTO EA PRATEM AUT DUNTIAT. ... ELIC TO MAXIMOL ORUMENT ANDES ULLATUR REPRAE POR MODITATUR REMPORIA SENDELIQUE DOLLIQUE DELIGENDA ARUPID MAGNIS MINITAT IANDESEDI NAM ... ET AUT ADIATUR, QUAT. ... QUE OMMI I MO BEAQUAME S

deserro qui te nis eniet volor aliquod qui at aut od quiate officab or

enimil int et, sa di derovit vendite ma...

Ut rectum qu occustrum elessi

et odi ommo eum fugia vo...

laborem que laborem et ...

etur moditist, consequam es eos dol...

...is eniet volor aliquod qu...

...rnat enimil int et, sa di d...

...ommo eum ...

...accum a que et laborem que laborem

Offici

Met olur

...um qui od et alit ol...

...um res eleseq...

...loratiae nons ...

...velicue qu...

...corpor ape el mint...

Das ist neu in CS6

Farbmodus, Seite 486

Sonderfarbbibliotheken auf Lab-Basis – nicht nur die neu integrierten **Pantone-Plus**-Farben basieren jetzt auf Lab statt auf CMYK

InDesigns Farbwelten

Farbmanagement: Seite 57

Die Kombination aus Farbfeldern, Farbtonfeldern, Mischdruckfarben und Farbbibliotheken in InDesign ist einzigartig. Den technischen Hintergrund dafür bildet das Farbmanagement, dessen Bedeutung für eine reibungslose Verarbeitung vom Digitalfoto über das Layout bis zum fertigen Papier- oder Datenprodukt leider auch heute noch von vielen unserer Kollegen ziemlich unterschätzt wird.

Visuelle Kontrolle: Seite 663

Bestmögliche Kontrolle über Ihr Endergebnis bekommen Sie jederzeit über die Ausgabevorschauen, die gerade in der Druckvorstufe helfen können, termingefährliche Fehler bei der Farbseparation zu vermeiden.

Farben anwenden

Seit InDesign CS5 haben Sie die Möglichkeit, Farbfelder direkt im Steuerung-Bedienfeld auszuwählen. Sobald Sie einen Rahmen mit den Auswahlwerkzeugen angeklickt haben, können Sie je nach Rahmentyp und Rahmeninhalt **Füllung**, **Kontur**, **Schriftfarbe** oder **Schriftkontur** aus dem Aufklappmenü aussuchen.

Aufklappmenü im Steuerung-Bedienfeld.

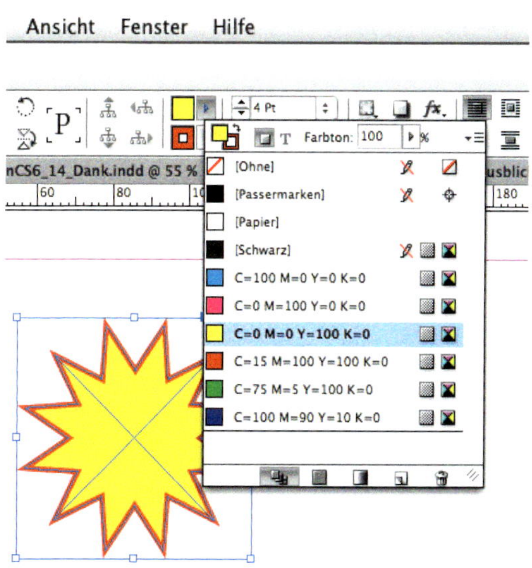

Das Aufklappmenü ist identisch zum **Farbfelder**-Bedienfeld aufgebaut, auf das ich gleich noch genauer eingehe. Letztlich ist ein eigenes Bedienfeld durch das Aufklappmenü überflüssig geworden. Entscheiden Sie selbst, wie Sie arbeiten möchten: mit ständiger Kontrolle und dem permanent angezeigten Bedienfeld **Farbfelder** – oder mit dem **Steuerung**-Bedienfeld, um möglichst wenig Bildschirmplatz zu verbrauchen.

Der Farbwähler

Die aktuelle **Farbfüllung** und **-kontur** eines Objekts oder die Vorbelegung Ihres aktuellen Werkzeugs erkennen Sie anhand des **Werkzeuge**-Bedienfelds. Das Quadrat und die Kontur geben Ihnen immer die Rückmeldung, welche Farben gerade „anliegen". Ein rot durchgestrichenes Quadrat zeigt an, dass keine Füllung beziehungsweise keine Kontur ausgewählt ist.

Füllungs- und Konturfarbe im Werkzeuge-Bedienfeld:

zweispaltiges einspaltiges Bedienfeld

Mit einem Doppelklick auf das Symbol für Füllung oder Kontur öffnen Sie den **Farbwähler**, den Sie so ähnlich vielleicht schon aus Photoshop kennen:

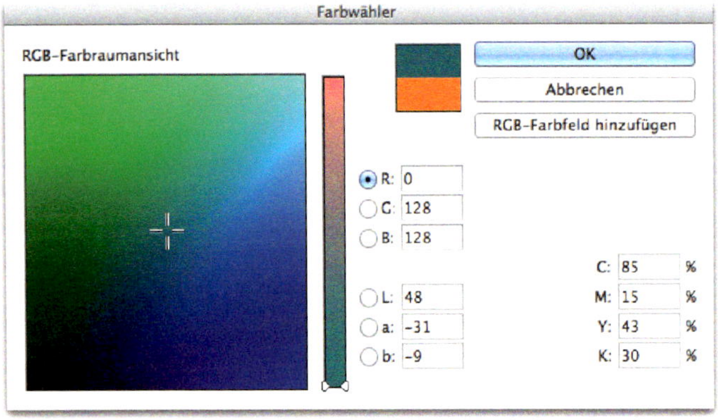

Farbwähler – im Vergleich zu dem in Photoshop leider recht spartanisch ausgestattet

Der senkrechte Schieberegler verändert den rechts davon ausgewählten **RGB**- oder **Lab**-Farbkanal innerhalb von dessen Extremwerten. Mit einem Klick in das große quadratische Spektrum können Sie eine beliebige Kombination der anderen beiden Werte wählen.

Ein **absolutes Schwarz** wird im RGB-Modus mit **0/0/0** beschrieben, ein **Weiß** mit **255/255/255** und ein **neutrales Grau** hat **128/128/128**.

Im **Lab**-Modus bestimmt der L-Kanal die **Luminanz** von **0 bis 100**; die Werte a und b sind Achsen durch den Lab-Farbraum, die im Wert **0** neutral sind, also einen **Grauwert** ergeben. Sie lassen sich jeweils **von –128 bis +127** einstellen.

Haben Sie, wie im obigen Beispiel, mit dem Schieberegler den Rot-Wert auf 0 gesetzt, erhalten Sie mit einem Klick in die linke obere Ecke einen hohen Grün- und einen niedrigen Blau-Wert, also ein reines

Der Farbkreis und das HSB-Modell
Wir kennen den Farbkreis als Farbmodell, um Farben nach dem Winkel auf dem Kreis auszuwählen. Dieses Modell ist in InDesign leider nicht einmal als „Farbstrang" wie in Photoshop vorhanden, daher müssen Sie sich nach RGB- oder Prozesswerten richten oder Farbbibliotheken verwenden.

Christoph Luchs nannte den Farbwähler-Dialog „Farbquäler". Hallo Adobe, auch wenn wir immer öfter RGB- statt CMYK-Farben brauchen (zum Beispiel für digitale Magazine), wäre hier ein CMYK-Spektrum mit Farbumfangswarnung wirklich nützlich!

CMYK/Euroskala
Drucker reden meistens von „Blau", „Rot", „Gelb" und „Tiefe" (Schwarz) und allgemein von der „Euroskala" oder schlicht „Skala". Da unsere Programme fast ausnahmslos aus den USA stammen, ist bei uns längst „CMYK" für die englischen Entsprechungen „Cyan", „Magenta", „Yellow" und „Key" geläufig. Nur über die Aussprache ist man sich noch nicht so recht einig geworden. Während in Deutschland und Österreich ein mehr oder weniger originalgetreu artikuliertes „Sie-Emm-Wai-Käi" vorherrscht, hört man in der Schweiz eher ein sympathisches „Zmück".

RGB-Grün beziehungsweise RGB-Blau (und umgekehrt in der rechten unteren Ecke). Entsprechend funktioniert das, wenn Sie zuerst den Grün- oder den Blau-Wert fixieren und dann durch Klick die beiden anderen visuell bestimmen. Links unten und rechts oben haben die Farben die kleinste beziehungsweise größte Helligkeit.

Das Anmischen von Farben im **Lab**-Modus ist eher ungewöhnlich, denn das Farbmodell ist abstrakt und für viele wenig intuitiv für die tägliche Arbeit. Ich konzentriere mich deshalb zumeist auf die Farbmischung in **CMYK**.

Dummerweise werden die **CMYK**-Werte aber im Farbwähler nur dann visuell korrekt angezeigt, wenn einer der **Lab**-Parameter aktiviert ist, das quadratische Spektrum also auf **Lab** basiert. Sonst bekommen Sie stets eine **RGB**-Vorschau und sind vielleicht enttäuscht, wenn die Farbe, die letztlich im Farbfelder-Bedienfeld landet, blasser und „schmutziger" aussieht.

◢ *Farbmanagement: Seite 57*

Ist Ihnen dieser Sachverhalt völlig neu oder zumindest unklar, sollten Sie sich auf jeden Fall mit dem Farbmanagement-Abschnitt beschäftigen.

RGB-Farben für „Web" und „Digitale Veröffentlichung"
In solchen Dokumenten werden alle Farbfelder – vorhandene wie neue – in RGB erzeugt und im Farbraum sRGB dargestellt. So können Sie sicher sein, dass Farben in Animationen und interaktiven Dokumenten auch korrekt wiedergegeben werden.

RGB- und CMYK-Farbfelder mit dem Farbwähler anlegen

Wenn Sie mit der Maus auf einen RGB-Wert klicken, zeigt der dritte Knopf den Text **RGB-Farbfeld hinzufügen**. Mit einem Klick legen Sie ein neues RGB-Farbfeld an. **CMYK-** und **Lab**-Farbfelder können Sie auf entsprechende Weise anmischen und anlegen.

Etwas weiter gehende Möglichkeiten bekommen Sie, wenn Sie Farben direkt im **Farbfelder**-Bedienfeld anlegen, wie im nächsten Abschnitt beschrieben.

Das Farbfelder-Bedienfeld

InDesign verwaltet alle anwendungs- und dokumentspezifischen Farben im Bedienfeld **Farbfelder**, das wie alle Bedienfelder über das Menü **Fenster** zu erreichen ist. Der Aufbau dieses Bedienfelds entspricht exakt dem Aufklappmenü **Farbe** aus dem Steuerung-Bedienfeld.

Farben sortieren
Die Liste der Farbfelder können Sie sich beliebig sortieren: Markieren Sie ein Farbfeld (oder mehrere mit gedrückter [⌘ Strg]- oder [⇧]-Taste) und ziehen Sie die Auswahl einfach an die gewünschte Position. Eine halbautomatische Sortierung nach Namen, wie etwa bei den Absatzformaten, gibt es hier leider nicht.

In der Standardansicht zeigt das Bedienfeld eine Liste aller dokumentweit definierten Farben. Die voreingestellten Farben wie Cyan, Magenta, Gelb, Dunkelrot, Grün und Dunkelblau können Sie jederzeit verändern oder gleich vollständig löschen: Markieren Sie eine oder mehrere Farben und klicken Sie auf das Papierkorbsymbol oder ziehen Sie die markierten Farbfelder darauf.

Der Bedienfeldaufbau

In der Standarddarstellung „Name" werden die Farbfelder mit ihrer genauen Farbbezeichnung aufgelistet. Diese stammt entweder aus einer Farbbibliothek (beispielsweise „PANTONE Orange 021 C"), oder Sie haben sie selbst definiert. Vier Farben stellt InDesign immer zur Verfügung: **[Ohne]**, **[Papier]** (= Weiß), **[Schwarz]** (= 100 % K) und **[Passermarken]** (= 100% von jeder auszugebenden Farbe).

Die Farbe **[Passermarken]** wird ausschließlich für Schnitt- und Falzmarken, Passkreuze und ähnliche druckspezifische Hilfsmittel eingesetzt, die später auf allen Farbauszügen erscheinen sollen. Da Schnittmarken und Passkreuze über die entsprechende Einstellung im Druck- oder Exportdialog automatisch erzeugt werden können, sollten Sie eigene Marken nur bei außergewöhnlichen Druckanforderungen anlegen. Ein guter Platz dafür ist zum Beispiel im Infobereich.

Infobereich: Seite 91

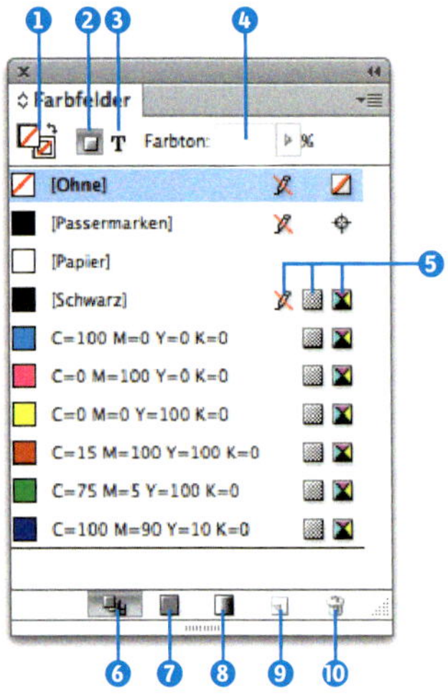

Standardansicht: Alle geschützten Standardfarbfelder werden mit einem durchgestrichenen Stiftsymbol gekennzeichnet.

1 *Miniatur des Werkzeug-Bedienfelds für Fläche/Kontur*
2 *Formatierung gilt für Rahmen*
3 *Formatierung gilt für Text*
4 *Farbtoneinstellung*
5 *Editierbarkeit – Separation – Definition*
6 *alle Einträge einblenden*
7 *nur Farbfelder einblenden*
8 *nur Verlaufsfelder einblenden*
9 *neues Farbfeld anlegen*
10 *ausgewählte(s) Farbfeld(er) löschen*

Im nächsten Bild sehen Sie eine Auswahl verschiedener Farben aus den Farbmodi **RGB**, **CMYK**, **HKS K** und **Pantone Solid Coated** sowie **Verlaufsfelder** und **Farbtonfelder**. Die Farbfeldnamen können Sie selbst vergeben oder automatisch aus den Farbwerten der jeweiligen Farbkanäle erzeugen lassen. Durch die Symbole hinter den Farbnamen erkennen Sie, ob es sich um eine **Schmuckfarbe** handelt („Waschmaschine": grauer Punkt auf weißem Quadrat – wegen englisch „Spot Color" = Sonderfarbe) oder ob das Farbfeld als **Prozessfarbe** definiert ist (grau gepixeltes Quadrat = Raster).

Die letzte Symbolspalte beschreibt den Farbraum, in dem die jeweilige Farbe definiert ist (RGB, CMYK, Lab). Eine Lab-Definition () ermöglicht beim Druck mit CMYK eine bessere visuelle Annäherung an die tatsächliche Sonderfarbe, als wenn diese von vornherein in CMYK () definiert ist. Klingt vielleicht seltsam, aber wenn Sie den Abschnitt übers Farbmanagement gelesen haben, dürfte Ihnen das nicht mehr so ominös vorkommen.

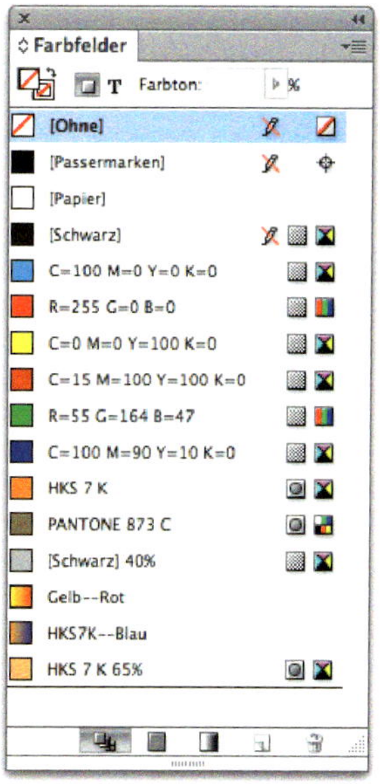

Eine im wahrsten Sinn des Wortes bunte Auswahl von Farb- und Verlaufsfeldern. Zu Farbmodellen und ihrer Bildschirmdarstellung habe ich auch um Zusammenhang mit Farbmanagement ab Seite 57 noch etwas geschrieben.

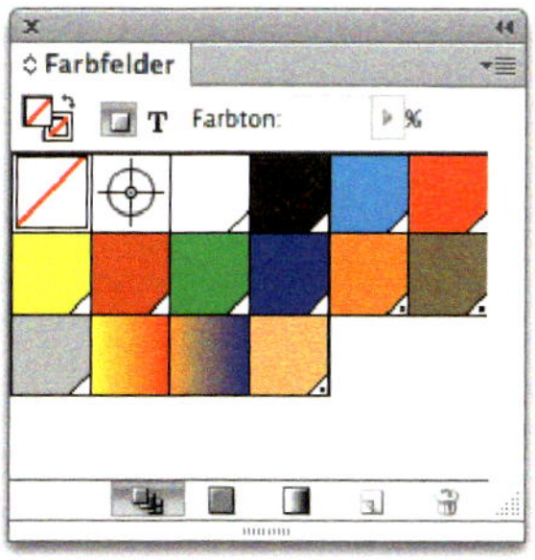

Die großen oder kleinen Farbfelder eignen sich gut für die Kreativarbeit, weil sie deutlich weniger Bildschirmplatz benötigen als die Listenansicht.

Ansichtssache
Über die Optionen „Kleines Farbfeld" und „Großes Farbfeld" im Bedienfeldmenü stellen Sie die Ansicht der Farbfelder um auf quadratische Felder ohne Namen. Schmuckfarben werden dann mit einem Punkt in der rechten unteren Ecke eines Farbfelds gekennzeichnet, Mischdruckfarben mit einem Dreieck, Verläufe haben gar keine ausgesparte Ecke.

Das Bedienfeldmenü

Über das Bedienfeldmenü der **Farbfelder** legen Sie mit der Auswahl der ersten Option **Neues Farbfeld** ein Farbfeld an, definieren Verläufe, ändern bestehende Farbfelddefinitionen unter dem Punkt **Farbfeldoptionen** oder verändern die Ansicht des Bedienfelds mit der Auswahl zwischen **Name**, **Name (klein)**, **Kleines Farbfeld** oder **Großes Farbfeld**.

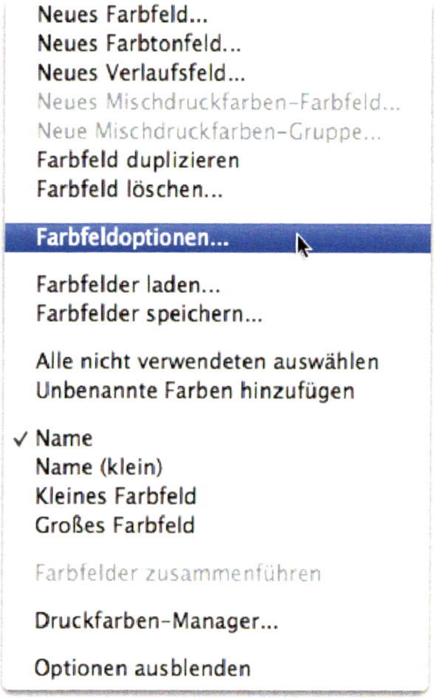

Statt „Farbfeldoptionen" könnte dieser Befehl auch „Farbfeld bearbeiten" heißen.

Farbfelder anlegen und löschen

Rufen Sie die Funktion **Neues Farbfeld** im Bedienfeldmenü auf. Sie erhalten den **Farbfeld-Dialog**, in dem Sie die Farbe nach **Farbtyp**, **Farbmodus** und den **Werten** in den Farbachsen festlegen.

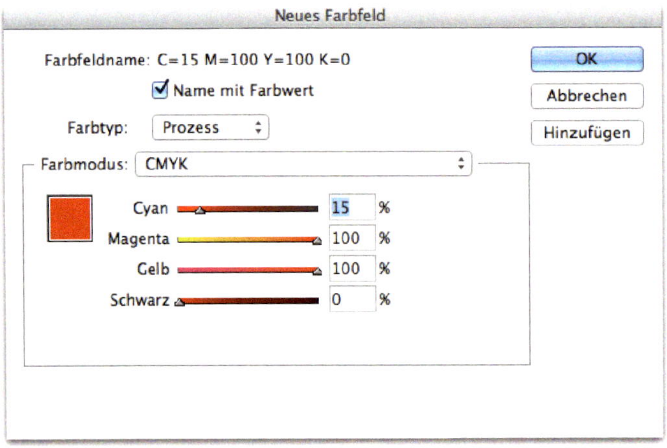

Der Dialog „Neues Farbfeld“

„Hinzufügen“ statt „OK“
Wollen Sie mehrere Farbfelder anlegen, klicken Sie einfach auf „Hinzufügen“. Die gewählte Farbe erscheint in den Farbfeldern, der Dialog „Neues Farbfeld“ bleibt aber geöffnet, so dass Sie gleich die nächste Farbe anlegen können.

Farbtyp

Die Auswahl des **Farbtyps** richtet sich danach, ob Sie später die Farbe als **Prozessfarbe** in einem **CMYK**-Farbraum ausgeben wollen, oder ob mit **Vollton** ein eigener Farbauszug erzeugt wird. Volltonfarben sind normalerweise alle Sonderfarben wie **HKS**- oder **Pantone**-Farben sowie *Gold*, *Silber* oder *Lack*. Eine Wandlung von Vollton- zu Prozessfarben ermöglicht die Funktion **Druckfarben-Manager** (Seite 666).

„Vollton“ vs. „Sonderfarbe“

Lassen Sie sich bitte nicht verwirren! Die InDesign-Übersetzung weicht gelegentlich etwas von der Fachsprache ab, was grundsätzlich nicht weiter schlimm ist. Von **Vollton** sprechen Fachleute eigentlich, wenn sie sagen wollen, dass eine beliebige Farbe in 100 % ihres Nominalwerts verwendet wird. Somit sind auch 100 % eines Grüns, das selbst wiederum aus 80 % Cyan und 100 % Gelb besteht, „Vollton“. Im Gegensatz dazu werden Farben (und auch Lacke), die zusätzlich zu Cyan, Magenta, Gelb und Schwarz eine eigene Druckplatte bekommen, fachsprachlich als **Schmuckfarben** oder **Sonderfarben** bezeichnet.

Farbmodus

Über den **Farbmodus** greifen Sie auf die InDesign-Farbbibliotheken zu, aus denen Sie vordefinierte Farben laden können.

Die seit Mai 2010 verfügbare **Pantone-Plus-Farbbibliothek** konnte für InDesign CS5(.5) nachgerüstet werden; jetzt ist sie serienmäßiger Bestandteil. Die wesentlichen Änderungen: „Matte“-Farben für matt gestrichenes Papier gibt es wegen geringer Nachfrage nicht mehr. Alle Pantone-Farben beginnen jetzt mit **„PANTONE+“** und sind mit **Lab-Werten** anstatt CMYK-Werten definiert – außer denen, die „CMYK“ oder „Color Bridge“ im Namen tragen. Das bedeutet, dass sie jetzt sowohl auf dem Bildschirm als auch im Vierfarbdruck akkurater umgesetzt werden können – vorausgesetzt, ein kalibrierter Monitor beziehungsweise ein modernes Farbmanagement sind im Einsatz. Der Vorteil ist, wie so oft, gleichzeitig ein potenzieller Nachteil, denn Sie müssen damit rechnen, dass Pantone-Farben, die Sie seit Jahren benutzen, jetzt sichtbar anders separiert werden, als Sie es gewohnt sind! Um die bisherige Separation zu erhalten, müssen Sie sie notfalls als Vollton auf CMYK-Basis definieren und manuell benennen.

Farben in der Helligkeit ändern
Beim Anmischen einer Farbe können Sie mit gedrückter [⇧]-Taste einen Regler nach links oder rechts schieben. Dadurch werden alle anderen Farben proportional heller oder dunkler, ohne dass Sie den richtigen Prozentwert treffen müssen.

Die neuen Pantone-Plus-Farben sollen unter anderem das Separationsergebnis verbessern. Was sie ganz bestimmt verbessern, ist das Geschäftsergebnis der Firma Pantone LLC, wenn ganz viele Kunden neue bunt bedruckte Papierfächer kaufen.

InDesigns serienmäßige Farbmodi und ihre Bedeutung	
Lab	Der Lab-Farbraum ist der theoretische Farbraum, der jede für den Menschen sichtbare Farbe enthält. Da sich dies nicht nur auf den druckbaren CMYK-Farbraum beschränkt, sondern auch alle anderen Farbräume beinhaltet, nennt man Lab „geräteunabhängig". **L** steht für die Luminanz (0 = schwarz, 100 = weiß), **a** und **b** sind Werte zwischen **–128** und **+127** auf einer Grün-Rot- beziehungsweise einer Blau-Gelb-Achse.
CMYK	Aus den Standarddruckfarben **Cyan**, **Magenta**, **Gelb** und **Schwarz** mischen Sie in Prozentwerten die Farben an. In der Praxis liegt der maximale Farbauftrag, also die Summe aus den einzelnen Prozentwerte, zwischen **260 %** und **350 %**; allgemeiner Richtwert für den Bogenoffsetdruck sind **300 %**. Ein höherer Farbauftrag als von der Druckerei vorgegeben kann dazu führen, dass sich das bedruckte Papier wellt, die Bögen schlecht trocknen und das Druckbild auf andere Bögen ablegt.
RGB	Der Farbmodus von Digitalkameras, Bildschirmen und Projektoren wird in den Kanälen **Rot**, **Grün** und **Blau** definiert, wobei jeweils 0 der dunkelste und 255 der hellste Wert ist. **R=0 G=0 B=0** ist „Licht aus", also **Schwarz**, und **R=255 G=255 B=255** ist „Licht voll an", also **Weiß**. Legen Sie RGB-Farbfelder nur an, wenn Sie medienneutral oder für Web/Bildschirmmedien arbeiten, oder wenn es Ihnen im Druck nicht auf die prozentuale Zusammensetzung der Farbe ankommt, sondern ausschließlich auf deren optischen Eindruck. Korrektes Farbmanagement und ein kalibrierter Monitor sind in jedem Fall unverzichtbar.
ANPA	300 Zeitungsdruck-Sonderfarben, festgelegt von der **American Newspaper Publishers Association** (Vereinigung amerikanischer Zeitungsverleger).
DIC	In Japan noch verwendetes System aus über 2.600 Farben des Chemiekonzerns **Dainippon Ink and Chemicals.**
FOCOLTONE	Besteht aus 763 Kombinationen der vier **Prozessfarben**, in **5%-Schritten** abgestuft, und ist vor allem für Farbtreue auf Laser- und Tintendruckern gedacht.
HKS	Die im deutschsprachigen Raum seit langem etablierten HKS-Farben (aus den Anfangsbuchstaben der Firmen **H**ostmann-Steinberg Druckfarben, **K**ast + Ehinger Druckfarben und **H**. Schmincke & Co.) unterteilen sich in vier Fächer: **E (Endlosdruck)**, **N (Naturpapiere = ungestrichen)**, **K (Kunstdruckpapiere = gestrichen)** und **Z (Zeitungsrotationsdruck)**. HKS-Farben werden normalerweise als Volltonfarben angelegt. Die „Process"-Alternativen sind aus CMYK definiert, so dass ihre Umsetzung in der Euroskala besser vorhersagbar ist.
Pantone	Aus 14 Grundfarben werden 5.024 nummernkodierte Farben erzeugt. Krankt leider zum Einen an der **unzureichenden Qualitätssicherung** der teuren Farbfächer – mit anderen Worten: Auch gleich alte und gleich aufbewahrte Pantone-Fächer zeigen nicht unbedingt die gleichen Farben. Zum Anderen werden selten benötigte Farbtöne in jeder Druckerei selbst angemischt, was zu **Abweichungen zwischen den Druckereien** führen kann. Trotzdem ist das PMS (Pantone Matching System) weltweit etabliert. Bei seinen Fächern steht **Coated (C)** für gestrichene Papiere und **Uncoated (U)** für ungestrichene. Wie bei HKS bedeutet der Zusatz **Process**, dass die Farben aus CMYK definiert sind, um ihre Umsetzung in der Euroskala besser vorhersagen zu können.
System	Die Farbpaletten der **Betriebssysteme** Mac OS und Windows.
TOYO	Zusammenstellung von 1.050 in **Japan** gebräuchlichen Offsetdruckfarben.
Trumatch	Über 2.000 **CMYK**-Farben in **gleichmäßigen Abstufungen**, ähnlich FOCOLTONE.
Web	„Websicher" sind jene RGB-Farben, die auf 256-Farb-Monitoren zuverlässig darstellbar sind. Inzwischen bedeutungslos, da solche Bildschirme praktisch „ausgestorben" sind.

◁ Mehr zu ablegen/abziehen: f-mp.de/content/expertenteam-papier/papierlexikon/459/

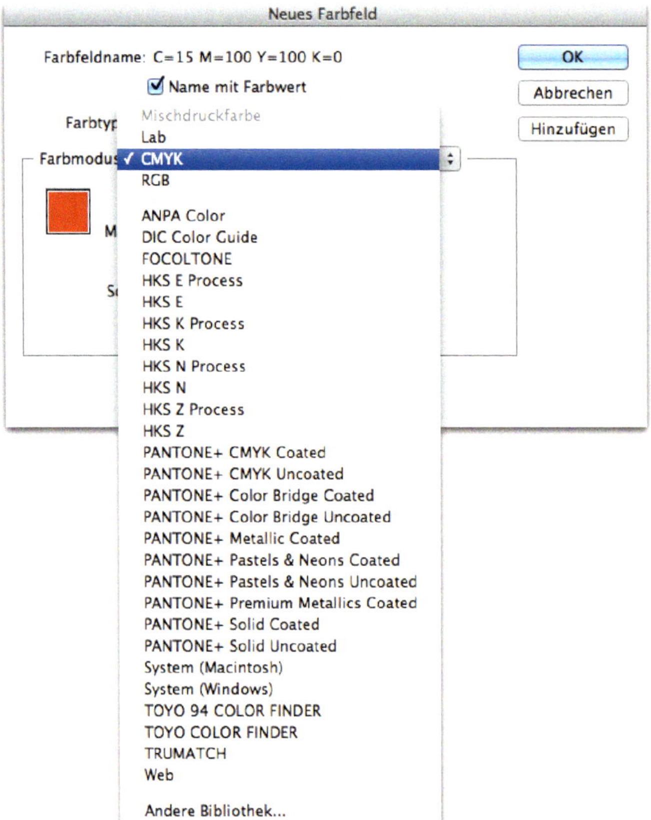

Die Farbräume und -bibliotheken unter Farbmodus

Sonderfarbdefinition in Lab vs. CMYK
Wie schon etwas weiter vorne geschrieben, sind die **Pantone-Plus**-Farben jetzt in Lab definiert. Das gilt auch für die meisten anderen serienmäßigen Bibliotheken in InDesign. Nur FOCOLTONE, TRUMATCH sowie alle, die **„CMYK“**, **„Process“** oder **„Color Bridge“** im Namen tragen, basieren weiterhin auf CMYK. Für Sie als Gestalter bedeutet dies, dass Sie nicht mehr ohne Weiteres vorhersagen können, in welche CMYK-Werte etwa eine Farbe aus **Pantone+ Solid Coated** separiert wird. Das wäre aber für Projekte interessant, die Sie von Fall zu Fall mit oder ohne Sonderfarben ausgeben möchten. Sie haben allerdings nach wie vor die Möglichkeit, eine Sonderfarbe mit genau den **CMYK-Werten zu definieren**, die Ihnen passen, damit sie bei Bedarf „schön“ separiert werden kann. Für die korrekte Ausgabe als Sonderfarbe wiederum ist nur entscheidend, dass der **Farbtyp** auf Vollton steht und die Farbe einen eindeutigen Namen trägt, am besten den „offiziellen“. Dazu wählen Sie in den Farbfeldoptionen die gewünschte Pantone-Farbe aus, ändern dann den **Farbmodus** auf CMYK und passen die angezeigten **Werte** an, behalten aber den **Farbfeldnamen** bei.

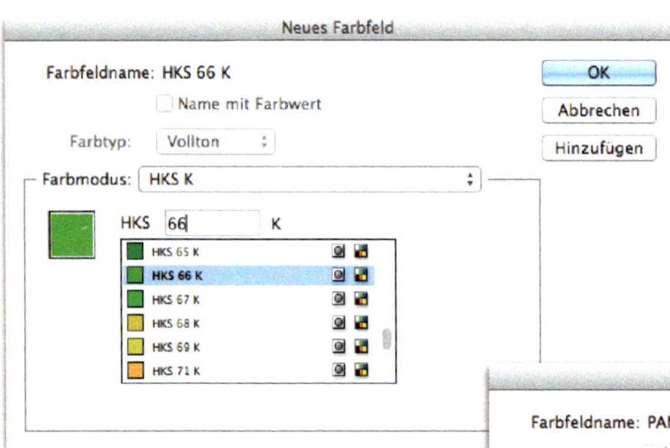

Anlegen einer HKS-Farbe

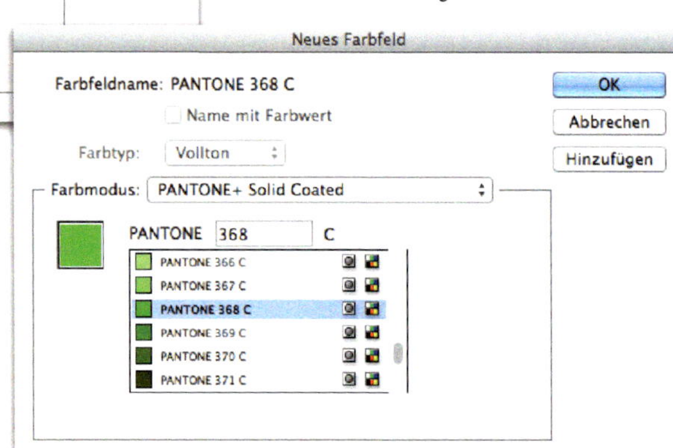

Anlegen einer Pantone-Farbe

Farbnamen

Wenn Sie eigene Farben anmischen, empfehle ich Ihnen, für die frei definierbare Bezeichnung entweder die **Farbwerte** zu verwenden oder die **Verwendung im Dokument** zu betiteln, ähnlich wie Sie es bei Absatz- und Zeichenformate tun sollten. Verwenden Sie eine Farbe zum Beispiel als Auszeichnungsfarbe für ein ganzes Kapitel, dann nennen Sie sie am besten so wie das Kapitel. Das Blau des Kapitels, das Sie gerade lesen, heißt zum Beispiel „Kapitel_7“.

Eine schlechte Benennung dafür wäre „Himmelblau“ oder „Azur“; eine sinnvolle wäre „HKS 47 K“ (wenn es diese Sonderfarbe wäre) oder, technisch korrekt, „C=100 M=30 Y=0 K=0“.

Überflüssige Farben löschen

Wählen Sie im Bedienfeldmenü die Option **Alle nicht verwendeten auswählen**. Klicken Sie danach auf den Papierkorb-Knopf **Farbfeld löschen** (oder benutzen Sie auch dafür den entsprechenden Befehl aus dem Bedienfeldmenü), um unnötige Farbfelder aus dem Dokument zu entfernen. Dies kann Ihnen bei der Weitergabe der Dateien an Druckereien oder Druckvorstufendienstleister Probleme und Rückfragen ersparen.

Wenn Sie Farben löschen, die Sie irgendwo in Ihrem Layout verwendet haben, fragt InDesign, durch welche Farbe die zu löschende(n) ersetzt werden soll(en). Zunächst wird immer **[Schwarz]** vorgeschlagen. InDesign benötigt immer eine Ersatzfarbe, um eine lückenlose Farbdefinition aufrechtzuerhalten.

Eine etwas andere Möglichkeit, Farbfelder durch andere zu ersetzen, bietet Ihnen der **Druckfarben-Manager**, mit dessen Hilfe Sie bei der Ausgabe eine oder mehrere Sonderfarben auf eine weitere Vollton- oder Prozessfarbe umleiten können. Diese Vorgehensweise beschreibe ich eingehend im Abschnitt über die **Die Separationsvorschau** ab Seite 663.

Tastenkürzel für das Farbfelder-Bedienfeld	
Neues Farbfeld aus dem aktuellen Farbfeld erstellen	⌥ Alt + Neues Farbfeld
Neues Volltonfarben-Farbfeld aus dem aktuellen Farbfeld erstellen	⌘ Strg ⌥ Alt + Neues Farbfeld

Farbtonfelder

Um Layoutdokumente auch mit wenigen Sonderfarben lebendig zu gestalten, benötigen Sie Abstufungen der Volltonfarben im Tonwert. Wählen Sie im Bedienfeld **Farbfelder** zunächst eine bestehende Vollton- oder Prozessfarbe aus. Über das Bedienfeldmenü rufen Sie mit der zweiten Funktion **Neues Farbtonfeld** einen Dialog auf, der sehr ähnlich zu dem normalen Farbfeld-Dialog aufgebaut ist.

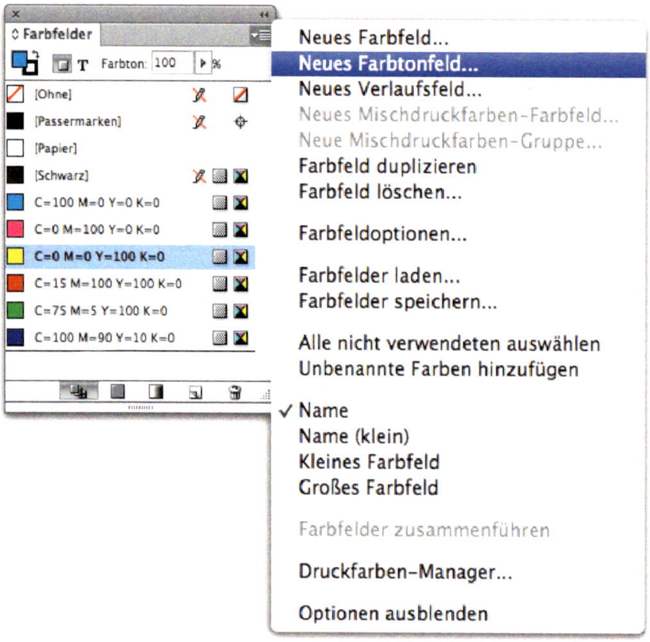

Neues Farbtonfeld anlegen ...

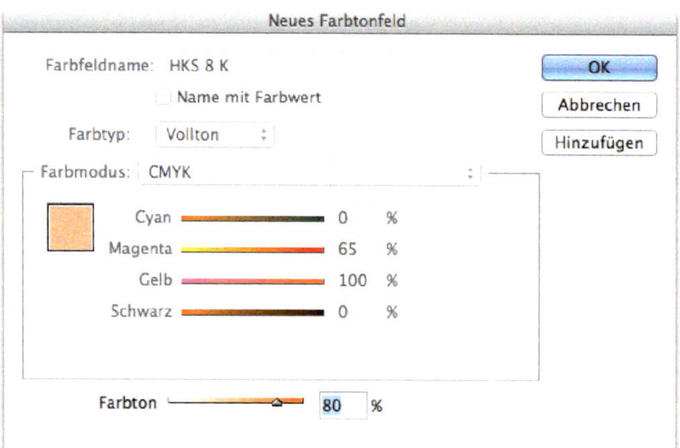

... und den Tonwert in Bezug auf das Originalfarbfeld einstellen.

Sie sehen den **Farbfeldnamen**, **Farbtyp** und **-modus** sowie die **Farbwerte**. Allerdings sind diese Funktionen ausgeblendet, dafür ist ein **Farbton**-Regler hinzugekommen. Ein **Farbton** von **50 %** ist technisch die „Hälfte" des Originals. Bei unserem Blau (C=100 M=30 Y=0 K=0) erhalten Sie also im Endeffekt von jedem Farbkanal 50 %, somit C=50 M=15 Y=0 K=0. Die Farbe, die im Farbfelder-Bedienfeld erscheint, heißt aber dennoch **C=100 M=30 Y=0 K=0 50%**, so dass Sie sofort den Bezug zum Original und auch den jeweiligen Tonwert erkennen.

Im Eingabefeld **Farbton** im Kopf des **Farbfelder**-Bedienfelds sehen Sie diesen ausgewählten Prozentsatz. Wenn Sie ein Objekt mit einem Farbton gefärbt haben und diesem Objekt später eine beliebige andere Farbe (keinen Farbton) zuweisen, **merkt sich InDesign** den

Tonwert ist nicht dasselbe wie Deckkraft!

Der Tonwert gibt an, in welcher prozentualen Helligkeit der Farbton in Bezug zu seinem „Mutter"-Farbfeld verwendet wird. Es handelt sich dabei immer um eine hellere Farbe und **nicht** um eine halbtransparente Version des ursprünglichen Farbtons!

Prozentwert und wendet die neue Farbe im entsprechenden Tonwert an. Um wieder auf 100 % zu kommen, klicken Sie nach einer Sekunde einfach **ein zweites Mal** auf die neue Farbe oder weisen vorübergehend ein Farbfeld zu, das keine Prozentwerte kennt, also **[Ohne]** oder **[Papier]**.

Beachten Sie, dass alle Objekte, die im Layout diesen Farbton tragen, bei einer **Änderung der Originalfarbe** ebenfalls umgefärbt werden.

Verlaufsfelder

Auch wenn der Schlagschatten den Farbverlauf als ubiquitäres Gestaltungsmittel längst abgelöst hat, möchte ich Ihnen Letzteren doch keinesfalls vorenthalten. Rufen Sie dazu aus das **Farbfelder**-Bedienfeldmenü den Befehl **Neues Verlaufsfeld** auf.

Der Auswahldialog für ein neues Verlaufsfeld

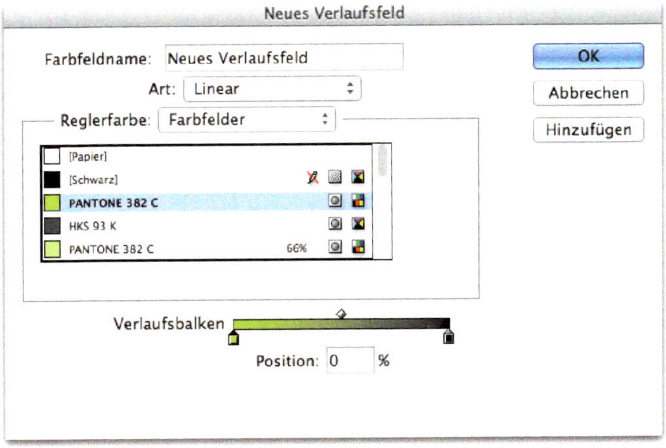

Geben Sie dem Verlauf einen guten Namen, stellen Sie die Verlaufsart auf **Linear** oder **Radial** und die **Reglerfarbe** auf **Farbfelder**. Damit stehen Ihnen die bereits angelegten **Farbfelder** und **Farbtöne** zur Verfügung, und Sie müssen die Verlaufsfarben nicht neu definieren. Außerdem ändern sich die Farben Ihres Verlaufs automatisch mit, sobald Sie eins der darin verwendeten Farbfelder ändern.

Klicken Sie danach auf das **linke Farbetikett** unterhalb des **Verlaufsreglers**, um die Anfangsfarbe einzustellen. Weisen Sie ein bestehendes Farbfeld oder einen Farbton zu, indem Sie in der Farbfelderliste darauf klicken. Klicken Sie danach auf das **rechte Farbetikett** und wählen Sie die auf die gleiche Weise die Endfarbe aus.

Asymmetrische Verläufe

Die Positionen der Farbfelder im Verlauf können Sie verändern, indem Sie die **Farbfelder** unterhalb des **Verlaufsreglers** mit gedrückter Maustaste an die gewünschte Stelle ziehen.

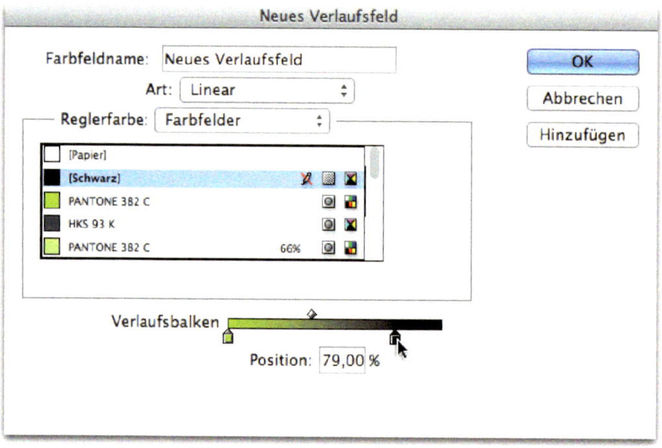

Verschiebung der Farbetiketten auf dem Verlaufsregler

Den **Verlaufsmittelpunkt**, der zunächst immer auf 50 % steht, können Sie ebenfalls nach links oder rechts ziehen.

Der Verlaufsmittelpunkt ist die Position, wo die beiden angrenzenden Farben genau denselben Anteil an der Farbmischung haben.

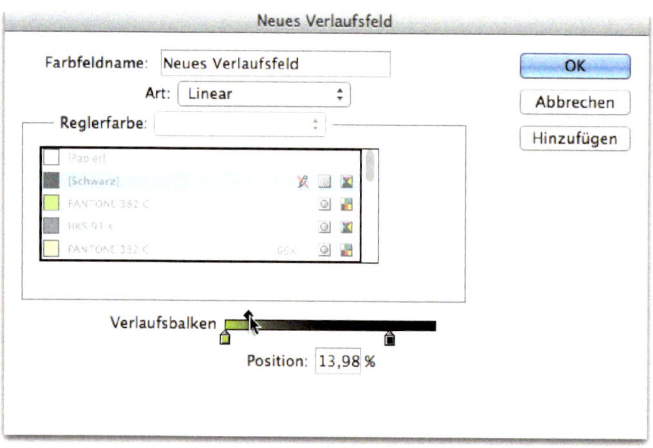

Verschieben des Verlaufsmittelpunkts

Für diese Positionen können Sie den gewünschten Prozentwert auch direkt ins Wertefeld eingeben, wenn Sie zuvor auf das Farbetikett beziehungsweise den Verlaufsmittelpunkt klicken.

Bestätigen Sie schließlich die Verlaufseinstellungen mit **OK**, und ein neues Verlaufsfeld erscheint im Bedienfeld Farbfelder.

Mehrstufige Verläufe

Wie in anderen Adobe-Programmen sind in InDesign auch Verläufe möglich, die mehr als einmal die Farbe wechseln. Klicken Sie dazu im Dialog **Neues Verlaufsfeld** an eine beliebige Stelle unterhalb des Verlaufsbalkens, um dort ein neues Farbetikett hinzuzufügen. Wenn Sie die Farbwerte und die Positionen wie in der folgenden Tabelle definieren, erhalten Sie einen „Regenbogen". Die Verlaufsmittelpunkte bleiben dabei jeweils auf 50 %:

Farbabstufung	C	M	Y	K	Position
Rot	0	100	100	0	0 %
Gelb	0	0	100	0	25 %
Blau	100	20	0	0	50 %
Violett	80	100	0	0	100 %

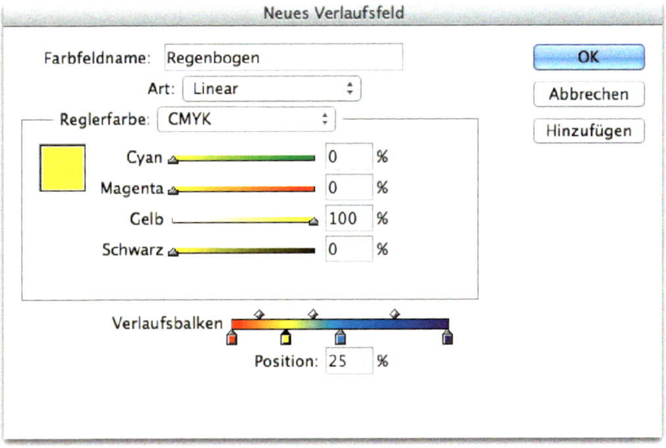

Einstellungen für einen Regenbogenverlauf

Verlaufsstufen reduzieren
Wenn Sie zu viele Farbetiketten erzeugt haben, entledigen Sie sich der überzähligen Stufen einfach wieder, indem Sie sie nach unten vom Verlaufsbalken „abreißen". Dabei wird jeweils der Verlaufsmittelpunkt rechts von der entfernten Farbe mit entfernt.

Farben suchen und ersetzen

Mit der Suchen/Ersetzen-Funktion können neben Text und seinen Eigenschaften auch sämtliche Objekte identifiziert und mit anderen grafischen Eigenschaften versehen werden. Wählen Sie einen Layoutrahmen aus, dessen Fläche mit einer Farbe aus den Farbfeldern gefüllt wurde.

Rufen Sie **Bearbeiten** > **Suchen/Ersetzen** (wie in den meisten Text- und Layoutprogrammen ist das Tastenkürzel ⌘ Strg F) auf. Klicken Sie zuerst den vierten Reiter **Objekt** an. Unter **Objektformat suchen** spezifizieren Sie anschließend alle Eigenschaften, die die Objekte haben müssen, die Sie finden wollen. Dazu klicken Sie entweder auf das Lupensymbol oder direkt in das erste große Rechteck.

Die erste Rubrik **Formatoptionen** benötigen Sie nur, wenn Sie nach einem bestimmten Objektformat suchen möchten. In den übrigen Rubriken können Sie einzelne zu suchende Eigenschaften angeben.

Objektformate: Seite 207

In der Rubrik **Fläche** wählen Sie die das Farbfeld aus, mit dem die zu suchenden Rahmen gefüllt wurden. Entsprechend können Sie unter **Kontur** die Farbe der Rahmenkontur angeben.

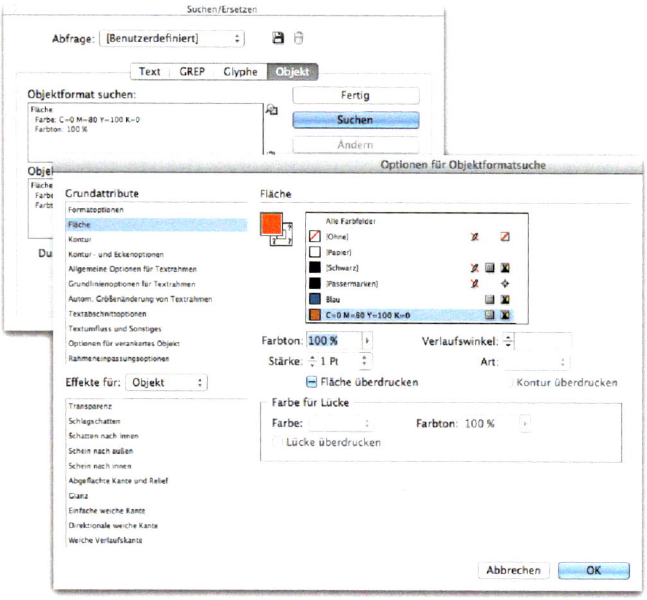

In den „Optionen für Objektformatsuche" das zu suchende Farbfeld auswählen.

Wenn Sie alle relevanten Eigenschaften eingegeben beziehungsweise ausgewählt haben, kehren Sie mit **OK** zum **Suchen/Ersetzen**-Dialog zurück und wiederholen die Prozedur entsprechend für die zu ersetzenden Eigenschaften. Klicken Sie dazu auf das Rechteck unter **Objektformat ersetzen** und geben Sie zum Beispiel die Farbe an, die statt der ursprünglichen Farbfüllung auf die gefundenen Rahmen angewendet werden soll.

Wenn Sie danach wieder zum Suchen/Ersetzen-Dialog zurückkehren, sehen Sie im oberen Rechteckfeld alle Angaben, nach denen gesucht werden soll, und darunter alle Parameter, die Sie den gefundenen Objekten neu zuweisen wollen. Das müssen nicht zwangsläufig gleich viele sein, und sie müssen auch nicht dieselben Eigenschaften betreffen.

Starten Sie jetzt mit **Suchen**. InDesign findet die nächste Stelle im Layout, die den Sucheigenschaften entspricht. Ersetzen Sie die Eigenschaften des gefundenen Objekts mit einem Klick auf **Ändern** und suchen Sie anschließend nach dem nächsten Objekt. Oder ersetzen Sie und springen gleichzeitig zur nächsten Fundstelle mit **Ersetzen/Suchen**. Oder ändern Sie so mutig wie zeitsparend alle auf einmal mit **Alle ändern**. Wie viele Rahmen gefunden wurden, gibt Ihnen InDesign nach erfolgter Arbeit aus.

Filter verstopft?

Bitte denken Sie daran, dass Sie mit jeder weiteren Eigenschaft die Suche immer stärker eingrenzen. Informatiker würden von einer UND-Verknüpfung sprechen, weil die Suche nur dann Ergebnisse liefert, wenn es Elemente gibt, die die erste UND die zweite (UND die dritte …) Eigenschaft haben. Sollten Sie also einmal gar keinen Treffer landen, überprüfen Sie bitte, ob es in Ihrem Layout überhaupt Objekte geben kann, die ALLE eingegebenen Eigenschaften aufweisen.

Bevor Sie eine neue Suche starten, sollten Sie unbedingt überprüfen, ob die eingetragenen Eigenschaften aktuell Ihren Anforderungen entsprechen. Sonst müssen Sie sie gegebenenfalls ändern – oder mit dem kleinen Papierkorb neben den Rechteckfeldern komplett löschen und neu definieren.

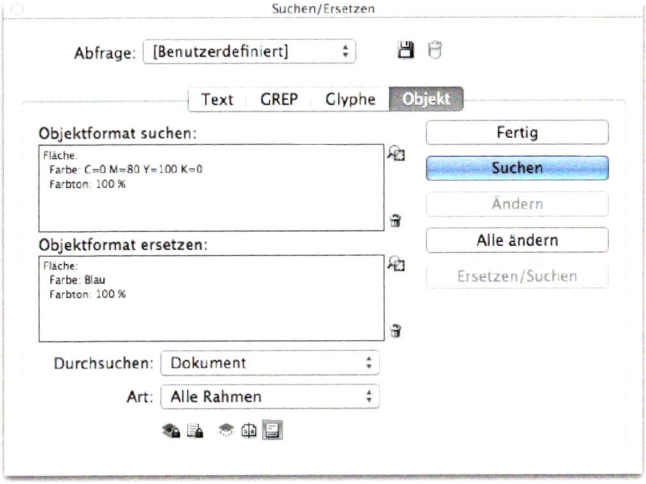

Die zu suchenden und die zu ersetzenden Eigenschaften im Überblick.

Farbfelder austauschen

Alle in einem Dokument angelegten Farbfelder können Sie als eigene Bibliothek speichern und danach in anderen Dokumenten nutzen. So können Sie die Corporate-Design-Farben Ihres Kunden einmal in InDesign anlegen und dann auf anderen Arbeitsplätzen einlesen. Auch Photoshop und Illustrator können diese Farbbibliothek importieren, und Bibliotheken aus diesen beiden Programmen können wiederum in InDesign übernommen werden – eins der zahlreichen Beispiele für interdisziplinäres Arbeiten innerhalb der Adobe-Familie.

Farbfelder für Austausch speichern

Haben Sie eine Reihe von Schmuckfarben und Prozessfarben angelegt, können Sie diese mit [⇧]+Klick oder [⌘ Strg]+Klick auswählen und über das Bedienfeldmenü mit **Farbfelder speichern** exportieren. Die entstehende Datei hat die Erweiterung ***.ase** (*Adobe Swatch Exchange* = Adobe-Farbfeldaustausch) und kann auf andere Arbeitsplätze verteilt werden.

Bei allem Lob an Adobe für interdisziplinäres Arbeiten verstehe ich leider bis heute nicht, warum Id, Ai und Ps unterschiedliche Tastenkürzel für Alltagsfunktionen wie „Auswahl aufheben" und Objekt- (beziehungsweise Ebenen-)Anordnung haben!

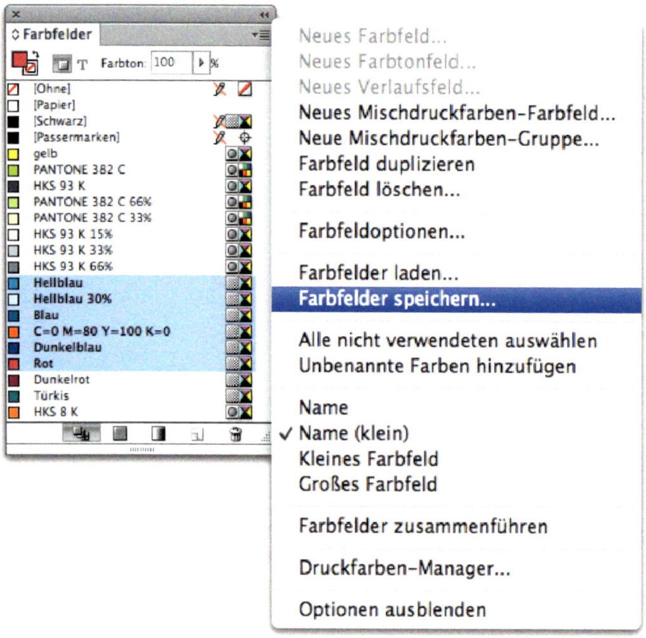

Markierte Farbfelder als ASE ablegen

Der Import erfolgt ähnlich: Wählen Sie aus dem Bedienfeldmenü die Option **Farbfelder laden** und rufen Sie eine ASE-Datei auf. Die importierten Farbfelder erscheinen im Bedienfeld und können sofort angewendet oder verändert werden. Eine Verknüpfung zur Austauschdatei besteht nicht.

Import-Tipp
Farbfelder können Sie nicht nur über Austauschdateien importieren. Auch aus anderen InDesign-Dateien (*.indd), InDesign-Vorlagen (*.indt) sowie Illustrator-Dateien (*.ai oder *.eps) lassen sich mit demselben Befehl die verwendeten Farbfelder auslesen.

Platzierte Farbfelder löschen

Platzierte Dateien, die Sonderfarben beinhalten, zum Beispiel PDF- oder Illustrator-Dokumente, legen ihre Sonderfarben automatisch im **Farbfelder**-Bedienfeld ab. Solange ein solches Dokument im Layout platziert ist, kann die darin verwendete Sonderfarbe nicht gelöscht werden. Erst wenn Sie die Verknüpfung entfernen, ist es auch möglich, die Schmuckfarbe auszuwählen (sind es mehrere, verwenden Sie am besten **Alle nicht verwendeten auswählen** aus dem Bedienfeldmenü) und mit einem Klick auf den Papierkorb im **Farbfelder**-Bedienfeld zu löschen.

Kuler

Nur online ist kuler
Entschuldigen Sie bitte das blöde Wortspiel. Was ich sagen will: Kuler funktioniert nur, wenn eine Internetverbindung besteht, da es Zugriff auf die Datenbank von Adobe benötigt.

Kuler-Website
Wenn Sie sich außerhalb von InDesign mit Kuler beschäftigen wollen, empfehle ich Ihnen **kuler.adobe.com**, bei der Sie sich mit Ihrer Adobe-ID anmelden und eigene Farbzusammenstellungen veröffentlichen können. Als ich dieses Kapitel schrieb, hatten die registrierten Kuler-Nutzer schon fast 700.000 eigene „Color Themes" hochgeladen!

Neben den bis hierher behandelten Möglichkeiten, Farben anzumischen, steht Ihnen mit **Kuler** eine Kombination aus *Internet-Community* und Gestaltungswerkzeug zur Verfügung, die Adobe 2006 gewagt und seither erfolgreich im Internet sowie in zahlreichen seiner Programme etabliert hat.

Falls Sie **Kuler** noch nie benutzt haben, freue ich mich umso mehr, Ihnen dieses ziemlich hinreißende interaktive Werkzeug jetzt näher zu bringen. Bei **Kuler** dreht sich alles um das Anmischen von Farben, besser gesagt: um die Auswahl von **Farbkombinationen** und **-harmonien**. Sollten Sie mit Illustrator vertraut sein: Dort gibt es ein vergleichbares Werkzeug namens „Farbhilfe".

Im Menü **Fenster** > **Erweiterungen** > **Kuler** rufen Sie das Bedienfeld auf. Sobald Sie Internetzugang haben, kann InDesign das Bedienfeld mit Leben füllen, nämlich der Übersicht der aktuell beliebtesten Farbzusammenstellungen aus der **Kuler**-*Community*.

Unter dem Reiter **Durchsuchen** können Sie alle Farbzusammenstellungen nach **Bewertung**, **Datum** oder **Häufigkeit** sortieren. Sobald Sie ein Farbschema angewählt haben, können Sie damit im dritten Reiter **Erstellen** diese Kombination von Farben auf einem Farbkreis bewundern. Anhand der Regler **Helligkeit** sowie der **Anfasser** der Farben auf dem Farbkreis können Sie das Schema bearbeiten.

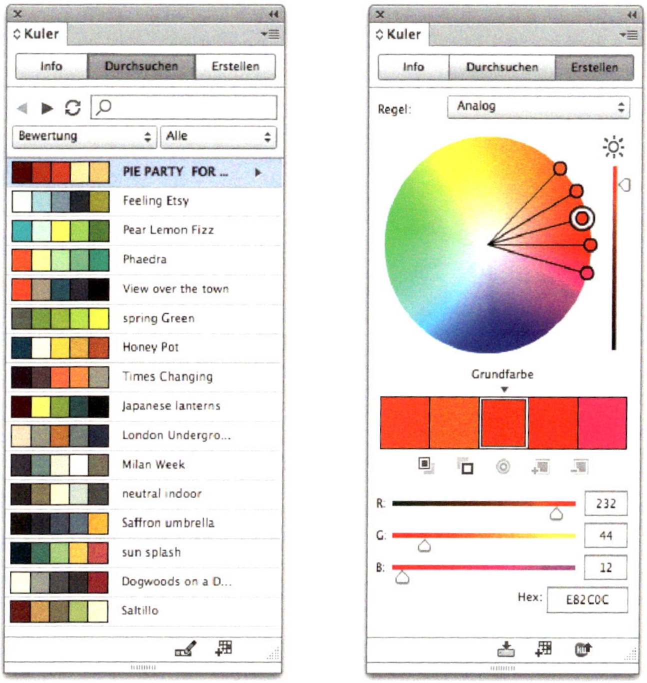

Das Kuler-Bedienfeld. In der Rubrik „Erstellen" können Sie eigene Kreationen anlegen.

Farbharmonien und Regeln

Unter dem Aufklappmenü **Regel** erscheinen mehrere Harmonieprinzipien, nach denen Kuler die Farben miteinander kombiniert, beispielsweise die **Triade**, bei der drei Farben in identischem Abstand von **120°** auf dem Farbkreis verteilt sind.

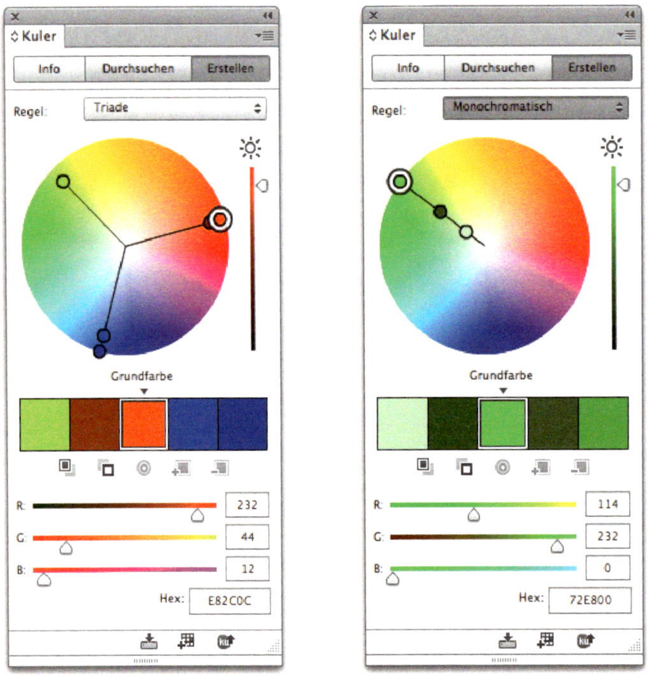

Die Gestaltungsregeln „Triade" und „Monochromatisch"

Die Harmonie **Analog** bewahrt einheitliche Winkelabstände zwischen den Farben, so dass sich immer alle gleichmäßig ändern, wenn Sie eine der Positionen verschieben.

Bei **Monochromatisch** liegen alle fünf Farben auf demselben Farbvektor, haben aber unterschiedliche Sättigung und Helligkeit.

Komplementär zeigt 3+2 Abstufungen auf der Basis zweier gegenüberliegender (komplementärer) Farben.

Bei **Zusammengesetzt** sitzen die Farben auf festgelegten Winkeln, und Sie können nur die Sättigung der einzelnen Töne oder gleich die ganze Konstruktion verschieben.

Schattierungen schließlich bietet, ähnlich wie Monochromatisch, Abstufungen derselben Grundfarbe, aber mit weniger Steuermöglichkeiten.

Wenn Sie die Regel auf **Benutzerdefiniert** umschalten, können Sie, aufbauend auf der zuletzt aktiven Regel, die sichtbaren „Finger" frei verschieben.

Verfeinerung

Der Schieberegler rechts neben dem Farbkreis regelt die **Helligkeit** des ganzen Themas. Jedes Thema kann, wie Sie sicher schon vermutet

Kuler-Farben immer RGB

Medienneutrales Arbeiten als Standard: Die Farben, die Kuler Ihnen „schenkt", sind immer RGB-Farben. Sobald Sie sie in Ihre Farbfelder importiert haben, ist natürlich die Umwandlung nach CMYK (oder wohin Sie wollen – mit allen Vor- und Nachteilen) möglich.

haben, bis zu fünf Farben enthalten. Die Farbe im weiß umrandeten Quadrat ist dabei diejenige, die Sie zuletzt „angefasst" haben. Ihre Werte werden in klassischem RGB sowie in Web-Schreibweise (Hexadezimal) angezeigt. Die **Grundfarbe** des Themas ist im Farbkreis erkennbar an dem doppelt umrandeten Kreis.

Mit den fünf Knöpfchen unter den Farbquadraten können Sie:

- Die aktuell im Werkzeuge- und im Farbfelder-Bedienfeld angezeigte **Füllungsfarbe** zur Grundfarbe machen.
- Die aktuell im Werkzeuge- und im Farbfelder-Bedienfeld angezeigte **Konturfarbe** zur Grundfarbe machen.
- Die **aktive Farbe** zur Grundfarbe machen.
- Eine Farbe zum Schema **hinzufügen**, falls es aktuell aus weniger als fünf Farben besteht.
- Die aktive Farbe aus dem Schema **entfernen**.

Nach jeder dieser Aktionen werden alle Farben gemäß der aktuellen Regel neu berechnet.

Farbschema weiter nutzen

Übertragen des Farbschemas in die Farbfelder

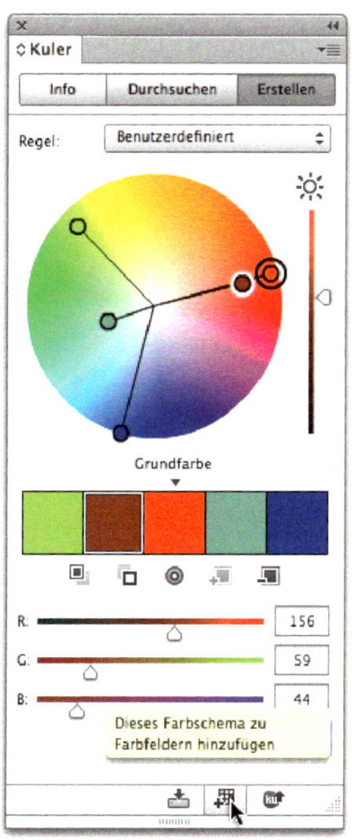

Die Möglichkeiten, mit **Kuler** ein Farbschema aus bis zu fünf Farben zu finden, sind praktisch unbegrenzt. Wenn Sie die Farben nun im Layout nutzen wollen, sollten Sie das Farbschema sichern, um es weiterverwenden zu können. Zu diesem Zweck gibt es am Fuß des Bedienfelds drei Knöpfe, mit denen Sie Ihre Komposition auf verschiedene Arten verewigen können:

Dieses Schema benennen und speichern ( ): Alles, was auf diese Art abgelegt wurde, finden Sie in der **Kuler**-Rubrik **Durchsuchen**, wenn Sie in den Kategorien **Gespeichert** auswählen. Die Farben können Sie dann später noch hochladen, weiter bearbeiten, zu Farbfeldern machen oder wieder löschen.

Dieses Schema zu Farbfeldern hinzufügen ( ): Die neuen Farben erscheinen (im RGB-Modus) im **Farbfelder**-Bedienfeld und können jetzt in InDesign verwendet werden.

Farbschema in Kuler hochladen ( ): Wenn Ihr Farbschema aus mindestens drei Farben besteht und der **Kuler**-Gemeinde zur Verfügung stehen soll, klicken Sie hier. InDesign übergibt die Daten an Ihren Browser, und Ihr soeben erstelltes Farbschema wird auf der **Kuler**-Website angezeigt, wo Sie weitere Änderungen vornehmen können und zu den einzelnen Farben auch noch die Werte für die Farbsysteme **CMYK**, **Lab** und **HSV** angezeigt bekommen. Letzteres ist kein Sportverein, sondern steht für **H**ue (Farbton, 0…360°), **S**aturation (Sättigung, 0…100) und **V**alue (Helligkeitswert, 0…100). Vor allem aber müssen Sie einen **Namen** sowie **Tags** (englische Suchbegriffe) vergeben, bevor Sie Ihre Kreation schließlich speichern können.

Farben und Verläufe frei anmischen

Die Farbwahl über das Bedienfeld **Farbfelder** hat den Vorteil, dass Sie diese Farben jederzeit innerhalb des gesamten Dokuments einsetzen können. Außerdem lassen sie sich „global" ändern, das heißt, dass sich die Änderungen, die Sie in einem Farbfeld vornehmen, automatisch auf jedes Objekt im ganzen Dokument auswirken, dem Sie dieses Farbfeld zugewiesen haben. Ein Prinzip, das Ihnen in InDesign immer wieder begegnet – zum Beispiel bei **Absatz-** und **Objektformaten**, um nur zwei Stellen zu nennen.

Auf diesen Gewinn an Produktivitätssicherheit und Fehlervermeidung sollten Sie nicht ohne Not verzichten. Wenn Sie aber einmal Farben oder Verläufe frei anmischen möchten, ohne dabei gleich eine „kilometerlange" Farbfelderliste zu erzeugen, stehen Ihnen die Bedienfelder **Farbe** und **Verlauf** zur Verfügung.

Das Bedienfeld Farbe

Wie seine beiden Verwandten finden Sie dieses Bedienfeld unter **Fenster** > **Farbe** > **Farbe**. Blenden Sie über das Bedienfeldmenü die **Optionen** ein, falls diese nicht sichtbar sind, und legen Sie, wieder im Bedienfeldmenü, den Farbmodus auf **Lab**, **CMYK** oder **RGB** fest. Das Bedienfeld zeigt jetzt die entsprechenden Farbkanäle an, über die Sie eine Farbe anmischen können.

Farben mit der Pipette anmischen
Im Balken am Fuß des Bedienfelds können Sie durch Klick mit einer Pipette aus einem Farbspektrum eine Farbe wählen. Wenn Sie die Maustaste gedrückt halten und die Pipette über das Spektrum ziehen, zeigen die Regler den Farbwert der momentanen Mausposition.

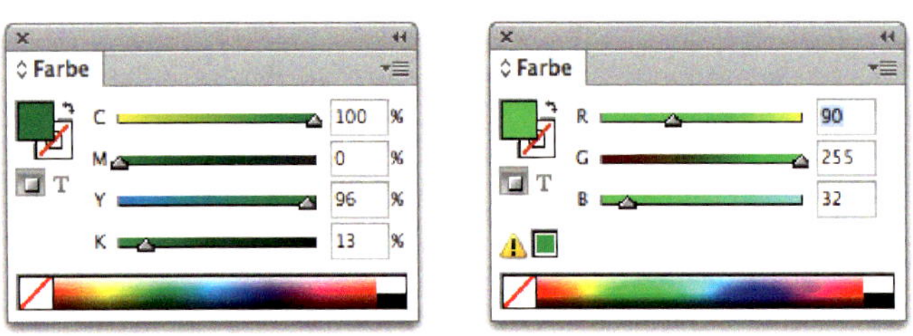

Das Bedienfeld Farbe, links im CMYK-, rechts im RGB-Modus

Eine ausgewählte Farbe können Sie den Farbfeldern hinzufügen, um sie auch anderswo im Dokument verwenden zu können. Benutzen Sie dazu im Bedienfeldmenü den letzten Punkt **Den Farbfeldern hinzufügen**.

Tastenkürzel für das Farbe-Bedienfeld	
Farbton ändern (alle Farbregler gleichzeitig verschieben)	⇧ + Regler ziehen
Farbmodus wechseln (RGB, CMYK, Lab)	⇧ + auf Farbbalken klicken

Das Bedienfeld Verlauf

Das Bedienfeld **Verlauf** wird ähnlich gehandhabt wie das Bedienfeld **Farbe**. Auch hier empfehle ich Ihnen, die **Optionen** einzublenden. Um einen Regenbogenverlauf wie auf Seite 492 zu erzeugen, klicken Sie zunächst auf den Farbbalken im **Verlauf**-Bedienfeld. Dann klicken Sie auf eins der Farbetiketten oder fügen durch Klick unterhalb des Farbbalkens ein neues hinzu. Jetzt können Sie im Bedienfeld **Farbe** die jeweilige Mischung verändern. Dazu können Sie auch den Farbmodus im Bedienfeldmenü wechseln. Sie dürfen nur nicht auf das große Farbquadrat im **Farbe**-Bedienfeld klicken, weil Sie damit nämlich die Verlaufsbearbeitung abbrechen und wieder zu einer einfachen Farbe zurückkehren.

Im Bedienfeld Verlauf passen Sie gegebenenfalls die **Position** jedes einzelnen Farbetiketts und den jeweiligen **Verlaufsmittelpunkt** an. Ob es sich um einen linearen oder radialen Verlauf handelt, wählen Sie im Aufklappmenü **Typ**.

Regenbogenverlauf – oder, weniger prosaisch: linearer Mehrfarbverlauf mit 0°

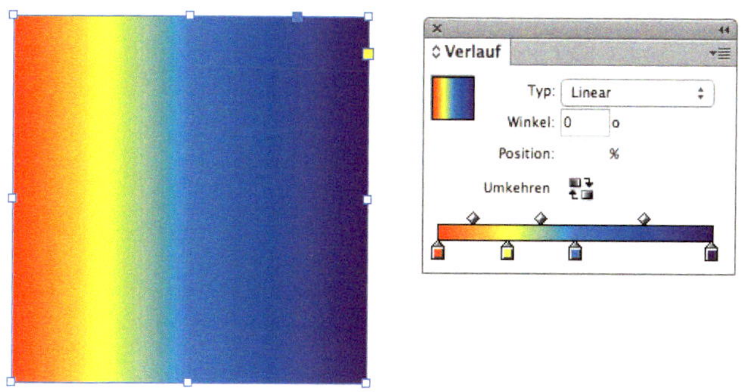

Derselbe Mehrfarbverlauf, links linear mit 45°, rechts radial

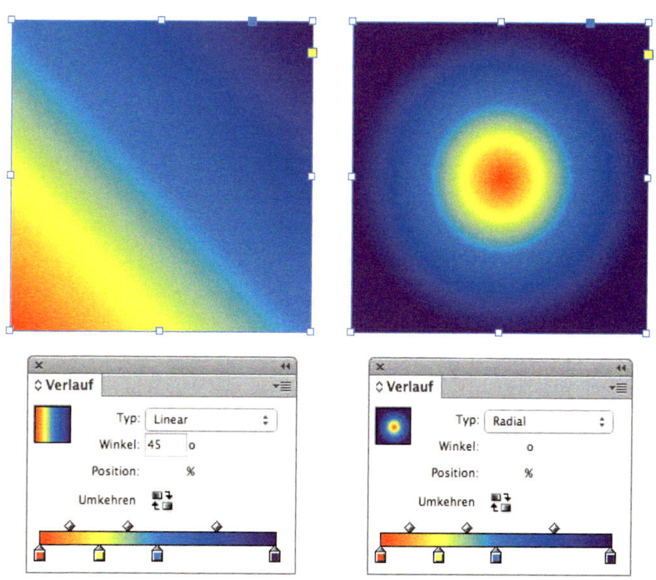

Der **Winkel** bestimmt die Richtung: 0° ist ein waagerechter Verlauf, 90° ein senkrechter. Die Gegenwerte wären 180° und 270°, aber wenn Sie die Verlaufsrichtung umdrehen möchten, klicken Sie einfach auf den Knopf **Umkehren**, der den Verlauf spiegelt.

Das Verlaufsfarbfeld-Werkzeug

❶

❷

❸

❹

❺

Es gibt Fälle, wo Sie weder mit einem Verlaufsfarbfeld noch über das **Verlauf**-Bedienfeld mitsamt Verlaufswinkel genau das gewünschte Ergebnis erzielen können. Besonders das Anwenden von Verläufen auf Text und Tabellen offenbart eine grundlegende Eigenart von Verläufen in InDesign: Sie sind immer objektbezogen. Das bedeutet, dass einzelnen Wörtern oder Tabellenzellen eigentlich gar kein Verlauf zugewiesen werden kann, sondern nur ihrem „Mutterobjekt", also dem Textrahmen, in dem sie sich befinden.

Wenn Sie einer Textstelle einen Verlauf so zuweisen, wie Sie es mit einem Farbfeld täten – also beispielsweise ein Wort mit dem **Textwerkzeug** markieren (1) und dann das Verlaufsfarbfeld anklicken (2) – müssen Sie leider feststellen, dass nur ein Teil des Verlaufs auf das markierte Wort angewendet wird. Genauer gesagt: Es ist der Abschnitt des Verlaufs, der „unter" dem Wort liegt. Das Wort ist sozusagen ein Fenster, durch das Sie den Verlauf des Textrahmens sehen. Ändert sich der Umbruch, nimmt das Wort die Färbung an, die dem Verlauf an dieser Stelle entspricht (3).

Mit dem **Verlaufsfarbfeld-Werkzeug** (■) ziehen Sie nun mit gedrückter Maustaste ganz nach Belieben über die markierte Textstelle – waagerecht, senkrecht, diagonal, und Sie müssen auch nicht genau am ersten Buchstaben anfangen und am letzten aufhören (4). Der Verlauf gilt weiterhin für das Objekt, aber er wird nun so gestaucht oder gedehnt, dass er exakt die Länge der gezogenen Strecke einnimmt (5).

Ganz ähnlich verfahren Sie mit Tabellenzeilen, -spalten oder -zellen, die einen Verlauf bekommen sollen.

Denken Sie daran: Ein Verlauf „hängt" immer am Objekt – auch wenn Sie Textstellen damit gefärbt haben. Bei Umbruchänderungen müssen Sie Verläufe im Text und in Tabellen penibel überprüfen und meistens neu zeichnen/zuweisen.

Einen Verlauf in die Farbfelder übernehmen

Wie eine frisch angemischte Farbe können Sie auch einen Verlauf ins **Farbfelder**-Bedienfeld übernehmen, auch wenn dieser Punkt seltsamerweise im Bedienfeldmenü fehlt. Weisen Sie Ihren neuen Verlauf einem Rahmen zu und klicken Sie danach einfach im **Farbfelder**-Bedienfeld auf das Zettelblock-Symbol (**Neues Farbfeld**). Der angemischte Verlauf erscheint sofort als Verlaufsfeld in der Liste.

Mischdruckfarben

Wenn Sie zwei Druckfarben miteinander mischen, erhalten Sie in der Regel einen Mischton, der an Leuchtkraft hinter den Basisfarben zurück bleibt. Je mehr Farben Sie miteinander mischen – gleich ob Prozess- oder Sonderfarben –, desto erdiger wird der Ton.

Mischdruckfarben anlegen

Zusätzlich zu den bisher behandelten Möglichkeiten, Farben als Farbfelder zu definieren, können Sie mit InDesign so genannte **Mischdruckfarben** erzeugen. Was der Name ausdrücken will: Jede Druckfarbe ist mit jeder anderen mischbar. Das hört sich leider im ersten Moment vielseitiger an, als es in Wirklichkeit ist, denn unter Druckfarben versteht InDesign exakt die vier Prozessfarben (C, M, Y, K) sowie jegliche Sonderfarbe (als „Vollton" angelegte Farben aus HKS, Pantone, ...).

Für einen günstigen zweifarbigen Druck, zum Beispiel mit Schwarz und einer HKS-Farbe, können aber problemlos Mischtöne erzeugt werden, ohne irgendwelche „Verrenkungen" mit Überdrucken-Einstellungen oder Ähnlichem machen zu müssen.

Rufen Sie im Farbfelder-Bedienfeldmenü mit **Neues Mischdruckfarben-Farbfeld** den Mischdialog auf. Sie sehen eine Liste mit allen Druckfarben und können nun über den jeweiligen Prozentregler die Farbtöne beliebig miteinander kombinieren.

Hier entsteht eine Mischdruckfarbe aus 20 % Schwarz und 60 % Orange

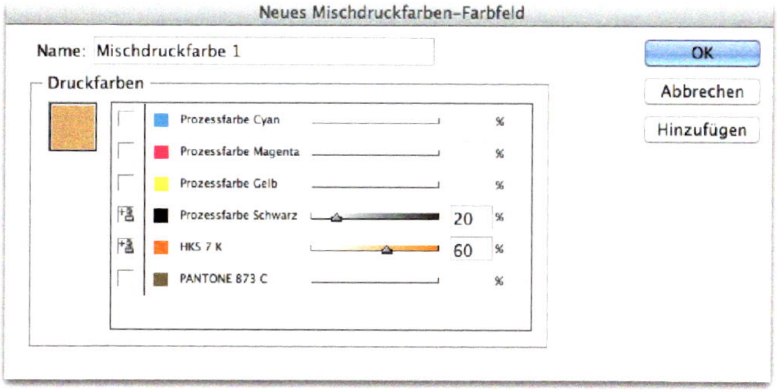

Mischdruckfarben-Gruppen

Neben der Anlage eines Mischdruckfarben-Farbfelds können Sie auch gleich eine Gruppe möglicher Kombinationen anlegen. Bis zu 1.000 neue Farbfelder lassen sich in InDesign mit einem Handstreich und der Funktion **Mischdruckfarben-Gruppe** anlegen, die Sie über das **Farbfelder**-Bedienfeldmenü aufrufen.

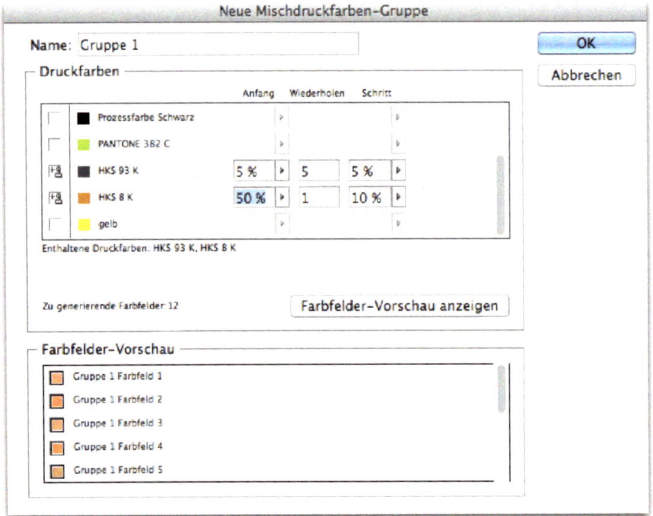

Anlegen einer Mischdruckfarben-Gruppe

Wählen Sie zunächst aus den bestehenden Farbfeldern diejenigen aus, welche die Gruppe bilden sollen. Für unser Beispiel dienen die Farbfelder HKS 6 K und HKS 99 K.

Jedes Farbfeld definieren Sie jeweils mit einem Anfangswert 1, einer Wiederholrate 2 und einer Schrittweite 3. Anfang und Schritt werden prozentual wie bei den bereits beschriebenen Farbtonfeldern angegeben. Die Wiederholung gibt an, wie oft das Farbfeld um die Schrittweite erweitert wird.

Für das Beispiel aus den Abbildungen ergeben sich zwei Reihen an Farbfeldern. HKS 6 K wird einmal mit 50 % und einmal mit 60 % eingesetzt. HKS 99 K wird in fünf Abstufungen von 5 % bis 30 % dazugemischt.

Zum Einen lassen sich alle Felder gleichmäßig mischen, indem alle einen identischen Anfangswert sowie eine identische Wiederholung und Schrittweite besitzen. Mischen Sie beispielsweise ein Gelb mit einem Blau, erhalten Sie durchgängige Helligkeitsabstufungen desselben Grüntons, da das Mischverhältnis der Farben zueinander immer gleich bleibt.

Verändern Sie jedoch die Schrittweite oder die Wiederholung, erhalten Sie eine scheinbar chaotische Mischung. Solche Farbgruppe sind wohl hauptsächlich zur kreativen Anwendung nutzbar. Im Farbfelder-Bedienfeld stellt sich diese Mischgruppe als Liste dar. Überflüssige Farbmischfelder können Sie aus dem Bedienfeld löschen, ohne dass die anderen Abstufungen davon beeinflusst werden.

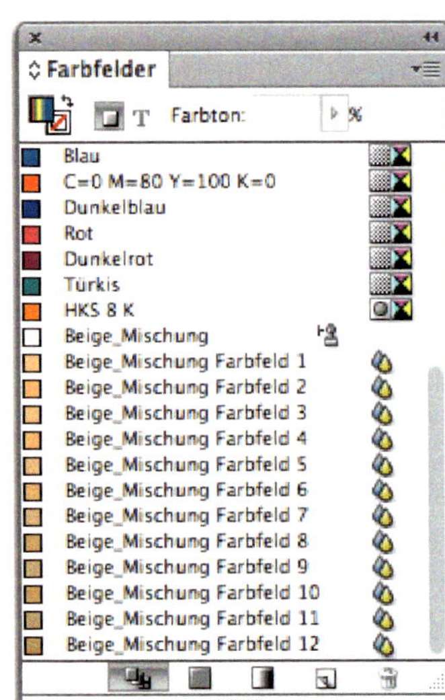

Die Geister, die ich rief ... Pardon. Aber passen Sie wirklich auf, dass Sie in Ihrem Farbfelder-Bedienfeld den Überblick nicht verlieren!

Optionen für Mischdruckfarben-Gruppen

Wollen Sie die ausgewählten Farben der Mischung nachträglich ändern? Seit InDesign CS5 wird die Mischgruppe mit einem eigenen Symbol in den Farbfeldern angezeigt. Mit einem Doppelklick darauf gelangen Sie in die Optionen, in denen Sie die Ausgangsfarben ändern oder Schmuckfarben für die Gruppe in Prozessfarben umwandeln können.

Wenn Sie hier anstatt der angegebenen Farbe HKS 3 K eine andere wählen, werden auch alle Mischtöne der Gruppe entsprechend geändert.

Die Druckfarben einer Mischgruppe lassen sich nachträglich ändern.

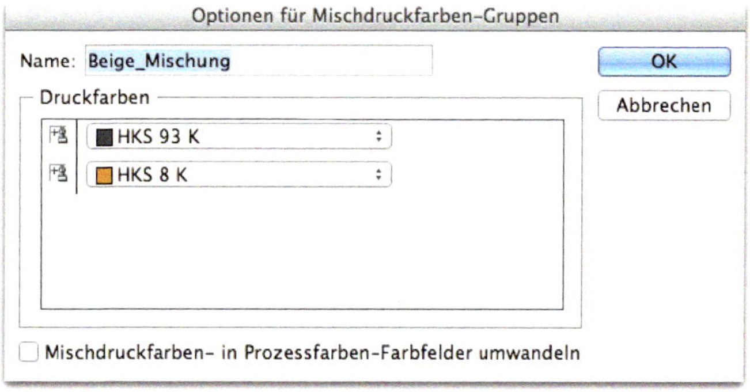

Effekte und Transparenz

Erklärungen, Exporteinstellungen und nützliche Workflow-Informationen: pdfx-ready.ch

Wenn in InDesign von **Effekten** die Rede ist, geht es spätestens im übernächsten Satz regelmäßig um etwas, das auch viele Jahre nach der Einführung von InDesign und PDF/X für Druckdienstleister in aller Welt noch immer ein rotes Tuch zu sein scheint: **Transparenz**.

Von Transparenz spricht man immer dann, wenn es im Layout Objekte gibt, die darunter liegende Objekte nicht einfach abdecken, sondern sich auf irgendeine Weise mit diesen mischen oder überlagern. Der allseits beliebte **Schlagschatten** etwa erzeugt Transparenz, weil das darunter liegende Objekt im Normalfall zwar stark abgedunkelt, aber nicht komplett verdeckt wird, und weil der abgedunkelte Bereich in den meisten Fällen eine weiche Kante hat, also einen Bereich, in dem sich Schatten und Untergrund vermischen.

Transparenz kann auch „von außen" kommen, etwa in Gestalt einer platzierten Photoshop-Datei (im Format PSD), die durchsichtige Bereiche oder weiche Kanten enthält.

Für InDesign genügt schon ein einziges derartiges Objekt auf einem „Druckbogen" (also der Gesamtfläche unmittelbar aneinander angrenzender Seiten), um im Extremfall diesen ganzen „Druckbogen" anders zu behandeln. (Dass ich „Druckbogen" fast immer in

Anführungszeichen setze, liegt daran, dass die Seiten, die in Ihrem Layout nebeneinander liegen, auf der Offset- oder Digitaldruckmaschine so gut wie nie nebeneinander gedruckt werden. Ich wäre deshalb dafür, den InDesign-Originalausdruck „Spread" als „Layoutbogen" oder „Layoutfläche" zu übersetzen. Aber das ist ja vielleicht alles schon mal gesagt worden ...)

Bitte lassen Sie sich also nicht beeindrucken oder gar verunsichern, wenn jemand behauptet, Sie dürften keinerlei Transparenz verwenden oder müssten alles irgendwie extra „flachrechnen". Das ist ein Schmarrn, wie man in Bayern zu sagen beliebt. Etwas differenzierter ausgedrückt: Ein derartiger Kenntnisstand darf seit der Jahrtausendwende getrost als überholt bezeichnet werden. Wenn Sie mit Farbmanagement, Ausgabevorschau und PDF-Export vertraut sind, können Sie in InDesign praktisch alles einsetzen, was am Bildschirm gut aussieht, und werden bei einer ordentlichen Druckerei trotzdem keine bösen Überraschungen erleben. Wenn aber Ihr Dienstleister seit der letzten (oder irgendeiner noch weiter zurückliegenden) Jahrtausendwende so entscheidende Dinge noch nicht mitbekommen hat, sollte er diese Wissenslücken schleunigst schließen – oder damit rechnen, dass seine Kunden sich woanders hinwenden.

Farbmanagement: Seite 57
Vorschaufunktionen: Seite 661
PDF-Export: Seite 719

Grundlagen der Transparenz

Für alle Anwender, die bislang noch nie mit Transparenzen im Layout gearbeitet haben, möchte ich zu oben Gesagtem hinzufügen, dass sich Transparenzen in der Regel aus einer *Deckkraft*-Einstellung, einer *weichen Kante* und einem *Schein* und/oder *Schatten* zusammensetzen können. Dabei handelt es sich in vielen Fällen um Effekte, für deren Ausgabe Teile des Layouts auf Pixelbasis neu berechnet werden müssen – auch dann, wenn Sie gar kein Pixelbild verwendet haben! Denn immer dort, wo sich mindestens zwei Elemente transparent überlagern, entsteht eine Schnittmenge, die für die Ausgabe in CMYK- oder RGB-Farben neu berechnet werden muss, und das ist, je nach Effekt, oft nicht als Text oder Vektor/Pfad möglich.

Falls Sie Ihre Daten zum Beispiel als PDF/X-1a oder PDF/X-3 ausgeben müssen, steht Ihnen die **Reduzierungsvorschau** bereit, die ich im **gleichnamigen** Kapitel ab Seite 680 genauer beschreibe. Damit wird die Umsetzung von Transparenzen in älteren *Workflows* für Sie als Designer/Layouter kontrollier- und vorhersehbar.

Noch was Grundsätzliches: Effekte können Sie in InDesign auf alles anwenden, was Sie mit dem **Auswahlwerkzeug** („schwarzer Pfeil") markieren können, also auf alle Layoutrahmen (Grafik- und Textrahmen sowie „nicht zugewiesene" Rahmen und Linien) sowie auf platzierte Bilder innerhalb ihres Rahmens anwenden – nicht aber auf einzelne Zeichen oder Abschnitte innerhalb eines Textrahmens.

Schmuckfarben und Transparenz

Verwenden Sie die Füllmethoden **Differenz**, **Ausschluss**, **Farbton**, **Sättigung**, **Farbe** und **Luminanz** nach Möglichkeit **nicht** bei Objekten mit Volltonfarben, da InDesign bei der Neuberechnung eventuell unerwünschte (Prozess-)Farben in das Dokument aufnimmt.

Das Effekte-Bedienfeld

Das **Effekte**-Bedienfeld rufen Sie unter **Fenster** > **Effekte** auf. Ebenso wie in Photoshop oder Illustrator stellen Sie direkt über das Aufklappmenü (oder den **Transparenz**-Befehl im Bedienfeldmenü) die Füllmethode des/der aktiven Objekte(s) gegenüber dem Hintergrund ein. Wenn InDesign auch seinen Schwesterprogrammen in dieser Disziplin etwas „hinterherhinkt", finden Sie hier doch eine Menge bekannter Modi wie **Multiplizieren** oder **Ineinanderkopieren**.

Die **Deckkraft** eines Layoutobjekts stellen Sie mit einem Aufklapp-Schieberegler ein oder geben den Prozentwert direkt ein. Wenn Sie bereits Erfahrung mit Transparenz und Füllmethoden in Photoshop oder Illustrator haben, sollten Sie sich hier schnell zurechtfinden.

Das Bedienfeld erlaubt Ihnen, in einem Durchgang völlig eigenständige Transparenzen und Effekte für das (gesamte) **Objekt**, die **Kontur**, die **Fläche** und – falls das Objekt ein Textrahmen ist – den gesamten **Text** einzustellen. Der Einfachheit halber beschränke ich mich zunächst auf das gesamte Objekt und gehe erst später auf die Trennung der Inhalte ein.

Effekte: das Bedienfeld für sämtliche Transparenzaufgaben

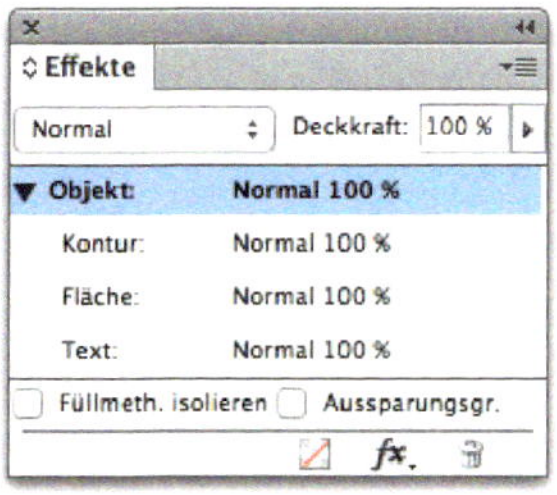

Alle Einstellungen, die im **Effekte**-Bedienfeld möglich sind, können Sie auch mit dem Knopf **fx** im **Steuerung**-Bedienfeld als Aufklappmenü aufrufen.

Effekte-Aufklappmenü im Steuerung-Bedienfeld

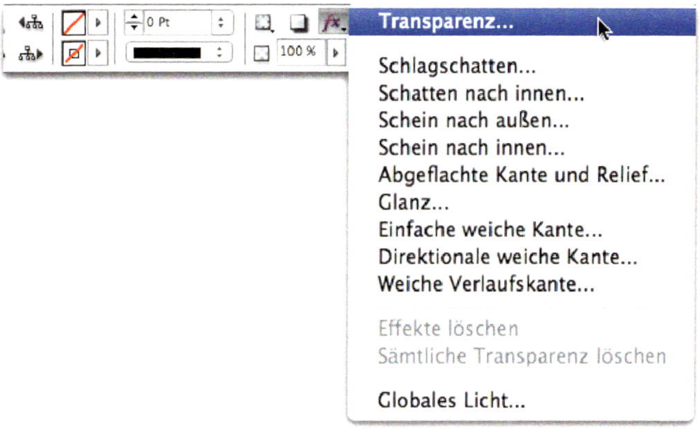

Deckkraft

Die nächstliegende Möglichkeit, Transparenzen zu erzeugen, ist die Verringerung der **Deckkraft**, die Sie per Schieberegler einstellen oder direkt eingeben.

Dasselbe Bild mit 100 % … 50 % … 10 % Deckkraft

Rahmen überlagern

Mit Hilfe der Deckkraft können Sie natürlich auch mehrere Rahmen überlagern. Ein Bild mit 50 % Deckkraft zum Beispiel lässt die „Hälfte" (wie auch immer die im Einzelfall aussehen mag) eines darunter liegenden Bildes durchscheinen. Auch die Farben von transparenten Rahmen mischen sich zu etwas Neuem.

Durchblick dank reduzierter Deckkraft

Legen Sie beispielsweise einen gelb gefüllten Rahmen (Y = 100 %) über ein platziertes Bild und reduzieren Sie die Deckkraft auf 50 %, dann ergeben sich daraus nicht automatisch Farben mit einem höheren Gelbanteil. (Die Farbmischung messen Sie übrigens ganz einfach mit dem Bedienfeld **Separationsvorschau**.)

▲ *Separationsvorschau: Seite 663*

100%iges Gelb deckt das darunter liegende Bild zu 50 % ab. Oder lässt es zu 50 % durchscheinen. Ganz wie Sie wollen.

Die Füllmethoden

Neben zahlreichen Möglichkeiten, Layoutobjekte farblich miteinander zu kombinieren, möchte ich Ihnen an dieser Stelle alle in InDesign verfügbaren **Füllmethoden** vorstellen. Bei der Beschreibung gehe ich davon aus, dass Sie ein Bild im Hintergrund liegen haben sowie eine Farbfläche im Vordergrund, auf die Sie die jeweilige Füllmethode anwenden. Nicht immer lässt sich das Ergebnis der Farbtonberechnung vorhersagen; die zugrunde liegenden Algorithmen sind sehr komplex und können hier nur im Ergebnis beschrieben werden. Eine Vorausberechnung, welche Farbwerte sich ergeben, ist für eine drucktaugliche Ausgabe ohnehin nicht nötig. Falls Sie es aber genau wissen wollen, steht Ihnen als Messinstrument die **Separationsvorschau** zur Verfügung.

Transparenzen farbverbindlich darstellen
Wenn Sie mit Transparenzen arbeiten und die Farbergebnisse verbindlich anzeigen lassen wollen, benötigen Sie als Vorgabe den korrekten Transparenz-Füllraum, die Ausgabeprofile für RGB und CMYK, einen hardware-kalibrierten Monitor und die aktivierte Funktion „Farbproof" von InDesign. Lesen Sie dazu bitte die Kapitel „Farbmanagement" und „Ausgabevorschau".

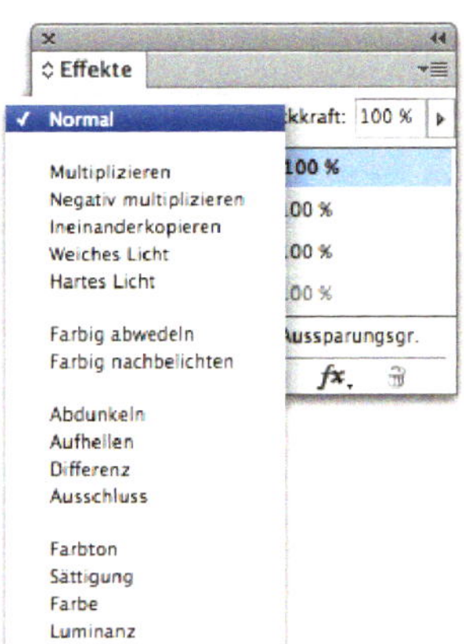

Die Füllmethoden im Effekte-Bedienfeld

Normal

Die Farbwerte von verdeckten Objekten werden in der Einstellung **Normal** nicht berechnet; nur eine reduzierte Deckkraft erzeugt Transparenz und damit eine Farbmischung. Diese führt nicht automatisch zu einer Addition der Farbwerte, sondern kann auch eine Aufhellung zur Folge haben.

Multiplizieren

Diese Füllmethode *addiert* überlagernde Farbwerte. Das Ergebnis ist immer dunkler als die Ausgangsfarben, also eignet sich der Effekt bestens für die Erzeugung von Schatten. Multiplizieren Sie eine Fläche von 100 % Cyan mit einer anderen von 100 % Magenta, erhalten Sie als Ergebnis eine Farbe aus 100 % C und 100 % M.

Die Füllmethode **Multiplizieren** findet grundsätzlich im Transparenzeffekt **Schlagschatten** – und ähnlichen Methoden – Anwendung. Gern wird diese Methode auch benutzt, um Graustufenbilder mit einem farbigen Untergrund zu verrechnen. Alle Graustufen des Bildes werden mit der Untergrundfarbe addiert, weiße Partien „verschwinden“, da der Untergrund jetzt die hellste Farbe ist.

Multiplizieren: Das Ergebnis wird dunkler als die Originalfarben

Negativ multiplizieren

Wie die Bezeichnung schon vermuten lässt, ist das das Gegenteil von Multiplizieren: Die Farbwerte werden voneinander ***subtrahiert***, das Ergebnis ist immer heller als die Ausgangswerte. Somit eignet sich diese Option für Lichter oder Glüheffekte.

Negativ multiplizieren: Das Ergebnis wird heller als die Originalfarben

Ineinanderkopieren

Die Farben werden je nach Grundfarbe multipliziert oder negativ multipliziert. Im Ergebnis bleibt die *Helligkeit* des darunter liegenden Objekts erhalten. Diese Methode ist etwa dann geeignet, wenn Sie Bilder mit Farbflächen einfärben wollen. In der Abbildung sehen Sie, dass der gelbe Rahmen (100 % Y) mit der Füllmethode **Ineinanderkopieren** das Bild nur gelblich färbt. Im Vergleich zu „Negativ multiplizieren“ wird der Hintergrundton aber nicht aufgehellt.

Ineinanderkopieren: Färben unter Beibehaltung der Helligkeit

Weitere Füllmethoden

Für die Anwendung der zahlreichen Füllmethoden wäre es zwar möglich, technisch zu beschreiben, mit welcher Füllmethode welches Farbergebnis erreicht wird. Am weitesten kommen Sie aber, wenn Sie sich ein eigenes Beispiel bauen und die verschiedenen Füllmethoden durchprobieren, um das Verhalten kennen zu lernen. Die Theorie für alles, was ich in den letzten Absätzen noch nicht behandelt habe, finden Sie in der folgenden Tabelle zusammengestellt.

Füllmethode	Beschreibung
Weiches Licht	Je nach Angleichungsfarbe werden die Farben aufgehellt oder abgedunkelt. Die Wirkung entspricht dem Anstrahlen mit diffusem Scheinwerferlicht. Wenn die Angleichungsfarbe (Lichtquelle) heller als 50 % Grau ist, wird das Bildmaterial aufgehellt, als würde es abgewedelt. Ist die Angleichungsfarbe dunkler als 50 % Grau, wird das Bildmaterial dunkler, als würde es nachbelichtet. Durch Füllen mit reinem Schwarz oder Weiß wird ein deutlich dunklerer oder hellerer Bereich erzeugt, das Ergebnis ist jedoch kein reines Schwarz oder Weiß.
Hartes Licht	Die Farben werden je nach Angleichungsfarbe multipliziert oder negativ multipliziert. Die Wirkung entspricht dem Anstrahlen mit grellem Scheinwerferlicht. Ist die Angleichungsfarbe (Lichtquelle) heller als 50 % Grau, wird das Bildmaterial aufgehellt, als würde es negativ multipliziert. Ist die Angleichungsfarbe dunkler als 50 % Grau, wird das Bildmaterial dunkler, als würde es multipliziert. Wenn Sie mit reinem Schwarz oder Weiß füllen, ist das Ergebnis reines Schwarz oder Weiß.
Farbig abwedeln	Die Grundfarbe wird aufgehellt, um die Angleichungsfarbe widerzuspiegeln. Eine Angleichung mit Schwarz bewirkt keine Änderung.
Farbig nachbelichten	Die Grundfarbe wird verdunkelt, um die Angleichungsfarbe widerzuspiegeln. Eine Angleichung mit Weiß bewirkt keine Änderung.
Abdunkeln	Je nachdem, welche Farbe dunkler ist, wird die Grundfarbe oder die Angleichungsfarbe als Ergebnisfarbe gewählt. Bereiche, die heller sind als die Angleichungsfarbe, werden ersetzt. Bereiche, die dunkler sind als die Angleichungsfarbe, bleiben unverändert.

Füllmethode	Beschreibung
Aufhellen	Je nachdem, welche Farbe heller ist, wird die Grundfarbe oder die Angleichungsfarbe als Ergebnisfarbe gewählt. Bereiche, die dunkler sind als die Angleichungsfarbe, werden ersetzt. Bereiche, die heller sind als die Angleichungsfarbe, bleiben unverändert.
Differenz	Es wird entweder die Angleichungsfarbe von der Grundfarbe subtrahiert oder umgekehrt, je nachdem, welche der Farben den höheren Helligkeitswert hat. Bei einer Angleichung mit Weiß werden die Werte der Grundfarbe invertiert, bei einer Angleichung mit Schwarz erfolgt keine Änderung.
Ausschluss	Hiermit erzielen Sie eine ähnliche Wirkung wie mit „Differenz", der Kontrast ist jedoch etwas geringer. Bei einer Angleichung mit Weiß werden die Komponenten der Grundfarbe invertiert. Bei einer Angleichung mit Schwarz erfolgt keine Änderung.
Farbton	Erstellt eine Farbe mit der Luminanz und der Sättigung der Grundfarbe und dem Farbton der Angleichungsfarbe.
Sättigung	Erstellt eine Farbe mit der Luminanz und dem Farbton der Grundfarbe und der Sättigung der Angleichungsfarbe. Wenn Sie mit dieser Methode einen Bereich ohne Sättigung (grau) füllen, bewirken Sie keine Veränderung.
Farbe	Erstellt eine Farbe mit der Luminanz der Grundfarbe und dem Farbton und der Sättigung der Angleichungsfarbe. Die Graustufen im Bildmaterial werden hierbei erhalten, was beim Färben von einfarbigem oder schwarzweißem Bildmaterial und beim Tönen von farbigem Bildmaterial nützlich ist.
Luminanz	Erstellt eine Farbe mit dem Farbton und der Sättigung der Grundfarbe und der Luminanz der Angleichungsfarbe. Diese Methode hat die gegenteilige Wirkung der Methode „Farbe".

Transparenzen in Gruppen

Wenn Sie transparente Objekte mit Füllmethoden versehen und danach gruppieren, gibt es zwei Möglichkeiten: die Effekte entweder auf die Elemente der Gruppe zu beschränken oder die Füllmethoden nur auf den Hintergrund anzuwenden. Wählen Sie für eine Gruppe **Füllmeth(ode) isolieren** aus, wenn Sie den Hintergrund nicht in die Berechnung mit einbeziehen wollen. Die **Aussparungsgr(uppe)** hingegen bewirkt das Gegenteil: Die Füllmethoden der Gruppe werden nur zwischen Gruppe und Hintergrund, nicht aber auf die Gruppenobjekte untereinander angewendet.

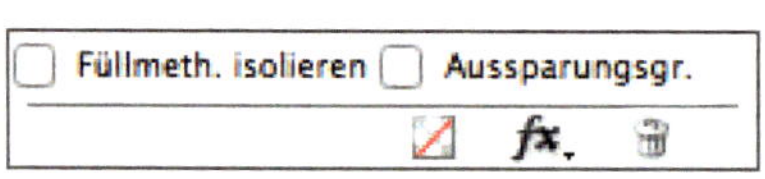

Gruppentransparenz

Text mit Bild füllen

Ein sehr schönes Anwendungsbeispiel für eine Aussparungsgruppe ist der Trick, editierbaren Text mit einem beliebigen Bild zu „füllen". Sie müssen dazu weder in ein anderes Programm wechseln noch irgendetwas in Pfade umwandeln und können den Text somit auch nachträglich noch direkt in InDesign bearbeiten.

Text mit Bild? Halb so wild!

Am Anfang haben Sie vermutlich einen Grafikrahmen mit einem Bild und einen Textrahmen mit schwarzem Text. Und so kommen Sie in vier Schritten zum „Bild im Text“:

1 Text und Bild grob positionieren

Positionieren Sie den Textrahmen und den mit einem Bild gefüllten Grafikrahmen in Ihrem Layout. Das darf auch ungenau sein, denn der Vorteil an diesem Trick ist ja, dass Sie alle Bestandteile später noch verschieben und editieren können.

Ausgangsmaterial positioniert

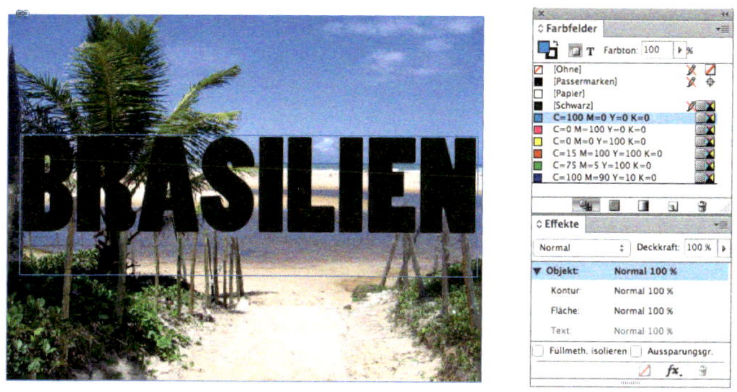

2 Textfarbe und Füllmethode ändern

Ändern Sie die Textfarbe zu [Papier]. Stellen Sie den Textrahmen auf „Multiplizieren“. Der Text verschwindet zunächst, weil Weiß bei dieser abdunkelnden Füllmethode wirkungslos ist.

Textfarbe und Füllmethode geändert

3 Hintergrund abdecken

Decken Sie das Bild mit einer Fläche in beliebiger Farbe ab. Ich verwende hier Gelb, damit Sie die Fläche besser sehen können. Im „richtigen Leben“ (und im Endergebnis, das ich oben schon gezeigt habe) passt wohl meistens die Farbe [Papier].

Sie können diese Fläche ruhig etwas größer anlegen als das Bild dahinter, um hervorblitzende Ränder (die bei exakt gleichen Dimensionen von Bild und Abdeckung allerdings nur Darstellungsfehler wären) zu vermeiden.

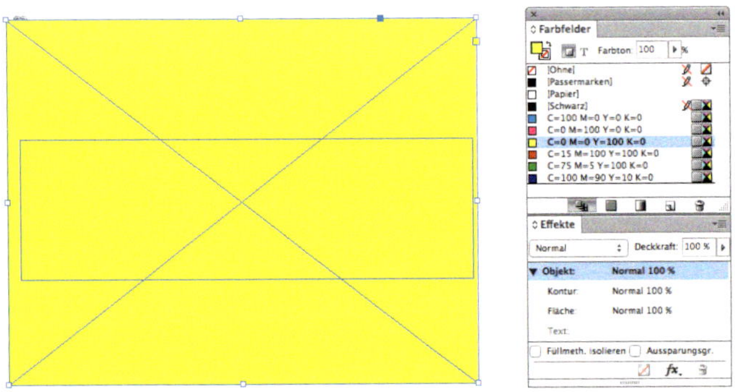

Abdeckung des Bildes durch Farbfläche

4 Aussparungsgruppe

Textrahmen und Abdeckung werden zuerst gruppiert, dann werden die beiden zu einer Aussparungsgruppe gemacht. Der Effekt, nämlich das „Ausstanzen“ des multiplizierten, papierfarbenen Textes aus seiner Unterlage, beschränkt sich auf die Farbfläche. Alles, was darunter noch kommt (nämlich der Bildrahmen), bleibt davon unbehelligt und ist somit sichtbar.

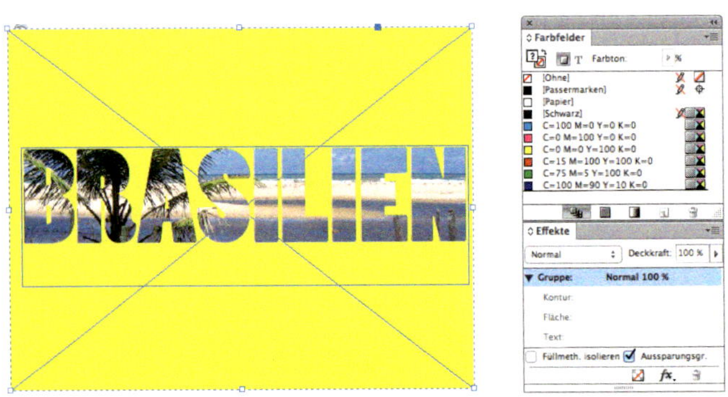

Das Bild hinter der Aussparungsgruppe wird sichtbar

Leicht abgewandelt funktioniert dieser Trick auch für Logos und Piktogramme. Eine einfarbige Vektorgrafik, die Sie immer wieder in einer anderen (Sonder-)Farbe benötigen, legen Sie einmal in Weiß an und verfahren damit wie im vorherigen Beispiel ab Schritt 2.

Die Effekte

Vererbungsregel
Verankerte Objekte erben die Effekte ihrer Mutterobjekte: Wenn Sie in einem Textrahmen mit Schlagschatten weitere Rahmen verankern, erhalten diese ebenfalls einen Schlagschatten, obwohl das **Effekte**-Bedienfeld für sie gar nichts anzeigt.

Schattenwürfe dienen seit ihrer Einführung mit InDesign als grafische „Allzweckwaffe". Davor musste, wer diese angedeutete dritte Dimension erlangen wollte, sich mit platzierten Bildern aus Photoshop behelfen oder seine Layoutsoftware mit Plug-ins erweitern. Diese Arbeitsweise gehört aber längst der Vergangenheit an. Der Schlagschatten ist sehr bequem zu erzeugen – zu bequem, wie nicht wenige Gestalter finden.

Wie dem auch sei, er vereint zahlreiche Transparenzeigenschaften von InDesign, weshalb ich ihn hier exemplarisch behandeln möchte. Andere Effekte wie der Schatten nach innen bauen auf demselben Prinzip auf, so dass die Einstellungen dort recht ähnlich sind.

Nur InDesign-Schatten können den Untergrund abdunkeln!

Wenn Sie einen „Multiplizieren"-Schatten in Photoshop anlegen und das PSD in InDesign platzieren, wird leider nur die Deckkraft des Schattens berücksichtigt; die Photoshop-Füllmethode wird ignoriert, und Sie können Sie in InDesign nur für das ganze Grafikobjekt, also Bild samt Schatten, einstellen. Einen multiplizierten Schatten, der den Untergrund im Layout abdunkelt, können Sie also nur in InDesign direkt erzeugen. Daher platzieren Sie am besten Freisteller und erzeugen den Schlagschatten anschließend im InDesign-Layout.

Schlagschatten hinzufügen

Einen Schlagschatten (und das gilt auch für jeden anderen Effekt) können Sie allem verpassen, was Sie mit dem Auswahl-Werkzeug („schwarzer Pfeil") markieren können; bei platzierten Bildern kann neben dem Grafikrahmen das darin befindliche Bild einen eigenen Effekt erhalten.

Klicken Sie im **Effekte**- oder im **Steuerung**-Bedienfeld den **fx**-Knopf und wählen Sie im Aufklappmenü **Schlagschatten** aus. Alternativ können Sie im **Effekte**-Bedienfeld einen Doppelklick auf **Objekt**, **Kontur**, **Fläche** oder **Text** (je nach Rahmenart) machen und springen damit in den Effekte-Dialog – mit entsprechender Auswahl, worauf sich die Einstellungen beziehen sollen.

Klicken Sie in der Liste links auf **Schlagschatten**, so dass Sie nicht nur den Effekt aktivieren, sondern auch dessen Einstellungen angezeigt bekommen. Bei angekreuzter **Vorschau** können Sie den Effekt gleich im Layout beurteilen.

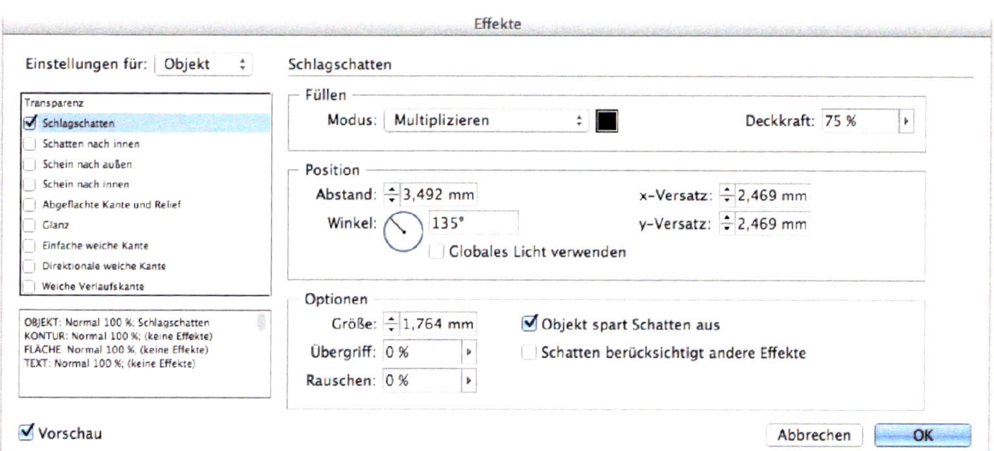

Der Schlagschatten ist eine Kombination aus Füllmethode, Deckkraft und weicher Kante.

Unter der Rubrik **Füllen** stellen Sie die Füllmethode des Schattens ein. Da Schatten in der Realität die Eigenschaft haben, Bereiche abzudunkeln – also Farbwerte zu multiplizieren –, ist die Vorauswahl des Modus sinnvollerweise immer **Multiplizieren**.

Als **Schattenfarbe** ist zunächst **Schwarz** mit **100 % K** (sofern der Transparenzfüllraum Ihres Dokuments CMYK ist) ausgewählt. Durch einen Klick auf das kleine Farbquadrat gelangen Sie in einen weiteren Dialog, wo Sie eins der vorhandenen **Farbfelder** wählen oder sich eine völlig neue Farbe in **RGB**, **Lab** oder **CMYK** anmischen können, wie das weiter vorne in diesem Kapitel beschrieben ist.

Lebendige Schatten
Seit der klassischen Moderne werden Schattenfarben in der Malerei nicht mehr mit Schwarz abgedunkelt, sondern mit Blautönen. Diese Schatten wirken auf den Betrachter lebendiger. Mischen Sie dazu eine eigene Farbe mit Schwarz und Cyan an, zum Beispiel **C=50 M=0 Y=0 K=80** (das entspricht etwa **R=40 G=70 B=80**), die Sie als „Schattenfarbe" in den Farbfeldern ablegen.

Die **Deckkraft** ist mit **75 %** zwar akzeptabel, erzeugt aber eigentlich einen eher zu kräftigen Schattenwurf. Verwenden Sie leichtere Schatten von **30–50 %** bei hellen Untergründen oder höhere Werte von **80–100%** bei mittleren bis dunklen Untergründen. Außerdem können Sie hier einen **Winkel** und einen **Abstand** bestimmen, ganz so, wie Sie es aus Photoshop gewöhnt sind. Der Winkel bestimmt die Richtung der imaginären Lichtquelle, die den Schlagschatten wirft. Aktivieren Sie die Funktion **Globales Licht**, wird für diesen Schlagschatten ein dokumentweit einheitlicher Winkel angenommen; zunächst gibt InDesign **120°** vor. In anderen Effekten können Sie **Globales Licht** ebenfalls nutzen.

Die Lichtquelle dreht sich nicht mit

Wenn Sie einen „beschatteten" Rahmen drehen, verhält sich der Effekt optisch „korrekt", dreht sich also nicht mit. (Seltsamerweise gilt das nicht für „Abgeflachte Kante und Relief".) Wenn Sie also ein Objekt samt Schatten drehen müssen, rufen Sie danach am besten die Effekteinstellungen noch mal auf und stellen Winkel/Entfernung passend ein. Bequemer geht das, wenn Sie für jeden Drehwinkel ein eigenes Objektformat anlegen. Manche behelfen sich auch, in dem sie die fraglichen Objekte von vornherein in separaten Dateien anlegen und dann als INDD oder PDF platzieren.

Wer es genauer mag, der kann nach wie vor mit einem **x-Versatz** und einem **y-Versatz** den zweidimensionalen Abstand des Schattens vom Objekt aus nach rechts und unten bestimmen. Dieser Abstand darf auch negative Werte haben (für Schattenwurf nach links und oben) und kann bis zu **1.000 pt = 352,778 mm** vom Objekt entfernt liegen.

Wie weich die Schattenkante gezeichnet wird, können Sie unter **Größe** bestimmen. Zudem spart das Objekt, das den Schatten wirft, zunächst immer den Schatten selbst aus; nur bei halbtransparenten Objekten sollte das eventuell deaktiviert werden.

Falls Sie außer dem Schlagschatten gleichzeitig auch noch andere Effekte anwenden, die die optischen Dimensionen dieses Objekts verändern (zum Beispiel **Schein nach außen**), kann InDesign den Schlagschatten auf Grundlage der optischen (anstatt der rechnerischen) Abmessungen erzeugen, wenn Sie die Option **Schatten berücksichtigt andere Effekte** aktivieren.

Interessant und nützlich sind die Ausprägungen der weichen Kante durch Übergriff und Rauschen. Die etwas merkwürdige Bezeichnung **Übergriff** regelt die Erweiterung der inneren Schattenkante innerhalb des Schattenverlaufs. Ein Schatten mit einer **Größe** von **4 mm** und einem **Übergriff** von **50 %** ist immer noch **4 mm** breit; die inneren 2 mm aber haben maximale Deckkraft. Die eigentliche weiche Kante beginnt damit erst **2 mm** außerhalb des Objekts, ist also um 50 %

verkürzt. Der Schatten wirkt dadurch „fetter" und härter. Bei einem Übergriff von 100 % zeichnet InDesign schließlich eine optisch randscharfe (aber gepixelte) Fläche hinter dem Objekt.

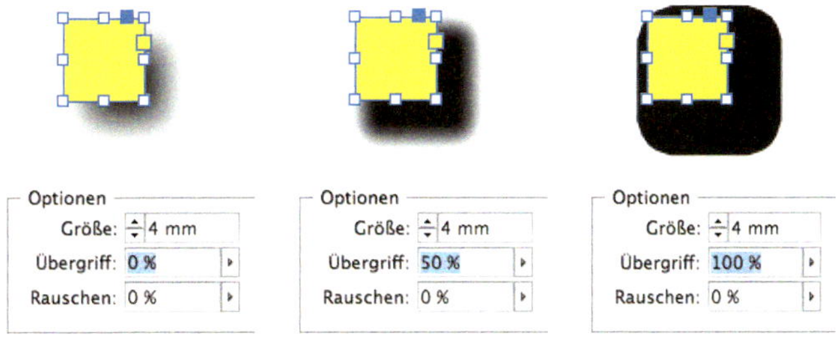

Der Übergriff beeinflusst die Härte, aber nicht die Größe des Schattens

Anzeigequalität
Alle Effekte sind in normaler Layoutdarstellung eher grob. Wie sauber der Effekt wirklich umgesetzt wird, sehen Sie, wenn Sie unter **Ansicht** > **Anzeigeleistung** > **Anzeige mit hoher Qualität** wählen. Diese Darstellung entspricht einem Druck-PDF.

Das **Rauschen** kennen Sie vielleicht aus Photoshop: Die weiche Kante des Schattenwurfs wird mit einer Körnung versehen. Dadurch wirkt ein Schatten weniger technisch perfekt, sondern eher, naja, analog, ähnlich dem fotografischen Runzelkorn. Verwenden Sie aber bitte nur ein ganz leichtes Rauschen von **2–3 %.**

Weitere Effekte

Die folgenden Beispiele sind mit den Werten erstellt, die InDesign vorgibt, wenn Sie einfach nur den jeweiligen Effekt anschalten. Nur bei der direktionalen weichen Kante, bei der serienmäßig alles auf 0 mm steht, habe ich für das Bildschirmfoto die Werte 1 mm / 2 mm / 4 mm / 8 mm eingetragen.

Schatten nach innen

Der Effekt funktioniert ähnlich wie der Schlagschatten. Klicken Sie einen Rahmen an und wählen Sie aus dem **fx**-Menü den **Schatten nach innen**, so dass die Einstellungen sichtbar werden. Die Sichtbarkeit des Schattens ist auf das Innere des Layoutrahmens beschränkt, daher ist er immer nur dann zu sehen, wenn die Füllungsfarbe des Rahmens heller ist als die Schattenfarbe.

Es sieht so aus, als sei der Rahmen aus seiner Umgebung ausgeschnitten und gebe den Blick auf eine darunter liegende Schicht frei.

Schein nach außen

Dieser Effekt lässt Rahmen leuchten. Hierzu wird von InDesign als Modus **Negativ multiplizieren** vorgegeben, damit übereinanderliegende Farben heller werden als die Ausgangswerte. Verwenden Sie als Leuchtfarbe an dieser Stelle neben dem neutralen Weiß ein Blassgelb – oder auch ein kühles Blau zusammen mit dem Modus **Normal**. Der Gelbton kann Sonnenlicht imitieren, wenn Sie etwas in der Gegend von **C=0 M=0 Y=33 K=0** anwenden. Der Blauton entsteht mit einem entsprechenden Cyan-Wert: **C=33 M=0 Y=0 K=0**.

Anders als bei der Schlagschatteneinstellung finden Sie hier keine Richtungsangabe; der Effekt breitet sich nämlich von den Rahmenkanten in alle Richtung gleichmäßig aus. Die Einstellung **Weicher** (oberes Beispiel) erzeugt einen natürlicheren Schein aufgrund eines exponentiellen Algorithmus'; die Option **Präzise** (unteres Beispiel) erzeugt einen linearen Verlauf innerhalb des festgelegten Bereichs.

Schein nach innen

Dieser Schein erscheint innerhalb des Layoutrahmens. Verwechseln Sie das bitte nicht mit einer weichen Kante! Der Effekt erzeugt keine transparente Kante, sondern legt nur einen Verlauf von der gewählten Farbe bis zur Transparenz in den Rahmen; der Rahmen als solcher bleibt dabei aber ein deckendes Objekt (sofern Sie nicht seine Deckkraft und/oder Füllmethode insgesamt noch ändern).

Zu den Einstellungen, die Sie auch beim **Schein nach außen** vorfinden, kommt hier noch die **Quelle** hinzu: **Kante** erzeugt einen Schein von der Kante zur Rahmenmitte hin. **Mitte** erzeugt einen Schein von der Mitte zur Rahmenkante.

Was bei einigen anderen Effekten **Übergriff** heißt, nennt sich hier **Abschwächen**, hat aber dieselbe Wirkungsweise: Der Verlauf wird kürzer, der Schein härter, nur eben innerhalb des Objekts.

Abgeflachte Kante und Relief

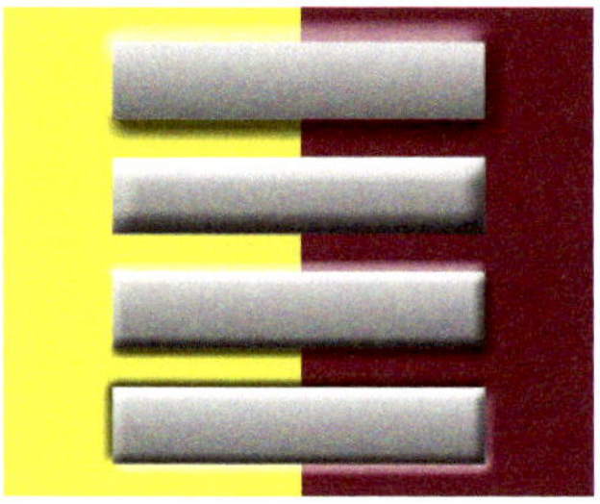

Bei diesem Multieffekt wird es komplexer, denn es handelt sich um eine Zusammenstellung verschiedener Transparenzwerkzeuge.

Der Effekt ist unterteilt in die **Struktur** sowie in Licht und Schatten. Unter der Struktur versteht InDesign die Kantenwiedergabe: **Abgeflachte Kante außen**, **Abgeflachte Kante innen**, **Relief** oder **Kanten gemeißelt**. In der Abbildung sehen Sie diese vier Ausprägungen der Kantendarstellung untereinander.

Wenn Sie alle Formate vergleichen, wird Ihnen schnell klar, dass InDesign hier in Wirklichkeit eine Kombination aus **Schlagschatten**, **Schatten nach innen** sowie den **Schein**-Effekten anwendet. Die Technik (**Glätten**, **Hart meißeln**, **Weich meißeln**) probieren Sie am besten im konkreten Fall aus, um sich für die schönste Möglichkeit zu entscheiden.

Visuell kann das Objekt entweder „aus der Fläche heraus" (**Nach oben**) oder „in die Fläche hinein" (**Nach unten**) geprägt sein. **Größe** und **Weichzeichnen** erklären sich vermutlich von allein. Die **Tiefe** können Sie als Stärke des Effekts ansehen – je geringer der Wert, desto blasser erscheint eine Kante oder ein Relief.

Voraussetzung für eine gute plastische Wirkung ist der Stand der Lichtquelle. Den **Winkel** kennen Sie ja bereits vom **Schlagschatten**; die **Höhe** bezeichnet den Grad über dem gedachten Horizont.

Deckkraft für ein Relief
Die Deckkraft sollte für die Lichter mindestens genauso stark gewählt werden wie für die Schatten – besser höher. Ein Schatten von 66 % und Lichter von 100 % Deckkraft ergeben in der Regel ein hübsches Ergebnis.

Glanz

Dieser Effekt bewirkt, dass die Rahmenkanten des Layoutobjekts gegeneinander über einen Winkel nach innen versetzt, weichgezeichnet und in einer Schattenfarbe mit der Rahmenfüllung verrechnet werden. – Das klingt jetzt schwieriger, als es tatsächlich anzuwenden ist.

Stellen Sie zunächst die **Größe** auf **0 mm**. Nun erkennen Sie bereits einen Versatz, den Sie über die Werte **Abstand** und **Winkel** verändern können. In welcher **Farbe** dieser Versatz erscheint, und mit welcher **Methode** die Farbe mit dem Inhalt des Layoutrahmens verrechnet wird, wählen Sie in den oberen Einstellungen. Natürlich dient die letzte Einstellung **Umkehren** dazu, den Versatz in die jeweils andere Richtung zu spiegeln.

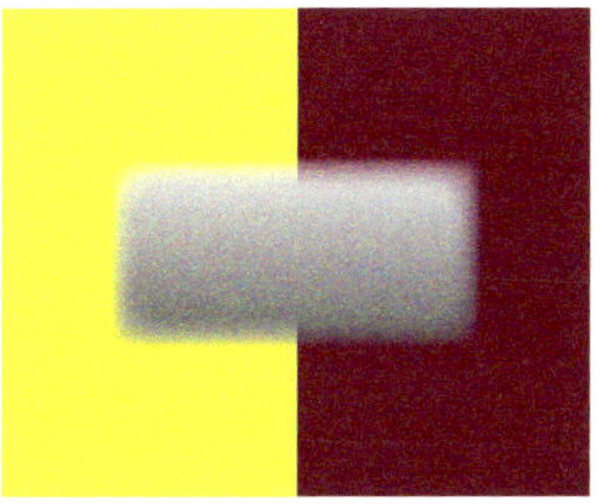

Einfache weiche Kante

Diese Funktion erzeugt eine transparent verlaufende Kante. Wie diese aussehen soll, stellen Sie unter **Ecken** ein: **Verschwommen** bedeutet, dass die Kante mit einem Gaußschen Weichzeichner diffus berechnet wird. Die Ergebnisse mit den Einstellungen **Spitz** und **Abgerundet** führen meiner Meinung nach zu eher zweifelhaften Ergebnissen, aber probieren Sie selbst.

Vom **Schein nach innen** kennen Sie schon das **Abschwächen** und vom **Schlagschatten** das **Rauschen**. Letzteres kann bei entsprechenden Bildern im Hintergrund bewirken, dass sich die weiche Kante mit dem Untergrundmotiv „natürlicher" überlagert. In der Praxis genügt ein Rauschen von 2–3 %.

Direktionale weiche Kante

Mit einer einfachen weichen Kante gibt sich InDesign schon lange nicht mehr nicht zufrieden. Dieser Effekt ist ein interessantes, wenn auch etwas sperriges Werkzeug. Das Konzept sieht vor, dem oberen, unteren, linken und rechten Rand eine individuelle weiche Kante zu verpassen.

Die **Größe** der weichen Kante stellen Sie im oberen Bereich des Dialogs ein. Wenn Sie nur für **oben/unten** oder nur für **links/rechts** Werte größer als 0 mm einstellen, bekommen Sie einen gespiegelten Transparenzverlauf. Doch was passiert, wenn Sie angrenzende Kanten „aufweichen", wie in meinem Beispiel? Sie sehen, dass an den Ecken dann ein optischer Knick beziehungsweise eine Spitze entsteht. Das lässt sich leider nicht beeinflussen, die Art und Weise der Berechnung ist von InDesign fest vorgegeben.

Die Funktionen **Rauschen** und **Abschwächen** kennen Sie bereits aus anderen Schatten- und Scheineffekten. Interessant wird es jedoch bei der Einstellung von **Form** und **Winkel**.

Wenden Sie den Effekt der **direktionalen weichen Kante** auf einen Rahmen mit einer farbigen Fläche oder einem platzierten Bild an, besitzt der Rahmen zunächst immer nur die vier Außenkanten oben, unten usw. Doch was ist mit Rahmen, die Aussparungen besitzen, beispielsweise Text, der in Pfade umgewandelt wurde? Wie sieht es bei Streifenobjekten innerhalb eines Rahmens aus? Die Lösung liegt in der **Form**, deren Einstellung entscheidet, ob der Effekt **nur** auf die **erste** (äußere) **Kante** des Rahmens oder auf **alle Kanten** angewendet wird.

Form: Nur erste Kante

Form: Führende Kanten

Form: Alle Kanten

Die dritte Option **Führende Kanten** ist sprachlich etwas misslungen. Wenn Sie den Effekt auf diese Kanten anwenden, versteht InDesign darunter, dass alle erste Kanten, die im äußeren und im inneren Bereich des Rahmens liegen, vom Effekt verändert werden. Die kleine Bilderserie zeigt ein Objekt mit Außen- und Innenkanten, dem ich überall denselben Kantenwert (3 mm) gegeben und der Reihe nach die drei Form-Optionen ausgewählt habe.

Faszinierend aber zunächst schwer nachvollziehbar ist das grafische Ergebnis, das Sie mit dem **Winkel** erzeugen können. Setzen Sie zunächst eine weiche Kante am oberen und linken Rand mit wenigen Millimetern ein. Nun wählen Sie anstelle eines Winkels von 0° per Drehregler oder Zahleneingabe einen anderen Gradwert. Was passiert mit Ihren Rändern? InDesign verschiebt die Ränder in Richtung des gewählten Winkels. Dadurch entstehen beispielsweise bei 45° auch weiche Kanten rechts und unten, wo die Werte aber nach wie vor auf 0 mm stehen. Bevor wir nun gemeinsam versuchen, dieses Verhalten wissenschaftlich zu hinterfragen, lassen wir uns einfach vom erzielten Effekt beeindrucken. Nicht beeindruckt? Ach, vergessen Sie's einfach!

Weiche Verlaufskante

Mit diesem Effekt können Sie jedes deckende Objekt zur Transparenz auslaufen lassen. InDesign unterscheidet dabei freundlicherweise nicht zwischen Text, Vektorgrafik, Bild, platziertem PDF, platzierter INDD und so weiter. Ergänzend zum Effektdialog können Sie die Verlaufskante sogar mit einem eigenen Werkzeug steuern, doch dazu gleich noch mehr; lassen Sie mich erst noch kurz den Effekt erklären.

Die Bedienung ist wesentlich einfacher als bei der **direktionalen weichen Kante**. Zentrales Steuerelement ist der Verlauf von **Schwarz** nach **Weiß**, wobei Schwarz für alles steht, was *sichtbar* bleiben soll, und Weiß den *transparenten Bereich* markiert – vergleichbar mit einer Ebenenmaske in Photoshop, nur mit vertauschten Farben.

Diesen Transparenzverlauf stellen Sie wie einen Farbverlauf ein, (siehe weiter vorne in diesem Kapitel). Den Schwarz- und den Weißpunkt können Sie mit gedrückter Maustaste verschieben. Der Verlaufsmittelpunkt – die kleine Raute über dem Verlauf – stellt den Mittelwert (im Standardverlauf also die Stelle mit 50% Deckkraft) dar. Durch Ziehen der Raute nach links oder rechts verschieben Sie diese Mitte.

Falls Sie mal auf eine sinnvolle Anwendung für den Winkel bei der „Direktionalen weichen Kante" stoßen sollten, schreiben Sie mir dann bitte? Ich würde mich freuen, weil mir leider beim besten Willen nichts einfällt, wofür man den wirklich brauchen könnte.

Weiche Kante unten
Aus der Bildsprache der 3D-Renderings kommend, werden Objekte wie Bücher, CDs oder technische Geräte seit Jahren so präsentiert, dass es aussieht, als stünden sie auf einer spiegelglatten Oberfläche oder schwebten leicht darüber. Diesen Effekt erzielen Sie, indem Sie ein platziertes Bild duplizieren, vertikal spiegeln und diesem Spiegelbild eine verringtere Deckkraft und eine weiche Verlaufskante verpassen.

Effekte aufrufen
Über das Effekte- und das Steuerung-Bedienfeld, über das Menü Objekt oder über das Kontextmenü rufen Sie die Effekte auf. Die Optionen für die Weiche Verlaufskante öffnen sich beim Doppelklick auf das Werkzeug. – Anders als in Illustrator entsteht beim erneuten Aufruf keine neue Instanz desselben Effekts, sondern Sie finden stets die aktuellen Werte vor und können diese anpassen.

Das führt in vielen Fällen zu einer harmonischeren Wirkung des Transparenzverlaufs, weil Sie dadurch das Verblassen an die individuellen Gegebenheiten des jeweiligen Bildes anpassen können.

Wie beim Farbverlauf können Sie auch hier unterhalb des Verlaufsbalkens klicken, um neue Zwischenwerte einzufügen. Der Grauton dieser Werte entspricht hier dem **Deckkraft**-Prozentwert.

Über den Winkel können Sie einen Verlauf von deckend zu transparent auch umdrehen, indem Sie ihn auf 180° stellen. Alternativ gibt es rechts neben dem Verlaufsbalken den Knopf **Verlauf umkehren**, der Ihnen diese Arbeit abnimmt.

Die Richtung des Effektverlaufs bestimmen Sie mit dem **Winkel**. Wie auch beim Farbverlauf drehen positive Winkel gegen den Uhrzeigersinn, negative Werte ergeben eine Drehung im Uhrzeigersinn. Wenn Sie das eher visuell bestimmen möchten, verlassen Sie am besten diesen Dialog und verwenden:

Das Weiche-Verlaufs-kante-Werkzeug

Für ein platziertes Bild im Layout wenden Sie der besseren visuellen Kontrolle wegen zuerst das **Weiche-Verlaufskante-Werkzeug*** an und stellen anschließend im Dialog die gewünschten Werte ein.

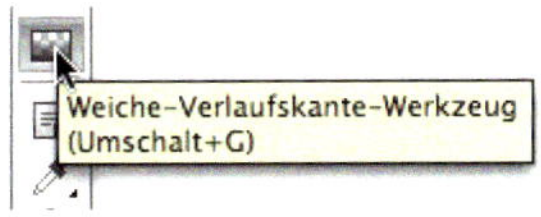

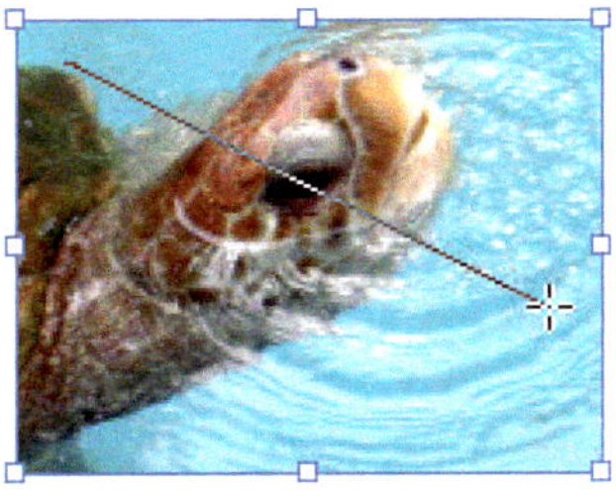

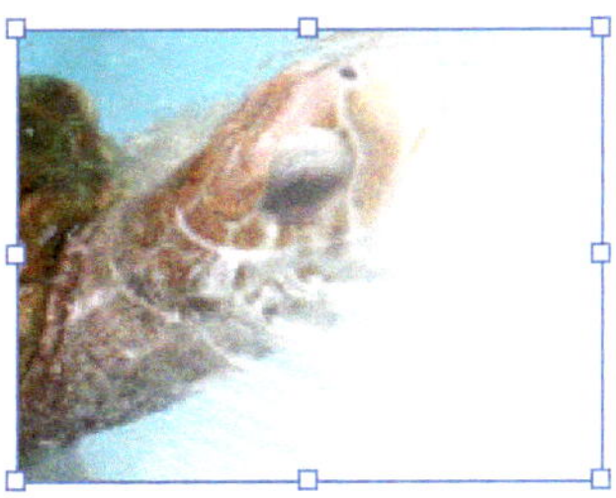

1 Werkzeug auswählen

Wählen Sie im Werkzeuge-Bedienfeld das **Weiche-Verlaufskante-Werkzeug**. Die Handhabung ist einfacher als der Name.

2 Verlauf steuern

Dieses Werkzeug funktioniert genauso wie das **Farbverlauf-Werkzeug**. Wenn Sie damit vertraut sind, dürfen Sie gleich zu **Schritt 3** springen.

Klicken Sie mit dem Weiche-Verlaufskante-Werkzeug an die Stelle im Bild, die noch vollständig zu sehen sein soll, und halten Sie die Maustaste gedrückt. Ziehen Sie mit gedrückter Maustaste bis zu dem Punkt im Bildmotiv, der vollständig transparent sein soll. Wenn Sie jetzt die Maustaste loslassen, wird der Verlauf vom ersten zum zweiten Punkt ausgeführt; das Objekt wird also entlang der soeben gezeichneten Achse allmählich transparent.

**Manchmal wirkt es, als wolle man bei Adobe das unter Amerikanern wohl beliebteste Klischee der deutschen Sprache besonders auskosten: die Eigenart, beliebig viele Einzelwörter zu etwas Neuem verbinden zu können, ohne sofort den Überblick zu verlieren.*

3 Effekteinstellungen aufrufen

Im Effekte-Bedienfeld machen Sie einfach einen Doppelklick auf das **fx**-Symbol in der dritten Spalte. Oder Sie wählen aus dem **fx**-Aufklappmenü im Steuerung- oder im Effekte-Bedienfeld die **Weiche Verlaufskante** aus. So oder so öffnen sich die Einstellungen für den Effekt, und Sie sehen, welchen Winkel Sie per Hand erzielt haben.

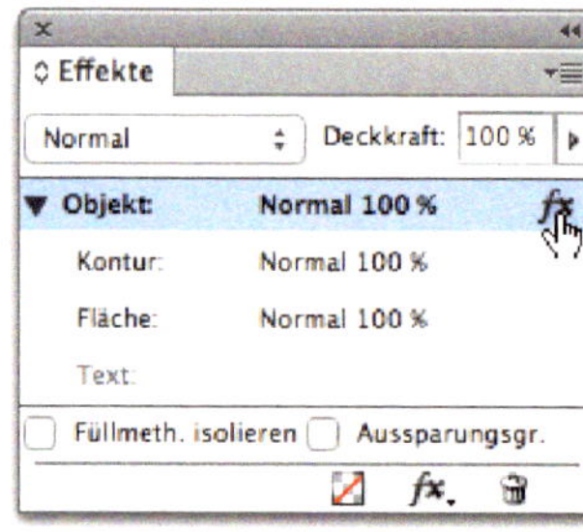

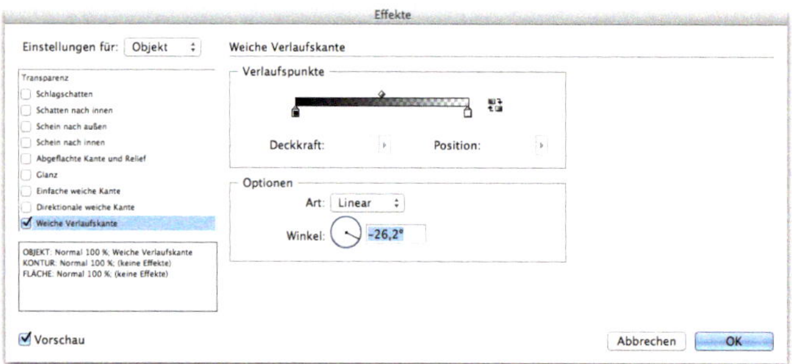

Einstellungen für die soeben erstellte weiche Verlaufskante

4 Effekt einstellen

Ziehen Sie das schwarze Ende des Verlaufs nach rechts (bei mir steht es auf genau 60 %), damit links mehr vom Bild zu sehen ist. Dann verschieben Sie den Mittelpunkt nach links (bei mir 40 %), um das Objekt ab hier etwas schneller verblassen zu lassen. Mit aktiver Vorschau sehen Sie sofort das Ergebnis.

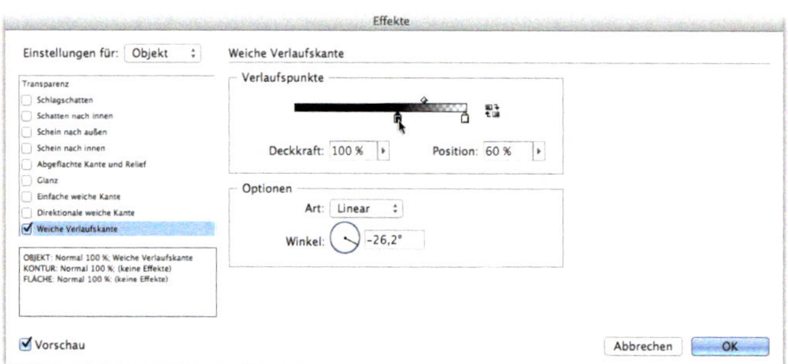

Einstellungen und Ergebnis

Durch alle Instanzen

Ungemein praktisch ist die seit InDesign CS4 verfügbare Trennung der Layoutobjekte in drei (bei Textrahmen vier) Instanzen: *Objekt, Fläche, Kontur* und gegebenenfalls *Text*. Das bedeutet, dass ein Rahmen an sich einen oder mehrere Effekte besitzen kann, während seine Fläche und seine Kontur sowie der im Rahmen enthaltene Text jeweils völlig eigenständige Effekte haben können.

Damit das nicht zu theoretisch wird, zeige ich Ihnen am besten als Beispiel einen Textrahmen mit (teil)transparenter Fläche.

Textrahmen mit transparenter Fläche

Die sicher häufigste Anwendung ist ein Textrahmen, der über einem Bild stehen soll und zur besseren Lesbarkeit mit einer Fläche unterlegt wird. Das ist manchmal eine Farbfläche, aber meistens soll das Bild unter dem Text einfach nur stark aufgehellt oder abgedunkelt werden.

Die Zeiten, zu denen man keine andere Wahl hatte, als das Bild in Photoshop mit einer teiltransparenten Fläche passgenau zu überlagern und dabei zu hoffen, grundlegende Layoutänderungen nach diesem Punkt im Arbeitsablauf möglichst vermeiden zu können, sind glücklicherweise längst vorbei.

Deutlich bequemer ist es da schon, eine weiße oder schwarze Fläche mit 70 % Deckkraft hinter den Text zu legen.

Dieses Werk dürfte sich aber kaum „Profihandbuch" nennen, wenn ich Ihnen nicht die wirklich elegante Lösung zeigen könnte:

1 Zutaten

Nehmen Sie einen Textrahmen, stellen Sie ihn über ein Bild und vergessen Sie nicht, einen leichten Innenabstand von Text zu Rahmenkante zu definieren. Genaueres dazu im Kapitel **Typografie** ab Seite 337.

Text auf Bild, hier eher schwer zu entziffern

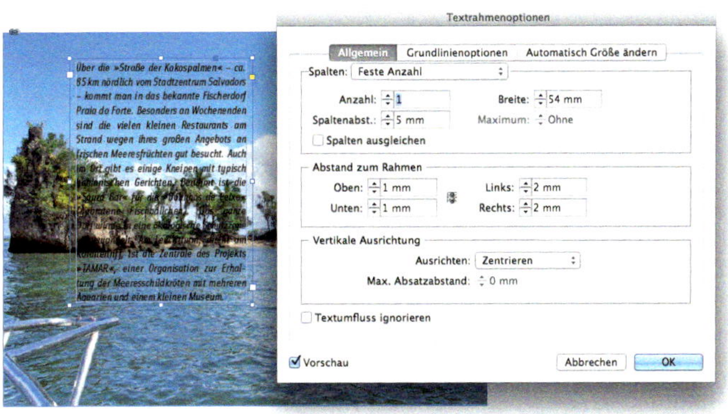

2 Farbe(n) anpassen

Klicken Sie nun im Effekte-Bedienfeld auf **Fläche**. Alles, was Sie jetzt gleich an Effekteinstellungen machen, gilt nur für die Füllung des Rahmens. Nicht für die Kontur, nicht für den Text und nicht für das Gesamtobjekt. Und wenn Sie im übernächsten Schritt Füllmethode und Deckkraft ändern, bleibt der Text davon völlig unbeeindruckt. Was für seine Lesbarkeit ein großer Vorteil ist.

Der Text ist jetzt negativ, sein Rahmen ist schwarz gefüllt.

3 Transparenzoptionen einstellen

Da das Bild unter der Textfläche noch ein wenig zu sehen sein soll, können Sie die Füllmethode auf **Multiplizieren** oder **Abdunkeln** stellen und die **Deckkraft** auf **80 %** verringern.

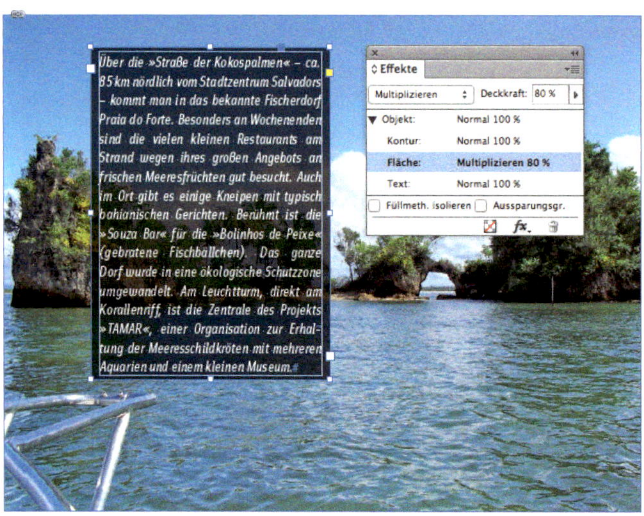

Die Fläche des Textrahmens hat eine eigene Transparenz bekommen, nämlich Multiplizieren und 80 % Deckkraft.

4 Einstellungen als Objektformat speichern

Damit Sie diese Prozedur für den nächsten Textrahmen nicht noch einmal anlegen müssen, speichern Sie sich am besten gleich ein neues **Objektformat**. Dazu lassen Sie gleich den Textrahmen ausgewählt und rufen das **Objektformate**-Bedienfeld auf. Klicken Sie hier auf das **Blatt**-Symbol am unteren Bedienfeldrand, und es entsteht ein neues

Format mit exakt den Eigenschaften des ausgewählten Objekts. Den nächsten bildüberlagernden Textrahmen können Sie also mit einem einzigen Klick auf das Objektformat gestalten.

Mit einem Doppel- oder Rechtsklick auf das gewünschte Objektformat sehen Sie auch, welche Inhalte darüber hinaus darin gespeichert werden. Die Trennung in Objekt/Fläche/Kontur/Text steht auch hier zur Verfügung, und Sie können die Werte ganz Ihren Bedürfnissen anpassen.

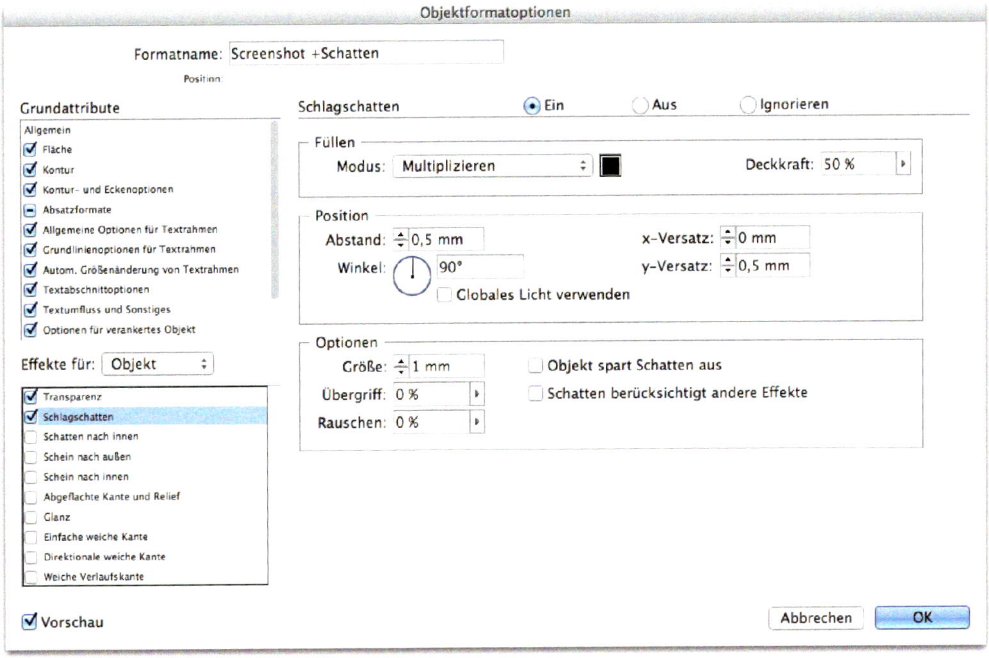

Ach ja, Objektformate: Seite 122

Objektformate speichern neben vielen anderen Informationen auch die Effekteinstellungen. Dieses Buch wäre ohne einen erklecklichen Vorrat an Objektformaten entweder nicht so schön geworden oder noch später erschienen. Schlimmstenfalls beides.

Digitales Publizieren

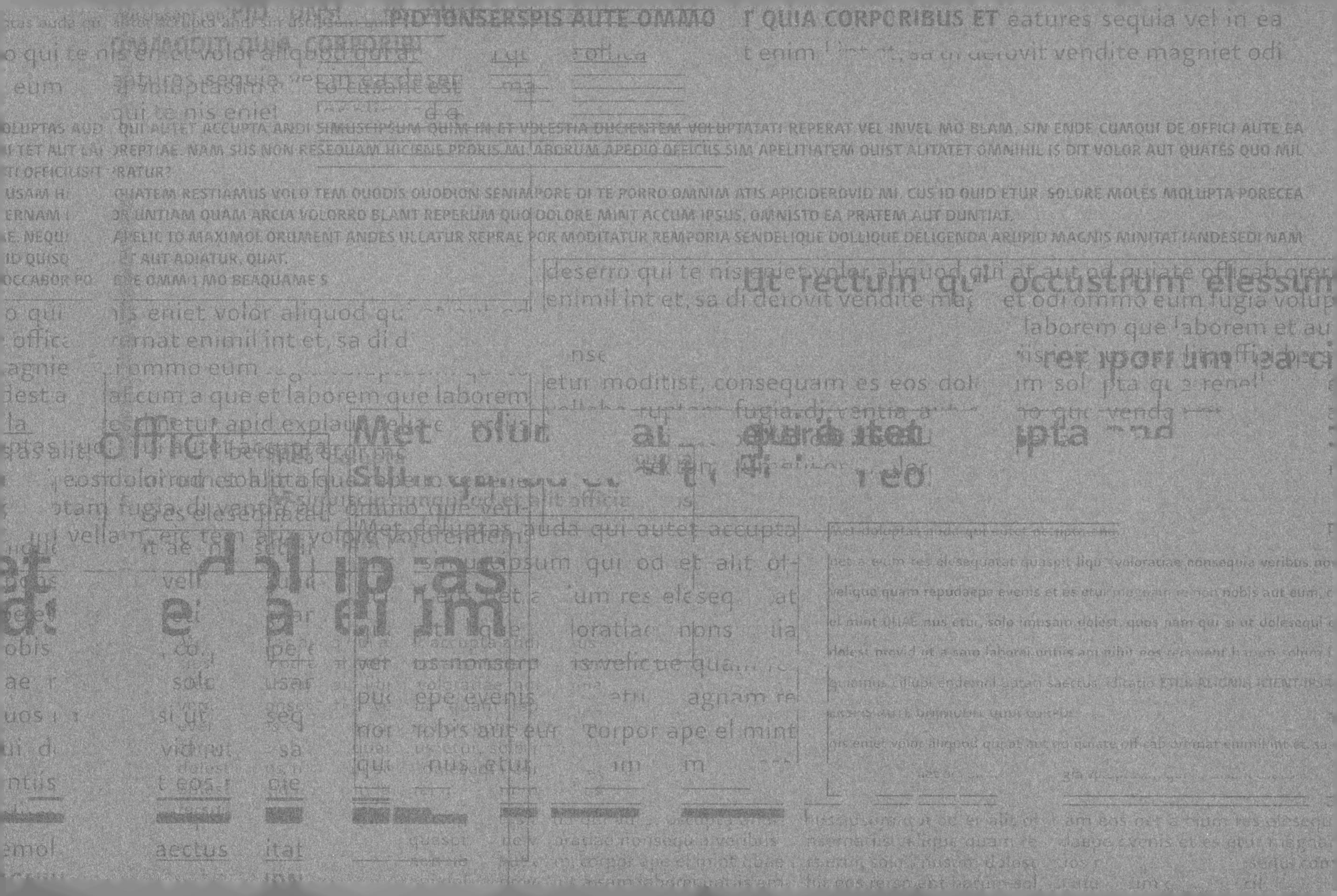
PID IONSERSPIS AUTE OMMO
QUIA CORPORIBUS ET eatures sequia vel in ea
QUI AUTET ACCUPTA ARDI SIMUSCIPSUM QUIM IN ET VOLESTIA DUCIENTEM VOLUPTATATI REPERAT VEL INVEL MO BLAM, SIN ENDE CUMQUI DE OFFICI AUTE EA
QUATEM RESTIAMUS VOLO TEM QUODIS QUODION SENIMPORE DI TE PORRO OMNIM ATIS APICIDEROVID MI. CUS ID QUID ETUR. SOLORE MOLES MOLUPTA PORECEA
APELIC TO MAXIMOL ORUMENT ANDES ULLATUR REPRAE POR MODITATUR REMPORIA SENDELIQUE DOLLIQUE DELIGENDA ARUPID MAGNIS MINITAT IANDESEDI NAM
etur moditist, consequam es eos dol

Das ist neu in CS6

Seite 531 **PDF-Formulare** – Ausfüllbare Formulare direkt in InDesign erstellen – ohne Nacharbeit in Acrobat, solange keine Validierung oder Scriptverarbeitung erforderlich ist

Seite 579 **Digital Publishing Suite** – Adobes Lösung, mit der man Magazine für „Tablet-PCs" erstellt, ist jetzt serienmäßig integriert.

Interaktive Dokumente direkt aus InDesign

Ob Sie Ihren Kunden eine animierte Präsentation, einen blätterbaren Katalog im Flash-Format oder ein interaktives iPad-Magazin erstellen – von Anfang an müssen Sie mit etwas anderen Rahmenbedingungen arbeiten, als Sie es vielleicht vom Druck gewohnt sind. Welches Darstellungsformat hat das Anzeigegerät? In welchem Dateiformat können interaktive Inhalte gezeigt werden – PDF oder SWF? In diesem Kapitel erfahren Sie, wie Sie Ihr Layout mit Schaltflächen, Formularfeldern, Animationen und Aktionen „aufmöbeln".

Die **Digital Publishing Suite (DPS)**, die ganz ohne Flash und nur mittelbar mit PDF arbeitet, wird als eigenständiges Thema am Ende dieses Kapitels, ab Seite 579, behandelt.

Formate und Funktionen

Damit Sie gleich mit einem neuen Magazin loslegen können, habe ich Ihnen die wesentlichen Funktionen und Interaktionsmöglichkeiten von InDesign zusammengestellt, damit Sie wissen, in welchem Format Sie diese Funktionen auch exportieren können.

Funktion	PDF (interaktiv)	SWF	DPS (Folio)
Animation	nein	ja	nein
Bildsequenz (360 °)	nein	nein	ja
Durchlaufbarer Rahmen	nein	nein	ja
Hyperlinks	ja	ja	ja
Lesezeichen	ja	nein	nein
Medien (Audio)	ja	ja	ja
Medien (Video)	ja	ja	ja
Objektstatus	nein	ja	ja
Panorama	nein	nein	ja
Schaltflächen	ja	ja	ja
Formularelemente	ja	nein	nein
Schwenken & Zoomen *	nein	nein	ja
Seitenübergänge	ja (ohne „Aufrollen")	ja	nein
Webinhalt im Layout	nein	nein	ja

** = Bewegen eines Bildausschnitts im Rahmen*
Gemeint sind jeweils Funktionen, die direkt aus InDesign möglich sind, ohne Nachbearbeitung in Acrobat, Flash oder Fremdsoftware.

Jede Interaktion per Mausklick oder Fingerdruck wird über eine Schaltfläche gesteuert. Welche Schaltflächen-Aktionen welches Format unterstützt, entnehmen Sie bitte der folgenden Tabelle.

Schaltflächen-Aktionen	PDF	SWF/ HTML	Folio
Gehe zu Ziel (Textanker)	ja	ja	ja
Gehe zu erster/letzter Seite	ja	ja	ja
Gehe zu nächster/vorheriger Seite	ja	ja	ja
Gehe zu Seite X	nein	ja	nein
Gehe zu nächstem/vorherigem Status	nein	ja	nein
Gehe zu Status X	nein	ja	nein
Gehe zu URL	ja	ja	ja
Gehe zu nächster/vorheriger Ansicht	ja	nein	nein
Schaltflächen und Formularfelder ein-/ausblenden	ja	ja	ja
Audio/Video	ja	ja	ja
Animation	nein	ja	nein
Formular zurücksetzen/ drucken/senden	ja	nein	nein
Datei öffnen	ja	nein	nein
Ansichtszoom	ja	nein	nein

Interaktive PDFs und PDF-Formulare

Neu: Formulare direkt aus InDesign

Als Austauschformat für Druckdaten erfreut sich das *Portable Document Format* seit Jahren großer Verbreitung bei Gestaltern und Druckdienstleistern. Aber auch Behörden und Großkonzerne setzen in großem Umfang auf PDFs – allerdings steht dabei nicht immer der Transport von gestalteten Seiten im Vordergrund, sondern oft das Einsammeln und Archivieren von externen und internen Daten mithilfe von PDF-Formularen.

Diese Formulare sind nicht nur im Hinblick auf das oft zitierte (und nie erreichte) „papierlose Büro" interessant, denn sie können viel mehr als gedruckte Formblätter: PDF-Formulare sind interaktive Dokumente. Mit interaktiven Funktionen und Elementen wie Schaltflächen, Lesezeichen, Web-Links, eingebundenen Audio- und Video-Inhalten lassen sie sich zu multifunktionalen und multimedialen Anwendungen aufmöbeln und sind dank der kostenlosen Verfügbarkeit und der weltweiten Verbreitung des Readers praktisch komplikationslos anwendbar. Im Gegensatz zu Webseiten sind Probleme durch inkompatible Software nahezu ausgeschlossen.

Durch spezielle Formularelemente wie Texteingabefelder, Auswahllisten, Kontrollkästchen, automatisierte Rechen- und Kontrollfunktionen können PDF-Formulare direkt am Rechner *on-* und *offline* ausgefüllt werden, und die Daten lassen sich ohne Ausdruck weiter- beziehungsweise zurückschicken. Der Einsatz von Zertifikaten und digitalen Signaturen vereinfacht und beschleunigt Geschäftsvorgänge, minimiert Fehlerquellen, spart Kosten und Zeit.

Um PDF-Formulare zu erstellen, musste das Layout bisher als PDF exportiert werden, um dann in Adobe Acrobat die Formularfelder und interaktiven Elemente einfügen zu können. Schaltflächen und Audio-/Video-Einbettung beherrscht InDesign schon seit seiner Version 3.0 (alias InDesign CS). Aber erst seit CS6 ist es möglich, die meisten Formularelemente und deren Eigenschaften bereits im Layout anzulegen, so dass in Acrobat nur nachgearbeitet werden muss, falls etwa Javascript-Funktionalität gewünscht ist.

Selbstverständlich lassen sich solche Formulare auch weiterhin als drucktaugliches PDF ausgeben – für Papier- und PDF-Formulare ist also in vielen Fällen kein zusätzlicher Aufwand und erst recht keine mehrfache Datenhaltung erforderlich.

PDF in InDesign öffnen?

In Design kann leider serienmäßig PDF-Dokumente nur platzieren, nicht bearbeiten. Um sie direkt zu öffnen, ist ein Plug-in wie **PDF2ID** von Recosoft erforderlich. Die damit konvertierten Dateien müssen aber, je nach Komplexität des Layouts, teilweise aufwändig nachbearbeitet werden. Dass Adobe diese Konvertierungsfunktion in InDesign integrieren möge, ist ein oft geäußerter Wunsch. Immerhin ist PDF ein hauseigenes, etabliertes Format, und man könnte, vergleichbar mit **Illustrator**, beim Export (außer nach PDF/X) beliebige InDesign-spezifische Daten mit ins PDF packen (zum Beispiel die komplette **IDML**-Version), um Verknüpfungen, Textverkettungen, Formate, Querverweise, Liquid-Layout-Abhängigkeiten und so weiter beim Öffnen wieder herzustellen.

Dynamische PDF-Magazine und Präsentationen

Die Fähigkeiten, über **Schaltflächen** Aktionen auszulösen, Internetseiten zu öffnen, E-Mails zu erstellen oder Filme abzuspielen, sind Eigenschaften, die man am wenigsten einem Magazinlayout zutraut. Während Internetseiten genau aus diesem Grund gern und häufig genutzt werden, fristen elektronische Ausgaben von Magazinen bislang ein eher beschauliches Dasein. Dabei bieten ein Adobe Reader oder andere Medienplayer viele Möglichkeiten, interaktive Aktionen zu bedienen – und das schon seit Jahren.

Auch PDF-Präsentationen aus InDesign erfreuen sich gewisser Beliebtheit, weil die Möglichkeiten zur sauberen Einbindung von Bildern und Multimedia sowie die Typografiefähigkeiten gegenüber fast allen anderen Programmen nahezu unschlagbar sind. Schade, dass unter wachsendem Kostendruck viele Präsentationen wieder häufiger von Kauf- und Marketingleuten mit Powerpoint erstellt werden – und nicht von Mediengestaltern mit InDesign, was meiner Ansicht nach ganz pauschal vorzuziehen wäre.

Publizieren für iPad & Co.

Auf dem iPad und vergleichbaren Tablets, die per Fingerzeig gesteuert werden können, spielen die beiden bisherigen Interaktivitätsformate **SWF** (Flash) und **PDF** allerdings keine große Rolle. Vorherrschend sind hier **EPUB**, **Folio** und **HTML**, auf die ich jeweils noch eingehe.

Alle interaktiven Lösungen haben jedoch eins gemeinsam: Verbindliche oder zumindest branchenweit übliche Standards sucht man derzeit noch vergeblich. Im Folgenden bringe ich Ihnen die verschiedenen Möglichkeiten in InDesign näher, so dass Sie möglichst gut gerüstet sind für die teilweise noch etwas ungewohnten Gestaltungsmöglichkeiten interaktiver Publikationen.

Digitale Magazine sind eine neue Medienart
Während in der Druckwelt weiterhin Doppelseiten, Anschnitt, Grundlinienraster und Anderes wichtig sind, spielen in „Digitalen Magazinen“ animierte Inszenierungen, Benutzerführung und Videoeinbindung eine große Rolle. Diese Themen tauchten bislang in der Welt des Desktop Publishing eher am Rande auf.

EPUB 2, 3 oder was?

Der aktuelle Standard EPUB 3 unterstützt HTML 5 und CSS 2.1 sowie etwas CSS 3. Damit sind Audio (MP3 und andere), Video (MPEG4/H.264), SVG-Grafiken, MathML (für Formeln und Gleichungen) und so genannte Media Overlays (SMIL, SSML) möglich – sofern von der Lese-Soft-/-Hardware unterstützt, was derzeit noch der größte Pferdefuß sein dürfte.

Neue Dokumente

Obwohl Sie im Abschnitt **Neues Dokument anlegen** (Seite 85) ja bereits erfahren haben, wie Sie ein neues Layout erstellen, möchte ich Ihnen zunächst die wesentlichen Dinge beschreiben, auf die es bei digitalen Magazinen und Präsentationen ankommt. Öffnen Sie dazu über Menü **Datei** > **Neu** oder ⌘ Strg N den Dialog zum Anlegen eines neuen InDesign-Dokuments.

Zielmedium und Seitenformat

Die Darstellung im Internet und auf mobilen Geräten erfolgt ausschließlich im Farbmodus RGB. Damit Sie alle Transparenzen, die Sie in Ihren interaktiven Layouts verwenden, auch einwandfrei ausgeben können, wählen Sie als Zielmedium **Web**. Somit werden die transparenten Farben im Layout in den **RGB-Arbeitsfarbraum** Ihres **Farbmanagements** umgerechnet. Dieser sollte auf sRGB eingestellt sein.

◢ *Farbmanagement: Seite 57*

Zielmedium und Seitenformat wählen Sie beim Anlegen eines neuen Dokuments.

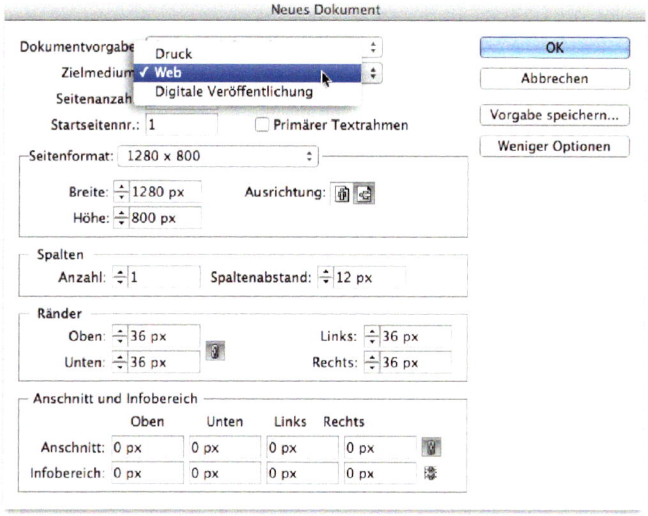

Das Seitenformat ist nun kein *Papierformat*, sondern ein *Monitorformat*. Eine Auswahl an Monitorformaten finden Sie im Auswahlmenü des **Seitenformats**. Welches Format sollen Sie verwenden? Da es mittlerweile eine Fülle an Monitorgrößen und -auflösungen gibt, ist diese Frage nicht zu beantworten. Richten Sie sich danach, ob Sie für möglichst viele unterschiedliche Geräte gestalten wollen – dann treffen Sie mit **800 px × 600 px** eine gute Wahl. Wissen Sie bereits von der Auflösung eines konkreten Gerätes, das zum Beispiel eine *Full-HD*-Videoauflösung bietet, müssen Sie sich im Auswahlmenü des **Seitenformats** ein **benutzerdefiniertes Seitenformat** anlegen und **1.920 px × 1.080 px** angeben.

Geben Sie als benutzerdefiniertes Format die Auflösung Ihres Anzeigegeräts ein.

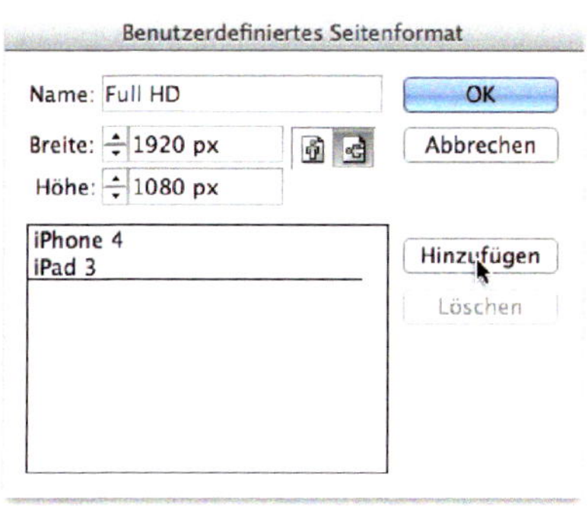

Seitenformat keine endgültige Entscheidung
Wenn Sie später eine Datei mit Ihrem Seitenformat als PDF oder SWF exportieren, ist das keine endgültige Entscheidung. Die Darstellung der Datei kann je nach Monitorgröße skaliert werden. Dies übernimmt in der Regel die Reader-Software auf dem Gerät, wie zum Beispiel der Adobe Reader für PDF-Dateien.

Sobald Sie die Eingaben gewählt haben, können Sie den Dialog mit **OK** bestätigen. Das Anlegen eines **Anschnitts** oder **Infobereichs** ist im Gegensatz zu Drucklayouts nicht nötig.

Layoutraster

Mit der Angabe des Ziels **Web** werden alle Einheiten in **Pixeln** dargestellt. Das Layoutraster können Sie nun auf Basis von Musterseiten erstellen. Dazu lesen Sie bitte auch **Vorlagen gestalten** ab Seite 121.

Im nächsten Schritt erstellen Sie mit Hilfslinien ein Raster. Wählen Sie dazu im Menü **Layout** > **Hilfslinien erstellen** aus. Nun können Sie die Anzahl an Spalten und Zeilen mit einem Abstand angeben. Haben Sie im neuen Dokument einen Rand definiert, sollten Sie das Hilfslinienraster an die **Ränder anpassen**. Mit aktiver **Vorschau** sehen Sie sofort das spätere Ergebnis.

Layoutraster mit Hilfslinien für die Gestaltung eines digitalen Magazins

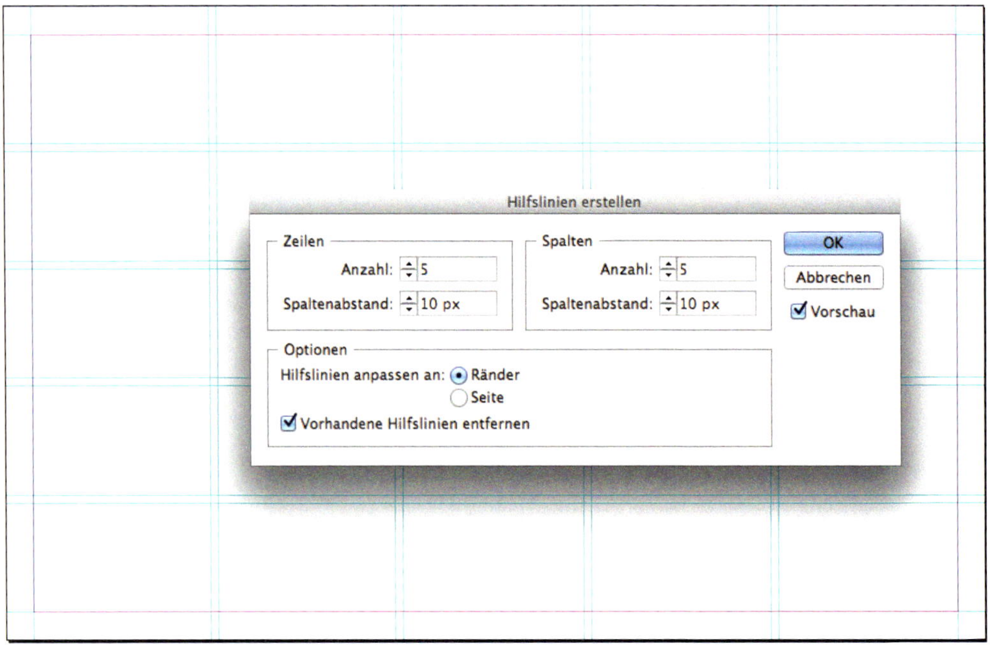

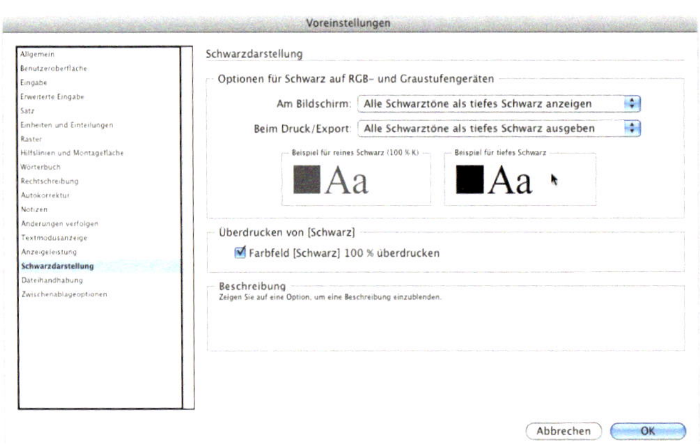

Die Schwarzdarstellung sollte für das Internet auf „tiefes Schwarz" umgestellt werden.

Schwarzdarstellung

Für die Wiedergabe Ihrer Präsentation oder des digitalen Magazins ist es ratsam, die Schwarzdarstellung in InDesign zu korrigieren. Dazu rufen Sie die Voreinstellungen auf und wählen die Rubrik **Schwarzdarstellung**. Hier geben Sie bitte an, dass **alle Schwarztöne als tiefes Schwarz angezeigt/ausgegeben** werden. Somit verarbeitet InDesign ein 100 % K für die Ausgabe als interaktives PDF oder SWF wie RGB-Schwarz (0,0,0), damit maximaler Kontrast erreicht wird.

Inhalte platzieren und gestalten

Die Anordnung und Platzierung von Bildern und Texten für interaktive Dokumente erfolgt ebenso wie bei herkömmlichen InDesign-Dokumenten. Beachten Sie bitte, dass Sie die Schriftgrößen an die lesbare Größe am Monitor anpassen. In der Regel ist dies einige Schriftgrade

Musterseiten als „Folienmaster“
Aus PowerPoint oder Apples Keynote werden Sie die Folienmaster kennen, typisch aufgebaute Präsentationsschemata, die Bild-Text-Layout-Kombinationen in breiter Fülle bieten. Über den Nutzen dieser Folienmaster lässt sich trefflich streiten, allerdings verfügt InDesign nicht über solche Vorlagen. Daher können Sie die Musterseiten als Folienmaster verwenden und sich mehrere Vorlagen anlegen, auf denen Sie dann verschiedene Text- und Platzhalterrahmen einfügen.

über den Größen, die für Druckdokumente verwendet werden. Gestalten Sie mit Konturen, dann stellen Sie die exakt auf die Stärke von **1 Pixel** ein. Wird die Darstellung der Datei als **SWF** oder **PDF** am Monitor skaliert, verändert sich auch die Darstellung der Konturen, die dann entweder fetter oder magerer erscheinen.

Vorschau

Zum Begutachten eines interaktiven Dokuments ist es wichtig, alle Interaktionen und Animationen zu prüfen. Zu diesem Zweck gibt es die **Vorschau**. Mithilfe dieses Bedienfelds aus dem Menü **Fenster > Interaktiv > Vorschau** erhalten Sie eine Berechnung Ihres Layouts als Flash-Animation.

Das Layout erscheint mit Hilfslinien und Hinweisen zu interaktiven Objekten

Alles Unnötige ausblenden
Damit Sie eine freie Sicht auf Ihr Layout genießen können, drücken Sie während der Arbeit einfach den Tastenbefehl [W], um alle Hilfslinien und Hervorhebungen auszublenden.

Montagefläche färben
Wollen Sie bei der Gestaltung von interaktiven Magazinen auch gleich die passende „Umgebung“ einblenden, können Sie die Farbe der ansonsten grauen Montagefläche rund um die „Druckbögen“ ändern. Drücken Sie dazu im Präsentationsmodus einfach die Taste [W] für Weiß („white“), [B] für Schwarz („black“) oder wieder [G] für Grau („gray“).

Präsentation im Vollbildmodus

Wenn Sie zunächst prüfen wollen, wie groß Schriften auf Monitoren wirken oder wie die gesamte Präsentation im Vollbildmodus dargestellt wird, brauchen Sie nur einen Tastenbefehl aufzurufen: [⇧] [W] zeigt Ihnen die InDesign-Datei im **Vollbildmodus**. Mit den Pfeiltasten [▸] und [◂] blättern Sie durch die Seiten. Mit [Esc] verlassen Sie den Vollbildmodus wieder. Die Bearbeitung während der Präsentation ist nicht möglich.

Präsentation auch von Drucklayouts
Nicht nur für interaktive Dokumente und Magazine ist die Präsentation möglich, auch bei Entwürfen für gedruckte Broschüren eignet sich dieser Modus, um beim Kunden schnell das Layout zu beurteilen. Somit entfällt das „Präsentations-PDF“, das Sie erst exportieren und dann im Vollbildmodus mit dem Adobe Reader oder Acrobat anzeigen müssten.

Im Vollbildmodus werden alle Bedienfelder und Menüs ausgeblendet.

„Druckbogen"- und Dokumentvorschau

Sobald Sie das Bedienfeld **Vorschau** aufrufen, wird die aktuelle Seite innerhalb des Bedienfelds dargestellt, Animationen werden abgespielt und interaktive Schaltflächen lassen sich anklicken. Wie jedes Bedienfeld dürfen Sie die Vorschau als schwebendes Bedienfeld verwenden und vergrößern, bis Sie nahezu das Originalformat erreicht haben.

Die Vorschau ermöglicht den Blick auf das interaktive Dokument, bevor es exportiert wird.

Die **Vorschau** zeigt zunächst immer nur den aktuellen „Druckbogen" an. Im Bedienfeldmenü der Vorschau können Sie von der „Druckbogen"-Vorschau auf die Dokumentvorschau wechseln, damit alle Seiten sichtbar werden. Zur Navigation durch das Dokument blättern Sie einfach mit den **Pfeiltasten** in der unteren linken Ecke des Bedienfelds.

Wenn Sie das gesamte Dokument prüfen wollen, klicken Sie einfach auf den Knopf mit dem „Blätterstapel" und danach erneut auf „Play".

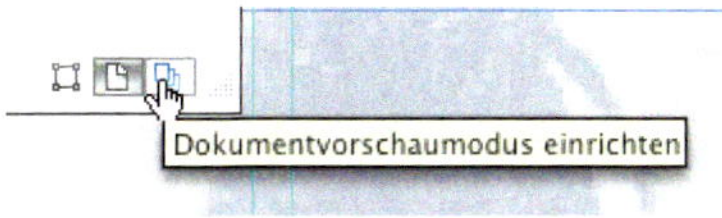

Vorschaueinstellungen

Über das Bedienfeldmenü der **Vorschau** erreichen Sie die Option **Voreinstellungen bearbeiten** und können einsehen, nach welchen Vorgaben InDesign die Vorschau berechnet – auch für die Browser-Ausgabe. Diese Einstellungen sind nahezu identisch mit dem **SWF-Export** aus InDesign. Achten Sie bitte im Reiter **Erweitert** darauf, dass Sie die **Bilder pro Sekunde** auf „30" einstellen, damit Animationen durch den Flash Player flüssig wiedergegeben werden können.

Die Voreinstellungen für die Vorschau offenbaren, dass InDesign eine Flash-Darstellung für die Vorschau berechnet.

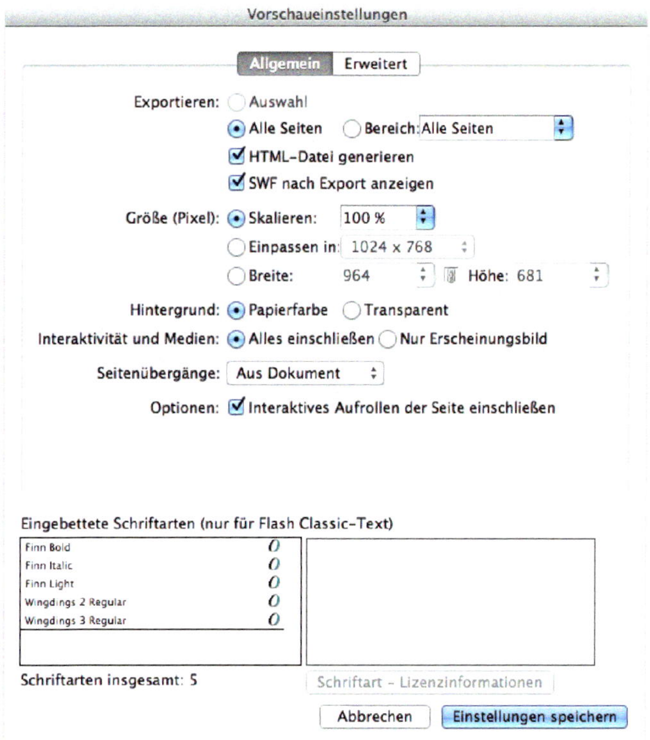

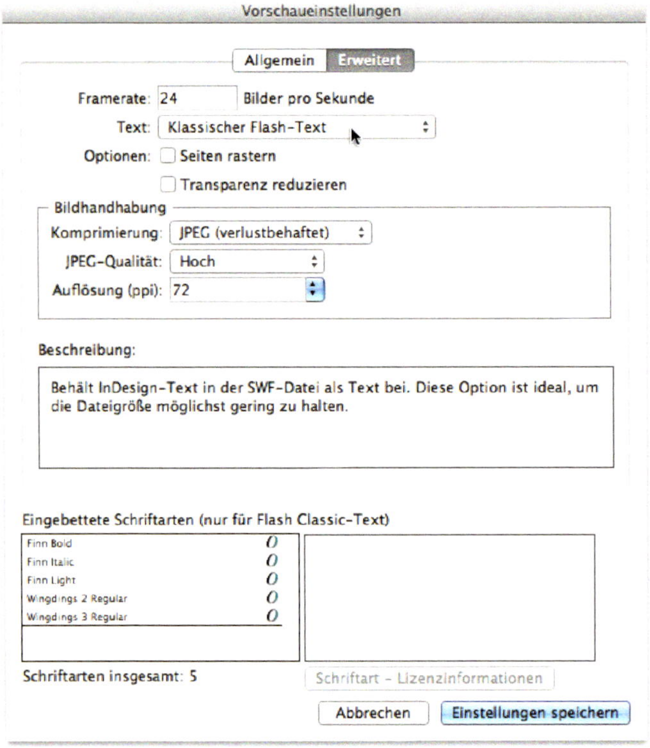

Die Framerate sollte für flüssige Animationen auf 30 Bilder pro Sekunde eingestellt werden.

Wollen Sie nicht nur in InDesign die Datei begutachten, sondern auch im Browser, rufen Sie im Bedienfeldmenü des Bedienfelds **Vorschau** die Option **Im Browser testen** auf. Sogleich erscheint die Präsentation im Browser. Hierfür wird um die Präsentation eine HTML-Datei erzeugt, die einen grauen Hintergrund beinhaltet.

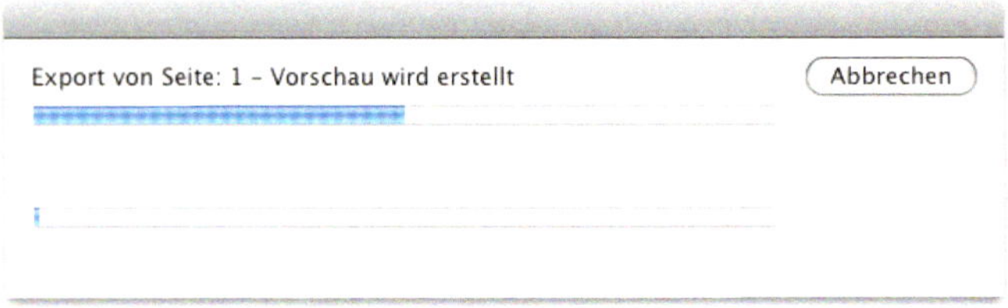

Die Vorschau für den Browser wird berechnet, das kann einen Moment dauern.

Vorschau nicht als Hintergrundprozess

Leider hat Adobe die Hintergrundprozesse, die die Aufgaben auf die Prozessoren des Computers verteilen, nur für den PDF-Export eingerichtet. Ein Hintergrundexport für die Vorschau-Berechnung im Browser sowie die SWF-Ausgabe wäre äußerst sinnvoll, denn auch diese Vorgänge können je nach Dokument längere Zeit in Anspruch nehmen.

Die Vorschau kann auch direkt im Browser stattfinden, damit Sie Interaktionen noch besser beurteilen können.

Hyperlinks und Hyperlinkziele

Hyperlinks, die auf Internetseiten mit einem CMS hinweisen
Die Nachteile entstehen in der späteren Verwendung: Verknüpfungen über das HTTP-Protokoll müssen statisch in eine PDF festgeschrieben werden. Ein Content Management System (CMS) wie Typo3 oder andere PHP-basierte Redaktionssysteme für Internetauftritte vergeben jeder Unterseite einer Website eine ID mit einer festen Nummer und einer Sprachkennzeichnung. Diese URLs müssen also schon bekannt sein, bevor die PDF-Datei erstellt und exportiert werden kann. Jede Änderung in der Informationsstruktur einer Website kann die statisch vergebenen Hyperlinks aus einer PDF nutzlos machen. Wenn Sie selbst auch die Inhalte auf Internetseiten verwalten, sollten Sie darauf achten, dass die ID eines Artikels im CMS identisch bleibt. Somit ist die Verknüpfung von der PDF-Datei zum konkreten Internetartikel gewährleistet.

In diesem Abschnitt erlernen Sie den Umgang mit **Hyperlinks** – Textverknüpfungen – und den Zielen, auf die diese Verknüpfungen hinweisen, darunter **URLs**, **Seiten** und **Textanker**.

Die einfachste Form, einen **Hyperlink** für eine PDF- oder SWF-Datei einzubetten, besteht darin, den gesamten **URL** einfach als Text im Layout darzustellen: *www.complizenwerk.de* verweist automatisch aus einer PDF-Datei auf die gewünschte Website, wenn die PDF-Datei in Adobe Reader oder Acrobat dargestellt wird. Sobald sich der Mauszeiger der Textstelle im Layout nähert, verwandelt sich die Zeigerspitze in den bekannten „Klickfinger". Acrobat und Adobe Reader besitzen beide die Eigenschaft, eine PDF-Datei nach dem Öffnen automatisch nach URLs zu durchsuchen und diese als interaktive Schaltflächen wiederzugeben. Dabei werden auch URLs berücksichtigt, die einfach mit „www." anstelle von „http://..." beginnen.

URLs in Hyperlinks konvertieren

Hyperlinks werden innerhalb von InDesign wie **Querverweise** behandelt, allerdings liegt die Stelle, auf die Sie verweisen möchten, außerhalb oder innerhalb des Dokuments. Daher verwendet Adobe die Bezeichnung **Hyperlinkziel** für eine **Webseite**, eine **E-Mail**, ein **Dokument** oder einen **Textanker** innerhalb des Layoutdokuments. Die **Hyerlinks** erscheinen folgerichtig im selben Bedienfeld wie die **Querverweise**. In den folgenden Schritten zeige ich Ihnen, wie Sie alle **URLs** automatisch in Hyperlinks konvertieren.

1 Bedienfeld Hyperlinks öffnen

Im Layout haben Sie bereits einen **URL** mit der Schreibweise „www…" oder „http://…" als Text eingesetzt. Öffnen Sie nun das Bedienfeld **Fenster** > **Interaktiv** > **Hyperlinks**.

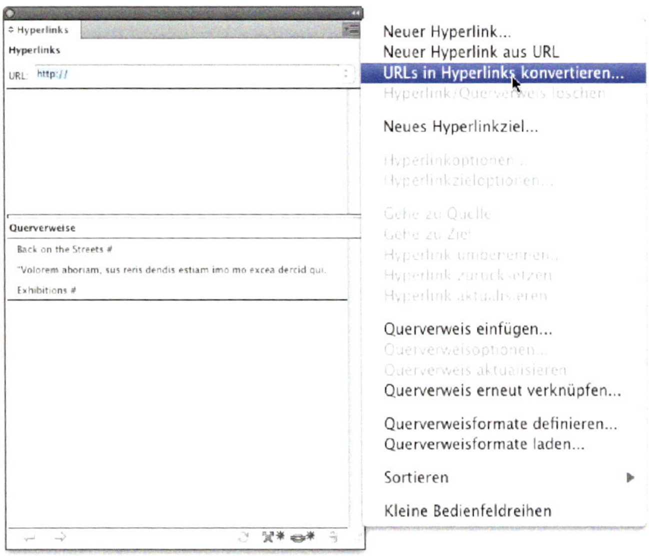

Das Konvertieren von URLs aus dem Text ist denkbar einfach.

2 In Hyperlink konvertieren

Über das **Bedienfeldmenü** und die Option **URLs in Hyperlinks konvertieren** rufen Sie die „automatische" Funktion von InDesign auf.

3 Hyperlinktyp auswählen

Nun öffnen sich die **Optionen** für den Hyperlink. Wählen Sie als **Typ URL** aus. Geben Sie als Ziel die gewünschte **Adresse** im Internet an. Den Hyperlink können Sie mit einem Rahmen kennzeichnen, dies bleibt Ihnen jedoch als Gestaltungsmerkmal überlassen. Bestätigen Sie die Eingabe mit **OK**.

Textanker

Als weitere **Hyperlinkziele** neben den URLs dienen **Seiten** sowie **Textanker**. Während Seiten selbst erklärend sind, können Sie mit Textankern konkrete Stellen im Layout bezeichnen und somit einen **Hyperlink** auf ein **Hyperlinkziel** im Layout „zeigen" lassen.

1 Neues Ziel anlegen

Wählen Sie dazu eine Textstelle im Layout, die als Ziel angegeben werden soll, und rufen Sie im Bedienfeldmenü des Bedienfelds **Hyperlinks** die Option **Neues Hyperlinkziel** auf.

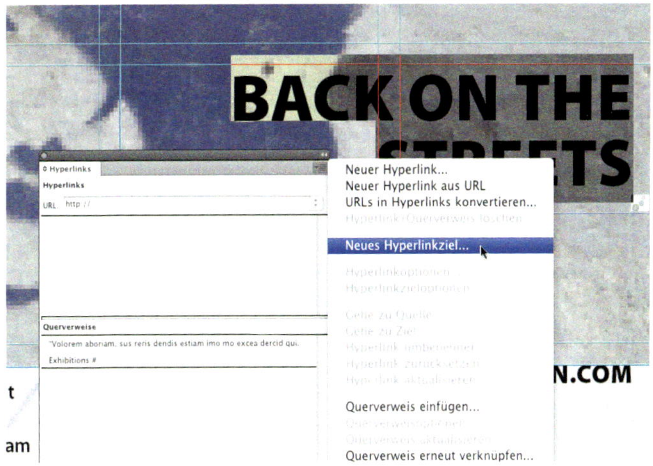

Eine markierte Textstelle können Sie als Hyperlinkziel angeben.

2 Als Textanker definieren

Sobald Sie die Option aufrufen, wird der zuvor markierte Text in den Dialog **Neues Hyperlinkziel** eingetragen und als **Textanker** deklariert.

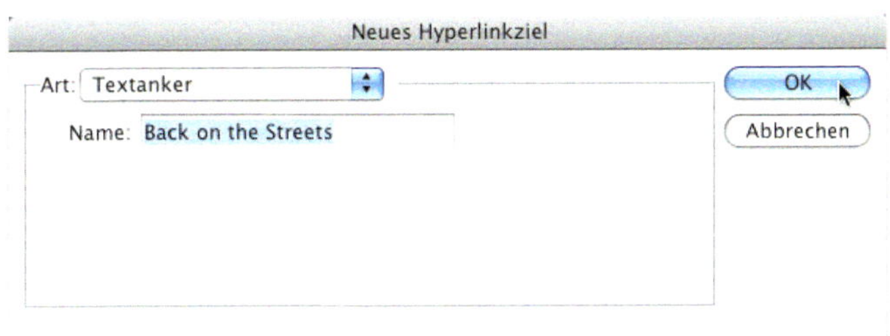

Das Hyperlinkziel erscheint als Textanker.

3 Neuen Hyperlink anlegen

Bestätigen Sie den Dialog mit **OK** und InDesign erstellt ein neues Ziel. Diese Ziele erscheinen selbst nicht im Bedienfeld der Hyperlinks. Im nächsten Schritt müssen Sie einen **neuen Hyperlink** anlegen, der auf dieses Ziel verweist. Dies erreichen Sie ebenfalls über das Bedienfeld **Hyperlinks** und deren Bedienfeldmenü.

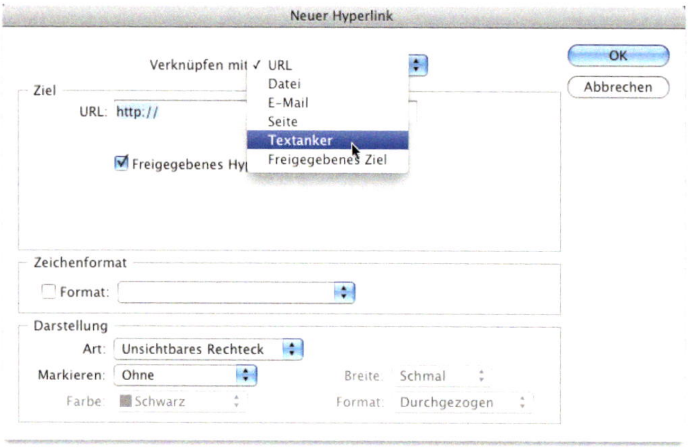

Der Hyperlink zeigt auf die Verknüpfung „Textanker".

4 Textanker wählen

Im Dialog **Neuer Hyperlink** wählen Sie unter **Verknüpfen mit Textanker** aus. Danach rufen Sie im Aufklappmenü den zuvor angelegten **Textanker** auf.

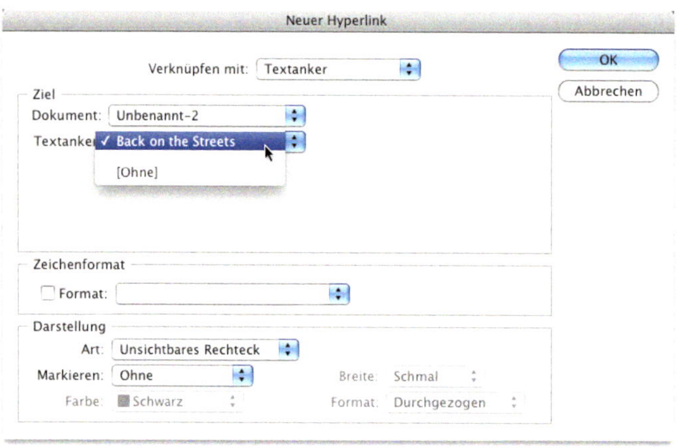

Alle Textanker erscheinen in der Auswahl des geöffneten Dokumentes.

5 Hyperlink formatieren

Für die Darstellung des Hyperlinks im Text können Sie ein **Zeichenformat** ergänzen, das beispielsweise den Hyperlink unterstreicht oder mit einer Farbfläche unterlegt. Die Gestaltung mit Zeichenformaten finden Sie im Kapitel „Absatz- und Zeichenformate" beschrieben. Bestätigen Sie anschließend mit **OK**.

Darstellung von Hyperlinks

In der Rubrik „Darstellung" können Sie in den Optionen zum Hyperlink die Hervorhebung sehen. Diese Möglichkeiten werden nur für die Darstellung in einem exportierten PDF verwendet.

Die Darstellung des Hyperlinks im Text übernimmt ein Zeichenformat.

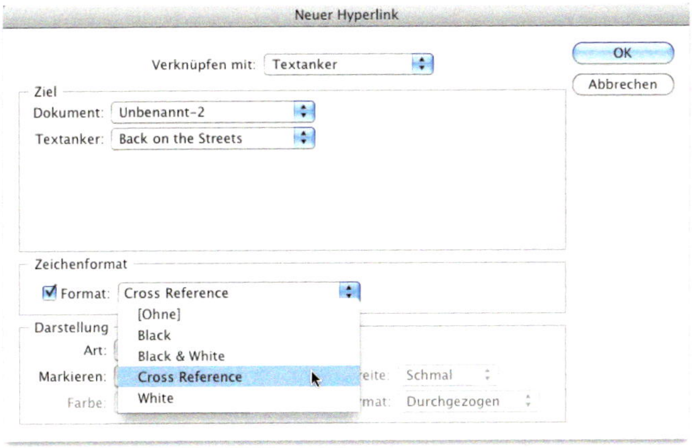

Eine gelungene Betreffzeile kann Ihnen weiterhelfen, nützliche E-Mail- Verknüpfungen aus dem Layout anzulegen.

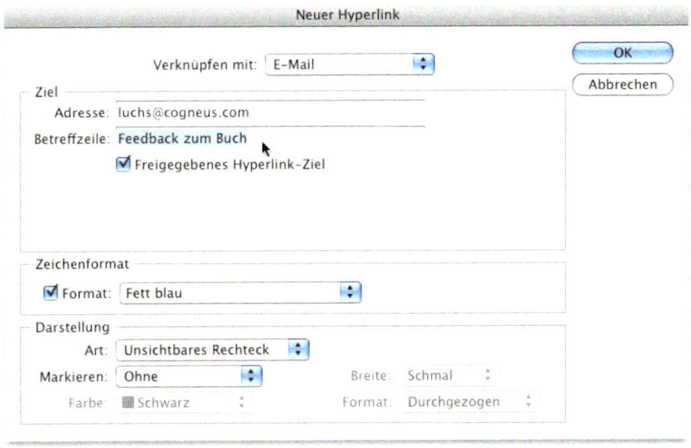

Mailto-Befehle
Neben den Optionen, einen Hyperlink als Seitenwechsel oder Textanker anzulegen, können Sie als Hyperlink auch eine E-Mail angeben. Dadurch wird in der später exportierten PDF-Datei per Mausklick eine neue leere E-Mail mit Betreffzeile geöffnet. Wählen Sie in den Optionen für einen neuen Hyperlink „E-Mail" und geben Sie die gewünschte Adresse ein. Auch die Betreffzeile kann eingefügt werden. Die Link-Formatierung erfolgt in diesem Fall über ein Zeichenformat.

Schaltflächen und Formularelemente

Nach den Hyperlinks kommen wir zum Kern der interaktiven Werkzeuge: den **Schaltflächen**. Eine Schaltfläche in InDesign kann aus einem Rahmen oder einer Rahmengruppe bestehen, die während der Interaktion die grafische Erscheinung ändern kann. Als fest vorgegebene Zustände können Sie *MouseUp*, *MouseOver* und *MouseDown* nutzen und daran Aktionen anfügen, die aufgrund dieser Ereignisse durch die Maus- oder Fingerinteraktion ausgelöst werden. Beachten Sie bitte, dass es bei Multitouch-Geräten wie SmartPhones oder Tablet-Computern keinen MouseOver-Zustand gibt!

Wenn es schnell gehen soll: Beispielschaltflächen
InDesign bietet im Bedienfeldmenü der „Schaltflächen" die „Beispielschaltflächen" an, die Sie per Ziehen & Ablegen im Layout nutzen können. Darunter befinden sich bereits fertige Knöpfe nach rechts oder links, die ein Umblättern der Seiten ausführen.

Umblättern auf der Musterseite
Die einfachste und nützliche Aktion in einer interaktiven Präsentation ist das Umblättern auf die nächste oder vorherige Seite. Verwenden Sie Schaltflächen auf Musterseiten, damit Sie ein Umschalten Seite vor/zurück gleich für alle Seiten anlegen.

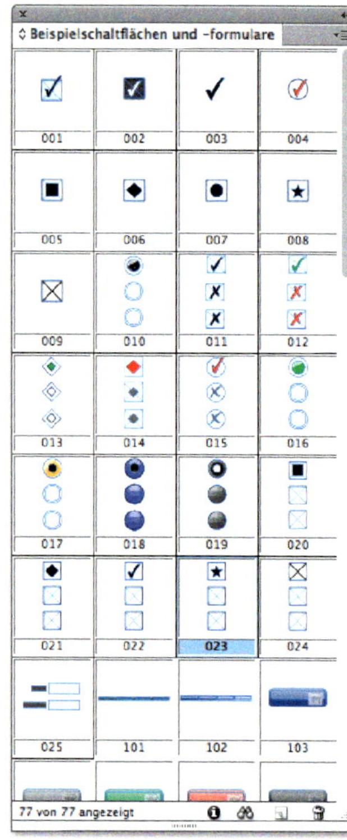

Die Beispiel-Schaltflächen bieten viele fertige Komponenten, die Sie per Ziehen & Ablegen im Layout platzieren können.

Aktionen auf Schaltflächen

Zunächst können Sie jeden Rahmen als Basis nutzen, eine Schaltfläche einzurichten. Dazu wählen Sie den Rahmen oder die Gruppe mit der **Auswahl** an und rufen mit dem **Kontextmenü** den Befehl **Interaktiv > In Schaltfläche umwandeln** auf. Anschließend wird das Bedienfeld **Schaltflächen** eingeblendet und der Rahmen wird mit einer gestrichelten Umrisslinie dargestellt.

Ein Formular kann Bestandteil jedes beliebigen InDesign-Dokuments sein. Ausgangspunkt für jedes Formularelement, das Sie selbst erstellen ist ein Rahmen – erstellt mit dem Textwerkzeug oder einem der Rahmenwerkzeuge. Dieser Rahmen kann auch bereits mit Flächen- und Konturfarben sowie Konturstärke und -stil versehen sein. Da Acrobat aber recht beschränkt ist, was die Interpretation von speziellen Füllungen und Konturen in Formularelementen betrifft, sollten Sie sich im Wesentlichen auf rechteckige Rahmen mit durchgezogener Kontur beschränken.

Um nun diesen Rahmen beispielsweise zu einem ausfüllbaren Textfeld zu machen, ist keinerlei Konvertierung nötig. Sobald Sie im Bedienfeld **Schaltflächen und Formulare** etwas aus dem **Typ**-Aufklappmenü auswählen, findet automatisch die Umwandlung von einem normalen Layoutobjekt in eine Schaltfläche beziehungsweise ein Formularelement statt.

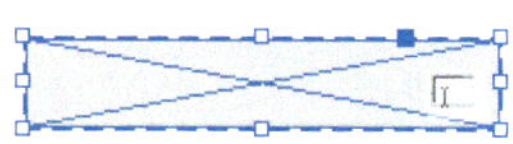

Eine Schaltfläche hat einen gestrichelten Rand und ein Symbol, das auf ihren Zweck hindeutet.

Im Bedienfeld **Schaltflächen und Formulare** weisen Sie dem Rahmen nun die gewünschten Formular-Eigenschaften zu. Derer gibt es viele, weswegen ich Ihnen die verfügbaren Optionen nacheinander vorstelle.

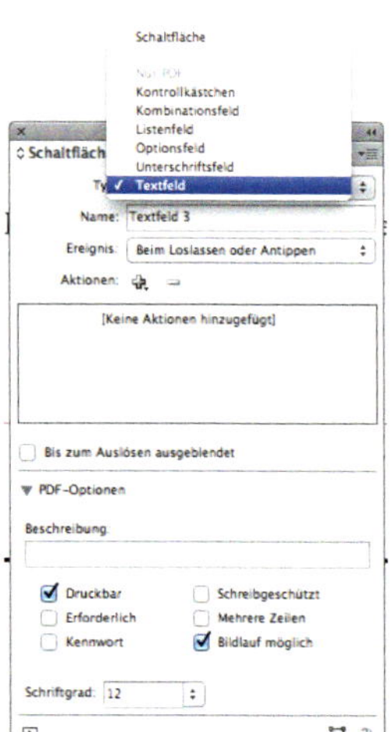

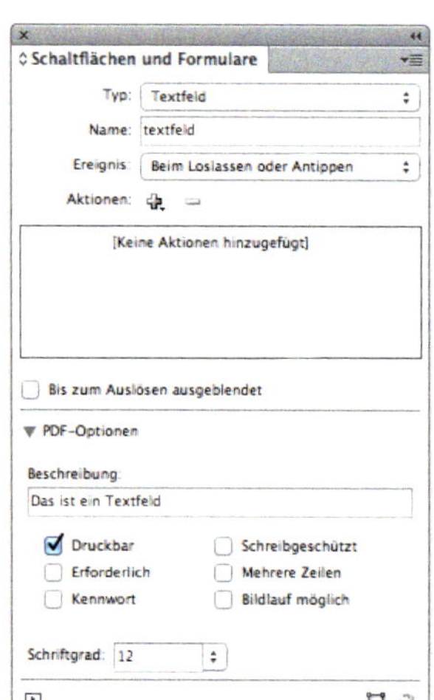

Überblick in der Optionenvielfalt gibt Ihnen die folgende Tabelle.

Eigene Schaltflächen mit Objektformaten
Wenn Sie sich mit der Gestaltung mit Schaltflächen eingehender beschäftigen wollen, empfehle ich Ihnen, die Rahmen mit Objektformaten zu gestalten, um mehrere Schaltflächen in Ihrem Layout auf dieselbe Weise zu formatieren.

Option	Bedeutung/Verwendung
Typ	Der Feldtyp entscheidet über den grundsätzlichen Zweck dieses Formularelements und seine weiteren Möglichkeiten. Falls Sie sich mit Formularen bisher noch nicht beschäftigt haben, hier ein Überblick:
- Schaltfläche	Jede Art Knopf, bei dessen Betätigung eine Aktion ausgelöst werden kann, zum Beispiel das Ein- oder Ausblenden eines anderen Elements.
- Kontrollkästchen	Ein Kästchen zum Ankreuzen beziehungsweise Häkchensetzen. Bildet es mit anderen Kontrollkästchen eine logische Gruppe, können vom Benutzer des Formulars beliebig viele davon aktiviert werden. Es kommt zum Einsatz, wenn ein Merkmal (zum Beispiel „Welche Adobe-Programme benutzen Sie?") gleichzeitig mehrere Ausprägungen haben kann (zum Beispiel „Illustrator", „InDesign", „Photoshop"). Üblicherweise werden **Kontrollkästchen** als kleine Quadrate mit heller Füllung und dunkler Kontur gestaltet.
- Kombinationsfeld	= Eine Liste mit mehreren gleichzeitig sichtbaren Einträgen (und gegebenenfalls einem vertikalen Rollbalken, falls nicht alle Objekte ins Feld passen), von denen der Benutzer durch [⌘ Strg]-Klick mehrere auswählen kann.
- Listenfeld	Eine Liste als Aufklappmenü; nur ein Eintrag kann jeweils ausgewählt werden.
- Optionsfeld	Ein Kästchen zum Ankreuzen beziehungsweise Häkchensetzen. Bildet es mit anderen Optionsfeldern eine logische Gruppe, kann und muss vom Benutzer des Formulars genau eins davon aktiviert werden. Es kommt zum Einsatz, wenn ein Merkmal (zum Beispiel „Was ist Ihre aktuellste InDesign-Version?") nur eine von mehreren möglichen Ausprägung haben kann (zum Beispiel „CS4", „CS5", „CS6"). Üblicherweise werden **Optionsfelder** als Kreise mit heller Füllung und dunkler Kontur gestaltet, und statt eines Häkchens erscheint ein Punkt in der Mitte.
- Unterschriftsfeld	Ein Feld, das eine digitale PDF-Signatur aufnehmen kann.
- Textfeld	Ein Feld, das beliebigen Text aufnehmen kann. Einfache Einschränkungen sind möglich, aber wenn Sie eine Plausibilitätsprüfung (zum Beispiel bei Postleitzahlen oder E-Mail-Adressen) vornehmen möchten, sind nachträgliche Eingriffe in Acrobat nötig.
Name	Der Name des Formularelements; dient hauptsächlich der Referenzierung. Sie sollten keine Umlaute, Punkte und Schrägstriche verwenden, da beim Export der Formulardaten in (englischsprache) Datenbanken sonst Probleme auftreten könnten. Eine konsequente Schreibweise der Namen – grundsätzlich Kleinschreibung oder Groß-/Kleinschreibung – trägt ebenfalls dazu bei, dass Ihre Formulare problemlos gepflegt und verarbeitet werden können.
Ereignis	Jedem Formularelement kann ein Mausereignis zugewiesen werden: Beim Loslassen oder Antippen = Klick-/Tippvorgang beendet Bei Klick = Klickvorgang begonnen (bevor Maustaste wieder losgelassen wird) Bei Rollover = Mauszeiger über Feld (ohne Klick) Bei Rolloff = Mauszeiger wieder aus dem Feld (ohne Klick) Feld aktivieren (PDF) = Leser springt zum Feld (z.B. mit [⇥]-Taste) Feld deaktivieren (PDF) = Leser springt aus dem Feld (z.B. mit [⇥]-Taste)
Aktionen	Dem Formularelement werden mit dem Pluszeichen Aktionen wie Blättern, Drucken, Felder aus-/einblenden usw zugewiesen. Unerwünschte Aktionen können mit dem Minuszeichen wieder gelöscht werden.
Erscheinungsbild	Für Schaltflächen, Kontroll- und Optionskästchen kann hier ein Mauseffekt zur Änderung der grafischen Darstellung angelegt werden.

Option	Bedeutung/Verwendung
Bis zum Auslösen ausgeblendet	Ein Formularelement kann ausgeblendet bleiben, bis es durch ein Ereignis (zum Beispiel **Feld aktivieren**) in einem anderen Formularelement sichtbar gemacht wird.
PDF-Optionen	Mit dieser Funktion können Optionen ein- beziehungsweise ausgeblendet werden, die ausschließlich im PDF-Formular relevant sind.
Beschreibung	Der hier eingetragene Wert wird im PDF als QuickInfo angezeigt und ist erforderlich zum Beispiel für Barrierefreiheit.
Druckbar	Bestimmt, ob das Formularelement beim Ausdrucken erscheint oder nicht. Wichtig für Elemente, die nur auf dem Bildschirm eine Bedeutung haben, zum Beispiel ein **Drucken**-Knopf.
Erforderlich	Ist dieses Formularelement nicht ausgefüllt/angehakt, kann das Formular nicht gedruckt oder online verschickt werden.
Kennwort	Macht ein Textfeld zu einem Kenntwort-Feld, in dem Texteingaben nur als schwarze Punkte dargestellt werden.
Schreibgeschützt	Das Formularelement kann nicht angewendet werden. Das heißt: Textfeld kann nicht ausgefüllt und eine Schaltfläche nicht betätigt werden.
Mehrere Zeilen	Ermöglicht, dass in Textfeldern mehrere Zeilen geschrieben werden können.
Bildlauf möglich	Ermöglicht, dass in Textfeldern fast endlos viele Zeichen in einer Zeile oder in Verbindung mit der Funktion »Mehrere Zeilen« fast endlos viele Zeilen geschrieben werden können.
Schriftgrad	Hier wird eingestellt, mit welcher Schriftgröße das Formularelement ausgefüllt werden soll. Leider ist es nicht möglich, auch die Schriftart anzugeben. Das muss dann später in der Weiterverarbeitung im Acrobat eingestellt werden.
Standardmäßig ausgewählt	Diese Funktion gilt für Kontrollkästchen und Optionsfelder. Damit wird das entsprechende Element bereits aktiviert, wenn der Leser das Formular öffnet.
Elemente sortieren	Damit werden bei den Kombinations- und Listenfeldern die Listenelemente alphabetisch sortiert.
Mehrfachauswahl	Diese Funktion ermöglicht, in Listenfeldern mehrere Listenelemente gleichzeitig auszuwählen.
Listenelemente	Hier werden für die Kombinations- und Listenfeldern die einzelnen Listenelemente eingetragen.

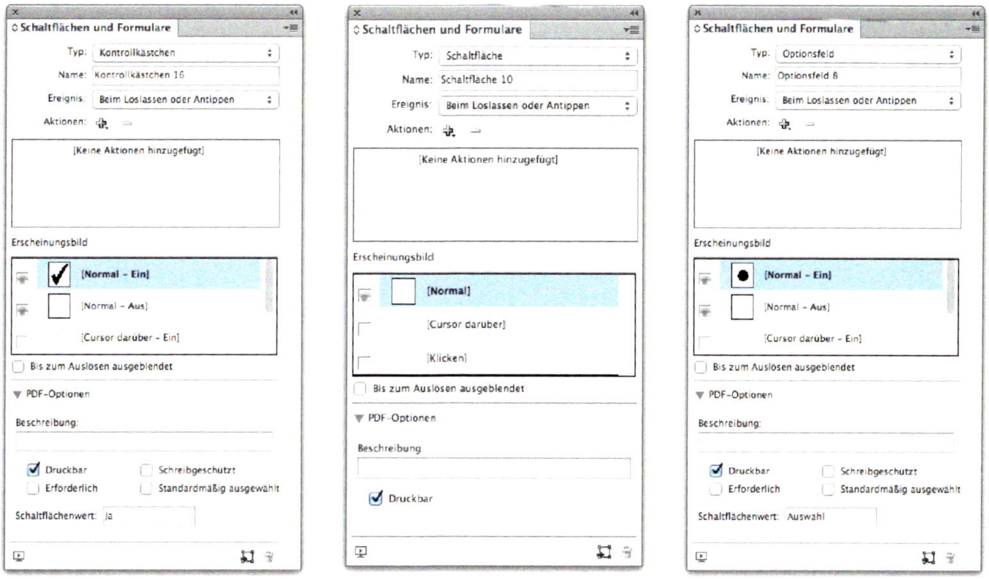

Drei typische Konfigurationen: Kontrollkästchen Schaltfläche und Optionsfeld.

Um *Workflows* für erweiterte Formulare zu nutzen, können Sie das Basisformular exportieren und es dann in Adobe Acrobat weiter bearbeiten. Das geht so:

1 Element grafisch gestalten

Platzieren Sie einen Rahmen an der Stelle, an der das Formularfeld stehen soll, und bearbeiten Sie ihn wie gewohnt. Wegen der bereits erwähnten Einschränkungen in Acrobat sollten Sie bei Rahmenform und Konturenstil sehr „bescheiden" vorgehen.

2 In Formularelement umwandeln

Der Rahmen ist ausgewählt, und im Bedienfeld **Schaltflächen und Formulare** wählen Sie aus der Liste **Typ** einen Elementtyp aus.

3 Namen eingeben

Um eine Optionsfeldgruppe zu erstellen, müssen alle einzelnen Schaltflächen denselben Namen haben. Sonst lassen Sie einfach den Namen stehen, den InDesign automatisch vergibt.

4 Aktion(en) hinzufügen

Eventuell ein Ereignis auswählen und die damit zu verknüpfende Aktionen (zum Beispiel **Formular löschen**, **Formular drucken**) hinzufügen.

Animationen auf Klick starten
Haben Sie eine Schaltfläche eingerichtet, können Sie damit auch die Animation einer anderen Schaltfläche „starten".
◢ *Animationen: Seite 558*

Gehe zu Ziel
Gehe zu erster Seite
Gehe zu letzter Seite
Gehe zu nächster Seite
Gehe zu vorheriger Seite
Gehe zu URL
Schaltflächen und Formulare ein-/ausblenden
Audio
Video
Nur Liquid-HTML5 und SWF
Animation
Gehe zu Seite
Gehe zu Status
Gehe zu nächstem Status
Gehe zu vorherigem Status
Nur PDF
Formular zurücksetzen
Gehe zu nächster Ansicht
Gehe zu vorheriger Ansicht
Datei öffnen
Formular drucken
Formular senden
Ansichtszoom

Diese Aktionen lassen eine Interaktion mit dem Benutzer zu, aber nicht alle sind für jedes Ausgabeformat verfügbar.

5 Zustände definieren

Bei Optionsfeldern, Kontrollkästchen oder Schaltflächen sollten Sie Erscheinungsbild-Attribute für die verschiedenen Zustände (normal, aktiviert) festlegen.

Sie können die **Zustände** einer Schaltfläche selbst in InDesign gestalten und während der Interaktion auch die Inhalte ändern. Hierzu wählen Sie im **Erscheinungsbild** anstelle des Zustands **[Normal]** den neuen Zustand **[Cursor darüber]** aus. Alle Änderungen am Rahmen, die Sie nun in diesem Zustand machen, werden ausdrücklich nur dann sichtbar, wenn der Benutzer später mit dem Mauszeiger über die Fläche fährt.

6 Schaltflächenwert eintragen

Schaltflächenwert bei Optionsfeldern, Kontrollkästchen angeben. Dieser Wert entspricht dem Exportwert in Acrobat und kann auch verwendet werden, um in einem barrierefreien Formular ein Optionsfeld innerhalb einer Gruppe zu identifizieren.

Festlegen der Aktivierreihenfolge

Zum Erstellen benutzerfreundlicher und barrierefreier Formulare ist es erforderlich, eine geeignete Aktivierreihenfolge zuzuweisen. So können die Benutzer durch die Formularfelder navigieren, ohne ein Zeigegerät zu verwenden. Durch Drücken der Tabulatortaste [⇥] wird der Fokus auf das nächste logische Feld verschoben.

Es gibt zwei Methoden, um die Aktivierreihenfolge in einem mit Tags versehenen PDF-Dokument festzulegen:

Über das Artikel-Bedienfeld

- Öffnen Sie über **Fenster** > **Artikel** das **Artikel**-Bedienfeld.
- Ziehen Sie die Formularfelder in das Bedienfeld.

- Ziehen Sie im Bedienfeld jetzt die Felder in die gewünschte Reihenfolge.

Damit Bildschirmlesehilfen die festgelegte Reihenfolge verwenden können, muss im **Artikel**-Bedienfeldmenü die Option **Für Leserichtung in PDFs mit Tags verwenden** aktiviert werden. Beim Exportieren als PDF-Datei aktivieren Sie dann bitte die Option **PDF mit Tags erstellen**.

Die Reihenfolge im Bedienfeld soll für PDFs aktiviert werden.

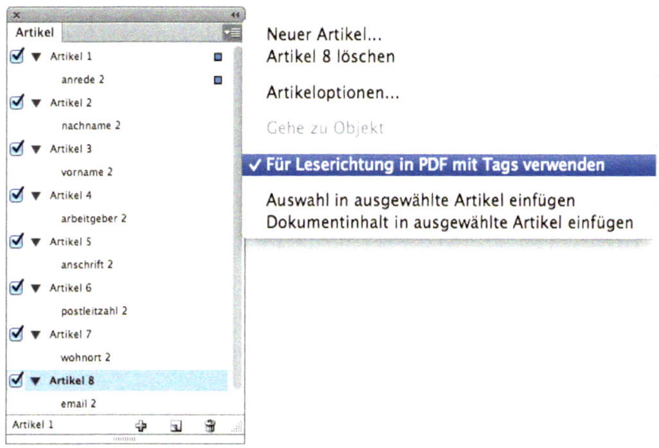

Über den Dialog Aktivierreihenfolge

- Öffnen Sie **Objekte** > **Interaktiv** > **Aktivierreihenfolge festlegen**
- Mit den Knöpfen **Nach oben** und **Nach unten** bringen Sie die Elemente in die gewünschte Reihenfolge.
- Beim Exportieren als interaktives PDF müssen Sie dann die Option **Struktur für Aktivierreihenfolge verwenden** aktivieren.

Schieben Sie die Elemente an den gewünschten Listenplatz.

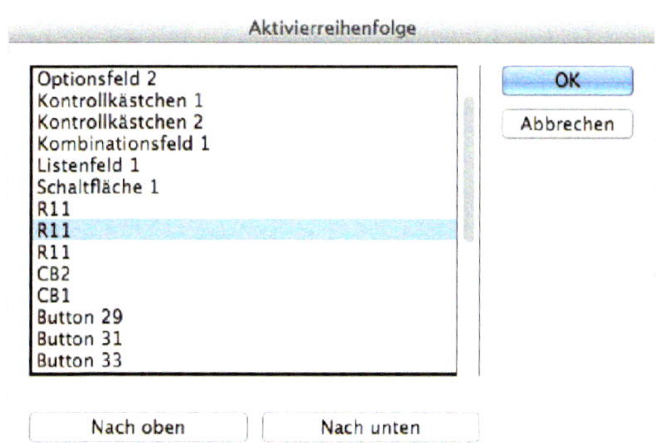

PDF-Formulare sind interaktive Dokumente. Und so müssen sie auch aus InDesign exportiert werden. Wählen Sie **Datei** > **Exportieren** > **Adobe PDF (interaktiv)** und nehmen Sie die Einstellungen vor, wie auf den letzten Seiten erklärt: Für eine barrierefreie Anwendung sollten die beiden Funktionen unter **PDF mit Tags** aktiviert werden. Bei Dateien mit Bildern sollte die **JPEG-Qualität auf hoch** und die **Auflösung auf 100 ppi** eingestellt werden. Das macht die Datei zwar größer als unbedingt nötig, führt aber zu einer deutlich besseren Wiedergabe.

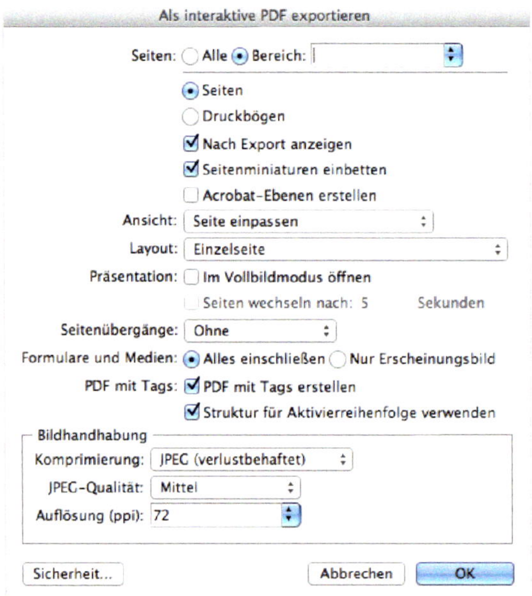

Mit diesen Einstellungen erhalten Sie ein PDF, das gute Voraussetzungen für Barrierefreiheit mitbringt.

Konkreter Seitenwechsel für SWFs und PDFs

Wenn Sie mit einer **Schaltfläche** exakt auf eine konkrete Seite umblättern wollen, ist das nur möglich, wenn Sie aus InDesign später eine SWF-Datei exportieren. Wählen Sie dazu eine Schaltfläche aus und rufen Sie im Bedienfeld **Schaltflächen** mit einem Klick auf das **Plus**-Symbol die **Aktionen** auf. Rufen Sie dann die Aktion **Gehe zu Seite** auf und geben Sie anschließend die Seitenzahl unterhalb der Aktionsliste ein.

Aber es gibt auch eine Alternative für PDF-Dateien. Dazu stehen Ihnen die **Querverweise** zur Verfügung. Da beim Layout einer Präsentation nie endgültig klar ist, auf welcher Seite der entsprechende Inhalt erscheint, und die Seitenfolge immer wieder umgestellt werden muss, ist ein Querverweis flexibler, denn er verweist auf einen konkreten Inhalt im Dokument, passt sich an Seitenumstellungen automatisch an und erscheint später als interaktives Element in einer exportierten

◢ *Querverweise: Seite 284*

PDF-Datei oder einer SWF-Datei. Anstelle des Querverweises können Sie auch einen **Hyperlink** auf einen **Textanker** definieren, damit erhalten Sie ebenso einen Seitenwechsel auf eine konkrete Seite.

Medien

Nicht nur simple Seitenwechsel sind mit InDesign, einem PDF und einem SWF möglich, sondern auch das Steuern von platzierten *Filmen oder Sounds* innerhalb des Layouts. Sie können hierzu eine *Quicktime-Datei, eine FLV-Datei (Flash Video)* oder eine *MP3-Datei* im Layout platzieren und anschließend das Abspielen des Films oder des Sounds in einem PDF oder SWF per Schaltfläche steuern. Zunächst müssen Sie jedoch eine ideale Darstellung für den Film im Layout wählen, wie ich Ihnen in den nächsten Schritten demonstriere.

Video platzieren

Rufen Sie die **Platzieren**-Funktion mit ⌘ Strg D auf. Wählen Sie eine Videodatei im Format **Quicktime** oder **FLV**. Platzieren Sie die Datei wie ein Bild im Layout und skalieren Sie sie anhand des Layoutrasters. Im Layoutmodus erhält das platzierte Video ein **Filmsymbol** zur besseren Unterscheidung von herkömmlichen Bildern. Anschließend öffnen Sie im Menü **Fenster** > **Interaktiv** das s.

Das Video erscheint zunächst mit dem ersten Frame, der meistens schwarz ist.

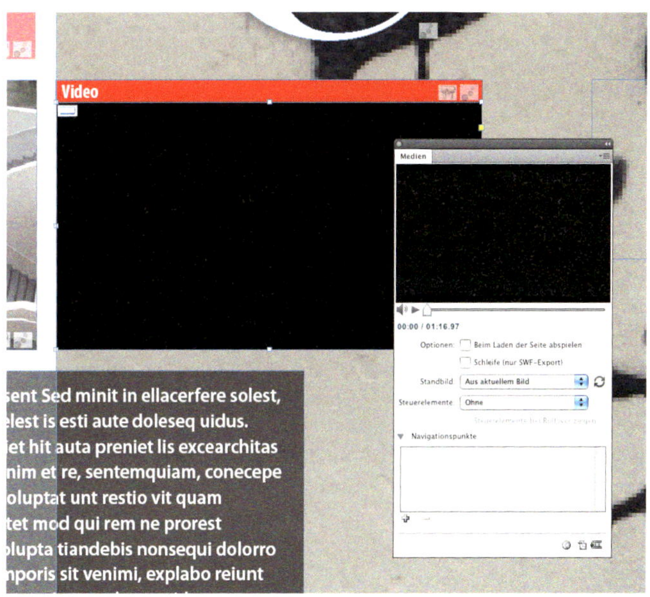

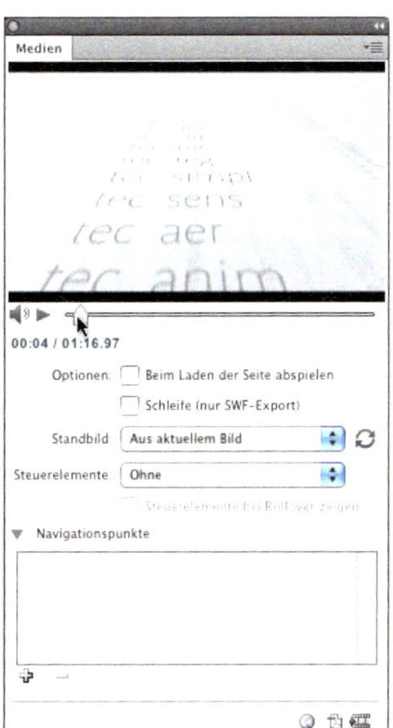

Mithilfe des Reglers suchen Sie eine Position im Video, die als Standbild dienen soll.

Mithilfe des **Reglers** im **Medien**-Bedienfeld können Sie nun eine Vorschau des Videos anschauen und ein geeignetes **Standbild** finden. Klicken Sie in das Optionsmenü **Standbild** und wählen Sie **Aus aktuellem Bild**. So wird dieses Bild in das Layout eingefügt.

In den **Optionen** legen Sie fest, ob das Video bereits **beim Laden der Seite abgespielt** wird und ob dies einmalig oder endlos passiert. Für eine wiederholte Abspielung wählen Sie **Schleife**.

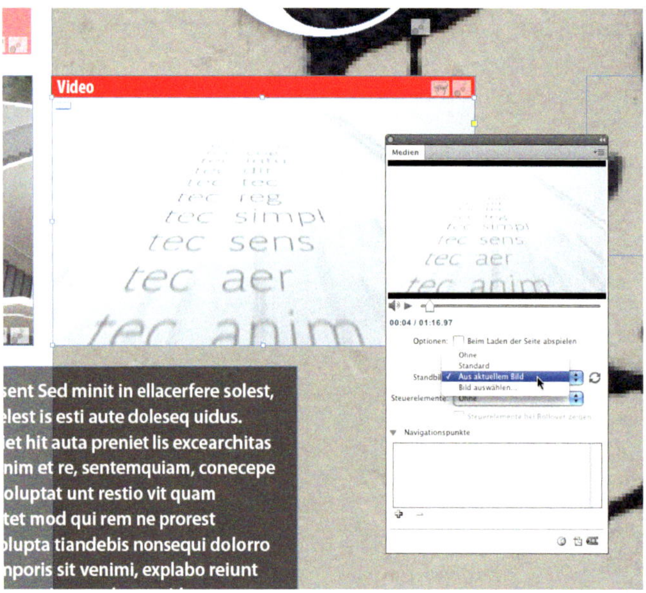

Alternativ zum Standbild aus der Zeitleiste können Sie auch ein anderes Bild einladen, das anstelle des Videos im Layout gezeigt wird.

Wie erscheint nun das Video in der später exportierten SWF- oder PDF-Datei? Die **Steuerelemente** des Videos wählen Sie ebenfalls im **Medien**-Bedienfeld. Dabei handelt es sich um Flash-Komponenten, die entweder unterhalb des Videos oder direkt auf dem Video Schaltflächen zeigen, die das Starten/Stoppen des Videos ermöglichen oder zeigen, an welcher Stelle sich das Video auf der Zeitleiste befindet.

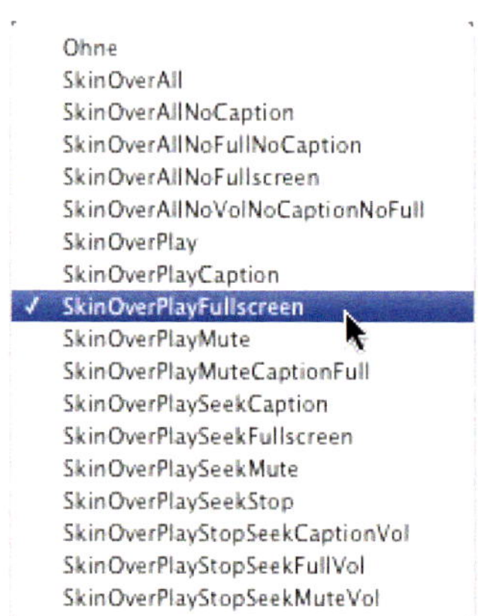

Die Auswahl der Steuerelemente für das Video

Wie nun das Video im Layout erscheint, prüfen Sie am besten gleich mit der Vorschau. Dazu rufen Sie im Menü **Fenster > Interaktiv > Vorschau** auf. Wenn Sie die **Vorschau** noch einmal von Anfang an genießen wollen, klicken Sie nach erstmaligem Ablaufen den **Abspiel**-Knopf links unten am Bedienfeld **Vorschau** erneut.

Die Vorschau zeigt platzierte Videos im Layout und spielt auch den dazugehörigen Ton ab. Halten Sie sich dieses Buch mal ganz nahe ans Ohr.

Steuern von Videos per Navigationspunkt und Schaltfläche

Wem das Platzieren und Abspielen von Videos im Layout nicht genügt, der kann mithilfe des Bedienfelds **Medien** und **Schaltflächen** genau bestimmen, welche Schaltfläche das Video ab welchem Punkt abspielt. Hierzu wählen Sie im **Medien**-Bedienfeld zunächst mit dem **Regler** den gewünschten **Zeitpunkt** aus. Anschließend klicken Sie auf das **Plus**-Symbol am unteren Ende des Bedienfelds. Nun speichert InDesign diesen Zeitpunkt als **Navigationspunkt** ab. Diese Punkte dienen Schaltflächen als Markierung, vergleichbar mit den *Kapitelmarken* einer *DVD*.

Mithilfe der Navigationspunkte können längere Videos komfortabel unterteilt werden.

Sobald Sie eine Schaltfläche einrichten, können Sie im Bedienfeld **Schaltflächen** die **Aktion Video** aufrufen. InDesign wählt zunächst die Aktion **Abspielen**. Anschließend wählen Sie das platzierte Video in der gleichnamigen Auswahlliste aus. Mithilfe der **Optionen** können Sie die Aktion **Wiedergabe ab Navigationspunkt** aufrufen. Sofort erscheint darunter die Liste mit den zuvor gewählten Zeitpunkten.

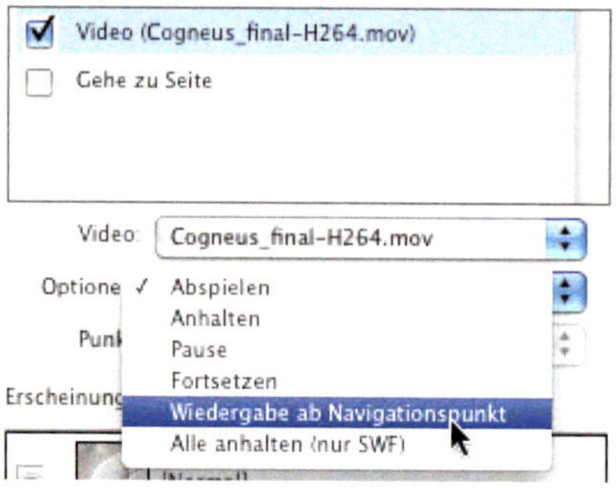

Eine Schaltfläche kann ein platziertes Video starten oder ab einem festgelegten Navigationspunkt abspielen.

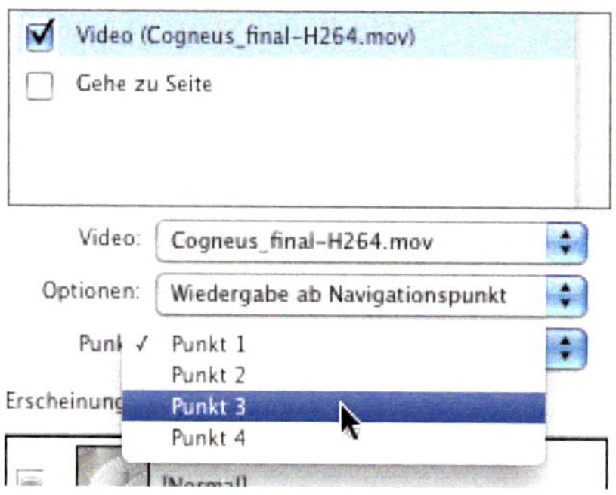

Die Auswahl der Navigationspunkte erfolgt in einem Auswahlmenü.

Weitere Video-Optionen

Die Wiedergabe in einer SWF-Datei ist unproblematisch. Für eine PDF-Datei benötigt InDesign noch weitere Angaben. So ist es möglich, das Video nicht in der platzierten Größe im Layout abspielen zu lassen, sondern als eigenes Fenster im Vollbildmodus. Wählen Sie hierzu im Bedienfeldmenü der Medien die **PDF-Optionen** aus und machen Sie die entsprechenden Angaben.

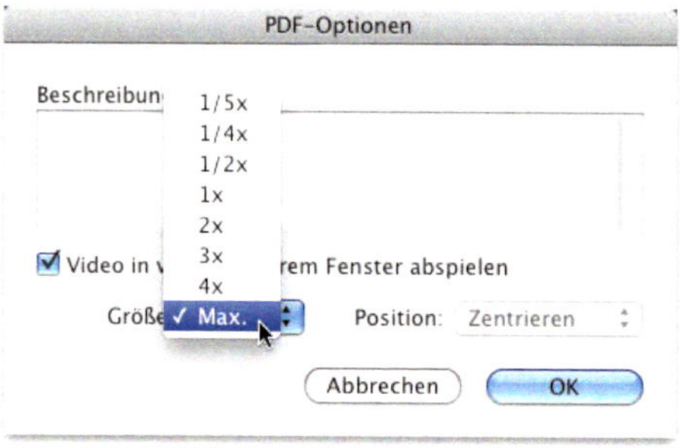

Das Video wird für eine PDF-Datei in einem eigenen Fenster in maximaler Bildschirmgröße abgespielt.

Wenn Sie das Video, das Sie in der späteren PDF- oder SWF-Datei darstellen wollen, nicht einbetten, können Sie im Bedienfeldmenü der **Medien** das **Video per URL** verknüpfen. Anschließend geben Sie im Dialog für das Video den URL an, unter dem die Videodatei abgerufen werden kann. Hierbei sollte es sich unbedingt um ein Videoformat handeln, das mit dem aktuellen *Flash-Player* wiedergegeben werden kann.

Alternativ lassen sich Videos aus dem Internet einbinden.

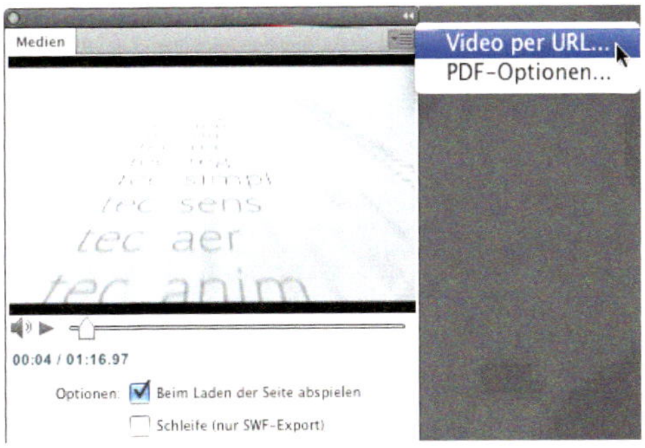

Objektstatus

◢ DPS: Seite 579

Die derzeit größte Rolle spielt der Objektstatus in der **Digital Publishing Suite**. Der „klassische" Fall allerdings ist die Umsetzung einer Bildergalerie. Danach wollen Sie diese Funktion garantiert ausprobieren.

1 Rahmen ausrichten

Platzieren Sie mehrere Bilder gleicher Größe im Layout und richten Sie mithilfe des Bedienfelds **Ausrichten** die Rahmen so aneinander aus, dass alle Rahmen exakt übereinander liegen.

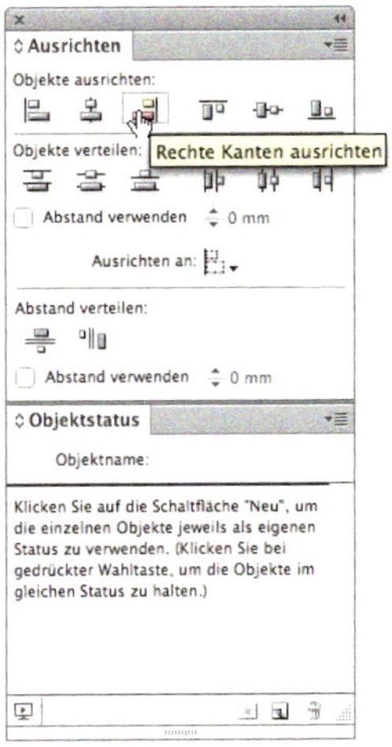

Die Bilder liegen versetzt übereinander.

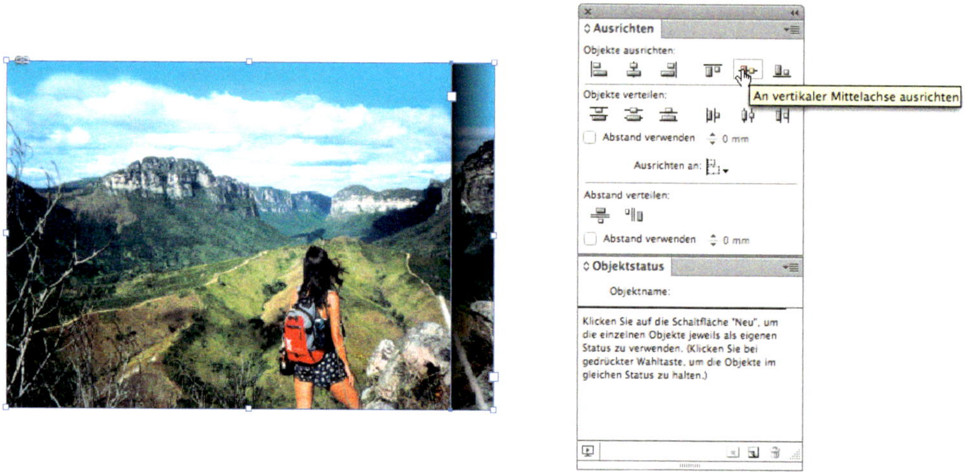

Die Bilder liegen passgenau übereinander.

2 Objektstatus erzeugen

Haben Sie nun die Rahmen aneinander ausgerichtet und alle bis auf die Schaltfläche markiert, rufen Sie das Bedienfeld **Objektstatus** aus dem Menü **Fenster** > **Interaktiv** auf. Hier klicken Sie auf das **Blatt**-Symbol und erzeugen dadurch ein **Objekt mit mehreren Status**.

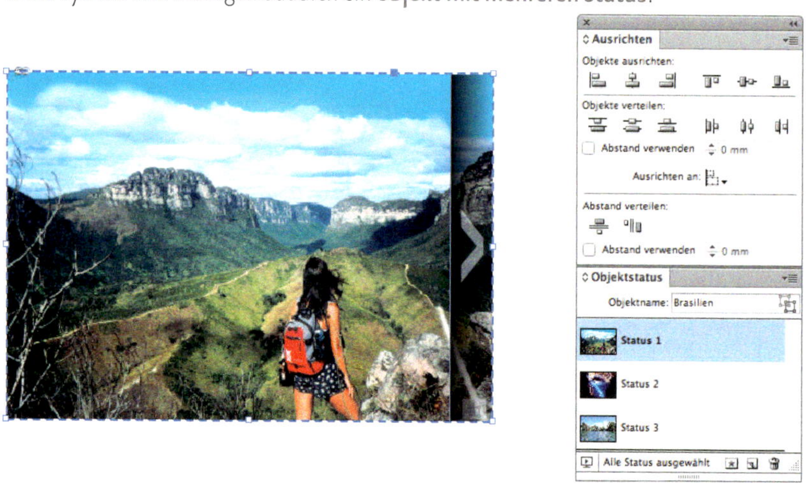

3 Namen vergeben

Benennen Sie den **Objektstatus** sinnvoll, damit Sie später dieses Objekt durchblättern können. Per Klick auf die **Status** im Bedienfeld können Sie den „*Bilderstapel*" testen.

Haben Sie alle Bilder (ohne die Schaltfläche!) ausgewählt, erzeugen Sie einen Objektstatus mit Klick auf das Blatt-Symbol.

4 Schaltfläche formatieren

Markieren Sie jetzt die **Schaltfläche** und öffnen Sie das Bedienfeld **Schaltflächen und Formulare**. Wählen Sie als Typ **Schaltfläche** und als Aktion **Gehe zu nächstem Status**.

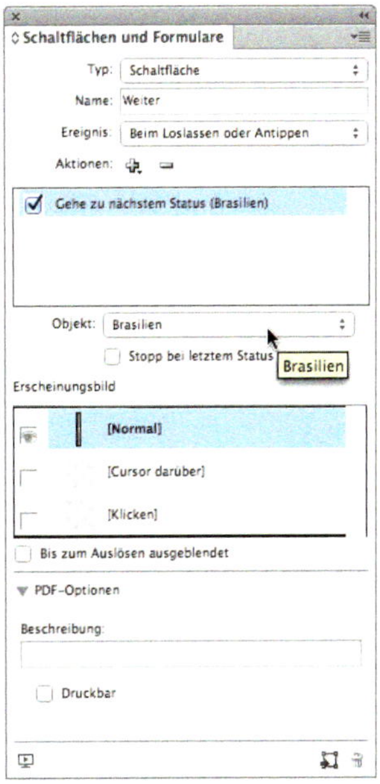

Eine Schaltfläche dient nun zum Aufrufen der Status im Bilderstapel „Brasilien".

5 Objekt zuweisen

Haben Sie mehrere **Objektstatus** in Ihrem Layout definiert, wählen Sie anschließend unter **Objekt** Ihren gewünschten aus.

6 Galerie testen

Abschließend rufen Sie die **Vorschau** auf, indem Sie in den Schaltflächen auf das **Symbol** unten links klicken. Die Vorschau wird geöffnet und zeigt den ersten Objektstatus. Per Klick auf die Schaltfläche blättern Sie nun in den nächsten Status um.

7 Optional: Zurückblättern

Wenn Sie möchten, können Sie nun auch noch eine Schaltfläche bauen, die das **Zurückblättern** im „Bilderstapel" erlaubt.

Beachten Sie bitte, das der Objektstatus ausschließlich in SWF-Dateien exportiert werden kann. Eine andere Ausgabe, etwa als PDF, ist nicht möglich.

Animationen

Seit InDesign CS5 gibt es die Animationen. Wer jetzt denkt, dass es sich um komplexe Dialoge mit üppigen Voreinstellungen handelt, den darf ich positiv überraschen: InDesign hat die mit Abstand einfachste Bedienung für die Animation von Rahmen in der gesamten Creative Suite! Sogar die Adobe-Programmierer von Flash waren neidisch, dass ihnen InDesign mit diesem Werkzeug um eine Nasenlänge voraus ist. Der Vergleich ist natürlich unfair, schließlich lassen sich in InDesign Animationen nicht programmieren oder in einer Zeitleiste genau abspielen. Dennoch ist es verblüffend, wie gut Sie mit InDesign eine Animation gestalten können. Das Geheimnis: gute Animationsvorlagen – die von Flash „ausgeliehen" wurden – und ein Bedienfeld namens **Zeitpunkt**.

Animationen sind nur etwas für das SWF

In diesem Abschnitt steht das PDF einmal ausnahmsweise nicht gut da: Animationen können nur als SWF exportiert werden! Animationen im PDF sind ansatzweise als Seitenübergang und per Video möglich.

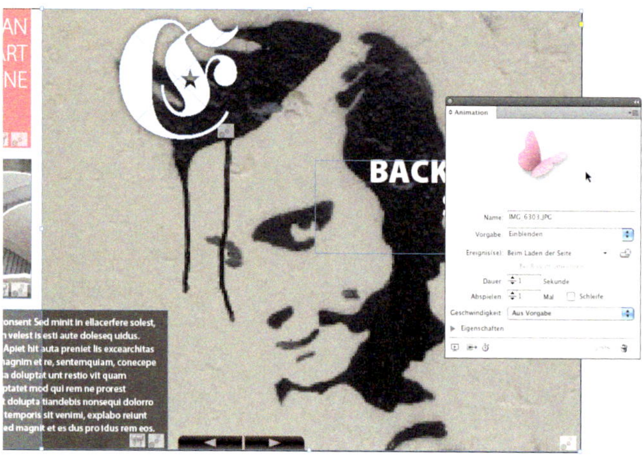

Das große Bild im Hintergrund ist ausgewählt und wird per „Einblenden" animiert.

Da die Animationen in einem Buch nur unzureichend dargestellt werden können, möchte ich Ihnen die wesentlichen Punkte zeigen, damit Sie die Anwendung verstehen. Wählen Sie zunächst das Bedienfeld **Animation** aus dem Menü **Fenster > Interaktiv**.

Für die **Animation** müssen Textrahmen und Bilder nicht in Schaltflächen umgewandelt werden, sondern Sie können einfach die Rahmen anwählen, die Sie animieren möchten! Wenn Sie ein Bild wählen, erscheint im **Animationen-Bedienfeld** zunächst der **Name** der Bildatei und ein **Schmetterlingssymbol**, das Ihnen die Art der Animation verdeutlichen soll, damit Sie nicht nach jedem Klick die Vorschau aufrufen müssen.

Die Vorgabe bietet alle erdenklichen Animationsarten, unter anderem das **Einblenden** oder **Hereinfliegen**, aber auch so alberne Dinge wie **Galoppieren** oder **Tanzen**. Entscheiden Sie sich für die Anmutung, die Sie erzielen wollen!

Die Effekte können Sie im Bedienfeldmenü der Animationen verwalten.

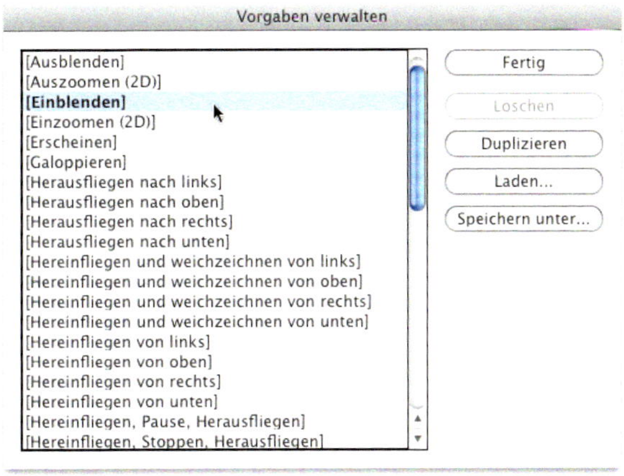

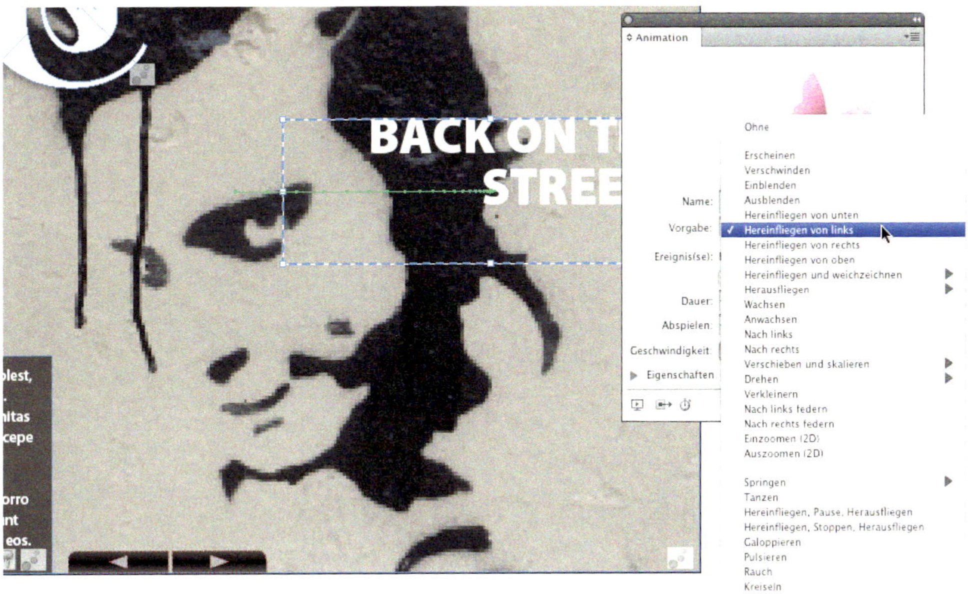

Wählen Sie ihren Effekt aus.

Wenn Sie einen Effekt verwenden, der über einen Animationspfad verfügt, erscheint dieser mit einer giftgrünen Vektorlinie, zum Beispiel beim **Hereinfliegen von links**. Per Doppelklick auf diesen Pfad können Sie die Länge bestimmen und die Knotenpunkte des Pfades bearbeiten.

Per Doppelklick auf den Animationspfad wechseln Sie in die Pfadbearbeitung.

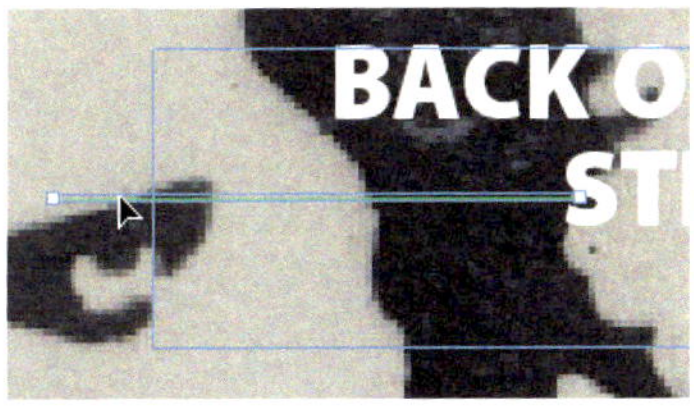

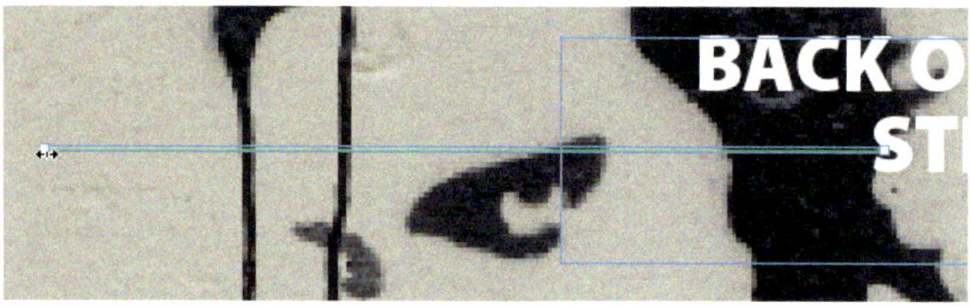

Der Animationspfad wird nach links verlängert, so dass die Bewegung in der selben Zeit eine größere Strecke zurücklegt, also schneller wird.

Bewegungen über den Bildschirm wirken oft eher störend. Damit diese jedoch wie „natürliche“ Animationen wirken, können Sie unter der **Geschwindigkeit** im **Animation**-Bedienfeld unter anderem das **Abbremsen** einbauen. Dadurch bewegt sich der Rahmen zunächst schneller und zum Ende hin langsamer, als ob der Rahmen bis zur endgültigen Parkposition abbremste.

Wenn Sie die Animationszeit (wenige Sekunden) noch für weitere Effekte nutzen wollen, um einen Rahmen zusätzlich zu bewegen, können Sie die **Eigenschaften** aufklappen. Hier lassen sich während der Animation vom Anfangs- zum Endpunkt ein Skalieren oder ein Drehen einstellen – Ihr Rahmen bewegt sich also nicht nur von links nach rechts über den Bildschirm, sondern dreht sich noch einmal um die eigene Achse und vergrößert sich bis zum Endpunkt.

Bis zur Animation ausblenden
Damit keine störenden Effekte beim Abspielen einer SWF entstehen, sollten Sie bereits hier darauf achten, dass alle animierten Objekte, die zuvor unsichtbar sind, auch in der Sichtbarkeit auf „Bis zur Animation ausblenden“ stehen. Das bedeutet, dass der Flash-Player diese Rahmen schon geladen hat, aber erst zum richtigen Zeitpunkt darstellt.

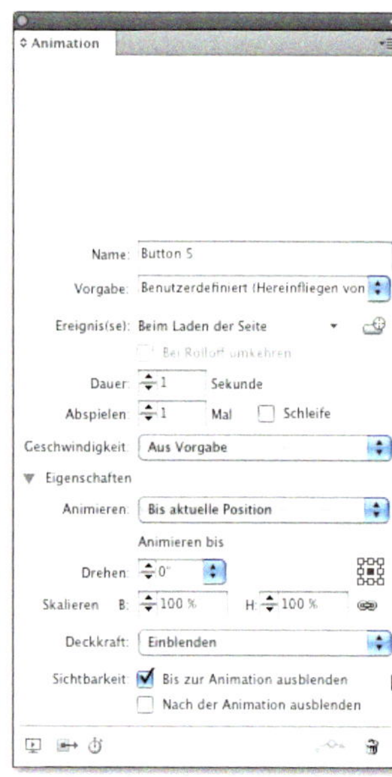

Unter den Eigenschaften finden Sie weitere Optionen zum Animieren.

Zeitpunkt wählen

Für das richtige *„Timing“* bei Animationen bietet InDesign mit dem Bedienfeld **Zeitpunkt** Einstellungen an, um die *Reihenfolge* der animierten Rahmen einzustellen und mehrere Rahmen *gleichzeitig animieren* zu lassen. Zudem können Sie wählen, ob eine Animation grundsätzlich zu Beginn – beim Aufblättern der Seite – abgespielt wird, oder ob ein Mausklick die Aktion **Abspielen** auslöst.

Haben Sie mehrere Rahmen auf der Seite animiert, erscheinen diese im Bedienfeld **Zeitpunkt**. Die Benennung erfolgt so, wie die **Schaltflächen**, **Bilder** und **Textrahmen** benannt sind. Textrahmen werden aus den ersten Wörtern ihres Inhaltes benannt – clever!

Wollen Sie mehrere Rahmen gleichzeitig animieren, markieren Sie diese Rahmen in der Liste mit ⌘ Strg+Klick. Anschließend rufen Sie mit einem Klick auf das **Verketten**-Symbol **Gemeinsam abspielen** am unteren Rand rechts die Verbindung dieser Rahmen auf. Eine **eckige Klammer** um die verbundenen Rahmen erscheint.

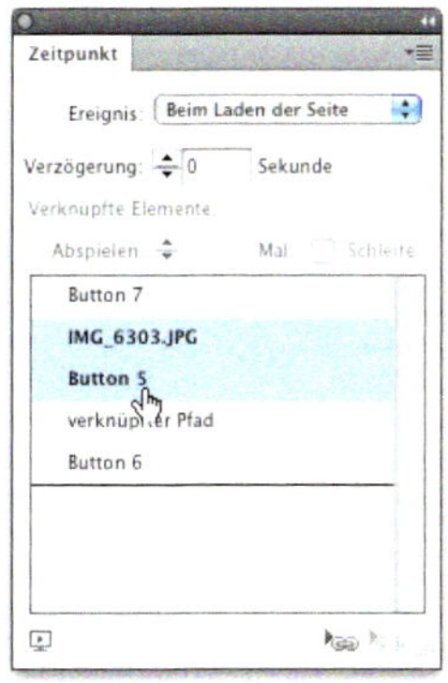

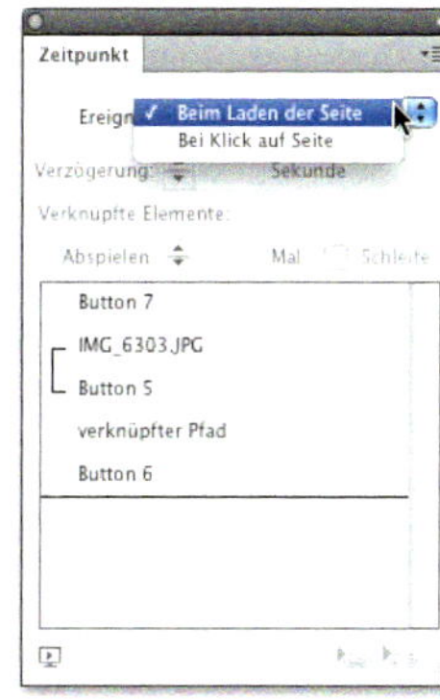

Links: Die Effekte werden abgespielt, wenn Sie mit der Maus darüber fahren.

Rechts: Rahmen werden entweder beim Aufruf der Seite (Beim Laden) animiert oder erst dann, wenn der Benutzer auf die Seite klickt.

Die Reihenfolge der Rahmen legen Sie dagegen per *Ziehen & Ablegen* fest: Ziehen Sie einen Rahmen in der Liste von oben nach unten und lassen Sie ihn zwischen zwei anderen Rahmen fallen. So sortieren Sie ganz intuitiv die **Reihenfolge** der Animationen.

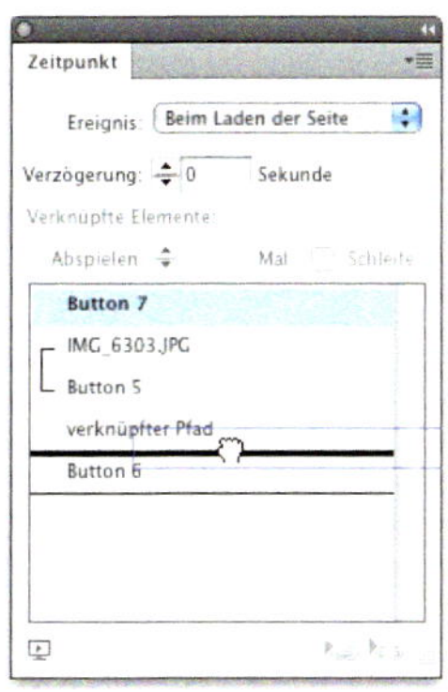

Per Ziehen & Ablegen verschieben Sie die Reihenfolge der animierten Rahmen.

Wenn Sie nun die Animation testen, indem Sie auf den unteren linken Knopf **Vorschau** klicken, können Sie anschließend im Bedienfeld **Zeitpunkt** auch noch einige *Pausen* einbauen. Wählen Sie dazu den betreffenden Rahmen aus und geben Sie bei der **Verzögerung** den gewünschten Pausenwert ein. Schon geringe Werte unter einer Sekunde werden als Unterbrechung wahrgenommen!

Seitenübergänge

Das *Umblättern* in einer PDF-Datei ist ein einfaches Umschalten auf die nächste Seite. Doch so uncharmant muss eine Präsentation nicht sein, wie Sie in den nächsten Schritten sehen werden. Es geht auch mit weichen Übergängen und Effekten. Dazu bietet allein Acrobat mehrere Stile an. Auch InDesign kennt diese für die Präsentation von PDF- und SWF-Dateien. Die Seitenübergänge sind für jede einzelne Seite möglich; ich zeige Ihnen, wie Sie einen Stil für alle Seitenübergänge verwenden. Bis auf eine Ausnahme können alle Stile sowohl für PDFs als auch für SWFs angewendet werden.

Seitenübergänge zuweisen

Wenn Sie mehrere Seiten angelegt haben, stellen Sie über das **Seiten-Bedienfeld** oder das Bedienfeld der **Seitenübergänge** die **Effekte** zum Umblättern der Seiten ein. Das Bedienfeld der **Seitenübergänge** ist an sich wenig funktional, da alle relevanten Funktionen auch im **Seiten-Bedienfeld** und im **Kontextmenü** erreicht werden können. Einzig die **Geschwindigkeit** und die **Richtung** des Effekts können Sie darin noch individuell einstellen. Die verschiedenen Effekte sind in der Vorschau des „Druckbogens" in einer Animation sichtbar.

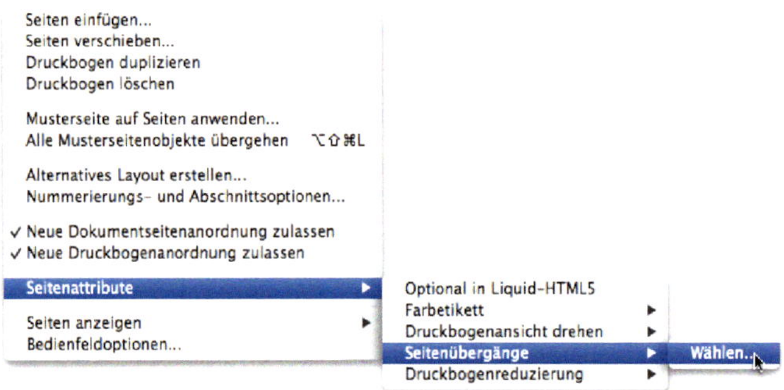

Über das Kontextmenü des Seiten-Bedienfelds können Sie die Seitenübergänge direkt auswählen.

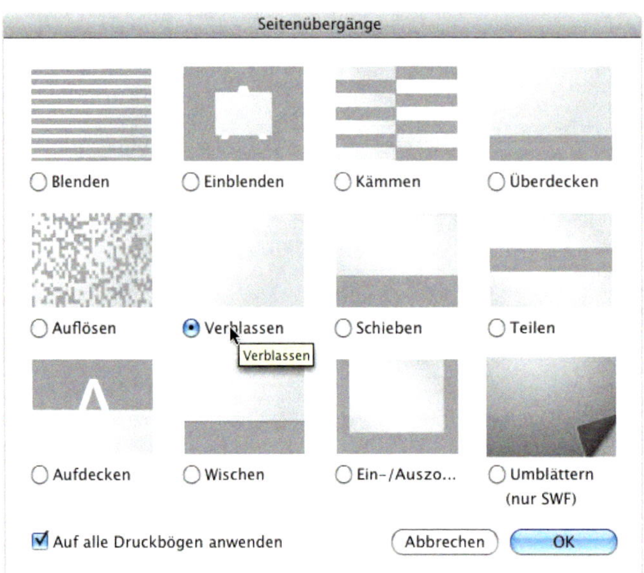

Die Effekte werden abgespielt, wenn Sie mit der Maus darüber fahren.

Im Bedienfeld der Seitenübergänge wählen Sie gegebenenfalls die Geschwindigkeit der Effekte.

Seitenübergänge für SWF-Dateien

Alle Effekte der **Seitenübergänge** sind für später exportierte SWF-Dateien verfügbar. Der Effekt **Umblättern** ist exklusiv nur für Flash-Animationen möglich. Für diesen netten grafischen Spaß lohnt es sich, ein klassisches Printlayout im doppelseitigen Format mit diesem Effekt *umblättern* zu lassen. Das Umblättern einer einzelnen Seite wird dann wie in einem Magazin dargestellt. Exportieren Sie Ihr Layout als gesamten „Druckbogen" in das SWF-Format, wie Sie im folgenden Abschnitt sehen werden.

SWF-Export

Der Export in das **SWF**-Format ist der Standard für animierte Grafiken aus InDesign, das ähnlich einer PDF- oder einer EPS-Datei ein geschlossenes Dateiformat darstellt. Die Inhalte – Bilder, Vektoren, Schriften, Texte, Skripte – liegen in *komprimiertem* Zustand vor. Somit ist eine SWF-Datei handlich wie ein PDF, jedoch nicht weiter editierbar, falls grafische Änderungen vorgenommen werden sollen. Hierzu bietet InDesign neben dem SWF-Format das **FLA**-Dateiformat an. Damit können Sie InDesign-Inhalte so exportieren, dass Sie in Flash ein neues Animationsprojekt öffnen und nachträglich die Inhalte – insbesondere Texte – ändern können. Da das **FLA**-Dateiformat nur einer Weitergabe der Layoutdaten für Flash darstellt, lege ich den Fokus auf die Ausgabe als SWF-Datei.

Für die Ausgabe der SWF-Datei öffnen Sie das Menü **Datei** > **Exportieren** und wählen im nachfolgenden Dialog das Format **Flash Player (SWF)**. In den nachfolgenden Dialogen stellen Sie die Ausgabe ein.

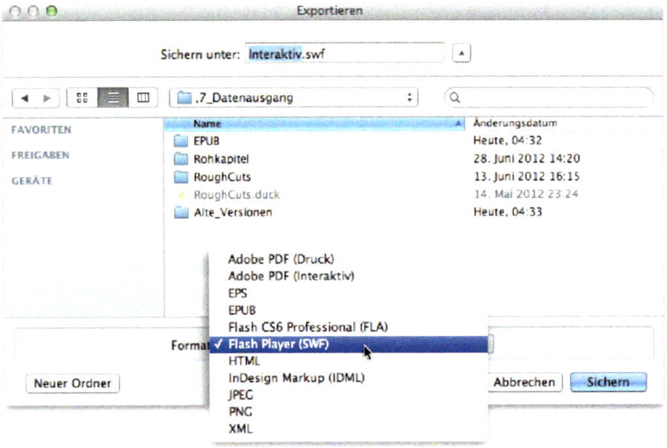

Der Exportdialog zeigt Ihnen die Formate für interaktive Animationen.

Die einzelne SWF-Datei wird durch das Programm Flash Player wiedergegeben. Dieses Programm ist jedoch hauptsächlich innerhalb der Internet-Browser als Erweiterung eingebaut, um Flash-Inhalte wiederzugeben. Daher können Sie im Exportdialog bereits eine HTML-Datei generieren, die letztlich nur eine Hülle für die SWF-Datei erzeugt.

Die Größe der SWF-Datei richtet sich zunächst nach dem Seitenformat. Wollen Sie mehrere Größen für unterschiedliche Anzeigegeräte und Monitorformate ausgeben, können Sie die Auflösung unter der Auswahl **Einpassen** selbst eingeben oder den **Skalierungsfaktor** wählen.

Die Seitenübergänge, die Sie im Layout definiert haben, werden für den Seitenwechsel mit exportiert. Zusätzlich kann das **interaktive Aufrollen der Seite eingeschlossen** werden, so dass der Benutzer mit gedrückter Maustaste die Seiten umblättern kann. Den Effekt sehen Sie in den nächsten Abbildungen.

Wenn Sie eine HTML-Datei exportieren, kann Ihre SWF-Datei anschließend im Browser wiedergegeben werden.

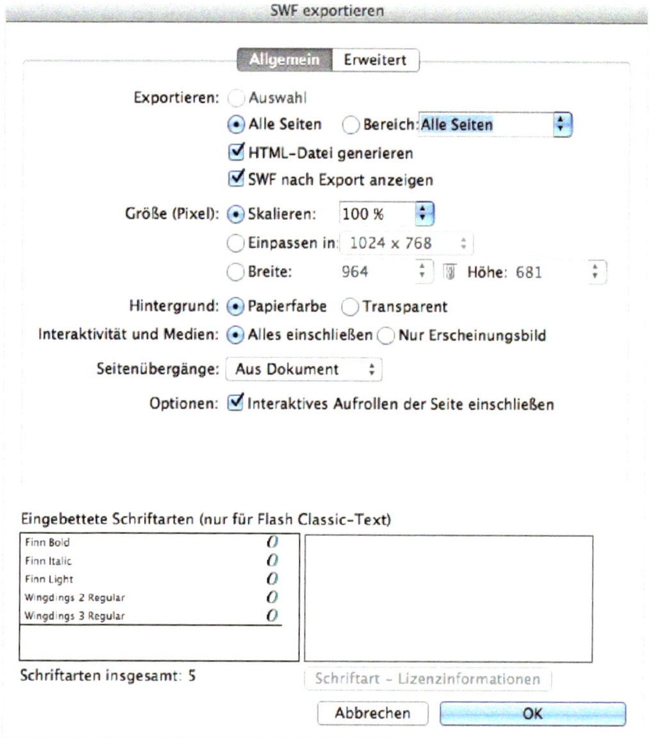

Die Framerate können Sie höher als den InDesign-Standard von „24" wählen, ebenso die Auflösung.

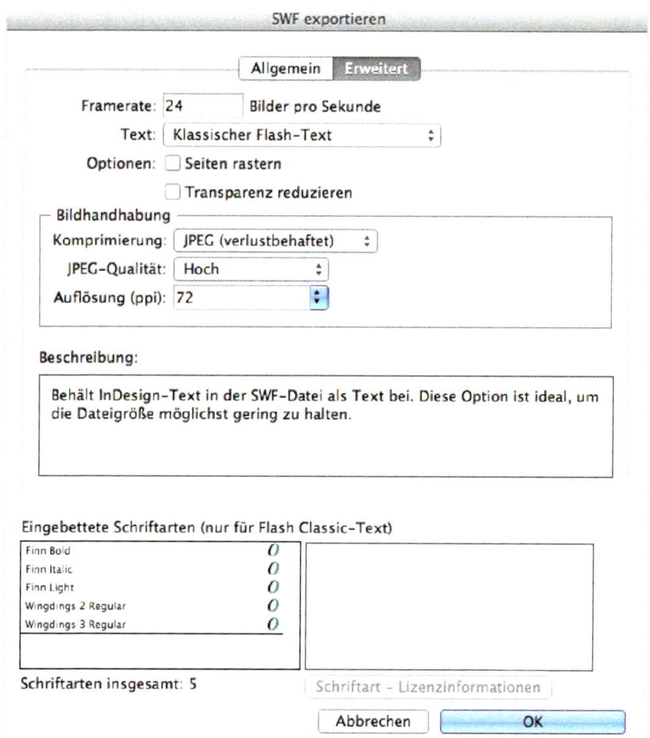

Unter der Rubrik **Erweitert** verstecken sich neue aber sehr wichtige Vorgaben. Diese Einstellungen sind mit denen der **Vorschau** weitestgehend identisch. Die **Framerate** – also die Anzahl der abgespielten Einzelbilder pro Sekunde – sollten Sie für die Wiedergabe möglichst flüssiger Animationen auf **30** einstellen.

Die **Auflösung** der SWF-Datei richtet sich an die *Bilder*, die für das SWF neu berechnet, komprimiert und eingebettet werden. Wählen Sie eine zu hohe Qualität, leidet die Abspielgeschwindigkeit darunter, zudem ist die SWF-Datei unnötig groß. Verwenden Sie daher für die **JPEG-Komprimierung** eine **hohe Qualität** und eine Auflösung von ca. **100 ppi**. Sollte die SWF-Datei zu groß sein, können Sie diese Werte nach Bedarf herabsetzen. Die exportierte Datei erscheint anschließend im geöffneten Browser, wenn Sie eine HTML-Datei mit exportieren. Tun Sie dies nicht, müssen Sie die SWF-Datei „zu Fuß" mit einem geeigneten Programm öffnen.

Die Framerate ist ein Anhaltswert für den Flash Player
Anders als bei Videoproduktionen ist die Framerate die Optimalvorgabe für den Flash Player. Sind Animationen zu komplex und belasten den Grafikprozessor des Computers, lässt der Player die Berechnung von Einzelbildern aus, damit der zeitliche Ablauf der Animation erhalten bleibt. Es kann dabei zu kurzen Unterbrechungen kommen. Je nach Performance der Animation schwankt also die Framerate.

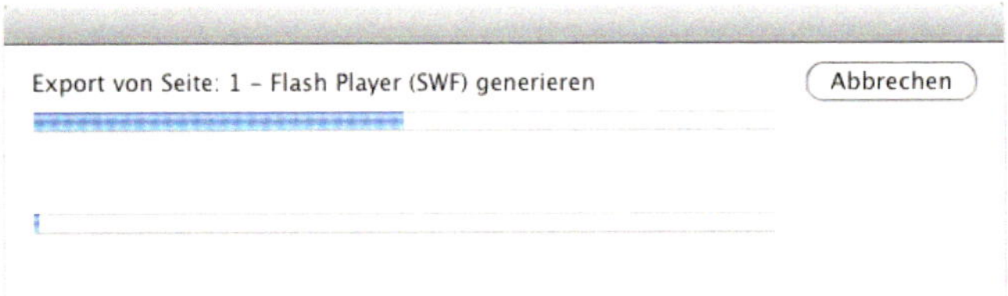

Der Flash-Export als SWF ist kein Hintergrundprozess.

Das interaktive Aufrollen funktioniert an allen Ecken der SWF-Datei.

Wiedergabe von SWF-Dateien

Im Web-Browser, im eigenständigen Flash Player sowie in der Adobe Bridge können SWF-Dateien dargestellt werden. Haben Sie im Exportdialog die Option **HTML-Datei generieren** angewählt, erstellt InDesign einen „HTML-Mantel", in dem die SWF-Datei geöffnet wird. Viele Browser benötigen diesen Mantel und können keine SWF-Datei einzeln wiedergeben. Für die Qualität der SWF-Datei ist die HTML-Datei jedoch nicht verantwortlich. Durch das auf Ihrem Computer installierte Flash-Browser-Plug-in können die SWF-Inhalte wiedergegeben werden. Wollen Sie eine SWF-Datei ganz ohne Browser für eine Präsentation erstellen, gibt es mehrere Möglichkeiten: Der Adobe Flash Player ist ein eigenständiges Programm, vergleichbar mit einem Video-Player auf dem Computer, und spielt Ihre SWF-Datei auch im Vollbildmodus ab, wenn Sie sie damit öffnen und dann ⌘ Strg F drücken. Den *Standalone Player* oder *Projector* können Sie von Adobe.com herunterladen und anschließend installieren. SWF-Dateien werden auch in der Adobe Bridge dargestellt. Rufen Sie in der Bridge das Verzeichnis auf, in dem eine SWF-Datei liegt. Im Bereich **Vorschau** der Bridge wird die SWF-Datei bereits wiedergegeben. Im Präsentationsmodus jedoch erscheint keine weitere SWF-Darstellung oder Animation.

◁ *adobe.com/support/flash/downloads.html*

FLA-Export für Flash Professional

Für die spätere Verarbeitung der Animationen mit Flash Professional bietet InDesign den FLA-Export an, also die Ausgabe in das native Dateiformat für Flash. Dazu wählen Sie in den Exportvorgaben als Format **Flash CS6 Professional** aus.

Die Vorgaben für den Export ähneln im Wesentlichen den Einstellungen für das SWF-Format und bestimmen die **Größenanpassung** sowie die Textumwandlung. Da es in Flash so genannten **TLF-Text** gibt, können Sie aus InDesign *ganze Textrahmen als Textobjekt* in Flash konvertieren, inklusive Umbruch der Textzeilen. Das erleichtert die nachträgliche Textkorrektur in Flash enorm.

Da Flash die **InDesign-„Druckbögen"** nicht kennt, werden die Seiten als **Bibliotheksobjekte** gespeichert. So bleibt die Seitensemantik für das Animationsprogramm erhalten. Animationen aus InDesign sind kompatibel mit Flash und werden direkt in Flash-Animationen umgewandelt. Alle *interaktiven Elemente* aus InDesign werden zu **Movieclips** exportiert.

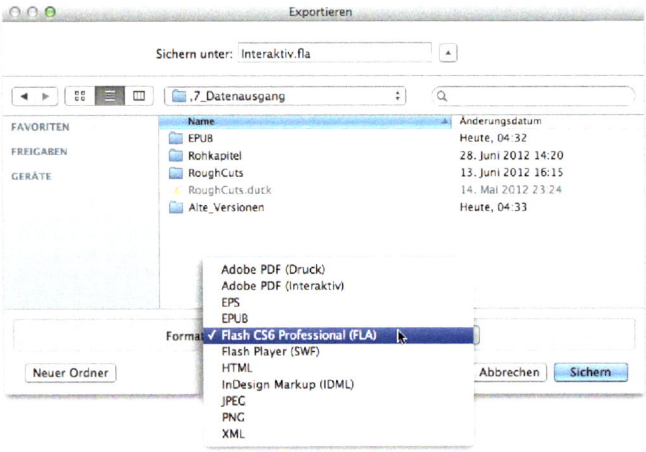

Der FLA-Export konvertiert das InDesign-Layout für Flash.

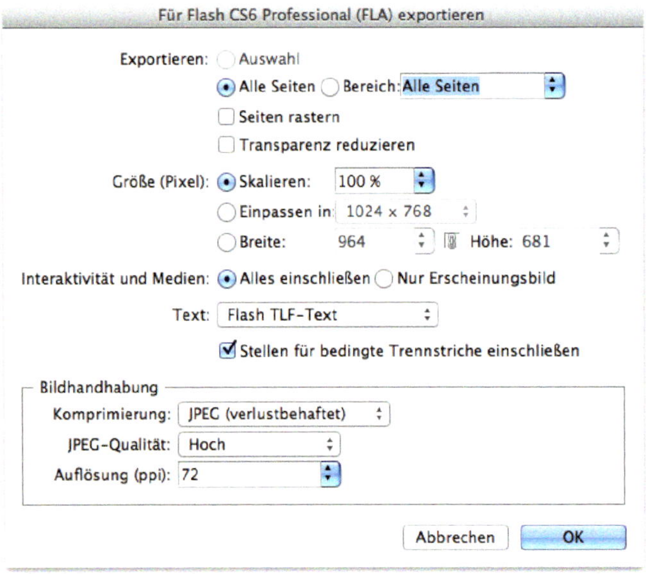

Die Exporteinstellungen für die FLA-Datei ähneln denen beim SWF-Export.

PDF-Export interaktiv

Die Ausgabe interaktiver Dokumente *ohne Animation* ist auch als **PDF** möglich. Dafür ist ein eigenes Exportformat vorgesehen; wählen Sie bitte **Datei** > **Exportieren** > Format: **Adobe PDF (Interaktiv)**. Streng genommen ist das natürlich kein eigenes Format, sondern auch „nur" ein PDF, bei dem aber viele Einstellungen des Druck-PDF-Dialogs gar nicht erscheinen, da beispielsweise der Ausgabefarbraum grundsätzlich **sRGB** ist und alle **Lesezeichen und Hyperlinks** immer mit exportiert werden. Die restlichen Einstellungen ähneln dem **SWF**-Export.

Alternativ zum SWF kann auch ein PDF interaktive Inhalte anzeigen.

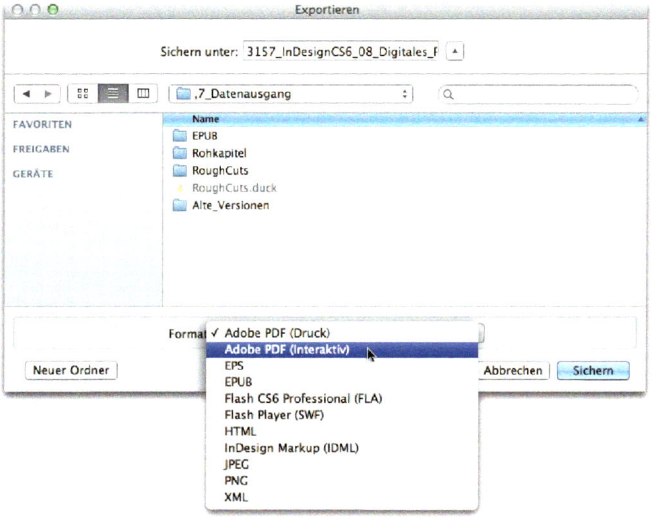

Die Einstellungen sind übersichtlich und größenteils selbsterklärend. Wenn Sie eine Präsentation im Vollbildmodus starten wollen, aktivieren Sie die Option **Im Vollbildmodus öffnen**. Alternativ können Sie auch ein automatisches Umblättern nach einigen Sekunden einstellen, indem Sie die Option **Seiten wechseln nach** anklicken. Die Einstellungen zur Bildhandhabung sollten vergleichbar zur SWF-Datei gewählt werden, also sollten Sie eine **hohe JPEG-Qualität** für die Komprimierung wählen und die Auflösung auf **100 ppi** setzen. Niedrigere Auflösungen und Qualitäten führen zwar zu kleineren PDF-Dateien, führen jedoch zu einer schlechteren Wiedergabe der Datei.

Sicherheit im PDF
Wenn Sie sensible oder vertrauliche Daten präsentieren, können Sie über den Knopf „Sicherheit" Passwörter zum Öffnen und Ändern der Datei eingeben. Diese Sicherheit kann auch in Acrobat nachträglich eingestellt werden, damit die Datei vor unerlaubtem Zugriff geschützt wird.

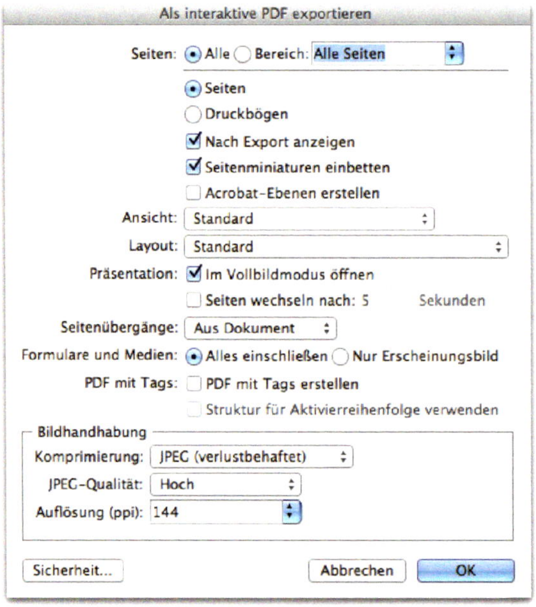

Die PDF-Datei wird später als Einzelseiten im Vollbildmodus geöffnet.

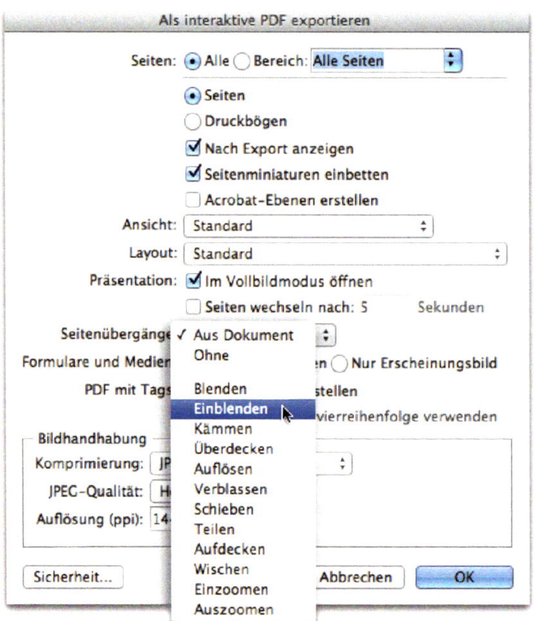

Die Seitenübergänge können auch jetzt noch zugewiesen werden.

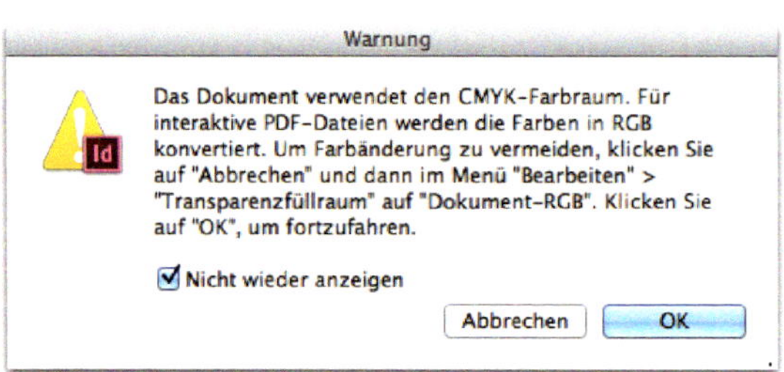

Die Farbraumwarnung konstatiert Unvermeidbares und soll deshalb „nicht wieder" angezeigt werden.

Der Export für interaktive PDFs erfolgt leider nicht im Hintergrund.

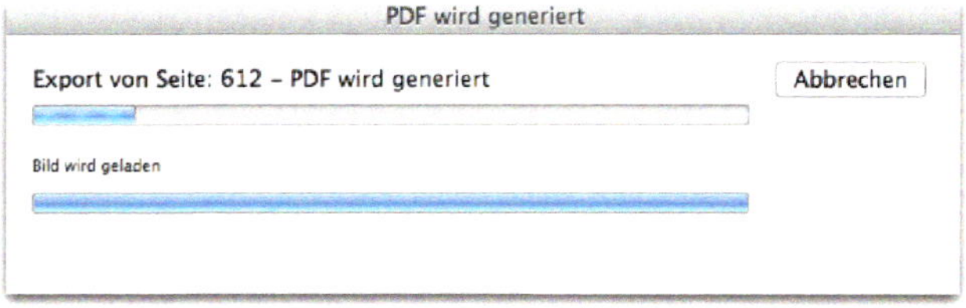

Beim Öffnen in Acrobat oder Reader muss der Benutzer den Vollbildmodus zumindest einmal ausdrücklich erlauben. Was er hoffentlich tut.

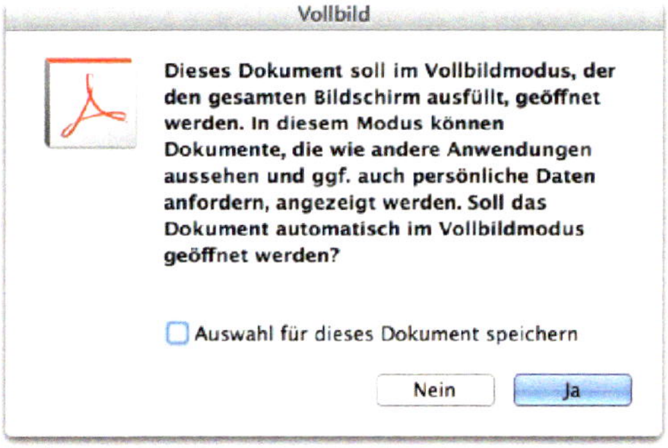

HTML- und EPUB-Export

Dass InDesign eine HTML-Exportfunktion anbietet, sollte Sie jetzt nicht zu der Annahme verleiten, Sie könnten mit Ihrem vertrauten Layoutprogramm plötzlich Internetseiten erstellen. Das wäre wunderschön und könnte durchaus zu den längerfristigen Zielen von Adobe gehören. Momentan aber hat unverändert höchste Priorität, den noch längst nicht gesättigten Markt der „Tablet-PCs" zu erobern, und da gibt's nach wie vor nur eins: *Apps*.

Eine wichtige Nebenrolle spielen allerdings elektronische Bücher, die hauptsächlich im Format EPUB für Anzeigegeräte wie iPad, iPhone, Kobo, Nook, Sony Reader und Andere ausgegeben werden. (Amazons Kindle verlangt unnötigerweise ein eigenes Datenformat, das aber leidlich bequem wiederum aus dem fertigen EPUB konvertiert werden kann.)

Beide Ausgabeformen – also HTML und EPUB – produzieren einen linearisierten Inhalt – aus einzelnen Seiten wird ein „Inhaltsstrang", also theoretisch eine sehr lange Seite. Beide Exportformate ähneln sich in weiten Teilen.

HMTL-Export

Dass also InDesign **HTML** (und **CSS**) ausgeben kann, bedeutet zunächst nur, dass Sie Ihre Layoutelemente für einen beliebigen Webeditor exportieren können. Sie sollten allerdings nicht davon ausgehen, dass das Ergebnis zur sofortigen Veröffentlichung taugt. Dafür hat Adobe den **HTML**-Export leider (noch) zu stiefmütterlich behandelt.

Der erzeugte **HTML**-Code ist im Großen und Ganzen sauber. Wenn Sie in InDesign ein paar Vorkehrungen getroffen haben, gelingt er in der Regel einwandfrei.

◢ *Tagszuordnung in Absatzformaten: Seite 421*

Wie beim Export üblich, bekommen Sie nach der Angabe von Speicherort und Dateibenennung die **Exportoptionen** angezeigt.

Grundsätzlich sollten Sie zuvor diejenigen Rahmen markieren, die Sie exportieren wollen. Anschließend können Sie im Export-Dialog die **Auswahl** markieren. Exportieren Sie stattdessen das Dokument, entsteht u.U. eine riesige XHTML-Datei.

Den Umgang mit der **Seitensortierung** und mit **Listen** erläutere ich Ihnen im nächsten Abschnitt.

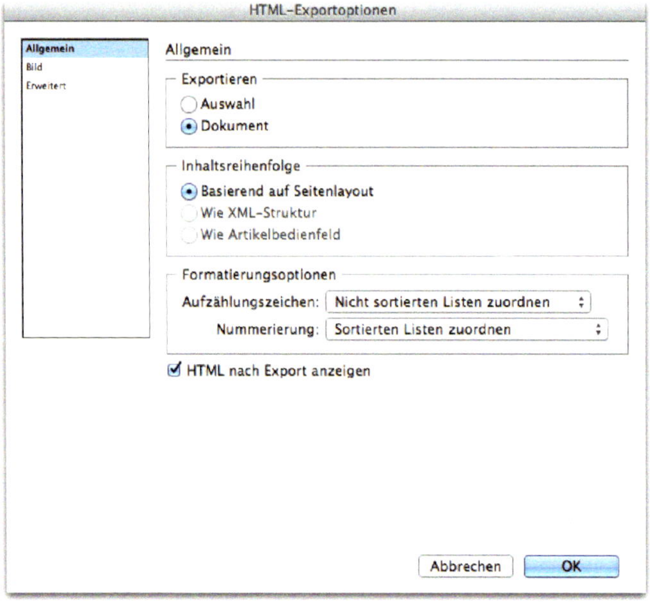

Die Exportoptionen für den XHTML-Export

Die Exportoptionen für Bilder

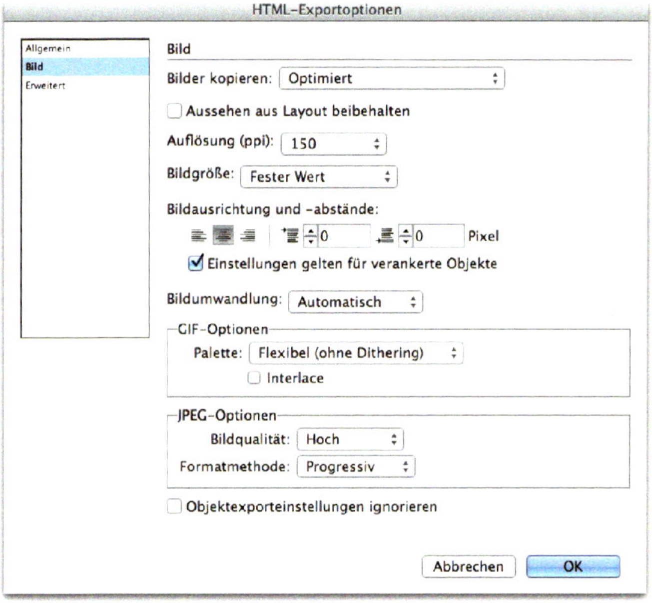

Die Ausgabeeinstellungen für Bilder geben die Qualität im Internet vor. Dabei werden die Originalbilder umgerechnet und in einem eigenen Verzeichnis neben der XHTML-Datei angelegt.

Die Optionen für den Umgang mit CSS und JavaScript

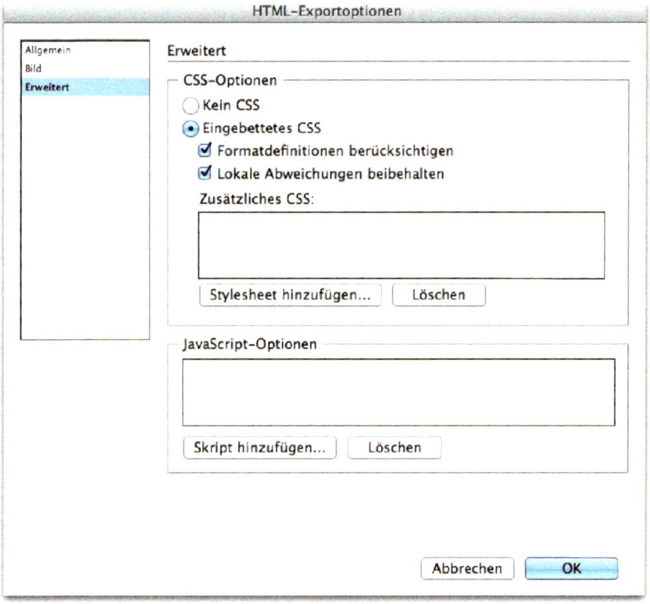

Damit Sie später die XHTML-Datei und die CSS-Befehle nachbearbeiten können, gibt es die Option, eine **Eingebettete CSS** zu erstellen. Alternativ wählen Sie die **Externe CSS-Datei**, wenn Sie bereits über eine bestehende CSS-Datei Ihrer Website oder eines *Content Management*

Systems verfügen. Auch eine **externe JavaScript-Datei**, die für besondere ausführbare Aktionen bei Aufruf der XHTML-Datei mit einem Webbrowser verantwortlich ist, kann verknüpft werden.

Sobald Sie **Exportieren** anklicken, erstellt InDesign die XHTML-Datei und speichert die Bilder in einem eigenen Verzeichnis ab.

EPUB-Export

Wenn Sie mit den Layoutqualitäten von InDesign vertraut sind, müssen Sie für die Ausgabe eines EPUB komplett umdenken. Während eine PDF-Datei eine Seite mit den Objekten, deren absolute Position und deren grafische Eigenschaften beschreibt, stellt eine EPUB-Datei etwas völlig anderes dar. EPUB-Dateien machen aus einer mehrseitigen Layoutdatei einen zusammenhängenden Textfluss, der einspaltig pro Kapitel anstelle von Absatz- und Zeichenformaten mit einer CSS-Datei formatiert werden kann. Der Textinhalt besteht aus einer oder mehreren XHTML-Dateien. Die Struktur des Inhalts wird in zwei weiteren Dateien exportiert, die keine grafischen Anweisungen enthalten. Ich zeige Ihnen, welche Dinge Sie beachten müssen, damit eine InDesign-Datei erfolgreich in das EPUB-Format exportiert wird.

Datenstruktur

Eine EPUB-Datei ist ein ZIP-Archiv, in dem mehrere einzelne Dateien für die Beschreibung der Struktur, der Inhalte und der Darstellung verantwortlich sind. Die wesentlichen Dateien stelle ich Ihnen in diesem Abschnitt vor.

Datei	Beschreibung
beispielbuch.epub	Buchdatei als komprimiertes ZIP-Archiv
OEBPS	Verzeichnis unter anderem mit XHTML-Inhalten
kapitel.xhtml	Inhalt beschrieben im Dateiformat XHTML
template.css	CSS-Datei mit den Stylesheets zur Darstellung der Absätze
toc.ncx	Beschreibung des Inhaltsverzeichnisses (Table of Content)
content.opf	Beschreibung der Datenstruktur der Kapiteldateien

Metadaten

Wer der **Autor** des EPUB ist und wie das Buch heißt, geben Sie in den Metadaten der InDesign-Datei an, die als erste im Buchprojekt liegt. Öffnen Sie in der Buchdatei das erste Dokument und geben Sie unter **Datei** > **Dateiinformationen** die Metadaten ein. Sicherheitshalber können Sie das auch in allen anderen Dokumenten tun, falls Sie später die Reihenfolge der Kapitel im Buch ändern wollen.

XML als Alternative für die Strukturvorgabe
Wie ich Ihnen im Abschnitt über **XML** ab Seite 636 erläutere, können Sie dem Layout in InDesign mithilfe von Tags eine Struktur vorgeben, beispielsweise taggen Sie anhand der Absatzformate Ihr Layout, so dass eine „Überschrift1" mit dem Tag „h1" markiert wird. Wenn das gesamte Dokument auf Basis dieser Tags strukturiert wurde, können Sie dies im Bereich „Sortieren" im EPUB-Export angeben.

Buchdateien

Wenn Sie eine EPUB-Datei mit Kapiteln erstellen wollen, benötigen Sie aus InDesign unbedingt eine **Buchdatei** mit einer Datei pro Kapitel. Die erste Datei besteht aus einer Seite und das Cover wird als Bild auf dieser Seite platziert. Wie Sie Buchdateien anlegen und verwalten, zeige ich Ihnen ausführlich im Kapitel **Buchprojekte** ab Seite 734.

In den Buchdateien können Sie mit Absatz- und Zeichenformaten arbeiten, um den Text zu formatieren. Die Seitennummerierung ist für den Export der EPUB-Datei unwichtig, da die Seiten aufgelöst werden und der Buchinhalt „linearisiert" wird. Die einzelnen Textrahmen in einer InDesign-Datei werden also miteinander zu einem Textfluss verbunden. Die einzige Unterbrechung dieses Textflusses stellt das Kapitelende dar.

EPUB-Exportoptionen

Öffnen Sie im **Bedienfeldmenü** der **Buchdatei** die Funktion **Buch als EPUB exportieren** und legen Sie den Speicherort der EPUB-Datei fest. Anschließend geben Sie die Art und Weise an, wie das EPUB ausgegeben wird.

Im Bedienfeldmenü exportieren Sie das Buch als EPUB.

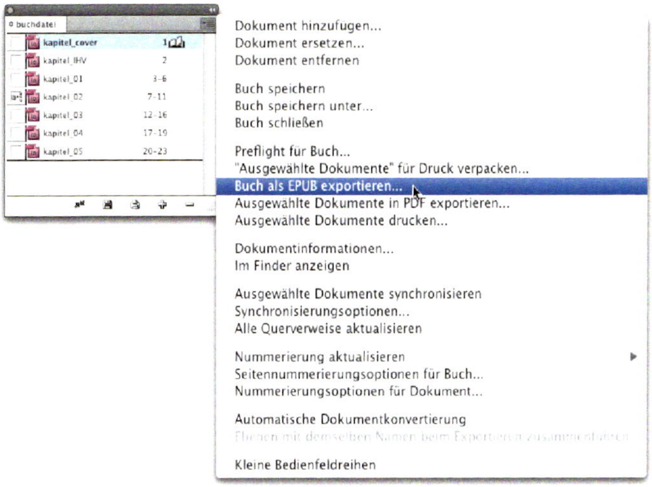

Unter den Vorgaben **Allgemein** wählen Sie den EPUB-Standard aus. Anschließend definieren Sie die Sortierung der Umwandlung: InDesign geht von oben nach unten durch die Seiten und erzeugt daraus Abschnitte in der späteren XHTML-Datei.

Wie wollen Sie mit **Aufzählungszeichen** und **Nummerierungen** umgehen? Wenn Sie die Gestaltung erhalten wollen, wählen Sie in den Aufklappmenüs **In Text umwandeln** aus. Andernfalls konvertieren Sie beide Arten in **unsortierte** beziehungsweise **sortierte** Listen, damit diese einwandfrei als Listenelemente im EPUB erscheinen.

Unter dem Reiter **Bilder** stellen Sie die Vorgabe für die **Bildqualität** ein. Verfahren Sie hier ebenso wie beim Export des Covers.

Konvertierung von Listen

Auch hier zeigt sich, dass ein EPUB kein „Layoutdokument" im eigentlichen Sinne ist. Entweder stimmt die Struktur des EPUB in Bezug auf Nummerierungen oder Aufzählungen oder das Design wird ansatzweise erhalten. Beides ist nicht möglich!

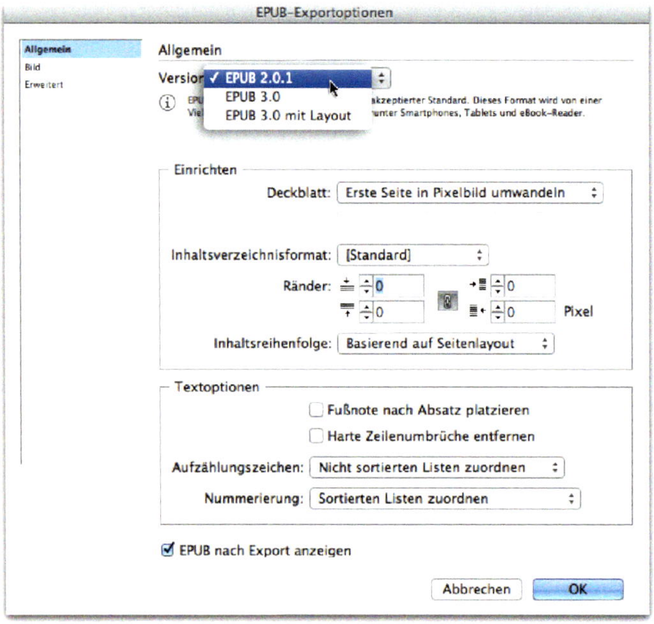

Die Exportvorgaben „Allgemein“ für ein elektronisches Buchdokument

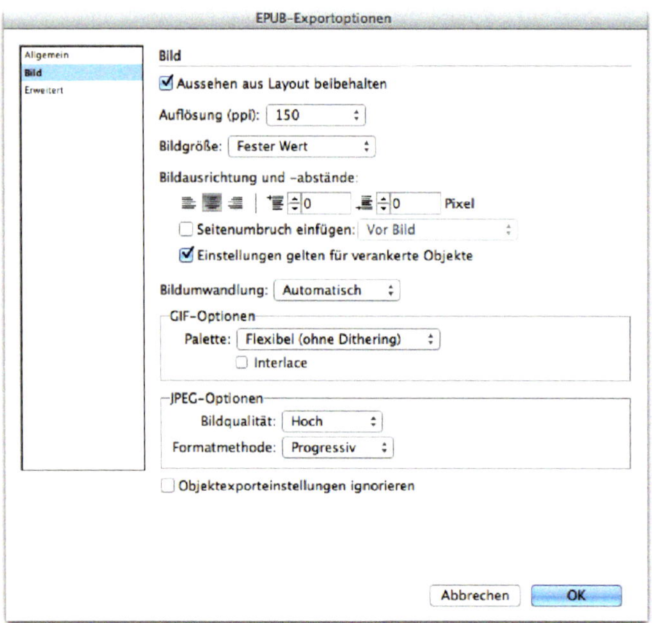

Die Exportvorgaben für „Bilder“

Unter „Erweitert" geben Sie Verlag, ISBN und CSS-Angaben ein.

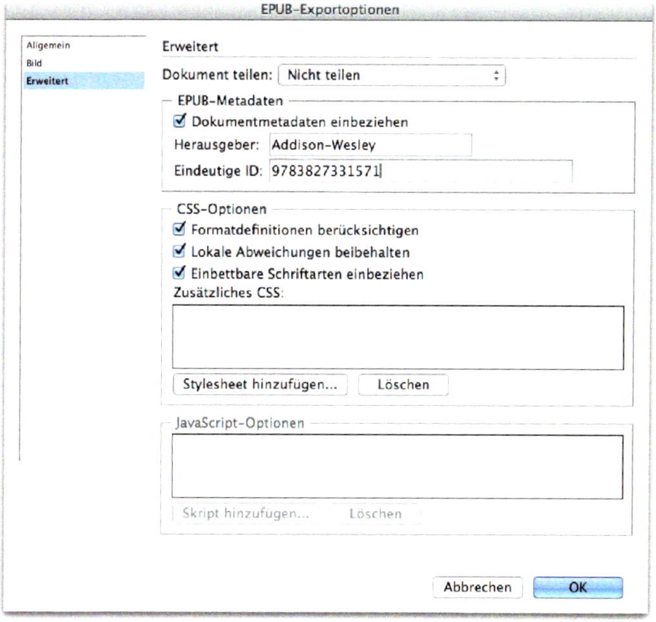

Das exportierte EPUB ist ein ZIP-Archiv, in dem sich die Kapitel als XHTML-Datei befinden.

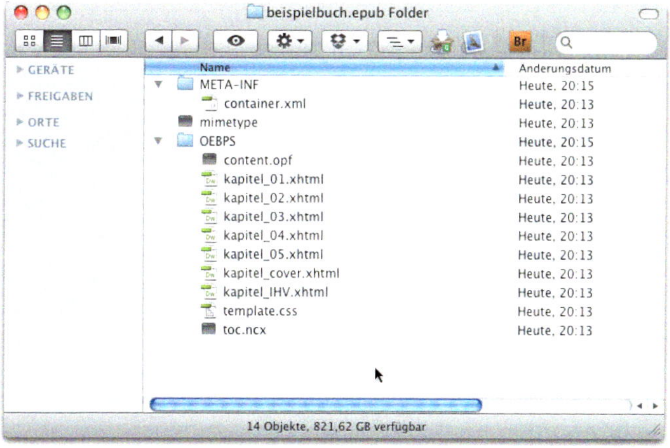

Nun wechseln Sie in die Rubrik **Inhalt**, denn hier kommen wir zu den wesentlichen Einstellungen. Wenn Sie zuvor ein Inhaltsverzeichnis erstellt und dabei ein **Inhaltsverzeichnisformat** gespeichert haben (zum Beispiel „IHV EPUB"), können Sie dies direkt anwählen, damit die Struktur des Inhaltsverzeichnisses auch als Kapitellesezeichen erstellt wird.

Die **CSS-Optionen** sind nicht trivial. Es gibt zwei Strategien, wie Sie zu einem hochqualitativen EPUB gelangen: Entweder Sie erzeugen beim Export von InDesign **nur Formatnamen**. Damit wird eine CSS-Datei „template.css" in der EPUB-Datei erzeugt, die aus einer Reihe von Namen für jedes Absatzformat besteht. Anschließend können Sie selbst diese CSS-Datei mit Stylesheet-Angaben zur Größe oder

Auszeichnung der Schrift ergänzen. Oder Sie binden eine bereits **vorhandene CSS-Datei** ein – nachdem Sie den ersten Weg gegangen sind. Beschäftigen Sie sich mit der Formatierung von XHTML-Text über CSS zu den genauen Befehlen. Näheres erfahren Sie auch in der Programmhilfe des Programms *Dreamweaver*.

ZIP-Archiv

Die exportierte **EPUB**-Datei ist tatsächlich ein **ZIP**-Archiv, indem sich die Kapitel als einzelne XHTML-Dateien befinden. Damit Sie die Datei „template.css" mit Dreamweaver bearbeiten können, müssen Sie die EPUB mit einem Extrahierungsprogramm wie zum Beispiel StuffIt Expander entpacken. Anschließend öffnen Sie die CSS-Datei mit einem Texteditor oder einem Programm wie Dreamweaver.

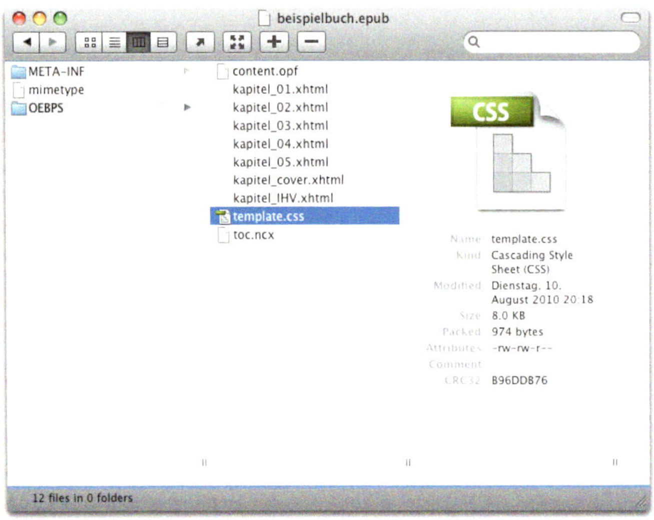

Die Formatierungen für Schrifttyp, -größe, Zeilenabstand und Farbe werden in der CSS-Datei „template.css" festgelegt.

Springy hilft
Die EPUB-Datei zu extrahieren und anschließend wieder zu verpacken, birgt das Risiko, dass die Komprimierung nicht der standardisierten Form entspricht. Zudem sind es zwei Arbeitsschritte, die sich vermeiden lassen. Daher können Sie das Programm „Springy" verwenden, um das ZIP-Archiv des EPUB zu öffnen. Anschließend können Sie die CSS-Datei aufrufen, ohne das ZIP-Archiv zu entpacken. Sobald Sie das Archiv mit Springy wieder schließen, erhalten Sie wieder den komprimierten Archivzustand. Das Programm erhalten Sie unter www.springyarchiver.com.

Adobe Digital Editions

Um zu überprüfen, ob alle Inhalte wie gewünscht in die EPUB-Datei exportiert wurden, können Sie die kostenlose Software **Adobe Digital Editions** von der Website von Adobe herunterladen. Es handelt sich dabei um XHTML-Reader mit Flash-Komponenten.

Adobe Digital Editions im Internet
Sie finden das Programm unter adobe.com/products/digitaleditions. Des Weiteren können Sie sich auch auf der Website von Adobe über das Konzept des EPUB informieren.

Ausgabe auf dem Amazon Kindle

Amazon unterstützt nicht das EPUB-Format, sondern erwartet das Format *.mobi, damit Bücher im Amazon-Store für das Anzeigegerät „Kindle" angeboten werden können. Freundlicherweise bietet der Händler selbst ein Konvertierungswerkzeug an, das allerdings derzeit (Juli 2012) immer noch im Betastadium ist.

◁ *amazon.com/gp/feature.html?docId=1000234621*

InDesign und die Digital Publishing Suite

DPS und CS6

Kurz nach Veröffentlichung der Creative Suite 5, die ganz auf Adobes Flash-Technologie setzte und sich damit ungeplant als Gegenpol zum nur drei Wochen vorher erschienenen ersten iPad positionierte, kündigte Adobe hastig den öffentlichen Betatest einer neuen Technologie an, mit der es möglich sein sollte, digitale Magazine samt Bildern, Audio, Video und interaktiven Elementen ohne Flash – und damit iPad-tauglich – zu erstellen.

Parallel zu InDesign CS5.5 kam die **Digital Publishing Suite** offiziell heraus. Heute ist die **DPS** das „größte" Werkzeug seiner Art zur Erstellung von Magazinen für *Tablets* mit Apples **iOS**- und Googles **Android**-Betriebssystem – *groß* jedenfalls hinsichtlich Verbreitung, Funktionsumfang sowie Anzahl und „Auflage" der damit erstellten Publikationen.

F/Lachausdrücke
Sie merken, ich brauche momentan noch Anführungszeichen und Kursivschrift, um diese Sachverhalte einigermaßen geschmeidig wiederzugeben. Haben digitale Magazine überhaupt eine Auflage? Gibt es ein deutsch(klingend)es Wort für die Tablettrechner, das weder albern noch altbacken wirkt? – Erheiternd finde ich in diesem Zusammenhang, dass auch den Adobemerikanern ihre Ditschittlpapplischingswiet nur ganz selten wirklich locker über die Lippen kommt. Aber das ist bestimmt nur eine Frage der Übung.

Seit InDesign CS6 ist die **DPS** in Gestalt mehrerer serienmäßiger Plug-ins fester Bestandteil des Programms. Wenn Sie dieses Buch lesen, hat Adobe möglicherweise längst Mechanismen zum Testen und Veröffentlichen der damit erstellten Werke in die **Creative Cloud** integriert.

Grundlagen

Datenerstellung

Basis von **DPS**-Publikationen sind zunächst einmal ganz gewöhnliche **InDesign-Dokumente**. (Bedenkt man die Verbreitung und den Komfort von InDesign, dürfte Adobe sich damit die langfristige Marktführerschaft gesichert haben. Es schadet also nichts, sich auch als „Printler" mit der **DPS** intensiv zu befassen; sie wird sicher für viele Jahre das wichtigste Werkzeug für Publikationen der *Nach-Offset-Ära* bleiben.)

◢ *Dokumente anlegen, Musterseiten, Alternative Layouts und alles: ab Seite 85*

Um eine möglichst ansehnliche Bildschirmdarstellung zu erzielen, müssen die InDesign-Dokumente an die verschiedenen Tablet-Formate angepasst werden. Grundlegende Interaktivität kann durch Statusobjekte und Schaltflächen hinzugefügt werden, die Sie bereits weiter vorne in diesem Kapitel kennen gelernt haben. Für weitere interaktive Inhalte gibt es die Bedienfelder **Folio Builder** und **Folio Overlays**.

Technischer Hintergrund

Das von Adobe neu geschaffene Folio-Format (Dateiendung **.folio**) kann man als Ableitung von PDF und EPUB bezeichnen:

Ein eigenes Dateiformat, **offen und flexibel** genug, um auch in Zukunft Inhalte aufnehmen zu können, von denen man heute noch nichts ahnt, mit **kostenlosen Anzeigeprogrammen** für alle wichtigen Betriebssysteme – das ist die Neuauflage des erfolgreichen PDF/Reader-Prinzips.

Eine überschaubare Ordnerstruktur, die im Wesentlichen XML-Dateien sowie statische und dynamische Inhalte in Alltagsformaten wie JPEG, MP3, MP4, PDF oder PNG enthält, das Ganze als ZIP-Archiv verpackt und mit einer eigenen Dateiendung versehen – hier haben wir die EPUB-„Gene".

Um all das muss sich der Benutzer glücklicherweise nur selten Gedanken machen. Die Dokumente selbst erstellt man wie gewohnt in InDesign. Um sich das Ergebnis auf einem **iOS**- oder **Android**-Gerät anzusehen oder gar als Magazin zu veröffentlichen, muss man es über **acrobat.com** auf die Adobe-Server laden. Dazu benötigt man lediglich eine **Adobe-ID**, die für die CS6-Aktivierung sowieso Voraussetzung ist.

Veröffentlichung

Für die Veröffentlichung in einem *App-Store* (zum Beispiel Apple iTunes App Store, Google Play!) reicht die **Adobe-ID** allein leider nicht aus – Sie müssen entweder ein Abonnement oder eine *„Single License"* der **DPS** erwerben. Für eine einmalige Ausgabe genügt eine so genannte *„Single-Issue"*-Lizenz, während für ein Magazin mit mehreren Ausgaben mindestens die *„Professional Edition"* erforderlich ist. Große Unternehmen und Verlage, die entsprechende Absatzzahlen erwarten dürfen, können mit der *„Enterprise Edition"* das Abonnementerlebnis beeinflussen, wie man heute sagt, also vom App-Symbol über die Navigationselemente im Magazin selbst bis zum Bezahlvorgang alles konfigurieren und nach eigenen Designrichtlinien gestalten.

Einrichtung, Plattformen und Portale

Neben den InDesign-Plug-ins brauchen Sie noch die so genannten *Desktop-Tools*. Das eine ist der **Adobe Digital Content Bundler** (in der PDF-Welt war das der Distiller), der die statischen und dynamischen Inhalte der einzelnen Magazinkapitel zu einem Gesamtpaket bündelt, das dann auf **acrobat.com** hochgeladen wird. Das andere Werkzeug ist der **Adobe Content Viewer** (vergleichbar mit dem Adobe Reader in der PDF-Welt) mit dem Sie die Dateien auf Ihrem Arbeitsrechner ansehen können, ohne sie erst irgendwohin laden zu müssen.

Falls Sie diese Werkzeuge noch nicht installiert haben oder sie benutzen möchten, obwohl Sie „nur" InDesign CS5(.5) besitzen, können Sie sie bei Adobe kostenlos herunterladen. Da die *Download*-Seiten gut versteckt sind, hier die aktuellen Adressen – wobei ich Ihnen natürlich nicht versprechen kann, dass die alle noch gelten, wenn Sie dieses Buch in Händen halten:

- **DPS Desktop Tools für InDesign CS6 – Mac OS**: adobe.com/support/downloads/product.jsp?product=182&platform=Macintosh

Adobe-Links veraltet?
Mein Kollege Anselm Hannemann, der wesentlich zum Inhalt dieses Kapitels beigetragen hat, betreibt die Seite **Digital Publishing, please!**, wo Sie sowohl einen Überblick über die namhaftesten DPS-Alternativen als auch aktuelle Links zu den hier erwähnten DPS-Zutaten finden.

⊿ *publishing-please.com/tools/adobe-dps*

- **DPS Desktop Tools für InDesign CS6 – Windows**: adobe.com/support/downloads/product.jsp?product=182&platform=Windows
- **DPS Desktop Tools für InDesign CS5(.5) – Mac OS**: adobe.com/support/downloads/collection.jsp?collID=4&platform=Macintosh
- **DPS Desktop Tools für InDesign CS5(.5) – Windows**: adobe.com/support/downloads/collection.jsp?collID=4&platform=Windows

Prinzipiell funktioniert die **DPS** mit Mac OS wie mit Windows. Falls Sie das iPad und den iTunes-Store für Ihre Veröffentlichungen im Blick haben, arbeiten Sie am besten von vornherein auf einem Mac: Die Anbindung zum iPad für eine möglichst zuverlässige Vorschau funktioniert einfach besser, und das Hochladen in den iTunes-Store ist nur von einem Mac aus möglich. Auch Apple hat sich was dabei gedacht.

Da die **DPS** ein Hybridwerkzeug ist – halb *offline*, halb *online* –, gibt es nicht nur die Bedienfelder in InDesign, sondern auch eine dazugehörige Webseite, auf der Verwaltungsarbeiten erledigt werden müssen, die aus InDesign heraus nicht möglich sind.

⊿ *digitalpublishing.acrobat.com*

Beim **DPS-Portal** melden Sie sich mit der Adobe-ID an, die Sie für die **DPS** verwendet haben. Sie erhalten dann eine Übersicht der verfügbaren Werkzeuge und können Konten, Zugriffsmöglichkeiten und andere Einstellungen verwalten.

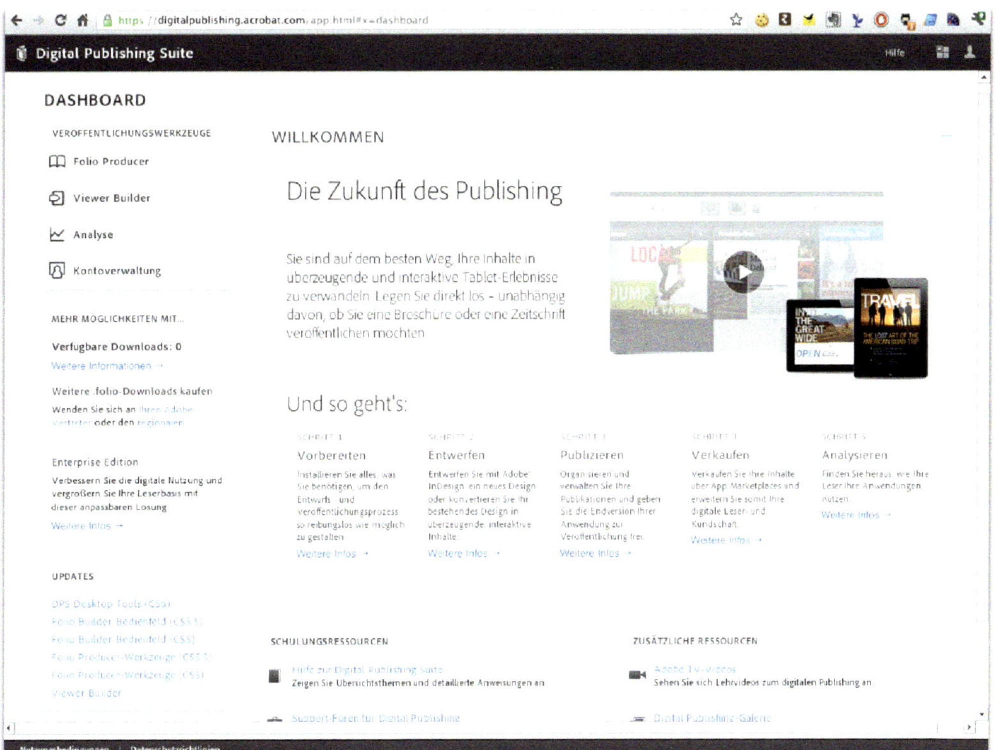

Das DPS-„Dashboard" (= Armaturenbrett) heißt Sie willkommen.

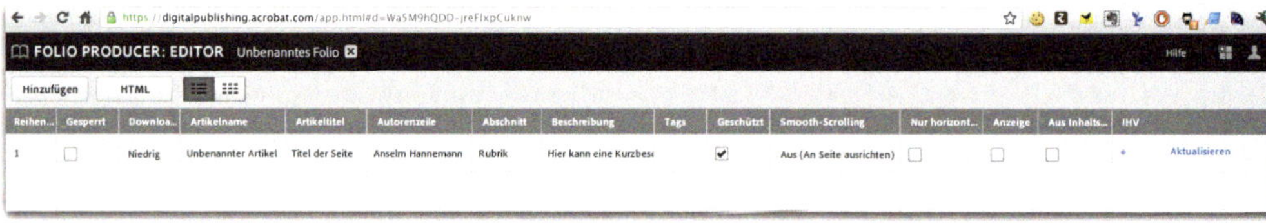

Im Editor verwalten Sie Einstellungen und Metadaten für einzelne Kapitel.

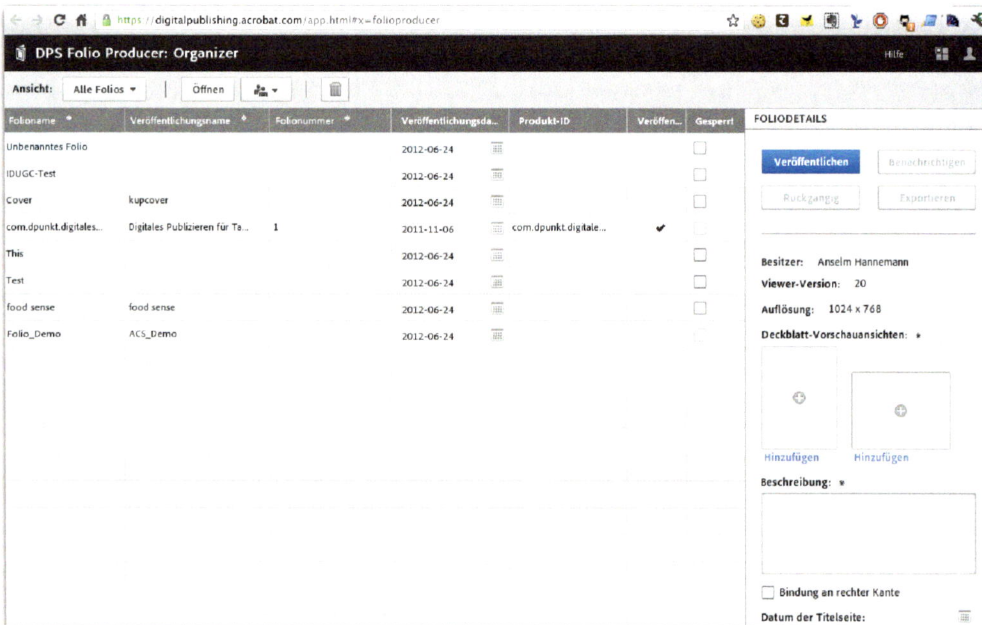

Der Organizer dient zum Verwalten und Organisieren Ihrer Publikationen.

Um ein mit InDesign und der **DPS** erstelltes Magazin anzusehen, benötigen Sie den **Content Viewer**. Für Ihr Betriebssystem am Arbeitsplatz haben Sie ihn vorhin bereits heruntergeladen. Um Ihr Magazin auf einem iOS- oder Android-Gerät zu testen, holen Sie sich die ebenfalls kostenlose Version im jeweiligen *App-Store*. Suchen Sie einfach nach „Content Viewer". Im **Viewer** selbst melden Sie sich erneut mit Ihrer **Adobe-ID** an und können dann die Publikation herunterladen und ansehen.

Was den Funktionsumfang und die Wiedergabe der Magazininhalte angeht, sind die **Content Viewer** für die verschiedenen Plattformen leider nicht alle auf demselben Stand. Am weitesten entwickelt ist offenbar der fürs iPad (iOS), während die Android-, Windows- und Mac-OS-Versionen etwas hinterherhinken. Als ich diesen Abschnitt schrieb, konnte der **Content Viewer** unter Android zum Beispiel noch keine PDF-Folios anzeigen. Wahrscheinlich hat sich das längst geändert, wenn Sie dieses Buch lesen.

Vorarbeit in InDesign

InDesign-Dokumente Tablet-gerecht einrichten

Legen Sie Ihr Dokument am besten in der Auflösung an, die für Ihre Zielgruppe am wichtigsten ist. Aktuell dürfte das in den meisten Fällen die der ersten beiden iPads (1.024×768) oder des Samsung Galaxy Tab (1.280×800) sein. Dazu wählen Sie **Datei** > **Neu** > **Dokument** (oder [⌘ Strg] [N]) und im Dialog dann zuerst als **Zielmedium Digitale Veröffentlichung**. Die Auswahl an Seitenformaten ist zwar recht spartanisch ausgefallen, enthält aber zumindest vier bekannte Geräte.

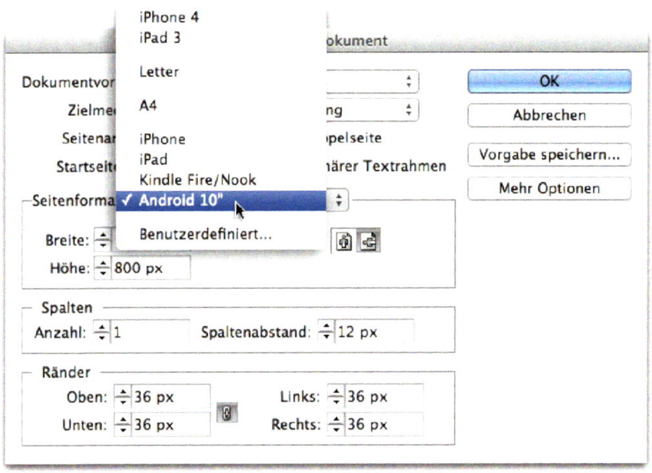

Ein neues Dokument legen Sie immer mit der Basisauflösung des Zielgeräts an.

Apples „Retina"-Auflösung
Für das „neue iPad" (besser bekannt als „iPad 3") mit der vierfachen Auflösung seiner Vorgänger legen Sie wie gewohnt Ihr Layout mit 1.024×768 Pixeln an. Im **Folio Builder** geben Sie dann aber als Auflösung die tatsächlichen 2.048×1.536 Pixel an. Ich empfehle Ihnen, möglichst **Folios** auf **PDF**- statt auf **PNG**-Basis zu erstellen, da die Dateien deutlich kleiner ausfallen und die Schriften als Vektoren (und nicht als Pixel) eingebettet werden. Sie gewinnen also bei **Geschwindigkeit und Darstellungsqualität**.

Bitte beginnen Sie immer mit diesem Seitenformat, auch wenn Sie vorhaben, in Ihrem Magazin „lange Seiten" anzulegen, also Seiten, die länger sind als eine Bildschirmseite und vom Leser senkrecht verschoben werden können. Erzeugen Sie die langen Seiten dann erst im fertig eingerichteten Dokument mithilfe des Seitenwerkzeugs. Ein Kapitel kann übrigens entweder mehrere normale Seiten oder eine lange Seite enthalten, aber keine Mischung aus beidem und auch nicht mehrere lange Seiten nacheinander.

Neues Folio anlegen

Öffnen Sie zunächst **Fenster** > **Folio Builder**. Sie werden als erstes aufgefordert, sich mit Ihrer Adobe-ID anzumelden. Wenn Sie schon das Eine oder Andere mit der **DPS** produziert haben, sieht es in diesem Bedienfeld etwa so aus wie auf dem nächsten Bildschirmfoto.

Nun klicken Sie am unteren Fensterrand auf **Neu** und geben einen Namen für Ihr **Folio** an (sehr kurze Namen ohne Leer- und Sonderzeichen vereinfachen später die Verlinkung). Dann wählen Sie die **Viewer**-Version aus (normalerweise die aktuellste) und legen **Größe** und **Ausrichtung** (Hoch-, Querformat oder beides) fest.

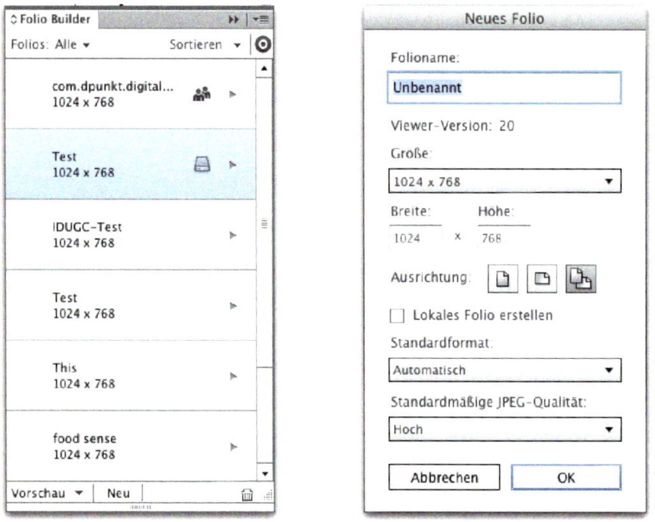

Im Folio-Builder-Bedienfeld klicken Sie „Neu" und geben im Dialog dann einen schönen Namen ein.

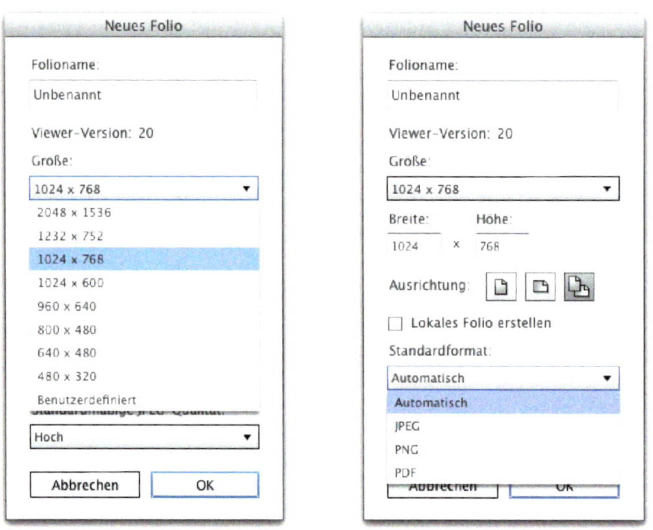

Wählen Sie außerdem Basisauflösung und Datenformat.

Sie haben hier die Möglichkeit, ein **lokales Folio** zu erstellen. Das bedeutet, dass diese Daten nicht auf den Adobe-Server hochgeladen werden, Ihr Magazin also beispielsweise nicht beim Kunden auf einem iPad betrachtet werden kann. Wählen Sie diese Option, wenn Sie etwas nur lokal testen möchten, das in dieser Form niemandem sonst bereitgestellt werden soll.

Das **Standard**(datei)**format** sollten Sie auf **Automatisch** einstellen. Zwar erzielen Sie mit **PDF** kleinere Dateien mit höherer Darstellungsqualität, sperren aber **Android**-Benutzer derzeit noch aus, die unbedingt **PNG** benötigen.

Nachdem Sie Ihr **Folio**-Bündel erstellt haben, können Sie gleich noch weitere Einstellungen vornehmen. Markieren Sie das soeben erstellte Folio in der Liste und wählen Sie dann aus dem Bedienfeldmenü

Eigenschaften aus, um einen Veröffentlichungsnamen einzutragen. Dieser muss nicht dem **Folio**-Namen entsprechen und darf auch Leer- und Sonderzeichen enthalten.

Im Bedienfeldmenü finden Sie weitere Einstellungen für Ihr Folio.

Zuletzt können Sie auch noch ein Deckblatt festlegen. Dies ist im **Content Viewer** als Vorschau zu sehen und wird dem Leser angezeigt, wenn die Magazinausgabe geöffnet wird. Das Deckblatt muss in den exakten Folio-Abmessungen und sowohl im Hoch- als auch im Querformat vorliegen. Das ist keine Anforderung von Adobe, sondern Apple schreibt zwingend beide Formate vor, wenn Sie eine *App* bereitstellen wollen. Übernehmen Sie die Einstellungen durch Klick auf **OK**. Ihr Folio ist jetzt vollständig eingerichtet.

Artikel hinzufügen

Falls Sie bereits ein InDesign-Dokument erstellt haben, können Sie dieses direkt als **Artikel** übernehmen. Anders als bei der **Buch**-Funktion haben Sie hier allerdings nicht die Möglichkeit, beliebige Dokumente hinzuzufügen. Wenn Sie einen Artikel erstellen, wird nämlich immer das aktuell geöffnete Dokument verwendet. Sie können nicht mehrere gleichzeitig hinzufügen, da sonst keine Layoutzugehörigkeit gefunden werden kann.

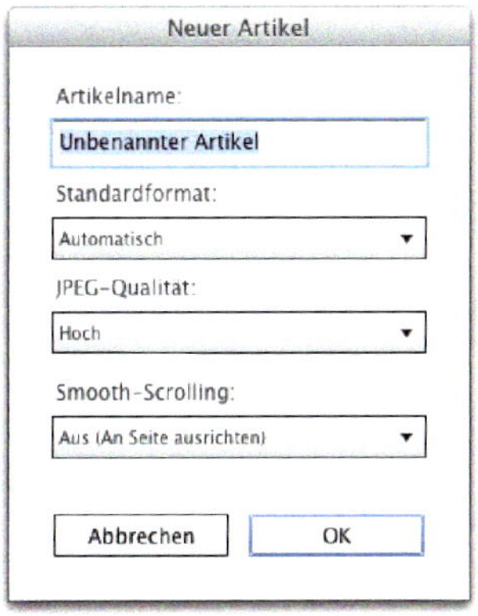

Einstellungen für einen neuen Artikel.

Doppelklicken Sie also auf Ihren **Folio**-Container und erstellen Sie über **Hinzufügen** einen neuen Artikel. Der Artikelname sollte ebenfalls, wie zuvor beim Container, ohne Sonderzeichen und Leerzeichen angegeben werden. Für diesen Artikel können Sie hier ein abweichendes Format angeben sowie „lange Seiten" kennzeichnen, indem Sie unter **Smooth-Scrolling** „beide Richtungen" wählen. Vergessen Sie, solche Seiten entsprechend einzustellen, klappt das spätere Hochladen auf den Adobe-Server nicht, und Sie erzeugen statt dessen einen Fehler.

Über das Bedienfeldmenü können Sie weitere Eigenschaften wie **Titel**, **Beschreibung**, **Autorenzeile** festlegen. Kennzeichnen Sie den Artikel als **Werbung**, wird er nicht im Inhaltsverzeichnis der *App* aufgeführt, ebenso mit der Einstellung **Aus Inhaltsverzeichnis ausblenden**. Dass es dieselbe Funktionalität doppelt gibt, hat den Grund, dass auf diese Weise unterschieden werden kann, ob etwas nicht im Inhaltsverzeichnis aufgeführt wird, weil es eine Anzeige ist (was ja in gedruckten Magazinen genauso gehandhabt wird), oder weil es ein Artikel ist, der – zum Beispiel aus technischen Gründen – auf zwei Folios verteilt wurde, aber trotzdem nur einmal gelistet werden soll.

Wollen Sie mehrere Layouts (Hoch- und Querformat) einstellen, so gelangen Sie per Doppelklick auf den Artikel in die Layoutansicht, wo Sie ein weiteres Layout hinzufügen können.

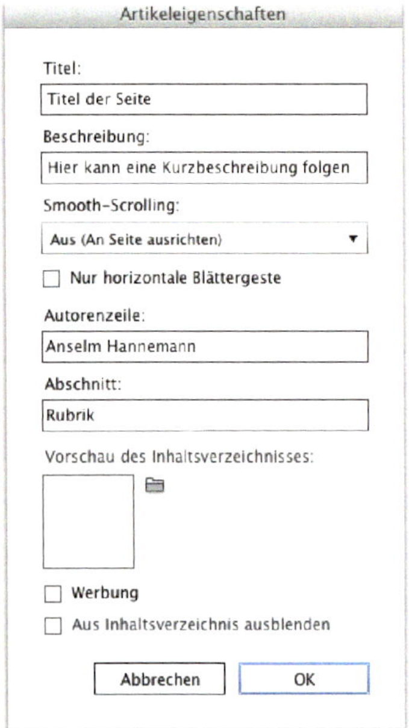

Die Artikeleigenschaften enthalten wichtige Metadaten und Einstellung, mit denen Sie festlegen, ob und wie der Artikel im fertigen Magazin im Inhaltsverzeichnis und in der Navigation erscheint.

Foliovorschau

Mit der **DPS** wird auch ein *Desktop-Viewer* mitgeliefert, um die erstellten Layouts in einer iPad-ähnlichen Art auf dem Rechner ansehen zu können. Aktuell kann er leider keine PDF-Artikel anzeigen und viele Interaktivitäten nicht korrekt darstellen. Betrachten Sie das Werkzeug daher als Hilfe für eine schnelle Voransicht, niemals aber als echtes Testwerkzeug. Dazu sollten Sie immer auf dem jeweiligen Gerät die Funktionalität *live* testen.

Um diese Vorschau zu öffnen, gehen Sie einfach entweder in der **Folio**-Containeransicht oder in der Artikelansicht auf **Vorschau** und wählen **Vorschau auf dem Desktop** aus.

Wenn Sie Ihr iPad am Mac per USB-Kabel angeschlossen haben, können Sie eine Vorschau auf dem Gerät anzeigen lassen. Das geht allerdings nur, wenn auf dem Gerät der Adobe **Content Viewer** installiert ist. Dann wird Ihnen im **Folio-Builder**-Fenster unter „Vorschau" Ihr Gerät angezeigt. Klicken Sie darauf, erscheint wenige Sekunden später die Vorschau auf Ihrem iPad. Damit ersparen Sie sich viel Zeit, da Sie nicht mehr zwingend erst die Daten auf den Adobe-Server hoch- und anschließend auf dem iPad wieder herunterladen müssen, um den aktuellen Stand des Magazins anzusehen.

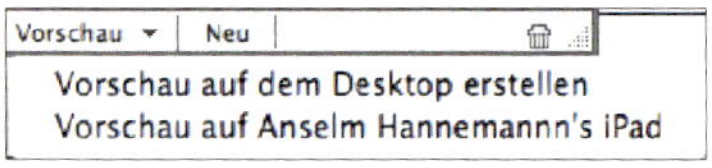

Und wie heißt Ihr iPad?

Overlays erstellen

Overlays (= Deckschichten) sind das, was einem **DPS**-Magazin erst Leben einhaucht. InDesign kümmert sich automatisch darum, dass alles, was sich nicht verändert – der Seitenhintergrund, die meisten Texte und Rahmen sowie statische Bilder – auf eine untere Ebene zusammengerechnet werden – entweder als **PDF** oder als **PNG**.

Die dynamischen Inhalte werden in einer oder mehreren Deckschichten darübergelegt. Die Einstellungen dafür erledigen Sie in den Bedienfeldern **Folio Overlays** und **Schaltflächen und Formulare**.

Hyperlinks innerhalb des Magazins oder zu einer Webseite

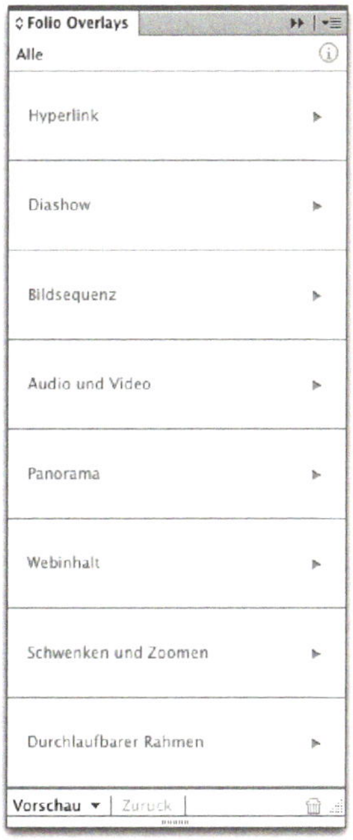

Die dynamischen Inhalte Ihres Magazins konfigurieren Sie vor allem im Bedienfeld Folio Overlays.

Hyperlinks, die im Dokument mit URLs verknüpft sind, können von der **DPS** übernommen werden. Dazu erstellt man am sinnvollsten einen Platzhalterrahmen in angemessener Größe (er sollte später mit dem Finger zu treffen sein) und erstellt eine Schaltfläche. Im Bedienfeld **Schaltflächen und Formulare** geben Sie als Aktion **Gehe zu URL** sowie den URL an (unbedingt mit „http://" beginnend). Als **Ereignis** wählen Sie, wie bei den meisten Schaltflächen, **Beim Loslassen oder Antippen**.

Ganz ähnlich verlinken Sie innerhalb des **DPS**-Magazins (also in der gleichen Ausgabe) zu einem anderen Artikel. Gehen Sie genauso vor wie mit einem HTTP-Link, nur dass Sie statt „http://" als Protokoll jetzt „navto://" angeben, gefolgt vom Namen des **Folios**. Hier muss der „echte" Name (der ohne Leerzeichen und Umlaute) verwendet werden, nicht der Titel aus den **Eigenschaften**. Sie finden den **Folio**-Namen direkt im **Artikel**-Bereich des Bedienfelds.

Knöpfe und Links konfigurieren Sie mit dem Bedienfeld Schaltflächen und Formulare.

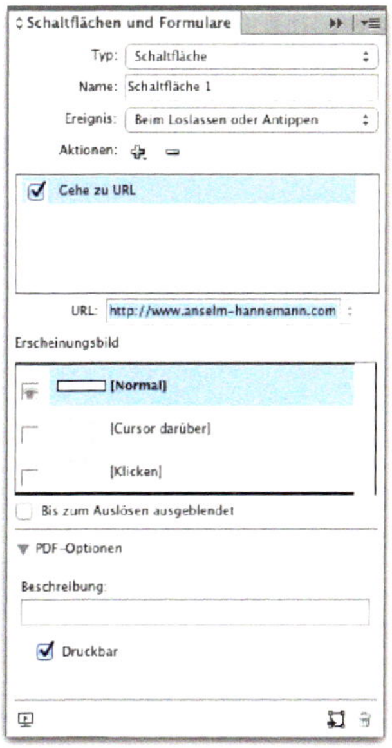

Nach dem Erstellen des **Hyperlinks** wechseln Sie zum **Folio-Overlays**-Bedienfeld. Hier definieren Sie, was passieren soll, wenn der Leser auf die Schaltfläche tippt. Sie können die verlinkte Webseite entweder in einem *Popup*-Fenster innerhalb Ihres **Folios**, also später innerhalb der *App*, öffnen oder die Aktion an den **Gerätebrowser** (auf iPads in der Regel **Safari**) übergeben, wodurch der Leser Ihr Magazin natürlich verlässt.

Diashow und Multistatusobjekte

Wenn Sie bereits **mehrere Objektstatus** angelegt haben, können Sie daraus eine **Diashow** in der **DPS** erstellen.

Objektstatus: Seite 553

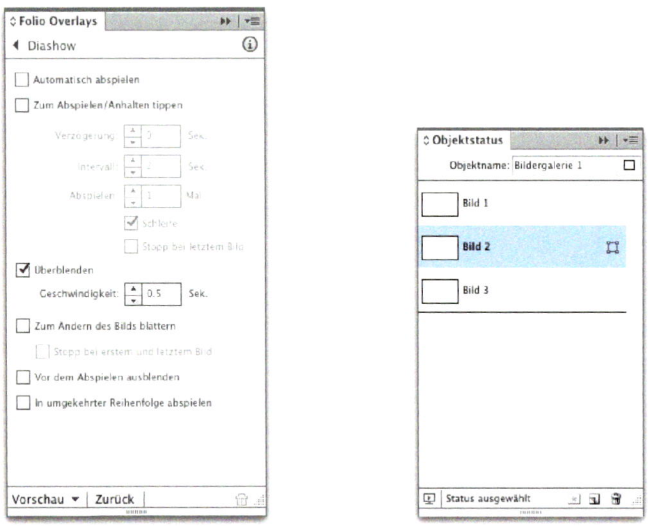

Einstellungen für eine Diashow.

Ist ein **Multistatusobjekt** ausgewählt, werden im **Folio-Overlay**-Bedienfeld automatisch die Einstellungen für eine **Diashow** angezeigt. Hier legen Sie fest, ob die **Diashow** beim „Betreten" der Magazinseite **automatisch abgespielt** werden soll, ob sie **anhalten** beziehungsweise **starten** soll, wenn der Leser auf den Bildschirm **tippt**, und ob die Bilder endlos durchlaufen oder beim **letzten Bild von selbst anhalten** soll.

Überblenden regelt die Dauer des Übergangs zwischen den Bildern. Soll der Leser nicht nur tippen, sondern auch mit der iPad-typischen Wischbewegung („*Swipe*") **umblättern** können, lässt sich das hier ebenfalls definieren. In diesem Fall können Sie bestimmen, dass die Diashow nicht als Schleife läuft, sondern **beim ersten und letzten Bild stoppt**. Und wenn Sie die Bilder falsch gestapelt haben, lässt sich die **Reihenfolge** hier ganz einfach **umkehren**.

Statisches Element über Overlay
Möchten Sie ein statisches Element über einem DPS-Overlay haben, so ist dies normalerweise nicht möglich. Wandeln Sie jedoch das statische Element in zwei gleiche **Objektstatus** um und erstellen daraus eine **Diashow**, die nicht in der Schleife läuft und beim letzten Bild stoppt, aber automatisch abgespielt wird, so steht dieses Objekt *über* dem darunterliegenden **Folio-Overlay**.

Bildsequenz

Mit einer **Bildsequenz** können Sie 360°-Bilder umsetzen, also die Außensicht auf ein Objekt, das einmal um die eigene Hochachse gedreht wird. Dazu brauchen Sie natürlich entsprechendes Bildmaterial, am besten 30 Einzelbilder im Winkelabstand von 12°. Diese legen

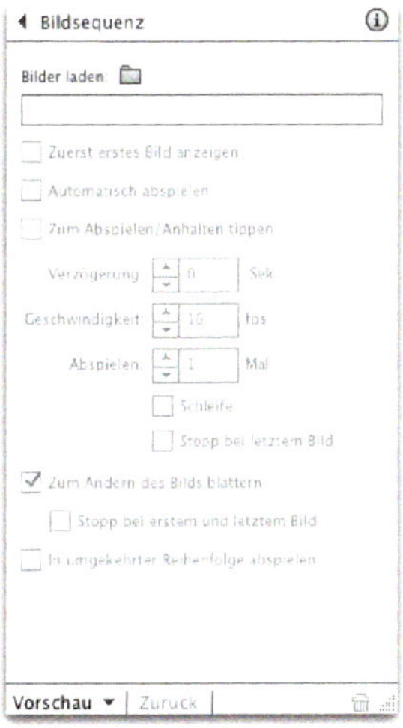

Sie einfach gesammelt (ohne irgendwelche anderen Daten) in einen Ordner und referenzieren diesen im **Folio-Overlay**-Bedienfeld. Es ist empfehlenswert, diese Bilder vorab so klein wie möglich zu rechnen, da eine zu große Auflösung unsauber laufen könnte. Versuchen Sie JPEGs mit Qualitätsstufe 8 und verringern Sie die Qualität, wenn Sie merken, dass die Datenmenge zu groß wird. Die übrigen Einstellungen sind mit denen der **Diashow** identisch.

Rotierende Objekte werden als Bildsequenz umgesetzt.

Audio und Video

Natürlich können Sie in Ihre Publikation auch **Audio** und **Video** einbetten. Dazu importieren Sie per **Datei** > **Platzieren** Ihre Audio- oder Videodatei in Ihr Layout. Dann rufen Sie das Bedienfeld **Folio Overlays** auf und sehen die möglichen Einstellungen für diese Dateitypen. Beide können automatisch mit oder ohne Verzögerung abgespielt werden, Videos auch als **Vollbild**. Für Audiodaten können Sie in einem Ordner eigene Steuerungknöpfe hinterlegen. Dafür benötigen Sie **PNG**-Dateien, die Sie frei gestalten dürfen. Legen Sie jeweils einen Knopf für Abspielen und Pause an, dessen Dateiname mit „_play.png" beziehungsweise mit „_pause.png" enden muss. Möchten Sie eine Fortschrittsanzeige mit einbauen, legen Sie einfach beliebig viele Zustände dieser beiden Knöpfe an und nummerieren diese durch, zum Beispiel von „...001_play.png" bis „...008_play.png" (und entsprechend für den Pause-Knopf). Wie bei der Bildsequenz zeigen Sie InDesign dann nur den Ordner, in dem diese **Steuerelement-Dateien** liegen.

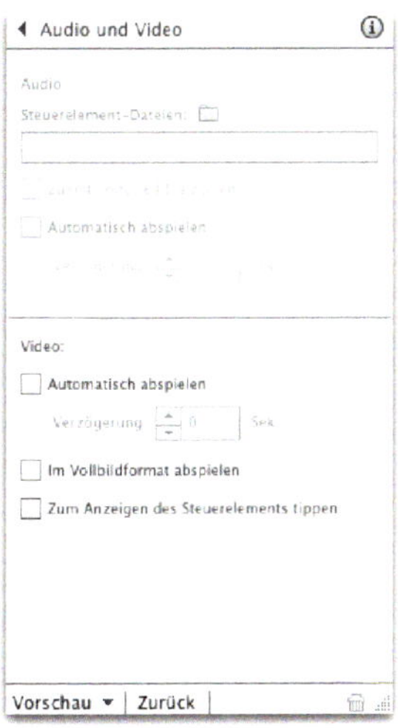

Einstellungen für Audio und Video.

Audio und Video für „alle"
Codieren Sie bereits vorab sämtliche Videodaten mit dem h.264-Codec im mp4-Format und Audiodateien in das mp3-Format. Diese Formate funktionieren auf iPad und Android.

Webinhalt

Dieser Overlay beinhaltet zwar nur eine ganz simple Funktion, wird aber immer dann wichtig, wenn Sie dem Leser etwas bieten möchten, für das Sie in der **DPS** keine vorgefertigte Funktion finden. Denn damit können Sie Webseiten oder „Webseitenschnipsel" direkt ins Layout einbinden – auch HTML5-Animationen und Ähnliches.

Ziehen Sie zunächst in Ihrem Layout einen Rechteckrahmen in der Größe auf, in der der Webinhalt dargestellt werden soll. Den Pfad zur HTML-Datei oder den URL geben Sie im **Folio-Overlays**-Bedienfeld, Abteilung **Webinhalt**, ein. Aktivieren Sie die Option **Automatisch abspielen**, um die Webseite sofort oder verzögert laden zu lassen, sobald der Leser auf diese Seite kommt. Der Hintergrund kann **transparent** werden (sofern die Webseite oder die Datei keinen eigenen Hintergrund „mitbringt"). Falls Sie dem Leser erlauben möchten, Links innerhalb der eingebetten Seite anzuklicken oder sonst damit zu **interagieren**, müssen Sie dieses Häkchen setzen. Webinhalte, die zu groß für Ihren erstellten Rahmen sind, können Sie automatisch auf die verfügbare Größe **einpassen** lassen.

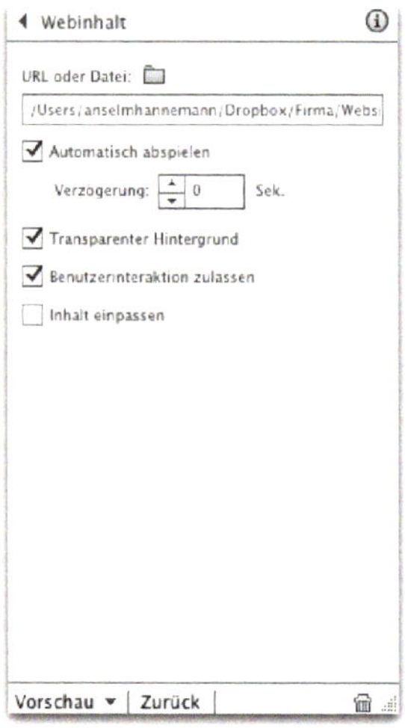

Einstellungen für Webinhalte.

Webinhalt per OAM-Datei

Seit InDesign CS6 gibt es das Dateiformat mit der Endung **.oam**, das interaktive Inhalte transportieren kann. Genau genommen handelt es sich dabei, wie auch beim **Folio**- und beim **EPUB**-Format, nur um einen ***ZIP-Container*** mit spezifischen Inhalten. **OAM** dient dem sicheren Transport von Webinhalten, ohne verlinkte Daten zu verlieren. Dateien im **OAM**-Format können Sie zum Beispiel aus **Adobe Edge** exportieren. Eine **OAM**-Datei können Sie direkt im InDesign-Layout platzieren. Sie müssen nicht extra den Pfad bei **Webinhalt** angeben, allerdings stehen für OAM-Dateien einige **Webinhalt**-Optionen nicht zur Verfügung.

Schwenken und Zoomen

Das **Schwenken und Zoomen** eignet sich zum Beispiel für Kartenmaterial, das trotz ausreichender Auflösung nicht zufriedenstellend auf dem vergleichsweise geringen Bildschirmplatz dargestellt werden kann. Für ein Bild, das größer ist als der Rahmen, in dem es sich befindet, wählen Sie im **Folio-Overlays**-Bedienfeld **Schwenken und Zoomen** aus (und an). Der Leser kann dann das Bild im sichtbaren Bereich verschieben und durch die bekannte Kneifbewegung vergrößern und verkleinern, muss jedoch dieses Verhalten zuerst durch einmaliges Tippen auf das Bild aktivieren. Dies können Sie gut mit einem vor dem Bild liegenden Knopf (der keine Funktion zu haben braucht) provozieren. Sobald der Leser tippt, wandert der interaktive Inhalt „nach vorne", und der statische Knopf verschwindet automatisch.

So übersichtliche Einstellmöglichkeiten sind in InDesign selten.

Durchlaufbarer Rahmen

„*Scrollable Content*" kann für lange Inhalte extrem hilfreich sein. Es geht dabei um ein ähnliches Benutzerverhalten, wie es bei Bildern das **Schwenken und Zoomen** darstellt: Einen langen Textrahmen, der möglichst genau so hoch ist, dass der Text exakt darin Platz findet (und der ohne Weiteres über mehrere Bildschirmseiten Ihres InDesign-Dokuments reichen darf – den Inhalt bearbeiten Sie am besten im **Textmodus**) schneiden Sie mit ⌘ Strg X aus. Der Grafikrahmen, in dem jeweils ein Ausschnitt dieses Textes zu sehen sein soll (und vom Leser darin per Wischbewegung „weitergeschubst" werden kann), muss genau die gleiche Breite aufweisen wie der Textrahmen. In diesen setzen Sie den Textrahmen mit **Bearbeiten** > **In die Auswahl**

◢ *Textmodus: Seite 264*

einfügen ein. Im **Folio-Overlays**-Bedienfeld sehen Sie nun die Einstellungen für den durchlaufbaren Rahmen. Natürlich können Sie auch die Höhe fixieren und seitlich durchlaufbare Rahmen erstellen.

Durchlaufbare Rahmen können waagerecht oder senkrecht „durchgeschubst" werden.

Viewer Builder

Grundeinstellungen

Der **Viewer Builder**, mit dem die *Container*-Applikationen für die **Folios** erstellt werden können, ist nicht Bestandteil der *Desktop-Tools* und damit nicht von Haus aus bei InDesign dabei.

Diesen müssen Sie von Hand installieren. Gehen Sie dazu auf digitalpublishing.acrobat.com. Dort finden Sie den Link zum **Viewer Builder** – klicken Sie darauf, um ihn zu installieren und gleich zu starten.

Hier können Sie nun Ihren *App-Container* erstellen. Weitere Hilfestellungen erhalten Sie „vor Ort".

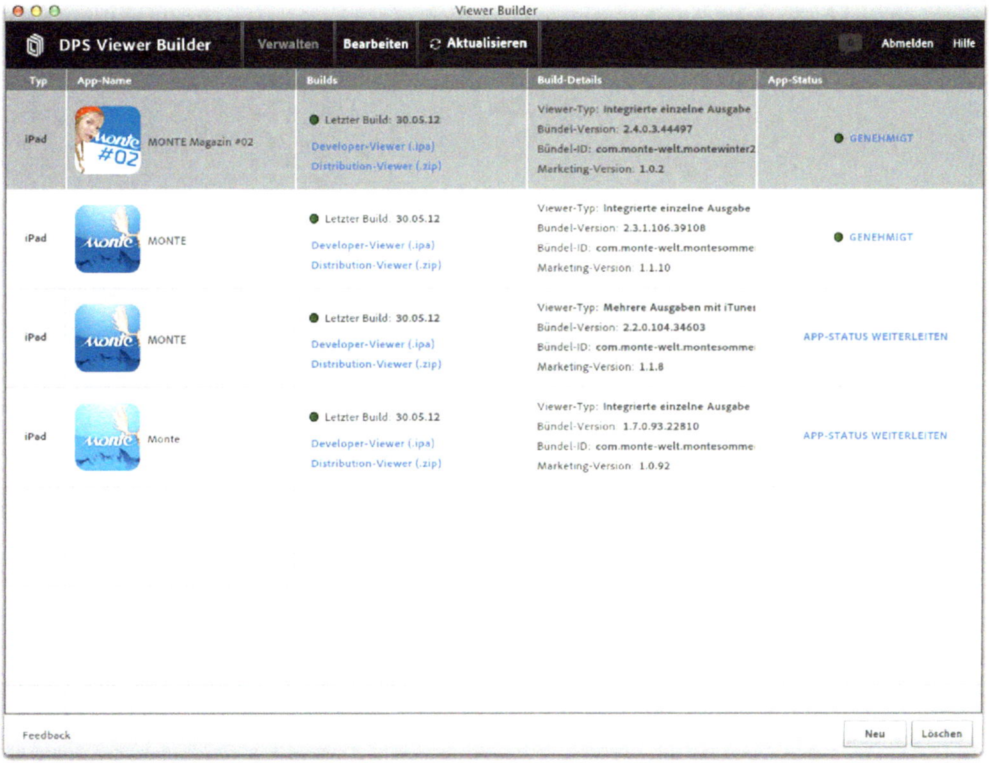

Im Viewer Builder erstellen Sie den Container für Ihre App.

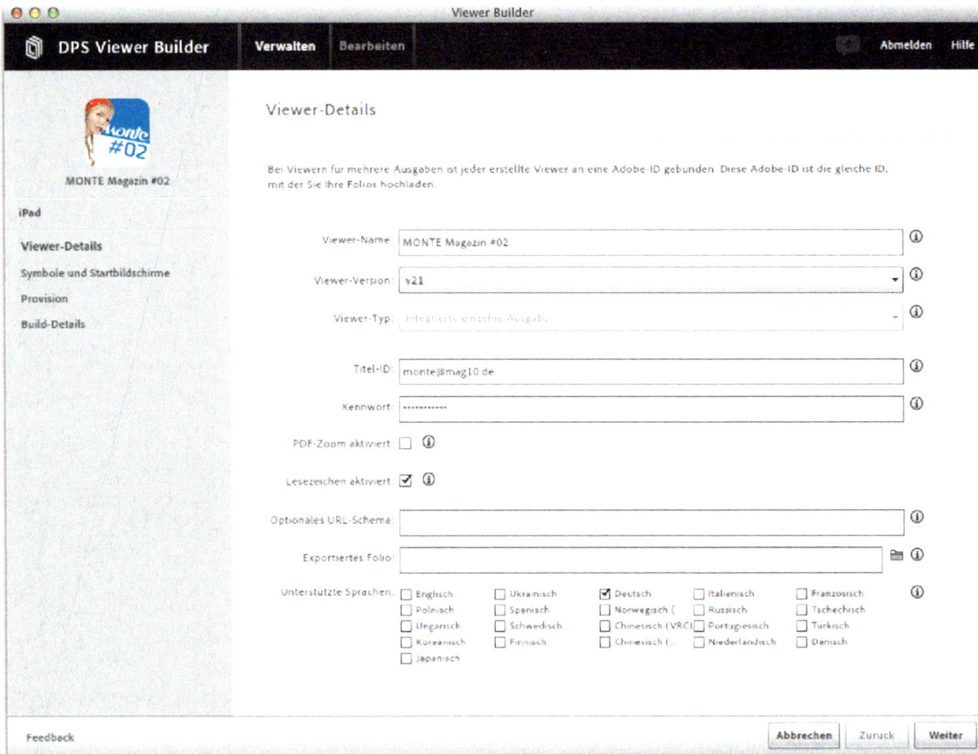

In den Details geben Sie Metadaten für Ihre zukünftige App ein.

Automatisierung

LAY

Das ist neu in CS6

◢ Seite 624

Indic Preferences – Ein mitgeliefertes Skript zum Umschalten zahlreicher Voreinstellungen für indische Typografie

Suchen/Ersetzen mit GREP

Einleitung

GREP?
Stammt aus den frühen 1970ern und war ursprünglich ein UNIX-Kommandozeilenwerkzeug für die Suche in Textdateien. Die Abkürzung steht für **G**lobal/ **R**egular **E**xpression/**P**rint, was wiederum eine Kurzform ist für ***G**lobal search for a **R**egular **E**xpression and **P**rint out matched lines* – zu deutsch etwa: „globale Suche nach einem regulären Ausdruck und Ausgabe übereinstimmender Zeilen". So, und jetzt gehen Sie bitte raus und erzählen's den Anderen.

Typische Aufgaben von **GREP** in der UNIX-Welt sind etwa die Suche in Quelltexten bei der Software-Entwicklung oder in Log-Dateien bei der Systemadministration.

In InDesign ist GREP an zwei Stellen eingebaut: Bei **Suchen/ Ersetzen** wird es als Alternative zur normalen Textsuche angeboten. **GREP** unterscheidet sich dabei von der normalen Textsuche durch stärkere Ausdrucksmöglichkeiten beim Formulieren des Suchmusters und der Möglichkeit, sich beim Ersetzen auf Teile des Suchergebnisses zu beziehen. Innerhalb eines **Absatzformats** kommt es als automatisches **Zeichenformat**, als so genannter GREP-Stil, zum Einsatz. Damit wird im Prinzip eine ständige Überprüfung auf ein Suchmuster mit automatischer Formatierung eingerichtet.

Beide Stellen werden in den folgenden Abschnitten anhand von Beispielen ausführlich erläutert.

Übersicht über die Möglichkeiten und einführende Beispiele

GREP verwendet so genannte *erweiterte reguläre Ausdrücke* zum Spezifizieren des Suchmusters. Neben den üblichen **Platzhaltern** für einzelne Zeichen kann man sehr genaue Angaben zur **Wiederholung** von Mustern machen und eine **Oder**-Verknüpfung verwenden, um damit alternative Muster festzulegen. Für die Zeichensuche stehen verschiedene vordefinierte und auch frei definierbare Zeichengruppen und -klassifizierungen (Wörter, Ziffern, Leerräume, ...) zur Verfügung. Weiterhin kann man das Suchmuster in **Gruppen** zusammenfassen und beim Ersetzen gezielt auf diese Gruppen zugreifen.

Trockenes Thema?
Sollte Ihnen das Thema GREP jetzt schon reichlich zäh vorkommen: Lesen Sie trotzdem weiter! Wenn Sie bis Seite 601 durchgehalten haben und immer noch nicht wenigstens ein ganz kleines bisschen begeistert sind, dürfen Sie zu einem anderen Kapitel springen oder das Buch weglegen und ...

Die Notation der **Metazeichen** ist jedoch ein wenig gewöhnungsbedürftig und unterscheidet sich stark von der normalen Textsuche. Rufen Sie sie aus dem „Klammeraffen"-Menü (@) auf und haben Sie Geduld mit sich selbst, bis sich die Suchmuster allmählich im Gedächtnis festsetzen und Sie nicht mehr dauernd nachsehen müssen.

Das ausgewählte **Metazeichen** wird an der aktuellen Stelle im Eingabefeld eingefügt. (Ich werde nachher noch ausführlicher.)

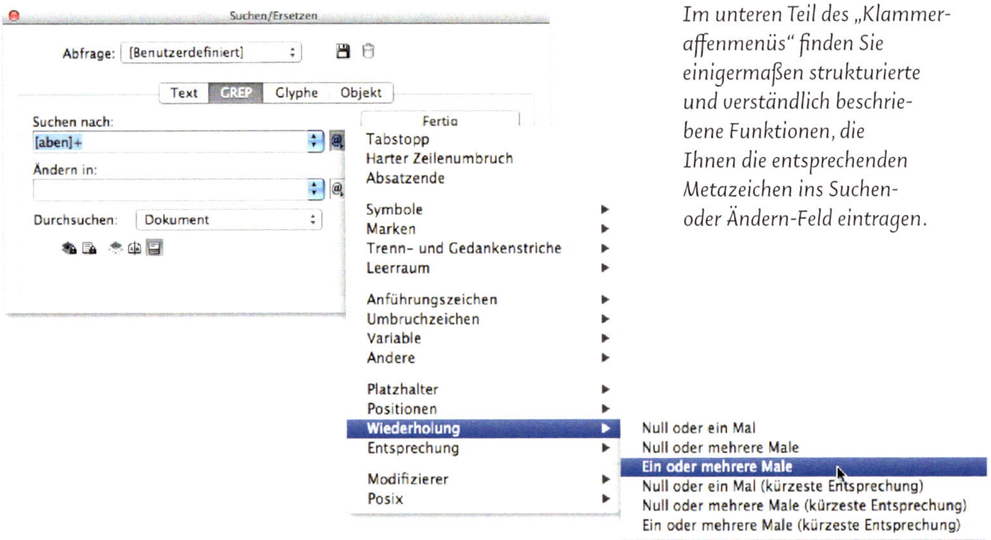

Im unteren Teil des „Klammeraffenmenüs" finden Sie einigermaßen strukturierte und verständlich beschriebene Funktionen, die Ihnen die entsprechenden Metazeichen ins Suchen- oder Ändern-Feld eintragen.

Die versprochenen Beispiele

Adobe Ein fester Text als Suchmuster – hier gibt es keinen Unterschied zur normalen Textsuche.

A...e Der Punkt ist ein **Metazeichen**, der für ein beliebiges Zeichen steht. Das Muster passt also auf „Adobe", aber auch auf „Amore".

[aben]+ Ein **Zeichenbereich** aus vier Buchstaben, die beliebig oft vorkommen können. Auch das Pluszeichen ist ein **Metazeichen**, in diesem Fall die Bedingung, dass mindestens ein Zeichen aus dem Bereich vorhanden muss. Dieses Muster passt daher auf „a", „ab", „eben", „banane", „ebenennabe" und alle anderen denkbaren und undenkbaren Kombinationen aus diesen Buchstaben.

[0-9][0-9][0-9][0-9] Vier **Zeichenbereiche**, die jeweils alle Ziffern enthalten; das Anfangs- und das Endzeichen sind durch einen Bindestrich verbunden. Das Muster passt auf alle vierstelligen Ziffernfolgen, wie zum Beispiel „0000", „1984", „2020", ... In den eckigen Klammern dürfen auch mehrere **Zeichenbereiche** (ohne Leerraum dazwischen) angegeben werden. Sämtliche alphanumerischen Zeichen der deutschen Sprache könnte man zum Beispiel so suchen: **[0-9a-zA-ZäÄöÖüÜß]**. Für die vier Ziffern gibt es auch noch die Schreibweisen **\d\d\d\d** oder **\d{4}**. Aber dazu später mehr.

Die Zeichen **.,?()[]{}\^$|*+** haben jeweils eine Sonderbedeutung im GREP-Suchmuster. Die Verwendung der meisten davon wird in der folgenden Tabelle erläutert. Will man tatsächlich nach einem dieser Zeichen suchen (und nicht dessen Sonderbedeutung verwenden), muss man ihm das Zeichen **** (= *Backslash*) voranstellen, also etwa **\.** zum Suchen eines Punkts oder **** zur Suche eines *Backslash* selbst. Den umgekehrten Schrägstrich geben Sie übrigens auf Mac OS mit [⌥] [⇧] [7] ein und auf Windows mit [AltGr] [ß].

Das ist erst der Anfang
Die Aufstellung in nachfolgender Tabelle und auch die folgenden Beispiele stellen nur eine Einführung in GREP dar. Eine umfangreichere Tabelle der **Metazeichen** finden Sie in der InDesign-Hilfe im Kapitel **Text**, Abschnitt **Suchen und Ersetzen**. Außerdem kann ich Ihnen folgende Bücher empfehlen (auch ältere Ausgaben; bei GREP hat sich nichts geändert):
Gregor Fellenz: „InDesign automatisieren" (dpunkt, 2011, ISBN 978-3-89864-734-2)
Peter Kahrel: „Automating InDesign with Regular Expressions" (O'Reilly, 2006, ISBN 978-0-596-55932-8)

Tabelle der wichtigsten GREP-Metazeichen		
Bezeichnung	**Zeichen**	**Erläuterung**
Null oder ein Mal	**?**	Das vorangehende Muster darf nicht oder nur einmal vorkommen, dieses Muster nennt man auch „optional".
Null oder mehrere Male	*****	Das vorangehende Muster darf nicht oder beliebig oft vorkommen.
Ein oder mehrere Male	**+**	Das vorangehende Muster muss mindestens einmal und darf beliebig oft vorkommen.
Absatzanfang	**^**	Das nachfolgende Suchmuster muss am Absatzanfang stehen.
Absatzende	**$**	Das vorangehende Suchmuster muss am Absatzende stehen.
Gruppe	**( )**	Das Suchmuster in den runden Klammern kann beim Ersetzen referenziert werden. Für die meisten Operationen in Suchmustern, wie etwa die Wiederholungshäufigkeit von Zeichenfolgen, müssen runde Klammern gesetzt werden, ansonsten bezieht sich die Operation nämlich nur auf das unmittelbar vorhergehende Zeichen.
Zeichenbereich	**[ ]**	Alle in den eckigen Klammern aufgeführte Zeichen werden gefunden. Es können nur Einzelzeichen angegeben werden. Die Zeichen können auch als Bereiche durch Verbinden mit Bindestrich angegeben werden, etwa **[0-9]** für alle Ziffern.
Oder	**|**	Oder-Verknüpfung für alternative Suchmuster. Zum Beispiel dient **(John|Paul|George|Ringo)** zum Auffinden eines der Beatles.
Leerraum	**\s**	Alle Leerräume, wie etwa Leerzeichen und Tabulatoren, werden gefunden.
Ziffer	**\d**	Alle Ziffern werden gefunden. Entspricht dem Zeichenbereich **[0-9]**.
Kleinbuchstabe	**\l**	Alle Kleinbuchstaben werden gefunden.
Großbuchstabe	**\u**	Alle Großbuchstaben werden gefunden.
Wortbestandteil	**\w**	Alle Zeichen, die als Teil eines Wortes betrachtet werden können, werden gefunden: Buchstaben, Ziffern und der Unterstrich „_".
Gefundener Text	**$0**	(Im Feld **Ändern in**): Der gesamte gefundene Text wird eingesetzt.
Gefundene Textgruppe	**$1, ..., $9**	(Im Feld **Ändern in**): Der gefundene Text des ersten, zweiten, ... neunten geklammerten Ausdrucks wird eingesetzt.

Suchen und Ersetzen

Die Suche mit **GREP** ist im Dialog **Suchen/Ersetzen** unter dem zweiten Reiter **GREP** zu finden (Abkürzung: [⌘ Strg] [F], dann [⌘ Strg] [2]).

Im Gegensatz zum normalen Suchdialog fehlen hier die beiden Schaltflächen zur Unterscheidung von **Groß- und Kleinschreibung** und für die **Wortsuche**, da diese Optionen bei **GREP** über das Suchmuster gesteuert werden. Dafür sind die Menüs zu den Feldern **Suchen nach** und **Ändern in** um **GREP**-spezifische Einträge erweitert. Wenn Sie also wissen, wofür Sie eine Funktion oder einen Platzhalter benötigen, sich den dazugehörigen **GREP**-Ausdruck aber nicht gemerkt haben, wählen Sie aus diesem Menü das Gewünschte aus (etwa **Platzhalter > Beliebige Ziffer**), und InDesign setzt das oder die entsprechende(n) Zeichen an Ihrer Einfügemarke ein (etwa **\d**).

Das Menü des **Ersetzen**-Felds bietet stattdessen das Untermenü **Gefunden** an. Manche Beschreibung sind auf Anhieb verständlich, bei anderen wiederum ist man zunächst ziemlich ratlos. Im Folgenden versuche ich jede einzelne davon – die glasklaren wie auch vor allem die irritierenden – so zu erklären, dass Sie sie sofort verstehen und einsetzen können.

Platzhalter

Damit suchen Sie bestimmte Typen von Zeichen, nämlich:

- **Beliebige Ziffer** = eine der **Ziffern** von **0** bis **9**.
- **Beliebiger Buchstabe** = jeder **Buchstabe**, **groß** oder **klein** geschrieben, auch aus einem anderen **Schriftsystem**, mit **Akzent**, als Teil einer OpenType-**Ligatur** und so weiter.
- **Beliebiges Zeichen** = jedes Zeichen, also außer Buchstaben und Ziffern auch noch **Interpunktion**, **Leerräume** und **Tabulatoren**, aber *keine* **Zeilenschaltungen**
- **Alle Leerräume** = **Leerräume** aller Art, **Tabulatoren** und **Zeilenschaltungen**
- **Alle Wortzeichen** = alle **Buchstaben** und **Ziffern** sowie den **Unterstrich** („_").
- **Alle Großbuchstaben / Alle Kleinbuchstaben** = die beiden Teilmengen von **Beliebiger Buchstabe**.

Positionen

Ist die Position entscheidend für Ihre Suche, teilen Sie InDesign mit, dass die Suche nur dann erfolgreich sein soll, wenn ...

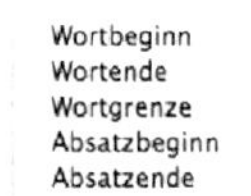

- **Wortbeginn** = ... ein **Wort** mit dem gesuchten Ausdruck **beginnt**.
- **Wortende** = ... ein **Wort** mit dem gesuchten Ausdruck **endet**.
- **Wortgrenze** = ... ein **Wort** mit dem gesuchten Ausdruck entweder **beginnt oder endet** (oder beides).
- **Absatzbeginn** = ... der gesuchte Ausdruck am **Anfang eines Absatzes** (und damit automatisch auch am Anfang einer Zeile) steht.
- **Absatzende** = ... der gesuchte Ausdruck am **Ende eines Absatzes** (und damit automatisch auch am Ende einer Zeile) steht.

Wiederholung

Die ersten drei Einträge versuchen, den **längstmöglichen Teil** eines Textes zu finden, der auf das Suchmuster passt, während die zweiten drei Einträge die **kürzestmögliche Entsprechung** des Suchmusters suchen.

- **Null oder ein Mal** = Der gesuchte Ausdruck kommt einmal vor oder auch gar nicht.
- **Null oder mehrere Male** = Der gesuchte Ausdruck kommt einmal vor oder mehrmals hintereinander oder auch gar nicht.
- **Ein oder mehrere Male** = Der gesuchte Ausdruck kommt mehrmals hintereinander vor, mindestens aber einmal.

Gierige Funktionen
Funktionen, die bestrebt sind, das größtmögliche Ergebnis zu finden, welches gerade noch auf das Suchmuster passt, werden als „gierig" bezeichnet. Erwünscht ist das nicht immer. Die „kürzeste Entsprechung" schafft Abhilfe.

Soll das Suchmuster mehr als ein Element umfassen, muss es in runde Klammern gesetzt werden.

Markierter Unterausdruck
Unmarkierter Unterausdruck
Zeichensatz
Oder
Positives Lookbehind
Negatives Lookbehind
Positives Lookahead
Negatives Lookahead

Entsprechung

- **Markierter Unterausdruck** = setzt runde Klammern. Wie vorhin schon besprochen, benötigen Sie runde Klammern um Suchausdrücke zum Beispiel dann, wenn Sie das damit Gefundene im **Ändern**-Feld wieder einsetzen möchten.
- **Unmarkierter Unterausdruck** = Was mit dem darin enthaltenen Suchmuster gefunden wird, ist ausdrücklich von der Referenzierung ausgenommen. Das heißt, Sie können einen Ausdruck in Klammern setzen – etwa wenn die Alternative einer **Oder**-Funktion (siehe übernächster Listenpunkt) mehr als ein Element enthält –, können aber im **Ändern**-Feld nicht mehr darauf zugreifen.
- **Zeichensatz** = liefert Ihnen die eckigen Klammern, die für einen **Zeichenbereich** erforderlich sind.
- **Oder** = setzt einen senkrechten Strich, auch **Verkettungszeichen** oder „Pipe" (englisch, ausgesprochen wie „paip", bedeutet hier „Röhre") genannt. Dieses Zeichen trennt gleichberechtigte Alternativen. Bestehen diese aus mehr als einem Zeichen, müssen sie jeweils in runde Klammern gesetzt werden, da sonst nur die unmittelbar benachbarten Zeichen als Alternativen angesehen werden.
- **Positives Lookbehind** (ausgesprochen wie *„luck-bi-HAIND"*, etwa: „Schau-nach-hinten") = Nur dann, wenn der darin enthaltene Ausdruck **vor** (in europäischen Schriftsystemen also **links von**) dem eigentlich gesuchten Ausdruck steht, ist die Suche erfolgreich.
- **Negatives Lookbehind** = Immer, wenn der darin enthaltene Ausdruck **nicht** vor dem eigentlich gesuchten Ausdruck steht, ist die Suche erfolgreich.
- **Positives Lookahead** (ausgesprochen wie *„luck-a-HÄD"*, etwa: „Schau-nach-vorne") = Nur dann, wenn der darin enthaltene Ausdruck **nach** (in europäischen Schriftsystemen also **rechts von**) dem eigentlich gesuchten Ausdruck steht, ist die Suche erfolgreich.
- **Negatives Lookahead** = Immer, wenn der darin enthaltene Ausdruck **nicht** nach dem eigentlich gesuchten Ausdruck steht, ist die Suche erfolgreich.

Nicht zwischen Groß- und Kleinschreibung unterscheiden
Zwischen Groß- und Kleinschreibung unterscheiden
"Mehrere Zeilen" ein
"Mehrere Zeilen"
"Eine Zeile" ein
"Eine Zeile" aus

Modifizierer

Zu diesen „Betriebsartenumschaltern" zählt unter anderem die Berücksichtigung von **Groß-/Kleinschreibung**, die bei der normalen Textsuche per Knopf ein- oder ausgeschaltet wird und immer für die ganze Suche gilt. **Modifizierer** bei der GREP-Suche gelten dagegen erst ab der Stelle, an der sie eingefügt sind. Sie können also innerhalb Ihres Suchmusters an beliebiger Stelle die Betriebsart wechseln.

- **Nicht zwischen Groß- und Kleinschreibung unterscheiden** = findet den gesuchten Ausdruck auch dort, wo Groß-/Kleinschreibung **nicht** übereinstimmen. *(Standardeinstellung)*

- **Zwischen Groß- und Kleinschreibung unterscheiden** = findet den gesuchten Ausdruck nur dort, wo Groß-/Kleinschreibung **exakt** übereinstimmen.
- **"Mehrere Zeilen" ein** = Die Metazeichen **^** und **$** stehen für Beginn beziehungsweise Ende jedes **Absatzes**. *(Standardeinstellung)*
- **"Mehrere Zeilen" (aus)** = Die Metazeichen **^** und **$** stehen für Beginn beziehungsweise Ende des gesamten **Textabschnitts**.
- **"Eine Zeile" ein** = Auch **Zeilenumbrüche** zählen zu den beliebigen Zeichen, die mit **.** gefunden werden.
- **"Eine Zeile" aus** = **Zeilenumbrüche** zählen nicht zu den beliebigen Zeichen und werden mit **.** nicht gefunden. *(Standardeinstellung)*

Verwendet man *keines* dieser Metazeichen, gilt die jeweilige Standardeinstellung.

Posix

Eine alternative beziehungsweise erweiterte Form für Zeichenbereiche stammt aus dem „Portable Operating System Interface", kurz POSIX, das aus der UNIX-Welt stammt. Die meisten Einträge haben eine Entsprechung unter **Platzhalter**.

- **[[:alnum:]]** = **[\l\u\d]** = beliebiger Buchstabe oder beliebige Ziffer
- **[[:alpha:]]** = **[\l\u]** = **Platzhalter > Beliebiger Buchstabe**
- **[[:digit:]]** = **\d** = **Platzhalter > Beliebige Ziffer**
- **[[:lower:]]** = **\l** = **Platzhalter > Alle Kleinbuchstaben**
- **[[:punct:]]** = **Interpunktion**, genauer gesagt: alle Satzzeichen, die einen Punkt beinhalten (. , : ; ... ! ? ¡ ¿) sowie Klammern ({ [ ] }), Trenn- und Gedankenstriche, aber keine gekreuzten Striche (+ ×), dafür aber ein paar weitere Zeichen (% # & \ /).
- **[[:space:]]** = **\s** = **Platzhalter > Alle Leerräume**
- **[[:upper:]]** = **\u** = **Platzhalter > Alle Großbuchstaben**
- **[[:word:]]** = **\w** = **Platzhalter > Alle Wortzeichen**
- **[[:xdigit:]]** = Beliebige Ziffer einschließlich der hexadezimalen Ziffern A–F (beziehungsweise a–f).
- **[[=a=]]** = Alle diakritischen Varianten des eingegebenen Buchstabens werden gefunden, hier also **a**, **ä**, **à**, **á**, **â** und so weiter.

[[:alnum:]]
[[:alpha:]]
[[:digit:]]
[[:lower:]]
[[:punct:]]
[[:space:]]
[[:upper:]]
[[:word:]]
[[:xdigit:]]
[[=a=]]

Gefunden

Im Feld **Ändern in** können Sie auf das Suchmuster oder Teile davon referenzieren, das heißt, Sie können gefundenen Text wieder einsetzen, was besonders interessant ist, wenn man den Text eigentlich gar nicht ändern, sondern nur die Reihenfolge bestimmter Textteile vertauschen möchte.

- **Text gefunden** = die gesamte gefundene Textstelle
- **1 Stelle gefunden** = Der Inhalt der ersten Suchgruppe (Ausdruck in runden Klammern) wird eingesetzt.

  ...
- **9 Stellen gefunden** = Der Inhalt der neunten Suchgruppe (Ausdruck in runden Klammern) wird eingesetzt.

Text gefunden
1 Stelle gefunden
2 Stellen gefunden
3 Stellen gefunden
4 Stellen gefunden
5 Stellen gefunden
6 Stellen gefunden
7 Stellen gefunden
8 Stellen gefunden
9 Stellen gefunden

Unklare Übersetzung

Die Bezeichnungen unter **Gefunden** sind nicht einleuchtend. Passender müsste es heißen: **Dritte Fundstelle**, denn es werden ja nicht „3 Stellen" eingesetzt, sondern die dritte gefundene Stelle!

Eine einfache Suchaufgabe

Einige der eben vorgestellten Elemente sollen nun bei einer Suchaufgabe in der Praxis erprobt werden. In dem lateinischen Platzhaltertext, der von InDesign zur Verfügung gestellt wird, sollen Verbindungen von zwei Wörtern mit „et" gesucht werden. Im weiteren Verlauf dieses Abschnitts wird die Aufgabe dann noch erweitert, um die speziellen Fähigkeiten von **GREP** beim Ändern zu demonstrieren.

1 Buchstabensuche

Beginnen Sie mit dem Aufbau des Suchmusters für ein Wort. Ein Wort besteht aus **Beliebigen Buchstaben**. Wählen Sie aus dem **Menü** des **Suchen**-Felds und dessen Untermenü **Platzhalter** den Eintrag **Beliebiger Buchstabe** aus. Im **Suchen**-Feld wird **[\l\u]** eingefügt. Genauer betrachtet, bedeutet dieses Suchmuster: „Ich suche ein Zeichen aus einem Zeichenbereich (**[]**), und zwar entweder einen Kleinbuchstaben (**\l**) oder einen Großbuchstaben (**\u**).

Das Suchmuster für einen beliebigen Buchstaben

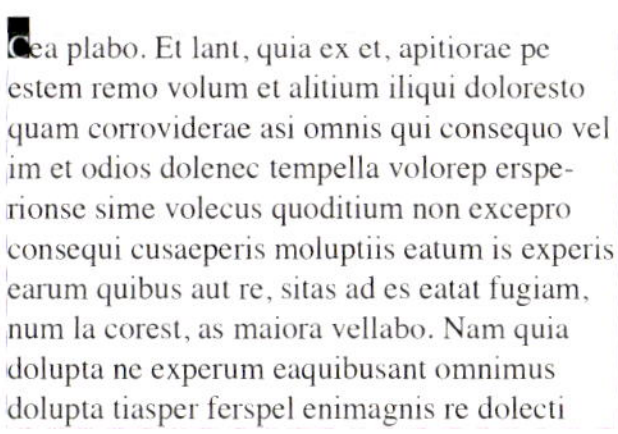

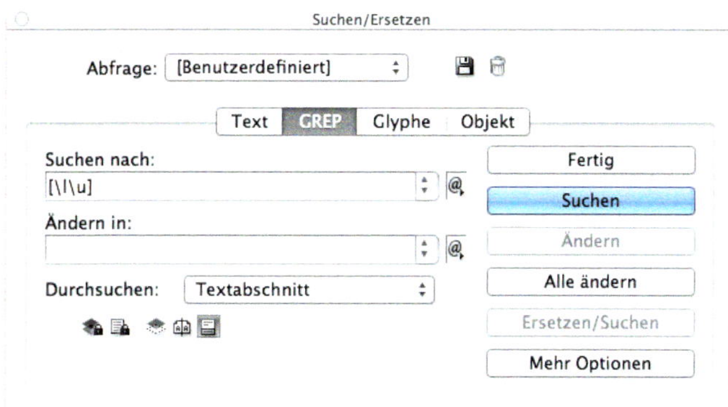

2 Wortsuche

Ein Wort besteht aber aus einem oder mehreren beliebigen Buchstaben. Ergänzen Sie daher das Suchmuster durch die Auswahl von **Wiederholung** > **Ein oder mehrere Male**; das Ergebnis lautet jetzt **[\l\u]+**.

Das Suchmuster für ein Wort, das heißt, einen oder mehrere beliebige Buchstaben

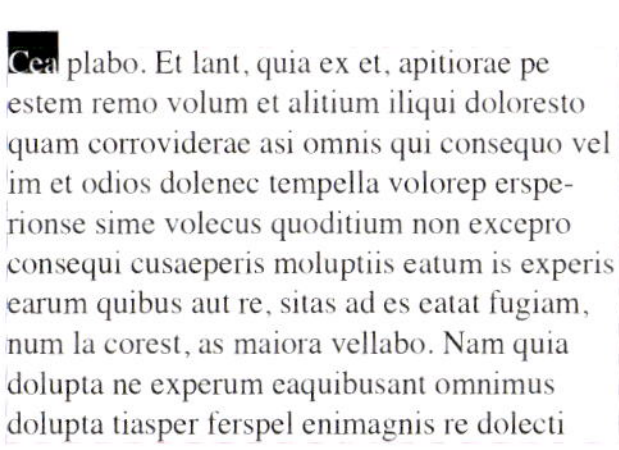

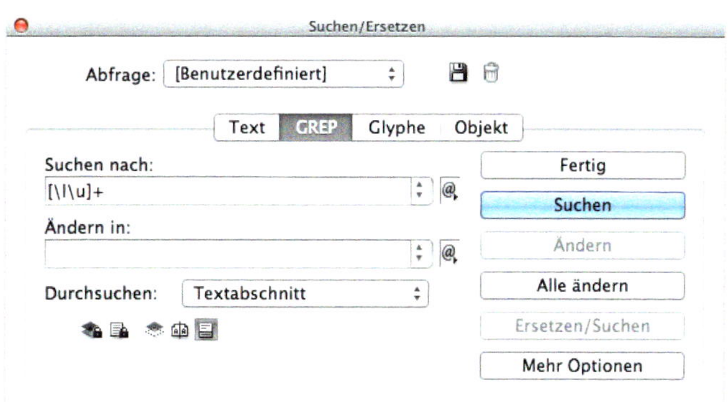

3 Leerraum und „et" finden

Um ein Wort von einem anderen Wort abzutrennen, ist ein Leerraum notwendig. Das erforderliche Zeichen erhalten Sie mit **Platzhalter > Alle Leerräume**. An das Suchmuster wird **\s** angehängt. Fügen Sie nun das gesuchte Wort „et" manuell am Ende der Suche ein, so dass das Suchmuster insgesamt **[\l\u]+\set** lautet. Damit finden Sie jetzt ein Wort, gefolgt von einem Leerzeichen, gefolgt von „et".

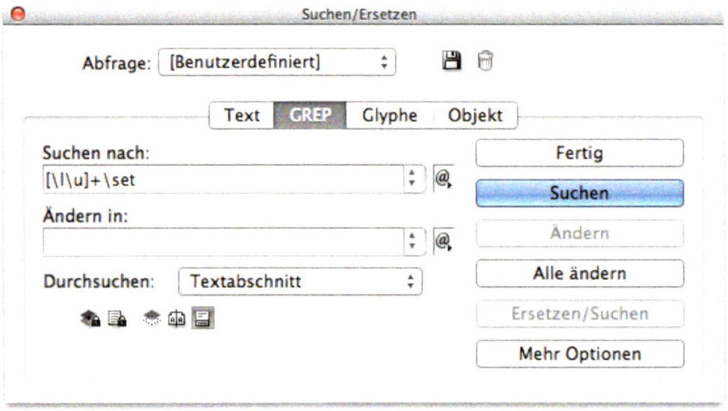

Das Suchmuster mit dem ergänzten Leerraum und „et"

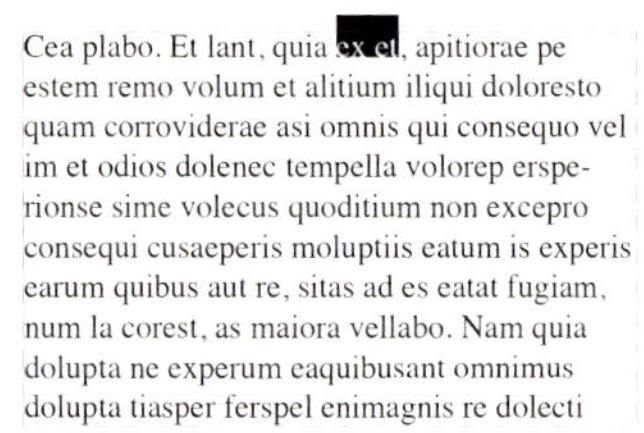
Cea plabo. Et lant, quia ex et, apitiorae pe estem remo volum et alitium iliqui doloresto quam corroviderae asi omnis qui consequo vel im et odios dolenec tempella volorep erspe- rionse sime volecus quoditium non excepro consequi cusaeperis moluptiis eatum is experis earum quibus aut re, sitas ad es eatat fugiam, num la corest, as maiora vellabo. Nam quia dolupta ne experum eaquibusant omnimus dolupta tiasper ferspel enimagnis re dolecti

4 Nachfolgenden Leerraum finden

Fügen Sie einen weiteren Leerraum hinzu, so dass es **[\l\u]+\set\s** heißt, und testen Sie dieses Suchmuster durch Klicken der Schaltfläche **Suchen**. Das erste Vorkommen eines Wortes, auf das „et" folgt, wird (einschließlich des Leerzeichens nach „et") im Text markiert.

Testen des Suchmusters „Ein Wort" und „et"

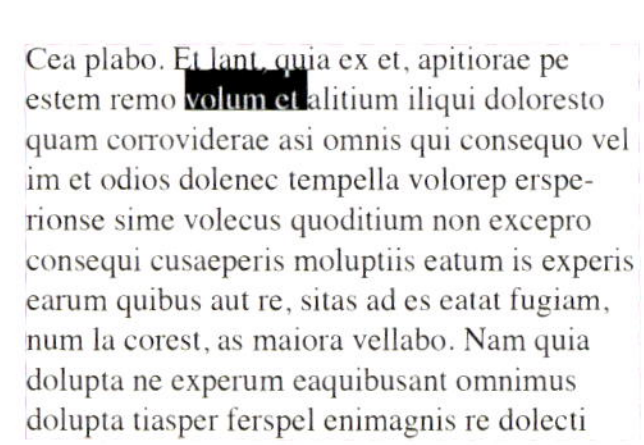
Cea plabo. Et lant, quia ex et, apitiorae pe estem remo volum et alitium iliqui doloresto quam corroviderae asi omnis qui consequo vel im et odios dolenec tempella volorep erspe- rionse sime volecus quoditium non excepro consequi cusaeperis moluptiis eatum is experis earum quibus aut re, sitas ad es eatat fugiam, num la corest, as maiora vellabo. Nam quia dolupta ne experum eaquibusant omnimus dolupta tiasper ferspel enimagnis re dolecti

5 Zweites Wort finden

Um das gesamte Muster zu finden, fehlt noch ein zweites Mal das Suchmuster für ein Wort. Statt es erneut aus dem Menü herauszusuchen, kopieren Sie einfach den entsprechenden Teil **[\l\u]+** und setzen ihn noch einmal an das Ende des Musters. Es sollte nun **[\l\u]+\set\s[\l\u]+** lauten. Testen Sie auch dieses Muster durch Drücken der Schaltfläche **Suchen**.

Erstellung des gesamten Suchmusters durch Kopieren des ersten Teiles

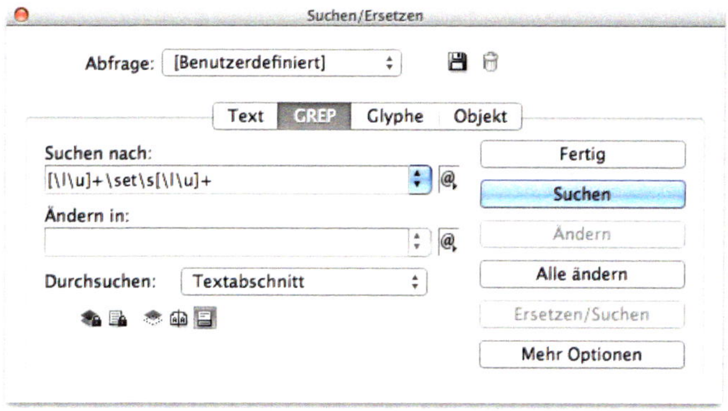

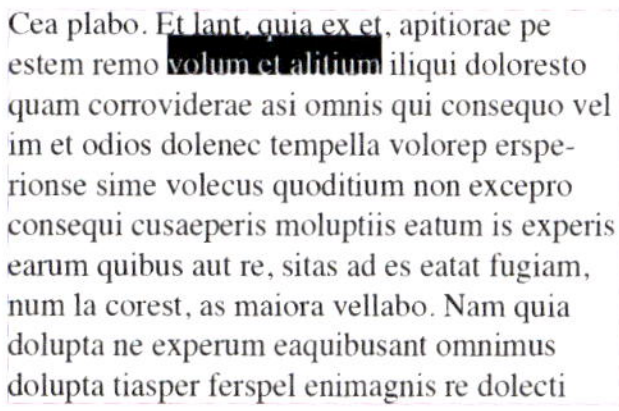

6 Wörter tauschen

Nachdem Sie die einfache Suchaufgabe erfolgreich absolviert haben, sollen Sie nun eine erweiterte **Ersetzen**-Aufgabe erledigen. Es sollen jetzt die beiden gefundenen Wörter vertauscht und mit einem Komma statt mit „et" verbunden werden. Dies macht einen Zugriff auf die gefundenen Wörter im **Ändern**-Feld notwendig. Dazu müssen Sie das Suchmuster noch einmal abändern und die Worte „markieren", damit ein solcher Bezug möglich ist. Die Metazeichen zur Markierung eines Wortes erfahren Sie, indem Sie **Entsprechung** > **Markierter Unterausdruck** auswählen.

Markierte Suchausdrücke

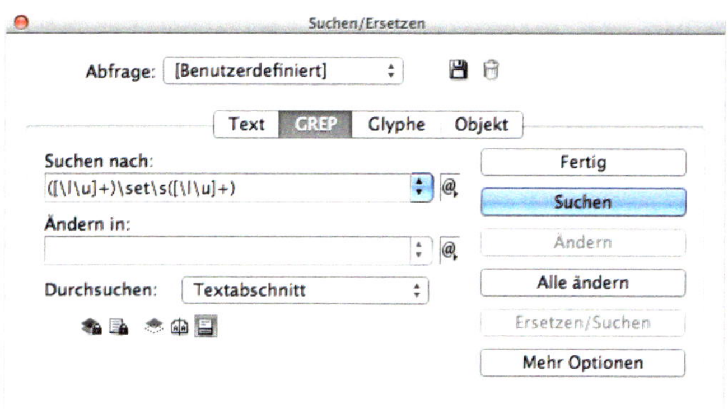

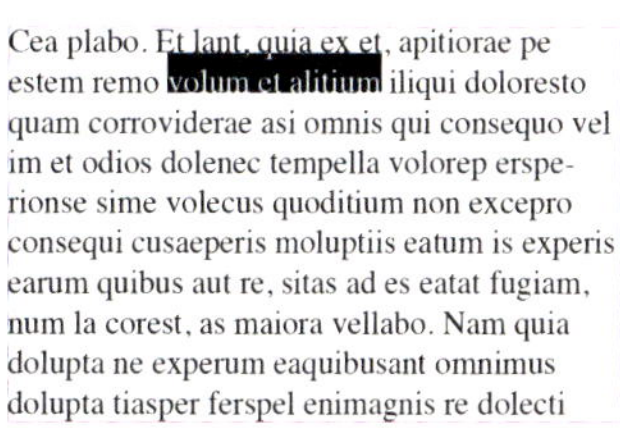

7 Unterausdrücke markieren und Ersetzung definieren

Wie Sie sehen, wurden einfache Klammern an das Suchmuster eingefügt. Diese müssen nun noch um die passenden Unterausdrücke herum gesetzt werden, um sich auf die Wörter beziehen zu können. Fügen Sie Klammern um das erste und zweite Wortsuchmuster **[\l\u]+** herum, so dass der fertige Suchtext **([\l\u]+)\set\s([\l\u]+)** lautet.

Jetzt gilt es, das Muster im **Ändern**-Feld aufzubauen. Dazu werden Bezüge auf die beiden gefundenen und markierten Wörter benötigt. Wählen Sie dazu im **Menü** des **Ändern**-Felds **Gefunden** > **1 Stelle gefunden** aus.

Referenz auf den ersten Ausdruck im Ändern-Feld

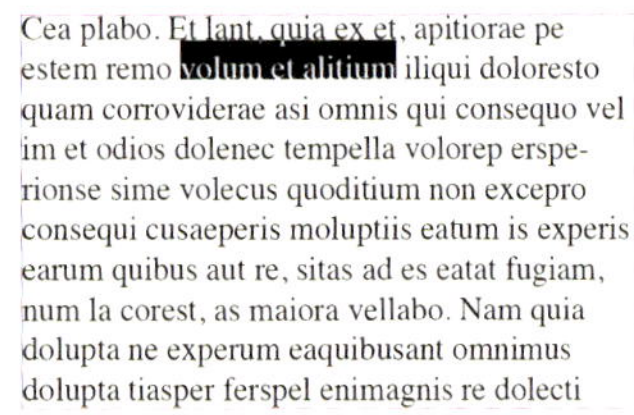

8 Ersetzung komplettieren

Wie Sie sehen, wird im **Ändern**-Feld **$1** eingefügt. Entsprechend fügen die anderen Einträge **$n** ein, wobei **n** die Nummer der gewünschten Stelle (von 1 bis 9) ist. Der gesamte gefundene Text kann durch den Menüeintrag **Text gefunden** (Metazeichen: **$0**) beim Ersetzen verwendet werden.

Wählen Sie nun **2 Stellen gefunden** aus dem Menü aus oder fügen Sie die Metazeichen **$2** manuell ein. Trennen Sie dann die beiden Bezüge durch ein Komma und ein Leerzeichen. Es ergibt sich das Ersetzen-Muster **$1, $2**. Dies ersetzt ein „et" zwischen zwei Wörtern durch ein Komma. (Dieser Effekt wäre natürlich auch einfacher durch direktes Ersetzen von **„et"** durch **„, "** zu erreichen gewesen.)

Referenzierte Ausdrücke werden wieder eingesetzt; der Text dazwischen wird ersetzt.

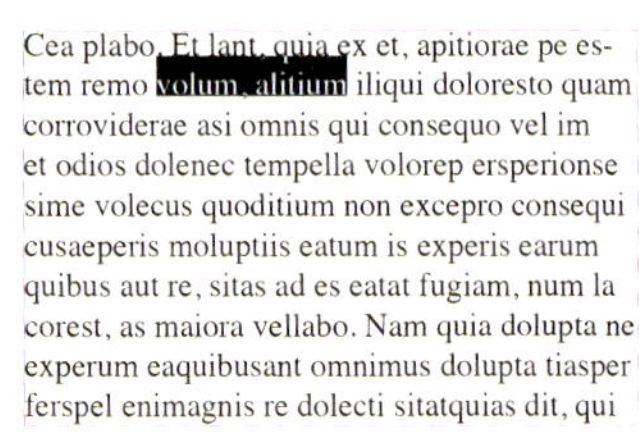

9 Vertauschen

In der vorangehenden Abbildung ist das Ersetzen durchgeführt. Um die erweiterte Aufgabe, also das Tauschen der Wörter, zu erledigen, brauchen Sie nur noch **$1** und **$2** im **Ändern**-Muster zu tauschen.

Machen Sie zunächst die erfolgte Ersetzung rückgängig. Vertauschen Sie dann **$1** und **$2** im **Ändern**-Feld. Wenn Sie nun den **Ändern**-Schaltknopf drücken, wird nicht nur „et" durch ein Komma ersetzt, sondern es werden auch die beiden gefundenen Wörter vertauscht.

Markierte Suchausdrücke

Cea plabo, Et lant, quia ex et, apitiorae pe es-tem remo alitium, volum iliqui doloresto quam corroviderae asi omnis qui consequo vel im et odios dolenec tempella volorep ersperionse sime volecus quoditium non excepro consequi cusaeperis moluptiis eatum is experis earum quibus aut re, sitas ad es eatat fugiam, num la corest, as maiora vellabo. Nam quia dolupta ne experum eaquibusant omnimus dolupta tiasper ferspel enimagnis re dolecti sitatquias dit, qui

Dieser Abschnitt sollte Ihnen einen Überblick über die einfache Suche von Textstellen geben. Der nächste Abschnitt behandelt, wie man GREP zum Suchen, Ersetzen und automatischen Formatieren einsetzen kann.

GREP-Stile

GREP arbeitet komfortabler
Wie Sie im Abschnitt **Verschachtelte Formate** ab Seite 429 nachlesen können, ist eine Formatierung von Zeichen im Text auch möglich, indem ein verschachteltes Format bei Ziffern beginnt und bei Buchstaben endet. Dies ist jedoch eine sehr unkomfortable und unflexible Arbeitsweise. Die Suchmuster in GREP sind präziser und vor allem bequemer!

Das „Suchen und Ersetzen" ist ein manueller Vorgang, den Sie unter Umständen nach jeder Textänderung oder -ergänzung neu durchführen müssen. Wenn es dabei nicht um Textänderungen, sondern um das Zuweisen von Formatierungen geht, gibt es eine automatisierbare Alternative: **GREP-Stile**.

Mit einem **GREP-Stil** können Sie auf Basis eines **Absatzformats** Texten, die einem vorgegebenen Muster entsprechen, automatisch ein **Zeichenformat** zuweisen. Diese Zuweisung wird außerdem bei Textänderungen jederzeit angepasst, muss also nicht manuell wiederholt werden.

Öffnen Sie zum Anlegen eines **GREP-Stils** das **Absatzformat** „[Einf. Abs.]" zum Bearbeiten. Stattdessen können Sie natürlich auch ein neues **Absatzformat** anlegen und dieses für die Experimente mit **GREP-Stilen** verwenden.

Wählen Sie dann in den **Absatzformatoptionen** die Rubrik **GREP-Stil** aus. Im Ursprungszustand ist diese Rubrik leer und man hat lediglich die Option, einen neuen **GREP-Stil** anzulegen. Tun Sie das jetzt.

BREMS-Stile

So elegant und bequem die **GREP-Stile** auch sind, haben sie doch einen gravierenden Nachteil: Benutzt man zu viele davon, geht InDesign sehr schnell in die Knie, erst recht, wenn man im selben Dokument noch weitere Automatismen wie **Spaltenspanne**, **Spaltenhöhenausgleich** oder **Dynamische Rechtschreibprüfung** nutzt – um nur ein paar zu nennen. Den eigentlichen Trumpf, nämlich in umfangreichen Dokumenten komplexe Formatierungen bequem und fehlerfrei zu erledigen, können **GREP-Stile** also gegenwärtig nur sehr selten ausspielen. Hoffen wir, dass Adobe hier in Zukunft noch gehörig nachbessert!

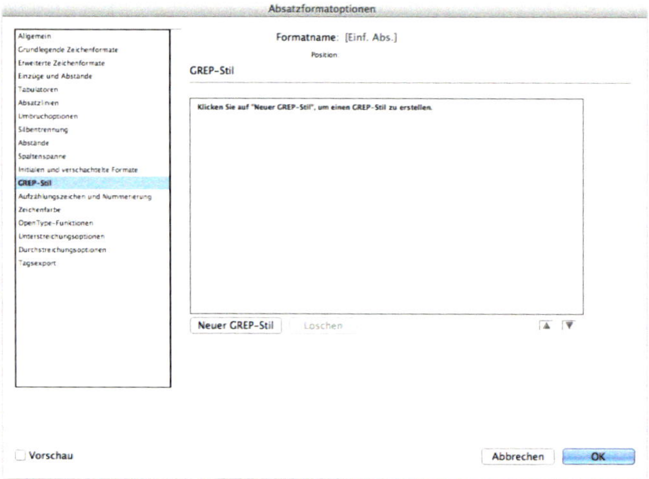

Ohne GREP-Stile ist es so leer hier.

In pro event ditatem. Ad moditat 2015 atibus incimi, simus aut eos nat.
Atusae nonsereptas 31.12.2014 sequi vit eos eictotatur?
Laceaquibea volessectium facepro vent 1970. Ullaborro ommo quate pores nosa que cus doluptatiist que ma im as alit quae. Pienimin porrorio idese porecum ad mo corum nos el ipsant odit plicia nimilla con nobitio militatem earumqui aborita vellaces magnit, exceserum.

Ein neuer GREP-Stil wird zunächst ohne zugewiesenes Zeichenformat angelegt und das GREP- Suchmuster wird auf **\d+** gesetzt, also auf alle Ziffernfolgen.

Anlegen eines neuen GREP-Stils

Zum Festlegen eines anderen Zeichenformats klicken Sie auf das gegenwärtig ausgewählte, bei einem neu angelegten Stil also auf **[Ohne]**. Es öffnet sich eine Auswahlbox mit den vorhandenen Zeichenformaten. Wenn Sie noch kein Zeichenformat vorbereitet haben, bietet das Menü auch das Anlegen eines **neuen Zeichenformats** an.

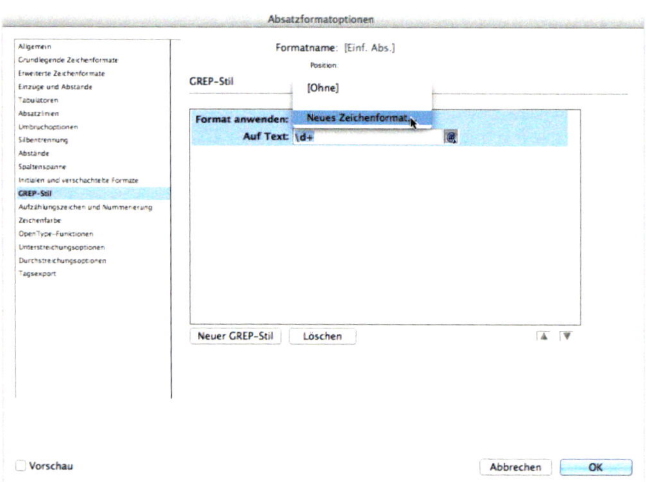

Auswahl eines Zeichenformates im GREP-Stil

Zusammenstellen eines Suchmusters, wie vom „Suchen/Ersetzen" gewohnt.

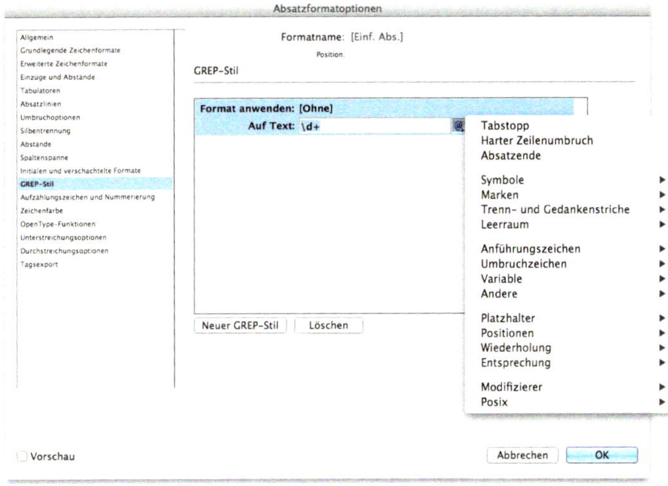

Entsprechend kann das Suchmuster durch Mausklick zum Bearbeiten geöffnet werden. Es entspricht dann dem **Suchen**-Feld im **Suchen/Ersetzen**-Dialog und bietet auch dasselbe Menü zur Auswahl der Metazeichen für die Suche an.

Anwendungsbeispiel: Zahlen automatisch färben

Als einfachen Einstieg erläutert dieser Abschnitt das automatische Einfärben von Ziffern durch einen GREP-Stil im Absatzformat.

1 Einfacher GREP-Stil mit vorbereitetem Zeichenformat

Öffnen Sie wieder die **Absatzformatoptionen** eines im Text verwendeten Absatzformats und dort die Rubrik **GREP-Stil**. Erstellen Sie einen **neuen GREP-Stil** durch Klicken der gleichnamigen Schaltfläche. Wählen Sie ein **Zeichenformat** oder erstellen Sie ein neues Format, welches die Schriftfarbe in Rot ändert und die Zeichen fett setzt. Nach Aktivieren der Option **Vorschau** sollten Sie bereits sehen, dass alle Zahlen im Text automatisch das neue Zeichenformat erhalten haben. Sollte Ihr Beispieltext keine Ziffern enthalten, versuchen Sie einfach, einige einzugeben. InDesign passt die Zeichenformate automatisch an, sobald es eine neue Zahl im Absatz entdeckt.

Einrichten eines neuen GREP-Stils

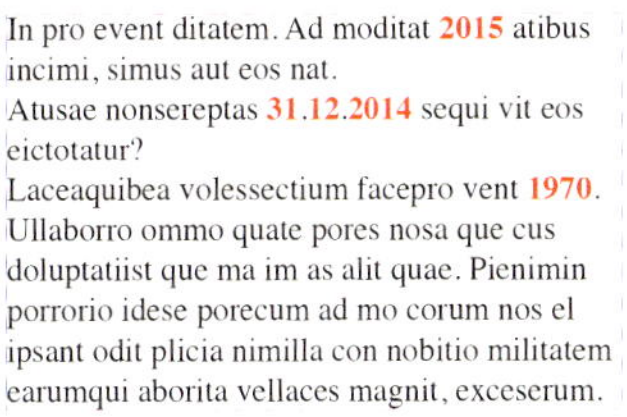
In pro event ditatem. Ad moditat **2015** atibus incimi, simus aut eos nat.
Atusae nonsereptas **31.12.2014** sequi vit eos eictotatur?
Laceaquibea volessectium facepro vent **1970**. Ullaborro ommo quate pores nosa que cus doluptatiist que ma im as alit quae. Pienimin porrorio idese porecum ad mo corum nos el ipsant odit plicia nimilla con nobitio militatem earumqui aborita vellaces magnit, exceserum.

Im Beispieltext der Abbildung ist auch ein Kalenderdatum enthalten. Wenn Sie es genau betrachten, werden Sie sehen, dass die Punkte des Datums nicht gefärbt werden. Dies liegt daran, dass das vorgegebene Standardmuster lediglich einfache Zahlen abdeckt. Um gleichzeitig auch Kalenderdaten zu erfassen, muss das Suchmuster erweitert werden.

2 Suchmuster auf Kalenderdaten ausweiten

Im Unterschied zu einer normalen Zahl besteht ein Datum aus mehreren Zahlen, die durch Punkte getrennt sind. Fügen Sie daher am Anfang des Felds die Metazeichen für eine weitere Zahl ein (`\d+`), gefolgt von einem Punkt (`\.`). Dem Punkt muss ein Backslash vorangestellt werden, da ein einzelner Punkt sonst als Metazeichen für ein beliebiges Zeichen interpretiert wird. Solche mit Punkt vorangehenden Zahlen sind optional oder können mehrfach vorkommen (bei einem Datum genau zweimal). Verwenden Sie dazu das Metazeichen `*` (Null oder mehrere Wiederholungen). Damit es sich auf die Gruppe von Zahl und Punkt bezieht, muss diese Gruppe geklammert werden. Insgesamt ergibt sich also `(\d+\.)*\d+` als Suchmuster.

```
Format anwenden: Jahreszahl
        Auf Text: (\d+\.)*\d+
```

Auch die Punkte in Kalenderdaten sollen „erwischt“ werden.

In pro event ditatem. Ad moditat **2015** atibus incimi, simus aut eos nat.
Atusae nonsereptas **31.12.2014** sequi vit eos eictotatur?
Laceaquibea volessectium facepro vent **1970**. Ullaborro ommo quate pores nosa que cus doluptatiist que ma im as alit quae. Pienimin porrorio idese porecum ad mo corum nos el ipsant odit plicia nimilla con nobitio militatem earumqui aborita vellaces magnit, exceserum.

Dieses Muster deckt etwas mehr ab als nur Kalenderdaten, erfüllt aber seinen Zweck.

Anwendungsbeispiel: Artikelnummern

In diesem Anwendungsbeispiel sind in einer Tabelle an verschiedenen Stellen Artikelnummern untergebracht. Sie beginnen mit drei oder vier Ziffern, gefolgt von einem Kennzeichen „A“, „F“ oder „M“ und einer weiteren Gruppe aus drei Ziffern, einem Bindestrich und zwei Großbuchstaben. Die Artikelnummern können einzeln oder in Gruppen allein in einem Feld der Tabelle stehen und sich auch in normalem, fortlaufendem Text befinden. Egal, an welcher Stelle sie stehen, sollen sie im Zeichenformat **Artikelkennung** gesetzt werden, andere Ziffern-Buchstaben-Kombinationen sollen aber selbstverständlich unverändert bleiben.

Schwache und starke Suchmuster

Häufig ist das Suchmuster zu stark, findet also nicht alle gewünschten Texte. Es kommt aber auch vor, dass ein Suchmuster zu schwach ist, also zu viele Textstellen findet. Beim manuellen **Suchen/Ersetzen** macht das wenig aus, da ja an jeder betroffenen Stelle eine Sichtkontrolle erfolgen kann. Beim Einrichten eines GREP-Stils muss man besondere Sorgfalt walten lassen, da alle Formatierungen automatisch erfolgen. Daher sind zu starke wie zu schwache Suchmuster gleichermaßen problematisch.

1 Neuen GREP-Stil einrichten

Nach dem Einrichten eines neuen GREP-Stils und eines passenden Zeichenformats für die Artikelnummern werden wegen des Standardsuchmusters `\d+` gleich automatisch alle Zahlen mit dem neuen Zeichenformat versehen. Dies umfasst neben Teilen der tatsächlichen Artikelnummern auch die Zahlen in den Preisen und eventuelle andere vorhandene einzeln stehende Zahlen im Text.

```
Format anwenden: Artikelkennung
        Auf Text: \d+
```

Dieses Suchmuster findet zunächst sämtliche Ziffern.

1525 M **899**-XF	**350**,**00** €
723 A **327**-BB	**127**,**40** €
0992 M **101**-AP	**255**,**00** €
2288 F **620**-KN	**94**,**70** €
1404 A **743**-HY	**425**,**10** €
1616 M **751**-BX	**648**,**00** €
294 F **355**-DS	**459**,**00** €
4665 A **287**-IF	**187**,**60** €

2 Suchmuster ergänzen

Ergänzen Sie zunächst den Leerraum nach der Zahl, indem Sie `\s` eingeben oder den entsprechenden Eintrag aus dem Menü auswählen. Das nächste Element einer Artikelnummer kann einer der Buchstaben „A“, „F“ oder „M“ sein. Drücken Sie dies im Suchmuster durch den

Zeichenbereich [AFM] aus. Sobald dies ergänzt ist, sollten auch die Zahlen in den Preisen der Tabelle nicht mehr von der Formatierung betroffen sein.

Präziser wird's mit nachfolgendem Leerraum und Zeichenbereich.

1525 M 899-XF	350,00 €
723 A 327-BB	127,40 €
0992 M 101-AP	255,00 €
2288 F 620-KN	94,70 €
1404 A 743-HY	425,10 €
1616 M 751-BX	648,00 €
294 F 355-DS	459,00 €
4665 A 287-IF	187,60 €

Format anwenden: Artikelkennung
Auf Text: \d+\s[AFM]\s

3 Suchmuster weiter ergänzen

Die weiteren Teile einer Artikelnummer sind: ein weiterer Leerraum, dann drei Ziffern, ein Bindestrich und zum Abschluss zwei Großbuchstaben. Wählen Sie diese Elemente nacheinander aus dem Menü aus oder geben Sie sie von Hand ein. Insgesamt ergibt sich als Suchmuster für eine gesamte Artikelnummer also \d+\s[AFM]\s\d\d\d-\u\u. Überprüfen Sie mit der **Vorschau**, ob alle Artikelnummern gefunden werden und auch keine anderen Textstellen fälschlicherweise für eine Artikelnummer gehalten werden.

Nun werden die nachfolgenden Ziffern und Buchstaben gefunden.

1525 M 899-XF	350,00 €
723 A 327-BB	127,40 €
0992 M 101-AP	255,00 €
2288 F 620-KN	94,70 €
1404 A 743-HY	425,10 €
1616 M 751-BX	648,00 €
294 F 355-DS	459,00 €
4665 A 287-IF	187,60 €

Format anwenden: Artikelkennung
Auf Text: \d+\s[AFM]\s\d\d\d-\u\u

4 Suche eingrenzen durch genauere Wiederholungsangaben

Damit auch die erste Zahl einer Artikelnummer eindeutig erkannt wird, tauschen Sie den Anfang des Suchmusters \d+ (eine oder beliebig viele Ziffern) gegen eines aus, das drei oder vier Ziffern findet. Wie sich vielleicht denken können, ist eine mögliche Schreibweise (\d\d\d|\d\d\d\d). Falls Sie sich noch eine weniger sperrige Notation merken möchten, die allerdings nicht im GREP-Menü angeboten wird: \d{3,4} tut dasselbe: In den geschweiften Klammern (Mac OS: ⌥ 8, ⌥ 9, Windows: AltGr 7, AltGr 0) stehen, durch ein Komma getrennt, die Mindest- und die Höchstzahl der Vorkommen.

Nun ist das Suchmuster auch für die erste Zahl genau eingestellt. An den Treffern im Beispiel ändert dies allerdings nichts.

Minimal- und Maximalanzahl der Ziffern zu Beginn.

1525 M 899-XF	350,00 €
723 A 327-BB	127,40 €
0992 M 101-AP	255,00 €
2288 F 620-KN	94,70 €
1404 A 743-HY	425,10 €
1616 M 751-BX	648,00 €
294 F 355-DS	459,00 €
4665 A 287-IF	187,60 €

Format anwenden: Artikelkennung
Auf Text: \d{3,4}\s[AFM]\s\d\d\d-\u\u

5 Tests und Gegenprobe

Damit Sie ein Gefühl für den Automatismus eines GREP-Stils bekommen, probieren Sie verschiedene Eingaben in einem der Textfelder Ihres Beispieles aus. Wenn Sie zum Beispiel lediglich eine Zahl eingeben, wird diese noch nicht formatiert.

Setzen Sie die Eingabe fort und vervollständigen Sie eine Artikelnummer nach den angegebenen Mustern. Sobald die Nummer nach dem Format abgeschlossen ist, erhält sie die Formatierung wie alle anderen Artikelnummern.

Probieren Sie auch verschiedene Falschschreibweisen aus oder verändern Sie eine bestehende Artikelnummer. Beobachten Sie, wie dabei jeweils die Formatierung ergänzt beziehungsweise entfernt wird.

GREP und seine Grenzen

GREP-Definition mit Vorschau testen
Aktivieren Sie während des Aufbaus des Suchmusters immer die Vorschau und beobachten Sie genau die formatierten Textstellen. Falls das Zeichenformat nur schwer vom anderen Text zu unterscheiden ist, wählen Sie für das Experimentieren gegebenenfalls ein deutlicheres Zeichenformat und stellen Sie das endgültige Format erst ein, wenn der Aufbau des Suchmusters für den GREP-Stil abgeschlossen ist.

Ideal ist der Einsatz von GREP dort, wo vielerlei Texte für zwei Aufgaben im Layout zusammenkommen: Orthografie und Typografie. Zum einen erscheinen die Texte falsch oder orthografisch unterschiedlich, zum Beispiel bei Telefonnummern, die je nach Land und Region sehr unterschiedlich niedergeschrieben werden. So wird eine Telefonnummer hierzulande in alter Schreibweise im Schema (05 31) 9 66 75 44 oder 05 31 - 966 75 44 dargestellt, während die neue standardisierte Schreibweise ein +49 (0) 531 9667544 empfiehlt. Die typografischen Leerräume klammere ich bei dieser Betrachtung jetzt einmal aus, damit es nicht zu komplex wird. Wenn Sie alle alten Schreibweisen zu einer neuen Schreibweise vereinheitlichen wollen, benötigen Sie ein Suchmuster, das beide Fälle erfasst und die bereits korrekten Schreibweisen ignoriert. Anschließend werden die Suchergebnisse nach neuem Schema umgestellt. Zum anderen benötigen Sie GREP, wenn diese Fälle auch typografisch mit einem eigenen Zeichen- oder Absatzformat wiedergegeben werden sollen.

GREP ermöglicht dabei als einzige Lösung – im Vergleich zum manuellen Suchen und Ersetzen sowie zu **Verschachtelten Formaten** – einen hohen Grad der Automatisierung sowie auch das Umstellen der gefundenen Inhalte in Echtzeit! Eine andere Alternative zu GREP stellt nur noch das Skripten dar, in dem vergleichbare Suchmuster umgesetzt werden können. Das Skript ist jedoch keine permanente Suchen-Ersetzen-Funktion, sondern muss immer initiiert werden.

Wenn Sie GREP im Rahmen großer Datenbestände und umfangreicher typografischer Formatierungen verwenden wollen, machen Sie sich anhand kleiner überschaubarer Aufgaben klar, welche Metazeichen und welche Ausnahmen oder Betriebsarten Sie am besten verwenden. Teilen Sie gegebenenfalls die speziellen Suchanfragen auf mehrere Absatzformate auf, damit die Suchanfragen von Fall zu Fall per zugewiesenem Absatzformat angewendet werden können – um bei den Beispielen dieses Kapitels zu bleiben, legen Sie sich ein Absatzformat „Fließtext Ziffern“ und „Fließtext Artikelnummern“ mit separaten GREP-Mustern an. Komplexer kann die Suchanfrage dann immer noch werden!

Datenzusammenführung

Database Publishing kann so einfach sein: Wenn Sie einen Serienbrief, Visitenkarten, Namensschilder oder ganze Kataloge erstellen wollen, muss es nicht gleich eine XML-Lösung sein. Oft erreichen Sie mit der Funktion **Datenzusammenführung** in InDesign mithilfe einfacher Bordmitteln und ohne Programmierung Ihr Ziel.

Wer XML für die Integration variabler Inhalte aus einer Datenbank in ein Layoutdokument kennt, wird überrascht sein, wie unspektakulär und auch für Einsteiger einfach ein *Database Publishing* mit InDesign möglich ist, ohne auf komplexere Lösungen zurückgreifen zu müssen: Sie importieren eine Datenquelle und tauschen einen Platzhaltertext im Layout gegen die gewünschten Inhalte aus.

Wenn Sie dasselbe Layoutdokument mit einem Text in verschiedenen Fassungen gestalten wollen, zum Beispiel für einen Serienbrief mit austauschbaren Adressen, ist die **Datenzusammenführung** genau richtig. Leider ist diese Funktion spärlich dokumentiert, darum will ich Ihnen anhand eines Projekts die Datenzusammenführung vorstellen. Sollten Sie diese Funktion bereits kennen, wird es Sie vielleicht interessieren, welche Datenquellen für InDesign genutzt werden können und wie Sie Bilder und andere Dokumente als austauschbare Inhalte für eine „Layout-Schablone" einbinden.

Die Datenquelle

Eine simple Excel-Tabelle dient als Datenvorlage.

Als Quelle Ihrer Inhalte dient idealerweise eine Tabelle, die Sie aus einer Tabellenkalkulation wie Excel exportieren können.

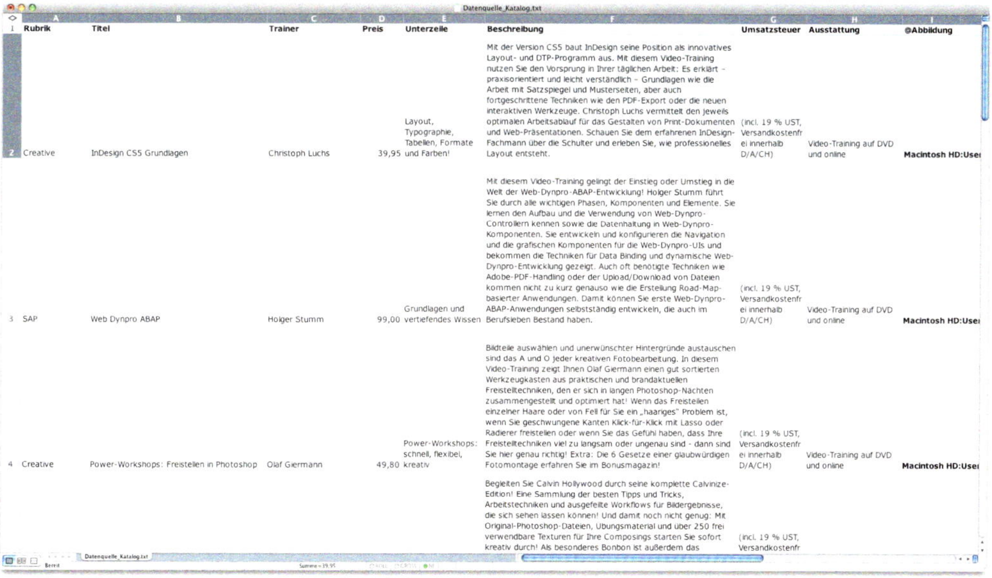
Datenquelle_Katalog.txt

	Rubrik	Titel	Trainer	Preis	Unterzeile	Beschreibung	Umsatzsteuer	Ausstattung	@Abbildung
2	Creative	InDesign CS5 Grundlagen	Christoph Luchs	39,95	Layout, Typographie, Tabellen, Formate und Farben!	Mit der Version CS5 baut InDesign seine Position als innovatives Layout- und DTP-Programm aus. Mit diesem Video-Training nutzen Sie den Vorsprung in Ihrer täglichen Arbeit: Es erklärt – praxisorientiert und leicht verständlich – Grundlagen wie die Arbeit mit Satzspiegel und Musterseiten, aber auch fortgeschrittene Techniken wie den PDF-Export oder die neuen interaktiven Werkzeuge. Christoph Luchs vermittelt den jeweils optimalen Arbeitsablauf für das Gestalten von Print-Dokumenten und Web-Präsentationen. Schauen Sie dem erfahrenen InDesign-Fachmann über die Schulter und erleben Sie, wie professionelles Layout entsteht.	(incl. 19 % UST, Versandkostenfrei innerhalb D/A/CH)	Video-Training auf DVD und online	Macintosh HD:User
3	SAP	Web Dynpro ABAP	Holger Stumm	99,00	Grundlagen und vertiefendes Wissen	Mit diesem Video-Training gelingt der Einstieg oder Umstieg in die Welt der Web-Dynpro-ABAP-Entwicklung! Holger Stumm führt Sie durch alle wichtigen Phasen, Komponenten und Elemente. Sie lernen den Aufbau und die Verwendung von Web-Dynpro-Controllern kennen sowie die Datenhaltung in Web-Dynpro-Komponenten. Sie entwickeln und konfigurieren die Navigation und die grafischen Komponenten für die Web-Dynpro-UIs und bekommen die Techniken für Data Binding und dynamische Web-Dynpro-Entwicklung gezeigt. Auch oft benötigte Techniken wie Adobe-PDF-Handling oder der Upload/Download von Dateien kommen nicht zu kurz genauso wie die Erstellung Road-Map-basierter Anwendungen. Damit können Sie erste Web-Dynpro-ABAP-Anwendungen selbstständig entwickeln, die auch im Berufsleben Bestand haben.	(incl. 19 % UST, Versandkostenfrei innerhalb D/A/CH)	Video-Training auf DVD und online	Macintosh HD:User
4	Creative	Power-Workshops: Freistellen in Photoshop	Olaf Giermann	49,80	Power-Workshops: schnell, flexibel, kreativ	Bildteile auswählen und unerwünschter Hintergründe austauschen sind das A und O jeder kreativen Fotobearbeitung. In diesem Video-Training zeigt Ihnen Olaf Giermann einen gut sortierten Werkzeugkasten aus praktischen und brandaktuellen Freistelltechniken, den er sich in langen Photoshop-Nächten zusammengestellt und optimiert hat! Wenn das Freistellen einzelner Haare oder von Fell für Sie ein „haariges" Problem ist, wenn Sie geschwungene Kanten Klick-für-Klick mit Lasso oder Radierer freistellen oder wenn Sie das Gefühl haben, dass Ihre Freistelltechniken viel zu langsam oder ungenau sind - dann sind Sie hier genau richtig! Extra: Die 6 Gesetze einer glaubwürdigen Fotomontage erfahren Sie im Bonusmagazin!	(incl. 19 % UST, Versandkostenfrei innerhalb D/A/CH)	Video-Training auf DVD und online	Macintosh HD:User
						Begleiten Sie Calvin Hollywood durch seine komplette Calvinize-Edition! Eine Sammlung der besten Tipps und Tricks, Arbeitstechniken und ausgefeilte Workflows für Bildergebnisse, die sich sehen lassen können! Und damit noch nicht genug: Mit Original-Photoshop-Dateien, Übungsmaterial und über 250 frei verwendbare Texturen für Ihre Composings starten Sie sofort kreativ durch! Als besonderes Bonbon ist außerdem das	(incl. 19 % UST, Versandkostenfr		

Die Tabelle muss so strukturiert sein, dass die erste Zeile eine Überschrift für die jeweilige Datenspalte enthält. Ab der zweiten Zeile beginnen dann die eigentlichen Datensätze. Sollte es zu einem Datenfeld keine Informationen geben, lassen Sie die entsprechende Zelle in der Tabelle einfach leer.

Bildquellen

Neben den Textinformationen kann die **Datenzusammenführung** auch Bilder automatisch platzieren. In der Datenquelle muss dafür eine Spalte vorhanden sein, deren Überschrift mit einem **@**-Zeichen beginnt: „@Bilder".

Bildquellen werden in einer eigenen Spalte (@Abbildung) aufgeführt. Der Pfad wird auf Mac und PC unterschiedlich dargestellt.

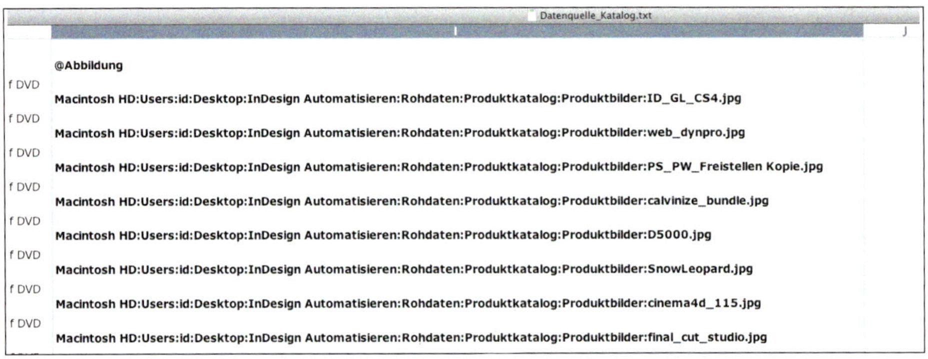

Als Eintrag in dieser Spalte dient der absolute Pfad zu der Bilddatei. Die Schreibweise variiert je nach Computersystem. Verwenden Sie unter Mac OS die Schreibweise: **Macintosh HD:User Ich:Bilder:Beispiel.jpg**

Unter Windows müssen Sie dagegen dieses Pfadschema verwenden: **C:\Eigene Dateien\Beispiel.jpg**

Das @-Zeichen in Excel
Tabellenkalkulationen wie Excel erlauben kein @-Zeichen als Texteingabe, sondern vermuten sofort dahinter eine Funktion oder einen Link. Um diesen Programmen die Eingabe trotzdem beizubringen, müssen Sie vor das @-Zeichen einen Apostrophen setzen: **'@Bilder**. So geht der Apostroph: ⌥ ⇧ # (Mac OS), Alt 0 1 4 6 (Windows)

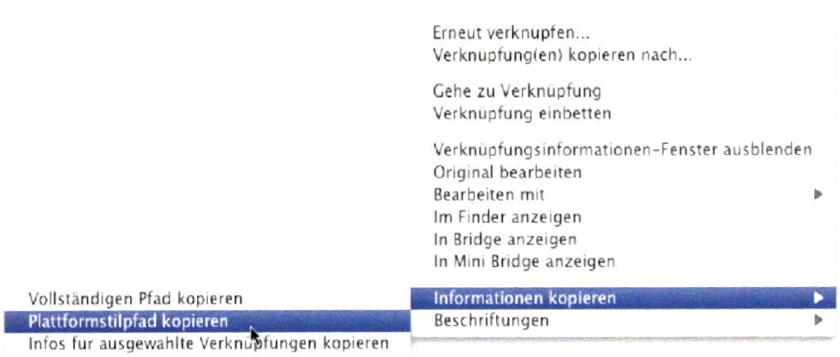

Im Kontextmenü über dem Bedienfeld „Verknüpfungen" rufen Sie dieses Untermenü auf, um die Pfadangaben zu der platzierten Bilddatei zu kopieren.

Erlaubte Dateiformate

Neben den „üblichen Verdächtigen" wie **TIFF** oder **JPEG** können Sie auch alle anderen Formate nutzen, die InDesign platzieren kann, darunter **EPS**, **PDF**, **INDD** und **PSD**.

InDesign kann diese Formate nur mit der Standardeinstellung importieren. Die Importoptionen lassen sich nicht öffnen und nicht bei der Datenzusammenführung auswählen – eine Funktion, die für

Jeder Pfad ist möglich

Die hier gezeigten Beispiele sind keine Angaben für Verzeichnisse, in die Sie die Bilder hineinkopieren müssen, sondern lediglich einfache Schemata, damit Sie die Schreibweisen verstehen. Setzen Sie zwischen der Festplattenkennung und dem Dateinamen den Pfad ein, den das Bild tatsächlich besitzt.

automatisierte Prozesse auch keinen Sinn hat. Daher müssen Sie die Bilder so vorbereiten, dass InDesign diese in einem Arbeitsschritt platzieren kann, vergleichbar dem Platzieren von Bildern aus der Bridge per Ziehen & Ablegen.

Ein Freisteller beispielsweise kann nur dann als Photoshop-Dokument mit einer freigestellten Bildebene ohne Hintergrundebene platziert werden, wenn diese Bildebene tatsächlich mit einer Ebenenmaske versehen ist. Hier orientiert sich InDesign an der Sichtbarkeit der Photoshop-Ebenen im gespeicherten Zustand.

Mehrseitige Dateien in die Datenquelle einbinden

Natürlich können auch PDF- und InDesign-Dateien in die Datenquelle eingebunden werden. Geben Sie dazu einfach den Pfad zur betreffenden Datei ein. Wenn Ihre Datei jedoch mehrere Seiten hat, die Sie nacheinander für jeden Datensatz abbilden wollen, platziert InDesign bei jedem Datensatz immer nur die erste Seite. Hier enden die Möglichkeiten der Datenzusammenführung.

Für PDF-Dateien gibt es einen Umweg: Wenn Sie Acrobat ab der Version 7.x nutzen, können Sie im Bedienfeld **Seiten** über das Flyout-Menü die Funktion **Seiten entnehmen** aufrufen. Geben Sie die betreffenden Seiten ein und aktivieren Sie die Funktion **Seiten als einzelne Dateien entnehmen**. Dann erzeugt Acrobat aus jeder Seite der ursprünglichen PDF-Datei eine neue PDF-Datei und hängt die Seitenzahl an den Dateinamen an. So werden aus einer mehrseitigen PDF-Datei „Beispiel.pdf" die einseitigen Dokumente „Beispiel1.pdf", „Beispiel2.pdf" usw.

Diese Dateinamen und -pfade müssen Sie in der Datenquelle angeben, dann wird jedem Datensatz eine einzelne PDF-Seite – als separate Datei – zugewiesen.

Export der Datenquelle

Die Zusammenstellung der Datenquelle erfolgt vermutlich in *Excel* oder einer ähnlichen Tabellenkalkulation wie *OpenOffice* oder *Numbers*. Aus diesen Programmen exportieren Sie sie als **Textdatei (Tabs getrennt)** mit dem Kürzel ***.txt** oder als kommaseparierte Liste ***.csv**.

Die exportierte Datei kann selbstverständlich auch später noch nachbearbeitet werden. Dazu öffnen Sie die Datei in einem Texteditor oder importieren sie in eine Tabellenkalkulation. Durch Tabs getrennte Dateien eignen sich dabei besser als die etwas unübersichtlichen kommaseparierten CSV-Dateien, die jedoch in der Regel aus Datenbanken exportiert werden können.

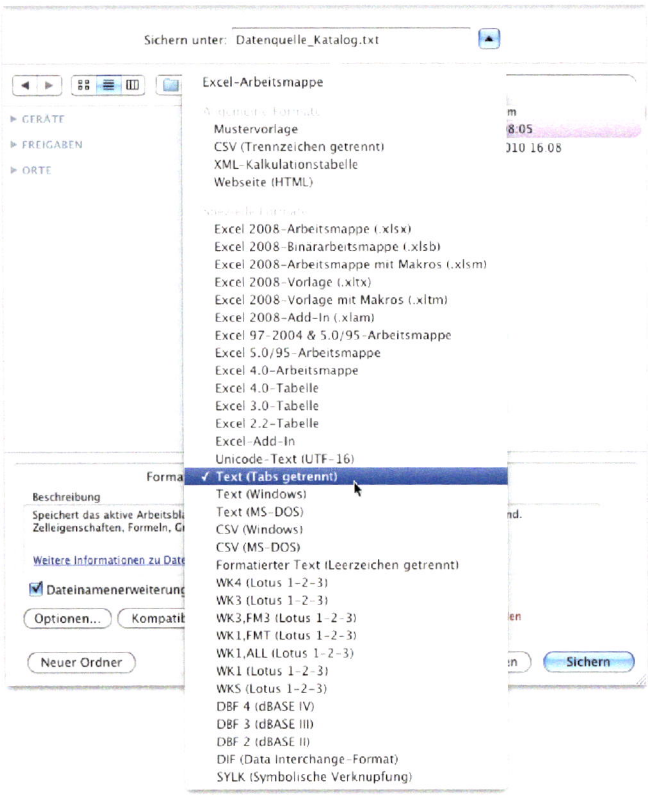

Von den zahlreichen Exportformaten können Sie nur den „Text (Tabs getrennt)" oder das CSV-Format wählen.

Ein Komma in kommaseparierten Dateien
Wollen Sie innerhalb einer kommaseparierten Datei ein Komma innerhalb eines Datenfelds nutzen, müssen Sie dies in Anführungsstriche setzen. Somit wird das Komma nicht als Trennung zum nächsten Datenfeld, sondern als reine Textinformation erkannt. Wenn für Visitenkarten **Manager Central Europe, Africa and Middle East** als Titel verwendet wird, muss der Text in der CSV-Datei lauten: **Manager Central Europe"," Africa and Middle East**.

Die Layoutvorlage

Jedes Layout eignet sich als Vorlage, um die Inhalte aus der Datenquelle einfließen zu lassen. Bedenken Sie jedoch, dass Sie Textrahmen groß genug aufziehen, damit Texte unterschiedlicher Länge (Doppelnamen) oder Titel wie „Dipl.-Ing. Dr. phil. Dr. h.c." oder „Senior Account Manager Central Europe" auch hineinpassen.

Die Darstellung und Formatierung werden einzig und allein in InDesign vorgenommen. Beachten Sie bei der Gestaltung des Layouts, dass die Datenzusammenführung grundsätzlich am besten auf Einzelseiten funktioniert. Zudem sollte so viel Platz im Layout vorgesehen werden, dass auf einer Seite mehrere Datensätze angelegt werden können. Das Spaltenraster ist ein guter Anhaltspunkt dafür, wie viele Datensätze nebeneinander auf eine Seite passen.

Das Layout können Sie anlegen und mit Platzhaltern befüllen, um das Aussehen zu überprüfen. Die Formatierung mit Absatz- und Zeichenformaten sowie verschachtelten Formaten und Objektformaten ist sehr zu empfehlen, jedoch keine Voraussetzung.

Flattersatzausgleich
Für den Import von unterschiedlich langen Texten eignet sich als Formatierung des dafür vorgesehenen Textrahmens der InDesign-eigene Flattersatzausgleich. Die Funktion sorgt dafür, dass alle Zeilen innerhalb eines Textrahmens möglichst gleichmäßig in der Länge der Zeilen umbrochen werden. Bei kurzen wie langen Texten, die als unterschiedliche Datenfelder in diesen Textrahmen importiert werden, sorgt der Flattersatz für den Umbruch. Die Funktion ist im Kapitel „Typografie" genauer beschrieben.

Objektformate für Bilder unnötig

Angaben zu Skalierung und Anpassung von Bildern per Objektformat werden bei der Datenzusammenführung ignoriert. Unterwegs haben Sie aber Gelegenheit, die Bilder mittig oder linksbündig auszurichten sowie in der Größe proportional anzupassen.

Das Grundlayout eines Produktkatalogs ist dreispaltig angelegt, so dass drei Produkte auf einer Seite wiedergegeben werden können. Die „Befüllung" der Datei erfolgt immer von links nach rechts und von oben nach unten.

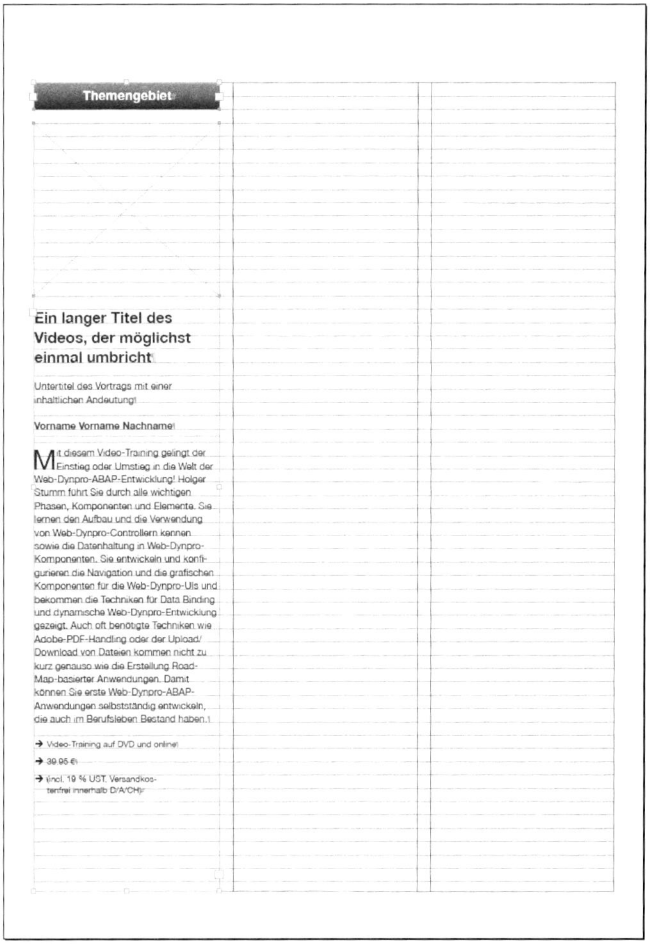

Die Zusammenführung

Unter **Fenster** > **Hilfsprogramme** > **Datenzusammenführung** rufen Sie das Bedienfeld auf. Ein kurzer Erklärungstext gibt Ihnen schon einen Hinweis, was Sie nun tun müssen: Mit der Option **Datenquelle auswählen** aus dem Bedienfeldmenü wählen Sie Ihre TXT- oder CSV-Datei.

Die Datenfelder werden nun ausgelesen und erscheinen als Liste im Bedienfeld. Jetzt folgt die Zuweisung zum Layout: Klicken Sie in einen Textrahmen, in dem später der betreffende Inhalt erscheinen soll. Wenn Sie vorher Platzhaltertext angelegt haben, markieren Sie diesen (zum Beispiel Daniel) und klicken dann auf das Datenfeld „@ Abbildung". So wird nun das Datenfeld mit der Bezeichnung in doppelten Tag-Klammern, zum Beispiel <<@Abbildung>>, eingesetzt. Wenn Sie keinen Platzhaltertext angelegt haben, reicht es auch, jetzt einen Textrahmen anzulegen und durch Klick die Felder einzufügen.

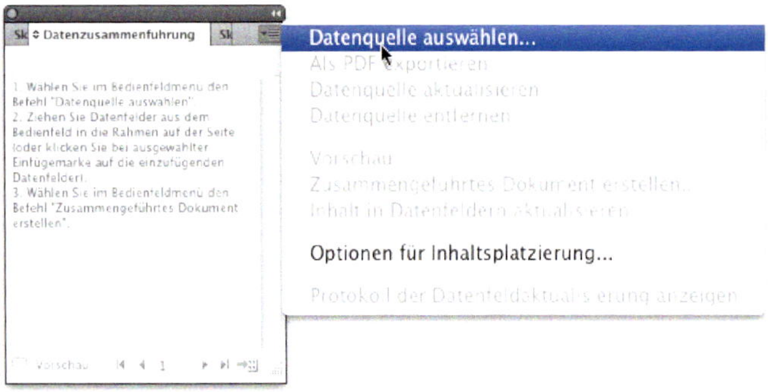

Mit dem Bedienfeldmenü der Datenzusammenführung wählen Sie Ihre Datenquelle aus.

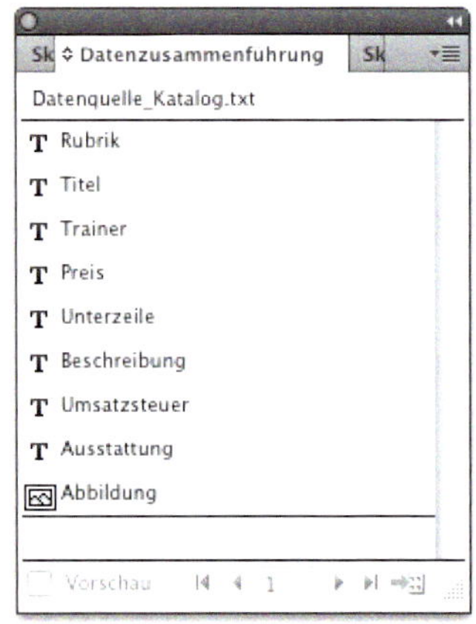

Die Datenfelder erscheinen im Bedienfeld der Datenzusammenführung.

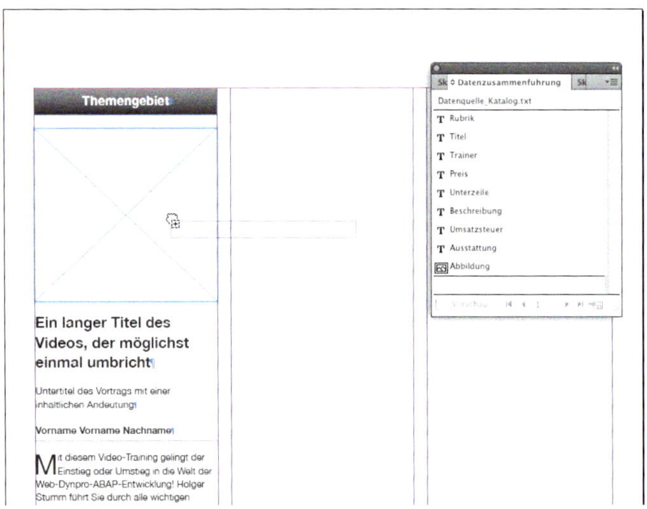

Die Platzhalter werden markiert und dann per Ziehen & Ablegen aus dem Bedienfeld der Datenzusammenführung gezogen.

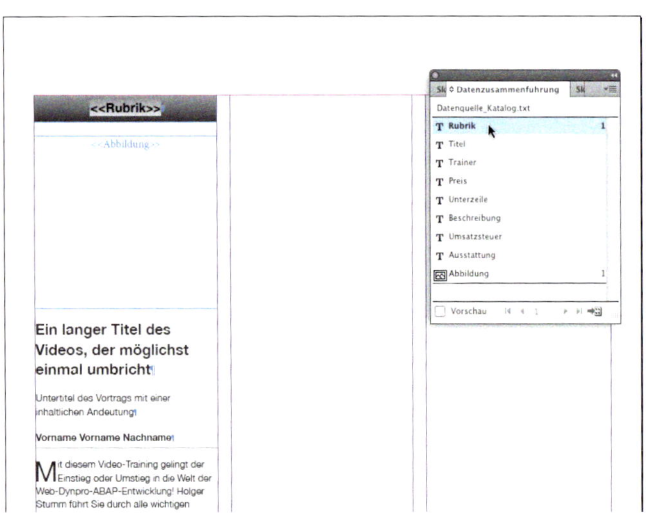

Markierte Texte im Layout können Sie mit dem Datenfeld durch Klick zuweisen.

Ebenso verfahren Sie mit den anderen Datenfeldern und weisen allen Feldern eine Position im Layout zu. Die Tag-Klammern << >> dürfen dabei nicht gelöscht werden, da sonst die Verbindung zur Datenquelle verloren geht und die entsprechenden Datenfelder nicht importiert werden.

Feintypografie
Für den Ausgleich von Ziffern wie bei Telefonnummern können Sie die Zahlengruppen nicht anhand des Platzhalters oder Datenfeldes manuell spationieren, denn beim späteren Import der Datenquelle geht diese Formatierung verloren. Nur mit einer optimalen Vorbereitung der Texte und einer automatischen Spationierung und Unterschneidung nach der Datenzusammenführung erklimmen Sie den typografischen Olymp, indem Sie alle Telefonnummern nach demselben Schema erfassen und nachträglich im Layout ausgleichen.

Typografie: Seite 331
GREP-Stile: Seite 603

Vorschau

Sobald die Datenquelle importiert ist und die Felder dem Layout zugeordnet sind, können Sie überprüfen, ob die Datenzusammenführung Ihren Vorstellungen entspricht: Klicken Sie auf den **Vorschau**-Knopf im Bedienfeld. Danach erscheinen die Inhalte der Datenquelle im Layout. Dies ist noch keine endgültige Befüllung des Layouts; Sie können also hier zunächst prüfen, ob alle Textinformationen in die dafür vorgesehenen Textrahmen passen. Mit den Pfeilknöpfen nach rechts und links in der Datenzusammenführung blättern Sie durch die Datensätze.

Die Vorschau zeigt Ihnen die Inhalte anstelle der Datenfelder an.

Optionen für die Inhaltsplatzierung

Über das Bedienfeldmenü der **Datenzusammenführung** wählen Sie die Platzierungsoptionen, wie mit den Inhalten verfahren werden soll. Wenn Sie einen Katalog erstellen wollen, rufen Sie im Aufklappmenü **Datensätze pro Dokumentseite** die Funktion **Mehrere Datensätze** auf. Anschließend erhalten Sie die Möglichkeit, eine **Vorschau** für alle Seiten zu erstellen. Mit den Pfeiltasten blättern Sie durch das spätere Dokument.

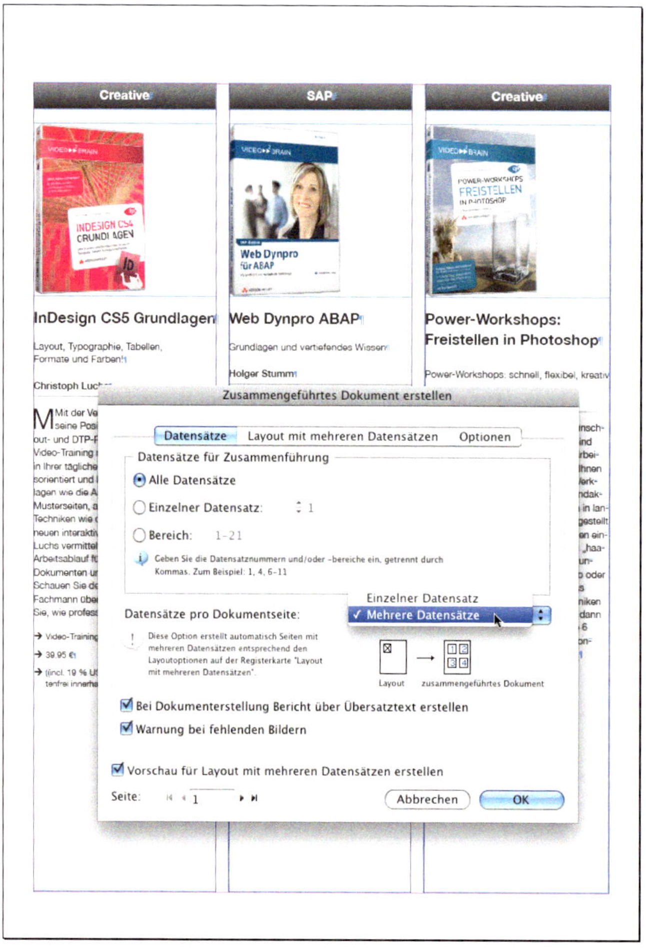

Die Optionen für die Inhaltsplatzierung sind allgemein gehalten und beziehen sich nur auf die Bildplatzierung und Leerzeilen anstelle von leeren Feldern.

Textlängen prüfen und Gestaltung anpassen
An dieser Stelle können Sie mit aktivierter Vorschau weiterhin Ihre Gestaltung verfeinern. Passen Texte beispielsweise nicht in die Rahmen hinein, können Sie die Formate anpassen und mit der Vorschau prüfen, bei welchem Zeilenabstand etc. alle Texte passen.

Unter dem Reiter **Layout mit mehreren Datensätzen** stellen Sie die **Ränder** ein, die aus Ihrer Musterseite und der aktuellen Seite übernommen werden. Wenn Sie die Werte verändern und die **Vorschau** aktivieren, sehen Sie unmittelbar die Auswirkungen auf die spätere Seite. Ebenso wählen Sie den **Abstand** der **Spalten** und **Zeilen** zwischen den Datensätzen.

Bilder anpassen
Grundsätzlich sind alle Einstellungen, die InDesign hier bietet, sinnvoll. Bilder werden proportional in den Platzhalterrahmen angepasst, also in der Größe so weit skaliert, dass das Bild vollständig im Rahmen zu erkennen ist.

In der Rubrik „Layout mit mehreren Datensätzen" können Sie die Ränder des Satzspiegels abweichend zur Musterseite ändern, ebenso den gewünschten Abstand der Datensätze neben- und übereinander.

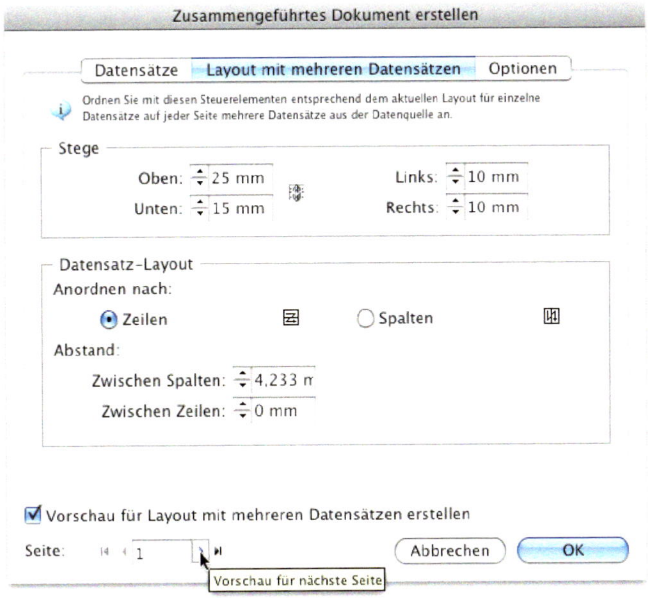

Auflösung der Bilder

Beachten Sie hierbei, dass die Bilder eine geeignete Auflösung besitzen. Wenn Sie ein zu niedrig aufgelöstes Bild verwenden, könnte es sein, dass es durch diese Einstellung übermäßig in einem Layoutrahmen vergrößert wird und die Auflösung unterhalb von 300 ppi sinkt.

Nun können Sie mit dem dritten Reiter **Optionen** die Vorgaben für die verknüpften Bilder einstellen. Wenn Sie unter der Option **Anpassen** die Funktion **Proportional anpassen** wählen, ist es je nach Layout von Vorteil, dass Sie die Bilder auch gleich **Im Rahmen zentrieren**. Diese Funktion benötigen Sie, wenn Sie Bilder unterschiedlicher Seitenformate als Datenquelle verwenden. In einem quadratischen Platzhalterrahmen werden mit dieser aktiven Einstellung zum Beispiel das Hoch- und das Querformat horizontal wie vertikal zentriert eingesetzt. Mit deaktivierter Option platziert InDesign die unterschiedlichen Formate immer oben links in den Layoutrahmen. Die weiteren Auswahlmöglichkeiten kennen Sie schon aus dem Abschnitt **Rahmeneinpassungsoptionen** ab Seite 161.

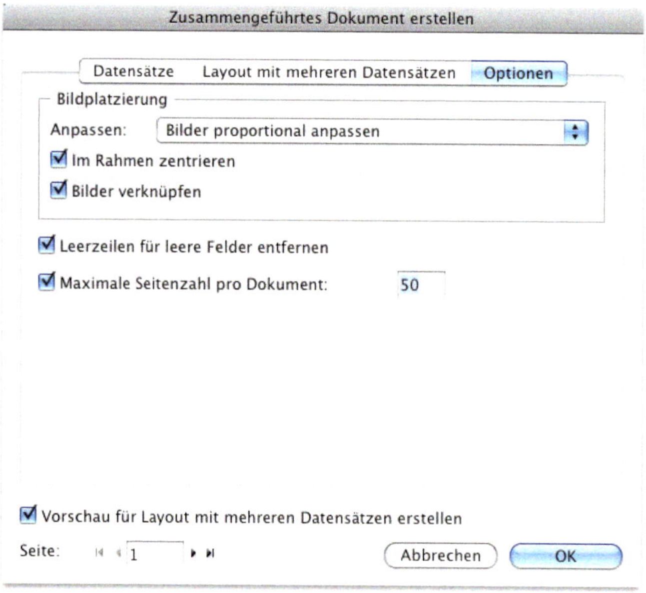

Bilder unterschiedlicher Formate aus der Datenquelle müssen eventuell angepasst werden. Damit sich das Höhen- und Seitenverhältnis nicht ändert, wählen Sie „Bilder proportional anpassen" und lassen Sie die Bilder je nach Layout im Rahmen zentrieren.

Sobald die Bilder platziert sind, ist es sinnvoll, dass Sie für das Layoutdokument die **Bilder verknüpfen**. Nach der Datenzusammenführung erscheinen diese dann im Bedienfeld **Verknüpfungen**.

Sobald Sie nun diesen Dialog **Zusammengeführtes Dokument erstellen** mit **OK** bestätigen, legt Ihnen InDesign ein neues Dokument mit den zusammengeführten Daten an. Für unseren Produktkatalog ergeben sich aus 21 Datensätzen 7 Einzelseiten. Dieses InDesign-Dokument besitzt nun keine weitere Verbindung mehr zur Datenquelle, so dass Sie hier Feinheiten layouten oder die Datei als PDF exportieren können.

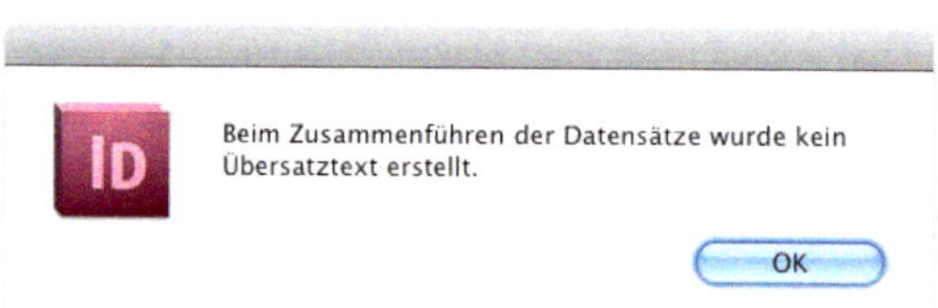

Falls Textinhalte aus den Datensätzen nicht in die dafür vorgesehenen Textrahmen passen sollten, erhalten Sie eine anders lautende Warnmeldung.

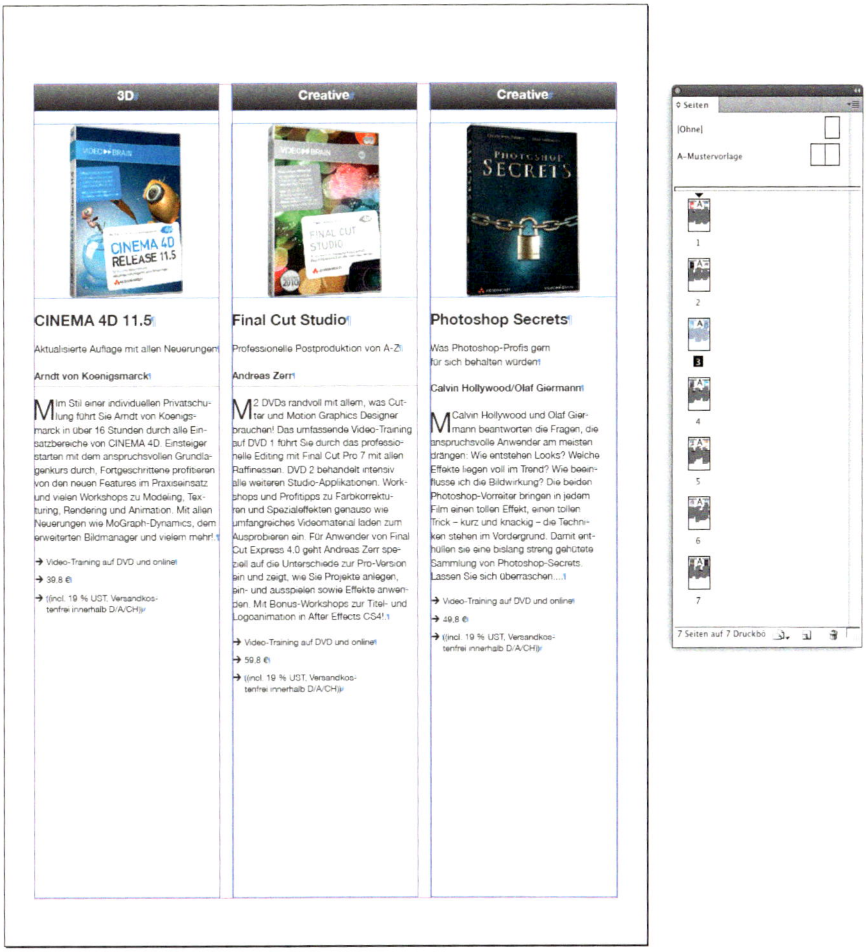

Das erstellte Dokument erscheint als neue Datei mit Einzelseiten.

Doppelseiten und Kopfzeilen

Wie ich bereits eingangs hervorgehoben habe, ist die Datenzusammenführung nur bei Einzelseiten anzuwenden. Daher können Sie nun anschließend das Dokument zu einem doppelseitigen machen, indem Sie **Datei** > **Dokument einrichten** aufrufen und im nachfolgenden Dialog die Funktion **Doppelseiten** aktivieren.

Verändern Sie die Vorgaben für das Dokument.

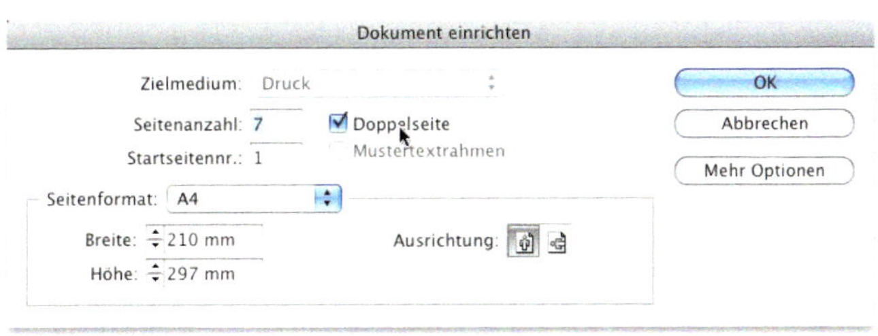

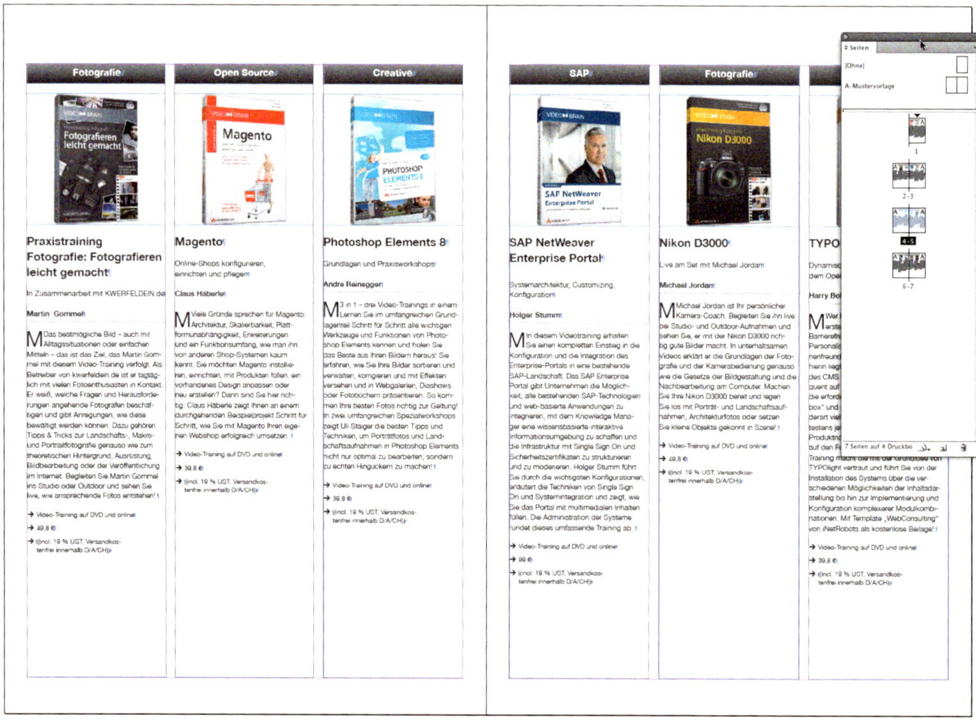

Automatisch werden die Doppelseiten erstellt.

Als sinnvolle Ergänzung für unser Beispiel dienen Lebende Kolumnentitel im Kopfbereich. Diese legen Sie sich bitte auf der Musterseite an, so dass die Rubriken oder die Produktnamen aus den Absatzformaten ausgelesen und im oberen Seitenbereich – oder an anderer Stelle – eingefügt werden. Im Abschnitt über die **Textvariablen** ab Seite 292 erfahren Sie genauer, was damit auf sich hat.

Satzspiegel anpassen
Die Umwandlung eines einseitigen Dokumentes in ein doppelseitiges führt noch nicht zu einem schönen Layout. Rufen Sie daher **Layout > Ränder und Spalten** auf. Mit aktiver Layoutanpassung verändern Sie einfach den Abstand innen und außen.

Skripte

Eine besondere Form der Automatisierung von einzelnen Arbeitsschritten bis hin zu komplexen Abläufen stellt das Skript in InDesign dar. InDesign kann per JavaScript, AppleScript auf Mac OS und Visual Basic Skript auf Windows konkrete wiederholbare Aufgaben automatisch ausführen. Wofür Sie die Beispielskripte in InDesign verwenden können, erkläre ich Ihnen in diesem Kapitel.

Wenn Sie schon über Skriptkenntnisse verfügen oder sich erstmalig intensiver damit befassen wollen, ist nach einem abgeschlossenen Informatikstudium das Beste, was Sie sich zulegen können, ein Buch, das sich mit JavaScript *speziell für InDesign* beschäftigt. Wegen des besonderen Objektmodells von InDesign hat leider ein allgemeines JavaScript-Lehrwerk oder eins für Webseiten praktisch keinen Sinn.

Do you speak English?

Skripte werden in Skriptsprache verfasst, deren Befehle meist von englischen Begriffen abgeleitet sind. Daher ist es auch möglich, mit Grundkenntnissen der englischen Sprache die Skripte im Quellcode zu lesen und zumindest grob zu verstehen. Die Eingabeaufforderungen und Dialoge können meistens ohne Auswirkungen auf die Funktionsfähigkeit übersetzt werden, aber machen Sie zuvor unbedingt eine Sicherungskopie.

Arbeitsweise von Skripten

An dieser Stelle möchte ich Ihnen die Skripte vorstellen, die InDesign bereits mit der Grundinstallation mitbringt. Das Thema Skripten ist komplex: Soll ein Skript eine konkrete Aufgabe im Layout übernehmen, benötigen Sie Grundkenntnisse in Programmiersprachen wie JavaScript. Skripte sind immer ein einfaches ablaufendes Programm, das aufgrund von Bedingungen und Abfragen Arbeitsschritte ausführt, die mit eindeutigen Ergebnissen vorgegeben sind. Dazu kann man per Skript auch einen Eingabedialog öffnen und die Daten, die Sie als Benutzer eingeben, auslesen, auch Warnungen und einfache Abfragen der eingegebenen Daten – wie zum Beispiel eine Verifizierung – sind möglich.

Die Skripte, die mit InDesign zusammen installiert werden, stehen in zwei Skriptsprachen zur Verfügung, nämlich im plattformübergreifenden **JavaScript** und zusätzlich in **AppleScript** oder **Visual Basic Script**, je nachdem, ob Sie unter Mac OS oder unter Windows arbeiten.

◿ *Gregor Fellenz: „InDesign automatisieren" (dpunkt, 2011)*

◿ *Peter Kahrel: „InDesign mit JavaScript automatisieren" (O'Reilly, 2008)*

Erst ausprobieren

Bevor Sie Skripte direkt in Ihrem Layout anwenden, sollten Sie die Vorgehensweise des Skripts anhand eines Beispieldokuments verstehen, um keine Fehlbedienung zu verursachen. Erst dann sollten Sie ein Skript auch in Ihrem Layout einsetzen.

Skripte-Bedienfeld

Öffnen Sie ein Layoutdokument und rufen Sie im Menü **Fenster** > **Hilfsprogramme** > **Skripte** auf. InDesign blendet Ihnen das **Skripte**-Bedienfeld ein, das sehr einfach aufgebaut ist und auf das ich nicht näher eingehen will. Interessant ist, dass InDesign die Skripte in Unterordnern angelegt hat. So finden Sie Beispiele im Verzeichnis **Anwendung** > **Samples** > **JavaScript**. Mit einem Doppelklick rufen Sie die Skripte auf. Um ein Skript wirksam auszuführen, erwarten viele Skripte, dass Sie schon einen Rahmen ausgewählt haben. Andere

Skripte greifen auf eine Datenquelle zurück, um beispielsweise eine Bildergalerie anzulegen. Nutzen Sie daher Testdateien, um die Funktionsweise nachzuvollziehen.

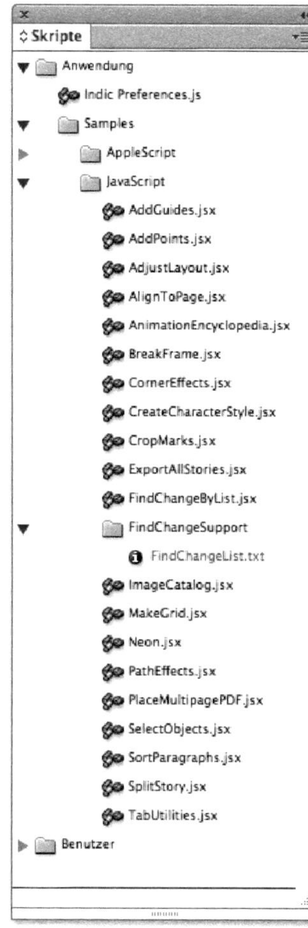

Das Skripte-Bedienfeld zeigt die mitgelieferten und eigene Skripte, unterscheidet jedoch nicht zwischen einfachem Helferlein und komplexer Verarbeitung – Sie können aber Unterordner anlegen.

Indic Preferences.js (= Indisch-Voreinstellungen)
Standardeinstellungen für indische Typografie

Der Globale Absatzsetzer (oft auch unübersetzt als *World-Ready Composer* bezeichnet) ermöglicht korrekte Typografie für zahlreiche nichtwestliche Schriftsysteme wie das in Indien gebräuchliche Devanagari. Hunspell-Wörterbücher für die indischen Sprachen Hindi, Marathi, Gujarati, Tamil, Punjabi, Bengali, Telugu, Oriya, Malayalam und Kannada sowie die Schriftfamilie Adobe Devanagari werden serienmäßig mitgeliefert.

Mit dem Skript **Indic Preferences.js** werden mehrere Grundeinstellungen für indischen Satz vorgenommen. Unter anderem wird der **Globale Absatzsetzer** im **Absatzformat** „[Einf. Abs.]" voreingestellt, so dass auch unformatierte indische Inhalte ohne weitere Vorkehrungen korrekt importiert werden können. Bei Verwendung von Schriften, die kein Indisch unterstützen, erhalten Sie eine Warnung.

Nach Doppelklick auf das Skript sollte InDesign sicherheitshalber neu gestartet werden. Um nach Einsatz des Skripts wieder zu den werksseitigen Voreinstellungen zurückzukehren, starten Sie InDesign mit gedrückter Tastenkombination ⌘ Strg ⌥ Alt ⇧. Damit Sie dabei nicht Ihre sonstigen Voreinstellungen verlieren, sollten Sie diese vorher sichern.

AddGuides.jsx (= Hilfslinien hinzufügen)
Hilfslinien um ein Objekt erzeugen

Für dieses erste Skript wählen Sie einen Rahmen oder eine Rahmengruppe mit dem Auswahlwerkzeug aus und rufen mit einem Dopppelklick das Skript **AddGuides.jsx** auf. Nun erhalten Sie einen kurzen Eingabedialog, ob Sie Hilfslinien um den gesamten Rahmen herum anlegen wollen. Interessant ist je nach Objektart vielleicht die untere Option: **Guides Based On: Visible Bounds**. Wenn Sie diese Funktion wählen, erkennt das Skript auch Freisteller, deren Rahmen größer angelegt ist als das freigestellte Motiv an sich. Hierzu gibt es auch einen Abstandswert horizontal und vertikal.

Kein Schritt zurück für ein gesamtes Skript

Skripte werden als Arbeitsschritte von InDesign protokolliert und können somit auch wieder rückgängig gemacht werden. Beachten Sie aber, dass ein ausgeführtes Skript durchaus Hunderte von Einzelschritten enthalten kann!

AddGuides-Eingabedialog

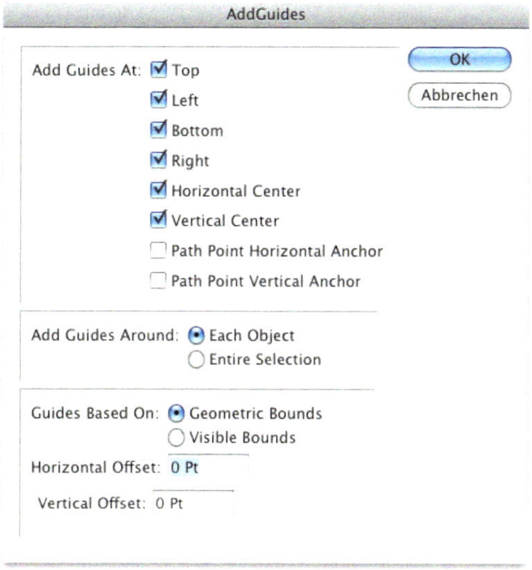

Mit AddGuides erzeugen Sie Hilfslinien entlang eines Rahmens oder eines Freistellers.

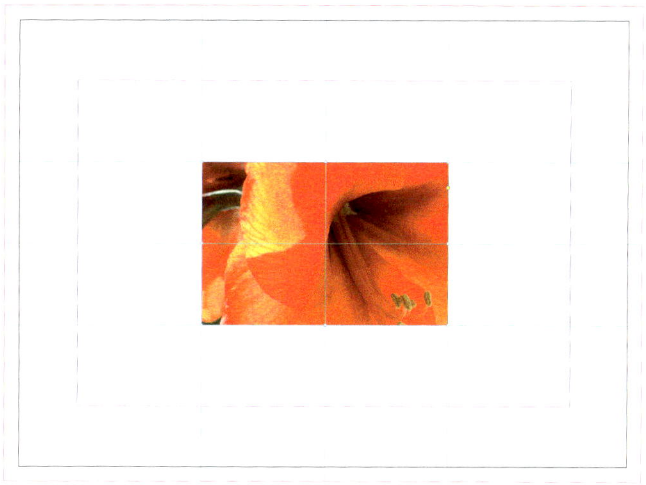

AddPoints.jsx (= Punkte hinzufügen)

Pfadpunkte verdoppeln

Wählen Sie eine Vektorgrafik aus und klicken Sie den Pfad mit der Direktauswahl (Taste [A]) an. Rufen Sie nun das Skript **AddPoints.jsx** auf. InDesign erzeugt zwischen allen bestehenden Ankerpunkten weitere Punkte, jeweils in der Mitte der Pfadabschnitte. Je häufiger Sie das Skript aufrufen, desto mehr Punkte entstehen.

Ein Kreis dient als Ausgangspunkt für das Skript „AddPoints".

Das Skript „AddPoints" wurde viermal hintereinander angewendet und hat bei jedem Schritt Knotenpunkte zwischen die bestehenden Knotenpunkte gesetzt.

AdjustLayout.jsx (= Umbruch ausgleichen)

Objekte auf linken und rechten Seiten verschieben

Je nachdem, ob ein Rahmen auf einer linken oder rechten Seite eines Layouts liegt, können Sie alle Rahmen jeweils um einen konkreten Wert verschieben. Das ist besonders bei langen Dokumenten mit einer Klammerheftung sinnvoll, deren Seiten stark in den Bund laufen. Hierzu können Sie das Skript auch auf einen Seitenbereich reduzieren.

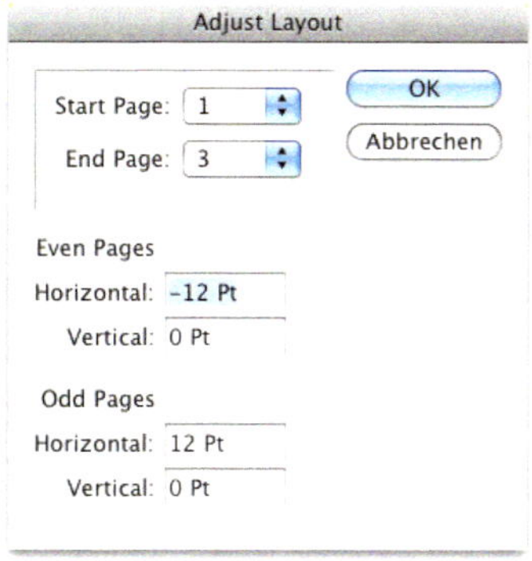

Die Optionen des Skripts AdjustLayout.jsx

AlignToPage.jsx (= An Seite ausrichten)

Rahmen an Seitenrändern ausrichten

Dieses Skript entspricht der Möglichkeit, mehrere Rahmen auszuwählen und per **Ausrichten**-Bedienfeld auf der gesamten Seite linksbündig, oben, zentriert, unten oder rechtsbündig anzuordnen. Dabei können auch die Seitenränder des Satzspiegels berücksichtigt werden.

Das Skript war in früheren Versionen von InDesign sehr sinnvoll, jedoch können Sie mittlerweile mit dem **Ausrichten**-Bedienfeld die markierten Rahmen ebenfalls am Seitenrand oder an den Rändern ausrichten.

AnimationEncyclopedia.jsx (= Animationsenzyklopädie)

Vorführung verfügbarer Animationen

Das Skript erstellt ein neues Dokument und darin je ein Beispiel für alle Flash-basierten **Animationen**, die InDesign kennt – zum Nach- und Abschauen.

◢ *Animationen: Seite 556*

BreakFrame.jsx (= Rahmen auf-/zerbrechen)

Verkettete Textrahmen trennen

Sie kennen das sicher schon: Sie wollen *einen* Textrahmen aus einer Verkettung so lösen, dass der Textinhalt zwar bestehen bleibt, die Verkettung jedoch an diesem Rahmen vorbeiläuft. Dazu sind normalerweise mehrere Handgriffe nacheinander nötig, die Ihnen das Skript **BreakFrame.jsx** abnimmt. Wählen Sie einen Textrahmen aus, der mit anderen verkettet ist, und rufen Sie das Skript auf. Allerdings gibt es für **BreakFrame.jsx** eine Einschränkung: Es funktioniert nicht mit umbrechenden Tabellen. Wollen Sie hingegen alle Rahmen unterbrechen, verwenden Sie das Skript **SplitStory.jsx**.

Textverkettungen einblenden
Machen Sie die Textverkettungen sichtbar, indem Sie **Ansicht** > **Extras** > **Textverkettungen einblenden** aufrufen.

Textrahmen sind miteinander verkettet.

Auf den mittleren Rahmen wurde das Skript angewendet. Nun ist er nicht mehr Teil der Verkettung.

CornerEffects.jsx (= Eckeneffekte)
Eckenoptionen, die aber zu echten Pfadänderungen führen
Wie das Skript **AlignToPage.jsx** imitieren die **CornerEffects.jsx** eine inzwischen serienmäßige Funktion in InDesign: die Eckenoptionen. Durch das Skript werden die Konturen jedoch in echte Ankerpunkte umgerechnet; ein erneutes Anpassen des Eckenradius ist nicht möglich.

Es hat aber etwas, was die serienmäßigen Eckenoptionen nicht haben: das Aufklappmenü **Pattern**: Hier wählen Sie ein „Muster", nachdem die Punkte verändert werden. Jeder Bézierpfad besitzt eine Pfadrichtung, folglich gibt es einen ersten und einen letzten Punkt. Der linke obere Punkt eines gewöhnlichen Rechtecks ist der erste Punkt = **First Point**. Die weiteren Punkte zählt InDesign gegen den Uhrzeigersinn. Nutzen Sie **Odd Points** (= ungerade Punkte) oder **Even Points** (= gerade Punkte), wird nur jeder zweite Punkt mit dem Effekt verändert, je nachdem, ob es sich um einen Punkt mit einer ungeraden oder geraden „Nummer" handelt.

CreateCharacterStyle.jsx (= Erzeuge Zeichenformat)
Ein neues Zeichenformat anlegen
Wählen Sie eine Textstelle aus, die Sie anders formatiert haben als den umgebenden Absatz, und starten Sie das Skript **CreateCharacterStyle.jsx**, um ein neues Zeichenformat anzulegen. Der Unterschied zu dem, was passiert, wenn Sie im Bedienfeld **Zeichenformate** mit gedrückter [⌥ Alt]-Taste auf das **Blatt**-Symbol **Neues Zeichenformat** klicken, ist folgender: Ein Zeichenformat, das Sie im Bedienfeld anlegen, beinhaltet nur die *Abweichungen* zum Absatzformat des umgebenden Textes. Wenn es mit diesem Skript erstellt wurde, sind darin *alle* Einstellungen gespeichert, so dass Sie in jedem beliebigen Absatz – unabhängig von dessen sonstiger Formatierung – dasselbe Erscheinungsbild erhalten.

CropMarks.jsx (= Schnittmarken)
Schnittmarken hinzufügen
Haben Sie eine Anzeige oder eine Visitenkarte gestaltet, die konkret aus InDesign ausbelichtet werden soll, können Sie Schnittmarken und Passkreuze ergänzen. Wählen Sie einen Rahmen oder eine Rahmengruppe aus und rufen Sie mit einem Doppelklick das Skript **Cropmarks.jsx** auf. Nun fragt das Skript nach Größe und Abstand der Marken und setzt diese anschließend um den Rahmen herum. Diese Arbeitsweise gilt heute als veraltet, da Sie in InDesign das Nettoformat und den Anschnitt anlegen und diese Formate als PDF ausgeben. Somit werden Schnittmarken im Layout überflüssig.

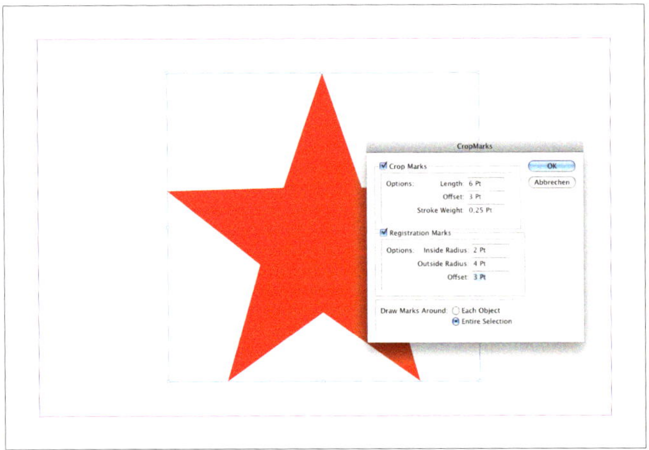

Schnittmarken werden vom Skript angelegt.

Die Schnittmarken und Passkreuze erscheinen rund um die Auswahl.

ExportAllStories.jsx (= Exportiere alle Textflüsse)

Alle Texte exportieren

Wenn Sie alle Texte Ihres Layoutdokuments als einzelne Textdateien benötigen, um diese in ein anderes Layout einfließen zu lassen, rufen Sie das Skript **ExportAllStories.jsx** auf. Danach werden Sie gebeten, das entsprechende Format zu wählen. Wenn Sie hier das Tagged-Text-Format wählen, bleiben alle typografischen Auszeichnungen von InDesign erhalten. Das Ergebnis sind übrigens einzelne Dateien je Textabschnitt; verkettete Textrahmen werden als eine Textdatei exportiert.

Zur Wahl stehen alle Textexportformate, die InDesign kennt.

FindChangeByList.jsx (= Suchen/Ersetzen per Liste)

Mehrere Suchen/Ersetzen-Vorgänge in einem Durchlauf

Aufgrund einer externen Textdatei **FindChangeList.txt** im Skripte-Verzeichnis von InDesign können vorgegebene Suchen ausgeführt und durch vordefinierte Texte oder Zeichen ersetzt werden. Am schnellsten gelangen Sie zu dieser Textdatei, wenn Sie im **Skripte**-Bedienfeld auf die Datei rechtsklicken, um sie **im Finder/Explorer anzeigen** zu lassen. Näheres entnehmen Sie bitte den Kommentaren in der Textdatei.

ImageCatalog.jsx (= Bildkatalog)

Bilder als Kontaktabzug

Eines der interessantesten Skripte aus grafischer Sicht ist wohl das Skript **ImageCatalog.jsx**, das mit einem Doppelklick aufgerufen erst einmal nach einem Bilderverzeichnis fragt. Geben Sie hier einen Testordner mit einfachen Dateien an. Nun liest das Skript die Anzahl der möglichen Bilder aus und bietet ein Muster an, wie die Bilder als Kontaktabzug in das Layout eingepasst werden sollen. Für den Anfang können Sie mit **3** Spalten und **4** Zeilen arbeiten.

Skript überflüssig

Anhand der Funktionen **Mehrfach platzieren** und **Beschriftungen** ist es möglich, die Arbeitsschritte, die das Skript **ImageCatalog.jsx** ausführt, mit zwei halbautomatischen Arbeitsschritten zu erledigen. Das Ergebnis ist deutlich komplexer und flexibler. Die Funktionen beschreibe ich Ihnen ausführlich unter **Bilder & Vektoren** auf Seite 158 sowie unter **Text & Glyphen** auf Seite 297.

Die Beschriftung der platzierten Bilder ist natürlich auch möglich: Unter der Rubrik **Labels** legen Sie die maximale Höhe des Textrahmens der Beschriftung fest. Darüber hinaus erzeugt das Skript gleich ein neues **Absatzformat**, damit typografische Änderungen ein Kinderspiel sind. Auch eine eigene **Ebene** hierfür kann das Skript auf Wunsch erzeugen.

Beachten Sie bitte die Option **Label Type**: Hier wählen Sie entweder den Namen, den gesamten Pfad auf dem Computer oder die XMP-Metadaten für die Beschreibung oder den Autor aus – Informationen, die in nahezu jeder digital aufgenommenen Bilddatei enthalten sind.

Ebene mit Metadaten

Für einen Bilderkatalog werden für die Auswahl der Motive nur die Bilder selbst benötigt. Aber an welchem Speicherort liegt die Datei oder welche Schlagwörter sind vergeben? Diese Metadaten können auf einer eigenen Ebene angelegt werden, wenn Sie in der letzten Auswahl des **Layers** die Option **Layer 1** wählen. Sie können sich dann immer entscheiden, ob Sie nur die Bilder ausdrucken wollen.

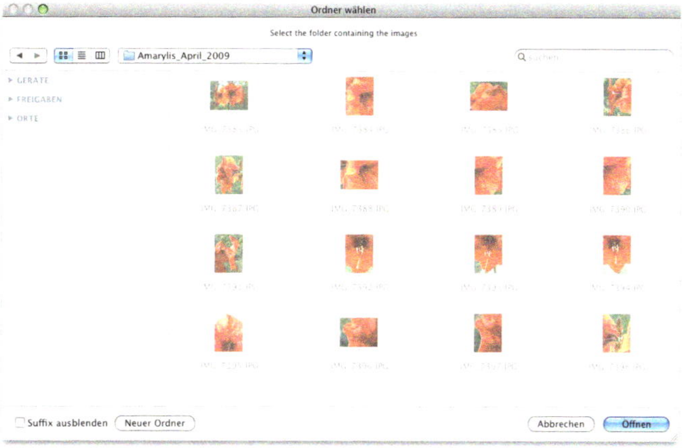

Ein Bilderordner wird ausgewählt.

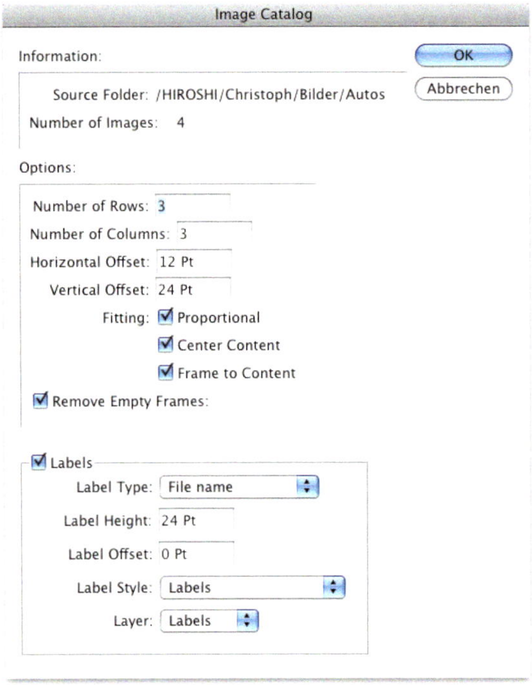

Die Optionen für die Darstellung des Katalogs

MakeGrid.jsx (= Mache Raster/Gitter)

Rahmen in Raster aufteilen

Dieses amüsante Skript teilt einen Rahmen im Layout in mehrere Rahmen auf. Das hört sich zunächst nicht sehr spektakulär an. Doch wählen Sie ein platziertes Bild und rufen Sie das Skript **MakeGrid.jsx** mit einem Doppelklick auf. Im Dialog stellen Sie nun die Anzahl der resultierenden Rahmen in Zeilen und Spalten ein. Der Abstand zwischen den späteren Rahmen kann auch hier horizontal wie vertikal angepasst werden.

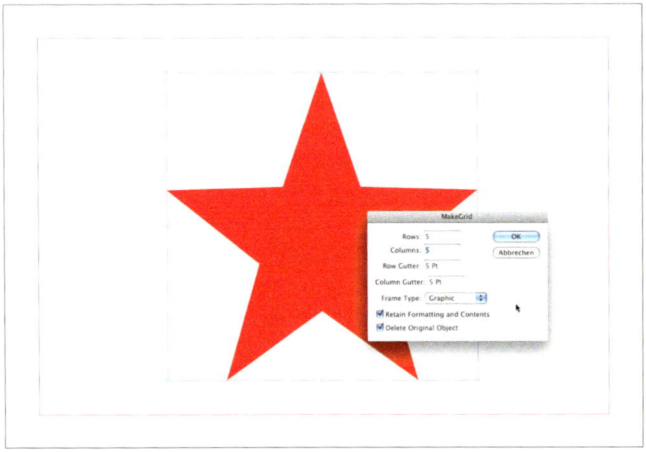

Die Optionen für das Raster

Das Ergebnis ist überraschend: Der Rahmen wird tatsächlich in ein Raster aus mehreren Rahmen zerschnitten. Auch diese Funktion bietet InDesign serienmäßig: Ziehen Sie einen Rahmen (zum Beispiel Stern) auf und halten Sie die **Maustaste** gedrückt. Nun bedienen Sie die Pfeiltasten ◂/▸ sowie ▴/▾, um diesen Rahmen zu unterteilen.

Aus einem Rahmen werden viele, inklusive der Kontur und Eckenoptionen.

„MakeGrid“ auch bei Textrahmen
Für Textrahmen funktioniert dieses Skript ebenfalls: Aus einem ersten Rahmen werden mehrere kleine Rahmen. Doch hier ist das Skript nicht „intelligent“ genug, denn der Textfluss wird unterbrochen; jeder kleinere Rahmen ist eine Kopie des ursprünglichen Rahmens. Die serienmäßige InDesign-Funktion (siehe oben) kann das besser.

Neon.jsx (= Neon)

Neoneffekte als Rahmenkontur

Der Name ist Programm, das Skript legt einen Farbverlauf in Form übereinander gezeichneter Konturen einer Schmuckfarbe an. Definieren Sie zuvor eine Schmuckfarbe als Farbfeld. Wählen Sie einen Rahmen aus und rufen Sie das Skript auf. Zunächst werden zwölf Konturen angelegt. Die Schmuckfarbe erscheint im Aufklappmenü **Stroke Color**. Beginnen Sie mit einer mageren Kontur von 0,25 pt und einer Rasterung (Stroke Tint) von 100 %. Nun geben Sie das Ende der Konturen mit einer Stärke von 12 pt und 10 % Rasterung an.

Die Eingabe des Neon-Effekts

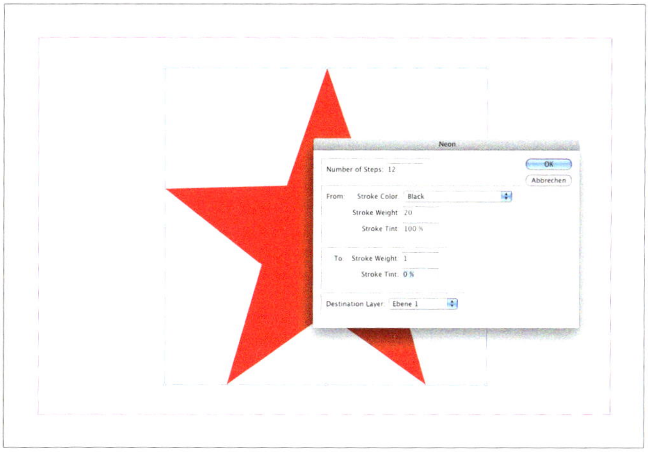

Das Ergebnis des Neon-Effekts

Nachdem Sie die Eingabe bestätigt haben, wird Ihnen das Skript einen wunderschönen Neon-Rahmen zeichnen, sofern Sie auch eine entsprechend leuchtende Schmuckfarbe gewählt haben. Das Ergebnis ist übrigens eine Rahmengruppe aus einzelnen Konturen, das fertige Objekt lässt sich somit nur noch schwer nachbearbeiten.

PathEffects.jsx (= Pfadeffekte)

Illustrator-ähnliche Objektverzerrung

Falls Sie die Verzerren-Optionen aus Illustrator kennen, um eine Rahmenform zu gestalten, werden Sie sich für dieses Skript erwärmen, denn es imitiert eine Reihe dieser Verzerrungen anhand eines Prozentsatzes für die Stärke des Effekts. Die englischen Bezeichnungen sind wenig selbst erklärend, daher hier eine kurze Übersicht der Basiseffekte:

Zurück bei Pfadeffekten
Da die Pfadberechnung der PathEffects offenbar nur einen Arbeitsschritt darstellt, kann InDesign diesen Effekt auch in einem Schritt rückgängig machen.

Funktion	Beschreibung
Punk	Zusammenziehen
Bloat	Aufblasen
Twirl	Wirbel
RetractAll	Kurven glätten
MakeRectangle	Rechteck erzeugen
MakeOval	Ellipse erzeugen

Die verschiedenen Effekte zum Verzerren eines Pfads

PlaceMultipagePDF.jsx (= Platziere mehrseitige PDF)

Mehrseitige PDF-Dateien platzieren

Das Platzieren einer PDF-Datei mit mehr als einer Seite stellt Sie gelegentlich vor Herausforderungen. Dieses Skript erleichtert Ihnen die Arbeit, indem es automatisch ein neues Dokument anlegt und jede einzelne PDF-Seite fortlaufend platziert. Legen Sie sich daher zunächst eine InDesign-Datei mit dem richtigen Seitenformat an, falls die PDF-Datei nicht im A4-Format vorliegt. Rufen Sie nun das Skript mit einem Doppelklick auf und wählen Sie eine PDF-Datei aus. Wenn Sie ein benutzerdefiniertes Format benötigen, können Sie jetzt im nächsten Dialog wählen, ob die PDF-Dateien in dieses bereits geöffnete Layout platziert werden.

Die Verknüpfungen werden übrigens einzeln zu den Seiten erstellt, wie Sie im gleichnamigen Bedienfeld sehen können.

SelectObjects.jsx (= Markiere Objekte)

Objekte nach Inhalt auswählen

Dieses Skript sorgt dafür, dass Sie auf Ihrer Layoutseite nur bestimmte Arten von Rahmen auswählen. Hier fehlt leider die Option, auch platzierte InDesign-Dateien separat wählen zu können.

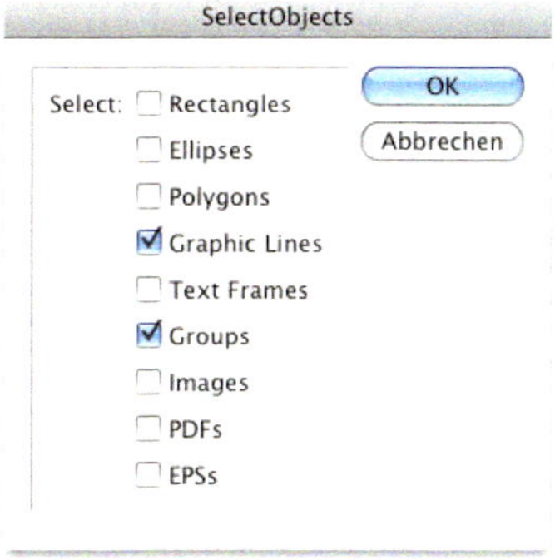

Die Auswahl des Objekttyps.

SortParagraphs.jsx (= Sortiere Absätze)

Absätze alphabetisch sortieren

Für ein Wörterbuch oder ein Glossar eignet sich dieses Skript mit der Einschränkung, dass Sie nur nacheinanderfolgende einzelne Absätze als Beschreibung eines Sachverhalts nutzen. Rufen Sie das Skript für einen zuvor markierten Text auf und InDesign tauscht Ihnen die Abschnitte anhand der alphabetischen Reihenfolge aus.

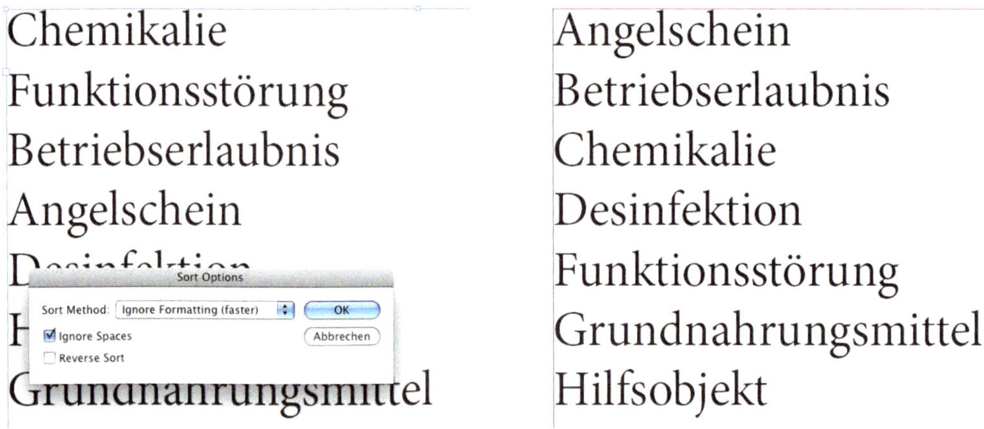

Die Sortierung erfolgt nach den Anfangsbuchstaben der Absätze.

SplitStory.jsx (= Teile Textfluss auf)

Textverkettungen aufheben

Wenn mehrere Rahmen miteinander verkettet sind, damit der Text als geschlossener Abschnitt umbrochen wird, können Sie anhand dieses Skripts die Verkettungen aufheben. Das Skript sorgt dafür, dass sich der Textumbruch nicht ändert, nur die Verknüpfungen der Textrahmen zueinander werden aufgehoben. Blenden Sie sich auch hier die **Textverkettungen** im Menü **Ansicht** ein. Im Gegensatz zum Skript **BreakFrames.jsx** trennt **SplitStory.jsx** alle Verkettungen auf.

Der Textabschnitt (Story) fließt durch alle drei Rahmen.

Il int intest modi blaudit aturestem aut latati odis por siminus, ut dolupta tiusam res ut voluptas as dellorepel esciet, con porunt molum velland estotae nis vene mint eum simporro eos di quae erorem quam dolorest labo. Perionseque et quas aut ero corerferem volecusdam esciis anihil inverit, quatios ate apedis dolor abo. Et verspienet, cuptat laut qui undit eum veliquatur, sanihil ium et qui ullautemposa volore voloruptatas quam quam rempore perferferit arum ut fugit eos ius doluptatus quam quam quae enimi, expelique vene poriam que explabo. Dis doluptias am, qui beate ratur arci quia volesci animintiae verunt laceptistem incil expelignat a sum que quia quaspellor sum nam entium as sum eossunda aut ant.

Sequat. Hicte dolorrum sit, interestias aut molupturem quid quid esequidebis sitam volenim quam renditate nimus dolori to elliber umquati cum doles volupta quis et porera sus eum ex et dolorum in exceped eum re asperum doluptatus quod unt, sapeles errorum sam es niet que quam, aces vellaborro omnistis et alia ide consecatendi consequi blab int.

In rem evel molorporibus dunt deniatibus is ipsa cuptatu reribus eiunti blaborem vellupis parchit, quam quia num as et, to blaut molo era si omnia sunt vit int, etur as re, nonseni hillab imaio blaborento molum fuga. Itate cuptatios doluptaqui aute

dolore, tem ullabor eprecto taesequiate omnimus eicit modi conet exped mi, sunt quias mil illisto etur molenec esenducius, quamendi omnimus mo bea quias re ne dis as quiaestior autem quis consedis eosam serit autempe rovi Mintios aborum qui aspere nos mo ex el in non rerata si sus di occaturit, aut rercidit expeles tincture si sincill autenis re et reptatur sin conest molorro quia nonsequam fugia seque non poriorit et pore dolluptas et pelitis et qui nat parchil inimus nis ea alic tectis inienim inienis etur seque volore volorei ctianis nempos sequatur arcid et aspis archillam et la quam atus ium explatius sum, vellecte modipsam hit ulpa cuptati aut aut dias doloratus es sequam estist, ommolor emporestem lisciam, ut officium nestio. Caborporem ea debis experios eaquodit im denistem nat atatia voluptatur, iur?

Obis ex est, ut quia niam qui dolorio ruptate moluptas aut omnihilles numque ma conestisitio toreic tore poris id qui omnistrum eum faceatiumqui restiam archiciducia con et estrupt assit, torem anihil mod evenienim qui iduntorit ut aut as vendipid quia cuptur? Catur? Qui tem et dolor magnis dolumqui sequas endae pres magnim ime labo. Et ea sita quia nati alitatis quiditia dolo inus, sequo tectur? Quis et et re, ommoles pellore, torerum vendam ut eati inctate voloressi blabo. Arum faccabore mint. Ovidiscid quaepudamus alignat.

Rum doluptas dem cuptae. Magnis am nobitam, quatur si quatur mi, conseque veliqui ditatem late venis aci sinulla ceatem res accullest faci incipiti vendiam, sae. Obit quam eum re volectur sae ni blandit esti dunt eos ma volestisto offic tem restinv ellorehenis rectat que aut fuga. Rumque vent et deligni millupt aecepudis ullatia quatest empori quod quam apel ilitatium res maio. Et omnimuscim quam, offictium im quidebis dolupit, soluptatia nus nimus, tem dolor seque ento optatis nimi, ut hit od ullatur? Qui nos ex earcienditae volores tionseque nonsent.

Nem exero tempore pudaese nonet re mo expe vel eum ad modit voluptatur, aut est odi alit videliquo doluptatur, ulpa nulles dolorrume nestrumenis audanda eos repratem quodis eum atur aut dolecus aspit fugit estibus diti ut es mincto qui bea ped quo est, que re con eostiss umquia sit asperum sedis dem que verore comnis autem fugia nis apellanda cum ipsamusa natur mintis aut accabor magnis que que doluptatur accae consequid ent abori quoditatur sequi aliti doleniam que poriti commolore num, ilis expliquis alitatur reptatur?

Nis quaeressim imusand aectemp orumenitiam, voluptus ullaccus, sit ex ea plam inte cuscienditi dunt molo erum is doluptas utat doluptur, solorere volorem ipiducia eatet occusant dendis aliquo voluptur, corrum et, con cum adi cone voluptas et andi

Der Textabschnitt ist nach Aufruf von „SplitStory.jsx" in separate Rahmen geteilt.

TabUtilities.jsx (= Tab[ulator]-Hilfsmittel)

Tabulatoren und Einzüge einfügen

Dieses Skript ergänzt einen Textabschnitt durch Tabulatoren und Einzüge in Abhängigkeit von linkem beziehungsweise rechtem Rand oder Cursorposition. Diese Funktionalität bekommen Sie jedoch auch über Absatzformate

Skripte selbst schreiben?

Falls Sie Aufgaben per Skript lösen, diese Skripte aber nicht von Grund auf neu schreiben wollen, bleiben Ihnen drei Möglichkeiten: ein vordefiniertes Skript anpassen, nach bekannten dokumentierten Skripten suchen oder externe Spezialisten beauftragen.

ExtendScript Toolkit

Adobe hat der Creative Suite eine Skript-Werkzeugsammlung beigefügt, so dass Sie JavaScripts bearbeiten können. Dazu wählen Sie im Bedienfeld ein Skript aus und rufen im **Kontextmenü** die Option **Skript bearbeiten** auf, um den Editor **ExtendScript Toolkit** zu starten. Alternativ genügt schon ein einfacher Texteditor wie WordPad oder TextEdit. Die speziellen Skripteditoren verfügen jedoch über so genanntes Syntax-Highlighting, also eine farbliche Hervorhebung der Code-Elemente, sowie automatische Unterstützung beim Schreiben von Befehlen. Näheres erfahren Sie auch auf der Scripting-Website von Adobe.

⊿ adobe.com/de/products/indesign/scripting/

Publishing mit XML

Form und Inhalt fließen im Layout zusammen: XML (eXtensible Markup Language = erweiterbare Auszeichnungssprache) – ist eine Metasprache zur Beschreibung und Strukturierung beliebiger Dokumente. Layoutdokumente erhalten in InDesign durch XML-Tags (*tag*, ausgesprochen wie „*TÄÄG*" = Etikett, Schild) eine zusätzliche Datenstruktur, die sowohl von InDesign als auch von anderen XML-fähigen Anwendungen verstanden wird. Eine Anwendung von XML in InDesign verlangt ein gewisses Informatik-Grundverständnis. Wollen Sie XML innerhalb von InDesign einsetzen, sollten Sie immer anhand eines konkreten Falls die Funktionsweise erlernen.

Was kann man mit XML erreichen?

Stellen Sie sich vor, Sie müssen mit variablen Inhalten aus Datenbanken identische Layoutdokumente gestalten. Zusätzlich wird von Ihnen gefordert, die formatierten Inhalte aus der Layoutdatei so vorzubereiten, dass sie später auf einer Website oder wiederum in eine andere Datenbank eingebunden werden können. Das Austauschformat muss nur die Inhalte transportieren und für den Kunden leicht zu lesen sein. Die XML-Integration in InDesign ermöglicht diese Trennung von Form und Inhalt, so dass Text- und Bildinhalte in unterschiedliche Layoutformen einfließen können.

Die Möglichkeiten, XML in InDesign einzusetzen, sind umfangreich und erfordern, dass Sie sich etwas mit dem Thema XML und Skriptsprachen auseinandergesetzt haben. Da die Anwendungen für XML und InDesign sehr unterschiedlich ausfallen, konzentriere ich mich in diesem Kapitel auf die Grundlagen und will gleich auf die Alternativen hinweisen, bevor Sie sich selbst auf XML und DTD stürzen.

Muss es wirklich XML sein?

Denken Sie zuallererst lösungsorientiert, auch wenn die technischen Möglichkeiten verlockend sind. Häufig dauern die manuelle Vorbereitung und die Durchführung eines XML-*Workflows* wesentlich länger und verschlingen zusätzliche Arbeitszeit durch Fehlersuche und -beseitigung, die Sie bei einer fertigen Softwarelösung nicht aufwenden müssen.

Ich möchte Ihnen die oben beschriebene Funktionalität verständlicher und anwendungsbezogener näher bringen, als das viele Programmierhandbücher tun. Die Entscheidung, ob Sie XML als Austauschformat einsetzen wollen, diskutiere ich noch einmal abschließend am Ende des Kapitels.

Einführung

Datenzusammenführung als Alternative
Wenn Sie als Praxisbeispiel jetzt an einen Serienbrief mit austauschbaren Adressen denken, ist die Lösung über XML-Inhalte möglich, aber eher umständlich. Dazu kann InDesign mit der weiter vorn in diesem Kapitel behandelten **Datenzusammenführung** einfache Inhalte als tabulator- oder als kommaseparierten Text einlesen. Ebenso ist das Einbinden von Bildern als Datenquelle für ein flexibles Layout möglich. Die Datenzusammenführung erzeugt bei Bedarf auch neue Seiten, was Sie mit XML nur in Verbindung mit Skripten erreichen. Die technologische Grenze der Datenzusammenführung liegt darin, nur einseitige Dokumente zu erstellen, ein Doppelseitenlayout ist erst mit fertig erzeugten Dokumenten möglich.

XML hat in den letzten Jahren als Austauschformat zwischen unterschiedlichsten Anwendungen weite Verbreitung gefunden. Viele Datenbanken und Büroanwendungsprogramme erlauben inzwischen den Im- und Export von Daten in diesem Format. Die zentrale Idee von XML ist, strukturierte Daten auf der einen Seite und deren Darstellung(en) auf der anderen Seite voneinander getrennt zu pflegen.

Ich möchte diese Idee und ihre Verwendung in InDesign anhand einer Visitenkarte darstellen und dabei die wichtigsten Merkmale von XML erläutern. Gleichzeitig werden die beiden wichtigsten Werkzeuge zur XML-Bearbeitung in InDesign vorgestellt.

Visitenkarte, in InDesign gestaltet.

Welche Teile dieser Visitenkarte sehen Sie als *Daten* und welche Teile als *Darstellung* an? Wie sind die enthaltenen Daten *strukturiert?* Sicher sind die Vektorgrafiken, die verwendeten Fonts sowie die Anordnung der Texte auf der Karte lediglich als Darstellung einzustufen.

Die weitere Beurteilung ist jedoch subjektiv. Betrachten wir das Ganze im Sinne einer Mitarbeiterdatenbank, dann zählen nur die Texte, die den Mitarbeiter identifizieren, als Daten. Alle anderen Texte wie etwa „E-Mail“ oder „European Art Magazine“ dienen lediglich als Rahmen.

Automatisierte Katalogerstellung
Auch die Katalogproduktion aus Datenbankinhalten ist über die XML-Funktionalität möglich, jedoch haben hier schon viele Plug-in-Hersteller Lösungen entwickelt, die gegenüber einer eigenen Planung und Umsetzung kostengünstiger und produktionssicherer sind. Zudem sind die Plug-ins ausreichend dokumentiert und die Hersteller können für eventuelle Anpassungen eine gute Hilfestellung bieten. Importoptionen bieten Schnittstellen zu bekannten Datenbanken an. Lösungen und Adressen finden Sie auf der Webseite zum Buch.

Auch ist zu erkennen, dass in diesem Fall die Daten nicht hierarchisch strukturiert sind. Die Angaben zum Namen, zur Position, zur Telefonnummer stehen gleichberechtigt nebeneinander. Als Beispiel stärker strukturierter Daten sei ein Brief genannt. Er enthält unter anderem eine Adresse und gegebenenfalls eine Anlagenliste. Beide Elemente enthalten andere Daten, die Adresse „Name“, „Straße“ und so weiter, während die Anlagenliste aus einer Liste von Anlagennamen besteht.

Wir haben eben die Daten anhand von Namen – den *Tags* – identifiziert. Dies ist neben der Struktur die einzige Zusatzinformation, die in XML den Daten zugeordnet wird, wobei XML den Namen keine

Bedeutung zuordnet. Die Bedeutung wird bei einem Datenaustausch zwischen zwei Applikationen allein von diesen festgelegt und steckt nicht im XML-Format selbst.

Quellte:

```
<?xml version="1.0" encoding="utf-8"?>

<verzeichnis>
 <mitarbeiter>
  <titel>Dipl.-Des.</titel>
  <name>Christoph Luchs</name>
  <position>Chef vom Dienst</position>
  <strasse>Beispielstraße 123</strasse>
  <stadt>65432 Musterstadt</stadt>
  <telefon>+49 123 45 67 89</telefon>
  <fax>+49 123 45 67 85</fax>
  <email>luchs@eam.com</email>
 </mitarbeiter>
</verzeichnis>
```

Daten einer Visitenkarte als XML-Datei; die Inhalte sind schwarz dargestellt und werden durch die Struktur-Tags hier im Browser Firefox violett eingeklammert.

In der ersten Zeile ist die Identifikation der XML-Version und der verwendeten Zeichenkodierung für die Inhalte zu erkennen. Die Tags sind an den spitzen Klammern zu erkennen. Die Form **<name>** leitet ein Element ein (Start-Tag) und die Form **</name>** (End-Tag) schließt es ab. Alles zwischen Start- und End-Tag Befindliche sind die Inhalte, die mit dem Tag benannt worden sind. Der Titel des Mitarbeiters zum Beispiel ist **Dipl.-Des.** und ist zwischen den Tags **<titel>** und **</titel>** zu finden.

Ich verwende in meinem XML-Beispiel per Konvention nur Tags in Kleinschreibung. Die Groß- und Kleinschreibung ist bei Tags aber relevant, **<name>** und **<Name>** ist also nicht dasselbe.

Die äußeren Tags **verzeichnis** und **mitarbeiter** dienen zur Strukturierung. **mitarbeiter** gruppiert die Daten eines Mitarbeiters. Die zusätzliche Ebene **verzeichnis** wird im späteren Verlauf dazu dienen, in derselben Struktur auch die Daten mehrerer Mitarbeiter aufzunehmen.

Es gibt im Wesentlichen zwei Stellen in InDesign, an denen mit XML gearbeitet wird. Ein Fenster **Strukturansicht** dient zur Visualisierung der XML-Struktur, die im Dokument eingebettet ist. Es wird über den Menüpunkt **Ansicht** > **Struktur** > **Struktur einblenden** geöffnet. Das **Tags**-Bedienfeld wird zur Erzeugung von Tags und ihrer Zuweisung an Inhalte benutzt. Sie ist unter **Fenster** > **Hilfsprogramme** > **Tags** zu finden.

Visuelle Hilfen für die Darstellung der Struktur
In der entsprechenden XML-Darstellung sind die Inhalte und ihre Tags (Bezeichnungen, Namen) leicht wiederzufinden. Die Abbildung stammt aus Firefox, der für XML-Daten nicht nur eine strukturierte Ansicht, sondern in der Quellansicht auch eine farbliche Syntaxhervorhebung anbietet. Damit eignet er sich gut zur Ansicht von XML-Daten, ohne dass man gleich auf einen spezialisierten XML-Editor ausweichen müsste. Als Alternative steht Dreamweaver zur Verfügung, der ebenfalls eine automatische Syntaxerkennung der Struktur und die farbliche Hervorhebung bietet.

Öffnen der Strukturansicht und Anzeigeoptionen für Tags

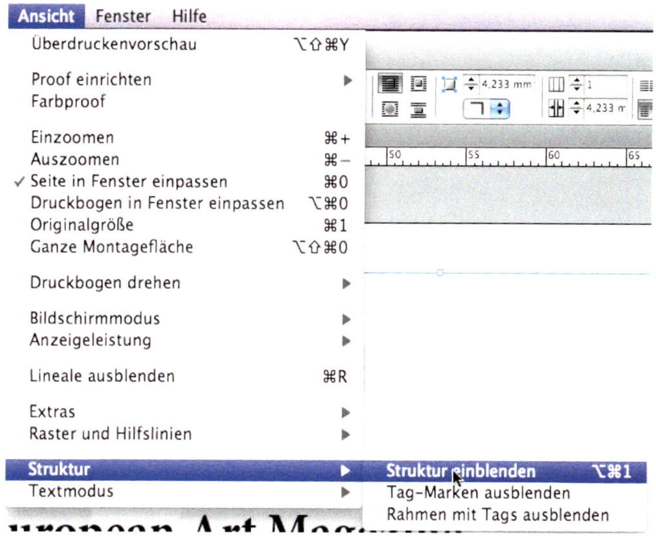

Verwendet man keine der XML-Funktionen in InDesign, ist dennoch standardmäßig wenigstens ein Wurzelknoten namens „Root" angelegt.

Der Wurzelknoten „Root" des Visitenkartendokuments in der Strukturansicht.

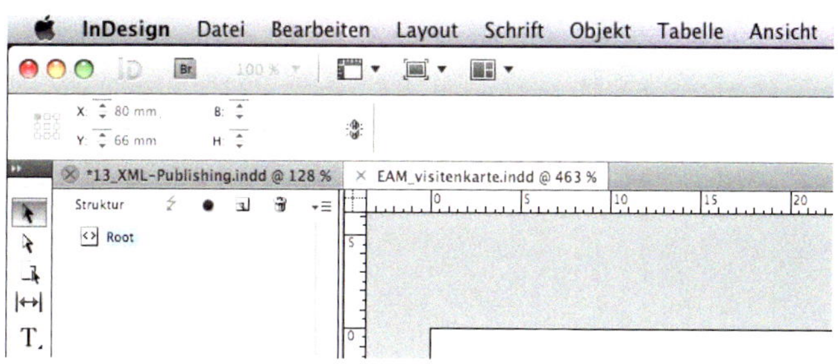

Weitere Struktur entsteht in einem InDesign-Dokument erst durch Zuweisen von Tags an Inhalte. Dazu müssen erst einmal Tags erzeugt werden. Dies geschieht in InDesign im Bedienfeld **Tags**. Zwei Knöpfe am unteren Rand des Bedienfelds erlauben das manuelle Erzeugen und Löschen von Tags.

Neuanlegen von Tags im Tags-Bedienfeld

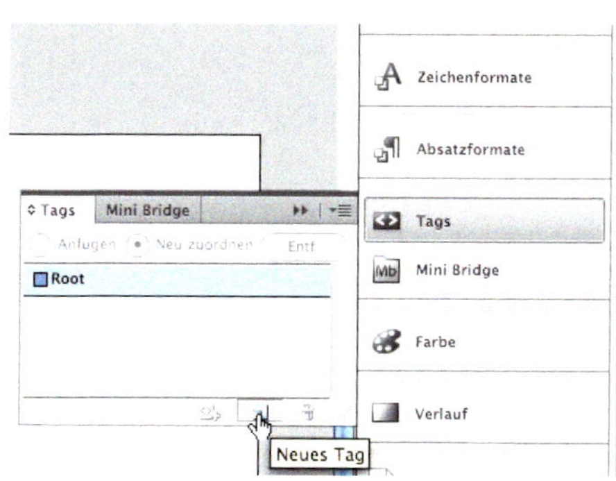

Liegt eine XML-Datei vor, deren Daten verwendet werden sollen, können die Tags aus dieser geladen werden. Die entsprechende

Funktion **Tags laden** ist über das Bedienfeldmenü zugänglich. Um die Daten aus der XML-Datei verwenden zu können, ist einige Sorgfalt bei der Vergabe der Tags notwendig.

Das Tags-Bedienfeld mit den Tags der XML-Beispieldatei.

Laden Sie nun die Tags aus der Beispieldatei. Damit die Strukturen der XML-Datei passend in InDesign aufgebaut werden, müssen Sie die Tags in der Reihenfolge ihres Auftretens in XML zuweisen. Dieses einführende Beispiel ist so konstruiert, dass die Struktur der XML-Datei auf naheliegende Weise im InDesign-Dokument nachgebildet werden kann. In konkreten Anwendungssituationen ist dazu eine sorgfältige Planung und Abstimmung notwendig.

Vereinfachung der Strukturen
Unter Umständen sind die Strukturen nicht in Übereinstimmung zu bringen. In solchen Fällen können zu verwendende XML-Dateien extern oder beim Import in InDesign mit einer Technik namens *XSLT* so transformiert werden, dass sie anschließend in die Dokumentstruktur passen.

Das Wurzelelement im XML trägt das Tag **verzeichnis**. Zum Zuweisen dieses Tags an das *Root*-Element im Dokument wählen Sie das *Root*-Element in der Strukturansicht aus und klicken anschließend auf das Tag **verzeichnis** im Bedienfeld **Tags**.

Auswahl des Tags „verzeichnis" als Root-Element

Selektieren Sie nun den Textrahmen, der die anderen Texte enthält, und weisen Sie diesem das Tag **mitarbeiter** zu, indem Sie dieses Tag im Bedienfeld anklicken.

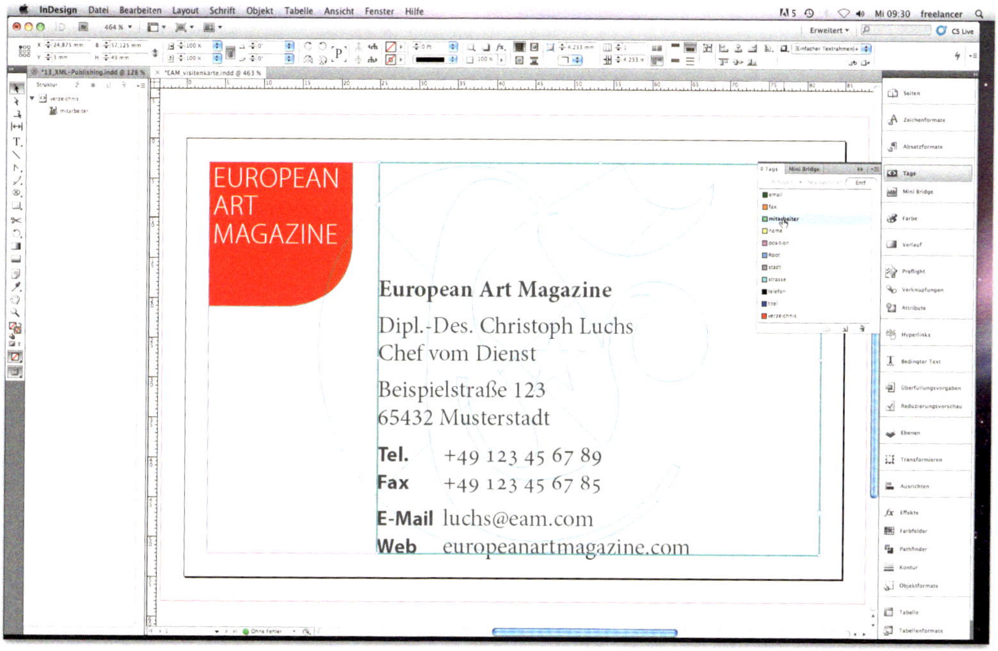

Zuweisen des Tags „mitarbeiter" an den Textrahmen

Setzen Sie das Tagging im Textrahmen durch Markieren der Textstelle „Dipl.-Des." und Anklicken des Tags **titel** im Tags-Bedienfeld fort.

Zuweisen des Tags „titel" an selektierten Text

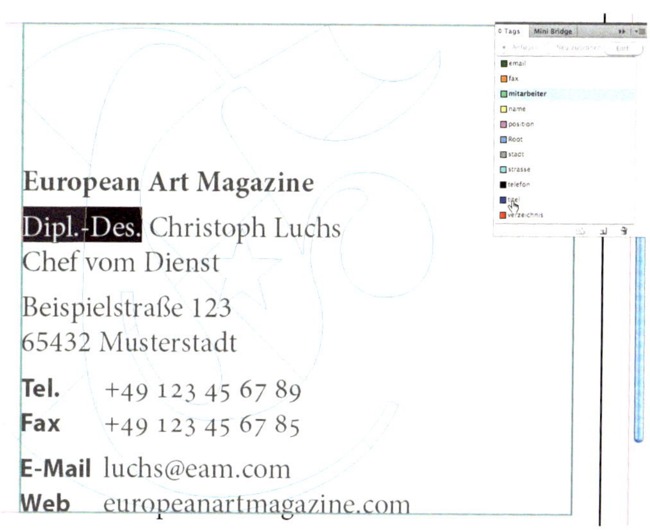

Ansicht der Rahmen mit Tags
Falls der Rahmen danach nicht mit der Tag-Farbe markiert sein sollte, überprüfen Sie, ob Sie sich in der Normalansicht befinden. Dies ist Voraussetzung, um überhaupt die Tag-Markierungen sehen zu können. Weiterhin befinden sich im Menü **Fenster** > **Struktur** noch zwei weitere Schalter, mit denen die Markierungen getrennt für Rahmen und Textstellen ein- und ausgeblendet werden können. Tags für Textstellen werden durch farbige Klammern angedeutet.

Überprüfen Sie Ihre Arbeit immer anhand der Strukturansicht. Es muss dort dieselbe Struktur wie im XML entstehen. Setzen Sie dann die Zuweisung der Tags mit den anderen Textstellen auf der Visitenkarte fort.

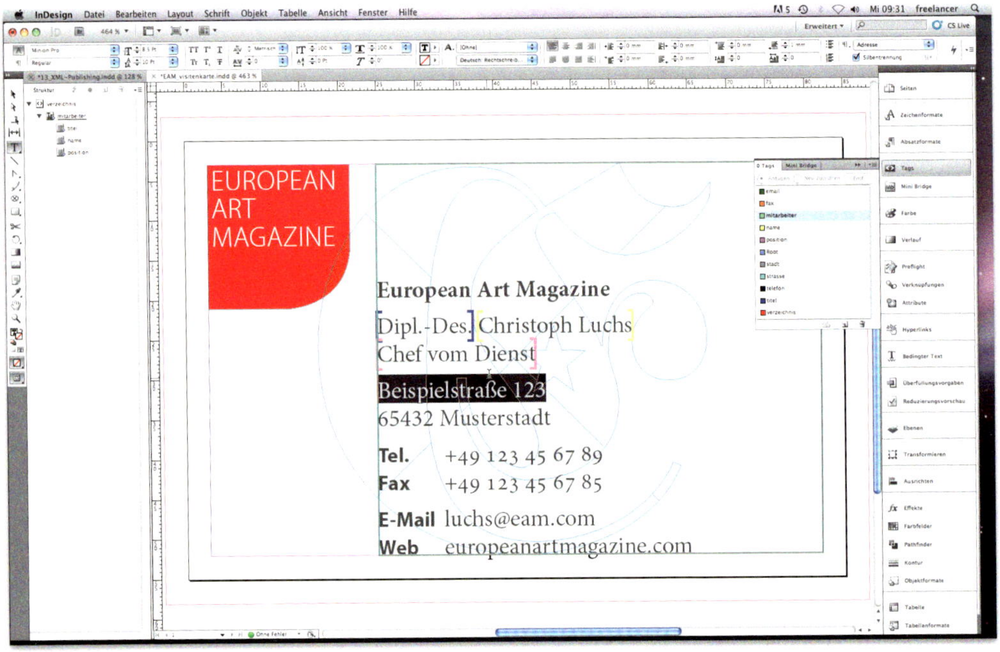

Die Strukturansicht und Anzeige nach Zuweisung einiger Tags

Nach Zuweisung aller Tags sollten alle Textstellen markiert sein, die zu Beginn des Abschnitts als Daten (aus Sicht der Mitarbeiterdatenbank) identifiziert wurden.

Die Visitenkarte mit vollständiger Zuweisung aller Tags

Auch in der Strukturansicht sollte die XML-Struktur vollständig abgebildet sein. In dieser Form kann jetzt das InDesign-Dokument als Template benutzt werden und die Dateninhalte können leicht mittels Import anderer XML-Dateien gleicher Struktur ausgetauscht werden.

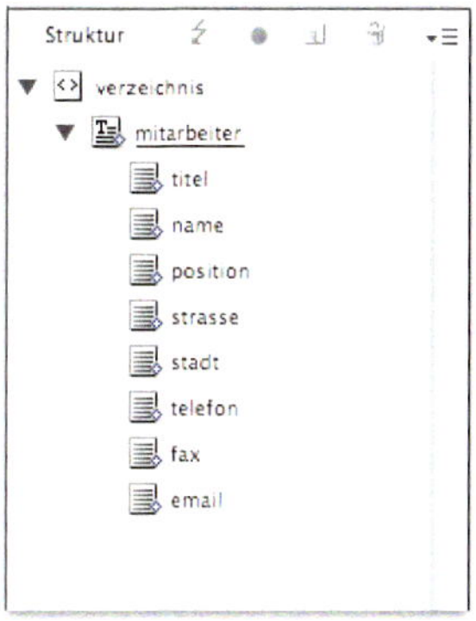

Die resultierende Struktur in der Strukturansicht nach Abschluss der Vergabe aller Tags

Die XML-Importfunktion ist zugänglich über den Menüpunkt **Datei** > **XML importieren** oder über **XML importieren** im Bedienfeldmenü der Strukturansicht. Wählen Sie die XML-Datei eines anderen Mitarbeiters aus.

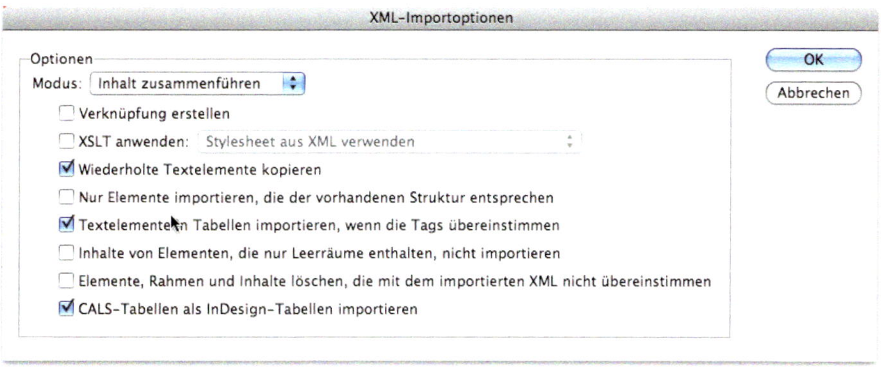

Dialog der XML-Importoptionen

Im anschließenden Dialog kann man den XML-Import durch einige Optionen beeinflussen. Der Importmodus (Zusammenführen oder Anfügen) entscheidet, ob InDesign versucht, importierte Elemente in die bestehende Struktur einzupassen und so auch die Inhalte auszutauschen, oder ob die XML-Struktur einfach an die bestehende Struktur angefügt wird. Beim Anfügen erfolgt auch kein Abgleich mit der bestehenden Struktur und es werden keine Inhalte ausgetauscht. Dieser Modus dient dafür, neue Strukturen in ein Dokument einzufügen und diese erst dann mit einem Layout zu versehen.

Dieses Vorgehen hätte man also zum Beispiel alternativ beim Erstellen der Visitenkarte wählen können. Dann hätte man mit einem weitgehend leeren Layout begonnen, die XML-Datenvorlage importiert und anschließend die Inhalte Schritt für Schritt im Layout platziert und mit Formaten versehen.

Die Option **Verknüpfung erstellen** funktioniert wie bei den Grafiken; die importierte XML-Datei kann, wenn sie geändert wird, über das Bedienfeld **Verknüpfungen** aktualisiert werden. Auf die Option

XSLT anwenden habe ich früher schon hingewiesen. Mit ihr kann eine XML-Struktur direkt beim Import mit Hilfe eines XSLT-Stylesheets an die dokumentinternen Strukturen angepasst werden.

Die Optionen, die Tabellen betreffen, können in diesem Fall ignoriert werden, da das Layout keine enthält. Auch die Option **Wiederholte Textelemente kopieren** ist nicht anwendbar, da unsere XML-Datei keine Liste enthält. Außerdem ist diese Option nur sinnvoll, wenn den Tags auch Formate zugeordnet worden sind.

Die Option zum Löschen von Elementen und Rahmen sollten Sie dagegen ausschalten, da dies hier nicht beabsichtigt ist. Diese Option findet Verwendung, wenn ein Layout respektive eine XML-Struktur optionale Elemente enthält. Demgegenüber sollte die Option, die sich auf Elemente ausschließlich mit Leerräumen bezieht, immer angeschaltet sein. Diese Option verhindert den Import überflüssiger Elemente.

Visitenkarte mit den ausgetauschten Inhalten nach dem Import der XML-Datei.

Sie haben bis hierher eine kurze Einführung in das XML-Format und die beiden wichtigen InDesign-Bedienelemente für XML erhalten. Eine Visitenkarte wurde so mit Struktur versehen, dass ihre Inhalte leicht durch den Import anderer XML-Dateien gleicher Struktur ausgetauscht werden konnten. Das gezeigte Verfahren kann vielfältig eingesetzt werden und ist zum Beispiel auch bei der Internationalisierung, also der Publikation eines Dokuments in mehreren Sprachen, anwendbar.

Zum Abschluss dieser Einführung soll nun noch das Beispiel so erweitert werden, dass die Visitenkarte als Template für die Mitarbeiter einer ganzen Abteilung dient. Dazu habe ich eine XML-Datei vorbereitet, die die Daten von neun Mitarbeitern als Liste enthält. In dieser ist die Struktur von **<mitarbeiter>** bis **</mitarbeiter>** neunmal wiederholt, enthält aber jedes Mal andere Daten.

Ausgangspunkt der weiteren Arbeit ist die fertig mit Tags versehene Visitenkarte. Ob das Dokument noch die ursprünglichen Daten enthält oder ob durch XML-Import die Inhalte bereits ausgetauscht wurden, ist unerheblich. Der Import der kompletten Mitarbeiterliste wird diese Daten sowieso wieder überschreiben.

Datenstruktur je nach Workflow unterschiedlich

Je nach Anwendung kann entweder neunmal eine einzelne XML-Datei mit unterschiedlichem Inhalt eingelesen werden oder Sie haben eine XML-Datei mit neun Wiederholungen pro Mitarbeiter zur Verfügung. Beide Ausgangslagen führen zum selben Ergebnis, jedoch sind die Arbeitsweisen unterschiedlich. Daher zeige ich Ihnen, wie Sie mit der Wiederholung arbeiten, auch wenn es weitere mögliche Wege gibt.

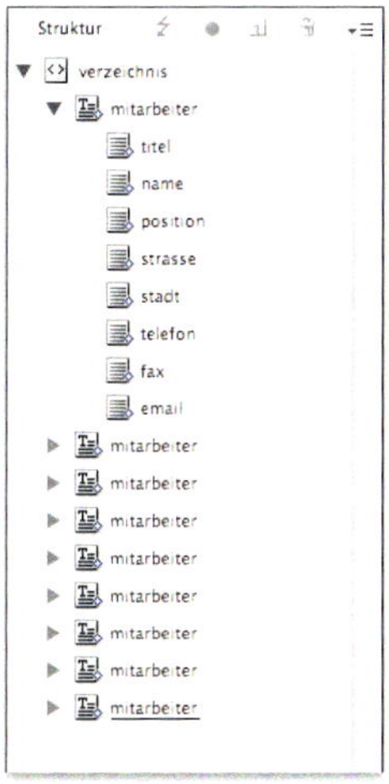

Markieren Sie dazu zunächst sämtliche Layoutelemente und kopieren Sie sie. Erzeugen Sie dann eine neue Seite mit **Layout** > **Seiten** > **Seite hinzufügen** und fügen Sie anschließend das Template mit **Bearbeiten** > **An Originalposition einfügen** wieder ein.

Dabei kann man beobachten, dass InDesign die aufgebaute Struktur jeweils mit kopiert und die Strukturansicht entsprechend aktualisiert. Wiederholen Sie den Vorgang, bis Sie die Struktur in neunfacher Kopie, also passend zur vorbereiteten Mitarbeiterliste, vorliegen haben.

Strukturansicht nach Vervielfachung des Templates der Visitenkarte

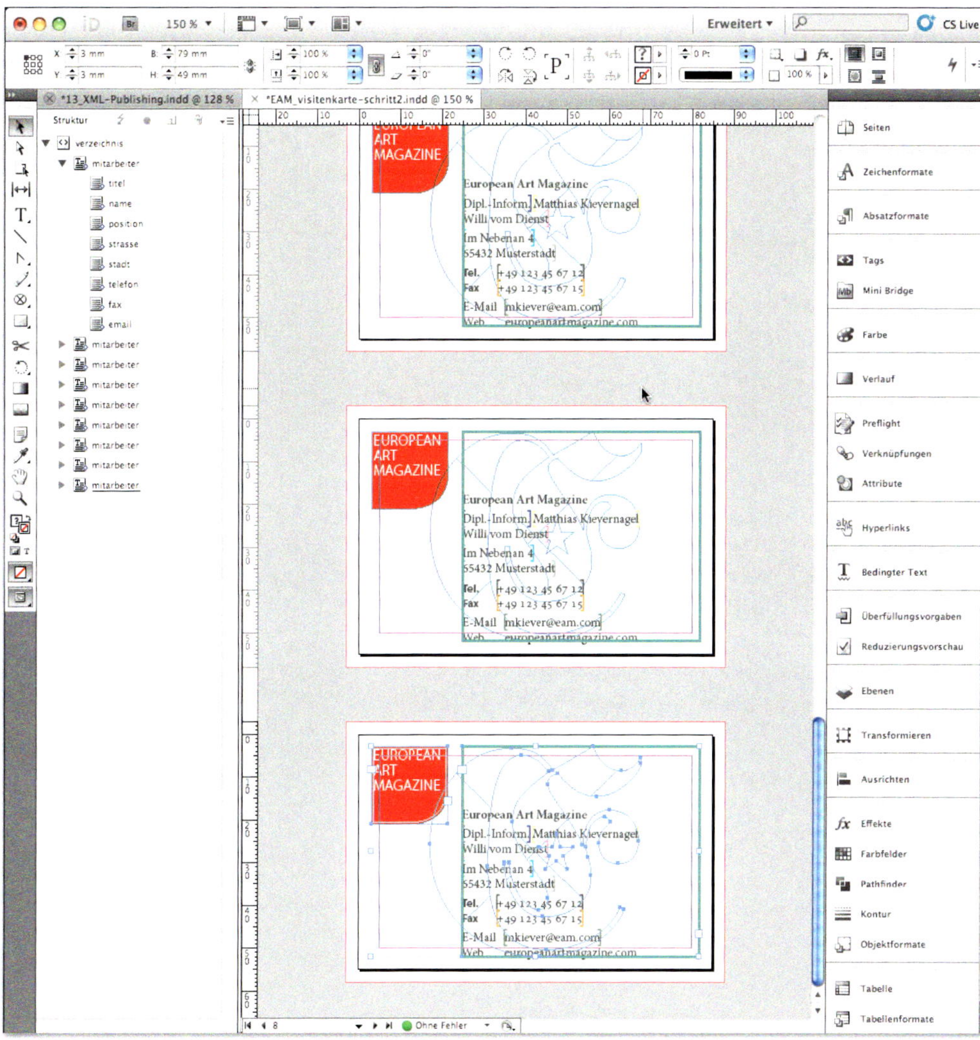

Gesamtansicht des Templates nach der Vorbereitung für den XML-Import

Wie bei dem einfachen Datenaustausch ist das Template jetzt, da es die passende Struktur hat, bereit für den Import der XML-Daten.

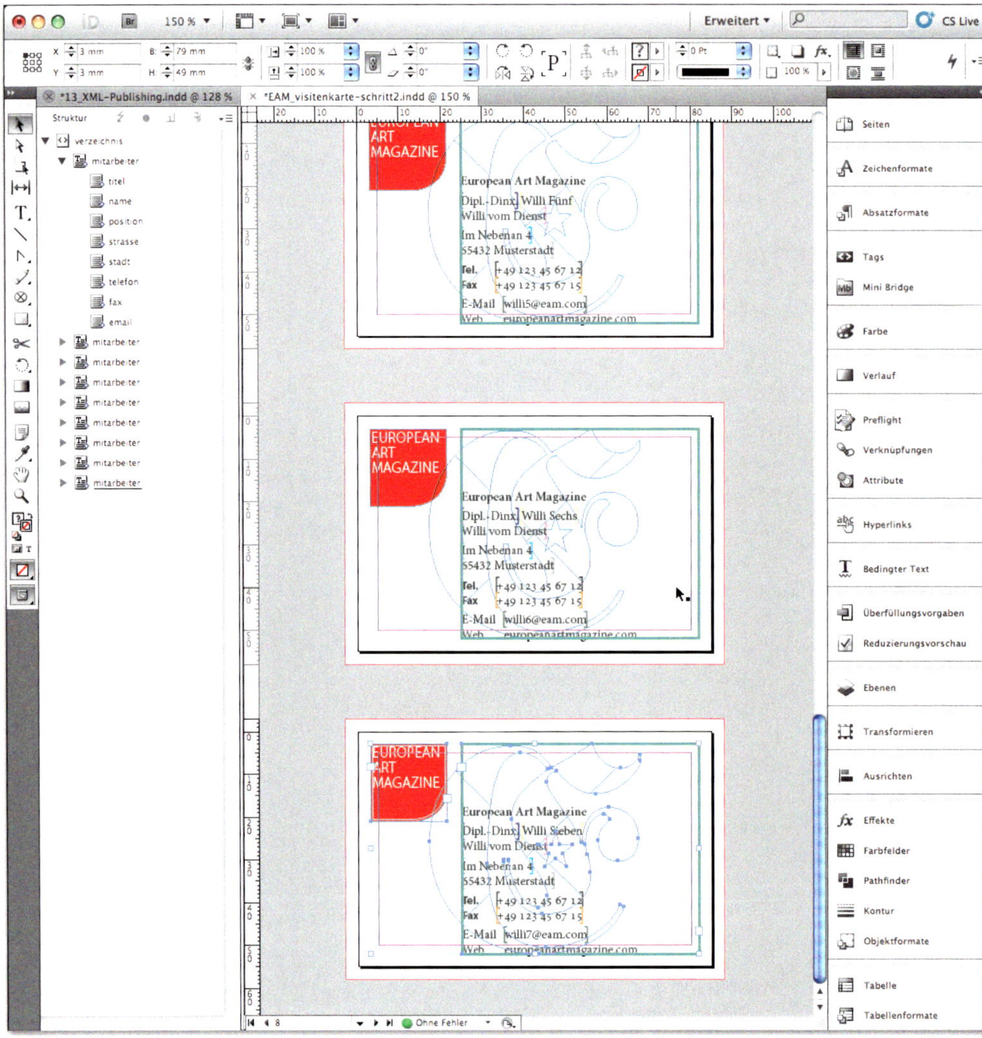

Gesamtansicht nach Import der Mitarbeiterdaten

Wenn Sie die XML-Mitarbeiterliste importiert haben, sind die Visitenkarten für die gesamte Abteilung fertiggestellt.

XML importieren

Die einfachste Arbeit, gleich auf Basis einer bestehenden XML-Struktur im Layout zu arbeiten, ist der Import einer XML-Datei. Dazu kann auch eine XML-Datei dienen, in der nur Platzhaltertexte oder -bilder als Inhalt enthalten sind.

Für unser Beispiel nutze ich eine fertige XML-Datei, die ich in Dreamweaver öffnen und verändern kann. Alternativ stellt auch ein Webeditor (wie zum Beispiel die kostenlose Software „TextWrangler" von Barebones) den XML-Code dar.

Die Quelle ist eine XML-Datei, die im Browser oder in einem Webeditor wie Dreamweaver angezeigt und bearbeitet werden kann.

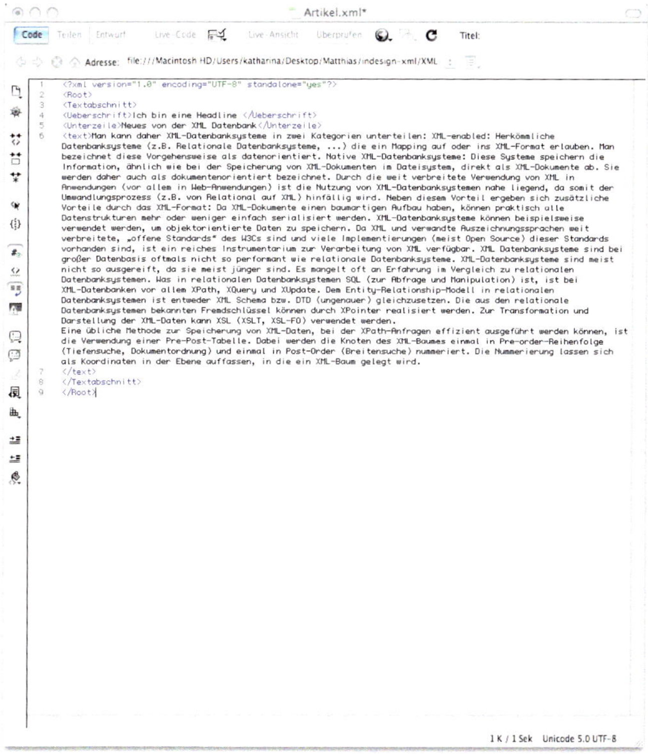

Nun können Sie die Tags mit den Pfeilsymbolen aufklappen und sehen die Verschachtelung. Bei unserem Beispiel klammert das Tag **Artikel** die weiteren Tags und deren Inhalte ein. Wird der Name des Tags geändert, verändert sich auch automatisch das Schlusstag der XML-Datei. Diese Strukturdarstellung und Bearbeitung ist auch mit kostenpflichtigen XML-Editoren möglich.

Kehren wir wieder zu InDesign und einem vorbereiteten Layoutdokument mit Absatzformaten zurück: Rufen Sie das Bedienfeldmenü der Strukturansicht auf und wählen Sie den Punkt **XML importieren** aus. Danach wählen Sie die entsprechende XML-Datei und aktivieren die Importoptionen.

Die XML-Datei wird mit dem Layout zusammengeführt.

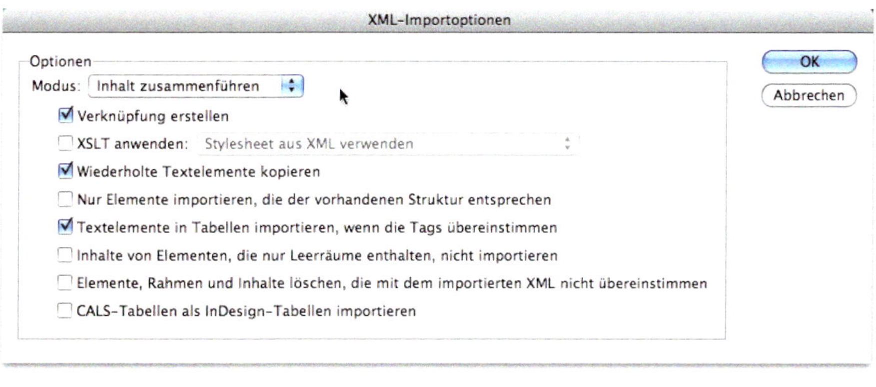

Wählen Sie **Verknüpfung erstellen** aus, damit die XML-Datei wie jede andere platzierbare Datei im Verknüpfungen-Bedienfeld erscheint und zu jedem beliebigen Zeitpunkt aktualisiert werden kann.

Hier wählen Sie den Modus **Inhalt zusammenführen** und klicken auf **OK**, damit die XML-Struktur in das Layout geladen wird. InDesign legt dann entsprechend der Struktur die Tags in der richtigen Reihenfolge in der Strukturansicht an.

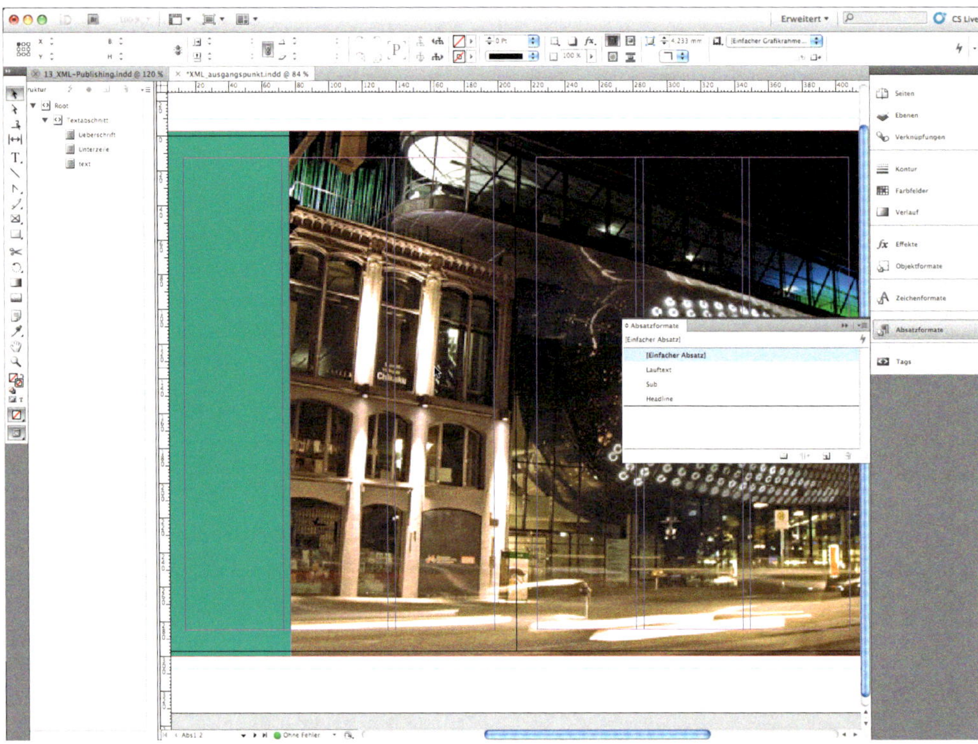

Das InDesign-Layout besitzt bereits fertige Absatzformate und die XML-Datei wurde in die Strukturansicht importiert.

Tag-Vorgabeoptionen

Haben Sie bereits eine XML-Datei importiert und werden die Tags im gleichnamigen Bedienfeld angezeigt, können Sie den Layoutelementen in InDesign gleich „beibringen", welche Tags – und deren Inhalte – durch welches Layoutelement wiedergegeben werden können. Rufen Sie dazu in der XML-Strukturansicht das Bedienfeldmenü auf und wählen Sie den letzten Punkt **Tag-Vorgabeoptionen** aus. Sofern Ihre XML-Datei entsprechende Tags mitbringt, können Sie nun den typischen Objekten wie Textrahmen, Tabelle oder Bild ein entsprechendes Tag zuordnen. Somit legt InDesign beim Platzieren dieser Elemente im Layout auch die entsprechenden Rahmen an.

Die Vorgabeoptionen regeln die Zuordnung zwischen den verschiedenen Layoutobjekten und den XML-Elementen.

XML-Inhalte platzieren

Nun wird die XML-Datei in das Layout platziert. Ziehen Sie einfach mit gedrückter Maustaste das Tag **Artikel** auf die Layoutseite. Danach platziert InDesign einen eingefärbten Textrahmen auf Breite einer Textspalte. Der Rahmen verhält sich nun wie jeder andere Textrahmen; Sie können sowohl die Textrahmenoptionen bearbeiten als auch die Farbgebung oder die Form des Rahmens beeinflussen.

Wenn Sie unter dem Menü **Ansicht** > **Struktur** > **Rahmen mit Tags einblenden** anwählen, werden Ihnen alle bereits mit Tags versehenen Rahmen farbig hervorgehoben, passend zu den Tag-Farben im selben Bedienfeld.

InDesign stellt jetzt die einzelnen Textabschnitte, die durch Tags in der XML-Datei markiert werden, durch farbige eckige Klammern im Layout dar. Die Farben werden von InDesign zufällig ausgewählt. Der gesamte Textrahmen ist in unserem Beispiel violett eingefärbt. Die Farbwahl gewinnt garantiert keinen Schönheitspreis – wie auch bei Hilfslinien oder Ebenenfarben dient sie nur zur Unterscheidung. Sobald Sie in den Vorschaumodus **W** wechseln, verschwinden alle farbigen Markierungen.

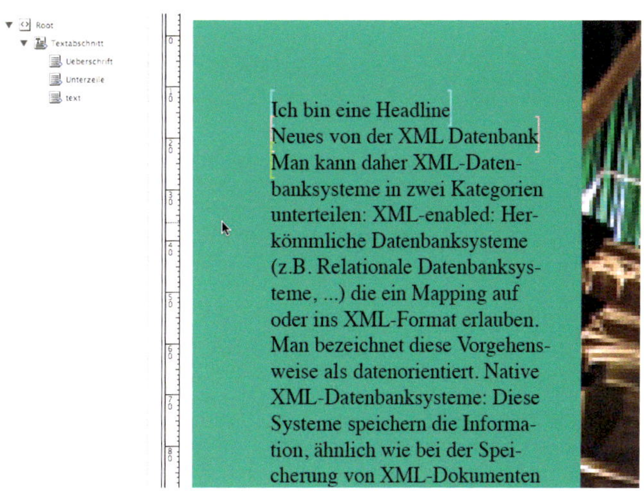

Die XML-Inhalte wurden platziert und die Tags werden durch farbige eckige Klammern angezeigt.

Tags und Formate zuordnen

Die Inhalte sind nun platziert, aber den Textabschnitten müssen noch die Absatz, Zeichen- oder Tabellen- oder Zellenformate im Layout zugewiesen werden. Wichtig ist, dass Ihre Layoutdatei sauber aufgebaut ist und alle Texte und Tabellen durch Formate definiert sind.

Absatz-, Zeichenformate: Seite 376

Rufen Sie das Bedienfeld **Tags** aus dem Menü **Fenster** auf. Wählen Sie aus dem Bedienfeldmenü des Tags-Bedienfelds die Option **Tags zu Formaten zuordnen** aus.

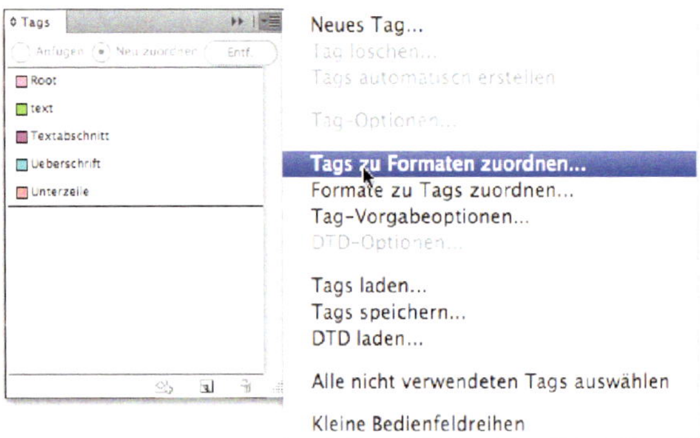

Tags-Bedienfeld mit definierten XML-Tags

Sie erhalten eine Liste Ihrer Tags, die Sie über die Auswahlfelder den bestehenden Formaten für Absätze, Zeichen, Tabellen und Zellen zuordnen können.

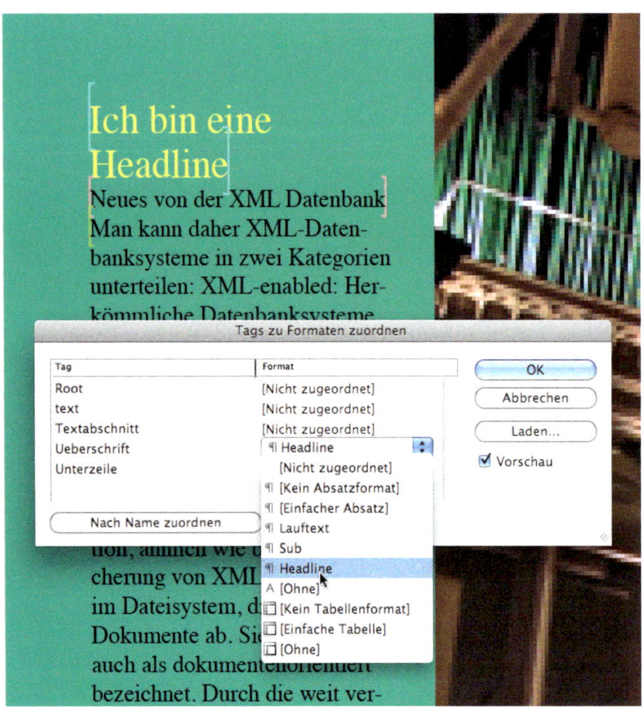

Die Tags werden einem Absatzformat zugeordnet und der Inhalt wird umformatiert.

Wählen Sie die entsprechenden Formate aus. Mit aktiver Vorschau sehen Sie gleich im Hintergrund, dass sich Ihr Layoutdokument ändert. Tags, denen Sie kein Absatzformat zuordnen können, weil der Inhalt nicht verwendet wird oder der Inhalt ein Bild ist, lassen Sie frei.

Nach Name zuordnen
Diese Option im Dialog der Zuordnung von Tags zu Formaten ermöglicht es, gleichnamige Tags und Formate mit einem Klick auszuwählen. Dazu müssen diese aber auch identisch inklusive Groß- und Kleinschreibung benannt werden.

Formate zu Tags zuordnen

Der andere Weg, die bestehenden Absatzformate jeweils einem Tag zuzuordnen: Öffnen Sie die Funktion **Formate zu Tags zuordnen** im Bedienfeldmenü der **Strukturansicht** oder des **Tags-Bedienfelds**. Eine Vorschau ist jedoch nicht möglich. Über die Option **Laden** können Sie eine Tag-Format-Zuordnung auch aus einem vorherigen InDesign-Dokument übernehmen.

Beide Anwendungen sind nicht sinnvoll

Wenn Sie bereits Tags zu Formaten zugeordnet haben, hat die andere Arbeitsweise, die Formate den Tags zuzuordnen, keinen Sinn, denn die Verbindung besteht bereits. Grundsätzlich empfehle ich immer, die Tags den Formaten zuzuordnen.

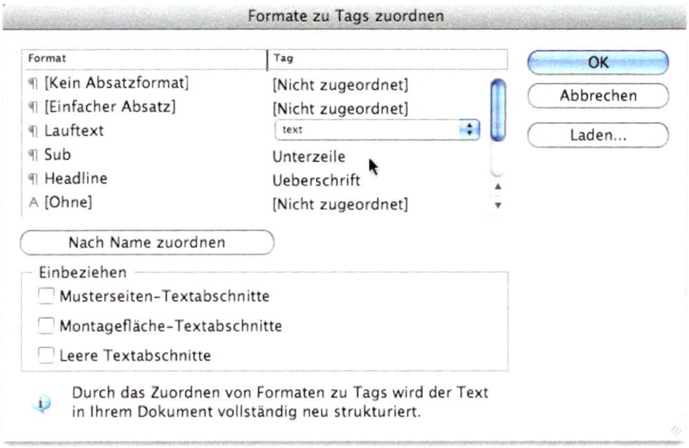

Die Formate können auch den Tags zugeordnet werden.

XML-Quelle aktualisieren oder tauschen

Die verknüpfte XML-Datei ist wie ein Bild oder eine PDF-Datei mit dem Layout verknüpft. Wenn Sie die XML-Datei ändern oder verschieben, sollten Sie danach auch die Verknüpfung wieder aktualisieren. Über das Bedienfeld **Verknüpfungen** ist dies spielend möglich

◢ *Textverknüpfungen: Seite 240*

Da Sie mit InDesign eine XML-Datei platzieren können und InDesign die Verknüpfung zur Originaldatei beibehält, können Sie nun zwei Wege einschlagen, um Ihr Layout mit anderen Inhalten durch eine XML-Datei gleichen Aufbaus zu befüllen: Entweder über die Funktion XML importieren, die ich schon beschrieben habe, oder Sie setzen die Verknüpfung der ersten XML-Datei auf die zweite XML-Datei.

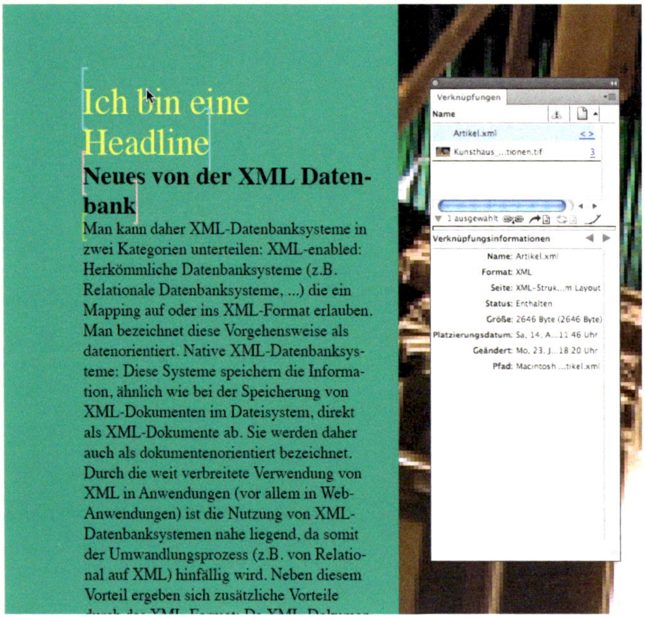

Ausgangspunkt ist der deutsche Text der Datei artikel.xml.

Im **Verknüpfungen**-Bedienfeld klicken Sie doppelt auf die alte XML-Datei. Im nachfolgenden Verknüpfungen-Dialog wählen Sie die Option **Erneut verknüpfen** und wählen als Quelle nun die neue XML-Datei.

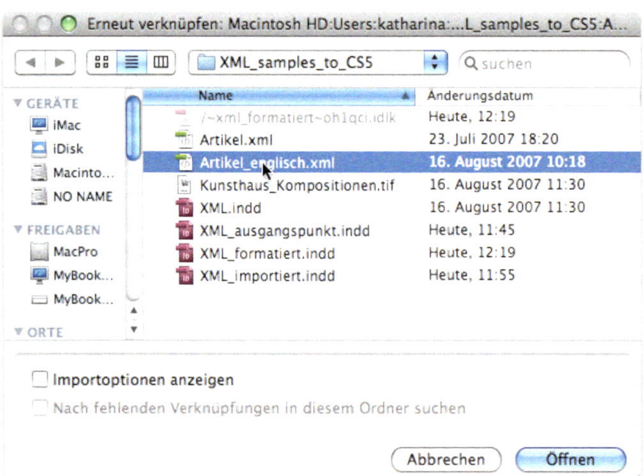

Im Dialog Erneut verknüpfen wählen Sie die neue Datei aus.

Sobald Sie die neue XML-Datei auswählen, tauscht InDesign auf Basis der Strukturinformationen die Inhalte und formatiert den neuen Text mit den identischen Absatzformaten.

Der Inhalt wird ausgetauscht.

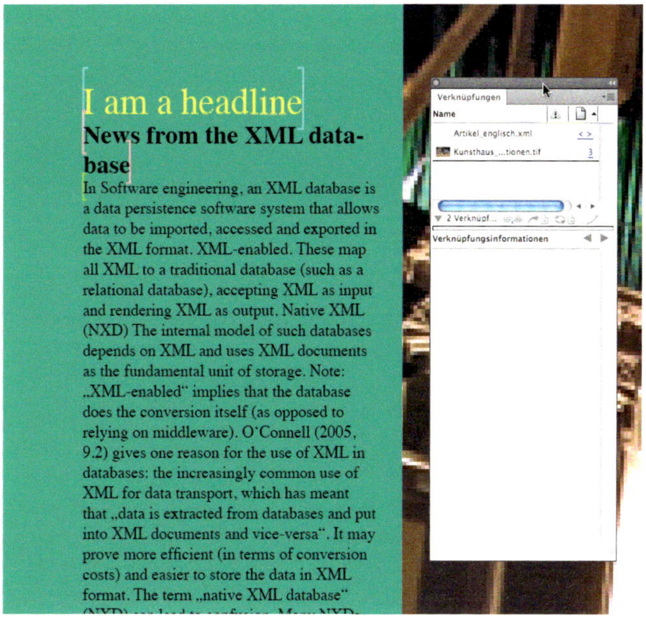

XML exportieren

Mehrsprachige Dokumente
Natürlich müssen Sie beachten, dass mehrsprachige Dokumente wie unser Beispiel auch mit einem entsprechenden Wörterbuch umbrochen werden. Legen Sie pro Sprache gesonderte Absatzformate an, in denen Sie die entsprechenden Wörterbücher verwenden und die Tags den Formaten zuweisen.

Wenn Sie die Inhalte der InDesign-Datei für eine andere Anwendung im Internet nutzen wollen, wählen Sie im Dateimenü den Punkt **Exportieren**. Geben Sie als Format im nachfolgenden Dialog XML an und bestätigen Sie mit dem korrekten Dateinamen, den Sie vergeben möchten, die Auswahl. Ihnen werden nun die XML-Exporteinstellungen gezeigt.

Alternativ zum Exportieren-Dialog ist es auch möglich, in der Struktur-Ansicht in das **Bedienfeldmenü** zu klicken und den Eintrag XML exportieren aufzurufen.

Die Kodierung sollte auf UTF-8 gestellt werden.

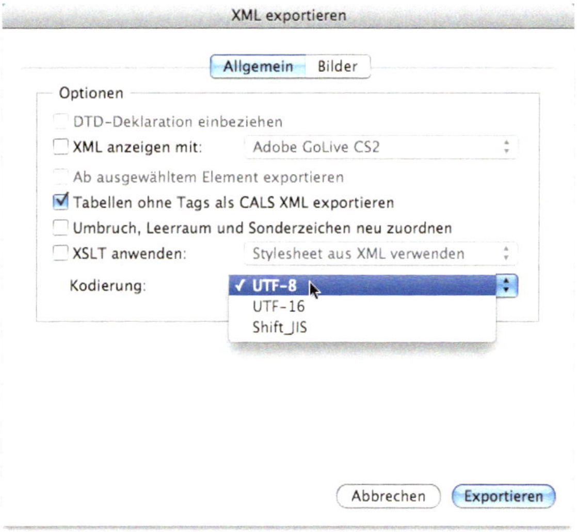

Allgemein

Unter **Allgemein** können Sie den Browser auswählen, mit dessen Hilfe die XML-Datei nach dem Export angezeigt wird. Um eine reibungslose Übergabe der Inhalte im XML-Format zu gewährleisten, stehen Ihnen drei Kodierungen zur Verfügung. Die ersten beiden, **UTF-8** und **UTF-16**, sind Unicode-Transformierungsformate als 8- oder 16-Bit-Code. Davon gilt das 8-Bit-Format als universell einsetzbar. Das dritte Format, **Shift-JIS**, ist ein asiatisches Format. Außerdem können Sie hier die **DTD** angeben, sofern Sie zuvor eine DTD im Layout eingebunden haben, auf der Ihre XML-Datei basiert. Weitere Hilfestellungen dazu finden Sie auch in der Programmhilfe.

Bilder

Unter dem zweiten Reiter **Bilder** legen Sie die Bildumwandlung fest. Unter **Bildoptionen** > **In Unterordner kopieren** werden verknüpfte Originalbilder bei aktivierter Option in einen Unterordner **Bilder** gelegt; die Verknüpfungen zum InDesign-Dokument bleiben dabei erhalten.

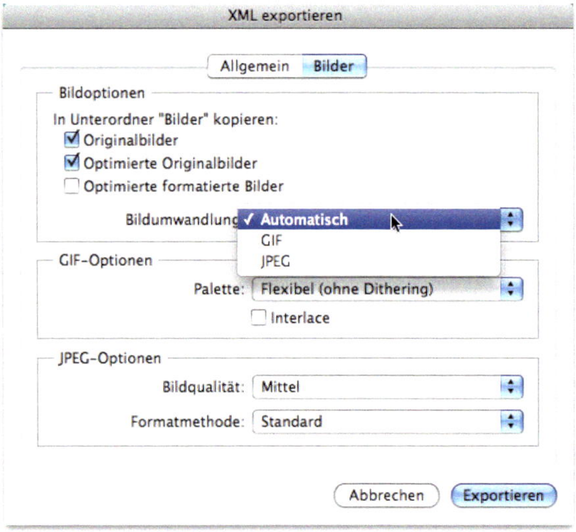

XML-Exporteinstellungen Bilder

Mit den nächsten beiden Optionen definieren Sie, ob und wie die platzierten Bilder neu berechnet werden. Wollen Sie nur den Inhalt von einem Dokument in ein anderes Layout einfügen, deaktivieren Sie bitte diese Punkte, um die Feindaten zu erhalten. Wenn Sie die Inhalte jedoch für das Internet aufbereiten wollen, aktivieren Sie den ersten Punkt **Optimierte Originalbilder**. **Optimierte formatierte Bilder** hingegen behalten ihre Informationen zur Platzierung und Skalierung bei.

Die **Bildumwandlung** bietet JPEG oder GIF als Ausgangsformat an. Lesen Sie bitte im Kapitel „Bilder platzieren" nach, welche Qualitäten für welches Zielmedium angewendet werden.

Wenn Sie die Eingaben und den Export bestätigen, erzeugt InDesign eine XML-Datei, die im ausgewählten Browser angezeigt wird. Beachten Sie hier die Tags in der Datei. Untergeordnete Elemente wie eine Zwischenüberschrift werden im Textfluss markiert. Wie Sie ebenso erkennen können, werden in der XML-Datei weder Formatierungen angezeigt noch Zeilen- oder Spaltenumbrüche integriert. Somit kann der Inhalt in einer anderen InDesign-Datei vollständig neu formatiert werden.

Weiterführende Themen

Wie stelle ich sicher, dass die XML-Daten zu meinem Dokument passen? Was mache ich, wenn XML-Daten und InDesign-Dokument *strukturell* nicht zusammenpassen? Wie kann ich abhängig von den XML-Daten das Layout anpassen beziehungsweise den Daten automatisch Formate zuweisen?

Um diese Fragestellungen geht es kurz in den folgenden drei Abschnitten; ich kann Ihnen jedoch im Rahmen dieses Buches nur allgemeine Hinweise geben. Alle genannten Themen benötigen Programmierkenntnisse und Spezialwissen, so dass Sie in der Regel dabei nicht ohne externe Sachkundige auskommen.

DTD und Validierung

Beim Empfänger müssen die Tags verstanden werden, das bedeutet für Ihre Arbeit, dass die Tags in ihrer Bezeichnung und der Hierarchie genau vereinbart werden müssen. Wenn dies nicht der Fall ist und in der Datei statt des erwarteten Tags **<head>** ein Tag namens **<headline>** die Titelzeile markiert, werden sowohl das Tag als auch sein Inhalt ignoriert!

In einer XML-Umgebung wird die Überprüfung einer XML-Struktur auf Basis einer *DTD – Document Type Definition* – vorgenommen, in der die Struktur hinterlegt ist. Dieser Vorgang wird als *Validierung* bezeichnet. Während der Validierung werden der Aufbau und die Hierarchie der XML-Datei mit der vorgegebenen Struktur verglichen. Stimmt die Struktur der XML-Datei mit der DTD überein, wird das Dokument akzeptiert. Weist die Datei dagegen Abweichungen auf, wird das Dokument zunächst abgelehnt.

Diese Validierung können Sie in InDesign mittels einer importierten DTD durchführen. Diese Validierung findet nicht durch eine Aktion statt, sondern eine XML-Datei aus einer Datenbank wird mit der Referenz auf die DTD abgespeichert. Im Gegensatz zur „wohlgeformten" XML-Datei ohne DTD-Referenz arbeiten Sie also mit einer vorgegebenen Struktur, die Sie in InDesign als externe Datei importieren können.

Über das Bedienfeldmenü der **Strukturansicht** (die Sie öffnen, indem Sie auf den linken Seitenrand Ihres Dokumentes doppelklicken) importieren Sie die DTD entsprechend Ihrer XML-Datei. Erst dann kann InDesign permanent im Hintergrund überprüfen, ob die Struktur mit der DTD übereinstimmt.

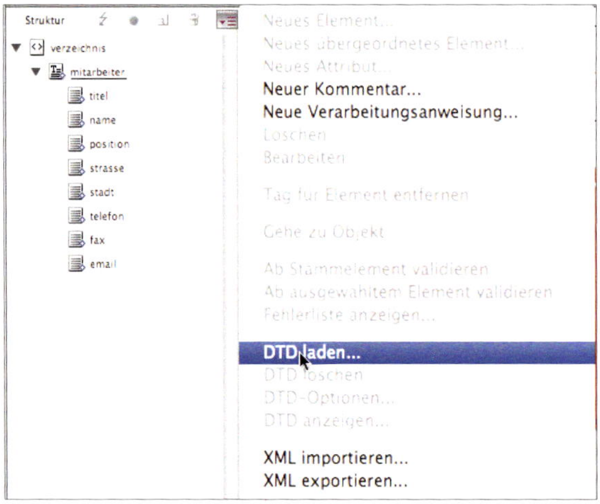

Über das Bedienfeldmenü der Strukturansicht importieren Sie die DTD.

Da sich die Arbeit mit einer DTD immer nach der Komplexität der XML-Struktur richtet, kann ich Ihnen an dieser Stelle keine allgemein gültigen Vorgehensweisen empfehlen. Daher sollten Sie sich zum Thema XML immer mit der Struktur der XML-Daten aus Ihrer Datenbank beschäftigen und bei Bedarf einen Programmierer hinzuziehen, der eventuelle Transportprobleme in das Layoutdokument durch eine Umformung der XML-Datei beheben kann.

XML-Transformation mit XSLT

Wie bereits angesprochen, können XML-Daten in InDesign beim Import automatisch angepasst werden. Dazu dienen sogenannte *XSLT*-Dateien – *Extensible Stylesheet Language Transformations*. Am Namen kann man ablesen, dass sie im XML-Bereich auch zur Darstellung von XML-Dateien verwendet werden. Auf den ersten Blick ähnelt das Format sehr einer XML-Datei.

Auch das Erstellen passender XSLT-Dateien ist, wie schon bei DTDs angemerkt, eher die Aufgabe eines Programmierers. Zudem hängen die Details, ob man etwa ein externes Programm zur Transformation verwendet oder die eingebauten Optionen in InDesign benutzt, von den konkreten Eigenschaften des Verarbeitungsprozesses ab.

Auswahl eines XSLT-Stylesheets beim XML-Import

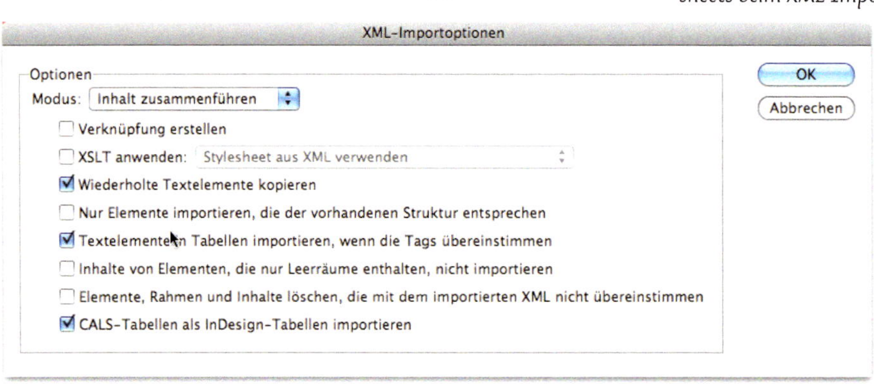

Notwendig beziehungsweise sinnvoll wird eine automatische Strukturanpassung mit XSLT dann, wenn ein Angleichen der Strukturen von XML-Daten und Dokument gar nicht oder nur mit unvertretbarem Aufwand möglich ist. Wenn zum Beispiel die XML-Daten eine zu tief verschachtelte Struktur aufweisen, kann man ein XSLT-Stylesheet zur Vereinfachung beziehungsweise zur Extraktion der wesentlichen Inhalte definieren und in InDesign dann mit der entsprechend vereinfachten Struktur arbeiten. Ein anderes Beispiel stellen Tabellenlayouts dar, zu denen die Daten im XML nicht in der passenden Reihenfolge stehen. Auch eine solche Umsortierung der XML-Struktur ist relativ einfach per XSLT zu realisieren.

XML-Regelsätze
Neben der eigentlichen Datenquelle im XML-Format, der DTD und dem Tagging im Layout bietet InDesign eine weitere Möglichkeit, über das reine Zuweisen von XML-Inhalten zu Layoutobjekten und das Tagging hinaus konkrete Regeln festzulegen. Wenn in der XML-Struktur beispielsweise auf eine Überschrift ein Absatzelement folgt, kann festgelegt werden, wie mit dieser Bedingung verfahren werden soll. Werden Überschrift und Absatz konkreten Absatzformaten zugewiesen? Werden für andere Bedingungen Platzhalterrahmen mit vorgegebenen Rahmeneinpassungsoptionen angelegt?

Ob eine konkrete Reihenfolge vorliegt, wird in einem Skript in der Sprache JavaScript, AppleScript oder VBScript abgefragt. Trifft die Bedingung zu, wird durch das Skript eine Aktion wie das Zuweisen eines Absatzformats ausgeführt.

Ein anderer klassischer Fall der Anwendung von Skripten ist die unterschiedliche Länge von Texten oder die Anzahl von Bildern. Was passiert, wenn Sie ein Layout vorbereitet haben und der Inhalt benötigt mehr Seiten, als im getaggten Layout vorhanden sind? Ein Skript muss den Umfang der Daten aus der Quelle ermitteln und ab einer definierten Grenze neue Seiten zum Layout hinzufügen, die auf einer konkreten Musterseite und gegebenenfalls Bibliotheksobjekten basieren. Hier kommen Sie mit reinen Bordmitteln von InDesign nicht weiter; diese komplexen Aktionen können nur durch Skripte gelöst werden.

Wer braucht XML?

Bei kritischer Betrachtung werden Sie sicher auch den erhöhten Aufwand und die Notwendigkeit von Kontrollen der XML-Struktur sehen, die über die Gestaltungsarbeit hinausgehen. Für den täglichen Gebrauch von grafischen Layoutinhalten für ständig wechselnde Gestaltungsaufgaben eignet sich XML daher nicht.

Wenn die Layoutinhalte jedoch aus einer Datenbank stammen, regelmäßig erneuert in mehreren Sprachen ausgegeben oder parallel für das Internet aufbereitet werden sollen, lohnt sich die

XML-Integration und bietet auch für den Kunden einen enormen Mehrwert. Die Daten können sehr schnell ausgetauscht und aktualisiert werden, die Fehlerquote durch Kopierarbeit und mehrere Dokumente, die den Inhalt bereitstellen (Word, Excel, externe Bilddaten etc.), entfällt vollständig und das Publizieren auf verschiedenen Plattformen findet immer mit identischem Inhalt statt.

Nur über eine sinnvolle Verwendung von DTDs und XML-Dateien, die auf diese DTDs referenzieren, ist ein inhaltlich fehlerfreies Publizieren über InDesign möglich. Für ein umfangreiches XML-Publishing lohnt sich daher die Zusammenarbeit mit externen Systemintegratoren, die fehlende Schnittstellen schaffen oder Lücken bei der Datenübergabe auf XML-Basis schließen können und mit regelbasierten Skripten fehlende Funktionalitäten ergänzen. Alternativ dazu ermöglichen Plug-ins von Drittanbietern die Datenübergabe zwischen Datenbanken und Layout; siehe nächster Abschnitt.

Weiterführende Informationen
Da das Thema der Regelsätze ein umfangreiches Wissen über XML-Strukturen, InDesign-Technologien und Skriptsprachen erfordert, das ich an dieser Stelle unmöglich beschreiben kann, möchte ich Sie unbedingt auf die Buch-Webseite hinweisen, auf der Sie Tutorials, Handbücher und Beispielskripte von Adobe in englischer Sprache finden.

Plug-ins für Spezialaufgaben

Reicht der Funktionsumfang von InDesign einmal für spezielle Anwendungen nicht aus, kann er dank der modularen Bauweise des Programms relativ leicht durch Skripte und Plug-ins erweitert werden. Ich stelle Ihnen einige Spezialwerkzeuge vor und nenne Ihnen die Adressen von Herstellern und Anwenderforen im Internet. Das Ganze von Zeit zu Zeit aktualisiert auf der Webseite zum Buch.

PLUS
Kurzbeschreibungen und Adressen von praktischen bis spaßigen Plug-ins

Preflight & Medienvorstufe

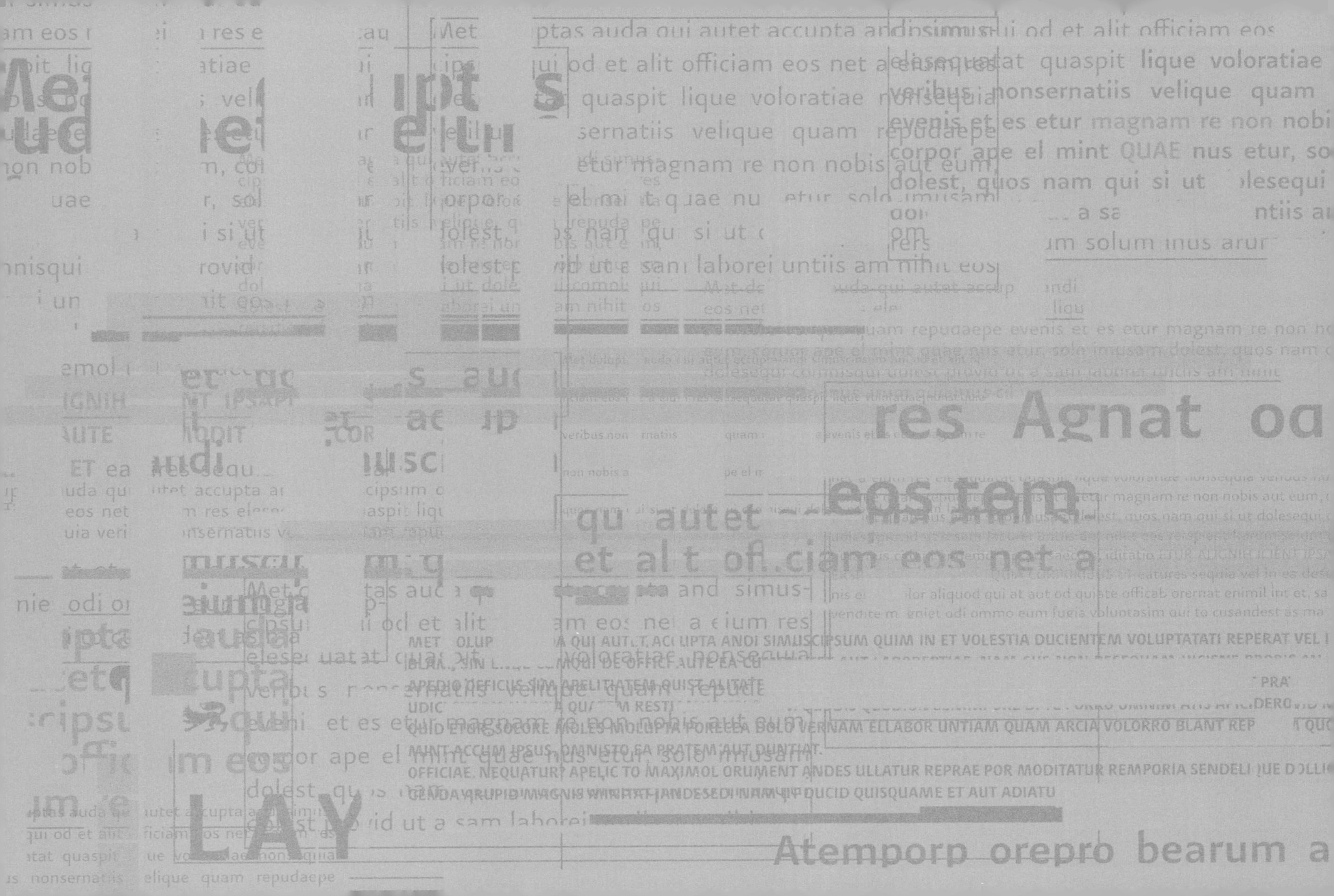

ptas auda qui autet accupta andisimus
od et alit officiam eos net a eum res
quaspit lique voloratiae nonsequia
sernatiis velique quam repudaepe
etur magnam re non nobis aut eum,
res Agnat od
eos tem
qu autet
et al t of.ciam eos net a
LAY
Atemporp orepro bearum a

Visuelle Kontrolle

Für welches Medium Sie auch immer Ihre Layouts produzieren – die Weitergabe von Daten, die (technische) Fehler enthalten, bedeutet immer zusätzliche Kosten und womöglich weitere Unannehmlichkeiten, und ich wünsche Ihnen, dass Ihnen sowohl das Eine wie das Andere allzeit erspart bleibt.

Für zahlreiche Problemstellen, die sich aus der Verwendung von Transparenzen, Prozess- und Sonderfarben sowie von InDesigns eigenen Automatismen ergeben können, bietet das Programm serienmäßige Prüfwerkzeuge, mit denen Sie solche Stellen visuell und technisch überprüfen können. Widmen wir uns zuerst einmal den Möglichkeiten der Sichtkontrolle.

Effekte und Transparenz: Seite 505
Sonderfarben: Seite 483
Automatisierung: Seite 593

Arbeitsbereich wählen
Um schneller auf die Vorschaufunktionen für Separation und Transparenzreduzierung zugreifen können, können Sie unter **Fenster** > **Arbeitsbereich** > **Druckausgabe und Proofs** die entsprechenden Bedienfelder einblenden.

Die Separationsvorschau

Bevor eine Layoutdatei zum Druck weitergegeben wird, können Sie mit der **Separationsvorschau** begutachten, wie die Farbauszüge mit den aktuellen Einstellungen aussehen werden. Dadurch lassen sich schon viele potenzielle Fehler erkennen und teure Nachkorrekturen vermeiden.

Mit der **Separationsvorschau** wird gleichzeitig auch die **Überdruckenvorschau** aktiviert, damit Sie erkennen können, wie sich überdruckende oder ausgesparte Objekte in der separierten Ausgabe darstellen. Gleichzeitig wird Text immer möglichst genau abgebildet, egal, welchen Vergrößerungsfaktor Sie eingestellt haben.

Separationen & Farbmanagement
Die Vorschauen für die Farbauszüge und den Farbauftrag arbeiten Hand in Hand mit dem Farbmanagement von InDesign zusammen. Dabei beeinflussen alle Farbprofile und Umrechnungsrichtlinien das Ergebnis. Innerhalb der Farbprofile sind Vorgaben zu Gesamtfarbauftrag, Schwarzaufbau und Tonwertzuwachs gespeichert.

Hierzu kann ich Ihnen nur wärmstens empfehlen: **Farbmanagement – alles unter Kontrolle?**, *Seite 57*

Fehler, die in der **Separationsvorschau** sichtbar werden, können Sie in der Regel mit dem **Druckfarben-Manager** oder mit einer Farbkonvertierung platzierter Bilder beheben.
Im Kopfbereich des Bedienfeld wählen Sie die Art der **Ansicht**: **Separationen** zeigt Ihnen die einzelnen Farbauszüge an, **Farbauftrag** hingegen zeigt Ihnen, wo gegebenenfalls der maximale Farbauftrag überschritten wird.

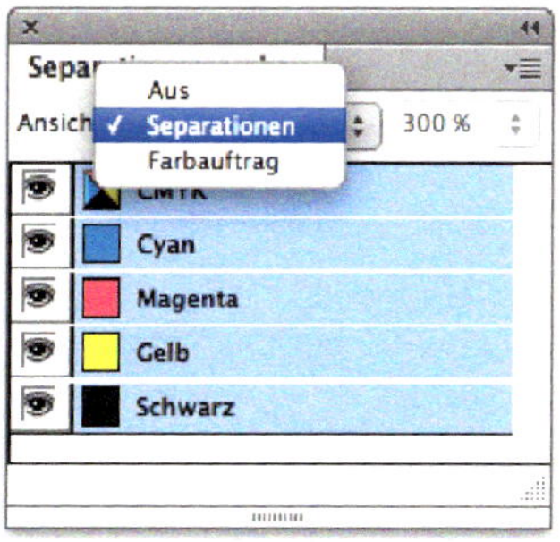

Separationsvorschau-Bedienfeld mit aktivierter Separationen-Darstellung.

Separationen anzeigen

Wenn Sie aus dem Aufklappmenü des Bedienfelds die **Separationen** ausgewählt haben, blendet InDesign automatisch nichtdruckende Elemente aus. Dazu gehören die Textsteuerzeichen (die **Verborgenen Zeichen**, falls Sie die eingeblendet haben) und Rahmenkanten sowie nichtdruckende und ausgeblendete Rahmen und Ebenen. Aus dem, was übrig bleibt, werden alle Farbauszüge errechnet, die nach den aktuellen Einstellungen des **Druckfarben-Managers** ausgegeben werden können. Gleichzeitig aktiviert InDesign die **Überdruckenvorschau**. Neben Objekten, die überdrucken sollen, wird auch Text in der bestmöglichen Auflösung berechnet, selbst wenn er gemäß Voreinstellung sonst als grauer Balken dargestellt würde.

Bei aktivierter **Separationsvorschau** wird Ihr Layout zunächst **unsepariert** gezeigt (DTP-Fachleute nennen das eine *Composite*-Darstellung; ausgesprochen wie „KOMM-po-sitt"). Fahren Sie mit der Maus über einzelne Partien im Layout, und Sie erhalten im Bedienfeld neben den Auszugsnamen die genauen **Farbwerte** dieser Stelle.

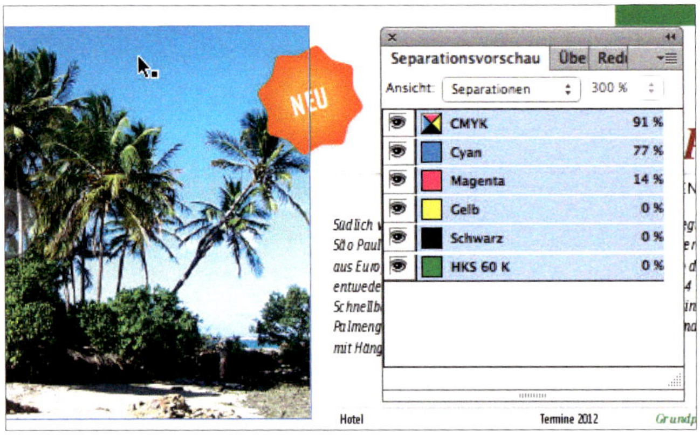

Die Separationsvorschau zeigt an, welche Farbwerte sich gerade unter der Spitze des Mauszeigers befinden.

Einen **einzelnen Auszug** bekommen Sie angezeigt, wenn Sie direkt auf den Farbauszugsnamen klicken, zum Beispiel auf **Cyan**. Diese Graustufendarstellung entspricht genau dem, was Sie auf der Cyan-Druckplatte einer Offsetmaschine zu sehen bekämen.

Wenn Sie im Bedienfeldmenü das Häkchen bei **Einzelplatten in Schwarz anzeigen** entfernen, sehen Sie diesen Farbauszug in seiner Farbe. Das wiederum entspricht dem Druckbild, das man erhielte, wenn der Papierbogen zuerst das Cyan-Farbwerk durchliefe und man ihn dann sofort aus der Maschine nähme.

Die Farbwerte der anderen Auszüge lassen sich für jeden Punkt im Layout unabhängig von den aktuell dargestellten Auszügen ablesen.

Schwarz-Sättigung verringern
Das ist die dritte Option im **Separationsvorschau**-Bedienfeldmenü. Aktivieren Sie diese, dann werden überall die Schwarz-Anteile etwas aufgehellt, so dass Sie in der Composite-Darstellung am Helligkeitsunterschied erkennen können, ob Elemente aus reinem Schwarz (100 % K) oder mit Zusatzfarben (zum Beispiel „Tiefschwarz" aus C=60 M=0 Y=0 K=100) oder gar als **[Passermarken]** angelegt sind.

Die Farben Brasiliens sollten nicht dem Zufall überlassen werden (Composite-Darstellung).

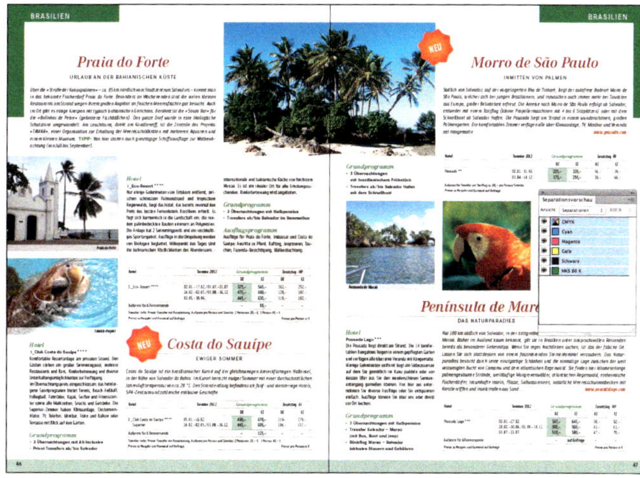

Cyan-Auszug in Schwarz (entspricht der Druckplatte)

Cyan-Auszug in Cyan (entspricht dem Druckergebnis)

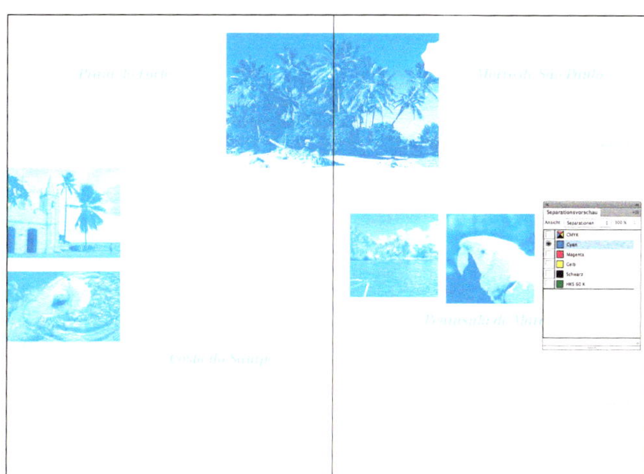

Zum Cyan-Auszug können Sie nun beliebig die anderen Auszüge hinzufügen, indem Sie auf das **Auge** vor dem jeweiligen Farbnamen klicken, wie Sie es vom **Ebenen**-Bedienfeld oder von den Ebenen und Kanälen in Photoshop kennen. Sobald Sie mehr als eine Farbe einblenden, wird das Layout grundsätzlich farbig dargestellt.

Mehrfachansicht
Wie mit allen anderen Vorschaufunktionen können Sie auch gleichzeitig eine Mehrfachansicht wählen, indem Sie unter dem Menü **Fenster** > **Anordnen** > **Neues Fenster** mehrere Ansichten desselben Layoutdokuments öffnen und jeweils einen anderen Farbauszug anzeigen lassen.

Farbmanagement in der Separationsvorschau

Auch das Farbmanagement kann gleichzeitig per Softproof in die **Separationsvorschau** integriert werden, um die Farbauszüge in Abhängigkeit vom Ausgabeverfahren zu zeigen.

Die Arbeitsweise mit Farbprofilen und Simulation am Monitor ist ausführlich hier beschrieben: **Farbmanagement – alles unter Kontrolle?** *ab Seite 57.*

Tastenkürzel für das Separationsvorschau-Bedienfeld	
Bedienfeld Separationsvorschau öffnen	⇧ F6
Überdruckenvorschau aktivieren	⌘ Strg Alt ⇧ Y
Alle Druckplatten anzeigen	⌘ Strg Alt ⇧ ´
Nur Cyan-Auszug anzeigen	⌘ Strg Alt ⇧ 1
Nur Magenta-Auszug anzeigen	⌘ Strg Alt ⇧ 2
Nur Gelb-Auszug anzeigen	⌘ Strg Alt ⇧ 3
Nur Schwarz-Auszug anzeigen	⌘ Strg Alt ⇧ 4
Nur 1. Sonderfarben-Auszug anzeigen	⌘ Strg Alt ⇧ 5
Nur 2. Sonderfarben-Auszug anzeigen	⌘ Strg Alt ⇧ 6
Nur 3. Sonderfarben-Auszug anzeigen	⌘ Strg Alt ⇧ 7
Nur 4. Sonderfarben-Auszug anzeigen	⌘ Strg Alt ⇧ 8
Nur 5. Sonderfarben-Auszug anzeigen	⌘ Strg Alt ⇧ 9

← Das ist ein Akzent (´) – nicht zu verwechseln mit dem Apostroph (') oder dem Minutenstrich (′)!

Druckfarben-Manager: Schmuckfarbenfehler beseitigen

Wenn Sie Sonderfarben wie **HKS**- oder **Pantone**-Farben verwenden, vergewissern Sie sich bitte, ob im Druckfarben-Manager alle Einstellungen korrekt sind. Den **Druckfarben-Manager** erreichen Sie unter anderem über das **Separationsvorschau**-Bedienfeldmenü.

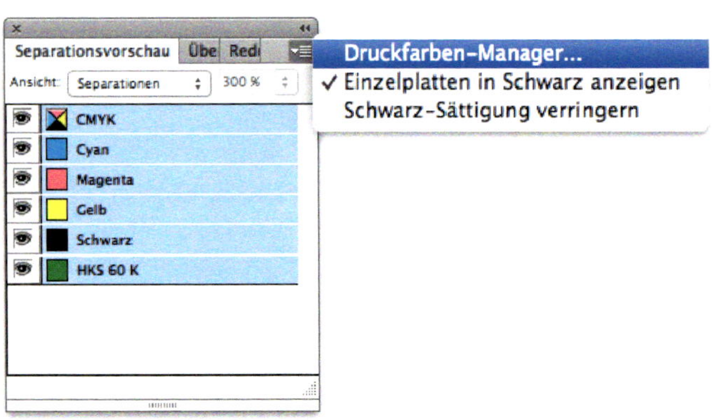

Den Druckfarben-Manager finden Sie an insgesamt fünf Stellen in InDesign.

Prozessfarben durch Schmuckfarben austauschen

Das in der Verpackungsindustrie häufige Ersetzen der Prozessfarben durch hochpigmentierte Schmuckfarben, die auf bestimmten Materialien wie Kunststoff oder Getränkekartons eine qualitativ bessere Farbwiedergabe ermöglichen, ist mit dem Druckfarben-Manager und der Separationsvorschau **leider nicht möglich**.

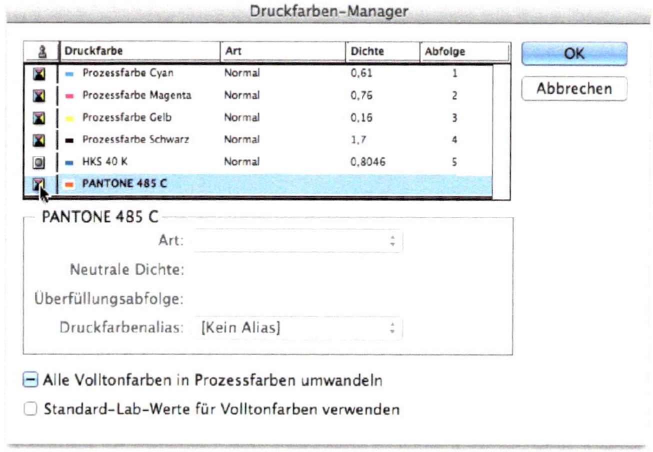

Der Druckfarben-Manager ermöglicht die bequeme Umwandlung einzelner oder aller Schmuckfarben in Prozessfarben.

Eigene CMYK-Definitionen für Sonderfarben
Wenn Ihnen die serienmäßige CMYK-Definition oder die Lab-nach-CMYK-Umsetzung Ihrer Schmuckfarben nicht gefällt, können Sie eigene Separationswerte anlegen. Öffnen Sie einfach die Farbfeldoptionen für die betreffende Sonderfarbe und ändern Sie den Farbmodus auf „CMYK". Anschließend können Sie eigene Werte definieren. Achten Sie darauf, dass Sie den Farbfeldnamen nicht überschreiben, damit die Sonderfarbe trotz Ihrer Änderungen zuverlässig und komplikationslos ausgegeben werden kann.

Sonderfarben umwandeln

Haben Sie Sonderfarben im Layout verwendet, wollen jedoch zum Beispiel für den Digitaldruck alles in Prozessfarben ausgeben, aktivieren Sie die Option **Alle Volltonfarben in Prozessfarben umwandeln**. Dadurch werden alle Sonderfarben für die Ausgabe – und somit auch schon für die **Separationsvorschau** – in Prozessfarben umgerechnet. Lassen Sie die Option also ausgeschaltet, wenn Sie Sonderfarben als eigenen Farbauszug ausgeben wollen.

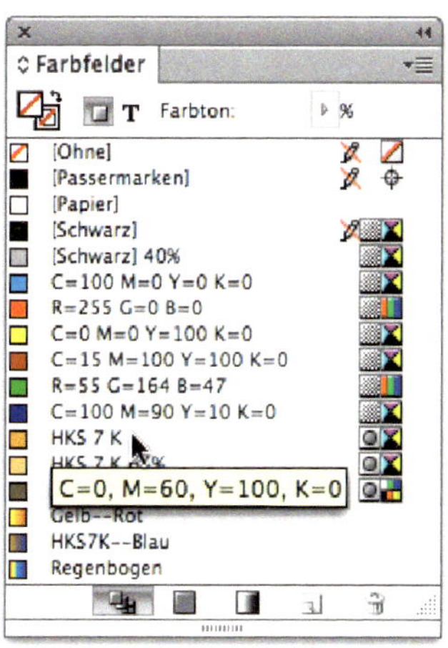

Wenn Sie mit der Maus über die Einträge im Farbfelder-Bedienfeld fahren, erhalten Sie eine „QuickInfo", die Ihnen die für Darstellung und Separation maßgebliche Farbdefinition anzeigt.

Sie können auch eine einzelne Schmuckfarbe für die Separation vormerken, indem Sie in das Sonderfarbsymbol vor dem Farbnamen klicken. Beachten Sie bitte, dass die Schmuckfarben im Layout erhalten bleiben. Erst bei Export oder Druck setzt InDesign diese Vorgabe um und separiert die Schmuckfarben. Wenn Sie die Datei danach speichern, bleibt diese Einstellung erhalten. Leider zeigt InDesign weder im **Farbfelder**-Bedienfeld noch direkt in den Druck- und Exportdialogen an, dass Farben anders ausgegeben werden als sie ursprünglich angelegt wurden. Das ist der Hauptgrund, warum Sie bei Dokumenten mit Sonderfarben bei der Ausgabe immer einen Blick in den **Druckfarben-Manager** werfen sollten.

Doppelte Schmuckfarben vermeiden

Falls zwei identische, aber unterschiedlich benannte Schmuckfarben verwendet werden, wie z.B. **HKS 40** und **HKS 40 K**, können Sie eine der Schmuckfarben im **Druckfarben-Manager** auf die andere „umleiten", so dass nur ein einziger HKS-Farbton ausgegeben wird.

So ungemein hilfreich der Druckfarben-Manager auch ist – die Tatsache, dass ich ihn erst irgendwo „hervorkramen" muss, um zu prüfen, wie sich Sonderfarben bei der Ausgabe verhalten, ist unpraktisch und un-Adobe-isch. Wenn Sie verstehen, was ich meine.

Wählen Sie dazu die „falsche" Farbe **HKS 40** in der Liste der Farben aus und klicken Sie auf das Aufklappmenü **Druckfarbenalias**. Nun wählen Sie die andere „richtige" Schmuckfarbe **HKS 40 K** als Ausgabefarbe.

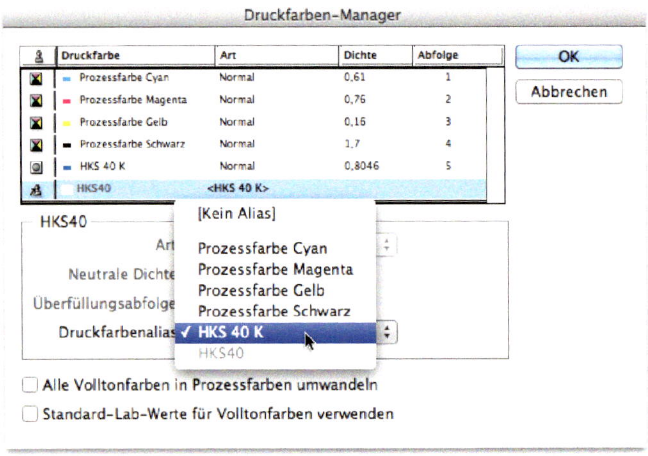

Der Druckfarben-Manager ist ein hilfreiches Werkzeug, um doppelte oder falsche Schmuckfarben umzuleiten.

Natürlich können Sie somit auch eine Schmuckfarbe wie **HKS 40** durch den einzelnen Prozessfarbton **Cyan** oder durch eine alternative **Pantone**-Schmuckfarbe ersetzen. Dazu müssen Sie jedoch zuvor eine geeignete Pantone-Farbe in den **Farbfeldern** anlegen.

Die mehrstufige Farbumleitung

Dass der **Druckfarben-Manager** trotz seines verborgenen Daseins ein mächtiges Werkzeug ist, möchte ich Ihnen gerne an einem etwas „abgefahrenen" Beispiel verdeutlichen:

Für Vorstufentechniker in Zeitungs- und Katalogproduktionen ist es ein beinahe alltägliches Problem, dass die Anzeigenkunden zwar wissen, dass sie genau eine Sonderfarbe – sagen wir: HKS 14 K, ein sattes Rot – verwenden dürfen, doch entweder geben die Kunden ihren Grafikern und Agenturen die Informationen nicht vollständig weiter, oder diese setzen sie aus Unwissenheit, Bequemlichkeit oder fehlerfreundlicher Arbeitsabläufe nicht korrekt um.

Die Einen liefern dann PDFs, in denen die Sonderfarbe korrekt „HKS 14 K" heißt, bei den Anderen heißt sie aber nur „HKS 14" oder „HKS", bei ganz Bequemen eventuell auch „Rot" oder schlicht „Farbe". Und zur weiteren Verwirrung sieht die eine oder andere Farbe vielleicht nicht mal rot aus, sondern orange, rosa oder ... sagen wir: türkis.

Per **Druckfarbenalias** lassen sich auch diese Probleme lösen. Die Farbe mit der „richtigsten" Bezeichnung – in meinem Beispiel also „HKS 14 K" – wird zum Alias für alle anderen Sonderfarben. Diese nehmen in der Ausgabe nicht nur den Namen, sondern auch die Zusammensetzung der Alias-Farbe an, landen also nicht nur alle auf derselben Druckplatte, sondern sehen im PDF auch gleich aus.

Welche Basis dient zur CMYK-Umwandlung?
Sonderfarben werden über den Druckfarben-Manager nicht konvertiert, sondern nur für die Ausgabe vorgemerkt. Erst beim PDF-Export oder beim Druck werden sie tatsächlich umgewandelt. Dabei nutzt InDesign die hinterlegten Werte, die der Hersteller mitliefert. Die neuen **Pantone-Plus**-Farben sowie weitere serienmäßige Bibliotheken sind in **Lab** definiert; alle Farben, die „CMYK", „Process" oder „Color Bridge" heißen, haben wie vorher eine **CMYK**-Definition.

Was geschieht mit RGB- und Lab-Farben?
Je nach Einstellung des Farbmanagements werden RGB- und Lab-Farben für die Ansicht in der **Separationsvorschau** in Prozessfarben umgerechnet. Dabei spielen Arbeitsfarbräume und Umrechnungspriorität wichtige Rollen. Der RGB-Arbeitsfarbraum beschreibt die genaue Position der RGB-Farbe innerhalb dieses beschriebenen Farbraumes. Die Umrechnungsmethode – etwa **Relativ farbmetrisch** – konvertiert nun bei aktiver Separationsvorschau diesen RGB-Ton in eine Prozessfarbe innerhalb des Ausgabefarbraums.

◢ *Wie die Methode* ***Relativ farbmetrisch*** *Farbwerte umrechnet, lesen Sie hier:* **Farbmanagement – alles unter Kontrolle?**, *ab Seite 57*

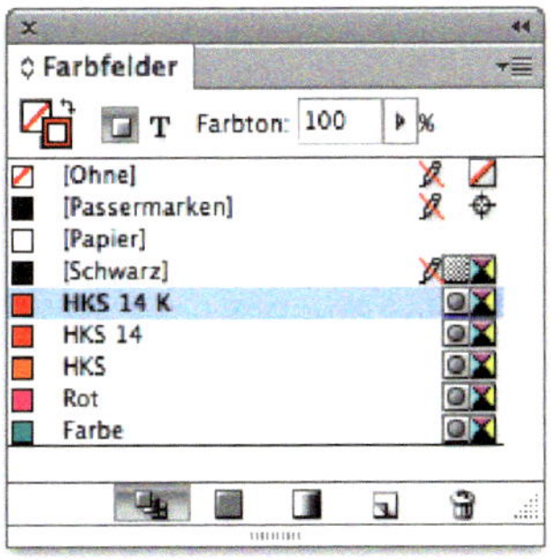

1 Ausgangspunkt: überzählige Sonderfarben

Wie man im **Farbfelder**-Bedienfeld erkennen kann, ist von den fünf importierten Sonderfarben nur eine die richtige. Und wieder eine davon ist noch nicht mal rot!

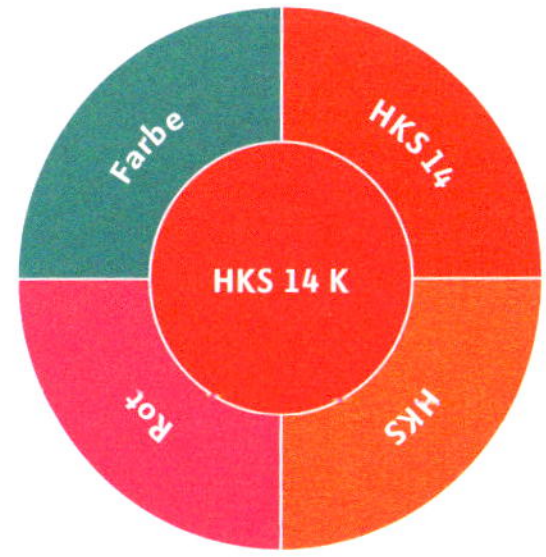

2 Umleitung per Druckfarbenalias

Alle anderen Sonderfarben werden auf die „HKS 14 K" umgeleitet.

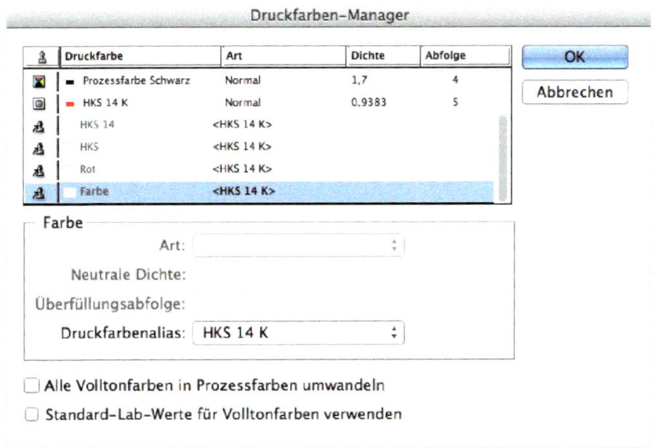

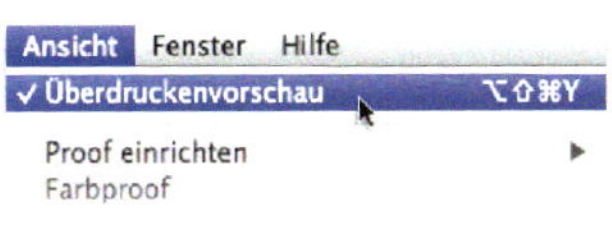

3 Überdruckenvorschau

Um das Ergebnis beurteilen zu können, muss erst **Ansicht** > **Überdruckenvorschau** aktiviert werden.

4 Fertig

Alle fünf Farben sehen jetzt schon mal absolut gleich aus. Doch sind sie auch technisch identisch, sprich: Werden sie alle auf dieselbe Druckplatte belichtet?

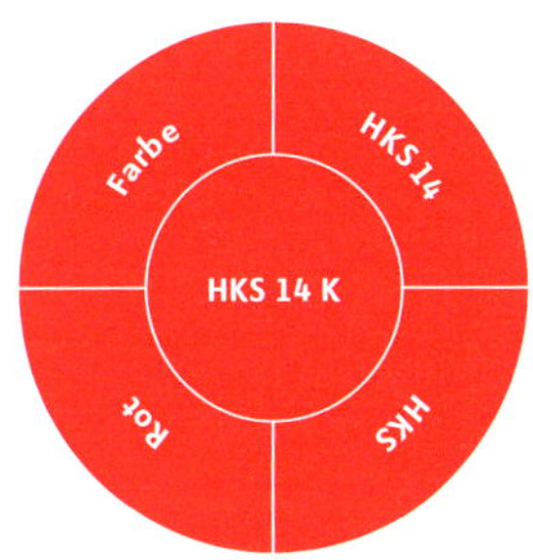

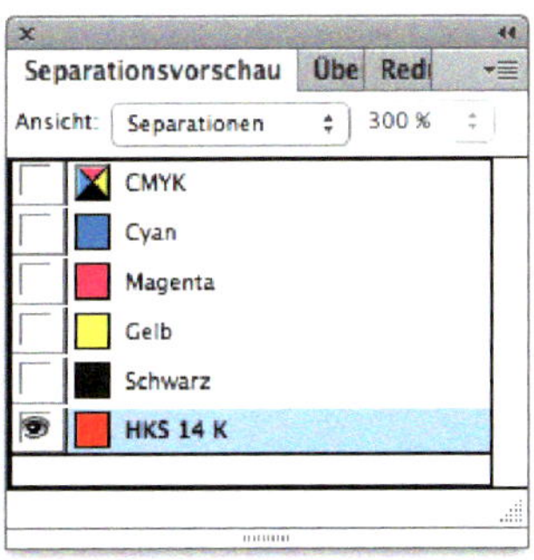

5 Druckfarben-Management ist gut, Kontrolle ist besser

In der Separationsvorschau ist nur noch eine Sonderfarbe enthalten. Werden jetzt auch noch alle anderen Farben ausgeblendet, bleibt die kleine Grafik vollschwarz stehen. Beweis erbracht, es handelt sich um ein und dieselbe Sonderfarbe.

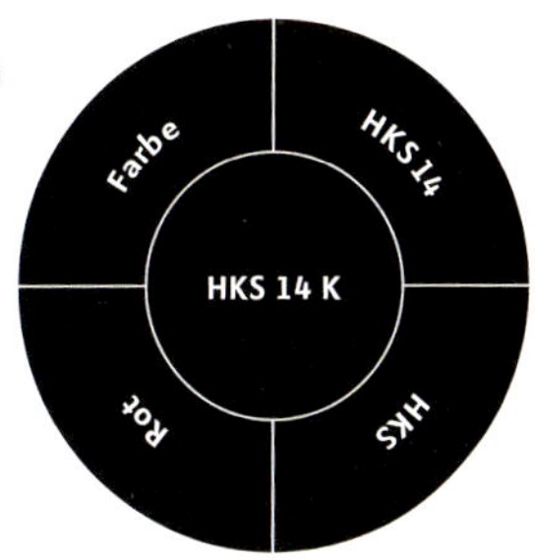

Gesamtfarbauftrag

Als **Gesamtfarbauftrag** bezeichnet man die Summe der Prozentwerte der Druckfarben C, M, Y, und K sowie eventueller Schmuckfarben. Wie im Abschnitt „Farbmanagement" bereits ausführlich erläutert, richtet sich der Gesamtfarbauftrag nach Druckverfahren und Bedruckstoff (Papiersorte). Er liegt – mit wenigen Ausnahmen – zwischen **240 %** (Zeitungsrotationsdruck, Flexodruck etc.) und **330 %** (Bogenoffsetdruck nach **ISO Coated v2**). Wird also zum Beispiel ein „Tiefschwarz" mit allen Prozessfarben gedruckt, sollten die Prozentwerte aller Farbauszüge in der Summe keinen Wert oberhalb des Gesamtfarbauftrags erzeugen, da sonst die Druckfarbe nicht schnell genug trocknen kann. Die **medienneutrale Datenhaltung** vor allem von Bildern bietet hier den Vorteil, dass Sie mit einer Datenbasis alle möglichen Ausgabekanäle bedienen können (sich also auch bei extrem niedrigen oder extrem hohen Vorgaben für den Gesamtfarbauftrag keine Sorgen machen müssen). InDesign sorgt bei der Ausgabe, passendes ICC-Profil vorausgesetzt, selbst für die optimale Umwandlung.

Um den Gesamtfarbauftrag zu überprüfen, wählen Sie aus dem Aufklappmenü des Bedienfelds **Separationsvorschau** die Option **Farbauftrag**. Nun bestimmt InDesign aus den Farbwerten diejenigen Bereiche, die oberhalb des Maximalwerts liegen, und markiert sie **rot**, während das restliche Layout auf ein mittleres Grau abgeblendet wird. Auch hier können Sie wieder mit der Maus über die roten Bereiche wandern und die Prozentwerte der Farbauszüge im Bedienfeld ablesen.

Eigene Begrenzungswerte sind sinnlos

Der Wert für die Begrenzung ist frei konfigurierbar. Aus der Auswahlliste rechts neben dem Begrenzungswert finden Sie vorgegebene Schritte von 280 bis 400 Prozent. Diese Auswahl hat keinen Sinn, denn Sie stellen im Farbmanagement das CMYK-Arbeitsprofil ein und somit auch den Gesamtfarbauftrag. Wählen Sie also keinen anderen Wert als denjenigen, den InDesign aus dem Profil ausliest und bei aktivierter Ausgabevorschau vorschlägt!

Dazu erfahren Sie mehr – Ausgabe & Export: Seite 703.

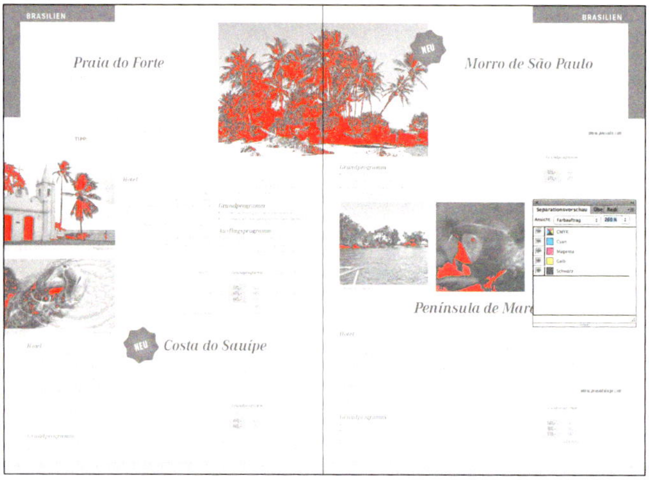

Gesamtfarbauftrag stellenweise im roten Bereich

Praxisanwendung des Gesamtfarbauftrags

Die Anzeige des Gesamtfarbauftrags im Layout ist für Sie nur dann relevant, wenn Sie Bilder platziert haben, die bereits im CMYK-Modus vorliegen (und selbstverständlich ein spezifisches Profil besitzen – alles andere wäre ja unprofessionell).

ISO Coated v2
Wie im Abschnitt **Farbmanagement** beschrieben, veröffentlicht die ECI alle paar Jahre neue Farbprofile. Auf das Profil **ISO Coated** folgte **ISO Coated v2**, das im Gegensatz zu seinem Vorgänger einen maximalen Farbauftrag von 330 % vorgibt. (Der alte Wert war 350 %. Druckereien freuen sich also eher über Daten im neueren Profil.)

Zur Sicherheit: **Farbmanagement – alles unter Kontrolle?** *ab Seite 57.*

Ein Beispiel: Sie gestalten ein Dokument, in dem als Arbeitsfarbraum **ISO Newspaper 26v4** eingestellt wurde. InDesign geht also davon aus, dass der Gesamtfarbauftrag für dieses Dokument bei zeitungsdruckfreundlichen **260 %** liegt. Nun platzieren Sie jedoch eine CMYK-Datei, die in **ISO Coated v2** (**330 %**) gespeichert wurde. Die CMYK-Werte dieses Bildes können also zumindest stellenweise den Gesamtfarbauftrag der Layoutdatei um bis zu **70 %** übersteigen und den Zeitungsdruckern damit ein massives Problem bereiten. Ihre einzige Möglichkeit ist, diese Bilder vor der Ausgabe in das **neue Profil umzuwandeln** (zum Beispiel in Photoshop). Bei einer Umrechnung von einem CMYK-Farbraum in einen anderen CMYK-Farbraum ist leider ein schönes Ergebnis alles andere als garantiert. Lassen Sie also am besten Fotos künftig immer in ihrem **Ursprungs-RGB**.

Transparenzreduzierung

Immer dann, wenn Sie Effekte wie Schlagschatten, weiche Kanten, Reliefs, Deckkraftänderungen oder die Füllmethoden auf Objekte anwenden, entstehen Transparenzen, die bei einigen Ausgabearten (zum Beispiel beim Export in ein PDF-X1a oder -X3 oder bei der direkten Druckausgabe) eine Transparenzreduzierung erforderlich machen. Auch eine Photoshop-Datei mit transparentem Hintergrund oder halb deckenden Ebenen wird für die Druckausgabe umgerechnet.

„Transparenzen können nicht gedruckt werden," lautet eine immer noch oft gehörte Aussage. Das ist nicht völlig falsch, denn die Ausgabesprache PostScript, die Adobe von 1984 bis 1998 entwickelt hat, kennt keine Transparenz, weil das damals noch kein Thema war. Entsprechende Druckgeräte und RIPs können deshalb mit Transparenzen nichts anfangen. Folglich müssen diese Daten für die Ausgabe reduziert („verflacht") werden: Übereinanderliegende transparente Rahmen werden dabei so zu nebeneinander liegenden, „primitiven" Objekten verrechnet, dass das gewünschte Layout optisch erhalten bleibt, aber technisch keine Transparenzen mehr enthalten sind. Mit welchen Parametern das genau geschehen soll, lässt uns InDesign bis zu einem gewissen Grad beeinflussen.

RIP
Raster Image Processor = Soft- und/oder Hardware, die die abstrakten PostScript- oder PDF-Daten in eine primitive Rastergrafik (entsprechend einem hoch aufgelösten Pixelbild) umrechnet, um sie dann direkt auf einem Drucker auszugeben.

… bereits etwas drastischer formuliert auf Seite 506

Ich möchte an dieser Stelle noch mal eindringlich und ausdrücklich darauf hinweisen, dass Geräte und Arbeitsabläufe, bei denen Transparenzen ein Problem darstellen, glücklicherweise immer seltener werden. Gehen Sie als DTP-Profi also bitte getrost davon aus, dass die Weitergabe „naturbelassener" **(nativer) Transparenzen** den **Normalfall** darstellt, während die Reduzierung die „Krücke" ist, nicht umgekehrt – ganz egal, was Ihnen ein Dienstleister vielleicht weismachen will. Im Kapitel **Ausgabe & Export** ab Seite 703 steht mehr darüber. Und in ein paar Jahren wird hoffentlich auch diese Krücke nicht mehr der Rede wert sein.

Immerhin: Für alle Gelegenheiten, wo Sie noch keine Transparenzen weitergeben dürfen, kümmert InDesign sich „unterwegs", also etwa bei der PDF-Ausgabe, um die notwendige Reduktion, ohne dass Sie etwas an Ihrem Layout ändern müssen. Sie können allerdings mit einigen Einstellungen das Ergebnis dieser Reduktion beeinflussen.

Sind Überdrucken oder Aussparen auch Transparenzen?
Farben können überdruckt oder ausgespart werden. Dabei beziehen sich diese Formen der Transparenz – deckend und nicht deckend – weniger auf die Verrechnung übereinanderliegender Objekte, als vielmehr auf das Verhalten der Druckfarben in der Ausgabe. PostScript erkennt die Anweisungen „deckend"/ „aussparend" und setzt diese um; InDesign muss diese Art der Transparenz nicht extra berechnen.

Grundlegende Entscheidungen

Beim Flachrechnen steht InDesign vor dem grundsätzlichen Problem, dass im Layout verschiedene Elementtypen zusammentreffen können, die jeweils unterschiedlich behandelt werden wollen, und das sind, von „grob" nach „fein" aufgezählt: **Pixelbilder**, **Vektorformen** und **Schrift**. Je komplexer deren Zusammentreffen, desto eher müssen die feinen Elemente in grobe umgerechnet werden – aus Schriftglyphen werden dann Vektorformen, und aus Vektorformen werden Pixelinformationen.

Technisch ist das alles zwar völlig unproblematisch, aber optisch kann es durchaus Verluste geben: Wenn **Schriftdaten in Vektorformen umgewandelt** werden, geht das so genannte *Hinting* verloren, und die Buchstaben werden auf manchen Ausgabegeräten wahrnehmbar „fetter". Und wenn **Vektorformen in Pixel umgewandelt** werden, können sie – je nach Auflösung – optisch noch mal fetter werden, zudem unscharf oder stufig. Sobald große Bereiche Ihres Layouts als Pixel vorliegen, wird höchstwahrscheinlich auch die Datenmenge erheblich wachsen, aber das brauche ich Ihnen ja eigentlich nicht zu sagen.

⊿ *milotype.de/papers/dipl-htm/417.html*

Um nun diese Schäden in Grenzen zu halten, können Sie ein paar Einstellungen vornehmen, um den jeweils besten Kompromiss zwischen Darstellungsqualität und Dateigröße zu erzielen. Hier die wichtigsten Begriffe:

Vektororientierte Reduzierung

„Vektororientiert" bedeutet, dass Vektorgrafiken, Beschneidungspfade oder Schriftvektoren nach einer Transparenzreduzierung möglichst erhalten bleiben sollen. InDesign bietet dazu mehrere Grundeinstellungen an.

Reduzierungsfarbraum
Für die Umrechnung der sich ergebenden Farbe oder der Pixelinformationen in den reduzierten Bereichen benötigt InDesign einen Referenzfarbraum, den **Transparenzfüllraum**. Druckdokumente verwenden CMYK, Webdokumente RGB, konkret: das als Arbeitsfarbraum festgelegte Profil.

Einfache überlappende Vektorelemente bleiben in der Regel auch Vektoren. Der **Überlappungsbereich** allerdings wird von den beiden Grundelementen abgetrennt und zu einer eigenen Form. Zur Verdeutlichung habe ich die resultierenden Bestandteile rechts ein bisschen auseinandergerissen.

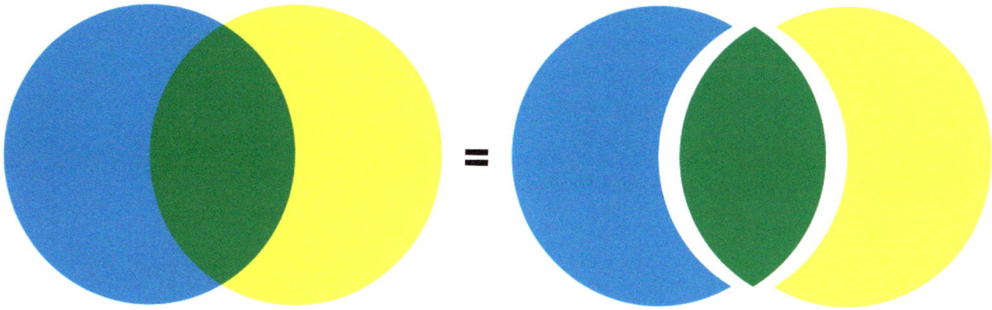

Die Schnittmenge zweier transparenter Objekte wird bei der Reduzierung zu einem separaten Objekt.

Liegen zwei Pixelbilder übereinander, werden daraus nach der Reduzierung drei Bilder. Auch hier wird die Schnittmenge als drittes Bild behandelt und alle drei erhalten eine entsprechende Form.

Pixelorientierte Reduzierung
Das andere Extrem ist die pixelorientierte Reduzierung. Dabei versucht InDesign, als Ergebnis der Berechnungen reine Pixelinformationen zu erhalten. Vektorgrafiken, Beschneidungspfade und Schriften werden vollständig in Pixelgrafiken umgewandelt. Dazu benötigt InDesign eine Basisauflösung für die Umrechnung.

Transparenzreduzierungsvorgaben

InDesign bietet Ihnen drei interne Voreinstellungen für Transparenzreduzierungsvorgaben an, mit denen sich, je nach Ausgabegerät, sehr gute Ergebnisse erzielen lassen.
Über das Menü **Bearbeiten** > **Transparenzreduzierungsvorgaben** rufen Sie das Fenster auf, in dem bereits die Standardvorgaben **[Niedrige Auflösung]**, **[Mittlere Auflösung]** und **[Hohe Auflösung]** angelegt sind. An den eckigen Klammern erkennen Sie, dass diese Einträge nicht gelöscht werden können; sie lassen sich auch nicht verändern.

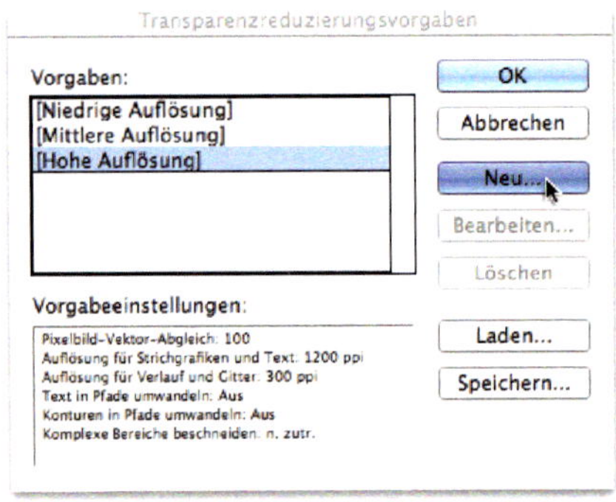

Eine neue Transparenzreduzierungsvorgabe übernimmt zunächst die Einstellungen des aktuell markierten Eintrags

Die jeweiligen Einstellungen bestimmen die Ausgabequalität und die Ausgabegeschwindigkeit der Reduzierung. Sie sollten also dem gewünschten Verwendungszweck entsprechend gewählt werden.

Vorgabe	Verwendung
[Niedrige Auflösung]	Für schnelle Probedrucke auf einfachen Schwarzweiß-Laserdruckern und für Dokumente, die im Web veröffentlicht werden sollen.
[Mittlere Auflösung]	Für Dokumente, die bei Bedarf auf PostScript-Farbdruckern gedruckt werden. Für qualitativ hochwertige Belichtungen ist diese Einstellung nicht geeignet. Ähnlich verhält es sich mit der PDF-Exportvorgabe [Qualitativ hochwertiger Druck], die ebenfalls nur für Farblaserdrucker geeignet ist.
[Hohe Auflösung]	Für die Ausgabe auf Offsetbelichtern und Digitaldruckmaschinen und für hochwertige Proofs wie separationsbasierte Farbproofs, beispielsweise auf Thermosublimationsdruckern.

Eigene Vorgabe anlegen

Mit der Vorgabe **[Hohe Auflösung]** können Sie für praktisch alle Ausgabekanäle optimale Dateien erzeugen. Deshalb müssen Sie hier wahrscheinlich nie eingreifen. Damit es sich für Sie trotzdem „lohnt", wenn ich Ihnen gleich die einzelnen Einstellungen erkläre, liefere ich Ihnen im Anschluss auch noch ein „exotisches" Beispiel für eine eigene Vorgabe.

Die von [Hohe Auflösung] übernommenen Einstellungen

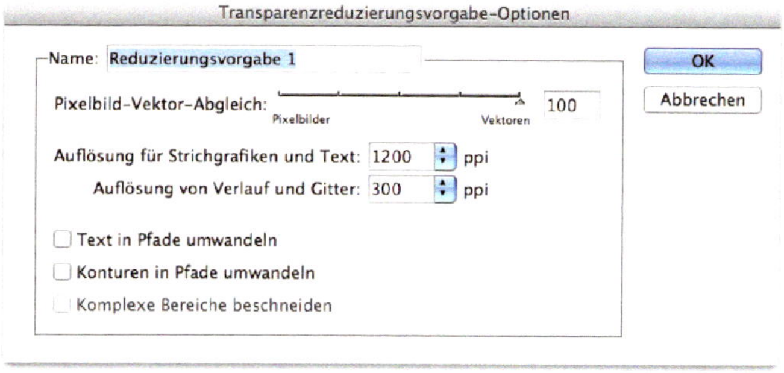

Pixelbild-Vektor-Abgleich

Über den **Schieberegler** teilen Sie InDesign mit, ob es komplexe Bereiche im Zweifelsfall eher als Pixelbild oder eher als Vektoren berechnen soll. Die Orientierung zum Pixelbild bewirkt, dass die Pixelobjekte, die sich mit anderen Objekten überlagern, nicht in einen eigenen Beschneidungspfad gesetzt werden. Auf ein gesamtes Layoutdokument bedeutet dies, dass eventuell die Dateigröße geringer ausfallen wird, da weniger Pfadobjekte in der Ausgabedatei vorhanden sind. Aber dadurch können auch **unsaubere Bildkanten** entstehen. Der Regler sollte für den Offsetdruck oder ein vergleichbares Druckverfahren immer auf der ganz rechten Position bei 100 (Prozent) stehen.

Auflösung

Eine Reduzierungsauflösung von **1.200 ppi** für die Umrechnung von **Strichgrafiken und Texten** ist sinnvoll; eine höhere Pixeldichte (bis zu 2.400 ppi sind hier möglich) ergibt nur größere Dateien ohne sichtbare Qualitätssteigerung. Niedrigere Werte als 600 ppi bewirken, dass Strichgrafiken und Texte nach der Reduzierung pixelig erscheinen. Natürlich ist das Ergebnis nicht zuletzt auch von der Qualität der ursprünglichen Bilddaten abhängig.

Die **Verlaufsauflösung** wird getrennt von der Bildauflösung behandelt. Da man Schatten und Verläufe ähnlich wie Fotos beurteilen kann, sind **300 ppi** völlig in Ordnung.

Komplexe Bereiche beschneiden

Diese Option sorgt dafür, dass komplexe Pfade – also etwa zusammengesetzte Pfade mit Überlappungen und einer großen Anzahl von Segmenten – so reduziert werden, dass **Grenzen** zwischen Vektor- und Pixelbereichen nur **entlang des Pfads** verlaufen. Dadurch werden sichtbare Übergänge vermieden, wenn ein Teil eines Objekts in Pixel umgewandelt wird, während andere Teile Vektoren bleiben. Bei unserem Abgleichwert von 100 ist diese Option ohnehin aktiv. Im Extremfall können dadurch aber auch Pfade entstehen, die so komplex sind, dass sie von einigen Ausgabegeräten nicht mehr verarbeitet werden können.

Text in Pfade umwandeln
Das bedeutet, dass Text in allen relevanten Bereichen in Pfade umgewandelt wird, auch wenn er an einigen Stellen als Text erhalten bleiben könnte. Die Umwandlung von Text in Pixel, die für Überlagerungen von Pixelbildern und Text erforderlich sein kann, wird davon nicht beeinflusst.

Diese Einstellung wird weitgehend überflüssig, wenn Sie darauf achten, dass **Textrahmen immer im Vordergrund** liegen. Schon ein winziger Bereich eines überlagernden Schlagschattens reicht nämlich aus, dass die betroffenen Glyphen in Pfade oder gar Pixel umgewandelt werden. Dadurch entstehen unnötig große und unscharfe Dateien.

Konturen in Pfade umwandeln
Von der Transparenz beeinflusste Pfade mit einer Linienstärke werden mit dieser Option zwingend in gefüllte Vektorflächen mit denselben Ausmaßen konvertiert. Hiervon sollten Sie zumindest bei umfangreicheren Layouts die Finger lassen, da nur unnötige Pfadpunkte entstehen und nachträgliche Änderungen der Kontur in Acrobat nicht mehr möglich sind.

Das versprochene Beispiel

Einige Dienstleister verlangen von ihren Kunden, dass diese sämtliche **Schriften in Pfade umwandeln**. (Die PDF/X-Standards schreiben zwar vor, dass Schriften eingebettet sein müssen, und InDesign macht das auch einwandfrei, trotzdem gibt es durchaus Gründe – gute wie weniger gute –, PDF- oder EPS-Dateien abzuliefern, in denen jeder einzelne Buchstabe eine kleine Vektorgrafik ist.)

Ein Folienschneider ist vielleicht zu bequem (oder zu schlecht ausgerüstet), um die Umwandlung selbst zu machen; eine Billigdruckerei bekommt auch Druckdaten aus ungeeigneten Programmen wie Word oder Powerpoint, die keine Schrifteinbettung beherrschen, und orientiert sich darum am niedrigsten technischen Niveau; oder Sie haben eine Schrift verwendet, die man gar nicht einbetten kann oder darf.

Bitte benutzen Sie in so einem Fall **niemals** die Funktion **Schrift > In Pfade umwandeln**! Sie haben beim Lesen nicht bis hierher durchgehalten, um sich dann alle möglichen **Schriftattribute kaputt** zu machen (Aufzählungszeichen, Unterstreichungen und einiges mehr geht dabei hops)! Nein, als Profi machen Sie das viel eleganter: Sie lassen „unterwegs", also beim PDF-Export alle Schriften in Pfade umwandeln, ohne auch nur einen Textrahmen anzufassen, und können hinterher alle Texte noch wie gewohnt bearbeiten.

Noch mal: Das ist eine **Krücke**, kein normaler *Workflow*. Bevor Sie gewohnheitsmäßig Schriften „umbringen", sollten Sie lieber nachfragen, ob der Dienstleister auch dann auf der Umwandlung besteht, wenn er erfährt, dass er von Ihnen ein **wunderschönes PDF/X** aus

InDesign bekommen kann. Oder Sie recherchieren, ob sie nicht einen anderen Partner finden, der mit eingebetteten Schriften ordentlich umgehen kann.

Jetzt aber Schluss mit der Gardinenpredigt – so sieht unsere beispielhafte Vorgabe aus:

Ihr Geheimrezept für Schrift ohne Schrift … oder so.

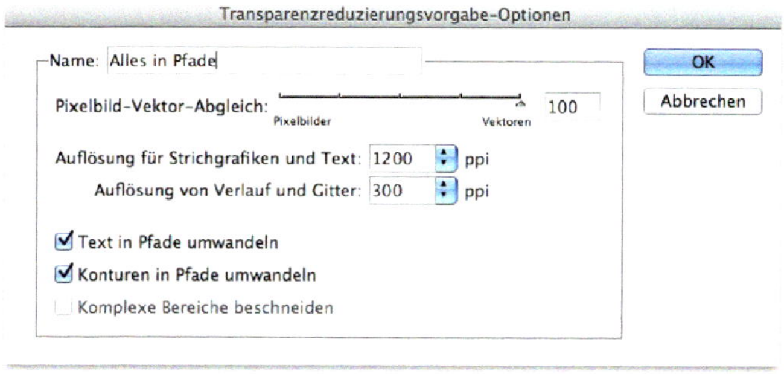

Jetzt müssen Sie eventuell noch kurz in Ihrer Datei etwas Hand anlegen, um mit Hilfe dieser neuen Reduzierungsvorgabe tatsächlich PDFs erzeugen zu können, in denen **alle Schriften in Pfade** umgewandelt sind. Jeder „Druckbogen“ (Seite/Doppelseite) muss nämlich von Transparenz betroffen sein, oder anders ausgedrückt: Jede (Doppel-)Seite braucht mindestens ein **winzigkleines Objekt**, das weniger als 100 % Deckkraft hat oder eine andere Füllmethode als „Normal“.

Falls Ihr Layout nicht sowieso schon transparenzrelevante Elemente enthält (je nach Einstellung eventuell am kleinen Schachbrettsymbol im Seiten-Bedienfeld zu erkennen), können Sie dazu auf der **Musterseite** links oben einen (zum Beispiel 5 mm × 5 mm) kleinen leeren Grafikrahmen mit [Papier]-Füllung platzieren und ihn auf „Multiplizieren“ stellen.

Ein kleines Objekt für Sie, eine große Aufgabe für InDesign

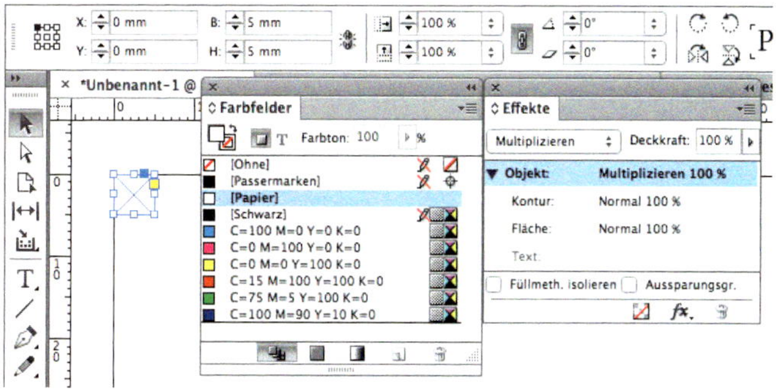

◢ … oder schnell auf Seite 509 nachgesehen …

Sie haben jetzt natürlich sofort gemerkt, dass die Kombination aus weißer Füllung und Multiplizieren den kleinen Rahmen **unsichtbar** macht. Das ist auch gut so, denn Sie wollen ja, dass Ihr Layout optisch noch genauso aussieht. Aber InDesign „denkt“ jetzt, es müsse im ganzen Dokument etwas reduzieren, und wendet dazu auf alle Seiten die Vorgabe an, die Sie beim PDF-Export unter **Erweitert** > **Transparenzreduzierung** einstellen.

PDF-Ausgabe: Seite 719

Wegen geänderter Transparenzverarbeitung ging die beschriebene Methode übrigens in InDesign CS5 plötzlich nicht mehr, aber Adobe hat offenbar auf Bitten vieler Kunden das bis CS4 gewohnte Verhalten wieder hergestellt, so dass der Trick inzwischen wieder tadellos funktioniert.

Der Transparenzfüllraum

Über **Bearbeiten** > **Transparenzfüllraum** weisen Sie den Arbeitsfarbraum für die Transparenzreduzierung zu. Wählen Sie für eine Druckausgabe immer die Einstellung **Dokument-CMYK**. InDesign benutzt bei aktiviertem Farbmanagement dann den CMYK-Arbeitsfarbraum, zum Beispiel ISO Coated v2.
Die Option **Dokument-RGB** wählen Sie bei der Ausgabe von Dokumenten für das Web oder für digitale Magazine. Hier wird der RGB-Arbeitsfarbraum, optimal ist sRGB.
Obwohl Sie gleichermaßen **RGB-**, **Lab-** wie **CMYK**-Daten in das Layout platzieren oder in diesen Farbmodellen Farbfelder definieren können, kann die Transparenzreduzierung nur entweder im RGB- oder im CMYK-Arbeitsfarbraum erfolgen. RGB-Farbinformationen werden also bei ausgewähltem Dokument-CMYK für die reduzierte Ausgabe in CMYK-Werte konvertiert. Das ist durchaus sinnvoll: Legen Sie ein RGB-Bild und ein CMYK-Bild per reduzierter Deckkraft oder Transfermodus wie Multiplizieren übereinander, muss das Ergebnis ja in der Ausgabe zwangsläufig entweder ein CMYK- oder ein RGB-Objekt sein.

Transparenzreduzierung mit PDF/X
Die ISO-Standardformate PDF/X-3 und X-1a erlauben keine Transparenzen im PDF-Dokument, also müssen diese verflacht werden. Dazu bietet InDesign die direkte Ausgabe als PDF/X-3 an, in der „Hohe Auflösung" als Vorgabe definiert ist. Das ISO-Format PDF/X-4 erlaubt hingegen die Existenz von Transparenzen und Ebenen im PDF-Dokument. Lesen Sie dazu bitte auch das Kapitel „PDF-Ausgabe".

Vorgaben anwenden

Bei der Druckausgabe weisen Sie unter der Rubrik **Erweitert** die gewünschte Transparenzreduzierungsvorgabe zu. Beim PDF-Export ist das nur notwendig, wenn Sie ein **PDF 1.3** (kompatibel mit Acrobat 4) exportieren, etwa ein PDF/X-1a. Nur in dieser PDF-Version ist die Reduzierung überhaupt erforderlich, die höheren PDF-Versionen können InDesign-Transparenzen „unverflacht" aufnehmen.

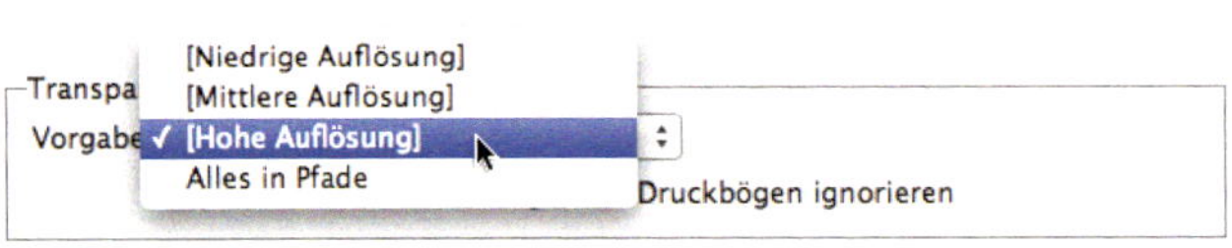

Zuweisung der Reduzierungsvorgabe beim PDF-Export

Abweichende Einstellungen auf Druckbögen ignorieren

Nicht alles, was in InDesign möglich ist, hat auch wirklich große praktische Bedeutung: Pro „Druckbogen" können Sie eine eigene

Blitzer im PDF?
Wenn Sie eine reduzierte PDF-Datei anschauen, kann es vorkommen, dass Sie am Monitor feine weiße Linien quer durch Ihr Layout – so genannte Blitzer – entdecken. Falls diese Blitzer bei starkem Einzoomen (in Acrobat bis 6.400 %) zeitweise verschwinden oder unabhängig von der Vergrößerung immer dieselbe Breite (1 Bildschirmpixel) beibehalten, sind sie nur Darstellungsfehler Ihres PDF-Programms. Acrobat zum Beispiel versucht die einzelnen Vektorobjekte, die durch die Reduzierung entstanden sind, jeweils zu glätten, wodurch die Kante etwas aufgehellt wird. Die Darstellung können Sie abschalten, indem Sie in Acrobat unter **Grundeinstellungen > Seitenanzeige** die Option **Vektorgrafiken glätten** deaktivieren.

Datenmengen

Je größer ein transparentes Objekt ist, umso größer ist auch die Datenmenge, die bei der Transparenzreduzierung erzeugt wird. Wenn Sie also wirklich auf die Idee kommen sollten, etwa einen vektorbasierten Architekturplan von A0 vollständig mit Schlagschatten oder weichen Kanten zu gestalten, sollten Sie zuvor bedenken, dass alle weichen transparenten Übergänge in der Transparenzreduzierung Pixeldaten in 300 dpi erzeugen. Dies könnte zu Dateigrößen von mehr als 800 MB führen.

Einstellung für die Transparenzreduzierung wählen. Dieser Sonderfall ist vielleicht dann praktisch, wenn Anzeigen auf einzelnen(!) Seiten platziert werden und diese mit einer niedrigeren Auflösung reduziert werden können als die übrigen Seiten eines Magazins. Dazu wählen Sie den entsprechenden „Druckbogen" im Seiten-Bedienfeld und rufen aus dem Bedienfeldmenü die Option **Seitenattribute > Druckbogenreduzierung > Benutzerdefiniert** auf. Wenden Sie diese Möglichkeit aber nur an, wenn ein Andruck eine schlechte Qualität aufweist und Sie wissen, dass die Änderung der Transparenzreduzierung die einzige Möglichkeit zur Verbesserung darstellt.

Wenn Sie beim Drucken oder Exportieren nicht sicher sind, ob einzelne „Druckbögen" abweichende Reduzierungseinstellungen haben, und keine Zeit ist, alle durchzusehen, verhilft Ihnen obige Option zu einer einheitlichen Ausgabe.

Transparenzprezedenz

Da sich die Transparenzreduzierung und ihr Ergebnis immer sehr stark am Motiv orientieren, will ich ein paar grundlegende Situationen zeigen, die in der Reduzierung auftreten können. Dabei verwende ich ausschließlich die Vorgabe **[Hohe Auflösung]**.

Vektorobjekt überlagert Vektorobjekt

Unproblematisch ist die Transparenzreduzierung dann, wenn es sich bei den transparenten Objekten ausschließlich um Vektorobjekte handelt, die eine normale Farbfüllung haben und sich per reduzierter Deckkraft oder Füllmethode überlagern. Nach der Vorgabe **[Hohe Auflösung]** werden beide Objekte so verrechnet, dass die Schnittmenge ein neues Vektorobjekt ergibt.

Pixelobjekt überlagert Pixel- oder Vektorobjekt

Sich überlagernde Pixelbilder, die eine reduzierte Deckkraft oder eine spezielle Füllmethode aufweisen, stellen ebenfalls kein Problem dar. Schnittbereiche werden nach der Reduzierungsvorgabe **[Hohe Auflösung]** zu neuen Pixelobjekten umgewandelt und mit einem Beschneidungspfad versehen, so dass die Überlappungs- oder Bildkanten erhalten bleiben.

Textrahmen überlagert Vektor- oder Pixelobjekt

Ein in der Deckkraft reduzierter oder per Füllmethode gestalteter Textrahmen überdeckt ein Vektorobjekt. Ähnlich wie zwischen Vektorobjekten werden im Schnittbereich die Schriftumrisse in Vektorobjekte gewandelt. Wenn Textrahmen Pixelobjekte überlagern, wird die so in Pfade umgewandelte Schrift mit dem resultierenden Pixelbild gefüllt. Dabei bleiben Buchstaben oder Wörter, die nicht von der Transparenz betroffen sind, nach wie vor echte Textobjekte. Der Unterschied zwischen diesen und den in Pfade oder Pixel umgerechneten Texten ist in vielen Fällen deutlich sichtbar, da bei Fonts durch das sogenannte Hinting ein „Zulaufen" von Gehrungen und engen Rundungen bei kleinen Schriftgraden vermieden wird – ein an sich winziger Unterschied, der bei der Umwandlung aber verloren geht und gerade kleine Schriftgrößen dann merklich fetter aussehen lässt.

Wichtigste Regel im Umgang mit Textobjekten und Transparenzen: Textobjekte gehören immer in den **Vordergrund** oder auf eine **obere Ebene**. Egal, wie kreativ Sie auch InDesign verwenden möchten, Sie sollten Textrahmen stets über andere Objekte legen, damit nicht versehentlich Teile des Textes in Pixelobjekte verrechnet werden und das Schriftbild durch die niedrigere Auflösung der Pixelobjekte in der Reduzierungsvorgabe ausfranst oder fetter wirkt als Text in der Umgebung.

Weiche Kanten und Schattenwürfe

Die Transparenzfunktionen **Weiche Kante** sowie **Schlagschatten** erzeugen für die Transparenzreduzierung immer eine Pixelgrafik. Fällt der Schatten auf einen Textrahmen, werden die betroffenen Bereiche des Textes in Beschneidungspfade mit einer Pixelbildfüllung umgerechnet. Diese Problematik beleuchte ich im Abschnitt über die **Reduzierungsvorschau** ab Seite 680.

Volltonfarben und die Transparenz

Die Verwendung von Volltonfarben mit Transparenzen ist nur dann möglich, wenn Sie übereinanderliegende Vektorobjekte mit Volltonfarben im Dokument maximal mit der Reduzierung der Deckkraft auf **Transparent** stellen. Wenn dagegen eine Volltonfarbe auf eine Prozessfarbe trifft, wird das Mischungsergebnis automatisch als Prozessfarbe errechnet. Dieser Nachteil tritt insbesondere bei Schlagschatten auf, die auf eine Volltonfarbe fallen. Die Transparenz durch die Deckkraft einer Volltonfarbe zu einem weißen Untergrund ist dadurch natürlich nicht betroffen.

Reduzierungsvorschau

Der Einsatz von Transparenzen erfordert die Reduzierung auf eine Bildebene pro Druckplatte für die Ausgabe. Wie InDesign Transparenzen verflacht, sehen Sie in der Reduzierungsvorschau je nach Vorgabe. Der besondere Clou liegt in der Hervorhebung von Objekten, die in die spätere Transparenzreduzierung einbezogen werden; eine Situation, die Sie während der Layoutarbeit nicht abschätzen können, InDesign Ihnen aber sichtbar macht. Anhand eines typischen Beispieles möchte ich Ihnen zeigen, wie Sie Druckfehler mit Hilfe der **Reduzierungsvorschau** vermeiden können. Dabei kommt es darauf an, die rot hervorgehobenen Bereiche der Reduzierung richtig zu deuten und Änderungen vorzunehmen.

Fallbeispiel: Ein Schlagschatten fällt auf einen Textrahmen

Probleme können dann auftreten, wenn Sie Schlagschatten oder weiche Kanten als Gestaltungsmittel anwenden, die sich transparent auf darunter liegende Objekte auswirken. Alle Schatten und weichen Kanten wandeln die darunter liegenden Objekte in Vektor- und Pixelobjekte, unabhängig von der Herkunft. Fällt also ein Schatten auf eine schwarze Schrift (K = 100%), so werden die betroffenen Buchstaben in Vektor- oder Pixelobjekte umgewandelt. Dabei wird das Objekt zunächst in die Bereiche mit und ohne Schattenauswirkungen zerschnitten. Die nicht betroffenen Zeichen bleiben unter Umständen schwarze Textobjekte. Somit erhalten Sie unterschiedliche Darstellungen der Schrift durch die Pixelung und Auflösungsdifferenzen zu Vektoren in der Ausgabe.

Alltägliche Situation – ein Rahmen wirft einen Schlagschatten. Mehrere Textrahmen liegt neben dem Objekt.

Einstellungen in der Reduzierungsvorschau

Die Reduzierungsvorschau rufen Sie unter dem Menü **Fenster** > **Ausgabe** > **Reduzierungsvorschau** auf. Das Vorschau-Bedienfeld unterteilt sich in den Markierungsbereich und die Vorgabe zur Reduzierung. Mit aktivierter Aktualisierung wird jede Veränderung im Layout sofort in der Vorschau berücksichtigt. Wenn Sie die Reduzierungsvorgaben für einzelne „Druckbögen" zuweisen sollten, können Sie mit der Option **Abweichung für Druckbögen ignorieren** die Vorgabe des „Druckbogens" überschreiben und eine Reduzierung auf Basis der aktuellen Vorgabe erzwingen.

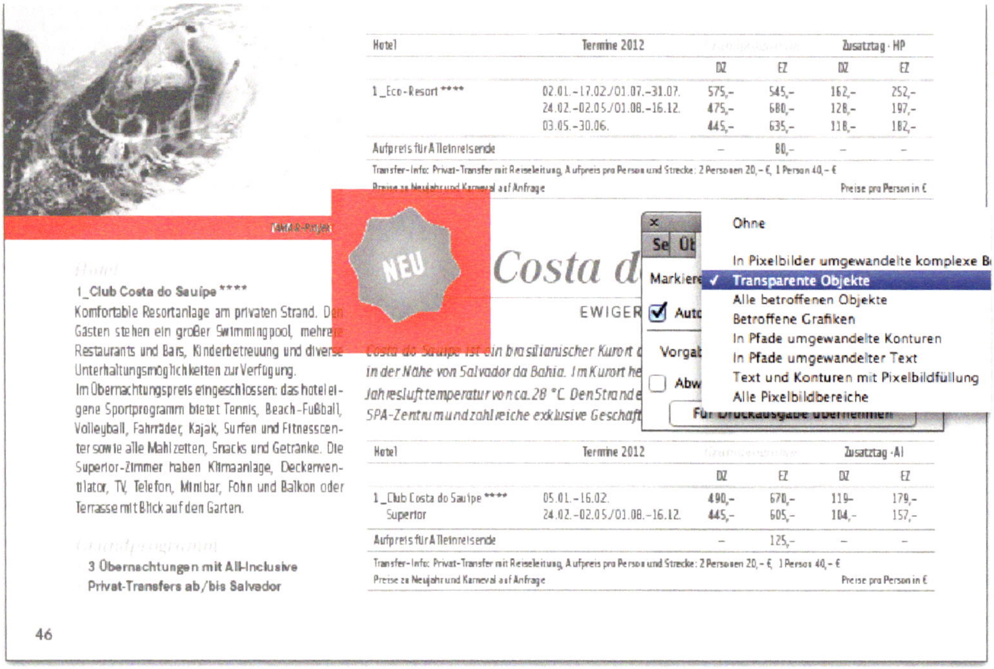

Mit der Reduzierungsvorschau „Transparente Objekte" werden der Schlagschatten und sein kompletter Wirkungsraum hervorgehoben.

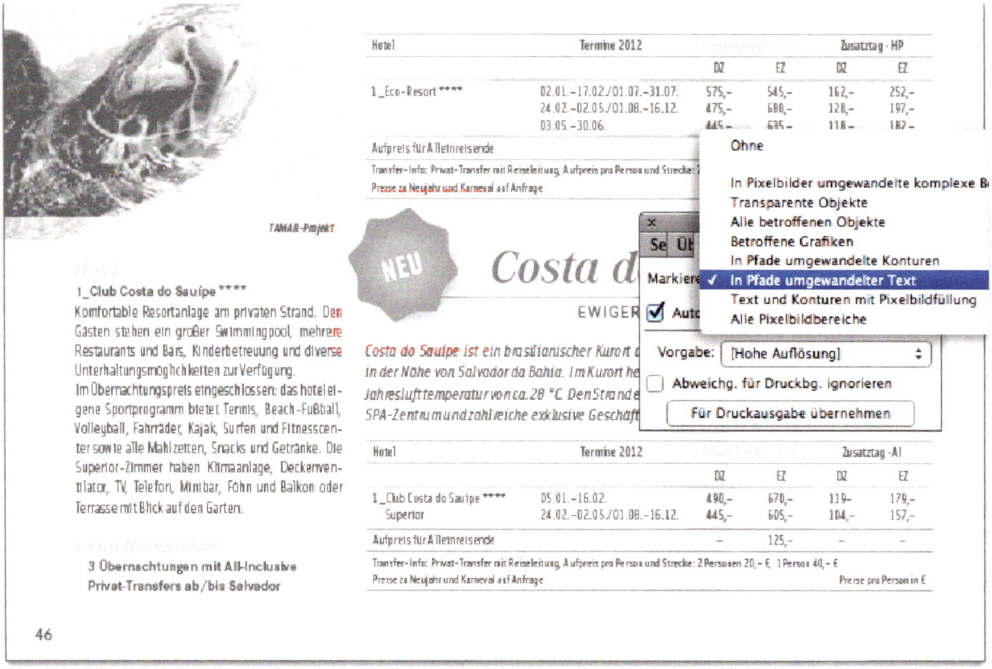

Die Vorgabe „In Pfade umgewandelter Text" markiert die Textbereiche, die zu Pfaden mit Pixelbildfüllung konvertiert werden.

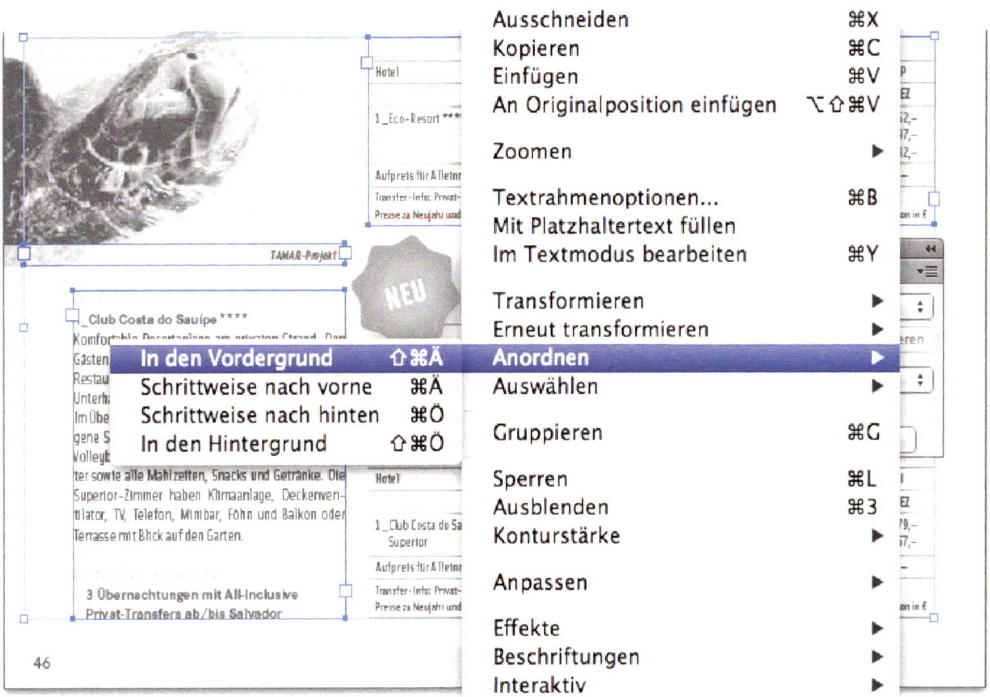

Durch das Umsortieren der Objekte auf einer Ebene wird das Problem behoben.

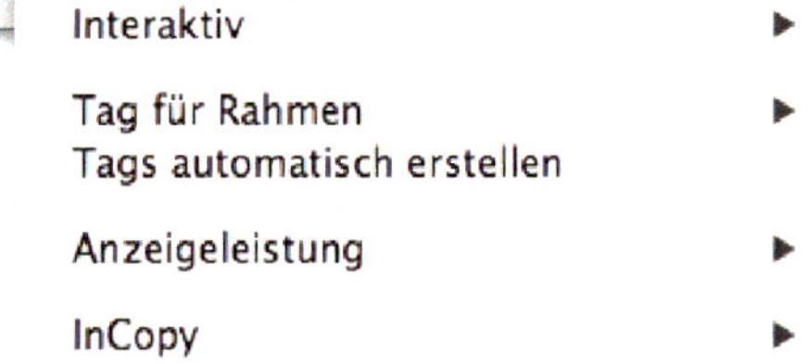

Der Textrahmen liegt nun über dem Schlagschatten und wird nicht mehr rot markiert.

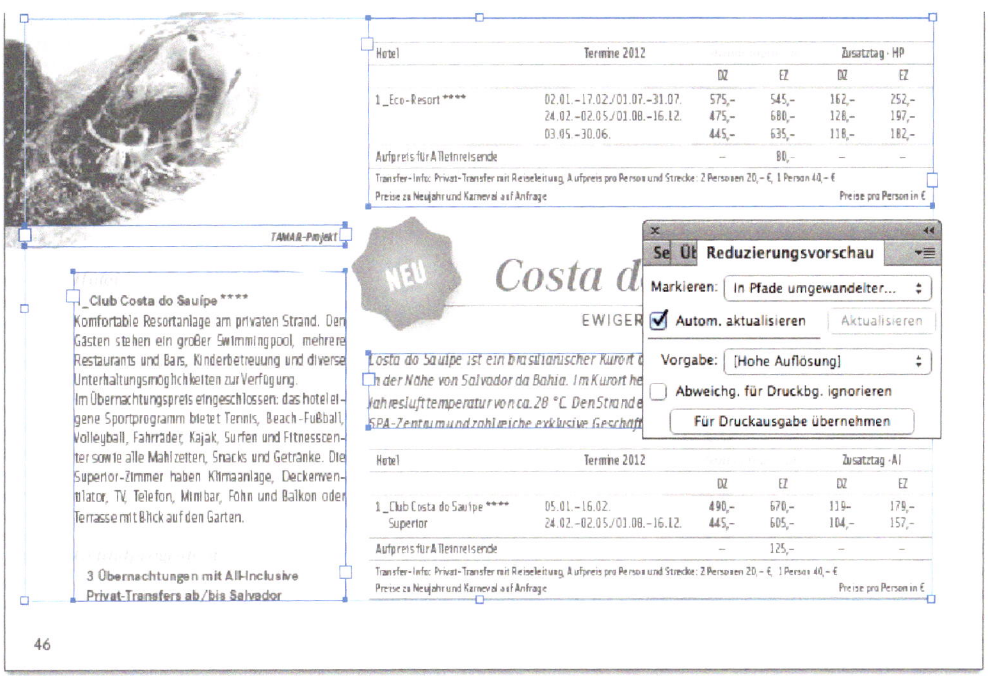

Markierungen

Unter **Markieren** können Sie sich die gewünschten Objekte anzeigen lassen. Darunter suchen Sie die passende Anzeige aus, um gezielt nach Fehlern zu suchen. Anhand des Fallbeispiels möchte ich die wichtigsten Punkte genauer erklären.

Option	Bedeutung
In Pixelbilder umgewandelte komplexe Bereiche	Wenn in den Transparenzreduzierungsvorgaben **Komplexe Bereiche beschneiden** aktiviert ist und der Schieberegler auf der Seite der pixelorientierten Reduzierung steht, werden die Bereiche markiert, wo besonders große Vektor- und Pixelobjekte zusammentreffen. In der Vorgabe **[Hohe Auflösung]** sollte dies eher selten der Fall sein. In der **[Niedrigen Auflösung]** hingegen tritt dieser Fall sehr häufig auf.
Transparente Objekte	Zeigt alle Objekte an, auf die eine Transparenz angewendet wurde. Ein Schlagschatten oder eine weiche Kante können einen sehr großen Umraum einnehmen, in dem alle darunter liegenden Rahmen in die Reduzierung einbezogen werden.
Alle betroffenen Objekte	Wenn Sie ein Dokument generell nach Transparenzen durchsuchen und überprüfen möchten, eignet sich diese Option als erste Vorschaumethode.
Betroffene Grafiken	Überlagert eine Transparenz eine platzierte Grafik, so wird diese hervorgehoben. Allerdings ist diese Option wenig sinnvoll, da die Grafiken auch bei **Alle betroffenen Objekte** rot eingefärbt werden.
In Pfade umgewandelte Konturen	Von einem Schlagschatten oder einer weichen Kante überdeckte Konturen müssen in der Transparenzreduzierung in Pfadflächen konvertiert werden.
In Pfade umgewandelter Text	Wie bei der Überlagerung von Vektor- und Pixelobjekten werden auch Texte in Vektoren gewandelt, um Konturen zu erhalten. Grundsätzlich ist ein in Pfade konvertierter Text kein Problem in der Druckausgabe. Die Nachteile des *Hinting*-Verlustes habe ich auf Seite 672 erklärt. Wird der umgewandelte Text mit einem Pixelbild gefüllt, kann dies zu ungewollten Druckfehlern führen, wie im nächsten Schritt erläutert wird.
Text und Konturen mit Pixelbildfüllung	Texte und Konturen werden gleichermaßen in Konturen umgewandelt und mit Pixelbildern gefüllt, wenn sich im Layout ein Schlagschatten darüber befindet. Problematisch sind besonders Stellen, an denen kein kompletter Textrahmen umgewandelt wird, sondern nur einzelne Zeichen oder Zeilen betroffen sind. Die Objektreihenfolge muss unbedingt geändert werden, wenn der Textrahmen nicht zerschnitten und die oberen Textzeilen mit einer Prozessfarbe gefüllt werden sollen. Um dieses Problem zu umgehen, stellen Sie die Objektreihenfolge um, indem Sie die Textebene über die Bildebene positionieren.
Alle in Pixelbilder umgewandelten Objekte	Mit der Vorgabe **[Niedrige Auflösung]** werden Schriften oder Pfade in Pixelobjekte umgerechnet. Schriften, die nur teilweise in Pixelobjekte aufgerastert werden, „verfetten" optisch etwas, und das fällt auf, wenn „unbehandelte" Zeichen neben solchen Pixelbuchstaben stehen. Diese Typo-Katastrophe können Sie zwar durch die hohe Auflösung der Vorgabe abmildern, dennoch sollten Sie unbedingt darauf achten, dass sich Textobjekte immer auf einer höher gelagerten Objekt- oder Layoutebene befinden.

Zusammenfassung: Transparenzreduzierung

Anhand des Fallbeispiels sehen Sie, dass es unbedingt darauf ankommt, wie die transparenten Objekte in der Reihenfolge zueinander stehen. Die **Reduzierungsvorschau** zeigt Ihnen anhand der roten Markierung, welche Rahmen und Grafiken von der Reduzierung betroffen sind und für die PostScript- oder PDF-Ausgabe umgewandelt werden. Da diese Optionen vielfältig und auf den ersten Blick schwer verständlich sind, achten Sie bitte immer auf diese Punkte:

- Textrahmen sollten stets auf einer eigenen Textebene oberhalb transparenter Rahmen liegen.
- Konturen sollten erst ab einer Stärke von mindestens 1 Point mit Transparenzeffekten gestaltet werden, damit die Transparenzreduzierung die Konturen in Vektorflächen umwandelt, ohne dabei filigrane – nicht oder schwer druckbare – Vektorobjekte zu erzeugen.
- Schatten, weiche Kanten oder transparente Verlaufskanten besitzen einen großen Transparenzumraum, der durch die Einstellung **Alle betroffenen Objekte** in der Reduzierungsvorschau sichtbar wird.
- Schmuckfarbenobjekte werden durch Transparenzen unter Umständen in Prozessfarben konvertiert; die Separationsvorschau zeigt dieses Problem an.
- Vektorkanten der Beschnittobjekte in einer reduzierten PDF-Datei werden in Acrobat nur durch eine Voreinstellung fehlerhaft als Blitzer dargestellt.

Technische Kontrolle

InDesign kontrolliert bereits beim Öffnen eines Dokuments alle **Verknüpfungen**, **Farbmanagement-Einstellungen** und **Schriften**. Und bei der Ausgabe werden dann Dinge wie **Übersatz**, **veraltete Querverweise** oder ein **unpassender Transparenzfüllraum** überprüft.

Dennoch gibt es in vielen Dokumenten noch eine ganze Anzahl weiterer Einstellungen und Elemente, die Probleme machen können. Weil aber die technischen Anforderungen so unterschiedlich sind, gibt InDesign (zum Glück) keine Warnungen bei „falschen“ **Bildauflösungen**, **Seitenzahlen**, **Sonderfarben** oder bei **Rechtschreibfehlern** aus. Darum müssen wir uns selbst kümmern, was dank des seit CS4 konfigurierbaren Preflights allerdings ziemlich gut funktioniert

Preflight vor der Ausgabe

Eine der wichtigsten Funktionen für die Qualitätssicherung ist der **Preflight** für die permanente Prüfung des Layouts. Wenn Sie den Preflight geschickt konfigurieren und regelmäßig einsetzen, erreichen Sie schon in der Layoutphase technisch einwandfreie Dokumente.

Dokumente testen

Öffnen Sie Ihr fertiges Layoutdokument, um einen **Preflight** durchzuführen. Sofort erkennen Sie am **roten** oder **grünen Symbol** im Dokumentenfenster unten links, ob und gegebenenfalls wie viele Fehler auftreten.

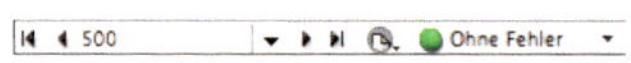

Die Preflight-„Ampel" links unten

Mit einem Doppelklick auf die Statusmeldung rufen Sie das Preflight-Bedienfeld auf.

Das Preflight-Bedienfeld finden Sie unter **Fenster > Ausgabe > Preflight** (⌘ Strg ⌥ Alt ⇧ F) oder per Doppelklick auf das Statusfeld unten links im Dokumentenfenster.

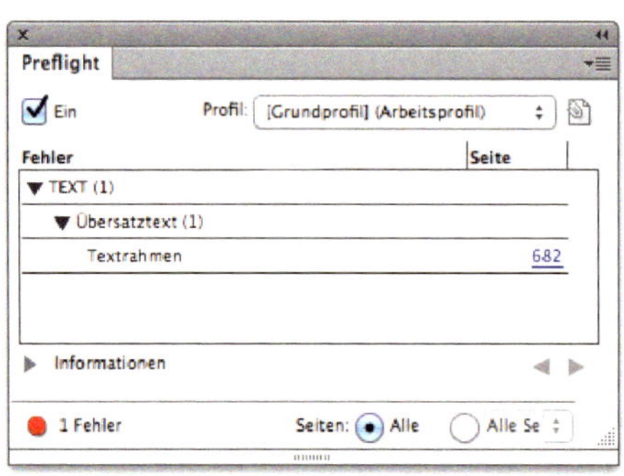

Und so sieht's aus, wenn Sie nicht alles richtig gemacht haben.

Klappen Sie die Einträge mit Hilfe der kleinen Dreiecke auf (Mac-Benutzer kennen das schon), um außer der Kategorie auch noch das Problem und den konkreten Fehler angezeigt zu bekommen.

Übersatz korrigieren

Textrahmen enthalten gelegentlich mehr Text, als im Rahmen Platz findet. Es entsteht so genannter Übersatz. Auch beim Platzieren von Text in vorbereitete Textrahmen kann der Text aus den Rahmen „herausfließen".

Übersatz erkennen und entfernen

Im Preflight-Bedienfeld werden die Probleme mit Übersatztext unter dem Oberbegriff **„Text“** aufgelistet.

Die betroffenen Textrahmen aufzufinden, ist über das Preflight-Bedienfeld sehr einfach. Klicken Sie auf die **kleine blaue Seitenzahl** ganz rechts, um im Dokument genau an die Stelle zu springen, wo sich der Fehler befindet. Wenn Sie das Dreieck neben **Informationen** anklicken, beschreibt Ihnen das Programm den Fehler etwas genauer und macht auch gleich einen Vorschlag zur Behebung dieses Fehlers.

Das Preflight-Bedienfeld gehört zu den eher geschwätzigen Elementen der InDesign-Oberfläche. Wie Sie sehen, hat Adobe hier nicht an guten Ratschlägen gespart.

Nun beseitigen Sie den Übersatztext, indem Sie den Textrahmen vergrößern oder die Schriftgröße verkleinern oder Text löschen oder einen neuen Textrahmen hinzufügen, den Sie mit dem ersten verketten. Oder wie auch immer Sie sonst mit überschüssigem Text umzugehen belieben.

Fehlende Schriften erkennen

In drei Fällen können Schriftenprobleme auftauchen: Fonts werden im Layout benötigt, sind auf dem Computer aber **nicht geladen**; aktivierte Fonts sind **fehlerhaft** und können von InDesign nicht verwendet werden; **platzierte Dokumente** wie PDF, EPS, AI oder andere InDesign-Dokumente verwenden **nicht geladene Schriften**.

Fehlt die Familie oder nur der Schnitt?
InDesign unterscheidet in der Verwaltung von Fonts nicht zwischen Schriftfamilien und Schnitten. OpenType-Fonts liegen immer als einzelne Datei pro Schnitt vor, ebenso TrueType-Fonts. InDesign zeigt bei diesen Formaten also alle fehlenden Schnitte an. PostScript-Fonts können hingegen mit einem „Font-Koffer“ als Familie verwaltet werden.

Die Fehlermeldung, dass eine Schriftart fehlt oder fehlerhaft ist, kann bereits beim Öffnen eines Dokuments auftauchen. Ansonsten können Sie sie jederzeit über **Schrift > Schriftart suchen** *aufrufen.*

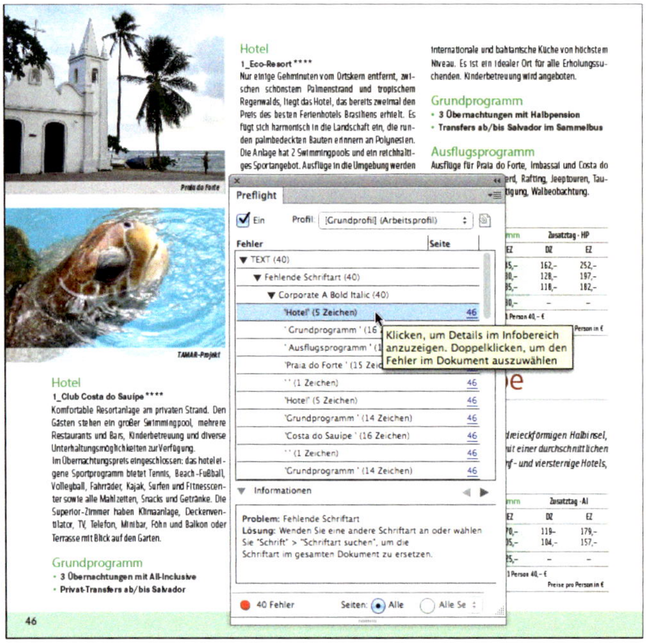

Die Fehlermeldung können Sie auch dem Preflight-Bedienfeld entnehmen.

Dokumentschriften (Document fonts)

Sobald eine InDesign-Datei verpackt wird, speichert InDesign die Schriftdateien in einem Verzeichnis „Document fonts" ab. Die darin abgelegten Schriften spielen eine besondere Rolle. Wenn die Layoutdatei aus diesem verpackten Ordner auf einem anderen System geöffnet wird, auf dem die verwendeten Fonts nicht verfügbar sind, aktiviert InDesign für die Dauer der Bearbeitung der Layoutdatei diese **Dokumentschriften**. Wird die Datei wieder geschlossen, so werden die Fonts wieder deaktiviert. Diese zeitweilige Aktivierung von Fontdateien ist nur in InDesign möglich!

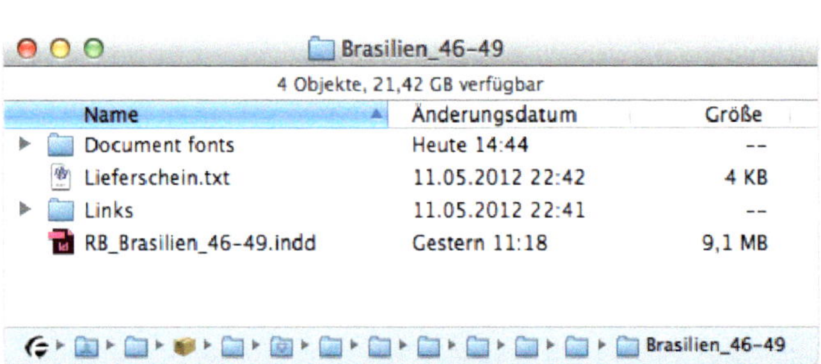

Verpackte Dateien bringen nun ihre Schriften in einem Ordner „Document fonts" mit, aus dem sie InDesign wiederum automatisch lädt.

Preflight-Profile einrichten

Am besten richten Sie sich ein detailliertes Preflight-Profil für die Prüfung von Druckdateien ein, speichern es und exportieren es als eigenständige Datei. Dabei können Sie ohne Weiteres einmal alle Optionen aktivieren und bestehende Layoutdokumente prüfen. Sie werden staunen, welche Fehlerquellen InDesign entdecken kann. Die Bewertung, inwiefern ein erkannter Fehler auch ein Fehler in der Druckausgabe ist, müssen natürlich Sie selbst treffen. Ich erkläre Ihnen „nur" die einzelnen Prüfkriterien. Zuerst müssen Sie aber ein neues Profil anlegen, das Sie dann anpassen können:

1 Preflight-Bedienfeld öffnen

Öffnen Sie das **Preflight**-Bedienfeld per Doppelklick auf die Preflight-Ampel unten links im Dokumentfenster oder über **Fenster** > **Ausgabe** > **Preflight**.

2 Neues Profil auf Basis des Grundprofils anlegen

Wählen Sie im Preflight-Bedienfeldmenü die Option **Profile definieren** und fügen Sie über den **Plus**-Knopf im linken Bereich des Dialogfensters ein neues Profil hinzu. Im rechten Bereich können Sie anschließend, wie nach dem letzten Schritt beschrieben, alle Einstellungen vornehmen.

Um Profile zu definieren, müssen Sie ins Bedienfeldmenü.

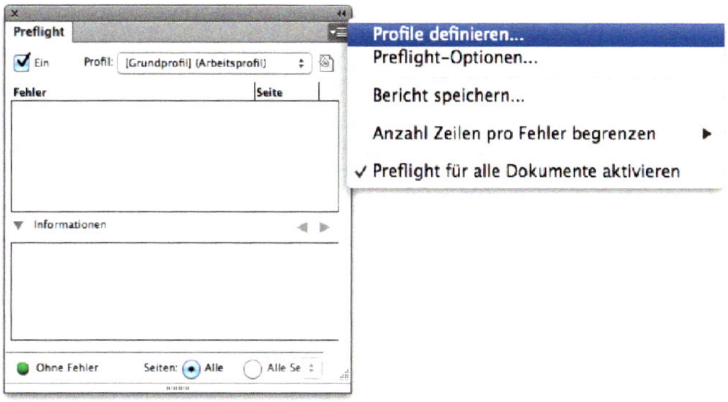

Mit Klick auf das Plus-Symbol unten links erzeugen Sie ein neues Profil.

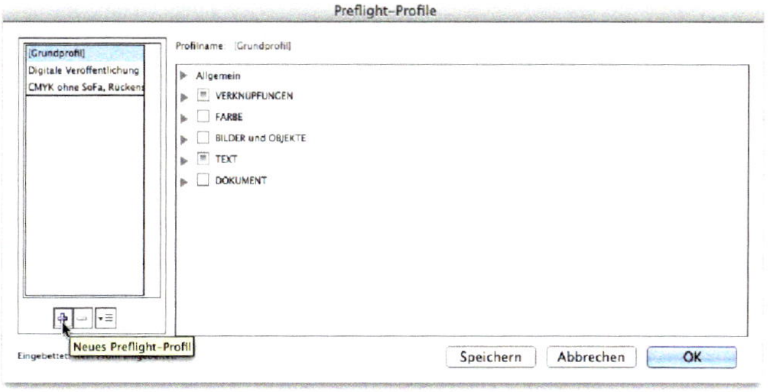

3 Rubriken „Verknüpfungen" bis „Dokument" aufrufen und Einstellungen anpassen

Welche Einstellungen für die Druckausgabe relevant sind, erläutere ich Ihnen gleich.

4 Profil speichern

Wenn Sie mit Ihren Einstellungen zufrieden sind, klicken Sie auf **Speichern**.

5 Dialog bestätigen

Bestätigen Sie den Dialog mit **OK**. Alle eingerichteten Profile sind anschließend über das Auswahlmenü **Profil** im Preflight-Bedienfeld zu erreichen.

Ach ja, eins noch vorweg: Aus der Formulierung der einzelnen Optionen geht bisweilen nicht genau hervor, ob die jeweilige Dokumenteigenschaft nun erwünscht oder verboten ist. Generell können Sie davon ausgehen: Wenn das Angekreuzte im Dokument vorhanden ist, gibt es eine Fehlermeldung.

Beschreibung

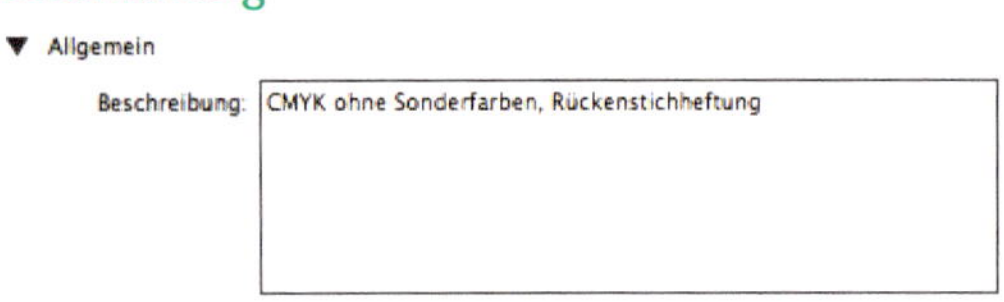

Ich bin ja immer wieder froh, in solchen Anmerkungsfeldern etwas halbwegs Aussagekräftiges vorzufinden, wenn ich mich beim Durchsehen monate- oder jahrealter Vorgaben frage, warum ich dies oder jenes seinerzeit eigentlich abgespeichert habe.

Einstellungen für fehlende oder geänderte Verknüpfungen

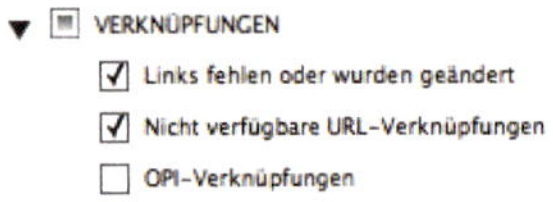

Die Vorgaben für die Überprüfung von **Verknüpfungen** sind einfach: Ist die Verbindung zu einem platzierten Bild oder Objekt im Layout *aktiv*, *geändert* oder *unterbrochen*? Das sind übrigens genau die Informationen, die Ihnen das Bedienfeld **Verknüpfungen** in der Statusspalte mit dem gelben **Warndreieck** und dem **Stoppschild** zeigt.

Vorgaben für Farben

Transparenzfüllraum erforderlich

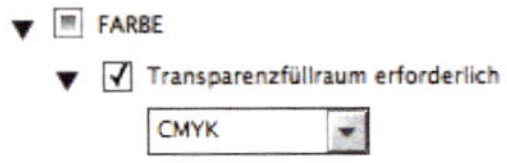

Der Transparenzfüllraum kommt zum Einsatz, wenn Sie per PostScript drucken oder wenn Sie eine PDF-Datei ausgeben, die eine **Transparenzreduzierung** erfordert.

Die Einstellungen **RGB** und **CMYK** ermöglichen eine optimale Transparenzreduzierung entweder auf Basis des **RGB**-Arbeitsfarbraums für die Ausgabe im Internet und auf anderen Bildschirmmedien oder auf Basis des **CMYK**-Arbeitsfarbraums für die Druckausgabe.

Wenn Sie hier ein Häkchen setzen und eine der beiden Optionen wählen, wird Ihnen sofort eine Warnung angezeigt, sollten Sie in Ihrem Dokument Transparenzen verwenden, die eine Farbumrechnung in der Ausgabe erfordern. Dies erinnert Sie daran, dass Sie den eingestellten Transparenzfüllraum im Menü **Bearbeiten** vor der Ausgabe kontrollieren.

Warnung bei RGB-Bildern?

InDesign beherrscht seit CS3 das medienneutrale Colormanagement sowohl mit RGB- als auch CMYK-Farbräumen. Dennoch erscheinen an unterschiedlicher Stelle nach wie vor Warnungen, wenn Sie RGB-Bilder für die Druckausgabe verwenden, obwohl das kein Fehler ist. Mit dem korrekt eingestellten Colormanagement werden die RGB-Bilder nämlich einwandfrei in den CMYK-Ausgabefarbraum umgerechnet, und Sie können solche „nostalgischen" Warnungen getrost ignorieren!

Eine sinnvolle Einstellung für die Druckvorstufe ist natürlich **CMYK**; Sie erhalten eine Warnung, wenn ein RGB-Bild platziert oder eine RGB-Farbe angemischt wird. Wie gut das wiederum zu Ihrer Arbeitsweise passt, finden Sie bestimmt schnell selbst heraus; beachten Sie dazu bitte auch die nebenstehende Warnung.

Druckplatten C, M und Y sind nicht zulässig

Für Dokumente, die nur zweifarbig mit **Schwarz** und einer **Schmuckfarbe** ausgegeben oder gar ausschließlich mit Schwarz erstellt werden sollen, müssen alle anderen Prozessfarben natürlich unterdrückt werden. Diese Funktion warnt Sie vor jeglichen verwendeten Prozessfarben im Layout.

Unzulässige Farbräume und -modi

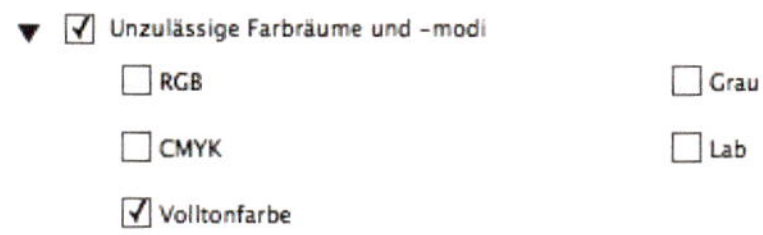

Etwas weiter geht diese Funktion, die ganze **Farbräume** und **-modi** ausschließt. Wählen Sie ggf. **Volltonfarbe**, wenn Sie Dokumente für den Digitaldruck erstellen. Alle anderen Kombinationsmöglichkeiten sind denkbar, hängen aber natürlich von Ihrer Situation ab.

Volltonfarbeinrichtung

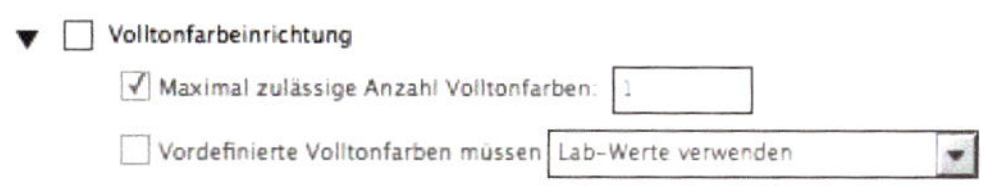

Die **Anzahl der erlaubten Volltonfarben** können Sie hier beschränken. InDesign kann tausende Sonderfarben verwalten. Dabei werden auch Schmuckfarben in platzierten EPS, PDF-, InDesign-, Illustrator- oder Photoshop-Dokumenten geprüft – von diesen werden aber nur die für die Ausgabe relevanten Schmuckfarben importiert. Volltonfarben, die in den Farbfeldern angelegt sind, aber nicht im Layout verwendet wurden, erzeugen also *keine* Warnung im Preflight.

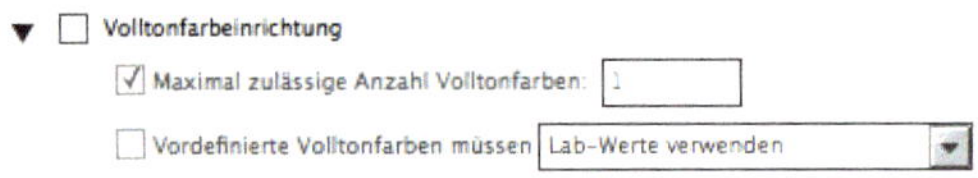

Schmuckfarben können grundsätzlich nicht direkt im Layout wiedergegeben werden. Sie benötigen entweder eine **CMYK**- oder eine **Lab-Definition**. Welche Definition verwendet wird, hängt von den Herstellern (wie etwa Pantone) ab, die Referenzwerte als CMYK oder Lab liefern. Für diese Einschränkung dient die zweite Option unter der **Volltonfarbeinrichtung**.

Überdrucken in InDesign angewendet

Für Drucksachen, in denen keine Farbmischung möglich oder erwünscht ist, darf im Layout auch kein Objekt manuell auf **Überdrucken** stehen (Bedienfeld **Attribute**). Das überprüfen Sie mit dieser Option.

Überdrucken
Wenn ein Objekt überdruckt, wird darunter technisch kein „Loch" ausgespart. Im Druck entsteht also eine Mischfarbe aus diesem Objekt und dem darunter liegenden. Bei schwarzem Text ist das meistens wünschenswert, weswegen die Prozessfarbe **[Schwarz] = 100 % K** in der Grundeinstellung immer überdruckt. Sollten Sie das nicht wünschen, deaktivieren Sie die Programmvoreinstellung (unter Schwarzdarstellung) oder legen Sie sich eine neue Farbe „Schwarz" mit 100 % K als Prozessfarbe an. Diese überdruckt nicht, solange Sie ein damit einfärbtes Objekt nicht manuell auf Überdrucken stellen.

Weiß/[Papier] überdruckt

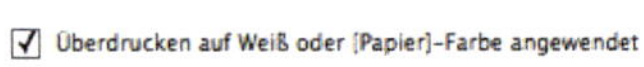

Weiße/[Papier]-farbene Objekte, die auf Überdrucken stehen, **verschwinden** nach dem gleichen Prinzip, wie Sie es vielleicht von der Füllmethode **Multiplizieren** kennen. Daher ist diese Option bei allen Arten von Layouts hilfreich.

Passermarken-Farbe angewendet

Diese Option prüft, ob das **Farbfeld [Passermarken]** im Layout verwendet wurde. Diese Farbe sollten Sie wirklich nur für eigene Schnittmarken oder Falzmarken außerhalb des Endformats verwenden.

Bilder und Objekte

Bildauflösung

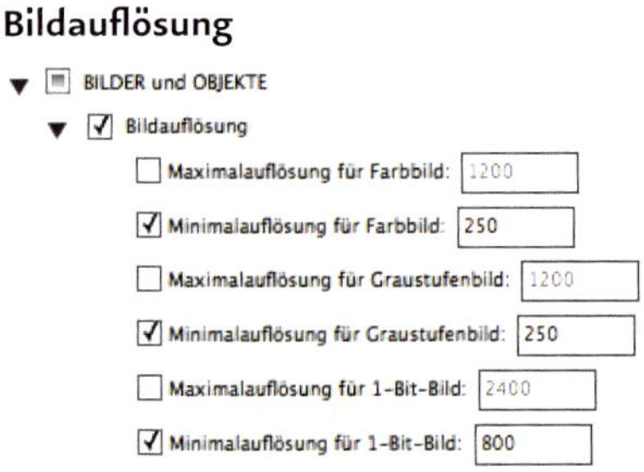

Sinnvoll sind auf jeden Fall Mindestauflösungen für Farb-, Graustufen- oder 1-Bit-Bilder (fachsprachlich: Strichbilder/-grafiken). Als Standardwerte für eine **Minimalauflösung** stehen hier **250 ppi** für Farb- und

Bildauflösung 300 ppi

Das „Gesetz", dass Bilder unbedingt auf 300 ppi und für die Endgröße umgerechnet werden müssen, ist zwar nicht falsch, aber auch nicht mehr zeitgemäß. InDesign kann skalierte Bilder während der PDF-Ausgabe umrechnen, und der Qualitätsunterschied zu obigem Vorgehen ist so gering, dass er in den meisten Situationen den erheblich höheren Zeitaufwand nicht wert ist. Rechnerisch ist für den Bogenoffsetdruck eine Mindestauflösung von 225 ppi notwendig – tatsächlich haben das einzelne Bildmotiv sowie Papier und Rasterweite erheblichen Einfluss auf die Darstellungsqualität, weshalb die 300 ppi als Standardwert (mit kleinen Sicherheitsreserven) etabliert sind. Welche Auflösung das einzelne Bild im Layout tatsächlich hat, teilt Ihnen das **Verknüpfungen**-Bedienfeld mit.

Graustufenbilder; Strichgrafiken sollten mindestens **800 ppi** haben. Wie gesagt, das sind InDesigns Standardwerte, mit denen Sie nicht viel falsch machen können; Sie sollten sie aber entsprechend Ihrer Produktionsbedingungen anpassen. Für sehr filigrane Bildmotive, einen feinen Druckraster und sehr glattes (glänzend gestrichenes) Papier können die empfehlenswerten Minimalwerte durchaus 350 ppi und 1.200 ppi betragen.

Maximalwerte warnen vor zu hoch aufgelösten Dateien. Das hat weniger technische oder qualitative Gründe, sondern soll Ihnen unterm Strich einfach Zeit sparen. Haben Sie nämlich ein hochauflösendes Bild von, sagen wir, mehreren hundert Megabyte im Layout als Miniatur mit einer Größe von 5 % platziert, so müssen dennoch bei jedem Ausgabevorgang diese Hunderte Megabyte umgerechnet werden, was Druck- und Ausgabeprozesse natürlich verzögert. Eine Fehlermeldung bei Überschreitung der festgelegten Maximalauflösung hilft Ihnen, solche Bilder im Layout aufzuspüren und bei Bedarf vor der Ausgabe in eine kleinere Version umzurechnen. Als Standardwerte für den Offsetdruck sind Maximalwerte von **600 ppi** für Farb- und Graustufenbilder sowie **2.400 ppi** für Strichgrafiken sinnvoll.

Nicht proportionale Skalierung

Bilder und Grafiken, die nicht im gleichen Verhältnis von Höhe zu Breite skaliert wurden, werden mit der aktiven Option **Nicht proportionale Skalierung** gefunden. Diese Funktion sollten Sie immer aktivieren, da auch Bilder in einer Rahmengruppe ungewollt verzerrt worden sein können.

Verwendet Transparenz

Sobald ein Bild oder eine Grafik in der Deckkraft reduziert oder mit einem Effekt versehen wurde, wird unter Umständen das Bild für die Ausgabe neu berechnet, und es können sich die Farben ändern.

ICC-Profil des Bildes

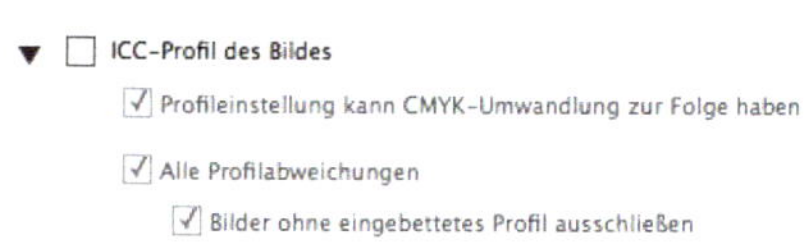

Mit den entsprechenden Einstellungen werden alle Einstellungen zum ICC-Profil eines platzierten Bildes auch in den Farbeinstellungen abgefragt. Unter **Bearbeiten > Farbeinstellungen** können Sie in der Rubrik **Farbmanagement-Richtlinien** festlegen, dass eine Warnung erscheint, wenn Bilder mit fehlenden oder abweichenden Farbprofilen importiert werden. Hier allerdings ist nur die Option **Profileinstellung kann CMYK-Umwandlung zur Folge haben** sinnvoll.

Abweichungen von Ebenensichtbarkeit

Photoshop-, PDF oder Illustrator-Dokumente können sichtbare und unsichtbare (ausgeblendete) Ebenen enthalten; ins Layout werden alle platziert. Sobald Sie in InDesign einzelne Ebenen nachträglich ein- oder ausblenden, verzeichnet InDesign diesen Vorgang als **Abweichung von der Ebenensichtbarkeit**.

Mindestkonturstärke

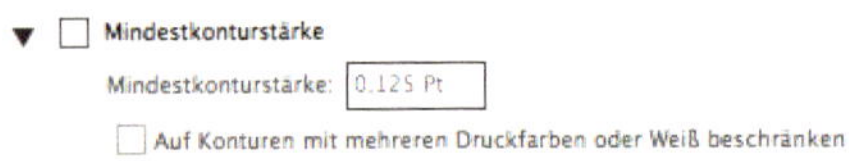

Konturen, die feiner sind als **0,125 Point** (etwa 0,05 mm) können im Offsetdruck nicht immer einwandfrei wiedergegeben werden. In anderen Druckverfahren müssen Linien sogar deutlich fetter sein, um sauber gedruckt werden zu können. Daher sollten Sie diese Option generell aktivieren.

Die zweite Option sorgt dafür, dass eine Warnung nur dann ausgegeben wird, wenn der Wert von Linien unterschritten wird, die **negativ oder nicht aus Primärfarben aufgebaut** sind. Mit anderen Worten: Linien, die aus nur einer einzigen (Prozess- oder Sonder-) Farbe bestehen – am häufigsten wohl Schwarz – dürfen diesen Wert unterschreiten, ohne dass Preflight einen Fehler meldet. Linien aus zusammengesetzten Farben – zum Beispiel eine grüne aus 60 % C und 100 % Y – erzeugen eine Fehlermeldung, wenn sie zu fein sind.

Interaktive Elemente

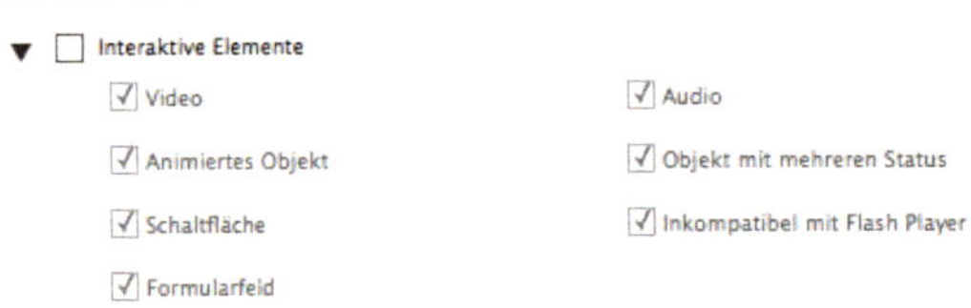

In dieser Rubrik wird die Datei auf interaktive Objekte geprüft, also Schaltflächen, platzierte **Video**- oder **Audio**-Dateien, **Animationen**, **Multistatusobjekte**, Formularfelder sowie alles, was nicht Flash-kompatibel ist.

Selbst wenn Sie Ihre Datei drucken wollen, müssen solche Elemente nicht unbedingt problematisch sein. Bewegte oder interaktive Objekte können ja jeweils einen Zustand haben, der für den Druck geeignet ist: Videos können druckbare Standbilder haben und Schaltflächen, die auf Papier sinnlos wären, können für die PDF-Ausgabe ganz unterdrückt werden. InDesign prüft hier leider nur das reine Vorhandensein von interaktiven Elementen, aber nicht, welchen Zustand diese haben. Die Beurteilung, was tatsächlich ein Fehler ist und was nicht, bleibt Ihnen überlassen.

Inkompatibel mit Flash Player
Hinter dieser Option in der Rubrik der interaktiven Elemente versteckt sich die Prüfung, ob die Interaktionen, die Sie im Layout vorgesehen haben, auch einwandfrei mit dem Flash Player dargestellt werden können.

◢ *Lesen Sie hierzu auch:* **Digitales Publizieren** *ab Seite 527.*

Probleme beim Anschnitt/Zuschnitt

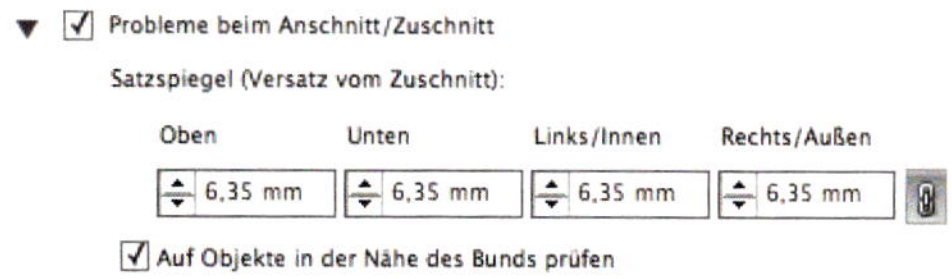

Ein Problem bei allen Druckverfahren sind die unvermeidbaren Verarbeitungstoleranzen. Befinden sich Objekte sehr nahe an der Seitenkante, kann es passieren, dass sie in einem Teil der Auflage angeschnitten werden. Ein „Sicherheitsabstand" von 6,35 mm (18 pt) ist zwar für den Offsetdruck übertrieben groß, aber gerade wenn Sie mit Billigdruckereien (so genannten Internetdruckern) zusammenarbeiten, ist es nicht verkehrt, hier etwa 3 mm einzutragen. Geprüft werden nur die Außenkanten; Sie können aber die Innenkante bei doppelseitigen Layouts mit einbeziehen, indem Sie **Auf Objekte in der Nähe des Bunds prüfen** aktivieren.

Obwohl es hier nicht ausdrücklich steht, prüft diese Funktion auch etwas noch Wichtigeres, nämlich, ob abfallende Elemente die Anschnittvorgabe einhalten. Wenn Sie für Ihr Dokument eine Anschnittzugabe von 3 mm definiert haben, erhalten Sie eine Fehlermeldung, falls Elemente – vom Formatrand aus gesehen – im Bereich von 6,35 mm innerhalb bis 3 mm außerhalb liegen. Anders gesagt: Wenn Sie etwas nahe an den Papierrand legen, dann sollte es mindestens so groß sein, dass es noch den Rand des Anschnittbereichs berührt.

Ausgeblendete Seitenelemente

Seit InDesign CS6 können Sie – wie in Illustrator – einzelne Rahmen oder Gruppen ausblenden, unabhängig von Ebenen- oder Druckbarkeitseinstellungen. Damit Sie **nichts Ausgeblendetes vergessen**, sollten Sie diese Warnung unbedingt aktivieren.

Text und seine Eigenschaften

Übersatztext

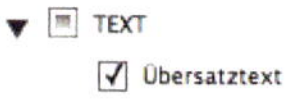

Seit der Version CS3 gibt InDesign bei jedem Druck- oder Export-Vorgang eine Warnung aus, falls irgendwo der Text zu lang für seinen Rahmen ist. Mit dieser Option erfahren Sie das sofort, nachdem der Übersatz entstanden ist.

Absatz- und Zeichenformatabweichungen

Wenn Sie zunächst Textabschnitte mit Absatz- und Zeichenformaten gestaltet, aber dann noch **manuelle Formatierungen** vorgenommen haben, kann InDesign Sie auf diese Abweichungen aufmerksam machen.

Wenn Sie, was häufig gemacht wird, einen Absatz umfärben, um beispielsweise das Korrektorat darauf hinzuweisen, dass dieser Text soeben von der Geschäftsleitung neu eingefügt und noch nie korrekturgelesen wurde, bekommen Sie eine Fehlermeldung, damit solche Stellen nicht versehentlich in der falschen Farbe gedruckt werden. Sollte das manuelle Umfärben von Texten zu Ihren Gestaltungsprinzipien gehören, aber Sie möchten trotzdem gewarnt werden, falls irgendwo eine fette Textstelle ohne Zeichenformat „gefettet" wurde, dann aktivieren Sie zusätzlich **Farbabweichungen ignorieren**, damit Ihre umgefärbte Texte nicht als Fehler gelten.

Schriftart fehlt

Ist ein Font nicht geladen, der für die Darstellung der InDesign-Datei benötigt wird, gibt InDesign ja schon beim Öffnen dieser Datei eine Warnung aus. Auch der Druck- oder Exportvorgang warnt bei fehlenden Schriften. Im Layout sehen Sie die fehlenden Fonts anhand von **rosafarbenen Unterlegungen**, falls Sie die entsprechende Programmvoreinstellung aktiviert haben. Die zusätzliche Preflight-Prüfung hier ist in jedem Fall sinnvoll.

Glyphe fehlt

Fehlende Glyphen ersetzen: Seite 370

Jedes einzelne Zeichen eines Fonts wird als **Glyphe** bezeichnet. Wenn Sie Symbole oder Sonderzeichen aus einer speziellen Sonderzeichenschrift gewählt haben, nachträglich aber eine andere Schrift zuweisen, so kann genau diese Glyphe im neuen Font fehlen. Diese Option ist unverzichtbar, ansonsten könnte sich schnell ein Aufzählungszeichen in ein Fragezeichen verwandeln oder ganz verschwinden.

Dynamische Rechtschreibprüfung meldet Fehler

Das Ergebnis der dynamischen Rechtschreibprüfung ist immer mit Vorsicht zu genießen. Verwenden Sie diese Option bestenfalls bei der Analyse von Prosatexten und sorgen Sie in jedem Fall dafür, dass Ihre Texte von einem Menschen korrekturgelesen werden, der die betreffende Sprache wirklich beherrscht. Keine Maschine kann da bislang mithalten.

Unzulässige Schrifttypen

Folgende Fonttypen sollten Sie in einem Preflight-Profil als unzulässig kennzeichnen: **Bitmap**, **Type 1 Multiple Master** und **ATC**, weil diese entweder gar nicht oder nur eingeschränkt von einem RIP verarbeitet werden können. Außerdem problematisch: **geschützte Schriftarten**, die nicht in PDFs eingebettet werden können.

Nicht proportionale Schriftenskalierung

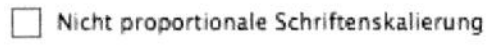

Während es für Schriftästheten einen Fauxpas bedeutet, Glyphen unproportional in die Breite zu skalieren oder zusammenzupressen, kann ein geübter Setzer auf diese Weise in minimalen Prozentschritten damit einen deutlich angenehmeren Blocksatzausgleich herbeiführen. Ohne mich jetzt über Gebühr selbst loben zu wollen, darf dieses Buch als Beispiel dafür angesehen werden.

Mindestschriftgröße

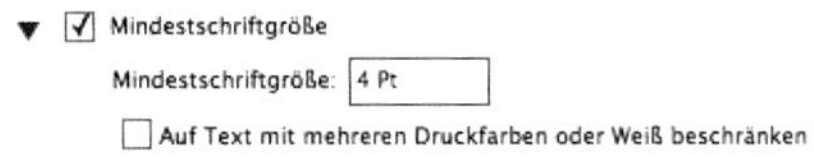

Je nach Druckverfahren und -raster sollten Sie keine Schriftgrößen unterhalb von **4 Point** verwenden; sie sind generell schwer lesbar. Winzige Schriftgrößen ergeben sich nicht nur durch „ungeschickte" Typografie, sondern auch durch das Skalieren von gruppierten Rahmen. Gehört ein Textrahmen zur skalierten Gruppe, wird dessen Inhalt natürlich mitskaliert. Daher sollten Sie diese Option sicherheitshalber aktivieren.

Wie bei der Konturenstärke können Sie mit der zweiten Option diese Prüfung **Auf Text mit mehreren Druckfarben oder Weiß beschränken** und damit (r)einfarbige und schwarze Texte von der Prüfung ausnehmen.

Querverweise

Arbeiten Sie mit Querverweisen, so sollte ein Dokument nicht mit fehlerhaften Verweisen ausgegeben werden. InDesign kennt zwei Arten davon: **Veraltete Verweise** beziehen sich auf einen inzwischen geänderten Text; **ungelöste Verweise** haben gar keinen Bezug mehr zur Textquelle. Beides können Sie mit den entsprechenden Optionen prüfen.

Kennzeichen für bedingten Text werden gedruckt

Bedingten Text markiert InDesign auf dem Bildschirm zum Beispiel mit einer Wellenlinie oder einer Hinterlegung. Diese Markierung lässt sich für Korrekturexemplare auch drucken, ist aber im Endprodukt normalerweise unerwünscht. Mit dieser Einstellung wird geprüft, ob diese **Kennzeichen** im Druck sichtbar sind.

Nicht aufgelöste Beschriftungsvariable

Diese Option meldet Probleme mit **dynamischen Beschriftungen**. Wenn etwa ein Metadatenfeld ausgelesen werden soll, das bei einem oder mehreren Bildern leer ist, oder wenn der Rahmen mit der Beschriftung kein Bild berührt/überlappt und InDesign somit nicht „weiß", von welchem Bild es die Daten darstellen soll, dann bekommen Sie stattdessen eine Warnmeldung als Text im Layout zu sehen.

Einstellung „Spaltenspanne" wurde nicht berücksichtigt

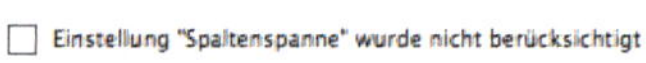

Wenn InDesign Ihre Einstellungen für Spaltenspanne oder unterteilte Spalte nicht berücksichtigt, dann hat das gute, aber eher seltene Gründe: Entweder liegt es an **„unmöglichen" Vorgaben** (zum Beispiel einer Spaltenspanne „über 4", wenn der Rahmen nur zwei Spalten hat), oder es entstünde etwas, das InDesign generell nicht zulässt (etwa eine Spalte mit einer Breite von **weniger als 1,058 mm = 3 pt**).

Verfolgte Änderung

Bei aktiver Änderungsverfolgung könnte es Textstellen geben, die nicht in ihrem momentanen Wortlaut ausgegeben werden sollen. Bei aktivierter Option weist InDesign Sie darauf hin, dass Sie die **verfolgte Änderung** bislang weder angenommen noch abgelehnt haben.

Prüfung des Dokuments

Seitenformat und Ausrichtung

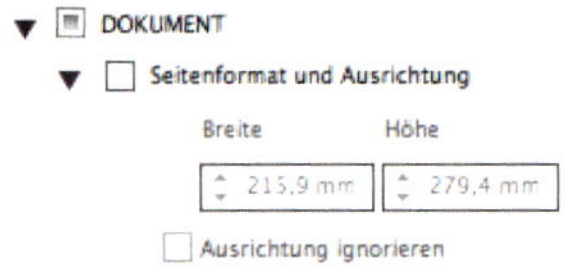

Bei den meisten Ausgabemedien muss sichergestellt sein, dass alle Seiten eines Dokuments **dasselbe Format** und dieselbe Ausrichtung (Hoch-/Querformat) aufweisen. Kommt es nur aufs einheitliche Format an, weil etwa gedrehte Seiten auch gedreht angelegt werden dürfen, können Sie die **Ausrichtung ignorieren**.

Unterschiedliche Seitenformate

Obwohl Sie mit InDesign verschiedene Seitenformate aufbauen können, ist es im Preflight nicht möglich, alle diese Formate zu prüfen, sondern nur ein Format.

Anzahl erforderlicher Seiten

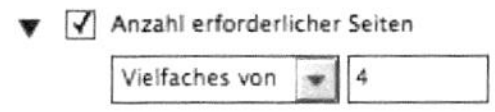

Mit dieser Rubrik können Sie Warnungen ausgeben lassen, falls Ihr Dokument eine von Ihnen vorgegebene **genaue**, **minimale** oder **maximale** Anzahl von Seiten unter- beziehungsweise überschreitet.

Oftmals interessanter ist die Option **Vielfaches von**: Größere Drucksachen sind meistens problemloser oder wirtschaftlicher herzustellen, wenn ihre Seitenzahl durch die Anzahl der Seiten auf einem Bogen (hier ist ausnahmsweise der echte Druckbogen gemeint!) teilbar ist. Eine Broschüre mit Klammerheftung benötig zum Beispiel immer ein **Vielfaches von 4 Seiten**.

Leere Seiten

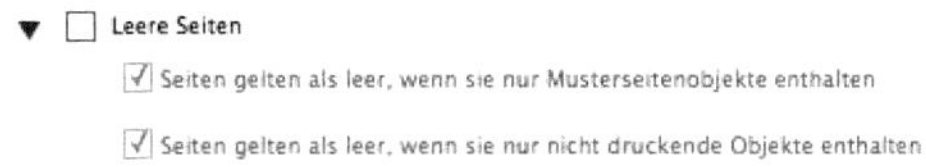

Für InDesign ist eine Seite nicht einfach nur leer: Mustervorlagen können ja Rahmen enthalten, die dann auf den zugewiesenen Seiten ebenfalls vorhanden sind. Befinden sich auf der Layoutseite ausschließlich **Rahmen, die von einer Musterseite stammen**, können Sie mit der ersten Option diese Seiten ebenfalls als *leer* gelten lassen, womit solche Seiten einen Preflight-Fehler bedeuten.

Enthält eine Layoutseite nur Rahmen, die im Attribute-Bedienfeld oder durch eine Ebeneneinstellung als **nicht druckend** definiert sind, können Sie mit der zweiten Option auch dafür eine Fehlermeldung ausgeben lassen.

Anschnitt und Infobereich einrichten

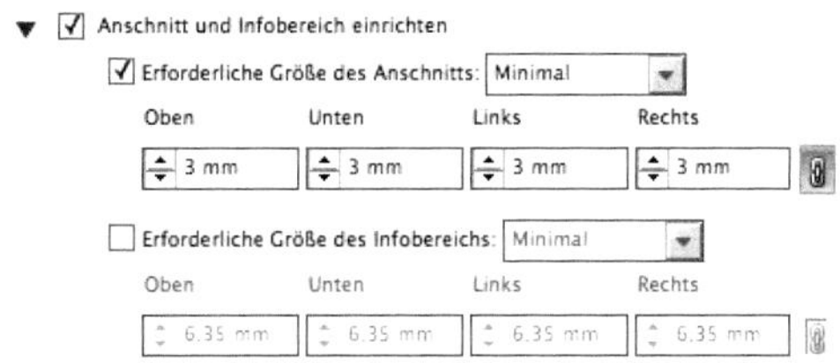

Ob Ihr Layout mit randabfallenden Bildern und Grafiken auch mit einem Anschnitt definiert ist, prüfen Sie in diesem letzten Schritt. Dabei ist es sinnvoll, einen Mindestwert für den Anschnitt anzugeben. Geben Sie für die **Erforderliche Größe des Anschnitts** die Option **Minimal** ein. Wählen Sie einen Wert von 3 mm im ersten Feld **Oben**. Ist das Verkettungssymbol hinter den Einträgen gedrückt, wird der Wert in alle anderen Felder eingetragen.

Neben einem Mindestanschnitt können Sie auch einen Infobereich für die Platzierung von Dateipfaden oder Farbkeilen wählen, für den ebenso eine Mindestgröße erforderlich sein kann. Die Eingabe erfolgt wie beim Anschnitt. Beachten Sie bitte, dass der Wert des

Infobereiches immer einige Millimeter größer ausfallen sollte als der **Anschnitt**, damit im Infobereich z.B. das Ausgabedatum angegeben oder ein Farbkeil als PDF platziert werden kann.

Unterschiedliche Seitenformate als Fehler

Um beim Ausschießen in der Druckerei keine bösen Überraschungen erleben zu müssen, können Sie prüfen lassen, ob **alle Seiten dasselbe Seitenformat und dieselbe Ausrichtung** aufweisen.

Preflight-Optionen

Wenn Sie sich ein eigenes **Preflight-Profil** angelegt oder eine Datei mit dem **Grundprofil** geprüft haben, können Sie nun einen **Bericht** als PDF speichern. Doch zuvor sollte ich Ihnen zeigen, wie Sie InDesign überhaupt dazu bringen, jede Datei mit Ihrem persönlichen Profil zu testen.

Profil laden und exportieren

Um ein **Profil** als externe Datei speichern und an Ihre Kollegen weitergeben zu können, rufen Sie im Bedienfeldmenü unter **Profile definieren** im nachfolgenden Dialog links unten im Aufklappmenü hinter dem **Listensymbol** die Optionen, externe **Profile zu laden** oder zu **exportieren**.

Das Aufklappmenü zum Laden, Exportieren und Einbetten von Profilen ist leider etwas versteckt.

Das exportierte Format ist eine Datei mit der Endung ***.idpp** (für **InDesign Preflight Profile**) und basiert – wie viele Dateien im InDesign-Kosmos – auf XML.

Arbeitsprofil einstellen

Im Aufklappmenü des **Arbeitsprofils** suchen Sie Ihr persönliches Profil aus, mit dem Sie jedes InDesign-Dokument testen wollen. Diese Einstellung ist übrigens unabhängig vom aktuell geöffneten Dokument.

Qualitätskontrolle in der gesamten Agentur
Die eingestellten Preflight-Standards können Sie als externe Datei weitergeben, so dass alle Teilnehmer an einem Projekt mit denselben Qualitätssicherungskriterien arbeiten können. Individuelle Prüfungen und damit individuelle Fehler könnten so der Vergangenheit angehören.

Aus dem Aufklappmenü der verfügbaren Profile suchen Sie das gewünschte Arbeitsprofil aus.

Profil einbetten

Preflight-Profile in die InDesign-Datei einzubetten ist möglich, aber eher nachteilig. Zum Einen kann das eingebettete Profil nicht geändert werden, um die Vorgaben strenger oder toleranter zu machen. Zum Anderen kann das eingebettete Profil nicht mehr gelöscht werden.

Preflight-Optionen

Wählen Sie im **Preflight**-Bedienfeldmenü die **Preflight-Optionen** aus. Hier können Sie nun Regeln und Ausnahmen treffen: Wenn Sie die zweite Option **Beim Öffnen von Dokumenten das Arbeitsprofil verwenden** ausgewählt haben, hält sich InDesign strikt an Ihr vorgegebenes Profil. Bei der zweiten Möglichkeit **Eingebettetes Profil verwenden** sucht InDesign nach einem Profil in der zu öffnenden Datei.

In den Optionen legen Sie fest, womit und was geprüft werden soll.

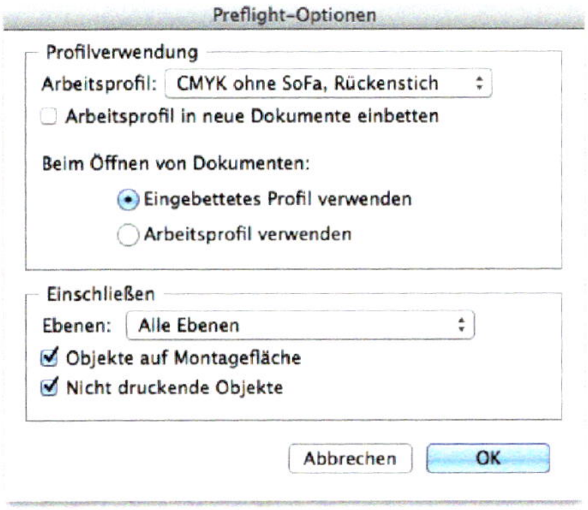

Einschließen-Optionen

Schließen Sie **alle Ebenen** ein, um auch eventuell ausgeblendete Ebenen zu prüfen. Natürlich sollten in einer ausgabefertigen Datei nicht unbedingt welche auftauchen, es sei denn, Sie haben verschiedene Textversionen eines Layouts mit mehreren Ebenen angelegt.

Objekte, die vollständig **auf der Montagefläche** liegen, können mit einbezogen werden. Auch hier gilt für die Reinzeichnung: In einer druckfertigen Datei ist die Montagefläche sauber und aufgeräumt!

Nicht druckende Objekte sollten unbedingt eingeschlossen werden, da gerade diese eine „beliebte" Fehlerquelle darstellen.

Preflight-Bericht speichern

Öffnen Sie im Bedienfeldmenü des **Preflight**-Bedienfelds die Option **Bericht speichern**, um eine TXT- oder PDF-Datei mit einem ausführlichen Bericht zu exportieren. Die Darstellung des Berichts können Sie leider nicht beeinflussen, auch grafische Hinweise als Überlagerung im Layout wie bei einem Report aus Acrobat 9.x sind nicht möglich.

Der Vorteil eines Exports ist die klare Beschreibung, zum Beispiel für einen Übersatztext auf einer konkreten Seite mit einer Handlungsanweisung, um den Fehler zu beheben. Dies ist auch für Preflight-Anfänger eine hervorragende Möglichkeit, Fehlerquellen zu identifizieren und zu beheben, wenn das Bedienfeld zu klein oder einfach zu spartanisch ist.

Fazit

Bis auf wenige Ausnahmen ist jeder Prüfschritt für **alle Layoutdokumente sinnvoll** und erspart mindestens die zeit- und damit kostenintensive Suche nach Fehlerquellen – oder gar noch teurere Fehldrucke.

Neben den Angaben von möglichen Konflikten ist auch die Relevanz interessant. Führt ein Fehler unweigerlich zu schlechten Druckergebnissen? Für diesen Fall bieten andere Preflight-Werkzeuge wie etwa die gleichnamige Funktion in **Acrobat Professional** einen Status an: Ausgaberelevante Fehler werden rot markiert, potenzielle Probleme dagegen mit Gelb gekennzeichnet. Bei diesen Problemen sollte im Einzelfall geprüft werden, ob eine Korrektur der Satzdatei nötig ist. So eine **Statusanzeige** wäre eine hervorragende Verbesserung für das jetzt schon sehr hilfreiche Preflight-Werkzeug in InDesign!

Grundprofil ist gut, eigene Profile sind besser
Das Grundprofil bietet nur sehr allgemeine Fehlerkontrollen. Definieren Sie sich, wie beschrieben, lieber ein eigenes Profil für die Reinzeichnung oder die permanente Kontrolle.

Ausgabe & Export

Drucken

RIP
Raster Image Processor = Soft- und/oder Hardware, die die abstrakten PostScript- oder PDF-Daten in eine primitive Rastergrafik (entsprechend einem hoch aufgelösten Pixelbild) umrechnet, um sie dann direkt auf einem Drucker auszugeben.

Ausgabe als „Druckbogen"
InDesign erlaubt das Montieren von unterschiedlichen Seitenformaten auf einem „Druckbogen", um zum Beispiel Klappseiten zu realisieren. Der **Drucken**-Dialog unterstützt diese Seitenmontage und setzt an den Übergängen automatisch Falzmarken.

PDF via PostScript

Neben dem Ausdruck auf Papier können Sie hier auch eine PostScript-Datei erzeugen, die später über den Acrobat Distiller in ein PDF umgewandelt wird. Diese veraltete Technik zur PDF-Erzeugung sollten Sie nach Möglichkeit nicht mehr nutzen.

Druckjobs für alle
Standardeinstellungen für häufig wiederkehrende Kundenjobs lassen sich, einmal korrekt angelegt, speichern und auf weitere InDesign-Arbeitsplätze übertragen. Der Ausgabeprozess wird damit sicherer und leichter reproduzierbar. Auch hier ist es sinnvoll, die Druckvorgaben auf einem Server zu hinterlegen.

InDesign kann PostScript-Daten für Drucker und RIPs ausgeben. Für jedes Ausgabeverfahren legen Sie die richtigen Einstellungen an und speichern diese dann als **Druckvorgaben** – das spart Zeit und Fehler, und beides ist Geld wert, wie wir alle wissen.

PostScript-Ausgabe

Der Druckdialog unter **Datei** > **Drucken** (⌘ Strg P) ist einer der umfangreichsten Dialoge, die InDesign zu bieten hat. Er ist in mehrere Rubriken unterteilt. Hier geben Sie die Seitenfolge an, fassen Doppelseiten zu **„Druckbögen"** zusammen, legen fest, in welchem Farbraum die Ausgabe stattfindet und ob Sie Druckmarken ausgeben. Darüber hinaus können Sie alle Seiten als **Miniaturen** auf einem Druckbogen ausgeben, um beispielsweise eine Layoutstrecke zu beurteilen.

Die Druckerbeschreibungsinformationen werden dabei komfortabel in den InDesign-Druckdialog integriert, so dass Sie keine Betriebssystemdialoge mit separaten Einstellungen für Papierfächer oder Seitenformate abarbeiten müssen. **PostScript**-Drucker im Netzwerk können ebenso wie **Nicht-PostScript**-Drucker angesprochen werden, jedoch stehen Ihnen bei Letzteren technisch bedingt nur eingeschränkte Druckoptionen zur Verfügung.

Druckvorgaben

Um diese Einstellungen bei wiederkehrenden Druckjobs nicht immer wieder von vorne überprüfen zu müssen, legen Sie sich Druckvorgaben an, in denen alle Ausgabeeinstellungen als Voreinstellung ähnlich wie **Dokumentvorlagen**, **Objektformate** oder **Absatzformate** gespeichert werden. **Druckvorgaben** lassen sich bei Bedarf auch aus externen Dateien laden. So können Sie auf Druckereinstellungen zugreifen, die Ihnen von Ihrem Dienstleister bereitgestellt werden.

Zwei Wege gibt es, diese **Druckvorgaben** anzulegen oder zu bearbeiten: Entweder rufen Sie **Datei** > **Druckvorgaben** > **Definieren** auf und legen dort eine neue Vorgabe an oder modifizieren eine bestehende. Oder Sie sichern die aktuellen Einstellungen direkt aus dem **Drucken**-Dialog heraus.

Wählen Sie für die **Druckvorgaben** einen sinnvollen Namen, die auf die im Format vorgenommenen Einstellungen oder auf den Verwendungszweck schließen lassen, beispielsweise „HP5000 A3 quer Doppelseiten" oder „OKI 2x2 Miniaturen".

Der Druckdialog

Allgemeine Einstellungen

Unter **Allgemein** können Sie aus bereits angelegten Vorlagen wählen. Befindet sich keine brauchbare darunter, wählen Sie unter **Drucker** einen lokalen oder einen im Netzwerk zur Verfügung stehenden Drucker aus und weisen die entsprechende PPD für dieses Ausgabegerät zu, falls das nicht bereits automatisch geschehen ist. Vergewissern Sie sich, dass Sie auch die aktuelle PPD-Datei verwenden. Die PPD wird in der Regel mit dem Druckertreiber installiert oder kann beim Druckerhersteller heruntergeladen werden.

PPD
„PostScript Printer Definition“, Druckerbeschreibungsdatei für PostScript-Drucker – in dieser sind die gerätespezifischen Informationen wie Auflösung, Papierformat und verfügbare Papierschächte gespeichert und werden vom Druckertreiber gelesen und dann im Dialogfenster angezeigt.

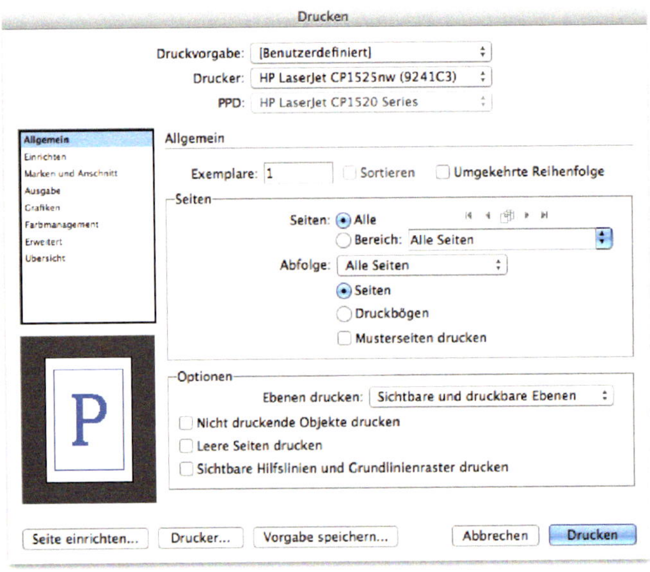

Angabe von Drucker, Seitenbereich und -anordnung sowie zu druckender Zusatzinformationen

In den Betriebssystemen sind bereits PPD-Dateien für zahlreiche Drucker enthalten, die unter Umständen bei der Auswahl der gerade benötigten PPD für Irritation sorgen. Viele Ausgabefehler entstehen aufgrund einer falschen oder fehlenden PPD-Datei. Die Installation, Pflege und Ordnung sollte den Systemadministratoren überlassen werden, die auch überflüssige PPDs entfernen können.

Bei der Installation von PostScript-Druckertreibern werden grundsätzlich PPD-Dateien installiert. Die richtige PPD wird dadurch jedoch nicht automatisch aktiviert, erst in den Druckereinstellungen des Betriebssystems wählen Sie diese aus.

Erscheint in der Liste der Drucker auch das „Gerät“ **Adobe PDF 9.0**, so ist auf Ihrem Computer eine Lizenz von Acrobat 9 installiert. Dieses „Gerät“ ist der virtuelle Drucker, über den eine PDF ausgegeben werden kann. Dieses Verfahren ist jedoch heute nicht mehr zeitgemäß.

PDF-Export: Seite 719

Komfortable Ausgabesteuerung bei unterschiedlichen Seitenformaten (zum Beispiel alternative Layouts) innerhalb der Datei

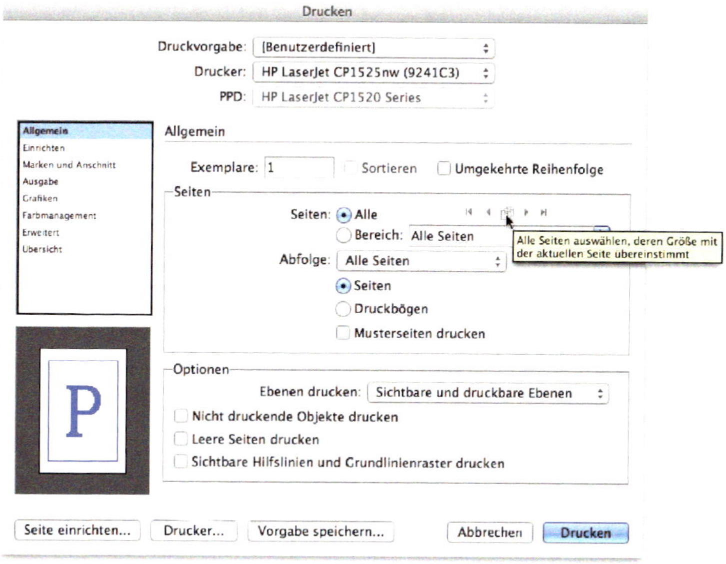

Auch ohne den Adobe-PDF-Drucker können Sie die Ausgabe in eine **PostScript-Datei** wählen, um diese manuell mit dem **Acrobat Distiller** in eine PDF-Datei zu konvertieren. Unter **Allgemein** legen Sie Grundeinstellungen wie **Anzahl der Kopien**, zu druckende **Seiten** und **Seitenabfolgen** fest. Wird das Optionsfeld **Druckbögen** aktiviert, bedeutet das, dass ein doppelseitiges Dokument als Montage zusammengefasst im Querformat ausgegeben wird. Auch Seiten unterschiedlicher Formate, die miteinander auf einem „Druckbogen" montiert wurden, werden dabei zusammenhängend ausgegeben.

Bei aktivierten „Druckbögen" erscheint unten links die symbolische Doppelseite, woran Sie erkennen können, dass Sie sich in der Rubrik „Einrichten" selbst um die richtige Formatlage kümmern müssen.

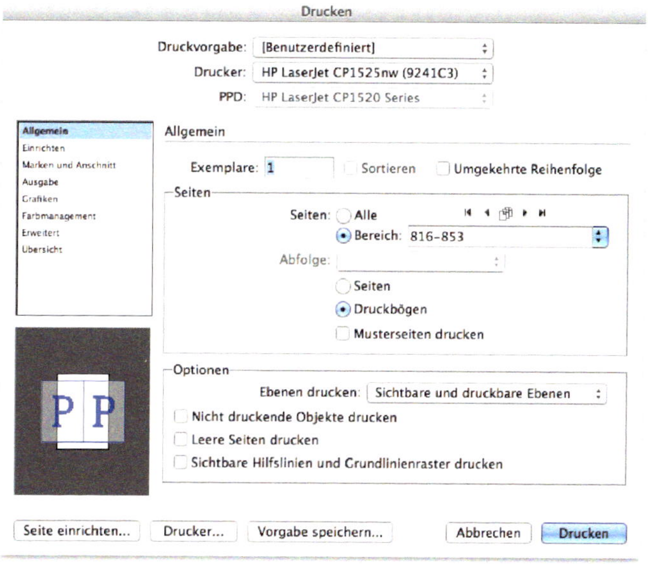

Unter den **Optionen** finden Sie weitere Layoutelemente wie **Hilfslinien** oder das **Grundlinienraster**, das Sie für einen Korrekturabzug mitdrucken können.

Korrekturabzug mit Hilfslinien auch im PDF
Auch beim PDF-Export können Hilfslinien und Grundlinienraster mit ausgegeben werden. Die Linien werden dann als Vektorgrafik in die PDF-Datei übernommen.

Vorschaufenster

Interessant ist das **Vorschaufenster**, denn es zeigt Ihnen unmittelbar die Auswirkungen der einzelnen Optionen an. Sie erkennen direkt, ob das Dokument auf das gewählte Ausgabeformat passt. Wenn Sie während der Einstellung im Druckdialog auf das Seitensymbol klicken, so wechselt InDesign die Ansicht der Vorschau auf die genauen Seitenmaße beziehungsweise die Darstellung des Anschnitts.

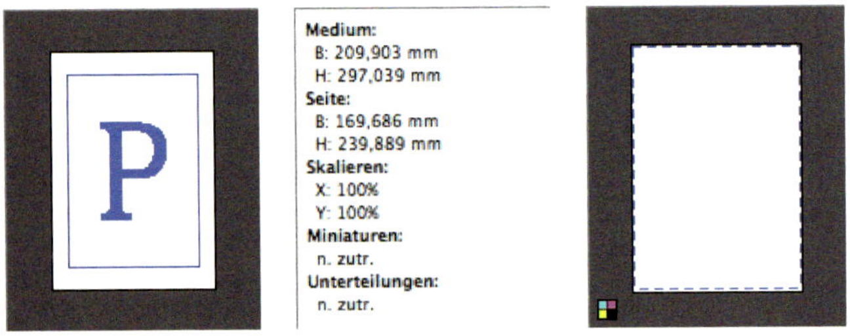

Die Seitenminiatur zeigt nach dem ersten Klick die wesentlichen Zahlenangaben zum Seitenformat, nach dem zweiten den bedruckbaren Bereich und den Farbmodus, nach dem dritten wieder die Seitenlage auf dem Papierbogen.

Unterschiedliche Seitenformate ausgeben

Haben Sie ein Dokument mit unterschiedlichen Seitenformaten gestaltet, erleichtert Ihnen InDesign mit einer kleinen, feinen Hilfe die Arbeit. Oberhalb des Eingabefensters des **Seitenbereiches**, in dem Sie die gewünschte Seite oder einen Seitenbereich eingeben können, befinden sich mehrere **Knöpfe**, die an eine Videosteuerung erinnern. Die **QuickInfo** gibt recht gute Auskunft darüber, was die einzelnen Knöpfe tun:

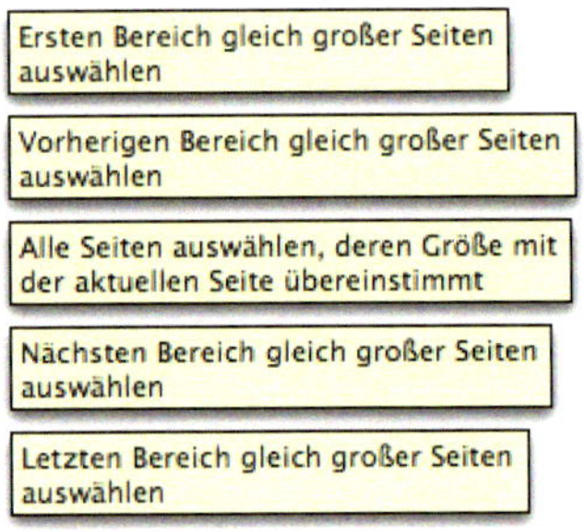

Ausgehend von der Seite, die im Seitenbereich eingegeben ist, können Sie mithilfe der Knöpfe zusammenhängende Seitenbereiche wählen. Gehen wir von einem Dokument aus, das doppelseitig angelegt ist (Seite 2 und 3 ff.)und links wie rechts Ausklappseiten aufweist (Seite 1 und 4), so besteht der **erste Bereich zusammenhängender Seiten** gleichen Formats allein aus der Seite 1. Der **nächste Bereich gleich großer Seiten** besteht aus den Seiten 2 und 3.

Haben Sie ein langes Dokument angelegt, in dem Sie mehrere Seitenformate über das gesamte Dokument hinweg als Ausklapp- oder Sonderseiten montiert haben, so können Sie einfach mit einem Klick auf den mittleren Knopf **Alle Seiten auswählen, deren Größe mit der aktuellen Seite übereinstimmt** die Seitenfolge in das Eingabefenster des Seitenbereiches eintragen lassen, etwa so: **2-5,14-17,20-31,44-47**.

Selbst wenn alle Seiten Ihres Dokuments dasselbe Format haben, können Sie auf diese Weise eine beliebige Seitenauswahl auf einmal ausgeben: **Zusammenhängende Bereiche** werden mit einem **Bindestrich (Minus)** verbunden; für eine **Lücke** geben Sie ein **Komma** ein.

Übersicht behalten

In langen Dokumenten mit unterschiedlichen Seitenformaten sollen Klappseiten und andere Spezialfälle meistens nicht mitpaginiert werden, dürfen also bei den Seitenzahlen nicht mitgerechnet werden. Dazu müssen Sie in den **Nummerierungs- und Abschnittsoptionen** für jede Klappseite sowie für jeweils die erste Seite danach einen neuen **Abschnitt** beginnen. Erstellen Sie unbedingt für Klappseiten und Ähnliches eine eigene Musterseite mit einer Nummerierung, die sich von der regulären Paginierung unterscheidet, wie etwa „A, B, C, …", damit Sie die regulären Seiten und die Ausklappseiten jederzeit gut auseinanderhalten können.

Einrichten

Unter dem Menüpunkt **Einrichten** legen Sie das Ausgabeformat fest. Wie in der Abbildung zu sehen ist, wird das **Papierformat** in der Regel von der PPD-Datei übernommen, damit der Drucker eine exakte Wiedergabe gewährleisten kann. Eigene Papierformate sollten Sie an dieser Stelle nicht anlegen.

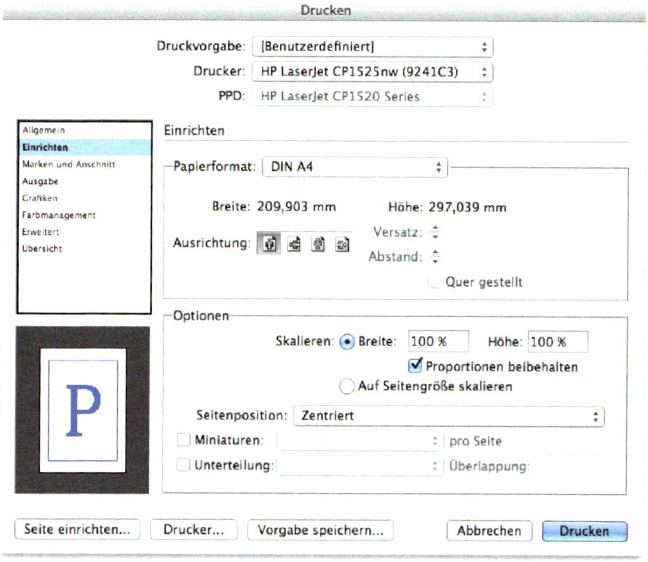

Hier stellen Sie Papierformat, Ausrichtung und eventuell Miniaturen oder Stückelung (Unterteilung) ein.

Benutzerdefinierte Formate
Für Endlosformate können Sie einen Film- oder Fotobelichter angeben und über die Einstellungen **Versatz** und **Abstand** die Nutzen auf dem Format genau positionieren. Der **Versatz** bestimmt die Entfernung der Nutzen zur Formatkante, und der **Abstand** gibt den Zwischenraum der Nutzen an. Wenn Sie **Quer gestellt** aktivieren, wird der Nutzen auf dem Endformat um 90° gedreht. Bei einem günstigen Verhältnis von Nutzen und Ausgabeformat können Sie das Druckmaterial so besser ausnutzen.

Layoutstrecke drucken

Doppelseiten lassen sich leider nicht als Miniaturen ausgeben. Als Notlösung legen Sie eine neue InDesign-Datei im Druckseitenformat an und platzieren die Einzelseiten Ihres eigentlichen Layouts in der gewünschten Anordnung. Über die Verknüpfungen lassen sich auf diese Weise die Seiten auch aktualisieren. Diese zweite INDD dient somit als Ablaufmuster („Dummy").

Möchten Sie ein Überformat auf dem Drucker ausgeben, so muss der Ausdruck skaliert werden. Bei aktiver Einstellung **Proportionen beibehalten** bleibt das Seiten- und Höhenverhältnis bestehen. Sollten Sie ein A4-Format auf einem A4-Drucker inklusive der Schnittmarken ausdrucken wollen, so wählen Sie stattdessen **Auf Seitengröße skalieren**. In der Vorschau links unten sehen Sie die daraus resultierende Verkleinerung. Die Seitenposition geben Sie mit dem Aufklappmenü **Seitenposition** an.

Über das Optionsfeld **Miniaturen** können Sie ein mehrseitiges Dokument verkleinert ausdrucken lassen, um beispielsweise für ein Magazin oder eine Broschüre eine Übersicht zu erhalten oder eine Präsentation papiersparend zu drucken.

Herkömmliche Druckertreiber können hier nur gerade Anzahlen von Seiten auf einer Seite ausdrucken, wie **2×2**, **4×4** oder **8×8**. InDesign hingegen gibt eine Vielzahl von Zwischenstufen von **1×2** bis **7×7** Seiten aus. Eine höhere Anzahl ist kaum sinnvoll, weil dann die verkleinerten Miniaturen so winzig abgebildet würden, dass viele Details völlig verloren gingen, zudem würde der Druckvorgang unnötig verlangsamt.

Jede Einzelseite wird im Ausdruck mit einer schwarzen Seitenkante als stilisiertem Schatten aus einer Vektorform versehen. Benutzen Sie diese Option am besten nur für Probedrucke für Korrektur- oder Präsentationszwecke.

Über die Option **Unterteilung** geben Sie ein Überformat auf mehreren Einzelseiten aus, wie beispielsweise ein A0-Plakat auf einem A4-Drucker (egal, wie sinnvoll sich das jetzt anhört). Den Bereich, in dem sich die Teilseiten überlappen sollen (zum Beispiel **10 mm**), geben Sie im Feld **Überlappung** an. Auch hier ist die **Vorschau** sehr hilfreich, um einen Eindruck von dem zu erwartenden Resultat zu bekommen.

Anzahl der ausgegebenen Seiten
Wenn Sie einmal auf das Seitensymbol links unten klicken, wird das Schema einer **Unterteilung** angezeigt, zum Beispiel „3×4".

Marken & Anschnitt

Hier haben Sie die Möglichkeit, alle druckrelevanten Parameter wie **Schnittmarken**, **Beschnittzugabemarken**, **Passermarken**, **Farbkontrollstreifen** und die **Standardseiteninformationen** zu setzen. Auch hier sehen Sie in der Vorschau direkt die Auswirkungen der aktivierten Funktionen und auch, ob die Marken auf das ausgewählte Papierformat passen.

Beschnittzugabe und Infobereich
Der **Anschnitt** kann hier auch noch beim Druck festgelegt werden. Allerdings sollte man bereits beim Anlegen des Dokuments auf den richtigen **Anschnitt** (oft 3 mm) achten, um abfallende Objekte jederzeit vernünftig ausgeben zu können.

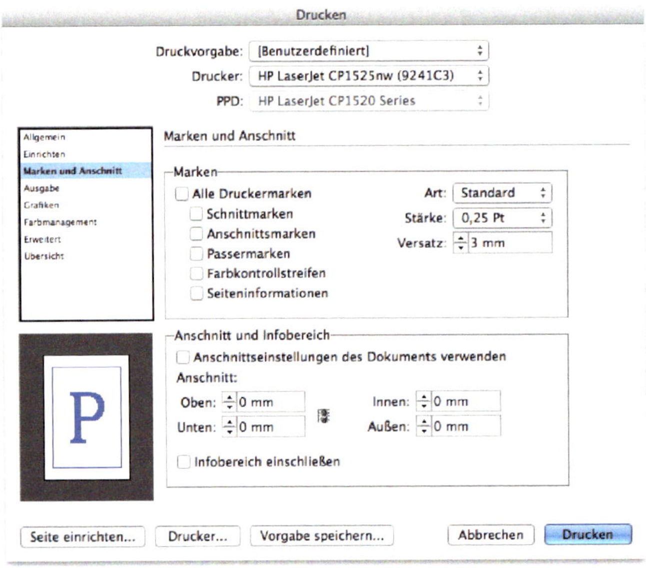

Hier legen Sie unter anderem die Ausgabe von Anschnitt- und Infobereich fest.

Kein Anschnitt?

Wenn bei **Anschnittseinstellungen des Dokuments verwenden** eine „0" in den Eingabefeldern erscheint, haben Sie im Dokument keinen Anschnitt definiert. Am besten brechen Sie den **Drucken**-Dialog ab und holen das nach, denn damit erleichtern Sie sich alle zukünftigen Druck- und Export-Vorgänge.

Ist Ihr Dokument ein doppelseitiges Dokument, so erhalten Sie statt der Werte **Links** und **Rechts** die Bezeichnungen **Innen** und **Außen**. Die Innen-Werte liegen im Bund. Bei einzelseitigen wie doppelseitigen Dokumenten sollten normalerweise **alle Werte gleich groß** sein, sofern es nicht mit Ihrem Dienstleister anders vereinbart ist.

Wenn Sie bereits beim Einrichten des Layoutdokuments den **Anschnitt** definiert haben, wählen Sie ihn mit **Anschnittseinstellungen des Dokuments verwenden** aus.

Info-Bereich
Auch der Infobereich (der vielleicht die Auftragsnummer oder einen eigenen Farbkeil enthält) kann mit ausgedruckt werden. Dabei wird allerdings das Nutzenformat noch mal kleiner.

Ausgabe

Je nach Drucker können Sie das Dokument als **CMYK-Composite** drucken oder separieren und die einzelnen Farbauszüge erstellen.

Separierte Ausgabe: Entweder wird die Separation von InDesign durchgeführt oder über „In-RIP-Separation" direkt im angeschlossenen RIP.

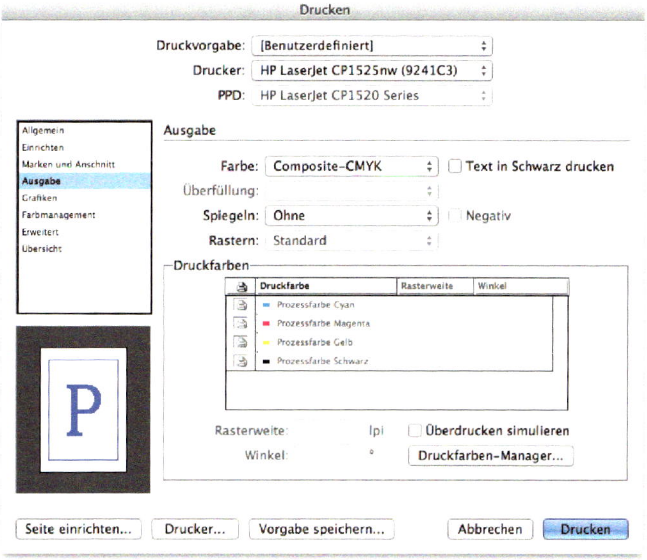

Schmuckfarben drucken

Entweder schicken Sie reine CMYK-Werte, oder Sie überlassen es dem Drucker, die Schmuckfarbe selbst umzurechnen. Wenn Sie **Composite-CMYK** wählen und im **Druckfarben-Manager** die Schmuckfarbe in Prozessfarben umwandeln, nutzt InDesign dazu die Lab- oder CMYK-Referenzwerte aus seinen eigenen Pantone- oder HKS-Bibliotheken. Geben Sie die Schmuckfarbe als **Composite unverändert** an den Drucker weiter, nutzt dieser wiederum seine eigenen Referenzbibliotheken, sofern vorhanden. Das Ergebnis kann jeweils völlig unterschiedlich sein! Falls der Drucker ICC-Profile verarbeiten kann und Sie ein solches erstellen können, lässt sich diese unerwünschte Bandbreite deutlich einschränken. – Es geht hier übrigens immer nur um Drucker-*Maschinen*. Mit *Menschen* können Sie reden und sollten das auch!

Farbe	Beschreibung
Composite unverändert	Alle Prozessfarben, RGB- und Lab-Werte sowie Schmuckfarben werden unverändert an Drucker oder RIP weitergegeben.
Composite-Grau	Alle Farben werden in Grauwerte umgesetzt. Diese Funktion eignet sich gut für die Ausgabe auf Schwarzweißdruckern, da die Helligkeit erhalten bleibt und der Drucker die Farben nicht mehr umrechnen muss.
Composite-RGB	Geben Sie direkt auf einen Fotobelichter oder auf einen Tinten- oder Farblaserdrucker ohne eigenen RIP aus, dann wählen Sie diese Option, um die Farben in den RGB-Arbeitsfarbraum zu konvertieren. Auch Prozess- und Schmuckfarben werden entsprechend umgerechnet.
Composite-CMYK	Alle Farben – auch Schmuckfarben – werden in den CMYK-Ausgabefarbraum umgewandelt. Eine Option, die für die Ausgabe auf Belichtern und Farblaserdruckern mit vorgeschaltetem RIP geeignet ist, die über eigene oder über nicht ausreichende Definitionen der Schmuckfarben verfügen.

Überfüllung

... ist normalerweise nichts, womit Sie als Datenersteller sich beschäftigen müssten. Falls Sie hier etwas „anfassen" müssen, sollte das unbedingt mit Ihrem Dienstleister abgesprochen sein.

Beim Aktivieren des Popup-Menüs **Farbe** > **Separationen** eröffnen sich weitere Optionen wie die **Überfüllung** und das Festlegen der **Rasterweiten** sowie Optionen für das **Spiegeln** der Dokumente, was ausschließlich bei der Belichtung auf Film oder Platte notwendig ist.

Die Option **Text in Schwarz drucken** bedeutet, dass Text immer mit **100% K** gedruckt wird, unabhängig davon, ob es sich um farbigen oder weißen Text handelt, das Layoutdokument mit CMYK- oder

RGB-Farben angelegt wurde. Diese Angabe ist für Textkorrekturauszüge sinnvoll. Dazu sollten dann auch die Bilddaten für die Ausgabe deaktiviert werden. Dies stellen Sie in der nächsten Rubrik **Grafiken** ein.

Die Angaben unter **Rastern** sind Voreinstellungen, die nur bei angewählten **Separationen** aktiviert sind. Daraus lassen sich Auflösungen zwischen **72** und **4.000 dpi** sowie Rasterweiten von **60** bis **200 lpi** (ca. **24er**- bis **80er**-Raster) anwählen. Durchschnittliche Auflösungen liegen zwischen **1.200** und **2.400 dpi**, je nach Belichtungsgerät.

Den **Druckfarben-Manager** können Sie an dieser Stelle aufrufen, um Schmuckfarben einzeln oder sämtlich in CMYK-Werte zu konvertieren.

Hässlich drucken im Büro?

Auch mit teuren Farblaserdruckern und Papieren ist das Druckergebnis in **Composite-CMYK** nicht immer das beste. Versuchen Sie es mal mit **Composite unverändert** und überlassen es dem Drucker, die Farben bestmöglich umzurechnen.

Ausgabevorschau: Seite 686

Grafiken

In den nächsten Einstellungen geben Sie die **Auflösung** für platzierte Bilder sowie die Eigenschaften für verwendete **Schriften** im Layout vor. Die Auflösung für Grafiken gibt es in vier Qualitätsstufen:

Qualität	Beschreibung
Alle	Verwendet die tatsächliche Auflösung der platzierten Bilder, die dann im Drucker in die Ausgabeauflösung umgerechnet wird. Für Digital- und Offsetdruck u.ä.
Auflösung reduzieren	Errechnet aus den Druckerparametern der PPD die für diesen Drucker „optimale" Auflösung. Beschleunigt das Drucken bei meist akzeptabler Qualität.
Bildschirmversion	Verwendet die 72-dpi-Monitordarstellung und eignet sich daher nur für verkleinerte/grobe Ausgabe.
Ohne	Statt der Bilder werden graue Flächen als Platzhalter gedruckt.

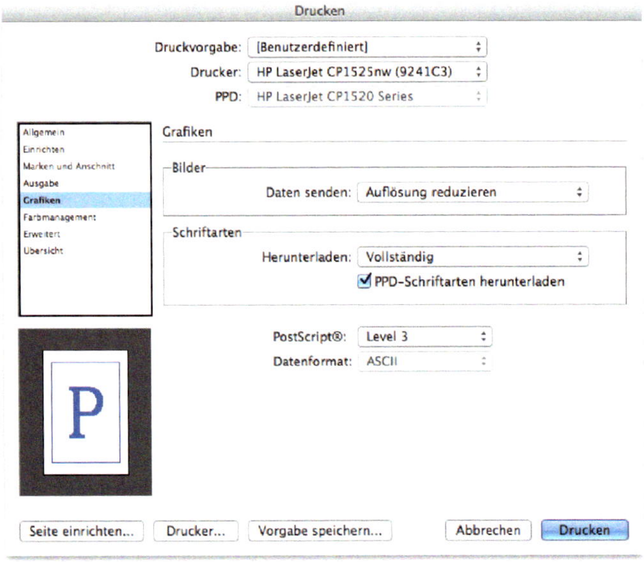

Senden Sie beim Druck nur so viele Daten wie erforderlich; ein Probedruck benötigt nur die „reduzierte Auflösung".

PostScript und Datenformat
InDesign wählt den PostScript-Level des jeweiligen Ausgabegeräts selbstständig auf Basis der PPD. Für die bestmögliche Ausgabe von Farbverläufen und OpenType-Fonts sollte grundsätzlich **PostScript Level 3** eingestellt sein. Die Kodierung der Ausgabe als **ASCII** ist der Standard für diesen Level.

Beim Ausdruck entscheiden Sie auch, ob die **Schriften vollständig**, gar nicht (**Ohne**) oder nur teilweise entsprechend der tatsächlich im Dokument benutzten Zeichen als **Untergruppe** an das Ausgabegerät geschickt werden. Geben Sie an dieser Stelle für eine bestmögliche Ausgabe **Schriften herunterladen: Vollständig** an.

Durch Aktivieren der Schaltfläche **PPD-Schriftarten herunterladen** lassen sich häufige Fehler bei Ausgabegeräten vermeiden, die bereits Schriften installiert haben, denn es werden alle im Dokument benutzten Schriften erneut heruntergeladen. Typische Fehler mit unterschiedlichen codierten aber identisch benannten Schriftarten wie Times und Helvetica lassen sich so vermeiden.

Farbmanagement

Die hier zu treffenden Einstellungen richten sich nach den Grundeinstellungen für das Farbmanagement. Lesen Sie den Abschnitt über das **Farbmanagement** ab Seite 57 aufmerksam durch, bevor Sie hier abweichende Einstellungen vornehmen.

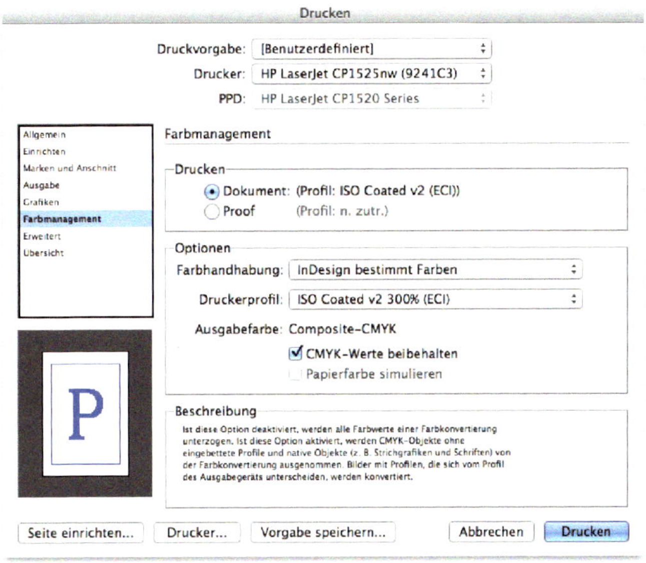

Die Farbmanagement-Einstellungen erlauben das Einbinden eines Druckerprofils für die Ausgabe. CMYK-Werte werden nicht in den Ausgabefarbraum konvertiert.

Findet der Ausdruck nicht auf dem vorgesehenen **Ausgabefarbraum** der Offsetmaschine statt, sondern auf einem **Farblaserdrucker**, so können Sie die Farbwerte in den Farbraum des Laserdruckers umrechnen, sofern Sie einen eingemessenen Ausgabefarbraum zur Verfügung haben, indem Sie das entsprechende Profil hier auswählen. Als Standardausgabefarbraum verwenden Sie **ISO Coated v2 300%**.

Wollen Sie einen **Proof** direkt aus InDesign ausgeben, hält InDesign spezielle Einstellungen für Sie bereit. Im Register **Farbmanagement** des Druckdialogs wechseln Sie auf die **Proof**-Einstellungen. Danach schaltet InDesign die Optionen für die **Papierfarbe** frei. Ein Proof soll das spätere Druckergebnis bestmöglich darstellen. Findet der Proof

Wer rechnet was um?

InDesign kann selbstständig RGB-Werte in den Ausgabefarbraum umrechnen, CMYK-Werte werden nur dann umgerechnet, wenn Sie dies so wünschen. Die Einstellungen treffen Sie in den **Farbeinstellungen**, die ich Ihnen im Abschnitt über das **Farbmanagement** ab Seite 57 erläutere. Das **PostScript-Farbmanagement** besagt, dass Farbtransformationen nicht von InDesign, sondern erst im Drucker oder im RIP berechnet werden. Diese Funktion sollten Sie für die einfache Druckausgabe nicht anwählen, da die Umrechnungen nicht zu kontrollieren sind.

auf einem neutralen Papier statt, so können Sie die **Papierfarbe simulieren**, damit das Papierweiß – von Papier zu Papier eher gelblich, bläulich oder hellgrau – im Farbdruck simuliert wird. Wenn Sie jedoch auf einem Papier proofen, das dem späteren Auflagenpapier ähnelt, sollten Sie die Funktion deaktivieren.

Erweiterte Druckereinstellungen

Für die Ausgabe auf Druckern ohne PostScript-Unterstützung wie beispielsweise einfachen Tintenstrahldruckern zählt nur das optisch brillante Ergebnis. Aus Bild-, Vektor- oder Schriftinformationen von InDesign macht ein Tintenstrahldrucker nichts anderes, als mit eigenen Mitteln eine Bilddatei zu berechnen und auszudrucken. Dies kann je nach Gerät unterschiedlich lange dauern. Was liegt also näher, diese Methode gleich in InDesign zu integrieren, um die Bildumrechnung dem schnelleren Computer zu überlassen?

Hierfür bietet InDesign für Drucker ohne PostScript-Fähigkeit die Möglichkeit, das ganze Layoutdokument als **Bitmap** zu drucken. Dafür stehen Ihnen Auflösungen zwischen **72 dpi** für einen Probedruck und **600 dpi** für einen hochauflösenden Druck zur Verfügung.

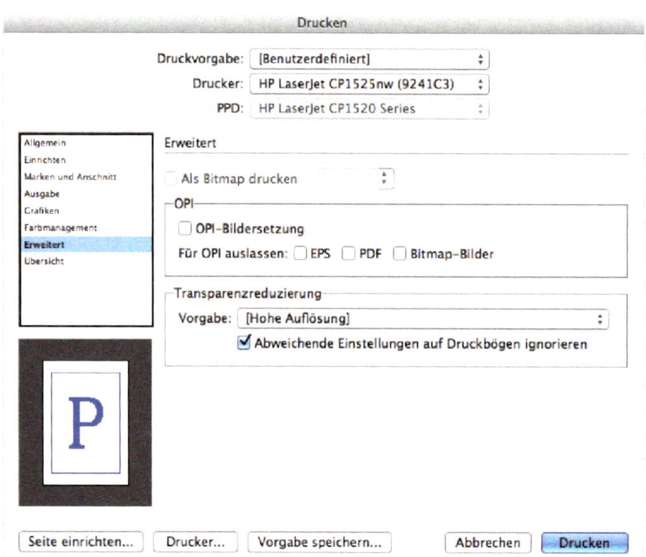

Als Bitmap drucken Sie Ihre Layouts für Tintenstrahldrucker ohne PostScript-Unterstützung.

Falls Sie also die Option **Als Bitmap drucken** aktivieren, werden andere Bereiche wie die **Transparenzreduzierung** ausgegraut. Somit ist klar, dass eine Reduzierung von Transparenzen stattfindet und diese in jedem Fall pixelorientiert verläuft.

Bei der Ausgabe können Sie direkt auf die angelegten **Transparenzreduzierungsformate** zugreifen, die festlegen, wie die transparenten und gegebenenfalls mit Schlagschatten versehenen Objekte der Satzdatei für die Ausgabe in eine Bitmap-Datei verrechnet beziehungsweise verflacht werden.

Formproof

Verwechseln Sie einen „Farbproof“ nicht mit einem „Formproof“. Letzterer dient nur dazu, die Passgenauigkeit des Layouts zu prüfen und den Druckbogen hinsichtlich späterer Verarbeitung wie Stanzen oder Falzen zu beurteilen. Farbverbindlichkeit spielt dabei keine Rolle.

Fonts und Auflösungen

Beachten Sie beim **Bitmap**-Druck bitte, dass auch die Fonts auf die eingestellte Auflösung umgerechnet werden. Bei niedriger Auflösung sieht das Schriftbild sehr „bescheiden“ aus. Verwenden Sie daher mindestens 150 dpi.

OPI

OPI (= *Open Prepress Interface*, also etwa „Offene Druckvorstufenschnittstelle“, ausgesprochen *„ou-pi-EI“*, nicht wie der Großvater) war in den 1990er-Jahren verbreitet, als Netzwerke nur ein Hundertstel so schnell wie heute und Festplatten mehrhundertfach teurer waren. Man konnte damit die Ausgabe großer Satzdateien erheblich beschleunigen, indem die rechenintensivsten Vorgänge auf den so genannten OPI-Server verlagert werden. Der Layouter arbeitete mit niedrig aufgelösten Grobdaten, die erst bei der Druckausgabe auf dem OPI-Server gegen die hochaufgelösten Feindaten ausgetauscht wurden. Damit der OPI-Server auch wusste, welche Daten genau ersetzt werden sollten, wurde anstelle des Bilds ein so genannter OPI-Kommentar zum Server geschickt, der die entsprechenden Informationen enthielt. Diese Technik kommt heute nur noch vereinzelt bei älteren Bildarchivsystemen zum Einsatz.

Bitte verwenden Sie für Probedrucke auf einem Farblaserdrucker die Einstellung **[Mittlere Auflösung]**, bei hochauflösenden Drucken, Proofs und Belichtungen dagegen immer **[Hohe Auflösung]**, damit Sie die bestmögliche Druckqualität in akzeptabler Verarbeitungsgeschwindigkeit erreichen.

Die Option **Abweichende Einstellungen auf Druckbögen ignorieren** sollten Sie aktivieren, wenn Sie auf eine seitengenaue Transparenzreduzierung verzichten. InDesign benutzt dann immer die globalen Einstellungen. In der Regel hat aber niemand abweichende Einstellungen vorgenommen, weswegen dieser Option fast nie eine Bedeutung zukommt.

Übersicht

Alle im Druckmenü vorgenommenen Einstellungen werden in einer **Übersicht** zusammengefasst, die sich als Textdatei, quasi als Report, abspeichern lässt. Der Bericht kann mit den Daten archiviert werden und erlaubt bei späteren Nachdrucken einen schnellen Abgleich der Ausgabesituation.

Druckvorgaben speichern

Die gesamte Druckvorgabe speichern Sie als externe Datei: Sie wählen im **Drucken**-Dialog die Option **Vorgabe speichern** und geben anschließend einen Namen ein. Diese Vorgabe können Sie nun immer im **Auswahl**-Menü im oberen Bereich des **Drucken**-Dialoges aufrufen, um nicht alle Voreinstellungen noch einmal durchgehen zu müssen.

Im Drucken-Dialog wählen Sie im oberen Bereich die Vorgabe aus.

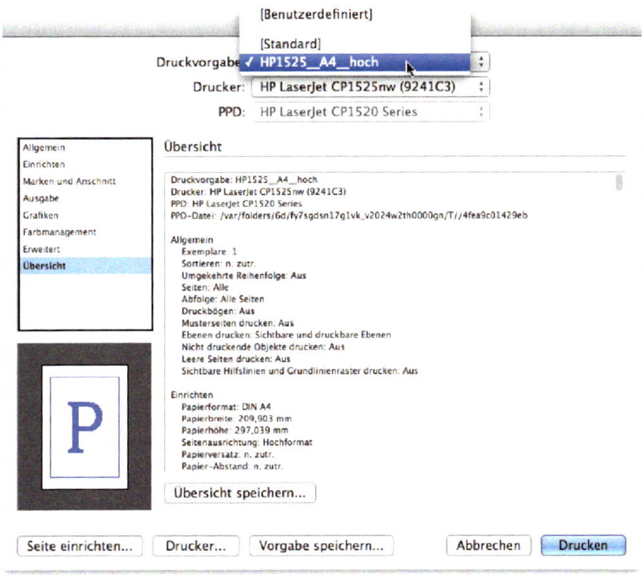

Broschüre drucken

Die Ausgabe einer **Broschüre** aus InDesign ist als Druck möglich, Sie können die Seiten einer Broschüre ausschießen und sofort an den angeschlossenen Drucker senden. Würde ich versuchen, dieses Buchkapitel wie eine etwa 40-seitige Broschüre zu behandeln, die als erstes Handmuster für den Kunden digital gedruckt und im Rücken klammergeheftet wird, könnte ich Ihnen die Handhabung demonstrieren. Also gut. (Dieses Kapitel hat in Wirklichkeit 28 Seiten. Alles andere ist trotzdem wahr.)

Ausschießen? Montieren?
Beim **Ausschießen** werden die Dokumentenseiten so auf dem Druckbogen angeordnet, dass nach der Verarbeitung (Schneiden, Falzen und Heften) die Broschüre die richtige Seitenfolge hat. **Montage** ist die passgenaue Fixierung auf dem Druckbogen, die im Zeitalter von Digitaldruck und Computer-to-Plate keine Bedeutung mehr hat.

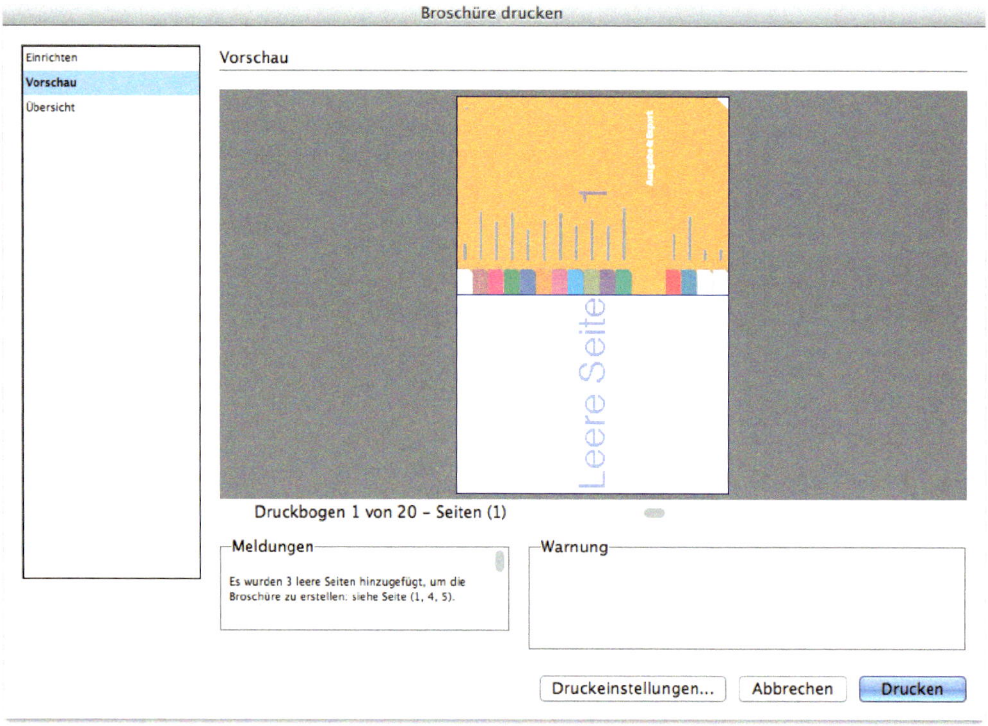

Falls das Dokument für eine Klammerheftung nicht aus einem Vielfachen von vier Seiten besteht, fügt InDesign leere Seiten hinzu.

Broschürendruck

Über das Menü **Datei** rufen Sie die Funktion **Broschüre drucken** auf. In den folgenden Einstellungsdialogen geben Sie alle Parameter an, damit InDesign aus Ihrem Dokument die Druckbögen erstellt und an den angeschlossenen Drucker weitergibt.

Wählen Sie zunächst den unteren Punkt **Druckeinstellungen** aus, um die Vorgaben des Ausgabegerätes anzupassen. Folgen Sie dazu den Angaben, die ich in diesem Kapitel in den oberen Abschnitten gemacht habe. Wichtig ist dabei, dass Sie das Papierformat Ihres Druckers wählen. Bei randabfallenden Bildern benötigen Sie eventuell Schnittmarken oder andere Angaben wie Passkreuze oder Farbkeile, die Sie in der **Druckervorgabe** einstellen.

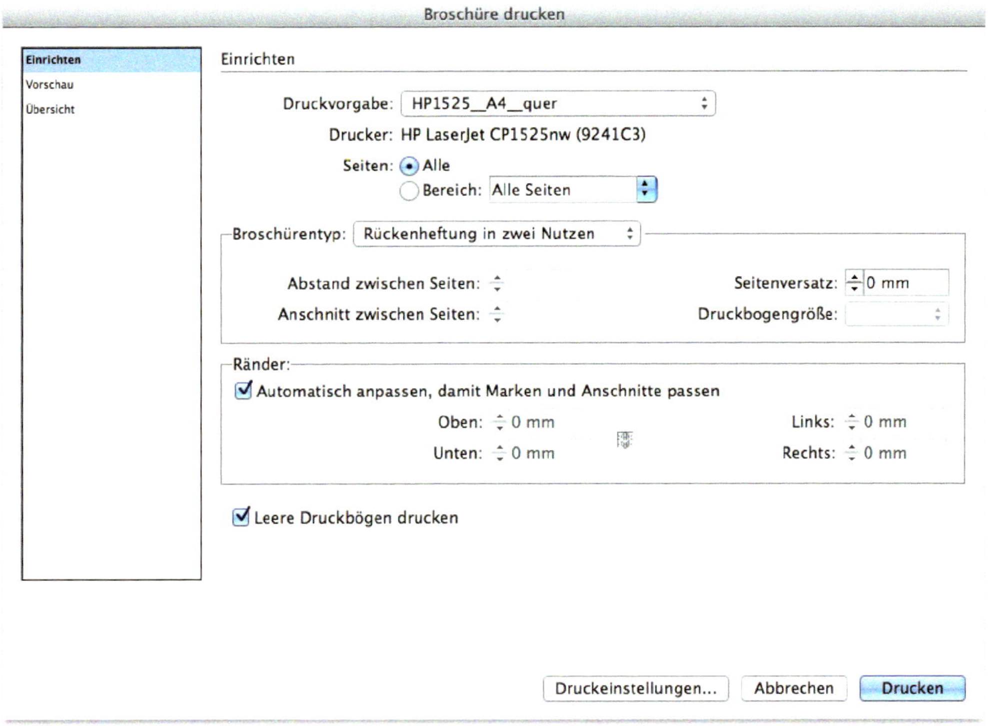

In der Rubrik „Einrichten" legen Sie die wesentlichen Einstellungen für den Druckvorgang inklusive Ausschießen fest.

Einrichten

Wenn Sie die Druckereinstellungen getroffen haben, können Sie im Dialog **Einrichten** den verfügbaren Drucker auswählen und den **Seitenbereich** angeben. In der Regel werden Sie alle Dokumentenseiten in InDesign angelegt haben und verwenden daher die Auswahl **Alle**. Besitzt Ihr Dokument eine Seitenzahl, die nicht durch vier teilbar ist, werden entsprechend leere letzte Seiten auf den äußersten Druckbogen angelegt.

Der Broschürentyp bietet Ihnen die verschiedenen Schemata, Ihr Layoutdokument auszuschießen: **Rückenheftung in zwei Nutzen** ist die Einstellung für unser Beispielprojekt. Ein Druckbogen wird also aus zwei Nutzen aufgebaut, was einer Doppelseite im Layout entspricht – jedoch in der „richtigen" Seitenanordnung: **Seite 1** aus dem Layout steht rechts neben **Seite 40**, **Seite 2** links neben der **39** und so weiter. Es gibt immer einen Druckbogen für die Vorderseite und die Rückseite eines Papierbogens. Drucker sprechen von Schön- beziehungsweise Widerdruck.

Der **Seitenversatz** wird dann benötigt, wenn aufgrund einer hohen Papiergrammatur und eines großen Seitenumfangs die gefalzten Druckbögen eine Verschiebung der innen liegenden Seiten bilden und somit ein späterer Anschnitt schwierig wird. Der „Seitenversatz" ist in Druckereien auch als Seitenverdrängung bekannt.

Bücher sind keine Broschüren, meint Adobe

Leider können über die Funktion „Broschüre drucken" keine Buchdateien ausgeschossen werden. Sie müssten daher alle einzelnen Dokumente des Buches zu einer neuen InDesign-Datei zusammenfügen, damit die Seiten in der richtigen Reihenfolge ausgegeben werden können.

Das zweite Schema **Klebebindung in zwei Nutzen** dient zum Anlegen von Druckbögen, die nach dem Druck am Rücken angefräst und verleimt werden. Die weiteren Schemata **Fortlaufend** bieten Vorlagen für Seiten, die direkt aufeinander folgen. Die Nutzen werden also von links nach rechts auf einem Druckbogen verteilt, die Seitenzahlen werden aufsteigend ausgeschossen. Diese Schemata eignen sich bei Klappseiten im Wickelfalz oder als Leporello.

Die Ränder bezeichnen irrtümlicherweise nicht den **Anschnitt** um das Druckbild des Bogens, sondern beziehen auch Schnittmarken, Passkreuze und Farbkeile mit in den Rand ein.

Vorschau

Haben Sie alle Einstellungen getroffen, so können Sie in der Rubrik **Vorschau** die Druckbögen anschauen. Mit Hilfe des **horizontalen Scrollbalkens** blättern Sie zum nächsten Druckbogen und suchen sich den gewünschten Bogen aus. Welche Seiten auf diesem Druckbogen montiert sind, sehen Sie zusätzlich neben dem Druckbogentitel.

Nach den Vorgaben und dem Kontrollieren der Druckbögen in der Vorschau können Sie nun den Druckvorgang starten.

Papierformat zu klein?
Wenn Sie einen Drucker ausgewählt haben, der das gewünschte Ausgabeformat nicht in Originalgröße wiedergeben kann, werden Ihnen die nicht druckenden Bereiche des Druckbogens rot markiert.

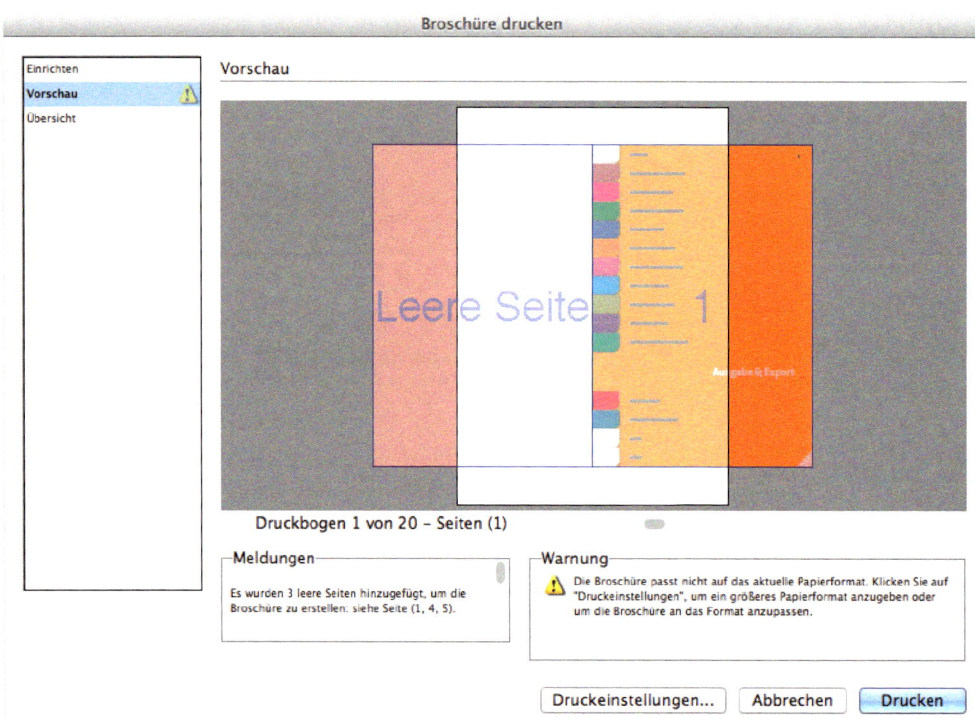

Falsche Druckvorgaben durch ein zu kleines Papierformat oder einen ungeeigneten Drucker werden als rote Bereiche sichtbar.

PDF-Ausgabe

Interaktive PDF-Dateien
In diesem Kapitel beschäftige ich mich ausschließlich mit PDF-Dateien, die Sie für die Korrektur mit dem Kunden und für die Ausbelichtung anfertigen. Interaktive PDF-Dateien als Präsentation sind mit InDesign auch möglich, werden jedoch in einem eigenen Format „PDF (Interaktiv)" exportiert. Lesen Sie dazu bitte das Kapitel **Digitales Publizieren** ab Seite 527.

Der direkte Weg, eine PDF-Datei aus InDesign zu exportieren, hat sich als Standard etabliert und bietet im Gegensatz zum veralteten Weg über PostScript-Datei und Distiller ungleich mehr Möglichkeiten, auch aktuellsten Anforderungen gerecht zu werden. Je nach Ausgabesituation und Verwendung der PDF-Datei können Sie individuelle Vorgaben machen. Dadurch ist es möglich, aus einer Layout-Datei eine PDF für den Offsetdruck, den Digitaldruck, die Kundenkorrektur sowie die Verwendung als Digitales Magazin zu exportieren. Damit Sie beim Exportieren keine Zeit verlieren, exportiert Ihnen InDesign die PDF-Datei „im Hintergrund".

Uralter RIP?

Die direkte PDF-Ausgabe führt in vielen Druckumgebungen nicht zuletzt aufgrund der 2-Byte-CID-codierten Fonts (CID = Character Identifier) zu Ausgabeproblemen. Erst RIPs ab der PostScript-Version 3011 interpretieren diese CID-Fonts einwandfrei. In diesem Fall gibt es wohl keinen anderen Weg als den über den PostScript-Druckdialog via Distiller, um auch in älteren Produktionsumgebungen eine sichere Ausgabe zu gewährleisten.

PDF-Exportvorgaben

InDesign ermöglicht mit der eingebauten PDF-Library den direkten Export und schreibt PDFs nach allen gängigen Standards, die mittlerweile von allen eingesetzten RIPs interpretiert werden können. Das direkt erzeugte PDF ist qualitativ sehr hochwertig.

[Druckausgabequalität]
[Inhalt mit allen Funktionen PDF]
[Kleinste Dateigröße]
[PDF/X-1a:2001]
[PDF/X-3:2002]
[PDF/X-3:2003]
[PDF/X-4:2008]
[Qualitativ hochwertiger Druck]
we_Platzierung
we_Praesentation
we_RoughCuts

Die Standard-PDF-Vorgaben (Joboptions) sind an den eckigen Klammern zu erkennen.

Über das Menü **Datei** oder mit ⌘ Strg E rufen Sie den Befehl **Exportieren** auf. Sie werden aufgefordert, den Speicherort der PDF-Datei anzugeben und der zu speichernden Datei einen Namen zu geben. Ist Ihr InDesign-Dokument bereits benannt, wird automatisch der Dokumentname mit der jeweiligen Export-Dateiendung benutzt. Unter der Option **Formate** wählen Sie **Adobe PDF (Druck)** aus. In den nachfolgenden Rubriken des Export-Dialoges stellen Sie alle weiteren Optionen ein.

Bevor Sie beginnen, will ich Ihnen die verschiedenen Anwendungsgebiete und die jeweils bestmögliche Vorgabe vorstellen. Anschließend können Sie sich selbst eine Vorgabe einrichten, speichern oder auf einem anderen Arbeitsplatz importieren.

Für die verschiedenen Ausgabeformen wie **Offsetdruck**, **Digitaldruck**, **Korrektur-PDF** und **digitale Magazine** mit Interaktionen habe ich Ihnen Empfehlungen zusammengestellt. Im Folgenden will ich Ihnen zu diesen unterschiedlichen Ausgabesituationen einige Hinweise geben.

Adobe-Vorgaben

Die Vorgaben, die InDesign für den PDF-Export anbietet und in eckigen Klammern darstellt, erwecken den Eindruck, dass damit hochqualitative Druckergebnisse erzielt werden. Dies stimmt nicht. Die Einstellungen sind oft nicht nur ungenau, sondern sogar technisch unzureichend. Daher verwenden Sie bitte immer Ihre eigenen Vorgaben!

Buch exportieren
Aus InDesign heraus können Sie grundsätzlich einzelne InDesign-Dokumente in PDF-Dateien exportieren oder aber über das Buch-Bedienfeld mehrere selektierte Dokumente gemeinsam. Über das Bedienfeldmenü des Buch-Bedienfelds aktivieren Sie die Funktion „Buch in PDF exportieren" oder „ausgewählte Dokumente als PDF exportieren".

PDF-Vorgabe für den Offsetdruck

Wollen Sie eine PDF-Datei für den Offsetdruck ausgeben, so ist es wichtig, mit der Druckerei zuvor abzustimmen, ob die Druckerei eine **PDF-Print-Engine** als **RIP** einsetzt oder herkömmliche Techniken verwendet. Eine Print-Engine ist eine RIP-Technik, die das PDF-Format nativ verarbeitet, Transparenzen verflacht und Farbkonvertierungen durchführt. In diesem Fall kann die **Version** der PDF auf **1.4** gesetzt und die Transparenzreduzierung dadurch deaktiviert werden. Hat die Druckerei keine Print-Engine, sondern einen herkömmlichen **PostScript-3-RIP**, so verwenden Sie als Standard bitte X-1a (PDF 1.3). **Schnittmarken** werden allgemein für PDF-Dateien nicht mehr verwendet.

Detailvorgabe	Offset-druck*	Digital-druck	Korrektur-PDF für den Kunden	Interaktive PDFs und Magazine
PDF-Standard	X-4	X-1a	Ohne	Ohne
Kompatibilität	PDF 1.4	PDF 1.3	PDF 1.6, 1.7	PDF 1.6, 1.7
„Druckbögen“	**	**	ja	nein
Seitenminiaturen einbetten	~	~	ja	ja
PDF mit Tags erstellen	nein	nein	nein	ja
Acrobat-Ebenen erstellen	nein/***	nein/***	ja***	ja
Lesezeichen	nein	nein	nein	ja
Hyperlinks	nein	nein	ja	ja
Nicht druckende Objekte	****	****	ja	ja
Sichtbare Hilfslinien und Raster	nein	nein	ja	nein
Interaktive Elemente	nein	nein	ja	ja
Auflösung Farb-/Graustufenbilder	300 ppi		72 ppi	150 ppi
Komprimierung JPEG	Maximal		Hoch	
Auflösung einfarbige Bilder	1.200 ppi		300 ppi	
Komprimierung CCITT Group 4	ja	ja	ja	ja
Text und Strichgrafiken komprimieren	ja	ja	ja	ja
Bilddaten auf Rahmen beschneiden	ja	ja	ja	ja
Druckermarken	nein	***	nein	nein
Anschnitteinstellungen des Dokuments verwenden	ja	ja	nein	nein
Infobereich einschließen	~	~	ja**	nein
Farbkonvertierung: In Zielprofil konvertieren (Werte beibehalten)	ja	ja	ja	ja
Ziel	ISO Coated v2 300%		sRGB	sRGB
Druckfarben-Manager: Alle Schmuckfarben in Prozessfarben umwandeln	nein	***	~	ja
Schriften teilweise laden, wenn Anteil kleiner als	0%	0%	100%	100%

Detailvorgabe	Offset-druck*	Digital-druck	Korrektur-PDF für den Kunden	Interaktive PDFs und Magazine
Transparenzreduzierung	Hohe Auflösung		Mittlere Auflösung	
Kennwort zum Öffnen	nein	nein	***	ja***
Kennwort zum Bearbeiten	nein	nein	***	ja

~ beliebig, ohne Bedeutung, egal, Wurscht, …

* nach Rücksprache – „Online-Druckereien", die ihren Kunden (zu Recht?) nichts Gutes zutrauen, sowie Druckereien mit älteren RIPs wollen meistens „PDF/X-3 ohne RGB", also in Wirklichkeit PDF/X-1a

** normalerweise Einzelseiten; bei kleinsten Drucksachen wie Klappkarten je nach Anforderungen der Druckerei auch mal als „Druckbögen"

*** je nach Rücksprache mit dem Kunden oder Dienstleister

**** auf eigene Gefahr

Schnittmarken ade!

Das Einsetzen von Druckermarken um das Endformat ist nicht mehr üblich. Wenn Sie die **Anschnittsinformationen des Dokuments** verwenden und dort einen Wert eingegeben haben, wird dieser außerhalb des Seitenformats („Trim Box") als „Bleed Box" ins PDF exportiert und von der Druckerei durch ein Prüfprofil in der PDF-Datei abgefragt. Ein Ausschießprogramm montiert anschließend die Einzelseiten auf dem Druckbogen und ergänzt gegebenenfalls Schnitt- und Passermarken oder Farbkeile.

PDF-Vorgaben für den Digitaldruck

Die Unterschiede zum Offsetdruck liegen hauptsächlich darin, dass (noch) keine Schmuckfarben verwendet werden können. Daher rufen Sie im **Export**-Dialog den **Druckfarben-Manager** auf und konvertieren – sofern noch nicht eingestellt – alle **Schmuckfarben** in **Prozessfarben**. In Abstimmung mit der Druckerei ist es jedoch möglich, dass Sie die PDF inklusive Schmuckfarben ausgeben und die Druckerei die Umwandlung in CMYK-Werte – basierend auf eigenen, für das jeweilige Papier optimierten Einstellungen – übernimmt.

Vorgaben für das Korrektur-PDF

Das „Korrektur-PDF" ist technisch weniger strikt eingeschränkt als ein PDF für den Offsetdruck. Hierbei kommt es darauf an, dass der Kunde, der das PDF erhält, den bestmöglichen Eindruck von der späteren Druckqualität erhält. Daher kann es im Ausnahmefall besser sein, anstelle des internettauglichen Farbprofiles **sRGB** besser das **ISO Coated v2 300%** zu verwenden, damit die Farben im PDF im **CMYK**-Farbmodus vorliegen. Ein Anschnitt muss nicht mit exportiert werden, denn der Kunde möchte das „Endformat" sehen. Je nach Inhalt kann die Verwendung von **Ebenen** sinnvoll sein, z.B. für die Verwendung mehrerer Sprachfassungen. Die Hauptebenen von InDesign werden dann zu Acrobat-Ebenen im PDF konvertiert. Im Umgang mit der Sichtbarkeit von Ebenen in einer PDF-Datei sollte der Kunde gegebenenfalls zuvor instruiert werden!

Digitale interaktive Magazine

Der Unterschied zu den anderen Exportformaten ist offensichtlich: **Schaltflächen** bieten Interaktivität in der PDF-Datei, **Lesezeichen** entstehen aus einem **Inhaltsverzeichnis**, **Hyperlinks** verweisen auf andere Textstellen oder Internetseiten, **Videos** und **Audio**-Dateien können eingebettet werden. Beachten Sie hier, dass interaktive

Elemente nur dann eingebettet werden können, wenn Sie als PDF-Version mindestens **PDF 1.6** wählen. Zudem werden auch Seitenübergänge in die PDF-Datei exportiert, sofern Sie diese angelegt haben.

PDF-Exportvorgaben speichern und laden

In diesem Abschnitt zeige ich Ihnen, wie Sie Ihre Vorgaben machen. Wählen Sie zuvor eine Ausgabesituation aus der **Tabelle** für die **PDF-Exportvorgaben** aus. Anschließend können Sie Ihre Exportvorgabe auch als externe Datei speichern, um sie Kollegen oder Kunden zur Verfügung zu stellen.

1 Vorgaben neu anlegen

Wählen Sie in InDesign den Befehl **Datei** > **Adobe PDF-Vorgaben** > **Definieren** und klicken Sie auf **Neu**.

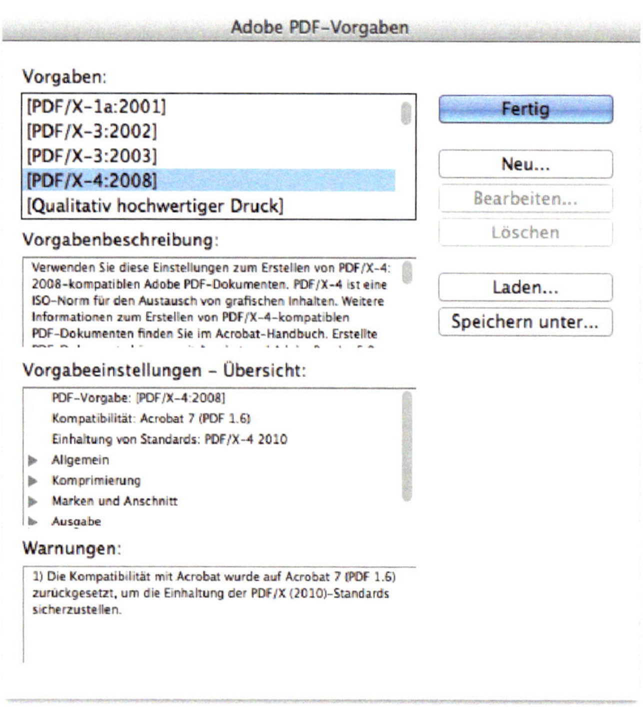

Beim Klick auf „Neu" wird eine neue Vorgabe auf Basis der soeben markierten erstellt.

2 Vorgaben einrichten

Machen Sie hier gemäß der vorangegangenen Tabelle Ihre Einstellungen und klicken Sie anschließend auf **OK**.

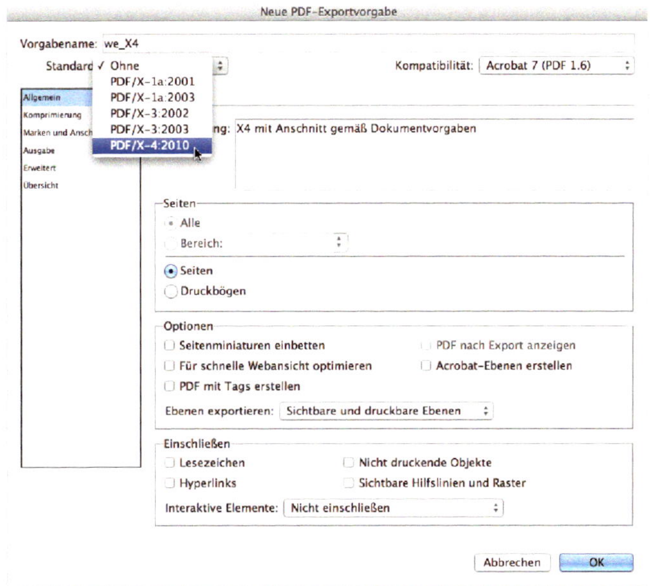

Im Dialog „Neue PDF-Exportvorgabe" wählen Sie die verschiedenen Einstellungen, wie ich sie Ihnen in der Tabelle aufgestellt habe.

3 Vorgaben speichern

Nun kehren Sie automatisch zur Übersicht Ihrer Einstellungen zurück. Klicken Sie auf **Speichern unter** und geben Sie einen geeigneten Namen ein. Die Vorgabe wird mit der Endung ***.joboptions** gespeichert.

PDF-Export im Hintergrund

Wenn Sie ein PDF aus InDesign exportieren, hat sich InDesign dabei in früheren Fassungen viel Zeit genommen und das Programm so lange blockiert, bis die PDF-Datei fertiggestellt war. Dank 64-Bit-Multiprozessorsystemen kann InDesign jetzt PDFs im Hintergrund exportieren. Während der Export noch läuft, bearbeiten Sie schon das nächste Dokument oder Sie schicken einen zweiten Export für eine andere Ausgabeart hinterher. Während des Exports können Sie eigentlich alles tun, was Ihnen gerade einfällt, nur nicht die Datei beziehungsweise das Programm schließen.

Sobald Sie ein PDF exportieren, startet InDesign automatisch einen Hintergrundprozess, ohne dass Sie dazu etwas besonders einstellen müssen. Sie sehen den Fortschritt des Exportes anhand einer kleinen **animierten Balkenanzeige** in der **Anwendungsleiste**. Wenn Sie etwas genauer zuschauen wollen, was passiert, so können Sie **Fenster** > **Hilfsprogramme** > **Hintergrundaufgaben** öffnen und so die Exportarbeit mitverfolgen.

Nur der direkte PDF-Export läuft im Hintergrund

Nur die PDF-Ausgabe für den Druck kann im Hintergrund durchgeführt werden. Die anderen Ausgabemethoden wie „PDF (interaktiv)", „EPUB" oder Drucken sind leider (noch) keine Hintergrundprozesse.

Abgeschlossene Prozesse verschwinden

Hintergrundprozesse, die fertiggestellt wurden, werden leider aus dem Bedienfeld entfernt. Ein erneutes Exportieren mit denselben Einstellungen ist nicht möglich. Dazu müssen Sie den Export-Dialog erneut aufrufen und Ihre PDF-Exportvorgabe wählen.

1 Hintergrundaufgaben-Bedienfeld öffnen

Rufen Sie **Fenster** > **Hilfsprogramme** > **Hintergrundaufgaben** auf. Ziehen Sie das Bedienfeld auf die doppelte Breite, damit Sie mehr Informationen darstellen können.

2 Export-Dialog öffnen

Rufen Sie im Menü **Datei** > **Exportieren** auf und wählen Sie das Format **Adobe PDF (Druck)**. Geben Sie der Datei einen sinnvollen Namen.

3 PDF-Exportvorgabe aussuchen

Wählen Sie nun im **PDF-Export**-Dialog Ihre gespeicherte **Exportvorgabe** aus.

4 Export starten

Nehmen Sie gegebenenfalls Änderungen an den Einstellungen vor. Bestätigen Sie den Export mit **Exportieren**.

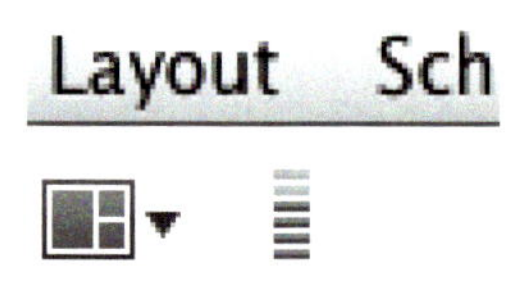

Während des Exports erscheint in der Anwendungsleiste eine animierte Balkenanzeige.

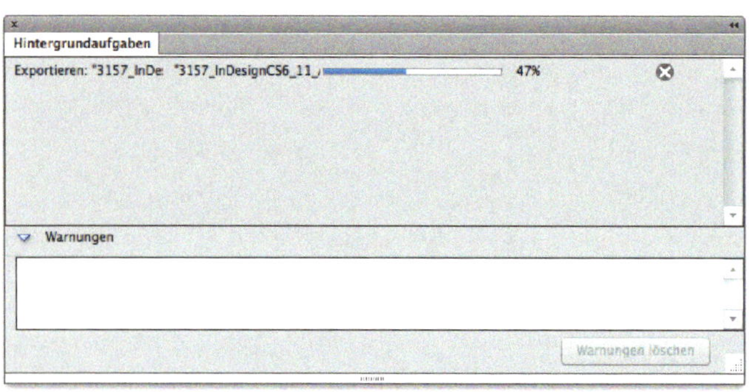

Das geöffnete Bedienfeld „Hintergrundaufgaben" zeigt Ihnen den Fortschritt des Exportvorgangs.

Ausführliche Erklärung der Einstellungen

Allgemeine Einstellungen

In den **allgemeinen** Exporteinstellungen legen Sie fest, mit welcher Acrobat-Version Ihre PDF-Datei kompatibel ist. Sie geben somit auch an, welche Techniken wie Transparenzen oder Ebenen im PDF verwendet werden. Da dieser Zusammenhang nicht sofort ersichtlich ist, empfehle ich Ihnen, sich mit den PDF-Versionen und den unterstützten Techniken auseinanderzusetzen. Näheres dazu finden Sie zum Beispiel bei der Arbeitsgruppe PDFX-ready.ch.

Mit aktiver Funktion **Druckbögen** werden Doppelseiten gemeinsam exportiert. Aktivieren Sie die Funktion **Druckbögen** nicht, wenn die PDF-Datei an eine Druckerei geht, denn die Seiten können dann nicht mehr als Einzelseiten ausgeschossen werden.

ISO-Formate und PDF

Bei den Exportvorgaben können Sie aus dem Aufklappmenü **Standard** aus mehreren X-Standards wählen. Der technische Hintergrund ist teilweise trivial, so unterscheidet sich der neuere Standard X-1a:2003 vom älteren X-1a:2001 insofern, als seither jedes X-1a auch automatisch ein gültiges X3 ist. Nichts, womit Sie sich im Detail befassen müssen. Ändern Sie bloß nicht die Kompatibilität, sonst ist Ihr PDF nicht mehr standardkonform.

Exportieren, Prüfen und Versenden
Wenn Sie Ihr Layout fertig gestaltet haben und Ihrem Kunden eine Korrektur zuschicken wollen, legen Sie sich eine PDF-Vorgabe „Korrektur" an und exportieren Sie eine PDF-Datei mit der Option **Nach dem Export anzeigen**. Sobald das fertige PDF in Acrobat geöffnet wird, können Sie auf den E-Mail-Knopf in der Acrobat-Oberfläche klicken. Dann öffnet sich Ihr E-Mail-Programm mit der angehängten PDF-Datei und dem Dateinamen in der Betreffzeile. Einfacher geht es kaum!

Korrektur-PDFs für den Kunden
Die Option „Sichtbare Hilfslinien und Raster" eröffnet Ihnen hervorragende Korrekturmöglichkeiten in Abstimmung mit Ihren Kunden oder Kollegen. Das Grundlinienraster, die Spalten und Hilfslinien werden als Vektoren in das PDF übernommen, so dass das Gestaltungsraster auch im PDF sichtbar bleibt.

Sie sehen im Feld für die **Optionen**, dass zusätzliche Parameter gesetzt werden können. Durch Aktivieren der Schaltfläche **Seitenminiaturen einbetten** können Sie dafür sorgen, dass Seiten-„*Thumbnails*" (= Daumennägel, ausgesprochen wie „*ThAMM-näils*") angelegt werden, die Ihnen beim Navigieren in der PDF-Datei in Acrobat eine Vorschau liefern. Bedenken Sie aber, dass die PDF-Datei durch die Miniaturen zusätzlichen Speicherbedarf benötigt.

Die Option **Für schnelle Webansicht optimieren** sorgt dafür, dass die ersten Seiten eines PDFs, die über eine Internetseite oder über ein Netzwerk geladen wird, rascher angezeigt werden. Diese Option führt unter Umständen dazu, dass das exportierte PDF ein kleines bisschen größer wird. Die Datei wird neu strukturiert und so für seitenweises Laden (Byte-Serving) durch Webserver vorbereitet. Texte werden dabei komprimiert und die Komprimierungseinstellungen, die Sie vorgenommen haben, werden überschrieben.

Als sehr praktisch erweist sich die Option **PDF nach Export anzeigen**. Gleich nach der Konvertierung wird Ihr PDF-Anzeigeprogramm gestartet, um die Datei am Bildschirm anzuzeigen.
Sie können beim PDF-Export aus InDesign **Lesezeichen** und **Hyperlinks** mit ausgeben, um die Dokumentnavigation zu verbessern, vorausgesetzt, Sie haben in Ihrem Layoutdokument auch entsprechende Markierungen vorgenommen. Im Kapitel **Digitales Publizieren** ab Seite 527 erfahren Sie, wie Sie Lesezeichen und Hyperlinks anlegen und exportieren.

Komprimierung

Im nachfolgenden Reiter **Komprimierung** können Sie die Bildqualität und die Dateigröße beeinflussen.

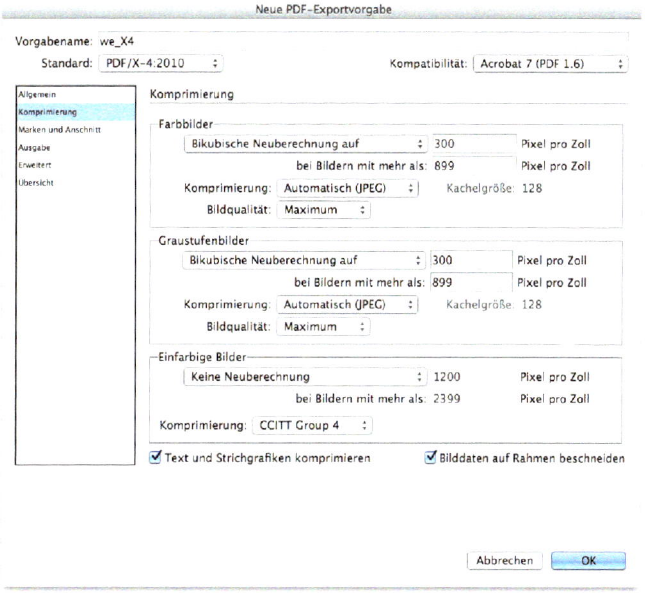

Die Kompressionseinstellungen für den PDF-Export einer drucktauglichen Datei

Sie können in InDesign die **Auflösung** eines Bildes bestimmen, um die Bilddaten auf die für ein Ausgabegerät erforderliche Menge zu reduzieren. Das Neuberechnen empfiehlt sich, wenn Bilder wesentlich mehr Daten enthalten, als das Ausgabegerät verwenden kann.

Durch eine Bildneuberechnung werden die Pixelmaße eines Bildes geändert. Jede Neuberechnung bringt einen kleinen Qualitätsverlust mit sich, der allerdings beim Großteil der Drucksachen nicht wahrnehmbar ist. Den Standardfaktor von **1,5** (der Bilder schon dann auf 300 ppi herunterrechnet, wenn sie nur 1,5-mal so groß sind, also mit 450 ppi platziert sind) finde ich trotzdem untauglich, weil es ein schlechter Kompromiss aus Dateneinsparung und besagtem Qualitätsverlust ist.

Ich lasse Bilder erst ab der dreifachen Auflösung runterrechnen, daher gebe ich **bei Bildern mit mehr als** 899 ppi ein. (Erbsenzählerei: Da steht nicht „ab", sondern „mehr als". Wenn ich also „900" eingebe, heißt das, dass sie erst *ab* 901 ppi umgerechnen werden. Darum „899".)

Einfarbige Bilder sind in der Regel Logos oder andere Strichzeichnungen. Da die mögliche Einsparung hier wegen der geringen Bittiefe auch nur sehr gering ist, lasse ich solche Bilder gar nicht umrechnen. Bei einer halbwegs flotten Internetanbindung spielt es keine Rolle, ob ein PDF für die Druckerei beispielsweise 27 MB oder 34 MB groß ist.

Bilddaten auf Rahmengröße beschneiden
Die Option „Bilddaten auf Rahmen beschneiden" ist unheimlich nützlich. Dabei werden beim PDF-Export alle Bildinformationen entfernt, die außerhalb der Bildrahmen liegen. Diese Funktion reduziert daher die Ausgabezeiten und Dateigrößen.

300 ppi ist nur Zielwert für Bilder mit höherer Auflösung

Die Angabe der Auflösung bezieht sich nur auf platzierte Bilder und Grafiken mit einer hohen Auflösung. Ist die Auflösung dagegen deutlich niedriger, wird die Grafik von InDesign überhaupt nicht umgerechnet und behält auch in der PDF-Datei die Auflösung, mit der sie im Layout platziert wurde.

Interpolationsmethoden

Anhand der gewählten Interpolationsmethode geben Sie an, mit welchem Algorithmus die Bilder in die PDF-Datei gerechnet werden.

Die besten Ergebnisse lassen sich in jedem Fall mit der **bikubischen Neuberechnung** erzielen. Hierbei wird eine Pixelfarbe anhand eines gewichteten Durchschnittes bestimmt. Die bikubische Neuberechnung liefert deutlich bessere Ergebnisse als die **durchschnittliche Neuberechnung**. Das Verfahren dauert zwar im direkten Vergleich etwas länger, ist aber dafür präziser und ergibt die glattesten Tonabstufungen.

Marken und Anschnitt

Wie bereits im Abschnitt über das **Drucken** ab Seite 705 ausführlich beschrieben, haben Sie die Möglichkeit, beim Exportieren Ihres InDesign-Dokuments **Druckmarken** zu setzen und die jeweiligen Informationen direkt in das PDF schreiben zu lassen. Die Marken müssen jedoch nicht mehr exportiert werden. Dagegen ist der **Anschnitt** für die Druckausgabe unabdingbar. Verwenden Sie stets die **Anschnittseinstellungen des Dokuments**.

Seitenformat + Anschnitt = PDF-Seitengröße
InDesign geht dabei von den Dokumentmaßen aus und erweitert das Dokument um die voreingestellten Maße des Anschnittes, um alle Informationen im PDF unterbringen zu können.

Die Schnittmarken müssen meistens gar nicht mehr, der Anschnitt dagegen immer ausgegeben werden.

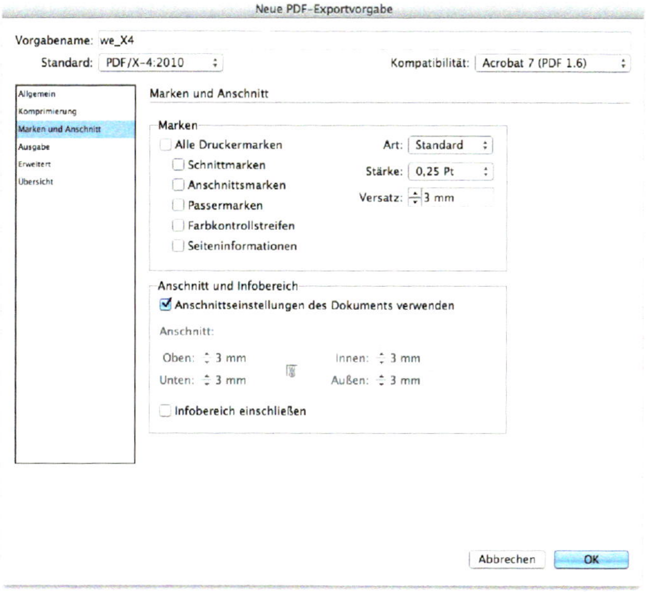

Ausgabe

Sie entscheiden, ob Farben für den Export in ein **Zielprofil** umgewandelt oder beibehalten werden. Dazu sollten Sie durch einen **Preflight** in Erfahrung bringen, ob Sie beispielsweise Bilder in einem RGB-Farbraum platziert haben. Verwenden Sie gemischte RGB- und CMYK-Farbräume im Layout, können Sie an dieser Stelle **In Zielprofil konvertieren (Werte beibehalten)** wählen und als Ausgabefarbprofil **ISO Coated v2 300 %** oder ein entsprechendes ECI-Profil wählen.

Die Farbkonvertierung bestimmt zusammen mit dem Druckfarben-Manager, „was hinten rauskommt".

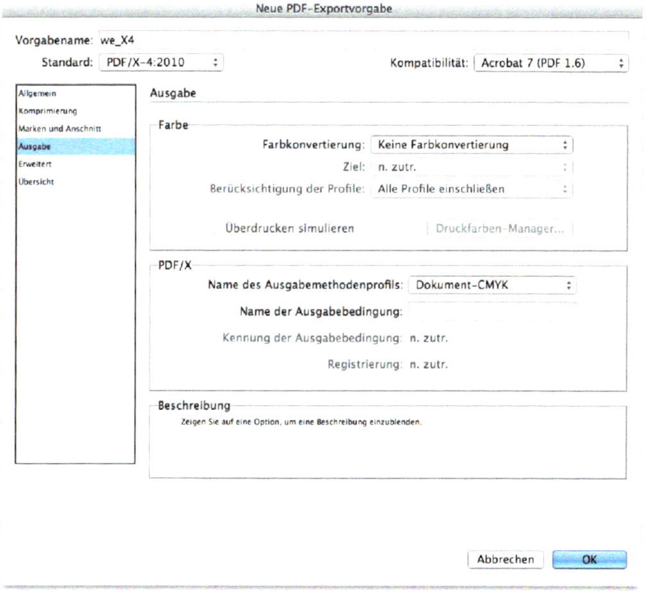

Mit der Einstellung **In Zielprofil konvertieren (Werte beibehalten)** werden nur Bilder umgewandelt, die mit einem Profil versehen sind, das nicht dem Zielprofil entspricht. Andere Objekte wie Vektorflächen und Schriften, die keine abweichenden Profile besitzen und im selben Basisfarbraum (RGB oder CMYK) vorliegen, werden nicht umgewandelt; ihre Farbwerte werden beibehalten.

Für das Internet können die Farben auch in den **sRGB**-Farbraum konvertiert werden. Das Profil (Standard-RGB) ist der übliche im Internet verwendete Farbraum und wird auch zur Wiedergabe von Flash-Grafiken in einer SWF-Datei verwendet. Eine Umwandlung an dieser Stelle hat den Vorteil, dass die Farben bei der Betrachtung am Monitor in einem Browserfenster, im Adobe Reader oder in Acrobat brillanter erscheinen als die CMYK-Farbwerte oder Schmuckfarben. Zudem genügen auch nur die drei RGB-Farbwerte, um eine Farbe zu beschreiben, die PDF-Datei wird also bis zu **25 %** kleiner als ein vergleichbares PDF mit CMYK-Bildern.

Noch nicht erleuchtet?
Sollten Sie nicht wissen, was für Ihre Layoutdatei das Beste ist, so sollten Sie sich den Abschnitt über das Farbmanagement ab Seite 57 und meine Empfehlungen für die CM-Einstellungen durchlesen.

Erweitert

Die Transparenzreduzierung und die JDF-Einstellungen treffen Sie in der Rubrik **Erweitert** im Exportdialog. Die **Transparenzreduzierung** habe ich im Kapitel **Preflight & Medienvorstufe** ab Seite 671 ausführlich beschrieben. **[Hohe Auflösung]** ist im Zweifelsfall die sicherste Wahl.

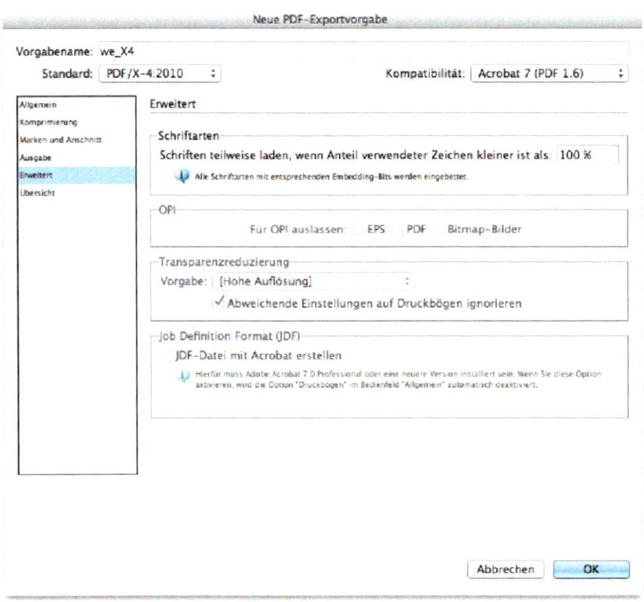

JDF-Daten erfordern die Weiterverarbeitung durch Acrobat 7 oder 8.

Hintergrund: Magazinproduktion mit JDF

Das Standardformat JDF wird bereits in Druckereien zur Kontrolle und automatischen Steuerung von Druckjobs verwendet und kann Informationen zum Kunden sowie zu Auflage, Papiersorte, Bindung und

JDF = „Job Definition Format"
Mit dem *Job Definition Format* kann man der PDF-Datei elektronische Auftragsdaten für einen entsprechend automatisierten *Workflow* mitgeben. Verwenden Sie kein solches System, lassen Sie die Option deaktiviert.

anderen Verarbeitungsschritten enthalten. Beispiel: Ein Magazin wird im Offsetdruck mit einem Innenteil und einem Umschlag vollständig vierfarbig gedruckt. Die Papiersorten sind unterschiedlich, somit auch die Zielfarbräume. Der Umschlag bekommt eine zusätzliche Schmuckfarbe. Umschlag und Innenteil werden geklammert und beschnitten. Die Daten für diesen Druckjob bestehen aus mindestens zwei PDF-Dateien. Sollen nun die PDF-Dateien ausbelichtet und gedruckt werden, so beschreibt die JDF-Datei, was damit jeweils passieren soll. Alle beschriebenen Verarbeitungsschritte werden von einem Serversystem aus der JDF ausgelesen und die Dateien werden in entsprechende Ordner abgelegt. Ein RIP bekommt aus der JDF-Datei Anweisungen etwa für die Farbauszüge, die Druckbogenmontage, die Rasterweite und das Farbmanagement. Somit kann ein automatischer Druckprozess mit Hilfe einer kleinen JDF-Datei gesteuert werden.

JDF im Internet
Mehr Informationen zum Thema JDF finden Sie unter der Adresse der CIP4-Organisation, einem Zusammenschluss von Herstellern, die den JDF-Standard entwickeln und in ihren Produkten einsetzen: http://www.cip4.org.

Sicherheit

Schützen Sie Ihre PDF-Daten, wenn Sie Dateien zur Korrektur schicken oder Preislisten, Vertragswerke und andere sensible Dokumente im Internet zum Download zur Verfügung stellen wollen. Der Klassiker für diesen Fall ist der Geschäftsbericht, der über den Kunden an ein Wirtschaftsprüfungsunternehmen zur Freigabe weitergeschickt werden soll.

So können Sie ein **Dokumentkennwort** festlegen, um das unerlaubte Öffnen Ihres PDF-Dokuments zu verhindern. Ferner haben Sie die Möglichkeit, ein vom Benutzerkennwort abweichendes **Hauptkennwort** zu vergeben, um die Nutzungsmöglichkeiten in der PDF-Datei einzuschränken. Diese Option ist besonders sinnvoll: Versenden Sie eine PDF-Datei zur Korrektur an Ihren Kunden, und nutzen Sie nur ein **Berechtigungskennwort**. Ohne zulässige Änderungen kann Ihr Kunde die PDF einfach öffnen und drucken, nicht jedoch Informationen mit Acrobat-Werkzeugen verändern.

Bei der Vergabe der Kennwörter sollten Sie darauf achten, dass die Kennwörter aus mindestens acht Zeichen und keinem bekannten Wort bestehen. Der Grad der Verschlüsselung – zum Beispiel **128 Bit** – richtet sich übrigens nach der Kompatibilität. Erst ab **Acrobat 5 (PDF 1.4)** ist die höhere Verschlüsselung möglich.

Keine Sicherheit für PDFs im Offsetdruck

Die PDF/X-Standards erlauben keinerlei Verschlüsselung – Sie wollen ja, dass die Druckerei die Daten problemlos verarbeiten kann, oder?

Verschlüsselung in Acrobat
Alternativ zur Verschlüsselung aus InDesign können Sie später die PDF-Datei natürlich auch in Acrobat öffnen und nachträglich digitale Unterschriften oder Passwörter hinzufügen und somit die Datei vor unerlaubtem Zugriff absichern.

Trügerische Sicherheit

Nach dem Einstellen der Verschlüsselung erhalten Sie eine Warnung, die ungefähr besagt, dass diese Sicherheitseinstellungen nur dann sicher sind, wenn der Empfänger der Datei 1. doof ist und 2. ausschließlich Adobe-Programme verwendet *(was übrigens absolut nichts miteinander zu tun hat!)*, weil sich mit bestimmter Software diese Schutzmechanismen sehr wohl umgehen lassen.

PDF/X-Standards

Die so genannten X-Standards (das X steht für englisch „exchange", ausgesprochen wie *„ix-TSCHÄINSCH"*) für PDFs wurden geschaffen, um angesichts der riesigen Funktionsvielfalt des Datenformats PDF Einschränkungen zu treffen, was ein PDF für die Druckausgabe unbedingt enthalten muss, und was es keinesfalls enthalten darf. Da die verschiedenen Druckverfahren teilweise stark abweichende Anforderungen haben, werden nach wie vor viele Einstellungen wie etwa die

Bildauflösung dem Datenersteller, also Ihnen und mir, überlassen. Dass für Fehldrucke, die sich aus dieser „Unschärfe" ergeben, der PDF-Standard an sich verantwortlich gemacht wird, ist zwar nicht gerecht, bietet vielen aber dennoch Gelegenheit, Standards gleich überhaupt infrage zu stellen.

Meine praxisbewährten Exporteinstellungen für PDF/X

In den letzten Jahren hat sich bei mir eine respektable Liste an unterschiedlichen Exportvorgaben angesammelt, die ich seitdem von einer InDesign-Version zur nächsten mitziehe. Manche galten nur für ein einziges Projekt, andere habe ich extra für die teils rigorosen Anforderungen von Billigdruckern wie Flyeralarm, Print24 oder Die Druckerei (um nur ein paar der vielleicht bekanntesten zu nennen) angelegt.

PLUS

PDF-Exportvorgaben für diverse Anlässe finden Sie auf der Webseite zum Buch.

Bevor ich also das Thema PDF/X in allen Einzelheiten erkläre – was in einem PDF-Lehrgang ohnehin viel besser aufgehoben ist –, stelle ich Ihnen einfach meine Joboptions-Dateien zum Herunterladen bereit.

⊿ *awl.de/5056*

Die weitere Entwicklung

Es wird noch viele X-Standards geben. Damit technologische Entwicklungen und ISO-Standards möglichst konform gehen, werden neue Standards für neue Technologien benötigt, wie auch am Beispiel X-4 zu sehen ist. In diesem Standard werden unter anderem Transparenzen und Ebenen in einer PDF-Datei erlaubt, um mehr Flexibilität in der Verarbeitung zu gewinnen. Für die Ausgabe einer solchen Datei bedeutet dies auch, dass RIPs ein PDF-1.4-Format verarbeiten können müssen, um die Transparenzen auszulesen und beim Rastern zu verflachen. Die PDF Print-Engine ist ein solcher RIP.

PDF-Datei über den Acrobat Distiller erstellen

Die altbekannte Alternative zum direkten Export, nämlich ein PDF über den **PostScript**-Druckdialog auszugeben und anschließend mit dem Distiller umzuwandeln, habe ich in diesem Buch bewusst nicht erläutert. Die in der Praxis eingesetzten RIPs bei den Druckereien erlauben inzwischen ohne Weiteres die Verwendung von PDF-Dateien direkt aus InDesign. Da der Export aus InDesign komfortabel und sicher ist, gibt es für die Herstellung eines PDF über den Distiller keinen Grund mehr. Die Zukunft gehört dem direkt erzeugten **PDF-Format**.

Buchprojekte

Mehr als die Summe der einzelnen Teile

Zugegeben, diese Überschrift ist ziemlich abgedroschen – im Gegensatz zur Buchfunktion, um die viele InDesigner auch nach Jahren noch einen großen Bogen machen. Dabei ist sie wirklich nicht nur für dicke Kataloge geeignet, wie ich Ihnen in diesem Kapitel (auch) zeige.

Als „Buch" wird in InDesign die Verbindung mehrerer Einzeldateien zu einer Gesamtpublikation bezeichnet. Dabei geht es nicht nur um die Zusammenstellung von separaten Layoutdokumenten in einer übersichtlichen Liste, sondern vor allem um die Verwaltung und Vereinheitlichung von Musterseiten, Farbfeldern, Absatz-, Zeichen- und Objektformaten und noch ein paar anderen Dingen.

Musterseiten: Seite 113

Buchprojekte kommen in InDesign zum Einsatz, wenn besonders lange Dokumente gestaltet werden müssen. Aber auch Doppelseiten für Magazine können mit der Buchfunktion gut verwaltet werden. Und bei technischen Dokumentationen mit Abschnitten und Nummerierungen hilft sie, Formate und Paginierung konsistent zu halten.

Für das Anlegen eines Buches gibt es übrigens mindestens ...

InDesign-Buch entspricht nicht unbedingt dem Medium Buch

Wenn Sie für eine umfangreiche Publikation einen Umschlag mit Rückenstärke erstellen, so muss die Layoutdatei für den Umschlag nicht unbedingt Teil des InDesign-Buchs sein. Dieses kann auch nur den Buchblock – bestehend aus den paginierten Innenseiten – umfassen. Eine Buchdatei entspricht in diesem Fall einer Sammlung von mehreren technisch gleichartigen Kapiteln, während das Medium „Buch" aus technisch unterschiedlichen Druckerzeugnissen bestehen kann. Für die Buchproduktion etwa können aus InDesign separate PDF-Dateien für Umschlag und Buchblock ausgegeben und mittels JDF als „Projekt" beschrieben werden.

JDF: Seite 728

... vier plausible Gründe:

1 Übersicht & Orientierung
Je größer ein Dokument wird, desto mehr Einschränkungen gibt es für die Bedienung und Übersichtlichkeit. Bei 250 Seiten macht das Navigieren über das **Seiten**-Bedienfeld auch mit einer Seitenvorschau nicht mehr so viel Spaß. Ganz bestimmte Bilder oder Textstellen sucht man unter Umständen wie die Nadel im Heuhaufen. Eine (zum Beispiel kapitelweise) Unterteilung in separate Dokumente ist da hilfreich.

2 Paralleles Arbeiten
Aus Zeit- oder Kompetenzgründen müssen oft verschiedene Kapitel eines Geschäftsberichts oder Magazins parallel auf verschiedenen Arbeitsplätzen erstellt werden. Über die Buchfunktion können problemlos mehrere Mitarbeiter an jeweils einem oder mehreren Kapiteln arbeiten, und trotzdem ist der Aufwand zur Erzeugung eines Komplett-PDFs oder zum Verpacken des ganzen Werks nicht höher als bei normalen Einzeldateien.

3 Geschwindigkeit
Aus den bereits angesprochenen Gründen wie Übersichtlichkeit und Arbeitsteilung können Sie ein drittes Argument für die Verwaltung als Buch gewinnen: die Arbeitsgeschwindigkeit. Ein hunderte Seiten starkes Dokument mit hohem Bildanteil zu öffnen, kann mehrere Minuten dauern, wenn Bildverknüpfungen nicht aktuell sind, Schriften fehlen oder Farbmanagement-Abweichungen erkannt werden.

4 Einheitliche Formatierung
Absatz-, Zeichen- und Objektformate, Mustervorlagen, Farbfelder oder Listenformate können für alle Buchdateien vereinheitlicht werden. Abweichungen davon können erlaubt oder nachträglich wieder synchronisiert werden.

Ein neues Buch erstellen

Unabhängig davon, welche Einzeldokumente letztlich in das Buch aufgenommen werden sollen, kann gleich zu Beginn einer Projektarbeit über das Menü **Datei > Neu > Buch** eine neue Buchdatei angelegt und unter passendem Namen gesichert werden. In InDesign erscheint die Buchdatei in Form eines Bedienfelds, das den Namen der soeben gespeicherten Buchdatei trägt und sich ansonsten verhält wie andere Bedienfelder auch, das heißt, es „schwebt" über allen Dokumentfenstern und lässt sich sowohl minimieren als auch in den Arbeitsbereich integrieren – leider nur bis zum nächsten Programmneustart.

Buchdateien
sind meistens nur zwischen 50 und 200 KB groß und haben die Dateinamenerweiterung **.indb** („InDesign Book").

Buch auf Knopfdruck

Auf dem Startbildschirm von InDesign erscheint die Möglichkeit, gleich zu Beginn ein Buch anzulegen und darin InDesign-Dateien einzubinden. Dazu klicken Sie auf **Neu erstellen > Buch**.

Über das Bedienfeld selbst lassen sich nun vorhandene Einzeldokumente zum Buch hinzufügen. Sie können dazu auf den [+]-Knopf am unteren Bedienfeldrand klicken (der [–]-Knopf entfernt einzelne Dokumente wieder aus dem Buch). Falls Sie den Ordner mit den einzelnen Dateien im Finder (Mac) oder Explorer (Windows) geöffnet haben, können Sie diese auch hinzufügen, indem Sie sie einfach auf das Buch-Bedienfeld ziehen & ablegen.

Über das Bedienfeldmenü können Sie ebenfalls ein **Dokument hinzufügen**; dort finden Sie auch alle anderen Funktionen für Buchprojekte. Für einige dieser Funktionen ist es entscheidend, ob im Buch-Bedienfeld Dokumente ausgewählt sind, weil der Befehl dann nur für diese Kapitel gilt. Ist gar kein Dokument ausgewählt, ist das ganze Buch (also alle enthaltenen Dateien) betroffen. Sie merken das aber sofort, weil diese Funktionen ihren Namen dementsprechend ändern. Statt **Buch in PDF exportieren** heißt es dann zum Beispiel **Ausgewählte Dokumente in PDF exportieren**

Um jegliche Markierung im Buch-Bedienfeld aufzuheben, klicken Sie entweder in den leeren Bereich unterhalb des letzten Eintrags, oder Sie klicken mit gedrückter [⌘ Strg]-Taste alle markierten Einträge nacheinander an, um sie abzuwählen.

Das leere Buch-Bedienfeld mit Bedienfeldmenü

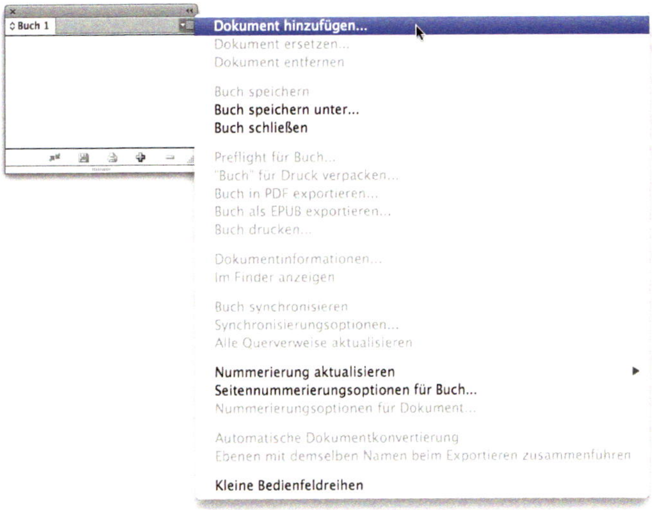

Wählen Sie einfach den Quellordner Ihrer InDesign-Dokumente aus oder treffen Sie mit gedrückter [⇧]-Taste oder der [⌘ Strg]-Taste eine Mehrfachauswahl. Die Dokumente erscheinen dann in alphabetischer Reihenfolge im Buch-Bedienfeld.

Das gefüllte Buch-Bedienfeld mit vier InDesign-Kapiteln.

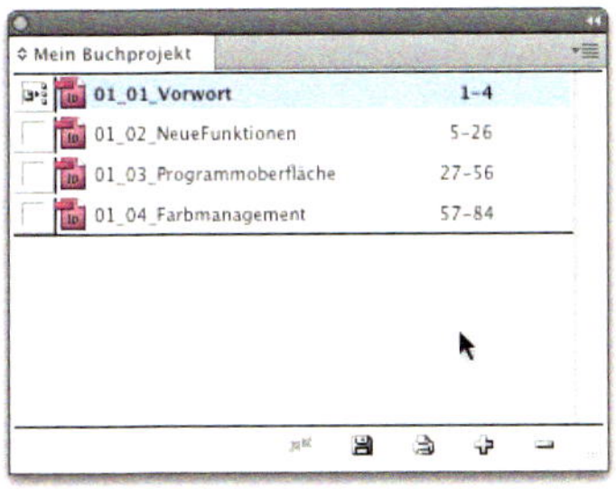

Buch mit mehreren Seitenformaten
Sobald Sie mehrere InDesign-Dokumente in eine Buchdatei einbinden, achten Sie bitte darauf, dass die Buchdokumente gleichmäßig aus Einzel- oder Doppelseiten bestehen, um die Seitenfolge und die Paginierung zu erhalten.

Die im Buch-Bedienfeld aufgelisteten Dokumente lassen sich durch einen Doppelklick direkt öffnen; ein **Buchsymbol** hinter dem Dateinamen erscheint.

Automatische Paginierung

Um die Reihenfolge der einzelnen Streckendokumente innerhalb des Buchs zu ändern, ziehen Sie sie einfach an die gewünschte Position. Das Schöne hierbei ist, dass InDesign eine auf der Mustervorlage definierte *Pagina* automatisch an die neue Abfolge anpassen kann und Sie sich nicht mehr darum kümmern müssen, ob die Seitenzahlen der Einzeldokumente konsistent sind.

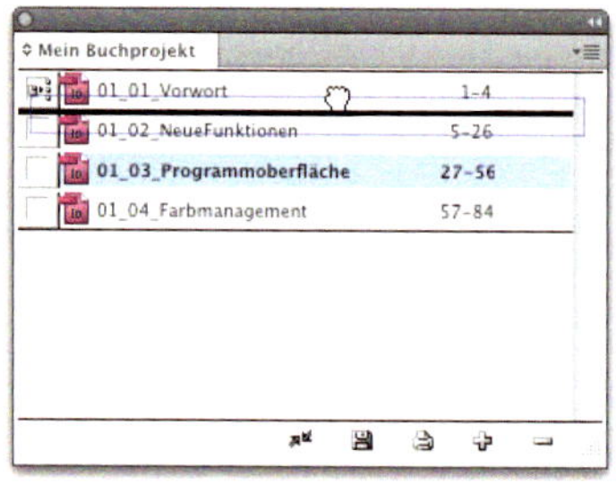

Die Reihenfolge der Kapitel legen Sie durch Ziehen fest. Hier wird das Kapitel 01_03... an die zweite Position verschoben.

Die dafür zuständigen Seitennummerierungsfunktionen lassen sich über das Bedienfeldmenü sowohl für das ganze Buch als auch für einzelne Dokumente definieren. Wählen Sie hierzu entweder **Seitennummerierungsoptionen für Buch** beziehungsweise **Nummerierungsoptionen für Dokument** aus.

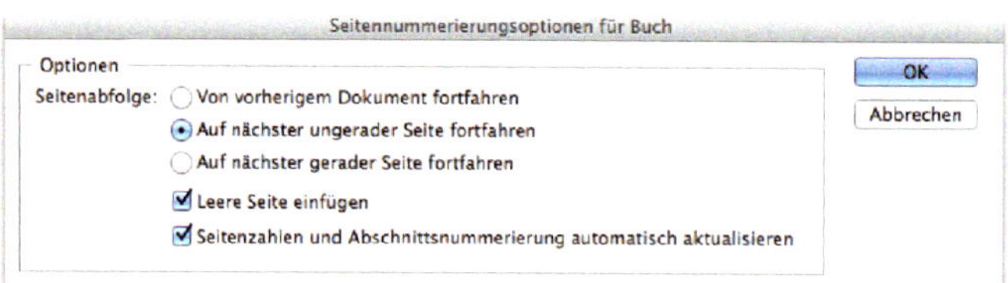

Die Paginierungsoptionen für Ihr Buch

Die Paginierungsvorgaben für ein Dokument lassen sich wesentlich eleganter nach dem Anlegen des Buches vornehmen. Beachten Sie: Wenn Sie die Dokumentpaginierung über das Buch-Bedienfeld aufrufen, lädt InDesign das entsprechende Dokument und zeigt neben dessen Listeneintrag das offene Buch.

Die Dokumentinformationen erlauben das Ersetzen einer Buchdatei.

Dokumentinformationen
Wollen Sie genau erfahren, wo sich eine Ihrer Einzeldateien befindet, rufen Sie im **Buch**-Bedienfeldmenü die **Dokumentinformationen** auf. Zum Austauschen einer Kapiteldatei gegen eine andere dient im Bedienfeldmenü der Befehl **Dokument ersetzen** beziehungsweise in den **Dokumentinformationen** der Knopf **Ersetzen**.

Hierarchische Nummerierung

Die Nummerierung von Überschriften ist in Fachbüchern durchaus üblich und kann mithilfe der Buchdatei über mehrere InDesign-Dateien konsistent fortgeführt werden. Darüber hinaus können Sie hierarchische Nummerierungen in Ebenen anwenden, wie etwa „1.2.3" für eine Überschrift in der dritten Ebene. Die Nummerierung können Sie selbstverständlich auch in einzelnen InDesign-Dateien anwenden – unabhängig davon, ob diese zu einer Buchdatei gehören oder nicht.

InDesign kennt arabischen und römischen Ziffern sowie Buchstaben, und für die Zahlen oder Buchstaben können Sie ein separates Zeichenformat einstellen.

Kapitelnummer und Ebene
Im Eingabefeld der Anzahl ist auch die Berücksichtigung der aktuellen **Kapitelnummer** möglich, sofern Sie diese im **Seiten**-Bedienfeld oder unter **Layout** > **Nummerierungs- und Abschnittsoptionen** angegeben haben. Klicken Sie dazu in das Pfeilmenü neben der Eingabe und wählen Sie aus den Zahlenplatzhaltern die **Kapitelnummer** aus.

Handelt es sich um eine einfache Nummerierung (1., 2., 3., ...) innerhalb eines Absatzes, reichen diese Einstellungen aus. Doch was, wenn noch weitere Nummerierungen im gesamten Dokument fällig werden oder wenn Sie gar hierarchische Nummerierungen wie „1.2" formatieren wollen? Für diesen Fall legen Sie mehrere Absatzformate an, die jeweils eine Ebene formatieren, die Ziffern unterschiedlich darstellen und laufend durchnummerieren.
Im Folgenden zeige ich Ihnen, wie Sie drei Absatzformate anlegen, um drei Nummerierungsebenen mit durchlaufender Nummerierung und individueller Erscheinung zu bekommen. Das gewünschte Ziel ist es, die erste Ebene mit „1.", „2.", „3." usw. darzustellen. Die zweite Ebene folgt mit „1.1", „1.2", „1.3" und die dritte Ebene wird „1.1.1", „1.1.2" usw. nummeriert. Alle Ebenen nummerieren durchlaufend. Für andere Fälle der Nummerierung empfehle ich Ihnen, dieses Beispiel als Vorlage zu verwenden und nachträglich zu verändern oder um weitere Ebenentiefen zu ergänzen.

1 Ein neues Absatzformat für die erste Ebene

Wählen Sie einen mit mehreren Zeilenumbrüchen strukturierten Text aus und klicken Sie im Bedienfeld **Absatzformate** auf das **Blatt**-Symbol, um ein neues **Absatzformat** anzulegen. Klicken Sie doppelt darauf. Hier können Sie nun mit **aktiver Vorschau** alle wichtigen typografischen Eingaben machen. Nennen Sie das Format zum Beispiel „Ebene 1".

Wählen Sie in der Rubrik **Aufzählungszeichen und Nummerierung** als Listentyp **Nummerierung** aus. Auf Basis der Standardliste haben Sie nun die erste Ebene aktiviert. Die Zahl erscheint in kryptischer Darstellung, die jedoch die aktuelle Nummer mit einem Punkt und einem nachfolgenden Tabulator formatiert `^#.^t`. Achten Sie darauf, dass Sie unter dem Begriff **Modus** die **Nummerierung fortführen**. Klicken Sie nun als Bestätigung auf **OK** .

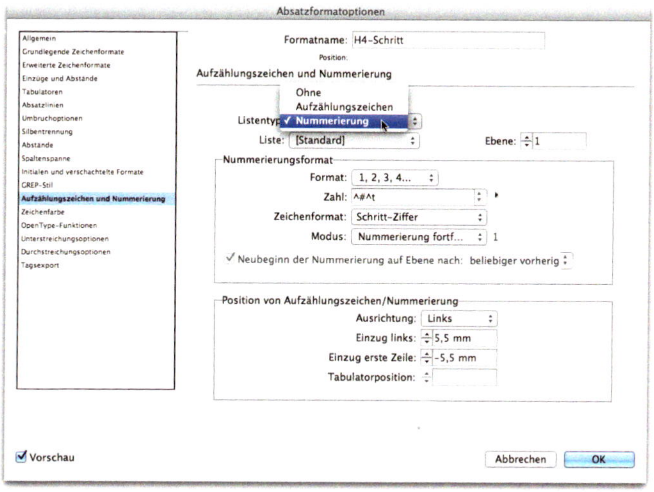

Im Absatzformat wählen Sie unter der Rubrik „Aufzählungszeichen und Nummerierung" den Typ „Nummerierung" aus.

2 Listentyp, Ebene und Erscheinung festlegen

Mit dem nächsten Absatz verfahren Sie wie bei Punkt 1, um ein weiteres Absatzformat („Ebene 2") anzulegen. Achten Sie darauf, dass es auf dem ersten basiert, damit die Typografie übernommen wird.

Welche Aufzählungen?
Falls Sie hier eine andere Schreibweise wünschen, markieren Sie diesen Eintrag und löschen alles. Danach können Sie aus dem Pfeil-Menü „nach rechts" Zahlen- und Sonderzeichenplatzhalter einfügen.

3 Absatzformat für die zweite Ebene

Stellen Sie die Ebene auf **2**. Markieren Sie nun den Eintrag bei „Zahl" und löschen Sie ihn. Wählen Sie aus dem Pfeilmenü zunächst einen **Zahlenplatzhalter** für die **Ebene 1** aus. Geben Sie danach einen **Punkt** ein. Nun fügen Sie aus dem Pfeil-Menü als **Zahlenplatzhalter** die **aktuelle Ebene** ein. Abschließend fügen Sie einen **Tabstopp** (im Pfeilmenü **Sonderzeichen einfügen**) ein.

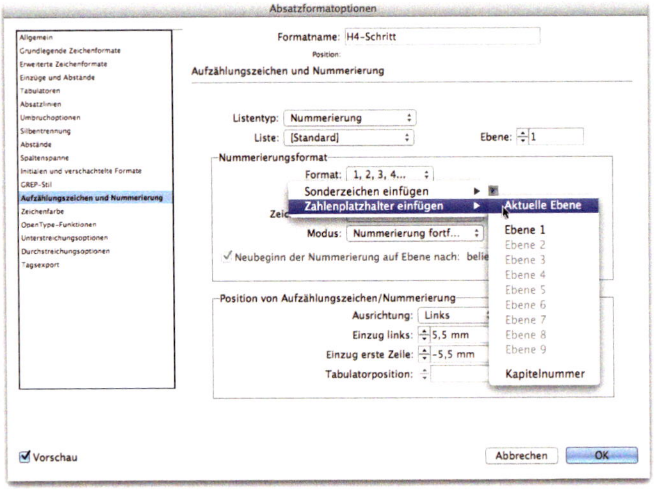

So wählen Sie den Zahlenplatzhalter für die aktuelle Ebene.

4 Ebene hochzählen und Anzahl eingeben

Bevor Sie auch diesen Dialog mit **OK** abschließen, können Sie noch den **Start für die Nummerierung** wählen. Führen Sie im **Modus** die Nummerierung fort.

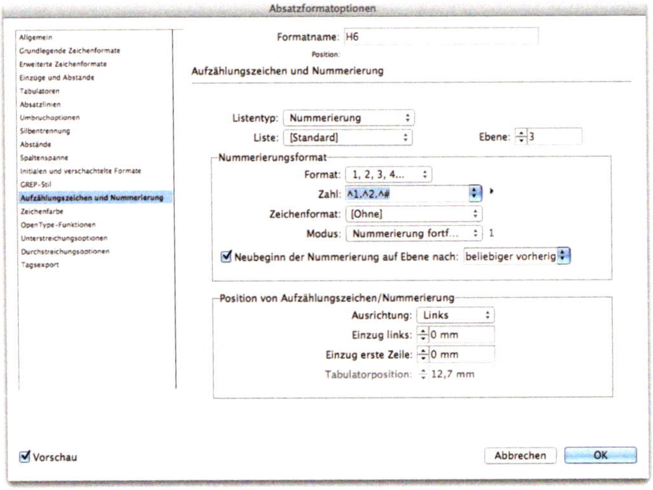

Für die dritte Ebene erfolgen die Schritte vergleichbar zu den vorherigen Ebenen.

5 Nummerierung beginnen mit 1

Zu guter Letzt legen Sie sich, wie schon beschrieben, ein **neues Absatzformat** für die dritte Ebene an, das auf „Ebene 2" basiert. In der Rubrik der **Nummerierungen** wählen Sie die **dritte Ebene**. Klicken Sie für die genaue Ebenenbezeichnung in das Feld **Anzahl** hinter die **^1.** Wählen Sie aus dem Pfeil-Menü den **Zahlenplatzhalter Ebene 2**. Danach können Sie wiederum einen **Punkt** eingeben. Führen Sie auch hier die **Nummerierung** fort. Schließen Sie die Eingaben mit einem **OK** ab und formatieren Sie nun Ihren Text mit den Absatzformaten je nach Ebene.

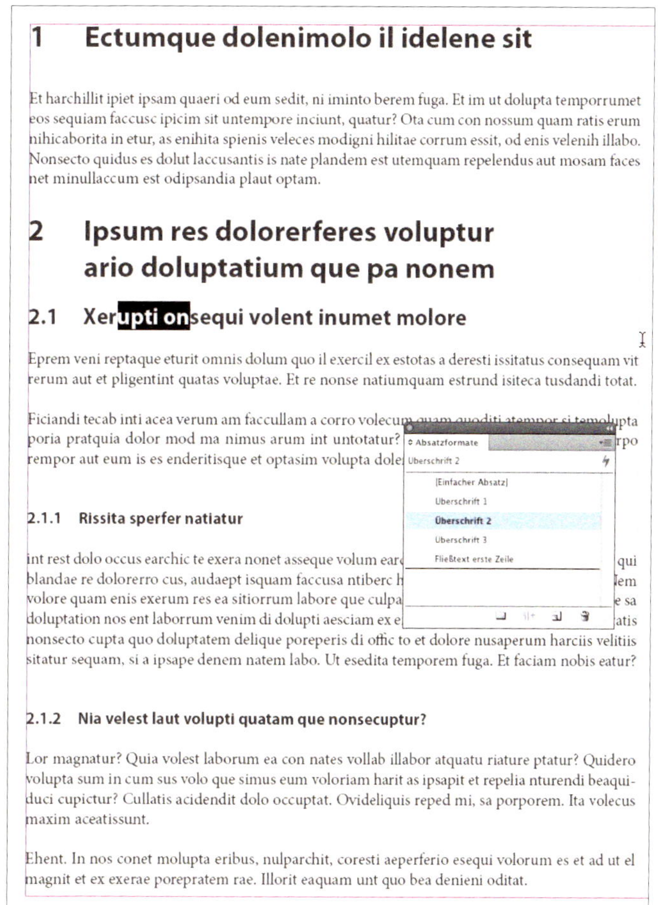

Ein Text mit drei nummerierten Ebenen

Nummerierung bis zur neunten Ebene

Wollen Sie die Nummerierung erweitern? Bis zu neun Ebenen stehen Ihnen zur Verfügung. Auf diese Weise sind automatische Nummerierungen wie „9.8.7.6.5.4.3.2.1" möglich. Diese Ebenen können Sie aber auch in unterschiedlicher Darstellung mischen. Für jede Ebene legen Sie ein Absatzformat an und definieren dort das Zahlenformat. So entstehen beispielsweise Nummerierungen wie „9.008.G.F.5.04.c.A.1".

Mit Formatquelle synchronisieren

Eine Buchdatei stellt eine Sammlung von Dokumenten dar, die auf dieselben **Absatz- und Zeichenformate** und **Farbfelder** zugreifen sollten. Eines der Dokumente in der Buchdatei ist dabei stets die Formatquelle, was an dem kleinen Symbol ( ) links neben dem Dokumentsymbol im **Buch**-Bedienfeld zu sehen ist.

Einstellungen und Optionen

Die **Formatquelle** ist zunächst immer das erste Dokument im Buch, aber Sie können jederzeit durch Anklicken des grauen Quadrats vor dem Dokumentsymbol im Buch-Bedienfeld eine andere Datei als Formatquelle auswählen. Durch Aktivierung des Bedienfeldersymbols **Formate und Farbfelder mit Formatquelle synchronisieren** links neben dem Diskettensymbol des Buch-Bedienfelds (oder durch den entsprechenden Befehl aus dem Bedienfeldmenü) können zahlreiche Eigenschaften der Formatquelle auf alle anderen Dokumente des Buches übertragen werden: **Absatz-, Zeichen-, Tabellen-, Zellen-, Objekt-, Inhaltsverzeichnis-** und **Querverweisformate**, außerdem **nummerierte Listen, Textvariablen, Musterseiten, Einstellungen für bedingten Text, Farbfelder** und **Überfüllungsvorgaben.**

Die Einstellungen aus der Formatquelle überschreiben dabei gleichnamige Einstellungen in den anderen Buchdokumenten, mit einer Ausnahme: **Farbfelder** werden nicht überschrieben, sondern hinzugefügt. Überzählige Farbfelder müssen gegebenenfalls manuell gelöscht werden.

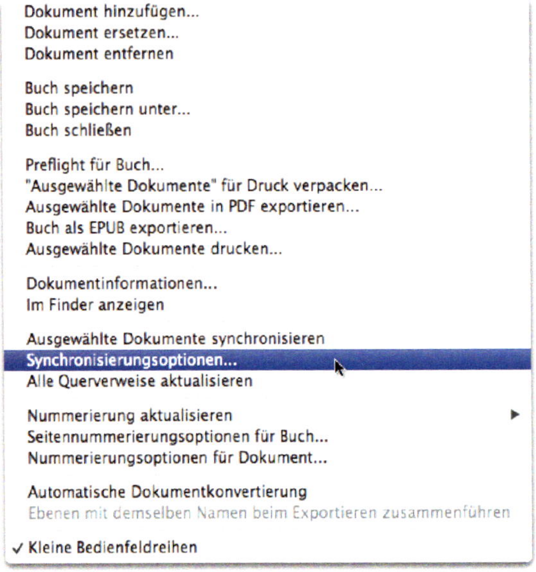

Aufruf der Synchronisierungsoptionen im Bedienfeldmenü

Der Menüpunkt **Synchronisierungsoptionen** aus dem Bedienfeldmenü gibt Ihnen die Möglichkeit festzulegen, welche Einstellungen von der Formatquelle auf die anderen Dateien übertragen werden sollen. Bevor Sie Ihr Buch zum ersten Mal synchronisieren, sollten Sie hier auf jeden Fall mal einen Blick hineingeworfen haben, um unerwünschte Änderungen in Ihren Dateien auszuschließen.

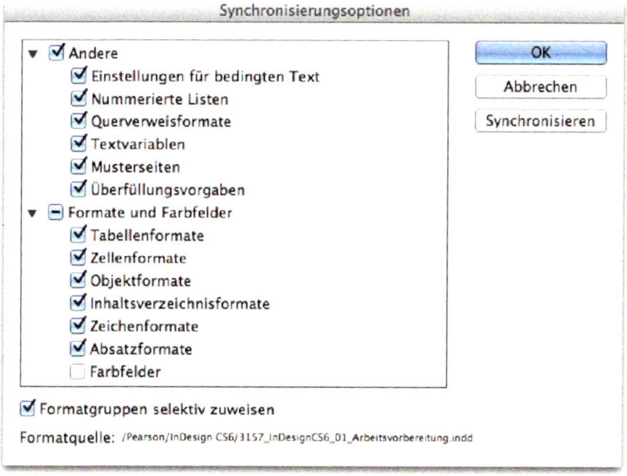

Synchronisierungsoptionen im Buch-Bedienfeldmenü

Die Option **Formatgruppen selektiv zuweisen** ist für Sie nur relevant, wenn Sie Absatz- oder Zeichenformate in Formatgruppen zusammengefasst haben. Die Option sorgt dafür, dass Formate anhand ihres Namens abgeglichen werden, selbst wenn sie inzwischen in Formatgruppen verschoben oder daraus entfernt wurden. Ist die Option nicht aktiv, haben Sie im schlimmsten Fall nach dem Synchronisieren solche verschobenen Formate doppelt – einmal in der Gruppe und einmal außerhalb.

Enthält ein Dokument von vornherein mehrere Formate mit demselben Namen, verhält sich InDesign so, als wäre die Option nicht ausgewählt. Achten Sie deshalb auf die eindeutige Benennung.

Synchronisieren

Nach diesen Vorkehrungen können Sie nun sicher und beruhigt synchronisieren. Klicken Sie dazu den -Knopf oder wählen Sie im Bedienfeldmenü **Buch synchronisieren** beziehungsweise **Ausgewählte Dokumente synchronisieren** aus.

Beim Synchronisieren und Neupaginieren öffnet InDesign im Hintergrund alle betroffenen Dokumente und führt die Änderungen durch. Alle Dateien, die vor dem Synchronisieren geschlossen waren, werden anschließend gespeichert und wieder geschlossen, und ihr Änderungsdatum wird aktualisiert.

Inhaltsverzeichnisse im Buch

Inhaltsverzeichnisse sind nicht nur für eine einzige InDesign-Datei möglich, sondern auch für alle zusammenhängenden Dokumente in einem InDesign-Buch. Die durchgehende Paginierung für das InDesign-Buch wird übernommen und in das Inhaltsverzeichnis als Seitenverweis eingetragen. Sofern Sie in Ihren Buchdateien verschiedene Absatzformate für Überschriften verwenden, müssen Sie alle Formate in den Optionen für das IHV angeben.

Mehrere Inhaltsverzeichnisse im Buch?
Die Anzahl der Inhaltsverzeichnisse ist nicht beschränkt. Wenn Sie also mehrere Übersichten u.a. als „Abbildungsnachweis" erstellen wollen, so können Sie mehrere Inhaltsverzeichnisse und Verzeichnisformate nacheinander erstellen und auch aktualisieren. Bitte achten Sie darauf, dass Sie pro Verzeichnistyp immer ein Format anlegen.

Inhaltsverzeichnis anlegen und auf das Buch anwenden

Verwenden Sie Überschriften in unterschiedlichen Tiefen wie z.B. 1.1 oder 2.3.4, dann legen Sie sich für jede Tiefe ein Absatzformat an. Die genaue Arbeitsweise mit Überschriften habe ich Ihnen bereits im Abschnitt **Hierarchische Nummerierung** erläutert.

1 Buchdatei anlegen und Dokumente einbeziehen

Legen Sie über **Datei** > **Neu** > **Buch** ein neues InDesign-Buch an. Fügen Sie über **Plus**-Knopf in der unteren Leiste des nun geöffneten **Buch**-Bedienfelds mehrere InDesign-Dokumente als Kapitel zu dem Buch hinzu. Legen Sie auch ein leeres Dokument für das Inhaltsverzeichnis an und gliedern Sie es in das Buch ein.

Die Buchdatei erfasst mehrere InDesign-Dateien. Die geöffneten Dateien erkennen Sie am Buch-Symbol.

2 Datei für das Inhaltsverzeichnis öffnen

Öffnen Sie durch einen Doppelklick auf das Dokument im Buch-Bedienfeld die InDesign-Datei für das Inhaltsverzeichnis.

3 Funktion „Inhaltsverzeichnis" aufrufen

Rufen Sie über **Layout** > **Inhaltsverzeichnis** die Optionen für das **Inhaltsverzeichnis** auf.

◢ *Automatisches Inhaltsverzeichnis: Seite 277*

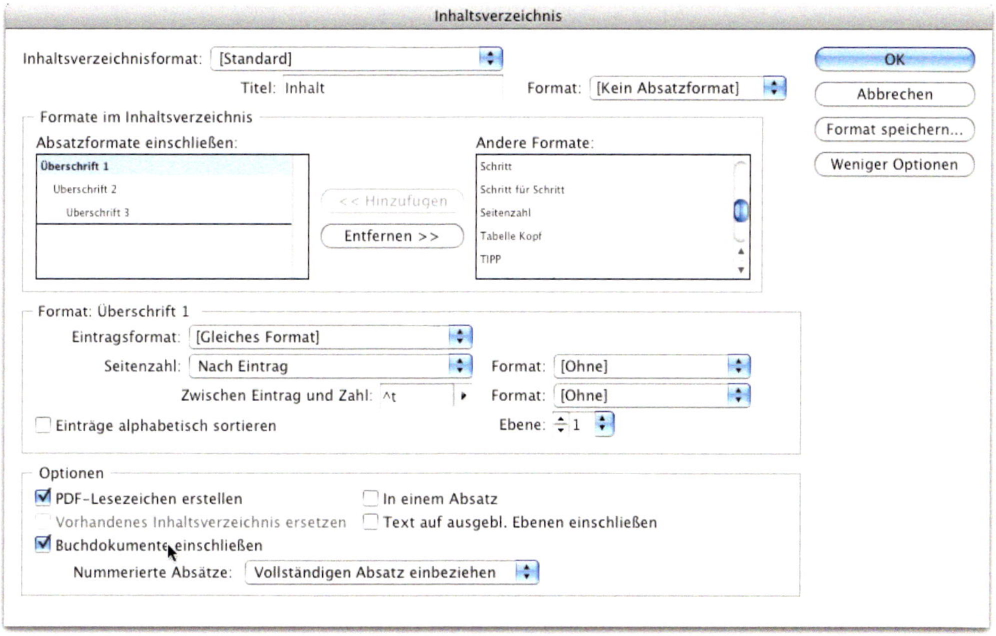

In den Optionen zum Inhaltsverzeichnis schließen Sie alle Buchdokumente ein.

4 **„Mehr Optionen" aktivieren**
Klicken Sie auf den Knopf **Mehr Optionen**, um alle Einstellungsmöglichkeiten sichtbar zu machen.

5 **Buchdokumente einschließen**
Aktivieren Sie im unteren Bereich die Option **Buchdokumente einschließen**, damit das Inhaltsverzeichnis für das ganze Buch und nicht nur für ein Dokument erstellt wird.

6 **PDF-Lesezeichen erstellen**
Wollen Sie später das Buch als PDF mit Lesezeichenleiste exportieren, empfehle ich Ihnen, in diesem Dialog auch die Option **PDF-Lesezeichen erstellen** zu aktivieren.

7 **Titel wählen und formatieren**
Geben Sie dem Inhaltsverzeichnis einen Titel und legen Sie über das Pull-down-Menü **Format** und die Option **Neues Absatzformat** ein Absatzformat für den Inhaltsverzeichnistitel an. Die genaue Formatierung können Sie später vornehmen.

8 **Absatzformate nach Ebene wählen**
Wählen Sie unter **Andere Formate** die Absatzformate aus, die Sie für die Überschriften angelegt haben, die im Inhaltsverzeichnis eingetragen werden sollen. Fügen Sie sie nacheinander über den Knopf **Hinzufügen** zur linken Spalte **Absatzformate einschließen** hinzu. Beginnen Sie dabei mit der höchsten Ebene, also zum Beispiel „Überschrift 1".

9 Eintragsformat zuweisen

Aktivieren Sie nun nacheinander im Bereich **Absatzformate einschließen** die verschiedenen Absatzformate beziehungsweise Ebenen des Inhaltsverzeichnisses und weisen Sie ihnen im Bereich **Format** jeweils ein Eintragsformat zu. Beginnen Sie für die oberste Ebene mit dem von InDesign vorbereiteten „Inhaltsverzeichnis-Haupttext" und legen Sie für die unteren Ebenen eigene Formate an. Diese Vorarbeit erleichtert es Ihnen, das Inhaltsverzeichnis später über die Formate typografisch zu gestalten. Über das Auswahlmenü **Seitenzahl** bestimmen Sie für die einzelnen Ebenen, ob jeweils die Seitenzahl dazu mit ausgegeben werden soll.

10 Optional: Zahlen bei nummerierten Absätzen ausschließen

Mit dieser Alternative unterdrücken Sie die Zahlen, stellen somit nur den Textinhalt der Einträge dar und können ggf. mit einer eigenständigen Nummerierung im IHV-Haupttext arbeiten.

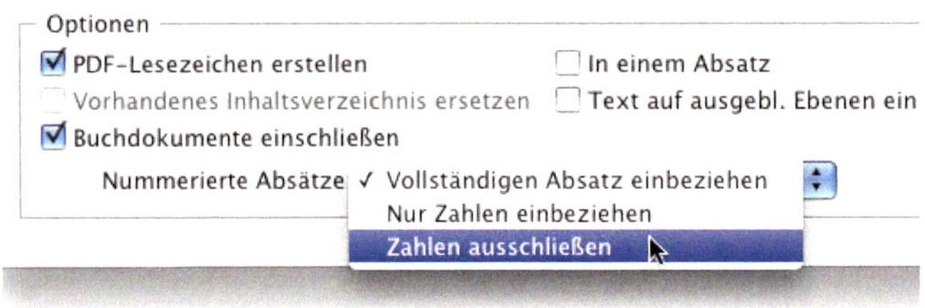

Nummerierte Einträge können ohne vorangestellte Ziffer oder Buchstaben in das Inhaltsverzeichnis eingetragen werden.

11 Inhaltsverzeichnis platzieren

Wenn Sie alle Einstellungen getroffen haben, dann bestätigen Sie diese mit **OK**. Sie erhalten nun einen Platzierungs-Cursor. Klicken Sie damit auf die Seite für das Inhaltsverzeichnis, gegebenenfalls in einen vorbereiteten Textrahmen, um das Inhaltsverzeichnis zu platzieren. Anschließend können Sie die Formatierung des Inhaltsverzeichnisses verfeinern.

Seitenabschnitte im Buch und im Inhaltsverzeichnis
Haben Sie Abschnitte definiert und etwa ins Feld für die **Abschnittsmarke** eingetragen, so werden diese **Abschnittsmarken** wie etwa „Abs.1" in das Inhaltsverzeichnis mit Seitenverweis auf Basis eines **Absatzformats** übernommen, wenn Sie die **Abschnittsmarke** im Text auf der Seite darstellen. Dazu fügen Sie während der Texteingabe aus dem Kontextmenü **Sonderzeichen einfügen** > **Marken** > **Abschnittsmarke** ein. Anschließend formatieren Sie diese Marke mit dem **Absatzformat**, das im Inhaltsverzeichnis aufgenommen wird.

Preflight im Buch

Ähnlich wie das Prüfen einer einzelnen InDesign-Datei über die Funktion **Preflight** kontrollieren Sie alle Buchdateien. Dabei gibt Ihnen InDesign keine konkrete Liste mit allen Fehlern in den Buchdateien an, sondern stellt lediglich den Status dar. Die Fehler können Sie dann einsehen, wenn Sie die einzelnen Dateien öffnen und das **Preflight**-Bedienfeld aufrufen.

Preflight: Seite 686

Um den **Preflight** über alle Buchdateien durchzuführen, wählen Sie im **Buch**-Bedienfeldmenü die Option **Preflight für Buch**. Nach einer kurzen „Denkpause" zeigt InDesign den Status der Dokumente mit einem **roten** oder **grünen Punkt** an. Mit einem Doppelklick öffnen Sie eine fehlerhafte Buchdatei (rot) und sehen im unteren Dokumentenfenster ebenfalls diesen roten Punkt. Ein Doppelklick auf diesen öffnet das Bedienfeld **Preflight**.

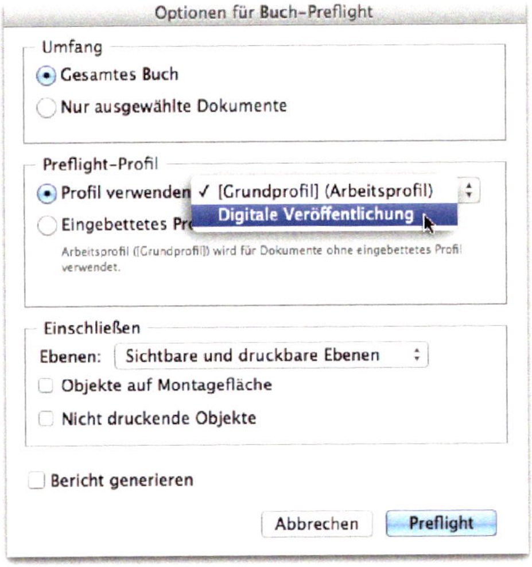

Alle oder ausgewählte Dokumente im Buch-Bedienfeld können im Bedienfeldmenü über den Befehl „Preflight für Buch" geprüft werden.

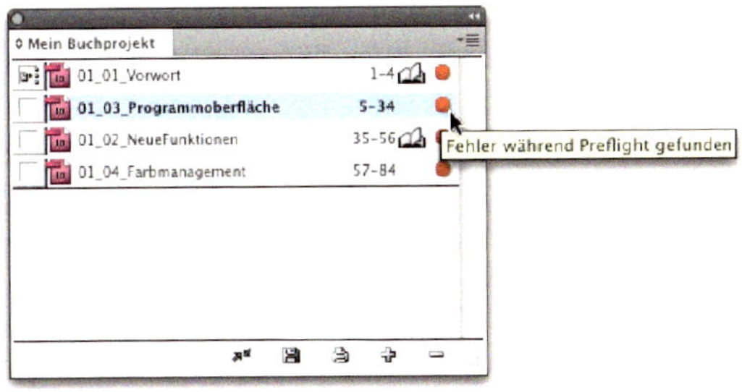

Fehlerhafte Dateien werden mit einem roten Punkt markiert.

Genaue Seitenanzahl in Buchdateien prüfen
Für die Prüfung von Layoutdateien in Büchern kommt es unter anderem darauf an, dass alle Kapitel eine bestimmte Seitenanzahl oder das Vielfache einer festen Seitenzahl einnehmen, damit die Seitenabfolge der Doppelseiten eingehalten und der Druckbogen optimal genutzt wird. Dazu legen Sie sich ein eigenes Preflight-Profil an:
Preflight-Profile anlegen: Seite 689

Bücher ausgeben

Die Ausgabe eines gesamten Buches oder von Teilen als Kapitel ist mit InDesign sehr einfach gelöst worden und richtet sich danach, welche Kapitel Sie im **Buch**-Bedienfeld markieren. Wenn Sie nur ein InDesign-Dokument in der Auswahlliste anklicken und danach das **Buch**-Bedienfeldmenü öffnen, erhalten Sie unter anderem die Optionen **Ausgewählte Dokumente drucken** oder **Ausgewählte Dokumente als PDF exportieren**. In den folgenden Schritten drucken Sie automatisch alle Dokumente eines Buches oder exportieren diese als PDF-Datei.

1 Alle Dokumente wählen

Wählen Sie im **Buch**-Bedienfeld alle Dokumente aus oder klicken Sie in den grauen Bereich unter dem letzten Dokument.

2 Bedienfeldmenü öffnen: Buch drucken

Wählen Sie im **Buch**-Bedienfeldmenü die Option **Buch drucken**. Diese erscheint nur, wenn Sie alle Dokumente oder keins ausgewählt haben, sonst lautet sie **Ausgewählte Dokumente drucken**.

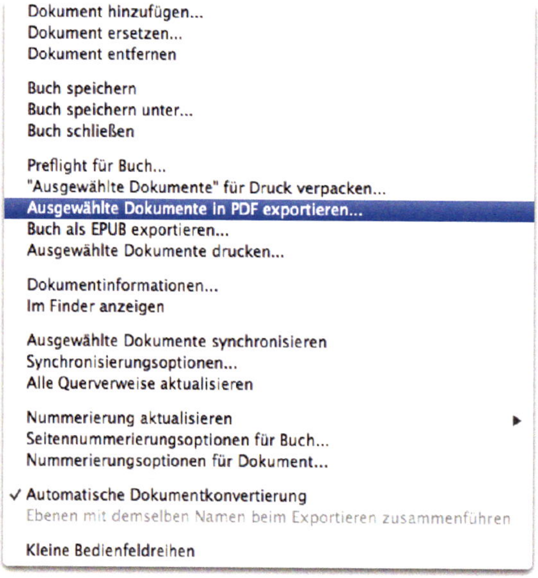

Die markierten Dokumente im Buch-Bedienfeld können über das Bedienfeldmenü verpackt, gedruckt, als PDF oder als EPUB exportiert werden.

3 Seitenformat wählen

Sie erhalten den üblichen **Drucken**-Dialog. Wählen Sie Ihren Drucker aus und treffen Sie die nötigen Einstellungen für die Ausgabe. Anschließend klicken Sie auf **Drucken**, um die Ausgabe zu starten. Falls Sie in Ihrem Buch verschiedene Formate (Umschlag, Buchblock, Einleger etc.) verwenden, können Sie die Funktion **Auf Seitengröße skalieren** aktivieren, so dass alle Formate größtmöglich auf der Druckseite erscheinen. Für die Ausgabe auf einem Belichter oder als PDF wählen Sie selbstverständlich das Papierformat **Benutzerdefiniert**, damit alle verschiedenen Formate auch in 100% übergeben werden.

Lesezeichen für elektronische Kataloge

Wenn Sie Ihr Buch als PDF exportieren, das als elektronischer Katalog genutzt werden soll, so sollten Sie vor einem Export prüfen, ob in den Inhaltsverzeichnis-Optionen **PDF-Lesezeichen erstellen** akiviert ist und ob Sie mit dieser Option auch Ihr Inhaltsverzeichnis erstellt haben. Dazu können Sie zur Kontrolle **Fenster** > **Interaktiv** > **Lesezeichen** aufrufen. Ist dieses Bedienfeld bereits mit Einträgen gefüllt, können Sie eine PDF-Datei mit Lesezeichen exportieren. Zeigt das Bedienfeld dagegen keine Einträge, so müssen Sie das Inhaltsverzeichnis mit aktivierter Option erneut erstellen.

4 Buch als PDF exportieren

Sie markieren alle Dokumente im **Buch**-Bedienfeld und gehen im Bedienfeldmenü auf **Buch in PDF exportieren**.

5 PDF-Vorgabe wählen

Es öffnet sich der übliche PDF-Exportieren-Dialog, wo Sie eine PDF-Vorgabe und gegebenenfalls andere Einstellungen wählen können.

◢ *PDF-Vorgaben: Seite 719*

Und was ist mit EPUB?

Zum EPUB-Export gibt es zahlreiche Einschränkungen und Besonderheiten, die mehr mit dem Dokumentaufbau als mit der Buchfunktion zu tun haben. Sie sind im Kapitel **Digitales Publizieren** untergebracht.

◢ *Digitales Publizieren: Seite 571*

Fehlersuche & -behebung

Das Eigenleben der INDDs

Hilfe, mein Text springt!

Gleiche Formatnamen, aber abweichendes Aussehen

Selbst wenn Sie bewusst keine der Funktionen nutzen, die ich Ihnen im Kapitel **Automatisierung** gezeigt habe, gibt es in Ihren Dateien mit ziemlicher Sicherheit Elemente und Einstellungen, die in irgendeinem Bezug zueinander und zu weiteren Elementen und Einstellungen stehen. Gerade beim **Kopieren** von Objekten und Texten von einer Datei in eine andere stolpern viele über den zentralen „Wesenszug" des Programms, Formate über ihren **Namen abzugleichen**.

Das bedeutet, dass alles, was Sie zwischen Dateien kopieren, sein Aussehen und Verhalten ändern kann, wenn es mit **Objekt-**, **Absatz-** und **Zeichenformaten** versehen ist, die im Zieldokument mit gleichem Namen aber **anderen Einstellungen** vorhanden sind. Und das fällt umso dramatischer aus, je unterschiedlicher diese Einstellungen sind. Daran müssen Sie denken.

Vererbung

Was viel Arbeit spart, kann leider auch viel erzeugen: Wer eine fremde Datei bearbeiten soll und nicht bedenkt, dass alle Formate **auf anderen Formaten basieren** können, korrigiert eventuell an einer Stelle eine Winzigkeit und erkennt das Dokument nachher nicht wieder.

Die Vererbung von Eigenschaften ist großartig, führt aber dazu, dass Sie bei Layouts, die Sie nicht selbst erstellt haben, etwas Zeit aufwenden müssen, um die „Erbreihenfolge" zum Beispiel innerhalb der **Absatzformate** zu durchschauen. Sie können sich und Anderen die Arbeit ein bisschen erleichtern, indem Sie das „Mutter"-Format, also das **Absatzformat**, auf dem die meisten anderen basieren, **speziell kennzeichnen**. Mein Fließtextformat heißt meistens „Fließtext (M)" (für „Mutter" oder „Master"). Und wenn es mehrere Verzweigungen in der Erbfolge gibt, nenne ich die „(M0)", „(M1)", „(M2)" und so weiter.

Umbruchsteuerung

Das Nächste, was Sie prüfen sollten, wenn Texte im Layout nicht tun, was sie Ihrer Ansicht nach tun sollten, sind die Einstellungen in den verschiedenen Funktionen der Umbruchsteuerung. Die wichtigsten davon (und wo sie zu finden sind):

- **Umbruchoptionen** (**Absatzformat**, **Absatz**- und **Steuerung**-Bedienfeldmenü)
- **Silbentrennung** (**Absatzformat**, **Absatz**- und **Steuerung**-Bedienfeldmenü)
- **Kein Umbruch** (**Absatz**- und **Zeichenformat**, **Zeichen**- und **Steuerung**-Bedienfeldmenü)
- **Bedingte Trennstriche, geschützte Leerzeichen** (**Verborgene Zeichen einblenden!**)

Dokumente reinigen

So komplex, wie das Programm mittlerweile arbeitet, ist es vielleicht gar nicht verwunderlich, wenn sich von Zeit zu Zeit unerklärliche Fehler zeigen, denen dann auch mit einem gewöhnlichen Neustart nicht mehr Abhilfe zu schaffen ist. Verschiedene Wege sind möglich, ein InDesign-Dokument von Fehlern und „Datenschmutz" zu befreien. Und wenn ich gleich bei diesem Bild bleiben darf: Zunächst sollten Sie gezielt nach dem Übeltäter suchen und mit einfachen Reinigungswerkzeugen bekämpfen. Wenn diese nicht helfen, bleibt nur noch die „Waschmaschine" – als Super-Weichspüler sorgt IDML dabei für höchste Reinheit!

Pflegemaßnahmen

Jede InDesign-Datei ist im Grunde genommen eine kleine Datenbank, in der zum Beispiel Elemente, die Sie im Layout löschen, nicht sofort entfernt, sondern lediglich „unsichtbar" gemacht werden. Sie merken, dass eine Datei selbst dann nicht sofort kleiner wird, wenn sie mehrere Seiten daraus gelöscht haben. Um diese Rückstände der ganz alltäglichen Arbeit loszuwerden, sollten Sie jede InDesign-Datei von Zeit zu Zeit überschreiben, also vielleicht bei jedem zehnten Mal nicht nur mit [⌘ Strg] [S] speichern, sondern mit [⌘ Strg] [⇧] [S] neu abspeichern, aber unter demselben Namen und am selben Ort. Sie werden natürlich gefragt, ob Sie die vorhandene Datei ersetzen wollen, und beantworten das auf Mac OS mit [⌘] [R] (wie „*Replace*" = ersetzen), auf Windows mit einem einfachen [J] (für „Ja").

Abwärtskompatibel speichern

Die häufigste Frage bei Problemen mit InDesign lautet: „Wie speichere ich mein Layout abwärtskompatibel?" Die Antwort von Adobe fällt äußerst dünn aus: „Exportieren Sie die Datei als ‚InDesign Markup (IDML)'." Das bedeutet immerhin, dass jede InDesign-Version ab CS4 diese Datei öffnen kann. Frühere Versionen von InDesign können allerdings nicht bedient werden.

Wo ist das InDesign-Austauschformat INX geblieben?

Für das abwärtskompatible Speichern aus InDesign gab es bis zur CS4 das InDesign-Austauschformat mit der Endung **.inx**. Dieses Format wurde zugunsten des IDML-Formats beerdigt und war schon in CS5 nicht mehr verfügbar.

IDML = InDesign Markup Language

Seit der Version CS4 kennt InDesign das IDML-Format – ein XML-Dateiformat, das die Seiten und alle darauf befindlichen Objekte, die Schriften- und Verknüpfungsreferenzen als XML-Code speichert.

Das Format „InDesign Markup (IDML)“ dient als Austausch- und Rekonstruktionsformat.

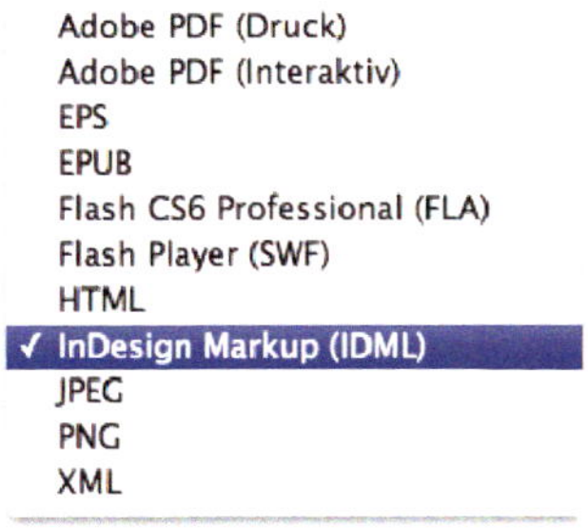

Dateigrößen
Wenn ein IDML nur einige Kilobyte groß ist, warum benötigt dann InDesign mindestens 2 MB pro Datei? Die Antwort: In der InDesign-Datei werden neben den Bildschirmansichten aller verknüpften Bilder auch zwei Farbprofile eingebettet, der RGB- und der CMYK-Arbeitsfarbraum, damit das Layout auf einem anderen Arbeitsplatz überhaupt identisch reproduziert werden kann. Allein diese beiden Profile können zusammen fast 2 MB ausmachen.

Unter **Datei > Exportieren** sowie unter **Datei > Speichern unter** können Sie **InDesign Markup (IDML)** aus einem Aufklappmenü wählen. An beiden Stellen passiert dann exakt dasselbe: InDesign erzeugt XML-Code. Genauer gesagt: Es entsteht ein ZIP-Archiv mit der Endung **.idml**, das – ähnlich einem EPUB – aus mehreren XML-Dateien besteht, welche die Inhalte, das Layout und sämtliche Formatierungs- und Strukturierungsinformationen Ihres InDesign-Dokuments enthalten. Verknüpfte Bilder, Filme und so weiter sind selbst nicht enthalten; InDesign „merkt“ sich nur den Speicherort und die layoutrelevanten Daten wie Größe und Bildausschnitt. Deshalb sind IDML-Dateien meistens auch nur einige hundert Kilobyte groß und zeigen anstatt der Bilder nur graue Kästen, falls InDesign beim Öffnen die Verknüpfungen nicht mehr findet.

Hoffnung für zukünftige Versionen
Mit CS6 ist es erstmals in der InDesign-Geschichte möglich, für mehr als eine Version abwärtskompatibel zu sichern: Das IDML-Format verstehen alle Versionen seit seiner Einführung, also ab CS4. Wie viel im Einzelfall damit anzufangen ist, hängt stark vom Aufbau der Datei ab, vor allem von der Nutzung neuester Funktionen, die die ältere Programmversion noch nicht interpretieren kann.

Wenn Sie diese IDML-Datei wieder in InDesign CS4 oder CS5(.5) öffnen, „rekonstruiert“ InDesign daraus eine neue Layoutdatei, die den Dateinamen „Unbenannt-1.indd“ trägt und möglichst bald gespeichert werden sollte.

Wenden Sie diese Funktion auch dann an, wenn Sie Fehler im Dokument entdecken, die sich mit den herkömmlichen Methoden wie **Speichern unter** oder dem Kopieren aller Seiten in ein neues Dokument nicht mehr bereinigen lassen.

Kompatibilität der Funktionen

Achten Sie darauf, welche Funktionen Sie angewendet haben und wie diese Funktionen in einer älteren Version umgesetzt werden können. Beispielsweise erlauben CS6 wie auch schon CS4 die Verwendung von Querverweisen oder Bedingtem Text. Andere Funktionen wie die Spaltenspanne in Textrahmen oder die Zuordnung alternativer Layouts können dagegen nicht oder nicht völlig abwärtskompatibel gespeichert werden. Die Eckenoptionen zum Beispiel werden auf eine einzige „zusammengestrichen“. Die Anzahl von Funktionen, die entweder komplett unterstützt, teilweise übernommen oder gar nicht dargestellt werden, sprengt leider den Rahmen dieses Buchs. Daher testen Sie mit beiden Fassungen, ob Ihre aktuelle Layoutdatei in einer älteren InDesign-Version auch brauchbar umgesetzt wird.

PDFs der unterschiedlichen Versionen mit Acrobat vergleichen
Die einfachste Form, die Ergebnisse der InDesign-Versionen zu vergleichen, besteht darin, exportierte PDF-Dateien durch Acrobat vergleichen zu lassen. Falls verfügbar, exportieren Sie aus InDesign CS6 und CS5 jeweils eine PDF mit identischen Einstellungen. Öffnen Sie beide PDFs mit Acrobat und öffnen Sie dort **Dokument > Dokumente vergleichen**. Anschließend wählen Sie beide Dateien aus und lassen Acrobat die Dokumente analysieren. Das Ergebnis wird wiederum als PDF mit interaktiven Vergleichen und Kommentaren ausgegeben.

Die Dateichronik

Eine InDesign-Datei merkt sich, was mit ihr „gemacht" wurde. Die Datei registriert in einem internen Protokoll, wann sie angelegt, geändert und gespeichert wurde, und auf welchem Betriebssystem und mit welcher Programmversion das jeweils geschehen ist. Aber InDesign kann noch mehr: Zwischenzeitliche Abstürze des Dokumentes oder des Programmes werden genauso protokolliert wie die Konvertierung aus anderen Formaten wie QuarkXPress oder PageMaker.

Mit einem Klick können Sie sich dieses Protokoll anschauen. Rufen Sie einfach mit gedrückter ⌘ Strg-Taste **InDesign > Über InDesign** (Mac OS) beziehungsweise **Hilfe > Über InDesign** (Windows) auf.

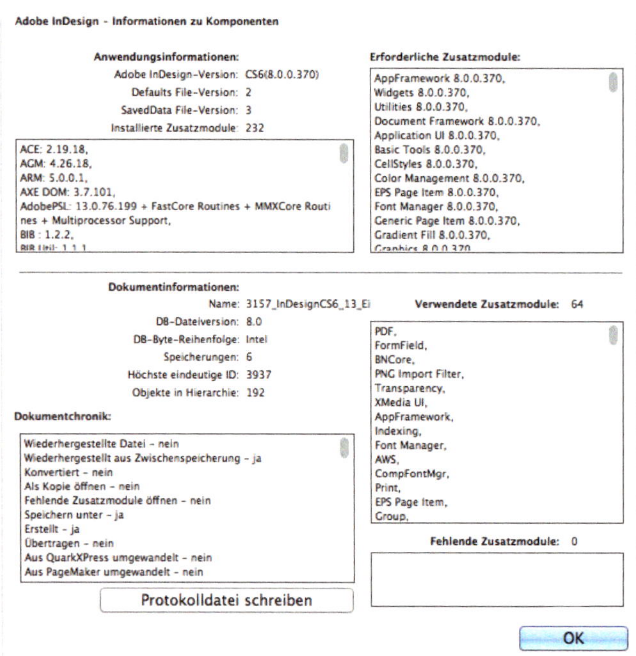

Die alternative Programminformation zeigt Ihnen die genaue Unterversion von InDesign, die verwendeten Komponenten sowie eine ausführliche Dateichronik an.

Sollten im Umgang mit Ihrer Datei Fehler in der Ausgabe oder im Speichern auftauchen, kann der Grund in einer Konvertierung oder Wiederherstellung liegen, die entweder unvollständig oder fehlerhaft durchgeführt wurde. Auch häufiges Austauschen zwischen verschiedenen Unterversionen auf verschiedenen Betriebssystemen kann die Datei „strapazieren". Wenn Ihnen das Chronik-Fenster zu klein ist, exportieren Sie den Inhalt mit dem Knopf **Protokolldatei schreiben** als Textdatei in den Ordner, in dem Ihre INDD liegt.

Verpacken verbessert den Überblick

Sammeln Sie die Layoutdatei und alle ihre Zutaten mit der Funktion **Datei** > **Verpacken** an einem neuen Speicherort. Alle platzierten Dateien und die genutzten Schriften werden dabei kopiert, und Sie bekommen zumindest eine gewisse Übersicht, vor allem wenn Sie die platzierten Dateien an vielen verschiedenen Speicherorten abgelegt haben sollten.

Schriften ersetzen, Schriftenschnipsel löschen

Falls InDesign behauptet, Sie nutzten nicht geladene Schriften in Ihrem Dokument, und Sie können sich nicht erinnern, besagte Schriften in dieser Datei eingesetzt zu haben, kann es sich um Überreste des Word-Imports oder einer vorherigen Formatierung handeln. Eventuell ist im ganzen Dokument bloß ein einziges Leerzeichen oder eine nicht druckende Absatzschaltung mit einem anderen Font belegt. Mit Hilfe der Funktion **Schrift** > **Schriftart suchen** können Sie diesem Störenfried zu Leibe rücken.

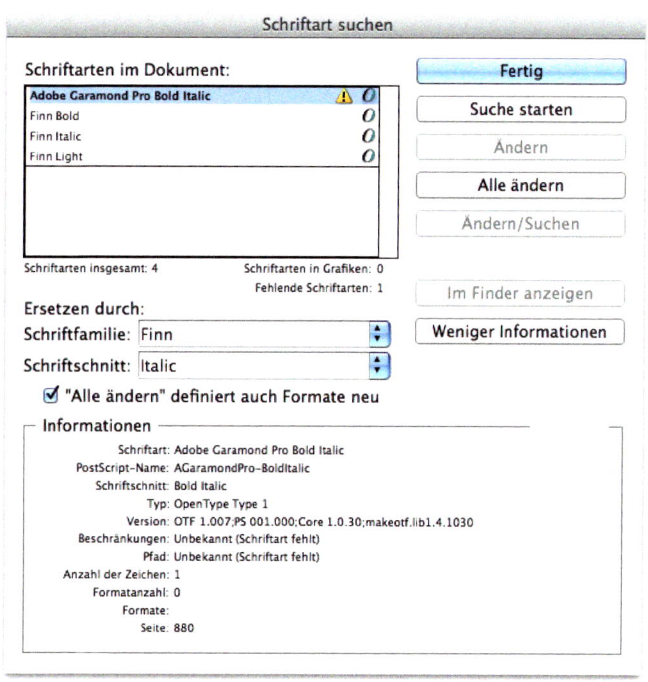

Klein aber fein: Hier bekommen Sie Informationen zu verwendeten Schriften, deren Format und Speicherort sowie die Anzahl und die Layoutstellen der damit formatierten Zeichen und können fehlende Schriften durch vorhandene ersetzen.

Klicken Sie dort in der Liste die problematische Schrift an und dann den Knopf **Mehr Informationen**, um Anzahl und Ort der Vorkommnisse sowie weitere Details zur Schrift zu sehen. Wenn Sie wollen, ersetzen Sie die fehlende Schrift durch eine im Dokument genutzte oder auf dem Rechner verfügbare Schrift.

Falls die fehlende Schrift in einem Absatz- oder Zeichenformat definiert ist, erzeugen Sie das Problem bei jedem Zuweisen des Formats aufs Neue. Aktivieren Sie die Option **"Alle ändern" definiert auch Formate neu**, um den Font nicht nur im Layout zu ersetzen, sondern auch in allen Textformaten, wo er aufgerufen wird.

Wenn Sie gezielt einzelne Vorkommen durch verschiedene Schriften ersetzen möchten, klicken Sie zunächst auf **Suche starten**, um die Fehlerstellen im Layout anzuzeigen, und arbeiten Sie sie dann einzeln ab.

Ein alternativer Weg, um den Fehler zu beseitigen, ohne einfach den Font zu ersetzen: Suchen Sie den Rahmen, indem Sie wie beschrieben zunächst die Schrift in der Liste anklicken und die Suche starten. Wenn Sie nun einen Textrahmen finden, der eigentlich nur als Farbfläche fungiert, dann wählen Sie ihn an und rufen **Objekt** > **Inhalt** > **Nicht zugewiesen** auf. Somit wird der Rahmen zu einem „textlosen" Rahmen, der keine Schriftzuweisung mehr enthalten kann.

Preflight konfigurieren
Eine Vielzahl an möglichen Fehlern gleich von Anfang an aufzuspüren, dabei hilft Ihnen die Funktion „Preflight", die ich Ihnen im gleichnamigen Kapitel vorstelle. Richten Sie sich in Preflight ein eigenes Profil ein und lassen Sie InDesign dauerhaft das Layout überwachen.

Schmuckfarben löschen

Beim Platzieren von **EPS**-, **PDF**-, **INDD**- oder **PSD**-Dokumente mit **Schmuckfarben** werden die Sonderfarben im **Farbfelder**-Bedienfeld abgelegt. Solange diese Dateien verknüpft sind, können besagte Farben nicht gelöscht werden.

Wenn Sie eine solche platzierte Datei aus dem Layout entfernen, verschwindet die Schmuckfarbe nicht von selbst aus dem Layout. Bei der Ausgabe kann es dann zur Irritation kommen, wenn die Druckerei mehr Schmuckfarben „findet" als abgesprochen.

Wählen Sie im **Farbfelder**-Bedienfeldmenü die Funktion **Alle nicht verwendeten auswählen** und versuchen Sie, die markierten Farben zu löschen. Gelingt dies nicht, müssen Sie „mit gröberem Besen kehren". Nutzen Sie das Austauschformat IDML, um die Datei grundlegend zu reinigen.

Ungenutzte Grafiken entfernen

Wenn Sie eine platzierte Grafik löschen, verschwindet die Verknüpfung. Wenn Sie allerdings einen Rahmen mit dieser Grafik vom „Druckbogen" auf die Montagefläche schieben, ist die Grafik nicht mehr sichtbar, spielt im Druck keine Rolle, wird aber beispielsweise verpackt und an einen Dienstleister weitergegeben, wenn Sie Ihre Daten offen ausliefern.

Ob sich eine Grafik neben einer Seite auf der Montagefläche ausruht und Ihre Layoutdaten nur unnötig aufbläht, stellen Sie fest, indem Sie das **Verknüpfungen**-Bedienfeld (mit [⌘ Strg] [⇧] [D]) aufrufen. In der Liste der Dateien ist eine solche Grafik mit einem **MF** (für „Montagefläche") statt einer Seitenzahl gekennzeichnet. Lassen Sie sich diese Datei einfach anzeigen, indem Sie gegebenenfalls in die **Layoutansicht** ([W]) wechseln, um auch den Bereich neben der Druckfläche zu sehen, und danach im Bedienfeld **Gehe zu Verknüpfung** aufrufen.

Ausgeblendete Grafiken

Etwas anders verhält es sich, wenn Sie Grafiken auf Ebenen platzieren, diese jedoch für den aktuellen Zustand des Layouts nicht benötigen und ausblenden. Diese Daten könnten für den Druck noch eine Rolle spielen, und deshalb würde InDesign diese Dateien auch mit verpacken. Wenn Sie eine PDF-Datei im Format 1.5, 1.6 oder 1.7 mit Ebenen exportieren, werden aus InDesign-Ebenen PDF-Ebenen. Auch ausgeblendete Ebenen können in das PDF exportiert werden und damit unnötige Datenmengen erzeugen.

Leider gibt es keinen offensichtlichen Hinweis darauf, ob sich eine verknüpfte Datei auf einer inaktiven Ebene befindet. Daher wird Ihnen nichts anderes übrig bleiben, als im **Ebenen**-Bedienfeld die ausgeblendeten Ebenen einzublenden und jede Seite zu überprüfen. Schneller geht es natürlich, wenn Sie die nicht verwendeten Ebenen komplett löschen. InDesign gibt Ihnen einen Hinweis, sollten sich noch Objekte auf diesen Ebenen befinden.

Fehlerhafte Rahmen und Objekte? Seitenweise kopieren!

Eine gute Methode, fehlerhafte Rahmen und Objekte zu entdecken, falls es nicht möglich ist, ein Dokument zu drucken oder zu exportieren, ist das seitenweise Kopieren in ein neues Dokument. Dazu legen Sie ein vollständiges neues Dokument mit derselben Seitengröße wie Ihr fehlerhaftes Layout an. Wechseln Sie wieder auf das alte Dokument. Rufen Sie **Fenster** > **Anordnen** > **Neben-/Untereinander** auf. InDesign stellt nun beide Dokumente gleich groß dar. Öffnen Sie das **Seiten**-Bedienfeld und ziehen Sie die einzelnen Seiten (verwendete Musterseiten kommen automatisch mit) in das neue Dokument.

Textverkettungen unterbrechen
Zwei JavaScripte sorgen dafür, dass Sie vor dem Herauskopieren von Seiten den Textumbruch nicht ändern müssen. Schauen Sie sich bitte das Kapitel **Automatisierung** mit der Beschreibung zu **BreakFrame.jsx** und **SplitStory.jsx** an.

Leider ist diese Methode, die schon zu den besten Zeiten der InDesign-Vorgänger beziehungsweise -Konkurrenten PageMaker und XPress als Notlösung etabliert war, nicht ohne Nachteile: Falls Sie am globalen Grundlinienraster ausgerichtete Absatzformate verwenden und Ihr neues Dokument nicht dieselben Grundlinienraster-Einstellungen aufweist, ändert sich der Stand Ihrer Texte. Die meisten von uns würden es vielleicht so formulieren: „Es haut alles durcheinander!"

Außerdem gehen beim rahmenweisen Kopieren natürlich die seitenübergreifenden Textverkettungen verloren. Wenigstens können Sie mit dem „alternativen" Einfügen-Befehl **Bearbeiten** > **An Originalposition einfügen** ([⌘ Strg] [⌥ Alt] [⇧] [V]) die Rahmen im neuen Dokument an dieselbe Stelle setzen wie im alten Layout.

Wenn auch dieses Buch nicht mehr helfen kann

Obwohl InDesign allgemein als relativ stabil gilt und dank der ständigen automatischen Hintergrundsicherung so gut wie nie Datenverluste zu beklagen sind, gibt es selbstverständlich Schwierigkeiten, von denen ich nicht einmal etwas ahne.

Ich möchte Ihnen – ohne große Kommentare und ohne jeglichen Anspruch auf Vollständigkeit – meine wertvollsten Anlaufstellen für InDesign-Hilfe und -Weiterbildung aller Art ans Herz legen. Diese Liste ist auch auf der Buch-Webseite abrufbar und wird von Zeit zu Zeit erweitert.

PLUS
Adressen für InDesign-Hilfe und -Wissen im Netz und im richtigen Leben

Hilfe im Netz

- **hilfdirselbst.ch** – von Adobe mitinitiiert, dürfte es eines der ältesten und zugleich aktivsten Foren der Branche sein, in dem sehr viele Fachautoren und Software-Trainer zu finden sind.
- **mediengestalter.info** – vom Aufbau her vor allem für Aus- und Weiterbildung konzipiert, finden sich hier Problemlösungen aus den unterschiedlichsten Bereichen des Publizierens.
- **typografie.info** – hier liegt der Schwerpunkt auf Schrift und Typografie; in diesen Bereichen geht's dafür tiefer zu als anderswo.

⊿ *hilfdirselbst.ch/foren/Adobe_InDesign_Forum_4.html*

⊿ *mediengestalter.info/forum/8/software-print-1.html*

⊿ *typografie.info/2/forumdisplay.php/111-Adobe-Programme*

Hilfe in echt

- **InDesign User Group (IDUG)** – Als Gründer und Leiter des ältesten europäischen IDUG-Standorts in München finde ich natürlich, dass jeder, der mit InDesign arbeitet, egal auf welchem Gebiet und mit welcher Selbsteinschätzung, regelmäßig zum nächstgelegenen IDUG-Treffen gehen sollte. Wo sonst gibt es gratis aktuellstes Fachwissen, wertvolle persönliche Kontakte und Einblicke in unterschiedliche Arbeitsweisen und -umgebungen? Eben.
- **Typografische Gesellschaft München (tgm)** – Zusammen mit dem österreichischen Schwesterverein **tga** kümmert sich die tgm um typografische Standards, Fortbildung und Vernetzung in vielen Bereichen von Schrift und Kommunikation.

Dank

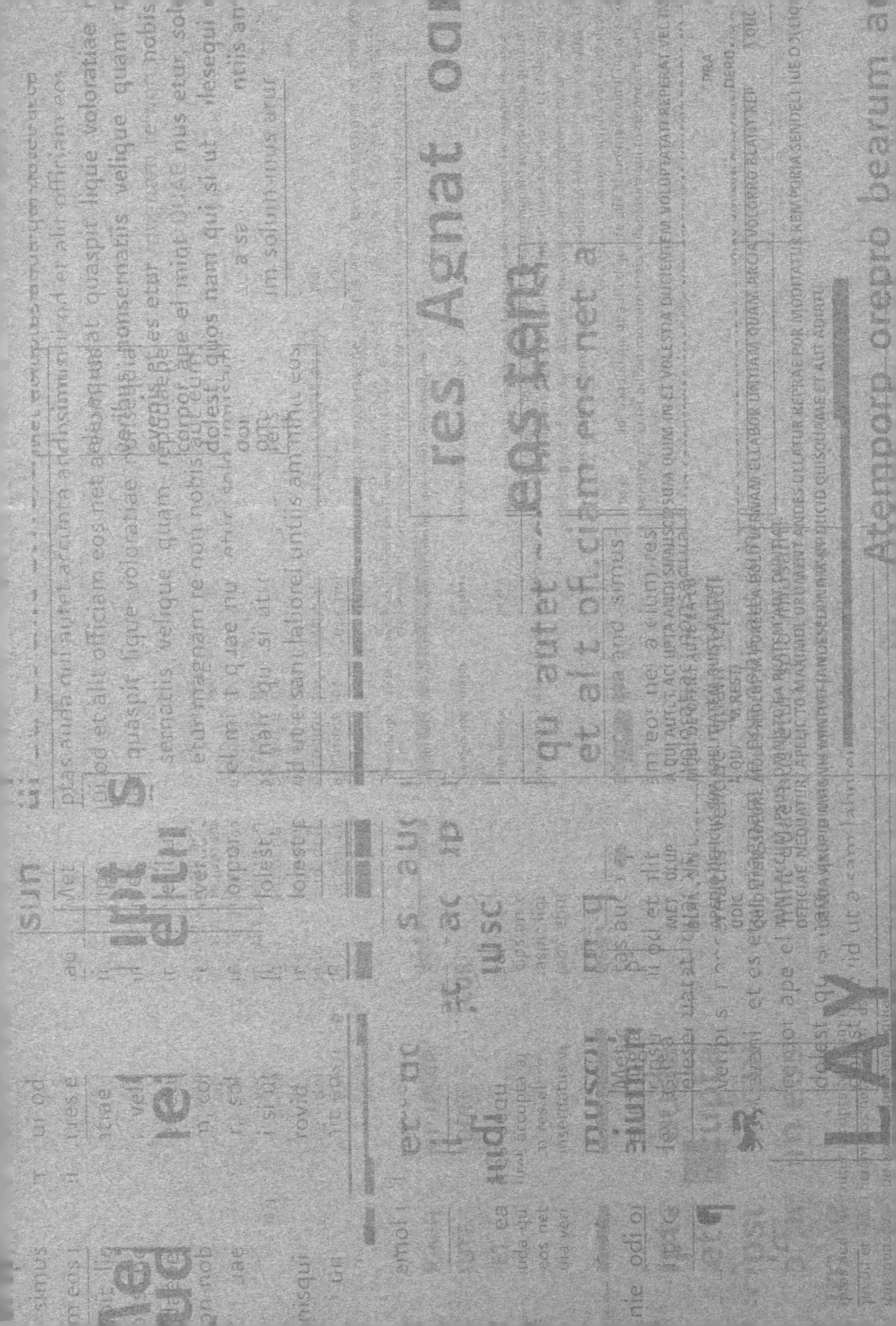

Das Wichtigste zuletzt

Dankeschön an alle Beteiligten

Kein Fachbuch in dieser Größenordnung und Verbreitung wird von dem Menschen, dessen Name auf dem Umschlag steht, alleine erschaffen, sondern ist das Werk einer Gemeinschaft von Fachleuten und weiteren engagierten Persönlichkeiten, von denen die wenigsten im Impressum Erwähnung finden. Um sie geht es in diesem Kapitel.

Unmittelbar Mitwirkende

⊿ complizenwerk.de/wittmann
⊿ @ManoWittmann

Die erste Lobpreisung geht an meine langjährige Atelierkollegin und Mitstreiterin **Mano Wittmann**, die ursprünglich eigentlich auch auf dem Umschlag stehen sollte, dies aber aus für mich unbegreiflicher Bescheidenheit bis über den Drucktermin hinaus vehement abgelehnt hat. Danke, Mano, für Deine unerschöpfliche Kreativität und dafür, dass Du dieses Buch zum bislang vielleicht größten Complizen-Werk gemacht hast. Es wird wohl nicht das letzte gewesen sein.

⊿ cogneus.de

Auf ganz andere Art ebenso wichtig war fraglos mein lieber Kollege **Christoph Luchs**, ohne dessen „Steilvorlage" der CS5-Ausgabe dieses Buches mir wohl niemals auch nur im Traum eingefallen wäre, ein derartiges Werk überhaupt anzugehen. Danke, Christoph, dass Du Deinem einstigen Fachlektor das erstens zugetraut und zweitens so unbürokratisch ermöglicht hast. Oder soll ich sagen: Danke, dass Du mich mit der Empfehlung als Fachlektor für Dein Buch überhaupt erst „angefixt" hast ...? ;o)

⊿ pub-com.de
⊿ @acimuc

Mein Schriftsetzer- und Softwaretrainer-Kollege **Hans Neumair** hat den nächsten Dank verdient. Abgesehen von Deiner Mitwirkung bei der Indexerstellung (siehe weiter unten) hast Du mir bei gemeinsamen Projekten in der „Buchzeit" nach besten Kräften den Rücken frei gehalten – auch dann noch, als ich den Abgabetermin für die Druckdaten zweimal verschieben musste. Danke, Hans!

⊿ anselm-hannemann.com
⊿ @anselmhannemann

Wichtige und vor allem aktuelle Abschnitte dieses Buchs hätte ich wohl aus zeitlichen Gründen vernachlässigen müssen, wäre nicht mein IDUGM-Kollege und **Anselm Hannemann** irgendwann so unvorsichtig gewesen, pauschal seine Mitwirkung anzubieten. Vielen Dank, Anselm, dass Du mir Deine Erfahrung und Deinen Scharfblick in Sachen Webtechnologien und *Digital Publishing* so kurzfristig wie umfassend mit mir geteilt hast.

⊿ labnol.org/software/adobe-corporate-font-clean/8663/
⊿ lazydogs.de

Von vornherein war klar, dass dieses Buch in möglichst jeder Hinsicht eigenartig werden sollte. An den von Adobe gratis mitgelieferten Schriftfamilien Minion und Myriad, so blitzsauber und prächtig ausgebaut die auch sind, hatten wir uns längst satt gesehen; Adobe ist ja irgendwann zwischen CS4 und CS5 selbst auf was Eigenes umgestiegen. Nach ganz kurzer Suche haben wir uns so spontan wie heftig in die großartige Finn von „lazy dog" **Oliver Linke** verknallt. Ich könnte jetzt problemlos noch mehrere Absätze lang über diese Schrift schwärmen, über ihre hervorragende Lesbarkeit als Brotschrift und ihre ganz entzückenden Details in größeren Graden sowie darüber, wie ihr Schöpfer extra für uns den einen Schnitt verfettet und gestaucht, den anderen wiederum abgemagert und schließlich unsere frisch gebastelten Tastaturglyphen samt entsprechender Lookups eingebaut hat. Aber ich mach's kurz: danke, Oli! Den Rest sagt dieses Buch.

Wer Produktfotos von Apple verwenden will, muss zuvor ziemlich rigorosen Geschäftsbedingungen zustimmen oder sich im Streitfall mit dem derzeit reichsten Konzern der Welt anlegen. Georg Albrecht von Apples Mediaabteilung in München sah bei unserem Telefongespräch im April 2012 kein Problem darin, ein iPad als Teil einer Bildmontage auf einem Buchtitel abzubilden, obwohl das die vorgenannten Bedingungen eigentlich unmissverständlich untersagen. Als ich Herrn Albrecht schüchtern auf diese nicht ganz unwesentliche Diskrepanz zwischen schriftlichen und fernmündlichen Aussagen hinwies, entgegnete er, wenn mir seine telefonische Genehmigung dafür nicht ausreiche, „dann müssen Sie halt ein Samsung nehmen“. Ich war, vorsichtig ausgedrückt, ein bisschen verblüfft, habe mich so höflich bedankt, wie es mir möglich war, und dann meinen ehemaligen Bürokollegen **Clemens Strimmer** gebeten, mir ein iPad zu fotografieren – was er auch vorzüglich getan hat, wie Sie selbst sehen können. Danke, Clemens! *(Für Apple ist der Buchtitel dennoch Werbung ohne jegliche Gegenleistung. Das war wirklich nicht beabsichtigt, scheint sich aber letztendlich schwer umgehen zu lassen.)*

⊿ *digitalog.de*

Ein guter Index ist für ein Fachbuch ebenso wichtig wie ein guter Inhalt, denn was nützt dem Leser das geballte Fachwissen, wenn er es nicht findet? Der Autor ist wegen seiner „Betriebsblindheit“ eigentlich der Letzte, der für diese Aufgabe geeignet wäre, dennoch tun sich Verlage oft schwer, Verständnis oder gar zusätzliches Geld für diesen unverzichtbaren Projektbestandteil aufzubringen. Mein ganz, ganz herzlicher Dank geht deshalb an sieben bemerkenswerte Freunde und Kollegen, die sich spontan auf meine etwas unorthodoxe Herangehensweise an dieses Problem eingelassen und ihr Bestes für „mein“ Stichwortverzeichnis gegeben haben. Danke, **Martin, Jutta, Wasi, Petra, Hans, Per** und **Mano**!

⊿ *d-indexer.org*

Ich danke außerdem allen, die mich bei Pearson Deutschland unterstützt haben, vor allem **Pia Kleine Wieskamp**, die durch ihre Präsenz auf Twitter, Facebook und im AW-Blog das Ihre getan hat, um mein „*Social Authoring*“ – etwas, von dem ich vor kurzem nicht mal geahnt hatte, dass es überhaupt einen Namen hat – ein bisschen größere Kreise ziehen zu lassen, als es mir ganz alleine möglich gewesen wäre.

⊿ *blog.addison-wesley.de*
⊿ *@AddisonWesley*

Mittelbar, unbewusst oder gar unabsichtlich Beteiligte

Darauf kann und darf ich leider nicht verlinken.

Obwohl ich mich dieses Mal so gut wie gar nicht aktiv beteiligt habe, war doch das **Prerelease-Forum** zu InDesign CS6 eine wertvolle Quelle für Hinweise und Einschätzungen bezüglich neuer und alter Fähigkeiten und Unfähigkeiten unseres Lieblingsprogramms. Ich bin mir nicht einmal völlig sicher, ob ich überhaupt sagen (geschweige denn schreiben!) darf, dass etwas wie dieses Forum existiert, möchte aber auf alle Fälle den Mitwirkenden für Engagement, Fachwissen und scharfen Verstand danken. Die herausragenden Persönlichkeiten aus dieser Gruppe kommen entweder sowieso in diesem Buch vor oder brauchen gar keine spezielle Erwähnung mehr, weil sie in ihrem Bereich und in ihrem Land längst einen großen Namen haben.

◿ ruebiarts.de

Ein besondere Bedeutung (auch im Sinne des vorangegangenen Absatzes) kommt meinem lieben Kollegen **Kai „Rübi" Rübsamen** zu, der – wie ich erst viel später erfahren habe – damals Christoph Luchs mich als Fachlektor vorgeschlagen hat und somit derjenige ist, der „alles" überhaupt erst ins Rollen gebracht hat. Danke, Rübi, für Deine so freundschaftliche wie unbestechliche Art, wie Du Andere ermutigst, sich wie Du in Probleme zu „verbeißen", bis sie zerlegt und als überschaubar oder gar harmlos entlarvt sind.

Der allerallergrößte und innigste Dank schließlich …

◿ @komma_aber

… gilt meiner Lektorin und Herzensdame **Kristine Kamm**, die in dieser Doppelrolle gleichzeitig am nächsten dran und am weitesten weg sein musste und trotzdem ihr Vertrauen zu mir und ihren Glauben an dieses Buch und seinen Erfolg keine Sekunde auch nur infrage stellen wollte. Danke! *(Nicht nur deshalb werde ich sie bald heiraten. Aber sagen Sie's bitte noch nicht weiter!)*

Meine Bitte an Sie, liebe Leser

◿ xing.com/profile/Wolf_Eigner
◿ linkedin.com/in/wolfeigner
◿ @typokrat
◿ facebook.com/wolf.eigner
◿ we@complizenwerk.de
◢ Complizenwerk
Volkartstraße 29
DE-80634 München
◿ tgm-online.de
◿ indesignusergroup.de
◿ pnb.de

Sollte ich in diesem Buch Fehler begangen haben, die es trotz mehrfacher Korrekturen in die Endfassung „geschafft" haben, so bitte ich Sie: Schreiben Sie mir, korrigieren und verbessern Sie mich! Ich freue mich, wenn Sie Kontakt mit mir aufnehmen – über den Verlag oder direkt:

Sie finden mich auf Xing und LinkedIn, auf Twitter sowie auf Facebook. Sie erreichen mich per E-Mail sowie per Schneckenpost im **Complizenwerk**, wo Sie mich auch gerne besuchen können, falls ich nicht gerade für die Typografische Gesellschaft München, die InDesign User Group, einen Kunden oder, was auch gelegentlich vorkommt, mit den Perfectly Normal Beasts unterwegs bin.

Im Übrigen hoffe ich natürlich, dass Ihnen mein erstes Buch einen umfassenden Eindruck von InDesign für professionelle Aufgaben verschafft hat, dass für Sie das Lesen mindestens halb so vergnüglich war wie für mich das Schreiben und Setzen, und dass ich Ihnen ordentlich

Appetit auf eigene raffinierte Projekte machen konnte. Danke jedenfalls, dass Sie es gekauft haben oder jemand anderen dazu gebracht haben, es zu tun.

Ob Sie es nun als Drohung oder frohe Botschaft auffassen wollen: Das wird mit Sicherheit nicht mein letztes Buch gewesen sein.

Machen Sie's gut!

Ihr Wolf Eigner

Index

Stichwortverzeichnis

Fett gesetzte Seitenverweise beziehen sich jeweils auf die Stelle im Buch, die eine Funktion besonders ausführlich erklärt.

Im Anschluss an den alphabetischen Index sind alle **Schritt-für-Schritt-Anleitungen**, alle **Tastenkürzel-**, **Funktions- und Begriffsübersichten** zusammengefasst.

!/#

A

B

C

D

F

G

H

J

K

O

P

S

T

W

X

Y

Z

Schritt-für-Schritt-Anleitungen

Tastenkürzel

Funktions- und Begriffsübersichten